603ch Foto: dt

Eva Meret Neuenschwander
und Jürg Schneider
Schweiz mit Liechtenstein

„Als Schweizer geboren zu werden, ist ein großes Glück.
Es ist auch schön, als Schweizer zu sterben.
Doch was tut man dazwischen?"

Alexander Roda Roda, eigentlich *Sándor Friedrich Rosenfeld* (1872–1945),
österreichischer humoristisch-satirischer Erzähler, Dramatiker und Essayist

Impressum

Eva Meret Neuenschwander, Jürg Schneider
Schweiz mit Liechtenstein

erschienen im
Reise Know-How Verlag, Bielefeld
Osnabrücker Str. 79
33649 Bielefeld

1. Auflage 2002

Gestaltung
Umschlag: M. Schömann, P. Rump (Layout);
Günter Pawlak (Realisierung)
Inhalt: Günter Pawlak (Layout);
Angelika Schneidewind (Realisierung)
Fotos: siehe Bildnachweis im Anhang
Titelfoto: Aurelia Carlen
Karten: Catherine Raisin und der Verlag
Bildbearbeitung: Klaus Werner

Lektorat: Anja Fröhlich

Druck und Bindung
Fuldaer Verlagsagentur

ISBN 3-8317-1064-3
Printed in Germany

Dieses Buch ist erhältlich in jeder Buchhandlung der BRD, der Schweiz, Österreichs, Belgiens und der Niederlande. Bitte informieren Sie Ihren Buchhändler über folgende Bezugsadressen:

BRD
Prolit GmbH, Postfach 9, 35461 Fernwald (Annerod) sowie alle Barsortimente

Schweiz
AVA-buch 2000
Postfach, CH-8910 Affoltern

Österreich
Mohr Morawa Buchvertrieb GmbH
Sulzengasse 2, A-1230 Wien

Niederlande, Belgien
Willems Adventure
Postbus 403, NL- 3140 AK Maassluis

Wer im Buchhandel trotzdem kein Glück hat, bekommt unsere Bücher auch direkt bei:
Rump Direktversand Heidekampstraße 18, D-49809 Lingen (Ems) oder über unseren **Büchershop im Internet: www.reise-know-how.de**

Wir freuen uns über Kritik, Kommentare und Verbesserungsvorschläge.

Alle Informationen in diesem Buch sind von den Autoren mit größter Sorgfalt gesammelt und vom Lektorat des Verlages gewissenhaft bearbeitet und überprüft worden.

Da inhaltliche und sachliche Fehler nicht ausgeschlossen werden können, erklärt der Verlag, dass alle Angaben im Sinne der Produkthaftung ohne Garantie erfolgen und dass Verlag wie Autoren keinerlei Verantwortung und Haftung für inhaltliche und sachliche Fehler übernehmen.

Die Nennung von Firmen und ihren Produkten und ihre Reihenfolge sind als Beispiel ohne Wertung gegenüber anderen anzusehen. Qualitäts- und Quantitätsangaben sind rein subjektive Einschätzungen der Autoren und dienen keinesfalls der Bewerbung von Firmen oder Produkten.

Eva Meret Neuenschwander und Jürg Schneider

Schweiz mit Liechtenstein

Ein Merci ...
... allen Personen in Fremdenverkehrsbüros, besonders von Luzern, Zürich, Freiburg, Zermatt und Jura Tourismus, die uns in unserer Arbeit unterstützt haben und Bildmaterial zur Verfügung stellten. Ein besonderer Dank gilt Toni Weibel, Chur, für das Kapitel über Wein und für Fotos, Li Neuenschwander sowie Hans und Elsi Raaflaub für Korrekturarbeiten, Doris Wüthrich für Tanzszene-Tipps in Zürich, Peter und Bertheli Wolf, Nicole Lebet und Reto Beutler für Fotos sowie der Lektorin Anja Fröhlich.

REISE
KNOW-HOW

Vorwort

Die Schweiz mit ihrer vielfältigen Kultur, den unzähligen attraktiven Alpen-, Jura- und Seenlandschaften, den lebendigen kleinen und größeren Städten kann man in wenigen Hundert Seiten kaum hinreichend beschreiben. Wir mussten Schwerpunkte setzen. Die fünf Großstädte, Graubünden, das Tessin und die Westschweiz werden bevorzugt behandelt – letztere, weil 2002 die schweizerische Landesausstellung an den drei Juraseen stattfindet. Die Ausstellung wird in einem eigenen Kapitel im Anhang vorgestellt. Dem Fürstentum Liechtenstein ist am Ende des Buches ein Kapitel gewidmet. Ein ausführlicher Geschichtsteil und Exkurse zu landesspezifischen Themen sollen das Verständnis für die Eigenarten der Region erleichtern.

Ein besonderer Schwerpunkt wurde auf die Kulturlandschaft gelegt. Es wird angesichts der herrlichen Natur der Schweiz oft übersehen, wie reich ihre Kulturgeschichte ist: Viele sehenswerte Kirchen, Schlösser und Bürgerbauten haben sich im Lauf der Geschichte dieses „Durchgangslandes" im Herzen Europas angesammelt, das seit fast 200 Jahren von Kriegen und Verwüstungen verschont wurde. Im Mittelland gibt es vom Bodensee bis zum Genfer See hübsche Kleinstädte mit mittelalterlicher, barocker und klassizistischer Substanz. In Graubünden sind eine Reihe hervorragender Kirchen, Kapellen, Bürger- und Bauernhäuser erhalten. Gleiches gilt für das Tessin und das Wallis. Dieses Reisehandbuch stellt die bekannten und weniger bekannten Schätze ausführlich vor.

Viele Touristen halten die Schweiz für ein teures Ferienland. Unter den „Praktischen Tipps" in den Ortsbeschreibungen gibt es zahlreiche Hinweise, wie man jedoch recht preiswert reisen kann. So wurde bei den Unterkünften besonders auf Budget-Varianten geachtet. Doch auch dem Traveller im mittleren und gehobenen Segment soll dieser Reiseführer dienlich sein. Grundsätzlich haben wir Hotels und Restaurants ausgewählt, die uns durch Lage, Architektur und Service aufgefallen sind bzw. durch ein gutes Preis-Leistungs-Verhältnis überzeugen.

Ein ausführlicher Weinführer der besten Schweizer Weine und Weinlieferanten wurde von dem Fachmann Toni Weibel erstellt.

Wir wünschen eine interessante und erholsame Reise!

Eva Meret Neuenschwander
und Jürg Schneider

Hinweis und Dank

Das Verfassen dieses Reisehandbuchs wäre ohne das Hinzuziehen eines Standardwerks in dieser Art kaum möglich geworden: den „Kunstführer der Schweiz" (1975–82 Gesellschaft für Schweizerische Kunstgeschichte, Hans Jenny, Büchler Verlag, Wabern). Leider ist dieses herausragende Werk vergriffen, in vielen Museen, Kirchen und anderen historischen Gebäuden liegen Auszüge aus. Kein Reiseführer der Schweiz kommt ohne dieses Standardwerk aus, kaum je wird gebührend darauf hingewiesen.

Inhalt

Exkurse

Land und Natur

Menschen und Kultur

Die großen Städte

Bodensee und Ostschweiz

Die Zentralschweiz

Das Berner Oberland

Das Mittelland

Jura

Genfer See und Waadt

Das Wallis

Tessin

Graubünden

630ch Foto: ws

Fürstentum Liechtenstein

Anhang

Kartenverzeichnis

Stadtpläne:

Farbkarten-Atlas:

Die Highlights der Schweiz

• **Aletschgebiet:** Eine beeindruckendere Landschaft als das Aletschgebiet und die 4000er-Berge im Oberwallis findet man kaum (Seite 389).

• **Basler Fasnacht:** Die Basler Fasnacht ist ein urtümliches Ereignis, das Jahr für Jahr Einheimische und Gäste in seinen Bann zieht (Seite 129).

• **Bern:** Die mittelalterliche Altstadt von Bern, mit ihrem Münster und dem einzigartigen Arkaden-Shoppingcenter, ist Weltkulturerbe der Menschheit (Seite 147).

• **Filmfestival Locarno:** Mit Vorführungen auf der Piazza Grande, umrahmt von lombardischen Bauten, ist das Filmfestival im Tessin einzigartig (Seite 458).

• **Jura:** Wer Ruhe, Abgeschiedenheit und eine intakte Landschaft sucht, wird sich in den Höhen der schweizerischen Juraberge gut erholen können (Seite 341).

• **Kultur- und Kongresszentrum Luzern:** Das vielleicht beste Beispiel moderner Architektur ist das KKL von *Jean Nouvel,* in grandioser Umgebung (Seite 230).

• **Rheinfall und Rheinfahrt:** Die größten Wasserfälle Europas lohnen einen Umweg über Schaffhausen, am besten kombiniert mit dem Besuch der Altstadt und einer Schifffahrt auf dem Rhein bis zum Bodensee (Seite 222).

• **Matterhorn:** unverzichtbar! (Seite 399)

• **Südliches Graubünden:** Müstair, Puschlav und Bergell sind wenig besuchte Kleinode (Seiten 575, 594, 601).

• **Zürich:** Eine der trendigsten Städte Europas, mit schicken Modeboutiquen, In-Restaurants und Vergnügungen für Jedefrau und Jedermann. Höhepunkt ist die Streetparade im August (Seite 103).

• **Kloster Müstair** und **St. Martinskirche in Zillis:** Das Kloster im südöstlichsten Zipfel der Schweiz und die Bilderfolge in der St. Martinskirche in Zillis im Schams sind hochrangige romanische Kulturgüter (Seiten 581 und 535).

001ch Foto: tt

Vor der Reise

002ch Foto: az

003ch Foto: rg

In Ascona

Die Brissago-Inseln liegen malerisch im Lago Maggiore

Brücke im Centovalli

Informationen

Die Schweiz und Liechtenstein sind in Deutschland und Österreich mit den Tourismusinformationsstellen in Frankfurt a. M. und in Wien präsent. Hier erhält man **Unterkunftsverzeichnisse** aller Art sowie **Broschüren** über die touristischen Regionen und Destinationen mit ihren Sehenswürdigkeiten und Angeboten.

In der Schweiz kann man sich mit allen Fragen direkt an die Zentrale von **Schweiz Tourismus** in Zürich wenden oder an eine der **regionalen Tourismusinformationsstellen.** Jede größere Stadt und jeder wichtigere Fremdenverkehrsort hat sein Tourismusbüro, *(Office de Tourisme, Ente Turistico)*. Hier erhalten Sie detaillierte und aktuelle Informationen über lokale Angebote und Veranstaltungen.

Schweiz Tourismus

- Postfach 16 07 54, 60070 **Frankfurt a. M.,** Tel. 00800/100 200 30 (gratis), Fax 00800/100 200 31 (gratis), E-Mail: info.de@switzerlandtourism.ch oder res.de@switzerlandtourism.ch
- Fach 34, 1015 **Wien,** Tel. 00800/100 200 30 (gratis), Fax 00800/100 200 31 (gratis), E-Mail: info.at@switzerlandtourism.ch oder res.at@switzerlandtourism.ch
- Postfach 695, 8027 **Zürich,** Tel. 00800 100 200 30, Fax 00800 100 200 31, E-Mail: info.chde@switzerlandtourism.ch, oder res.chde@switzerlandtourism.ch

Die Schweiz im Internet

Wer sich gerne zu Hause oder unterwegs mit dem Laptop über die Reise informieren möchte, findet im Internet **eine Fülle von guten Webseiten** mit Informationen, Spezialangeboten und Buchungsmöglichkeiten.

Schweiz Tourismus verfügt über eine preisgekrönte Webpage mit ausgezeichneten Links in alle Regionen und zu jeder Art von Sehenswürdigkeiten und Dienstleistungen. Man kann auch elektronische Postkarten mit Sujets aus der Schweiz versenden:
www.myswitzerland.com

Fast jede Stadt und jeder Ferienort ist außerdem unter seinem Namen im Web vertreten. Man suche unter der entsprechenden Ortsbezeichnung + Punkt + ch, z.B.: www.zuerich.ch

Diplomatische Vertretungen

Schweizer Vertretungen

- **Schweizerische Botschaft,** Otto-von-Bismarck-Allee 4A, 10557 Berlin, Tel. 030/390 40 00, Fax 030/391 10 30, E-Mail: vertretung@botschaft-schweiz.de, www.botschaft-schweiz.de
- **Schweizer Generalkonsulate** in Dresden, Düsseldorf, Frankfurt a.M., Freiburg, Hamburg, München und Stuttgart.
- **Schweizerische Botschaft,** Konsularabteilung: Prinz-Eugen-Strasse 10, 5. Stock, 1040 Wien, Tel. 01/795 05, Fax 01/795 05 21, -20, E-Mail: vertretung@vie.rep.admin.ch. www.eda.admin.ch/wien
- **Schweizer Konsulate** in Bregenz, Graz, Innsbruck, Klagenfurt, Linz und Salzburg.

Vertretungen in der Schweiz

- **Deutsche Botschaft,** Postfach 250, 3000 Bern 16, Tel. 031/359 41 11, Fax 031/359 44 44. E-Mail:post@deutsche-botschaft.ch, www.deutsche-botschaft.ch

●**Deutsche Konsulate** in Basel, Genf, Lugano und Zürich.
●**Österreichische Botschaft,** Kirchenfeldstrasse 77/79, 3006 Bern, Tel. 031/356 52 51, Fax 031/351 56 64.
●**Österreichische Konsulate** in Basel, Chur, Genf, Lausanne, Lugano, Luzern, St. Gallen und Zürich.

Reisedokumente

Die Schweiz gehört (noch) nicht zur Europäischen Union, doch die Einreise wird an vielen Grenzübergängen und im Zug meist nur mit Stichproben überprüft. Für EU-Bürgerinnen und Bürger genügen der **Personalausweis** oder ein Reisepass, für Kinder ein Eintrag im elterlichen Pass oder ein Kinderausweis. Wer einen längeren Aufenthalt plant, erkundige sich bei den konsularischen Vertretungen.

Autofahrer müssen natürlich ihren Führerschein und den KFZ-Schein mitführen, die **Grüne Versicherungskarte** ist empfehlenswert.

Hunde und Katzen dürfen nur mit **tierärztlichem Zeugnis** eingeführt werden (Einzelheiten siehe Kap. „A–Z/Haustiere“).

Zollbestimmungen

Einfuhr in die Schweiz

●**Alkohol:** 2 l alkoholische Getränke bis 15 % Vol. und 1 l über 15 % Vol.
●**Tabakwaren:** 200 Zigaretten oder 50 Zigarren oder 250 g Pfeifentabak.
●**Nahrungsmittel:** 0,5 kg Fleisch, 1 l/kg Butter/Rahm, 5 l/kg Käse und andere Milchprodukte.
●**Wertfreigrenze:** Übersteigt der Gesamtwert der Waren 300 Franken, so wird die ganze eingeführte Menge abgabenpflichtig.
●**Waffen** und Waffenbestandteile sowie Munition und Munitionsbestandteile sind beim Zollamt anzumelden.
●**Auskünfte:** bei der Oberzolldirektion, 3003 Bern, www.zoll.admin.ch/d, Tel. 031/322 65 11.

Ausfuhr aus der Schweiz in die EU

●**Tabakwaren:** 200 Zigaretten oder 100 Zigarillos oder 50 Zigarren oder 250 g Rauchtabak oder eine anteilige Zusammenstellung dieser Waren.
●**Alkohol:** 1 l Spirituosen (über 22 % Vol.) oder 2 l Spirituosen, Aperitifs oder ähnliche Getränke (22 % oder weniger) oder 2 l Schaumweine oder Likörweine oder eine anteilige Zusammenstellung dieser Waren und 2 l nicht schäumende Weine.
●**Kaffee:** 500 g.
●**Parfüms:** 50 g, Eau de Toilette: 0,25 l.
●**Arzneimittel:** die dem persönlichen Bedarf während der Reise entsprechende Menge.
●**Andere Waren:** bis zu einem Warenwert von insgesamt 175 €, ausgenommen davon sind Goldlegierungen und Goldplattierungen in unbearbeitetem Zustand oder als Halbfabrikat.

Organisierte Touren

Die Schweiz ist ein Reiseland, das man mühelos individuell bereisen kann. Wer seine Ferien aber nicht allein organisieren möchte, kann für einzelne Touren bei den einschlägigen Anbietern Gruppenreisen oder organisierte Individualreisen buchen.

Die **Bahn** bietet Pauschalarrangements und Spezialangebote an. Reiseorganisationen verkaufen Schweizer Pauschalreisen. Über die Webseite: **http://chdt.myswitzerland.com/de/**

help_TourOperators.cfm erhält man Links zu einigen dieser Firmen. In Deutschland und Österreich informiert das Büro von **Schweiz Tourismus** über Adressen für regionale und örtliche Anbieter.

● Eine relativ preiswerte und etwas alternative Art die Schweiz organisiert zu bereisen, bietet **Swisstrips,** Dammstr. 1, 8037 Zürich, Tel. 01/ 273 70 73, www.swisstrips.com.

Reisezeit

Die Reisezeit für einen Besuch der Schweiz hängt von Ihren Interessen ab. Immer besuchenswert sind die größeren **Städte** mit ihrem Kulturangebot. **Baden** in den Seen und Flüssen kann man je nach Wetterlage von Juni bis ca. Ende August. **Wanderungen** können das ganze Jahr hindurch an schönen Tagen sehr attraktiv sein, gerade auch im Winter im Voralpengebiet oder **Schneewandern** in den Alpen (informieren Sie sich über die Witterungsverhältnisse und Routen und gehen Sie keine Risiken ein!).

Milde Temperaturen oder viel **Sonne** bieten alle alpinen Regionen und die größeren Schweizer Seen, insbesondere der Lac Léman (Genfersee) und das Drei-Seen-Gebiet. Als überdurchschnittlich sonnig gelten alle Gebiete südlich der Alpen, d.h. neben der „Sonnenstube" Tessin auch das Wallis und das Engadin. Die Klimaveränderungen lassen jedoch kaum noch sichere Prognosen zu: War früher der Herbst ein sicherer Tipp für sonnige Tage, so kann man heute unangenehme Überraschungen erleben. Man soll sich durch die Nähe Italiens nicht täuschen lassen. In Folge der Höhenlage kann es überall empfindlich **kalt werden.** Im Mittelland ist im Herbst und Winter mit **Nebel** zu rechnen, besonders am Jura-Südfuß.

Während des ganzen Jahres findet man in der Schweiz ein Bett. Es gibt **keine richtige Hochsaison.** Ausnahmen gelten jedoch für ausgesprochene Pauschalreisedestinationen (z.B. Luzern, Interlaken) im Juli und August. Wo oft Tagungen, Kongresse und Messen durchgeführt werden (z.B. in Basel und Genf), ist es sinnvoll, den Veranstaltungskalender zu beachten.

Kleidung und Ausrüstung

Die Witterungsbedingungen und die Topografie der Berge verlangen eine geeignete Ausrüstung. Es empfiehlt sich, im Sommer **genügend Bekleidung** mitzunehmen, sowohl für sehr warme als auch für kühle und kalte Tage.

Für **Wanderer** oder **Bergsteiger** gelten spezielle Verhaltensregeln. Turn- und ähnliche Sportschuhe sind in den Bergen ungeeignet. Wer Spaziergänge und Wanderungen plant, muss eingelaufene Wanderschuhe mitnehmen. Im flacheren Mittelland genügen Turnschuhe.

Die meisten **Wintersportler** benutzen ihre eigenen Skier oder Snowboards. In den größeren Wintersportorten gibt es jedoch eine große Auswahl an Sportgeräten zu vernünftigen Preisen zu mieten. In der Hochsaison ist es sinnvoll, die Ausrüstung frühzeitig reservieren zu lassen. Das örtliche Tourismusbüro informiert gerne.

Einige Wintersportorte im Jura und in den Voralpen leiden zunehmend unter Schneemangel und können trotz aller Schneekanonen auch im Winter nur mit Wanderungen locken. Dafür gibt es Sonne pur und nebelfreie Tage mit herrlicher Sicht. Ob Wander- oder Skischuhe angesagt sind, wissen Schweiz Tourismus und der ADAC (Tel. 0180/523 22 21), die zwischen Dezember und April Auskunft über die Schweizer Skipisten geben. Aktuelle **Wintersportinformationen** können auch über www.schweiz.de abgerufen werden.

Informationen zu Karten und Literatur finden sich unter „Praktische Reisetipps A–Z" sowie im Anhang.

Rund ums Geld

Währung

Die Schweiz und Liechtenstein gehören nicht zum Euroraum, sondern behalten ihre Währung, den **Schweizer Franken.**

Da die Schweiz wirtschaftlich eng mit Europa verflochten ist, wird der Franken gegenüber dem Euro nur in beschränktem Rahmen auf- oder abgewertet. Zum Zeitpunkt der Redaktion dieses Handbuchs galt folgender **Wechselkurs:** 1 sFr. = 0,67 € und 1 € = 1,46 sFr.

Der Franken ist in **Noten** zu 1000, 200, 100, 50, 20 und 10 sFr. im Umlauf. Daneben gibt es **Münzen** zu 5, 2, und 1 sFr. sowie je 50, 20, 10 und 5 Rappen (100 Rappen = 1 sFr.).

In Poststellen erhält man als Souvenir noch die 1-Rappenstücke aus Kupfer, in Spezialgeschäften und bei Antiquitätenhändlern auch alte Noten und Münzen.

In der Schweiz gibt es keine Vorschriften für die Ein- und Ausfuhr von **Devisen.** Man beachte aber die Bestimmungen der Zielländer. Im Herbst 2001 sind die Ausfuhrkontrollen an den Grenzen Deutschlands zur Schweiz verschärft worden.

Zahlungsmittel

Die schweizerische Tourismusindustrie und der Handel haben sich auf die europäische Einheitswährung insofern eingestellt, als dass man fast überall im Land **Franken und Euro** als Zahlungsmittel benutzen kann. Es ist davon auszugehen, dass in den meisten Geschäften und Gaststätten die Preise in Franken und Euro ausgeschrieben sein werden. Wenn man mit **Kreditkarte** bezahlt, löst sich das Problem von selbst. Es empfiehlt sich trotzdem, eine kleinere Bargeldmenge in Schweizer Franken bei sich zu tragen.

Geldautomaten gibt es beinahe an jeder Ecke, meist bei Banken, Poststellen und an Bahnhöfen. An gewissen Automaten kann man Schweizer Franken und Euro beziehen. Die meisten akzeptieren neben EC-Card und Pluscard auch Maestro und die gängigen Kreditkarten mit PIN-Code. **Geld-**

wechsel ist in Banken, an den meisten Bahnhofschaltern und Poststellen möglich. Spezielle Wechselstuben sind eher selten.

Preisniveau

Wer die Preise nicht beachtet, wird am Ende der Ferien das teure Schweiz-Image bestätigen: Güter des täglichen Bedarfs und die Kosten für Aufenthalt und Verpflegung sind **teurer** als in Deutschland und Österreich. Wer hingegen weiß, „wie und wo einkaufen", der kann auch in der Schweiz preiswert reisen.

Benzin ist meistens billiger als in den Nachbarländern, ein **Mittag- oder Abendessen** eher günstiger als in Italien und **Elektro- und Elektronikartikel** zwar teurer als in Singapur, aber vergleichbar mit anderen europäischen Märkten. Teuer sind **Getränke** (insbesondere Wein) in Gastronomiebetrieben und oft das **Übernachten** in Hotels (siehe auch Kap. „Unterkunft").

Es bestehen große **regionale Unterschiede.** Teuer sind Städte wie Zürich und Genf sowie Touristenorte der oberen Kategorie, wesentlich günstiger kleinere Städte, ländliche und grenznahe Gebiete, z.B. das Juragebiet, nicht aber der Kanton Tessin.

Versicherungen

Am unkompliziertesten ist es, gleich mit der Reisebuchung eines der von den Reiseveranstaltern angebotenen **Versicherungspakete** abzuschließen. Ein solches umfasst Kranken-, Unfall-, Gepäck- und Haftpflicht-Versicherungen. Günstiger ist hingegen der gezielte Abschluss einzelner Policen, z. B. bei Banken oder freien Versicherungsmaklern.

Für Leute, die viel reisen, lohnen sich **Jahresversicherungen.** Notieren sollte man sich die auf den Versicherungsscheinen oder -karten angegebenen Notfall-Rufnummern.

Inwieweit Versicherungen im Einzelfall tatsächlich sinnvoll sind, muss jeder selbst entscheiden. **Unfall und Haftpflicht** können beispielsweise bereits durch bestehende Versicherungen abgedeckt sein; die Deckungssummen sind jedoch zu überprüfen. Als Schadensnachweis ist der Versicherung ggf. ein Polizeiprotokoll vorzulegen.

Gepäckversicherung

Der Abschluss einer Gepäckversicherung lohnt sich nicht immer. Es gibt viele Einschränkungen, z. B. bezüglich Sonderausstattung (Laptop, Kamera, Sportgeräte etc.). Bei Verlust oder Beschädigung von versichertem Gepäck müssen, abgesehen von einer Bestätigung des entsprechenden Beförderungs- oder Beherbergungsunternehmens, eine genaue Auflistung der fehlenden/beschädigten Gegenstände sowie schlimmstenfalls Kaufquittungen vorgelegt werden.

Reiserücktrittskosten-Versicherung

Eine Reiserücktrittskosten-Versicherung kann extra vereinbart werden. In Anbetracht der relativ hohen Kosten sind die Bedingungen hierfür genau zu studieren. Nur in speziellen Fällen zahlt die Versicherung bei Nichtantritt einer Reise oder eines unfreiwilligen Abbruchs tatsächlich.

Krankenversicherung

Unverzichtbar ist der Abschluss einer **Auslandsreise-Krankenversicherung.** Im Reisebüro können Krankenversicherungen kurzfristig vor Reiseantritt unkompliziert für unterschiedliche Zeitdauer abgeschlossen werden, meist günstiger sind jedoch die Angebote von Privatversicherern.

Bei Versicherungsabschluss sollte auf **Vollschutz ohne Summenbegrenzung** geachtet werden. Außerdem ist zu überprüfen, ob ein **Rücktransport** im Falle eines Unfalls oder einer schweren Krankheit übernommen wird, bzw. an welche Bedingungen (z.B. Krankenhausaufenthalt) dieser geknüpft ist. **Automatische Verlängerung** der Versicherung im Krankheitsfall ist ein weiterer wichtiger Punkt. Die Leistungspflicht sollte bei verhinderter Rückreise weiter gelten, andernfalls gehen die enormen Behandlungskosten sofort nach Ablauf zu Lasten des Patienten.

Bei Eintreten eines Notfalles sollte die Versicherungsgesellschaft telefonisch verständigt werden. Ausführliche **Quittungen** (mit Datum, Namen, Bericht über Art und Umfang der Behandlung, Betrag) sind Voraussetzung, damit die Auslagen von der Versicherungsgesellschaft erstattet werden.

Sicherungsschein

Jeder, der eine **Pauschalreise** bucht, hat das Recht darauf, sich zu vergewissern, dass sein Reiseveranstalter gegen eine Insolvenz (Pleite) abgesichert ist.

004ch Foto: bu

Eine Pauschalreise ist jede Kombination zweier gleichwertiger Reiseleistungen, also beispielsweise bereits die kombinierte Buchung von Flug und Mietwagen.

Spätestens bei der ersten (An-)Zahlung muss der Veranstalter bzw. das Reisebüro dem Kunden deshalb einen **Sicherungsschein** aushändigen. Wenn ein Veranstalter aus welchen Gründen auch immer diesen Sicherungsschein verweigert, kann man davon ausgehen, dass er gegen eine Pleite nicht versichert ist. Das muss kein Grund sein, die Reise nicht zu buchen, es schließt allerdings das Risiko mit ein, bereits bezahlte Reiseleistungen im Pleitefall nicht zu erhalten – beispielsweise den Rückflug ...

005ch Foto: rb

Praktische Reisetipps A–Z

006ch Foto: en

011ch Foto: tt

Mit der Rhätischen Bahn unterwegs in Graubündens Bergwelt

Locker von der Rampe auf den Zug

Blick auf das Malcantone

An- und Rückreise

Mit dem Auto

Papiere und Vignette

Wer mit dem Auto reist, darf den nationalen **Führerschein** und den **KFZ-Schein** nicht vergessen. Die **Grüne Versicherungskarte** ist ebenso wie der **Auslandschutzbrief** eines Automobilklubs empfehlenswert.

Für Autobahnen (grün beschildert) ist die **Maut-Plakette,** in der Schweiz *Vignette* genannt, Vorschrift. Sie kostet sFr. 40 und ist an jeder Zollstelle, in allen schweizerischen Poststellen, bei Automobilverbänden, Bahnhöfen etc. erhältlich. Die Vignette muss gut sichtbar an die Windschutzscheibe geklebt werden.

Routen

Autoreisende benutzen für die Einreise die großen Autobahnen. Auf der **A5** (Karlsruhe – Basel – Westschweiz und Mittelland) und der **A 98** (Stuttgart und Ulm – Schaffhausen) geht es meist zügig voran. Wer über die **A 96** aus Ulm oder München bzw. Österreich in die Ostschweiz fahren möchte, muss hingegen mit Wartezeiten rechnen, denn der Zoll in St. Margrethen, im nordöstlichsten Zipfel der Schweiz, ist oft überlastet.

Wer aus Italien kommt, kann die Autobahn über Milano – Chiasso oder die reizvolle und weniger staubelastete Anfahrt über das Aostatal und durch den Grossen St.-Bernhard-Tunnel an den Genfersee wählen.

Verkehrsbelastet ist die Rückreise über den Simplon, dem Lago Maggiore entlang. **Landschaftlich sehr schön** gestaltet sich der Weg über Meran-Vinschgau/Val Venosta oder durch das Veltlin über Tirano-Bormio ins abgelegene Münstertal und von dort in das Engadin und durch den Vereinatunnel („fahrende Landstrasse") nach Klosters und in den Norden oder umgekehrt.

Im Winter empfehlen sich geeignete Reifen, bzw. Ketten. Gewisse Pässe sind dann geschlossen.

● Informationen über den Straßenzustand, die Öffnung von Passstraßen, die Verkehrssituation etc. erhält man im Internet unter: **www.swisstxt.ch/traffic/d/** und **www.tcs.ch.**

Autoreisezüge

Wer die mühsame Anreise oder Staus umgehen will, benutzt die Autoreisezüge von Hamburg, Berlin-Wannsee, Hildesheim, Bremen, Düsseldorf und Köln nach **Lörrach,** von Düsseldorf und Köln nach **Lindau** am Bodensee oder die täglichen Verbindungen von Wien nach **Feldkirch.**

Außerdem besteht die Möglichkeit, das Fahrzeug durch verschiedene Bahntunnel transportieren zu lassen (siehe dazu Kap. „Auto fahren/**Autoverlad"**).

Mit der Bahn

Mit **Intercity** und **Eurocity-Zügen** sind die wichtigsten Städte Deutschlands und Österreichs mehrmals täglich mit den Touristikzentren der Schweiz verbunden. Dank des „Taktfahrplans" erreicht man diese Destinationen fast immer ohne große Wartezeiten.

Wer in der Schweiz öfters Bahn fährt oder größere Strecken zurücklegt, erwirbt vor der Anreise am besten eines der für Feriengäste konzipierten **Spezialangebote** mit denen es sich günstig reisen lässt (siehe Kap. „Öffentliche Verkehrsmittel").

● **Information** über die vielfältigen Angebote, Fahrpläne, usw. erhält man am Fahrkartenschalter, über die Webseiten der Deutschen Bundesbahn (www.bahn.de), der Österreichischen Bundesbahnen (www.oebb.at) oder der Schweizerischen Bundesbahnen (www.sbb.ch).

Mit dem Flugzeug

Die Schweiz besitzt mit Zürich-Kloten, Genf-Cointrin und Basel-Mülhausen drei große **Flughäfen** von internationaler Bedeutung, die mit größeren deutschen und österreichischen Flughäfen tägliche Verbindungen aufweisen. Daneben gibt es mit Bern-Belpmoos, Lugano-Agno und Altenrhein-St. Gallen drei weitere regionale Flugplätze, die international angeflogen werden.

Zürich und **Genf** werden mehrmals täglich von den wichtigsten Flughäfen Deutschlands und Österreichs von Lufthansa, AUA und Swiss angeflogen, **Basel** z.B. von der Lufthansa aus Frankfurt und der Swiss aus Berlin, Hamburg, München, Hannover, Köln, Düsseldorf, Stuttgart, Friederichshafen und Wien. **Bern-Belpmoos** ist mit der Air Switzerland von München und Amsterdam aus erreichbar sowie von der österreichischen Intersky aus Wien und Berlin. **Altenrhein** wird täglich von Rheintalflug bzw. Intersky aus Wien angeflogen. **Lugano-Agno** kann mit der Swiss über Bern oder Basel indirekt von denselben deutschen Städten aus erreicht werden. Wer das Tessin besuchen will, ist mit **Milano Malpensa** gut bedient, dem nur einige Kilometer von der Schweizer Grenze entfernten neuen Flughafen der italienischen Metropole.

Angenehm sind die kleineren Airports wie Bern und Agno, wo man innerhalb einiger Minuten abgefertigt wird. An allen Flughäfen können Fahrzeuge gemietet werden. Gute öffentliche Verkehrsverbindungen sind ebenfalls gegeben. Zürich und Genf sind direkt ans Intercitynetz angeschlossen.

Man beachte die **Spezialtarife** der Fluggesellschaften (Internettarife, spezielle Citytarife und Mileage-Angebote), die einen sehr günstigen Flug aus Deutschland und Österreich in die Schweiz und zurück ermöglichen.

● www.jet-travel.de
● www.travel-overland.de

Autofahren

Verkehrsregeln

Die **Höchstgeschwindigkeit** auf Autobahnen beträgt in der Schweiz 120 km/h, in Agglomerationsgebieten ist sie oft auf 100 km/h herabgesetzt. Auf Autostraßen darf man ebenfalls

100 km/h fahren, während die Geschwindigkeit auf normalen Straßen außerhalb geschlossener Ortschaften auf 80 km/h begrenzt ist. Innerorts gelten in der Regel 50 km/h. Lokale Begrenzungen beachten!

Die **Promillegrenze** liegt in der Schweiz (noch) bei 0,8 Promille.

Auf Vorder- und Rücksitzen besteht **Anschnallpflicht.** Kinder unter 7 Jahren müssen mit einer Kinderrückhaltevorrichtung, z.B. einem **Kindersitz,** gesichert sein.

Telefonieren mit dem Handy ist während des Fahrens verboten. Das Benutzen einer Freisprechanlage ist erlaubt, sofern die Aufmerksamkeit des Fahrzeugführers nicht beeinträchtigt wird.

Tankstellen

Tankstellen sind immer häufiger mit Bedienung. In angeschlossenen Läden werden Güter des täglichen Bedarfs angeboten. Benzin kostet in der Schweiz meist weniger als in den Nachbarländern. Tankstellen an Autobahnen sind zumeist durchgehend geöffnet. Viele akzeptieren die gängigen Kreditkarten.

Autoverlad

Durch verschiedene Bahntunnel werden Autos transportiert, was die Reise verkürzt und erleichtert. Das Verladen findet meist ohne längere Wartezeiten statt. Über das Autoradio wird über den Straßenzustand informiert, dazu gehört auch die Situation an den Verladebahnhöfen. Die wichtigsten Verladestrecken sind:

- **Lötschberg:** von Kandersteg (Bern) nach Goppenstein (Wallis), Preis: sFr. 25, Lötschberg-Billetts können beim ADAC gekauft aber nicht vorreserviert werden.
- **Furka:** von Realp nach Andermatt (Uri), Preis:* sFr. 27/36.
- **Oberalp:** von Andermatt (Uri) nach Sedrun (Graubünden), Preis: sFr. 65 nur für das Fahrzeug, sFr. 11 pro Person, Vorbestellung ist unerlässlich. Andermatt: Tel. 041/888 75 11, Sedrun: Tel. 081/920 47 11. Transport von Weihnachten bis Ostern, sonst auf Anfrage, im Sommer eingestellt, da der Pass offen ist.
- **Vereina**: von Selfranga/Klosters nach Sagliains/Zernez (Unterengadin), Preis:* sFr. 27/40.

*Die Preise verstehen sich als Sommer- bzw. Winterpreise.

Einkaufen

Wer in der Schweiz einkauft, stellt fest: Die Preise entsprechen dem hohen Lebensstandard der Schweizer und das Warenangebot ist geprägt von der vielfältigen kulturellen Zusammensetzung der Gesellschaft.

Große Handelsketten

Zwei große Handelsriesen beherrschen die Schweiz, **MIGROS,** der „orange Riese" und die von der Gewerkschaftsbewegung gegründete **COOP** (siehe Exkurs „MIGROS und Dutti"). In allen Geschäften der beiden Branchenführer kauft man zu vernünftigen Preisen gute Qualität – in der COOP Markenprodukte, in der MIGROS die firmeneigenen Marken. Die MIGROS besitzt mit der BUDGET-Linie ein Angebot für preisbewusste Konsumenten. Neuerdings gibt es in den größeren Märkten auch ein breites und qualitativ gutes Sortiment biologischer Nahrungsmittel („Naturaplan" bei COOP, „BIO-Migros" bei MIGROS). Die den strengsten biologischen Kriterien genügenden Produkte sind in der Schweiz mit dem Knospenlabel und der Bezeichnung BIO SUISSE gekennzeichnet.

Weniger dicht ist das Handelsnetz der meist im Discountbereich angesiedelten „Denner"-Geschäfte. Denner ist v.a. beliebt für Alkoholika und Tabakwaren. **Andere Anbieter** sind „vis-à-vis", „billy" (Billigdiscounter) und „aldi". Der europäische Branchenführer „Carrefour" ist in der französischen Schweiz mit großen *Supermarchés* präsent. Große Märkte betreibt auch die WARO.

Im **Warenhaussektor** sind der Billiganbieter EPA, „Jelmoli", MANOR (mit sehr guten Restaurants, siehe Kap. „Essen und Trinken"), „Globus" (gehobene Klasse) und im Berner Raum auch die „Loeb"-Gruppe zu nennen. Die großen Märkte von MIGROS und COOP bieten Nonfood-Produkte für den Haushalt, z.B. günstige Elektronik-

MIGROS und „Dutti"

MIGROS ist **Branchenführer** im schweizerischen Detailhandel mit einem Gesamtumsatz von 20 Milliarden Schweizer Franken und 81.000 Mitarbeitenden.

Die MIGROS wurde in den Zwanzigerjahren des letzten Jahrhunderts von **Gottlieb Duttweiler** (genannt *Dutti),* einem Apologeten des „sozialen Kapitals" gegründet, um Produkte des täglichen Bedarfs günstig anzubieten, indem man die Handelsketten ausschaltet. *Dutti* kaufte günstig ein, schaltete den Zwischenhandel aus und baute mit der Zeit eigene Fabrikations- und Verarbeitungsbetriebe auf. Er wurde als „Totengräber des Mittelstandes" heftig bekämpft, gründete die politische Bewegung „Landesring der Unabhängigen" und wurde ins schweizerische Parlament gewählt, was ihn nicht hinderte, im Parlamentsgebäude mit einem Stein eine Fensterscheibe einzuwerfen, um so gegen eine ihm nicht genehme Verordnung zu protestieren.

Die MIGROS wurde zum führenden Lebensmittelverarbeiter und -distributor der Schweiz. Sie besitzt in gewissen Bereichen Marktanteile von über 50 %. *Duttweiler* „schenkte" nach dem Zweiten Weltkrieg „den Konsumenten die MIGROS", indem er sie in eine **Genossenschaft** umwandelte, der heute 1,8 Millionen Schweizerinnen und Schweizer als Mitglieder angehören.

Die MIGROS ist heute ein **diversifizierter Konzern** mit eigener Bank (MIGROS-BANK), mit dem zweitgrößten Reiseunternehmen der Schweiz (Hotelplan), dem größten Weiterbildungsveranstalter der Schweiz (den MIGROS-Klubschulen), dem größten Buchhändler (Ex Libris) etc. Zur MIGROS-Gruppe gehören die Warenhauskette „GLOBUS", die „MIGROL"-Tankstellen und -Shops.

Noch heute wird in den MIGROS-Geschäften der Wille *Duttis* respektiert: Man **verzichtet auf Alkohol und Tabak.** Nach dem Tode *Duttweilers* sorgte seine Frau *Adele* für das Vermächtnis, zu dem unter anderem gehört, dass ein Prozent des Umsatzes der MIGROS, (im Jahre 2000 waren das 109 Millionen Franken) für **kulturelle Zwecke** verwendet werden muss.

MIGROS versuchte auch **im Ausland** Fuß zu fassen. Hotelplan war z.B. erfolgreich, für das Detailhandelsgeschäft wurden alle Auslandsengagements zu verlustreichen Abenteuern.

In der Schweiz konnte die MIGROS fast jeden Versuch, ihre marktbeherrschende Stellung anzugreifen, erfolgreich abwehren.

artikel, Elektrogeräte, Haushaltsbedarf, Uhren, Sport- und Textilartikel.

Größere Supermärkte betreiben **Restaurants** mit Mahlzeiten, die das Budget nicht sprengen.

In Bahnhöfen, an Tankstellen und ähnlichen Treffpunkten findet man „Convenience-Food"-Geschäfte, die spät **nachts** und **am Sonntag** Güter des täglichen Bedarfs anbieten. Die Produkte in diesen Geschäften sind allerdings meist mit einem tüchtigen Aufpreis versehen.

Spezialgeschäfte

Die **Bäckerei** ist neben der Drogerie und der Käserei das einzige mittelständische Handelsgeschäft, das auf dem Dorf noch regelmäßig anzutreffen ist. Bäckereien bieten schmackhafte, frische Brote und Backwaren, Patisserie u. Ä. an. Oft sind sie mit einem Café verbunden. In der französischen Schweiz findet man in der Bäckerei ähnliche Artikel wie in der französischen *Boulangerie,* in vielen Regionen einheimische Spezialitäten, z.B. die „Basler Leckerli" oder die „Gottlieber Hüppen". Bäckereien haben oft sonntagmorgens für einige Stunden geöffnet.

Metzgereien sind nur noch in größeren Dörfern anzutreffen.

In den **Dorfkäsereien** wird genossenschaftlich die Milch der umliegenden Landwirtschaftsbetriebe gesammelt, täglich von großen Lkws abgeholt und zentral zu Käse und anderen Milchprodukten verarbeitet. In gewissen Käsereien verarbeitet der Käser je-

008ch Foto: en

doch noch heute einen Teil der Milch zu Käse und Butter. Ein Besuch der örtlichen Käserei mit den großen *Chessi* (Kesseln) und dem Käsekeller sowie die Degustation des dort reifenden Jahrgangs gehört zu den Erlebnissen, die man sich in der Schweiz nicht entgehen lassen sollte. Die nächste Schaukäserei der Region ist zwar auch zu empfehlen, jedoch weniger authentisch.

Märkte

Empfehlenswert ist ein Besuch der **farbenfrohen Wochenmärkte.** In den großen Städten wie Bern und Basel werden ein- bis zweimal wöchentlich Gartenprodukte, hausgemachte Spezialitäten, Fleischwaren, Käse und Blumen auf den traditionellen Märkten angeboten. Hier trifft sich Stadt- und Landbevölkerung.

In kleineren Orten finden ebenfalls wöchentlich Märkte statt, jedoch mit kleinerem Angebot. Informationen geben die örtlichen Tourismusbüros.

Zusätzlich gibt es saisonale Märkte, Jahrmärkte, regionale Gewerbeausstellungen und **Spezialmärkte** wie Antiquitäten- und Flohmärkte, oft begleitet von *Rösslispiel* (Karussell) oder andere Attraktionen für Kinder und Junggebliebene.

In einzelnen Orten gibt es **lokale Märkte** und Messen, z.B. den *Zibelemärit* (Zwiebelmarkt) oder den Geranienmarkt in Bern.

Dorf- und Hofläden

Die hoch subventionierte und am staatlichen Gängelband geführte Landwirtschaft muss sich unter dem Druck von WTO und der EU-Integration neu orientieren und mehr Initiative entwickeln. Dynamische Bäuerinnen entdecken mit kleinen Verkaufsstellen die **Direktvermarktung** wieder. „Dorfläden" und „Hofläden" sind bei Städtern populär. Besuche werden zum kleinen Event, besonders wenn die Bauersleute neben dem Verkauf von Blumen, Eingemachtem, kleinen Geschenkartikeln und Backwaren noch zusätzliche Ideen entwickeln, z.B. einen kleinen Tierpark mit Hoftieren zum Anfassen und Reiten (www.hof.ch). „Schlafen im Stroh", das Übernachten auf dem Hof, gefolgt vom *währschaften Burefrühstück,* können auch Touristen als Alternative zum Hotel auswählen (siehe Kap. „Unterkunft").

Degustation

Die Schweizer trinken ihre einheimischen **Weine** so gern, dass Ausländer meist nicht die Gelegenheit bekommen, sie zu kosten. Falls Sie sich in einer Weingegend aufhalten, z.B. am Bieler- oder Neuenburgersee, am Lac Léman oder im Wallis, in der Bündner Herrschaft oder im Tessiner Merlot-Gebiet, so prüfen Sie bei einem Winzer oder einer Winzer-Genossenschaft

Guten Appetit beim Probieren der lokalen Käseplatte

den Wein *(dégustation)* und philosophieren Sie mit dem Weinbauern über den Jahrgang. Meist ist dies kostenlos. Fast immer ist jemand anwesend, um Gäste zu empfangen (siehe auch Kap. „Essen und Trinken/Weine").

Regionalprodukte, Souvenirs

Es muss ja nicht ein Alphorn sein! In der Schweiz gibt es zahllose mehr oder weniger geschmackvolle Souvenirs zum Mitbringen.

Über den Abschied können **typische Nahrungsmittel** hinweghelfen: Schokolade versteht sich von selbst. Wie wäre es mit dem lokalen Pflümli (Pflaumenschnaps) oder Williams (Birnenschnaps, z.T. mit einer ganzen Birne im Glas), mit einem guten Weintropfen oder mit Trockenfleisch, z.B. Bündnerfleisch aus Graubünden oder *Mostbröckli* aus dem Appenzellischen. *Röschti* (geraffelte Bratkartoffeln) als Fertigprodukt gibt es in jedem Handelsgeschäft.

Gefragt sind typische Produkte im Umfeld des schweizerischen Nationalgerichts **Käse,** z.B. ein *tete-de-moine* mit der dazugehörigen speziellen *Girolle* zum Schaben des Käses, ein halber Laib Raclettekäse mit einem kleinen Racletteofen für Liebhaber der Walliser- oder Freiburgerküche oder das unvermeidliche *Fonduecaquelon* (Fonduepfanne) mit einer Portion echtem Fonduekäse.

Zum Thema **Gebrauchsartikel** gehören Schweizer Armeemesser (z.B. auch in der MIGROS zu haben), die Schweizer Uhr oder Schmuck vom Schweizer Bijoutier.

Für Sammler kann **Grafik** empfohlen werden, die in guter Qualität erwerblich ist. Wer sich interessiert, beachte z.B. den von der Zeitschrift BILANZ herausgegebenen Spezialführer „Artguide", in dem ein Künstler-Rating und eine Liste der guten Galerien publiziert sind (ISBN 909 167-31-4).

Heimatwerk-Geschäfte bieten gute traditionelle schweizerische Souvenirs und Gebrauchsartikel an.

Elektrizität

Wie in Deutschland und Österreich beträgt der Wechselstrom überall 220 Volt. Dennoch ist es ratsam, einen **Netzadapter** mitzuführen, da Schukostecker nicht auf Schweizer Steckdosen passen.

Wer in die Alpen reist, in Berghütten, auf Höfen oder Campingplätzen übernachten will, nehme vorsichtshalber **Taschenlampen** und dazu passende Batterien sowie evtl. **Kerzen** und Zündhölzer mit.

Essen und Trinken

Kulinarisch enttäuschen Schweizer Köche selten. Die Küche ist meist sauber, gepflegt, beeinflusst von der Kultur der Nachbarländer und neu auch von außereuropäischen Einflüssen. Einige Köche genießen Weltruhm. Für kulinarisch Anspruchsvolle sind Spezialführer wie der zuverlässige „Guide Michelin Schweiz" zu empfehlen.

Lokale und Imbisse

Preiswerte Gerichte gibt es in den **Restaurants der Warenhausketten** und Supermärkte (MIGROS, COOP).

Sehr empfehlenswert sind die Buffets der **MANOR-Kette** (in etwa 20 Städten, nur frische Küche) oder die ebenfalls nach dem Marchéprinzip aufgebauten Autobahnrestaurants von **Mövenpick.**

Viele **Restaurants** bieten preiswerte „Tagesmenus" oder „Tagesteller" an.

Auch **Fastfood-Angebote** fehlen in der Schweiz nicht. Pizzerien und Pastarestaurants haben viele traditionelle Schweizer Gaststätten verdrängt.

Thai- und **Chinarestaurants,** das **Sri Lanka-** oder **Indien-Restaurant** finden sich unterdessen in jeder mittleren Schweizer Stadt.

Norddeutsche Gäste werden gute See-Fischrestaurants vermissen. Vielleicht hilft das **Süßwasserfischangebot** an den Schweizer Seen (Forelle blau, Eglifilets).

An Ständen mit Kebab oder anderen Angeboten kann der **kleine Hunger** gestillt werden.

Die großen Detailhandelsgeschäfte bieten alles für Picknick und **Selbstversorgung.**

Die **Gastronomie-Empfehlungen** in diesem Reiseführer beruhen auf Einschätzungen lokaler Gewährspersonen oder es wird auf Betriebe verwiesen, welche vom Ambiente oder von ihrem Gastronomieangebot her aufgefallen sind. Vertrauen Sie der persönlichen Intuition, beobachten Sie, ob auch Einheimische im Lokal essen, inspizieren Sie die Karte: Welcher Eindruck ergibt sich, wie breit ist das Angebot? Wer zu viel anbietet, wird selten gut anbieten.

Regionale Spezialitäten

Die Schweizer Küche gibt es nicht, entweder ist sie international oder regional: Es gilt eine große Anzahl unterschiedlicher Gerichte auszuprobieren.

In **Graubünden** neben dem allseits beliebten Bündnerfleisch z.B. die *Schoppa da jotta* (Gerstensuppe mit Speck), *Maluns,* von vielen als Königin der Kartoffelspeisen bezeichnet, *Pizokels,* eine Gemüse-Mehlspeise, oder *Capuns,* die bündnerische Krautwickel mit Mangoldblättern. Im Herbst Wild, z.B. einen Gemspfeffer oder Hirschbraten. Als Süßspeise die berühmte *Tuorta da Nusch* (Nusstorte) mit Mandeln, Baum- und Haselnüssen sowie mit viel Zucker.

Im **Tessin** sollte man die berühmten *Risotti* kosten (z.B. Safran-Risotto), am besten mit *Luganighe,* dem Wurstgedicht aus der Gegend. Aber auch *Busecca* (Kuttelsuppe) und Maisgerichte, z.B. Maisschnitten *(Fette di Polenta)* mit *Capretto* (Zicken), oder *Coniglio* (Kaninchen) *con Purè di Patate* (Kartoffelstock).

In der **Ostschweiz** probiere man die leckeren Appenzeller *Moschtbröckli* (Trockenfleisch), Gemüsekuchen *(Wähen* genannt), z.B. die Schaffhauser *Bölletünne* (Zwiebelwähe). Legendär ist St. Galler *Schüblig,* eine robuste Wurst, raffinierter die Fischspeisen vom Bodensee, z.B. diverse Felchen- oder Hechtgerichte, Egli- oder Forellenfilet, lecker auch der Thurgauer

Sauerbraten. Als Süßspeise locken Appenzeller *Birrewegge* (Birnenbrot) oder ein *Biberli* (Mandelgebäck).

Basel hat die Basler Mehlsuppe eingebracht, die vorzugsweise einen Tag vor dem Verzehr zubereitet und dann aufgewärmt wird, dazu Fischgerichte, so den Basler Salm (obschon man Lachs im Rhein nicht mehr findet). Jedes Kind kennt die Basler Leckerli (Honiggebäck).

Aus **Zürich** kommt neben dem berühmten Geschnetzelten das ebenso bekannte Bircher-Müesli, der vornehme Ratsherrentopf (Rinds- und Kalbsfilet, Kalbsleber und Kalbsniere, dazu Kartoffeln und Gemüse).

In der **Innerschweiz** gibt es Fischgerichte sowie *Schwynigs* und *Chestenä* (Schweinefleisch und Kastanien). *Ofetori* ist ein Innerschweizer Mais-Apfelgericht. *Älplermagronen* („Hörnli"-Teigwaren mit Äpfelschnitzen) dürfen in keiner Alphütte und keinem Skirestaurant fehlen. Als Dessert z.B. Zuger Kirschtorte, ein süßes Gedicht.

Die *Pièce de Résistance* der **Berner Küche** sind die *Röschti* (oder Rösti), daneben die Berner Platte (Zunge, Siedfleisch, Speck, Zungenwurst mit gedörrten Bohnen oder mit Sauerkraut). *Gnagi* ist die Berner Version des Eisbeins und im November, verbunden mit dem Berner Zibele-Märit, isst man *Zibelechueche* (Zwiebelkuchen).

Jenseits des so genannten Röstigrabens (der Saanegraben teilt die deutsche von der **französischen Schweiz**) sind wir im Gebiet der Käsespeisen, des allgegenwärtigen Fondues (Freiburger oder Walliser Fondue) oder des ebenso legendären Walliser Raclettes. Die Westschweiz kennt auch vorzügliche Würste, die Waadtländer oder Neuenburger *Saucissons* oder *Boudins.* Man versuche *Papet Vaudois,* eine Lauchspeise mit *Saucisse au Chou* und *Saucisse au Foie* (Lauch- und Leberwurst). An den Seen der Romandie findet man Fischgerichte, z.B. *Soupe de Poisson du Lac* (Fischsuppe).

Käse

Nicht ganz zu Unrecht werden die Schweizer als ein Volk von Käseliebhabern bezeichnet. Einige Schweizerkäse, wie der Emmentaler und der Gruyère, haben Weltruf. Die Käsespeisen Fondue und Raclette sind nicht nur bei Touristen die populärsten Speisen an kalten Tagen. Neben dem traditionellen Hartkäse bringen die Käsereien in der Schweiz zunehmend sehr schmackhafte Weichkäse auf den Markt.

Emmentaler

Der große nussartig-milde aus dem Emmental ist weltweit wohl **der Bekannteste.** Groß darf dabei wörtlich genommen werden, der Laib eines Emmentalers hat einen Durchmesser von bis zu 100 Zentimetern und ein Gewicht zwischen 60 und 130 Kilogramm. Über 1000 Liter Schweizer Rohmilch sind für die Herstellung eines Laibes nötig. Die charakteristischen Emmentaler Käselöcher bilden sich während des Reifeprozesses. Durch die Gärung entsteht Kohlensäuregas, das sich an verschiedenen Stellen im Käseteig sammelt und die berühmten Löcher bildet. Den Emmentaler gibt es mild, rezent, normal, réserve (lange Lagerung) und im Felsenkeller gelagert.

Gruyère/Greierzer

Gruyère ist ein Käse, der, aus Rohmilch hergestellt, ursprünglich nur in und um das Städtchen Gruyère herum, heute aber in weiten Teilen der Schweiz produziert wird. 400 Liter werden für einen ca. 35 Kilogramm schweren Käse benötigt. Während der Laib mehrere Monate reift, wird er immer wieder mit reinem Salzwasser abgerieben. Dadurch entsteht eine Schmierschicht auf der Rinde, die die Reifung beschleunigt. Gerade dies gibt dem Gruyère ein **kräftiges Aroma.** Er ist – z.B. mit Vacherin gemischt – der ideale Käse für Fondue.

Appenzeller

Der Appenzeller wird im Kanton Appenzell-Innerrhoden und Außerrhoden hergestellt. Er wiegt zwischen sechs und acht Kilogramm und hat einen Durchmesser von 30 bis 33 Zentimetern. Appenzeller ist erkennbar an seiner **gelb- bis rötlichbraunen Rinde** und der regelmäßigen, mittelgroßen Lochung. Seine Würze erhält er durch die Pflege mit der Kräutersulz, einem streng gehüteten, jahrhundertealten Rezept.

Tilsiter

Der Tilsiter wird in über 70 Käsereien, v.a. in der Ostschweiz nach traditionellem Rezept gefertigt. 45 Liter frische Milch sind für den ca. vier Kilogramm schweren Laib nötig. Nach der Herstellung und der Behandlung im Salzbad erfolgt die Lagerung und Pflege in speziellen Kellern. Nach einer ca. dreimonatigen Reifezeit wird der Tilsiter genossen. Mit zunehmendem Alter gewinnt er an Feinheit und Aroma. Tilsiter ist ein guter **Dessertkäse.**

Vacherin

Seit vielen Jahrhunderten wird er im ganzen Gebiet des Kantons Freiburg und der Romandie hergestellt. Bis der feine, rahmige Vacherin die Gaumen seiner Genießer erfreuen kann, braucht er mindestens drei Monate Pflege. Nach dieser Reifezeit präsentiert sich ein Käse von ungefähr acht Kilogramm Gewicht und einem Durchmesser von etwa 33 Zentimetern. Vacherin ist **milde, elfenbeinfarbig bis hellgelb** und wird jung genossen. Mit zunehmendem Alter erhält er ein kräftigeres Aroma. Vacherin wird v.a. bei der Herstellung eines *Fondue moitié-moitié* oder eines reinen Freiburger Fondues verwendet.

Tête de Moine

Die Wiege des Tête de Moine steht im Jura im Kloster Bellelay. Bereits vor 800 Jahren ist diese Spezialität dort entstanden. Im Gegensatz zu anderem Käse soll der Tête de Moine nicht geschnitten werden. Sein blumig-würziges Aroma offenbart er erst, wenn man ihn schabt. Zu diesem Zweck schneidet man am oberen Rand des Käselaibes die Käseoberfläche als

Deckel weg. Ein Handwerker von Lajoux im Jura hat dazu unter der Bezeichnung **Girolle** ein Gerät entwickelt. Einfach und schnell kann man so den Tête de Moine zu Rosetten schaben und mit wenigen Handgriffen zu einer kunstvollen Käseplatte zusammenstellen (erhältlich in Käsereien und Warenhäusern).

Hobelkäse aus dem Saanenland oder Justistal

Eine empfehlenswerte Spezialität ist harter, fein gehobelter Käse aus dem Saanenland oder Justistal. Der sehr harte, zwei- bis dreijährige Käse wird mit einem fein eingestellten Hobel **hauchdünn** gehobelt. In einigen Geschäften erhält man Hobelkäse verpackt, meist mit Sbrinz-Käse. Diese Version lässt sich keinesfalls mit dem Originalhobelkäse aus dem Saanenland oder Justistal vergleichen.

Schabziger

Schabziger ist ein kräftiger, unnachahmlicher **mit Kräutern gewürzter Magermilchkäse** aus dem Glarnerland, der als Aufstrich oder gerieben in der Streudose zum Würzen verwendet wird. Seine erste Erwähnung geht auf das 8. Jahrhundert zurück.

Vacherin Mont d'Or

Die kleinen Vacherin Mont d'Or-Käse aus dem Jura sind ein besonders schmackhaftes Beispiel von **Weichkäse,** wie er heute in der Schweiz produziert wird. Der Vacherin Mont d'Or kann warm serviert werden – ein speziell feiner Leckerbissen.

Wein

(Text von *Toni Weibel,* Regionalmanager der Robinson Ferienklubkette und ausgewiesener Weinkenner)

Entwicklung des Schweizer Weinbaus

Der Weinbau hat in der Schweiz eine lange Geschichte. Ein Fund von Traubenkernen aus der Jungsteinzeit im Kanton Neuchâtel zeugt davon. Bekannt ist, dass die Römer die Rebe in den meisten Gebieten der Schweiz kultivierten. Im Mittelalter breitete sich der Weinbau durch die Mönche und Klöster stark aus. Steigende Weinimporte ab dem 17. Jh., aber auch katastrophale Krankheiten gegen Ende des 19. Jh. schädigten den schweizerischen Rebbau nachhaltig. Die Anbaufläche ging von ca. 33.000 Hektar Mitte des 19. Jh. bis zur Mitte des 20. Jh. um 60 % auf 12.500 Hektar zurück. Erst in den letzten Jahrzehnten konnten bestimmte Gegenden wieder zulegen. Heute besitzt die Schweiz knapp 15.000 Hektar Rebfläche in oft spektakulären Lagen. Die Jahresproduktion beträgt etwa eine Million Hektoliter Wein. Der größte Teil der Rebfläche liegt in der französischsprachigen Westschweiz, die übrigen Gebiete verteilen sich auf die deutschsprachige Ostschweiz sowie auf den italienischsprachigen Süden.

Klima und Lage

Klimatisch liegt die Schweiz zwischen dem 45. und 47. Breitengrad für den Weinbau in günstiger Lage, wenn

009ch Foto: en

Weinbau in der Bünder Herrschaft

sie nicht so gebirgig wäre. Die meisten Weinanbaugebiete liegen in landschaftlich reizvollen Gegenden entlang von Seen und Flüssen, wo lange Sonnenscheindauer und häufiger Föhn für milde Temperaturen und eine gute Reife des Traubengutes sorgen. Im oberen Rhonetal im Kanton Wallis ist zuverlässig mit 2000–2500 Sonnenscheinstunden pro Jahr zu rechnen. Dadurch ist ein Anbau von Wein in Höhen von bis zu 750 Metern möglich (bei Visperterminen gibt es auf 1100 M.ü.M. sogar eine Weinberglage, die für sich beansprucht, die höchstgelegene Europas zu sein). Auch in Graubünden sorgt der Föhn insbesondere im Herbst für außerordentliche Reifegrade.

Rebsorten

Die meistangebaute Rebsorte der Schweiz ist **Chasselas,** in Deutschland „Gutedel" genannt; 45 % der Rebfläche entfallen auf den Anbau dieser Rebe, welche 60 % der Gesamtweinproduktion des Landes erbringt. Die Chasselas-Traube – im Wallis „Fendant" und im Waadtland bis vor kurzem „Dorin" genannt – ist äußerst ertragreich und wird fast ausschließlich in den Kantonen Genf, Waadt und Wallis angebaut. Ihr Wein ist trocken, leicht und fruchtig und erlangt in Spitzenlagen wie im „Dézaley" beachtlichen Körper.

Weitere Weißweinsorten sind der **Sylvaner,** der im Wallis an zweiter Stelle nach dem Fendant angebaut wird, und der **Riesling-Sylvaner** in der Ostschweiz.

Beim Rotwein dominiert der **Pinot Noir** (Blauburgunder) als meistangebaute Rotweintraube. In den Kantonen Waadt und Genf ist hingegen die ertragreichere **Gamay,** die Rebe für den Beaujolais, stärker vertreten. Im Tessin herrscht der **Merlot** mit drei Vierteln der Weinproduktion vor.

Weinanbaugebiete

Mit über 5000 Hektar Rebfläche ist das **Wallis** der größte Schweizer Weinbaukanton. Die herrlichen Rebberge an den Südhängen des sonnenreichen oberen Rhône-Tals sind terrassiert, manchmal horizontal in den Hang geschnittene Rebflächen mit Gefällen von 60°bis 70°. Das Wallis hat das trockenste und sonnenreichste Klima der Schweiz. Hauptrebe ist der „Fendant" (Chasselas), die zweitwichtigste Rebe der „Sylvaner", im Wallis „Johannisberg" genannt. Zwei Drittel der Rotweinproduktion entfällt auf „Pinot Noir" (Blauburgunder). Mit „Gamay" verschnitten ergibt dies den im Wallis allgegenwärtigen „Dôle".

Erzeuger im Wallis:

- Gérald Besse, Les Rappes, 1921 Martigny-Combe, Tel. 026/722 78 81, sehr schöner sortenreiner Gamay.
- Oscar Chanton SA, Kantonsstr. 2, 3930 Visp, Tel. 027/946 21 53, Spezialist in Walliser Raritäten wie „Heida", „Arvine" und „Malvoisie".
- Mathier-Kuchler, 3970 Salquenen, Tel. 027/455 14 34, hervorragender „Pinot Noir" und ausgezeichneter „Réserve Dôle".
- Marc Raymond und Fils, 1913 Saillon, Tel. 026/744 21 96, ausgezeichneter Produzent von rassigem „Fendant", erstklassigem „Arvine" und weiteren Walliser Weinen.

Waadt ist der zweitgrößte Schweizer Weinbaukanton. Die Rebflächen liegen am Nordufer des Genfer Sees und der Rhône bis zur Walliser Grenze; insgesamt ein 80 Kilometer langer Bogen von herrlichen Südhängen, welche hervorragend zum See entwässern. Die Rebfläche unterteilt sich in vier Zonen mit insgesamt 26 AOs (Appellation d'origine): das nördliche Waadtland in der Nähe des Neuenburger- und Murtensees, das Chablais im Osten von Bex bis Montreux, das Lavaux in der Mitte von Montreux bis Lausanne und La Côte von Lausanne bis zur Genfer Kantonsgrenze. Hauptrebe ist auch hier die „Chasselas" mit einem Anteil von 80 % der Rebfläche.

Erzeuger der Waadt:

- Henri Badoux, 1860 Aigle, Tel. 024/466 20 02, große Auswahl der besten Weiß- und Rotweine des Chablais. Berühmtes Aushängeschild: „Aigle les Murailles" (Eidechsenetikett).
- J. & P. Testuz SA, 1096 Treytorrens/Cully, Tel. 021/799 20 21, ausgezeichnete Weine aus der ganzen Waadt, herausragend der Dézaley „l'Arbalète", Aigle „Les Cigales" und Yvorne „Haute-Combe".
- Ville de Lausanne, C.P. 27, 1000 Lausanne 25, Tel. 021/784 39 19, die Hauptstadt ist der beste Produzent des Kantons mit Top-Lagen wie „Clos des Abbayes" und „Clos des Moines".

Die Rebfläche im **Kanton Genf** hat sich stetig erweitert und liegt gesamtschweizerisch an dritter Stelle. Die Hälfte der Produktion entfällt auf die Chasselas-Traube. Bei den Rotweinsorten entwickelt sich der Gamay positiv und ähnelt dem Beaujolais.

Erzeuger im Kanton Genf:
- Luc Mermond, 1233 Bernex, breites Angebot aller Weine der Gegend in guter Qualität. Besonders schön ist der Aligoté, der auf dem kalkhaltigen Lehmboden in dieser Ecke des Genfer Sees ganz besonders gut gedeiht.
- Charles & Jean-Michelle Novelle, Domaine le Grand Clos, 201 Route de Mandemant, 1242 Satigny, Tel. 022/753 10 09, hervorragendes Weingut mit qualitätsbewussten Weinmachern.

Im Schutz der Juraberge wachsen am **Neuenburger-, Bieler- und Murtensee** vorwiegend Chasselas-Reben, die leichte, trockene und schön prickelnde Weine (pétillant) hervorbringen. Dieses Prickeln, *l'étoile* genannt, ist eine Folge der Abfüllung *sur lie* (auf der Hefe).

Erzeuger aus Neuchâtel, Bern und Biel:
- Albert Porret, Domaine des Cèdres, Goutte d'or 20, 2016 Cortaillod, Tel. 038/842 10 52, sehr gewissenhafter und engagierter Produzent mit breiter Angebotspalette von Chasselas, Pinot Noir, Oeil-de-Perdrix, Pinot gris und Chardonnay.
- Charles Steiner, 2514 Schernelz, Tel. 032/ 315 23 24, produziert außerordentliche Weine, vor allem sein eichenfassgereifter Pinot Noir mundet hervorragend.

Mit rund 2.500 Hektar Anbaufläche stellen die insgesamt 17 unter der Bezeichnung **Ostschweiz** zusammengefassten deutschsprachigen Kantone die drittgrößte Weinregion der Schweiz dar. Die Rebberge befinden sich an unterschiedlichsten Lagen, malerisch zwischen Wäldern, Obstgärten, Feldern und Dörfern, häufig jedoch auch an Hängen in unmittelbarer Nähe des Rheins und seinen Nebenflüssen wie auch an Seen. Die wichtigsten Anbaugebiete liegen in den Kantonen Zürich, Schaffhausen, Aargau, Graubünden, Thurgau und St. Gallen. Angebaut wird vorwiegend Blauburgunder (Pinot Noir), der im Kanton Zürich auch „Klevner" genannt wird. Auf Grund des sehr unterschiedlichen Mikroklimas der einzelnen Weinanbaugebiete kann die Qualität stark variieren. Erwähnenswert ist auch der Federweiße - in Deutschland als Weißherbst bekannt -, ein aus der Blauburgunder-Rebe gekelterter, goldgelber bis bernsteinfarbener Wein.

Erzeuger in der Ostschweiz:
- Jürg Schneider, Haldengässli 72, 8706 Feldmeilen, Tel. 01/923 04 40, feine Weine aus sehr guten Lagen.
- Hans Ullrich Kesselring, Schlossgut Bachtobel, 8561 Ottoberg, Tel. 071/622 54 07, beste Lagen erbringen ausgezeichneten Pinot Noir nebst weiteren Spezialitäten.
- Anton Meier, Zum Sternen, 5303 Würenlingen, Tel. 056/281 14 12, fruchtiger Riesling-Sylvaner, delikater Gewürztraminer und vor allem gut strukturierte Blauburgunder.
- Jakob Schmid, 9442 Berneck, Tel. 071/744 12 77, mit großer Auswahl an Blauburgunder von ausgezeichneten Bernecker Lagen.
- Adolf Boner, 7208 Malans, Tel. 081/322 14 80, hervorragender, lagerfähiger Completer, aber auch feinen Pinot Noir.
- Andrea Davaz, Porta Rätia, 7306 Fläsch, Tel. 081/302 17 10, ausgezeichneter, gut strukturierter Pinot Noir „Porta Rätia Prima", gewonnen von sehr alten Rebstöcken, in Eiche ausgebaut.
- Thomas Donatsch, „Restaurant Ochsen", 7208 Malans, Tel. 081/322 11 17, althergebrachte Keltermethoden aus dem Burgund ergeben erstklassige Pinot Noirs und Chardonnays.

Im **Tessin** wird zu 90 % „Merlot" angebaut, der Rest entfällt auf „Bondola", „Freisa" und „Barbera". Während der normale „Merlot del Ticino" eindimensional und mild ausfällt, zeichnet sich die „Riserva" durch mehr Substanz und Charakter aus. „Viti" ist eine Qualitätsbezeichnung für Tessiner Merlot – durchschnittlich erlangt lediglich ein Drittel der Gesamtproduktion dieses Siegel. Als die wichtigsten Weinanbaugebiete gelten der „Sopraceneri" und der „Sottoceneri", „Luganese" am Luganersee und „Mendrisiotto" um Mendrisio.

Erzeuger im Tessin:
- Angelo Delea, 6616 Losone, Tel. 091/791 08 17, wuchtige Merlots (Riserva) aus dem Sopraceneri.
- Werner Stucky, 6802 Rivera, Tel. 091/946 12 82, kleine Produktion von Merlot in sehr guter Qualität.

Feste und Feiertage

Feier- und Festtage sind in der Schweiz **föderal geregelt,** d.h. uneinheitlich. In der ganzen Schweiz ist seit kurzem der 1. August, der Nationalfeiertag, ein Tag an dem die Arbeit ruht. Weihnachten (einschließlich 26. Dezember), Neujahr, Ostern mit Ostermontag, Pfingstsonntag und Pfingstmontag, sowie Christi Himmelfahrt (in der Schweiz „Auffahrt" genannt) werden einheitlich gefeiert. Aber dann hört die Gemeinsamkeit auch schon auf.

Die traditionell katholischen Kantone Innerschweiz, St. Gallen, Solothurn, Freiburg und Wallis feiern eine Reihe zusätzlicher Festtage wie Fronleichnam, Maria Himmelfahrt, Allerheiligen und Maria Empfängnis.

Beinahe jeder Kanton kennt seine ganz speziellen Festtage wie etwa in Zürich das „Sechseläuten" (Frühjahr), in Bern der „Zibelemärit" (Ende November), und in Genf die „Escalade" (Dezember).

Das **Fürstentum Liechtenstein** ist Weltmeister für Feiertage. Es werden zu den üblichen und speziell katholischen noch folgende Feiertage begangen: Heilige Drei Könige (6.1.), Maria Lichtmess (2.2.), Heiliger Josef (19.3.), Tag der Arbeit (1.5.) und Maria Geburt (8.9). Nationalfeiertag Liechtensteins ist der 15. August.

Gesundheit

Die medizinische Versorgung entspricht europäischem Standard. In einigen Fachgebieten (z.B. Herz, Paraplegie) genießt die Schweizer Medizin Weltruf.

Apotheken *(Pharmacie, Pharmacia)* sind sehr gut ausgestattet und in großer Dichte präsent. Medikamente sind in der Schweiz aber erheblich teurer als in Deutschland oder Österreich.

Die Adressen von niedergelassenen **Ärzten** erhält man an der Touristeninformation oder Rezeption des Hotels oder Campingplatzes.

Vor Reiseantritt sollte man mit der Krankenkasse die Formalitäten abklären, falls rezeptpflichtige Medikamente bezogen werden oder mit

010ch Foto: ba

Krankenschein abgerechnet wird. Verlangen Sie für Barbezahlungen eine detaillierte Quittung für die spätere Abrechnung mit der Kasse oder Versicherung. Empfehlenswert ist eine **Auslandsreise-Krankenversicherung** (siehe Kap. „Vor der Resie/Versicherungen").

Für **medizinische Notfälle** gilt in der gesamten Schweiz **Tel. 144** (siehe auch Kap. „Notfälle").

Haustiere

Wer einen Hund oder eine Katze in die Schweiz mitnehmen möchte, braucht ein **tierärztliches Zeugnis,** welches bescheinigt, dass das Tier gegen Tollwut geimpft ist. Die Impfung muss mindestens 30 Tage vor Grenzübertritt erfolgt sein und darf nicht länger als ein Jahr zurückliegen. Bei Nachimpfungen gilt die 30-Tage Frist nicht. Für andere Tiere gelten spezielle Bestimmungen, man erkundige sich beim Bundesamt für Veterinärwesen, 3003 Bern, Tel. 031/323 85 24, www.bvet.admin.ch.

Tiere sind leider nicht überall willkommen. Falls man ein Haustier mitführen möchte, sollte man vor der Buchung der Unterkunft klären, ob und unter welchen Bedingungen man es mitnehmen darf. In Ortschaften empfiehlt es sich, Hunde immer an der Leine zu führen. Im ländlichen Gebiet können sie frei laufen, sofern es sich nicht um Wild- oder Naturschutzgebiete handelt.

Karten und Literatur

Karten und Literatur über die regionalen und lokalen Gegebenheiten erhält man im **Verkehrsbüro** oder in den **Buchhandlungen,** die auch Fotobücher, Romane, Krimis und Hintergrundliteratur zur besuchten Destination empfehlen können. In größeren **Bahnhöfen** hat es meistens eine Buchhandlung, die Reiseliteratur, Ortspläne und Kartenmaterial anbietet.

Spezielle Literaturtipps finden sich im „Anhang" dieses Reisebuches.

Als **Straßenkarten** empfehlen sich die 1:303.000 von Hallwag mit Distoguide (Kilometerzähler), die Karten von Kümmerly+Frey/TCS (1:301.000) oder von Michelin (Nr. 927; 1:400.000).

Die Schweizerische Landestopografie in Bern gibt hervorragende, **detailliertere Karten** heraus, so je flächendeckende Karten im Maßstab 1:200.000 (4 Karten), 1:100.000 (insgesamt 20 Karten), 1:50.000 (79 Karten) und 1:25.000 (315 Karten). Es gibt auch ganz hervorragende elektronische Versionen auf **CD-ROM.** Man beachte die **Webseite** der Landestopografie:

- www.landestopographie.ch.

Spezialkarten gibt es für beinahe jede nur mögliche touristische Aktivität. Hier seien die vielfältigen Angebote von Hallwag (www.hallwag.ch) und Kümmerly+Frey (www.swissmaps.ch) erwähnt.

Die Globi-Figur – ein fester Bestandteil Schweizer Kinderzimmer

Für Bergsteiger unerlässlich sind die speziellen Karten und Kletterführer des Schweizerischen Alpenclubs SAC, (www.sac-cas.ch).

- Ein nützlicher Ratgeber ist in der Reihe Praxis im Reise Know-How Verlag erschienen: „Richtig Kartenlesen" von *Wolfram Schwieder.*

Kinder

Die Schweiz ist eines der Länder mit der niedrigsten Geburtenrate Europas, aber deswegen ist sie nicht kinderfeindlich. Die touristische Schweiz hat die Familien mit Kindern entdeckt.

Tariflich sind Familien in der Schweiz sehr häufig bevorzugt. Fragen Sie nach speziellen Angeboten für Familien oder nach Kindertarifen.

Unterkünfte

Eine Reihe von Angeboten sind speziell auf Kinder und ihre Begleiter ausgerichtet. **Ferienorte** offerieren familienfreundliche Angebote. **Klubhotels** bieten kleinen Gästen Spezielles an (z.B. die Robinsonkette in Saas Fee, Klosters, Arosa und Vulpera). Zusätzlich gibt es eine Reihe kinderfreundlicher Hotels, organisiert in der **kidshotels.ch.**

Camping wird von Kindern geliebt (siehe Kap. „Unterkunft").

Ferienhäuser und -wohnungen eignen sich ebenfalls für Ferien mit Kindern. Spezialisiert auf Familien hat sich die REKA, die Schweizerische Reisekasse, eine ursprünglich sozialtouristische Genossenschaft, welche überall in der Schweiz **kinderfreundliche Ferienwohnungen** anbietet und kinderfreundliche Hotels betreibt:

- **Schweizer Reisekasse, Reka,** Neuengasse 15, Postfach, 3001 Bern, Tel. 031/329 66 33, www.reka.ch
- Neben der REKA bietet der **Schweizerische Verein für Familienherbergen,** Poststr. 1, CH 4460 Gelterkinden, Tel. 061/981 25 25, www.ferienwohnung.ch, günstige Familienwohnungen, -häuser und -herbergen an.
- **www.familienorte.ch**
- **www.robinson.de**
- **www.kidshotels.ch**

Restaurants

Auch die Schweizer Gastronomen haben sich auf die speziellen Bedürfnisse der kleinen Gäste eingestellt. Günstige **Kindermenüs** sind weit verbreitet und bieten oft mehr als nur Hamburger und Pommes. Viele Restaurants bieten außerdem speziell für Kinder geschaffene Einrichtungen, z.B. einen kleinen Zoo mit Tieren zum Anfassen in der Nachbarschaft.

Reisetipps von Globi

Eine für Kinder vergnügliche Art, sich auf die Ferien in der Schweiz vorzubereiten bieten die bekannten Globi-Bücher. *Globi* ist eine vom Globus-Warenhaus vor langer Zeit erfundene Comicfigur, welche bei Kindern in der Schweiz so bekannt ist wie Micky Maus oder Donald Duck. Der Globi-Verlag hat drei **Kinderreisebücher** herausgegeben, welche attraktive Ausflüge in der Schweiz beschreiben:

- „Globis abenteuerliche Schweizreise", ISBN 3-85703-072-0, Globi-Ratgeber 1: „45 tolle Freizeit-Tipps von Globi", ISBN 3-85703-224-3, „Globi-Ratgeber 2": ISBN 3-85703-245-6.

Klettern und Bergsteigen

Falls Sie mit Kindern klettern wollen, ist der Kletterführer des SAC, des Schweizerischen Alpen-Clubs, ein Muss. Mit Kindern stellen sich betreffend der Routenwahl besondere Anforderungen an die erwachsenen Begleitpersonen. Das Verzeichnis „Kletterführer für Kinder" des SAC dokumentiert rund 250 Kletterrouten, um in geeigneter Umgebung die Faszination Klettern zu erleben. Der SAC gibt ein Büchlein „Bergsteigen mit Kindern" heraus.

- **SAC, Schweizer Alpen-Club,** Monbijoustr. 61, Postfach, 3000 Bern 23, E-Mail: info@sac-cas.ch, www.sac.ch, Tel. 031/370 18 18, Fax 031/370 18 00.

Kurse

Informationen über aktuelle Kurse und Veranstaltungen kann man im Veranstaltungskalender von Schweiz Tourismus, www.myswitzerland.com (Stichwort Veranstaltungen) einsehen. Adressen von Veranstaltern hat auch die Vereinigung für Erwachsenenbildung, Postfach, Oerlikonerstr. 38, 8057 Zürich, Tel. 01/311 64 55.

Im Folgenden seien nur beispielhaft einige Möglichkeiten vorgestellt:

Geschichte

Swisstory veranstaltet Führungen, Wanderungen und (Zeit-)Reisen über und in das historische und kulturelle Erbe der Schweiz, v.a. in der Nordwestschweiz. Originelle Führungen für Gruppen, mit fundiertem, gut recherchiertem historischen Hintergrund.

• **Swisstory,** Postfach, 4002 Basel, Tel. 076/575 15 28, www.swisstory.ch

Handwerk

Das eigene Alphorn bauen, einen Bienenhängekorb flechten, Drechseln, Flachsbau und -verarbeitung, Handweben, Holzschnitzen und vieles mehr kann man im Kurszentrum des Ballenbergs bei Brienz, in dem Kurse zu traditionellem Handwerk, zeitgenössischer Gestaltung und Bauhandwerk durchgeführt werden.

• **Kurszentrum Ballenberg,** Postfach, 3855 Brienz, www.kurszentrum-ballenberg.ch, Tel. 031/952 80 40.

Kunst

Über Kurse zum Thema Kunst in der Schweiz sowie weitere kunsttouristische Fragen informieren die Nationale Informationsstelle für Kulturgüter-Erhaltung und die Vereinigung Kunsttourismus Schweiz.

• **NIKE,** Moserstr. 52, 3014 Bern, Tel. 031/336 71 11, www.nike-kultur.ch (Stichwort Tagungen Schweiz).
• **KTS,** Baslerstr. 33, 4102 Binningen, Tel. 061/422 04 07, www.kunsttourismus.ch

Musik

Falls Sie Jodeln lernen wollen, Alphornblasen, Hackbrett oder einen Piano- oder Violine-Meisterkurs, eine Jugendchorwoche, einen Improvisationsworkshop oder ein Musik-Meditations-Seminar suchen, auch wenn Sie an einer Musikmanagement-Schnellausbildung teilnehmen möchten, so finden Sie dies und mehr Wissenswertes beim Schweizer Musik Informationszentrum:

• **SME/EMS,** Postfach 7851, 6000 Luzern 7, Tel./Fax 041/210 60 70, www.musicedition.ch

Naturlehrpfade

Vom Ricola-Kräutergarten in Zermatt über den Nordwandlehrpfad bei Grindelwald zum Lehr- und Demokraftwerk Churwalden bis zu Wanderlernwochen und Kletter-Funwochen:

• www.myswitzerland.com (Suchstichwort: Lehrpfad)

Outdoor

Bergsteigen kann bei einer der Bergsteigerschulen gelernt oder geübt werden, die im Verband der Bergsteigerschulen zusammengeschlossen sind. Auch der SAC bietet ein Verzeichnis sämtlicher Ausbildungsmöglichkeiten und Kurse an. Die Schweizerische Gesellschaft für Höhlenforschung gibt u.a. Kurse im Begehen von Höhlen für Anfänger und Fortgeschrittene. Outdoor in Gruppen, auch für Firmen, bieten z.B. basecamp outdoor consultants GmbH an.

• www.bergtourismus.ch/schulen.cfm
• **Schweizer Alpen-Club,** Monbijoustr. 61, Postfach, 3000 Bern 23,www.sac-cas.ch

•Schweizerische Gesellschaft für Höhlenforschung, Postfach 1332, 2301 La Chaux-de-Fonds, Tel. 032/913 35 33, www.speleo.ch
•basecamp outdoor consultants GmbH, Postfach 410, 3800 Interlaken, Tel. 033/823 93 23, www.basecamp.ch

Pilgerwandern

Alles Wissenswerte über Pilgerwandern auf dem Jakobsweg erfährt man im Internet unter: www.ultreia.ch oder www.jakobsweg.ch

Reiten

Pat Parelli führt auch in der Schweiz Ausbildungskurse durch, um mit Hilfe von Kommunikation, Psychologie und Verständnis Pferde auszubilden ohne mechanische Ausrüstung, Angst und Zwang.

•Parelli Switzerland, *Urs* und *Liz Heer,* Postfach, 7512 Champfèr, Tel. 081/833 80 67, www.parelli.ch

Sprachkurse

Rätoromanisch kann man bei der Fundaziun Planta Samedan lernen. Englisch, Französisch, Italienisch oder Schwitzerdütsch wird im Land *Pestalozzis* natürlich auch überall unterrichtet. Eine Übersicht bietet der Verband Schweizerischer Privatschulen.

•Fundaziun Planta Samedan, 7503 Samedan, E-Mail: samedan@compunet.ch, Tel. 081/851 00 60.
•VSP, Informations- und Vermittlungsstelle, Postfach 1488, 1211 Genf 1, Tel. 084/888 41 51, www.swissschools.ch

Tanzen

Die Schule für Künstlerischen Tanz bietet Seminare an.

630ch Foto: hs

•Schule für Künstlerischen Tanz, Zürichstr. 31, 4. Stock, Postfach 6000, Luzern 6, Tel. 041/450 05 50, www.ballett.ch

Weinkunde

Kurse über Wein und Weindegustation kann man über das internationale Weinmagazin Vinum finden, das eine Liste der Veranstaltungen führt.

•Intervinum AG, Klosbachstr. 85, 8030 Zürich, www.ivinum.com/ch, Tel. 01/268 52 40.

Zelten und Iglus bauen

•reina outdoor, Wiesentalstr. 54, 7000 Chur, www.reina.ch/main.html, Tel./Fax 081/353 36 63.

Immer mehr Menschen packt das Kletter-Fieber

Nachtleben

Da die Schweiz keine Millionenmetropolen aufweist, wird das Nachtleben oft als provinziell vorausgesetzt. In Wien vergleicht man Zürich mit dem Zentralfriedhof („mindestens so tot!").

Dieses Image ist überholt. Die **Love-Parade** in Zürich hat als Großevent ersten Rang in Europa erreicht. Auch andere Veranstaltungen kennen ein internationales Liebhaberpublikum. Die Szene Zürich gilt als eine der lebendigsten in Europa.

Basel ist bekannt für sein **Kulturangebot,** Genf für die **Internationalität** und Bern für die **alternative Theater- und Beizenkultur** (Kneipenkultur). In den Spitzenkurorten ist in der Hauptsaison einiges los. „Tote Hose" herrscht dafür im Frühjahr und Herbst.

Die einschlägigen Angebote sind in diesem Reisebuch unter den Ortsbeschreibungen zu finden, detaillierte Auskunft geben **Webpages** und **Printmedien** der einzelnen Destinationen.

Notfälle

Der **lokale Ärzte- und Apothekennotdienst** ist in der Lokalpresse publiziert, insbesondere in den „Amtsanzeigern", die man an jedem Kiosk kaufen kann.

Per Telefon rufen Sie bei Unfällen und gesundheitlichen Notfällen am besten den **zentralen Notfalldienst** unter der **Telefonnummer 144** an. Geben Sie Adresse, Name und Alter des Patienten an. Beleuchten Sie nachts möglichst die Stelle, wo Sie den Krankenwagen („Ambulanz") erwarten. Bitten Sie eine Drittperson auf den Rettungsdienst zu warten, während Sie sich um den Patienten kümmern. Beruhigen Sie ihn und fahren Sie mit ins Spital, um die notwendigen Angaben machen zu können.

Notrufe

- **Sanitätsnotruf** 144
- **Polizei** 117
- **Feuerwehr** 118
- **Die Dargebotene Hand** 143 (seelische/psychische Notfälle)
- **Vergiftungsnotfälle** 01 251 51 51
- **Pannendienst TCS Schweiz, Bern** 140 (aus dem Ausland nicht abrufbar)
- **Schweizerische Rettungsflugwacht, Zürich** (Rettungshelikopter) 1414

Öffentliche Verkehrsmittel

Spezialangebote

Für Feriengäste, die viel Bahn fahren, andere öffentliche Verkehrsmittel nutzen und auf Bergbahnen von Spezialtarifen profitieren möchten, gibt es eine Reihe attraktiver Angebote. Bei einem Aufenthalt ab drei Tagen empfehlen sich die Offerten von „Swiss Travel System" (Buchung über Reisebüros oder z.B. online über www.sbb.ch).

Der **Swiss Pass** erlaubt während 4, 8, 15 und 21 Tagen oder 1 Monat unbeschränkt lange Fahrten auf dem gesamten Bahn-, Postauto- und Schifffahrtsnetz des Swiss Travel System. Inbegriffen sind die Straßenbahnen und Busse in 36 Städten sowie verbilligte Fahrten bei vielen Bergbahnen.

Mit dem **Swiss Flexi Pass** kann man innerhalb der einmonatigen Geltungsdauer an drei bis neun frei wählbaren Tagen unbeschränkt auf dem gesamten Netz des Swiss Travel System reisen und genießt dabei die gleichen Vergünstigungen wie beim Swiss Pass.

Ab zwei gemeinsam reisenden Personen gewährt Swiss Travel System 15 % **Rabatt** pro Erwachsenem auf Swiss Pass und Swiss Flexi Pass.

Das **Swiss Transfer Ticket** ist einen Monat gültig und beinhaltet die Hin- und Rückreise von der Schweizer Grenze oder vom Flughafen zum Ferienort.

Die **Swiss Card** bietet dieselben Leistungen wie das Swiss Transfer Ticket. Zusätzlich reist man jedoch einen Monat lang zum halben Preis per Bahn, Postauto und Schiff auf dem ganzen Netz von Swiss Travel System.

Mit der **Swiss Travel System Familienkarte** reisen Kinder bis 16 Jahre mit ihren Eltern unentgeltlich auf dem gesamten Netz von Swiss Travel System mit. Die Familienkarte gibt es kostenlos zu Swiss Pass, Swiss Flexi Pass, Swiss Transfer Ticket und Swiss Card.

Allein reisende **Kinder** bis 16 Jahre erhalten 50 % Ermäßigung auf die Preise von Swiss Travel System. Außerdem werden relativ günstige **Pauschalangebote** offeriert, z.B. Kombinationen mit Hotelaufenthalten in Best Western oder TOP-Hotels.

Für Reisende, die die Schweiz nur als eines von mehreren europäischen Ferienzielen bereisen, ist ein **Interrailticket** oder ein Baukastensystem wie **Euro Domino** zu empfehlen.

In einigen Regionen sind **regionale Ferienpässe** erhältlich, die man nur dort kaufen kann. Falls man sich längere Zeit nur in einer Region aufhält, kann dies günstiger sein als die Angebote im Swiss Travel System. Man erkundige sich beim regionalen oder örtlichen Touristenbüro.

Bahn

Behindertengerechte Züge

Viele Züge, insbesondere die Intercitys zwischen St. Gallen und Genf und diejenigen zwischen Basel und Chiasso, sind mit behindertengerechten Wagen ausgestattet. Das Ein- und Ausladen von Rollstühlen beschränkt sich in der Schweiz auf 150 Stützpunktbahnhöfe mit **Mobilifts** und ist in allen **Schnellzügen** (ohne RX-Züge) möglich. Die Anmeldung ist unerlässlich und muss bis eine Stunde vor Zugabfahrt beim Call Center erfolgen.

- **Call Center:** Gratisnummer: 0800 00 71 02, Fax 0512 25 82 80. Details in der Broschüre „Informationen für Reisende mit einer Behinderung", E-Mail: mobil@sbb.ch.

Mit dem Fahrrad in der Bahn

Das öffentliche Verkehrssystem ist fahrradfreundlich (in der Schweiz heißt das Fahrrad übrigens *Velo*). Eine spezielle Webseite der SBB informiert über Angebote und Bedingungen:

- http://s26282.sbb.ch:80/pv/veloselb_d.htm

Eisenbahnreisen durch die Schweiz

- **Allalin-Express:** Von Bern oder Interlaken durch den Lötschberg nach Brig im Wallis und von dort weiter nach Zermatt oder mit dem Bus nach Saas-Fee.
- **Bernina-Express:** Von Chur, der Hauptstadt Graubündens, über unzählige Brücken und Tunnel der Albulastrecke nach St. Moritz. Von dort an den imposanten Bündner 4000er-Bergen vorbei über den Berninapass ins malerische Puschlav (Poschiavo) und nach Tirano im Veltlin (Italien).
- **Dampfeisenbahnen** werden überall in der Schweiz von Eisenbahnfans auf abseits der klassischen Routen liegenden Strecken betrieben. Fahrten im Sommer an Wochenenden mit Spezialfahrplan. Auskünfte über Dampfbahnen und andere Themen für Eisenbahnfans finden sich unter: www.rail-info.ch/links.de.html
- **Glacier-Express:** Der Klassiker der Alpen. Von Zermatt via Furka und Oberalp nach Chur und von dort über die Albulastrecke nach St. Moritz oder umgekehrt.
- **Heidi-Express:** Von Landquart über Davos ins Engadin und über den Berninapass nach Tirano.
- **Lötschberg-Centovalli-Express:** Von Bern über die Lötschbergstrecke ins Wallis, durch den Simplon nach Domodossola und durch das pittoreske Centovalli („Hundert Täler") nach Locarno am Lago Maggiore.
- **Palm-Express:** Mit dem Postbus von St. Moritz über Lugano nach Locarno/Ascona, mit der Schmalspurbahn durch das Centovalli nach Domodossola und dann durch den Simplon nach Brig und Zermatt.
- **Voralpen-Express:** Von Romanshorn am Bodensee in knapp drei Stunden über das Toggenburg zum Zürichsee und von dort durch die Innerschweiz nach Luzern.

Postbusse

Wo keine Eisenbahnen hinführen, findet man die Busse der Post (Postautos genannt), die bis in das entlegenste Dorf fahren. Erkennbar sind sie an der leuchtend **gelben Farbe** und dem Posthorn-Dreiklang, dem ersten Takt der Ouvertüre der Rossini-Oper „Wilhelm Tell" entliehen.

Für Normalfahrten mit dem Postbus kann man dieselben Fahrscheine (Billetts) und Spezialkarten benutzen wie für die Bahn. Das ganze öffentliche Verkehrsnetz ist integriert. Anschlussverbindungen sind deshalb rasch vorhanden und die Fahrpläne führen Postbus- und Eisenbahnfahrten gemeinsam auf.

Öffnungszeiten

Für die verschiedenen Dienstleistungsbetriebe sind gemäß Schweiz Tourismus folgende Öffnungszeiten zu beachten (kantonale und regionale Abweichungen berücksichtigen):

Banken und Geldwechsel: in großen Städten Mo bis Fr 8.30–16.30 h, Sa/So geschlossen; in ländlichen Gegenden Mo bis Fr 8.30–12 h und 14–16.30/17.30 h, Sa/So geschlossen. In wichtigen Geschäftszentren bleiben die Schalter manchmal auch über die Mittagszeit geöffnet. Auf Flughäfen und an Bahnhöfen gibt es Wechselstuben für Währungen und Schecks: offen 6–21 h, oft bis 23 h.

Behörden und Büros: Mo bis Fr 8–12 h und 14–17 oder 18 h, Sa/So geschlossen.

Geschäfte sind Mo bis Fr 8/8.30–18.30 und Sa bis 16 h geöffnet. Vorwiegend in den Städten bleiben Warenhäuser und andere Geschäfte am Montagvormittag geschlossen. Einmal pro Woche ist erst um 21 h Ladenschluss. In kleineren Orten und außerhalb der Stadtzentren bleiben die Läden über die Mittagszeit ein bis zwei Stunden geschlossen. In den meisten Ferienorten sind sie länger geöffnet, manchmal auch stundenweise an Sonntagen.

Post und Telefon

Telefon und Post sind in der Schweiz und im Fürstentum Liechtenstein getrennt. Die Telekom wurde unter dem Namen *Swisscom* privatisiert.

Die **Post** kümmert sich nach wie vor um Brief- und Pakettransport, um den Zahlungsverkehr und um den öffentlichen Busverkehr. Im kleinsten Dorf gibt es noch eine Postfiliale, wo man Briefmarken, Autobahnvignetten und einen Faxservice findet, in den größeren Postämtern auch einen Postomaten, an dem man Bargeld beziehen kann. Für Briefe oder Karten, die innerhalb Europas verschickt werden sollen, benötigt man Briefmarken zu sFr. 1.20 (Normalbeförderung), bzw. sFr. 1.30 (*priority* = max. zwei bis vier Lauftage). Sie sind zum Teil auch an Kiosken erhältlich.

Telefonieren über die öffentlichen Telefonapparate ist wesentlich billiger geworden. Die Gebühren für ein Gespräch nach Deutschland oder Österreich betragen sFr. 0.60 Grundgebühr plus sFr. 0.30 pro Minute. Münzfernsprecher gibt es kaum, die Telefonzellen akzeptieren aber meist die gängigen Kreditkarten, internationale Prepaid-Karten und die an allen Kiosken und Poststellen erhältlichen Karten der Swisscom. Teurer ist das Telefonieren in Hotels, wo meist ein Zuschlag berechnet wird. Für das Mobiltelefon gilt: Wenn Ihr Handy für internationales Roaming freigegeben ist, so sind Sie mit ihm in fast 100 % des schweizerischen Territoriums erreichbar. Die Netzbetreiber verlangen für internationale Gespräche jedoch recht erhebliche Zuschlagsgebühren, man erkundige sich z.B. bei www.telecom.de.

Vorwahlen

- **Deutschland:** 0049
- **Österreich:** 0043
- **Schweiz:** 0041

Achtung: In den Jahren 2002/2003 werden die Telefonnummern in der Schweiz umgestellt. Seit März 2002 ist auch bei Ortsgesprächen die Ortsvorwahl zu wählen, wie es bisher nur von auswärts notwendig war: Innerhalb Zürichs ist dann z.B. 01 und dann die individuelle Rufnummer zu wählen.

Sicherheit

Die Schweiz ist heute nicht mehr so sicher wie einst. Verbrecherbanden sind international organisiert. Teure Autos sind ein beliebtes Ziel. Im Sommer gibt es immer wieder organisierte Einbruchstouren durch Einfamilienhäuser und Ferienchalets. Wo immer sich Menschenmengen versammeln, gibt es Taschendiebe. Bei großen Sportereignissen kommt es manchmal zu Schlägereien und Ausschreitungen, meist Rechtsextremer. Unsicher ist es im Zwielicht von Prostitution und Drogen. Die Rotlichtdistrikte der größeren Städte gehören zu diesen Bezirken, ebenso wie schummrige Bahnhofs- und Industriegebiete. Die Schweizerischen Bundesbahnen, die Stadtbehörden und die Polizei haben in den letzten Jahren jedoch viel getan, um eine Verslumung solcher Gebiete zu verhindern und die Sicherheit im Allgemeinen zu erhöhen. Auch die liberale Drogenpolitik hat zu einer Abnahme der Drogendelikte geführt. Wenn die Schweiz also, was Sicherheitsstandards betrifft, ein **„normales europäisches Land"** geworden ist, so ist sie das im positiven wie negativen Sinne. Weder muss man hier besondere Vorkehrungen treffen, noch wäre es klug, alles was man zu Hause berücksichtigt, auf einem Urlaub in der Schweiz zu vergessen.

Während die Gefährdung durch Personen nicht übermäßig hoch ist, nehmen Unfälle im Zusammenhang mit **Naturkatastrophen oder Naturereignissen** im Alpenraum zu. Das labile Gleichgewicht der Natur ist gestört, was im Alpenraum besonders spürbar wird. Lawinen, Schlammniedergänge und Wassereinbrüche sind heute fast überall möglich. Trendsportler begeben sich gerne in Gebiete, die bisher bei instabilen Wetterverhältnissen gemieden wurden. Bevor man in den Bergen Risiken eingeht, sei empfohlen, sich auf ortskundige Profis zu verlassen, die begleiten oder beraten. Das Wetter und das Gelände sind für Ortsunkundige kaum einzuschätzen.

Sport

Die Schweiz galt lange Zeit als Reiseziel, das man besucht haben musste. Doch Fehlentwicklungen, wie eine zu stark auf Menge und Umsatz ausgerichtete Tourismuspolitik, trugen dazu bei, dass die Schweiz irgendwann nicht mehr „in" war. Erst in den letzten zehn Jahren hat ein Umdenken stattgefunden. „Weichere" Arten des Ferienangebots, alternative Formen gewannen an Bedeutung. Viele Anbieter entdecken die jungen Reisenden und stellen sich mit ihrem Angebot bewusst auf diese Zielgruppen ein.

Die nach wie vor **attraktive Natur** des Landes ist dafür wie geschaffen. Nicht nur die Alpen, auch die Voralpen, der Jura und viele Teile des Mittellands eignen sich für ausgedehnte Wanderungen, für's Übernachten im Stroh, für das populäre Radfahren. Die Berge sind nicht nur für den mechanisierten Wintertourismus attraktiv, neue Attraktionen prägen im Sommer wie Winter das Bild: Freeclimbing, Canyoning, Mountainbiking, Riverrafting, Paragliding und Kanufahren ziehen junge Besucher in das Alpenland.

Bergsteigen, Freeclimbing und Indoor-Klettern

Im Schweizer Alpenraum gibt es 160 Klubhütten. Trotz ihrer herrlichen Lage sind sie nicht als Ferienunterkünfte oder Ausflugsziele gedacht, sondern dienen als Ausgangspunkt für Bergbesteigungen oder hochalpine Skitouren. Ein illustriertes **Klubhütten-**

Verzeichnis mit Schweizer Karte und vielen wissenswerten Angaben kann unter folgender Adresse bestellen:

- **SAC Buchauslieferung,** Postfach 134, 7004 Chur, Tel. 081/255 55 17.
- Für **Informationen** wenden Sie sich bitte an den Schweizer Alpen-Club SAC, Zentralsekretariat, Monbijoustr. 61, 3000 Bern 23, Tel. 031/370 18 18, www.sac-cas.ch

Klettertouren und Hochgebirgstouren sind überall möglich, wo ein Fels oder ein Berg ist. Doch man beachte die Risiken. Am besten vertraut man sich einem lokalen Führer an: Die örtlichen Touristenbüros vermitteln Adressen.

Klettergärten oder **Kletterhallen** gibt es in der ganzen Schweiz. Eine gute Übersicht über das Angebot in der deutschen Schweiz liefert:

- **SAC Regionalzentrum Sportklettern Ostschweiz,** *Stephan Kernen-Meier,* Im Grünhof 2, 8180 Bülach, Tel. 01/860 08 74, www.regionalzentrum.ch/sportklettern/locations.html

Radfahren

Radfahren erfreut sich in der Schweiz zunehmender Beliebtheit. Für Radfahrer wird viel getan und es gibt **hervorragende Routen** und Routenbeschreibungen für Familien und anspruchsvolle Biker. Bei der Bahn (SBB) kann man Räder mieten. Infos unter:

- **Rent a Bike AG,** Parkstr. 15, 4106 Therwil, Tel. 061/726 92 10, Fax 061/726 92 11, www.sbb.ch, E-Mail: info@rentabike.ch
- **Stiftung Veloland Schweiz,** c/o Schweizer Tourismus-Verband, Postfach 8275, Finkenhubelweg 11, CH-3001 Bern, Tel. 031/307 47 40, Fax 031/307 47 48, www.veloland.ch, E-Mail: info@veloland.ch

Wandern

In den meisten Kurorten gibt es spezielle Angebote für Wanderer (sowohl im Sommer als auch im Winter). Spezialkarten für individuelle Touren, geführte Wanderungen und anspruchsvolle Spezialtouren sind überall erhältlich. Das örtliche Touristenbüro hilft weiter.

- Ein Anbieter für anspruchsvollere Wanderungen ist z.B. **Eurotrek** in Zürich, Malzstr. 17–21, 8036 Zürich, Tel. 01/462 02 03, www.eurotrek.ch
- **Literaturtipp:** Wer gut vorbereitet auf Tour gehen möchte, dem sei das „Trekking-Handbuch" von *Gunter Schramm* empfohlen, erschienen im Reise Know-How Verlag, in der Reihe Praxis.

Reiten

Entdecken Sie auf dem Pferderücken eine der schönsten Gegenden zum Reiten: den Jura mit den Freibergen. Auch im Tessin, in Graubünden oder im Bernerland gibt es schöne Reitwege und Einrichtungen für den Reitsport. Einige Adressen:

- **Hotel Ranch,** Cerneux-au-Maire, 2336 Les Bois, Tel. 032/962 50 00.
- **Centre Equestre,** 2063 Fenin, Tel. 053/54 53 (Val de Ruz).
- **Evasion Equestre,** 1337 Vallorbe, Tel. 0843/19 90 (Vallorbe).
- **Centre Equestre,** 2523 Lignières, Tel. 051/15 95.
- **Reitzentrum Lenk,** 3775 Lenk, Tel. 033/733 13 25.
- www.reiterferien.ch

Fliegen, Segelfliegen, Ballonfahren

Der Aero-Club der Schweiz ist der nationale Verband, der sich mit diesen Sportarten befasst. Er umfasst die Sparten Motorflug, Segelflug, Modellflug, Ballonfahren, Fallschirmspringen, Hängegleiten, Ultralleicht-, Helikopter- und Amateurflugzeugbau. Gute Links zur Aviatik gibt es bei:

- www.nelly.ch
- www.aeroclub.ch
- **AECS Aero Club der Schweiz,** Lidostr. 5, 6006 Luzern, Tel. 041/370 21 21, Fax 041/370 21 70, E-Mail: info@aeroclub.ch

Rafting, Canyoning, Kanu, Segeln

Wassersport liegt im Trend des Aktivtourismus. Viele Anbieter haben die Attraktivität dieser Sportarten entdeckt. Dazu gehören auch unseriöse Unternehmen, die kein entsprechendes Risikomanagement betreiben und ihre Kunden gefährden. Man sollte sich beim lokalen Touristenbüro nach vertrauenswürdigen Anbietern erkundigen oder, noch besser, offizielle Schulen auswählen.

Canyoning ist z.B. in der Massaschlucht in der Aletschregion möglich: Von Blatten-Belalp oder von der Riederalp begehen erfahrene Bergführer mit Gruppen das Gebiet. Auch in der Viamala in Graubünden wird Canyoning angeboten, ebenso im Maggiatal im Tessin, am traurig-berühmten Saxetenbach bei Interlaken, in der Räblochschlucht im Emmental oder in Châteaux-d'Oex. Einige Adressen von Organisatoren (wir bieten für die Sicherheitsvorkehrungen dieser Veranstalter keine Gewähr):

012ch Foto: tt

Achtung: Manchmal senken Wasserwerke das Niveau ihrer Stauseen ohne Vorwarnung. Harmlose Bäche werden binnen Sekunden zu **reißenden Wildbächen.** Erkundigen Sie sich, bevor Sie Bäche begehen, beim Touristenbüro oder den Wasserkraftwerkbetreibern.

- **Swissraft,** Postfach 150, 7017 Flims, Tel. 081/911 52 50, Fax 081/911 30 90, www.swissraft.ch
- **Trekking Team AG,** Tel. 0848/808 007 und 091/780 7801, 6652 Tegna. Hölloch Expeditionen: Tel. 041/390 40 40, Fax 041/390 40 39, www.trekking.ch
- **Eurotrek** (siehe unter „Wandern").
- **Literaturtipp:** Wissenswertes rund um das Thema Canyoning bietet das „Canyoning-Handbuch" von *Thomas Gut,* das in der Reihe Praxis im Reise Know-How Verlag erscheint.

Kanufahren oder eine **Schlauchbootfahrt** ist eine beschaulichere und trotzdem attraktive Art des Wassersports, die auf vielen Seen und Flüssen der Schweiz populär ist. Betulich geht es auf der Aare zwischen Thun und Bern zu. Abenteuerlicher wird es auf den Stromschnellen des Vorderrheins bei Flims, der Lütschine (wildeste Raftingstrecke der Schweiz) oder der Simme im Berner Oberland, der jungen Rhone oder dem Inn. Einige Adressen:

- **Eurotrek** (siehe unter „Wandern").
- **swissraft,** 7018 Flims (www.swissraft.ch).
- **Berger Wassersport,** Elfenauweg 5, 3006 Bern, Tel. 031/351 40 33 (Aare).
- **Kanuschule Versam,** 7401 Versam, Tel. 081/645 13 24.
- **Literaturtipp:** Ein Ratgeber für Kanuten ist das „Kanu-Handbuch" von *Rainer Höh,* Reise Know-How Verlag, Reihe Praxis.

Segelturns und **Surfen** auf den Schweizer Seen organisieren „Eurotrek" in Zürich (siehe „Wandern") und die lokalen Segel- und Surfschulen (Adressen über die lokalen Touristenbüros).

Wintersport

Ski fahren kann man in der Schweiz überall in den großen und kleinen Wintersportorten der Alpen und im Jura. Hier soll nur auf einige Möglichkeiten hingewiesen werden, den Winter einmal auf andere Weise zu erleben.

Dazu gehört z.B. **Schneeschuhtrekking,** ein Sport der wieder in ist, beschaulich, aber nicht ohne Risiko, da man sich oft abseits der Pisten befindet. Daher gilt: Gut informieren, lokale Gegebenheiten berücksichtigen, falls unerfahren, sich lieber einer Gruppe mit Führer anschließen!

- Trekking ist z.B. im Puschlav möglich, Tourismusverein Poschiavo, Tel. 081/844 05 71; im Jura, St. Cergue, Tel. 022/360 13 14.

Angesagt ist auch **Rodeln** oder, wie die Schweizer es nennen, *Schlitteln.* Eine der schönsten Schlittelstrecken be-

Auch Wassersport liegt im Trend

findet sich auf der Albulapassstrasse bei Bergün: von Preda bis Bergün (der Klassiker) oder Darlux – Bergün (anspruchsvoll). Die längste Schlittelstrecke ist die in Fideris (Heuberge-Fideris, elf Kilometer lang).

- **Verkehrsverein Bergün,** Tel. 081/407 14 14, www.berguen.ch
- **Kur- und Verkehrsverein Fideris,** 7235 Fideris, Tel. 081/330 52 53, www.fideris.ch

Iglus bauen, wie es die Eskimos taten, und anschließend darin übernachten, ist ein anderes Vergnügen, dass man sich neuerdings gönnen kann. Alles Notwendige (Schlafsäcke, Bettflaschen, etc.) wird mitgeliefert. Man schläft in 1er- bis 4er-Iglus. Beispiele:

- **Verkehrsverein Sedrun,** 7188 Sedrun, Tel. 081/949 15 15, www.sedrun.ch (auf Thema „abenteuer" klicken) oder
- www.bergsportschule.ch/home.htm

Wer Information über **Ski fahren** in der Schweiz, über den Skisport oder Tourenskikarten sucht, der wende sich an den Skiverband. Über Skischulen in der Schweiz informiert der Verband der Skischulen, über den wieder modischen Telemark der Telemark-Verband Schweiz.

- **Skiverband:** Swiss-Ski, Haus des Skisportes, Worbstr. 52, Postfach 478, 3074 Muri b. Bern, Tel. 031/950 61 11, Fax 031/950 61 10/12, E-Mail: info@swiss-ski, www.swiss-ski.ch
- **Verband der Skischulen:** Schneesport Schweiz, Hühnerhubelstr. 95, Postfach 182, 3123 Belp, Tel. 031/810 41 11, Fax 031/810 41 12, www.snowsports.ch
- **Telemark-Verband Schweiz,** Haus des Skisportes, Postfach 478, 3074 Muri b. Bern, E-Mail: info@telemark.ch, www.telemark.ch

Unterkunft

Unterkunftsempfehlungen

Die Schweiz hat ein Bettenangebot von 265.000 Betten in der Hotellerie und 800.000 Schlafgelegenheiten im Parahotelleriebereich (Ferienwohnungen und -häuser, Massenunterkünfte, Camping, etc.). Diese Betten werden pro Jahr zirka 70 Millionen Mal benutzt. Ein **riesiges Angebot,** das sich in einem Reiseführer natürlich nicht umfassend beschreiben lässt.

Zur Auswahl ihrer Unterkunftsempfehlungen haben die Autoren daher persönlich Hunderte von Betrieben der verschiedensten Kategorien vom „Backpacker" bis zum Luxushotel besichtigt und eingeschätzt. Unterkünfte, die vom Hotelalltag positiv abweichen, weisen z.B. ein möglichst gutes **Preis-Leistungs-Verhältnis** auf. Im tieferen Preisbereich bedeutet dies, dass sie v.a. sehr sauber sind, ein Mindestmass an Komfort (möglichst WC, Bad/Dusche) und eine freundliche Bedienung haben. In mittleren und höheren Kategorien finden v.a. Betriebe, die sich durch einen außerordentlichen Standort, die Architektur, Infrastruktur oder eine speziell gute Hotelküche auszeichnen, Berücksichtigung.

Regionale Unterschiede im Standard sind dabei einzukalkulieren. Wo der Tourismus in der Vergangenheit überdurchschnittlich gute Ergebnisse erzielte, scheinen die Erträge wieder reinvestiert zu werden und der Standard ist gut bis ausgezeichnet. In anderen Gebieten sind Einrichtung und

Service hingegen nur Mittelmaß und es ist schwierig, eine überzeugende Empfehlung zu geben.

Wir bewerten die Betriebe qualitativ. Wo wir die Unterkünfte nicht selber besuchen konnten, verlassen wir uns auf das Urteil zuverlässiger Gewährsleute. Betriebe, die unseren Mindestanforderungen nicht entsprachen, sind nicht erwähnt. Das bedeutet weder, dass nicht erwähnte Gaststätten zwangsläufig schlecht sind, noch dass alle erwähnten Betriebe demselben Standard entsprechen. Das Angebot ist ständigen Veränderungen unterworfen. Wir sind für Hinweise von Leserinnen und Lesern dankbar.

Spezialtarife

Wer die Schweiz preiswert bereisen möchte, beachte die **Sonderangebote größerer Gruppen,** z.B. der französischen Systemhotellerie, die an wichtigen Standorten präsent sind. IBIS und FORMULE 1 bieten ein genau definiertes Mindestmaß an Qualität zu fixen, meist sehr kompetitiven Preisen (www.accor.fr). Doch auch andere Marketingketten, z.B. Romantikhotels (www.romantikhotels.ch) oder Tophotels (www.tophotels.ch) und Best Western (www.bestwestern.ch) bieten über das Internet oder bei telefonischer Anfrage Spezialangebote an. Gewisse Ketten offerieren Preisabschläge, wenn man mehrere Nächte in derselben Kette bucht.

Spezialangebote gibt es **zu besonderen Zeiten oder Tagen:** So sind die meisten Hotels in den Ferienregionen in der Zwischensaison am billigsten und im Sommer günstiger als in der Hochsaison des Winters (Februar/März). Am teuersten ist es über die Festtage, wenn viele Anbieter verlangen, dass mehrere Nächte gebucht werden. In diesem Falle lohnt sich meist ein Pauschalarrangement.

In Gebieten mit Geschäftstourismus (Business, Kongresse, Messen) ist an den Wochenenden meist ein Wochenendtarif auszuhandeln.

Grundsätzlich ist es sinnvoll, **immer** nach Spezialtarifen zu **fragen.** Viele Hotels weisen ihre Mitarbeiter an, ohne Gegenfrage den Höchstpreis zu berechnen. Besonders abends oder nachts ist das Aushandeln von Spezialtarifen empfehlenswert.

Wer im Voraus die ganze Reise plant, versuche über die Kontingente eines **Reisebüros** die oft viel günstigeren Gruppentarife zu erhalten. Auch wenn Reisebüro und Tour Operator mitverdienen, ist der Preis für organisierte Übernachtungen oft günstiger als der Individualtarif.

Die Autoren haben überall Hotels mit besonders günstigem Preis-Leistungs-Verhältnis erkundet, um preisbewussten Lesern die Auswahl zu erleichtern.

Für **Winterferien** empfehlen wir die Buchung von Pauschaltarifen (über das Reisebüro, Schweiz Tourismus oder die einzelnen Touristenbüros), da so die Kosten erheblich gesenkt werden können. Es empfiehlt sich in dieser Jahreszeit, eher Tagesausflüge von einem Ort aus anzustreben, als ständig die Unterkunft zu wechseln.

Hotel Garni

Pensionen sind in der Schweiz nicht häufig anzutreffen. Üblicher sind Hotels Garni, d.h. meist kleinere Hotels, die nur **Unterkunft und Frühstück** anbieten. Hotels Garni gibt es meist im Bereich der Ein- bis Drei-Sterne-Kategorie. Empfehlenswerte Betriebe sind in diesem Führer unter der entsprechenden Kategorie zu finden. Darüber hinaus erhält man bei jedem örtlichen Touristenbüro eine Liste der entsprechenden Betriebe.

Ferienwohnungen, Chalets und Zimmer

Das Angebot an Ferienwohnungen und -chalets in der Schweiz ist unüberschaubar. Um diese Unterkünfte zu buchen, empfiehlt sich grundsätzlich der Kontakt mit dem **örtlichen Tourismusbüro,** das eine Übersicht des Angebots zum gegebenen Termin besitzt und auch buchen kann. Die Adressen und Kontaktmöglichkeiten sind bei der Beschreibung der einzelnen Orte aufgeführt.

Darüber hinaus können Ferienwohnungen und -häuser natürlich über **Reisebüros** gebucht werden. Außerdem gibt es eine Anzahl von **Spezialisten,** die landesweit oder sogar international Ferienwohnungen und -häuser vermieten:

- **Schweizer Reisekasse,** Reka, Neuengasse 15, Postfach, 3001 Bern, Tel. 031/329 66 33, www.reka.ch
- **Schweizerischer Verein für Familienherbergen,** Poststr. 1, 4460 Gelterkinden, Tel. 061/981 25 25, www.ferienwohnung.ch

Jugendherbergen, -hotels, und Backpacker

Für Jugendliche und Junggebliebene, denen der Preis wichtiger ist als Komfort und die den Kontakt zu Gleichgesinnten suchen, gibt es in der Schweiz sowohl Jugendherbergen wie auch spezielle Jugendhotels und „Backpacker“, die neben Gruppenunterkunftsmöglichkeiten oft auch eine beschränkte Anzahl von Familienzimmern oder einfachen Doppel- und Einzelzimmern anbieten. Die von den Autoren besuchten Betriebe sind unter den Ortsbeschreibungen aufgeführt, eine Übersicht geben die landesweit organisierten Netzwerke:

- **Schweizer Jugendherbergen,** Schaffhauserstr. 14, 8042 Zürich, Tel. 01/360 14 14, Fax 01/360 14 60, www.youthhostel.ch, dort bekommt man auch Mitgliedskarten, die zu günstigeren Tarifen in den Herbergen berechtigen, Junior bis zum 18. Geburtstag: sFr. 22, Senior ab 18 Jahre: sFr. 33, Familien: sFr. 44.
- **Swiss backpackers,** Alpenstr. 16, 3800 Interlaken, Tel. 033/823 46 46, Fax 033/823 46 47, www.swissbackpacker.ch, E-Mail: swiss@backpacker.ch, umfasst 16 Backpacker in der ganzen Schweiz.
- **Swiss Backpacker News (SBN),** Bergstr. 2, 8955 Oetwil a./L., Tel. 01/748 51 3, Fax 01/748 51 32, www.backpacker.ch umfasst 26 Backpacker in allen drei Landesteilen.
- **Christlicher Verein Junger Männer und Frauen (CEVI):** Cevi-Schweiz, Zentralsekretariat, Sihlstr. 33, Postfach, 8021 Zürich, Tel. 01/213 20 40, www.cevi.ch
- Der **Verband der christlichen Hotels** ist eine Vereinigung, die ebenfalls ein sehr gutes Preis-Leistungs-Verhältnis anbieten kann (z.T. ohne Alkoholausschank): VCH Schweiz, Geschäftsstelle, Hotel Seeblick, 6376 Emmetten, Tel. 041/624 41 41, www.vch.ch

Bed & Breakfast

Die in gewissen Gebieten Europas sehr populären Bed & Breakfast-Betriebe haben sich in der Schweiz noch **nicht flächendeckend** durchgesetzt und entsprechen wohl auch nicht der zurückhaltenden Mentalität der meisten Schweizer. Da die meisten B & B nur über ganz wenige Zimmer verfügen, ist es kaum möglich, einen längeren Schweizaufenthalt zu planen, indem man sich ganz auf diese Unterkunftsform verlässt. In einzelnen Fällen sind überzeugende B & B-Angebote bei den „Praktischen Tipps" der Ortsbeschreibungen erwähnt. Wer sich aber über das Gesamtangebot am Ort informieren will, benutze den eben erschienenen ersten B & B-Führer:

- **bnb,** *Cathy Renggli,* Route des Liddes 12, 3960 Sierre, Tel. 027/256 20 06, Fax 027/256 20 06, ISBN 3-9521512-5-2, www.bnb.ch

Berghütten

Berghütten verfügen meist über **Gruppenlager** verschiedener Größe und in der Saison auch über ein beschränktes Verpflegungsangebot. Geführt werden die Betriebe von einer Hüttenwartin oder einem Hüttenwart, die während der Saison für das Wohl der Gäste sorgen und eine Sicherheitsfunktion erfüllen. Eine Übersicht der Berghütten und ihre Benutzungsmöglichkeiten erhält man über:

- **Schweizer Alpen-Club,** Monbijoustr. 61, Postfach, 3000 Bern 23, Tel. 031/370 18 18, www.sac-cas.ch

Schlafen im Stroh

Mit dem Label „Schlafen im Stroh" verpflichten sich 250 Bauernhöfe zu einheitlichen Qualitäts- und Preisbedingungen für **Ferien auf dem Hof.** Erwachsene zahlen einheitlich sFr. 20 und Kinder sFr. 12 plus die örtliche Kurtaxe pro Übernachtung. Hinweise zu „Schlafen im Stroh" oder Camping auf dem Hof gibt es im Internet unter www.hof-ferien.ch, www.hof.ch oder www.abenteuer-stroh.ch

Camping

Praktisch jedes Gebiet in der Schweiz verfügt über geeignete Campingplätze mit unterschiedlichem Komfort. Einige sind ganzjährig geöffnet und verfügen über die entsprechenden Einrichtungen, um in Tiefschnee und Eis zu campen. Manchmal gibt es eine beschränkte Anzahl von Schlafgelegenheiten für Gäste ohne Zelt, meist in Gruppenunterkünften. Der Touring Club der Schweiz, TCS (die schweizerische Version des ADAC) betreibt eigene Plätze. In den Orts- und Regionenbeschreibungen sind die wichtigsten mit Adressen und Kontaktmöglichkeiten aufgeführt. Eine Übersicht über das Campingangebot erhält man unter:

- www.camping.ch
- www.swisscamps.ch
- **Touring Club Schweiz,** Chemin de Blandonnet 4, Postfach 820, 1214 Vernier/Genf, Tel. 022/417 27 27, Fax 022/417 20 20, www.tcs.ch

013ch Foto: pw

Land und Natur

014ch Foto: kh

015ch Foto: wm

Der Aletschgletscher

In der Schweiz ein häufiges Bild

Laghetti Valcolla

Geografie und Landschaft

Auf engstem Raum bieten die Schweiz und das Fürstentum Liechtenstein eine Fülle an Naturschönheiten und eine große kulturelle Vielfalt. Den Reisenden erschließen sich vier unterschiedliche Naturräume (Jura, Mittelland, Voralpen- und Alpengebiet sowie mediterranes Tessin) und vier ebenso unterschiedliche Kulturräume (Romandie, Deutschschweiz, rätoromanisches Graubünden und italienischsprachiges Tessin und Graubünden). Die Distanz von Westen nach Osten beträgt 350 Kilometer, von Norden nach Süden sind es 250 Kilometer. Die Schweiz grenzt an Deutschland, Österreich, das Fürstentum Liechtenstein, Frankreich und Italien.

Die Alpen

Die Alpen bedecken zusammen mit den Voralpen (siehe unten) fast zwei Drittel des Landes, das mit 41.293 Quadratkilometern etwa siebenmal kleiner ist als der südliche Nachbar Italien. Zusammen mit Österreich deckt die Schweiz den größten Teil der Alpen ab. Der Riegel, der Nord- und Westeuropa vom Süden trennt, läuft quer durch das Land und bildet (mit Ausnahme des nahen Mont-Blanc-Massivs) die höchsten Erhebungen.

Das Zentrum des Alpenmassivs liegt im **Gotthardgebiet,** wo sich der wichtigste Übergang von Nord- nach Südeuropa befindet. Aber auch das Wasserschloss des Kontinents ist hier zu finden: Die Rhone fließt westwärts, Aare und Rhein nach Norden, die Flüsse des Tessins nach Süden in den Po, der Inn entwässert die Niederschläge des Engadins ostwärts zur Donau und das Flüsschen Rom im Münstertal fließt über die Etsch und den Po in die Adria.

Quer durch das Alpenmassiv und nur getrennt durch den Riegel des Gotthards verlaufen als Furchen die Täler der zwei wichtigsten westeuropäischen Flüsse: der Rhone und des Rheins. Sie bilden mit den Übergängen von Nord nach Süd **wichtige Verkehrsrouten,** die schon seit Jahrhunderten von Soldaten, Händlern und Transporteuren, Pilgern und anderen Reisenden benutzt wurden. Die Lage an den Alpenübergängen gab den Eidgenossen in Europa ihre Bedeutung. Sie nutzten sie geschickt. Die Verkehrslage hat die Entstehung des Bundes und seine Entwicklung bis auf den heutigen Tag entscheidend geprägt.

Die **höchsten Gipfel** der Schweiz befinden sich im Wallis, im Berner Oberland und im südbündnerischen Berninamassiv. Über 30 erreichen eine Höhe von mehr als 4000 Metern. Inmitten dieser Berge liegen die Gletscher, welche ca. 2000 Quadratkilometer bedecken. Fast 200 Quadratkilometer bedeckt allein der Grosse Aletschgletscher, der sich vom Jungfraumassiv bis ins Rhonetal ausdehnt.

Die **Gletscher** waren neben den Flüssen die großen Landschaftsgestalter, welche seit den Eiszeiten die Talbetten ausgehobelt und an ihren Seiten und an den Spitze mit den mitgeführten Gesteinstrümmern die Moränen genannten Erhebungen und Riegel geschaffen haben. Heute sind die Gletscher auf dem Rückzug.

Die Voralpen

Das Voralpengebiet liegt zwischen den Hochalpen und dem Mittelland auf ca. 700–1000 Metern Höhe. Es wird von den Touristen kaum beachtet, die Städter schätzen es jedoch als Naherholungsgebiet. Die meist noch **sehr intakte Landschaft** wird vornehmlich von der Milchwirtschaft geprägt. Oft ergeben sich imposante Blicke auf die Alpenszenerie. Es gibt einsame und gut gepflegte Wanderwege und Radrouten, in schneereichen Wintern auch schöne Langlaufloipen zu entdecken.

Das Mittelland

Das Mittelland der Schweiz, das sich zwischen Jura und Alpen vom Genfer See bis zum Bodensee auf Sandstein und Nagelfluh angelagerter, meist fruchtbarer Agrarerde hinzieht, ist kaum je richtig flach, sondern von Gletschermoränen und Flusstälern modelliert. Überall gibt es Buckel, Rücken und Talrinnen. Kulturlandschaft und Siedlungen werden immer wieder von einladenden Seen unterbrochen. Kleinere und größere gemischte Laub- und Tannenwälder wechseln sich ab mit Äckern, Wiesen und Siedlungsgebieten. Nur im Gebiet der drei Juraseen, des Neuenburger-, Murten- und Bielersees, kann man das „Seeland" als so etwas wie eine Ebene bezeichnen. Hier wird auf der fruchtbaren schwarzen Erde des „Grossen Mooses" intensiv Gemüseanbau betrieben, seit 1868–1889 der Lauf der Aare und ihrer Zuflüsse korrigiert und der Spiegel der drei Seen und damit des Grundwassers gesenkt wurde.

Das Mittelland ist, in einer Höhenlage von ca. 400–800 Metern, der eigentliche **Agglomerationsraum** der Schweiz, obschon es nur ein knappes Drittel der Fläche des Landes ausmacht. Der Wohlstand, die intensive Wirtschaftstätigkeit und der starke Durchgangsverkehr haben zusammen mit fantasieloser Architektur vielerorts einen Agglomerationsbrei angerichtet, der nicht weniger hässlich ist als anderswo in Europa.

Doch wer seinen Weg **abseits der großen Durchgangsrouten wählt,** wird auch im Mittelland auf eine intakte Schweiz treffen. Inmitten der Wiesen und Felder finden sich kleine oder größere Bauerndörfer, blumengeschmückte Häuser, einladende Gasthöfe, mittelalterliche und barocke Kleinstädte, gedeckte Holzbrücken. Romanische und gotische Kirchen warten auf aufmerksame Besucher. Eine sanftere Tourismuspolitik hat den Trend zum Wandern und Biken aufgenommen und hält ein landesweit zusammenhängendes, gut dokumentiertes Wander- und Fahrradnetz für Touristen bereit, die diesen Teil der Schweiz entdecken wollen.

Der Jura

Im Westen und Norden des Mittellands trennt eine zweite, **niedrigere Gebirgskette,** der schweizerische Ju-

016ch Foto: az

ra, das Land von den Nachbarländern Frankreich und Deutschland. Bei Genf schließt der Jura an die französischen Voralpen an und verläuft entlang der französisch-schweizerischen Grenze meist in mehreren Ketten bis Basel, um sich dann gegen den schaffhausischen Hohen Randen langsam zu senken und in den schwäbischen Jura überzugehen.

In der Schweiz sind die **höchsten Erhebungen** des Juragebirges zu finden: Die Spitze des Mont Tendre liegt auf 1679 Metern, die von La Dôle auf 1677 Metern, der Chasseron und Chasseral sind immer noch beide über 1500 Meter hoch.

Hinter der meist hohen ersten östlichen Jurakette schließen sich weitere, **flachere Ketten** an. Die Uhrenstädte Le Locle und La Chaux-de-Fonds sowie die landschaftlich besonders eindrücklichen Freiberge *(Franches Montagnes)* befinden sich auf Hochflächen von 1000 Metern Höhe.

Die Grenze zu Frankreich bildet der romantische **Grenzfluss Doubs,** sein Bett liegt 400 Meter tiefer als die Höhen des Juras.

Seite 60/61:
Lugano-Paradiso am Luganersee

An den Alpen stauen sich die Wolken

Klima

Das Klima der **Alpen** unterscheidet sich stark von dem des Mittellands und des Juras. Es wird entscheidend von **örtlichen Gegebenheiten** beeinflusst: Wenn es in schattigen und nebelverhangenen Talgegenden empfindlich kalt ist, kann es nur einige Kilometer entfernt, in höheren Lagen und an der Sonne auch im Winter sehr angenehm warm werden. Der warme Föhnwind verursacht aber auch Kopfschmerzen und Nervosität.

Die Schweiz befindet sich in einem **klimatischen Übergangsgebiet.** Während die westliche Schweiz stark vom Atlantik her beeinflusst wird, steht die Ostschweiz eher unter kontinentalen Einflüssen. Das kann im Winter heißen, dass das Westalpengebiet überhaupt keinen Schnee aufweist, wogegen er im Osten im Überfluss fällt oder umgekehrt.

Das Tessin, das Engadin und das Wallis stehen unter mediterranem Einfluss. Schönes Wetter ist hier besonders häufig. Andererseits staut sich der Smog der Großstadt Mailand oft bis weit ins Tessin hinauf, während nördlich des Gotthards die Sonne scheint. Irgendwo in der Schweiz ist es meistens sonnig und große Distanzen muss man auch nicht zurücklegen.

Gäste aus dem Flachland sind erstaunt, wie stark sich die Temperatur je nach Höhenlage verändert. Pro 100 Meter **Höhenunterschied** muss man im Sommer mit 0,5 bis 0,7 Grad Temperaturunterschied rechnen, d.h. wenn man von Interlaken (562 M.

ü.M.) auf die nahe Kleine Scheidegg (2061 M.ü.M.) fährt, so ist es dort 8 bis 10 Grad kälter. Im Winter dagegen ist dieser Unterschied weniger bedeutend. Lokale Gegebenheiten wie Sonnenexposition und Inversionslagen beeinflussen dann das Wetter entscheidend.

Im **Mittelland** nördlich der Alpen herrschen im Allgemeinen recht homogene Temperaturen, wobei die bereits erwähnten atlantischen und kontinentalen Einflüsse eine Rolle spielen können. Seltener spielen lokale Einflüsse, wie der Föhn (siehe Exkurs: „Das Phänomen Föhn"), eine Rolle .

Niederschläge fallen in den Alpen, ähnlich wie im restlichen Mitteleuropa, zu allen Jahreszeiten mit Spitzen im Juni oder Juli. Das Minimum wird im Allgemeinen im Februar erreicht. Ab März nehmen die Niederschläge bis Juli zu, um anschließend wieder zu sinken. Der Jura, das Mittelland und die Alpennordseite verzeichnen die ausgiebigsten Niederschläge in den Sommermonaten, das Genferseegebiet, Wallis und Tessin im Herbst. Im Jura sind die Unterschiede zwischen Maxima und Minima weniger ausgeprägt als in den Alpen. In La Chaux-de-Fonds wird im Februar das Minimum mit 96 mm erreicht, das Maximum im Oktober mit 138 mm. Das Mittelland liegt zum Teil im Regenschatten des Schwarzwaldes, hat also weniger Niederschläge als das nördliche Nachbarland. Im Tessin werden besonders

017ch Foto: en

Das Phänomen Föhn

Fühlt man sich nicht wohl, liegt das nicht immer, aber häufig am Föhn. Der Föhnwind wird hervorgerufen durch ein **barometrisches Tief** auf der Alpennordseite. Wenn sich warm-feuchte mediterrane Luft auf der Alpensüdseite ihrer Feuchtigkeit in Form tüchtiger Regen entledigen konnte, wird sie vom Tiefdruckgebiet jenseits der Alpen angezogen, strömt sich verdichtend und damit noch mehr erwärmend über die Pässe und Kämme und fegt als starker Südwind, oftmals als Sturm durch die Alpentäler in das Mittelland hinunter.

Dieses Phänomen schafft eine besondere **Klarsicht** und lässt die Berge an Föhntagen viel größer erscheinen. Es wirkt sich aber auch auf die **Psyche** aus: Viele Leute klagen vor, während oder nach Föhntagen über Kopfweh, Migräne, Unwohlsein, Schlappheit und ähnliche Gefühle. Ärzte, Verkehrspolizisten, Nothelfer, Psychiater und Beerdigungsunternehmer verbinden Föhntage mit überdurchschnittlicher Nachfrage nach ihren Dienstleistungen.

Besonders heftig tritt der Föhn im **Rheintal** bei Chur, im oberen **Reusstal** südlich des Gotthards und im oberen **Aaretal** bei Meiringen auf. Hier wird der Wind oft so heiß und stark, dass der kleinste Funke einen Flächenbrand auslösen kann. Die Heftigkeit der Windstöße fällt Bäume und zerstört Autos, Bergbäche und Seen treten über die Ufer. Im Reusstal und Aaretal sind überall **Föhnwarnungen** und die entsprechenden Sicherheitsvorschriften angeschlagen, um Einheimische und Touristen zu warnen.

hohe Niederschlagsmengen gemessen, in Lugano über 1700 mm, in Locarno-Muralto sogar fast 1900 mm. Interlaken dagegen weist „nur" 1200 mm aus, Genf sogar nur 636 mm. Niederschlagsarm sind auch das Wallis und das Engadin.

Trotzdem weist die **„Sonnenstube der Schweiz"**, das Tessin, zusammen mit Höhenkurorten des Südwallis, die höchste Sonnenscheindauer aus, da die Regengüsse im Tessin meist sehr kurz und heftig sind und gern abends und nachts fallen.

Für Wintersportfreunde hat sich die Situation in den letzten dreißig Jahren entscheidend verändert. Die Grenze der **schneesicheren Höhenlagen** hat sich nach oben verschoben. Während man nach dem Zweiten Weltkrieg in Kurorten auf ca. 1000 Metern Höhe noch sicher mit Schnee im Dorf rechnen konnte, sind heute die Straßen, Wege und Hänge oft schneefrei oder müssen künstlich beschneit werden. Das „echte Wintergefühl" erreicht man heute noch in Höhenlagen von 1400 bis 1500 Metern. Sonne findet man im Winter auf einer Höhe von 700 Metern, während der Nebel unten alles verdunkelt.

Ökosystem Alpen

Die Schweiz verfügt mit dem subtropisch warmen Gebiet im südlichen Tessin, der gemäßigten Zone im Mittelland und Voralpengebiet und den ewigem Schnee und Permafrost ausgesetzten hochalpinen Lagen über eine Flora, die das ganze Spektrum Europas abdeckt. Das einzigartige Ökosystem der Alpen ist jedoch in einem sehr **labilen Gleichgewicht.** Der WWF, Pro Natura und andere ökologisch engagierte Organisationen betrachten die Bewahrung dieses Systems als primäre Aufgabe und auch die politische Diskussion gilt immer wieder ökologischen Fragen.

Der **Verkehr** durch die Alpen belastet nicht nur die Anrainer mit Lärm, sondern schafft kaum zu reparierende Umweltschäden.

Die klimatische Entwicklung bewirkt, dass immer mehr Böden nicht mehr im Permafrost verharren, sondern auftauen und erodieren. **Schlammniedergänge,** so genannte Rüfen, verursachen Verkehrsunterbrüche und zum Teil auch katastrophale Verwüstungen. Gondo am Simplon (wo im Jahr 2000 ein halbes Dorf zerstört wurde) und Brig im Oberwallis sind Beispiele für diese Entwicklung.

Die Schweiz produziert viel Energie und exportiert hochpreisige Elektrizität aus den **Wasserkraftwerken** der Alpen im Austausch gegen niederpreisige aus Atom-, Kohle- und anderen Kraftwerken. Dieses rentable Geschäft führte nach dem Zweiten Weltkrieg zusammen mit dem rapide steigenden eigenen Energiebedarf zum Bau vieler Wasserkraftwerke in den Alpen – eine weitere Belastung. Heute sind kaum neue Kraftwerke geplant, obschon sie „sauber“ sind. Bestehende Kraftwerke werden ausgebaut, um die Effizienz zu erhöhen.

Auch der **Tourismus** trägt zu den Belastungen des alpinen Raums bei. Reisende verursachen Durchgangsverkehr durch die Alpen. In den sechziger bis achtziger Jahren wurde durch touristische Transportanlagen und eine rücksichtslose Besiedlungspolitik wertvolles Land mit technischen Anlagen und eintönigen Chaletsiedlungen überbaut. Skifahrer abseits der Pisten und Biker zerstören fragile Mikrobiotope und verstören das scheue Wild.

Umweltschützer und verantwortungsvolle Touristikfachleute drängten auf ein **Umdenken.** Nun ist eine deutliche Veränderung zu Gunsten einer ressourcen- und umweltschonenderen Tourismus- und Verkehrswirtschaft und -politik spürbar. Jeder Besucher und jede Besucherin kann das Seine dazu beitragen, dass diese nach wie vor großartige und oft atemberaubende Alpenlandschaft intakt bleibt und sich auch zukünftige Generationen daran erfreuen können.

Flora und Fauna

Pflanzenwelt

Eine Besonderheit in den Alpen ist die Flora, denn die **Alpenflora** muss unter schwierigen Klimaverhältnissen gedeihen: Am Tag steigt das Thermometer unter der intensiven Sonneneinstrahlung oft bis auf 40° C, sinkt dann aber in der Nacht insbesondere im Winter extrem stark ab. Diesen Klimaanforderungen angepasste Pflanzen haben oft einen besonderen Wuchs und besondere Formen.

Die Alpen sind aber auch ein naturnaher Kulturraum: Die sonnigen Südhänge sind oft gerodet, bestehen aus Äckern, Weiden und sind mit Reben bepflanzt, die schattigen Nordhänge dagegen meistens bewaldet.

Typische **Waldbäume der Alpen** sind Nadelbäume, v.a. die Fichte, die wegen ihrer rötlichen Rinde auch Rottanne genannt wird. Die eine graue Rinde aufweisende Weißtanne ist seltener. Der Name stammt von den Nadeln, die an ihrer Unterseite zwei dünne weiße Streifen aufweisen. In sonnigen, südlichen Tälern der Schweiz, v.a. in einigen Gebieten des Wallis und Graubündens, findet man die Lärche, welche als einziger Nadelbaum Europas die Nadeln verliert. Auch Arven, eine Kiefernart mit zwei- bis fünfnadeligem Kurztrieb und besonders harten eierähnlichen Zapfen, findet man eher in südlichen Bergwäldern. Ahorn kommt hingegen regelmäßig vor.

In Höhen ab ca. 1600 Metern, „Kampfzone" genannt, hört der kompakte Wald auf. Man findet noch einzelne immer kürzer werdende Rottannen und knorrige Arven, auch einzelne Erlen. Weiter oben, auf den Alpweiden, gedeihen nur noch kurzstängelige und -halmige **Gräser,** dann Grasbänder zwischen Schutt- und Schneeresten. Die Schneegrenze liegt im Sommer auf ca. 3000 Metern.

Die **Blumen der Alpen** zeichnen sich durch ihre besondere Farbenpracht aus, müssen sie doch die Insekten oft in sehr kurzer Zeit anlocken. Alpenrose, Enzian, Edelweiß, Alpenveilchen, Primel, Weißer und Gelber Alpenmohn, Soldanella und Türkenbund sind nur einige von ihnen. Viele, weit über Hundert, sind heute **geschützt,** d.h. pflücken und ausgraben ist strikt verboten: Affodil, Alpenmannstreu, Alpenmohn, Alpenseidelbast, Braunscher und Borstiger Schildfarn, Flühröschen, Frauenhaar, Gladiolen, Gletschernelken, Gelber Hauswurz, Himmelsherold, Hirschzunge, Hügelanemone, Kranzrade und Kranznelke, Männertreu (schwarzes), die meisten Orchideen, Pfingstrosen, Rittersporn, See- und Teichrosen seien hier nur beispielhaft aufgeführt.

Im **Mittelland** ist eine ganz andere Flora anzutreffen, die der des übrigen Westeuropas gleicht. Auch hier gibt es einen großen Waldbestand. Die Waldfläche ist verfassungsmäßig seit langer Zeit geschützt. **Laubwälder** mit Buchen, Erlen, Haselstrauch und Ahorn, durchsetzt mit Fichten, herrschen vor. Dazwischen: **Wiesen, Äcker,** Getreide-, Mais- und Rapsfelder, im Broye-Tal Tabak, in einigen sonnenverwöhnten Gebieten Reben. Zu neuer Blüte gelangt in einigen Gebieten wieder der Hanfbau. Aus den USA kam mit dem Brauch des Halloweenfests (ein ursprünglich keltischer, also urschweizerischer Brauch) der Kürbis in die Schweiz zurück.

Im Süden der Schweiz, besonders im **südlichen Tessin,** fühlt man sich an die Mittelmeerküste versetzt, ist doch das Wetter hier besonders mild und die Flora deshalb fast **subtropisch.** Kastanienbäume, Feigen und früh blühende Mandelbäume fühlen sich hier heimisch. Reben produzieren in der Sonne, meist an Steinmäuerchen und Holzgerüsten, besonders hohe Öchslezahlen (Gewicht des Mostes). Palmen müssen im Winter nicht vor dem Frost geschützt werden und gedeihen deshalb in Parkanlagen und Gärten.

Im ebenfalls **südalpinen Wallis** wird neben dem Weinbau vor allem intensiver **Steinobstbau** und **Tomatenanbau** betrieben. In der Erntezeit können dort überall an den Straßen, direkt von den Erzeugern, die süßen und saftigen Früchte bezogen werden.

Das Gebiet des **Juras** ist durch Alpwirtschaft geprägt. Der Untergrund ist verkalkt und verkarstet, neben Tannenwäldern findet man vereinzelt noch **Moor- und Torflandschaften.**

Tierwelt

Die Tierwelt der Schweiz unterscheidet sich wenig von derjenigen des restlichen Mitteleuropas. Unter den **Säugern** sind Hasen seltener geworden, Rehe viel häufiger. In den Bergen, v.a. im Kanton Graubünden, wo jeder zweite Einheimische der Jagd frönt, leben auch viele Hirsche und Gämsen sowie Murmeltiere. Wildschweine und Steinböcke dagegen werden selten gesehen. Füchse gibt es überall, neuerdings regelmäßig auch in den Städten. Dachse und Igel trifft man immer wieder an. Der Luchs wurde wieder angesiedelt und vermehrt sich dank Schutz in verschiedenen Gebieten der Alpen, v.a. im Berner Oberland. Die scheuen Fledermäuse trifft man leider selten an. Der Wolf dringt langsam aus Italien wieder in das schweizerische Alpengebiet vor.

Fasane und Rebhühner müssen regelmäßig ausgesetzt werden, um die Jagdlust zu befriedigen. Sperber, Habichte, Mäusebussarde sind überall zu beobachten, nur in den Alpen dagegen vereinzelt Adler. Geschützte **Vogelarten** sind z.B. die Saatkrähe, aber auch der Schwan und der Große Brachvogel, die Alpendohle und der Tannenhäher, die selten gewordenen Eulen und alle Rallen außer dem Blässhuhn. Im Winter und in den Übergangszeiten sammeln sich in der Schweiz eine große Anzahl wandernder Vogelarten, die aus dem Norden Europas bis in das Alpengebiet und darüber hinaus nach Süden fliegen. Andererseits verlassen andere Vögel wie die seltenen Störche, aber auch Singvögel wie Lerchen, Stare und Schwalben das Land, um erst im Frühjahr zurückzukehren.

Kriechtiere und Lurche fühlen sich in den wärmeren, sonnenexponierten Regionen am ehesten zu Hause. Wo es trocken ist, trifft man Mauer- oder Bergeidechsen, Blindschleichen und vielleicht ab und zu eine Ringelnatter oder Juraviper. Der Alpen- oder Feuersalamander oder bisweilen eine Kröte oder ein Wasser- oder Grasfrosch können den Weg kreuzen.

Unter den einheimischen **Fischen** hat sich Lachs schon lange aus der Schweiz verabschiedet. Man findet die üblichen Süßwasserfische: Forellen, Hechte, Barsche usw.

018ch Foto: rb

Menschen und Kultur

019ch Foto: dt

020ch Foto: jb

Gelebtes Brauchtum auf dem Land: Ringen ist in der Schweiz als Schwingen eine beliebte Sportart

Schlittenfahrt im Tiefschnee – ein VIP-feeling

Waadtländischer Alphof

Geschichte

Das Land vor der Gründung der Eidgenossenschaft

Vorgeschichtliche Spuren weisen auf eine sehr frühe Besiedlung durch **Cro-Magnon-Menschen** v.a. im Jura hin.

In der Zeit *Julius Caesars* wollen die hier lebenden **keltischen Helvetier** vor den Alemannen nach Westen ausweichen, werden aber 58 v. Ch. von den Römern bei *Bibracte* (heute Montmort, Frankreich) gestoppt und geschlagen. Die Überlebenden kehren zurück und vermischen sich mit den **Alemannen.**

Die **Römer** dringen ein und kolonisieren das Land. Bedeutende römische Siedlungen wie *Vindonissa* (Windisch), *Aventicum* (Avenches, VD), *Augusta Raurica* (Augst, BL) und ein strategisch bedeutendes Straßennetz (Simplon-, Septimer- und Julierpass) entstehen.

Auch Alemannen und **Burgunder** setzen sich im Gebiet fest, die Burgunder übernehmen die römische Sprache, was zur heutigen Sprachteilung führt.

Im 6. Jh. kommt Helvetien unter die Kontrolle der merowingischen und karolingischen Frankenkönige, das **Christentum** setzt sich durch die Mission irischer Mönche wie *Gallus* (St. Gallen) und *Beatus* (Beatushöhlen am Thunersee) durch. Bedeutende Kirchenbauten und Klöster entstehen.

Die Teilung des **Frankenreichs** 870 geht mitten durch die zukünftige Schweiz. Im Jahre 1032 wird das Territorium im **Heiligen Römischen Reich** zwar wieder vereint, allerdings herrschen kleinere und größere Provinzfürsten nach eigenem Gutdünken. Dazu gehören im Westen die **Savoyer** und **Zähringer.** Die Zähringer tun sich als Städtebauer hervor und gründen im 13. Jh. eine Reihe von Städten (Bern, Fribourg, Murten), welche bald reichsfrei werden und zu bedeutender Stellung aufsteigen.

Die bedrohlichste Provinzmacht ist **Habsburg,** deren Stammschloss im heutigen Kanton Aargau liegt. Die Habsburger arrondieren durch geschickte Politik ihr Gebiet und dehnen sich bald bis nach Osteuropa aus. *Rudolf von Habsburg* vermacht sein Reich 1291 inklusive der Waldstätte rund um den Vierwaldstättersee seinen Söhnen.

Die alte Eidgenossenschaft

Ende des 12. Jh. haben die Urner den „stiebenden Steg" über die Reuss gebaut, durch die Schöllenenschlucht führt nun ein Saumpfad. Das Gebiet nördlich des Gotthardpasses gewinnt als kürzester Übergang von Italien in den nördlichen Teil des Kaiserreichs an Bedeutung. Es ist die Zeit des **Interregnums** nach dem Tod *Friedrichs II.*, eine Zeit der relativen Freiheit, aber auch Unruhe. Verarmte Adlige und Soldateska nutzen die Unsicherheit und bereichern sich raubend und mordend. In gewissen Landstrichen müssen sich Freie (freie Bauern) und Städte unter den Schutz lokaler Feudalherren stellen. Die Habsburger sind die bedeutendsten und ehrgeizigsten unter diesen Herren. In den **Waldstätten** ist man jedoch nicht mehr bereit, die Freiheit des Interregnums aufzugeben. Eine neue Ordnung wird hergestellt, man verbündet sich und verspricht, im Notfall zu den Waffen zu greifen und sich gegenseitig zu helfen. Die Eidgenossenschaft ist in ihrem Ursprung das, was wir heute eine Bürgerwehr nennen.

Im August 1291 versprechen sich die Waldstätte in einem Schutzbrief gegenseitig Hilfe. Dies wird heute als **Gründungsakt der Eidgenossenschaft** betrachtet und am 1. August, dem Nationalfeiertag, gefeiert. Die Habsburger akzeptieren die Eigenmächtigkeit nicht, das Gebiet am Gotthard ist strategisch zu bedeutend. Sie müssen sich jedoch 1315 dem Heer der Eidgenossen in Morgarten am Aegerisee, 1386 in Sempach und 1388 bei Näfels geschlagen geben.

Der Sieg in **Morgarten** ist ein Fanal und gibt weiteren Abhängigen Habsburgs Auftrieb, sich vom Joch der Herzoge zu lösen. Luzern wechselt die Seite und geht 1332 eine „ewige" Verbindung mit den Waldstätten ein. Im Westen befreien sich die Berner und Freiburger vom „Schutz" der Grafen von Savoyen. Zürich (1351) und Bern (1353) treten dem Bund fast zeitgleich bei. Mit der ehemals habsburgischen Landschaft Glarus (1352) und dem Städtchen Zug (1352) ist die achtörtige „alte Eidgenossenschaft" vollständig.

Großmachtpolitik

Im 15. und 16. Jh. entwickelt die junge Eidgenossenschaft Großmachtsträume. Der **Wohlstand** steigt. In Bern und Zürich beginnt man die Straßen zu pflastern. Nutztiere verschwinden aus den Städten.

Durch **Kauf und Verträge, Überfälle und Heerzüge** dehnen sich die Eidgenossen in alle Richtungen aus: Die Zürcher Landschaft kommt in eidgenössische Hand, im Süden wird den Mailändern das nördliche Tessin und das Eschental um Domodossola abgetrotzt, im Osten gelangen das äbtliche St. Gallen, das Toggenburg, 1411 das Appenzellerland und 1460 das Thurgau als „Gemeine Herrschaft", als gemeinsam verwaltetes Untertanenland, zum Bund. Schaffhausen, Rottweil und Mülhausen im Elsass verbünden sich mit den Eidgenossen. Bern nimmt den Habsburgern fast das ganze Stammland im Aargau ab und entringt den Savoyern die Waadt und Teile Hochsavoyens am Südufer des Genfersees.

Das erstarkte Burgund unter **Karl dem Kühnen** wird nun Hauptgegner im Westen, doch auch die Burgunder werden in Grandson, Murten und Nancy geschlagen. In Nancy verliert *Karl* am 5. Januar 1477 sein Leben. Die Kriegsbeute, u.a. kostbare Gobelins, sind im Historischen Museum in Bern zu bewundern.

Die mit Bern verbündeten Solothurn und Freiburg im Uechtland stoßen 1481 zum Bund. Die Grafschaft Neuenburg wird Untertanengebiet. An der Jahrhundertwende des 15. zum 16. Jh. sind die Eidgenossen so mächtig, dass sowohl der König von Frankreich als auch Kaiser *Maximilian* mit Unbehagen auf die Alpenrepubliken schauen.

Im **Schwabenkrieg** prallen die unterschiedlichen Gegner aufeinander. Österreich geht im Südosten gegen das mit den Eidgenossen verbündete Graubünden vor, wird jedoch im Mai 1499 an der Calven geschlagen. Das Hauptheer des aus den Niederlanden zurückgeeilten Kaisers *Maximilian,* der über die Schweizer die Reichsacht ausgesprochen hat, verliert am 22. Juli 1499 bei Dornach die gleichnamige große Schlacht: Die Schweiz ist nicht mehr Teil des Reichs. Doch die Einigkeit der siegreichen Schweizer ist brüchig. Zwar stoßen 1501 noch Basel und Schaffhausen zum Bund, die ländlichen Orte fühlen sich von den Städten aber zunehmend majorisiert.

Die kriegserfahrenen Schweizer werden mit Geld als **Söldner** angelockt. *„Pas d'argent, pas de Suisse"* („kein Geld, keine Schweizer"), sagt man seit damals in Frankreich. Die Franzosen nutzen die Eidgenossen geschickt aus, um eigene Ansprüche auf die norditalienische Ebene zu realisieren. Eidgenössische Truppen verjagen den Herzog von Mailand vom Thron, König *Louis XII.* von Frankreich wird Herzog in Milano.

In verschiedenen **Koalitionen** verbündet man sich mit unterschiedlichen Partnern, die bald wieder zu Gegnern werden. In Novara sind Eidgenossen auf beiden Seiten als Reisläufer (bezahlte Soldaten) zu finden. 1507 zieht man bis Genua, 1512 nimmt man Pavia und Mailand und mit den verbündeten Bündnern das Veltlin, Bormio, die Grafschaft Cleven sowie das Gebiet des oberen Comersees ein. Die Eidgenossen setzen *Maximilian Sforza* wieder in seine Rechte als Herzog von Mailand ein. Sie stehen auf dem **Höhepunkt ihrer Macht,** aber kurz vor dem jähen Ende der Großmachtsillusionen.

François I. von Frankreich kann einen Teil der eidgenössischen Truppen mit Geld ködern. Sie ziehen über den Gotthard nach Hause und überlassen die restlichen Truppen, v.a. Innerschweizer und Zürcher, der französischen Übermacht. In der **Schlacht von Marignano** vom 13. bis 15. September 1515 begraben die Schweizer alle Großmachthoffnungen. Die Interessen der verschiedenen föderalistisch organisierten Orte sind zu unterschiedlich, um langfristig mit den großen Mächten des Kontinents mitzuhalten. Der Vertrag von Marignano ist für die Eidgenossen günstig. Er bringt den Ausgleich mit Frankreich, das sogar 400.000 Kronen für den Verzicht der Eidgenossen auf Mailand bezahlt. Die Eidgenossen dürfen das Tessin und das Veltlin behalten. Die zukünftige Außenpolitik wird vorsichtiger. Man beschränkt sich auf Arrondierung des Erreichten und konzentriert sich eher auf innen.

Reformation und Glaubenskriege

Mit dem Kriegsdienst kommt Geld in die Schweiz, aber auch sozialer, sittlicher und wirtschaftlicher Schaden. Tausende kehren als Krüppel zurück. Stadt-Land-Gegensätze verschärfen sich, Unruhen brechen aus. Doch die Zeit bringt auch Fortschritt: Erste Universitäten entstehen, Basel wird zum

Zentrum europäischer Gelehrsamkeit. Zürich ist eine bedeutende Handelsstadt. *Huldrich Zwingli,* ein Glarner Priester am Zürcher Grossmünster, kann die humanistischen und sozialen Strömungen in der **evangelischen Erneuerung** vereinen.

Zwingli ist 1512 noch (katholischer) Feldprediger im Feldzug nach Pavia. Er gerät durch die Pest an den Rand des Todes und schließt sich, beeindruckt durch dieses Schlüsselerlebnis, der Bewegung *Luthers* an. Rasch wird er zum Führer der Reformation in Zürich.

Klöster werden abgeschafft, 1525 wird die Messe durch die Predigt ersetzt, Zürich tritt aus dem Bistum Konstanz aus. Bern mit der Waadt und dem Aargau, Basel, Schaffhausen, Teile des Appenzellerlandes und des St. Gallerlandes werden reformiert. In Basel wird der Bischof vertrieben. In Glarus und im Bündnerland entscheiden sich die Dörfer einzeln für den neuen oder alten Glauben. In der Innerschweiz und im Wallis wird „die Ketzerei" vehement abgelehnt, man sieht in ihr die Verworfenheit des „Städtischen". Auch Solothurn und Fribourg bleiben katholisch.

In Genf nimmt die Reformation eine eigene Wendung. Die Stadt besitzt inmitten savoyischen Gebiets eigene Rechte. Die Savoyer würden Genf gerne kontrollieren. Ihre Anhänger in Genf werden „Mameluks" genannt, die Anhänger der Eidgenossen „Kinder Genfs" oder „Eidguenots". 1526 schließt die Stadt einen Vertrag mit Bern und Freiburg. Der Herzog von Savoyen will mit den „Mameluken" die

021ch Foto: ws

Herrschaft über Genf gewinnen, schließt die Stadt ein und setzt den Genfer Prior *Simon Bolivar* in Chillon gefangen. Bern antwortet mit einem Feldzug, der Herzog muss definitiv auf alle Rechte in Genf verzichten. Der Picarde *Johannes Calvin* kann mit bernischer Rückendeckung in Genf seine Version des Christentums verbreiten. Der strenge *Calvin* errichtet ein theokratisches Regime, die Morallehre soll den wirtschaftlichen Erfolg der **Calvinisten** und Genfs maßgeblich beeinflusst haben.

Reformation und Gegenreformation führen zu einer **Spaltung,** die sich in vier Waffengängen zum Teil blutig niederschlägt. Der so genannte Erste Kappelerkrieg (1529) endet noch mit einem für die damalige Zeit fast unglaublichen Geist der Toleranz.

Man einigt sich zum Waffenstillstand bevor Feindseligkeiten ausbrechen. *Zwingli* treibt jedoch zum Krieg an. 1531 werden die zahlenmäßig unterlegenen Zürcher bei Kappel besiegt. Die Auseinandersetzung fordert 500 Todesopfer, darunter Zwingli selbst. Die Niederlage und der Tod Zwinglis verschärfen den Gegensatz. Die katholischen Stände vereiteln 1571 ein Aufnahmegesuch des calvinistischen Genfs in die Eidgenossenschaft.

Nach der im August desselben Jahres eingeleiteten Verfolgung der **Hugenotten** in Frankreich (Bartolomäusnacht) nehmen die reformierten Orte Tausende von verfolgten Glaubensbrüdern auf. Die Flüchtlinge bringen das Uhrenhandwerk und andere Fertigkeiten in die Schweiz.

Vom Dreißigjährigen Krieg bis zum Beginn der Französischen Revolution

In den Wirren vor und während des Dreißigjährigen Krieges lassen machtpolitisch motivierte Koalitionen mit fremden Partnern den Bund mehrmals beinahe zerbrechen. Katholische Orte unterstützen z.B. Savoyen bei seiner Forderung, Bern habe **die Waadt** zurückzugeben. Die reformierten Orte sind „nicht bereit, für die Waadt zu sterben". Bern muss im Frieden von Lausanne 1564 seine Landvogteien am südufrigen Genfersee zurückgeben, das Pays de Gex, das Umland von Genf dazu. Die Waadt verbleibt bei Bern.

Besondere Formen nimmt der Glaubenskonflikt in **Graubünden** an, wo sich die europäischen Mächte während des Dreißgjährigen Krieges einen erbitterten Zermürbungskrieg liefern. Graubünden besitzt eine stark ausgeprägte Gemeindeautonomie. Es gibt aber auch besonders einflussreiche Familien, die politisch tonangebend sind, z.B. die reformierten *von Salis* und die katholischen *von Plantas*. Diese Familien ziehen Graubünden ins europäische Intrigenspiel.

Der eigenartige, charismatisch-fanatische reformierte Prediger **Jürg Jenatsch,** eine typische Renaissancefigur, zunächst Führer der Reformierten und vehementer Gegner der *Plantas,* versucht durch wechselnde Koalitionen die Unabhängigkeit des Bündnerlandes von fremden Einflüssen zu sichern. Er zieht seine Heimat jedoch gerade dadurch immer mehr in den Sumpf des düsteren Krieges.

Habsburg, die Venezianer, Frankreich (gelenkt durch den schwer durchschaubaren *Richelieu* und den örtlichen Repräsentanten *Duc de Rohan,* ein hugenottischer bretonischer Herzog), aber auch kaiserliche und schwedische Truppen greifen im Bündnerland ein, in wechselnden Koalitionen, aber immer Verwüstung und Tod verbreitend. Im Winter 1629/30 stirbt so ein Viertel der Bevölkerung durch Hunger.

Als Richelieu das ehemals bündnerische Untertanengebiet Veltlin nicht mehr integral den Bündnern zuschlagen will, wechselt Jenatsch insgeheim zum Katholizismus über, um von seinen ehemaligen Gegnern Österreich und Spanien die Zusage zu erhalten, dass sie ihn bei der Vertreibung der Franzosen unterstützen. Im März 1637 schlägt Jenatsch, unterdessen zum Oberbefehlshaber der Bündner geworden, mit seinem „Kettenbund" gegen seinen ehemaligen Mentor de Rohan los und vertreibt die Franzosen, welche das Veltlin, Bormio und Chiavenna an Bünden zurückerstatten müssen.

1639 wird Jenatsch von seinen alten Feinden, den von Plantas, in der Fasnachtszeit ermordet. Maskierte Planta-Anhänger nutzen die Gunst der Stunde und strecken ihn mit Axthieben und Pistolen zu Boden. Die Novelle von **Conrad Ferdinand Meyer** „Jürg Jenatsch" schildert in idealisierender Form den „Retter Graubündens".

1649 nach Ende des Dreißigjährigen Krieges kommt es zum **Ausgleich mit Österreich,** alle Teile des alten Rätiens kommen wieder an Graubünden und bleiben es bis zur Französischen Revolution.

Die eidgenössischen Stände haben im Dreißigjährigen Krieg zwar Sympathien mit der einen oder anderen Seite, sie nehmen jedoch nie eindeutig Partei. Die Eidgenossenschaft hat sich in den Wirren einigermaßen bewährt, Auseinandersetzungen beschränkten sich stellvertretend auf Graubünden. Ein neues Schema schweizerischer Außenpolitik wird sichtbar: **Nichteinmischung** in fremde Händel, das Ausnützen solcher Situationen.

Das 18. Jahrhundert ist eine Zeit des Friedens und Aufschwungs, aber auch eine Zeit nicht verarbeiteter Gegensätze. In Europa herrscht der **Absolutismus.** Die Schweizer Patrizier, Zunftherren und Vögte kopieren die Sonnenkönige und Potentaten.

Das Jahrhundert wird **Zeitalter der Aufklärung** genannt. Geistig und wirtschaftlich ist es fortschrittlich, frei, aufklärerisch, vernünftig. *Jean-Jacques Rousseau* aus Genf (1712–1778), *Johann Heinrich Pestalozzi* aus Zürich (1746–1827), *Albrecht von Haller* aus Bern (der Dichter des Poems „Die Alpen", das einen „Alpenboom" auslöste), *Johann Jakob Bodmer* (1698–1783), *Johann Jakob Breitinger* (1701–1776) und *Johann Jakob Lavater* (1746–1801) in Zürich haben großen Einfluss auf europäisches Denken.

Doch die **politische Realität ist konservativ.** „Aufwiegler" wie die *Henzibrüder* in Bern oder *Major Davel,* der für das Waadtland die Freiheit erreichen will, werden von den Obrigkeiten, z.B. den „Gnädigen Herren" in Bern, ohne Federlesens gemaßregelt. *Davel* wird 1723 in Lausanne enthauptet, *Samuel Henzi* besteigt 1749 nach einer Verschwörung das Schafott. Erst der Sturmwind der Französischen Revolution wird dem Gedanken der Aufklärung zum Durchbruch verhelfen. Politisch ist die alte Eidgenossenschaft reaktionär, repressiv, kontrolliert durch eine kleine Schicht, der jede Veränderung suspekt ist.

Die Gesellschaft ist ständisch, die **Sittenvorschriften** grenzen ans Absurde: Es ist verboten, während des Gottesdienstes Verwandte zu besuchen. Die Vorschriften zum Rauchen, Trinken, Essen, zum Tanzen und Auftreten an Märkten sind kaum zu überblicken. Dienstmägden ist es verboten, Seide und Korsetts zu tragen.

Soziale Belange interessieren den Staat kaum, er hat kein Interesse an gebildeten rebellischen Untertanen. Wenn jemand „armengenössisch" wird, ist der Schuldenturm oft die einzige Abhilfe. Der Kampf gegen die **Armut** prägt die Landbevölkerung. Nirgends besser als in *Ulrich Bräkers* Autobiografie „Der arme Mann aus dem Toggenburg" lässt sich nachlesen, wie ein Kleinbauer und Heimarbeiter rackern musste, um zu überleben, wie oft nur der Ausweg über den Solddienst im Ausland blieb.

Wirtschaftlich entwickelt sich in der Schweiz im 18. Jahrhundert die Struktur, die dem Land sehr lange sein Gepräge gibt: Im Norden und Osten entwickelt sich Textilindustrie, in Genf und im Jura die Anfänge der Uhrenindustrie. In den Alpen bestaunen die ersten Touristen, vornehme Herren wie *Goethe* auf der „Grand Tour", die Berge und Seen. Das Mittelland wird von der Landwirtschaft geprägt, die Berner sind (noch) die Herren über die Kornkammern der Waadt bis an die Reuss.

Die moderne Schweiz seit der Französischen Revolution

Die aus dem Mittelalter stammende genossenschaftliche, föderalistische, paternalistisch-obrigkeitliche Eidgenossenschaft weicht einer Ordnung der **„Einheit, Gleichheit, Brüderlichkeit".** Die Revolution findet rasch Anhänger in der Schweiz. Im Januar 1797 werden in Liestal (Basel-Landschaft) Freiheitsbäume errichtet. Das Oberwallis muss auf die Vorrechte gegenüber den französischsprachigen Unterwallisern verzichten. Das Toggenburg löst sich von St. Gallen, die Thurgauer erklären die Bevormundung als beendet. Im Tessin nimmt unter dem Druck der napoleonischen Truppen die Herrschaft der Urner ein Ende, das Livinental löst sich (endgültig) von der Eidgenossenschaft. Eine „Befreiung" ist nicht mehr nötig, die Unfreien in der Eidgenossenschaft haben sich selber befreit.

Doch längst ist die Revolution zu einem **Machtkampf europäischer Großmächte** geworden und die alte Eidgenossenschaft ist mürbe. Die Regierenden sind kaum in der Lage, angemessen auf die Situation zu reagieren. Weder werden die kampferprobten Reisläuferregimenter aus Frankreich und anderen Ländern zurückgerufen, um das Land zu verteidigen, noch versucht die Tagsatzung der eidgenössischen Stände (das Regierungsgremium) eine einheitliche Politik gegen die Bedrohung zu entwickeln. Frankreich zwingt Österreich, die „Cisalpinische Republik" von *Napoleons* Gnaden in Mailand anzuerkennen. Das bündnerische Veltlin wird diesem neuen Gebilde angehängt. 1797 folgt die Annexion des fürstbischöflichen Juras und Biels. Die Tagsatzung jammert, unternimmt aber nichts. Trotzdem greifen französische Truppen ein. Die Intervention richtet sich gegen den einzigen noch funktionierenden Machtfaktor, gegen die Republik Bern. Am 23. Januar 1798 marschieren

Frankreichs Generäle *Brune* und *Schauenburg* ein. Bei Neuenegg gelingt es einem bernischen Heer noch am 5. März, einen Angriff der Franzosen abzuwehren. Schauenburg aber ist im Norden der Stadt beim Grauholz siegreich.

Bern und die Eidgenossenschaft sind Beute der Franzosen, die dreizehnörtige Eidgenossenschaft existiert nicht mehr. Der große Staatsschatz der Berner wird nach Paris gebracht, um *Napoleons* Kriege zu finanzieren. In der Schweiz wird eine von außen diktierte, zentralistische **Helvetische Republik** eingeführt. Aus der Restschweiz ohne Genf, Neuenburg, Biel und dem Jura und ohne die zugewandten Orte Mülhausen und das Veltlin werden 23 Kantone, die ähnlich den französischen Kantonen als reine Verwaltungsdistrikte gedacht sind (der Name „Kanton" stammt aus jener Zeit). Teil der neuen Verfassung sind die Garantie der Rechtsgleichheit und die allgemeinen Grundsätze, die von den Idealen der französischen Gleichheit und Brüderlichkeit geprägt werden. Doch

Das berühmte Opernhaus in Zürich

die neue Verfassung passt nicht zur Gesellschaft, der sie geschenkt wurde. Das Volk verballhornt den Begriff *„une et indivisible"* in *„une et invisible"*(eins und unsichtbar). Die „Befreier" machen es den Befreiten nicht einfach, sich an die neuen Zustände zu gewöhnen. Das Land wird geplündert, horrende Kriegsbeiträge sind zu zahlen. Der Widerstand wächst rasch, bricht im Appenzellischen und im St. Gallerland aus, um sich in der Innerschweiz in offene Rebellion zu verwandeln. Die Nidwaldner wehren sich in einem aussichtslosen Gemetzel gegen die Besatzungsmacht. *Heinrich Pestalozzi* nimmt sich der Waisenkinder an.

1801 schließt das erschöpfte Österreich Frieden mit Frankreich und Napoleon verspricht der Schweiz eine neue Verfassung. Sein Verfassungsvorschlag ist föderalistisch. Er wird im Oktober 1801 in Kraft gesetzt, muss aber nach erheblichen Wirren durch eine dritte Verfassung, die so genannte **Médiation,** die noch föderalistischer ist, ersetzt werden. Mit dieser Verfassung sichert sich Napoleon den inneren Frieden im aufmüpfigen Land der Eidgenossen.

Außen- und wirtschaftspolitisch ist die Schweiz von Frankreich abhängig. Sie muss dem Korsen Truppen zur Verfügung stellen. Neuenburg wird 1806 von Preußen an Frankreich abgetreten, die Verbindung mit der Schweiz aufgelöst. Das Wallis wird als „Département Simplon" Frankreich zugeschlagen. Die schweizerischen Truppenkontingente in Napoleons Kriegen bezahlen einen hohen Blutzoll. Dauernd sind 15.000 Mann im Einsatz. Mit der „Grande Armée" ziehen sie im Jahre 1812 gegen Russland. Auf dem Rückzug decken die Schweizer die napoleonischen Truppen an der Beresina. Nur 700 kehren in die Heimat zurück.

Die Schweiz ist zu erschöpft, um sich nach der Niederlage Napoleons selbst zu befreien. Österreicher und Russen marschieren ein, die **Restauration** scheint zu siegen. Die alten Herrschaften haben zwanzig Jahre lang wieder das Sagen. Die alte Herrschaftsstruktur mit „zugewandten Orten" und „gemeinen Herrschaften" lässt sich jedoch nicht mehr restaurieren. Wichtige Entscheidungen werden nicht in der Schweiz, sondern am **Wiener Kongress,** unter Leitung Fürst *Metternichs* gefällt. Als „Ersatz" für das Waadtland und den Aargau wird Bern das Gebiet des nachmaligen „Berner Juras" zugeschlagen, ein Geschenk das den Bernern noch Bauchgrimmen bescheren wird. Neuenburg fällt an Preußen zurück, der preußische König anerkennt die Doppelunterstellung als preußisches Fürstentum und schweizerischer Kanton. Das Wallis wird auf Wunsch seiner Einwohner als Kanton anerkannt. Auch Genf gelingt der lange erwünschte Anschluss an die Eidgenossenschaft. Am 20.11.1815 anerkennt der Kongress in Wien die **„immerwährende Neutralität"** der Schweiz und ihre Unabhängigkeit und Unverletzlichkeit und bezeichnet sie „als im Interesse aller Nationen". Diese Erklärung wird Dogma der schweizerischen Politik und bewahrt das

Land seit fast 200 Jahren vor Krieg und weiteren Verwüstungen.

Nach der Revolution von 1830 in Paris werden auch in der Schweiz **republikanisch-demokratische Gedanken** wieder populär. Die Kantone Thurgau, Aargau und Luzern setzen demokratische Verfassungsreformen in Kraft. In Neuenburg bricht ein gegen Preußen gewandter Aufstand 1831 zusammen. Der alte Gegensatz führt in Basel 1832 zur endgültigen Trennung von Stadt und Landschaft. Die kleinen ländlichen Stände in der Innerschweiz befürchten, mit dem liberalen Gedankengut werde ihre alte Autonomie gefährdet und ihre konservativere religiös motivierte Grundhaltung in Frage gestellt. Emigranten aus dem Ausland, dem „Jungen Europa" angehörend, lassen aus der Sicht konservativer in- und ausländischer Politiker die Schweiz immer mehr zum Tummelplatz revolutionärer Radikaler werden. Ein alter Gegensatz wird wieder belebt: die Trennung zwischen Reformierten und Katholiken. Der Konflikt wird zu einer kirchlich-weltanschaulichen Auseinandersetzung und explodiert im letzten bewaffneten inneren Konflikt des Landes, dem **Sonderbundskrieg** 1848.

Die Radikalen, die Vorläufer der heute eher rechts stehenden Freisinnig-Demokratischen Partei, hatten die Wahlen in kantonalen Urnengängen in fast allen reformierten Kantonen gewonnen. Die katholischen Kantone Luzern, Uri, Schwyz, Ob- und Nidwalden, Zug, Freiburg, und Wallis hatten sich zur „Schutzvereinigung" zusammengeschlossen, dem Kern des späteren „Sonderbunds". Im Sommer 1847 wird von der Tagsatzung die Auflösung dieses „gegen die Einheit der Eidgenossenschaft" gerichteten Bundes beschlossen, der Waffengang ist unausweichlich geworden. Der Führer des Sonderbunds sucht den Rückhalt beim alten Feind Österreich und fordert die Großmächte auf, in der Schweiz zu intervenieren. Die mehrheitlich reformierten Tagsatzungstruppen unter der Führung des Genfer Generals *Henri Dufour* lassen den wesentlich schwächeren konservativen Truppen keine Chance. Die Sonderbundskantone müssen kapitulieren, die Jesuiten ausweisen und sich radikale Regierungen geben. Eine Bundesverfassung wird 1848 in Kraft gesetzt.

Die **moderne Form der Schweiz,** ein Bundesstaat mit stark föderalistischem Charakter, nimmt Gestalt an. Während überall in Europa die 1848er-Revolutionswirren ausbrechen, benutzen die neuen radikalen Führer der Schweiz die Situation, die Neuenburger in ihren Anliegen zu unterstützen. Unter eidgenössischem Schutz werden die preußischen Fürsten in Neuenburg gestürzt, Neuenburg wird ein voll mit der Schweiz verbundener Kanton.

Der Bundesstaat Schweiz

Der **Bundesstaat von 1848** ist stark vom amerikanischen Vorbild geprägt: ein Parlament mit zwei Kammern, dem Ständerat mit je zwei Standesstimmen und dem Nationalrat als Volksvertretung. Jeder Kanton entsen-

023ch Foto: en

det proportional zur Bevölkerungszahl Vertreter in die Volkskammer. Die Ständeräte werden vom Volk oder den Kantonsparlamenten gewählt. Als Exekutive regiert ein Bundesrat mit sieben Mitgliedern, eine Kollegialbehörde, die nach dem Mehrheitsprinzip entscheidet. Der Vorsitzende des Bundesrats, der nur repräsentative Funktionen besitzende Bundespräsident, wird jedes Jahr neu gewählt. Diese Prinzipien sind seit 1848 unverändert.

Bündnisse unter den Kantonen sind verboten, militärische Selbsthilfe ist nur im Rahmen des Bundes möglich. Fremde Solddienste und Orden, Pensionen, Titel fremder Regierungen werden untersagt, das Ordensverbot gilt bis heute! Zoll, Münzwesen und Postregal werden eidgenössisch, die Entwicklung zum Industriestaat wird dadurch erleichtert. Die nach wie vor kantonalen Bataillone erhalten einheitliche Uniformen und eine gemeinsame Fahne (das weiße Kreuz im roten Feld). Andere Artikel garantieren die Rechte und Freiheiten der Bürger (noch nicht der Bürgerinnen). Bürger besitzen aktives und passives Wahlrecht, Niederlassungsfreiheit, Pressefreiheit, Vereinsfreiheit und Religionsfreiheit. Initiative und Referendum werden 1874 eingeführt.

Hegel'scher Fortschrittsglaube breitet sich aus und wird durch die **rasche Entwicklung** gestärkt. Ein Eisenbahnnetz sprengt bald die engen Grenzen der Kantone, die wachsende Industrie versorgt die Bevölkerung mit Massengütern und verdrängt das Handwerk. Schweizer Firmen, viele davon von Flüchtlingen und Einwanderern gegründet (wie die *Pestalozzis* in Zürich, die *Nestlés* in Vevey, die *Brown-Boveris* in Baden und die *Maggis* in Kempthal) erreichen Weltformat. Die Lebenserwartung verdoppelt sich in hundert Jahren. Während das restliche Europa sich im Ringen um nationale Einheit und im Auf und Ab nationaler Auseinandersetzungen befindet, konzentriert man sich in der Schweiz auf wirtschaftliche Entwicklung.

1870/71 wird man kurz durch den nahe an die schweizerische Grenze herangetragenen deutsch-französischen Krieg gestört. Die Schweiz mobilisiert und beschützt ihre Grenzen. Rund 85.000 Mann der französischen Ostarmee unter General *Bourbaki* geraten in einen deutschen Hinterhalt und können sich nur durch Übertritt über die schweizerische Grenze retten. Sie werden entwaffnet und interniert. Das Ereignis löst eine Welle des Mitgefühls aus. Die Schweiz hat eine neue Möglichkeit entdeckt, sich außenpolitisch zu betätigen: die neutrale Hilfe für Betroffene in Kriegs- und Krisengebieten. Parallel dazu hat sich

Das Bundeshaus:
Regierungs- und Parlamentsgebäude

auf privater Ebene ein gescheiterter Geschäftsmann aus Genf, *Henri Dunant,* mit ähnlichen Ideen beschäftigt. Seiner Initiative entspringt die Bewegung des **Roten Kreuzes** und die Organisation des Internationalen Komitees vom Roten Kreuz (IKRK).

Am Ende des 19. Jahrhunderts wird der Ausbau des nationalen Eisenbahnnetzes mit großer Geschwindigkeit fortgesetzt, man baut den Gotthard- (1882) und den Simplontunnel (1906). Die Schweiz wird zu einer beliebten Destination des internationalen **Fremdenverkehrs.** In den Palasthotels vergnügen sich die Vornehmen und Reichen. Der Wintertourismus verändert die Physiognomie des Alpengebiets.

Politisch relevant ist die erste große **Revision der Bundesverfassung** im Jahre 1874. Diese zweite Bundesverfassung ist in ihren Grundzügen bis heute gültig, sie wird allerdings seither durch zahllose Initiativen, Referenden, und Volksabstimmungen verändert und ergänzt. Im Wesentlichen bringt sie neue Zuständigkeiten für den Bund, durch Initiativrecht und Referendum mehr Einfluss des Volks und eine Stärkung des Rechtswesens.

Die Schweiz im 20. Jahrhundert

Der **Kriegsausbruch 1914** bringt ein Ende der „guten alten Zeit". Als sich im Sommer des Jahres die internationale Politik immer hysterischer gebärdet, ordnet der Bundesrat eine Generalmobilmachung an, um den Abwehrwillen des Landes zu demonstrieren. Man mobilisiert 250.000 Mann und geht davon aus, dass der Krieg einige Monate dauern werde. Die Meinungen im Volk sind bald gemacht. Während man in der Deutschschweiz Sympathien für die Deutschen hegt, sind die Herzen der Romands eher den französischen Sprachgenossen zugetan. Glücklicherweise gibt es Brückenbauer, wie den Dichter und späteren Nobelpreisträger *Carl Spitteler,* die zur Besonnenheit rufen und die Schweizer dazu auffordern, „alle unsere Nachbarn, die diesseits der Grenzen wohnen, als unsere Brüder zu betrachten". Dies führt zu einer Klärung, die Entfremdung führt nicht zu einer größeren Kluft.

Der Krieg wird zum Weltkrieg, zum wirtschaftlichen und strategischen Erschöpfungskrieg, zum Massen vernichtenden Grabenkrieg. Die Schweiz bleibt eine Insel des Friedens, hungrig zwar, unter Sonderrecht, doch auch ein Durchgangsland für Kriegsgefangene und eine **Insel für Flüchtlinge** aller Art, die dem Krieg und der Repression in ihren Heimatländern entkommen können – ein Ausgangspunkt für das Wirken des Roten Kreuzes, das auf allen Schlachtfeldern versucht, etwas von der Not zu lindern.

Es gibt Pazifisten, sozialistische und marxistische Revolutionäre im Land, wie die Bolschewiken Russlands, die Trotzkis und Lenins, aber auch Profiteure, Schwarzhändler und Waffenschieber, die von der Schweiz aus ihre düsteren Geschäfte organisieren. Im Frühjahr 1917 müssen die Lebensmittel rationiert werden. Gewerkschaften und Sozialisten radikalisieren sich zunehmend. Die Linke sieht mit der Oktoberrevolution in Russland ein neues Zeitalter anbrechen. In Olten konstituiert sich ein aus Gewerkschaften und Sozialdemokratie gewachsenes **Oltner Aktionskomitee,** das elf sozialpolitische Forderungen an den Bundesrat heranträgt. Die angeheizte Stimmung führt am 7. November, dem Jahrestag der Marxistischen Revolution, zu Kundgebungen. Am 11. November wird ein landesweiter **Generalstreik** ausgerufen, dem 140.000 Arbeiter folgen, das Land steht still. Der Bundesrat geht auf einige Forderungen ein. Der Streik wird schon am 13. und 14. November abgebrochen, die Anführer kommen meist mit kleinen Strafen davon. Die Botschaftsangehörigen der neuen sowjetischen Regierung müssen das Land verlassen, da sie offenbar in Verbindung mit dem Oltner Komitee stehen.

Die Sozialdemokraten sind dank des Proporzwahlrechts ab 1920 im Nationalrat wesentlich besser vertreten. Dies führt später zu ihrem Eintritt in die Regierung und in der Mitte des Jahrhunderts zur Etablierung des **„historischen Kompromisses“** mit der so genannten Zauberformel im Bundesrat, d.h. der Vertretung von zwei FDP-Mitgliedern (Freisinnig-Demokratische Partei), zwei CVP-Mitgliedern (Christlich Demokratische Volkspartei, die ehemaligen Katholisch-Konservativen des Sonderbunds), zwei SPS-Mitgliedern (Sozialdemokraten) und einem SVP-Mitglied (Schweizerische Volkspartei) im Bundesrat.

Seit dem Generalstreik ist die innenpolitische Lage in der Schweiz stabil. Jedoch muss das Land nach dem „schwarzen Freitag“ eine gravierende **Wirtschaftskrise** bewältigen. Die Flaute wird durch eine falsche Austeritätspolitik noch verlängert. In den dreißiger Jahren, als in den Nachbarländern bereits neue politische Gewitterwolken drohen, schließen **Gewerkschaften und Arbeitgeberverbände** ein historisches „Friedensabkommen“ ab, in welchem sie vereinbaren, zukünftig beidseitig auf Kampfmaßnahmen (wie Streik, Aussperrung) zu verzichten und sich am Verhandlungstisch zu einigen. Die Schweiz kennt seither kaum offen ausbrechende Arbeitskonflikte mehr. Dieses Friedensabkommen ist gegen die Nazis gerichtet, die mit dem Argument werben, die Demokratie sei unfähig, soziale Fragen zu lösen.

Braune oder schwarz-faschistisch orientierte Organisationen versuchen Einfluss zu gewinnen und ein ständestaatlich orientiertes System einzuführen. Über Anfangserfolge kommen sie nie hinaus. In der Schweiz findet ein Zusammenrücken statt, eine Besinnung auf eigenständige „schweizerische“ Werte und zugleich eine Abwehr gegen außen. So gesund und notwendig dieser so genannte **Landigeist** angesichts der Bedrohung ist, so sehr führt die auf eigene Werte zentrierte Ideologie nach dem Zweiten Weltkrieg dazu, dass die Schweiz sich geistig einigelt, unkritisch gegenüber der eigenen Vergangenheit wird und sich auf eine Politik und Rolle in der Welt fixiert, die vom Ausland zunehmend nicht mehr akzeptiert wird. (Der Ausdruck *Landigeist* bezieht sich auf die Landesausstellung 1939, „Landi", bei der die Ideologie des „schweizerischen Wegs" besonders stark zum Ausdruck kam.)

Die Schweiz übersteht die Katastrophe des **Zweiten Weltkriegs** materiell unbeschadet, aus Sicht der damaligen Generation dank des Widerstandswillens einer von einem starken, charismatischen General *(Henri Guisan)* geführten Armee, die als Abschreckung in ihrem „Alpenréduit" offenbar genügt. Die Armee zieht sich nach einem „Rütlirapport", an dem der General zum Widerstand aufruft, auf eine besser zu verteidigende Position in den Alpenfestungen zurück. Ohne eine recht schlaue, nicht immer kluge Neutralitätspolitik, die der Anpassung ans Reich zumindest wirtschaftlich sehr nahe kommt, wäre dieser Erfolg jedoch kaum möglich gewesen. Die mutige Presse, welche von links bis rechts immer wieder eine klare Position des Rechts und der Humanität vertritt, hat es angesichts dieser Politik, die vor zum Teil kleinlicher Zensur nicht zurückschreckt, nicht einfach. Das Parlament ist durch Sonderrecht eingeschränkt. Obschon in der Bevölkerung sehr wenig Sympathien für die Achsenmächte zu finden sind, ist insbesondere die Wirtschafts- und die Immigrations- und Flüchtlingspolitik der Tradition des Landes unwürdig.

Die Unfähigkeit der Politik, sich nach dem Kriege mit den Ereignissen kritisch auseinander zu setzen, führt am Ende des Jahrhunderts zum Schock der Affäre um „das Judengold". Sie wird von außen ausgelöst und deshalb von gewissen Seiten als neuer Angriff auf das Land verstanden. Die über ein Jahr die Gazetten und Fernsehkanäle beherrschende Diskussion löst endlich eine Entschuldigung des Bundespräsidenten und den Beschluss der Räte aus, das traurige Geschichtskapitel aufzuarbeiten. Die vom Bundesrat eingesetzte, neutral und unabhängig arbeitende „Kommission Bergier" publiziert im März 2002 ihre Berichte zur Rolle der Schweiz im Zweiten Weltkrieg und beschließt damit eine von schönfärberischer Ideologie geprägte Epoche durch eine kritischere Diskussion.

Zu erwähnen ist, dass Schweizer wie der Polizeihauptmann *Grüninger* in St. Gallen, die „Flüchlingsmutter" *Gertrud Kurz* oder der Diplomat *Karl Lutz* in Budapest großartige Leistungen zur Rettung bedrohter Juden und anderer Bedrohter erbringen. Ob das von Schweizern geführte Internationale Komitee vom Roten Kreuz IKRK seiner Rolle gerecht wird, ist nach wie vor umstritten.

Die befürchtete Nachkriegsrezession bleibt aus. Die Schweiz baut im Wirtschaftswunder der fünfziger und sechziger Jahre ihre Position als **Wirtschaftsgroßmacht** noch aus. Die Industriegesellschaft wandelt sich zu einer Dienstleistungs- und Freizeitgesellschaft.

Streng auf ihre „immerwährende Neutralität" fixiert, beschließt die Schweiz sich eher der EFTA anzuschließen, als der EWG. Als Letztere, die spätere **EU,** immer mehr zur einzigen Variante wird, bleibt die Schweiz draußen, gebremst durch die föderalistische Referendumsdemokratie. Erst in jüngster Zeit nähert man sich mit „bilateralen Verträgen" der EU an. Die Schweiz wird mit der Ratifizierung dieser Verträge faktisch zu einem Mitglied der EU ohne Stimmrecht. 2002 treten die Verträge in Kraft. Die Schweiz wird in sieben entscheidenden Gebieten in das europäische System eingeordnet. Weitere Verträge sind in Verhandlung, so der Beitritt zu „Schengen". Fern bleibt die Schweiz vorläufig der Währungsunion. Am 3. 3. 2002 entscheidet sich das Volk nach langem Zaudern, als zweitletzter Staat als Vollmitglied der **UNO** beizutreten – als erster Staat der Welt, der dies per Volksabstimmung beschließt.

Die Schweiz im neuen Jahrtausend

Der Zusammenbruch des sozialistischen Systems im Osten und die Integration in Europa stellen die Fortsetzung der zweihundert Jahre alten Neutralitätspolitik in Frage. Der Inselzustand innerhalb der EU-Mitgliedsländer wird zurecht hinterfragt. Die Diskussionen um das „Judengold", der Druck auf das „Bankgeheimnis" und der Zusammenbruch eines Flagschiffs der Schweizer Wirtschaft, der Swissair, rühren am Selbstverständnis und am vorher oft wohl zu makellosen Image des Landes. Die Schweiz muss ihre Rolle überdenken. Um die Wende des zweiten Jahrtausends **öffnet sich das Land sachte** und versucht, eine neue Position in der Welt zu finden.

Volk und Sprache

Multikulturelle Gesellschaft

Die Schweiz wird neben ihrer Landschaft v.a. wegen ihrer multikulturellen Gesellschaft gepriesen. Die Schweizer selber sprechen von der **„Willensnation Schweiz",** weil das Land nicht durch natürliche geografische Grenzen oder eine sprachkulturelle Identität zu einer Nation geworden ist, sondern durch den gemeinsamen Willen, trotz aller Verschiedenheit zusammenzuhalten. Das tönt etwas pathetisch, ist jedoch nicht falsch.

Das Land wächst. Laut provisorischen Ergebnissen der Volkszählung 2000 lebten 7.280.000 Personen in der Schweiz. Das **Wachstum** (+5.9 % seit 1990) gehört zu den stärksten in Europa. In Westeuropa haben nur Luxemburg, Liechtenstein, Irland und die Niederlande ein stärkeres Wachstum zu verzeichnen. Etwa die Hälfte des Zuwachses wurde durch Einwanderung erzielt, die andere Hälfte durch Geburtenüberschuss.

Knapp 70 % der Bevölkerung leben in **städtischen Gemeinden,** der Agglomerationsraum Zürich und das Bassin Lémanique (Genferseegebiet) nehmen überproportional zu, während die so genannte Region Espace Mittelland (Fribourg bis westliches Aargau) an Bedeutung eher abnimmt.

20,5 % der Bevölkerung, d.h. jeder Fünfte ist **Ausländer** (1990 waren es noch 18,1 %). Nur noch 35 % von ihnen stammen aus Nachbarländern. Die Italiener sind mit über 320.000 Personen immer noch die größte Aus-

024ch Foto: en

Enthnomusik in unterschiedlichen Formen

ländergruppe. Ihre Zahl sinkt durch Einbürgerung jedoch kontinuierlich. Rund ein Viertel der ausländischen Bevölkerung stammt aus den Nachfolgestaaten Jugoslawiens, besonders stark vertreten sind Mazedonien, der Kosovo und Bosnien-Herzegovina.

Religiös bedeutet dies, dass heute ca. 4,5 % der Bevölkerung muslimischen Glaubens sind. **Sprachlich** geben knapp 10 % der Wohnbevölkerung der Schweiz eine Sprache als Muttersprache an, die nicht offizielle Landessprache ist. Serbisch, Kroatisch und Albanisch wird viel häufiger gesprochen als Portugiesisch, Spanisch, Englisch (in dieser Reihenfolge) und noch viel häufiger als die vierte Landessprache Rätoromanisch. In zehn Jahren hat die kleinste der vier Landessprachen fast ein Viertel derjenigen verloren, die sie als Muttersprache betrachten. Nur noch 30.000 (weniger als 0,4 %) Personen geben Rätoromanisch als ihre Hauptsprache an. Rätoromanisch ist nun trotz aller Fördermaßnahmen akut vom Verschwinden bedroht.

Die Schweiz ist ein multikultureller Staat. Und diese **Kulturen integrieren sich.** Der Gebrauch der schweizerischen Landessprachen ist unter Ausländern der zweiten Generation weit verbreitet. 60–80 % der in zweiter Generation in der Schweiz ansässigen Ausländer (je nach Herkunftsland) benutzen eine Schweizer Landessprache als Hauptsprache. Je nach Situation und Wohnort wird also vom breitesten Berndeutsch, spitzen St. Gallerdeutsch oder fließenden Französisch in die Ursprungssprache gewechselt, z.B. wenn man über Fußball spricht, wo die Loyalität zur alten Heimat am längsten spürbar bleibt. Die Schweizer Fußballnationalmannschaft ist mit *Sforza, Türkilmaz* und *Sesa* ein gutes Beispiel für das Einwanderungsland Schweiz. Doch kehren wir kurz zurück zu den Landessprachen.

Landessprachen

Es gibt nicht vier Landessprachen, sondern viel mehr. Die Versionen des **Rätoromanischen** teilen die 30.000 Romanen in drei oder vier Sprachgruppen. Damit sie sich schriftlich einheitlich verständigen können, wurde 1983 vom Zürcher Sprachprofessor *Heinrich Schmid* die gemeinsame (künstliche) Schriftsprache „Romantsch grischun" geschaffen, die nun wenigstens eine gemeinsame Zeitung erlaubt.

Die **italienischsprachigen** Tessiner und Bündner sprechen meist lombardische und bergamaskische Dialekte, die für Kenner des Italienischen kaum verständlich sind.

In der **französischen Schweiz** gab es zwar verschiedene Versionen des „Patois", regionale Dialekte, die aber heute außer im Freiburgischen und etwa im Wallis kaum noch gesprochen werden. Mit Schulfranzösisch kommt man in der Romandie überall durch und versteht auch die einheimischen *Compatriotes* (Miteidgenossen).

In der **deutschsprachigen Schweiz** ist die Sprachenvielfalt am ausgeprägtesten: Was heißt deutschsprachige Schweiz? Gewisse Dialekte, z.B. das Berndeutsche der Stadt Bern und des bernischen Mittellands, ähneln mit ihren vielen „ch" lautmalerisch eher der holländischen Sprache und im Wallis „spricht man" gemäß *Carl Zuckmayer* „auch für andere Deutschschweizer oft schwer verständlich, das alte Alemannisch aus der Zeit Karls des Großen. Was hier gesprochen wird, ist dem Althochdeutschen wohl näher verwandt als jede andere deutsche Mundart." *(Carl Zuckmayer: „Als wär's ein Stück von mir")*.

Das **Hochdeutsche** ist nicht nur für Romands und Tessiner die erste Fremdsprache, sondern auch für die so genannten Deutschschweizer, da man nach zwei Jahren Grundschule (in Dialekt) auch in diesem Landesteil erstmals in der dritten Klasse grundsätzlich das Hochdeutsche („Schriftdeutsch" genannt) übt. Kids von heute haben in Folge des entsprechenden TV-Konsums meist kaum Mühe, die Aussprache werbespotkonform vorzunehmen. Gewisse Schweizer Politiker bemühen sich andererseits oft, das Hochdeutsche möglichst ungehobelt und urwüchsig auszusprechen, um sich damit beim Stimmvolk als besonders „bodenstämmig" und volksnah herauszuheben.

Verhaltenstipps

Dem Gast muss klar sein: „Schwyzertütsch" gibt es nicht. Mit einem freundlichen *„Grüetzi"*, versuchen nette deutsche Gäste den Kontakt zu Schweizern zu erleichtern. Mit **„Grüetzi"** wird jedoch vor allem im Großraum Zürich und in der Ostschweiz gegrüßt.

Wir empfehlen deshalb: Vermeiden Sie das *„Grüetzi"* und, wenn Sie nicht ausdrücklich zur allgemeinen Erheiterung aufgefordert werden, ein schwieriges Wort wie *Miuchmäuchterli* (Milchkanne) oder *Chuchichäschtli* (Küchenschrank) auszusprechen. Verzichten Sie auch auf die **berüchtigten Diminutive** *(Fränkli, Bubli, Schwiitzerli)*, mit denen Sie ganz sicher keine Bonuspunkte bei Schweizern holen. Diese empfinden das als Verunglimpfung ihrer Sprache, obschon sie andererseits selber ungehemmt solche Verkleinerungsformen verwenden. Aber eben: Unter Schweizern weiß man, welche Diminutive erlaubt sind! Bleiben Sie beim vertrauten Hochdeutschen oder sprechen Sie ruhig Schwäbisch oder Rheinhessisch. Man wird Sie im Allgemeinen verstehen. Wer jedoch die Schweizer und ihre Aussprache besser verstehen möchte, dem sei aus der Reihe **Kauderwelsch** Band 71 „Schwiizertüütsch – das Deutsch der Eidgenossen" aus dem REISE KNOW-HOW VERLAG empfohlen.

In der italienisch- oder französischsprachigen Schweiz kennt man kaum Abgrenzungsprobleme gegenüber den deutschen Nachbarn: Ein **„Pondtschorno"** wird hier durchaus als sympathisch empfunden, auch wenn es fonetisch etwas verunglückt ist.

Schweizer Sprachgewandtheit

Wenn es für Schweizer recht schwierig ist, sich in geschliffenem Hochdeutsch zu unterhalten und es teils geradezu zum guten Ton gehört, sich durch „urchiges" (urwüchsiges) Deutsch vom „großen Kanton" (so wird Deutschland oft genannt) abzuheben, so bedeutet dies nicht, dass Schweizer nicht sprachbegabt sind. Helvetismen (siehe Exkurs) sind durchaus „gutes Deutsch" und im Duden zu finden, auch wenn Norddeutsche sie nicht verstehen. Und mit „richtigen" Fremdsprachen gehen Schweizer oft erstaunlich gewandt um.

Das **„Welschlandjahr"** (ein Jahresaufenthalt in der französischsprachigen Schweiz) gehörte für Deutschschweizer fast ohne Ausnahme zur Grundausbildung nach der Volksschule. Viele knüpften hier im Alter von 16 bis 18 Jahren erstmals zarte Bande zum anderen Geschlecht und brachten ihren Lebenspartner aus der Romandie mit oder kehrten nach einigen Jahren in den anderen Landesteil zurück.

Im fünften oder sechsten Schuljahr steht heutzutage die zweite Landessprache auf jedem **Lehrplan.** Etwas später folgt eine zweite Fremdsprache (Italienisch oder Englisch). Neu wird in einigen Kantonen das „Frühenglische" (ab der zweiten oder dritten Schulklasse) eingeführt.

Die französischsprachigen Schweizer verschmähten es früher als Minorität gerne, das Deutsche zu sprechen oder zu verstehen. Heute wird es, wie das Englische, auch in der Romandie eifrig geübt, weil man Sprachkenntnisse als Schlüsselqualifikation begriffen hat. Man kann deshalb in der französischen Schweiz ohne große Probleme kommunizieren, auch wenn man des Französischen nicht mächtig ist.

Im Tessin hat man im Gegensatz dazu zum Teil geradezu Mühe, sein Schulitalienisch verwenden zu können, weil fast jeder zweite „Tessiner" aus Deutschland oder der Deutschschweiz stammt und sich die „echten" Tessiner darauf eingestellt haben, mit Gästen in deutscher Sprache zu kommunizieren.

Helvetismen: Velos, Trottoirs und Münz

Wenn Schweizer Hochdeutsch sprechen oder schreiben, ist ihre Sprache durchsetzt mit Begriffen und Wendungen, die deutsche Leser oder Zuhörer nicht verstehen. Das wird auch in diesem Buch nicht ganz zu vermeiden sein, sondern gehört hoffentlich zum Reiz einer solchen von Schweizer Autoren geschriebenen Publikation.

Die typisch **schweizerischen Ausdrücke** und Wendungen, Helvetismen genannt, entstammen oft der französischen Sprache. Zum Teil gehören sie zum alemannischen Sprachraum und sind deshalb „hochdeutsch" und auch im Duden als solche wohlgelitten. Gewisse Wendungen sind vom schweizerdeutschen Dialekt abgeleitet.

Im Familienumkreis gibt es *Cousinen* und *Cousins* statt Basen und Vettern, *Gotte* und *Götti* statt Patin und Pate.

Das Fahrrad wird konsequent in der ganzen Schweiz als *Velo* bezeichnet. Wenn man Angebote für Fahrradtourismus sucht, ist man auch im Web gut beraten, unter diesem Stichwort zu suchen. Der Kinderroller heißt *Trottinett* und das Motorrad *das* oder *der Töff.* Man geht nicht auf dem Gehsteig, sondern auf dem *Trottoir.* Der Bahnsteig heißt *Perron.* Am Bahnschalter verlangen Sie *Billetts* statt Fahrkarten und bezahlen mit *Münz* statt mit Kleingeld. Im Auto besteht ein *Gurtenobligatorium,* d.h. eine Pflicht sich anzuschnallen, und *das Tram* (nicht *die* Tram) hat immer *Vortritt* (Vorfahrt). Der Reisebus heißt *Car,* der Nahverkehrsbus dagegen *Bus.*

Wenn Schweizer umziehen, dann *zügeln* sie. Konsequenterweise heißen die Profis in diesem Beruf *Zügelmänner.* Wenn junge Schweizer *schnuppern,* so machen sie eine *Schnupperlehre* (ein Betriebspraktikum). Im Fernsehen sehen Sie die *Wetterprognose.*

Im Sport übernehmen die Schweizer oft Originalausdrücke des Ursprungslandes, so heißt der Elfmeter in der Schweiz schon immer *Penalty,* der Eckstoß *Corner* und der Torwart *Goalie.*

Hübsch auch gewisse Wendungen: Statt „Rufen Sie mich an", heißt es *„Telefonieren Sie mir".*

Resten sind z.B. Nahrungsmittelreste und *Spargeln* stehen für die Mehrzahl der Spargel und finden sich gerne auf Speisekarten.

Mühe haben die Schweizer auch damit, wenn sie Baseler, Züricher und Oltener genannt werden. In der Schweiz ist man *Basler, Zürcher* und *Oltner* und die Zeitungen heißen „Basler Zeitung", „Neue Zürcher Zeitung" und „Oltner Tagblatt".

Eine Fundgrube von Helvetismen findet man im heiteren Buch von *Thomas Küng* „Gebrauchsanweisung für die Schweiz" (Piper Verlag).

Das politische System

Der Föderalismus ist ein in der schweizerischen Gesellschaft seit Jahrhunderten verankertes System, dass die Schweizer, mehr noch als die berühmte Neutralität, geradezu verinnerlicht haben. Er ist zugleich Garant der Funktionsweise einer hochkomplexen, multikulturellen Gesellschaft sowie sehr oft auch, besonders in einer schnelllebigen Zeit wie der unsrigen, Fortschrittsverhinderer und Fortschrittsförderer in einem.

Föderalismus heißt, dass alles von unten nach oben organisiert ist. Die Schweizer sind zuerst Gemeindebürger(innen), dann Kantonsbürger, dann Schweizer. Man fühlt sich entsprechend und das erste Interesse gilt traditionell der Gemeinde, das zweite dem Kanton und dann erst dem Land.

Das Steuersystem ist entsprechend gestaltet. Die Gemeinde erhebt Gemeindesteuern, der Kanton Staatssteuern, der Bund Bundessteuern. Dafür füllen die Schweizer drei verschiedene Steuererklärungen (oder zumindest drei verschiedene Rubriken in der Steuererklärung) aus.

Diese Philosophie geht grundsätzlich davon aus, dass man nach oben delegiert, nicht nach unten. Dem Kanton bleibt zu tun, was die Gemeinde nicht kann, dem Bund was die Kantone nicht können. Das bedeutet z.B., dass es in der Schweiz nach wie vor keinen Bildungsminister gibt, sondern 26 solche Minister auf kantonaler Ebene. Die 3000 Gemeinden haben nach wie vor beträchtliche Autonomie, sie sind nicht administrative Einheiten, wie in vielen Führern beschrieben, sondern die Urzelle des demokratischen Systems der Schweiz.

Zwei weitere politische Prinzipien, die in der Schweiz tief verankert sind und die man kennen muss, um die Schweiz zu verstehen, sind das Kollegialitätsprinzip und das Vernehmlassungsprinzip.

Gemäß dem **Kollegialitätsprinzip** gibt es in den meisten Exekutiven keine Chefs, sondern nur einen (oder eine) *Primus inter Pares* (einen Ersten unter Gleichen). Es gibt keinen Ministerpräsidenten, sondern Bundesräte und der Bundespräsident/die Bundespräsidentin wechselt jedes Jahr. Es gibt Regierungsräte und Staatsräte, aber keine Landes- oder Kantonsministerpräsidenten (in einigen Kantonen zwar einen Landammann/eine Frau Landammann (!), aber auch die geben ihr Amt nach einem Jahr weiter). Der Bundesrat und die kantonalen Exekutiven entscheiden grundsätzlich nach dem Mehrheitsprinzip. Es entscheidet der Bundesrat, die Kantonsregierung als Ganzes, nicht ein einzelnes Mitglied. Dieses Prinzip der Kollegialität, der Absprache, des Austarierens der Macht, wird ergänzt durch die Vernehmlassung.

In der **Vernehmlassung** wird jede politische Veränderung, jedes neue Gesetz, alle neuen Verordnungen vor der eigentlichen Beschlussfassung durch einen Prozess auf breiter Ebene ausdiskutiert, indem erwogen wird, welche Interessenvertreter und welche Gruppierungen, was zu diesem neuen

Vorschlag zu sagen haben und wie die Sache allenfalls abzuändern wäre, bevor man (Parlament oder Volk) es schlussendlich wirklich beschließt.

Ein Vernehmlassungsprozess dauert im Allgemeinen mehrere Monate. Oft wird ein neuer Vorschlag zurückgezogen, weil man bereits in der Vernehmlassung merkt, dass er keine politische Chance hat. Mutige Vorschläge haben es deshalb in der Schweiz schwer.

Zum Ausgleichen der verschiedenen kulturellen Interessen hat man ein kompliziertes System gefunden, dass z.B. Initiativen nicht nur einem so genannten Volksmehr unterstellt, sondern auch einem Ständemehr. Gefordert ist also nicht nur eine Mehrheit der Stimmen, sondern auch eine Mehrheit der Kantone, damit Initiativen in Kraft treten. Die großen Kantone (Zürich, Bern, Waadt) sollen die kleinen nicht majorisieren, die Reformierten die Katholiken oder die Deutschschweizer die Romands und Tessiner nicht überstimmen. Resultat dieses weisen Systems ist oft, dass die konservativen, beharrenden Kräfte die fortschrittlichen majorisieren.

Trotzdem funktioniert das System. Wenn in der Schweiz eine Neuerung den **komplizierten Weg** geschafft hat, ist ein Konsens vorhanden. Neuerungen brauchen oft mehrere Anläufe. Der Föderalismus wirkt manchmal als Bremse, oft jedoch auch als **Plattform für Experimente.** Es gibt immer wieder fortschrittliche Lösungen, auf Erziehungsebene, in der Drogen-, Gesundheits- und Asylpolitik, wo ein fortschrittlicher Kanton oder eine fortschrittliche Gemeinde einen neuen Weg einschlägt und die anderen Kantone interessiert zuschauen. Klappt es, so werden die Fortschrittlichen kopiert, der neue Weg wird zum Standard auf Bundesebene.

Die Schweiz hat die fortschrittlichste Drogenpolitik in Europa. Die ökologische Verkehrspolitik der Schweiz wird heute von den Nachbarn nicht mehr belächelt. Auch das Nein der Schweiz zum EWR 1991 kommt allerdings aus derselben Küche. Politische Systeme haben ihre Vor- und Nachteile, das schweizerische System nicht ausgeschlossen.

26 Kantone hat die Schweiz, sechs davon aus historischen Gründen so genannte „Halbkantone", d.h. sie entsenden nur je einen Vertreter in den **Ständerat,** die zweite Kammer des eidgenössischen Parlaments. Diese Kammer zählt deshalb 46 Mitglieder, ist jedoch der anderen Kammer, dem Nationalrat, gleichgestellt. Der **Nationalrat,** die Volksvertretung, zählt 200 Mitglieder. Er wird proportional zur Stärke der Parteien in den Kantonen gewählt.

Die Schweiz ist eine **Referendumsdemokratie,** d.h. das Volk hat durch Initiative und Referendum direkten Einfluss auf Verfassung und Gesetzgebung. Die Schweizer machen normalerweise vier- bis fünfmal pro Jahr von diesen Rechten auf nationaler, kantonaler und Gemeindeebene Gebrauch. Die Stimmbeteiligung beträgt je nach Vorlage zwischen knapp dreißig und sechzig Prozent.

Vieles ist jedoch **kantonal unterschiedlich** geregelt. So sind im Kanton

Jura Ausländer passiv und aktiv wahlberechtigt. In einigen Kantonen sind Kirche und Staat strikt getrennt, in anderen gibt es noch so genannte Staatskirchen. Welche Glaubensgemeinschaften staatlich anerkannt sind, ist von Kanton zu Kanton verschieden.

Dass jeder Schweizer sein Gewehr zu Hause hat, stimmt unterdessen nicht mehr, sondern gehört wie *Tell* zu den Mythen der Schweiz: Man wird im **Milizheer Schweiz** heute viel früher entlassen. Nicht jeder Schweizer ist ein begeisterter Schütze, wie es noch *Gottfried Keller* im „Fähnlein der sieben Aufrechten" beschrieb. Viele Schweizer geben das Gewehr nach Ableistung der Dienstpflicht an das Zeughaus zurück. Trotzdem ist am Wehrwillen der Schweizer wohl kaum zu zweifeln. Nachdem eine erste Armeeabschaffungsinitiative zu Beginn der neunziger Jahre sensationelle 40 % Ja für die Abschaffung erhielt, gab es für die wiederholte Abstimmung im Herbst 2001 nur noch 20 % Armeegegner.

025ch Foto: sa

Wirtschaft

Die Wirtschaft der Schweiz ist in hohem Maße weltwirtschaftlich integriert, auch wenn das Land nicht Mitglied der EU ist. Schweizerische Unternehmen, Industrie wie Dienstleistungen, sind z.B. viel stärker international tätig als Firmen des Nachbarlandes Österreich. Die Schweiz zählt eine überdurchschnittliche Zahl **globaler Multis:** Néstlé, ABB, Novartis, Roche, UBS, Credit Suisse und Zürich, um nur einige zu nennen. Mit 0,1 % der Weltbevölkerung stellt das Land immerhin fünf der hundert weltgrößten Firmen. Nur ein Bereich ist von Binnenunternehmen beherrscht: Der Detailhandel wird noch von den zwei großen Schweizern MIGROS und COOP kontrolliert.

Schweizer Unternehmen sind **Weltspitze** in verschiedenen Bereichen. Zu nennen sind hier v.a. die Uhrenindustrie, Biotechnologien und Chemie, Umweltschutz, Lebensmittelindustrie und Zulieferindustrie von lebensmittelverarbeitenden Industrien, Textilmaschinen, Mühlen, gewisse Bereiche der Mikromechanik, Elektromechanik und Elektronik. Im Servicebereich sind v.a. die Bank- und Versicherungsdienstleistungen sowie die moderne Logistik erwähnenswert. 70 % der Beschäftigten arbeiten im Dienstleistungssektor.

Die **Agrarwirtschaft** der Schweiz war noch stärker als die der EU staatlich gegängelt. Sie lebte in einem goldenen Käfig, den sie sich selbst gebaut hat. Schneller als die EU stellt die Schweiz momentan auf marktwirtschaftlich konforme Bewirtschaftungsformen um, unterstützt durch Direktzahlungen des Bundes, der die Bauern für ihre Rolle als „Landschaftsgärtner" entschädigt und dafür, dass sie das Berggebiet als Siedlungsraum erhalten. Dabei ist die Umstellung in den Bergen einfacher und geht reibungsloser vor sich als in den großen, auf Umsatz orientierten Talbetrieben. Im Kanton Graubünden z.B. haben bereits um die 40 % der Bauern auf biologischen Landbau umgestellt. Der Absatz von Bioprodukten in den großen Detailshandelsgeschäften erreicht bereits 30 %.

Die Swatch – weltweit ein Erfolgsprodukt

Architektur

Jede Strömung, die in der europäischen Baukultur von Bedeutung ist, hat in der Schweiz ihre typischen Beispiele. Zwar fehlt es an grandiosen Baudenkmälern, wie sie allmächtige Herrscher planten und finanzierten oder wie sie in Millionenstädten üblich sind. Fast 200 Jahre Frieden bewahrten jedoch andererseits wertvolles Kulturgut vor der Zerstörung. Die Anzahl interessanter Kulturobjekte aus allen Epochen ist – besonders auch in ländlichen Gebieten, z.B. im Bündnerland und im Tessin – überdurchschnittlich groß. In der Schweiz weisen noch ganze Städte und Dörfer geschlossene Siedlungsbilder auf, die einen Eindruck vom Leben in alter Zeit geben. Bern, von der UNESCO ins Verzeichnis der Stätten „Kulturelles Erbe der Menschheit" aufgenommen, ist nur ein Beispiel von vielen.

Epochen und Bauten

Die **Römer** haben viele Spuren in der Schweiz hinterlassen, so etwa *Aventicum* (Avenches/VD) oder *Augusta Rauricum* (Augst/BL).

Die **hochmittelalterliche Romanik** mit ihrer einfachen und eindrücklichen Formensprache ist ebenfalls vertreten. Im Tessin findet man den lombardisch-romanischen Kirchenbau, in Genf, in Romainmôtier (VD), Payerne (VD), Münster (GR) und Riggisberg (BE) hingegen cluniazensische Beispiele, an denen man nicht vorbeifahren sollte. Das bekannteste ist das Kloster St. Gallen.

Die **Gotik** erreichte in der Schweiz große Kraft. Man denke nur an das Münster in Bern, die Kathedrale von Lausanne und die Franziskanerabtei von Königsfelden (AG).

Auch **Renaissance** und **Barock** sind vertreten, als Beispiel sei auf die Klosteranlage und die Kirche von Einsiedeln (SZ) und Disentis verwiesen, aber auch auf die Stadtanlagen und Landpalais, welche die Berner in ihren Herrschaftsgebieten vom Genfersee bis zur Limmat bauten.

Das **19.** und das **beginnende 20. Jahrhundert** erreichen in der Schweiz nicht das Niveau Italiens, Barcelonas oder Wiens, doch viele der Schlösser am Genfersee und einzelne Bauten in den Großstädten zeigen, dass auch hier Reizvolles zu sehen ist.

Die **moderne Baukunst** wurde von einem Schweizer maßgeblich beeinflusst. *Le Corbusier,* aus La Chaux-de-Fonds, und seine Jünger haben überall in der Schweiz eindrucksvolle Bauten hinterlassen. Die Nachfahren der Funk-

026ch Foto: tw

tionalisten haben eine ganze Reihe hervorragender Vertreter in der Schweiz: *Mario Botta, de Meuron und Herzog, Diener und Diener* zeigen z.B. in Basel oder im Tessin auf engem Raum viele Beispiele ihres Könnens. Internationale Stararchitekten wie *Renzo Piano* und *Jean Nouvel* schaffen neue bleibende Wahrzeichen der modernen Architektur (Luzern, Kultur- und Kongresszentrum, Kleemuseum in Bern).

Häusertypen

Ein Teil der Architektur in der Schweiz lässt sich zwar nicht unabhängig vom europäischen Kulturraum verstehen, hat aber viel mehr Eigenständigkeit als die gebaute Stadt, das Schloss und die Kirche: Die Rede ist vom Haus. Die Häuser der Schweiz sind baukulturell besonders interessant, weil sich hier sehr stark **regionale Eigenständigkeit** manifestiert. Die Regionen haben zum Teil sehr unterschiedliche Haustypen. Neben klimatischen Faktoren spielen hier die Bewirtschaftungsmethoden und die sozialen Gegebenheiten eine ausschlaggebende Rolle.

Das **Tessin** unterscheidet sich wenig vom angrenzenden lombardischen Raum. Die Häuser sind aus gebrochenem Stein. Steinplatten decken Haus und Grotto, das typische rustikale Lokal.

Das **Engadiner Haus** ist oft groß, meist ein leicht asymmetrischer Kubus mit dicken Mauern. Die Fenster haben abgeschrägte Laibungen. Weiß oder leicht grau verputzt, oft mit Sgraffitischmuck (Wandmalerei), ist dieser Haustyp unverwechselbar.

Die **Walsersiedlungen** im Wallis, im Tessin, im Urnerland, in Graubünden und bis in das Fürstentum Liechtenstein hinein sind teils kleine, teils imposante Blockbauten auf gemauertem Unterteil. Oft sieht man hier, v.a. bei den Stadeln (Vorratshäusern), Pfahlbauten mit breit ausladenden Steinplatten zum Schutz vor Nagern.

Im Thurgau, im Kanton Zürich und in vielen Gegenden der Ostschweiz trifft man auf **Fachwerkhäuser** *(Riegel)*, die an den süddeutschen Raum erinnern.

Die **Appenzeller** und **Innerschweizer Häuser** haben meist steile Dächer, die den reichlichen Regen gut abführen. Vordächer schützen die Fensterreihen.

Das **Chalet im Berner Oberland** ist oft ein sehr breites Haus mit flachem, überstehendem Dach, teilweise mit Schindeln bedeckt, die ihrerseits mit Steinen beschwert werden. Das Holz ist oft reich beschnitzt und bemalt. Fromme Sprüche und Hinweise auf die Erbauer sind Zeugnisse für den Stolz auf das Werk. Zu Unrecht wird es überall mit „dem" Schweizer Haus gleichgesetzt.

Das größte Bauernhaus in der Schweiz, der **Berner Bauernhof,** kündet vom Reichtum seiner Bewohner, oft mit großem Krüppelwalmdach, zum Teil mit doppelter Front oder

Walsersiedlung auf Holz- und Steinpflöcken

großen Aufbauten für das Einbringen des Heus. Scheune und Stallungen sind Teil des Hauses. Nicht selten liegt davor ein großer, barocker Blumengarten, der zeigt, dass man nicht nur materielle Güter schätzt.

Das **Jurahaus** ist ein breites, oft nur einstöckiges, massiges Steinhaus mit oft weit herunterhängendem Satteldach. Wie das Engadinerhaus ist es oft weiß getüncht, fast immer jedoch schmucklos.

Die Künste in der Schweiz

Literatur

In der Literatur ist zwischen den **Sprachräumen** die größte Kluft zu verspüren. Schriftsteller der Romandie orientieren sich naturgemäß an Frankreich und deutschsprachige Schweizer Schriftsteller verstehen sich als Schriftsteller der deutschen Kultur. Wenige Romands kennen deutsch-schweizerische Literatur. Und wer kennt in der deutschsprachigen Schweiz mehr als den Namen des großen französischsprachigen *Charles Ferdinand Ramuz* oder ein Werk des Tessiners *Francesco Chiesa,* der sich in Italien einen festen Platz in der Literaturgeschichte erschrieben hat?

Konzentrieren wir uns auf die **deutschsprachige Literatur** und auf das **20. Jahrhundert.** Neben *Frisch* und *Dürrenmatt* sind einige ältere zu nennen: *Carl Spitteler* („Olympischer Frühling") erhielt 1919 den Literaturnobelpreis, außerdem *Robert Walser* („Der Gehülfe", „Geschwister Tanner"), *Heinrich Federer* („Das letzte Stündlein des Papstes") und der unvergleichliche Kriminalautor *Friedrich Glauser* („Wachtmeister Studer"). *Meinrad Inglin, Ruth Blum* und *C.A. Loosli* sind in der hervorragenden Reihe von *Charles Linsmayer* versammelt (Ex Libris Zürich, 1980 ff). Unter den Schriftstellern der zweiten Hälfte des 20. Jh. fallen Namen wie *Otto F. Walter, Adolf Muschg, Urs Widmer, Erika Burkhard, E.Y. Meyer* auf. Zu den „Jungen" dürfte man *Thomas Hürlimann, Christoph Simon, Ruth Schweickert, Marianne Freidig* und *Michael Stauffer* zählen. Eine intelligente Betrachtung zur Schweizer Literatur (und Politik) vermittelt *Peter von Matts:* „Die tintenblauen Eidgenossen" (Hanser, 2001).

Schauspiel und Kleinkunst

Immer wieder sind Schauspieler und Kleinkünstler aus der Schweiz auf internationalem Parkett aufgefallen.

Heinrich Gretler war in unzähligen **Filmen** zu sehen, im französischen Film sieht man eher *Michel Simon.* Die Familie *Schell (Maria, Maximilian)* wird in der Schweiz zu den Einheimischen gezählt, die *Kohlunds, Bruno Ganz* und *Matthias Gnädinger* ebenfalls. Unverkennbar schweizerisch ist natürlich *Liselotte Pulver.*

Kabarett, Pantomimen und **Akrobaten** haben hohe Qualität, das Kabarett v.a. in Zürich (Cornichon) und Basel (Tabourettli). Wer kennt *Emil* nicht *(Emil Steinberger,* Luzern) und wer ließ sich nicht schon durch den Clown und

Pantomimen *Dimitri* verzaubern, ursprünglich ein Berner, der jedoch eine eigene Clownschule und ein Theater in Verscio/TI hat. Auf allen Bühnen dieser Welt erfolgreich aufgetreten sind schlussendlich die erstaunlichen Mummenschanz, die Gebrüder *Pfister*, die amüsantes Variété bieten.

Musik

Musikalisch sind Schweizer Künstler **vor dem 20. Jh.** wenig in Erscheinung getreten. Der Spätromantiker *Othmar Schoeck* (1886–1957), der neben bedeutenden Orchesterwerken auch viele Chorwerke schuf, der in die USA emigrierte Genfer *Ernest Bloch* (1880–1959) und *Arthur Honegger* (1892–1955) werden regelmäßig gespielt. *Frank Martin* (1890–1974) experimentierte mit Zwölftonmusik, schuf daneben aber auch Orchester- und Chorwerke.

Unter den Schweizer **E-Musikern** unserer Zeit ragt *Heinz Holliger* heraus, der neben einer Karriere als Oboist auch als Dirigent und Komponist auffällt. Zu den bekanntesten Interpreten der Schweiz im 20. Jahrhundert zählt man die Sopranistin *Lisa della Casa* aus Bern und den Tenor

Eines der vielen Kleintheater in Bern

Ernst Häfliger. Unter den Dirigenten ragen *Ernest Ansermet, Paul Sacher* und *Charles Dutoit* heraus. Neben *Ursula Holliger* (Harfe) kennt man auch *Peter-Lukas Graf* (Flöte).

Im **Jazz** haben *Teddy Stauffer* und der jetzt 80-jährige *Hazy Osterwald* („Kriminaltango") internationalen Ruf erlangt. *George Gruntz* ist aus dieser Szene kaum wegzudenken.

In der **Volksmusik** und **populären Unterhaltungsmusik** gibt es Schweizer Interpreten, die international ankommen: *Vico Torriani, Pepe Lienhard, Peter Hinnen* und *Francine Jordi* sind nur einige von ihnen. Bemerkens- und hörenswert ist die traditionelle Volksmusik, die nicht nur aus dem obligaten Jodeln besteht. Besonders interessant ist die Musik aus dem Appenzell: Die eigentümliche Instrumentierung (Violine, Hackbrett) ist originell und gelungen, die Jodel der Appenzeller (Zöllerli) und das Talerschwingen (ein 5-Frankenstück wird minutenlang in einem Keramiktopf rollen gelassen) wirken anrührend.

Weniger bekannt, aber bemerkenswert ist die **Mundart-, Chanson- und Rockszene** der Schweiz. In Anlehnung an das französische Chanson von *Charles Trenet, Juliette Greco* und *Georges Brassens* entwickelte sich in den Berner Kellern und Studentenbeizen in den 60er-Jahren eine ganz eigene Chansonkultur. Der früh verstorbene Jurist *Mani Matter, Ruedi Krebs, Bernhard Stirnemann* und *Hans Traber* haben Texte und Melodien geschaffen, die jedes Kind und jeder Alte, Intellektuelle und *Büetzer* (Arbeiter, vom Verb *büetzen* = arbeiten) auswendig kennen. In ihrer Nachfolge hat sich in Bern etwas entwickelt, was mit den

Mani Matter's „Liedli" vom Geigenkasten

„Us emene lääre gygechaschte	„Aus einem leeren Geigenkasten
Ziet er sys inschtrumänt	Zieht er sein Instrument
Und dr chaschte verschwindet	Und der Kasten verschwindet
Und er spilt ohni boge	Und er spielt ohne Bogen
Es lied ohni wort	Ein Lied ohne Wort
Und treit e zilinder	Und trägt n'en Zylinder
Doch drunder ke chopf	Doch drunter keinen Kopf
Und ke hals u ke lyb	Und keinen Hals noch Leib
Keni arme no bei	Keine Arme noch Beine
Das het er alles verlore im chrieg	Das hat er alles verloren im Krieg
Und so blybt no sys lied	Und so bleibt noch sein Lied
Nume das isch no da	Nur das ist noch da
Denn ou e zilinder	Denn auch n'en Zylinder
Het er nie kene gha"	Hat er nie je gehabt"

Mundartrockern *Polo Hofer, Züri West* (Bern ist bekanntlich im Westen von Zürich!) und zuletzt *Gölä* an Stetigkeit gewinnt. Gute Schweizer Musik wird in Bern gemacht und gespielt.

Bildende Kunst

Die bildende Kunst ist in der Schweiz nicht immer an Namen zu binden. Überliefertes ist oft das Werk **anonymer Künstler.** Kunsthandwerker setzten zwar ihre Initialen auf einen Münsterstein, doch von wenigen kennen wir Namen und Wirken.

Neben religiösen Werken gibt es **frühe Chroniken,** die hohe Meisterschaft beweisen, so die „Diebold'sche Chronik" oder die „Chronik Stumpf", welche die Geschichte der alten Eidgenossenschaft illustrieren.

Ein Universalgenie war *Niklaus Manuel Deutsch* (1484–1530), der als Dichter, Maler, Politiker und Staatsmann die bernische Politik und die Reformation maßgeblich beeinflusste. Sein Zeitgenosse *Urs Graf* (1485–1527) aus Solothurn hat beeindruckende Federzeichnungen hinterlassen. Ob man *Hans Holbein d. J.* (1497–1543) zu den Schweizern zählen darf, ist umstritten. Er stammte aus Augsburg, wurde adoptiert und lebte in Basel. *Hans Fries* (1465–1520) ist v.a. für seine Altarbilder berühmt.

Im 18. Jh. entwickelte sich die **Porträt- und Landschaftsmalerei.** Zu den bekannten Vertretern gehörten *J. E. Liotard* (1702–89) aus Genf, *Salomon Gessner* aus Zürich (1730–88), *Johann Heinrich Füssli* (1741–1825) und *Anton Graff* (1736–1833).

Die Malerin *Angelika Kauffmann* aus Chur (1741–1804) bildet mit ihren allegorischen, religiös motivierten Inhalten den Übergang zum **Klassizismus.**

Im **19. Jh.** dominieren dieselben Motive. Beachtung finden *Alexandre Calame* (1810–64) und später die noch heute manchen Haushalt schmückenden Porträts und Landschaftsbilder von *Albert Anker* (1862–1912). Internationales Format erreichen *Arnold Böcklin* (1827–1901), *Ferdinand Hodler* (1835–1918) und *Giovanni Segantini* (1858–99), der aus Trient stammende Maler des Engadins. Der Lausanner *Félix Valloton* (1865–1925) ist in französischen Kreisen sehr bekannt.

Das **20. Jh.** überragt *Paul Klee* (1879–1940), der um 2004 ein eigenes, von *Renzo Piano* gebautes Museum in Bern erhalten wird. *Alberto Giacometti* (1901–1966) prägt sich mit seinen hageren Metallfiguren ins Gedächtnis ein, während *Jean Tinguely* (1925–1991) mit seinen Fantasiemaschinen sowohl Kinderherzen erfreut als auch zum Philosophieren einlädt. Nicht zu vergessen sind *Cuno Amiet* (1868–1961), *Augusto Giacometti* (1877–1947), *René Auberjonois* (1872–1957) und der zeitgenössische Plastiker *Bernhard Luginbühl.*

028ch Foto: zt

Ortsbeschreibungen

029ch Foto: st

030ch Foto: st

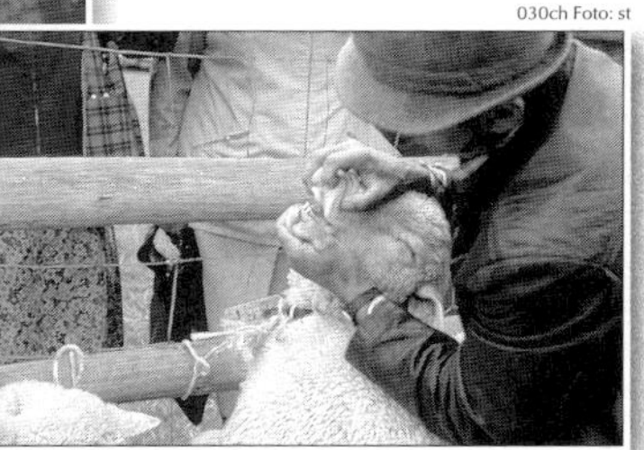

Zürich aus der Vogelperspektive

Napfgebiet im Luzerner Hinterland

Schafscheide im Schwarzenbugerland

Die großen Städte

Überblick

In der Schweiz gibt es keine Großstädte wie Wien oder Berlin. „Little big City" titelte die Tourismuswerbung früher für die Stadt Zürich, heute heißt es „Downtown Switzerland". Doch der erste Eindruck und die offiziellen Zahlen täuschen.

Als Großstadt bezeichnet man in der Schweiz Gemeinden mit mehr als 100.000 Einwohnern. Zu dieser Gruppe gehören Zürich, Basel, Genf, Bern und Lausanne. Die offiziellen Zahlen fallen zwar vergleichsweise niedrig aus, die Städte wirken jedoch meist größer, was mit der Zählweise zusammenhängt. Die Statistik misst nur das als „Stadt", was zur Stadtgemeinde gehört. In Zürich schließt dies einen großen Teil der Agglomeration mit ein, da die Stadt um 1900 viele umliegende Gemeinden eingemeindet hat. Der Kanton Genf besteht nach wie vor aus 40 Gemeinden, von denen die meisten zur Agglomeration gehören. Trotzdem wird nur die Bevölkerung der „Stadtgemeinde" in den Statistiken verzeichnet. In Basel geht die Agglomeration über die Kantonsgrenzen, ja sogar die Landesgrenzen hinaus. Bern hat mehrere größere Vorortsgemeinden, die Agglomeration zählt über 300.000 Einwohner.

Von kleinen Großstädten ist hier also die Rede, und jede hat ihre Attraktionen, die einen Besuch empfehlenswert machen.

Zürich

↗IV/A3

Eingebettet in Hügel, von Flüssen durchzogen, einen See umarmend und mit Alpenblick, ist Zürich Schweizer Finanzplatz, Industriestandort, Handelsmetropole, Einkaufsparadies und Kulturzentrum zugleich.

Die Stadt liegt auf 409 M.ü.M. am Nordende des Zürichsees. Mit einer Fläche von 92 Quadratkilometern und rund 361.000 Einwohnern ist sie die **größte Stadt der Schweiz.** Die Agglomeration wird „Millionenzürich" genannt, sie zählt annähernd eine Million Bewohner. Die Temperaturen im Januar betragen zwischen -10°C und +5°C, die im Juli +16°C bis +30°C.

Mit seinen Parkanlagen, Luxusgeschäften und Märkten, den gepflasterten Altstadtgassen, den traditionsreichen Theater-, Ballett- und Opernbühnen, den reichen Kunstsammlungen, Night-Clubs, Shows und Varietees ist Zürich ein attraktiver Ort für einen Stadturlaub.

Unternehmungslustige sind schnell auf dem Land oder einer Zürichseerundfahrt. Spaziergänge auf dem Üetliberg und Wanderungen im Weinland, Abstecher in die Naherholungsgebiete können die Stadtrundgänge ergänzen. Nicht weit entfernt befindet sich die zweitgrößte Stadt des Kantons: Winterthur mit seinen bekannten Museen.

Geschichte

Bis ins vierte Jahrtausend v. Chr. sind menschliche Siedlungen im Raum Zürich nachweisbar. Um 15 v. Chr. begannen die **Römer** am linken Ufer der Limmat eine Zollstation einzurichten, die als *Turicum* bezeichnet wurde.

Auf die Römerzeit gehen die **Stadtheiligen** *Felix, Regula* und ihr Diener *Exuperantius* zurück. Der Legende nach wurden ägyptische Legionen im Wallis zur Verfolgung der Christen eingesetzt. Die Legionäre waren aber selbst Christen und mochten ihre Glaubensgenossen nicht töten. Viele wurden hingerichtet. Felix, Regula und Exuperantius gelang es, nach Zürich zu fliehen, wo der Stadthalter *Decius* sie zum Tode verurteilen und auf der Limmatinsel enthaupten ließ. Die Hingerichteten hoben ihre Köpfe auf und stiegen bis zum Platz, wo das Großmünster steht. Wo ihre Köpfe gefallen waren, wurde die Wasserkirche errichtet.

Die **Franken** bauten den Lindenhof zu einer Königsburg (Pfalz) aus. *Ludwig der Deutsche* besuchte den Ort oft. Er stiftete 853 das Fraumünsterkloster für seine Töchter. Seit 929 wird Zürich als Stadt bezeichnet. Es war Münzstätte und neben Ulm schwäbischer Stammesvorort. Nach Streitigkeiten zwischen Kaiser und Papst kam die Stadt in Zähring'schen Besitz und wurde 1218 **freie Reichsstadt.**

Zürich blühte auf. Nur hier durften nördlich der Alpen Woll-, Seiden- oder Lederprodukte hergestellt werden. Ein Absatzgebiet für die Produkte war garantiert. Die Macht lag beim Stadtadel, den Grundbesitzern und großen Kaufleuten. Doch der Adel verarmte. Handwerker und Gewerbetreibende schlossen sich zu **Innungen und Zünften** zusammen. Der Ritter und Edelmann *Rudolf Brun* stellte sich an die Spitze. Das Rathaus wurde gestürmt und Brun zum Bürgermeister gewählt. Die Zunftordnung war fortan bis 1798 das politische Fundament der Stadt.

Neben Brun war **Hans Waldmann** für die Geschicke der Stadt bestimmend. Er zog in fremde Kriegsdienste, avancierte zum Hauptmann und führte in den Burgunderkriegen die zürcherischen und eidgenössischen Truppen so erfolgreich, dass er zum angesehensten Mann der Schweiz und die Stadt eidgenössische Vorreiterstadt wurde.

Unter Führung *Huldrych Zwinglis* begann 1523 die **Reformation.** Zwingli hatte die Bibel im Urtext gelesen und begann wie andere an der göttlichen Autorität des Papstes zu zweifeln. Er verbot den Kriegsdienst in fremden Ländern und den Bezug von Pensionen, er verbannte Altäre, Bilder und Orgeln aus den Kirchen und setzte in Zürich eine Sozialpolitik durch. Abweichler wurden gnadenlos verfolgt, die Täufer kurzerhand ersäuft.

Unter Zwinglis Nachfolger *Heinrich Bullinger* wurde Zürich zur Heimstatt vieler Flüchtlinge. Es entwickelten sich eine frühe Hochschultradition und frühkapitalistische Handels- und Industrieformen.

Das **18. Jh.** war eine Zeit des Bauens. Die vierte Befestigung veränderte das Gesicht der Stadt. Die Literaten *Bodmer* und *Breitinger* beherrschten das geistige Leben. Sie scharten eine Reihe begabter Menschen um sich: *Johann Caspar Lavater, Heinrich Pestalozzi,* der Maler *Heinrich Füssli* gehörten dazu, auch *Kleist* und *Goethe* waren in Kontakt mit ihnen.

Die **Revolution** brachte die Befreiung der Landbevölkerung, doch nach *Napoleons* Niederlage herrschte wieder die alte Ordnung. 1831 beschloss das Volk eine Verfassung, die endgültig die Gleichberechtigung zwischen Land und Stadt durchsetzte. Staat und Kirche wurden getrennt.

Gottfried Keller und *Conrad Ferdinand Meyer* standen für einen neuen **kulturellen Aufschwung,** zusammen mit vielen Emigranten wie *Richard Wagner* und *Gottfried Semper.* Zürich wurde zum **Verkehrs- und Wirtschaftszentrum** – zur wichtigsten Stadt der Schweiz.

Orientierung

Zürich gehört nicht zu den übersichtlichsten Städten. Die Altstadt dehnt sich auf beiden Ufern der Limmat aus, viele Nebengassen mit Sehenswürdigkeiten münden in die wichtigen Straßenzüge.

Im Haus zum Rech, am Neumarkt Nr. 4, befindet sich im Erdgeschoss ein **Stadtmodell** aus dem 18. Jh. Es empfiehlt sich, anhand dieses Modells die historischen Stadtstrukturen zu entdecken. Viele Häuser haben Namen und Tafeln, die ihre historische Bedeutung erläutern. Dies erleichtert eine ungeführte Stadtbegehung.

Stadtrundgänge

Die Altstadt rechts der Limmat

● **Route:** Bahnhofplatz, Niederdorfstrasse, Neu- und Rindermarkt, Stüssihof, Napfplatz, Grossmünster, Oberdorfstrasse, Kirchgasse

Vom Bahnhofplatz führt dieser Stadtrundgang über die Bahnhofbrücke und den Centralplatz in die **Niederdorfstrasse.** Der längste Straßenzug der mittelalterlichen Stadt war einst Amüsierviertel. Heute ist er eine beliebte Fußgängermeile, die zum Grossmünster führt.

Auf Höhe der Mühlestrasse biegt man links zum Zähringerplatz ab: Hier steht die **Predigerkirche** mit dem Chor im Stil der Bettelordensarchitektur. 1231 als Kloster gegründet, stammt das Kirchenschiff aus dem 13. Jh., der hochgotische Choranbau mit Lanzettfenstern aus dem 14. Jh. Das Kloster diente später als Kornschütte und seit 1873 als Zentralbibliothek.

In der Brunngasse ist der **Weisse Turm** (Nr. 4) mit den Rokokoerkern sehenswert. Er befand sich im 17. und 18. Jh. im Besitz der Familie *Pestalozzi.* Der **Brunnenhof** (Nr. 8) war im Mittelalter das Wohnhaus wohlhabender Juden und besitzt einzigartige, 1996 entdeckte und restaurierte Wandmalereien mit abendländischen Motiven und hebräischen Inschriften.

Der nahe gelegene Neumarkt diente früher als Viehmarkt. Er gehört zu den geschlossensten und reizvollsten Gassenräumen der alten Stadt. Hinter der Nr. 2 erhebt sich der frühgotische **Grimmenturm,** einer der für Zürich typischen Wohntürme, gebaut im 13. Jh.

Das **Zunfthaus zur Schuhmachern,** (Nr. 5) wurde 1743 erbaut. Das Hauptportal besitzt einen Vorhangbogen. In der Kartusche versinnbildlicht ein Schuh das Zunftwappen.

Das hochmittelalterliche, im 15. und 16. Jh. umgebaute Haus **Zum Rech** (Nr. 4) war Wohnhaus mehrerer Bürgermeister. Seit 1971 dient es als Stadtarchiv mit Wechselausstellungen. Im Erdgeschoss befinden sich ein bemerkenswertes Stadtmodell von 1800 sowie historische Stadtansichten. Der Innenhof ist im italienischen Stil gestaltet mit Fenstersäulen aus den Jahren 1497 und 1534.

Ein Putto mit Sanduhr und Totenschädel schmückt als Hauszeichen aus dem 16. Jh. die Nr. 20, das Haus **Zum Steinern Kindli.**

Zum Goldenen Winkel (Nr. 27) ist das Geburtshaus des Schriftstellers *Gottfried Keller* (1819–1890).

Im Westen grenzt der Rindermarkt an den Neumarkt. Einzelne Bauten stehen hier im Zusammenhang mit *Gottfried Keller:* **Nr. 9** ist sein Jugendhaus und Nr. 12 sein Stammlokal, das immer noch populäre **Restaurant Oepfelchammer,** früher „Zum Judenhut", mit einer Erinnerungsstube an den Dichter.

Vom Rindermarkt geht die Froschaugasse ab, in der sich Kleingewerbe erhalten hat. Die hochmittelalterliche

Blaue Lilie (Nr. 29) besitzt gotische Reihen- und Staffelfenster sowie ein Fachwerk-Obergeschoss.

Die Nr. 14–18, **Zur Froschau,** dienten einst als Kloster. Seit 1551 steht hier die bekannte Druckerei von *Christoph Froschauer.*

In der Nr. 4 waren im 14. Jh. die **Judenschule** und die **Synagoge** untergebracht: 1705 wurde das Haus umgebaut.

Nun geht es zurück zum Rindermarkt/Ecke Marktgasse, zur gestuften, trapezförmigen Platzanlage Stüssihofstatt mit dem Renaissancebrunnen. An der Marktgasse liegt das **Zunfthaus zur Schmieden** (Nr. 20), das 1520 umgebaut wurde und einen Zunftsaal erhielt. Der 1881 erhöhte Zunftsaal besitzt eine von *Hans Küng d. Ä. und d. J.* 1520 errichtete spätgotische Felderdecke mit 28 polygonalen Medaillons. Die Reliefs sind Schedels Nürnberger Weltchronik von 1493 nachgebildet. Spätgotische Supraporten zeigen Wappenschilder von 17 zürcherischen Ämtern (16. Jh.). Das erste Obergeschoss weist einen fünfseitigen Erker mit Wasserspeiern auf.

Das ehemalige **Zunfthaus zur Schuhmachern** (Nr. 7) wurde nach 1743 ein Landknabeninstitut, das *Gottfried Keller* 1831–37 besuchte.

Das Gesellschaftshaus der Müller, **Zum Mühlrad** (Nr. 10), wurde 1599 gebaut. Etwa gleichzeitig entstanden auch die Häuser **Zum Goldstein** und **Zum Roten Gatter.** Malereien von 1927 zeigen Episoden aus dem Leben von *Heinrich Pestalozzi,* der in Zürich Studienjahre verbrachte.

Der **Meyershof** (Nr. 12–18) ist eine gotische Baugruppe um einen Innenhof von 1599, 1946 teilweise umgebaut. Er war im 14. Jh. im Besitz des legendären Bürgermeister *Brun.*

An der Marktgasse **Nr. 9–11** wohnte 1736–88 der Schriftsteller und Zeichner *Salomon Gessner.* Zu seinen Gästen gehörten *Kleist, Wieland, Goethe* und *Mozart.* Der Erker geht auf das Jahr 1619 zurück, das Hochrelief von *Valentin Sonnenschein,* „Apollo mit Leier", im westlichen Anbau auf das Jahr 1780.

Durch die Münstergasse erreicht man den Napfplatz. Er wird vom oberen **Brunnenturm** beherrscht, einem mittelalterlichen Wohnturm, der 1340 im Besitz lombardischer Händler war. 1878 wurde er umgebaut. Im 19. Jh. zog eine Armenschule ein – einer der Schüler war *Gottfried Keller.* Auf dem Platz ziert eine Allegorie des Frühlings (1911) den **Brunnen** von 1568.

In der gegenüberliegenden spätmittelalterlichen **Spiegelgasse** Nr. 1 lebte der Maler *Bulliger,* im Haus Nr. 11 *Johann Caspar Lavater,* der hier 1775 von *Goethe* besucht wurde. Nr. 12 ist das Wohn- und Sterbehaus *Georg Büchners,* hier entstanden „Danton" und „Woyzeck". In Nr. 14 bereitete *Lenin* in den Jahren 1916/17 seine Rückkehr nach Petersburg vor.

Zum Blauen Himmel, Napfgasse 8/Obere Zäune Nr. 19, ist das älteste Steinhaus am Platz aus dem 12. und 13. Jh., aufgestockt 1574. Heute beherbergt es das Zinnfigurenmuseum (Eingang Obere Zäune 19).

Weiter geht es durch die Münstergasse zum romanischen **Grossmüns-**

ter mit seinen zwei Türmen. Der Bau wurde vor 1100 auf den Fundamenten einer älteren dreischiffigen Anlage begonnen. Er ist eine der bedeutendsten romanischen Pfeilerbasiliken der Schweiz. Der Bau des Langhauses erfolgte um 1150, die Zwölfbotenkapelle, südlich des Chors, wurde um 1165 vollendet. Ausbau im 13., 15. und 18. Jh., historisierende Innenrenovation 1897 sowie 1911–14.

Das Münster ist eine dreischiffige Basilika in romanischem Quaderbau. Der Chor und das Mittelschiff liegen unter einem Satteldach, die Seitenschiffe unter Pultdächern. Im Westen befindet sich eine Doppelturmfassade, die drei unteren Turmgeschosse sind romanisch, das vierte Geschoss des Südturms spätgotisch, während das fünfte und die beiden Glockengeschosse des Nordturms nachgotisch sind. An der nördlichen Seite des Nordturms ist eine Reiterfigur von 1180 zu sehen, die früheste Reiterfigur der Schweiz. Seitlich des Westfassadenfensters sind Hornbläser. An der südlichen Seite des Südturmes befindet sich eine Nische mit einer monumentalen Sitzfigur Kaiser *Karls des Großen* von 1460 (Kopie). Er galt als Gründer des Stiftes. Die Zwölfbotenkapelle mit halbrunder Apside wird durch Lisenen mit Eckdiensten und Friesen gegliedert. Das Süd-Rundbogenportal entstand um 1160, die Bronzetüre mit Reformationsszenen von *Otto Münch* 1938. An der Nordseite befindet sich das Hauptportal von 1180 mit Vorbau und reichem ornamentalen und figürlichen Schmuck. Die Bronzetür mit biblischen Szenen ist ebenfalls von *Münch.*

Im Innern hat die dreischiffige Emporenbasilika ein stark erhöhtes Altarhaus über einer Hallenkrypta und sehr niedrige Emporen mit bearbeiteten Schlusssteinen. Die doppeljochige Westempore ist von 1479, die Orgel von 1960. Glasgemälde mit Aposteln in den beiden Westfenstern. In den Blendarkaden des östlichen Chors sind Wandmalereifragmente erhalten. Darüber drei Rundbogenfenster mit Glasgemälden von *Augusto Giacometti.* Unter dem Chor liegt die Hallenkrypta aus der Bauzeit um 1100. An der Westwand das Original der Sitzfigur *Karls des Großen* aus der Turmnische. Östlich die Wandmalereien mit Darstellungen der Legende von *Felix* und *Regula* (15. Jh.). Die zweigeschossige Zwölfbotenkapelle diente zeitweise als staatliche Schatzkammer, jetzt als Sakristei und Lapidarium. Die Kapitelplastik ist lombardisch beeinflusst. Die Wandgemälde zeigen Weltenrichter, Abendmahl und Fußwaschung, Christus mit Aposteln (13. und 14. Jh.).

Der spätromanische Kreuzgang war früher im Chorherrenstift eingebaut. Beim Neubau der Mädchenschule von 1853 (heute theologische Fakultät) wurde er zum Teil erneuert. Die Flügel öffnen sich zum Innenhof in Drillingsbogen. Reicher Plastikschmuck ziert vor allem den westlichen und südlichen Flügel. Hier ist die Ausstellung zur Legende *Felix* und *Regula,* zur Geschichte des Grossmünsters und zu *Zwingli* und der Reformation zu besichtigen.

Das Quartier zwischen Oberdorfstrasse und Kirchgasse zeigt **kleinbürgerliche Häuser,** teilweise mit Erkern. Die Nr. 5 in der Oberdorfstrasse war das Wohnhaus von *Anna Barbara Schulthess,* einer Freundin *Lavaters* und *Goethes.*

In der mittelalterlichen **Franken- und Trittligasse** wirken die Häuser, oft mit Portalen aus dem 16. Jh., bescheiden. Im Innern sind sie jedoch reich ausgestattet.

Die **Neustadtgasse** verbindet die Winkelwiese mit dem Grossmünster. Die Häuser stammen aus dem 16. bis 18. Jh. Eine kleine Platzanlage schmückt der Samichlaus (Nikolaus)-Brunnen.

An der oberen Kirchgasse finden sich **Chorherrenhäuser,** an der mittleren **Kaplanhäuser.** Nr. 11–13 bilden einen Gebäudekomplex, bestehend aus Helferei, Schule (1568 neu erbaut) und Grossmünsterkapelle sowie der Amtswohnung des Reformators *Zwingli* (Nr. 13, Leutpriesterei).

Zum Steinhaus (Nr. 33) wurde 1278 als Haus des Ritters *Rüdiger von Manesse* erwähnt, dem mutmaßlichen Initiator der manessischen Liederhandschriften (heute in Heidelberg). Es birgt einen mittelalterlichen, zum Teil abgebrochenen Wohnturm. Die Fresken sind von 1928. Hier war *Gottfried Keller* als Staatsschreiber tätig.

Linker Hand der Kirchengasse sieht man die Häuserfront der **Oberen und Unteren Zäune** mit einfachen Erkern des 17. Jh. Die Nr. 19 wurde 1505 aus drei Häusern zusammengebaut. Der

031ch Foto: st

spätgotische Saal mit Sterngewölbe dient heute als Kapelle.

Der Häuserzeile vorgelagert sind das **Kantonale Geschworenengericht** und **Obergericht.** Unter Verwendung von alten Bauteilen eines Klosters wurde das Schwurgericht (Obmannamt) 1836–39 errichtet. Hinter dem Hauptgebäude sind im Süden drei Flügel des ehemaligen Kreuzganges von 1415 mit Maßwerk erhalten (Zugang von Unteren Zäunen).

Die Altstadt links der Limmat

●**Route:** Bellevueplatz, Münsterhof, Fraumünster, Zunfthaus zur Meise, Petersplatz und Peterskirche, Lindenhof, Schipfe

Vom Bellevueplatz führt der Weg über die Quaibrücke zum Bürkliplatz, einer 1881–88 erbauten Uferpromenade und Quaianlage. Auf dem unregelmäßigen **Münsterhof,** unter dem der frühmittelalterliche Friedhof liegt, wurde früher der Schweinemarkt abgehalten. Die ihn umgebenden hohen Häuser enthalten Teile mittelalterlicher Wohntürme.

Gegenüber dem Grossmünster steht auf der anderen Seite der Limmat das **Fraumünster,** ein romanisch-gotischer Bau. Das heutige Erscheinungsbild des ehemaligen adligen Damenstifts geht auf fünf Bauetappen des 9.–13. Jh. zurück. Das Fraumünster ist eine dreischiffige Pfeilerbasilika mit gotischem Langhaus, frühgotischem Querhaus und spätromanischem Chor mit drei schlanken gestaffelten Rundbogenfenstern. Flankiert von zwei Türmen hat der Nordturm eine neugotische Vorhalle. Der ältere Südturm ist nur bis zum Dach in drei Geschossen erhalten. Im südlichen Querhaus gibt es eine dreiteilige Nische für Stiftergräber, im nördlichen sind Glasgemälde von *Augusto Giacometti,* 1930–45. Hier findet man auch die Grabplatten von *Hans Waldmann* und *Anna Landolt,* aus der zweiten Hälfte des 15. Jh. Am Eingang des Chors ist der spätgotische Lettner von Meister *Heinrich von Erfurt* von 1470 zu beachten. Der Taufstein ist von 1644.

Viele Besucher strömen wegen der **Chorfenster von Marc Chagall** in das Fraumünster: Das mittlere der östlichen Chorwand zeigt die Christusbotschaft, links das Jakobsfenster, rechts das Zionsfenster. Die beiden Seitenfenster zeigen Themen des alten Testaments. Das nördliche, das Prophetenfenster, steht dem Gesetzesfenster gegenüber.

Daneben gibt es reiche Wandmalereien des 13. bis 16. Jh.: in den Gewölbekappen Evangelistensymbole und dekorative Malereien um 1270, an der Ostwand zwei Konsekrationskreuze und segnende Hand um 1300 sowie Engelgruppe in roter Pinselzeichnung.

Unter dem Chor sind Reste der alten Kryptenanlage mit Apsiden des 9. und 10. Jh. Im Durchgang zwischen Stadt-

Die Kirchtürme von St. Peter und Fraumünster

haus und Kirche befinden sich Reste des romanischen und spätgotischen Kreuzganges.

Vom Fraumünster flussabwärts steht direkt an der Limmat das **Zunfthaus zur Meise** (Nr. 20), der repräsentativste Rokokobau Zürichs. 1752–57 von *David Morf* für die Zunft der Weinleute errichtet, wurde es 1900 teilweise umgebaut. Seine Obergeschosse werden durch Pilaster und Risalite mit Giebelbekrönung gegliedert. In der Mittelachse der Süd- und Ostfront sind Balkone und Fensterbekrönungen in der Beletage. Ein einfacher Korridor mit Kreuzgratgewölbe führt zu einer dreiläufigen Treppe. Der Saal des ersten Obergeschosses hat eine Stuckdecke mit Ranken und Landschaftsbildern von *Johannes Schuler* aus Tirol. Im Balkon- und Flügelzimmer finden sich Deckengemälde von *Johann B. Bullinger,* im zweiten Geschoss ein Turmofen (1760) und im südlichen Flügelzimmer Bildnisse bedeutender Zürcher.

Entlang der Limmat verbindet die 1643 angelegte Wühre die Rathaus- mit der Münsterbrücke. In den angrenzenden Kämbel-, Zinnen und Stegengasse stehen barocke Häuser. Der spätgotische **Weinplatz** war bis 1620 durch ein Kornhaus von der Limmat abgetrennt. Hier war in römischer Zeit eine Schiffsanlegestelle. Im 17. Jh. wurde auf dem Platz Wein verkauft. Der schmiedeeiserne Winzerbrunnen von 1908 erinnert an diesen Brauch. Die Nr. 4, „Zum Kleinen Christoffel", ziert eine Christophorusfigur aus dem 16. Jh. Die breite Rathausbrücke mit schönem Blick auf die Limmat wurde 1972 gebaut.

Durch die Weggasse erreichen Stadtwanderer den malerischen **St.-Peterhofstatt-Platz,** den die über der Altstadt gelegene reformierte **St.-Peter-Kirche** abschließt. *Johann Caspar Lavater* (1741–1801), einer der bekanntesten und umstrittensten Zürcher Persönlichkeiten des 18. Jh., war dort Prediger und Pfarrer. 857 erwähnt, wurde die heutige Chorturmkirche über mindestens drei Vorgängerbauten errichtet. Anfang des 13. Jh. der spätromanische Chorturm in Quadern und mit romanischem Fenster. 1538 wurde er mit einem Pyramidenhelm und einem Wächterhäuschen versehen und mit den damals größten Ziffernblättern Europas (8,70 Meter) ausgestattet. Nach 1705 wurde das barocke Langhaus dem Chorturm angefügt. Die Eingänge gegen den Platz wurden überdacht. Innen wird das Langhaus durch Stuckmarmorsäulen gegliedert. Stuckaturen zieren das Gewölbe. Das Chorgestühl stammt aus verschiedenen abgebrochenen Klöstern der Stadt. An der nördlichen Außenwand befindet sich der Grabstein *Johann Caspar Lavaters.* Im Haus Nr. 6 war seine Amtswohnung. Im zweiten Stock die **Lavaterstube** mit Kassettendecke und Täfer von 1600 und einem Turmofen von 1780. Das **Pfarrhaus** am neuen Treppenaufgang Nr. 2 wurde 1637 umgebaut.

Weiter geht es durch die Augustinergasse, wo die teils geschnitzten barocken Erker aus dem 17. und 18. Jh. auffallen. Im 1543 erbauten und später umgebauten **Vordern Strohhof** (Nr. 9) werden kulturgeschichtliche Wechselausstellungen gezeigt. Die seit 1873 christkatholische **Augustinerkirche** wurde 1280 für die Augustinerinnen errichtet und 1844 neugotisch umgestaltet. Auf dem Münzplatz vor dem Haus mit der klassizistischen Fassade **Zum Roten Löwen** (Nr. 7) steht ein barocker Brunnen mit der „Statue der Mäßigkeit".

Durch die Widdergasse kommt man in den Rennweg, der schon zu Römerzeiten ausgebaut war und im 13. Jh. bebaut wurde. Vor dem Haus **Zur Schelle** (Nr. 2) mit Rokokofassade und einem Portal von 1539 steht der Amazonenbrunnen von 1749.

Durch die Strehl- und Pfalzgasse gelangt man zu dem auf einer Moränenkuppe gelegenen, baumbestandenen **Lindenhof** mit reizvollem Blick auf die Altstadt. Er diente im 1. Jh. als römische Militärstation. Im 11. Jh. wurde der Lindenhof zur Burg ausgebaut, die bereits im 12. Jh. wieder geschleift wurde. Am Südrand steht im neugotischen Stil die Freimaurerloge von 1857.

Durch die winkligen Wohlleb- und Rollengasse geht es hinunter zur **Schipfe.** Hier waren im 14. Jh. Badestuben und im 15. Schiffanlegeplätze. Im 16. und 18. Jh. wurde die geschlossene Häusergruppe am östlichen Abhang des Lindenhofs ausgebaut. Die Nr. 39 weist spätgotische Fenstersäulen, die Nr. 43 ein spätgotisches Kielbogenportal auf. Einen reich verzierten Erker mit Renaissance-Masken zeigt die Nr. 49, um 1630. Die Nr. 30 und 32 sowie 57 und 59 dienten früher als Kloster-Ökonomiegebäude und waren vom 16. bis 19. Jh. im Besitz von Seiden- und Baumwollfabrikanten. 1913 wurden sie teilweise abgetragen.

Der Limmatquai

● **Route:** vom Central zum Bellevue Platz

Der Limmatquai, der künftig von Autos befreit werden soll, bekam sein heutiges Erscheinungsbild im 19. Jh. Öffentliche Bauten, Zunfthäuser und Hotels prägen das rechte Limmat-Altstadtufer. Über 20 Gassen verbinden das Nieder- und Oberdorf mit der Limmat. Der untere Teil von der Bahnhofbrücke bis zur Rudolf Brun-Brücke zeigt weitgehend Neubauten. Erhalten sind einige Wohnbauten aus der zweiten Hälfte des 19. Jh. Das mächtige **Jugendstilhaus** auf Arkaden (Plastik von *Hans Markwalder*) wurde 1913 erbaut. An der Nr. 76/Rosengasse 2 steht ein weiterer Zürcher Wohnturm, der **Gletnerturm** von 1388. Er wurde gekappt und erhielt ein traufständiges Satteldach sowie einen vorgelagerten Bau auf Arkaden. Hinter dem Turm befindet sich der **Rosenhof** mit einem Brunnen (Inschrift von *Max Frisch*).

Das barocke **Rathaus,** 1694–98 errichtet, wurde 1803 Sitz des kantonalen Parlaments. Seit 1893 ist es Sitz des Gemeinderates. 1833 wurde der Ratsaal umgebaut. In den Giebelfeldern der Fenster sind Kleinplastiken antiker und schweizerischer Helden zu sehen. In der Mittelachse der Limmatquaifront ist ein Säulenportal mit

Löwen als Schildhalter. Der barocke Festsaal besitzt eine prunkvolle Stuckdecke mit Trophäen und allegorischen Figuren. Das südwestliche Eckzimmer birgt Täfer und Deckenstuck. Das Gitterportal und die Treppengeländer stammen aus dem 17. Jh. Im Vorsaal des ersten Obergeschosses sind eine Stuckdecke, Prunktüren und Fischtafeln über die Schonzeiten der Fische von *Melchior Füssli* (1709) zu sehen. Eine Felderdecke, Täfer mit Intarsien und ein bemalter Turmofen schmücken das Fraktionszimmer. Der Kantonsratsaal hat eine Kassettendecke aus dem Jahr 1853. Im Aufstieg zum dritten Stock hängt das Gemälde „Drei Eidgenossen" vom jungen *J. H. Füssli* (1781, Kopie), ein Hauptwerk der romantischen Malerei der Schweiz.

Dem Rathauseingang gegenüber steht das **Zunfthaus zur Saffran** (Nr. 54), erbaut 1723, mit zwei Obergeschossen über einem Arkadendurchgang. Im ersten Obergeschoss ist der Zunftsaal mit Prunktüre und einer geometrischen Felderdecke. Das zweite Obergeschoss hat vier getäferte Räume mit aufwändigen Türen und Stuckdecken sowie einen Turmofen aus der Werkstatt Pfau mit Szenen nach *Melchior Füssli*.

Die Häuser „Zur Haue", „Zum Büchsenstein" (1842) und „Zur Kerze" haben eine gemeinsame Arkade. **Zur Haue** (Nr. 52) ist ein gotisches Haus mit Treppengiebel und einem Durchgang mit zwei Spitzbögen und Kreuzrippengewölbe. Am Rüdenplatz Nr. 2 steht das Haus **Zur Kerze,** erwähnt 1284, umgebaut 1548 unter dem Buchdrucker *Gessner*. Der Erker mit Reliefs im Übergangsstil zur Renaissance zeigt das Buchdruckerzeichen von *Gessner:* eine Kerze zwischen korinthischen Säulen.

Das **Gesellschaftshaus zum Rüden** (Nr. 42) wird 1295 erstmals erwähnt, seit 1358 ist es das Gesellschaftshaus der Constaffel (Edelleute): ein traufständiger Bau unter Satteldach. Das Erdgeschoss ist seit 1937 in fünf Arkaden gegen die Limmat geöffnet.

Das **Zunfthaus zur Zimmerleuten** (Haus zum Roten Adler, Nr. 40) wurde 1708 neu erbaut, der Erweiterungsbau stammt aus dem Jahre 1785. Der Zunftsaal im zweiten Obergeschoss besitzt barocke Fenstersäulen, eine Prunktüre, Täfer, eine Felderdecke, 16 geschnitzte Wappenschilder und Bildnisse der Escher-Bürgermeister.

Zum Loch (Römergasse Nr. 13) wurde im 12. Jh. erbaut. Die **Wettinghäuser** gehen auf das 13. Jh. zurück. Die **Münsterbrücke** ist eine der frühesten Steinkonstruktionen mit flachem Bogen in der Schweiz.

Das nahe frühklassizistische **Helmhaus** wurde 1794 an Stelle eines Holzbaus errichtet. Die Bronzestatue zeigt *Ulrich Zwingli* (1885). Die enge Verbindung der Wasserkirche mit dem Helmhaus geht auf das 12. Jh. zurück, als die Baugruppe auf einer durch eine Brücke verbundenen Insel lag. Beim Ausbau des Limmatquais von 1839 entstand hier eine feste Landverbindung.

Die spätgotische **Wasserkirche** wurde 1479–84 gebaut. 1524 diente sie als Vorratslager, 1631–1917 als Bibliothek und Ausstellungsraum. Sie hat einen Polygonalchor mit Strebepfeilern, dazwischen Spitzbogenfenster mit Maßwerk. Die Glasfenster im Chor sind von *Augusto Giacometti.*

Gegenüber dem Helmhaus liegt die **Münsterburg,** eines der ersten Mietshäuser Zürichs, 1858 gebaut.

Zwischen Münster- und Quaibrücke befindet sich eine Platzfolge aus dem 19. Jh. Der **Schiffländteplatz** wird begrenzt durch das ehemalige „Hotel du Lac", erbaut 1840, und durch den „Raben", dessen Südfront an den **Hechtplatz** grenzt, der wiederum vom ehemaligen „Hotel Krone" (1837) abgeschlossen wird. Dazwischen liegen klassizistische Budenhallen mit Säulenkolonnaden von 1835. Die hintere Halle wurde 1959 zum Hechtplatztheater umgebaut. Ein malerischer Durchgang liegt unter dem ehemaligen „Zunfthaus zur Schiffleuten". Der Zusammenhang der beiden Plätze mit dem See ist durch den Quaibau verloren gegangen.

Die Ringstrasse entlang

● **Route:** Odeon, Kunsthaus, Hirschengraben, ETH, Walcheplatz, Platzspitz, Schweizerisches Landesmuseum, Uraniastrasse, Pelikanplatz, Basteiplatz, alter Botanischer Garten

Die Anlage der sternförmigen Schanze-Befestigung bestimmt noch heute Zürichs Stadtbild, sowohl in der Vorstadtzone als auch auf der Ringstrasse. Die Ringstrasse entstand im 19. Jh. an Stelle der barocken Schanze. Ausgehend vom Limmatquai führt sie zur Eidgenössischen Technischen Hochschule und von hier zum Central, zum Walche- und Spitzplatz und entlang der Uraniastrasse zum Schanzengraben.

Das Bellevue ist Ausgangspunkt der rechtsufrigen Ringstraße. Hier finden sich Odeon und Usterihof mit den Überresten des legendären **Literatencafés Odeon,** wo sich berühmte Künstler und Emigranten des 20. Jh. trafen. Das Café wurde 1912 im Jugendstil erbaut. Gegenüber liegt die **Kronenhalle,** ein Biedermeierbau von 1837, heute Treffpunkt von Künstlern und High Society.

Die **Stadelhoferstrasse** wurde 1646 in die Stadtbefestigung einbezogen. Einige Patrizierfamilien siedelten sich hier an und errichteten äußerlich schlichte Bauten, etwa die Nr. 12, heute Puppentheater.

Der Heimplatz wird vom **Kunsthaus** dominiert, einem Jugendstilbau. Der Neubautrakt im Süden entstand 1976. Rechts vom Haupteingang: das „Höllentor" von *August Rodin,* die „Liegende" von *Henry Moore* und „Le chant des Hirondelles" von *Jacques Lipchitz.* Auf dem Platz stehen im Durchgang „Miracolo" von *Marino Marini* und „La Fanfare" von *Müller.* Im Süden des Heimplatzes befindet sich der **Pfauen** (1889) mit dem 1977 umgebauten Schauspielhaus.

Das Kunsthaus wird von zwei Seiten vom **Hirschengraben** begrenzt. Der ehemalige Stadtgraben diente von 1533 bis 1784 als Wildpark mit Hirschen. Im 18. Jh. wurde er zur Fahrbahn und Fußgängerallee ausgebaut. Die Häuser im oberen Teil stammen aus dem 18. Jh., im mittleren aus dem 19. Jh. Das **Haus zum Rechberg,** (Nr. 40) wurde 1759–70 im Stil eines *Hôtel privé* mit Ehrenhof gebaut. Das Innere birgt reiche Täfer, Leinwand- und Seidenpanneaux sowie diverse Turmöfen. Die Gartenanlage wird von geschwungenen Treppenläufen, die den Hofbrunnen einfassen, geprägt.

Parallel zum Hirschengraben verläuft der Seilergraben. Der Bereich Waldmannstrasse/untere Rämistrasse /Hirschengraben bildet eine geschlossen neubarocke Straßenfront.

Die **obere Rämistrasse** ist locker bebaut: Nr. 50 war das Wohnhaus des Architekten *Chiodera*. Die Kantonsschule von 1842 ist der Architektur *Schinkels* nachempfunden. An der Zürichbergstrasse Nr. 8 wurde das Haus des Baumwollimporteurs *Fierz* 1868 von *Gottfried Semper* im Stil der Neurenaissance gebaut.

Die Rämistrasse entlang reihen sich Institute und Schulbauten der Eidgenössischen Technischen Hochschule ETH. Darüber liegt das Schulhaus Schanzenberg von 1840, ehemals eine Bierbrauerei. Die **Universität** ist eine asymmetrische Anlage mit Innenhöfen und einem massigem Turm. Das Hauptgebäude wird vom Lichthof und einer großzügigen Treppenanlage dominiert. Noch weiter oben liegt die **Eidgenössische Technische Hochschule.** Sie wurde nach Entwürfen des ETH-Architektur-Professors *Gottfried Semper* 1864 von *Johann Caspar Wolff* gebaut und ist einer der bedeutenden Historismus-Bauten der Schweiz.

Der barocken Schanze folgend kommt man von der Rämistrasse links in die Tannenstrasse und in die abfallende Leonhardstrasse. Das **städtische Pfrundhaus** (Leonhardstrasse Nr. 18) wurde 1842 im Stil der Neurenaissance gebaut. Auf hohem Unterbau steht bei der Einmündung in die Weinbergstrasse die katholische **Liebfrauenkirche,** 1894 im Stil einer frühchristlich-römischen Basilika errichtet.

Beim Central mit der Endstation der Seilbahn folgt man dem rechten Limmatufer (Neumühlequai) bis zum **Walcheplatz** mit dem Walchetor.

Über die Walchebrücke erreicht man die **Grünanlage Platzspitz** mit Denkmälern, Brunnen, Musikpavillon und altem Baumbestand. Der Platzspitz war lange Zeit Zürichs berüchtigter Drogenkonsum- und -umschlagplatz. An seiner nördlichen Spitze fließt die Sihl in die Limmat.

Im Süden findet der Platz seinen Abschluss durch das **Schweizerische Landesmuseum.** 1893–98 erbaut, ist es ein burgähnliches Gebilde mit gotischen Formen. Der Torturm und die Flügel gruppieren sich um den Innenhof. In der Waffenhalle befindet sich das dreiteilige Wandgemälde von *Ferdinand Hodler,* den Rückzug von Marignano darstellend. Auf der Gegenseite die Kartons der Schlacht bei Murten.

Am linken Ufer der Limmat dem Bahnhofquai entlang führt der Weg zur **Rudolf-Brun-Brücke.** Mehrmals wurde im 19. Jh. versucht, den Ring mit der Altstadt zu verbinden. Die einzige verwirklichte Verbindung ist die Achse Mühlegasse/Uraniastrasse/Sihlporte/Aussersihl.

Die Uraniastrasse folgt dem Bogen des geschlossenen Sihlkanals und wird von **Jugenstilhäusern** gesäumt. Amtshaus 1 war früher städtisches Waisenhaus. Die **Urania** mit der Sternwarte (48 Meter hoch, 1905 gebaut) sowie die „Credit Suisse" schließen den gesamten Baukomplex zum Werdmühleplatz ab.

Über die Bahnhofstraße-Kreuzung geht man weiter entlang der Uraniastrasse, die im oberen Teil in die **Sihlstrasse** mit Glockenhof mündet. Auch hier sind einige Jugendstilgebäude und ein Jugendstilbrunnen erhalten. An der Ecke Löwenstrasse/Nüschlerstrasse steht die 1884 im maurischen Stil gebaute **Synagoge** von *Alfred Chiodera* und *Theophil Tschudy*. Bei der Sihlpforte gehen die Jugendstilhäuser in den Geschäfts- und Wohnbereich der 30er-Jahre über.

Von der Sihlpforte führt der Weg durch den Talacker zum **Pelikanplatz,** dem ehemaligen barocken Zentrum Zürichs auf der linken Limmatseite. Noch erhalten ist das Haus „Zum Großen Pelikan", 1675 für den Seidenfabrikanten *Ziegler* gebaut.

Am **Basteiplatz** stehen die Häuser „Schanzenhof" (1699) und „Weltkugel" (1682), typische Fabrikantenhäuser, an die sich früher Ökonomiegebäude anschlossen. Heute ist hier das Wohnmuseum mit Zürcher Wohnkultur aus dem 17./18. Jh. untergebracht.

Am Schanzengraben liegt der **alte Botanische Garten** von 1837. Das Eisen-Glas-Gewächshaus stammt aus dem Jahr 1838, das Sammlungsgebäude von 1863. 1980 wurde es für die Universität und das Völkerkundemuseum umgebaut. Der Glaspavillon entstand 1878.

Vom Hauptbahnhof zum Paradeplatz

●**Route:** durch die Bahnhofstrasse

Der **Hauptbahnhof** wurde 1871 eingeweiht. Die mächtige Hallenkonstruktion mit vorgeladener Hauptfassade kommt heute wieder zur Geltung. Im Dach der Halle befindet sich eine große farbenfrohe Plastik von *Niki de St. Phalle*. Die südliche Fassade mit Arkadenreihen und Triumphbogen fügt sich nahtlos in die Umgebung ein. Über allem thront Helvetia mit allegorischen Darstellungen.

Die von Linden gesäumte **Bahnhofstrasse** verband den Bahnhof mit dem Paradeplatz. Der untere Teil entstand 1864–67, der obere von der Kappelergasse bis zum See nach 1877. Der ehemals geschlossene Straßenzug des 19. Jh. ist heute durch Neubauten unterbrochen.

Bei der Einmündung des Rennwegs steht eine Kopie des Herkulesbrunnen von 1732. Dahinter liegt das „Jelmoli Warenhaus", 1897 von *Stalder* und *Usteri* errichtet, ein bemerkenswerter Eisenbau mit Glaszwischenwänden. An der Seidengasse 20 hat *Theo Hotz* 1993 ein Geschäftshaus gebaut. An der Ecke Pelikanstrasse fällt eine Rauminszenierung mit Marmorblöcken auf (1982 von *Bill*).

032ch Foto: en

Der **Paradeplatz** diente 1667–1775 als Viehmarkt, später als Exerzierplatz. Heute ist er vor allem Tramknotenpunkt. Gegenüber der „Credit Suisse" ist ein Teilstück der „Tiefenhöfe" erhalten, einer der ersten modernen Geschäfts- und Wohnbauten in Zürich von 1859. Das Hotel Baur-en-Ville war der erste Hotelbetrieb der Stadt (1838). An der Talstrasse Nr. 1 steht das Hotel Baur-au-Lac von 1844, das 1863 erweitert wurde. Die ehemalige alte Börse wurde 1930 erbaut, die Weltkarte stammt von *Alberto Giacometti.* Heute werden die Börsengeschäfte an der Selnaustrasse 32 in einem Neubau von 1992 (Suter & Suter) abgewickelt.

Ein Engel von Niki de St. Phalle wacht über die Bahnhofshalle

Am linken Seeufer

● **Route:** Kongresshaus, Arboretum, Rieterpark, Belvoirpark, Muraltengut

Der **Schanzengraben** wurde bei der vierten Wallbefestigung 1642–53 ausgehoben und bildete die linksufrige Befestigungslinie. Bei der Ecke General-Guisan-Quai/Claridenstrasse steht die klassizistische Villa Rosau (1843 von *Stadler*).

Von der **alten Tonhalle** besteht noch der Tonhallesaal mit Malereien von *Peregrin, Gastgeb* und *Peyfuss.* 1938 wurde die Tonhalle abgebrochen, 1939 war der Anbau des mit Traventinplatten verkleideten **Kongresshauses** von *Haefeli, Moser* und *Steiger* beendet. Das „Rote Schloss" ist eine Häusergruppe aus Rotbackstein im Stil der französischen Renaissance, an die sich das „Weiße Schloss" (Nr. 32) im Stil des Manierismus anschließt, beide von 1893.

Die Parkanlage **Arboretum** birgt eine Volière und einen Jugendstilbrunnen. Ihr vorgelagert ist eine Badeanstalt. Im anschließenden **Quartier Enge** fanden sich Spuren römischer Gutshöfe. Später siedelten sich in der Senke zwischen zwei Hügelzügen Klöster an. Im 18. Jh. baute man hier Landsitze, im 19. Jh. größere Villen. Der See reichte bis zur heutigen Seestrasse, daran schloss sich das Ried an, ein Schilfgürtel. Auf der Nordseite des Bahnhofs Enge stand die Kapelle der Heiligen Drei Könige. Sie war 1440

Verhandlungstreffpunkt während der Belagerung Zürichs durch die Eidgenossen.

Stadtauswärts liegen die Grünflächen des Belvoir- und Rieterparks. Im kleinen **Rieterpark** liegt die **Villa Wesendonk,** seit 1963 Rietbergmuseum. Sie wurde 1857 für den deutschen Geschäftsmann *Otto Wesendonck* im spätklassizistischen Stil erbaut: Eine zweigeschossige Nachbildung der römischen Villa Albani mit Flachdach. In der Villa traf sich im 19. Jh. die künstlerische Elite, unter ihnen *Richard Wagner* und *Conrad Ferdinand Meier.* Im Park befindet sich die Wagnergedenkstelle und eine Plastik.

Im **Belvoirpark** liegt das Belvoirgut, eine hochklassizistische Villa, 1831 von *Escher* gebaut. Sie dient heute als Hotelfachschule.

An der Seestrasse Nr. 203 steht das **Muraltengut,** 1777 von *Johann Werdmüller* im Stil des *Hôtel privé* mit Ehrenhof, Stallungen und Remisen in den Flügeln gebaut. Hier ist eine städtische Sammlungen untergebracht.

Am rechten Seeufer

● **Route:** vom Bellevue seeaufwärts – Sechseläutenplatz, Opernhaus, Bellerivestrasse, Park am Zürichhorn, Villa Patumbah

Beim **Bellevueplatz** steht der Fischbrunnen von *Otto Münch* (1938). Auf dem **Sechseläutenplatz** befand sich die alte Tonhalle von *Negrelli,* die nach dem Bau der neuen Tonhalle abgebrochen wurde. Seitdem wird auf dem Platz am „Sechseläuten" symbolisch der Winter in Form des *Böögg* (Strohfigur) verbrannt und vertrieben – ein alter Brauch, das wichtigste Stadtfest der Zürcher (siehe „Praktische Tipps/Feste und Veranstaltungen").

An der Theaterstrasse Nr. 10 steht die **ehemalige Varieteebühne** (1900), ein früher Skelettbau im Neurokoko-Stil.

Das 1891 von den Wiener Architekten *Fellner* und *Helmer* in neubarocken Formen gebaute **Opernhaus** liegt an der Schillerstrasse Nr. 1. Der seitliche Neubau an Stelle des Esplanade ist von *Paillard,* 1980. Die Grünanlage vor dem Eingang zog sich über den Stadelhoferplatz mit dem gusseisernen Brunnen bis hin zum 1893 gebauten Bahnhof Stadelhofen.

Im stadtnahen Teil des Seefelds haben die **Mietshäuser** neubarocke Formen. Entlang des Sees gab es früher ein Villenviertel. Erhalten ist die Bellerivestrasse Nr. 19, die neuklassizistische **Villa Bloch,** heute das Museum Bellerive. Gegenüber, an der Höschgasse 4, liegt die **Villa Egli,** 1902 im englischen Landhausstil erbaut. Daneben steht der Ausstellungspavillon **Le Corbusier-Haus,** 1967 nach Entwürfen von *Le Corbusier* gebaut: ein farbiger Baukörper unter von Stützen getragenem Dach.

Der **Park am Zürichhorn** zeigt Plastiken von Künstlern des 20. Jh. Beim Ausgang an der Heimatstrasse ist eine **Arbeitersiedlung** von 1890 erhalten. An der Seefeldstrasse Nr. 219 steht die **Mühle Tiefenbrunnen,** 1889 als Bierbrauerei gebaut, an der Zollikerstrasse steht die **Villa Patumbah,** 1885 von *Chiodera* für den Tabakpflanzer *Grob* in einer bemerkenswerten Stilmischung errichtet.

Zürich West

Der Westen Zürichs wird vom langen Bahnviadukt und von den **ehemaligen Industriebauten** der Firmen Escher Wyss, Steinfels und Maag geprägt. Einst hatte dieses Industriegebiet als Viehweide gedient. Seit 1773 wurde hier Land als Pflanzparzellen an Stadtbürger verpachtet. Die Industriegeschichte beginnt 1785 mit der Kattundruckerei von *Melchior Esslinger.* Der zweite Industrialisierungs-Schub setzte dann im ausgehenden 19. Jh. ein und beanspruchte das untere Industriequartier.

Seit den 1980er-Jahren verminderte sich jedoch der Landbedarf für die industrielle Produktion und es stellte sich die Frage, wie das Industrieareal zukünftig genutzt werden sollte. Zusammen mit der Stadt wurden unter Berücksichtigung des Denkmalschutzes Grünflächen und Nutzungsbegrenzungen, Entwicklungsleitbilder und Gesamtplanungen erstellt. Es galt, den urbanen Charakter und die Identität des Ortes zu wahren und **Mischnutzungen aller Art** zu ermöglichen: Wohnen, Kultur, Läden, Restaurants, Dienstleistungen und Industrie. Der Anschluss an das öffentliche Verkehrsnetz sollte verbessert, Verbindungen zu den angrenzenden Quartieren geschaffen werden.

Auf dem Escher Wyss-Areal entstand als erstes der **Technopark,** es folgten das Kultur- und Werkzentrum des Schauspielhauses im **Schiffbau** (s.u.), ein **Hotelkomplex** und der **Blue-Win-Tower.** Der Westpark mit 34.000 Quadratmetern ist momentan im Bau.

Geplant ist ferner Puls5, ein gemischt genutzter Komplex an der Hardturmstrasse. Auf dem Maag-Areal sind baumbestandene und urbane Außenräume mit einheitlichem Bodenbelag bis zum Bahnhofsplatz an der Hardbrücke vorgesehen. Aus Zürich West soll ein attraktiver Stadtteil werden, mit industrietypischen Gebäuden in rechtwinkliger Bebauungsstruktur, unterbrochen von den bogenförmigen Industriegleisen.

In den unverwechselbaren Räumen auf drei Ebenen leben als Zwischennutzer und -nutzerinnen Kleinunternehmerinnen wie Tänzerinnen, Architektinnen, Galeristen, Modedesignerinnen und DJs. Zürich West ist im Begriff, ein **trendiger Treffpunkt** zu werden. Wo Turbinen- und Schiffsschrauben in Werk- und Montagehallen geschweißt wurden, findet heute Theater statt. Im Schiffbau, der ehemaligen Kesselschmiede und Schiffbauwerkstätte von Escher Wyss, sind ein viel besuchtes Restaurant, Betriebskantine, Foyer und Theaterräume des Schauspielhauses sowie ein Jazzclub untergebracht. In die historischen Löwenbräubauten, an der Limmatstrasse 270, sind die Kunsthalle Zürich, das Migros-Museum für Gegenwartskunst und einige private Galerien eingezogen. An der Limmatstrasse 118 steht das Limmathaus, 1931 von *Steger* und *Egender,* Umbau 1990 von *Schwarz* und *Gloor,* ein typisches sozialdemokratisches Volkshaus. Ausstellungstrasse Nr. 60 ist Schule und Museum für Gestaltung, in der Eingangshalle befindet sich ein Mosaik von *Carigiet.*

033ch Foto: en

Wer sich für moderne Architektur und Planung interessiert, findet im Gebiet Zürich West ein spannendes, noch im Aufbau befindliches Projekt großflächiger Neuplanung einstiger Industrieflächen. Das Touristenbüro führt Führungen durch und hält Dokumente zur Planung zur Verfügung.

Praktische Tipps

Information

- **Tourist Services,** Im Hauptbahnhof, 8023 Zürich, Tel. 01/215 40 00, Fax 01/215 40 44, www.zurichtourism.ch

Organisierte Rundfahrten

Information und Buchung beim Touristenbüro bis 30 Minuten vor Abfahrt.

- **Altstadtbummel:** Zürichs wichtigste Sehenswürdigkeiten sowie die schönsten Plätze und Gassen. Dauer: zwei Stunden. Start: Tourist Service im Hauptbahnhof, Ende: Münsterhof oder Paradeplatz.
- **Zürich Trolley Erlebnis:** Rundfahrt im nostalgischen Trolley (Elektrobus). Sieben Sprachen ab Kopfhörer, täglich, Dauer: zwei Stunden.
- **Zürich und Umgebung:** Stadtrundfahrt mit Schifffahrt und Seilbahn. Dauer: drei Stunden, täglich 13 h.
- **Cityrama – Rund um den Zürichsee:** Stadtrundfahrt inkl. Besuch der Rosenstadt Rapperswil. Dauer: dreieinhalb Stunden, täglich 11 h.

Im Schiffbau, einer ehemaligen Schiffsbauwerkstatt, sind heute Theaterräume des Schauspielhauses untergebracht

●**Schifffahrt auf dem Zürichsee:** Rundfahrten April bis Oktober ab Bürkliplatz, Kursschiffe ganzjährig. Auskunft: Tel. 01/487 13 33.

Service

●**Notruf:** 112.

●**Polizei:** Regionalwache City, Bahnhofquai 3, Tel. 01/216 71 11.

●**Krankenhäuser:** Stadtspital Triemli, Birmensdorferstr. 497, Tel. 01/466 11 11; Stadtspital Waid, Tièchestr. 99, Tel. 01/366 22 11.

●**Post:** Tel. 0848 84 84 42.

●**Hauptbahnhof:** Tel. Railservice 0900 300 300 (sFr. 1,19/Min.).

●**Postautos:** Postauto Regionalzentrum, Regensbergstr. 89, Postfach 8050 Zürich, Tel. 01/317 27 00, www.zvv.ch/postauto.

●**Trams und Busse:** Die Fahrzeuge der VBZ verkehren täglich zwischen 5.30 h und Mitternacht, während der Stoßzeiten alle sechs Minuten. Der Zürcher Verkehrsverbund, Hofwiesenstr. 370, 8090 Zürich, Tel. 043/288 48 48, www.zvv.ch, gibt Auskunft über das gesamte Regionalverkehrsnetz.

Sämtliche öffentliche Verkehrsmittel im Raume Zürich sind für Selbstbedienung eingerichtet: Fahrscheine müssen vor der Fahrt bezogen werden. Empfehlenswert sind die am Automaten erhältlichen **Tageskarten** für unbeschränkte Fahrten während 24 Stunden auf allen öffentlichen Verkehrsmitteln im Stadtgebiet, Preis: sFr. 7,20. **9-Uhr-Pass:** freie Fahrt im ganzen Kanton für sFr. 20.

●**Taxis:** am Bahnhof und allen wichtigen Plätzen der Stadt, Taxi 24-h z.B. Taxi 444 AG, Tel. 01/444 44 44.

●**Flughafen:** Vom Hauptbahnhof Zürich verkehren regelmäßig (ca. alle zehn Minuten) Züge zum Flughafengebäude des Unique Airports in Zürich Kloten und zurück. Tickets gibt es an Bahnschaltern und Automaten, Fahrpreis sFr. 6,60 (einfach, 2. Kl.), Fahrzeit 9–12 Minuten.

Unterkunft

●**Widder Hotel*******, Rennweg 7, 8001 Zürich, Tel. 01/224 25 26, www.widderhotel.ch. Zehn Altstadthäuser in verwinkeltem Hotelkomplex. Jedes Zimmer hat einen eigenen Designerstil. Moderne Einrichtung und Technik mischt sich mit Altem. Dachterrasse mit Blick über Stadt und See bis zu den Alpen. 42 Zimmer, zwei Restaurants. DZ sFr. 570 bis 675.

●**Hotel zum Storchen******, Am Weinplatz, 8001 Zürich, www.storchen.ch, Tel. 01/227 27 27. Das einzige Hotel direkt an der Limmat, Blick auf die Altstadt, gedeckte Restaurantterrasse, renovierte Zimmer, Restaurant, Bars. DZ sFr. 450 bis 600.

●**Hotel Florhof*****, Florhofgasse 4, 8001 Zürich, www.romantikhotels.com./zuerich, Tel. 01/261 44 70. Patrizierhaus am Rand der Altstadt, Romantikhotel mit Qualität, 33 Zimmern mit klassischer Einrichtung, Salons und Restaurant. DZ sFr. 320 bis 350.

●**Hotel Rössli*****, Rössligasse 7, 8001 Zürich, Tel. 01/256 70 50, www.hotelroessli.ch. In der Altstadt mit 16 unterschiedlichen Zimmern (Nr. 601 mit Dachterrasse), Jazz-Bar mit offen Weinausschank und Single Malts. DZ sFr. 200 bis 280.

●**Hotel Leoneck*****, Leonhardstr. 1, 8001 Zürich, Tel. 01/254 22 22, www.leoneck.ch, In gelben Tönen gehalten, mit reichlich Ethnozauber, in Form von gemalten Kühen, Sennen, Zwergen, Gold-, Geld- und Schneebergen ausgestattete Zimmer. Die 65 Zimmer sind eher klein, aber o.k. DZ sFr. 140 bis 185.

●**Lady's First,** Mainaustr. 24, 8008 Zürich, Tel. 01/380 80 10, www.ladysfirst.ch. Wenige Gehminuten von Oper und See. Designhotel *(Pia Schmid)* mit Wellness. Nur für Frauen. DZ sFr. 280.

●**Hotel Seegarten,** Seegartenstr. 14, 8008 Zürich, www.hotel-seegarten.ch, Tel. 01/388 37 37. Sympathisches Hotel mit südlichem Ambiente hinter belangloser Fassade. Nähe Oper und See. 28 Zimmer in frischen Farben, italienisches Restaurant. DZ sFr. 220 bis 260.

●**Hotel Etap***, Zürich-City-Technopark, Tel. 01/276 20 00, www.etaphotels.com. Das erste ETAP in der Schweiz, Dusche/WC und sauberes Zimmer mitten in der Stadt für sFr. 89/DZ.

●**Hotel Caprice,** Gladbachstr. 97, 8044 Zürich, Tel. 01/268 69 69, www.caprice.ch. Ruhige Lage am Zürichberg. Garnihotel mit Hausbar. Neu renoviert. Küchenbenutzung auf Etage möglich. DZ mit Dusche/WC sFr. 140 bis 180, ohne D/WC sFr. 120 bis 160.

●**St. Georges****, Weberstr. 11, 8004 Zürich, Tel. 01/241 11 44. Renovierte Zimmer auch mit Dusche/WC/TV. DZ mit Dusche/WC sFR. 132, ohne D/WC sFr. 100.

●**Zic Zac Rock Hotel,** Marktgasse 17, 8001 Zürich, www.ziczac.ch. Zimmer sind Rockgrößen oder dem Sternenhimmel gewidmet. DZ mit Dusche/WC sFr. 169, ohne sFr. 116, Vierbettzimmer sFr. 160.

●**Pension St. Joseph,** Hirschengraben 64/68, Tel. 01/250 57 57, www.st.-josef.ch. Zwischen Bahnhof und Uni. Ruhige Atmosphäre mit Kapelle und Vollwertprodukten. DZ mit Dusche/WC sFr. 165, ohne sFr. 110, auch Drei- bis Fünfbettzimmer.

●**Lydiaheim,** Leonhardstr. 13, 8001 Zürich, Tel. 01/252 41 27. Zentral, helle Zimmer ohne Dusche/WC, für Eheleute/Frauen, von Ordensschwestern geführt. DZ sFr. 100.

Auf dem Üetliberg:

●**Hotel Uto-Kulm*****, 8143 Üetliberg, Tel. 01/457 66 66, www.uetliberg.ch. Auf Zürichs Hausberg, inmitten des Waldes mit Blick auf die Alpen, beliebtes Ausflugsziel der Zürcher. Oft nebelfrei, wenn in Zürich der Nebel auf die Seele drückt. 29 einfache Zimmer im „Ikea-Stil". DZ sFr. 200 bis 220.

Zürich-Flughafen:

●**Golden Arch Zürich,** Flughofstr. 75, 8153 Rümlang, www.goldenarchhotel.com, Tel. 01/828 86 86. Erstes Mac Donald's-Hotel der Welt. Zimmer mit Touch von Feng Shui. Trennung Dusche/WC, schalldichte Wände. DZ sFr. 214, Twin-Bed (2 x140 x 200) sFr. 214, günstige Week-End-Preise.

Jugendherberge, Backpacker:

●**City Backpackers/Biber,** Niederdorfstr. 5, 8001 Zürich, Tel. 01/251 90 15, www.backpacker.ch/city-backpacker. Hostel in der Altstadt, nahe Bahnhof. Küche zur Benutzung. Dusche/WC auf Etage. DZ sFr. 90, Mehrbettzimmer sFr. 29 p.P.

●**Jugendherberge Zürich-Wollishofen,** Mutschellenstr. 114, 8038 Zürich, Tel. 01/482 35 44, www.youthhostels.ch/zuerich, DZ mit Dusche/WC sFr. 90, ohne sFr. 87, Mehrbettzimmer sFr. 31 p.P.

Camping

●**Seebucht-Camping,** Seestr. 559, 8038 Zürich, www.camping-zurich.ch, Tel. 01/482 16 12. Direkt am See mit einmaliger Sicht. Tram Nr. 11 bis Bürkliplatz, dann Bus Nr. 161 oder 165 bis Stadtgrenze.

Essen und Trinken

Bei fast allen angeführten Lokalen empfiehlt sich Voranmeldung.

Restaurants:

●**Sonnenberg,** Aurorastr. 98, 8032 Zürich, Tel. 01/266 97 97. Ein Stern im Guide Michelin, Schweizer Gerichte mit italienischem Touch. Terrasse mit Panoramablick auf Stadt, See, Alpen.

●**Kronenhalle,** Rämistr. 4, 8001 Zürich, Tel. 01/251 66 69. Hier isst der Zürcher, um gesehen zu werden, umgeben von Topkunst *(Miro, Braque, Matisse ...)*. Schweizer Spezialitäten, Wiener Schnitzel.

●**Zunfhaus zur Zimmerleuten,** Limmatquai 40, 8001 Zürich, Tel. 01/252 08 34. Zürcher Spezialitäten, gutes Preis-Leistungs-Verhältnis.

●**Chässtube Rehalp,** Forchstr. 359, Zürich, Tel. 01/381 01 80. Lust auf Fondue oder Raclette in Zürich?

●**Öpfelchammer,** Rindermarkt 12, 8001 Zürich, Tel. 01/251 23 36. *Gottfried Kellers* Stammlokal mit original Weinstube aus dem 14. Jh. Gutes Preis-Leistungs-Verhältnis.

●**Café Terrasse,** Limmatquai 3, 8001 Zürich, Tel. 01/251 10 74. Modernes Grand Café mit großem Saal und Blick auf Limmat und Altstadt.

●**Brasserie Lipp,** Uraniastr. 9, 8001 Zürich, Tel. 01/211 11 55. Frische Produkte zu vernünftigen Preisen. Über den Lift zu erreichen: Jules Verne Panoramabar, einziges Turmrestaurant in Zürich mit Rundblick.

Italienische/mediterrane Küche:

●**Casa Ferlin,** Stampfenbachstr. 39, Tel. 01/362 35 09. Familienbetrieb seit Generationen.

●**Cantinetta Antinori,** Augustinergasse 25, 8001 Zürich, Tel. 01/211 72 10. Italienische Küche mit reicher Weinkarte.

Asiatisch:

- **Sunset Thai,** Birmensdorferstr. 488, Zürich, Tel. 01/463 65 70. Exotische Küche zu moderaten Preisen.
- **Oriental Pearl,** Stauffacherstr. 96, Zürich, Tel. 01/291 08 89. Gut chinesisch.
- **Amma,** Kalkbreitestr. 33, Zürich, Tel. 01/ 450 89 50. Mittags Schweizer Küche, srilankisch-südindisch abends, faire Preise.

Gartenrestaurants:

- **Bürgli,** Kilchbergstr. 15, 8038 Zürich, Tel. 01/482 81 00. Marktküche in stimmigem Lokal mit schönem Garten.
- **Jankas Pumpstation,** Seeanlage Utoquai, 8001 Zürich, Tel. 01 260 98 69. Unter Kastanienbäumen direkt am See, Grill.

Fisch:

- **Le Poisson,** im Hotel Glärnischhof, Claridenstr. 30, Zürich, Tel. 01/286 22 22.

Vegetarisch:

- **Ziegel au Lac,** Seestr. 395, 8001 Zürich, Tel. 01/481 62 42. Kreative biologische Küche, mit Terrasse.
- **Hilti,** Sihlstr. 28, 8001 Zürich, Tel. 01/ 221 38 70. Gut, indisches Buffet.

Preiswert:

- **Manor AG Warenhäuser,** Bahnhofstr. 75, Zürich, Tel. 01/229 56 99. Dachrestaurant, biologische Frischprodukte für das bescheidene Budget.
- **Giardino Restaurant** (Grands Magasins Jelmoli), Seidengasse 1, Zürich. Tel. 01/220 44 11. Gutes Freeflow-Buffet, Pizza-Bar ein Stockwerk höher.

Cafés und Bars:

- **Café und Confiserie Sprüngli,** Bahhofstr. 21/Paradeplatz, Zürich, Tel. 01/224 46 46. Ein Luxemburger Azubi erfand das weltberühmte Schaumgebäck „Luxemburgerli". Im Kaffeehaus Torten, Kuchen, Birchermüsli, Konditor-Z'Morge.
- **Café Schober,** Napfgasse 4, 8001 Zürich, Tel. 01/251 80 60. Nicht mehr wegzudenken! Denkmalgeschütztes Interieur, Wochenend-Brunch.
- **TeeCafé Schwarzenbach,** Münstergasse 17, 8001 Zürich, Tel. 01/261 13 80. Kafferösterei und Teeladen mit eigenem Café.
- **Teehaus Nô,** Kuttelgasse 7, 8001 Zürich, Tel. 01/211 75 50. In japanischem Ambiente Zeitung lesen und eine der 60 Teesorten probieren.
- **Odeon,** Limmatquai 2, 8001 Zürich, Tel. 01/251 16 50. *Einstein, Lenin, Mussolini,* die Dadaisten, *Joyce, Mann, Frisch, Dürrenmatt* waren hier. Heute auch Gay-Treffpunkt.

Einkaufen

- Vom Hauptbahnhof in die **Bahnhofstrasse** (Richtung Paradeplatz und See): eine der schönsten Einkaufsstrassen mit eleganten Modegeschäften, Warenhäusern, Detailhandelsgeschäften mit qualitativ hoch stehendem Angebot (Schuhe, Pelze, Accessoires, Porzellan, Schmuck und Uhren), Banken, Confiserien und Boulevard-Cafés, die zum Verweilen und Ausruhen einladen.
- Ein neues beliebtes Einkaufsgebiet ist die Region **Löwenstrasse mit der Bahnhofpassage Shopville.**
- In der **Altstadt,** links der Limmat (Rennweg bis Münsterhof), gibt es zahlreiche kleinere Boutiquen, Antiquitätengeschäfte, Bars und Cafeterias.
- Der rechtsufrige **Limmatquai** mit Zunfthäusern, ausgeflippten Boutiquen und vielen Seitengässchen.
- Der fußgängerfreundliche **Marktplatz Oerlikon** erspart manchem Messebesucher und Hotelgast die Fahrt in die City.
- In Zürich-Altstetten liegt das einzige Einkaufszentrum Zürichs, der **Letzipark** mit 66 Geschäften: Mit Tram Nr. 2, Bus Nr. 31, 80 und 89. Über 1500 Gratis-Parkplätze, Mo–Fr 9–20 h, Sa 8–16 h.

Nachtleben

- **Kronenhalle-Bar,** Rämistr. 4, 8001 Zürich, Tel. 01/251 15 97. Bar der Prominenz.
- **Kaufleuten-Bar,** Pelikanstr. 18, 8001 Zürich, Tel. 01/225 33 40. Meeting place der beautiful people.
- **Rössli-Bar,** Rössligasse 7, 8001 Zürich, Tel. 01/256 70 52, stimmungsvolle Altstadtbar mit Single-Malt und Jazz.
- **Widder-Bar,** Augustinergasse 24, 8001

Zürich, Tel. 01/224 24 11. Viele Whiskeys und Jazz.

- **Rive-Gauche-Bar,** Talstr. 1, 8022 Zürich, Tel. 01/220 50 60. Treffpunkt mit professioneller Crew.
- **Savoy-Bar,** Paradeplatz, 8001 Zürich, Tel. 01/215 25 25. Klassisch stilvolle Pianobar mit kleinen und größeren Häppchen.
- **Seerose-Bar,** Seestr. 493, Zürich, Tel. 01/481 63 83. Terrasse mit Sofas und Sesseln, auserwählte Cocktails zu angemessenen Preisen.

Discos und Clubs:

- **Abart,** Manessestr. 170, 8045 Zürich. Fr/Sa 22 h bis open end. Hardrock, Grunge, Crossover, Melodic Punk, Metal, HC, Party Hits. Ab und zu Discohits für Zartbesaitete, Live-Konzerte.
- **El Cubanito,** Bleicherweg 5, 8001 Zürich, Tel. 01/221 15 15. In der ehemaligen Börse Salsa, Cumbia, Merengue, Black Music, Culture-Mix-Beat etc.
- **Kanzlei,** Kanzleistr. 56, 8004 Zürich, Tel. 01/241 53 11. Umfunktionierte Turnhalle. Konzerte und Tanz. Gemischt alternatives Publikum. Acid-Jazz, Soul, R'n'B, Reggae, HipHop, science fiction jazz, House, Disco, Funk, Soul.
- **Kaufleuten,** Pelikanstr. 18, 8001 Zürich, Tel. 01/225 33 33. Schöner Saal. Zu einer der Top-Ten-Locations von Europa gewählt. In-Club, neueste internationale Trends.
- **Moods im Schiffbau,** Schiffbaustr. 6, 8005 Zürich, Tel. 01/276 80 00. Tanzbare World Music, African Groove, Jazz, Mischungen, Dance-Events.
- **New Gothic Club,** Seestr. 367, 8038 Zürich, Tel. 01/910 17 74, www.gothic-club.ch. Für ältere House-Semester, Künstler, Werber. House, Trance, HipHop.
- **OXA,** Andreasstr. 70, 8050 Zürich-Oerlikon, Tel. 01/311 60 33, www.oxa.ch. Legendärer Techno-Club, bekannt für Afterhours-Partys, Trance & House.
- **X-TRA Limmathaus,** Limmatstr. 118, 8005 Zürich, Tel. 01/448 15 15. Mega-Club mit zwei Dancefloors. Regelmäßig Musikgruppen und Djs, die entweder ganz oben stehen oder dort landen. Cool Monday mit Latin Jazz & Soul. Konzerte, Disco, Partys.
- **Rote Fabrik,** Kulturzentrum Rote Fabrik, Seestr. 395, 8038 Zürich, www.rotefabrik.ch. Jährlich rund 150 Partys, Konzerte, Festivals. Fabrikjazz, Rock, Elektrip, HipHop, Enter the Dancehall, Pop, World Music, Folk.
- Nicht zu vergessen: die **Langstrasse** mit Bars und Restaurants.

Kultur

- **Opernhaus Zürich,** Theaterplatz, Tel. 01/268 65 55, Reservationen: Tel. 01/268 66 66. Die Zürcher Oper gehört zu den bekanntesten Opernhäusern der Welt. Das im spätbarocken Stil erbaute Haus wurde unter der Führung von *Alexander Pereira* zur meistbesuchten Kultureinrichtung Zürichs.
- **Schauspielhaus,** Schauspielhauskeller, Rämistr. 34, Tel. 01/265 58 58 sowie Schiffbau, Halle, Box, Atrium, Schiffbaustr. 4, Vorverkauf nur am Billettschalter des alten Schauspielhauses „Pfauen", Rämistr. 34, Ecke Heimstrasse/Zeltweg, Tel. 01/265 58 58, www.schauspielhaus.ch
- **Andere Theater:** Info über Tourismusbüro.

Museen

- **Schweizerisches Landesmuseum,** Museumsstr. 2, Tel. 01/218 65 11. Das hinter dem Hauptbahnhof liegende Museum für schweizerische Kultur, Kunst und Geschichte birgt die größte permanente kulturgeschichtliche Sammlung der Schweiz, ist jedoch insbesondere für seine Sonderausstellungen bekannt, die Geschichte und Kulturgeschichte in einen modernen Kontext stellen. Di–So 10–17 h.
- **Kunsthaus Zürich,** Heimplatz 1, Tel. 01/251 67 65. Zürichs Topadresse für Kunst. Gemälde, Plastiken, Grafik, vorwiegend aus dem 19. und 20. Jh., Stiftung Alberto Giacometti, Dada-Sammlung, Di–Do 10–21 h, Fr–So 10–17 h.
- **Museum Rietberg Zürich,** Gablerstr. 15, Tel. 01/202 45 28. Außereuropäische Kunst, vor allem aus Indien, China und Afrika, oft bemerkenswerte Sonderausstellungen. Di–So 10–17 h, Mi 10–20 h.
- **Zunfthaus zur Meisen,** Münsterhof 20, Tel. 01/221 28 07. Schweizer Porzellan und Fayencen, Di–So 10.30–17 h.

034ch Foto: at

Zürichs Großereignis: die Street Parade

- **Haus zum Rech,** Neumarkt 4, Tel. 01/266 86 86. Stadtmodell von 1800 (hilfreich zum Verständnis der auf den ersten Blick unübersichtlichen Stadtanlage). Ausstellungen zur Zürcher Stadtgeschichte und Archäologie. Mo–Fr 8–18 h, Sa 10–16 h, Eintritt frei.
- **Thomas-Mann-Archiv der ETH,** Schönberggasse 15, Tel. 01/632 40 45. Manuskripte, Bibliothek und Arbeitszimmer von *Thomas Mann.* Mi und Sa 14–16 h , Eintritt frei

Für Kids:

- **Zürcher Spielzeugmuseum,** Fortunagasse 15, Tel. 01/211 93 05. Sammlung *Franz Carl Weber,* Spielwaren aus vergangenen Jahrhunderten. Mo–Fr 14–17, Sa 13–16, Eintritt frei.
- **Mühlerama,** Seefeldstr. 231, Tel. 01/422 76 60. Funktionierende Mühlenanlage aus dem Jahr 1913. Mühlen und Müller, Getreide und Brot, Tonbildschau. Di–Sa 14–17 h, So 13.30–18 h.

Parks, Gärten und Zoo

- **Belvoirpark,** der größte in sich geschlossene Park der Stadt (Tram 7 bis Billoweg).
- Am Irchel findet man die großzügig gestaltete, öffentlich zugängliche **Anlage der Universität** mit künstlich angelegtem Biotop (Tram 9 und 10 bis Irchel oder Milchbuck, Tram 7 und 14 bis Milchbuck).
- Die **Stadtgärtnerei** besitzt eine hübsche tropische und subtropische Pflanzensammlung (Tram 3 bis Hubertus).
- Besonders reizvoll sind die **rechtsufrigen Quaianlagen** mit den großzügig angelegten Uferwegen vom Bellevue bis zum Rhododendrengarten im Zürichhorn.
- **Botanischer Garten,** Zollikerstr. 107, Tel. 01/634 84 61. Blühendes aus den Südtälern im Alpinum. Mo–Fr 7-19, Sa und So 8–18 h.

● **Zoo,** Zürichbergstr. 221, Tel. 01/252 71 00. Menschenaffenhaus, Terrarium, Aquarium, Wasservögel, Brillenbären. Täglich 8–18 h. Nicht vergleichbar mit dem Basler Zoo, aber auch sehenswert.

Feste und Veranstaltungen

● **Zürcher Fasnacht:** Mitte Februar.

● **Zürcher Sechseläuten:** Mitte April, Frühlingsfest, 1819 von der Meisenzunft initiiert. Am Sonntag Kinderumzug, jedes Kind, das ein Kostüm besitzt, kann im Kinderumzug mitmarschieren. Die Organisatoren geben leihweise Kostüme ab. Am Montag ziehen über 7000 Teilnehmer, 500 Pferde und 28 Musikkorps zum Bellevueplatz. Dort wird, von den Reitern umritten, der *Böögg* (eine Strohfigur) den Flammen übergeben. Am Abend besuchen sich die Zünfte gegenseitig mit Laternen und Musik.

● **Zürcher Festspiele:** Ende Juni/Anfang Juli, Oper, Konzerte, Schauspiel, Tanz.

● **Street Parade:** August, www.street-parade.ch

● **Zürcher Theater Spektakel:** Mitte bis Ende August, Theaterfestival.

● **Weltklasse Zürich:** Mitte August, Leichtathletikturnier.

● **Knabenschiessen:** Anfang September, ältester Zürcher Brauch, Wettschießen für Knaben und Mädchen, www.knabenschiessen.ch

● **Zürcher Sechstagerennen:** November/Dezember, Radrennen im Hallenstadion.

Ausflüge

● **UBS-Polybahn:** Dieses über 100-jährige Bähnchen, ein „Unikum" in Zürich, fährt in drei Minuten vom Central auf die Polyterrasse, von wo Besucher einen herrlichen Blick über die Stadt genießen.

● **Auf den Hausberg der Zürcher:** Mit der S-Bahn-Linie 10 ab Hauptbahnhof auf den Üetliberg. Ausblick auf Zürich, See, ländliche Umgebung und Alpen. Vom Üetliberg zur Felsenegg führt ein Planetenweg mit der Nachbildung des Sonnensystems, Maßstab: 1:1.000.000.000. Gratwanderung auf bequemen Wegen. Von der Felsenegg Luftseilbahn hinunter nach Adliswil. Rückfahrt nach Zürich mit der S-Bahn (Linie S4). Fahrscheine im Verkehrsbüro, am Hauptbahnhof und an Billettautomaten.

● **Dolder:** Abfahrten vom Römerhofplatz (Tram 3, 8 und 15) ca. alle zehn Minuten. Mit der Dolderbahn ist man in wenigen Minuten im Dolder-Erholungsgebiet mit Freizeit- und Sportanlagen sowie schönen Wanderwegen.

● Die **Forchbahn** fährt vom Bahnhof Stadelhofen (S 18) ab. Nach kurzer Zeit befindet man sich im Grünen. Spazier- und Wanderwege in großer Zahl, teilweise mitten durch ein Naturschutzgebiet.

Winterthur

↗IV/B2

Winterthur ist eine immerhin 90.000 Einwohner zählende Industrie-Stadt nördlich von Zürich, die immer Mühe hat, aus dem Schatten der großen Schwester hervorzutreten. Ein Ausflug nach Winterthur lohnt sich für Kunstliebhaber, da es hier bedeutende Museen gibt.

Von Bedeutung ist das **Museum Stiftung Oskar Reinhart** am Stadtgarten, das sich v.a. der Malerei des deutschsprachigen Kulturraums im 19. und 20. Jh. widmet und u.a. Werke von *Caspar David Friedrich, Carl Spitzweg, Anselm Feuerbach, Hans von Marées* und *Arnold Böcklin* ausstellt (Stadthausstr. 6, Tel. 052/267 51 72, Di 10–20 h, Mi–So 10–17 h).

Die in einer Industriellenvilla untergebrachte **Sammlung Oskar Reinhart** „am Römerholz" ist alten Meistern von *Cranach* über *Franz Hals, Rubens, Courbet* bis *Goya* gewidmet, insbesondere aber auch französischen Malern: *Manet, Renoir, Sisley, Cézanne, Van Gogh,* etc. (Haldenstr. 95, Tel. 052/213 41 21, Di–So 10–17 h).

Im **Kunstmuseum Winterthur** sind v.a. Meister des 20. Jh. zu finden, die eine Beziehung zur Schweiz aufweisen: *Braque, Kandinsky, Klee,* aber auch *Picasso, Mondrian, Cézanne* u.v.a. sind zu bewundern (Museumstr. 52, Tel. 052/267 51 62, Di 10–20 h., Mi–So 10–17 h.).

Das **Technorama** ist das bestbesuchte Museum der Stadt, Vergleichbares gibt es nur in Vancouver oder San Fransisco. Das Museum befasst sich mit Naturwissenschaften aller Art: mit Physik und Chemie, Optik, Geografie und Geometrie, nicht in langweilig eindimensionaler Art, sondern spielerisch. Kinder und Erwachsene können experimentieren und interaktiv lernen (Technoramastr. 1 (Oberwinterthur), Tel. 052/243 05 05, Di–So 10–17 h).

Sehenswert in Winterthur ist ferner die **Altstadt,** eine kyburgische Gründung, welche 1249 erstmals als Stadt erwähnt wurde, unter österreichischem Einfluss rasch an Bedeutung gewann, aber nach 1467 unter zürcherische Aufsicht kam und deshalb an Bedeutung verlor. Erst die Industrialisierung führte zu einem zweiten Aufschwung. Bedeutende Spinnerei- und Textilbetriebe entstanden. Man beachte die schlossartige Fabrik an der Wieshofstr. 102. 1834 entstand die Maschinenfabrik Sulzer, einer der bedeutendsten Betriebe der Schweiz (Lokomotivenbau, Textilmaschinen etc.).

Sehenswert ist in der Altstadt die Hauptachse an Untertor, Marktgasse und Obertor, daran z.B. das Wirtshaus Sonne, das Haus Berna (Marktgasse 16, Rokoko), das Rathaus an der Marktgasse 20 und das Waaghaus an der Marktgasse 25. In der Kirche St. Laurentius findet sich ein sehenswerter Bilderzyklus von *Paul Zehnder.*

Nahe Winterthur, einige Kilometer südlich, liegt die Stammburg der Kyburger, mit dem kleinen gleichnamigem Städtchen. 1264 fiel sie an die Habsburger, 1424 an die Zürcher. Heute ist hier ein Burgmuseum beachtenswert.

Basel

↗III/C2

Für viele Touristen aus Deutschland ist Basel das **Eintrittstor zur Schweiz,** führt doch die wichtigste Nord-Süd-Verbindung mit dem Auto und mit dem Zug über Basel. Die zweitgrößte Stadt des Landes ist ein Stadtkanton im Dreiländereck am Rheinknie, wo sich der Rhein nach ca. 100 Kilometern in westlicher Richtung plötzlich wieder nach Norden wendet. Mit 244 M. ü. M. ist Basel die am tiefsten gelegene Schweizer Stadt nördlich der Alpen. Aufgrund ihrer Lage in der Rheinsenke verfügt sie über ein mildes Klima. Aus dem Mittelmeerraum dringt über das Burgund viel warme Luft ein, die Sonne scheint durchschnittlich 1680 Stunden im Jahr, mit 788 mm ist die Niederschlagsmenge gering, auch im Winter gibt es kaum Nebel.

Die meisten Basler, inklusive die Konzernlenker und -eigentümer der großen hier ansässigen Weltfirmen der Chemie und des Banking, verbindet

035ch Foto: en

eine sehr starke Beziehung zu ihrer Stadt. Basel gilt als Kulturstadt unter den Schweizer Großstädten, weltoffen, liberal, etwas intellektueller als ihre Konkurrentinnen, als **„Weltstadt im Taschenformat"**, mit einer Ausstrahlung, die weit über die demografische Größe hinausgeht. Sie gilt jedoch auch als Stadt des *Daigs,* eines „Teigs" enger Verbindungen alteingesessener Familien, die bis heute viel mehr als in anderen Städten die Geschicke von Wirtschaft und Politik unter sich ausmachen.

Neben den drei Ortsgemeinden, Basel, Riehen und Bettingen, gibt es die **„Bürgergemeinde"**, welche die Einwohner mit Bürgerrecht der Stadt umfasst. Sie führt das Bürgerspital, das Fürsorgeamt und das Bürgerliche Waisenhaus. Außerdem beaufsichtigt sie die öffentlich-rechtliche, sozial engagierte und wohlhabende Christoph Merian Stiftung sowie die Basler Zünfte und Gesellschaften.

Die **Basler** gelten in der übrigen Schweiz als Eidgenossen mit starker Eigenart. Als spröde-spöttisch werden sie oft charakterisiert, wohl wegen der schnellen Sprüche und dem fast englischen Humor, der besonders zur Fas-

Das Basler Münster bei Nacht

nacht Blüten treibt. Dazu gehört der markante Dialekt, dem elsässischen und südbadischen ähnlich, den andere Schweizer untrüglich als Erkennungszeichen identifizieren. Mit 170.000 Einwohnern ist Basel die zweitgrößte Stadt der Schweiz, die Agglomeration zählt an die 400.000 Einwohner. Ca. 27 % sind Ausländer, tagsüber ergänzt durch die vielen Grenzgänger aus Frankreich und Deutschland.

Zwei Dinge lieben die Basler überdurchschnittlich: ihre Fasnacht und ihren Fußballclub. Die **Fasnacht,** die *drei scheenschte Dääg* (drei schönsten Tage), findet in der Woche nach Aschermittwoch statt. Dokumentiert ist sie schon 1376. Das Brauchtum ist von Schunkelpraktiken und ähnlichen Varianten von Vergnügtheit noch weitgehend verschont. Man muss die Fasnacht, v.a. den „Morgestraich", erlebt haben; das archetypische Gefühl, das sie vermittelt, ist kaum zu beschreiben.

Der **Fußballclub FC Basel,** FCB, ist die zweite Institution, die in Basel ganz unschweizerisch gepflegt wird. Während in Zürich, Lausanne und Genf die teuren Starclubs vor leeren Rängen spielen, zieht der FCB im „Joggeli" (dem St. Jakobsstadion) bei Heimspielen regelmäßig Tausende an, die dort die sonst sprichwörtliche baslerische Reserviertheit verlieren.

Basel ist eine Stadt der Wirtschaft, Wissenschaft, Forschung und Kultur. Die **zweitstärkste Wirtschaftsregion** der Schweiz ist geprägt durch die chemisch-pharmazeutischen Konzerne Novartis (ex Ciba und Sandoz) und Roche sowie durch den Bankenmulti UBS (ehemals baslerischer Bankverein und zürcherische Bankgesellschaft), durch den Rheinhafen und den internationalen Flughafen mit seinen vielen Logistikbetrieben. Der Messeplatz Basel mit einigen der bedeutendsten Messen Europas füllt die Hotelbetten bis weit ins Elsass und in das südbadische Umland. Es gibt 300.000 Arbeitsplätze und das Durchschnittseinkommen beträgt etwa 50.000 US-$ pro Kopf.

Als erste **Universitätsstadt** der Schweiz ist Basel stolz auf eine der ältesten Hochschulen Europas. Sie hat heute ca. 8000 Studierende. Neben der Uni gibt es eine Fachhochschule. Die Forschung ist aber nicht auf die Hochschulen reduziert. In den Hochhäusern der Chemieriesen forschen hochkarätige Spezialisten und die traditionsreichen Basler Verlage, wie der Medizinverlag Karger, der Birkhäuser Verlag und der Verlag Schwabe und Co., sorgen sich um die Verbreitung von Wissen in alle Welt.

Mit Recht genießt Basel den Ruf, auch eine **Kulturstadt** zu sein. Theater, Museen und Orchester haben internationalen Ruf. Reiche Familien betreiben mustergültiges Mäzenatentum, der Staat engagiert sich überdurchschnittlich im Kulturbereich. Die erste öffentliche Kunstsammlung der Welt wurde 1661 in Basel eröffnet. Schon 1919 schuf der Kanton einen Kunstkredit, der jährlich Künstler unterstützt. *Paul Sacher,* der berühmte Dirigent und gleichzeitig Miteigentümer eines der großen Chemieriesen, schuf die Paul-Sacher-Stiftung, die als Archiv und Forschungszentrum für Musik Weltruf genießt. Private Mäzene bauten das Jean Tinguely Museum, die Fondation Beyeler mit dem wegweisenden Museumsbau, das Museum für Gegenwartskunst und das Neue Schauspielhaus.

Geschichte

Basel ist eine Grenzstadt, in der Stadtbild, einzelne Bauwerke und eine große Zahl von Traditionen die uralte urbane Kultur dokumentieren. Schon für 100 v. Ch. ist eine keltische Siedlung nachgewiesen. 44 v. Ch. wurde ganz in der Nähe, im heutigen Augst, die bedeutende Römerkolonie *Augusta Raurica* gegründet und 15 v. Ch. auf dem Münsterhügel ein Kastell errichtet. Nach Raubzügen der Alemannen, denen Augusta Raurica zum Opfer fiel, erwähnt der Historiker *Ammianus Marcellinus* 374 zum ersten Mal *Basilia*. Mit dem Siegeszug des Christentums wird Basel Bischofsstadt, seit 620 sind Namen und Amtsdaten der Bischöfe fast lückenlos bekannt. 843 fällt es bei der Teilung des karolingischen Reichs an das Mittelreich *Lothars* und wird 870 ostfränkisch, d.h. Teil des späteren Deutschen Reichs. Danach ist Basel bis 1006 Teil des Königreichs Burgund, wird später aber von Burgund an Kaiser *Heinrich II.* verpfändet. 1019 wird das Münster in dessen Anwesenheit geweiht. 1072–1107 befestigt Bischof *Burkhard von Fenis* die Stadt. 1225 erfolgt der Bau der ersten Rheinbrücke (Mittlere Brücke). 1250 lassen sich die

Urtümlicher Brauch für Frühaufsteher

Im früher ausgesprochen protestantischen Basel beginnt die **Fasnacht** erst in der Woche nach Aschermittwoch, eine Woche später als in den katholischen Gegenden. Die ganze Nacht warten Basler und Gäste in Kneipen und Hotels bei Mehlsuppe, Wein, Bier und Kaffeefertig (Kaffee mit Obstbranntwein) auf den Morgen. Frühmorgens um 3.55 Uhr werden in der Innenstadt sämtliche Lichter gelöscht. Alle warten gespannt. Mit dem 4-Uhr-Glockenschlag beginnt der Marsch zum Marktplatz. Aus allen Gassen nähern sich Cliquen (Fasnachtsgesellschaften) mit hell erleuchteten Laternen, die Bilder des Geschehens im vergangenen Jahr zeigen: Politik, Prominenz, auch Pseudoprominente werden mit Sprüchen und Bildern auf die Schippe genommen. Die Züge mit Trommlern und Pfeifern schlagen und pfeifen ihre Märsche. Bis in den späten Morgen ziehen sie durch Gassen und Straßen. Man nennt das *Gässlen*. Der **Morgestraich** ist einer der urtümlichsten, fast archetypisch anmutenden Bräuche der Schweiz.

Franziskaner am heutigen Barfüsserplatz nieder. 1254 tritt Basel dem Bund der 60 rheinischen Städte bei. Als *Rudolf von Habsburg* die Stadt 1273 belagert, muss der Bischof sich unterwerfen. 1348/49 löst eine große Pestepidemie ein Judenmassaker aus. Ein großes Erdbeben richtet am 18. Oktober 1356 verheerende Zerstörungen in Stadt und Umgebung an. Zerwürfnisse mit dem Reich und mit Habsburg führen zur Verhängung der Reichsacht, doch 1386 befreit der Sieg der Eidgenossen bei Sempach die Bas-

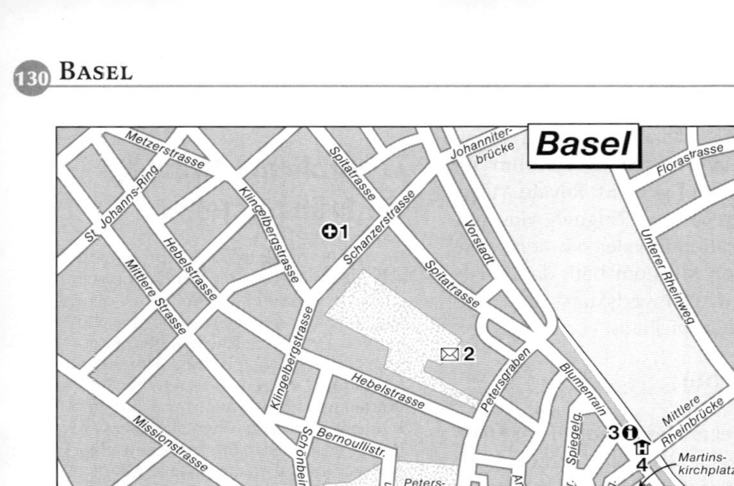

Basel
Metzerstrasse
Johanniterbrücke
Florastrasse
Sperrstrasse
Claragraben
St. Johanns-Ring
Spitalstrasse
Klingelbergstrasse
Schanzerstrasse
Vorstadt
Hebelstrasse
Mittlere Strasse
Untere Rebgasse
Unterer Rheinweg
Clara
Spitalstrasse
Klingelbergstrasse
Petersgraben
Blumenrain
Hebelstrasse
Missionsstrasse
Mittlere Rheinbrücke
Bernoullistr.
Schönbeinstrasse
Spiegelg.
Martinskirchplatz
Oberer Rheinweg
Petersplatz
Andreaspl.
Eiseng.
Rhein
Nonnenweg
Spalengraben
Schneider.
Nadelberg
Imbergasse
Marktplatz
Birmanngasse
Spalenvorstadt
Petersgraben
Spalenberg
Rümelinsplatz
Gerbergasse
Münsterplatz
Eulerstrasse
Schützengraben
Heuberg
Freie Strasse
Rittergasse
Holbeinplatz
Leonardskirchplatz
Münsterberg
Austrasse
Spalenring
Eulerstrasse
Steinengraben
Leonhardsstr.
Barfüsserplatz
Bäumleingasse
Schützenmattstrasse
Austrasse
Leonhardsstrasse
Steinenberg
St.-Alban-Graben
Weiherweg
Leimenstrasse
Aeschenvorstadt
Feierabendstrasse
Austrasse
Steinenvorstadt
Henric-Petri-Strasse
Bundesstrasse
Steinenring
Bytangweg
Auberg
Klosterberg
Elisabethenstrasse
Sterneng.
Arnold-Böcklin-Strasse
Holbeinstrasse
Heuwaage-Viadukt
Birsigstrasse
Viadukstrasse
Wallstrasse
Aeschengraben
Binningerstrasse
Innere Margarethenstr.
Steinentorberg
Rütimeyerstrasse
Birsigstrasse
Oberwilerstrasse
Bachlettenstrasse
Binningerstrasse
Hauptbahnhof
Gartenstr.
1
2
2
2
2
2
3
4
5
6
7
8
9
10
11
13
14

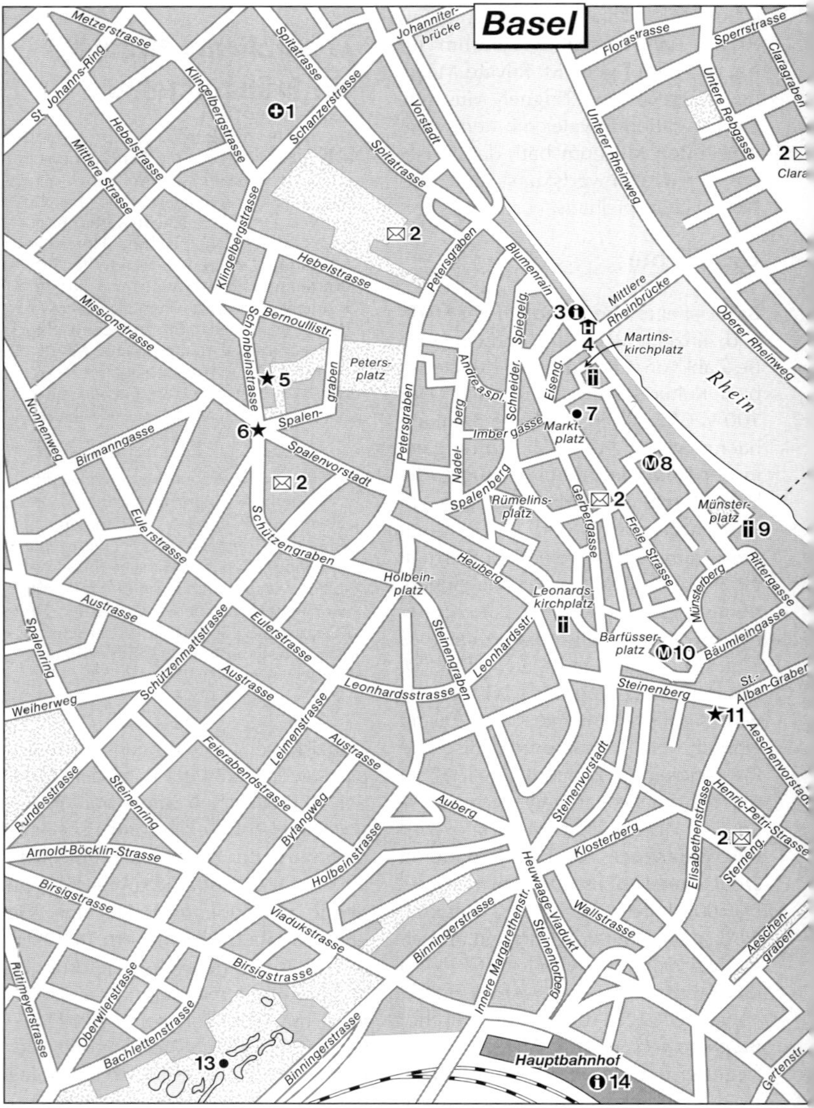

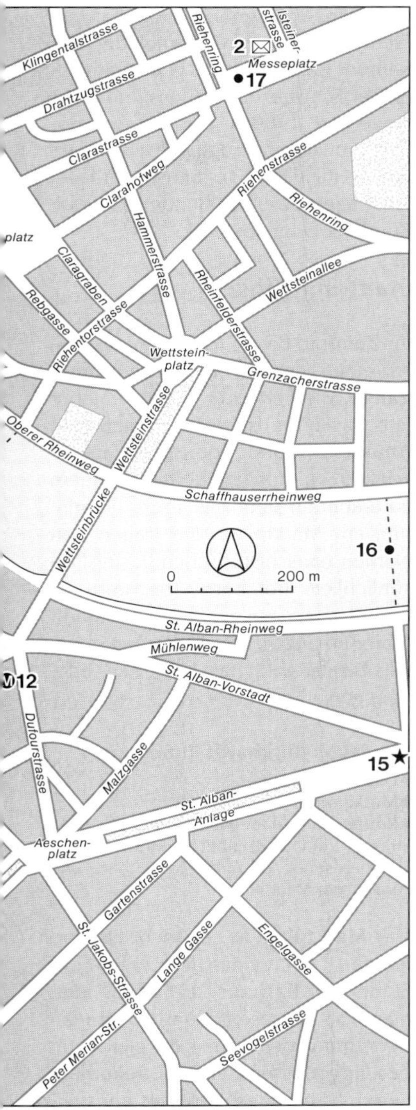

- 1 Krankenhaus
- 2 Post
- 3 Informationsbüro Basel Tourismus,
- 4 Hotel Drei Könige
- 5 Botanischer Garten der Universität
- 6 Spalentor
- 7 Rathaus
- 8 Museum der Kulturen
- 9 Münster
- 10 Historisches Museum
- 11 Stadttheater, Tinguelybrunnen
- 12 Kunstmuseum
- 13 Zoologischer Garten
- 14 Touristeninformation
- 15 St. Albantor
- 16 St. Albanfähre
- 17 Messe- und Kongressgebäude

ler vom habsburgischen Druck. 1417 folgt der große Stadtbrand, 1439 eine weitere Pestepidemie, die 5000 Tote fordert. 1444 fechten 1500 Eidgenossen vor den Toren der Stadt eine wütende Schlacht gegen das 30.000-köpfige Armagnakenheer des französischen Königs *Charles VII.*, der von Kaiser *Friedrich III.* aufgestachelt worden war, die „Kuhbauern" zu schlagen (bei St. Jakob an der Birs, wo heute das St. Jakobsstadion steht). Währenddessen tagt in der Stadt das große Konzil. 1460 wird die Universität gegründet. Seit 1468 gibt es in Basel den Bücherdruck. Im „Schwabenkrieg" 1499 zwischen den Eidgenossen und dem deutschen Kaiser *Maximilian* bleiben die Basler neutral. Nach dem Sieg der Eidgenossen bei Dornach wird die

Stadt 1501 als elfter Ort Teil der Eidgenossenschaft. 1504–1514 Bau des Rathauses. Nachdem die Reformation in Basel 1529 Einzug hält, verlassen die katholischen Geistlichen die Stadt. Während des Dreißigjährigen Krieges bleibt Basel verschont, nimmt jedoch viele Flüchtlinge aus dem Elsass und der Markgrafschaft in ihren Mauern auf. 1646/47 wird dank der Diplomatie des Basler Bürgermeisters *Wettstein* die Eidgenossenschaft im Westfälischen Frieden vom Reich rechtlich unabhängig. Im 17. Jh. gibt es mehrere Aufstände der Baselbieter gegen die Stadt. 1691 Aufruhr der Zünfte gegen die Familien des Kleinen Rats, welche die Stadt beherrschen. Industrie, z.B. die Seidenbandindustrie als Vorläufer der Chemie, etabliert sich. 1798 Vertreibung des „Ancien Régime". Helvetik und Mediation. 1814 belagern antinapoleonische alliierte Truppen die Stadt. 1833 so genannte „Basler Wirren", die Stadttruppen werden geschlagen und müssen Basel-Landschaft als selbstständigen Kanton akzeptieren. 1858 baut die Drogenwarenhandlungsfirma J.R. Geigy und U. Heusler eine Farbstofffabrik – der Beginn der „Basler Chemie". 1859 fallen die Stadtmauern. 1886 Bau der Chemiefirma Sandoz und Co., 1892 durch M.C. Traub die spätere F. Hoffmann-La Roche. 1904 trifft das erste Güterschiff auf dem Rhein in Basel ein. 1917 wird die Stadt mit der ersten schweizerischen Mustermesse zur bedeutendsten Messestadt der Schweiz. 1946 erhält sie mit dem binationalen Flughafen Basel-Mülhausen Anschluss ans internationale Flugnetz. 1958 wird in Riehen (eine der drei Gemeinden des Kantons Basel-Stadt) als erste Gemeinde der Schweiz das Frauenstimmrecht eingeführt. 1986 ist das Jahr der großen Umweltkatastrophe: der Brand einer Pestizidhalle in Schweizerhalle. 2001 feiert Basel fünfhundert Jahre im Bund der Eidgenossen.

Stadtrundgänge

Im Zentrum Basels folgt man am besten einem der **fünf offiziellen Rundgänge,** die Ende der siebziger Jahre von Basel Tourismus, verschiedenen Amtsstellen und Sponsoren ausgeschildert wurden und deshalb bequem zu erkunden sind. Alle Touren beginnen am Marktplatz und tragen den Namen einer historischen Basler Persönlichkeit. Bei Basel Tourismus ist überdies ein ausgezeichneter Stadtführer erhältlich, der die Routen ebenfalls beschreibt: „Basel erfassen, erleben, genießen".

Der Jakob Burkhardt Rundgang

- **Dauer:** 45 Minuten
- **Markierung:** Hellblau auf Blau
- **Route:** vom Marktplatz durch die Freie Strasse, zum Steinenberg, Barfüsserplatz, Leonhardsberg, Heuberg, Spalenberg und zurück zum Marktplatz

Der **Marktplatz** ist seit mehr als vierhundert Jahren eines der Zentren der Stadt. Das **Rathaus,** 1514 vollendet, diente als Repräsentationsbau, um die Bedeutung des neuen Mitgliedes in der Eidgenossenschaft zu dokumentieren. Neben den drei ältesten, spätgotische und Renaissance-Ausstattung aufweisenden Teilen, den drei Bogeneingängen, der Uhr und dem vergoldeten Türmchen, wurde die vordere Kanzlei erst 1606–08 angefügt. 1898–1904 folgten der Erkerbau und der Turm. Leider ist der Gesamteindruck des Marktplatzes durch einen hässlichen Warenhausbau neben dem Rathaus beeinträchtigt. Täglich finden Märkte statt und es herrscht ein geschäftiges Treiben. Am Platz liegt auch das Traditionshaus Confiserie Schiesser, eine der ausgezeichneten Confiserien Basels.

In südöstlicher Richtung geht es durch die Freie Strasse. Seit dem Mittelalter wird sie von **Zunft-, Gast- und Geschäftshäusern** gesäumt. Heute ist sie Fußgängerzone mit bemerkenswerten Bauten v.a. des Historismus und auch des Jugendstils. Die neugotische Hauptpost (1852–1880), Nr. 12, besitzt eine bemerkenswerte Schalterhalle. Nr. 25 ist die „Zunft zum Schlüssel" mit einer 1733 barockisierten Fassade, Nr. 74 das „Haus zum Sodeck", ein postmodernes Gebäude von *Marcus Diener.* In der Freie Strasse sind einige Geschäfte mit großer Tradition angesiedelt, so die Delikatessenhandlung Brändli (Nr. 109), die Confiserie Pellmont in der Nr. 82 oder die Buchhandlung Jäggi in der Nr. 32.

Nach Westen geht es retour über den Steinenberg. Man trifft auf das **Stadtcasino,** die **Kunsthalle** und das **Theater** mit einer Plastik von *Serra.* Auf dem Platz befindet sich der **Fasnachtsbrunnen** von *Jean Tinguely.* Der Barfüsserplatz diente nach dem Erdbeben von 1356 als Marktplatz, später als Viehmarkt, im 19. Jh. als Großmarkt für Gemüse und Früchte. Heute ist der **„Barfi"** Treffpunkt der Jugend. Im Sommer kann man das Treiben vom Casino aus besonders schön beobachten. Hier ist auch die Haltestelle einer ganzen Reihe von Trams.

Seinen Namen hat der Barfüsserplatz von der **Barfüsserkirche,** seit 1894 das Historische Museum der Stadt. Die Kirche ist ein beeindruckender Bau des Bettelordens der „Barfüßer" (Franziskaner) aus dem frühen 14. Jh.: ein dreischiffiges Langhaus mit je fünf Rundpfeilerarkaden. Nach der Reformation wurde der Bau profaniert.

Der Leonhardsberg ist eine steile Gasse mit schönen **gotischen Häusern.** Der Heuberg folgt dem Verlauf der **inneren Stadtmauer.** Heuberg Nr. 7, der Spiesshof, hat eine bemerkenswerte Renaissancefassade und Nr. 33, der Sitz des Frey-Grynaeischen Instituts, einen schönen Gartenhof.

Zurück zum Marktplatz geht es über den Spalenberg, eine stimmungsvolle Wohn- und Einkaufsstraße, die unter Schweizern durch eine bekannte Radiohumorsendung berühmt wurde. Hier findet man viele gepflegte Wohnhäuser mit Fassadenmalereien und schönen Details. Nr. 12 beherbergt die bekannten Kleintheater **Fauteuil** und **Tabourettli.** Am Spalenberg Nr. 65 steht der größte Nischenbrunnen Basels, der **Spalenbergbrunnen** (1839) mit dem 1921 von *Numa Donzé* gemalten dreiteiligen Fresko „Johannes der Täufer".

Der Paracelsus-Rundgang

- **Dauer:** 60 Minuten
- **Markierung:** Grau auf Blau
- **Route:** vom Marktplatz durch die Eisengasse zum Rheinsprung, zum Martinskirchplatz, zur Augustinergasse, Martinsgasse, Schlüsselberg, Gerbergasse und -gässlein, zum Leonhardsberg und -kirchplatz, zum Heuberg, Rümelinsplatz, dann zur Schneidergasse, zum Andreasplatz, Imbergässlein, Pfeffergässlein, Nadelberg, Totengässlein und wieder zum Marktplatz

Vom Marktplatz geht man rheinwärts durch die Eisengasse. Diese kurze Verbindungsgasse zwischen Marktplatz und Rheinufer war einst Standort der Schmiedewerkstätten. An der Ecke zur Schifflände (über der Tür des Restaurants Churrasco) streckt der **Lällekönig** den Kleinbaslern am andern Rheinufer die Zunge heraus (*Lälle* heißt „Zunge"). Die aus Kupfer gefertigte Figur konnte die Augen verdrehen und die Zunge herausstrecken. Das Original ist heute im Historischen Museum.

Der Rheinsprung ist Verbindungsweg zwischen Kastell/Kathedrale und Schiffländte. Man findet hier einige **mittelalterliche Fachwerkshäuser** aus dem 15. und 16. Jh. Beachtenswert ist insbesondere die Nr. 11, das **Gelbe Haus.** Hier wurde 1460 eine der ältesten Universitäten Europas eröffnet, die bis 1939 in dem Gebäude ansässig war.

Ein Blick auf den Rhein vermittelt einen Überblick über die Stadt mit dem Fluss und der **Mittleren Rheinbrücke,** dem ältesten Übergang.

Der sonnige kleine Martinskirchplatz weist auf die **Martinskirche,** die einst dem fränkischen *heiligen Martin von Tours* (317-397) gewidmet wurde. 1101 erstmals erwähnt, ist die erste Kirche sicher älteren Ursprungs (7.–9. Jh.). Das heutige Bauwerk entstand nach dem großen Erdbeben. *Ulrich Zwingli* unterrichtete hier Latein und *Ökolompad* hielt reformatorische Reden. Den Platz ziert der schön restaurierte **Hemann Sevogelbrunnen** (*Sevogel* war Anführer der Basler Truppen bei der Schlacht von St. Jakob an der Birs 1444).

Die den Rheinsprung verlängernde Gasse heißt Augustinergasse. Sie wird vom **Museum der Kulturen/Naturhistorischen Museum** geprägt, einem übergroßen spätklassizistischen Bau (1844–49, *Melchior Berri).* Am Ende der Straße befindet sich der **Augustinerbrunnen** mit dem 1530 datierten Basilisk (dem Basler Wappentier, einem Hahn mit Adlerflügeln, Drachenschnabel und Krone auf dem Kopf).

An der Martinsgasse steht Nr. 2, das **historistische Staatsarchiv** (1898). Schräg gegenüber erblickt man die **Ehrenhöfe** der so genannten Blauen und Weißen Häuser.

Der Schlüsselberg war die Hauptverbindung zwischen dem Bischofssitz beim Münster und der Talstadt. Deshalb sieht man am Ende noch immer einen Überrest der schweren **Eisenkette,** die den Sitz vor den Bürgern abschirmte. Gleich vor der Einmündung in den Münsterplatz (siehe folgenden Rundgang) steht rechts das große **Haus zur Mücke** mit einem von Löwen gehaltenen Stadtwappen über dem Eingang. Es war im 14. und 15. Jh.

die Trinkstube des Adels. In der Gerbergasse stand einst das Geburtshaus des Malers *Arnold Böcklin.* Nr. 11 ist das heute neugotische **Zunfthaus zu Safran,** der Zunft der Krämer und Apotheker. Am nahen Gerbergässlein finden sich einige nette Geschäfte.

Über den steilen Leonhardsberg, ein ehemaliges **Handwerkerquartier** mit gotischen Häusern, geht es zum **Leonhardskirchplatz** mit der gleichnamigen Kirche. Sie ist eines der bemerkenswertesten spätgotischen Gotteshäuser der Schweiz. Die dreischiffige Halle der 1118 geweihten Kirche wurde 1481 gebaut, ein 1518 fertig gestelltes hölzernes Netzgewölbe schließt sie nach oben ab. Die berühmte Silbermannorgel stammt aus dem Jahr 1718 und ist bekannt für ihren schönen Klang (Feierabendkonzerte).

Über den weiter oben beschriebenen Heuberg gelangt man zum Rümelinsplatz mit einem von zwei Ginkobäumen eingerahmten **Brunnen.** Von dort geht es durch die Schneidergasse zum Andreasplatz, einem kleinen, vom Affenbrunnen und schön restaurierten Häusern geprägten Platz voller Leben.

Das Imbergässlein gefällt durch Verzierungen an Türen und Fenstern. Hier wohnten einst die **Gewürzhändler,** daher der Name (von „Ingwer").

Der Nadelberg ist die **beeindruckendste Gasse** der Altstadt mit Patrizierhöfen, Läden, Handwerksbetrieben. Nr. 6 heißt das „Schöne Haus" und soll der älteste Profanbau der Schweiz sein. Über das Totengässlein gelangt man wieder zum nahen Marktplatz.

Der Erasmus-Rundgang

- **Dauer:** 30 Minuten
- **Markierung:** Rot auf Blau
- **Route:** vom Marktplatz durch die Eisengasse zum Rheinsprung, zur Augustinergasse, auf den Münsterplatz und über die Freie Strasse wieder zum Marktplatz

Die Eisengasse, der Rheinsprung und die Augustinergasse sind am Anfang des Paracelsus-Rundgang beschrieben. Hauptattraktion dieser Begehung ist der Münsterplatz mit dem Basler Münster.

Das **Basler Münster** gilt als markantester Kirchenbau der oberrheinischen Spätromanik. Das Bistum umfasste als Teil des Erzbistums Besançon einst weite Teile des Nordjuras bis zur Aaremündung sowie das obere Elsass. Siedlungen sind auf dem Hügel seit dem 1. Jh. nachgewiesen, ebenso zwei Vorgängerbauten des heutigen Münsters. 1019 wurde das so genannte Heinrichmünster durch Kaiser *Heinrich II.* eingeweiht. Ein Großfeuer zerstört es 1085. Der Neubau erfogte im 12. Jh. Nach dem Erdbeben von 1356 blieben nur einige Gewölbe des Hauptschiffs und der obere Teil des Chors erhalten, der Rest wurde bis 1363 in gotischem Stil neu errichtet. Im 15. Jh. fügte man die Westpartie mit Bischofshof und Kreuzgang hinzu.

Der großartige Bau aus rotem Sandstein fällt außen durch die beiden gotisch durchbrochenen Turmspitzen sowie durch das bunte Dach auf. Von den Türmen bietet sich eine weite Aussicht auf Stadt und Umgebung. Die Vorhalle entstand im 13. Jh., das Hauptportal ist mit Blumen und Blättermotiven, Propheten und Engeln geschmückt. Wer links um die Kirche geht, entdeckt die romanische Galluspforte, die das Erdbeben überstand. Im Tympanon sieht man Christus als Weltenrichter, die Klugen und Törichten Jungfrauen, die Auferstehung der Toten.

Der Innenbau zeigt die fünfschiffige romanische Baustruktur. Die Säulen des Hauptschiffs sind mit romanischen Kapitellen geschmückt und verfügen über rundbögige Emporen. Am Ende des linken Seitenschiffs entdeckt man die Vintentiustafel aus dem 11. Jh. Die Krypta hat ein Kreuzgratgewölbe auf mächtigen Pfeilern. Man beachte auch das wunderbare Fries auf dem romanischen Chorhaupt. Hier befindet sich der Sarkophag von Königin *Anna v. Habsburg* (gest. 1281) und ihres Kindes *Karl*.

Der **Münsterplatz** vor der Kathedrale ist einer der größten Stadtplätze der Schweiz. Hier stand vor dem Münsterbau ein römisches Kastell. Später diente der Platz als Marktplatz, für Prozessionen und Turniere. An der Ostseite steht das Haus zur St. Johannskapelle, ein Neurenaissancebau aus den Jahren 1839–41. Der „Kleine Münsterplatz" entzückt durch Riegelhäuser. An der Südseite des Platzes stehen große, gleichartige Liegenschaften. Besonders auffallend ist der adelig abgerückte Domhof (Nr. 12), er wurde 1841 frührenaissancehaft aufpoliert. Die Westseite des Platzes prunkt mit feudalen Hofanlagen von *Johann Jacob Fechter:* den Domherrenresidenzen. Besonders schön ist der Mentelinshof, Nr. 14, 1765–70 gebaut, ein Rokokopalais. Hervorzuheben ist auch der Schürhof (Nr. 19), der dem Bischof *Friedrich zu Rin* (1437–51) als Sitz diente.

Über die Freie Strasse gelangen wir wieder zurück zur Marktgasse.

Der Thomas-Platter-Rundgang

- **Dauer:** 45 Minuten
- **Markierung:** Gelb auf Blau
- **Route:** vom Marktplatz durch die Sattelgasse, die Schneidergasse, über den Spalenberg, Gemsberg, Heuberg zur Spalenvorstadt, zum Spalengraben, Petersplatz und zur Petersgasse, zum Blumenrain, zur Spiegelgasse, Stadthausgasse und wieder zurück zum Marktplatz

Über die Sattelgasse und die Schneidergasse erreichen wir den (im Jacob Burkhardt Rundgang beschriebenen) Spalenberg und den Gemsberg, eine Gasse mit alter Bausubstanz. Besonders erwähnenswert ist das **Restaurant Löwenzorn** mit manieristischen Fassadenmalereien. Am Gemsberg befindet sich ein kleiner, dorfartiger Platz mit dem Gemsbrunnen.

Über den ebenfalls oben beschriebenen Heuberg erreichen wir die Spalenvorstadt, die vom schönsten Basler Stadttor abgeschlossen wird. Das **Spalentor** war ein Haupttor der äußeren Wehrmauer und repräsentierte die Hinwendung Basels zum Elsass im 14. Jh. Das Tor besitzt drei Türme. Die Flankentürme sind in die (zugeschütteten) Gräben vorgeschoben und von zwei Facettengeschossen gekrönt. In der Verzweigung zur Schützenmattstrasse findet man den prächtigen Spalenbrunnen.

036ch Foto: ws

Das Basler Münster – der eigentliche Bau ist romanisch, vieles wurde jedoch später hinzugefügt und erneuert

Vom Spalentor führt der Spalengraben, ein hübsches Gässchen mit Fachwerkhäusern, zum Petersplatz, der 1277 von den Chorherren in strengem Regelmaß als Baumgarten angelegt wurde. 1788 gestaltete man den Platz neu. Zu finden sind dort das **Kollegienhaus der Universität** (Südseite, 1935), westlich der **Botanische Garten** der Universität und als besonders beeindruckender Bau das **Rokoko-Palais Wild'sches Haus,** „die liebste Blüte des Basler Rokokos", 1762/63 von *Johann Jakob Fechter* gebaut.

Über die Petersgasse, die entlang der Stadtmauer gebaute Wohnhäuser des Adels aufweist, gelangt man zum **Seidenhof am Blumenrain,** einem Adelssitz, der 1577 Sitz eines Seidenhändlers war und Ende des 18. Jh. barockisiert wurde.

Auf dem Weg zurück zum Marktplatz kommt man in der Spiegelgasse am **Spiegelhof** vorbei, dem Sitz der kantonalen Verwaltung und Ursprung vieler Verwaltungswitze. In der Stadthausgasse hat die Bürgergemeinde ihren Sitz im Gebäude der ehemaligen Post.

Der Hans-Holbein-Rundgang

- **Dauer:** 90 Minuten
- **Markierung:** Grün auf Blau
- **Route:** vom Marktplatz durch die Freie Strasse zum Schlüsselberg, zum Münsterplatz, zur Rittergasse und St.-Alban-Vorstadt, über den Mühlenberg zum St.-Alban-Rheinweg und St.-Alban-Talm, mit der Fähre setzt man über zum Schaffhauserrheinweg, zum Theodorsgraben, Oberer Rheinweg, Rheingasse, zur Mittleren Brücke und über die Eisengasse gelangt man wieder zum Marktplatz

Dieser Rundgang führt über die Freie Strasse, den Schlüsselberg und den Münsterplatz (siehe die ersten drei Rundgänge) zur Rittergasse, die immer die Hauptachse des Münsterhügels war. Namensgeber sind die Deutschritter, die sich im 13. Jh. hier niederließen. Recht bescheiden ist der **Bischofshof** (Nr. 1), das mehrfach veränderte Hauptgebäude hat ein hölzernes Laubengeschoss. Der bischöflicher Audienzsaal befindet sich im Erdgeschoss.

Die St. Albanvorstadt ist eine ruhige Straße mit Galerien und Antiquitätenläden. Im Vorstadt-Theater findet man das **Karikatur&Kartoon-Museum,** es plätschert der **Schöneckbrunnen** und man bewundert den Sitz der reichen **Christoph Merian-Stiftung** (CMS).

Das Haus **Zum Hohen Dolder** (Nr. 35) wurde 1502 erbaut und besitzt einen wunderschönen Saal mit gotischer Holzdecke.

Am Ende der St. Albanvorstadt, wo sie in die St. Albananlage einmündet, steht das imposante **St.-Alban-Tor,** das den Zugang zur Klostersiedlung abschloss. 1976/77 wurde es restauriert und befindet sich in sehr gutem Zustand.

Am Mühlenberg, der zum 1083 gegründeten St. Albankloster gehörte, sind die **gotischen Häuser** Nr. 10 und Nr. 12 mit barockem Anbau bemerkenswert. Nr. 12 ist ein einstiges Pfarrhaus.

Über den romantischen St. Alban-Rheinweg gelangt man zur **Fähre** und setzt zum Schaffhauserrheinweg auf der Kleinbaslerseite des Rheins über.

Am Theodorsgraben, kurz vor der Wettsteinbrücke, verlief im Mittelalter die Stadtmauer. Hinter dem Theodorsgraben ist ein **Kartäuser- und Pulverturm** als Überbleibsel der alten Befestigung zu sehen.

Vom Oberen Rheinweg aus hat man einen der schönsten Blicke hinüber zum Münsterberg und Fluss – die Basler nennen die Gegend **Riviera.** Auf der Höhe des Referenzgässleins befindet sich ein Stadtmodell zum Anfassen (Maßstab 1:500).

Man besichtige auf der Kleinbasler Seite auch die mittelalterliche Rheingasse. In diesem Gebiet (Untere Rheingasse, Webergasse, Rheingasse) ist zu später Stunde das **Basler Nachtleben** angesiedelt.

Über die Mittlere Brücke geht es zurück zur Schifflände und über die Eisengasse zum Marktplatz.

Modernes Basel

In Basel sind in den letzten Jahren durch private und öffentliche Bauträger eine ganze Reihe sehenswerter moderner Bauwerke entstanden. Im

Folgenden werden einige dieser Bauten aus dem 20. Jahrhundert kurz vorgestellt, die jüngsten zuerst.

Neues Schauspielhaus

Von der Stiftung „Ladies First" mit einer Spende von über 20 Millionen Schweizer Franken unterstützter und vom Kanton Basel-Stadt geplanter Neubau mit 480 Plätzen, der die alte „Komödie" ersetzt. Der von Architekt *Martin Pfister* realisierte Bau wurde im Januar 2002 eröffnet.

● Steinentorstrasse (neben Stadttheater)

Fußballstadion St. Jakob

Bemerkenswerte multifunktionale Konstruktion mit großem Fußballstadion, Warenhaus und Seniorenresidenz (!) der weltbekannten Basler *Herzog* und *de Meuron*. Eröffnet 2001.

● Südlich des Hauptbahnhofs

Peter-Merian-Haus

Das Peter-Merian-Haus ist eine neue bemerkenswerte, durch eine smaragdgrüne Glasfassade charakterisierte Bürogroßüberbauung als Verlängerung des Hauptbahnhofs. *Hans Zwimpfer*, 1999.

● Naünstrasse/Peter Merian Strasse.

Messehalle 1

Neue, funktionelle 210 Meter lange und 90 Meter tiefe Messehalle für die Mustermesse Basel. *Theo Hotz*, 1999.

● Am Messeplatz (Kleinbaslerseite)

Stellwerk II

Monolithischer, rotgoldener Kupferblock der Architekten *Herzog* und *de Meuron* von 1999.

● Bahnhofgelände, hinter Münchensteinerbrücke

Fondation Beyeler Museum

In diesem sauber gestalteten Bau des Stararchitekten *Renzo Piano* kommt die bemerkenswerte Sammlung der bedeutenden Kunstsammler *Hildy* und *Ernst Beyeler* zusammen mit bedeutenden Spezialausstellungen zur Geltung. 1997.

● Baselstrasse 101, im Vorort Riehen

Jean Tinguely Museum

Der Tessiner Star *Mario Botta* schloss das Museum zur Autobahn hin völlig ab. Zum Solitudepark hin ist der Bau dagegen offen. Die große, verglaste Halle gibt den skurrilen kinetischen Werken *Jean Tinguelys* den nötigen Raum. 1996.

● Grenzacherstrasse/Solitudepark.

UBS-Bankgebäude

Typischer, markanter Mario Botta-Bau mit Streifenfassaden und den charakteristischen, abgestuften Fenstereinschnitten und Rundfensterreihen. War als markanter Auftritt des einst größten Bankenkonkurrenten UBS gegen den Basler Bankkonzern Schweizerischer Bankverein SBV gedacht. Heute haben beide längst fusioniert! 1995.

● Aeschenplatz

Wohnbebauung Hammerstrasse

An Stelle einer ehemaligen Fabrik bauten *Diener & Diener* in einem dicht besiedelten Quartier eine Wohnbausiedlung nach Muster der Blockrandbebauung mitten durch eine öffentliche Allee. 1987.

- Bläsiring/Efringerstrasse

Museum für Gegenwartskunst

Wilfrid und *Katharina Steibs* gelungenes Museum fügt sich gut in die Altstadt ein und wirkt einladend. 1980.

- St. Alban-Rheinweg 60.

Haus zum Sodeck

Frühes Beispiel der Postmoderne, von *Marcus Diener* 1978 geschickt in die Umgebung im Zentrum eingefügt.

- Freie Strasse 74

Weitere Sehenswürdigkeiten

Zoo

Zu Fuß in knapp zehn Minuten vom Bahnhof aus zu erreichen ist der außergewöhnlich gute „Zolli", der Basler Zoo. Er wurde 1874 eröffnet und beherbergt auf ca. elf Hektar mitten in der Stadt etwa **6000 Tiere,** die von einer runden Million Zuschauern im Jahr besucht werden. Der wunderschön angelegte Zoo wird Schritt für Schritt zum didaktisch aufbereiteten Themenpark umgestaltet. Höhepunkte sind das Vivarium (Evolutionsgeschichte des Lebens, Korallenriff), das Etoschahaus (Savannenlandschaft), die Zwergflusspferde und das Affenhaus (Orang Utans, Gorillas ...).

- Basler Zoo, www.zoobasel.ch, Tel. 01/295 35 35

Botanische Gärten

Basel besitzt zwei botanische Gärten. Der **Botanische Garten der Universität** wurde 1589 gegründet und ist heute beim Spalentor zu finden. Auf engster Fläche wachsen über 300 Gehölzarten. Beachtenswert ist hier das Sukkulentenhaus mit Insektivoren und Aasblumen. Von Mai bis September muss man die Riesenseerose Victoria (zwei Meter Durchmesser) gesehen haben. Das Tropenhaus hat Frösche, Vögel, Schmetterlinge und über 1000 Orchideen aufzuweisen.

Mit Tram Nr. 14 erreicht man in einer Viertelstunde den viel größeren **Botanischen Garten Brüglingen** (Haltestelle St. Jakob). Hier sind ein Bienenhaus, ein Feuchtbiotop, eine Orangerie, eine Clematissammlung, ein Nutzpflanzen- und Arzneipflanzengarten, ein Bestimmungslabyrinth sowie Europas größte Iris-Sammlung (Blüte im Mai) zu bewundern. Der Garten beherbergt auch ein Mühlen-, Kutschen- und Schlittenmuseum (Mi, Sa, So nachmittags). In der historischen Villa Merian ist im Garten ein erholsames Café zu finden.

- Botanische Garten der Universität, Schönbeinstrasse 6, www.unibas.ch/botgarten

Fähren

Die vier Fähren gehören zu Basel wie das Münster und die Fasnacht. Sie sind seit Mitte des 19. Jh. in Betrieb.

Die Fähren sind mit einer Rolle an einem starken Drahtseil (Gierseil) befestigt. Rolle und daran befestigtes Schiff bewegen sich durch die Kraft der Strömung über den Fluss – ein **umweltfreundlicheres Verkehrsmittel** kann man sich kaum denken.

- **St. Albanfähre Wild Maa,** St. Albantal – Schaffhauserrheinweg
- **Münsterfähre Leu,** Münster – Oberer Rheinweg
- **Klingentalfähre Vogel Gryff,** Totentanz – Kaserne
- **St. Johannsfähre Üli,** St. Johann – Unterer Rheinweg
- **Betrieb:** April bis Oktober 9–19 h, Winter 11–17 h
- **Infos:** Fähri-Verein, Postfach 112, 4005 Basel

Rheinhafen

Der Rheinhafen ist für Hamburger sicher enttäuschend, für Landratten jedoch sehenswert. In den beiden 700 Meter langen Hafenbecken werden riesige Mengen Schüttgüter und andere Schiffsladungen gelöscht und gelagert. Der Hafen ist seit dem Mittelalter ein wichtiger Umschlagplatz, weshalb fast alle bedeutenden Logistikbetriebe der Schweiz ihren Ursprung hier haben. Zwischen Hafenbecken 1 und dem Rhein liegt das vielbesuchte **Dreiländereck,** wo ein Metallpylon anzeigt, wo sich Deutschland, Frankreich und die Schweiz treffen.

Friedhöfe

Der **Friedhof am Hörnli** in Riehen ist 48 Hektar groß und einer der größten Friedhöfe der Schweiz. Viele Persönlichkeiten ruhen hier: *Jacob Burckhardt* (Kulturhistoriker), *Karl Barth* (Theologe), *Karl Jaspers* (Philosoph), *Karl Muschg* (Literaturhistoriker) u.a. Am obersten Punkt hat man einen schönen Blick über den an Italien erinnernden Friedhof und die Stadt.

Neben dieser Ruhestätte sind der **Wolfsgottesacker** (Münchensteinerstr. 99) und zwei **jüdischen Friedhöfe,** der Israelitische Friedhof an der Theodor Herzl-Str. 90 (an der Grenze zu Frankreich) und der Jüdische Friedhof in Hegenheim (Frankreich) einen Besuch wert.

037ch Foto: en

Basler Rheinfähre

Die großen Städte

Praktische Tipps

Information

- **Basel Tourismus,** Schifflände 5, 4001 Basel, Tel. 061/268 68 68, Fax 061/268 68 70, www.baseltourismus.ch. Bietet auch geführte Stadtrundgänge an.

Service

- **Notruf:** 112.
- **Krankenhaus:** Kantonsspital Basel, Hebelstr. 2, Tel. 061/265 25 25.
- **Hauptpost:** Rüdengasse 1, Tel. 061/266 16 16.
- **Hauptbahnhof:** Tel. Railservice 0900-300 300 (sFr. 1.19/Minute).
- **Postbusse:** bei der Hauptpost am Hauptbahnhof, Tel. 061/205 51 11.
- **Taxis:** am Bahnhof und allen wichtigen Plätzen, 24h Taxi z.B. Taxi-Zentrale AG, Tel. 061/271 22 22.
- **Flughafen:** Vom Postbusstand beim Hauptbahnhof verkehrt viertelstündlich unter dem Namen *Air Line* ein Express-Bus zum EuroAirport Basel-Mulhouse-Freiburg (Erwachsene sFr. 6,60, Fahrzeit ca. 20 Minuten).
- Das **Mobility Ticket** erhält gratis, wer in Basel übernachtet. Es berechtigt zu freier Fahrt mit den öffentlichen Verkehrsmitteln der Stadt. Erhältlich in den Hotels oder der Jugendherberge.
- Mit der **BaselCard** mit ein bis drei Tagen Gültigkeit öffnen sich zahlreiche Museen, können Veranstaltungen verbilligt besucht werden, Schiffsrundfahrten gemacht werden etc. Erhältlich über Basel Tourismus.
- Der **Museumspass** ermöglicht den Zutritt zu über 100 Museen am Oberrhein in Basel, dem Elsass und dem südbadischen Raum. Er kostet sFr. 32 und ist bei Basel Tourismus oder über www.museumspass.com im Internet erhältlich.

Unterkunft

Während der großen Messen und während der Fasnacht ist die Region bis Mülhausen und Zürich oft ausgebucht. Man informiere sich über die Termine. Am Rhein sind während dieser Zeiten Hotelschiffe vor Anker: Information bei Basel Tourismus.

- **Drei Könige am Rhein*******, Blumenrain 8, 4001 Basel, www.drei-koenige-basel.ch, Tel. 061/260 50 50. Eines der ältesten Hotels Europas, 1026 gegründet. Hier weilten u.a. *Napoleon,* die Queen und *Mick Jagger.* Immer noch gutes Haus mit allen Schikanen und wundervollem Blick auf den Rhein. Im Sommer Rheinterrasse mit Bar nicht verpassen. DZ mit B/WC ab sFr. 440.
- **Basel******, Münzgasse 12, 4001 Basel, Tel. 061/264 68 00, www.hotel-basel.ch. Mitten in der Altstadt, 1995 komplett renoviert, auf neuestem Standard, 90 Betten. DZ mit Bad/WC sFr. 315 bis 550.
- **Merian am Rhein******, Rhein/Greifengasse 2, 4005 Basel, Tel. 061/685 11 11, www.merian-hotel.ch. Traumhafte Lage am Rhein (Kleinbasler-Seite) mit Blick auf die Altstadt. Gutes Fischrestaurant. DZ mit B/WC sFr. 260 bis 350 (Rheinseite verlangen).
- **Teufelhof*****, Leonhardsgraben 47–49, 4005 Basel, www.teufelhof.com, Tel. 061/261 10 10. Gasthaus am Rand der Altstadt (Musikakademie) mit Kultstatus. Gourmetrestaurant (Michelin*), Weinstube mit außergewöhnlichem Angebot, Kunst- und Galeriehotel. 28 Zimmer, fünf Suiten, die regelmäßig durch Künstler und Designprofis neu eingerichtet werden. DZ mit Bad/WC sFr. 250 bis 450.
- **Hotel Brasserie au Violon,** Im Lohnhof 4, 4051 Basel, www.au-violon.ch, Tel. 061/269 87 11. In ehemaligem Gefängnis, aus je zwei Zellen wurden 33 Zimmer. Gutes Brasserie-Restaurant. DZ mit Dusche/WC sFr. 144 bis 204. Übrigens: *Mettre au Violon* heißt „auf die Wache bringen"!
- **Bildungszentrum 21,** Missionsstr. 21, 4055 Basel, www.bildungszentrum-21.ch, Tel. 061/260 21 21. Moderne Zimmer und Appartements in denkmalgeschütztem Gebäude mitten in der Stadt (nahe Spalentor), 69 Zimmer, alle mit D/WC, DZ sFr. 175 bis 285.
- **Rochat,** Petersgraben 23, 4051 Basel, Tel. 061/261 64 92, www.hotelrochat.ch. Einfaches, aber sauberes Hotel in denkmalgeschütztem Haus beim Petersplatz (Altstadtnähe). Blau-Kreuz-Haus (kein Alkohol). 80 Betten, DZ mit D/WC sFr. 170 bis 220.

●**Jugendherberge Basel,** St. Alban-Kirchrain 10, 4052 Basel, www.youthhostel.ch. Eine der schönsten Jugendherbergen Europas in ehemaliger Seidenbandfabrik. Rheinnähe, beim St. Albantor, führt neben Massenlager auch saubere EZ und DZ. Mehrbettzimmer sFr. 29 bis 31 p.P., ein DZ mit D/WC auf der Etage sFr. 98. Angenehmes Selbstbedienungsrestaurant. Im Sommer Gartenwirtschaft.

Camping

●**Camp Waldhort,** Waldhort Strasse/Heideweg 16, 4153 Reinach, Tel. 061/7116429. Am Stadtrand von Basel. Zwei kleine Pools, Gartenbad Reinach in der Nähe, moderne sanitäre Einrichtungen, Laden mit Imbissecke, großer Kinderspielplatz.

Essen und Trinken

●**Bruderholz,** Bruderholzallee 42, 4059 Basel, Tel. 061/361 82 03. Stuckis Bruderholz ist eines der zehn Michelin**-Restaurants der Schweiz. Cuisine der Perfektion. Gehobene Preisklasse. Wunderschöner Garten.

●**Bel-Etage im Hotel Teufelhof** (siehe oben), ein Michelin* für das Restaurant, 450 gute bis edle Tropfen, eigener Wein- und Delikatessenladen.

●**Café Spitz,** Rheingasse 2, Tel. 061/685 11 00. Ausgezeichnete Fischspeisen auf der Kleinbasler-Seite. Schöne Terrasse, Aussicht auf Altstadt und Rhein.

●**Schlüsselzunft,** Freie Strasse 25, Tel. 061/261 20 46. Zunfthaus, 15. Jh., mit bemerkenswerten Kachelöfen. Gedeckter stimmungsvoller Innenhof. Traditionelle Küche.

●**Brauerei,** Grenzacherstr. 60, Tel. 061/692 49 36. Fin-de-siècle-Haus auf Kleinbasler-Seite mit großem Raum und vielen schönen Details. Einfache bis delikate Gerichte. Im Sommer Hofgarten nutzen.

●**Kunsthalle,** Steinenberg 7, Tel. 062/272 42 33. In-Restaurant der Basler Kulturszene. Klassische Küche. Im Sommer Garten mit Sommer-Bar.

●**Comino,** Freie Strasse 35, Tel. 061/261 24 40. Vollwert-vegetarisch und Sushi.

●**Zem alte Schluuch,** Greifengasse 6, Tel. 061/681 88 98. Beliebte Intellektuellen-Beiz. Gute Frikadellen.

●**Gasthof zum Goldenen Sternen,** St. Alban-Rheinweg 70, Tel. 061/272 16 66. Ältester bestehender Gasthof der Schweiz, in traumhafter Lage am Rhein, unter Kastanienbäumen.

In der Umgebung:

●**Schloss Binningen,** Schlossgasse, 4102 Binningen, Tel. 061/421 20 55. Ausgezeichnetes Restaurant in altem Rittergut. Schöne Parkanlage. Gehobene Kategorie.

Einkaufen

●Basels bekannteste Einkaufsstraße ist die **Freie Strasse.** Hier findet man ausgezeichnete Confiserien/Cafés, aber auch Kleider- und Schuhgeschäfte, Musik, eine Buchhandlung sowie Juwelier- und Uhrengeschäfte.

●Lohnende Einkäufe gibt es auch in den Gassen rund um den **Spalenberg** zu tätigen und auf der Kleinbasler-Seite in der **Rheingasse.**

●Bei den **Confiserien** empfehlen wir Frey, nahe beim Hauptbahnhof an der Centralbahnstr. 9 (auch Verkaufsstand im Hauptbahnhof) und natürlich das Traditionshaus Schiesser am Marktplatz Nr. 19 sowie das berühmte Läckerli-Huus (Gerbergasse 57 und Greifengasse 2).

●Bei den **Warenhäusern** sind Globus (Marktplatz 2, gutes Delikatessengeschäft), Manor (Greifengasse 22, gutes Selbstbedienungsrestaurant) und MIGROS MMM (Untere Rebgasse 11) zu erwähnen.

●Bekannt ist Basel auch für **Antiquitäten** (z.B. am Aeschengraben, Aeschenvorstadt und in der St.-Alban-Vorstadt) und für seine **Brockenstuben,** z.B. die der Heilsarmee (Breisacherstr. 45), die von Hiob International (Klybeckstr. 91) und das Brockenhaus Basel (Jurastr. 5).

●Der **Stadtmarkt** wird Mo–Sa morgens auf dem Marktplatz abgehalten (Gemüse, Früchte). **Flohmärkte** findet man auf dem Petersplatz und auf dem Kasernenareal jeweils samstagmorgens und jeden 2. und 4. Mittwoch auf dem Barfüsserplatz. Sehenswert ist auch die 1929 eröffnete **Markthalle** an der Viaduktstr. 10/14 nahe beim Bahnhof, wo Mo–Fr 7–11.30 h gehandelt wird.

Nachtleben

Dance Clubs und Discotheken:

●**Restaurant Schiff-Discothek Mama Africa,** Hochbergerstr. 134, Tel. 061/631 18 20, jeweils Sa ab 22 h.

●**Atlantis,** Klosterberg 13, Tel. 061/228 96 96, www.atlan-tis.ch. Ist ein altbekanntes Musiklokal und Restaurant. Fr und Sa Clubnights mit Tanz. Junges Publikum.

●**Kuppel,** Binningerstr. 14 (zwischen Heuwaage und Zoo-Parkplatz), Tel 061/228 96 90. HipHop und Soul, tanzbarer Jazz, House, Funky Dance Night, Salsa, Oldies, Fiesta Rociera und Discoteca Espagnol.

●**Babalabar,** beim Barfüsserplatz. Tropical, Funk, Rock, Oldies, House, für junges Publikum.

●**Echo,** Tel. 061/393 27 60. Reiner House Club direkt an der Grenze zu Frankreich. Eintritt nur mit weiblicher Begleitung. Einfach eingerichtet.

●**Route 66,** Freie Strasse 55/Passage. Rock und Disco, laut, auch ältere Semester.

●**La Luna,** Steinenvorstadt 55, Hitparade, HipHop, House, gepflegte Atmosphäre.

●**Isola,** Gempenstr. 60. Nur Fr und Sa, diskretes, gepflegtes Homolokal, Discomusik, alle Altersstufen.

Nachtkneipen:

●**Mr. Pickwick,** Steinenvorstadt 13. Bier und Dart.

●**Zum schiefen Eck,** Untere Rebgasse 3, Kleinbasel. Kneipe der deftigen Art.

●**Swiss Chalet,** Rheingasse 8/Kleinbasel. Für Messebesucher und Durchschnittsnachtschwärmer.

Kultur

●**Theater Basel,** Theaterstr. 7/Steinentorstr. (Neues Schauspielhaus), Tel. 061/295 11 33, www.theater-basel.ch. Dreispartenhaus mit Oper, Schauspiel und Ballett/Tanz. Das Neue Schauspielhaus (eröffnet Januar 2002) hat 480 Plätze. „Theater des Jahres 1999" (durch 40 Kritiker ausgezeichnet).

●**Kleintheater:** Basel besitzt eine reiche Szene kleiner Theater. Informationen über das Touristenbüro.

●**Musiksaal der Casino-Gesellschaft Basel,** Steinenberg 14, Programm und Billets unter Tel. 061/272 66 57.

●**Musik-Akademie der Stadt Basel,** Tel. 061/264 57 57, www.unibas.ch/mab. Veranstaltet Akademie-Konzerte, Freunde Alter Musik in Basel.

●**Bird's Eye Jazz Club,** Kohlenberg 20, Tel. 061/263 33 41, www.jsb.ch, einziger authentischer Jazzclub, Di und Mi v.a. lokale Formationen, Do/Fr/Sa nationale und internationale Szene.

●**CaramBar,** St. Johanns-Vorstadt 13, Tel. 061/382 47 07. Jam-Sessions mit Jazz-Musikern in ehemaliger Kegelbahn, Funky Dancefloor, etc., Barbetrieb.

●**Musical-Theater Basel,** Messeplatz 1, Tel. 0900 552 225, www.showcircus.ch. Internationale Musicals, Reggae, HipHop, DJs etc.

●**Sommercasino,** Münchensteinerstr. 1 (Tram 10, 11, 145 bis Station Denkmal), Tel. 061/313 60 70. Kulturzentrum in klassizistischer Villa für Jugendliche und junge Erwachsene. Rock, HipHop, Reggae etc.

●**Kaserne Basel,** Klybeckstr. 1B (Kleinbasel), Tel. 061/681 20 45, Reservierung: 061/691 12 12, www.kaserne-basel.ch. Kulturprogramm mit Tanz, Theater, Musikveranstaltungen (Elektro, New Electronica, Minimal Techno, NuDub etc.), Projekte, Lesungen.

●**Unternehmen Mitte,** Gerbergasse 30, Tel. 061/263 36 63, www.mitte.ch. Permanentes Provisorium mit Gastronomie, Kunst, Events etc. Zentrum ist die ehemalige Schalterhalle der früher hier ansässigen Bank. Events, insbesondere Tango-Nächte (Do). Daneben Cantina und Café fumare non fumare.

●**Open-Air-Kino:** Im Juli und Anfang August ist auf dem Münsterplatz ein großes Open-Air-Kino zu finden (Großleinwand), Tel. 0900 57 10 10, www.orange-cinema.ch.

●**Stadtkino,** Klostergasse 5, Tel. 061/681 90 40, www.stadtkinobasel.ch. Gibt Auskunft über den ältesten aktiven Filmclub der Schweiz. Unbekannte Autoren, Klassiker, Festivalentdeckungen, Schweizer Filme.

Basler Fasnacht

Museen

●**Kunstmuseum,** St. Alban-Anlage 16, www.kunstmuseumbasel.ch, Tel. 061/206 62 62. Öffentliche Sammlung mit Malerei und Zeichnungen von 1400 bis 1600 und 19. bis 20. Jh. Schwerpunkt Oberrhein/Niederlande, *Holbein*-Familie, *Witz, Schongauer, Cranach d. Ä., Grünewald, Böcklin.* Kubismus, Expressionismus, Pop Art. Di–So 10–17 h.

●**Museum für Gegenwartskunst,** St. Alban-Rheinweg 60, www.mgkbasel.ch. Tel. 061/206 62 62. In ehemaligem Fabrikgebäude, zeitgenössischeWerke, die Raum und Licht brauchen. *Beuys, Bruce Nauman, Jeff Wall,* Videokunst. Di–So 11–17 h.

●**Fondation Beyeler,** Baselstr. 101, Riehen, Tel. 061/645 97 00, www.beyeler.com. In *Renzo Pianos* neuem Bau, rund 180 Bilder und Skulpturen: Impressionismus, Kubismus, Expressionismus, Pop Art, primitive Kunst, Spezialausstellungen. Mo–So 10–18 h, Mi bis 20 h.

●**Antikenmuseum und Sammlung Ludwig,** St. Alban-Graben 5, Tel. 061/271 22 02, www.antikenmuseumbasel.ch. Antikenmuseum: griechische, etruskische und römische Werke. Seit 2001 altägyptische Abteilung im großen Kunstlichtsaal. Di–So 10–17 h.

●**Museum Jean Tinguely,** Grenzacherstr./Solitudepark, www.Tinguely.ch, Tel. 061/681 93 20. Von *Mario Botta* gebautes und von der Firma Roche finanziertes Museum, dass 1996 eröffnet wurde und dem Werk des friburgisch-baslerischen Eisenplastikers *Jean Tinguely* gewidmet ist. Dank der fantastischen Werke Tinguelys auch für Kinder ein Riesenspaß. Mi–So 11–19 h.

●**Museum der Kulturen,** Augustinergasse 2, Tel. 061/266 55 00, www.mkb.ch. Größte Sammlung der Schweiz über europäische und außereuropäische Kulturen: Neu-Guinea, Guatemala, Kamerun, größte Tibetsammlung Europas mit über 700 Werken buddhistischer Kunst. Dauerausstellung zur Urgeschichte.

038ch Foto: en

Feste und Veranstaltungen

- **Vogel Gryff,** Januar, das große Fest der Kleinbasler (13., 20. oder 27. Januar).
- **Basler Fasnacht,** Ende Februar, jeweils nach Aschermittwoch, ganz Basel und alle Heimwehbasler stehen Kopf.
- **MUBA,** Ende April bis Anfang Mai, große Basler Mustermesse.
- **Geranienmarkt,** Anfang Mai (erster Montag und Dienstag), auf dem Barfüsserplatz, mit Volksfest).
- **ART,** Mitte Juni, große internationale Kunstmesse.
- **Theater Festival Basel,** Mitte August bis Anfang September, mit Gruppen aus der ganzen Welt.
- **Cultura Basel,** Mitte Oktober, Kunst- und Antiquitätenmesse.
- **Swiss Indoors,** Ende Oktober, großes internationales Tennisturnier.
- **Basler Herbstmesse,** Ende Oktober bis Mitte November, großer Jahrmarkt zwischen Barfüsser und Messeplatz.
- **Basler Weihnachtsmarkt,** Dezember, auf dem Barfüsserplatz, 150–200 Stände.

Ausflüge in die Umgebung

Augusta Raurica/Augst

Die alte Römerstadt liegt vor den Toren Basels auf basel-landschaftlichem Gebiet und ist v.a. wegen des gut restaurierten römischen Theaters, mit 3000 Plätzen das größte römische Theater der Schweiz, sowie wegen weiterer 20 Monumente dieser einst ca. 20.000 Einwohner zählenden römischen Garnisonsstadt sehenswert.

Eine Besichtigung beginnt im **Museum,** wo man einen Plan der Rundwege erhält. Zu sehen ist der berühmte Silberschatz mit Tafelservice, Silberbarren etc., der dem Zugriff der eindringenden Alemannen (ca. 352/353 n. Ch.) durch Vergraben entzogen und erst 1962 wieder entdeckt wurde.

Das **Theater** liegt in der Nähe des Museums, daneben das **Forum,** das einstige Zentrum der römischen Stadt. Sehenswert ist das **Römerhaus,** ein Wohn- und Geschäftshaus, die Bauweise der Römer rekonstruierend. Am Ausgang befindet sich das bemerkenswerte **Gladiatorenmosaik.**

- **Anfahrt:** Autobahn Zürich – Bern, Ausfahrt Liestal/Augst, Hauptstraße Richtung Rheinfelden, kurz nach der Überquerung des Flüsschens Ergolz nach rechts.

Goetheanum in Dornach

Das Goetheanum in Dornach, einige Kilometer südlich von Basel, ist Zentrum der **Antroposophischen Bewegung** *Rudolf Steiners* und wurde 1928/29 nach seinen Plänen aus Sichtbeton erbaut, ganz nach den Ansichten Steiners ohne rechte Winkel.

- **Führungen:** täglich um 14 h. Anfragen: Tel. 061/706 42 42.

Mariastein

Über Oberwil, Biel-Benken und Flüh gelangt man an der französischen Grenze entlang nach Mariastein, dem nach Einsiedeln meistbesuchten **Wallfahrtsort** der Schweiz, wo das Gnadenbild der Maria am Stein verehrt wird. Die spätgotische Klosterkirche mit spätbarocker Ausstattung ist sehenswert. Die Felsenkapelle mit Gnadenbild ist über unterirdische Treppen zugänglich.

Bern

↗VII/CD-2

Bern liegt auf 542 M.ü.M. und ist mit seiner alten Sternwarte Nullpunkt der schweizerischen Landesvermessung. Die Gemeinde hat 130.000 Einwohner, die Agglomeration ca. 300.000.

Die Bundeshauptstadt der Schweiz ist Sitz der Bundesregierung, des eidgenössischen Parlaments, der Kantonsregierung und des Kantonsparlaments. **Mit Ministern und Räten ein Bier trinken** oder eine Rösti essen, ist in Bern einfacher als in anderen Städten. Man setzt sich in das Café Féderal gleich neben dem Bundeshaus oder ins Restaurant Della Casa an der nahen Schauplatzgasse und trifft mit großer Wahrscheinlichkeit Mitglieder der Regierung oder des Parlaments, die dort hinter den Kulissen verhandeln, sich mit Geschäftspartnern oder Parteikolleg(inn)en treffen oder sich nur kurz entspannen. Staatskarossen, Begleittrosse und Bodyguards sind Attribute, mit denen sich Schweizer Politiker nach wie vor kaum umgeben müssen. Deshalb kann man im Bus oder in der Tram nach wie vor den Herrn Bundespräsidenten oder die Frau Bundesrätin antreffen.

Auch einige internationale Organisationen, bedeutende Industrieunternehmen und eine Universität sind in Bern ansässig. Die Stadt ist aber v.a. historisch und kulturhistorisch interessant. Die einst mächtigste Republik nördlich der Alpen bestimmte maßgeblich das Geschick der Eidgenossenschaft und ihrer Nachbarn. Diese Geschichte ist in der weitgehend intakten Altstadt immer noch spürbar. Bern ist die einzige Schweizer Stadt, die von der UNESCO in ihr Register **„Weltkulturerbe der Menschheit"** aufgenommen wurde – eines der eindrücklichsten Beispiele des mittelalterlichen Städtebaus. Nicht die schönen Einzelgebäude sind es, die den Besuchern in Erinnerung bleiben, sondern die Gesamtanlage. Neben vielen hundert sehenswerten Einzelbauten ist das Münster hervorzuheben, das bedeutendste spätgotische Bauwerk der Schweiz.

Daneben ist Bern ein ausgezeichneter Ausgangspunkt für viele **attraktive Kurzausflüge** rund um die Stadt, sei es ins nahe Berner Oberland mit seinen 4000er-Bergen, sei es in das nahe Emmental, das Freiburgerland oder an die drei Juraseen.

In Bern ist das Preisniveau eher niedriger als in vergleichbaren Städten. In der nächsten Zeit werden einige Hotelneubauten für zusätzliche Konkurrenz sorgen.

Geschichte

Der Zähringerherzog und Städtegründer **Berchtold V.** ließ die Siedlung 1191 auf einem Sandsteinsporn anlegen, der von der Aare auf drei Seiten umflossen wurde und so einen natürlichen Schutz vor Eindringlingen bot. Eine Stadtmauer war nur gegen Westen notwendig und wurde auf der Höhe des Zytgloggenturms von einem Aareufer zum anderen errichtet. Ob der Name der Stadt wirklich etwas mit einem Bären zu tun hat, ist umstritten.

039ch Foto: bt

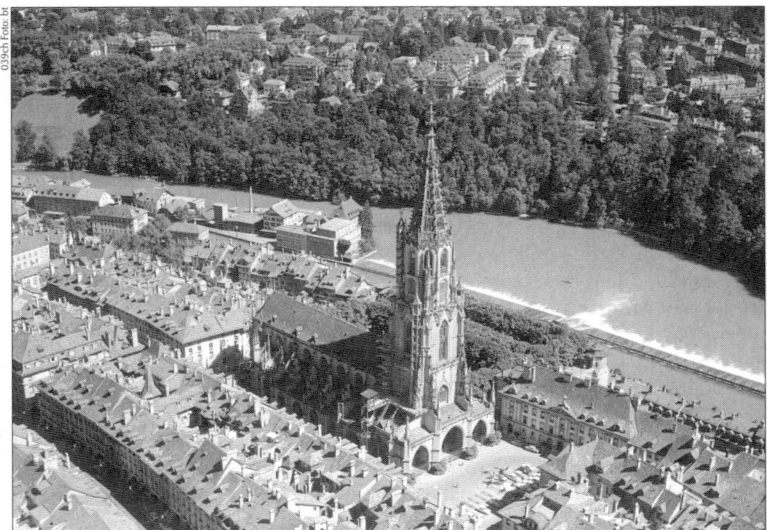

Sicher ist, dass die Berner sich früh einen Bären als Wappentier wählten.

Die Stadt gewann rasch an Bedeutung, wurde reichsfrei und schloss sich 1353 der Eidgenossenschaft an. Zusammen mit Luzern und Zürich bildete sie als **Stadtstaat** ein Gegengewicht zu den ländlichen Urkantonen und entwickelte sich gemeinsam mit Freiburg, Solothurn und später Basel zu einer nach Westen (Frankreich, Burgund, Savoyen) orientierten Macht, während die Innerschweizer sich traditionsgemäß zum Süden wandten.

Die Altstadt von Bern

Nach der Reformation wurde Bern zusammen mit Zürich die führende Kraft der Reformierten. Die Stadt wahrte vor allem ihre eigenen Interessen: Man schuf sich Zug um Zug ein Umland im bernischen Seeland und Oberland, brachte das Aargau und die Waadt sowie Gebiete südlich des Genfersees unter Kontrolle, schlug die Savoyer und Burgunder und wehrte erfolgreich eine große Zahl von Versuchen fremder Eroberer ab. Bern war bald **Vormacht** der Eidgenossenschaft, herrschte vom Genfersee bis zur Reuss und mischte in allen Händeln des mittleren Europas kräftig mit.

Es bildete sich ein **Patriziat,** das sich nach Frankreich orientierte, französisch sprach und sich französisch-absolutistisch und französisch-vornehm gebärdete. Die schönen Repräsentationsbauten der Patrizier in der Stadt und im Umland bis weit in die Romandie und bis zur Reuss zeugen von der Lebensart dieser Oberklasse. Man hielt Hof und bereicherte sich als staatlicher Vogteiinhaber auf Kosten der Landbevölkerung.

Als der Sturmwind der **Revolution** aus Frankreich herüberblies, war man sich zwar der Gefahr bewusst und versuchte, ihr als einziger „Stand" konsequent zu widerstehen. Doch dieser Herausforderung war auch das stolze Bern nicht gewachsen, am Grauholz nördlich der Stadt wurden die Berner entscheidend geschlagen. Zum ersten und einzigen Mal in seiner Geschichte marschierten fremde Truppen durch die Gassen der Stadt, der Staatsschatz wurde geplündert, die Bären entführt, viele Patrizier flohen. Bern wurde ein ganz gewöhnlicher Kanton.

Nach der Niederlage der Sonderbundstruppen im Jahr 1848 wurde es zur **Bundeshauptstadt** gewählt, bekam aber nie mehr die Bedeutung, die es vor der Revolution genossen hatte.

Der Wiener Kongress entschädigte die Berner 1815 für den Verlust des Aargaus und der Waadt mit dem Besitz des Bistums Basel im Jura. Der **„Berner Jura"** bestand aus einem reformierten, bern-orientierten Südjura und einem katholischen und rebellischen Nordjura. Der Tausch brachte kein Glück. Die Rebellion der Nordjurassier grenzte einige Male an bewaffnete Auseinandersetzungen und Guerilla. Nach längerem Sträuben entließ das Berner Volk und die Eidgenossenschaft den Nordteil durch klaren Volksentscheid in die Selbstständigkeit. Der jüngste Kanton der Schweiz, der Kanton Jura, entstand 1976.

Wirtschaftlich wurde der Stand Bern seiner Größe und politischen Bedeutung kaum mehr gerecht. Wohl zu sehr auf Machtpolitik fixiert, gab man der Industrie und Wirtschaft nie die ihr zustehende Bedeutung. Bern fehlt eine Wirtschaftskultur, Stadt und Staat bezahlen dies durch Provinzialisierung. Wirtschaftlich befindet Bern sich im unteren Mittelfeld der Kantone. Große Unternehmen siedeln sich selten an und bernische Traditionsbetriebe verlegen ihren Firmensitz nach Basel, nach Irland oder in die USA. Touristisch hat dies den Vorteil, dass Bern und sein Umland weniger zersiedelt sind als andere Städte und Gegenden. Nur wenige Kilometer vom Stadtzentrum entfernt findet man sich mitten in satten, grünen Wiesen wieder.

Stadtrundgänge

Vom Bahnhof über die Spitalgasse zur Gerechtigkeitsgasse

Ein möglicher Rundgang beginnt beim **Hauptbahnhof,** der in den Jahren 1957–74 gebaut wurde und sich zurzeit im Umbau befindet. Im Bahnhofsgebäude ist das städtische Touristenbüro untergebracht. In der Bahnhofsunterführung sind Reste der alten

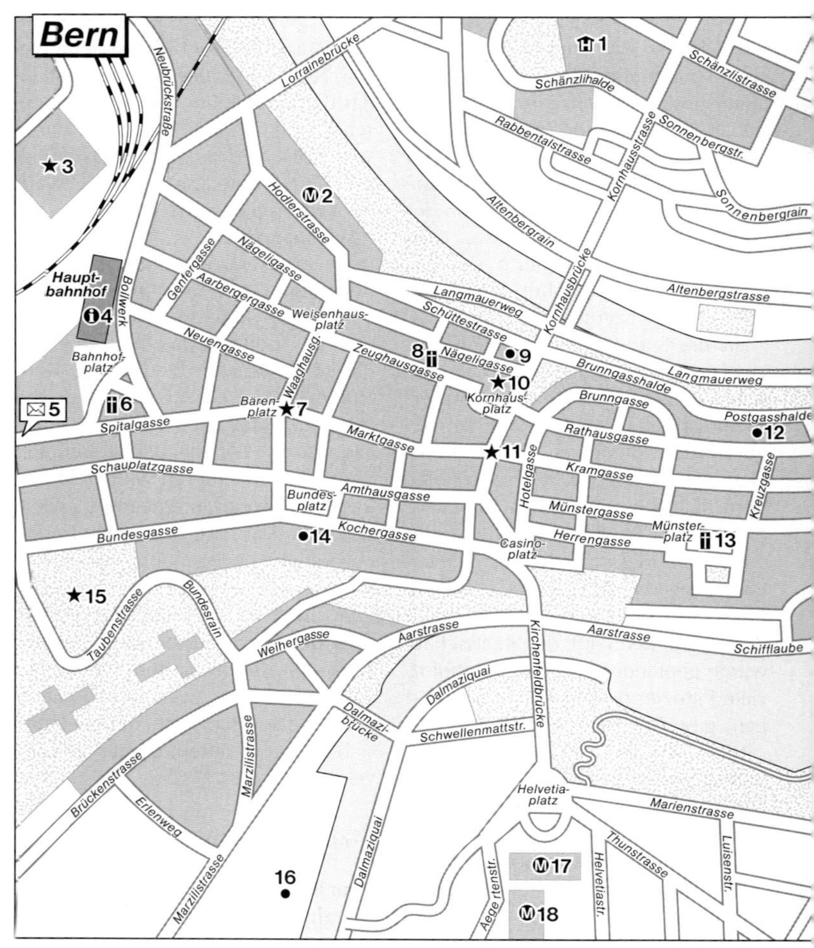

Stadtmauern der dritten Stadtbefestigung und des Christoffelturms erhalten.

Westlich neben dem Bahnhof steht das schöne **Burgerspital,** die ausgedehnteste und bedeutendste alte Spitalanlage der Schweiz. Das von den Architekten *Joseph Abeille, Niklaus Schildknecht* und *Samuel Lutz* 1732–42 errichtete Burgerspital war früher der

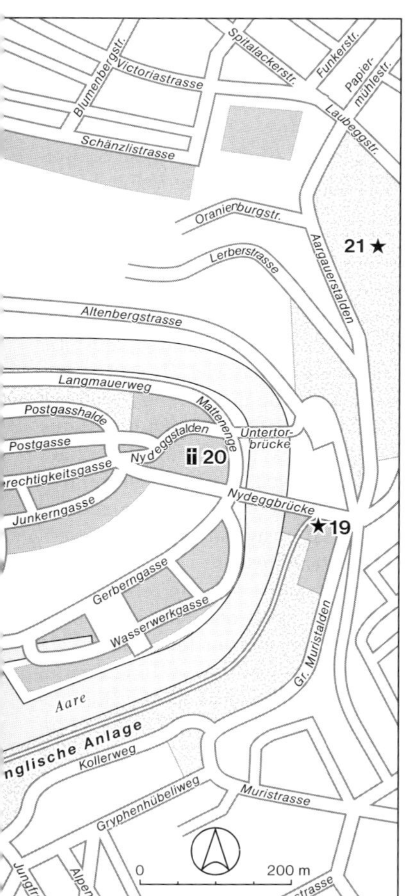

- 1 Kursaal mit Hotel Allegro und Spielcasino
- 2 Kunstmuseum
- ★ 3 Grosse Schanze und Universität
- 4 Informationsbüro Bern Tourismus
- 5 Hauptpost
- 6 Heiliggeistkirche
- ★ 7 Käfigturm
- 8 Französische Kirche
- • 9 Stadttheater
- ★ 10 Kornhaus
- ★ 11 Zytgloggeturm
- • 12 Rathaus
- 13 Münster
- • 14 Bundeshaus
- ★ 15 Kleine Schanze (Park mit Weltpostdenkmal)
- • 16 Aarestrandbad
- 17 Historisches Museum
- 18 Naturhistorisches Museum
- ★ 19 Bärengraben
- 20 Nydeggkirche
- ★ 21 Rosengarten

Hauptbau des alten Bubenbergplatzes. Das dreigeschossige, 15-achsige Hauptgebäude mit Rundbogenarkaden umschließt einen rechteckigen Hof mit einem klassizistischen Brunnen, auf den ein zweiter Hof mit einem zweigeschossigen Gebäude folgt.

Östlich des Hauptbahnhofs steht die **Heiliggeistkirche,** eines der wichtigsten Bauwerke des protestantischen Kirchenbaus in der Schweiz und ein typisches Beispiel des Berner Spätbarocks mit klassizistischen Elementen. Die spätgotische Vorgängerkirche wurde 1726–29 durch den heutigen Bau ersetzt. Die Pläne werden *Niklaus Schildknecht* zugeschrieben. Im Innern befindet sich eine Kolonnade aus 14 korinthischen Säulen auf hohen Sockeln, am Nordende des zentralen Achtecks eine hohe Sandsteinkanzel und ein Abendmahlstisch aus schwarzem Marmor.

Die **Spitalgasse** ist die Hauptgasse der letzten mittelalterlichen Stadterweiterung von 1344–46. Beidseitig der Straße finden sich die berühmten Arkaden, insgesamt sechs Kilometer, die Bern zum „größten gedeckten Shoppingcenter Europas" machen und bei Regenwetter Schirme erübrigen. Die Spitalgasse bildet mit der Marktgasse das **Hauptgeschäftsviertel** Berns. Auf der rechten Seite markiert das Warenhaus Loeb das Ende des Einkaufsviertels – Treffpunkt der Bernerinnen seit Generationen. In der vom Jugendstil geprägten Von-Werdt-Passage zieht auf der linken Seite das ehemalige Kino Splendid mit schönem Jugendstildekor heute Bücherfreunde an, denn die Buchhandlung Stauffacher ist mittlerweile hier eingezogen.

Am Ende der kurzen Spitalgasse teilt der **Bärenplatz** den oberen Altstadtteil vom älteren, östlich des Käfigturms. In den 60er-Jahren des 20. Jh. wollten Stadtplaner hier eine Schnellstraße einrichten, heute beleben von Frühjahr bis Herbst Straßencafés die so genannte „Front". Der Bärenplatz war ursprünglich ein Stadtgraben, auf den die zweite Stadtmauer folgte. In ihrer Mitte steht der in der Spätrenaissance von 1641–43 wieder aufgebaute trutzige **Käfigturm.** Auf der Südseite entstand ein Gefängnisanbau, der später aufgestockt wurde. An beiden Fassaden wurde 1691 das Uhrwerk eingebaut. Im 20. Jh. wurde der Käfigturm mit der rustizierten Toreinfassung, dem geschwungenen Helm mit den vier Erkern und der Glockenstube mit Spitzhelm renoviert.

Am Südende des Bärenplatzes liegt der Bundesplatz mit dem **Bundeshaus** – Regierungs- und Parlamentsgebäude der Schweiz in einem. Ein Besuch vermittelt interessante Informationen zur Funktionsweise des schweizerischen Staatswesens.

Die Bauarbeiten am ehemaligen Bundesratshaus dauerten ein halbes Jahrhundert. Ältester Teil ist das so genante Bundeshaus West, 1852 begonnen, 1857 Übergabe an die Bundesbehörden. Architekt ist *Friedrich Studer.* 1888–92 erfolgte der Aufbau des Ostteils (Architekt: *Hans Auer,* Wien) und 1894–1902 die Verbindung der beiden Flügel, der Kuppelbau des Parlaments *(Hans Auer).* Die Stilrichtung wird Münchner Maximiliansstil genannt. Der Gesamtbau soll an das Kapitol in Washington oder an den St. Petersdom in Rom erinnern, ist aber eher verunglückt. Auf der Südseite (mit Blick auf Aare, Kirchenfeldquartier und Alpen) findet man eine großzügige Promenade mit Aussichtsterrassen.

Im Inneren befindet sich über der Eingangshalle im Norden der Ständeratssaal. Im Mittelteil trifft man auf die große Treppenhalle mit vier Landsknechten auf den Brüstungen, in den Nischen Statuen der Schweizer Nationalhelden *Winkelried* und *Niklaus von Flüe*. Die Kuppel ist mit Glas-Darstellung der Kantonswappen versehen. Im Süden liegt der große Saal der Bundesversammlung, in der normalerweise der Nationalrat tagt. Hier hat es auch Sitzplätze für die 46 Mitglieder des Ständerats, da diese bei Wahlen gemeinsam mit dem Nationalrat tagen. Über den Sitzen des Ratspräsidenten und seiner Beisitzer befindet sich eine Darstellung des Vierwaldstättersees als Wiege der Eidgenossenschaft von *Charles Giron*. In einen Eckturm ist das Bundesratszimmer untergebracht, wo die Regierungsmitglieder ihre Sitzungen abhalten, in einem anderen das Büro des Nationalratspräsidenten, der gemäß Verfassung der „höchste Schweizer" ist (das Parlament steht über der Regierung).

● **Besichtigungsmöglichkeiten:** werktags 9 h, 10 h, 11 h, 14 h, 15 h und 16 h, gratis. Seit dem Amoklauf eines geistig Verwirrten im Kantonsparlament von Zug im Herbst 2001 werden verstärkte Sicherheitskontrollen durchgeführt. Man kann nicht mehr ohne Überprüfung in das Gebäude gelangen.

Am Nordende des Bärenplatzes liegt der Waisenhausplatz (siehe „Nördlicher Teil der Altstadt"). Zwischen Käfigturm und Waisenhausplatz fällt der **Holländerturm** auf, ein halbrunder Wehrturm, der im 16. Jh. in ein Wohnhaus integriert wurde. Im 17. Jh. diente er als Versammlungs- und Rauchsalon der in holländischen Diensten stehenden Berner Offiziere.

Östlich des Käfigturms folgt die **Marktgasse.** In ihrer Mitte stehen zu Ehren der Inselspitalgründerin der Anna Seiler-Brunnen von 1548/49, eine Allegorie der Mäßigung, symbolisiert durch Wasser und Wein, sowie der Schützenbrunnen von *Hans Gieng* von 1553.

Die Marktgasse wird vom **Zytgloggeturm** abgeschlossen, der bis 1250 das Westtor der Stadt war und das zweitälteste Bauwerk Berns ist: ein barockisierter Wehrturm mit einer berühmten astronomischen Spieluhr. Der Turm wurde 1218–20 als Haupttor der zweiten Westbefestigung erbaut. Das Tor wurde als Gefängnis mit drei Geschossen genutzt. 1467–82 wurde das Äußere gotisiert und ein Treppenturm angefügt, 1527–30 die berühmte Kalender- und Spieluhr eingebaut. Oben befindet sich eine quadratische Glockenstube mit Spitzhelm. Die Ausgucke im Westen und Osten erlauben dem Besucher eine großartige Aussicht über die Hauptachse der Stadt. Im Turmdurchgang sind interessante Maßstäbe, verschiedene Ellen und Meter aus Eisen, sehenswert.

Beim Zytglogge steht das ehemalige **Wirtshaus zur oberen Sonne,** ein spätgotisches Bürgerhaus, das seit 1633 als Apotheke dient. Südlich vom Turm liegt der **Casinoplatz** mit der Hauptwache, dem Hotel Bellevue (siehe „Südlicher Teil der Altstadt"), dem Casino und der Kirchenfeldbrücke. Der nördlich des Zytgloggens gelege-

Die astronomische Spieluhr im Zytgloggeturm

Das Zifferblatt der Uhr wird gerahmt von einem den Beginn der Zeit darstellenden Wandbild von *Viktor Surbek* von 1930. Hauptelemente der Ostfassade sind die übergreifenden Zifferblätter der Kalenderuhr und der Spieluhrerker. Der gerippte Erkerfuß, der Sanduhrmann, der krähende Hahn sowie der *Hans von Thann* genannte Stundenschläger in der Glockenstube stammen vom ursprünglichen Uhrwerk von 1527- 1530. So auch das Hauptwerk der Uhr in der Uhrstube des Turms mit einer drei Zentner schweren Mörserkugel als Pendel. Der Schlaghammerzug und das Spielwerk werden mit Dornen an den Zahnrädern ausgelöst, die über Hebel Arretierungen lösen. Ein Blasbalg mit Membranen produziert den Hahnenschrei. Der Bärenreigen und der Schellen schlagende Narr sind Zusätze von 1610 und 1642. Die restlichen Bestandteile gehen auf den Umbau von 1770/71 zurück.

ne Kornhausplatz wird im Kap. „Nördlicher Teil der Alstadt" beschrieben.

Die Kramgasse und die darauf folgende Gerechtigkeitsgasse zeigen eine bemerkenswerte Verbindung von mittelalterlicher Struktur der Häuser mit schönen Barockfassaden. Die Gebäude entstanden größtenteils nach dem großen Stadtbrand von 1408, die einheitlichen barocken Fassadenfluchten zwischen 1705–45. Die Arkaden wurden im 15. Jh. angefügt. Die beiden Gassen wurden bis Ende des 15. Jh. *Märitgasse* (Marktgasse) genannt. Bis Mitte des 19. Jh. war sie die wichtigste Marktgasse Berns. Schöne Erker, Ecktürmchen, Skulpturen und Zunftzeichen zieren die lang gestreckte, doppelkurvige Gasse.

An der **Kramgasse** sehenswert sind z.B. die Nr. 81 von *Niklaus Sprüngli* sowie die Nr. 61 und Nr. 54 von *Albrecht Stürler.* Im Einsteinhaus (Nr. 49) arbeitete *Albert Einstein* an der Relativitätstheorie. Heute ist hier ein kleines Einsteinmuseum eingerichtet. Bemerkenswert ist auch die Nr. 45, das „Zunfthaus zu Metzgern", die Nr. 35, das spätbarocke „Zunfthaus zu Kaufleuten", und die Nr. 29 von *Niklaus Schiltknecht.* In der Nr. 16 befindet sich das traditionsreiche Buchantiquariat Hegnauer & Schwarzenbach. Das spätgotische Haus Nr. 7 von 1559 wurde 1645 renoviert. Die Nr. 2 und 4, gebaut 1571, bilden die älteste Apotheke Berns, renoviert 1710–20, die Ausstattung ist von 1824. Nr. 12 ist das „Zunfthaus zu Mohren". Beachtenswert sind die Brunnen in der Mitte der breiten Straße: der Zähringerbrunnen mit gewappnetem Bär mit Standarte, 1535, Becken 1889, der erste Figurenbrunnen Berns, und der Simsonbrunnen mit Simson und Löwe von *Hans Gieng,* 1527/44, Becken 20. Jh., sowie der Kreuzgassbrunnen mit Obelisk aus Muschelkalk (1778–79).

Die **Gerechtigkeitsgasse** war die Hauptgasse der Gründungsanlage. Hier steht der Gerechtigkeitsbrunnen mit der Justitia, zu ihren Füssen die vier Mächte: Papst, Sultan, Kaiser und der Schultheiß von Bern – ein Werk *Hans Giengs* von 1543, mit originalem Brunnentrog, renoviert 1843, der das Selbstbewusstsein der Berner zeigt. Nr. 79 ist das frühbarocke „Zunfthaus zu Distelzwang", gebaut 1700–03 von *Samuel Jenner.* Die Nr. 52, heute ein

040ch Foto: en

Der Gerechtigkeitsbrunnen

Hotel, wurde 1760–62 von *Niklaus Sprüngli* gebaut. Die Vorderfront der Nr. 42 wurde 1732 durch *Albrecht Stürler* errichtet. Ebenfalls von ihm ist die Nr. 40, 1740–43 gebaut. Die Nr. 33, ein Spätrenaissance-Haus von *Widmer* erhielt die Régencefassade von *Stürler*.

Die alte Stadt wurde nicht durch die jetzt über die Aare führende Nydeggbrücke mit dem Umland verbunden, sondern über den links zum Fluss hinunter führenden **Nydeggstalden** und die **Untertorbrücke,** einer spätmittelalterlichen Niveauflussbrücke von 1461–68 mit Torturm. Zwischen Nydeggstalden und Nydeggbrücke steht die bemerkenswerte Nydeggkirche. Ihr Chor wurde 1341–46 errichtet, der spätgotische Ausbau mit dem Turm folgte 1480–83, das Schiff 1494–1500. Vor der Untertorbrücke liegt der Läuferplatz mit dem Läuferbrunnen von *Hans Gieng* von 1542–46, er zeigt einen Berner Stadtläufer mit Spieß und Schweizerdolch.

Südlicher Teil der Altstadt

Vom Läuferplatz führt ein weiterer Rundgang links durch das Matten-Viertel. Die **Matte** war ein mittelalterliches Gewerbeviertel, in dem lange Zeit die so genannten „Außersässen" wohnten und arbeiteten. Sie galten nicht als Bern-Burger und genossen nicht den Schutz der Stadtmauern. Sie sprachen bis in die neueste Zeit ein eigenes, den Burgern der oberen Stadt unverständliches Idiom: das „Mattenenglisch", ein Gemisch aus Berndeutsch, Vaganten- und Flösserausdrücken, jiddischen und sogar slawischen Worten. Im 14. Jh. wurde die Matte in die Wehranlage der Nydegg mit einbezogen. Die Gewerbebetriebe, die Sägen, Mühlen und Stampfen wurden mit Wasser von der Schiffländte versorgt, die vor der Matte das Aarewasser staut und teilt. Beachtenswert sind die geschlossenen Riegfassadenzeilen, die Gewerbebauten und die niederen Arkadengänge. In der

Mitte der Matte liegt der Mühlenplatz, beim Schulhaus der Schifflaubenbrunnen. Die Badgasse war früher in ganz Europa berühmt-berüchtigt für die eher frivolen Kuren, in deren Genuss auch *Casanova* gekommen sein soll. 1828 wurden die Bäder geschlossen. Jetzt stehen hier in jeder Hinsicht langweilige Blockbauten.

Über den Bubenbergrain, die Mattentreppe (den Mattenlift) oder noch etwas weiter über die Fricktreppe gelangt man hoch auf die Südseite der Altstadt zum Münster. Alternativ kann man die Untertorbrücke überqueren und über den Klösterlistutz *(Stutz:* Berndeutsch für „Rain“) rechts hoch zum Bärengraben gehen. Von dort kommt man über die Nydeggbrücke und durch die Junkerngasse zum Münster.

Der **Bärengraben,** 1857 von *Tschiffeli* gebaut und 1924 um den Jungbärengraben erweitert, gilt neben dem Zytgloggeturm als Wahrzeichen der Stadt. Die Besichtigung ist eher enttäuschend, gehört aber zum Ritual für Gäste und Einheimische, besonders an Ostern, wenn die Jungtiere zum ersten Mal das Gehege betreten. Am Stand kann man Bärenfutter kaufen, das man den bettelnden, Kapriolen machenden Bären zuwirft. Der erste Bärengraben war 1513–1764 am Bärenplatz, der zweite und dritte am Bollwerk beim heutigen Bahnhof. Die nicht tiergerechten Anlagen führen immer wieder zu Diskussionen. Im Gespräch ist die Integration des Bärengrabens in den Tierpark (siehe „Praktische Tipps/Parks“).

Die **Junkerngasse** ist eine Nebengasse der zähringischen Gründungsanlage und die ursprünglichste Gassenanlage Berns. Dank ihrer Südsicht war sie ein begehrtes Wohnquartier der führenden Familien. Noch heute verbergen sich hinter den einfachen Fassaden fürstliche Wohnungen. Die Nordseite ist arkadenlos, die Südseite hat relativ kleinräumige Arkaden. Die am besten von der englischen Anlage oder von der Münsterplattform aus zu sehende Gartenseite, die die Biegung des Flusslaufes spiegelt, hat prächtige spätbarocke Fassaden und großzügige Terrassen. Besonders sehenswert sind die Nr. 9 mit vollständig erhaltener Laubenfront, die Nr. 31 mit Elementen aus Spätrenaissance und Hochbarock und die Nr. 43, an der sich die Wende

041ch Foto: en

vom Spätbarock zum Klassizismus ablesen lässt.

Der **Erlacherhof** (Nr. 47) gehörte ursprünglich der Familie *von Bubenberg,* dann der Familie *von Diesbach,* später der Familie *von Erlach.* Im Stil *Palais entre cour et jardin,* 1747–52 von *Albrecht Stürler, Hieronymus* und *Albrecht von Erlach* erbaut, war der Erlacherhof während der Besatzung Sitz des französischen Generals *Brune,* dann französische Botschaft, 1848–57 erstes Bundeshaus und ist jetzt Sitz des Stadtpräsidenten. Die Laube wird hier zur Loggia. Der längsrechteckige Hof wird von zweigeschossigen Flügeln eingeschlossen. Die neunachsige Gartenfassade ruht auf einem hohen Kellersockel und hat einen dreiachsigen Mittelrisalit mit bekrönendem Dreieckgiebel. Bemerkenswert ist das Balkongeländer. Auf der Ostseite der Gartenfassade steht das einbezogene **Bubenbergtor:** das älteste Bauwerk Berns, seit dem 16. Jh. mit Pyramidenhelm. Der Südseite vorgelagert ist eine ausgreifende Terrasse. An der Eingangshalle des Erdgeschosses schließt sich das hufeisenförmige Treppenhaus an. Im Osten ein halbovales *Antichambre* (Vorzimmer) mit reicher Täferung und Kamin aus der Bauzeit. Das Obergeschoss hat eine Galerie. Den zweigeschossigen Raum schmücken Deckengemälde von *Johann Ulrich Schnetzer.* Beachtenswert die geschnitzte Rocaillekonsole unter dem Treppenpodest. Der Erdgeschosshalle entspricht im ersten Stock das Foyer des Festsaals, der einen großartigen Innenraum mit stuckierten Porträtsmedaillons von *Valentin Sonnenschein* von 1780 aufweist. Die Gemälde der ersten Gewölbemulde sind von *Nahl:* Puttengruppen sowie Allegorien der Wissenschaft und Künste. Die obere Gewölbemulde hat ein von *Schnetzer* gemaltes Deckengemälde: Parnass mit Appollon Musagetes.

Am oberen Ende der Junkerngasse stößt man auf das imposante Schiff des Münsters. Links abbiegend gelangt man zur **Münsterplattform.** 1334 als Kirchhof geplant, erreichte sie Mitte des 15. Jh. die heutige imposante Höhe. Während der Reformation wurde der Friedhof aufgehoben und das Pärklein „zûm lust" umfunktioniert. Vom Plattformrand hat man eine atemberaubende, leicht beängstigende Sicht hinab in das Matte-Viertel, zum Schwellenmätteli, auf das Kirchenfeldquartier, zum Bundeshaus und auf die Alpen.

Das **Berner Münster** wurde 1421–1573 an Stelle eines Apsidensaals und einer Bettelordenskirche unter der Oberaufsicht der Deutschherren von Köniz gebaut. Der oberste Teil des Turms mit Oktogon und Helm entstand erst 1889–93. Das Berner Münster ist das bedeutendste spätgotische Bauwerk der Schweiz mit reicher Steinplastik, Chorverglasung und

Blick in die Junkerngasse: Auf der Südseite wohnten die mächtigen und reichen Berner Patrizier

Chorgestühl. Wie in Ulm und anderen süddeutschen Städten besitzt es nur einen Turm, der mit 100 Metern der höchste Kirchturm der Schweiz ist. Das dem heiligen *Vinzenz von Saragossa* geweihte Münster war von 1484–1528 Stiftskirche und ist seither Pfarrkirche. Baumeister wurde 1420 *Matthäus Ensinger,* der unter seinem Vater am Strassburger Münster gewirkt hatte. Er entwarf die Grundrissstruktur um die alte Kirche. Seine Nachfolger waren *Niklaus Birenvogt, Erhard Küng,* der vor allem den Turmbau förderte, und *Peter Pfister,* der den Chor und Altarraum einwölbte. Erst Ende des 19. Jh. folgte der Turmabschluss.

Dem Westbau sind drei querrechteckige Portalhallen vorgelegt. Hier löst sich der Turm mit zwei Vierecken, Achtecken und durchbrochenem Spitzhelm heraus. An den Kanten befinden sich Strebepfeiler und eine Wendeltreppe, an den Flanken mit Fenstern durchbrochen und mit Blendmasswerk verziert. Besonders beachtenswert ist das noch gotische Hauptportal (1490–1500), ein ausgezeichnetes Beispiel kirchlicher Plastik. Die Originalfiguren werden im Berner Historischen Museum aufbewahrt. In den Schlussteinen des Netzgewölbes Planeten, Evangelistensymbole, Engelchöre und Berner Wappen. Zuoberst die Apostel, im Scheitel Christus und Maria, darunter die Königin von Saba, Salomo und zwei Propheten. Auf sie folgen Engel mit Leidenswerkzeugen oder Schriftrollen sowie weitere Propheten. Seitlich der Portale links die Klugen und rechts die Törichten Jungfrauen. Das Tympanon von *Erhard Küng* stellt das Jüngste Gericht mit 243 Figuren dar: Erwählte und Verdammte, dazwischen Michael als Seelenwäger. An den Schmalseiten der Vorhalle Wandgemälde: Verkündigung und Sündenfall.

Man betritt das Münster durch das linke Portal. Dahinter sind ein Souvenirladen und die Kasse für den Turmaufstieg. Wer körperlich fit ist (270 Stufen), sollte die herrliche Rundsicht von der Plattform nicht verpassen. Hier oben ist auch die Dienstwohnung der Münsterwartin.

In der Kirche überzeugt das weite Mittelschiff mit Turmhalle und fünf quadratnahen Rechteck-Jochen. Der zweijochige Chor ist so breit wie das Schiff. Zwei Seitenschiffe begleiten das Mittelschiff parallel. Über den Schiffen Rippennetze mit Wappenabschlüssen. Besonders bemerkenswert ist der Altarraum mit den riesigen Fenstern und den 87 Schlusssteinen, dem „Himmlischen Hof", die zu den bedeutendsten Bildhauerarbeiten der ersten Hälfte des 16. Jh. in der Schweiz gehören. Ebenfalls einzigartig ist der spätgotische Glasmalereizyklus, gestiftet von reichen Bürgern der Stadt. Im Mittelfenster die Passion Christi: unten mit Ölberg-Szenen aus dem 10.000 Ritterfenster von *Niklaus Meister,* darüber Geißelung, Dornenkrönung, Kreuztragung, Ecce Homo und Pilatus' Handwaschung von *Hans Acker von Ulm*. Das Bibelfenster mit Medaillons aus dem Leben Christi ist das Werk eines unbekannten Meisters nach 1451. Das Dreikönigsfenster ist wie das nachfolgende von oben nach unten zu lesen. Der Meister ist wie beim Hostienmühle-Fenster unbekannt. Letzteres ist das jüngste Fenster (um 1460) und zeigt, dass das Alte Testament Voraussetzung für das Neue ist. Auf der Südseite befindet sich an Stelle der Legende der 10.000 Ritter das Christusfenster, gefolgt vom Stephanusfenster, beide nach Kartons von *Ludwig Stantz* geschaffen. Bemerkenswert ist auch das Renaissance-Chorgestühl: zwei Reihen mit insgesamt 48 Plätzen mit reichen Schnitzereien, geschaffen 1522–25 von *Jakob Reuss* und *Heini Seewagen,* z.T. nach Zeichnungen des berühmten Berner Künstlers, Reformators und Politikers *Niklaus Manuel.* Im nördlichen Seitenschiff sind Gedenktafeln für die 1798 gegen die Franzosen gefallenen Berner und ein Epitaph das letzten Schultheißen *Niklaus Friedrich von Steiger.* In der Krauchthal-Erlach-Kapelle finden sich Fragmente einer Passion um 1430.

● Besteigung des Turms jeweils bis 30 Minuten vor Kirchenschließung möglich. Sommerzeit: Di–Sa 10–17 h, So 11.30–17 h; Winterzeit: Di–Fr 10–12 h und 14–16 h, Sa 10–12 h und 14–17 h, So 11.30–14 h.

Der **Münsterplatz** vor dem Münster ist der einzige nicht durch Zuschütten eines Stadtgrabens entstandene Platz in Bern. Hier lag der Friedhof der ersten Leutkirche. Beim Bau des Münsters wurde der Platz halbiert. In Eckstellung befindet sich der Mosesbrunnen von 1544, neu errichtet 1790/91. Im Süden steht das von *Stürler* 1745–78 erbaute Stiftsgebäude. Ursprünglich stand hier das Haus des Deutschherrenstifts von Köniz. Nach der Reformation wurde es ein weltliches Chorherrenstift, seit 1832 ist es Teil der kantonalen Verwaltung. Gegenüber dem Münster steht im Norden das Tscharnerhaus mit hoch- bzw. spätbarocker Fassade und vollständig erhaltenen Innenräumen aus der Bauzeit, 1733–35 von *Albrecht Stürler* errichtet.

Vom Münsterplatz führen zwei Gassen westlich in Richtung Casinoplatz und neuere Altstadt: die **Herrengasse** links und die **Münstergasse** rechts. An beiden stehen beachtenswerte Einzelgebäude, insbesondere an der Münstergasse 62 das spätgotische Mayhaus von 1514–15, das älteste erhaltene Gebäude Berns. Die Nr. 61-63 bilden die Stadt- und Universitätsbibliothek. Ursprünglich stand hier ein Kornhaus, das 1533 für die Bibliothek im frühklassizistischen Stil mit schönen Erkern und Sälen umgebaut wurde. An der Herrengasse Nr. 4 steht eines der Hauptwerke des Berner Spätbarocks von *Niklaus Sprüngli.*

Zwischen Casinoplatz und Zytgloggeturm stehen zwei bemerkenswerte spätbarocke Bauten: die **Hauptwache** am Theaterplatz 3, 1766–70 als zentrales Wachthaus erbaut und, nicht weit davon entfernt, das **Hôtel de Musique**, 1767–70, beide von *Niklaus Sprüngli.* Das Hôtel de Musique diente als Gesellschaftshaus, Theater und Konzertgebäude, ist heute aber völlig ausgehöhlt und anderen Bestimmungen zugeführt. Vom Casinoplatz/Theaterplatz kehrt man südlich auf der Bundesterrasse vor dem Hotel Bellevue und dem Bundeshaus nach Westen wieder zum Bahnhof zurück.

Nördlicher Teil der Altstadt

Die Spital-, Markt-, Kram- und Gerechtigkeitsgassen teilen die Stadt in zwei Teile. Vom Nydeggstalden ausgehend ist die erste Nebengasse nördlich der Gerechtigkeitsgasse die **Postgasse.** Ihren Namen erhielt sie von den seit 1675 hier angesiedelten Postbetrieben der Familie *von Fischer.* Die Gasse wirkt heute noch einheitlich – ein anschauliches Bild einer **spätmittelalterlichen Handwerkergasse** mit kleinen Kaufhandlungen und engen Häusern mit Fassaden des 18. und 19. Jh. Die Nr. 20 hat eine hochbarocke Gassenfasssade. Das Hinterhaus des ehemaligen Restaurant Krone, Nr. 57, ist eines der wenigen Beispiele deutscher Spätrenaissance in Bern. Das Antonierhaus, Nr. 62, mit Kapelle und Spital des Antonierordens, entstand 1492–1500. Nr. 64–66 bilden die Fischerschen Posthäuser, gebaut 1686–94 von *Dünz.* In der Laube ist noch der Postschalter mit Klappladen, Schiebeluken und Briefeinwurf sichtbar.

Die Postgasse führt auf den **Rathausplatz** mit dem Vennerbrunnen, der von *Hans Gieng* 1542 gebaut und dann mehrmals verschoben wurde.

Das vielleicht bedeutendste **Rathaus** der Schweiz wurde 1406–17 von *Heinrich von Gangenbach* und seinen Nachfolgern errichtet. Freitreppe und Obergeschossausbau folgten 1430–50 und 1664–66. Der Gesamterneuerung im Heimatstil durch *Martin Risch* fiel 1940–42 viel vom Kernbau zum Opfer. Besonders beachtenswert ist die Erdgeschosshalle von 1406, einst Markt- und Gerichtshalle und zentraler Versammlungsort. 15 Pfeiler auf Achteckbasen tragen kreuzförmige Kapitelle, die 29 eichene Deckenbalken stützen, teils mit figürlichen und pflanzlichen Kapitellskulpturen. Darüber ist der Grossratssaal (Kantonsparlament) mit dem ursprünglichen Dachstuhl von *Hans Hetzel* aus Rottweil. Der Regierungsratssaal (Kantonsexekutive) ist spätgotisch ausgestattet und hat eine geschnitzte Flachtonne.

Neben dem Rathaus befindet sich die **Staatskanzlei** (Nr. 72) mit spätgotischen sowie Frührenaissance-Elementen.

Vom Rathaus geht man weiter westwärts durch die **Rathausgasse** mit den schmalen, teilweise in Riegbauweise errichteten Häusern. Am Anfang steht rechts die **Christkatholische Kirche St. Peter und Paul,** ein geglücktes Bauwerk der Neugotik. 1858–64 als erste katholische Kirche Berns nach der Reformation erbaut, wurde sie während des Kulturkampfes den Christkatholiken zugewiesen.

Das **ehemalige Schlachthaus** (Nr. 22) ist heute ein geschätztes Avant-Garde-Theater in der lebendigen Theaterszene der Stadt.

Beim Schlachthaus zweigt rechts die im 13. Jh. nachträglich angelegte **Brunngasse** ab. Nur einseitig bebaut, behielt sie den Charme eines Wohn-

und Arbeiterviertels. Hier stehen der Stettbrunnen, der letzte mittelalterliche Quellbrunnen der Stadt, und eines der wenigen erhaltenen Waschhäuser. Das Restaurant Zimmermania (Nr. 19) diente den Radikalen um Professor *Schnell* in der ersten Hälfte des 19. Jh. als Stammlokal. Hier soll die liberale Staatsverfassung von 1846 entstanden sein.

Brunngasse und Rathausgasse vereinen sich am westlichen Ende und führen auf den neu in Stand gesetzten **Kornhausplatz,** der, verkehrsberuhigt und gepflastert, im Sommer ein beliebter Platz mit Straßencafés ist. Hier steht der **Kindlifresserbrunnen,** 1545–46 von *Hans Gieng,* dem großen Brunnenbauer Berns geschaffen. Das Achteckbecken wurde um 1690 ersetzt. Am Stock ist das Monogramm „HG", die einzige Signatur des Meisters sichtbar. Ein sitzender Fettwanst mit Wams und Spitzhut schickt sich an, eines der acht gefangenen Kinder zu fressen. Weitere Kinder trägt er im Sack, in den Taschen und auf dem Rücken. Der Kunstführer der Schweiz erklärt die Bedeutung der Figur mit Fasnachtssymbolik aus der Reformationszeit. Einige verstehen den Kindlifresser als judenfeindliches Symbol. Andere vermuten, dass mit dieser Figur die Absurdität solcher Ammenmärchen verspottet und verhöhnt werden sollte. Der Kindlifresser ist zweifellos der originellste Brunnen der Stadt und in seiner Art einzigartig.

Der Kornhausplatz wird geprägt durch den wuchtigen Bau des **Kornhauses.** Das einst größte kommunale Lagerhaus der Schweiz wurde 1711–18 für die bernische Kornverwaltung von *Hans Jakob III. Dünz* gebaut, um Hungersnöten vorzubeugen. 1975–80 wurde der ursprüngliche Zustand wieder hergestellt. In den neunziger Jahren erweiterte man ihn um eine Dépendance des Stadttheaters und ein Medienzentrum. Der längsrechteckige, viergeschossige Bau hat ein mächtiges Walmdach und drei dreiachsige Risalite. Die Giebelreliefs mit Allegorien der Stadtrepublik sind von den beiden *Langhans.* Im Erdgeschoss befindet sich die offene, dreischiffige Markthalle. Darunter war früher der Staatskeller. Im ehemaligen Kornkeller ist heute ein empfehlenswertes, geschickt renoviertes Restaurant. Das große Weinfass fasst über 40.000 Liter. Im Erdgeschoss ist ein trendiges In-Lokal eingezogen.

Neben dem Kornhaus steht das 1901–03 entstandene Stadttheater. Weiter geht es durch die Arkaden des Kornhauses in die **Zeughausgasse.** Hier steht die **Französische Kirche,** eine hochgotische Bettelordenskirche. Nach der Hugenottenverfolgung in Frankreich war sie das Zentrum der hugenottischen Flüchtlinge. Das Langhaus mit Lettner wurde ca. 1280, der Chor 1280–90 gebaut. Mittelschiff und Chor liegen unter einem gemeinsamen Satteldach. Die Westfassade ist spätbarock, die Ostfassade im Stil von 1280–90. Im Innern sehr schöner Freskenzyklus eines Nelkenmeisters um 1495–1500 (besonders am Lettner).

Gegenüber der Kirche, an der Zeughausgasse 17, steht das **Rathaus des**

Äußeren Standes, 1728–30 von *Stürler* erbaut. Hier tagte das Jugendparlament des Ancien Régime. Nach 1798 war es Sitz des Helvetischen Parlaments, dann Sitz der Mediationstagsatzung und des Restaurationsregimes. 1848–58 tagte hier der schweizerische Ständerat und 1874 wurde es Sitz des Weltpostvereins. Heute beherbergt das schöne Haus einen empfehlenswerten Gasthof.

Den nahen **Waisenhausplatz** schließt das ehemalige Knaben-Waisenhaus ab. Es steht auf einer ausgreifenden Terrasse und wurde 1782–86 von *Emanuel Zehnder* gebaut. Heute ist hier eine Polizeikaserne untergebracht. Das dreigeschossige Waisenhaus ist unter einem Walmdach und hat eine verputzte Platzfassade, die durch drei einachsige Risalite gegliedert wird, der Mittelrisalit mit Korbbogenportal und Dreieckgiebel. Auf dem Platz steht der Oppenheimbrunnen, ein Spätwerk der bedeutenden surrealistischen Berner Künstlerin *Meret Oppenheim*. Über die parallel zur Marktgasse verlaufenden Aarbergergasse oder die Neuengasse gelangt man von hier zum Hauptbahnhof.

Praktische Tipps

Information

- **Bern Tourismus,** Im Bahnhof, Tel. 031/312 12 12, Fax 031/312 12 33, www.berne.ch

Service

- **Notruf:** 112.
- **Polizei:** Stadtpolizei Bern, Waisenhausplatz 32, Tel. 031/321 21 21 oder zentraler Notruf 117.
- **Krankenhaus:** Inselspital, Freiburgstrasse, Tel. 031/632 21 11; Notfälle: Sanitätspolizei, Tel. 144 (gilt für den ganzen Kanton Bern).
- **Hauptpost:** Schanzenstr. 4 (beim Bahnhof), Tel. 031/386 65 52.
- **Hauptbahnhof:** Tel. Railservice 0900 300 300 (sFr. 1,19 pro Minute).
- **Postautostation:** Hauptbahnhof, Tel. 031/386 65 65.
- **Taxis:** Standplätze am Bahnhof und Zytglogge, Verband stadtbernischer Taxiunternehmungen, Tel. 031/311 18 18, 24h Betrieb z.B. Bären Taxi AG, Tel. 031/371 11 11.
- **Flughafen:** Zum Flughafen Bern-Belpmoos verkehrt regelmäßig ein Airport-Taxi, Abfahrt vor dem Hauptausgang des Hauptbahnhofs, Abfahrtszeiten beim Verkehrsbüro erfragen, Fahrpreis sFr. 14 p.P.

Man kann auch jeweils 20 Minuten nach der vollen Stunde mit der S-Bahn nach Belp und von dort mit dem Anschlüsse abwartenden Flughafenbus fahren, Fahrzeit: 40 Minuten, Fahrpreis sFr. 9,60.

Unterkunft

- **Belle Epoque******, Gerechtigkeitsgasse 18, 3011 Bern, Tel. 031/311 43 36. Kleines Jugenstil-Garnihotel der Luxusklasse voll Originalgemälden (*Klimt, Toulouse-Lautrec, Gaudi,* etc.) und Objekten aus dem Jugendstil. Absolut stilsicher eingerichtet. Lage: Mitten in der ältesten Hauptgasse der Altstadt. Kleine Pianobar. Zwei Juniorsuiten. DZ mit Frühstück sFr. 270 bis 420 (Suiten).
- **Hotel Innere Enge******, Engestr. 54, 3012 Bern, Tel. 031/309 61 11. *Kaiserin Joséphine,* die Frau Napoleons, nahm hier ein Déjeuner zu sich. Das schöne Gebäude verkam, bis es vor kurzem wieder entdeckt wurde. Ausstattung aus allen Flohmärkten Europas. Im Keller Marian's Jazzroom mit Topprogrammen, eines der guten Restaurants der Hauptstadt. Schöner Garten. Sonntags Jazzbrunch. Bus: Bremgarten, Haltestelle Innere Enge. DZ mit Bad/WC und Frühstück sFr. 220 bis 240, Suiten ab 260.
- **Allegro******, Kornhausstr. 3, 3000 Bern, Tel. 031/339 55 00. Modernes Hotel, wunderschöne Lage am Osthang der Aare, Blick auf Altstadt und Berge. Neben Zimmern mit Sicht gibt es auch Atriumzimmer, gutes Res-

taurant, vernünftiges Preis-Leistungs-Verhältnis. DZ mit D/WC sFr. 250 bis 340.

• **Bären******, Schauplatzgasse 4, 3011 Bern, Tel. 031/311 33 67. Gutes, traditionelles Hotel bei Bundeshaus und Hauptbahnhof, trotzdem ruhig (verkehrsfreie Nebengasse). Kleine, aber komfortable Zimmer, seit langem gleich bleibende Qualität. DZ mit Bad/D und WC inkl. Frühstück sFr. 200 bis 240.

• **Hotel Alpenblick*****, Kasernenstr. 29, 3013 Bern, www.alpenblick.ch, Tel. 031/335 66 66. Gut geführt, z.T. neu renovierte Zimmer, sauber und zweckmäßig. In ruhigem Kasernenquartier, nahe öffentlicher Verkehrsmittel (Tram), DZ mit Dusche/WC sFr. 150 bis 167.

• **Jardin*****, Militärstr. 38, 3014 Bern, Tel. 031/333 01 17, www.hotel-jardin.ch. Gut geführter einfacher Familienbetrieb mit persönlichem Service, nahe der stadtbernischen Kaserne, in einem ruhigen Quartier, per Tram mit dem Zentrum verbunden. 18 Zimmer, mit D/WC, DZ sFr. 141, 3er-Zimmer sFr. 205.

Jugendherberge, Backpacker:

• **Jugendherberge,** Weihergasse 4, 3000 Bern, Tel. 031/311 63 16, www.jugibern.ch. Beim Bundeshaus, nahe Zentrum und öffentlichem Schwimmbad, an der Aare. Zimmer mit 2 bis 20 Betten, Dusche, WC auf jeder Etage, Kiosk, Restaurant, Gartenterrasse, Internet Corner, Veloraum, Zimmer mit behindertengerechter Infrastruktur, Richtpreis im Mehrbettzimmer mit Frühstück in der Hauptsaison: sFr. 28,50 plus ab 16 Jahren zusätzlich sFr. 1,25 Kurtaxe, Januar geschlossen.

• **Glocke Backpackers,** Rathausgasse 75, 3000 Bern, www.chilisbackpackers.com. Typischer Backpacker mitten in der Altstadt.

Camping

• **Camping Eichholz,** Strandweg 49, Tel. 031/961 26 02, www.campingeichholz.ch. Idyllischer Platz an der Aare oberhalb der Stadt, nahe Tierpark. Eigener Laden. Sehr empfehlenswert.

Essen und Trinken

• **Bellevue Grill/Bellevue Terrasse,** im Hotel Bellevue, Kochergasse 3–5, Tel. 031/320 45 45. Eines der Tophotels von Bern ist 2002 wegen Totalrenovierung geschlossen. Die Restauration mit der einizigartigen Bellevueterrasse ist während der Umbauten geöffnet – an schönen Sommertagen ein lohnendes, wenn auch recht kostspieliges Vergnügen.

• **Zimmermania,** Brunngasse 19, Tel. 031/311 15 42. Uraltes Berner Bistro in einem kleinen Nebengässlein der Altstadt, gute französische Küche, Tisch bestellen.

• **Della Casa,** Schauplatzgasse 16, Tel. 311/21 42. Eines der ältesten Restaurants Berns nahe Bundeshaus und Bahnhof mit entsprechendem Ambiente und Service. Sa/So geschlossen.

• **Krone,** Gerechtigkeitsgasse 66, Tel. 031/311 14 89. Frische Tagesküche (kleine Karte) zu vernünftigen Preisen, persönliches Ambiente mitten in der Altstadt.

• **Harmonie,** Hotel Gasse 3, Tel. 031/311 38 40. Traditionelles Restaurant mit spezieller Atmosphäre nahe Zytgloggeturm. Sa/So geschl.

• **Frohegg,** Belpstr. 51, Tel. 031/382 25 24. Gute Küche in kleinem Vorstadtrestaurant (nahe Eigerplatz), Tisch reservieren. So geschlossen.

• **Obstberg,** Bantigerstr. 18, Tel. 031/352 04 40. Gute Quartier-Brasserie mit Bio-Fleisch, saisonal angepasste Küche, gemütliche Gartenterrasse. Sa/So geschlossen.

In der Umgebung Berns:

• **Landhaus Liebefeld,** Schwarzenburgstr. 134, Tel. 031/971 07 58. Im Gourmet-Restaurant (Sommer: schöner Platanengarten) isst man ausgezeichnet, aber auch in der Taverne bekommt man für ca. sFr 20 ausgezeichnete Tellergerichte. Bus: Köniz-Schliern nehmen, Haltestelle Hessstrasse. So geschlossen.

• **Fähri-Beizli,** Elfenau, 3074 Muri, Tel. 031/951 05 52. Idyllisch oberhalb Berns gelegenes kleines Restaurant an der Muri-Fähre über die Aare. Erreichbar: zu Fuß vom Tierpark aus (ca. 30 min. Spaziergang) oder von Muri aus Richtung Aare gehen oder fahren (Verkehrseinschränkung). Unbedingt Tisch vorbestellen. Mi/Do geschlossen.

• **Bachmühle,** 3087 Niedermuhlern, Tel. 031/819 17 02. Seit langem ausgezeichnet geführtes Feinschmecker-Restaurant am Längenberg südlich von Bern. Der Abstecher lohnt sich. Vorbestellen.

Einkaufen

● Die **Hauptgeschäftsstraßen** Berns sind die Spitalgasse und die Marktgasse, zentral in der Berner Altstadt, sowie ihre Fortsetzung hinunter zur Aare, d.h. Kramgasse und Marktgasse. Einkaufen in Bern ist gerade an einem Schlechtwettertag ein besonderes Erlebnis, da man stets im Schutz der von den Bernern *Lauben* genannten **Arkaden** gehen kann. Außerdem beachte man auch die vielen **Kellergeschäfte** in den Untergeschossen.

● In der **Unterstadt** gibt es viele Kunstgalerien, Antiquitäten- und Trödelläden, Weinhandlungen, Brockenstuben aller Art und einige gute Buchantiquariate, z.B. Hegnauer & Schwarzenbach (Kramgasse 16) mit einer Riesenauswahl wertvollster antiquarischer Bücher bis zu „Second Hand"-Alltagsliteratur für die Ferien.

● Auf dem Bundesplatz und in den Gassen vom Bundesplatz bis hinunter zum Münster findet Dienstag- und Samstagmorgen ein **farbiger Markt** statt, an dem Bauern- und Händler den Städtern Lebensmittel und andere Frischwaren anbieten.

Nachtleben

● **Perry Bar,** Zeughausgasse 3, Tel. 031/311 59 08. Bar für Leute, die es gerne traditionell chic haben (Räblus-Bar), am Do, Fr und Sa aber auch Techno- und House bis früh am Morgen.

● **Diagonal Café Bar,** Amthausgasse 18, Tel. 031/311 06 16. Coole In-Bar, unplugged Jazz, 7–24 h.

● **Lorenzini,** Theaterplatz 5, 3011 Bern. Oben isst man gut italienisch, unten zwei vielbesuchte Bars.

● **Du Théâtre,** Hotelgasse 10, Tel. 031/312 30 31. Das neue „Dut" ist der Ort, wo man sich trifft, ein *Cüpli* (Glas Sekt oder Champagner) trinkt, „smalltalked". Mo geschlossen.

● **Les Amis,** Rathausgasse 63, Tel. 031/311 51 78. Szene-Bar für alle diversen Szenen, locker, Motto: Leben lassen. So geschlossen.

● **Silo-Bar,** Mühleplatz 11, Tel. 031/311 54 17. Modische Loftatmosphäre im alten Handwerkerquartier Matte in der Unterstadt. Di Livejazz, Disco-Fever, Sa/So geschlossen.

● **Tanzbar U1,** Junkerngasse 1, Tel. 031/312 95 65. Stimmige, meist überfüllte Tanz-Bar für 20–35-Jährige.

● **Chikito,** Haldenstr. 1, Tel. 031/333 14 09, traditioneller Nightclub.

● **Mocambo,** Aarbergergasse 61, Tel. 031/311 50 41, Nightclub-Dancing in gediegener Atmosphäre.

Kultur

● **Stadttheater,** Kornhausplatz 20, Tel. 031/329 51 11. Traditionelles 3-Spartentheater mit populären bis avantgardistischen Aufführungen, gut gebucht, Reservierung empfohlen.

● **Schlachthaus,** Rathausgasse 20/22, Tel. 031/312 96 47. Junges Theater mit anspruchsvollem Programm.

● **Puppenbühne,** Gerechtigkeitsgasse 31, Tel. 031/311 95 85. Schönes Puppentheater in der Altstadt mit liebevollen, künstlerisch ausgezeichneten Vorführungen für Jung und Alt.

● **Dampfzentrale,** Marzilistr. 47, Tel. 031/311 63 37. Früher ein thermisches Kraftwerk, heute kulturell Dampf produzierend. Aufführungs- und Probelokal für die sehr lebendige Berner Kulturszene. Tanz, Theater, Musik, Ausstellungen, „auawirleben-Theaterfestival (April), Berner Tanztage (August). Restaurant und Barbetrieb.

● **Reithalle,** Neubrückstr. 8, Tel. 031/302 63 17. Restaurant: 031/302 83 72. Eine spezielle Berner Institution. Als abgetakelte Bauruine früher Refugium von Outcasts und Drogenabhängigen, entwickelte sich eine Alternativkultur, die heute recht geregelt, ordentlich, trotzdem immer noch speziell daherkommt. Theater, Performances, Kino, was Junge und Junggebliebene interessiert, gibt es hier zu fairen Preisen, auch Essen.

● **Marian's Jazzroom,** Engestr. 54 (Hotel Innere Enge), Tel. 031/309 61 11. Bern ist eine Jazzstadt. Das merkt man nicht zuletzt im Marian's. Hier spielen keine Amateure sondern Spitzenprofis. Di bis Sa ab 19.30 h, So 10.30 bis 13.30 h (Jazzbrunch).

In der Umgebung Berns:

● **Mühle Hunziken,** Rubigen, Tel. 031/721 07 21. Aus einer vergammelten Kornmühle wurde eine Kulturmühle erster Güte mit speziellem Ambiente. Weist dank dem Gründer *Peter Burkhart* gesamtschweizerisches Format auf. Alle haben hier gebluest, gerockt, gesungen: *Wolf Biermann, Cesarea Evora, Marla Glenn* und Schweizer Größen wie *Polo Hofer* und *Patent Ochsner*. Plätze reservieren.

Museen

●**Kunstmuseum Bern,** Hodlerstr. 12, 3000 Bern 7, www.kunstmuseumbern.ch, Tel 031/ 328 09 44. Die Sammlung des Kunstmuseums Bern gehört zu den bedeutendsten der Schweiz. Sie umfasst Werke aus dem italienischen Trecento *(Duccio, Fra Angelico)*, schweizerische Kunst seit dem 15. Jh. *(Manuel, Anker, Hodler, Amiet)*, internationale Malerei des 19. und frühen 20. Jh. (Impressionismus, Expressionismus, Blauer Reiter, Surrealismus) mit den Schwerpunkten *Klee, Kirchner, Kandinsky* und *Picasso* sowie nationale *(Oppenheim, Gertsch, Raetz)* neuere Kunstrichtungen von *Pollock* bis in die Gegenwart. Di 10–21 h, Mi bis So 10–17 h.

●**Kunsthalle Bern,** Helvetiaplatz 1, 3005 Bern, www.kunsthallebern.ch, Tel. 031/350 00 40. Breites Spektrum bernischen, nationalen und internationalen Kunstschaffens. Weltruhm mit Einzelausstellungen von Künstlern wie *Klee, Giacometti, Moore* und Ausstellungen wie *Harald Szeemanns* „When Attitudes Become Form". Di 10–19 h, Mi bis So 10–17 h.

●**Historisches Museum Bern,** Helvetiaplatz 5, Tel. 031/350 77 11, www.bhm.ch. Schlossartiges Museumsgebäude vis-à-vis der Berner Altstadt mit einer der bedeutendsten kulturhistorischen Sammlungen der Schweiz. Zu den Prunkstücken zählt das um 1290 entstandene Königsfelder Diptychon. Weltrang besitzt das Ensemble von zwölf hervorragend erhaltenen franko-flämischen Tapisserien des 15. und 16. Jh. aus der Burgunderbeute. Thematische Sonderausstellungen. Di–So 10–17 h, Mi bis 20 h.

●**Naturhistorisches Museum Bern,** Bernastr. 15, 3005 Bern, Tel. 031/350 71 11, www.nmbe.ch. Die Darstellung von Tieren in ihrem natürlichen Lebensraum ist seit mehr als 60 Jahren einer der Schwerpunkte: Mit über 200 Lebensbildern eine der größten Dioramenschauen Europas. Publikumsliebling ist nach wie vor der 1814 in Bern gestorbene Bernhardinerhund *Barry*, der am Grossen St. Bernhard über 40 Menschen das Leben gerettet hat. Mo 14–17 h, Di–So 10–17 h, Mi 9–18 h.

●**Schweizerisches Alpines Museum,** Helvetiaplatz 4, 3005 Bern, Tel. 031/351 04 34, www.alpinesmuseum.ch. Das Schweizerische Alpine Museum gibt einen Überblick und eine Einführung in die kulturellen und naturräumlichen Besonderheiten des ganzen Schweizer Berggebiets. Mo 14–17 h, Di–So 10–17 h.

●**Einstein-Haus,** Kramgasse Nr. 49, 3008 Bern, Tel. 031/312 00 91. In der Wohnung *Einsteins* von 1903 bis 1909 sind Bilder ausgestellt, die einen Einblick in Einsteins Berner Jahre vermitteln. Hier entstand die erste Schrift über die Spezielle Relativitätstheorie. Di–Fr 10–17 h, Sa 10–16 h.

Parks

●**Gurten-Park,** www.gurtenpark.ch. Berns Hausberg. Ideales Naherholungsgebiet mit Kinderparadies, Miniatur-Eisenbahn, Grillplätzen und prächtigem Blick auf die Alpen. Verschiedene Wanderwege. Im alten Kulmhotel preiswerte Verpflegungsmöglichkeiten. Im Juli findet hier das legendäre Gurtenfestival, ein Folk-, Rock- und Pop-Open-Air, statt. Vom Bahnhof Tram Nr. 9 (Wabern) bis Gurtenbahn-Haltestelle, dann die Straße hoch zur Gurtenbahn (daneben Treppe).

●**Tierpark Dählhölzli,** Tierparkweg 1, 3005 Bern, www.tierpark-bern.ch, Tel. 031/357 15 15. Kleiner, reizvoller Zoo am Ufer der Aare. Schwerpunkt: europäische Tierarten, Fischotter, Moschusochse, Luchs, Wolf, Wisent, Elch, Rentier, Waldrapp. Im tropischen Vivarium: Stirnlappenbasilisken, frei fliegende Schmetterlinge und Feuerweber. Kinderzoo zum Anfassen. Mit dem Bus Nr. 19 (Elfenau) vom Bahnhof erreichbar. Parkplätze vorhanden. 365 Tage im Jahr offen, Öffnungszeiten: 8–18.30 h.

●**Rosengarten:** Oberhalb des Bärengrabens. Der Park mit der schönsten Aussicht auf Altstadt und Aareschlaufe, mit 220 Rosensorten, 200 Irisarten, Moorbeeten und 28 verschiedenen Rhododendren.

Aktivitäten

- **Aarespaziergang:** Ausgehend vom Tierpark Dählhölzli am rechten Ufer entlang vorbei an Biotopen und renaturierten Flussarmen der Aare bis zur Fähre (Do geschlossen) und dem Fährebeizli (*Beitz* = Restaurant) schlendern. Von hier entweder auf das andere Ufer übersetzen und am linken Flussufer bis zum Zeltplatz und weiter zum Tierpark zurückgehen (80 Minuten) oder weiter Richtung Muri spazieren, dort bei der Badeanstalt rechts abbiegen und über die Aubrücke am linken Flussufer zurück zum Tierpark Dählhölzli (ca. 3,5 Stunden). Picknickplätze v.a. am rechten Ufer vorhanden.
- **Aareschwimmen:** vom Zeltplatz (gegenüber dem Tierpark Dählhölzli) bis zum Marzilibad. Eines der größten Vergnügen der Berner an heißen Sommertagen. Achtung: Nur für geübte Schwimmer, da die Strömung kräftig ist und mit Wirbeln gerechnet werden muss!

Feste und Veranstaltungen

- **Internationales Jazzfestival Bern,** Ende April/Anfang Mai, die größten Namen der Jazzgeschichte waren schon dabei.
- **Geranienmarkt,** Anfang Mai.
- **Grand Prix von Bern,** Mitte Mai, internationaler 10-Meilen-Lauf quer durch die alte Stadt Bern.
- **Schweizer Frauenlauf,** Anfang Juni, größter Frauenlauf mit internationaler Besetzung und Tausenden von Teilnehmerinnen.
- **Berner Tanztage,** Juni bis September, Tanzfestival (2002 Sonderprogramm).
- **Gurten – Rock und Pop – Openair,** zweite Julihälfte (Wochenende), eines der größten und populärsten Openair-Festivals in der Schweiz.
- **Berner Altstadtfestival,** Ende August, historische Kirchweih (Chilbi), Handwerkermarkt, Drehorgeln, Gaukler.
- **Zibelemärit,** Ende November (4. Montag im November), großer Zwiebelmarkt mit

042ch Foto: en

Volksfest und Jahrmarkt. Rund 80 Tonnen der würzigen Knollen werden in der Regel an diesem Tag umgesetzt. Bäuerinnen haben sie zu schönen, farbenprächtigen Zöpfen geflochten. In den Gaststätten herrscht der Duft von frischen Zwiebeln, serviert werden Zwiebel- und Käsekuchen, Zwiebelsuppe und Zwiebelmus.

Ausflüge in die Umgebung

Bütschelegg

Hier hinauf bringen Berner ihre Gäste aus dem Ausland. Auf der Bütschelegg genießt man eine **Rundsicht** auf die grandiose Berner Alpenkette, den Thunersee, die Freiburger Voralpen, den Jura mit seinen drei vorgelagerten Seen, in die Hügel des Emmenthals und in die Ostalpen.

● Von Bern nach Kehrsatz (Richtung Belp) fahren, rechts nach Zimmerwald abbiegen und vor Riggisberg wiederum rechts hochfahren. Vom Parkplatz noch fünf Minuten wandern.

Köniz

Die im Berner Vorort Köniz gelegene **Kirche Peter und Paul** ist eine Gründung der Augustiner Chorherren und älter als die Stadt Bern. 1226 wurde das Stift dem Deutschen Orden übergeben, was die hochwertigen Kunstwerke in der Kirche erklärt, insbesondere der wertvollen Chorglasfenster aus dem 14. Jh.

● Man erreicht die Kirche mit dem Bus Richtung Köniz/Schliern oder mit der S-Bahn Nr. 2 Richtung Schwarzenburg (Bahnhof Köniz).

Herzwil

Der kleine Weiler im Süden von Bern, unweit von Köniz, hat eines der schöneren Ortsbilder der Schweiz. In Herzwil befand sich einst ein römischer Gutshof, später eine alemannische Siedlung. Die heutige Bausubstanz stammt aus dem 17. und 18. Jh.: besonders schöne Speicher und Häuser mit reicher Schnitzornamentik, Klötzchenfries, Malereiresten, z.T. mit barocken Gärten.

● Mit dem Auto über Köniz, Richtung Schwarzenburg, in Gasel rechts abzweigen. Mit der S-Bahn Nr. 2, Richtung Schwarzenburg, Haltestelle Moos oder Gasel.

Schwarzenburgerland

Das Schwarzenburgerland ist das **Naherholungsgebiet** der Stadtberner an den Hängen der Freiburger Voralpen. Zusammen mit dem dahinter liegende Gantrischgebiet ist es ein beliebtes Wander- und Langlaufrevier. Auf dem Weg dorthin ist in Oberbalm eine der ältesten Wallfahrts-Kirchen des Bernerlandes mit Freskenfragmenten sehenswert. Vor Schwarzenburg steht auf einer kleinen Anhöhe links das Kirchlein Wahlern, ein bekanntes Kirchlein für Hochzeitspaare.

Borisried bei Oberbalm

Genf/Genève

↗XII/A3

Genf wird oft die Hauptstadt der Schweiz genannt, die Hauptstadt Bern ist viel weniger bekannt. Als europäische Zentrale vieler internationaler Organisationen ist Genf Standort wichtiger internationaler Konferenzen. Die Stadtgemeinde hat 180.000 die Agglomeration und der Kanton ca. 400.000 Einwohner. Es wird Französisch gesprochen, Englisch ist aber ebenso Umgangssprache und viele sprechen Deutsch.

Genf (französisch: *Genève)* liegt am äußerst westlichen Zipfel der Schweiz, wo die Rhone aus dem **Genfer See** fließt. Auf 375 M.ü.M. ist das Klima mild, die Temperatur liegt im Jahresmittel bei 10°C und im Sommer bei 23°C. Savoyer Alpen und Jura stoßen hier fast zusammen, nur getrennt durch das Flusstal. Auf einem linksufrigen Hügel neben dem Ausfluss aus dem See liegt die malerische Altstadt in strategisch günstiger Lage. Die neueren Stadtteile breiten sich in mehreren Ringen rund um den Kern und die westlichen Seeufer des Lac Lémans aus – eine beneidenswerte Lage am größten Alpensee im Anblick der Riesen um den Mont Blanc.

Rund um den See säumen schöne Promenaden, Parkanlagen, Villen und Schlösser die Ufer, wo die Reichen wohnen. Einige internationale Organisationen haben hier ihre Zentren. Im Südteil der Stadt, in den heute städtisch wirkenden Vororten bis weit über die französische Grenze hinaus, wohnen die vielen Beamten und Angestellten, die in der geschäftigen, lebendigen, sehr internationalen Stadt tagsüber ihren Geschäften nachgehen.

Obwohl der Stadtkanton mit 282 Quadratkilometern Fläche einer der kleinsten Kantone der Schweiz ist, gibt es **la campagne,** das ländliche Genf, mit Bauernhöfen und Winzerdörfchen. Mehr als 40 Gemeinden zählt der Kanton, einige sind typisch ländlich, fast verschlafen wie z.B. Perly. Dafür zieht sich die Stadt bis weit über die französische Grenze hinaus, nach Annemasse, Collonges und in das durch einen Zollvertrag mit Genf verbundene Pays de Gex, wo Tausende, die in Genf gut verdienen, wesentlich günstiger wohnen als in der teuersten Stadt der Schweiz.

Die landesweit höchste **Restaurantdichte** ist wohl auf die große Zahl internationaler Besucher und auf die Vielzahl der Messen, Kongresse und anderer Veranstaltungen zurückzuführen.

Das Wahrzeichen der Stadt ist ihr **Jet d'eau,** die 140 Meter hohe Wasserfontäne, die aus dem Hafen mit einer Geschwindigkeit von 200 km/h emporschießt. Große, kräftige Pumpen saugen das Seewasser an, ca. 500 Liter werden pro Sekunde in die Luft gespien. Bei ungünstigen Witterungsbedingungen, v.a. bei starken Windböen, muss die Fontäne aus Sicherheitsgründen manchmal abgestellt werden.

Nicht nur bedeutende weltpolitische Konferenzen fanden hier statt, sondern auch tragische Todesfälle brachten Genf immer wieder in die **Schag-**

zeilen der Weltpresse: Am 10. September 1898 wurde *Sissi,* die österreichische Kaiserin und Gemahlin *Franz Josefs* vom italienischen Anarchisten *Luigi Lucheni* erstochen, als sie gerade ein Schiff besteigen wollte. Sie starb im Hotel Beau-Rivage am Quai des Mont-Blancs. Hier fand im November 1987 in einer Badewanne auch *Uwe Barschel,* der ehemalige schleswig-holsteinische Ministerpräsident, ein gewaltsames Ende.

Geschichte

„Es gibt fünf Teile der Welt: Europa, Asien, Amerika, Afrika und Genf"

Talleyrand, während des Wiener Kongresses, 1815

Genf führt einen Adler und den goldenen Schlüssel St. Peters in seinem Wappen. Dies zeigt seine Doppelstellung in der Zeit vor *Calvin.* Schon die **Römer** bauten hier eine Stadt, die *Caesar* 58 v. Ch. vor anrückenden Helvetern verteidigen muss. Sie ist kurz Hauptstadt Burgunds, Bischofssitz und dann Teil des Merowinger und Karolinger Reichs. Wieder reichsfrei wird Genf bis zur Reformation von den Bischöfen regiert.

Die Stadt verstand es, sich vor habgierigen Nachbarn durch geschickte Koalitionspolitik zu schützen. Bedrohlich waren die Herzöge von Savoyen, die vom 13. bis 17. Jahrhundert immer wieder versuchten, die Stadt zu unterwerfen. In Zeiten großer Gefahr kamen die Eidgenossen, v.a. Berner und Freiburger, mehrmals zu Hilfe.

Die **Reformation** siegt 1535. *Calvin* lässt sich hier nieder und ab 1550 findet eine große Zahl reformierter Flüchlinge Asyl. Genf gilt bald als das „protestantische Rom". Die protestantische Akademie, Vorläuferin der heutigen Universität wird 1559 gegründet. Die Flüchtlinge geben der Wirtschaft entscheidende Impulse. 1602 versuchen die Savoyer über Leitern die Stadtmauern zu bezwingen, doch die Attacke schlägt fehl. Am 11. und 12. Dezember jeden Jahres wird noch heute der Sieg der Genfer mit der **Escalade** gefeiert, dem wichtigsten historischen Fest der Genfer.

Als der „Sonnenkönig" die französischen Protestanten weiter unter Druck setzt, kommt am Ende des 17. Jh. ein neuer großer **Flüchtlingsstrom** in die Stadt. *Rousseau* wird hier 1712 geboren, *Voltaire* wohnt 1758 bis 1778 in der Region, *Horace-Bénédict de Saussure,* der bedeutende Geologe, ist nur einer unter vielen Wissenschaftern von Weltruf. Die Banken, der Handel und eine von den Flüchtlingen maßgeblich geprägte Industrie, v.a. das Uhrenhandwerk, florieren. Wichtige Verlage und Druckereien verbreiten ihre Werke in der ganzen Welt.

Doch auch Genf wird von der **Revolution** erfasst. Bereits 1792 wird das aristokratische Regime weggefegt. 1798 wird Genf in das revolutionäre Frankreich als Hauptstadt des Départements Léman eingegliedert.

1813 erlangt es seine Freiheit wieder und wird 1815 auf eigenen Wunsch **Kanton der Eidgenossenschaft.** 1846 wird in einer von *James Fazy* angeführ-

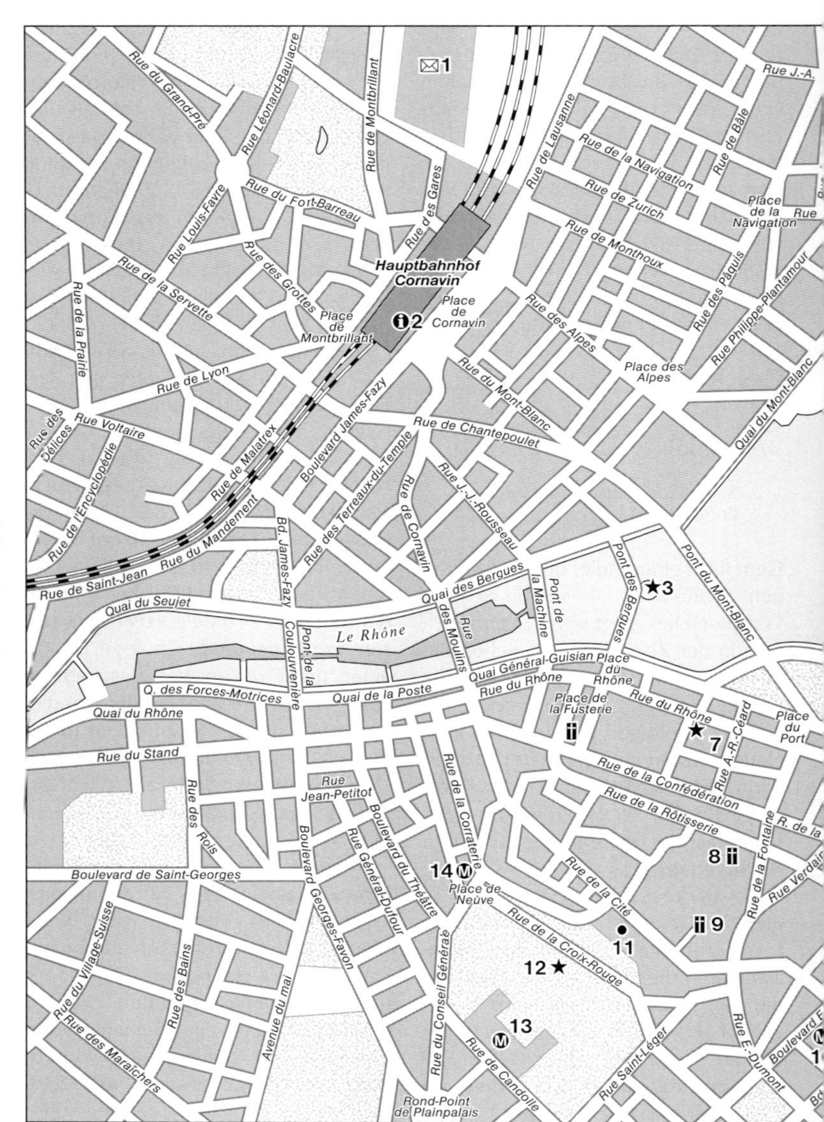
Hauptbahnhof Cornavin
Place de Cornavin
Place de Montbrillant
Rue du Grand-Pré
Rue Léonard-Baulacre
Rue de Montbrillant
Rue des Gares
Rue du Fort-Barreau
Rue Louis-Favre
Rue des Grottes
Rue de la Servette
Rue de la Prairie
Rue de Lyon
Rue des Délices
Rue Voltaire
Rue de l'Encyclopédie
Rue de Malatrex
Rue du Mandement
Rue de Saint-Jean
Boulevard James-Fazy
Bd. James-Fazy
Rue des Terreaux-du-Temple
Rue de Cornavin
Rue J.-J.-Rousseau
Rue de Chantepoulet
Rue du Mont-Blanc
Rue des Alpes
Place des Alpes
Rue de Lausanne
Rue de la Navigation
Rue de Zurich
Rue de Monthoux
Rue des Pâquis
Rue de Bâle
Place de la Navigation
Rue J.-A.
Rue Philippe-Plantamour
Quai du Mont-Blanc
Pont du Mont-Blanc
Pont des Bergues
Pont de la Machine
Quai des Bergues
Quai du Seujet
Le Rhône
Coulouvrenière
Pont de la
Rue des Moulins
Quai Général-Guisian
Place du Rhône
Q. des Forces-Motrices
Quai de la Poste
Quai du Rhône
Rue du Rhône
Place de la Fusterie
Place du Port
Rue A.-R.-Céard
Rue de la Confédération
Rue de la Rôtisserie
R. de la
Rue de la Fontaine
Rue Verdaine
Rue du Stand
Rue Jean-Petitot
Rue des Rois
Rue de la Corraterie
Boulevard du Théâtre
Rue Général-Dufour
Boulevard Georges-Favon
Boulevard de Saint-Georges
Place de Neuve
Rue de la Cité
Rue de la Croix-Rouge
Rue du Village-Suisse
Rue des Bains
Avenue du mai
Rue des Maraîchers
Rue du Conseil Général
Rue de Candolle
Rond-Point de Plainpalais
Rue Saint-Léger
Rue E.-Dumont
Boulevard
1
2
3
7
8
9
11
12
13
14

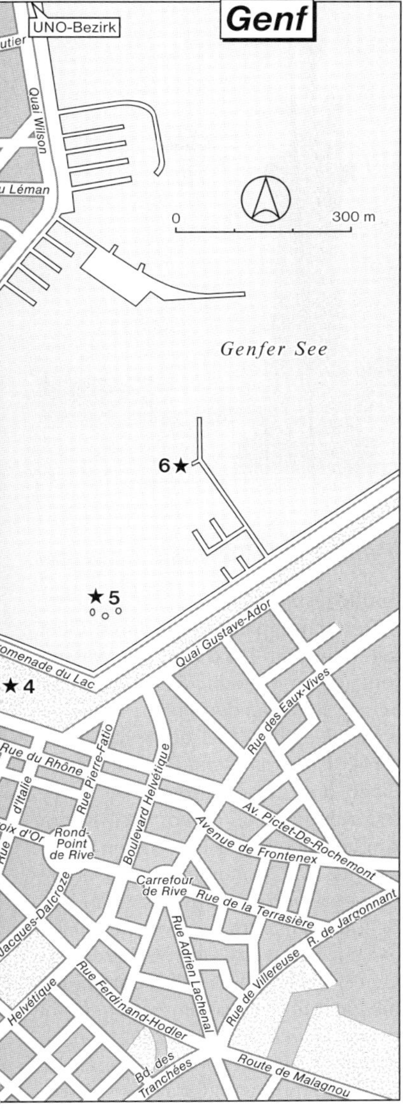

- ✉ 1 Hauptpost
- ℹ 2 Touristeninformation
- ★ 3 Rousseau-Inselchen mit Rousseau-Denkmal
- ★ 4 Jardin Anglais (Englischer Garten) mit Monument National und Blumenuhr
- ★ 5 Pierre du Nitons (Neptunsteine)
- ★ 6 Jet d'Eau (Wasserfontäne)
- ★ 7 Tour du Molard (Molardturm)
- 8 Église de la Madeleine
- 9 Kathedrale St. Pierre
- Ⓜ 10 Musée d'Art et d'Histoire (Kunst- und Archäologiemuseum)
- • 11 Hôtel de Ville (Rathaus)
- ★ 12 Monument de la Réformation (Reformationsdenkmal)
- Ⓜ 13 Universität mit Universitätsbibliothek und Museum der Reformation
- Ⓜ 14 Musée Rath und Grand Théâtre

ten Revolte das Restaurationsregime fortgejagt. Der Kanton Genf gibt sich eine neue, noch heute gültige Verfassung.

Die radikale Schweiz der zweiten Hälfte des 19. Jh. zieht eine Vielzahl von Flüchtlingen aus ganz Europa an, *Lenin* weilt z.B. 1903–05 in Genf, dann wieder 1908. Parallel dazu wird Genf die Stadt der **internationalen Organisationen.** *Henri Dunant,* ein gescheiterter Genfer Kaufmann, gründet 1864 das Internationale Komitee vom Roten Kreuz IKRK und nach dem Ersten Weltkrieg wird Genf Sitz des Völkerbunds. Die Nachfolgeorganisation, die UNO, wird nach New York transferiert, Genf bleibt europäischer Sitz. Mehrere Dutzend andere internationale Organisationen lassen sich hier nieder. Das Internationale Arbeitsamt ILO, die Welthandelsorganisation GATT/WTO, die Weltgesundheitsorganisation WHO/OMS, der Ökumenische Rat der Kirchen COE und das europäische Kernforschungszentrum CERN sind nur einige der wichtigsten. Genf wird zu einer Weltstadt, *la plus petite des grandes capitales* (die kleinste der großen Kapitalen), kosmopolitisch und international mit einer Bevölkerung von mehr als 50 % Ausländern aus allen Winkeln des Globus.

043ch Foto: ge

Jet d'eau, die Wasserfontäne, das Wahrzeichen Genfs

Stadtrundgänge

Südliches Seeufer

Der erste Spaziergang durch Genf gilt meist dem **Jet d'eau,** der Wasserfontäne im Hafenbecken der Stadt. Schön sieht man die Fontäne vom südlichen Seeufer *(Rive Gauche)* aus.

Hier kann man vom Pont du Mont-Blanc, dem Ausgangspunkt der meisten Rundgänge, durch den **Jardin Anglais,** den Englischen Garten flanieren, wo das Monument National mit Helvetia- und Genevafiguren an den Beitritt Genfs zum Bund erinnern. Hier ist auch das zweite Wahrzeichen Genfs, die berühmte **Blumenuhr,** die, mit fünf Metern Durchmesser, geformt durch etwa 6500 Pflanzen, je nach Saison immer wieder anders aussieht. Vom Park und vom Quai aus sind die beiden **Neptunsteine** *(Pierre du Niton)* zu sehen, zwei erratische Blöcke, die aus dem Wasser ragen.

Dem Quai entlang geht es bis zur Fontäne und weiter zum **Parc de la Grange** (Rosengarten) und dem **Parc des Eaux-Vives,** beides bemerkenswerte alte Parkanlagen. Genf besitzt die größte Grünfläche aller schweizerischen Städte. In einigen Parks finden im Sommer Platzkonzerte statt.

Wer im See baden will, geht weiter bis zum Jachthafen und zur öffentlichen, an warmen Tagen sehr belebten **Badeanstalt Genève-Plage.**

Altstadtbummel – Vieille Ville

Dieser Bummel kann auch geführt unternommen werden (siehe „Praktische Tipps"). Start kann die Pont de l'Ile sein. Von dort geht man direkt über die Rue de la Cité zur Grand Rue in der Altstadt.

Wer mehr Zeit hat, kann vom Pont du Mont Blanc rechtsufrig bis zum **Pont des Berges** gehen, einer Brücke, die über die Rhone und zu einem kleinen Flussinselchen führt, wo seit 1834 das Standbild des vielleicht berühmtesten Bürgers der Stadt, *Jean Jacques Rousseau,* steht.

Auf der nachfolgenden Place de la Fusterie, zwischen Rhone und Rue du Marché, erhebt sich in der Mitte des Platzes der **Temple de la Fusterie,** 1713–15 klassizistisch erbaut, jetzt als ökumenisches Zentrum genutzt.

Einen Straßenzug weiter Richtung Westen findet man an der Place du Molard den 1591 erbauten und seither mehrmals erneuerten **Tour du Molard.** Am Turm befindet sich ein 1920 angebrachtes Flachrelief: *„Genève, Cité de Refuge"* (Genf-Stadt der Zuflucht).

Vom Place Bel Air gegen Osten verläuft ein langer, „Rues Basses" genannter Straßenzug bis zum Carrefour de Rive. Er trennt das Seeufer und die neuere Stadt von der eigentlichen Altstadt. Der Straßenzug hieß zuerst „Rue du Marché", dann „Rue de la Croix d'Or" und anschließend „Rue de Rive" und „Cours de Rive" und ist heute das **Hauptgeschäftsviertel** der Stadt mit den schönsten, aber auch entsprechend teuren Auslagen.

Man quert die Rue du Marché und befindet sich nun in der eigentlichen Altstadt mit vielen kleinen Altstadtgässlein zum Flanieren. Die Rue de la Fontaine hochsteigend, quert man die Rue de la Madeleine mit der Eglise de la Madelaine.

Am **Place du Bourg-de-Four,** im Mittelalter der Marktplatz, sind Cafés und Kunsthandlungen zu finden, umsäumt von alten Häusern mit Antiquitätengeschäften.

Der **Palais de Justice** wurde 1707–12 gebaut und war ehemals ein Spital. Auf dem höchsten Punkt der Altstadt erhebt sich die **Kathedrale St. Pierre,** die nach der Reformation „Temple de St. Pierre" genannt wurde. Die Kathedrale wurde in der zweiten Hälfte des 12. Jh. als Bischofskirche gebaut und um 1230 vollendet. Sie ist von südfranzösisch-frühgotischem Stil mit romanischen Elementen und einer etwas erstaunlichen klassizistischen, an das Pantheon in Paris erinnernden Fassade von 1749–56 mit korinthischen Säulen geprägt. *Benedetto Alfieri* baute 1752 diese Fassade, um den Einsturz der früheren, gotischen Westfassade zu verhindern. Die ursprünglichen, nicht vollendeten Haupttürme wurden im 13. Jh. gebaut, der Nordturm im 19. Jh. erhöht, der metallene Spitzturm wurde 1895 aufgesetzt. Das uneinheitliche Äußere wird im Innern zum Glück nicht fortgesetzt. Calvinistisch schlicht, ja streng, erstreckt sich ein dreischiffiges Langhaus, welches im letzten Drittel in ein schmales Schiff mit halbrundem Chor ohne Umgang mündet. Unter dem fünften Joch ist ein sehr schönes gotisches Chorgestühl, im linken Seitenschiff direkt vor der Vierung der Kirchenstuhl *Calvins* und in der ersten Kapelle rechts vom Chor das Grabmal des *Ducs de Rohans,* des Anführers der französischen Calvinisten in der Zeit *Heinrich IV.* und *Ludwigs XIII.* Man beachte die 1406 angebaute Kapelle des Makabäers, *Chapelle des Maccabées,* welche besonders schöne Fenster aufweist und im 19. Jh. neu dekoriert wurde. Vom Nordturm begeistert ein sehr schöner Blick über Stadt, den See und die Berge.

Gleich neben der Kathedrale findet man südlich den **Temple de l'Auditoire,** die ehemalige Kirche Notre-Dame-la-Neuve, eine Anfang des 13. Jh. gebaute Kirche, in welcher *Calvin, Beza* und auch der schottische Reformator *John Knox* gepredigt haben sollen.

Vor der Westfassade der Chapelle des Macabées führt eine Treppe zu einer **Ausgrabungsstätte,** in der man, unter der heutigen Kathedrale, Bauruinen aus zwei Jahrtausenden entdeckt. Besonders bemerkenswert ist der Empfangssaal mit Mosaikfußboden einer Vorgängerkirche aus dem 5. Jh. Man kann ein kleines Museum mit Grabungsfunden und eine Diaschau zur Christianisierung der Gegend besuchen.

Westlich der Kathedrale führt von der Cour St. Pierre die Rue du Soleil Levant zum **Maison Tavel,** dem ältesten Haus Genfs, das nach dem großen Stadtbrand von 1334 wieder aufgebaut wurde. Man beachte die von Tier- und Menschenmaskenköpfen geschmückten Fensterfassaden. Über einem Fenster im Erdgeschoss befindet sich das Wappen der Familie *Tavel.* Im Haus eine lokalhistorische Sammlung des politischen und religiösen Lebens der Stadt vom Mittelalter bis zur Neuzeit. Im Dachstock ein bemerkenswertes Relief, das die Stadt 1850 zeigt.

Folgt man der kurzen Rue du Puits St. Pierre, so gelangt man auf die enge **Grand Rue,** eine der besterhaltenen Straßen Genfs, voller Kunst-, Antiquitäten- und Buchantiquitätengeschäfte. Im Haus Nr. 40 wurde *J. J. Rousseau,* im Haus Nr. 27 der Schauspieler *Michel Simon* (Film: „Le Train"/Der Zug) geboren. Bemerkenswert ist auch die Nr. 15 von 1693 und Haus Nr. 11 von 1743. Links, an der Place du Grand-Mézel, befand sich bis 1488 das jüdische Getto.

Am Westende der Grand Rue biegt man links in die **Rue des Granges** ein, an der sich schöne klassizistische Häuser aus dem 18. Jh. befinden. Im Hôtel de Sellon (Nr. 2) ist das Musée Fondation Zoubov angesiedelt. Die gedrungene Kirche St. Germain wurde 1460 gebaut. Der Turm stammt aus dem 14. Jh. Die Kirche hat einen breiten Saal mit polygonalem Chor.

Am Ende der Straße, praktisch wieder auf der Höhe der Kathedrale, stößt man auf das **Hôtel de Ville,** das Rathaus, das im Wesentlichen aus dem 16. und 17. Jh. stammt und Spätrenaissancefassaden aufweist. Das Haus ist Sitz der Kantonsregierung. Beachtenswert sind die Rampen. Sie wurden für Sänftenträger und Reiter stufenlos gebaut! In der aus dem 15. Jh. stammenden Tour Baudet befindet sich das Staatsarchiv, im Erdgeschoss des südöstlichen Flügels der Alabama-Saal, in dem am 22.8.1864 die Rot-Kreuz-Konvention (Genferkonvention) unterzeichnet wurde.

In der Rue de la Cité Nr. 24 steht das 1712 von *Joseph Abeille* gebaute **Haus de Saussure,** ein Privathaus im Stil *entre cour et jardin.* Der Haupttrakt weist schmale Seitenflügel auf, die Hof- und Gartenfassaden sind stark gegliedert.

Südwestlich des Rathauses erstreckt sich die ehemalige **Stadtmauer.** In der hier im 18. Jh. angelegten öffentlichen Anlage, angebaut an ein altes Stück Stadtmauer, befindet sich das **Monument de la Réformation,** das 100 Meter lange Reformationsdenkmal mit den Statuen von *Calvin, Farel, Bèze* und *Knox.* Weitere Figuren, Texte und Flachreliefs verdeutlichen die Reformation. Auch *Luther* und *Zwingli* haben hier einen Gedenkstein. Die Wappentiere Genfs (Adler), Berns (Bär) und Schottlands (Löwe) verweisen auf die Hochburgen der Reformation.

Nordwestlich der Promenade des Bastions trifft man auf die **Place Neuve** mit einem großen Reiterdenkmal des genferischen Oberbefehlshabers der eidgenössischen Truppen im Sonderbundskrieg 1848, General *Henri Dufour,* der die ersten schweizerischen Landkarten, die „Dufourkarten" schuf.

Auf der Nordseite des Platzes steht das Musée Rath, ein im 19. Jh. neugriechisch erbautes **Kunstmuseum.** Daneben das 1874–79 erbaute **Grand Théatre** (Opernhaus) und das **Konservatorium.**

Südlich der Parkanlage Promenade des Bastions findet sich die **Universität** mit der Universitätsbibliothek im Ostflügel (1,2 Milionen Bände, Dokumente, Handschriften, Manuskripte zur Reformationsgeschichte, Erinnerungen an *J. J. Rousseau,* im Saal Ami-Lullin einsehbar) und dem Musée d'Histoire Naturelle (das Naturhistorische Museum) im Westflügel.

Internationales Viertel

Falls das Wetter nicht zu einem längeren Fußmarsch das Seeufer entlang ermuntert, kann man die Sehenswürdigkeiten des internationalen Genfs auch mit öffentlichen Verkehrsmitteln, mit einem (teuren) Taxi, Mietwagen oder mit einer der für Touristen organisierten Gruppentour besuchen. Oder man nehme eines der Schiffs-Taxis, *Mouette* (Möve) genannt, die das Seeufer entlang fahren.

Angenehm ist ein Spaziergang auf dem mondänen **Quai du Mont Blanc,**

Henri Dunant und das Rote Kreuz

Henry Dunant wurde am 8. Mai 1828 im calvinistischen Genf geboren. Als Kaufmann und Bankier befasste er sich mit einem Getreidemühlen-Projekt in Algerien, das bei der französischen Verwaltung auf Widerstand stieß. Im Juni 1859 reist Dunant nach Solferino, um *Napoleon III.* um Intervention zugunsten seines Vorhabens in Algerien zu bitten. So gerät er am 24. Juni – überraschend und ungeplant – mitten in die **Schlacht bei Solferino.** Südlich des Gardasees kämpfen französische und italienische Truppen gegen die österreichische Armee, die vom jungen Kaiser *Franz Joseph I.* persönlich kommandiert wird. Die Österreicher verlieren die Schlacht. Tausende Tote und Verwundete bleiben unversorgt auf dem Schlachtfeld zurück. Unter dem Eindruck der Tragödie organisiert Dunant sofort erste Hilfe, zusammen mit den Frauen von Solferino und Castiglione. Das Besondere daran: Es werden auch die Österreicher versorgt, die als Besatzer keinen guten Ruf hatten. Der Wahlspruch ist: *Tutti fratelli* – alle sind Brüder.

Zurück in Genf veröffentlicht Henry Dunant das Buch „Eine Erinnerung an Solferino". Er schlägt darin vor, dass man in Friedenszeiten freiwillige Hilfsgesellschaften gründen soll, die im Krieg und bei Katastrophen für Verwundete und Verletzte sorgen. Diese Hilfe soll in einer internationalen Konvention geregelt werden, die Helfer und Opfer sollen als „neutral" gelten. Als Zeichen für dieser Hilfsgesellschaften wird – zu Ehren der Heimat Dunants – bald das „Rote Kreuz" gewählt: die umgedrehten Farben der Schweizer Fahne.

Unter dem Zeichen des roten Kreuzes auf weißem Grund (später auch unter dem roten Halbmond) arbeiten heute 171 nationale Gesellschaften auf der ganzen Welt. Basis ihrer Tätigkeit sind die **Genfer Abkommen,** die Dunant vorgeschlagen und initiiert hat.

Dunant selbst erleidet mit seinem Getreideprojekt in Algerien Schiffbruch und geht in Konkurs. Er wird von seinen Gläubigern durch Europa gehetzt und lässt sich schließlich in einem Altenheim in Heiden am Bodensee nieder. Dort entdeckt ihn ein Journalist: „Der Gründer des Roten Kreuzes lebt!" Plötzlich kümmert sich die ganze Welt um ihn und 1901 erhält er den **ersten Friedensnobelpreis.** Henry Dunant stirbt 1910 und wird auf eigenen Wunsch in Zürich begraben. Er ist nie mehr nach Genf zurückgekehrt.

044ch Foto: ml

zwischen dem Pont du Mont Blanc und der Hafenmole Jetée du Pâquis, wo sich ein öffentliches Bad und ein Leuchtturm befinden. Hier hat man einen schönen Blick über den See auf die französischen Alpen.

Dann geht es dem nachfolgenden Quai Wilson entlang. Hinter dem **Palais Wilson,** wo 1925–36 der Völkerbund tagte, erreicht man die prächtigen Parks Mon Repos und La Perle du Lac mit dem Musée d'Histoire des Sciences (Museum der Wissenschaftsgeschichte). Hinter dem Parc Villa Barton ist am See das Hauptquartier des **GATT.** Dahinter, auf der anderen Seite der Hauptstraße, befindet sich die ausgedehnte Parkanlage mit dem Conservatoire Botanique (Fachbibliothek, Herbarium) und dem Jardin Botanique (exotische Pflanzen, Alpinum, kleines Tiergehege).

Dahinter liegt das **Palais des Nations,** der ehemalige Völkerbundpalast und das heutige europäische Hauptquartier der UNO. Das Gebäude wurde 1929–36 gebaut und 1973 ein moderner Seitenflügel angefügt. Das Terrain ist exterritorial, mit Rechts-, Steuer-, Zoll- und Postautonomie. Die Außenanlage beeindruckt durch die Dimension und die schöne Parkanlage. Von der Terrasse auf dem obersten Stock hat man einen hervorragenden Blick auf See und Alpen.

Im Innern befinden sich 30 Konferenzsäle und mehr als 1000 Büros. Eine (geführte) Besichtigung des Salles des Pas Perdus (Marmor aus allen Mitgliedsländern, des 2000 Personen fassenden Salle des Assemblés und des Salle des Conseils (Spanischer Saal) ist empfehlenswert. Die Führung endet mit einer Filmvorführung über die Rolle der UNO. In einem Seitentrakt befindet sich die von *J. D. Rockefeller* gestiftete Bibliothek und das Briefmarkenmuseum mit Marken der Vereinten Nationen. Im Goldenen Buch des Friedens kann man mit einem Eintrag sein Engagement für den Frieden bekunden.

Auf der Seeseite, zwischen den Flügeln des Haupttrakts gelangt man zum Ehrenhof, der allmählich in den Park übergeht. Auch hier genießt man einen schönen Blick auf See und Berge. Auf dem Hof findet sich die bekannte Armillarsphäre, eine bronzene Kugel mit vergoldeten Tierkreiszeichen, ein Geschenk der USA. In der Nähe ist das Geschenk des großen Konkurrenten – das hochaufragende Weltraumdenkmal, gestiftet von der Sowjetunion.

Hinter dem Völkerbundpalast befindet sich das 1879–84 gebaute Musée Ariana (Fayence/Porzellan). Etwas oberhalb des Palastes ist neben der Hotelfachschule in der hübschen Villa Vieux-Bois das Zentrum des **IKRK** untergebracht und noch weiter nach hinten versetzt die großen Komplexe der Weltgesundheitsorganisation **WHO,** des Internationalen Arbeitsamts **ILO** (beachtlicher Neubau 1969–73 von *Beaudoin, Camenzind* und *Nervi)* und das **Ökumenische Zentrum,** in dem der Ökumenische Rat der Kirchen, der Lutherische Weltbund, der Reformierte Weltbund und andere nicht-katholische christliche Verbände ihren Sitz haben.

045ch Foto: am

Die große Segelregatta am Bol d'Ór

Praktische Tipps

Information

- **Genève Tourisme,** 18, Rue du Mont-Blanc, Aéroport, Ankunftshalle, 1211 Genève, Tel. 022/717 80 83, 022/909 70 00, Fax 022/909 70 11, www.geneve-tourisme.ch

Stadtführungen

- Ab Mitte Juni bis Ende September gibt es offizielle Führungen durch die **Altstadt.** Die Touren dauern zwei Stunden und starten beim Verkehrsbüro (außer So).

Service

- **Notruf:** 112.
- **Krankenhäuser:** Clinique des Grangettes, ch. des Grangettes 7 Genève, 1224 Chêne-Bougeries, Tel. 022/305 01 11; Clinique de Carouge, av. Cardinal-Mermillod 5 Genève, 1227 Carouge, Tel. 022/309 46 46.
- **Hauptpost:** rue du Mont-Blanc 18, Tel. 022/739 20 84.
- **Hauptbahnhof:** Tel. Railservice 0900 300 300 (sFr. 1,19 pro Minute).
- **Busse:** ab Hauptbahnhof Cornavin, Tel. 022/308 33 11, www.tpg.ch
- **Flughafen:** Zum bzw. vom Flughafen in die Stadt kann man mit dem Taxi, der Eisenbahn (Züge zum Hauptbahnhof Cornavin im Zentrum) und den Bussen der Transport Public Genevois fahren (Linie Nr. 10 zum Hauptbahnhof, Line Nr. 18 zum UN-Hauptquartier, ein 1-Stunden-Ticket kostet sFr. 2,20).
- **Taxis:** am Hauptbahnhof und allen wichtigeren Plätzen, Taxiphone: 022/33 141 33.
- **Schifffahrt auf dem Genfersee:** Direktion CGN, 17, av. de Rhodanie, CP 116, 1000 Lausanne 6, www.cgn.ch/D, Reservierung Tel. 0848 822 848, Informationen Tel. 0848 811 848.

Unterkunft

Oft ist es schwierig, in der internationalen Stadt überhaupt ein Zimmer zu finden. Man buche möglichst frühzeitig. Im Notfall weiche man auf das oft günstigere waadtländische Ufer aus, auf die französische Seite, nach Annemasse oder ans Südufer des Genfersees.

- **Des Bergues*******, 33, Quai des Bergues, 1201 Genève, www.hoteldesbergues.com, Tel. 022/908 70 00, Absolutes Spitzenhotel, 105 Zimmer, 18 Suiten, direkt am Quai des Bergues, 165-jährige Geschichte, gutes Restaurant „L'Amphitryon", gutes Bistro „Le Pavillon", Sommerterrasse, DZ ab sFr. 550.
- **Beau-Rivage*******, 13, Quai du Mont-Blanc, 1201 Genève, Tel. 022/716 66 66, www.beau-rivage.ch. Geschichtsträchtiges Grand-Hotel, 90 Zimmer und sieben Suiten direkt am Seequai, die meisten mit schönem Blick. Baujahr 1865, gutes Restaurant „Le Chat Botté", gutes Thai-Restaurant, DZ ab sFr. 560.

●**Les Armures****** 1, Rue du Puits-Saint-Pierre, 1204 Genève, Tel. 022/310 91 72. Bei der Kathedrale St. Pierre gelegenes elegantes Hotel. Gebäude aus dem 17. Jh. mit 28 schönen Zimmern. DZ sFr. 455.

●**L' Auberge d'Hermance,** 12, Rue du Midi, 1248 Hermance, Tel. 022/751 13 68, www.hotel-hermance.ch. 14 Kilometer vom Zentrum Genfs, am Südufer des Genfersees nahe der französischen Grenze. Inmitten des mittelalterlichen Dorfs nahe am See. Im Sommer schöne Terrasse. Gute Küche. Fünf Zimmer mit Bad/WC. DZ sFr. 210 bis 350 inkl. Frühstücksbuffet.

●**Hotel Bel-Espérence**** (Heilsarmee), 1, Rue de la Vallée, 1204 Genève, Tel. 022/818 37 37, www.hotel-bel-esperance.ch. Bus 8, Tram 12, Longemalle Platz, drei Stationen vom Bahnhof. 40 zweckmäßig eingerichtete Zimmer mit ein bis vier Betten. Sicht auf die Kathedrale St. Pierre. Kein Alkohol! Nichtraucherzimmer möglich. DZ sFr. 130/170, 3-Pers.-Zimmer sFr. 150/180.

●**Hôtel IBIS Centre-Gare****, 10, Rue Voltaire, 1201 Genève, Tel. 022/338 20 20, Fax 022/338 20 30, www. accorhotels.com. Typisches IBIS-Hotel. Nahe Bahnhof. DZ mit Frühstück sFr. 125 bis 129. (Nahe Genf gibt es ein weiteres IBIS, in dem man für 47 bis 56 € übernachten kann.)

●**Mon-Repos,** 131, Rue de Lausanne, 1202 Genève, Tel. 022/909 39 09. Nahe See gegenüber Park Mon Repos, 85 komfortable Zimmer, preiswerte, gute Küche, DZ sFr. 226.

●**Hôtel Pax****, 68, Rue du 31-Décembre, 1207 Genève, Centre-Rive Gauche (Eaux-Vives). Hotel garni mit 32 Zimmern in altem Wohnquartier nahe dem See. Tram 12, Station Chemin de Roches. Geräumige Zimmer zum Hof, ruhig. DZ mit Bad/Dusche und WC sFr. 145.

●**Hôtel Luserna****, 12, Avenue de Luserna, 1203 Genève, www.hotel-luserna.ch, Tel. 022/345 46 76. Hotel in ruhiger Lage zwischen dem Hauptbahnhof und dem internationalen Flughafen. Kleiner öffentlicher Park, für Kinder geeignet, Garten, umgeben von hundertjährigen Bäumen. DZ mit D/WC sFr. 140.

●**Hôtel de la Tourelle,** 1222 Vésenaz, Tel. 022/752 16 28. 23 saubere einfache Zimmer, sFr. 100 bis 190.

●**Hôtel Strasbourg,** 10, Rue Pradier, 1201 Genève, Tel. 022/906 58 00. Nähe Bahnhof, trotzdem relativ ruhig, 52 neu renovierte Zimmer, DZ sFr. 215, inkl. Frühstück.

Hostel, Jugendherberge:

●**City Hostel Geneva,** 2, Rue Ferrier, 1202 Genève, www.cityhostel.ch, Tel. 022/901 15 00. Herberge ca. 500 Meter vom Hauptbahnhof. DZ Eco sFr. 75, DZ mit TV sFr. 82, Mehrbettzimmer ab sFr. 24 p.P. (Schlafsack mitbringen), Schließfächer und WC/Duschen im Korridor. Kein Frühstück, nur Nichtraucher-Zimmer, 5 % Vergünstigung für VIP Karteninhaber/Mitglieder. Bettwäsche sFr. 3.

●**Jugendherberge,** 30, Rue Rothschild, 1202 Genève, www.yh-geneva.ch, Tel. 022/732 62 60. Im Stadtzentrum „Pâquis", unweit Hauptbahnhof. 350 Betten, 2- bis 6-Bett-Zimmer, einige mit Duschen/WC, WC/Lavabo, Duschen/Haartrockner, Einrichtungen für Behinderte, Restaurant, Aufenthaltsraum, Spielecke für Kinder, Internet, sFr. 25 p.P. im Schlafsaal, sFr. 80 für DZ mit D/WC, sFr. 70 für DZ mit WC.

Camping

●**Camping Pointe-à-la-Bise (TCS),** 19, Chemin de la Bise, 1222 Vesenaz, Tel. 022/ 752 12 96; www.tcs.ch. Offen: 7.4.–7.10., Bus E, am See, geschlossener Aufenthaltsraum, Kinderspielplatz und Spielmöglichkeiten, Toiletten und Duschen.

●**Camping du Bois-de-Bay,** 75, Route du Bois-de-Bay, 1242 Satigny, Tel. 022/341 05 05, Fax 022/341 06 06. Das ganze Jahr offen, Bus: S, Zug nach Satigny, Elektrizitätsanschlüsse, drei Mietwohnwagen, Spiele.

●**Camping du Val de l'Allondon,** 100, Route de l'Allondon, 1242 Satigny, Tel. 022/753 15 15. Geöffnet: 1.4.–31.10. Bus: W, Zug nach Satigny, warmes Wasser, Waschmaschine, Spiele.

●**Camping d'Hermance,** 44, Rue du Nord, 1248 Hermance. Bus W, Zug nach Satigny. Von April bis September geöffneter Campingplatz am äußersten Ende des Kantons vor der französischen Grenze bei einem kleinen mittelalterlichen Dorf.

Essen und Trinken

Wie es sich für eine Stadt dieses Formats gehört, gibt es in Genf und Umgebung fast unbegrenzte Möglichkeiten, um als Gourmet auf seine Rechnung zu kommen. Wer ausgezeichnet (wenn auch teuer) speisen will, kann dies z.B. in den oben erwähnten Hotel-Restaurants des Des Bergues und des Beau-Rivage tun oder auch in den durchweg überdurchschnittlichen Restaurants der Tophotels Intercontinental (Restaurant Les Continents, Michelin*), Mandarin Oriental (Restaurant Le Neptune, Michelin*) und Hilton (Restaurant Le Cygne, Michelin*). Daneben gibt es eine große Auswahl exzellenter bis guter Restaurants und Bistros:

- **Le Béarn,** (Michelin*), 4, Quai de la Poste, 1204 Genève, Tel. 022/321 00 28. Ausgezeichnetes, gediegenes Restaurant der Spitzenklasse, Sa/So und 16.7.–19.8. geschlossen.
- **Chez Jacky,** 9-11, Rue Necker, 1201 Genève, Tel. 022/732 86 80. Nahe Bahnhof, sehr schöne Terrasse, gute Küche, vernünftige Preise, Sa/So geschlossen.
- **Le Patio,** 19, Bvd. Hélvétique, 1207 Genève, Tel. 022/736 66 75. Am geschäftigen Boulevard, trotzdem ruhige Atmosphäre, gute Küche, vernünftige Preise, Sa/So geschlossen.
- **Le Saint-Germain,** 61, Bvd. de Saint-Georges, 1201 Genève, Tel. 022/328 26 24. Gutes Fischrestaurant, Sa/So geschlossen.
- **Roberto,** 10, Rue Pierre-Fatio, 1204 Genève, Tel. 022/311 80 33. Ein überdurchschnittlicher Italiener, nicht billig, Sa/So geschlossen.
- **Café Papon,** 1, Rue Henry-Fazy, Tel. 022/311 54 28. Schönes Restaurant im Rathaus, mitten in der Altstadt, angenehme Atmosphäre, Sa/so geschlossen.
- **Café Centre,** 5, Pl. Du Molard, 1201 Genève, Tel. 022/311 85 86, breites Angebot an zentralem Platz, Sa/So geschlossen.
- **Le Lacustre,** Quai Général Guisan, 1201 Genève, Tel. 022/312 21 13. Typische Brasserie mit Sicht auf die Rousseau-Insel. Bekannt für das Eglifilet *(Perche)*.
- **Sport's Palace,** 12, rue Michel-Servet, 1205 Genève, Tel. 022 789 14 19 und **Le Trois-Huit** (24 Std. offen), 140, Route de Thonon, 1222 Vésenaz/Genève, Tel. 022/752 38 08. Restaurants, die auch spät nachts geöffnet sind.

In der Umgebung:

- **Auberge du Lion d'Or,** (Michelin*), 5, pl. Pierre-Gautier, 1223 Cologny, Tel. 022/736 44 32. Spezialisiert auf Fisch. Hervorragende Küche, schöne Sicht auf Genf und den See. Im Bistro der Auberge kann man ausgezeichnet zu vernünftigen Preisen essen!
- **L'Ange du Dix Vins,** 31, Rue Jacques-Dalphin, 1227 Carouge, 022/342 03 18. Gutes Restaurant im Vorort Carouge.
- **De Gy,** Rte de Gy, 1251 Gy, Tel. 022/759 21 92. Einfache, aber sehr gute Küche und regionale Weine (z.B. „Ambassadeurt du Terroir").
- **Buffet de la Gare,** 25, rte de Founex, 1298 Céligny, Tel. 022/776 27 70. Ein typisches Buffet, wie es sie einst häufig gab. Gute Küche zu vernünftigen Preisen.

Einkaufen

Genf hat mehr als 3600 Geschäfte und gilt als eines der führenden Einkaufsparadiese der Welt – ein teures Pflaster allerdings, denn hier kauft man mit Ölscheichen, reichen Geschäftsleuten aus Osteuropa und Diplomaten aus aller Welt ein. Parfümerien und Kosmetikgeschäfte, Juwelier- und Uhrengeschäfte, schicke Mode- und Textilboutiquen, trendige Geschenkshops, Leder und Reiseartikel sowie gut sortierte Computer- und Elektronikgeschäfte gibt es zuhauf. Wer allerdings günstige Gelegenheiten sucht, ist in Genf nicht gerade am richtigen Platz.

- **Haupteinkaufsstraßen** sind die schicken Rue du Rhône, die Rue du Mont-Blanc und der gleichnamige Quai, aber auch am Quai des Bergues oder an der Rue de la Croix d'Or gibt es einige sehr bekannte Adressen.
- **Märkte:** An der Place du Molard gibt es regelmäßig einen Blumenmarkt und am Place de la Madeleine einen Markt mit Kleidern und Büchern. Einen Büchermarkt gibt es auf dem Place de la Fusterie jeweils am Freitag. Auf der Plaine de Pleinpalais gibt es dienstags und freitags jeweils am Vormittag einen Früchte- und Gemüsemarkt, am Mittwoch- und Samstagmorgen findet hier ein *marché aux puces,* ein Flohmarkt, statt.

Nachtleben

Am Abend ist es angenehm, in der Altstadt zu flanieren und an der Place du Bourg-du-Four ein Glas Wein zu trinken. Belebt sind das Mortimer oder die Terrasse des Clémence. Am rechtsufrigen Viertel zwischen Rhône und Hauptbahnhof findet man Brasserien, Bars, Kinos und Restaurants aller Art.

Dance Clubs und Discotheken:

●**Arthurs Club,** 20, Rte de Pré-Bois, 1215 Genève 15, Tel. 022/791 77 00.

●**Bagheera,** 5, rue Richemont, 1202 Genève, Tel. 022/732 67 10.

●**Bypass,** 3, rue du Marché, 1204 Genève, Tel. 022/810 07 20.

Cabarets:

●**Ba-ta-clan,** 15, rue de la Fontaine, 1204 Genève, Tel. 022/311 64 98.

●**Crazy Paradise,** 3, rue de la Rôtisserie, 1204 Genève, Tel. 022 310 29 39.

●**Moulin Rouge,** 1, Avenue du Mail, 1205 Genève, Tel. 022 329 35 66.

Kultur

Genf hat eine bedeutende Theaterproduktion, sowohl in den 40 Theatersälen als auch im Sommer auf Freilichtbühnen. Produktionen klassischer bis avantgardistischer Art werden in Französisch und Englisch angeboten. Einige Adressen:

●**Grand Théâtre,** Oper und Ballett, Reservation: Grand Théâtre de Genève, 11, Boulevard du Théâtre, 1211 Genève 11, Tel. 022/418 31 30.

●**Théâtre des Marionnettes de Genève,** 3, Rue Rodo, 1205 Genève, Tel. 022/418 47 77. Das Marionettentheater existiert seit 1929!

●**Nouveau Théâtre de Poche,** Büro: 4, Rue de la Boulangerie, 1204 Genève, Tel. 022/310 42, Theater: 7, Rue du Cheval-Blanc, 1204 Genève (Vieille-Ville), Tel. 022/310 37 59, www.regart.ch/poche. Kleinstes Theater Genfs (36 Quadratmeter Bühne, 120 Plätze) mitten in der Altstadt.

●Bedeutend ist in Genf das von *Ernest Ansermet* gegründete und zu einem der weltbesten Orchester aufgestiegene **Orchestre de la Suisse Romande** (OSR). Es spielt in Lausanne und Genf, hier meist im Grand Théatre. Informationen über das aktuelle Programm beim Touristenbüro.

●Genf hat über 30 Kinos, die amerikanische, französische und andere Filme zeigen. Im Sommer: **Cinélac** am Port Noir, ein Freiluftkino (Anfang Juli bis Ende August). Ab 18.6. kann man Billetts vorbestellen bei: FNAC, 16, Rue de Rive, Tel. 022/816 12 12, FNAC Centre Commercial Balexert, Tel. 022/979 44 44 oder www.cinelac.ch

Museen

Genf hat über 30 Museen. Sehenswert sind insbesondere die folgenden:

●**Site Archéologique de la Cathédrale Saint-Pierre** (Ausgrabungsstätte unter der Kathedrale), Cour Saint-Pierre, 1204 Genève. Tel. 022/310 29 29. Eine der größten Ausgrabungsstätten Europas unter der Kathedrale Genfs. Geschichte der Christianisierung der Region. Entwicklung der Bauten am Ort. Mosaiken (5. Jh.). Juni–Sept. Di–Sa 11–17 h, So 10–17 h, Okt.–Mai Di–Sa 14–17 h, So 10–12 und 14–17 h.

●**Musée de l'Ariana** (Porzellan/Keramik), Avenue de la Paix 10, 1202 Genève, Tel. 022/418 54 50. Das vom Mäzen *Gustave Revilliod* 1884 gegründete Ariana Museum, ein italienisches Pavillon, beherbergt eine außergewöhnliche Sammlung von Keramik, Glas und Porzellan von den Anfängen der Fayence in Mesopotamien bis zu Sonderausstellungen zeitgenössischer Keramik. Sitz der internationalen Akademie für Keramik. Mi–Mo 10–17 h. Busse 5-8-11-14-18-F-V-Z.

●**Musée d'Art et d'Histoire** (Kunst und Archäologie), Rue Charles-Galland 2, 1206 Genève, Tel. 022/418 26 00. Das „Grand Musée" vereint Sammlungen für Kunst und Archäologie und gibt einen Überblick über die Kulturgeschichte des Okzidents von der Frühzeit bis Mitte des 20. Jh. Drei Sektionen: Archäologie, Kunst (ca. 400 Bilder von der Renaissance bis ins 20. Jh., Plastik von *Houdon, Pradier, Rodin, Arp, Giacometti, Moore*), Kunsthandwerk (Mittelalter bis 20. Jh., Möbel, Keramik, Zinn, Waffen). In einem Saal sind die Kirchenfenster der Kathedrale St. Pierre zu besichtigen. Di–So 10–17 h.

300ch Foto:ge

Straßenszene in Genf

●**Petit Palais – Musée d'Art Moderne** (Moderne Kunst), Terrasse Saint-Victor 2, 1206 Genève, Tel. 022/346 14 33. Vor allem französische Kunst: Impressionismus, Fauve, Surrealisten, Abstrakte *(Manet, Monet, Boudin, Fantin-Latour, Gauguin, Sérusier, Emile Bernard, Valloton, Signac, Derain, Dufy, Vlaminck, Utrillo, Picasso, Chagall)*. Mo–Fr 10–18 h, So 10–17 h. Busse 1-3-5-8-17.

●**Musée International de la Croix-Rouge et du Croissant Rouge,** Avenue de la Paix 17, 1202 Genève, Tel. 022/748 95 25. Museum, das die 125-jährige Geschichte des Rotkreuzgedankens zeigt. Mi–Mo 10–17h. Busse 8-F-Z-V ab Hauptbahnhof Cornavin.

Feste und Veranstaltungen

●Am 4. Juli findet das Fest zum **amerikanischen Unabhängigkeitstag** statt, das größte außerhalb der Vereinigten Staaten.

●Die **Fètes de Genève** sind das große Ereignis in der ersten Augusthälfte und werden mit einem großen musikalischen Feuerwerk abgeschlossen.

●**La Bâtie Festival de Genève, l'Eté Musical,** 200 Musikveranstaltungen überall in Genf, in der ersten Augustwoche und den beiden ersten Septemberwochen.

●In der Nacht des 11. Dezember findet das **Fest der Escalade** statt, das alljährlich an den Versuch der Savoyer erinnert, sich im Jahr 1602 der Stadt zu bemächtigen. Großer Umzug mit Kostümen, Volksfest.

●**Große Messen:** Salon international de l'automobile (März), Salon des Inventions et des Techniques Nouvelles, Salon international du livre et de la presse (Mai), Salon de la Haute Horlogerie, Telecommesse (alle 4 Jahre).

Ausflüge in die Umgebung

Carouge

Ein Abstecher in den Vorort Carouge mit seinen vielen Gasthäusern, kleinen Geschäften und Straßenzügen aus dem 17. Jh. kann durchaus lohnend sein. Bis 1816 **savoyisch-katholisch,** war der Ort lebensfroher als das streng calvinistische Genf. Man findet schöne, kleinstädtisch anmutende Plätze und Häuser mit Handwerksbetrieben und Boutiquen. Abends herrscht, besonders an Wochenenden, ein reger Barbetrieb. Samstagmorgens ist Wochenmarkt.

Ferney-Voltaire

In Ferney-Voltaire ist das 1758 vom großen französischen Philosophen ausgebaute Schloss zu bestaunen, wo er bis zu seinem Tod wohnte. Vor dem Rathaus steht das Standbild *Voltaires.* Der Ort liegt kurz hinter der Grenze, sieben Kilometer von Genf entfernt; man quert den Flughafen in einem Tunnel.

Cologny und Coppet ↗XII/A3

Nur sechs Kilometer vom Zentrum entfernt liegt in Bellerive an der Schiffsanlegestelle das hübsche **Manoir de Bonvent** aus dem 17. Jh.

Etwa 15 Kilometer nordöstlich des Zentrums, auf der Autobahn Richtung Lausanne, mit dem Autobus oder Schiff erreicht man den hübschen Vorort **Cologny,** von wo man ein schöne Sicht über den See zum Palais des Nations und zum Jura genießt. Hier findet man einen Gedenkstein für *Lord Byron.* Der Dichter hielt sich 1816 in der Villa Diodati zusammen mit *Shelley* auf.

Das **Château de Coppet** war Residenz des Finanzministers von *Ludwig XVI., Necker* und seiner Tochter, der berühmten *Madame de Stael.* Es liegt bereits im Kanton Waadt. Das Museum zeigt Möbel, Teppiche und Bilder aus der Epoche.

• **Château de Coppet,** 1296 Coppet, Tel. 022/776 10 28, Fax 022/776 65 32, Ostern bis Ende Oktober 14–18 h, Juli und August auch 10-12 h, November–April geschlossen.

Salève

Der bereits auf französischem Gebiet liegende Salève ist der **Aussichtsberg Genfs.** Man kann ihn per Seilbahn erreichen (Talstation in Veyrier, gleich hinter der Grenze) oder auch mit dem Auto auf einer gut ausgebauten Bergstraße über Veyrier, Mornex (wo *Richard Wagner* 1856 weilte), Monnetier (von hier 30-minütige Wanderung zum Petit Salève möglich) und weiter bis zur Bergstation. Von dort hat man eine prächtige Aussicht auf Genf, Jura und See. Nach einem kurzen Fußmarsch in Richtung Grand Salève erblickt man die Montblanc-Kette.

Hermance ↗XII/A3

Hermance ist ein nach wie vor malerischer, mittelalterlicher kleiner Ort am südlichen Seeufer nahe der Grenze. Er besitzt ein Festungszentrum aus dem 12. Jh., ein Schloss und Häuser aus dem 15./16. Jh.

Lausanne

⇗XIII/C2

Lausanne ist mit 120.000 Einwohnern die fünftgrößte Stadt der Schweiz, kann es aber, was die kosmopolitische, lebendige Atmosphäre anbelangt, durchaus mit den anderen Städten aufnehmen.

Zwei große Universitäten, die Universität Lausanne und die Ecole Polytéchnique Fédérale de Lausanne (Eidg. Polytechnische Hochschule), die größte und renommierteste Fachhochschule für Hotellerie der Schweiz und viele andere Bildungsinstitutionen sorgen für ein **junges internationales Image.**

Die schönen Wohnlagen am See ziehen viele **Gutbetuchte** und Berühmte wie den Maigret-Autor *Georges Simenon* an.

Das Gemeindegebiet der Stadt erstreckt sich von den Gestaden des Sees in Vichy auf 372 M.ü.M. bis ins voralpine Chalet-à-Gobet auf 876 M.ü.M. Das **Stadtzentrum** dazwischen ist auf drei durch Brücken verbundenen Hügeln angelegt. Die Gründer bauten die Stadt nicht direkt an den See, sondern auf einen erhöhten geschützten Felssporn, wo heute die Altstadt liegt. Lausanne ist unterdessen gewachsen, bis an das Ufer des Sees in Ouchy, wo die renommierten Hotels gebaut wurden, und hinüber zu ehemaligen Winzer- und Fischerdörfchen wie Pully, Lutry oder Vidy. Hier hat die **Zentrale des Olympischen Kommittees** ihren Sitz.

046ch Foto: rc

Blick von der Kathedrale auf den Genfer See und die Savoyischen Alpen

Das Terrain am steilen, zerklüfteten Hang hinunter zum See ist für Fußgänger und Fahrradfahrer mühsam, weshalb man vorteilhafterweise für größere Strecken die öffentlichen Verkehrsmittel nutze, z.B. die hier besonders häufig anzutreffenden **Trolleys** (Elektrobusse) oder die als **Metro** bezeichneten Bähnchen. Eine Metro-Linie verbindet den Hauptbahnhof mit dem Seeufer in Ouchy, hangaufwärts den Bahnhof mit dem Stadtzentrum an der Rue du Grand-Chêne. Dort gibt es eine weitere Linie, die das Stadtzentrum mit der Eidg. Technischen Hochschule und den westlichen Vororten verbindet.

Geschichte

Bereits die keltischen Tiguriner hatten die Mündung des Flüsschens Flon besiedelt und die Siedlung *Leusonna* genannt. Später entstand hier das römische *Lousanna*. Nach dem Rückzug der Römer errichteten die Alemannen auf dem Felssporn eine Befestigung. Der Bischofssitz kam von Avenches über Payerne nach Lausanne. Burgunder, Franken und wieder Burgunder wechselten sich als Herrscher ab, bevor die Stadt an das zweite Reich fiel. Mit der Reformation kamen die Berner. 1536 eroberten sie das Waadtland und Lausanne und setzten bis zur Französischen Revolution ihre 13 Landvogteien ein. Die Waadt wurde zum Weinkeller und zur Kornkammer der stolzen Republik Bern. 1723 wurde ein Aufstand unter *Major Davel* blutig niedergeschlagen. Davel wurde in Vidy enthauptet. Unter *Caesar De la Harpe* erklärte man sich 1798 als République Lémanique für selbstständig, dann war man Teil der Helvetischen Republik von Napoleons Gnaden. 1803, währen der Médiation, wurde Lausanne Hauptort des größten Französisch sprechenden Kantons und damit zu einer Konkurrentin des urbaneren und selbstbewussteren Genfs.

Sehenswertes

Kathedrale Notre-Dame

Die Kathedrale Notre-Dame ist das **bedeutendste frühgotische Bauwerk** der Schweiz mit hervorragenden Skulpturen und Glasmalereien. Der Grundstein wurde auf älteren, wohl karolingischen Kirchen um 1150 gelegt. Erst 1232 war der Rohbau beendet. 1275 wurde die Kirche geweiht. Ende des 19. Jh. erfolgte eine vollständige Restaurierung.

Das Gotteshaus liegt ungewöhnlich, auf dem Hügelvorsprung der Cité. Der Grundriss ist kreuzförmig. Nur vier der vorgesehenen fünf Türme sind – unvollständig – errichtet, der mächtigste an der Südwest-Ecke des Langhauses. Zwei Treppentürmchen befinden sich an der Grenze von Langhaus und „Großem Joch". Das Südportal ist mit Bildhauerarbeiten aus dem 13. Jh. dekoriert: Propheten und Jünger Christi, im Türsturz Maria und ihre Auferstehung, das Bogenfeld mit einem lebensgroßen Christus.

Das **Innere** ist protestantisch schlicht und im Unterschied zum Äußeren sehr einheitlich. Man beachte den unter den Hochfenstern durchgehenden Laufgang mit sich abwechselnden Rund- und Bündelpfeilern. Ein Prunkstück der Kirche ist die große **Fensterrose** des südlichen Schiffs: Elemente, Jahreszeiten, Monate, Tierkreiszeichen darstellend, vor 1235 entstanden, 1894/95 ergänzt, 105 Teile. Im Chor befindet sich das Turmgrabmal von *Otto I. von Grandson.* Der Turm ist vom rechten Seitenschiff beim Haupteingang aus zugänglich. Wer die Treppe mit über 200 Stufen erklimmt, wird mit einem herrlichen Blick über die Altstadt bis zum See und der Alpenkette belohnt. Wer dies nicht wagt, hat auch vom Kirchenvorplatz aus einen sehr schönen Ausblick.

- • 1 Comptoir Suisse/ Palais de Beaulieu, Messehalle/Theater
- 2 Château St.-Maire
- Ⓜ 3 Palais de la Rumine mit 5 Museen
- ★ 4 Hôtel de Ville de la Palud (Rathaus)
- 5 Kathedrale Notre Dame
- • 6 Bundesgericht
- 7 Kirche St. François
- ✉ 8 Hauptpost
- 9 Touristeninformationsbüro
- ★ 10 Botanischer Garten
- • 11 Vidy-Theater
- ★ 12 Strandbad Bellerive Plage
- 13 Château d'Ouchy
- Ⓜ 14 Olympisches Mmuseum

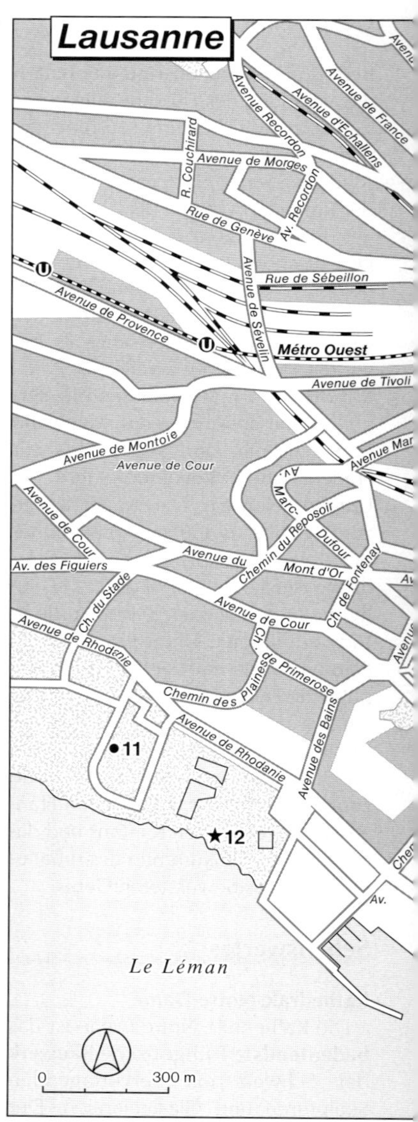

Rund um die Kathedrale herum an den eng aneinander geschmiegten Häusern gibt es sehenswerte Fassaden, sei es in der westlichen Cité-Devant oder der vom Chorhaupt der Kathedrale ausgehenden nach Norden gewandten Cité-Derrière, welche beide zum Château St.-Mairie führen.

Château St.-Mairie

Das Château St.-Maire war ehemals befestigter Bischofssitz und wurde um 1431 vollendet. Die Berner benutzten den Bau als Vogteisitz und bauten ihn um: Ein Anbau aus Backsteinen stammt aus dem 16. Jh., ein steinernes Treppenhaus von 1788/89. An der Südfassade ist ein Denkmal für den unglücklichen Major *Davel* zu sehen,

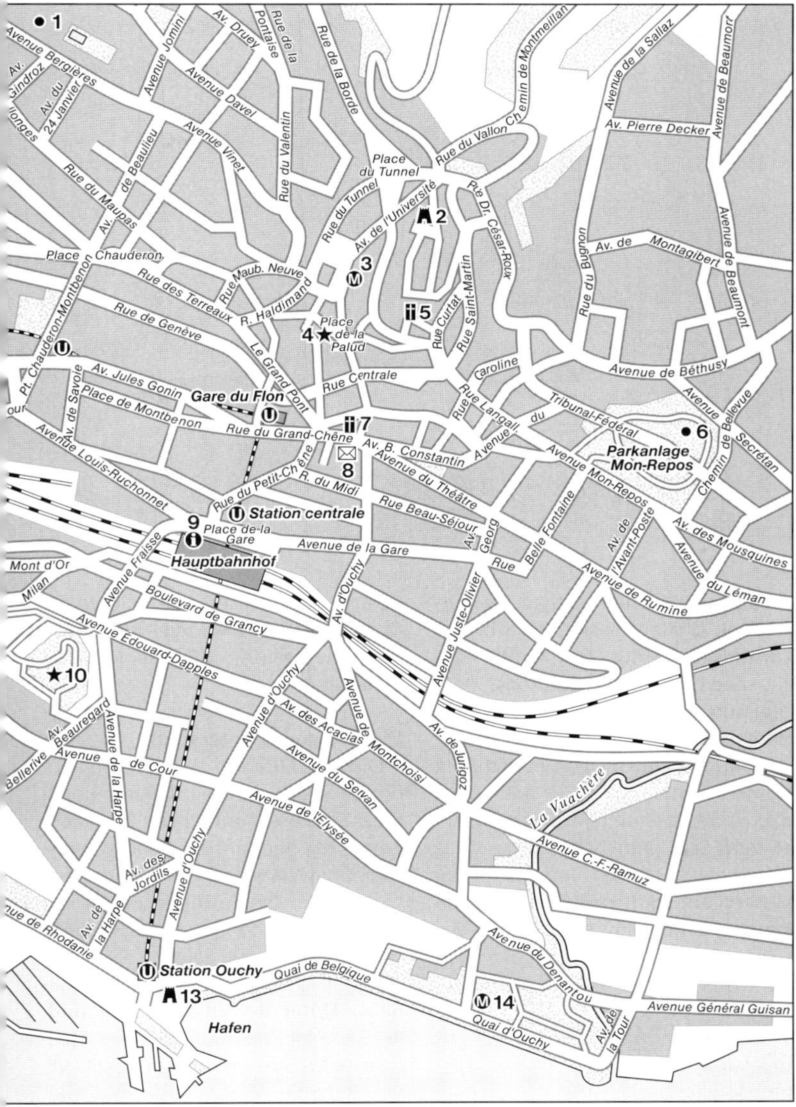
1
Avenue Bergières
Av. Gindroz
Av. du 24 Janvier
Avenue Jomini
Av. Druey
Pontaise
Rue de la
Rue de la Borde
Avenue Davel
Avenue Vinet
Rue du Valentin
Chemin de Montmeillan
Avenue de la Sallaz
Avenue de Beaumont
Av. Pierre Decker
Rue du Vallon
Place du Tunnel
Rue du Tunnel
Av. de l'Université
2
Pte Dr. César-Roux
Rue du Maupas
Av. de Beaulieu
Place Chauderon
Rue des Terreaux
Rue Maub. Neuve
R. Haldimand
3
Rue de Genève
Place de la Palud
4
5
Rue Curtat
Rue Saint-Martin
Rue du Bugnon
Av. de Montagibert
Avenue de Beaumont
Pt. Chauderon-Montbenon
Le Grand Pont
Rue Centrale
Caroline
Avenue de Béthusy
Av. Jules Gonin
Gare du Flon
Place de Montbenon
Av. de Savoie
Rue du Grand-Chêne
7
Rue Langall.
Avenue du Tribunal-Fédéral
6
Parkanlage Mon-Repos
Chemin de Bellevue
Avenue Secrétan
Avenue Louis-Ruchonnet
Rue du Petit-Chêne
8
Av. B. Constantin
Avenue du Théâtre
R. du Midi
Avenue Mon-Repos
Station centrale
Rue Beau-Séjour
Av. Georg
Rue Belle Fontaine
Av. de l'Avant-Poste
Av. des Mousquines
9
Place de la Gare
Avenue de la Gare
Hauptbahnhof
Avenue Fraisse
Mont d'Or
Milan
Av. d'Ouchy
Avenue Juste-Olivier
Avenue de Rumine
Avenue du Léman
Boulevard de Grancy
Avenue Édouard-Dapples
10
Avenue d'Ouchy
Avenue de Montchoisi
Av. des Acacias
Av. de Jurigoz
Av. Beauregard
Avenue de la Harpe
Bellerive
Avenue de Cour
Avenue du Servan
Avenue de l'Elysée
La Vuachère
Avenue C.-F.-Ramuz
Av. des Jordils
Avenue d'Ouchy
Av. de la Harpe
Avenue de Rhodanie
Avenue du Denantou
Station Ouchy
Quai de Belgique
13
14
Avenue Général Guisan
Av. de la Tour
Quai d'Ouchy
Hafen

Die großen Städte

der von den Bernern enthauptet wurde. Das Château ist heute **Sitz der Kantonsregierung.** Der Große Rat, die Legislative des Kantons, tagt gegenüber im klassizistischen Bâtiment du Grand Conseil (1803–06).

Geht man am Château in Richtung Norden vorbei, so kann man nach links in die Avenue de l'Université abzweigen und erreicht die Place de la Riponne am Fuß des Hügels, wo fünf Museen der Stadt im **Palais de la Rumine** untergebracht sind: Musée des Beaux-Arts, Musée de Géologie, Musée de Paléontologie, Musée de Zoologie, Musée d'Archéologie et d'Histoire.

Winterliche Stimmung über der alten Bischofsstadt

Cité Dessous (Unterstadt)

Die Cité Dessous am südlichen Ende des Sandsteinrückens wurde durch rücksichtslose Bautätigkeit zu einem guten Teil zerstört. Einzelne sehenswert Bauwerke sind jedoch erhalten, so das alte **Bischöfliche Palais** mit dem Musée historique de Lausanne in schön restaurierten Sälen.

Am Place de la Palud steht das Rathaus, **Hôtel de Ville de la Palud,** 1673–75 im Renaissancestil von *Abraham de Crousaz* erbaut. Es enthält Hallen, Ratssäle, Wohnräume und Glockenturm mit Allegorie der Gerechtigkeit (1684, *Hans Ulrich Fisch II.).*

Auf dem Platz findet jeden ersten Freitag im Monat (März–Dez.) ein **Marché des Artisans** (Kunsthandwerksmarkt) statt. Die Escaliers du Marché (Markttreppen) hinter dem Brunnen führen in gedeckter Holztreppe und gepflasterter Rampe zur Cité hinauf. Bemerkenswert ist die westliche Häuserreihe.

Place St. François und Rue du Bourg

Von der Place de la Palud kommt man über die Rue du Pont zur Rue Centrale und über die Rue St. François zur Place St. François und der Rue du Bourg, dem Herzen der modernen Stadt mit dem **Einkaufsviertel** und den Banken – ein Viertel mit Boutiquen, Kunstantiquariaten und -galerien, Uhren- und Schmuckgeschäften. Es gibt rund zwanzig Bars, Clubs und Discos, zwei bekannte Jazzkeller und Nachtclubs. In unmittelbarer Nähe befindet sich die öffentliche **Parkanlage von Mon-Repos** mit einem großen Vogelhaus mit exotischen Vögeln. Die Promenade Derrière-Bourg führt zur Oper von Lausanne.

Die **Kirche St. François** auf dem gleichnamigen Platz gehörte zum ehemaligen Kloster der Franziskaner von 1258. Die Kirche wurde stark verändert. Im Innern ist die Seitenkapelle der Familie *de Billens* bemerkenswert. Das Schiff war ursprünglich in zwei Teile getrennt, eine Seite für die Mönche (mit Chorgestühl), eine für die Laien (mit Kanzel). Die barocke Orgel ist von 1776.

Ouchy

Ouchy ist der **Hafen** von Lausanne und ein beliebtes Ziel für die Lausanner und Tagesausflügler, die am weiten Seeufer spazieren, in einem Café oder Restaurant etwas essen oder trinken, Wassersport betreiben oder mit Dampfschiffen oder Solarbooten einen Ausflug auf dem See unternehmen. Während es hier an Wochentagen recht ruhig zugeht, sind die Wochenenden sehr belebt. Der Hafen ist der geschäftigste des Sees, der Jachthafen der größte weit und breit. Nach Ouchy gelangt man am einfachsten mit der kleinen Metro, welche das Seeufer zum Teil unterirdisch mit dem Zentrum und dem Bahnhof verbindet.

Von dem ehemaligen Schloss am Hafen ist nur ein Donjon aus dem 12. Jh. erhalten. Er ist in ein neugotisches Hotel integriert. Es gibt einige bemerkenswerte **Herrschaftssitze** und Hotelbauten, so das Hôtel d'Angleterre, 1775–79 als Fremdenherberge durch die Stadt erbaut, das Beau-Rivage am Place du Port (1858–61) und im Westen von Ouchy der Herrensitz Bellerive (1787).

Olympisches Museum

Das Musée Olympique ist ein der olympischen Bewegung gewidmetes, einzigartiges Museum am Ufer des Genfersees im Vorort Vidy, wo auch das **Hauptquartier des Olympischen Kommitees** untergebracht ist. Lausanne nennt sich mit Stolz *Ville Olympique* oder auch *Capitale mondiale du Sport* (Weltkapitale des Sports), weil eine ganze Reihe von internationalen

048ch Foto: en

Sportverbänden hier ihren Sitz haben: Ruderer, Reiter, Turner, Schwimmer und andere.

Das Museum liegt in einem schönen **Park mit Skulpturen.** Ein Uferweg mit grandioser Sicht lädt zum Spazieren ein. Die Skulpturen stehen an einem 420 Meter langen, gewundenen Weg, der zum Museum führt. Sie sollen die Verbindung von Sport und Kultur symbolisieren.

Das Museum ist ein Werk des Mexikaners *Ramirez Vazquez* und des Lausanners *Jean-Pierre Cahen.* An der Fassade befinden sich Inschriften mit den Namen der Olympiapräsidenten und der Olympiastädte. Das Innere ist ganz der **Geschichte der olympischen Bewegung** und den Olympischen Spielen gewidmet. Multimediashows, Abfragestationen, Briefmarken und Münzen mit olympischen Motiven – alles dreht sich um das olympische Thema.

Der neue Hafen von Ouchy

● **Musée Olympique,** 1, quai d'Ouchy, Tel. 021/621 65 11, www.olympic.org, täglich 10–18 h.

Schweizerisches Filmarchiv und Filmmuseum

Die Cinémathèque Suisse ist eine hervorragende, hauptsächlich vom filmliebenden Journalisten und Sammler *Freddy Buache* in über vierzig Jahren aufgebaute Sammlung von Filmdokumenten aus der ganzen Welt. Sie umfasst über 50.000 Filme, z.T. Einzelexemplare, 19.000 Bücher und 80.000 Dossiers mit Dokumenten aller Art (Plakate, Reportagen, Kritiken etc.) zum Thema Film. Es gibt auch eine öffentliche Filmbibliothek sowie Filmvorführungen, meistens Zyklen zu bestimmten Themen oder Autoren.

- **Cinémathèque Suisse**, Casino de Montbenon, 3, allée E.-Ansermet, Tel. 021/331 01 02, für Recherchen Tel. 021/863 03 88 (Film), 021/863 03 95 (Fotos, Plakate), www.cinematheque.ch. Filmvorführungen: 15 h, 18.30 h, 21 h, Juni–Juli: 18.30 h, 21 h, 23 h.

Praktische Tipps

Information

- **Lausanne Tourisme,** 2, Av. de Rhodanie, Bahnhofhalle (geöffnet 9–19 h), 1007 Lausanne, Tel. 021/613 73 73, Fax 021/616 86 47, www.lausanne-tourisme.ch

Service

- **Notruf:** 112.
- **Krankenhaus:** Centre Hospitalier Universitaire Vaudois (CHUV), rue du Bugnon 21, Tel. 021/314 11 11.
- **Hauptpost:** Pl. de la Gare 1/av. de la Gare, Tel. 021/344 35 13.
- **Hauptbahnhof,** Tel. Railservice 0900 300 300 (sFr. 1,19 pro Minute).
- **Busse:** Info-Tel. 0900 564 900 (sFr. 0,86 pro Minute).
- **Taxis:** am Hauptbahnhof, Tel. 0800 810 810 (Coopérative Taxi Services), Tel. 0800 801 802 (Taxiphone).
- **Flughafen:** Zum internationalen Flughafen Genève-Cointrin verkehren ca. halbstündlich Intercity-Züge mit Halt in Genf-Cornavin und Genf-Flughafen. Fahrzeit: ca. 3/4 Stunde, einfache Fahrt 2. Kl. sFr. 23.
- **Schifffahrt auf dem Genfersee:** Direktion CGN, 17, av. de Rhodanie, CP 116, 1000 Lausanne 6, www.cgn.ch/D, Reservierungen Tel. 0848 822 848, Informationen Tel. 0848 811 848.

Unterkunft

- **Beau-Rivage-Palace*******, 17-19, Place du Port, 1000 Lausanne-Ouchy, Tel. 021/613 33 33, www.beau-rivage-palace.ch. Gilt als eines der besten Hotels der Schweiz. In wunderschönem Park am See. Das Hotel wurde in den letzten sechs Jahren mit einem Aufwand von 100 Mio. sFr dem neuesten Stand angepasst. 169 Zimmer, 24 Suiten, DZ sFr. 440 bis 720, Suiten 890 bis 6000 (ohne Frühstück).
- **Agora******, 9, Av. du Rond-Point, 1006 Lausanne, www.fassbind-hotels.ch, Tel. 021/617 12 11. Modernes Hotel mit geräumigen 83 Zimmern, DZ sFr. 250 bis 325.
- **Des Voyageurs*****, 19, Rue Grand St. Jean, Tel. 021/319 91 11. Mitten in der ruhigen Altstadt gelegenes kleines Hotel mit 33 Zimmern, alle mit Bad/WC. DZ sFr. 140 bis 230 inkl. Frühstück.
- **Aulac*****, 4, Place de la Navigation, Ouchy-Lausanne, Tel. 021/617 14 51, www.aulac.ch. Hotel am See nahe der Anlegestelle der Schiffe. 84 renovierte Zimmer, alle mit Bad/WC, DZ sFr. 165 bis 235 inkl. Frühstück.
- **IBIS****, 4, Ch. de l'Esparcette, 1023 Crissier, Tel. 021/637 28 28, www.ibishotel.com. Üblicher IBIS-Komfort in der Umgebung von Lausanne, DZ mit D/WC und Frühstück sFr. 88 bis 109.
- **Jeunotel,** 36, Ch. de Bois-de-Vaux, 1007 Lausanne, www.jeunotel.ch, Tel. 021/626 02 22. Modernes Hotel im Vorort Vidy, mit zweckmäßiger einfacher Einrichtung. EZ mit Bad/WC sFr. 80 bis 90, DZ mit Bad/WC 95–110, auch Zimmer ohne Bad erhältlich.

Backpacker:

- **Guest House & Backpacker,** 4, Rue des Epinettes, 1000 Lausanne, Tel. 021/601 80 00, www.lausanne-guesthouse.ch. Neues

Backpackerhotel in altem Gebäude, zwei Minuten zu Fuß vom Bahnhof. 80 Zi, DZ und 4er-Zimmer, mit und ohne Bad, Küche, Getränkeautomaten, Gemeinschaftsraum, Internetzugang, Garten mit Barbecue, Elektrovelos. Nichtraucherhotel! Ökologiebewusst (Minergie-Label). DZ mit D/WC sFr. 46 p.P.

Camping

●**Camping de Vidy,** 3, ch. du Camping, 1007 Lausanne, Tel. 021/622 50 00. Schöner, sehr komfortabler Campingplatz am Ufer des Sees in der Parkanlage des ehemaligen Expogeländes.

Essen und Trinken

●**Restaurant de L'Hôtel de Ville,** 1, Rue d'Yverdon, 1023 Crissier, Tel. 021/634 05 05. Eines der zwei ***-Michelin-Lokale in der Schweiz! Mr. *Rochat* ist Nachfolger des unvergessenen Topkochs *Girardet,* selber einer der absoluten Spitzenköche der Schweiz. So/Mo geschlossen.

●**A la Pomme de Pin,** 11-13, Rue Cité-Derrière, Tel. 021/323 46 56. Gleich neben der Kathedrale, Café mit einfachen Speisen, Restaurant mit Fisch und Saisonspezialitäten, Sa/So geschlossen.

●**Café du Grütli,** 4, Rue de la Mercerie, Tel. 021/312 94 93. Typische Brasserie mit Speisesaal mitten in der Stadt. Sa/So geschlossen.

●**Brasserie Lausanne-Moudon,** 20, Rue du Tunnel, Tel. 021/329 04 71. Brasserie mit Küche, wie man sie früher im Waadtland kannte, viele junge Gäste.

●**Café du Vieil Ouchy,** 3, Place du Port, Tel. 021/616 21 94. Typisches Waadtländer-Restaurant am Hafen in Ouchy, mit einheimischen Spezialitäten, Beinschinken, Rösti, Fondues etc., Mi geschlossen.

●**La Riviera,** 8, Place de la Navigation, Tel. 021/616 53 09. Restaurant mit schöner Terrasse am Strand von Ouchy.

●**Le Chalet Suisse,** 40, Route du Signal, 1018 Lausanne, Tel. 021/312 23 12, www.chaletsuisse.ch. Restaurant im Chalet-Stil mit schöner Panoramaterrasse beim Aussichtspunkt-Signal, oberhalb Lausannes. Wald von Sauvabelle in der Nähe, für Spaziergänge geeignet.

Einkaufen

●Die wichtigsten Einkaufsstraßen sind in und um die **Altstadt** herum zu finden. Dazu gehören v.a. die Place de St. François und die gleichnamige Rue (man beachte hier die schöne Galerie St. François), die Rue des Terreaux und de l'Ale, die Rue Mauborget und die Rue Chaucrau sowie die Rue St. Laurent.

●**Märkte:** Der *marchés du centre-ville* (Wochenmarkt) wird jeweils am Mittwoch und Samstag zwischen 6 und 14.30 h in der Fußgängerzone der Altstadt abgehalten. Am Boulevard de Grancy gibt es am Montag- und Donnerstagmorgen, am Petit-Chêne am Freitagmorgen einen Markt für Agrarprodukte. Ein Flohmarkt wird jeweils am Donnerstag auf dem Marché du Chauderon organisiert.

Nachtleben

●**Bleu Lezard,** 10, Rue Enning, Tel. 021/321 38 30, www.carte-blanche.ch. Sehr populäre Musikbar/Brasserie. Viele Studierende. Geöffnet bis 2 h.

●**Factoria,** 2, Av. du Tribunal-Fédéral, Tel. 021/321 38 50. Nachtbar für Junge, Fr/Sa bis 2 h.

●**Le 13ème Siècle,** 10, Rue Cité Devant, Tel. 021 312 40 64. Beliebtes junges Altstadtlokal, bis 4 h geöffnet.

●**MGM Café,** 14, Rue du Lac, Ouchy, Tel. 021/616 38 81. Angenehmes Lokal am Seeufer in Ouchy, auch mittelalterliches Publikum, So–Do bis 1 h, Fr/Sa bis 2 h geöffnet.

●**Château d'Ouchy,** 2, Pl. Du Port, Tel. 021/616 74 51. Bar-Dancing im Retro-Stil für Mittelalterliche, Do–So 21.30–4 h.

●**Loft Club,** 1, Escaliers de Bel-Air, Tel. 021/311 64 00, www.loftclub.ch. Disco (Alter ca. 18-35) unterschiedliche Stilrichtungen, u.a. House, Mi–So 22.30–5 h.

Kultur

●**Béjart Ballet Lausanne,** Chemin du Presbytère, Case postale 25, 1000 Lausanne 22, Tel. 021/641 64 64, www.bejart.ch. Das Béjart Ballet Lausanne von *Maurice Béjart* mit der angeschlossenen Ballettschule ist eines der absoluten Spitzenballette der Welt. Falls die Truppe nicht in Asien, Amerika oder Eu-

ropa tourt, sollte man sich eine Vorführung (von Mai bis Oktober) nicht entgehen lassen.

● **Kammerorchester Lausanne,** Orchestre de Chambre de Lausanne, 19, Rue St-Laurent, 1003 Lausanne, Tel. 021/312 27 07, www.regart.ch/ocl. Ein hervorragendes Kammerensemble unter Führung von *Christian Zacharias* und Gastdirigenten wie *Heinz Holliger, Okko Kamu, Ton Koopman.*

● **Opéra de Lausanne**, 12, Av. du Théâtre, CP 3972, 1002 Lausanne, Tel. 021/310 16 00, www.opera-lausanne.ch. Studiert jährlich sechs Opern ein, dazu Konzerte, Chorvorführungen etc.

● **Théâtre Vidy-Lausanne,** 5, Av. E.-Jaques-Dalcroze, 1007 Lausanne, Tel. 021/619 45 44, www.vidy.ch. Produziert jährlich eine Anzahl klassischer bis avantgardistischer Theaterproduktionen und tritt außer in Lausanne auch zu Gastspielen in ganz Europa auf.

● **Théâtre du Jorat,** 1083 Mézières, Tel. 021/903 31 44, www.regart.ch/jorat. Ein einzigartiges, ganz aus Holz konstruiertes Theater mitten im Grünen in Mézières. Es werden im Sommer (Mai–Sept.) Theater, Ballet, Musikstücke und Opern aufgeführt. Ein Besuch lohnt sich allein schon des Baus wegen.

● Es gibt 30 **Kinos,** darunter der große Multiplex „Cinétoile" in Malley mit insgesamt 1500 Plätzen und das einzigartige Kino der Cinémathèque Suisse (siehe Museen).

Straßenmusiker in der Altstadt

Museen

• **Collection de l'Art Brut,** 11. av. des Bergières, Tel. 021/647 54 35, www.artbrut.ch. Schenkung des Malers *Dubuffet,* schöne Zeichnungen, Skulpturen, Knetarbeiten von Sonderlingen, Asylinsassen, Häftlingen, Medien etc. Di–So 11–18 h, Juli, August auch Mo 11–18 h.

• **Musée Historique de Lausanne,** 4 , pl. de la Cathédrale, Tel. 021/331 03 53, www.lausanne.ch/musees/hist.htm. Im einstigen Bischofspalais, bemerkenswerte Sammlungen zur Stadtgeschichte. Di–Do 11–18 h, Fr–So 11–17 h, Juli und August auch Mo 11–17 h.

• **Musee de Design et d'arts appliqués contemporains – mu.dac,** 6, pl. de la Cathédrale, Tel. 021/315 25 30, www.mu.dac.ch. Im ehemaligen Haus Gaudard in der Altstadt. Wechselausstellungen zum Thema Design bis Comics und Trickfilme. Mi–So, 11–18 h, Di 11–21 h, Juli und August auch Mo 11–18 h

• **Palais de Rumine** mit Musée Cantonal des Beaux-Arts, Musée cantonal d'archéologie et d'histoire, Cabinet des médailles cantonal, Pl. de la Riponne, 6, Tel. 021/316 34 45 (Beaux-Arts). Wechselausstellungen moderner Künstler, Fundus von Schweizer Künstlern, insbesondere von hervorragenden Lausanner *Valloton* und von *Hodler.* Im Archeologiemuseum: Ausgrabungen aus der Romandie, von den Kelten bis in die Neuzeit. Di und Mi 11–18 h, Do 11–20 h, Fr–So 11–17 h.

• **Parc de Montriond – Botanischer Garten,** Montriond, pl. de Milan, 14bis, av du Cour, Tel. 021/316 99 88. Wunderschöner Ort voller Blumen, Bäume, Alpinum, Herbarium etc. nahe Stadtzentrum. März, April, Okt. täglich 10–17.30 h, Mai bis Sept. täglich 10–18.30 h, Gewächshäuser geschlossen 12–13.30 h, Ausstellung täglich 10–18 h.

In der Umgebung:

• **Musée du Blé et du Pain** (Museum des Korns und des Brots), Pl. de l'Hôtel-de-Ville 5, 1040 Echallens, www.maison-ble-pain.com, Tel. 021/881 50 71. 18 Kilometer vom Zentrum, in der agrarisch ausgerichteten Kleinstadt Echallens. Geschichte des Korns und des Brots, Ackergeräte, Mühlen, Backöfen, Di–Sa 8.30–18 h, So 8–18 h.

Feste und Veranstaltungen

• **Internationaler Wettbewerb für junge Tänzer,** Januar/Februar, Théâtre de Beaulieu.

• **Brocante de Lausanne,** Ende März, großer Floh- und Antiquitätenmarkt.

• **Fête à Lausanne,** Ende Juni, großes öffentliches Volksfest.

• **Athletissima,** Anfang Juli, internationales Top-Leichtathletikmeeting im Stade Olympique.

• **Féstival de la Cité,** zwischen Juli und Ende August organisiert die Stadt alljährlich eine multikulturelle Open-Air-Reihe von etwa 300 Vorführungen aller Art überall in der Stadt. Alles kostenlos.

• **Comptoir Suisse,** Mitte September, große Messe im Messegebäude.

• **Lausanne Marathon Art et Culture,** Mitte Oktober.

• **Jazz Festival Lausanne,** ab Mitte Oktober.

• **Grosse Lausanner Antiquitätenmesse,** zweite Novemberhälfte.

Ausflüge in die Umgebung

Lutry

Lutry ist ein **altes Bischofsstädtchen** mit gut erhaltenem Kern und schöner Pfarrkirche etwas östlich von Lausanne. Die Stadt war ursprünglich von einer Mauer in Form eines Dreiecks umgeben und wurde in Richtung Lausanne später rechteckig erweitert.

Die **Kirche** wurde im 11. Jh. erbaut. Der Polygonalchor entstand 1260. Nach einem Brand im 14. Jh. wurden Kapellen angebaut, die schließlich zum Seitenschiff wurden. Im Chorpolygon befindet sich ein frühgotisches doppelrippiges Gewölbe. Die Kappen wurden von dem italienischen, hugenottischen Renaissancekünstler *Humbert Marechet* dekorativ ausgemalt.

Das **Schloss** des Verwalters des Bischofs wurde spätgotisch umgestaltet.

Der westliche Teil stammt aus dem Jahr 1575.

Die Stadt hat intakte Gassen mit meist dreigeschossigen mittelalterlichen Häusern. Oberhalb des Städtchens findet man **La Tour de Bertholo,** einen alten Wohnturm des Verwalters des Bischofs. Er wird bereits im 14. Jh. erwähnt.

Am See genießt man einen sehr schönen Weitblick. In Lutry beginnt ein so genannter **Itinéraire archéologique,** ein Pfad, der die Geschichte Lutrys erzählt und bei beachtlichen Menhiren endet.

Grandvaux

Grandvaux ist ein stattliches **Weindorf** mit kleinstädtischem Charakter, etwas oberhalb von Lutry. In der Vieille Tour, einem spätmittelalterlichen Kirchturm, logiert heute ein Restaurant. Im Haus „Butin de Loës" findet man ein Lokalmuseum. Die „Maillardoz-Häuser" sind drei gemauerte Reihenhäuser aus dem 16. Jh. mit rundbogigen Kellerportalen und gotischen Reihenfenstern.

Cully

Cully ist ein **malerisch gelegenes,** ehemaliges Bischofsstädtchen, noch etwas weiter östlich am See. Der Ort erhielt 1283 Stadtrecht und 1359 Marktrecht. Er hat seine historische Form bis heute bewahrt. Das Städtchen besteht aus einem halbkreisförmigen Kern mit Kirche in der Mitte. Der südliche Straßenzug stellt die Verbindung zum See her. An der Rue du Temple Nr. 50 findet man das Wohnhaus des unglückseligen Majors *Davel,* der gegen die Berner rebellierte und geköpft wurde. Der achteckige Gerechtigkeitsbrunnen ist auf 1643 datiert.

St. Saphorin

Das Burgstädtchen St. Saphorin östlich von Cully (nicht zu verwechseln mit dem gleichnamigen Ort westlich Lausannes) hat eines der schönsten und **unberührtesten Ortsbilder** des Kantons. Am Eingang zum Hafen steht noch ein Spitzbogenportal als Rest der ehemaligen Stadtmauer. Eng verschachtelte Häuser, z.T. mit Arkaden und Passagen, ergeben ein uriges Bild. Die spätgotische Kirche (um 1520) wurde offenbar über einem römischem Gebäude aus dem 1. oder 2. Jh. errichtet. Im Stirnfrontfenster ist ein Renaissance-Glasgemälde erwähnenswert, datiert 1530, ergänzt 1892. Hinten rechts in der Kirche ist ferner ein römischer Meilenstein aus dem Jahr 47 n. Ch. zu finden, der älteste Meilenstein der Schweiz.

Bodensee und Ostschweiz

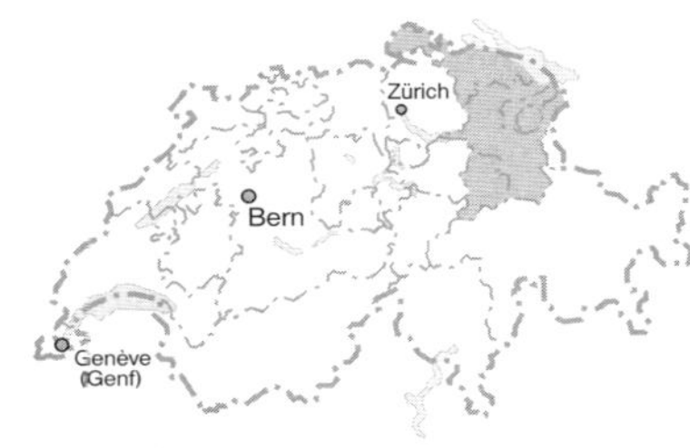

Überblick

Weltkulturerbe in St. Gallen, pittoreske Kleinstädte, sanfte Hügel im Appenzellerland, Streuobstwiesen am Bodensee und im Thurgau, ein tosender Rheinfall in Schaffhausen, Sport im Toggenburg, Wellness in Bad Ragaz – die Ostschweiz bietet eine Vielfalt, von der hier nur die wichtigsten Anziehungspunkte gezeigt werden können.

Die Region ist ein **Radfahrerland.** Es bereitet Vergnügen, am Bodensee von Fischerdorf zu Fischerdorf radeln, auf dem „Bodensee-Toggenburg-Veloweg" durch den Thurgau über sanfte Hügel zum See hinunter zu fahren oder auf der „Strohtour" an sieben Tagen sieben Kantone zu durchqueren, schlafen im Stroh inbegriffen (Informationen beim Tourismusverband).

Auch **Kinder** finden, was sie begeistern wird: vom Puppentheater und märchenhaften „Sagenweg" im Toggenburg bis zum Appenzeller „Witzwanderweg".

Wanderer und **Wellness-Freunde** sind in der Ostschweiz gut aufgehoben. Nach einem erholsamen Tag in den Bergen kann man in Bad Ragaz im Thermalbad die Seele baumeln lassen. Wellness hoch oben auf der Alp bietet das Glarnerland, wo man sich auf der Berglialp nach einem *Znacht* (Abendessen) ins Molkenbad und dann ins Bett legt.

Kulturell ist an erster Stelle der Stiftsbezirk in der Stadt St. Gallen mit dem Kleinod der Rokokobibliothek zu nennen, daneben Burgen und Kirchen sowie Kleinstädte, die von alter Geschichte zeugen.

Allgemeine Informationen zur Ostschweiz sind erhältlich beim:

- **Tourismusverband Ostschweiz,** Bahnhofhofplatz 1a, 9001 St. Gallen, Tel. 071/227 37 37, Fax 071/227 37 61, www.ostschweiz.ch

Die Stadt St. Gallen

↗V/D2

Überblick und Geschichte

Die Stadt St. Gallen war lange Zeit ein **Zentrum der Christianisierung** in der Schweiz. Bereits 612 errichtete der irische Wandermönch *Gallus* hier eine Klause. 719 entstand das Kloster, das nach der Benediktinerregel geführt wurde. 830–37 wurde das karolingische Münster gebaut, 841–72 die St. Othmarskirche an die Klosterkirche angefügt. Das Kloster errang bald eine führende Stellung im Bodenseeraum. 1451 wurde die Abtei ein zugewandter Ort der Eidgenossenschaft. Die Reformation bewirkte nur einen vorübergehenden Wechsel. Die Äbte mussten die Stadt verlassen, kamen aber 1531 zurück. 1755 erfolgte der Spatenstich zur heutigen Stiftskirche, einem der hervorragenden Bauwerke der Zeit.

St. Gallen ist aber nicht nur Klosterstadt, sondern auch **Zentrum der Ostschweiz** – ein wichtiger Industriestandort, wird doch hier von alters her Textil verarbeitet: zuerst Leinen, dann seit dem 19. Jh. v.a. die berühmten St. Galler Stickereien und Spitzen, die noch heute Weltruf genießen.

St. Gallen ist außerdem eine lebendige **Universitätsstadt.** In den Wirtschafts- und Wirtschaftsrechtswissenschaften zählt die hiesige Uni zu den besten Europas.

Der Stiftsbezirk

Der Stiftsbezirk mit Kathedrale und Stiftsbibliothek wurde 1983 von der UNESCO in die Liste der schützenswerten Weltkulturgüter aufgenommen. Zentraler Platz ist der Klosterhof mit dem **Bischofsflügel,** der an die Fassade der Stiftskirche anschließt. Das Gebäude beeindruckt v.a. durch seinen oktogonalen Treppenturm (1674) und beherbergt noch heute die Bischofswohnung. Rechtwinklig dazu befindet sich die **Neue Pfalz,** die ehemalige Residenz des Fürstabts, 1767–96 von *Johann Ferdinand Beer* geschaffen, heute Sitz der kantonalen Regierung und Verwaltung. Erst nach der napoleonischen Zeit, 1838–40, wurde der **Zeughausflügel** im Stil eines Renaissancepalazzos errichtet *(Felix Wilhelm Kubly).* Ein Anbau beherbergt das **Stiftsarchiv** mit dem größten Bestand originaler Urkunden aus dem 8. bis 10. Jh. nördlich der Alpen; 800 Schenkungsurkunden und 100 königliche Urkunden gehören dazu.

Die Stiftsbibliothek

Die Stiftsbibliothek befindet sich im Klosterbereich südlich der Kirche und gilt als einer der **schönsten Rokokoräume** überhaupt. 1758–67 von *Peter*

Thumb entworfen, ist er ein hervorragendes Beispiel profaner Baukunst. Putten verraten, welche Sachgebiete in den Abteilung vertreten sind: Ein Knabe mit Sternen zeigt die Astronomiebücher, ein anderer, mit der Erdkugel, die Geografie, ein Dritter, mit den Fingern zählend, die Mathematik.

Die Stiftsbibliothek birgt wie das Archiv eine herausragende **Sammlung alter Schriften,** insbesondere altirische Handschriften aus dem 6./7. Jh. Daneben gibt es alte Handschriften aus St. Gallen, wie die des Mönchs *Winithar,* oder Psalter, etwa den Folchart-Psalter, sowie Goldene Psalter mit Miniaturen. Im 11. Jh. entstanden die so genannten Sakramentarien, lithurgische Bücher für die Messe. Zeitweise wird auch der alte Klosterplan aus dem Jahr 820 ausgestellt – eine besondere Kostbarkeit.

● **Stiftsbibliothek:** Klosterhof 6d, 9004 St. Gallen, Öffnungszeiten ab Band: Tel. 071/227 34 15, Sekretariat: Tel. 071/227 34 16, Stiftsarchiv: Klosterhof 1, 9001 St.Gallen, Tel. 071/229 31 11, Mo–Fr 9–12 h und 14–16 h.

Stiftskirche St. Gallus und Othmar

Die Stiftskirche oder Kathedrale ist eine durch vorarlbergische Architekten *(Thumb, Bagnato, Beer, Loser, Feuchtmayer)* beispielhaft geschaffene **Barockkirche** mit allen Bestandteilen, die zu einem Gesamtkunstwerk gehören: Doppelchor, Doppelturm, mittlere Rotunde und Ostchor. Herausragend ist besonders das Innere der Kirche: Hier wird in typischer Manier des 18. Jh. mit Architektur, Stucka-

050ch Foto: ot

tur, Malerei und Bildhauerei ein prächtiger Gesamteindruck geschaffen.

Die Architektur ist zumeist in Weiß gehalten, die farbfrohen Fresken stehen dazu in starkem Gegensatz. Hellgrüne Stuckaturen und ausgemalte Gurtbögen lösen den Gegensatz etwas auf. In den Gewölben sind Gemälde von *Joseph Wannenmacher,* die bedeutende Personen aus der Geschichte des Klosters zeigen. In der Rotunda: die Ankunft des Weltenrichters und vier Stuckmarmoraltäre von *Fidel Sporer.* Laienraum und Chor werden durch ein Eisengitter getrennt. Im Mönchschor ist ein Chorgestühl aus Nussbaumholz sehenswert, das durch seine eigenartige Sitzanordnung auffällt. Man beachte auch die reichen Dekorationen auf der Rückwand. In das Chorgestühl integriert ist eine zweiteilige Orgel, die das Spielen von zwei Orgeln mit einer Tastatur erlaubt (1768–70, Werkstatt Bossard). Der Hochaltar hat klassizistische Elemente mit barocker Darstellung von Marias Himmelfahrt *(Francesco Romanelli,* ca. 1645).

Die Altstadt

Die kleine Altstadt St. Gallens geht in ihrer Struktur auf Pläne nach dem Stadtbrand im 15. Jh. zurück. Zwei Hauptgassen, Marktgasse und Multergasse-Spisergasse, durchziehen den Bezirk, der früher durch eine Stadtmauer und 13 Türme gesichert war. Die Straßen sind geprägt von mehr als hundert **Erkern,** die im 17. und 18. Jh. nachträglich angebracht wurden und repräsentativen Charakter besitzen, was man an ihren Dekorationen unschwer erkennen kann (z.B. Kugelgasse Nr. 8 und 10 sowie Schmidgasse 15: Haus zum Pelikan mit Darstellung der Erdteile, 1707).

Im 15. Jh. löste sich die Stadt aus der Hoheit des Abts, Abtei und Stadt wurden durch eine Mauer abgegrenzt. Das Kloster schuf sich 1569/70 einen eigenen Ausgang in die Landschaft durch Errichtung des **Karlstors,** südöstlich des Klosterbezirks.

An der breitesten Stelle der Marktgasse, dort, wo früher das Rathaus stand (1877 abgerissen), befindet sich das **Vadiansdenkmal** (1904), das an den Bürgermeister und Reformator der Stadt erinnert.

Die Neugasse zieht die Linie der ehemaligen Stadtmauer nach. In der ehemaligen Judengasse, heute Hinterlauben, steht das Kaufmannspalais **Zum goldenen Apfel** mit Lagerräumen, Wohnräumen und Festsaal. An der Multergasse erblickt man einige (in der Schweiz seltene) schöne **Jugendstilhäuser.** In der Verlängerung gelangt man in die Vadianstrasse mit dem **Textilmuseum.**

An der Zeughausgasse, gleich an der Ecke zur Spisergasse, fällt das **Schlössli** auf, eine alte Stadtburg der immer noch einflussreichen Familie *Zollikofer,* 1586-90 errichtet.

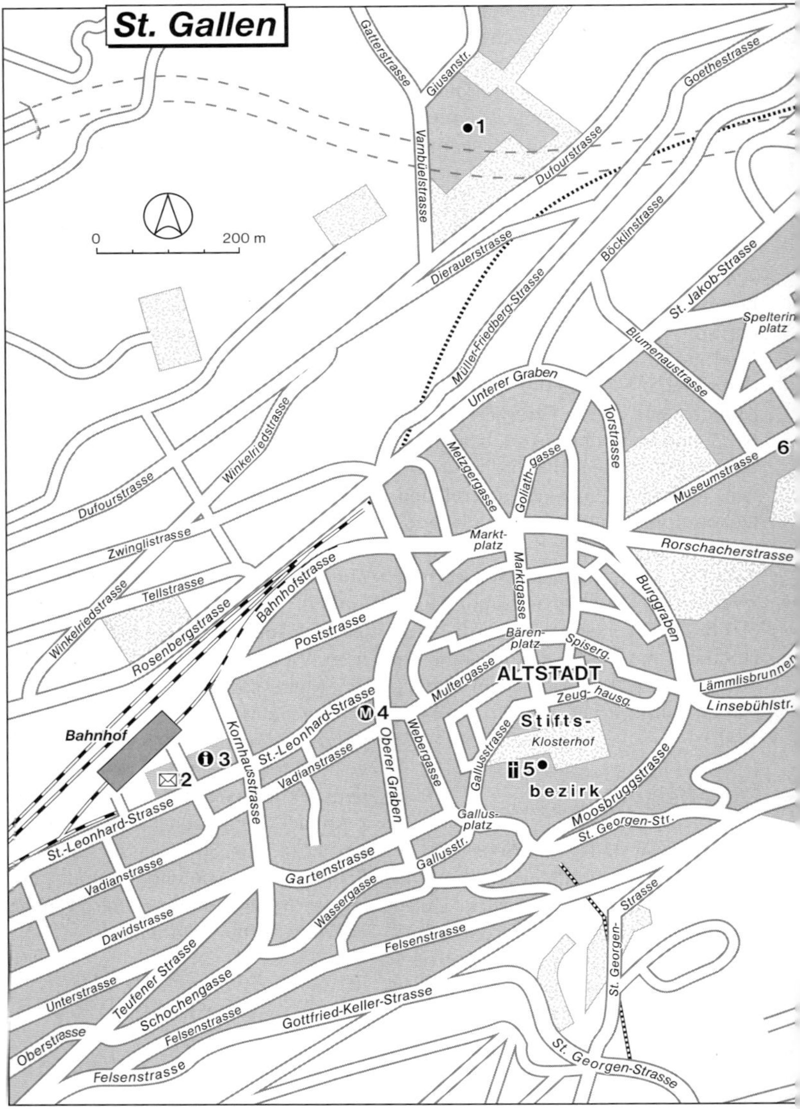

St. Gallen

0 200 m

Gatterstrasse
Giusanstr.
1
Varnbüelstrasse
Goethestrasse
Dufourstrasse
Böcklinstrasse
Dierauerstrasse
St. Jakob-Strasse
Spelterini-platz
Müller-Friedberg-Strasse
Blumenaustrasse
Unterer Graben
Torstrasse
Winkelriedstrasse
Metzgergasse
Gollath-gasse
6
Museumstrasse
Dufourstrasse
Markt-platz
Zwinglistrasse
Rorschacherstrasse
Marktgasse
Bahnhofstrasse
Burggraben
Tellstrasse
Winkelriedstrasse
Rosenbergstrasse
Poststrasse
Bären-platz
Spiserg.
ALTSTADT
Multergasse
Lämmlisbrunnen
Zeug-hausg.
Linsebühlstr.
St.-Leonhard-Strasse
M 4
Webergasse
Stifts-
Bahnhof
Kornhausstrasse
Oberer Graben
Klosterhof
3
St.-Leonhard-Strasse
Vadianstrasse
Gallusstrasse
5
Moosbruggstrasse
2
bezirk
St.-Leonhard-Strasse
Gallus-platz
St. Georgen-Str.
Gartenstrasse
Gallusstr.
Vadianstrasse
Wassergasse
Strasse
Davidstrasse
Felsenstrasse
St. Georgen-
Teufener Strasse
Unterstrasse
Schochengasse
Gottfried-Keller-Strasse
Oberstrasse
Felsenstrasse
St. Georgen-Strasse
Felsenstrasse

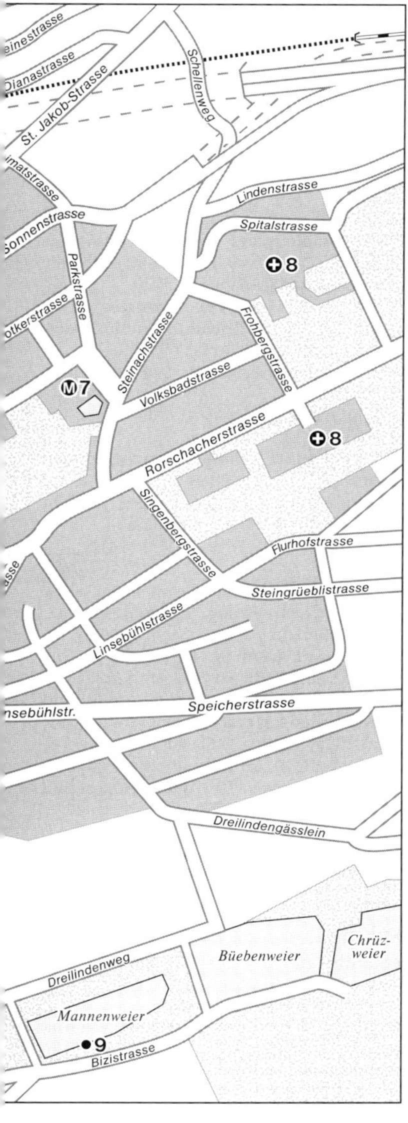

- 1 Universität
- 2 Post
- 3 Touristeninformation
- 4 Textilmuseum
- 5 Stiftskirche und Stiftsbibliothek
- 6 Kunst- und Naturmuseum und Kirchhoferhaus
- 7 Historisches Museum und Sammlung f. Völkerkunde
- 8 Krankenhaus
- 9 Öffentl. Schwimmbad

Das **Stadthaus** in der Gallusstrasse wurde früher „Grosses Haus“ und wegen des halben Flügels auch „Halbes Haus“ genannt. Im Erdgeschoss befanden sich große Stofflager, im ersten Stock Repräsentationsräume, eine Wohnung und ein Festsaal mit prächtigem Portal (evtl. offen, in Stadtbesitz).

Die **Kirche St. Laurenzen** ist Stadtkirche St. Gallens, in unmittelbarer Nähe der Stiftskirche (war jene doch nicht für alle zugänglich). Die heutige Kirche geht auf das 15. Jh. zurück, wurde jedoch 1851–53 grundlegend verändert: Niederlegung der Westfassade und des Glockenturms bis auf den Fuß der Glockenstube und Errichtung einer neugotischen Basilika. Auch die Inneneinrichtung stammt aus dieser Zeit.

Praktische Tipps

Information

●**Touristeninformation,** Bahnhofplatz 1a, 7000 St. Gallen, Tel. 071/227 37 37, Fax 071/ 227 37 67, www.st.gallen-bodensee.ch

Stadtführung

●**St. Gallen-Bodensee Tourismus:** 3. Juni bis 30. Sept. jeweils Mo, Mi, Fr um 14 h. Info: Tel. 071/227 37 37. Eine Führung durch die historische Altstadt mit Besichtigung der Kathedrale und der weltberühmten Stiftsbibliothek vermittelt einen wertvollen Einblick in die St. Galler Geschichte.

Unterkunft

●**Hotel Einstein******, Berneggstr. 2, 9000 St. Gallen, www.einstein.ch, Tel. 071/227 55 55. Sehr gutes „kleines Grandhotel" mit Charme, nahe der Altstadt und dem Stiftsbezirk, schöne DZ mit Bad/WC und Frühstück sFr. 330 bis 360.

●**Hotel Walhalla******, Bahnhofplatz, 9001 St. Gallen, www.hotelwalhalla.ch, Tel. 071/228 28 00. Businesshotel nahe Bahnhof mit z.T. sehr gutem Preis-Leistungs-Verhältnis. DZ mit Bad/WC und Frühstück sFr. 190 (Wochenenden) bis 320.

●**Boutiquehotel Jägerhof*****, Brühlbleichestr. 11, 9000 St. Gallen, Tel. 071/245 50 22, www.jaegerhof.ch. Das „Kulturhotel" in St. Gallen, mit Ausstellungen, Konzerten und Kleinkunstdarbietungen. Nähe Messegelände, Theater und Museen. Erstes Voll-Bio-Knospe-Restaurant der Schweiz, mit 16 Gault-Millau-Punkten ausgezeichnet. Eigene Weinhandlung. DZ mit Dusche WC und Frühstück sFr. 210 bis 220.

●**Jugendherberge St. Gallen,** Jüchstr. 25, 9000 St. Gallen, Tel. 071/245 47 77, www.youthhostel.ch. Etwas außerhalb und doch nahe Zentrum und Messegelände (Richtung Speicher/Trogen). 20 Zimmer mit zwei bis sechs Betten, z.T. mit Dusche, insgesamt 88 Betten. WC, Wasch- und Duschräume auf allen Etagen. Frühstück, Mittagessen/Lunchpakete für Gruppen. Internet Corner, TV-/Leseraum mit Bibliothek, Bikevermietung, Gästewaschmaschine und Tumbler, große Spiel- und Sportwiese mit Tischtennis. Richtpreis p.P. im Mehrbettzimmer mit Frühstück sFr. 26 (Mitgliederpreis), Familienzimmer (Dusche/WC) sFr. 34. Geschlossen: 2. Dezember bis 31. März.

Camping

●**TCS-Campingplatz St.Gallen-Wittenbach,** Tel. 071/298 49 69. Gut eingerichteter TCS-Campingplatz nahe der Stadt.

In der Umgebung, nahe Bodensee:

●**Camping Marina Rheinhof GmbH,** Rheinhofstr 44, in Altenrhein, Tel. 071/855 55 55.

●**Camping** am Fischerweg 6,in Altenrhein, Tel. 071/855 49 36.

●**Camping Idyll,** Mennstr, in Altenrhein, Tel. 071/855 42 13.

●**Campingplatz Schöne Aussicht,** in Rorschach, Tel. 071/855 78 98

●**Campingplatz Am Buechberg,** Buechbergstr. 27, Thal, Tel. 071/888 17 69.

Essen und Trinken

●**Jägerhof,** siehe Hotels, Vollbio-Restaurant, 16 G&M-Punkte.

●**Restaurant Neubad,** Bankgasse 6, Tel. 071/222 86 83. Altes Haus aus dem 16. Jh. Gute Küche, Mitte Juli bis Mitte August und an Wochenenden geschlossen.

●**Am Gallusplatz,** Galliusstr. 24, Tel. 071/223 33 30. Im Altstadtviertel. Gutbürgerlich, große Weinliste. Anfang August und an Wochenenden geschlossen.

●**Zum goldenen Schäfli,** Metzgergasse 5, Tel. 071/223 37 37. In einem alten Zunfthaus, gute Küche, nette Bedienung.

Kultur

●**Stadttheater St. Gallen,** Museumstr. 1/24, Postfach, 9004 St.Gallen, Tel. 071/242 05 05, www.stadttheaterstgallen.ch

●**Sinfonieorchester St. Gallen,** Museumstr. 1/25, 9004 St. Gallen, Tel. 071/242 05 05, info@sinfonieorchestersg.ch, Konzertkasse Tel. 071/242 06 06.

Museen

● **Historisches Museum,** Museumsstr. 50, (beim Stadtpark) Tel. 071/242 06 42. Gezeigt werden ein Modell der romanischen Klosteranlage, ein Stadtmodell von 1642 und bedeutende Ausstellungen über Wohnkultur und „Leinwand – das weisse Gold St. Gallens". Glasgemäldekabinett mit Schweizer Brauchtum. Unter demselben Dach: Sammlung für Völkerkunde. Seit Januar 2002 Abteilung St. Galler Figurentheater. Di–Fr 10–12 h und 14–17 h, Sa/So 10–17 h.

● **Kunst- und Naturmuseum,** Museumsstr. 32, Tel. 242/06 71, Di–Fr 10–12 h und 14–17 h, Sa/So 10–17 h. Von Bedeutung ist die Grafiksammlung der Familie *Gonzenbach (Dürer, Rembrandt)* und die Gemäldesammlung *Sturzenegger* (19. Jh., Frankreich und Deutschland, *Böcklin, Spitzweg, Corot, Sisley*). Ein Teil, insbesondere die bedeutenden Frühwerke *Giovanni Segantinis* und die interessanten Ostschweizer Maler, befindet sich im gegenüberliegenden **Kirchhoferhaus,** Museumsstr. 27, zugänglich auf Anfrage, Di–Fr 7.30–11.30 h, telefonische Anmeldung erforderlich, Tel. 071/244 75 21. Alpines Paläolithikum, Silbersammlung, Münzkabinett, Kunstsammlung, urgeschichtliche Höhlenfunde, Ostschweizer Künstler.

● **Textilmuseum,** Vadianstr 22, Tel. 071/222 17 44, www.textilmuseum.ch. Wechselausstellungen zur modernen Textilproduktion, Handarbeitsgeräte für textile Künste, Nachlass *Walter Niggli:* Modezeichnungen 1933–1985, Stoffprobenarchiv. Mo–Sa 10–12 h und 14–17 h.

● **Hundertwasserhaus in Altenrhein,** Kunst- und Markthalle Altenrhein, beim Kreisel Altenrhein, Tel. 071/855 81 85. In der Nordostecke der Schweiz ist im September 2001 die neue Hundertwasser-Markthalle eröffnet worden. Ihre goldenen Kuppeln sind weithin sichtbar. Es ist das letzte Bauwerk des österreichischen Künstlers, der im Februar 2000 gestorben ist. Geöffnet: 1. April bis 30. Sept. 10–17.30 h, 1. Okt. bis 31. März 13–17.30 h. Eintritt: sFr. 5, Führungen auf Anfrage.

St. Gallerland

Wil

↗V/C2

Die Stadt wurde im 12. Jh. durch den Grafen von Toggenburg gegründet. Wil gehört bereits seit 1226 zu St. Gallen. Der kleine schöne Altstadtkern liegt erhöht über dem heutigen Stadtzentrum mit oberer und unterer Vorstadt an den Stadtausgängen.

Die **Kirche St. Niklaus** stammt aus dem Jahr 1292, der Chor ist von 1492, die Rundpfeilerbasilika und Einwölbung des Chors um 1500. Es folgten mehrere Umgestaltungen, zuletzt 1866/67 neugotisch.

In der Kirchgasse steht am Hofplatz das **Baronenhaus,** ein bedeutender klassizistischer Bau von 1795. Im Hof befindet sich die ehemalige **Residenz der Äbte** aus der zweiten Hälfte des 15. Jh. Früher wurde der Hof 1815–1982 als Brauerei genutzt (!). Er soll in seinen ursprünglichen Zustand zurückversetzt werden.

Es schließen sich das **Gerichtshaus** (1607) und das **Hauptmannshaus** an. Letzteres war 1551–1797 Sitz der eidgenössischen Vertretung im Territorium des Fürstabts.

Liechtensteig

↗V/C3

Der Ort an der lichten Steige vor dem Anstieg zum oberen Toggenburg wurde Anfang des 13. Jh. vom Toggenburger Grafen auf dem Durchgangsweg von Bayern und Konstanz zum Gotthard gegründet. Er entwickelte sich bald zu einem bedeutenden Marktplatz, auf dem Salz und Getreide gehandelt wurden („Goldener Boden" genannt). Der Abt besaß ein **Salzlager** im Haus Nr. 14. An der Hintergasse neben dem Marktplatz steht das **ehemalige Rathaus** mit schönen gotischen Fenstern und aufgemalten Eckquadern. In der Hauptgasse Nr. 1 ist das Toggenburger **Heimatmuseum** mit einer sehenswerten lokalkundlichen Sammlung untergebracht.

Werdenberg

↗V/D3

Werdenberg ist die **„kleinste Stadt der Schweiz"** in der Nähe von Buchs. Ganze 41 Wohngebäude, ein Schloss und ein Rathaus weist das 1289 gegründete Städtlein auf. Das Rathaus wurde 1478 am Ortseingang gebaut. Ganz Werdenberg ist von einer Mauer eingefasst, die zum Schloss hoch verläuft und an die sich die um zwei Stöcke erhöhten Holzhäuser anzulehnen scheinen. Außerhalb der Mauern liegen Gärten und ein kleiner, künstlich geschaffener See. Alle möglichen Bauweisen sind hier zu bewundern: Fachwerk-, alemannische Skelett- und Blockbauten. Schön geschmückt ist das Drachen- und Schlangenhaus. Betreten kann man das Haus Nr. 7.

Rapperswil

↗IV/B3

Dass Rapperswil am oberen Zürichsee eine sankt-gallische Kleinstadt ist, geht auf das Jahr 1803 zurück, als das Linthgebiet dem neuen Kanton St. Gallen zugeschlagen wurde. Die Ortslage auf einer Halbinsel am Zürichsee ist prächtig.

Dominiert wird die Stadt vom **Schloss,** das auf das 13. Jh. zurückgeht. Bergfried, Uhrturm und Pulverturm sind die Eckpunkte, mittelalterlich der Palas mit stark verändertem Aussehen. Im Schloss ist seit 1975 das Polenmuseum untergebracht (1870-1927 das polnische Landesmuseum).

Die **Pfarrkirche St. Johann** ist neugotisch und geht auf das 13. Jh. zurück. In den Seitenkapellen befinden sich zwei schöne Renaissancealtare (1532/33).

Der Lindenplatz am Burgberg bietet eine schöne Sicht über die **Altstadt.** Dort verläuft die malerische Hintergasse mit ihren Arkaden. Haus Nr. 16 hat einen direkten Durchgang zum Schloss. Am unteren Hauptplatz steht das Rathaus, 1419 gebaut, 1470 umgewandelt.

Wanderung im Toggenburg

↗V/C2-D3

Das Toggenburg ist eine **heile Voralpenlandschaft,** die im Sommerhalbjahr zu wunderschönen Wanderungen und Bikerouten einlädt. Im Winter ist Skifahren angesagt. Der „Harry Potter" der Schweizer Skisprungmannschaft, Simon Ammann, der bei der Olympiade 2002 alle überrascht hat, stammt aus dieser großenteils nur Schweizern bekannten Gegend.

Der **Toggenburger Sagenweg** bietet eine „schaurig-schöne" Wanderung durch abenteuerliche Sagen und mystische Legenden aus der Region.

Der Churfirsten

Von Alt St. Johann im Toggenburger Thurtal führt der Sessellift zur Alp Selamatt. Von hier aus kann man eine drei- bis fünfstündige Wanderung über zehn Stationen auf einem aussichtsreichen Höhenweg entlang der sieben Churfirsten zur „Wildenmannlislochhöhle" unternehmen und auf einer anderen Route wieder zurückmarschieren. An den Stationen künden übermannsgroße, künstlerisch bemalte Holztafeln von Szenen aus der Sagenwelt: Es geht um Geister und Zauberkraut, unschuldige Jungfrauen, Riesen und Zwerge.

Der Kurort Wildhaus bietet spezielle Angebote für **behinderte Gäste.** Informationen über Ostschweiz Tourismus.

Sarganserland

Die **„Heidiland"** genannte Ferienregion zwischen dem Walensee und Bad Ragaz ist eine landschaftlich und historisch reizvolle Gegend. Mit den Ausflugsgebieten Flumserberge und Pizol bietet sie auch in den Höhen im Sommer ein prächtiges Wanderrevier und in der kalten Jahreszeit ein gut besuchtes Wintersportgebiet. Bad Ragaz ist mit Bad Pfäfers ein von alters her bestehender Badeort, der heute ein gut ausgebautes Wellnessangebot aufweist, das in den nächsten Jahren dem neuesten Stand der Kundenwünsche angepasst wird.

Burg Sargans und Umgebung

↗X/A2

Das Sarganserland war einst eine sumpfige Talaue. Die alten Siedlungen, Kirchen und Burgen wurden meist auf geschützten Abhängen und Felsvorsprüngen errichtet. An der Wasserscheide zwischen Rhein und Seez unter dem Felsen des Gonzen steht als Wahrzeichen der Region die **Burg Sargans,** die auf das 12. Jh. zurückgeht. *Graf Hartmann I. von Werdenberg-Sargans,* der das am Fuße der Burg liegende Städtchen gründete, wählte sie ab Mitte des 13. Jh. als Wohnsitz. Im Schloss befinden sich herrschaftliche Wohngemächer, Wandmalereien aus dem 15. Jh., der Landgerichtssaal und das *Schreibstübli* des Landvogts. Der Audienzraum der Landvögte dient heute als Schlossrestaurant. Der Raum unter dem Dachstuhl des Palas wird als Galerie benutzt. Im Bergfried ist ein Regionalmuseum eingerichtet, das sich speziell an Kinder richtet.

Das **Städtchen** war mit der Burg durch eine Mauer verbunden. Die Hauptstraße aus dem Zürcherland nach Graubünden führte mitten durch den Ort. Das Ortsbild ist durch Häuser aus dem 19. Jh. geprägt, da das alte Städtchen 1811 vollständig abbrannte.

In der Nähe von Sargans liegen die alten **Eisenbergwerke** im Berg Gonzen (geführte Besichtigung möglich) sowie ein **römischer Gutshof** aus der zweiten Hälfte des 2. Jh. – eine 80 Meter lange *Villa Rustica,* die unter Häusern verborgen liegt, und ein freigelegter Anbau an das Herrenhaus.

Rund um Sargans kann man eine Reihe sehenswerter Kirchen und Kapellen besichtigen, so die **Kapelle St. Jakob** bei Flums mit einem Chor aus dem 11. Jh., der schöne romanisierende Ausmalungen aus dem 13. Jh. enthält. Das Original des ältesten Glasbildes der Schweiz, eine Madonna aus dem 12. Jh., befindet sich im Landesmuseum in Zürich. Doch Kapelle und Kopie der Glasmalerei sind sehenswert (Schlüssel beim Küster nebenan).

Zu Fuß gelangt man in 15 Minuten zur **Burg Gräppelang,** welche 1440 im Zürichkrieg zerstört und danach wieder aufgebaut wurde. Hier befand sich die bedeutende Bibliothek des Landammanns *Fridolin Tschudi.* Der Schlosskapellenaltar (1754) ist heute in der St. Martinskapelle im nahen Mels zu bewundern, die herunterge-

052ch Foto: ot

kommene Ruine teilweise restauriert.

Die **Pfarrkirche St. Justus** in Flums wurde im 8./9. Jh. auf den Fundamenten eines römischen Gutshofes gebaut. Im 12. Jh. erfolgte ein Neubau. Turm und Langhaus sind mehrmals neu ummauert und aufgestockt worden, im 15. Jh. wurde ein neugotischer Chor angefügt. Im Chor und in der Nähe des Sakristeihäuschens sind hervorragende gotische Wandmalereien (1452–1488) zu bewundern. Unter den wertvollen Reliquien befindet sich ein Hunger- und Fastentuch aus dem 17. Jh. Im Kirchhof stehen noch viele Eisenkreuze, gewonnen aus dem Erz des Gonzen.

In der Nähe von Flums thront hoch über Berchis auf einem Felsen die **Kapelle Berchis.** Der Schlüssel ist bei der Küsterin verfügbar (Haus Nr. 848).

Die wohl über tausend Jahre alte **St. Georgskapelle** ist über einen ca. 30-minütigen, recht steilen Aufstieg zu erreichen. (Der Hügel steht unter Naturschutz.) Die Kirche besteht aus einer frühmittelalterlichen zweischiffigen Halle und einem spätgotischen, kaum befensterten Raum.

Pfäfers

⇗X/B2

Bereits im Frühmittelalter kamen Kranke aus nah und fern, um in den tosen-

Das Wahrzeichen des Sarganserlandes: Burg Sargans

den Wassern der Taminaschlucht in Wasserbecken zu baden. Im 14. und 17. Jh. wurde das Angebot verbessert, das Baden wurde in Hütten etwas komfortabler. 1629 wurde das erste Badehaus, 1704–06 das **Barockbad** Pfäfers gebaut. Man besaß nun Unterkünfte, Brunnenstuben und eine Kapelle zur Erbauung. Das Kurhaus muss beliebt gewesen sein, Herrschaften aus ganz Europa kamen, um ihre Gebrechen zu heilen (seit 1970 ist es durch ein Bad in Valens ersetzt). Das Barockbad wurde restauriert und kann besichtigt werden. Es gibt einen guten Eindruck in die Bade- und Lebenssitten der damaligen Zeit. Zum Bad führt ein Bummel durch die Taminaschlucht. Man kann bis zu den Felsnischen gehen, die einst als Badewannen genutzt wurden.

Bad Ragaz

↗X/B2

Im 19. Jh. entwickelte sich am Zusammenfluss der Tamina mit dem Rhein der Badeort Ragaz. Ein Kursaal entstand bereits 1868: der Quellenhof, der noch heute erste Adresse im Ort ist und 1992 komplett renoviert wurde. Ragaz war zunächst beliebter Aufenthaltsort des russischen Hochadels. 1936 wurde es offiziell zum Bad erklärt.

Heute ist es ein großer, beliebter **Thermalkurort** mit großzügigen Parkanlagen, Golfplatz, Bädern und breitem Unterhaltungsangebot.

Das **Kloster** wurde im 8. Jh. errichtet. Die Klosterkirche St. Pirminsberg stammt aus der Barockzeit und birgt über 200 Bilder, v.a. von Tessiner Meistern. Reicher Stuck und ein schönes Chorgestühl vervollständigen die Ausstattung.

Praktische Tipps

Information

- **Bad Ragaz Tourismus,** Maienfeldstr. 5, 7310 Bad Ragaz, Tel. 081/302 10 61, Fax: 081/302 62 90, www.badragaz.ch

Unterkunft

- **Grand Hotels Quellenhof******* und **Hof Ragaz******, 7310 Bad Ragaz, Tel. 081/303 30 30, www.resortragaz.ch. Die Topadressen im Sarganserland. 1995 bzw. 1992 völlig neu renoviert. Direkter Zugang zu Bad und Wellnesszentrum. Restaurant „Äbtestube“ mit 16 G&M-Punkten. DZ mit Frühstück ab sFr. 520.
- **Hotel Rössli****, Freihofweg 3, 7310 Bad Ragaz. Gut geführtes, z.T. neu renoviertes Hotel mit sauberen Zimmern. DZ mit Bad/D und WC ab sFr. 144 inkl. Frühstück.
- **Hotel Tamina****, 7315 Vättis SG, Tel. 081/306 11 73, www.tamina-hotel.ch. Altes Hotel hinten im ruhigen Taminatal, geeignet für Wanderwochen, einfache Zimmer mit Dusche/WC ab sFr. 120 inkl. Frühstück.

Camping

- **Camping Giessenpark,** 7310 Bad Ragaz, Tel. 081/302 3710. Direkt am Rhein und Giessenparksee gelegen.

Aktivitäten

- **Tamina-Therme,** in Bad Ragaz. Die heiße Tamina Quelle, die aus der nahe gelegenen Schlucht sprudelt ist die wasserreichste Akratotherme Europas. Zwei Innen- und ein Aussenbad, Strömungskanal, Wasserfall, Sprudelliegen, -sitze und Grotte sowie verschiedene Massagedüsen laden bei einer Temperatur von 36,5 Grad zum Badevergnügen ein. Geöffnet: Mo–So 7.30–21 h. Eintritt: Erwachsene sFr. 17, Kinder sFr. 12.

Glarnerland

↗IX/D2

Zwischen dem Walensee und dem Zürichsee geht es hinein in das tief eingeschnittene Tal des Glarnerlands. Bis zu 1750 Meter wachsen die Berge hier aus dem Boden. Mit 3614 Metern ist der Tödi der höchste Berg der Ostschweiz. Das Glarnerland, einer der ältesten Kantone der Schweiz, ist eine typische Familienferienregion. Familienangebote gehen einher mit hochalpinen Wander- und Tourenmöglichkeiten. Dem Wintersport kann in Elm und Braunwald gefrönt werden.

Glarus

Eine **Feuersbrunst** vernichtete am 10./11. Mai 1861 zwei Drittel des historischen Städtchens Glarus. Der hier oft heiß wehende Föhn hatte ein Feuer rasch über den Großteil des Ortes ausgebreitet. Fast 600 Gebäude lagen in Schutt und Asche. Nur einige Gebiete im Westen und Süden überstanden den Brand. Der Ort wurde in einheitlichem Stil neu aufgebaut, finanziert durch Gaben aus der ganzen Welt (sogar aus den USA und Japan).

Ein Rundgang durch das „neue" Glarus beginnt am besten beim Spielhof, wo der alte Stadtplatz lag. Hier stehen das **Gerichtshaus** und das **Wohnhaus Heer,** auch „Haus Mercier" genannt. Die **Stadtkirche** ist ein gutes Beispiel neoromanischen Kirchenbaus, entstanden 1862–64 und von Anfang an für beide Konfessionen konzipiert.

Außerhalb des Dorfkerns sind noch einige sehenswerte Fabrikantenvillen der ehemals reichen Textilindustriellen von Glarus erhalten. Das **Haus auf der Wiese** ist eine der wenigen Villen, die den Stadtbrand überstanden haben.

Elm

Das Elmer Dorfbild wurde vom Europarat als **Dorfbild von nationaler Bedeutung** ausgezeichnet. Sehenswürdigkeiten wie das Grosshaus, das Zentnerhaus und das Suworowhaus verbinden die interessante Geschichte des Bergdorfes mit der Gegenwart.

Am 12./13. März sowie am 30. Sept./1. Okt. scheint die Sonne am frühen Morgen durch das **Martinsloch,** einem Felsloch, auf den Kirchturm – ein Naturphänomen das Gäste von nah und fern anzieht.

Im Winter ist Elm ein beliebter **Familienskiort,** im Sommer ein gut besuchtes **Wandergebiet.** Zu empfehlen sind zum Beispiel der Höhenwanderweg von der Erbsalp zur Empächlialp oder die Kärpfwanderung von Schwanden über das 2294 Meter hoch gelegene Wildmad-Furggeli nach Elm.

Braunwald

Braunwald ist ein autofreier Sommer- und Winterferienort, der ebenfalls ganz auf Familien ausgerichtet ist: Es gibt Familien-Feuerstellen, Kinderspielplätze und Kinder-Kletterfelsen. Eine besondere Attraktion ist das erste begehbare Märchen der Schweiz, mit Zwergenschloss, Edelsteinspalte, Zwergenhöhle, Tiidis-Hüsli und dem kinderwagengängigen Rindenhüttli. Fünfzig

…kierte und gepflegte, …pruchsvolle Wander-…en zur Verfügung, ebenso wie Sessel- und Gondelbahnen zu schön gelegenen Aussichtsrestaurants. Weiterhin bietet Braunwald Klettersteige, einen Ökologie-Lehrpfad, ein Pflanzenschutzgebiet mit einmaliger Bergflora, alpine Rosengärten bis 1600 M.ü.M. (3000 Stöcke und 400 Sorten), eine Minigolf-Anlage und ein öffentliches Hallenbad.

Praktische Tipps

Information

- **Glarnerland Tourismus,** Bahnhof Glarus, Postfach 829, 8750 Glarus, Tel. 055/650 20 90, Mo bis Fr 9–12 h, 14–17 h, Juli bis Okt. Sa und So 8–14 h.
- **Stadtführung Glarus,** Voranmeldung: Tel. 055/640 15 06.

Unterkunft

- **Hotel Sardona******, 8767 Elm, Tel. 055/642 68 68, www.sardona.ch. Haus mit Hallenbad und Sauna, 65 Zimmer mit Bad/WC, davon einige Familienzimmer oder Zimmer mit Verbindungstür, Behindertenzimmer, Nichtraucherzimmer, DZ mit Bad/D und WC inkl. Frühstück sFr. 180 bis 190, im Weinter 230 bis 240.
- **Hotel Elmer*****, 8767 Elm, Tel. 055/642 60 80. www.hotelelmer.ch. Familiär geführtes Kleinhotel im Zentrum. 40 Betten. Einige Zimmer mit Balkon und Blick aufs Martinsloch. DZ mit D/WC und Frühstück sFr. 126 bis 136, im Winter 128 bis 150.
- **Panorama-Hotel Waldhaus*****, 8784 Braunwald, Tel. 055/643 36 84. Sportliches Hotel mit 80 Betten nahe der Höhenklinik, Hallenbad, Sauna, Minigolf, große Sonnenterrasse. DZ mit Bad/D und WC inkl. Frühstück sFr. 160 bis 240, im Winter sFr. 180 bis 320.
- **Boarders Inn,** 8784 Braunwald, Tel. 055/643 36 84. Für unkomplizierte Leute geeignet. Alle Zimmer (außer 4er- und 6er-) mit Dusche. Einer-Zimmer sFr. 65, Zweier-Zimmer sFr. 60, Dreier-Zimmer sFr. 55, Viererund Sechser-Zimmer nur mit eigenem Schlafsack sFr. 40 bzw. sFr. 35 (inkl. einfaches Frühstück und Benutzung der Infrastruktur Hotel Waldhaus (außer Sauna).
- **Jugendherberge Braunwald,** Im Gyseneggli, 8784 Braunwald, Tel. 055/643 13 56, www.youthhostel.ch. 15 Zimmer mit zwei bis acht Betten. Insgesamt 82 Betten, Waschund Duschräume auf jeder Etage. Frühstück und Abendessen. Nach Absprache auch für VegetarierInnen. Ess- und Aufenthaltsräume. Kinderspielzimmer, Gesellschaftsspiele zum Ausleihen. Großer Garten mit Spielplatz und Tischtennis. Ski-, Schuh- und Trocknungsraum. Sfr. 28,50 (Mitgliederpreis) pro P.p. Geschlossen: 1.4.–22.06. und 16.11.–30.11.

Camping

- **Campingclub Glarus,** Anfragen an: Postfach 920 8750 Glarus, www.into.ch/kunden/fischer/
- **Camping Gäsi,** am Walensee (nahe Weesen), Tel. 055/610 13 57. Kleiner Platz, ohne Strom. Nur für Zelte. Im Wald gelegen, direkt am See. Sandstrand, Kinderspielplatz, Feuerstellen. WC- und Duschanlagen, Behinderten-WC. Waschmaschine und Tumbler. Kiosk mit reduziertem Lebensmittelsortiment und Restaurationsbetrieb. Geeignet zum Surfen und Segeln!!
- **Camping Güntlenau,** Tel. 055/640 40 48. Plätze ohne Strom für Zelte und Wohnmobile direkt am sauberen Klöntalersee an schöner Lage. Aufenthaltsraum. Feuerstellen, Kinderspielplatz. Waschmaschine und Tumbler, WC- und Duschanlage, Behinderten-WC. Gut sortierter Kiosk mit allen Lebensmitteln. Postauto-Verbindung nach Glarus.

Essen und Trinken

- **Wirtschaft Sonnegg,** beim Sonnenhügel, 8750 Glarus, Tel. 055/640 11 92. Gepflegtes Speiserestaurant mit Garten, gute Küche.

Aktivitäten/Ausflüge

- Der **Glarner Industrieweg** führt als Velo- und Wanderweg von Linthal bis Ziegelbrücke und von Elm bis Schwanden. An der rund 50 Kilometer langen Strecke, die man auch in Teilabschnitten besichtigen kann, kommt der Besucher an über 60 ausgewählten Industrieobjekten vorbei. Diese werden mit Bild und Kurztext auf einer genauen Routenkarte im Massstab 1:50 000 vorgestellt. Informationen: Tel. 055/640 20 22 oder E-Mail: giw@gmx.ch

- **Tagesausflug „Fridliweg":** Der Talwanderweg durch den ganzen Kanton Glarus: Bilten – Linthal ca. 35 Kilometer.
- **Fischen:** Auswärtige Fischer können bei jeder Gemeinde, beim Polizeiamt oder zum Teil bei den an den Gewässern liegenden Restaurants Patente lösen. Das Glarnerland ist mit seinen vielen Bergseen, -bächen und der Linth eine beliebte Gegend zum Fischen. Am Klöntalersee und am Walensee gilt Freiangelrecht, d.h. man kann ohne Patent vom Ufer aus Fischen. Talalpsee, ist von Filzbach oder Fronalp erreichbar. Obersee, liegt oberhalb Näfels. Muttsee, erreichbar von Linthal. Oberblegisee, ist von Braunwald oder Luchsingen erreichbar. Stausee Garichte liegt auf Mettmen, erreichbar von Schwanden
- **Gleitschirm Passagierflüge,** *Stefan Schneiter,* Glarus, Tel. 055/640 83 22

Kultur

- **Klassik-Musikwoche Braunwald:** eines der ältesten Musikfestivals der Schweiz, erste Julihälfte

Appenzellerland

Alte, ins satte Grün der Hügel eingestreute Häuser, malerische Örtchen, Kuhherden, die über die Straße getrieben werden und freundlich grüßende Gesichter: Am Leben der Appenzeller, das zu einem guten Teil dem Rhythmus der Jahreszeiten und den Phasen des Mondes folgt, kann auch der Gast teilhaben. Er ist eingeladen, die alten **Bräuche** zu bestaunen, die hier noch mit großer Selbstverständlichkeit gelebt werden. Sei es bei den berühmten „Silvesterchläusen", die mit aufwändigen Maskenaufbauten am 31. Dezember und am 13. Januar in Urnäsch und anderswo durch verschneite Dörfer ziehen. Sei es bei der „Landsgemeinde" in Appenzell am letzten Sonntag im April, die nur noch in zwei Schweizer Kantonen nach altem Brauch mit Handabstimmung abgehalten wird. Oder sei es bei den prachtvollen Alpzügen, den Viehschauen und den „Alpstobeten" – den sommerlichen Älplerfesten.

Doch nicht nur reiches Brauchtum, auch **handwerkliche Traditionen** sind im Appenzellerland lebendig. In der Werkstattgalerie von *Dölf Mettler* z.B., im malerischen Städtchen Appenzell, entstehen Ölbilder von Alpzügen, wie sie schon vor 200 Jahren gemalt wurden. Im Museum in Appenzell bestaunt man bei wöchentlichen Vorführungen das Stickereihandwerk, in den Schaukäsereien in Stein und auf der Schwägalp schaut man dem Käser ins „Chääsechessi", wo der bekannte Appenzeller Käse hergestellt wird.

1200 Kilometer markierte **Wanderwege** erwarten die Wanderer: voralpine Wanderungen im hügeligen Appenzeller Vorderland mit Blick auf den Bodensee und ins Rheintal bis zu Klettersteigen auf über 2000 Meter im Alpstein mit dem Säntisgipfel (2502 Meter).

Mit 28 Berggasthäusern verfügt das Wanderrevier über ein gutes Angebot. Das bekannteste Beispiel ist das **Berggasthaus Aescher.** Das alte Gebäude ist so in einen überhängenden Fels gebaut, dass die vierte Hausseite vom Stein gebildet wird und das Haus vor schlechter Witterung schützt.

Ganz in der Nähe kommt man zur prähistorischen **Wildkirchlihöhle,** in der bis vor 150 Jahren noch Einsiedler lebten. Im „Wildkirchli", im Innern der Höhle, finden während der Alpzeit traditionell Berggottesdienste statt.

Herisau ⇗V/C3

Herisau, der Hauptort von Appenzell-Ausserrhoden, besitzt **schöne Bürgerhäuser** aus dem 18. Jh. mit Treppentürmen, Mansarddächern und geschweiften Frontgiebeln. Auf dem Kirchplatz wurden die Nrn. 1–2 1779 sowie die Nrn. 6 und 12 1737 mit Régencestuckaturen gebaut. In der Schmiedgasse, im Spittel und in der Bachstrasse gibt es malerische appenzellische Holzhäusergruppen, zum Teil ebenfalls mit geschweiften Giebeln. Das alte Rathaus stammt von 1827.

Die reformierte **St. Laurentius-Kirche** ist eine typische spätgotische Landkirche, 1520 neu erbaut. Das Langhaus wurde 1782 neu gewölbt und mit prächtigen Rokoko-Stuckaturen von *Andreas Mosbrugger* geschmückt. Von ihm stammen auch die Kanzel und die Rocailledekorationen des eingezogenen Polygonalchors, die mit dem spätgotischen Netzgewölbe kombiniert sind. An der Nordseite befindet sich eine spätgotische Seitenkapelle mit Glasgemälden (1960).

Hundwil, Schwellbrunn und Urnäsch ⇗V/C3

Die älteste erhaltenen Malerei des Kantons, Hl. Katharina und Bischof (um 1400), findet sich in der reformierten Kirche von **Hundwil,** in der Leibung des romanischen Rundbogens. Das Pfarr- und ehemalige Rathaus weist Ratsscheiben des 17. Jh. auf. Der Landsgemeindeplatz ist Tagungsort des Halbkantons Ausserrhoden in den ungeraden Jahren. Im Gasthaus Krone gibt es eine gemalte Stube aus der zweiten Hälfte des 18. Jh.

Schwellbrunn ist ein hübsches Straßendorf aus dem 17.–18. Jh., entstanden nach dem Bau der reformierten Kirche von 1648, mit Fabrikantenhäuser von 1780–1800. Im Gebiet um das Dorf trifft man auf schöne Häuser des 17. und 18. Jh.

Die schlichte reformierte Kirche von 1641 in **Urnäsch** besitzt einen interessanten Dachstuhl aus der Bauzeit von *M. Brühl;* Neugestaltung und Turmerhöhung 19. Jh. außen, 20. Jh. innen. Neben der Kirche am rechteckigen Dorfplatz stehen getäferte Strickhäuser aus dem 17./18. Jh.

Appenzell ↗V/D3

Charakteristisch für den Hauptort des katholischen Halbkantons Innerrhoden sind die **bunt bemalten Häuser** im autofreien Kern. Sie verleihen dem 7000-Einwohner-Flecken eine heitere Note.

Die Dorfanlage geht auf die Zeit nach dem Brand von 1560 zurück. In der **Hauptgasse** stehen malerische Holzbauten über steinernem Erdgeschoss mit mehrfach geschweiften bzw. gebrochenen Giebeln und bemalten Fassaden, nach 1560, später mehrfach umgebaut. Hier befindet sich auch das Historische Museum des Orts und Kantons mit guter Darstellung von Geschichte und Kultur.

Chor und Krypta der **Pfarrkirche St. Mauritius** entanden um das Jahr 1513. Beidseitig des spätgotischen Chorbogens finden sich eroberte Banner und Wandbilder. Der spätgotische Chor hat Maßwerkfenster und Netzgewölbe mit figürlichen Schlussteinen. Von *Moritz Girtanner* stammt das Pestbild mit Dorfansicht aus dem Jahr 1620. Der frühbarocke Hochaltar von 1620 ist reich geschnitzt, einige Statuen sind von anderen Altaren übernommen worden. Das Wandtabernakel ist spätgotisch. In der Sakristei gibt es eine Monstranz von 1650, in der Krypta Achteckpfeiler und Kreuzrippengewölbe über Maskenkonsolen sowie eine nach dem Original von 1521 kopierte hölzerne Empore. Die Kreuzigungsgruppe stammt von *Johann Ryssi,* Kruzifix 1580, Maria und Johannes 1608. Sehenswert sind auch die Glasgemälde wie das Wandbild am Turm von *Johann Hugentobler* aus der ersten Hälfte des 20. Jh.

Das **Rathaus** von Appenzell wurde 1563 nach einem Dorfbrand neu errichtet. Der spätgotische Bau hat eine durchgehende Bogenlaube, Staffelfenster, ein steiles Satteldach und Dachreiter. Die Fassadenfresken und das Denkmal (1905) erinnern an die Schlacht von Stoss 1405. Im Treppenhaus hängen Landmännerporträts des 16.–18. Jh. sowie Tafelgemälde der Schlacht von Stoss, 1570. In beiden Ratssälen sind Wandgemäldezyklen mit allegorischen und biblischen Szenen zu finden.

Der **Landsgemeindeplatz,** ein von hohen und niederen Bauten unregelmäßig begrenzter Platz um die Gerichtslinde, war einst Landesgemeindeort des Kantons Appenzell, seit 1597 des Halbkantons Innerrhoden.

Südlich der Hauptgasse trifft man auf das so genannte **Schloss,** ein 1563–70 für den Arzt *Löw* gebautes Patrizierhaus mit spätgotischer Struktur und Renaissance-Detailformen, mit Kreuzgiebel, Treppenturm und toskanischer Säulenhalle.

Die schlichte Spätrenaissance-Kirche des **Kapuzinerklosters Maria der Engel** wurde durch die Misoxer *Giovanni* und *Andrea Toscano* 1618 gebaut. An der Stirnwand des Chores sind Malereien von 1620. Die Holzstatue St. Martin entstand um 1500, Kruzifix aus dem Zürn-Kreis um 1620. Die Klostergebäude wurden von *Jost Mosbrugger* und *Christian Zünd* 1679–82 errichtet.

Gais ⇗V/D3

Einzigartig ist das Dorf Gais mit seinen repräsentativen Steinbauten und den **typischen Appenzeller Holzhäusern** mit z.T. geschwungenen Giebeln. Für sein Ortsbild wurde es mit dem renommierten Wakkerpreis ausgezeichnet. Die Gebäude wurden größenteils nach dem Brand von 1780 gebaut. Die reformierte Kirche geht auf das Jahr 1782 zurück, Stuckaturen und Kanzel, 1782. Aus dem selben Jahr stammt das Pfarrhaus mit Speicher. Das ehemalige Gasthaus Ochsen mit Haubenturm wurde nach 1796 errichtet. Das Haus des Ratsherrn *Gruber,* datiert 1783, ist ein prächtiger Bau mit geschweiften Mansartdach und hohem geschwungenen Fassadengiebel über Mittelrisalit. Die beiden Obergeschosse sind durch Pilaster gegliedert.

Teufen ⇗V/D3

Teufen besitzt zahlreiche ehemalige **Fabrikantenhäuser** (z.B. Nr. 168/169) und aneinander gebaute **Strickhäuser** mit Mansardgiebeldächern und durch ionische Pilaster gegliederte Fronttäfer. Haus Nr. 220 etwa ist gestrickt und getäfert, mit Walmdach und Giebeln an Front und Rückseite sowie elegantem Portal von 1796. Das 1782 gebaute Haus Nr. 242 hat zwei doppelt geschweifte Giebel. Das Gemeindehaus stammt aus dem Jahr 1838, das Schulhaus wurde 1840 von *Felix Kubly* errichtet.

Im Westen von Teufen liegt das **Kloster Wonnenstein,** das schon vor 1379 als Beginenhaus gegründet wurde. 1590 nahm man die Kapuzinerinnenreform an. Kloster und Kirche wurden 1687 neu errichtet, das Gotteshaus 1929 umgebaut.

Trogen ⇗V/D2

Das herrschaftliche Gepräge des ehemaligen Hauptortes von Ausserhoden verdankt Trogen der Familiendynastie der **Zellweger,** die vom 17. bis 19. Jh. die höchsten Ämter innehatten und im 18. Jh. weltweit Leinwandhandel betreiben, womit sie Kapital für ihre Bautätigkeit schufen.

Einzigartig ist das Zusammenwirken von herrschaftlichen Steinbauten mit typisch appenzellischen Holzhäusern und der frühklassizistischen Kirchenfassade mit Turm auf dem Dorf- und Landgemeindeplatz.

Heute ist Trogen auch bekannt durch das an der Straße nach Bühler gelegene **Pestalozzidorf,** das zu Gunsten von Kriegswaisen verschiedener Nationen gegründet wurde.

Am **Dorfplatz** stehen die ehemaligen Privathäuser der Zellweger. Das 1727 erbaute Hotel Krone ist ein auf Quadersockel gebautes, hölzernes Giebelhaus mit Erkertürmchen und Klebdächern. Rokokobemalung und Portal sind von 1767, das Täferzimmer von 1767.

Das **Rathaus** wurde für *Jakob Zellweger* von *Conrad Johann Langenegger* 1802 gebaut – ein klassizistischer Bau mit Attikageschoss, Walmdach, zweigeschossigem Fest- und Bibliothekssaal.

Das **Pfarrhaus** für *Jakob Zellweger* entstand 1765 aus Quadersteinen. Gegenüber der Kirche ist ein großes Appenzeller Holzhaus aus dem 17. Jh. bemerkenswert.

Westlich des Dorfplatzes trifft man auf das **Haus Zellweger-Gessner,** das 1802 für den Philantrophen und Geschichtsschreiber *Johann Caspar Zellwegner-Gessner* erbaut wurde. Es handelt sich um einen fünfseitigen Flügelbau mit Binnenhof in klassizistischer Form.

Heiden

⇗V/D2

Das „Biedermeierdorf" Heiden, im Vorderland mit weitem Blick über den Bodensee gelegen, wurde nach einem verheerenden Brand im Jahr 1838 nach strenger Bauvorschrift und den damals als modern geltenden Kriterien neu aufgebaut. Seither präsentiert sich Heiden im klassizistischen Stil auf rechtwinkligem Dorfgrundriss.

Auf dem Dorfplatz erfreuen den Besucher schlichte **Biedermeierhäuser** unter niederen Walmdächern und die reformierte Kirche, nach dem Brand einheitlich angelegt. Gegenüber der Kirche steht das 1840 gebaute Rathaus, ein schöner Biedermeierbau mit je einer Türe in den sieben Fassadenachsen. Haus Nr. 50 wurde 1765 und 1797 im Louis XVI.-Stil neu bemalt. Über der Freitreppe und dem Balkon sind zwei Landschaften und die vier Jahreszeiten zu erkennen.

Damals nahm das Dorf mit seiner exklusiven Lage einen Aufschwung als Luftkurort mit „Molkekuren". Der berühmteste Gast, der Gründer des Roten Kreuzes und erste Nobelpreisträger, *Henri Dunant,* machte Heiden zu seinem Alterssitz. Mehr ist im **Henri-Dunant-Museum** zu erfahren, das in der ehemaligen Klinik eingerichtet wurde.

Heiden ist Ziel vieler Wanderer, die den **Witzwanderweg** zwischen Heiden und Walzenhausen begehen. Auch heute kann man in den hübschen Orten des Appenzeller Vorderlandes (etwa in Heiden, Walzenhausen und Wienacht) aktiv etwas für die Gesundheit und das „Wellfeeling" tun. Zahlreiche **Kur- und Wellnesshotels** bieten dazu besondere Pauschalen an.

Praktische Tipps

Information

- **Appenzellerland Tourismus AI,** 9050 Appenzell, Tel. 071/788 96 41, Fax 071/788 96 49, www.appenzell.ch
- **Appenzellerland Tourismus AR,** Bahnhofstr. 2, 9410 Heiden, Tel. 071/898 33 00, Fax 071/898 33 09, www.appenzell.ch

Unterkunft

- **Hotel Säntis,** Landsgemeindeplatz, Tel. 071/788 11 11, www.romantikhotel.ch. Schönes Hotel in traditionellem Appenzellerhaus am historischen Platz, 37 Zimmer, DZ mit Bad/WC sFr. 180 bis 300.
- **Hotel Adler,** Adlerplatz, 9050 Appenzell, Tel. 071/787 12 56, www.adlerhotel.ch. Älteres Hotel am Adlerplatz, DZ mit Bad/D und WC sFr. 170 bis 260 (Suite).
- **Hotel Heiden******, Seeallee 8, 9410 Heiden, Tel. 071/891 91 11, www.hotelheiden.ch. Im Zentrum von Heiden in ruhiger Panoramalage, Blick auf Bodensee und Appenzellerland. Panoramaschwimmbad, Sauna, Solarium, 66 Zimmer. DZ mit Bad/D und WC inkl. Frühstück sFr. 250 bis 310.

● **Idyllhotel Appenzellerhof,** 9042 Speicher, Tel. 071/344 13 21, www.appenzellerhof.ch. Im schönen, acht Kilometer von St. Gallen gelegenen Dorf Speicher. DZ mit Bad/D und WC sFr. 170 bis 200.

● **Zur Linde*****, Bühlerstr. 87, 9053 Teufen, Tel. 071/333 28 22, www.hotelzurlinde.ch. 14 Zimmer, DZ mit Bad/D und WC sFr. 160 bis 200.

Museen

● **Heimatmuseum,** im alten Rathaus von 1827 in Herisau.

Verkehrsverbindungen

Das Appenzell verfügt über eine ganze Reihe von Privatbahnen und Bergbahnen, die auf die Hügel und Berge des Alpsteins führen.

● Die Pendelzüge der **Appenzellerbahn** verbinden die Stadt St. Gallen mit Appenzell Innerrhoden und Ausserrhoden, www.appenzellerbahnen.ch.

● Die romantische **Bergbahn Rheineck – Walzenhausen** bringt die Fahrgäste in zehn Minuten von Walzenhausen nach Rheineck mit Anschluss an die Schifffahrt und Züge im „Alten Rhein", www.ar-bergbahnen.ch.

● Die traditionsreiche **RHB** ist die einzige normalspurige Zahnradbahn am Bodensee und verbindet Heiden mit dem Weiler Wienacht und Rorschach, wo direkte Anschlüsse an die Bodenseeflotte und an das SBB-Bahnnetz bestehen, www.ar-bergbahnen.ch.

● Der **Voralpen-Express** ist die Verbindung zwischen dem Bodensee und dem Vierwaldstättersee. Entlang der Strecke liegen zahlreiche attraktive Ausflugsziele.

Veranstaltungen

● **Schwägalp-Schwinget:** an einem Wochenende ab Mitte August in der wunderschönen Bergarena des Säntis. Während der spannenden Zweikämpfe beim Schweizerischen Nationalsport Schwingen kann man neben der urchigen Atmosphäre die großartige Aussicht genießen. Info: Tel. 071/951 94 32, www.schwaegalp-schwinget.ch

Thurgau

„Mostindien", wie der Thurgau von den Miteidgenossen halb liebevoll, halb hämisch wegen der vielen **Obstbäume** genannt wird, ist ein von der Landwirtschaft geprägter Mittellandkanton, der allerdings am Ufer des Bodensees stark industrialisiert ist und deshalb kaum die Reize anderer Seeuferregionen bieten kann. Mit einer Ausnahme: Der Untersee von Kreuzlingen bis Stein am Rhein ist eine überaus liebliche Landschaft mit malerischen Dörfern und Schlössern, die es durchaus mit dem nördlichen Ufer des „Schwäbischen Meers" aufnimmt. Typisch ostschweizerische Fachwerkbauten kennzeichnen die Ortsbilder. Eine Radtour durchs Hinterland des Thurgaus, südlich des Seerückens kann empfohlen werden.

Am Untersee

↗IV-V/B-C1

Keuzlingen

In Kreuzlingen am Untersee, beim Hauptzoll am Übergang nach Konstanz, liegt das ehemalige **Augustinerstift:** Kirche St. Ulrich und Afra, 1125 gebaut, nach dem Schwabenkrieg 1499 und 1633 (Dreißigjähriger Krieg) arg zerstört und seit 1666 im Stil des Rokoko wieder aufgebaut. Erwähnenswert ist insbesondere die so genannte Ölbergkapelle mit einer großartigen, aus noch 280 (von 320) Holzfiguren bestehenden Darstellung der Geschehnisse auf dem Ölberg, überragt von einem Holzkreuz von 1400. Man beachte auch das Chorgitter von 1737

053ch Foto: en

Abendstimmung am Untersee

und die Gewölbemalerei (1954–61 restauriert).

Gottlieben

Das reizvolle Fischerdorf ist eine der kleinsten Gemeinden der Schweiz, die freilich eine lange und bewegte Geschichte hat. Gottlieben ist v.a. durch das gleichnamige, in Privatbesitz stehende **Schloss** bekannt. Es geht auf die 1251 erbaute Wasserburg des Bischofs *Eberhard II. Truchsess von Waldenburg* zurück, der Gottlieben als befestigten Handelsort in Konkurrenz zu dem mit ihm verfeindeten Konstanz stellen wollte. Die damals konzipierte Ringanlage des Ortes tritt noch heute zu Tage. Die Burg wurde während des Konstanzer Konzils zum Kerker des abgesetzten Papstes *Johannes XXIII.* und des böhmischen Reformators, Magister *Jan Hus,* der unter Bruch des kaiserlichen Geleits am 6. Juni 1415 zu Konstanz auf dem Scheiterhaufen starb. 1646 zerstörten die Schweden Burg und Ort. Prinz *Louis Napoleon,* erwarb 1836 das wieder aufgebaute Schloss Gottlieben und ließ dessen Wohntrakt neugotisch umbauen. Oft noch sollte es die Hand wechseln, bis es 1950 die Sängerin *Lisa Della Casa* erwarb und seither bewohnt. Neben dem Schloss sehenswert ist das geschützte Ortsbild und der unter Denkmalschutz stehende Gasthof Drachenburg.

Berlingen

In Berlingen erstaunen die stadtähnlichen kleinen Gassen. Das ehemalige Rathaus wurde 1778 erbaut und besitzt einen schönen Kachelofen. Sehenswert sind auch das Pfarrhaus und die Alte Krone. Überregional bekannt ist Berlingen für das Adolf Dietrich Haus und -Museum, das Leben und Werk des bekannten Bodensee-Malers würdigt.

Ermatingen

In Ermatingen beeindruckt der Kehlhof (1694). Die **Pfarrkirche** wurde von Reformierten und Katholiken genutzt (der Thurgau war eine „gemeine Herrschaft" der Eidgenossen) und ist deshalb seit 1529 doppelt ausgestaltet. Beim Taufstein einigte man sich auf einen Stein mit zwei Becken: das eine für evangelisches, das andere für katholisches Wasser (!).

Oberhalb Ermatingen steht das **Schlösschen Wolfsberg,** heute ein geschmackvoll zum Ausbildungszentrum und Hotel ausgebautes Anwesen einer führenden Bank.

Schloss Arenenberg

Hoch über dem Untersee mit wunderschöner Aussicht auf die Ufer der benachbarten Höri und der Insel Reichenau, auf die Vulkankegel des Hegaus und den Schweizer Seerücken liegt das Schloss Arenenberg mit dem Napoleonmuseum. Seine exklusive Inneneinrichtung und die herrlichen Parkanlagen sind sehenswert. Man nennt es das **schönste Schloss am Bodensee.**

- **Schloss Arenenberg,** 8268 Salenstein, Tel. 071/664 18 66, Di bis So, 10 bis 17 h.

Steckborn

Steckborn, der größte Ort am Untersee, ist geprägt von Riegelhäusern mit viel Fachwerk. Im Zentrum der Altstadt befindet sich das Rathaus aus dem Jahre 1667. Der **Turmhof,** das Wahrzeichen von Steckborn, einst erbaut als Sommersitz der Äbte, beinhaltet das Heimatmuseum. Die teilweise erhaltene Stadtmauer wird von mächtigen Türmen unterbrochen.

Mammern

Mammern wurde erstmals im Jahr 909 als *Manburon* erwähnt, Ausgrabungen zeigen aber, dass bereits die Pfahlbauer hier siedelten. Im Mittelalter war die Neuburg die bedeutendste Burganlage am Untersee. In der Zwischenzeit wurde ein neues Schloss

054ch Foto: en

zwischen Dorf und See gebaut. Darin befindet sich heute eine bekannte, ausgezeichnete **Klinik,** speziell für die Rehabilitation.

Diessenhofen

Diessenhofen befindet sich am Rhein unterhalb des Untersees. Eine erste Siedlung geht auf das 6. Jh. zurück. Das Städtchen wurde im 12. und 13. Jh. neu errichtet. Der Unterhof, ein Burgschloss aus vielen Jahrhunderten, wird heute von einer Versicherung als Ausbildungszentrum genutzt. Das Städtlein mit Holzbrücke (1816) besitzt viele sehenswerte Gebäude, so das Vordere Amtshaus, mit torartigem Durchbruch, das Obere Amtshaus (Stoffdruckmuseum), das Rathaus (1760), der nahe gelegene Siegelturm (1545) und die Bürgerhäuser an der Hauptstrasse (ehemaliger Marktplatz).

Etwas westlich von Diessenhofen befindet sich das **Dominikanerinnenkloster St. Katharinenthal,** das früher bis zu 150 Nonnen bewohnten und heute eine Rehaklinik beherbergt. Sehenswert sind die im 18. Jh. errichteten Konventsgebäude und die Kirche, die nach Plänen von *Kaspar Mosbrugger* errichtet wurden.

Typische Riegelhäuser in Mammern

Hinter dem Seerücken ⇗IV-V/B-C2

Das beschauliche Hinterland des Thurgaus eignet sich sehr schön zum Radfahren. Die Hauptorte sind Frauenfeld (Kantonshauptort) und Weinfelden. Aber auch **Ittingen** ist einen Abstecher wert. Die dortige alte Kartause erlebt dank einer 1977 errichteten Stiftung als Ausbildungszentrum und Hotel einen neuen Aufschwung. Seit Mitte des 12. Jh. steht hier ein Augustinerchorherrenstift, das seit dem 16. Jh. von Kartäusermönchen bewohnt wurde. Nach den Reformationswirren nahm man zwischen 1550 und 1629 umfassende Neugestaltungen vor, denen im 18. Jh. weitere, nun im Barockstil, folgten. Auch hier betätigten sich die bekannten *Kaspar* und *Johannes Moosbrugger* als Baumeister. Im Ort hat die Rose eine besondere Bedeutung. In den Gärten gibt es mehr als 200 Sorten. Aber auch in den mannigfaltigen barocken Darstellungen tauchen überall Rosen als Symbol auf.

Praktische Tipps

Information

- **Thurgau Tourismus,** Gemeindehaus, 8580 Amriswil, www.thurgau-tourismus.ch
- **Ferien-Infobüro Steckborn,** Postfach 11, Tel. 052/761 10 55.
- **Verkehrsverein Mammern,** Huebackerstr. 30, 8265 Mammern, Tel. 052/741 32 32, www.mammern.ch

Unterkunft

- **Hotel Drachenburg & Waaghaus*****, Am Schlosspark 7 + 10, 8274 Gottlieben, Tel. 071/666 74 74, www.drachenburg.ch. Unter Denkmalschutz stehendes Hotel mit mehreren Nebengebäuden, am so genannten „Seerhein" wunderschön gelegen. Zum Teil individuell eingerichtete Zimmer mit herrlichem Blick, alle mit Bad/D und WC, DZ sFr. 200 bis 300, Suiten bis 380.
- **Seehotel Kronenhof******, 8267 Berlingen, www.seehotel-berlingen.ch, Tel. 052/762 54 00. Das Hotel liegt in schönster Uferlage im beschaulichen Fischerdorf Berlingen. Fast jedes der 47 Zimmer hat Seesicht. Eigenes Therapie- und Freizeitzentrum. DZ mit Bad/WC und Frühstücksbüfett sFr. 180 bis 260.
- **Hotel Feldbach*****, 8266 Steckborn, Tel. 052 762 21 21, www.hotel-feldbach.ch. In einem ehemaligen Kloster (13. Jh.) gelegenes Hotel mit schöner Seeterrasse. 36 Zimmer, DZ mit Bad/D und WC sFr. 200 bis 210.
- **Seehotel Frohsinn,** Seestr. 62, 8266 Steckborn, Tel. 052 761 11 61. Kleines familiäres Hotel mit 11 Zimmern, z.T. auf Seeseite, DZ mit Bad/D und WC sFr. 135 bis 165.
- **Kartause Ittingen*****, 8532 Ittingen, Tel. 052/748 44 11, www.kartause.ch. In der historischen Kartause gelegenes Ausbildungszentrum, Hotel und Herberge, sehr ruhig, DZ mit Bad/D und WC inkl. Frühstücksbuffet sFr. 214, in der Herberge (D/WC auf Etage, sehr sauber) ab sFr. 50, bis 66 p.P.
- **Jugendherberge Kreuzlingen,** Promenadenstr. 7, 8280 Kreuzlingen, Tel. 071/688 47 61, www.youthhostel.ch/kreuzlingen. Drei Doppel-, ein Vierer- und zwei Sechserzimmer, Massenlager für acht bis 16 Personen, insgesamt 97 Betten, Duschen und WCs auf der Etage. Mehrbettzimmer mit Frühstück sFr. 24, Dez.–März geschlossen.

Camping

- **Camping Ruderbaum AG,** 8595 Altnau, Tel./Fax 071/695 29 65 (Réception). Verfügt auch über ein Touristenlager. 1999 neu eingerichtet: hell und gemütlich, mit viel Holz. Zentralheizung. Vier Räume mit insgesamt 21 Betten: ein Zweierzimmer, zwei Sechsbett- und ein Siebenbettzimmer. Mehrbettzimmer sFr. 22 p.P.
- **Camping Guldifuss,** 8265 Mammern, Tel. 052/741 13 20.

Kanton Schaffhausen

↗IV/A1

Schaffhausen

Die **Hauptstadt des Kantons** gleichen Namens liegt am Rheinknie, knapp oberhalb des Rheinfalls. Stadt und Fluss stehen in enger Verbindung zueinander. Gegründet wurde *Scafhusun* (vermutlich vom althochdeutschen Wort *scaff* = „Schiff") dort, wo die Unterbrechung der Rheinschifffahrt durch Stromschnellen einen Umlade- und Stapelplatz erforderte. Der Rheinfall musste auf dem Landweg umgangen werden.

Die im 11. Jh. von *Eberhard von Nellenburg* gegründete Stadt wurde schon 1218 freie Reichsstadt. Ab 1454 verbündete sich Schaffhausen mit den Eidgenossen und wurde bereits 1501 Teil der Eidgenossenschaft.

Historische Altstadt

Die mittelalterliche Stadtbefestigung wurde Mitte des 19. Jahrhunderts fast vollständig abgetragen. Erhalten sind der **Obertorturm** und das **Schwabentor.** Ein Spruch über dem Torbogen mahnt: *Lappi tue d'Augen uf* („Öffne deine Augen, du Tor") – ein Fingerzeig für den Besucher, nicht blind an all den verborgenen Schönheiten vorbeizugehen?

In der verkehrsfreien Altstadt sind die Gassen durch Tore und Durchgänge miteinander verbunden. Schmucke Bürgerhäuser der Gotik und des Barocks fallen durch reich bemalte **Fassaden** auf. Man beachte die Spätrenaissance-Fresken am Haus „Zum Ritter", die üppigen Fassadenstuckaturen des Hauses „Zum Steinbock" und die reich verzierte Front des Hauses „Zum goldenen Ochsen".

Es gibt über 170 **Erker** in der Stadt – Statussymbole der Bürger, welche zu Reichtum gelangt waren. Auf den Plätzen trifft man auf historische **Brunnen** mit Figuren wie den Mohren, benannt nach dem als Mohr dargestellten *Kaspar,* dem jüngsten der Heiligen Drei Könige, und den Tellen mit Wilhelm Tell-Figur als Symbol der Freiheit. Zwölf **Zunfthäuser** besitzt Schaffhausen. Einige sind als Gaststätten eingerichtet, so etwa die Häuser „Zum hinteren Glücksrad" und „Zur oberen Zufriedenheit". Das Steueramt hat seinen Sitz ausgerechnet im Haus „Zur Freudenquelle".

Kern der Stadt war der Straßenmarkt in der heutigen Vordergasse. Dort steht die gotische **St. Johann-Kirche** mit ihrer hervorragenden Akustik. Hier gelangen am Karfreitag und an den alle drei Jahre stattfindenden Bachfesten weitherum beachtete Konzerte zur Aufführung.

Am Dienstag- und Samstagmorgen wird in der unteren Vordergasse der **Gemüse- und Blumenmarkt** abgehalten. In den Gassen findet man überall Straßencafés, von wo aus man das Leben und Treiben beobachten kann.

Benediktinerabtei Allerheiligen

Zu den drei großen Sehenswürdigkeiten Schaffhausens gehört die ehemalige Benediktinerabtei Allerheiligen, die *Graf Eberhard von Nellenburg*

1048 stiftete. Bis 1524 war sie noch Kloster. In den Räumen ist eine kultur- und stadtgeschichtliche Sammlung untergebracht und es werden Kunstausstellungen durchgeführt. Die fast vollständig erhaltenen Handschriften der Klosterbibliothek sind in der Stadtbibliothek, dem ehemaligen Kornhaus, im Klostertrakt untergebracht.

Münster

Zu einem der bedeutendsten (weil kaum veränderten) **romanischen Baudenkmälern** der Schweiz zählt die Münsterkirche. Der Bau der Basilika wurde bereits 1087 begonnen. Die Weihe erfolgte 1103. Um 1200 folgte der Turm, 1763 setzte man einen gotisierenden Helm darauf. Beachtlich ist der daneben liegende, 43 Meter lange romanische und gotische (Südseite) Kreuzgang – der längste der Schweiz. Im angrenzenden mittelalterlichen Heilkräutergarten duftet es herrlich nach einheimischen und exotischen Kräutern. Die Pflanzen sind großenteils beschriftet. Die an der Südwand des Münsters aufgestellte Glocke soll *Friedrich Schiller* zu seinem „Lied von der Glocke" inspiriert haben.

Der Munot

Schon von weitem ersichtlich ist der das Stadtbild beherrschende Munot. Diese 1564–1589 von *Heinrich Schwarz* erbaute Festung ist das einzige Bauwerk, das der Idee einer **Zirkularbefestigung** entspricht, wie sie *Albrecht Dürer* in seiner Befestigungslehre beschrieb. Von den Zinnen genießt man einen weiten Blick über die Stadt, den Rhein und die Umgebung. Im Turm wohnt der Munotwächter mit seiner Familie. Jeden Abend um neun Uhr läutet er das Munotglöcklein – früher das Zeichen zum Schließen der Stadttore und Wirtshäuser. An Sommerabenden finden hier die vom Munotverein organisierten Quadrilletänze statt, im August das Schaffhauser Kinderfest. Eine Treppe führt durch die Weinreben in die Unterstadt, wo die Schiffe anlegen.

Der Rheinfall

Noch berühmter als der Munot ist der 23 Meter hohe Rheinfall im nahen Neuhausen. Alljährlich bestaunen zwei Millionen Besucher den **mächtigsten Wasserfall Europas.** Bei hohem Wasserstand bietet er ein einzigartiges Spektakel. Links- und rechtsufrige Wege führen zu Aussichspunkten und im Rheinfallbecken erlebt man die ganze Wucht der Wassermassen; man kann sich durch ein kleines Schiff hinbringen lassen. Am Nationalfeiertag (1.8.) beleuchtet ein prächtiges Feuerwerk das Naturschauspiel.

Randen und Klettgau

Sowohl dem Wanderer als auch dem motorisierten Besucher erschließt sich nordwärts im Hügelgebiet des „Randen" und in den rebenumkränzten Abhängen des Klettgaus ein weites Terrain. Der Kanton ist ein bevorzugtes **Weinanbaugebiet.** Die Hallauerweine gehören in der ganzen Schweiz zu den begehrten Tropfen.

Sehenswert ist im Klettgau die **Bergkirche St. Moritz,** 1491–1508 erbaut. Die bedeutende Wallfahrtskirche mit den Reliquien des St. Mauritius liegt inmitten der Rebhänge.

Besonders empfehlenswert ist auch eine **Rheinfahrt** stromaufwärts bis Stein am Rhein oder weiter.

Stein am Rhein

Stein am Rhein ist eine der pittoreskesten Kleinstädte der Schweiz. Sie entstand am Fuß der alten Feste Hohentwiel. Der Abt des Klosters St. Georgen war Grundherr, die Zähringer wie vielerorts Landesherren. Bereits 1457 wurde das Städtchen freie Reichsstadt. Der Wohlstand der Bürger, die bald von Zürich aus reformiert wurden und den Abt verjagten, ist in der Stadt eindrucksvoll dokumentiert.

Am Rhein und in der Innerstadt sind stattliche, gut erhaltene **Fachwerkhäuser** zu sehen. Der weite Platz vor dem beachtlichen Rathaus ist gesäumt von überaus reich bemalten, mit Erkern geschmückten Häusern.

Von der Grünanlage außerhalb der Stadtmauern herkommend, durchschreitet man das **Untertor.** Mit den angrenzenden Häusern wurde es 1944 irrtümlich von den Amerikanern bombardiert und deshalb rekonstruiert (nicht überall historisch korrekt).

In der Unterstadt ist die Nr. 18 sehenswert, das **Stadtpalais Lindwurm,** 1819/20 mit beachtlichen Empirefassaden ausgestattet (Wohnkultur- und Landwirtschaftsmuseum).

Das **Rathaus** wurde 1539–42 erbaut. 1899 bemalte der Stuttgarter *Carl v. Haeberlin* und Anfang des 20. Jh. der Zürcher *Christian Schmid* die Fassaden reich mit historischen Motiven (Schlacht von Murten, Steiner Mordnacht 1478, *Huldrych Zwingli*).

An der Südseite des Stadtplatzes befindet sich der **Rote Ochse** mit Malereien um 1615.

Ein eigenes Stadtviertel bildet das ehemalige **Kloster St. Georgen** mit der dreischiffigen romanischen Säulenbasilika (heute Stadtkirche). Die Klosteranlage stammt aus dem 14. bis 16. Jh., im Kloster ist das Klostermuseum St. Georgen untergebracht.

Praktische Tipps

Information

- **Schaffhausen Tourismus,** Fronwagplatz 4, 8200 Schaffhausen, Tel. 052/625 51 41, Fax 052/625 5143, www.sh.ch/tourismus

Unterkunft

- **Hotel Promenade******, Fäsenstaubstr. 43, 8200 Schaffhausen, Tel. 052/630 77 77, www.promenade-schaffhausen.ch. Etwas außerhalb der Altstadt gelegenes Hotel, DZ mit Bad/D und WC sFr. 190 bis 220.
- **Zunfthaus zum Rueden*****, Oberstadt 20, 8200 Schaffhausen, Tel. 052/632 36 36, www.Rueden.ch. Businesshotel in der Altstadt, v.a. mit Einzel-, aber auch zehn Doppelzimmern. DZ mit Bad/D und WC sFr. 220 bis 240.
- **Jugendherberge Belair,** Randenstr. 65 8200 Schaffhausen, Tel. 052/625 88 00, www.youthhostel.ch/schaffhausen. In einem romantischen Schlösschen gelegen, das *Hermann Hesse* 1914 in seinem Roman „Rosshalde" als „ein verwahrloster alter Herrensitz, mit zugewachsenen Gartenwegen, vermoos-

055ch Foto: en

ten Bänken, bruechigen Treppenstufen und undurchdringlich verwildertem Park" beschrieb. Ein Einzelzimmer und verschiedene Doppelzimmer mit zwei bis zwölf Betten, total 88 Betten, Duschen und WC auf der Etage. Richtpreis im Mehrbettzimmer sFr. 24 p.P. Ab Bahnhof Schaffhausen zehn Gehminuten oder mit dem Bus Nr. 3 in Richtung Sommerwies bis Station Wiesli.

Aktivitäten/Ausflüge

- **Schlauchbootfahren beim Rheinfall:** Schaffhausen Tourismus bietet ab Rheinfall ein ungefährliches Schlauchbootvergnügen für Familien und Gruppen an. Fahrt mit dem Schlauchboot vom Rheinfall in Richtung Rüdlingen mit der Möglichkeit für Picknick- und Badehalte. Erstklassiges Material, Schwimmwesten, Rollsäcke für Gepäck, Mobiltelefon werden gestellt. Preise: Erwachsene sFr. 49 Kinder von 7 bis 12 Jahren sFr. 29.
- **Schifffahrten auf Rhein und Untersee:** Schweizerische Schiffahrtsgesellschaft Untersee und Rhein, Schaffhausen, Tel. 052/634 08 88, www.urh.ch

Der Rheinfall

Die Zentralschweiz

Überblick

Die Zentralschweiz entspricht wohl ziemlich genau dem, was als Image von der Schweiz in den Vorstellungen von Touristen existiert. Man findet hier fast alles, was die Schweiz zu bieten hat und das mag auch geschichtliche und geografische Gründe haben. Die Zentralschweiz ist die Wiege der Eidgenossenschaft und sie ist ihr geografisches Zentrum.

Der Tourismus entwickelte sich früher als anderswo. Reisen auf die Rigi und auf den Pilatus gehörten zum eisernen Bestandteil jedes Schweizbesuchs. *Schiller* hat mit seinem „Wilhelm Tell" besser als jeder Marketing-Direktor für dauernden Besucherzufluss gesorgt, *Goethe, Victor Hugo,* und *Mark Twain* trugen mit begeisterten Beschreibungen ihren Teil dazu bei.

Luzern – die Leuchtenstadt ↗VIII/B3

Ein Engel wies den ersten Luzernern mit einem Licht die Stelle, wo sie *St. Niklaus,* dem Patron der Fischer und Schiffsleute, eine Kapelle errichten sollten. So kam Luzern zu dem Beinamen **Leuchtenstadt.**

Am Ausfluss des Vierwaldstättersees eröffnet sich dem Reisenden ein einzigartiges Panorama, das von der Rigi bis zum Pilatus reicht. Luzern ist mit 60.000 Einwohnern (Agglomeration: 179.000) die Hauptstadt des Kantons Luzern. Sie liegt 436 M.ü.M. und ist

056ch Foto: en

wegen ihrer Lage, ihrer kulturellen und wirtschaftlichen Potenz das **Zentrum der Innerschweiz.**

Die Stadt gehört zu den zehn meist besuchten Städten der Welt. Heute stellen die Asiaten mit 28 % der Logiernächte den größten Anteil, gefolgt von Amerikanern mit 25 %. Als die weltbekannte Kapellenbrücke 1993 abbrannte, gingen Spenden zum Wiederaufbau aus der ganzen Welt ein.

Geschichte

Die strategisch und handelspolitisch günstige Lage am Ausfluss des Vierwaldstättersees machte Luzern früh zu einem wichtigen Standort. Vermutlich waren schon die Römer hier ansässig.

1210 wurden erstmals Luzerner Stadtbürger erwähnt. Durch die Eröffnung des **Gotthardpasses,** der die lombardischen Städte mit den rheinischen verband, entwickelte sich Luzern ab 1220 zu einem wichtigen Umschlagplatz. Bis Ende des 13. Jh. war es eine weitgehend selbstständige Stadt mit 3000 Einwohnern. Es entstand ein erster bewehrter Mauerring.

Blick über die Stadt Luzern

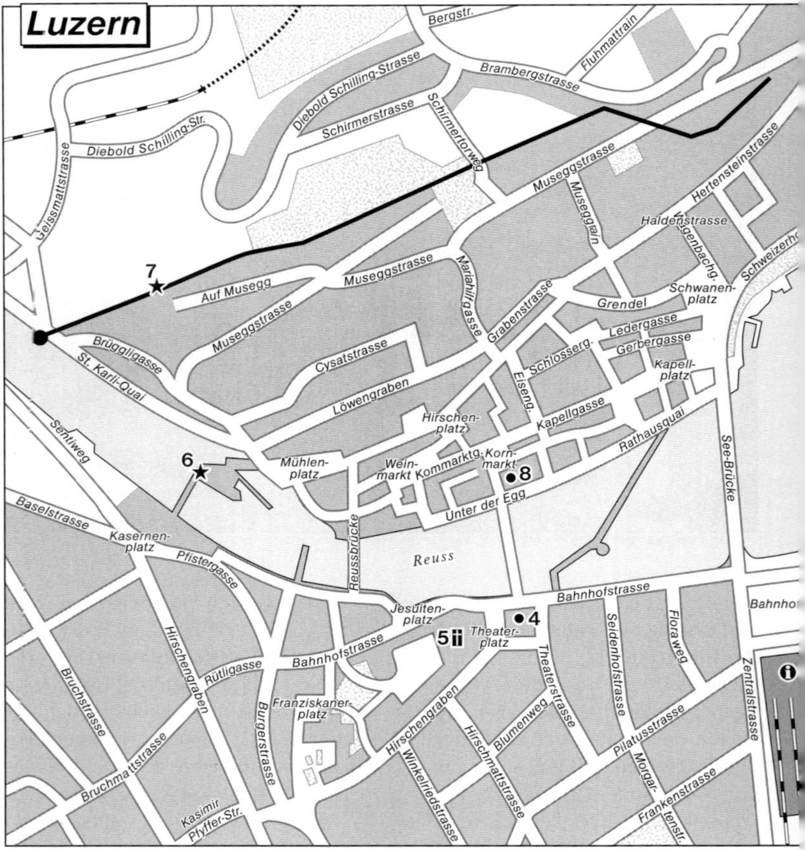

Luzern

✉	1	Hauptpost
★	2	Kultur- und Kongresszentrum von Jean Nouvel
ℹ	3	Touristeninformation
●	4	Theater
⛪	5	Jesuitenkirche
★	6	Spreuerbrücke
★	7	Wehrmauer mit 8 Türmen
●	8	Rathaus
⛪	9	Hof- oder Stiftskirche
★	10	Bourbaki-Panorama und Gletschergarten
Ⓜ	11	Verkehrsmuseum der Schweiz

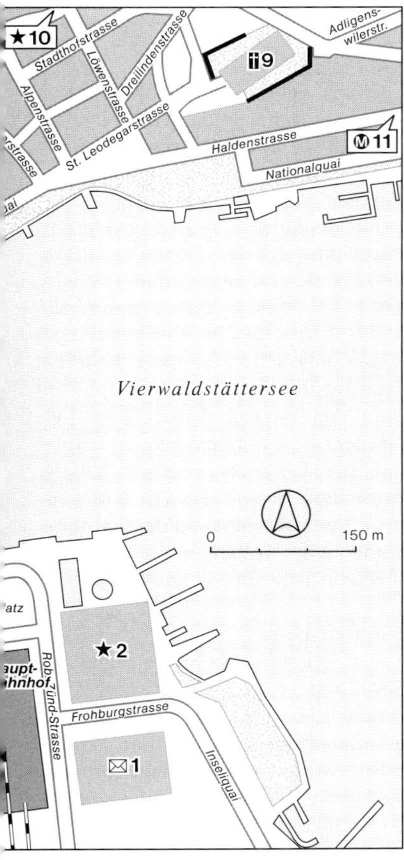

1291 wurde Luzern **habsburgisch.** Gegen die Beschränkung ihrer Autonomie wehrten sich die Bewohner nach dem Tod *Rudolfs von Habsburg.* 1332 schlossen sie einen ewigen Bund mit den drei Waldstätten. Luzern nahm umliegende Gemeinden und Einzelpersonen ins Bürgerrecht auf. Dies führte zu Konflikten mit Habsburg und mündete 1386 in den Sempacher Krieg.

Der Sieg der Eidgenossen gegen die Österreicher befreite Luzern definitiv vom habsburgischen Einfluss. Zeichen des **Machtanstiegs** war die Verlegung des Mauerrings nach außen und die Entstehung der Museggmauer bis 1408. Bei der Eroberung des Aargaus 1414 kamen Sursee und das Michelsamt zu Luzern. Mit 14 Vogteien grenzte der luzernische Staat überall an eidgenössisches Gebiet. Der territoriale Ausbau war weitgehend abgeschlossen.

Die Rechte der Landbevölkerung beschränkten sich auf kommunale Selbstverwaltung. Die höchste Gewalt hatten 36 Klein- und 64 Grossräte. Neubürger wurden nicht mehr als Stärkung der Stadt angesehen: Luzern schloss sich nach außen ab. Im 16. Jh. gab es 1800 Neubürger, im 17. Jh. noch 330 und im 18. Jh. nur noch 86! Mehr als die Hälfte der Stadtbewohner gehörten zu den minderberechtigten **Hintersassen.** Ein kleiner Kreis hatte alle politische Macht, ein **Patriziat** von 29 Geschlechtern regierte Luzern.

Erst die **Französische Revolution** brachte allen Stadtbewohner gleiche Rechte. In wenigen Jahrzehnten wurde die alte aristokratische Oberschicht durch Unternehmer aus Tourismus, Banken, Handel und Gewerbe abgelöst.

Luzern hatte als erste Stadt im Bund eine Sonderstellung, zusätzlich war sie Hauptort der katholischen Schweiz und durch Solddienste wohlhabend.

1832 sah ein Verfassungsprojekt Luzern als Hauptstadt vor, doch als Führer des 1847 unterlegenen Sonderbundes verlor es diese Chance. Erst im 20. Jh. bekam Luzern mit der SUVA (Schweizerische Unfallversicherungsanstalt) eine Bundesanstalt, später auch das Eidgenössische Versicherungsgericht.

Als **Touristendestination** hat Luzern jedoch eindeutig den ersten Rang der Schweizer Städte. Schon zwischen 1846 und 1875 entstanden prunkvolle Großhotels: der Schweizerhof, der Luzernerhof, das Europe u.a. Persönlichkeiten wie *Tolstoi, Richard Wagner, Queen Victoria, Kaiser Napoleon III.* und *Kaiser Wilhelm II.* weilten hier. Nach dem Ersten Weltkrieg brachten die 1938 erstmals stattfindenden Musikfestwochen wieder Besucher. Später kamen amerikanische Militärurlauber.

Die Jesuitenkirche an der Reuss

Das Innere der Jesuitenkirche

Stadtrundgang

KKL

Gleich neben dem Hauptbahnhof sollte man sich unbedingt den Neubau des **Kultur- und Kongresszentrums Luzern** des französischen Stararchitekten *Jean Nouvel* ansehen – eines der herausragendsten Werke moderner Architektur in der Schweiz, 1995–2000 erbaut, mit einer kühnen, weit in den See hineinragenden, zwei Fußballfelder großen Dachkonstruktion. Untergebracht ist dort u.a. einer der akustisch besten Konzertsäle Europas, in dem vom Metropolitan Opera Orchester bis zu *Van Morrison* alle auftreten, die Rang und Namen haben. Außerdem beherbergt das KKL das neue Kunstmuseum und die Kunstbibliothek. Vom Restaurant hat man eine herrliche Sicht auf See und Berge.

Bahnhofsplatz

Das Bahnhofsareal wurde nach dem Großbrand von 1971 von *Hans-Peter Ammann, Peter Baumann* und *Santjago Calatrava* (1975–91) **neu konzipiert.** An der Seeseite zeugt vor dem Arkadengang aus Stahlbeton und dem an Strahlträgern aufgehängten Glasdach ein Überrest der Fassade vom alten Bahnhof.

Über den Bahnhofsplatz geht es links vor der Seebrücke in die Bahnhofstrasse hinein.

Hauptpost und Theater

In der Bahnhofstrasse steht die Hauptpost, ein **Neurenaissance-Bau** von *Gustav Gull,* einem bedeutenden

Vertreter des späten Historismus in der Schweiz, der vor allem in Zürich markante Akzente setzte (Landesmuseum). Fresken verzieren den Dachsims. Zeit für einen kurzen Blick in die Innenräume sollte man sich nehmen.

Weiter entlang der Reuss geht es zum mehrmals umgebauten und 1839 mit „Wilhelm Tell" von *Friedrich Schiller* eröffneten Luzerner **Theater,** einem klassizistischen Bau.

Jesuitenkirche St. Franz Xaver

Von hier gelangt man zur benachbarten Jesuitenkirche St. Franz Xaver. Das ehemalige Jesuitenkollegium (1577 im ehemaligen Ritterschen Palast) ist die älteste Niederlassung der Jesuiten in der Schweiz. Die Jesuitenkirche wurde 1666–69 nach Plänen eines Vorarlberger unter Leitung von Pater *Christoph Vogler* erbaut. Sie ist der erste große barocke Kirchenbau der Schweiz.

Die **Fassade** ist durch eine zweigeschossige Pilasterordnung in fünf Achsen eingeteilt. Die Fassadendekoration des Erdgeschosses geht auf das Jahr 1673 zurück. Über dem mittleren Portal befindet sich die Nischenstatue des Kirchenpatrons, über den beiden anschließenden je eine Ädikula mit Löwen als Schildhalter des Luzerner Wappens.

Im Innern empfängt den Besucher eine helle **Emporenbasilika,** den Jesuitenkirchen von Rom und München nachempfunden. Gegen das vierjochige Schiff mit gleich breitem Chor öffnen sich in dreiseitiger Folge die Arkaden der Vorhalle, die Seitenkapellen

057ch Foto: en

und der darüber bis in den Chorraum geführte Emporenumgang. Die einheitlich geführte Gewölbetonne lässt durch Rundbogenfenster Licht eindringen. In den Seitenkapellen sind Stuckaturen mit üppigen Blatt- und Früchteformen von 1673. In der Bruder Klaus Kapelle befindet sich die Originaljacke des schweizerischen Lan-

058ch Foto: en

Zentralschweiz

despatrons. Deckengemälde von *Giuseppe* und *Giovanni Torricelli* (1749). Der Hochaltar (1677) ist aus rotem Stuckmarmor, die Nebenaltäre wiederholen den Hochaltar, im gleichen Jahr wurde auch die prächtige Kanzel geschaffen. Zwischen Vorhalle und Schiff ist ein Régencegitter von 1739. Die Sakristei, ein weiter, festlicher Raum mit reicher Stuckatur, öffnet sich in einen ehemaligen Wehrturm.

Ritterscher Palast

Ebenfalls in der Bahnhofstrasse steht das **kantonale Regierungsgebäude.** Der Rittersche Palast ist ein die florentinische Frührenaissance imitierender Palazzo mit strenger Rustikafassade und toskanischem Säulenhof, 1556 vom Tessiner *Domenicho de Ponte* für den Schultheißen *Lux Ritter* entworfen und durch *Petrus del Grillo* erstellt. Nach dem Tod des Bauherren wurde der Palast von der Stadt übernommen und 1574 vollendet. Er diente zuerst den Jesuiten als Wohnung, dann als Professorenkonvikt und seit 1804 als Regierungsgebäude.

An der Rückseite erfolgte 1843 der klassizistischer Anbau des Grossratsaales durch *Melchior Berri.* Der ursprünglich nicht gedeckte quadratische Innenhof ist in drei Geschosse mit Arkadengängen, toskanischen Säulen sowie Balusterbrüstungen gegliedert. Prächtig dekorierte Portale und in der Nordost-Ecke eine zweiläufige Renaissancetreppe verbreiten **italienisches Lebensgefühl.** Im obersten Geschoss ist der 1615 von *Jakob von Wyl* gemalte Totentanz zu sehen. Die sieben großen, der Spätrenaissance zugeordneten Ölgemälde sind unter oberitalienischem Einfluss entstanden. Das sechste Bild enthält das Selbstbildnis des Künstlers vor seiner Staffelei.

Gegenüber dem Ritterschen Palast befindet sich der repräsentative Barockbau des **Staatsarchivs,** an den beiden Straßenseiten mit Arkadengängen und einem kelchförmigen Wandbrunnen.

Nun geht es über den Franziskanerplatz zur ehemaligen Franziskanerkirche St. Maria in der Au, heute Pfarrkirche.

Kirche St. Maria in der Au

Das Kloster wurde im 13. Jh. gegründet und 1838 aufgehoben – ein typisches Bauwerk des mittelalterlichen Bettelordens, innen 1736 barockisiert. Die Franziskanerkirche ist eine dreischiffige, flachgedeckte **Pfeilerbasilika** mit spätgotischen Maßwerkfenstern, Kreuzrippen und gewölbtem Chor. Im 18. Jh. wurden die frühgotischen Obergadenfenster durch Oculi ersetzt. Der Chorbogen hat ein figurenreiches Wandbild von 1420–40: Kreuzigung mit den drei Marien, Aposteln und Franziskanerheiligen sowie den vier Engeln Gabriel, Raphael, Michael und Cherub. An den Wänden sieht man 42 von *Hans Ulrich Wägmann* und *Jakob Wysshaupt* 1625 gemalte Fahnen an Stelle der hier einst aufgesteckten Originalbanner aus dem 14.–16. Jh. Das Chorgestühl ist frühbarock. Altäre in Stuckmarmor mit Intarsienantependien und eine manieristische Kanzel mit tragendem Engel sind zu bewundern, Letztere 1628 von *Niklaus Geisler,* Schweinfurt, sein erstes Hauptwerk in Luzern. Ebenfalls manieristisch ist die Orgel von 1652, zweigeteilt seit sie 1931 an den neuen Standort versetzt wurde. Die ehemalige Antonius von Padua Kapelle von 1434 mit ihrem Netzgewölbe von 1512 sowie das Marienchörlein sind von Tessinern reich stuckiert mit Stuckplastiken der Heiligen Familie an den Wänden und farbenfrohen Putten an den Gewölben.

Franziskanerplatz

Auf dem Franziskanerplatz steht das **Libenau-Haus,** Nr. 14, erbaut um 1550 mit unregelmäßigen Fenstern mit gemalten Grisaillerahmen im Renaissancestil um 1600. Rechts ist das **Finanzdepartement,** ein spätklassischer Bau, links die **Suidertsche Apotheke,** Bahnhofstrasse 21, erbaut 1536, neugotischer Umbau 1906, an der Hausecke mit Männerfratze. An der Ruetigasse 1, gegenüber der Apotheke, trifft man auf das **Fideikommisshaus Segesser von Brunegg,** ein frei stehender Rokokopalast, erbaut 1752.

Münzgasse

Zurück zum Finanzdepartement geht es in die malerische Münzgasse mit dem barocken **Singerhaus** von 1758, Nr. 6, und rechts dem **Pfyfferschen Stipendihaus,** einem schlossartigen spätgotischen Bau mit dreigeschossigen Erkern und Treppenturm aus der Mitte des 16. Jh. sowie dem **Korporationsgebäude,** Reusssteg Nr. 7, einem ehemaligen Patriziersitz mit flussseitiger Fassade im Louis XIII.-Stil. Nach links geht es weiter zum **Feer-Haus, „Höfli",** einem spätbarocken Palais und zum **Historischen Museum,** dem ehemaligen Zeughaus, einem spätgotischen Nutzbau, dreigeschossig mit je drei Mittelstützen und nicht unterteilten Sälen. Der **Zeughausbrunnen** hat ein Becken aus dem Jahr 1739, die Säule von 1678 ist eine Kopie. Daneben befindet sich die kreuzgewölbte Halle des **Herrenkellers** von 1570 als Zugang zur mittelalterlichen Spreuerbrücke. Auf der anderen Seite des Kasernenplatzes fällt ein stattlicher Riegelbau, das **Anderallmend-Haus** von 1679 auf, umgebaut 1941.

Spreuerbrücke

Die hölzerne Spreuerbrücke wurde erstmals um 1310 erwähnt und seit 1408 in regelmäßigen Abständen erneuert. Sie war wie die Kapellenbrücke **Teil der Stadtbefestigung,** schloss die Mauerlücken und verband so die beiden Stadtenden miteinander. Ihr Name geht darauf zurück, dass nur von hier aus Spreu in die Reuss geschüttet werden durfte. Im 17. Jahrhundert wurde sie mit dreieckigen Bildtafeln ausgeschmückt, die im Dachstuhl befestigt wurden. Es handelt sich dabei um den jüngsten der drei **Brücken-Bilderzyklen** Luzerns, gemalt 1626–1635 von *Caspar Meglinger.* Der Totentanz ist in interessanten Szenen dargestellt. Meglinger war beeinflusst von holländischer Malerei und den Stichen *Callots.* Auf der Brücke befindet sich eine Brückenkapelle aus Riegelwerk mit einem Kruzifix aus dem 16. Jh.

Interessierte sollten dem der Brücke vorgelagerten **Nadelwehr** ihre Aufmerksamkeit schenken. Um den Seespiegel flexibel regulieren zu können, ersetzte man 1860 die Reussschwelle, welche das Wasser auf die Stadtmühlen geleitet hatten, durch so genannte Nadeln. Diese werden von Hand ins Wasser gelassen oder herausgenommen.

Museggmauer

Hinter der Brücke biegt man links in die Museggstrasse ein. Es folgt ein Spaziergang auf einer der besterhaltenen und längsten Wehrmauer der Schweiz.

Der Museggḧügel wird durch das ehemalige **Korn- und Salzmagazin** dominiert: ein gewaltiger frühbarocker Nutzbau von 1686 mit vier Voll- und drei Dachgeschossen, darin ungeteilte dreischiffige Holzpfeilerhallen.

Die Museggmauer ist 870 Meter lang und hat neun **Türme.** Schirmer-, Zyt- und Männliturm können bestiegen werden. Von hier genießt man den Rundblick auf Stadt und Umgebung. Die Museggstrasse geht man hinauf bis zum Eckhaus mit der Inschrift 1689 und dort links in die kleinere Straße bis zum ersten Turm, von dort auf der Stadtrückseite entlang der Mauer. Alle Türme, bis auf den Nölliturm, sind auf rechteckigem Grundriss errichtet, stehen vor der Mauer und waren ursprünglich Schalentürme mit Innenausbau aus Holz. Den Abschluss bildet ein Zinnenkranz mit versenktem Pultdach. Im Verlauf der Zeit wurden die Türme individuell umgestaltet. Die Zünfte erhalten sie in Freiwilligenarbeit, setzen sie mit eigenen Mitteln instand und organisieren Besuchstage.

Mühleplatz

Beim Schirmerturm steigt man ab und geht rechts zurück in die Museggstrasse und bei der Spreuerbrücke auf den Mühleplatz. Das erste Haus hier ist links die ehemalige **Münz,** Nr. 9, ein Barockbau mit Walmdach, 1703 gebaut. Neben der Münz steht nach hinten versetzt das **Mühlentor,** das älteste Bauwerk der Luzerner Befestigung und Teil des inneren Rings (1314). Gleich dahinter: Löwengraben 24, das **Casino der „Herren zu Schützen",** das Pfyffersche Sommerhaus von 1719, östlich davon liegt ein Saal-Anbau von *Josef Singer,* 1808, mit klassizistischen Fassaden und Empirefestsaal.

Weinmarkt

Beim Mühleplatz geht man rechts in die Kramgasse und links auf den Weinmarkt (früher als Fischmarkt bezeichnet). Um 1300 erwähnt, diente er als Markt- und Gerichtsort. Seit 1480 ist er Schauplatz der berühmten Luzerner **Mysterienspiele.** Nach 1616 übernahmen die Jesuiten die Spielleitung. Ihre geistlichen Tragödien und geschichtlichen Schauspiele waren von internationalem Rang.

Der **Weinmarktbrunnen** wurde 1481 von *Conrad Lux* errichtet (Kopie). Nr. 5 ist das **Pfyfferhaus,** erbaut in der Mitte des 16. Jh. Die Fassadenmalerei entstand um 1720. Hofseits findet sich eine spätgotische Wendeltreppe. Im Hinterhaus ist eine Hauskapelle mit zwei Kreuzrippengewölben, um 1555. Nr. 3, das ehemalige **Metzgerzunfthaus,** wurde 1533 neu erbaut und hat einen Durchgang zur Schneiderzunft. Die Fassade zieren Neurenaissancemalereien. Die Nrn. 19–20 dienten als Himmels-Fassaden bei den berühmten Osterspielen. Das **Hotel des Balances,** das ehemalige Haus der Safranzunft, wurde 1589 an Stelle des alten Rathauses erbaut. 1832 erhielt es mit dem anstoßenden Haus eine gemeinsame klassizistische Fassade gegen die Reuss. Die Nordseite wurde 1893 mit Neurenaissancemotiven bemalt.

Hirschenplatz

Vom Weinmarkt geht es links am Brunnen vorbei zum Hirschenplatz. Hier ist das **Göldin-Haus,** Nr. 12, bemerkenswert, erbaut 1524 mit gotischer Fassade und Erkern. Im Gang und im Hof findet man die ersten Renaissanceportale Luzerns, datiert 1524. Der Hof mit dreiseitiger, viergeschossiger toskanischer Loggienanlage wurde nach dem Vorbild des Ritterschen Palastes gestaltet. Von hier geht es weiter zum Kornmarkt, einem kleinen quadratischen Platz.

Kornmarkt

Hier steht das 1604 vom Prismeller *Anton Isenmann* unter Mithilfe von Mailändischen Steinmetzen gebaute **Rathaus** im Stil der oberitalienischen Renaissance unter Beibehaltung des mittelalterlichen Turmes. Es besteht aus zwei Hauptgeschossen. An der oberen Rathausfront wurde der mittelalterliche Turm 1505 erhöht und 1619 mit einer Renaissancehaube und einem Dacherker aufgestockt. Neben dem Turm findet sich ein vorstehender Treppenpavillon mit offener Wendeltreppe. An der unteren Hauptfront gegen die Reuss öffnet sich ein Rustikasockelgeschoss zwischen Eckstützen in acht Marktarkaden. An der westlichen Seite führt eine Stiege von der ehemaligen Schifflände zum Kornmarkt. Im Hauptgeschoss findet sich eine ursprünglich als Kaufhaus dienende vierschiffige Pfeiler- und Säulenhalle. Im Obergeschoss befindet sich der im Louis XVI.-Stil im Jahre 1785 neugestaltete Schultheißensaal mit einem Schultheißenzyklus ab 1474. Man beachte den Grossen Rats- und Gerichtssaal mit prachtvollem Täfer und Kassettendecke (1604) sowie allegorischer Wandmalerei von 1785. Das Vorzimmer weist prunkvolle Renaissancetäfer und eine Kassettendecke auf, datiert 1606. Die Neue Kanzlei neben dem Turm hat eine barocke Einrichtung von 1698 im Stil einer Klosterbibliothek. Die alte Kanzlei im Turm hat ein gotisches Sterngewölbe mit Standeswappen von 1485 als Schlussstein.

Ebenfalls auf dem Kornmarkt steht das **Balthasarhaus,** die Nr. 12, erbaut 1551, später barockisiert. Nr. 4, das **Zunfthaus zu Pfistern,** mit zweischiffiger, nach Reuss und Eggstiege geöffneter Arkadenhalle wurde 1578 erbaut und 1910 aufgestockt und mit historisierenden Fassadenmalereien sowie mit spätgotischen Reihenfenstern versehen. Daneben steht die Nr. 6, der **Raben,** ein gotisches Haus mit Durchgang zum Brandgässli, wie das Hotel Schiff über der zweischiffigen, nach dem Fluss offenen Markthalle, 1595 von *Anton Isenmann* erbaut. Nach einem Brand im Jahr 1833 wurde das Haus wieder aufgebaut und um einen Stock erhöht.

Beim Rathaus geht man die Stiege zur Reuss hinunter und zurück auf den Kapellenplatz, wo man sich wieder in Sichtweite des Bahnhofs befindet.

Der östliche Teil Luzerns

Östlich vom Schwanenplatz, der belebten Hauptgeschäftszone Luzerns, befindet sich das Zentrum der städtischen Luxushotels, der vornehmen Geschäfte und schönen Parks. Bei gutem Wetter bietet ein Bummel an der **Seepromenade** mit Schweizerhof-, National- und Spittelerquai einen großartigen Ausblick auf See und Gebirge.

Auf dem Hügel nördlich des Nationalquais steht die **Hof-** oder **Stiftskirche,** eine der wenigen Kirchen der Renaissancezeit (1634) nördlich der Alpen. Die Türme stammen von einem Vorgängerbau, 1525 in gotischem Stil erbaut. Im Inneren finden sich beeindruckende Schnitz- und Kunstschmiedearbeiten (Kanzel, Chorgestühl, Chorgitter). Auf der 1650 installierten prächtigen Orgel werden regelmäßig Konzerte gespielt, das Touristenbüro kann über Einzelheiten informieren.

Etwas nordwestlich der Hofkirche steht an einem kleinen See das berühmte **Löwendenkmal,** das an die 750 Luzerner Offiziere und Soldaten erinnert, die beim Sturm der Revolutionskräfte auf die Tuilerien in Paris 1792 als Letzte den französischen König verteidigten und dabei ihrem Fahneneid getreu den Tod fanden. Das heute recht pathetisch wirkende Denkmal wurde 1821 in einen Felsen gemeißelt und gehört mit der Kapellenbrücke zu den Wahrzeichen der Stadt.

Historisch und kulturhistorisch interessant ist das nebenan in einem Rundbau ausgestellte **Bourbaki-Panoroma,** ein ca. 1100 Quadratmeter großes Panoramagemälde, das 1889 von *Edouard Castres* und anderen Schweizer Künstlern gemalt wurde und den Augenblick darstellt, als die von den Deutschen geschlagene Französische Armee des Generals *Bourbaki* 1871 im Jura die Schweizer Grenze übertrat, um sich hier entwaffnen und internieren zu lassen. Das Bourbakipanorama gehört mit dem Wocherpanorama in Thun und demjenigen der Schlacht in Murten zu den drei großen Panoramen, die in der Schweiz noch zu sehen sind.

Oberhalb des Panoramas befindet sich der **Gletschergarten,** ein für eine Stadt ganz spezielles Naturschauspiel: tiefe Gletschermühlen und -schliffe, erratische Blöcke aus der Eiszeit. Dazu gehört ein kleines Museum mit vertiefender Information und einem in der Schweiz einzigartigen Spiegellabyrinth.

Etwas außerhalb des Stadtzentrums, aber an einem sonnigen Tag zu Fuß und sonst mit den Bussen und per Schiff (eigene Anlegestelle) zu erreichen ist das **Schweizerische Verkehrshaus –** das größte Verkehrsmuseum Europas, welches die Entwicklung des Verkehrs mit hervorragenden Exponaten dokumentiert. Gezeigt werden Lokomotiven, Schiffe, Autos, Flugzeuge und Raketen. Zum Verkehrshaus gehören aber auch ein Kosmorama, ein Imax-Kino und ein mit modernster Technik ausgestattetes Planetarium.

Praktische Tipps

Information

- **Tourist Information** (im Westtrakt des Bahnhofs), Zentralstr. 5, 6002 Luzern, Tel. 041/227 17 17, Hotelreservationen Tel. 041/227 17 27, Fax 041/227 17 20, www.luzern.org

Stadtführung

- Treffpunkt ist die **Tourist Information** im Bahnhof um 9.45 h. Dauer: zwei Stunden. Preis: im Sommer sFr. 23, zu Fuß, inklusive Busfahrt zum Löwendenkmal (täglich); im Winter sFr. 16, zu Fuß ohne Busfahrt, inklusive Getränk nach Wahl (Mi und Sa).

Verkehrsmittel

- **Tell-Pass** (Regionalpass Zentralschweiz): freie Fahrt an zwei oder fünf Tagen mit (Dampf)schiffen, Bergbahnen und Autobussen der ganzen Region, an den übrigen Tagen Fahrten zum halben Preis. Typ I: gültig sieben Tage, davon zwei Tage freie Fahrt, sFr. 131. Typ II: gültig 15 Tage, davon fünf Tage freie Fahrt, sFr. 179. Verkaufsstellen: Tourist Information im Bahnhof und an allen Schiffsstationen.
- **Busbillette:** Am Bahnhofschalter an jedem Billettautomaten erhältlich. Ein Busticket für drei Tage kostet sFr. 8 (nur für Hotelgäste, nicht für Camper), für acht Tage sFr. 22.
- **Fahrräder-Vermietung:** am Bahnhof, Gepäckschalter 20/21, Tel. 051/227 32 61, 7–19.45 h.
- **Schiffsverbindungen und Extrafahrten:** Abfahrt der Linienschiffe bei den Landungsbrücken vor dem Bahnhof, Schifffahrtsbetriebe SGV, Werftestr. 5, 6002 Luzern, Tel. 041/367 67 67.

Unterkunft

- **The Hotel,** Sempacherstr. 14, 6002 Luzern, Tel. 041/226 86 86, Fax 041/226 86 90, www.the-hotel.ch. Stadthotel, das inklusive Mobiliar von *Jean Nouvel* entworfen wurde. Drei Minuten vom Bahnhof. Von Außen eher unspektakulär. Die Decken der 25 Zimmer zieren Filmszenen aus Filmen von *Stephen Frears, Peter Greenaway, Frederico Fellini,* u.a. Jedes Zimmer ist anders. Das Restaurant weckt Erinnerungen an Fernost, die Küche ist ausgezeichnet. DZ-Studios und Suiten sFr. 390 bis 510.
- **Palace Hotel*******, Haldenstr. 10, 6002 Luzern, www.palace-luzern.ch, Tel. 041/416 16 16. Direkt an der Seepromenade. Das Hotel bietet einen dem internationalen Standard entsprechenden Service. Indoor- und Dachpool, großer Wellnessbereich, mehrere Restaurants, Terrasse, 178 Zimmer, Suiten. Sommer: DZ ab sFr. 440 bis sFr. 515. Winter: DZ ab sFr. 350 bis sFr. 415.
- **Montana******, Adligenswilerstr. 22, 6002 Luzern, www.hotel-montana.ch, Tel. 041/419 00 00. Über der Altstadt von Luzern. Postkarten-Ansicht auf See, Stadt, Alpen. Art Deco-Liebhaber/innen kommen auf ihre Kosten. Zimmer in aparten Farbtönen und eigenem Möbeldesign. Gepflegte Restaurants, im Sommer hat das Terrassenrestaurant einen spektakulären Blick, Louis Bar mit Jazz, Swing, Blues oder Dixie. Sommer: DZ sFr. 280 bis 420, Winter: DZ sFr. 260 bis 330. Suiten auf Anfrage. Weekendpreise inklusive Dinner, Champagner etc.
- **Cascada*****, Bundesplatz 18, 6003 Luzern, Tel. 041/226 80 88, www.cascada.ch. Meist sanft renoviert. Die 65 Zimmer haben einen authentischen gemalten Wasserfall *(casca-*

da). Restaurant Bolero mit spanischer Küche, Bar. DZ sFr. 190 bis 250, Juniorsuite sFr. 270.

● **Hotel Krone*****, Weinmarkt 12, 6004 Luzern, www.bestwestern.ch/kroneluzern, Tel. 041/419 44 00. Die klassizistische Fassade des Hotels fällt am historischen Weinmarkt auf. Vollständig renoviert. Die Zimmer sind freundlich, das Restaurant stilvoll. Mehrbettzimmer bewusst als solche konzipiert. Sommer: DZ sFr. 270, Dreibettzimmer sFr. 330, Vierbettzimmer 390.

● **Zum Weissen Kreuz*****, Furrengasse 19, 6004, Luzern, Tel. 041/410 40 40. Altstadthotel in der Fußgängerzone. 1987 eröffnet. 22 Zimmer. Sommer: DZ sFr. 180 bis 195.

● **Goldener Stern****, Burgerstr. 35, 6003 Luzern, Tel. 041/227 50 60. Am Eingang zur Altstadt, gegenüber der Franziskanerkirche, zehn Minuten vom Bahnhof. Praktisch alle Zimmer mit Dusche/WC, TV. Zwei Restaurants. Sommer: DZ sFr. 140, Dreibettzimmer sFr. 180, Vierbettzimmer sFr. 200.

● **Derby Garni****, Falkengasse 4, 6004 Luzern, Tel. 041/410 26 62/63. Erbaut 1989, zentral in der Altstadt gelegen. Zimmer mit Rattanmöbeln und Dusche, neun DZ mit eingebauten Schrankküchen. Sommer: DZ sFr. 160, Appartements mit Kochgelegenheit sFr. 200.

Backpacker, Jugendherberge:

● **Pickwick Hotel Garni,** an der Reuss in der Altstadt. 14 einfach eingerichtete, jedoch saubere Zimmer. Sommer: DZ mit Dusche sFr. 95 bis 150, ohne Dusche sFr. 80 bis 100.

● **Hotel Löwengraben** (1st Swiss Jailhotel Lucerne), Löwengraben 18, 6004 Luzern, Tel. 041/417 12 12, www.loewengraben.ch. Inmitten der Altstadt. Für Backpackers, aber auch andere nicht allzu zart Besaitete (nichts für Menschen mit Platzangst). Durchgestyltes Hotel mit attraktiven Bars, zwei Restaurants mit asiatischen Spezialitäten, Gartenlandschaften in den ehemaligen Gefängnishöfen sowie einer Auswahl von original getreuen Zellen. Codes erlauben den Eintritt in die Zellen, Fenster mit Eisengittern verschlossenen. DZ mit oder ohne Dusche/WC ab sFr. 130 bis 220.

059ch Foto: en

- **Jugendherberge:** Sedelstr. 12, Tel. 041/420 88 00. Am berühmten Rotsee, wo die internationalen Ruderregatten ausgetragen werden. Zimmer mit zwei Betten und WC/Dusche sowie Zimmer bis zu 20 Betten, insgesamt 194 Betten, Duschen/WC auf jeder Etage. Frühstück, Lunchpakete und Nachtessen zu günstigen Preisen, Mittagessen für Gruppen (Anmeldung). Internet Corner, Lounge, Gartensitzplatz. Richtpreis im Mehrbettzimmer mit Frühstück: Hauptsaison sFr. 31.50 p.P.

Camping

- **Camping International Lido Luzern,** Lidostr. 19, 6006 Luzern, Tel. 041/370 21 46. Nur wenige Autominuten vom Stadtkern entfernt (direkte Busverbindung), am See, nahe Verkehrshaus, parkähnlich, 4-Sterne-Camping. Nachts geschlossen und bewacht (Juli und August). Moderne sanitäre Anlagen, Aufenthaltsraum, Kiosk. Reservationen nur bei Aufenthalt ab drei Tagen. Mietcaravans und Touristenlager zu günstigen Preisen, sFr. 15 pro Schlafplatz!

Essen und Trinken

- **Old Swiss House,** Löwenplatz 4. Ein Familienbetrieb mit Tradition in einem 1859 gebauten Riegelhaus. Französische und Schweizer Küche, frische Fische, Hummer, Austern. Mittags auch Tellergerichte.
- **Château Gütsch,** Gourmet-Restaurant auf dem Gütsch über Luzern, indisches „Restaurant 1001 Nacht".
- **Hotel Schiff,** Unter der Egg 8. Restaurant an der Reuss mit Terrasse sowie „Schifferlaube" unter den Arkaden (Schweizer- und Fisch-Spezialitäten) und „La barca" mit italienischer Küche (auch take away). Gutes Preis-Leistungs-Verhältnis.
- **Zunfthaus zu Pfistern,** Kornmarkt 4. Restaurant an der Reuss mit Terrasse. „Pfisternstube": Schweizer Spezialitäten. „Zunftstube": Wenn es etwas außergewöhnlicher sein darf.
- **Li Tai Pe,** Furrengasse 14. In eleganter Atmosphäre die echte Peking Küche probieren. Nicht ganz billig.
- **Wilden Mann Hotel,** Bahnhofstr. 30. Wilden Mann-Stube mit französischer Küche und Bürgerstube mit bürgerlicher Küche. Hier trifft sich, was Rang und Namen hat.
- **Bistro du Théâtre,** Theaterstr. 5. Französische Küche und Bar. Beliebter Treffpunkt, vernünftige Preise.
- **Opus,** Bahnhofstr. 16. Restaurant, Bar, Vinothek, mit Terrasse auf der Reuss. Salatbuffet, Snacks, Brot in allen Varianten. Spitzenweine glasweise zu fairen Preisen.

Nachtleben

- **Bläch-Bar** (im Hotel Flora), Seidenhofstr. 5. Do–So, Trance- und Techno-Musik mit Kerzenlicht.
- **Borromini,** Pilatusstr. 2. Die Schwatz-Bar, wo man schnell Anschluss findet.
- **Capitol Bar,** am Bundesplatz. Bekannt für seine Caipirinhas.
- **El Divino,** Winkelriedstr. 39. Mit Früchte-Cocktails, Zigarren aus Cuba und südamerikanischer Musik.
- **Louis Bar** (im Hotel Montana), Adligenswilerstr. 22. Mit Traumaussicht und Jazz, Swing, Blues oder Dixiesound, für Alt und Jung, ein Prominententreffpunkt.
- **Max,** Sempacherstr. 5. Im 50er-Jahre Dekor, zur Aperitif-Zeit mit Schnäppchen-Buffet, je später der Abend, desto ausgelassener die Stimmung.
- **Mr. Pickwick,** Rathausquai 6. Englischer Pub mit Beers on tap und Pub food.
- **Hexenkessel,** Haldenstr. 21. Tanzlokal mit Partystimmung.
- **Movie,** Metzgerrain 9. Der Dauerrenner bei Teens und Twens.
- **Sedel,** ehemaliges Frauengefängnis in der Nähe der Jugendherberge (Bus Nr. 18 oder Nr. 19). Hier trifft sich am Wochenende die Alternativszene bei Rock, Pop, Punk, Hardrock und Hardcore Konzerten.
- **Stadtkeller,** Sternenplatz 3. Wer möchte einmal mit Touristen aus Übersee mitjodeln? Alpenromantik pur: Mittag- oder Abend-Folklore-Show mit Alphornblasen, Jodeln und

Hotels an der Reuss

Fahnenschwingen. Der Stadtkeller ist heute zu einer Luzerner Institution geworden.

- Im Sommer findet das Nachtleben auch entlang der Restaurant-Front **an der Reuss** statt.

Museen

- **Luzern Museumspass:** Während einem Monat unbeschränkter Eintritt in die Luzerner Museen. Für sFr. 29 bei der Tourist-Info erhältlich.
- **Verkehrshaus der Schweiz,** Lidostr. 5, 6006 Luzern, Tel. 041/370 44 44, Informationen: 0848/85 20 20, www.verkehrshaus.org. Mit IMAX Filmtheater, Highflyer, Planetarium, Hans-Erni-Museum, Museum für Verkehr und Kommunikation. Einzigartige Objekte der Verkehrgeschichte. 1. April bis 1. Nov. täglich 9–18 h, 2. Nov. bis 31. März 10–17 h.
- **Neues Kunstmuseum Luzern,** Europaplatz 1, 6002 Luzern, Tel. 041/226 78 00, www.kunstmuseumluzern.ch. Im Kultur- und Kongresszentrum Luzern, beim Hauptbahnhof. Wechselausstellungen wichtiger internationaler Gegenwartskunst und der Sammlungsbestände vom 15. bis 20. Jh. Kunstbibliothek mit Fachliteratur sowie Terrassensaal mit Blick über die Stadt und Vierwaldstättersee. Di–So 10–17 h, Mi bis 21 h.
- **Picasso Museum,** am-Rhyn-Haus, Furrengasse (neben Rathaus), Tel. 041/410 35 33. Werke aus den letzten 20 Schaffensjahren *Picassos,* 200 Fotografien von *Douglas Duncan,* die den Künstler zeigen. 1. April–31. Okt, 10–18 h, 1. Nov.–31. März 11–13 h und 14–16 h.
- **Richard Wagner Museum,** Wagnerweg 27, 6005 Luzern, Tel. 041/360 23 70. Früherer Wohnsitz des Komponisten. Überblick über sein Wirken. Sammlung alter Musikinstrumente. 15. März–30. Nov. Di–So 10–12 h und 14–17 h.
- **Gletschergarten,** Denkmalstr. 4, 4006 Luzern, www.gletschergarten.ch, Tel. 041/410 43 40. Naturdenkmal mit riesigen Gletschertöpfen und Findlingen aus der Eiszeit, versteinerte Muscheln und Palmblätter. Im Museum ältestes Relief der Schweiz, historisches Modell der Stadt Luzern, Spiegellabyrinth. 1. April–31. Okt. 9–18 h, 1. Nov.–31. März 10–17 h.
- **Bourbaki Panorama,** Löwenplatz 11, Postfach, 6006 Luzern, Tel. 041/412 30 30. 10 auf 110 Meter großes Rundgemälde von *Edouard Castres.* Internierung der französischen Ostarmee des Generals *Bourbaki* im Winter 1871 in die Schweiz. Ein Zeugnis der Zeit vor dem Kino. Geöffnet: 9–18 h.

Ausflüge

- **Spaziergang um den Rotsee:** Mit Bus Nr. 18 oder Nr. 19 bis Jugendherberge. Marschzeit um den See ca. 1,5 h.
- **Schifffahrt:** Mit einem der fünf nostalgischen Raddampfer oder einem der fünfzehn Motorschiffe auf dem Vierwaldstättersee. Die Schifffahrtsbetriebe SGV haben sich einiges einfallen lassen: Lunch oder Businesslunch auf dem Mittagsschiff, Sonntagsschiff mit Buffet, Wilhelm Tell Express.

Der Vierwaldstättersee

↗VIII-IX/B-C3

Der See trägt den Namen der vier Waldstätte, d.h. der Gründungsorte der Eidgenossenschaft. Wer es beschaulich nimmt, kann von Luzern aus die Region per Schiff besuchen – der See verbindet als (beinahe doppeltes) Kreuz alle Kantone und Regionen der Innerschweiz miteinander, mit Ausnahme Zugs. Der Zugersee ist durch eine drei Kilometer breite Landbrücke bei Vitznau und Immensee vom größeren Vierwaldstättersee getrennt.

Rund um den See gruppieren sich die **voralpinen Aussichtsberge** Rigi, Pilatus und Bürgenstock. Sie begründeten, ebenso wie der See, den Ruhm der Landschaft, gehörte es doch zu den Pflichten jedes Touristen, zumindest einen von ihnen zu besteigen und von dort aus die grandiose Szenerie zu bewundern.

See und Aussichtsberge werden auch heute noch intensiv bereist. Wer hingegen einen Abstecher ins Hinterland unternimmt, dem bietet sich vielerorts eine noch sehr **ursprüngliche Landschaft und Kultur.** Die Innerschweiz war lange Zeit kaum von Industrie und moderner Wirtschaft be rührt, die Bevölkerung von alters her konservativ und auf das Bewahren bedacht. Reisende, die Schönheiten neben den üblichen Routen suchen, werden deshalb im Kanton Obwalden, aber auch im Kanton Schwyz und in den Seitentälern des Kantons Uri viele verborgene Kostbarkeiten finden.

Küssnachter See – Zentralschweizer Riviera

Schloss Meggenhorn

Wenn man am Verkehrshaus vorbei am Nordarm des Sees aus Luzern herausfährt, gelangt man an einen kleinen Seitenarm des Vierwaldstättersees, der nach Nordosten Richtung Zugersee greift. Hinter ihm, im Osten, die Rigi. Am Ufer erreicht man Schloss Meggenhorn, ein 1870 nach Vorbild der Loireschlösser gebauter **neugotischer Palais.** Die Schlosskapelle ist sehenswert, wie das Schloss selbst aber leider meistens nicht zugänglich. Der Schlosspark ist hingegen für Besucher geöffnet. Das malerisch am See gelegene **Meggen** ist ein Vorort für gut betuchte Luzerner – ein ruhiger Ferienort.

Küssnacht

Vor Küssnacht steht am Seeufer die **Astridkapelle,** die man 1935 zu Ehren der hier bei einem Autounfall verstorbenen belgischen Königin errichtete.

Küssnacht am Rigi ist ein **historisch bedeutender Ort.** Hier wurden die Güter gelöscht, die man für die Gotthardroute nach Flüelen auf Schiffen transportierte. Es gab noch keine Straßen, der Ort war von strategischer Bedeutung.

Etwas nördlich, ca. drei Kilometer Richtung Arth, liegt die von *Schiller* dramatisierte **Hohle Gasse,** wo *Tell* den *Gessler* erschossen haben soll („es führt kein anderer Weg nach Küssnacht", W. Tell).

Sehenswert sind in Küssnacht der Marktplatz mit seinen Gasthöfen und Bürgerhäusern, am Seeufer die beiden Rathäuser (18. Jh.) sowie die Kirche St. Peter und Paul (1710) mit hölzerner Kreuzigungsgruppe.

Vitznau-Rigi-Zahnradbahn

Hinter Küssnacht erreicht man am Fuße der Rigi bald **Weggis,** einen sonnenverwöhnten, windgeschützten Ort am See, der von vielen als Alterssitz gewählt wird. Von hier führt eine Gondelbahn nach **Rigi-Kaltbad,** wo die Zentralschweizer Riviera beginnt. Ein kleines Denkmal ehrt *Mark Twain.* Vom darauf folgenden Ort **Vitznau** fährt die Vitznau-Rigi-Zahnradbahn auf die Rigi hinauf. 1871 wurde sie als erste Zahnradbahn Europas vom Oltner Ingenieur *Riggenbach* gebaut. Mit ihr entwickelte sich der Ort zu einem der bedeutendsten Ausflugsziele der damaligen Zeit.

Gersau

Das etwas weiter östlich am See gelegene Gersau gehört zum Kanton Schwyz. 1390 kauften die Gersauer ihren eigenen Ort den Habsburgern ab und verwalteten ihn fortan als **kleinste Republik der Welt** selbst. Es gelang ihnen, ihre Unabhängigkeit über Jahrhunderte zu bewahren, erst die Französische Revolution bereitete dieser Besonderheit ein Ende.

Das **Rathaus** ist mit Malereien geschmückt, die von der „altfryen Republik" berichten und am Brunnen davor steht geschrieben: „Gersau bleibt Gersau – ein freies Volk, ein freies Land." Das **Ortsmuseum** beherbergt eine heimatkundliche Sammlung.

Vor Brunnen biegt eine nordwärts weisende Straße gegen Schwyz und Zug ab und umfährt die Rigi nördlich. Am See erreicht man Brunnen, am Knie zum Urnersee gelegen.

Die Rigi

Schon bevor der Massentourismus einsetzte, besaß der Berg eine große Bedeutung: Eine Quelle in Kaltbad wurde seit dem 17. Jh. als heilkräftig angesehen und versprach Ablass.

1756 bauten die Luzerner einen ersten Gasthof. Aus ganz Europa besuchten nun die Reichen und Vornehmen den Ort und auch Amerikaner wie *Mark Twain* beschrieben den Sonnenaufgang und die skurrilen Eingeborenen. 1871 wurde von Vitznau aus die erste europäische Zahnradbahn auf die Rigi eröffnet, 1875 eine zweite von Arth aus, seit 1968 erschließt eine Luftseilbahn den Berg von Weggis nach Kaltbad.

So ist die Rigi heute mit Bergbahnen von allen Seiten erreichbar und wird deshalb täglich von Tausenden besucht. Trotzdem ist ein Ausflug auf den Gipfel an einem witterungsgünstigen Tag wegen der **hervorragenden Rundsicht** empfehlenswert. Auf dem Rückweg kann man auf autofreien und nicht allzu anspruchsvollen Wanderwegen ins Tal hinuntersteigen (Karten verwenden, siehe „A–Z/Karten und Literatur").

Brunnen

Auch Brunnen hat eine **fantastische Lage am See** – gegen Westen Blick auf die Rigi und den Pilatus, im Rücken die Mythen, im Südosten der Fronalpstock und im Süden der Urirotstock. Am anderen Seeufer ist die Rütliwiese zu erkennen, wo die Eidgenossen sich Beistand schworen. Brunnen war wie Küssnacht ein Umschlagplatz für den Gotthardverkehr.

Urnersee

Folgt man von Brunnen aus der Straße nach Süden dem Urnersee entlang, so gelangt man nach Morschach, wo eine Seilbahn zum autofreien **Stoos** hinaufführt – eine Wintersport- und Wanderregion, welche v.a. von Wochenendausflüglern aus dem nahen Zürich geschätzt wird.

Etwas weiter südlich, hinter Sisikon findet man am Ufer, unweit der Straße **Tellkapelle** und **Tellplatte.** Bei dieser Steinplatte am See soll der *Tell* seinen Häschern mit einem mutigen Sprung aus dem Schiff entkommen sein, um den Landvogt anschließend, so berichtet *Schiller,* bei Vitznau mit der Armbrust zu erschießen. Die kleine, an Tell erinnernde Kapelle wurde schon im 14. Jh. errichtet, aber 1881, als die nationalistische Heldenverehrung wohl auf dem Höhepunkt war, erneuert. Nahe der Tellplatte gibt es ein Ausflugsrestaurant mit schöner Aussicht auf den See.

Flüelen liegt am südlichen Seeufer und war Ein- und Ausladeplatz auf dem Weg zur Schöllenen und zum Gotthard. Heute ist es ein kleiner ruhiger Ferienort, denn die Ware wird mit der Gotthardbahn oder auf der nahe am Ort vorbeifahrenden Autobahn transportiert.

Am See steht die große Eisenplastik von *Witschi* „Die Schwurhände". Die Plastik symbolisiert die drei gehobenen Schwurhände von *Walter Fürst* aus Uri, *Werner Stauffacher* aus Schwyz und *Arnold von Melchthal* aus Unterwalden, die 1291 den Bund der Eidgenossen schworen. Die Plastik wurde für die Schweizerische Landesausstellung EXPO 1964 in Lausanne geschaffen.

Der Weg der Schweiz

Zur 700-Jahr-Feier der Schweiz wurde im Jahr 1991 rund um den Urnersee, dem südlichsten und romantischsten Teil des Vierwaldstättersees, ein **abwechslungsreicher Wanderweg** angelegt. Der „Weg der Schweiz" startet auf der Rütliwiese, der Wiege der Schweiz, und führt über Seelisberg, Bauen, Flüelen, Sisikon und Morschach nach Brunnen. Der gut beschilderte und ausgebaute Wanderweg ist 35 Kilometer lang. Jeder Schweizer Kanton hat einen Weganteil, der sich nach der Zahl der Einwohner richtet – jedem Schweizer gehören somit rund fünf Millimeter Weganteil. Marmorsteine mit dem Kantonswappen und den Jahrzahlen des Eintritts in die Schweizerische Eidgenossenschaft markieren die Wegstrecken.

Die Wanderabschnitte zwischen den einzelnen Orten sind beliebig miteinander kombinier- und einteilbar, je nach Anforderung und Zeit, die zur Verfügung steht. Der Weg ist auch in die Gegenrichtung gehbar. Ab jedem Ort fahren Schiff, Bus oder Bahn zu einem anderen Streckenpunkt und machen die Wanderung zu einem grossen Ausflugsvergnügen für Jung und Alt.

Hinter Flüelen liegt das **Urnerland** mit dem sehenswerten Hauptort Altdorf und dem Hochland um Andermatt, einem Sommer- und Winterferienort.

Am Westufer des Urnersees liegt das intakte Urner Dorf **Bauen** mit vielen stattlichen, oft schön bemalten und mit Schnitzereien verzierten Bürgerhäusern. Die Gotthard-Autobahn ist im Seelisbergtunnel verschwunden.

Isenthal ist ein kleines Bergtal direkt über dem Urnersee. Hier gibt es interessante Wanderungen zu schönen Aussichtspunkten. Eine Seilbahn führt direkt zur Alp „Gitschenen" mit Gasthaus und Übernachtungsmöglichkeit.

An der Schiffsanlegestelle **Treib** steht das „Haus an der Treib", ein stattliches Gasthaus mit gelb-schwarzen Fensterläden (die Urner Farben). Es wurde bereits Ende des 15. Jh. erwähnt. Der wunderschöne Holzblockbau diente den alten Eidgenossen für geheime Zusammenkünfte und als Tagsatzungsort. Unweit des Hafens befindet sich der Schillerstein.

Von hier aus geht auch die Standseilbahn hinauf nach **Seelisberg.** Das Dorf liegt auf einer Sonnenterasse über dem Urnersee (ab Autobahnausfahrt Beckenried Süd). Im Sommer lädt ein kleiner, idyllischer See zum Baden ein.

Die Südseite des Vierwaldstättersees

Beckenried

Auch Beckenried ist ein kleiner, ruhiger **Sommerferienort** mit schönen Häusern wie dem Isenringen-Haus und dem Ritter-Stalder-Haus (14. Jh.). Auf einer Anhöhe nahe des Dorfes steht das Barockkirchlein Maria im Ridli (1701). Im Innern erstaunt die Pracht der Medaillons und Malereien zum Leben Marias.

Klewenalp

Von Beckenried aus fährt man mit einer weiteren Luftseilbahn auf die autofreie Klewenalp (1600 M.ü.M.), eine beliebte **Wander-, Biker- und Winter-**

sportregion mit zwei Berghäusern. Für Kinder ist insbesondere der Murmeltierpark zu erwähnen.

Bürgenstock

Mit dem Schiff kann man, z.B. von Luzern aus, bis zum kleinen Ort Kehrsiten fahren, wo das Seehotel Baumgarten ein bekanntes Ausflugsrestaurant ist. Hier besteigt man die nostalgische Bürgenstockbahn, eine Art Lift, deren erste Betriebsbewilligung auf das Jahr 1888 zurückgeht. Es ist die älteste Standseilbahn mit elektrischem Antrieb. Sie fährt in rund sieben Minuten 440 Meter hinauf in die frische Luft des Bürgenstocks – seit jeher ein **Nobelkurort** für Anspruchsvolle. Hier kann man das imposante Panorama der Urner-, Unterwaldner, Luzerner- und Berneralpen bewundern. Wer unbedingt will, kann die 2283 Treppenstufen auch zu Fuß gehen.

Hammetschwand

In Bürgenstock hat man die Möglichkeit, in ca. 30 Minuten weiter über den imposanten Felsenweg zu wandern, der zum schnellsten Lift Europas führt. Dieser bringt die Wanderer um 165 Meter auf den **höchsten Punkt der Stadt Luzern.** Die Hammetschwand liegt 1128 M.ü.M. und ist eine Au, welche seit dem großen Stadtbrand der Stadt Luzern gehört, die für den Wiederaufbau Holz kaufte und Wald und Au seither verwaltet. Über den Bergweg, durch den Wald und vorbei an Wiesen und Blumen, kommt man in ca. 45 Minuten zurück auf den Bürgenstock.

Stansstad

Stansstad liegt an der Verbindung des südlichen Arms, dem **Alpnachersee,** mit dem Vierwaldstättersee. Es ist der Hafen des Kantonshauptortes Stans und war früher ein wichtiger Umschlagplatz. Hier gab es einst mächtige Verteidigungsanlagen aus Holz und Fels, an die noch der Schnitzturm aus dem 13. Jh. erinnert.

Pilatus

Auf den Pilatus, den massiven Felsklotz vor den Toren Luzerns, führen drei Bahnen. Die älteste, zugleich die steilste Zahnradbahn der Welt, führt von Alpnachstad hinauf auf den felsigen Gipfel. Vom Vorort Kriens bei Luzern führt eine Gondelbahn auf die Fräkmüntegg und von dort eine Luftseilbahn auf den Gipfel. Man kann also den Pilatus mit einer **Rundreise** verbinden, wobei z.B. der Weg von Luzern nach Alpnachstadt oder retour mit dem Schiff bewältigt wird.

Praktische Tipps

Information

- **Rigi-Tourismus,** 6356 Rigi-Kaltbad, Tel. 041/397 11 28, www.rigi.ch
- **Seelisberg Tourismus,** Bahnhof, 6377 Seelisberg, Tel. 041/820 15 63, www.seelisberg.ch
- **Tourismus-Infostelle,** Post, Bahnhofstr. 19, 6362 Stansstad, Tel. 041/610 13 77, Fax 041/610 95 77, www.touristik.stansstad.ch
- **Bergbahnen Beckenried-Emmetten AG,** 6375 Beckenried, Tel. 041/620 62 62, Fax 041/620 33 33, www.klewenalp.ch

Unterkunft

- **Vitznauerhof** und **Alpenrose,** Seestrasse, 6354 Vitznau, www.vitznauerhof.ch, Tel. 041/399 77 77. Herrliche Lage am See. Altes, neu renoviertes Hotel, DZ mit Bad/WC und Frühstück ab sFr. 160 bis 470.

●**Hotel Rigi-Kulm,** 6410 Rigi-Kulm, Tel. 041/855 03 03, www.rigikulm.ch. Das älteste, seit 1816 bestehende Hotel. Berghaus auf dem Gipfel mit grandioser Sicht. Einfache DZ mit D/WC und Frühstück sFr. 180 bis 200, Massenlager sFr. 32 inkl. Frühstück.

●**Hotel Alpina,** 6356 Rigi-Kaltbad, Tel. 041/397 11 52, www.alpina-rigi.ch (1450 M.ü.M.). Kleines Familienhotel, gemütlich, schöner Aufenthaltsraum mit Rundblick. Einfache Zimmer mit Dusche/WC. DZ inkl. Frühstück für sFr. 130 bis 150.

●**Park Hotel Weggis*******, Hertensteinstr. 34, 6353 Weggis, Tel. 041/390 16 18, www.phw.ch. Das Dornröschenschloss mit Jugendstilfassade und topmodernen Designer-Suiten wurde von GaultMillau zum „Hotel des Jahres 2001" gewählt. DZ mit Frühstück ab sFr. 320.

●**Hotel Friedheim*****, Friedheimstr. 31, 6353 Weggis, www.hotel-friedheim.ch, Tel. 041/390 11 81. Gemütliches Familienhotel im Grünen. Haus aus dem 17. Jh. Saubere, schöne Zimmer (Blick auf See oder ins Grüne) mit Bad/D und WC. DZ inkl. Frühstück sFr. 146 bis 230. Günstige Pauschalangebote.

●**Parkhotel Vitznau*******, Seestrasse, 6354 Vitznau. 1903 eröffnetes Traditionshaus der Spitzenklasse mit allem Komfort und ausgezeichnetem Restaurant. Entsprechende Preise: DZ ab sFr. 510 bis 1300.

●**Hotel Rotschuo*****, Seestr. 159, 6442 Gersau, Tel. 041/828 22 66, www.rotschguo.ch. Von Luzern kommend kurz vor Gersau, schöne Lage am See, gut geführtes Haus. DZ mit Bad/D und WC inkl. Frühstück für sFr. 230 bis 260.

●**Hotel Seehof-du Lac,** Seestrasse, 6442 Gersau, www.mythen.ch/seehof.gersau, Tel. 041/829 83 00. Hotel direkt am See, Restaurant mit schöner Aussicht, Gartenterrasse, DZ mit Bad/D und WC inkl. Frühstück (alle Seesicht) sFr. 148 bis 208.

●**Hotel Winkelried******, 6362 Stansstad, Tel. 041/618 23 23, www.winkelried.ch. Gutes Haus am See, z.T. mit Zimmern auf Seeseite, DZ mit Frühstück sFr. 200 bis 240.

●**Hotel Rössli,** 6053 Alpnachstad, Tel. 041/6729070. Restaurant, Hausbar, Terrasse, Gartenbad, alle Zimmer mit Bad/D/WC, Familienzimmer, DZ mit Frühstück ab sFr. 110, Mehrbettzimmer ab sFr. 150.

●**Hotel Kulm** und **Hotel Bellevue,** Pilatus-Kulm (auf dem Pilatus), Tel. 041/670 12 55, www.pilatus.ch. Das Hotel Bellevue wurde 1860, vor der Eröffnung der Bahnstrecke erbaut. Es brannte 1960 vollständig ab und wurde 1963 neu eröffnet. Das Hotel Kulm stammt aus dem Jahr 1890, nachdem 1889 die ersten Dampfbahnen fahrplanmäßig verkehrten. Seit 1999 steht es als Denkmalpflegeobjekt unter Schutz. 22 DZ, Duschen/Toiletten auf Etage. DZ inkl. Frühstück sFr. 124 exkl. Bahn. Bahnfahrt für Erwachsene sFr. 58, Kinder oder Halbtax-Abo sFr. 29.

●**Jugendherberge Rotschuo,** 6442 Gersau, Tel. 041/828 12 77. Am Ufer des Sees gelegen, etwas vor Gersau, Richtpreis p.P. im Mehrbettzimmer mit Frühstück: Saison sFr. 23,10, Nebensaison sFr. 21,60.

●**Jugendherberge Seelisberg,** Gadenhaus beim Rütli, 6377 Seelisberg, Tel. 041/820 15 62. Inmitten von Wiesen und Wäldern, 15 Minuten vom Rütli. Imposante Aussicht auf den Urnersee. Das renovierte Gadenhaus zählt zu den ältesten Gebäuden dieses Bautyps. Je ein Zweier-, Vierer-, Siebener- und Zwölferzimmer. Insgesamt 25 Betten. Wasch- und Duschräume mit Bodenheizung, WC auf der Etage. Selbstkocher-Jugendherberge. Preise pro Person und Nacht: Hauptsaison sFr. 20,50, Nebensaison sFr. 18 (ohne Frühstück). Geschlossen: Januar bis März.

Camping

●**Camping Vitznau,** in Vitznau, nicht weit vom See, Tel. 041/397 12 80. Komfortabler Platz mit allen nötigen Einrichtungen, in terrassenförmiger Anlage mit Sicht auf See und Umgebung.

●**Camping Seelisberg,** Tel. 041/820 35 96. Autofrei, direkt am Bergsee, Kinderspielplatz, Volleyballfeld, Grillplätze, Waschräume, Aufenthaltsraum, ruhig, romantisch und idyllisch.

●**Camping Bachmattli,** 6053 Alpnachstad, Tel. 041/6710730. Familiärer, rollstuhlgängiger Camping mit Touristenplätzen, Restaurant und Einkaufsmöglichkeit. Seeanstoß mit Badegelegenheit. Eineinhalb Kilometer von der Pilatusbahn entfernt, Richtung Stansstad fahren (1.4.–15.10. offen).

Essen und Trinken

●**Hotel Restaurant Du Lac,** Küssnacht, Tel. 041/850 10 12. Schönes Gartenrestaurant mit Blick auf den See. Gute Fischküche.

●**Gasthof zur Säge,** Küssnacht, Tel. 041/854 08 50. Im Ortsteil Haltikon. Forellen aus eigener Zucht

●**Restaurant Rigi,** Dorfstr. 14, Greppen (zwischen Vitznau und Weggis), Tel. 041/390 31 91. Für Feinschmecker ist Spitzenkoch *Raphael Tuor* eine begehrte und nicht überteuerte Adresse.

●**Gotthard am See,** Weggis, Tel. 041/390 21 14. Gartenrestaurant, einfache Küche, Pizza und Fischspeisen.

●**Restaurant im Seegarten,** Gersau, Tel. 041/828 12 27. Direkt am See, schöne Terrasse, Grillspezialitäten und schöne Salate

●**Hotel-Restaurant Tellsplatte,** Sisikon, Tel. 041/ 874 18 74. Dort, wo der *Tell* seinen rettenden Sprung ans Ufer gewagt haben soll, steht bei der legendären Tellsplatte das gleichnamige Ausflugsrestaurant mit grandioser Sicht auf See und Umgebung.

●**Sternen,** Axenstr. 6, 6454 Flüelen. Seit langem ein sehr gutes Fischrestaurant.

●**Zwyssighaus,** 6466 Bauen, Tel. 041/878 11 77. Gutes Fischrestaurant am See mit kleiner, schöner Terrasse.

●**Sternen am See,** Beckenried-Klewenalp, Tel. 041/620 61 61. Garten, See, eigene Fischerei.

●**Restaurant du Lac,** Seestr. 76, Hergiswil, Tel. 041/630 42 42. Vor allem der herrlichen Terrasse, aber auch der Küche wegen empfehlenswert. Vorreservieren ratsam.

●**Restaurant Schwendelberg,** Horw (bei Luzern), Tel. 041/340 35 40. Außerhalb des Dorfes, Richtung Schwendelberg fahren. Schöner Blick auf See und Berge.

Entlebuch und Napfgebiet

↗VIII/A2-3

Das Entlebuch umfasst das Einzugsgebiet der Kleinen Emme, ein zwischen Napf im Emmental sowie Hogant und Brienzer Rothorn in den Berner Alpen gelegenes **grünes Voralpenland,** das noch sehr ländlich und ursprünglich wirkt, obschon es nicht weit entfernt von der Stadt Luzern gelegen ist. Das Entlebuch ist eine einladende Wanderregion und im Winter (in Flüeli und Sörenberg) ein unkompliziertes, besonders familienfreundliches Langlauf- und Skigebiet, das zudem, weil es nicht so mondän ist, auch preislich zu überzeugen weiß.

Von der UNESCO wurde es als erstes **Biosphärenreservat** der Schweiz anerkannt. Die Umsetzung der damit verbundenen Idee der Erhaltung natürlicher Lebensräume als Basis für die Förderung der gesamten Region, ihrer wirtschaftlichen Entwicklung und ihrer kulturellen Eigenheiten im Entlebuch hat jedoch eben erst begonnen. Man will einen nachhaltigen Tourismus fördern und Industrien und Gewerbe auf Nachhaltigkeit hin entwickeln (z.B. biologische Landwirtschaftsprodukte, und Holzprodukte). Die Marke „echt Entlebuch“ wird zur Förderung von qualitativ guten Produkten, Dienstleistungen und touristischen Angeboten aus dem Entlebuch eingesetzt und unterstützt die Vermarktung.

061ch Foto: st

Wallfahrtskirche Maria Loreto

Am Eingang zum Entlebuch, an den Hängen des Pilatus steht in **Hergiswald** an der Stelle einer ehemaligen Einsiedelei die 1662 erbaute Wallfahrtskirche Maria Loreto. Sie erstaunt durch ihr üppiges Inneres, v.a. die mit über 300 Bildtafeln ausgestattete Decke (1652) ist sehenswert. Hinter dem Hochaltar sollte man zudem die frei stehende Loretokapelle besichtigen. Sie birgt zwei Renaissancealtäre aus dem 17. Jh. mit prächtigen Gemälden.

Kloster Werthenstein

Etwas östlich von Wolhusen, einem stattlichen Dorf am Knie der Kleinen Emme, steht das ehemalige Franziskanerkloster Werthenstein hoch auf einem Felsen über Tal und Straße. Das Kloster und die dazugehörige Wallfahrtskirche „Unserer lieben Frau" wurde 1630 gebaut und soll einer Erscheinung eines Holländers zu verdanken sein, der hier im Fluss Gold wusch. Während eines Gebets soll ihm die Maria erschienen sein, woraufhin man im Gedenken an dieses Wunder die Wallfahrtskirche errichtete.

Alpenpanorama im Napfgebiet

Zu den einfachen **Barockgebäuden** führt eine Holzbrücke (1710). Man besuche den Kreuzgang im Renaissancestil mit Arkaden und die Eingangskapellen der Kirche mit ihren Schnitzaltären.

Romoos

In Romoos am nördlichen Talhang gegen den Napf zu gibt es noch heute **Meiler von Köhlern** zu besichtigen. Ein Wandererlebnisweg erkundet diese uralte Tätigkeit. Auf der Webpage der Gemeinde (www.romoos.ch) ist ein instruktives Kapitel dem Gewerbe gewidmet.

Änziloch

Das Änziloch bei Romoos ist der Inbegriff eines abgelegenen Ortes. In der Stächeleggflue beim Änziloch sollen unstete **Geister und Gespenster** aller Art wohnen, u.a. die Offiziere und Aristokraten der Stadt Luzern, die den zweiten Villmergerkrieg gegen die Reformierten verloren. So weiss es eine alte Sage. Ein frommer Mann habe die unruhigen Geister in eine Kiste gelockt, mit einem Wagen auf die Änzihöhe geführt und in das Änziloch geworfen. Die Kiste zersprang in tausend Stücke, die Geister blieben im Änziloch verbannt. An manchen Tagen jedoch, wenn es besonders warm und hell ist, kurz bevor der Regen einsetzt, sollen die Geister in alten Uniformen, mit Perücken und Kanonen erscheinen. Sie putzen ihre Kleider, stellen sich in Reih und Glied und exerzieren mit Kanonen und Musketen.

Dorf Entlebuch

Von Wolhusen aus flussaufwärts erreicht man nach einigen Kilometern das Dorf Entlebuch, das v.a. wegen seiner einzigartigen **Moorlandschaft** sehenswert ist. Auf einem 14 Kilometer langen Rundgang wird man umfassend über die wichtigen Moorbiotope informiert.

Einen Besuch wert ist in Entlebuch außerdem die 1780 im Rokoko erneuerte alte **Kirche St. Martin** mit sehenswerten Deckenbildern und Hochaltar.

Schüpfheim und Marienthal

In Schüpfheim, dem Hauptort des Entlebuchs, steht das **Entlebucher Heimatmuseum** (Tel. 041/484 15 55) und auf einer Geländeerhöhung die klassizistische **Kirche St. Johannes und Paul** (1808).

Hier folgt man vorzugsweise nicht in südwestlicher Richtung dem Lauf der Kleinen Emme, sondern erkundet den viel unberührteren Lauf der Waldemme nach Süden durch das Mariental, einem der schönsten **Wandergebiete** der Schweiz. Im obersten Talende stößt man auf den beliebten Familienferienort **Sörenberg** (1126 M.ü.M.). Von hier aus kann man über Bergwiesen bis in die nahen Gebiete des Berner Oberlands und in die Region von Obwalden gelangen (Brünig, Brienzersee).

Praktische Tipps

Information

- **Projekt Biosphärenreservat Entlebuch,** Chlosterbüel, 6170 Schüpfheim, Tel. 041/ 485 88 55.
- **Verkehrsverein Sörenberg,** Rothorn Center, 6174 Sörenberg, Tel. 041/488 11 85, www.soerenberg.ch
- **Gemeindeverwaltung Entlebuch,** Tel. 041/480 11 52.

Unterkunft

- **Drei Könige,** Dorf, 6162 Entlebuch, Tel. 041/480 12 27. 1363 erstmals erwähnter Landgasthof, typisches Dorfrestaurant, einfache, saubere Zimmer, DZ mit D/WC sFr. 120–140.
- **Hotel Panorama*****, 6174 Sörenberg, Tel. 041/488 16 66. Gutes Hotel mit Hallenbad und Sauna, 41 Zimmer mit Bad/D und WC, DZ inkl. Frühstück ab sFr. 150.
- **Hotel-Pension Wicki,** 6174 Sörenberg, Tel. 041/488 16 93. Kleine Chalet-Pension mit 20 Betten (mit Dusche/WC) z.T. auf der Sonnseite mit schöner Aussicht, DZ mit Frühstück sFr. 110 bis 120.

Camping

- **Camping Bad Schüpfheim,** 6170 Schüpfheim, Tel. 041/484 11 63. Einfacher Platz neben dem Schwimmbad. Für Familien geeignet.
- **Camping Flühli-Thorbach,** 6173 Flühli, Tel. 041/499 24 17 oder 079/676 17 57. Einfacher Platz gleich neben dem Skilift. Sommer- und Winterbetrieb.

Essen und Trinken

- **Gasthof Krone,** Blatten bei Malters, Tel. 041/ 498 07 01. Sehr gutes Restaurant mit wunderschönem Garten.
- **Gasthof Rössli,** Escholzmatt, Tel. 041/486 12 41. Gute Küche zu vernünftigem Preis.
- **Cristal,** Sörenberg, Tel. 041/488 12 46. Gartenrestaurant, Schweizer Küche.
- **Hotel Drei Könige,** Entlebuch, s.o., Landgasthof mit gemütlichen Gaststuben und traditioneller Karte.

Baldegger, Hallwiler und Sempacher See

↗VIII/B2

Auch das übrige Gebiet im Kanton Luzern hat viele Schönheiten zu bieten, die man auf einem Tagesausflug von Luzern aus erkunden kann. So die **Kornkammer des Kantons** am Baldegger und Hallwiler See mit der sehenswerten barocken Pfarrkirche St. Martin in Hochdorf und der nahen mittelalterlichen Burg Hohenrain sowie dem pittoresken Schloss Heidegg am Baldeggersee auf einem Rebberg mit Kastanienwald.

Sehenswert ist auch der Sempacher See mit dem historischen Marktflecken **Beromünster,** älteren Semestern wegen des gleichnamigen Radiomittelwellensenders bekannt (in der Vor-TV-Zeit die „Stimme der Schweiz"). In Beromünster muss unbedingt das Chorherrenstift St. Michael besichtigt werden, mit der ursprünglich romanischen, barockisierten Basilika, deren Chorgestühl in 26 Reliefs Szenen aus dem Leben Jesu beschreibt. In der Krypta befindet sich ein 1107 geweihter Tischaltar und ein wertvoller Kirchenschatz.

Schwyz

↗IX/C2

Vom Städtchen Schwyz, dem Hauptort des gleichnamigen Kantons, erhielt die Schweiz ihren Namen und die Flagge mit dem weißen Kreuz im roten Feld. Das sehenswerte Städtchen liegt am Fuß des 1899 Meter hohen Mythen zwischen Vierwaldstätter- und Lauerzersee.

Hier befindet sich das **Bundesbriefmuseum,** in dem als Hauptexponat der Bundesbrief der Eidgenossen von 1291 zu sehen ist. Ebenfalls ausgestellt sind der Morgartenbrief von 1315 und der Bundesbrief der XIII Orte sowie eine beeindruckende Sammlung von Bannern und Fahnen.

Das **Rathaus** wurde nach einem Dorfbrand 1642 wieder aufgebaut und enthält schön getäferte Räume mit farbigen Kabinettscheibenfenstern, darunter der Ratssaal mit den Porträts aller Landammänner. Die Malereien an der Außenwand schildern die Geschichte des Standes und der Eidgenossenschaft.

Sehenswert auch die barocke, von den Singer-Brüdern aus dem Tirol gebaute **Kirche St. Martin** (1774) mit Stuckaturen und Deckengemälden aus der Bauzeit und etwas weiter das eigenartige **Ital Reding-Haus,** eine Mischung aus Bauernhaus und barocker Palastarchitektur, 1609 für den gleichnamigen Söldnerführer und späteren Landammann gebaut (heute Wohnmuseum). Das **Haus Bethlehem** auf demselben Grundstück ist das älteste Holzwohnhaus der Schweiz (1287).

Praktische Tipps

Information

- **Tourismusbüro Schwyz,** Oberer Steiweg 14, 6430 Schwyz, Tel. 041/810 19 91, www.animagenda.ch

Unterkunft

- **Wysses Rössli,** Hauptplatz 3, 6430 Schwyz, Tel. 041/811 19 22. Traditionsreiches Haus mit Täferstube aus dem 17. Jh. 27 Zimmer mit Bad und WC, DZ für sFr. 200 bis 220.

Essen und Trinken

- **Ratskeller,** Tel. 041/811 10 66. Sehenswertes Interieur.

Ausflüge in die Umgebung

Lauerzersee

Am nahen, von der Autobahn umfahrenen und unter Naturschutz stehenden Lauerzersee ist das kleine Dorf **Lauerz** am Nordhang der Rigi sehenswert, ebenso wie die kleine baumbestandene **Insel Schwanau,** wo einst die Raubritterburg eines Vogtes stand. 1308 wurde er nach einem Mädchenraub von den Verwandten des Mädchens umgebracht und seine Burg zerstört. Heute steht dort ein viel besuchtes Gasthaus.

- **Inselrestaurant Schwanau,** Tel. 041/811 17 57. Der Architektur wegen einen Abstecher wert. Per Fähre zu erreichen.

Hölloch

Das Hölloch ist die größte **Karstgrotte** Europas. Fast 150 Kilometer Felsgänge, -säle und -grotten sind bisher erforscht und zu einem kleinen Teil für Besucher zugänglich. Um zum Hölloch zu gelangen, muss man von Schwyz nach Muotathal fahren und von dort nach Hinterthal, Stalden. Beim Gasthaus „Zur Höllgrotte" kann man mit einer Aufsichtsperson zur Höllgrotte gehen.

Einsiedeln

↗IX/C2

Einsiedeln ist ein meist ruhiger Winter- (Langlauf) und Sommerkurort auf knapp 900 Metern Höhe. Aus der Innerschweiz fährt man von Arth oder Schwyz nach Norden Richtung Pfäffikon am Zürichsee . Nachdem man die Hochmoorlandschaft bei Rothenturm (das größte Heidemoor der Schweiz) passiert hat, biegt man bei Biberbrugg rechts ab nach Einsiedeln.

Ein Besuch lohnt sich wegen der beeindruckenden, 1719–35 vom bedeutenden Barockbaumeister *Caspar Mosbrugger* gebauten **Klosterkirche.** Die Abteikirche ist das beste Beispiel für den in der Zentral- und Ostschweiz vorzufindenden Vorarlberger Barock. Hinter einem Treppenaufgang imponiert die harmonische Zweiturmfassade mit einem vorgerundeten Mittelteil. Der Innenraum ist insgesamt 113 Meter lang, 41 Meter breit und von den Brüdern *Cosmas Damian* und *Egid Quirin Asam* aus Niederbayern in einmaliger Pracht mit Fresken und Stuckaturen ausgestaltet. Der Chor ist älteren Datums (1674–80) und wurde ca. 1750 umgestaltet und mit Fresken ausgemalt. Die hier nach wie vor aktive Klostergemeinschaft versammelt sich täglich im oberen Psallier-Chor hinter dem Altarbild der Himmelsfahrt Mariens. Die klassizistische Gnadenkapelle am Eingang des Kirchenschiffs birgt das spätgotische Gnadenbild der heiligen Muttergottes mit Kind, der „Schwarzen Madonna“, die besonders verehrt wird und Einsiedeln zu einem der bedeutendsten katholischen Wallfahrtsorte an den großen Pilgerwegen durch Europa nach Santiago de Compostella macht.

Im Südflügel des rechts neben der Abteikirche liegenden **Klostergebäudes** (Voranmeldung notwendig) liegt im zweiten Stock der von Tessiner Baumeistern prächtig gestaltete große Festsaal. Er dient als Ausstellungsraum für die Kunstgegenstände des Klosters.

Die Stiftsschule wurde 1954–73 in acht Bauetappen von *Edwin Rausser* in gelungener Kombination von Alt und Modern neu gestaltet.

Der große Platz vor der Kirche ist gepflastert und von stattlichen, teilweise mit Arkaden versehenen Häusern umsäumt, in denen die unvermeidlichen Devotionalien zu kaufen sind. Im Zentrum des Platzes der Marienbrunnen mit 14 Röhren, das Wasser soll heilkräftig sein.

Praktische Tipps

Information

- **Einsiedeln Tourismus,** Hauptstr. 85, 8840 Einsiedeln, www.einsiedeln.ch, Tel. 055/418 44 88.

Unterkunft

- **Hotel Schiff,** Hauptstr. 50, 8840 Einsiedeln, Tel. 055/412 51 41. 34 Zimmer, DZ mit Bad/D und WC sFr. 150 bis 160.
- **Hotel-Restaurant Pfauen,** Am Klosterplatz 1, Tel. 055/412 51 41. Italienische Karte, sehr gute Küche, Terrasse gleich gegenüber dem Kloster.

Das Berner Oberland

Thun – City of the Alps

↗XIV/B2

Das auf Schwemmland gebaute Thun wird durch den **Schlossberg** mit seinem hochmittelalterlichen Donjon dominiert. Warum der bis zum Ersten Weltkrieg führende Ferienort im Gegensatz zum nahe gelegenen Interlaken an touristischer Bedeutung verlor, ist schwer nachvollziehbar – **unvergleichlich die Lage** am Thunersee und dem Fluss Aare, unvergleichlich das Alpenpanorama. Noch zeugen prächtige ehemalige **Hotelpaläste** von Thuns glanzvoller Vergangenheit. Als Ausgangspunkt zu bekannten Alpendestinationen eignet sich Thun genau so wie Interlaken. Zusätzlicher Pluspunkt: die überschaubare **pittoreske Altstadt** mit ihren Einkaufsmöglichkeiten, Cafés, Restaurants, mit dem ehemaligen industriellen Selve-Areal, wo Kinder und Jugendliche tagsüber skaten und abends in den Tanzhallen die Post abgeht. Im Sommer locken eine schöne Badeanlage am See, der Bonstettenpark, eine Kajakfahrt auf der Aare, ein Segeltörn oder eine Dampfschifffahrt auf dem Thunersee.

Geschichte

Dem Namen *Thun* liegt eine keltische Form zu Grunde: *dunon,* was so viel wie „befestigter Ort“ oder „Hügel“ bedeutet und sich auch im englischen *town* wieder findet. Die Stadt profitierte früh von ihrer günstigen Lage, da sich der Verkehr bis ins 19. Jh. vor al-

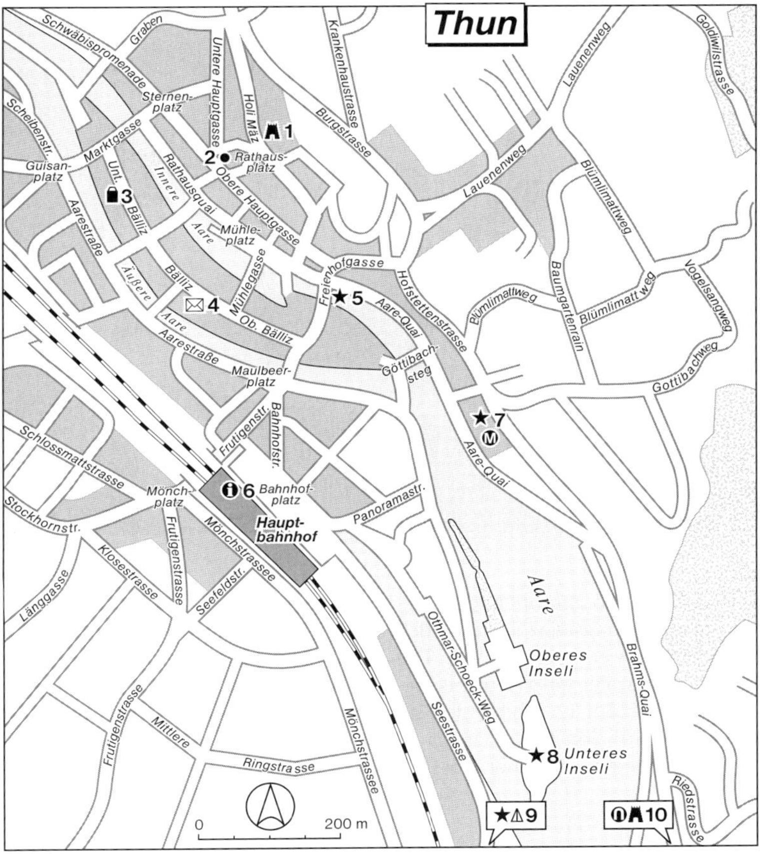

Thun

Schwäbispromenade
Graben
Untere Hauptgasse
Holi Mäz
Krankenhausstrasse
Lauenenweg
Goldiwilstrasse
Scheibenstr.
Sternenplatz
Marktgasse
Burgstrasse
Guisanplatz
Rathausplatz
Unt. Bälliz
Innere Rathausquai
Obere Hauptgasse
Bümlimattweg
Aarestraße
Aare
Mühleplatz
Freienhofgasse
Äußere Bälliz
Mühlegasse
Hofstettenstrasse
Baumgartenrain
Vogelsangweg
Aare-Quai
Ob. Bälliz
Aarestraße
Maulbeerplatz
Göttibachsteg
Göttibachweg
Frutigenstr.
Bahnhofstr.
Schlossmattstrasse
Mönchplatz
Bahnhofplatz
Panoramastr.
Stockhornstr.
Hauptbahnhof
Mönchstrassee
Frutigenstrasse
Klosestrasse
Seefeldstr.
Länggasse
Othmar-Schoeck-Weg
Oberes Inseli
Brahms-Quai
Seestrasse
Mittlere
Frutigenstrasse
Ringstrasse
Mönchstrassee
Unteres Inseli
Riedstrasse
0 200 m

- 1 Schloss
- 2 Rathaus
- 3 Einkaufsstraße
- 4 Post
- 5 Sinnebrücke mit Freienhof
- 6 Touristeninformation
- 7 Kunstmuseum im früheren Thunerhof
- 8 "Brahms-" oder "Kleist"-Inselchen
- 9 Seeufer, Schadaupark, Wocherpanorama Bonstettenpark, Camping
- 10 Beatushöhlen, Schloss Oberhofen und Schloss Hünegg

062ch Foto: en

lem an Wasserwegen orientierte. Bereits seit dem Jungsteinzeitalter siedelten Menschen entlang der Aare. Die Römer sollen hier ein Eisenwerk betrieben haben. Im 12. Jahrhundert saßen die Herren von Thun, das mächtigste Geschlecht des Berner Oberlandes, auf dem Burgberg und riefen die erste städtische Siedlung ins Leben. *Berchtold V. von Zähringen* ließ das mächtige Schloss erbauen. Er erweiterte die Altstadt zwischen Aare und Burghügel. Nach dem Aussterben der Zähringer fiel Thun an die Grafen von Kiburg. Später gelangte es in den Besitz der Berner. Seit dem 18. Jh. war Thun Industriestandort. Westlich der Altstadt entstand 1818 ein eidgenössischer Waffenplatz. 1835 fuhren die ersten Dampfschiffe auf dem Thunersee, 1859 wurde die Bahnlinie Thun – Bern eröffnet. Die Stadt entwickelte sich schnell zum Zentrum des Berner Oberlandes. Heute hat der Wirtschaftsraum Thun 81.300 Einwohner, die Stadtgemeinde ca. 40.000.

Blick auf den Thunerhof

Stadtrundgang

Ausgangspunkt dieser Besichtigungstour ist der Bahnhof, von wo man durch die Aarefeldstrasse bis zum Scherzligweg geht und dann an der Äußeren Aare nach rechts bis zur **Oberen Schleuse.** Diese wurde 1724 als Regulierwerk des Aareausflusses errichtet und später umgebaut. Durch das Bauwerk wurde die Stadterweiterung des späten 13. Jh. (Bälliz) zur Insel.

Der Weg wird über den Göttibachsteg ans rechte Ufer und weiter zum **Plätzli** fortgesetzt. Hier ist der älteste Stadtkern mit dem schmalsten Haus. Die Obere Hauptgasse Nr. 75 ist nur zwei Meter breit. Rund um das Plätzli lebten früher die Handwerker.

Weiter geht es nach rechts zum Risgässli und durch dieses zum **Burgitor.** Das einzige noch erhaltene Stadttor ist Bestandteil der Stadtmauer aus dem 12. Jh.

Die **Stadtkirche** wurde 1256 erstmals erwähnt, Vorgängerbauten gehen auf das 10. Jh. zurück. Die Kirche weist einen gotischen Turm und einen spätbarocken Predigtsaal auf. In der Turmvorhalle zeugen Bilder vom Leben Christi (um 1430).

Die meisten Bauten des Schlossbergs gehen auf das Mittelalter zurück, haben aber oft barocke Formen. Das **Untere Pfarrhaus** (Schlossberg Nr. 17) im Stil der Spätgotik und des Barock diente im 14. Jh. als Adelssitz, bevor dort 1536 eine Lateinschule eingerichtet wurde, die bis 1806 bestand. Das **Schrämlihaus** entstand im 18. Jh. (Schlossberg Nr. 9). Im **Oberen Pfarrhaus** (Schlossberg Nr. 8) sind Reste eines Turmes aus dem 12. Jh. integriert, die Rückwand des 1772 gebauten Hauses steht auf der alten Stadtmauer.

Das **Schloss** besitzt den mächtigsten Donjon der Schweiz. Er ist 42 Meter hoch und wurde ständig bewohnt. Mit dem 7,30 Meter hohen Rittersaal, einem der eindrücklichsten Profanräume der Schweiz, wollten die Bauherren repräsentieren, verloren aber nicht den Sicherheitsaspekt aus den Augen: Der Eingang zum Saal befindet sich 14 Meter über dem oberen Hofniveau. Die Kiburger erweiterten den Donjon um ein Geschoss und gaben dem Dach im frühen 13. Jh. seine jetzige Gestalt. Die Stadt Bern richtete später hier den Sitz des Schultheißen und Landvogts ein. Bis auf den heutigen Tag befinden sich in den Nebengebäuden kantonale Verwaltungen, so das Gericht und das Bezirksgefängnis.

Das **Schlossmuseum** beherbergt Exponate zur Berner Geschichte und bietet dem Betrachter eine herrliche Aussicht von den Ecktürmen.

Reizvoll ist der Abstieg vom Schlossberg durch die lange, gedeckte **Kirchentreppe,** eine klassizistische Anlage (1817) mit Pavillon und Portal an der Oberen Hauptgasse.

Hier beginnt die Stadterweiterung der Zähringer: Mittelpunkt des neuen Stadtviertels wurde der Straßenmarkt, die **Obere Hauptgasse.** Die ungewöhnliche Straßenführung auf zwei Ebenen mit ihren charakteristischen Hochparterres spiegeln das historische Leben: Die Vorbauten auf dem unteren Straßenniveau dienten als Ställe. Zunfthäuser säumten die Straße. Das Mauerwerk ist innen oft noch spätgotisch, die Fassaden zeigen die Bauentwicklung vom 17. bis zum frühen 19.Jh.

Beim Rathausplatz bestimmen spätbarocke Laubenhäuser das Bild. Mitte des 13. Jh. gewährten die Kiburger den Thunern gewisse Freiheiten, so z.B ein bürgerliches Gericht. Zu diesem Zweck wurde das „Richthaus" gebaut, das um 1500 durch das heutige **Rathaus** ersetzt wurde. 1585 kam der Archivturm dazu, der bis heute das Burgerarchiv beherbergt. Später wurde die Fassade umgestaltet, die Innenräume wurden im Stil des Rokoko renoviert.

Das benachbarte **Velschenhaus** (Casa Barba, Gerbernstr. Nr. 1) weist gotische Maßwerkblenden an den Fenstern auf. An der Nordwestecke des Rathausplatzes steht das 1361 erstmals erwähnte **Zunfthaus zu Metzgern,** dessen heutiges Aussehen auf die Jahre 1765–70 zurückgeht.

Durch die Untere Hauptgasse gelangt man zur **kiburgischen Stadtmauer.** Hier blieben drei Türme erhalten: der Chutziturm, der Venner-Zyro-Turm und der Schwäbiturm.

Die Neu-Kiburger bauten die Stadt in einer lockeren Bauweise weiter aus. Der neue Bezirk wurde **Bälliz** genannt. Hier finden sich historische Gebäude neben solchen des 19. und 20. Jh. Heute ist es die Einkaufsstraße Thuns mit belebter Fußgängerzone. Ein bedeutender Platz fand sich seit dem Mittelalter am östlichen Rand des Bälliz bei der Sinnebrücke. Hier wurden die Waren gewogen, zwischengelagert und verzollt. 1781–83 wurde zwecks Zolleinnahme der frühklassizistische **Freienhof** erricht. Der heutige Bau ist eine Fassaden-Kopie des historischen Freienhofs.

Über die Bahnhofsbrücke links geht man wieder zum Scherzligweg. An dessen Ende befinden sich die zwei Aareinselchen **Unteres und Oberes Inseli.** Auf Ersterem befindet sich die Villa Julia, ein neubarockes Schlösschen (1887). Auf dem Oberen Inseli wirkte nicht nur *Johannes Brahms,* hier arbeitete auch *Heinrich von Kleist* an „Familie Schroffenstein", am „Zerbrochenem Krug" und an „Robert Guiskart".

Vom Bahnhof geht man rechts dem Kanal entlang. Immer auf der Seestraße bleibend, erreicht man den **Schadaupark.** Hier befindet sich die zu den zwölf legendären Thunerseekirchen gehörende **Scherzligenkirche.** 762 wurde sie erstmals erwähnt. Das Kirchenschiff stammt aus der Jahrtausendwende, der Chorturm und die Chorerweiterung aus dem 12–14. Jh. Das Kircheninnere birgt Wandmalereien aus vier Jahrhunderten (13–16. Jh.). Im Schadaupark liegt außerdem das Mitte des 19. Jh. gebaute **Schloss Schadau,** eine Mischung aus französischem Herrensitz und englischem Landhaus im Stil der Romantik mit Restaurant und Gastronomiemuseum.

Ebenfalls im Schadaupark ist das 1809–1814 gemalte **Wocher-Panorama** zu finden. Es soll das älteste erhaltene Panorama der Welt sein. Gezeigt wird ein eindrückliches Bild der Stadt Thun, gemalt von *Marquard Wocher* (39 x 7,5 Meter).

Weiter entlang der Seestrasse zur Gwattstrasse erreicht man den **Schiffshafen** und das **Strandbad,** den **Campingplatz** und den bei Thunern beliebten **Bonstettenpark** mit seinem alten Baumbestand. Auf der Höhe der Scherzligenkirche gibt es eine **Fähre** an das rechte Aareufer.

Am rechten Ufer Richtung Altstadt besticht an der Hofstettenstrasse die Hotelarchitektur des 19. Jh. Wo früher Schiffe anlegten und Gewerbebetriebe lärmten, entstanden vornehme **Hotelpaläste,** in denen sich Engländer, Russen und die *Haute Volée* verwöhnen ließen. Die Besitzer des Hotel Bellevue (1830) und des Hotel Bellevue du Parc (1840) an der Hofstettenstrasse Nr. 25 und Nr. 33, die Gebrüder *Knechtenhofer,* ließen an der Bellevuestrasse zusätzlich eine Englische Kirche für ihre Gäste erbauen. Der Thunerhof, heute Sitz der Stadtverwaltung und des Kunstmuseums (Hofstettenstrasse Nr. 14), ist ein im Stil der Neurenaissance 1873–75 erbauter Palast. Jüngstes Beispiel ist das ehemalige Hotel Beau Rivage (Hofstettenstrasse Nr. 6), 1905 realisiert.

Praktische Tipps

Information

- **Thun Tourismus Organisation,** Bahnhof, 3600 Thun, Tel. 033/222 23 40, Fax 033/222 83 23, www.thuntourismus.ch
- **Thunersee Tourismus,** Info-Center Bahnhof, 3600 Thun, Tel. 033/251 00 00, Fax 033/221 00 88, www.thunersee.ch

Stadtführungen

- **Offizielle Thun-Führungen:** Mai bis Oktober jeweils am ersten und zweiten Samstag des Monats, 10–11.30 h plus anschließender Apéro, Treffpunkt Tourismusbüro am Bahnhof, Anmeldung beim Touristenbüro, Preis: sFr. 14 p.P.
- **Thuner Trampelwurm:** Angetrieben wird das umweltfreundliche, zehngelenkige und 16,5 Meter lange Mobil durch die Muskelkraft seiner Fahrgäste. Abfahrten der 20-minütigen Stadtrundfahrten: ab Bälliz 48, ab 1. Mai bis 30. Sept., Mi 14–17 h, Sa 11–16 h, Juni bis Aug. auch Di und Do 14–17 h, So 13–16 h. Anfragen und Reservationen unter: Tel. 079/622 44 01.

Service

- **Gästekarte:** Die Gästekarte erhält man im Hotel oder im Tourismusbüro. Sie gewährt Vergünstigungen bei vielen touristischen Angeboten (Bergbahnen, Museen, Sportanlagen, Veranstaltungen etc.).
- **Busse:** Auf dem Bahnhofsplatz befinden sich sowohl die Stadtlinien als auch die Busse nach Goldiwil und Heiligenschwendi, Oberhofen, Gunten/Schwanden und Interlaken.
- **Internetcafés:** Blue Angel, Burgstr. 20, 3600 Thun; Skipper Club, Bälliz 25, 3600 Thun.

Unterkunft

- **Freienhof****** Freienhofgasse 3, 3600 Thun, Tel. 033/227 50 50, www.freienhof.ch. Am Rande der malerischen Altstadt, zentral, ruhig, auf der Aarehalbinsel. Terrasse direkt an der Aare. 96 Betten. DZ ab sFr. 190 bzw. sFr. 230, Kinder bis 6 Jahre gratis (Zusatzbett).
- **Krone******, Rathausplatz, 3600 Thun, Tel. 033/227 88 88, www.hauensteinhotels.ch. Ehemaliges Zunfthaus, stilvoll renoviert, ruhige Lage am reizvollen Rathausplatz in Altstadt. China-Restaurant. 55 Betten, DZ ab sFr. 200, Dreierzimmer ab 235, Turmzimmer ab 220.
- **Zunfthaus Zu Metzgern,** Untere Hauptgasse 2, 3600 Thun, Tel. 033/222 21 41. Mit-

ten in historischer Altstadt. Traditionsreich, auf das 14. Jh. zurückgehend. Ruhig, abgesehen von Veranstaltungen auf dem Rathausplatz. Bescheiden eingerichtet mit WC und Dusche auf der Etage. DZ ab sFr. 110.

- **Alpha*****, Eisenbahstr. 1, 3604 Thun, Tel. 033/334 73 47, www.alpha-thun.ch. Freundlich, am Rand der Stadt, unmittelbar beim Strandbad. Freizeit- und Sporteinrichtungen in der Nähe. Direkte Busverbindung. Große Gartenterrasse. 34 Betten. Die meisten Zimmer sind ruhig. DZ sFr. 170 bis 190.
- **Herberge zur Schadau,** Seestr. 22, 3600 Thun, Tel. 033/222 52 22, www.herberge.ch. Einfamilienhaus mit preisgünstigen 4er-, 8er- sowie 14er-Zimmern für Familien, Backpacker und Gruppen. Nähe Bahnhof, Bus, Stadt und See, jedoch auch Nähe Rotlichtbereich. Selbstkocher und -wäscher. sFr. 25 bis 35 p.P.
- **Younotent,** beim Campingplatz Gwatt-Thun, 3645 Gwatt, Tel. 033/336 40 67. Auf dem nahe gelegenen Campingplatz direkt am See einmal etwas anders, in einer Röhre (Younotent) schlafen. Die swiss-tube Modulhotels sind mit Dusche, WC und Lavabos eingerichtet. Die Module gibt es in 3-Betten- bis 3-Betten-Ausführung. Ganzes Jahr geöffnet. Pro Person und Übernachtung ab sFr 27.
- **Jugendherberge Leissigen BE „La Nichée“,** 3706 Leissigen Tel. 033/847 12 14. Zimmer mit ein bis sechs Betten. Insgesamt 45 Betten. Duschen/WC auf der Etage. Verpflegung im Sommer mit Grillplausch im Garten. Kindermenüs, Essen für VegetarierInnen. Aufenthaltsräume, Kinderspielecke, Garten mit Spielwiese. Kiesstrand, Badefloß, Ruderboot. Richtpreis im Mehrbettzimmer mit Frühstück: Hauptsaison sFr. 31 p.P.

Camping

- **Campingplatz Gwatt-Thun „Bettlereiche“,** 3645 Gwatt, Tel. 033/336 40 67. Ebenes, bis an den Strandweg reichendes Wiesengelände am Rand von Thun beim städtischen Bootshafen. Angrenzend öffentlicher Badeplatz mit großer Liegewiese. Speziell für Kinder geeigneter, flacher Badestrand. April bis Ende Sept. offen.

Essen und Trinken

- **Arts im Schloss Schadau,** Seestr. 45, mit atemberaubendem Panorama auf Thunersee und Alpen. Auch dank der gepflegten Küche ein Genuss.
- **Falken,** Bälliz 46, gepflegte Küche, gutes Preis-Leistungs-Verhältnis.
- **Steinbock,** Bälliz 69, gepflegte französische Küche, rustikal, Preis und Leistung stimmen.
- **Altes Waisenhaus,** am Waisenhausplatz, originelles Lokal mit Terrasse auf den Aarefluss, italienisch, Küche gut bis mittelmäßig.
- **China-Wong-Kun,** Hotel Krone, Rathausplatz, das von allen gepriesene Lokal mit Kanton-, Szechuan- und Peking-Spezialitäten.
- **Restaurant Taverne,** Grabenstr. 8 A, mongolische Spezialitäten, Fondueparty *à discretion.*
- **Walliserkanne,** Marktgasse 3, Käse-, Rösti- und Schnitzelhaus.
- **Selbstbedienungsrestaurants Kyburg,** Schwäbisgasse 1, und **Migros-Restaurant,** Bälliz 2, wenn das Geld knapp wird, beide geöffnet bis 18.30 h.
- **Kaffebar Mühleplatz ,** Mühleplatz 1, der Treffpunkt der jungen Thunerinnen und Thuner.
- **Vinothek Thun,** Mühleplatz 44, originell, Snacks, Apéros.

Einkaufen

- In der Altstadt, im **Bälliz** lässt es sich gut shoppen.
- **Souvenirs:** Kunsthandlung, Obere Hauptgasse.
- **Frisch-Blumen- und Warenmarkt:** jeden Mi und Sa (Bälliz).
- **Antiquitäten-/Flohmarkt:** am ersten Sa im Monat.
- **Sarner Cristal AG,** Glütschbachstr. 2, 3661 Uetendorf, Tel. 033/346 85 85. Schauglashütte. Verkauf: Mo bis Fr 10–17.30 h, Sa 10–16 h, So 11–16 h, Eintritt frei.

Nachtleben

Das Nachtleben konzentriert sich in Thun fast völlig auf das ehemalige **Selve-Areal,**

früher eine Maschinenfabrik zwischen Allmend- und Scheibenstrasse. Hier in verschiedenen Lokalen, Techno-, House und Dance Clubs, Discos, Bars. Info: www.beoberland.ch/selve/veranstaltungen.html

- **Café-Bar Mokka,** Allmendstr. 14, junge alternative Musiker.
- **Bierhalle,** Bier-und Livemusik.
- **Basis/Lovezone:** House-und Techno Club,

Neben dem Selve-Areal ist die **Obere Hauptgasse** ein Ort der Bars und Dancings.

Museen und Besichtigungen

- **Kunstmuseum Thun,** Hofstettenstr. 14, 3600 Thun, Tel. 033/225 84 20. Beachtenswert im früheren Hotel Thunerhof ist das viergeschossige Atrium sowie die gusseiserne Loggia auf den Parkseiten. Ausstellung: Schweizer Pop Art, Fotorealismus, Malerei, Plastik, Skulpturen und Objekte des 20. Jh., Grafisches Kabinett, Wechselausstellungen, Tanz-, Music-Performances. Di–So 10–17 h, Mi bis 21 h.
- **Schlossmuseum Thun,** Schlossberg 1, 3600 Thun, Tel. 033/223 20 01. Entwicklung der Gegend seit rund 4000 Jahren. Rittersaal, Archäologie, Heimberger Keramik und Thuner Majolika, Spielzeuge, Militariasammlung des 19. Jh. Geöffnet: 13–16 h, April, Mai, Okt. bis 17 h, Juni bis Sept. bis 18 h.
- **Schweizerisches Gastronomiemuseum,** Schloss Schadau, 3600 Thun, Tel. 033/223 14 32. Gastronomie, Hotellerie und Tourismus, Menü- und Speisekarten-Sammlung, Archiv und Harry-Schraemli-Kabinett – das „kleinste Museum der Welt". Di und Do 14–17 h.
- **Wocherpanorama,** Schadaupark, 2600 Thun, Tel. 033/223 24 62. Ältestes erhaltenes Panorama. Bild der Stadt Thun um 1810, gemalt von *Marquard Wocher,* 39 x 7,5 Meter. Nov.–April geschlossen, Mai, Juni, Sept., Okt. 10–17 h, Juli und Aug. 10–18 h. Mo geschlossen.
- **Schloss Hünegg,** Staatsstr. 52, 3652 Hilterfingen, Tel. 033/243 19 82. Wohnkultur des Historismus und des Jugendstils. Der herrschaftliche Sitz liegt in zauberhaftem Park. Mitte Mai bis Mitte Okt., Mo bis Sa 14–17h, So 10–12 und 14–17h.
- **Schloss Oberhofen,** 3653 Oberhofen, Tel. 033/243 12 35. Schloss mit Parkanlage direkt am See. Bernische Wohnkultur des 16. bis 19. Jh. Mittelalterliche Schlosskapelle, türkischer Rauchsalon. Historischer Landschaftsgarten mit exotischen Gehölzen und Kinderchalet mit Spielzeugsammlung. Mitte Mai bis Mitte Okt., 10–12 h und 14-17 h, Montagvormittag geschlossen.
- **Sammlung Im Obersteg, Wichterheer Gut,** 3653 Oberhofen, Tel. 033/243 30 38. Eine der schönsten schweizerischen, privaten Kunstsammlungen, inmitten einer prachtvollen Umgebung. Erstrangige Werkgruppen von *Chagall, Soutine, Jawlensky, Buffet* und anderen. Hervorragende Einzelwerke von *Picasso, Rouault, Nolde, Tapiès.* Geöffnet: 14. Mai bis 19. Okt., Di bis Sa 10–12 und 14–17 h, So 10–17 h.

Für Kinder

- Inline-Skates mieten (im Selve-Areal), auf der Kunsteisbahn Pirouetten drehen, die Kinderspielplätze aufsuchen (Robinson/-Thunerhof/Aaregärtli Krone), das Strandbad Lachen oder das Flussbad Schwäbis unsicher machen, grillieren auf dem Grunderinseli, im Schadaupark oder Paradiesli, durch den Irrgarten in Steffisburg irren oder mit dem Thuner Trampelwurm die Stadt entdecken.

Sport und Aktivitäten

- **Aquabiking und Windsurfkurse,** Aqua Sport Gunten, Seestr. 69, 3654 Gunten, Tel. 033/251 32 32.
- **Segelschule:** Tagesschnupperkurse, Kurse, Segelschule Thunersee, 3652 Hilterfingen, Tel. 033/243 08 80.
- **Fallschirmspringen, Montainbiketechnik, Klippenspringen:** Maluco, Alte Bäckerei, 3705 Faulensee, Tel. 033/654 54 68.
- **Gebirgsfotografie:** Kurse mit Fotograf und Bergführer, im Hochsommer. Bergabenteuer Dohlentanz, *Felix Mauerhofer,* 3612 Steffisburg, Tel. 033/438 27 38.

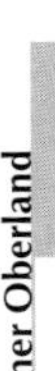

Feste und Veranstaltungen

- **Jahrmarkt:** jeden zweiten Mi im Monat.
- **Geraniummarkt:** an einem Di im Mai.
- **Seenachtsfest:** jedes zweite Jahr im August, großes Feuerwerk auf dem See.
- **Fulehung:** letzter Septembermontag. Im Burgunderkrieg (1476) erwarben die Thuner besonderen Ruhm. Zuvor waren sie vom Hofnarr *Karls des Kühnen* als „die langsamen Berner" und die „fule Thunerhüng" (faule Thuner-Hunde) verspottet worden. Als die Thuner während der Schlacht des Hofnarrs habhaft wurden, nahmen sie ihn als Kriegsbeute mit nach Hause, wo sie ihn so lange um Thuns Stadtmauern jagten, bis er zusammenbrach. In aller Frühe erwartet die Thuner Jugend anlässlich des jährlichen Schützenfestes in der Hauptgasse und den Aufgängen zum Schlossberg den maskierten Fulehung.
- **Openair-Kino** und **Cinémusic** im Sommer und im Herbst. Zahlreiche Konzerte (Schloss- und Rathauskonzerte), Theater und Ausstellungen.

Ausflüge

- **St. Beatus-Höhlen,** 3800 Sundlauenen,, Tel. 033/841 16 43. Faszinierende Tropfsteinformationen und Sinterbecken, Grotten und große Höhlen erfreuen auf einem weit verzweigten und mehrere Kilometer langen Höhlen- und Wassernetz das Auge. Mit kleinem Museum. Führungen alle 30 Minuten. Palmsonntag bis dritter So. im Okt.
- **Irrgarten:** Den ersten Irrgarten von *Adrian Fisher* (Maze Design) in der Schweiz gibt es in Steffisburg/Glockental bei Thun. Er wird in ein großes Maisfeld gemäht. Jeden Tag gibt es für die Schnellsten spezielle Preise zu gewinnen. Geöffnet von Ende Juni bis Anfang Oktober.
- **Schifffahrten:** Gegenüber dem Bahnhofsgebäude liegt die Schiffstation. Linienschiffe (mit Winterfahrplan), Dampfschiffe und Sonderfahrten nach Interlaken. Spielkajüten auf den Dampfschiffen „Blüemlisalp" und „Lötschberg". Schiffsbetriebe BLS, Tel. 033/ 334 52 11.
- **Bergbahnen der Region Thun/Thunersee:**

  Niederhorn, Thunersee-Beatenberg-Niederhorn-Bahnen, 3803 Beatenberg, Tel. 033/ 841 08 41. Von Thun aus mit dem Schiff oder Bus zur Beatenbucht, danach mit der Standseilbahn auf den Beatenberg und von dort mit der Gondel auf das Niederhorn. Verschiedene Sommer- und Winterwanderwege.

  Niesenbahn, 3711 Mülenen, Tel. 033/676 11 12, www.niesen.ch. Fahrt mit der Standseilbahn entlang der längsten Treppe der Welt. Vom Niesen aus kann man die Gegend in einem 360°-Panorama bewundern.

  Stockhornbahn, 3762 Erlenbach, Tel. 033/ 681 21 81, www.stockhorn.ch. Für eine längere, anspruchsvolle Wanderung oder auch für einen kleineren Rundgang. Die Gondel fährt von Erlenbach im Simmental hoch auf 2190 Meter.

  Wierihornbahnen, Diemitgtal, Tel. 033/ 684 12 33, www.wiriehornbahnen.ch. Ein Skigebiet für Anfänger wie anspruchsvolle Skifahrer. Im Sommer Downhillbiking.

Die zwölf Thunerseekirchen

Rund um den Thunersee gibt es zwölf bedeutende romanische Kirchen. Nach einer Legende soll König *Rudolf II.* von Hochburgund einen Traum gehabt haben, der ihn zur Stiftung dieser Gotteshäuser als Filialen der Wallfahrtskirche in Einigen anregte. Die zwei bedeutendsten Kirchen sind die ehemalige Propsteikirche **St. Mauritius in Amsoldingen,** eine ottonische Pfeilerbasilika mit Dreiapsidenabschluss und Hallenkrypta, sowie die **Schlosskirche in Spiez,** die ehemalige St. Laurentiuskirche, in gleicher Bauweise wie diejenige in Amsoldingen. Die anderen Kirchen stehen in Frutigen, Leissigen, Aeschi, Wimmis, Uttigen, Thierachern, Scherzligen, Thun, Hilterfingen und Sigriswil. Eine Beziehung zu burgundischen Bauherren ist offensichtlich, fällt doch die stark lombardische Bauweise auf, was dem burgundischen Baustil der Epoche entsprach.

Interlaken – Stadt zwischen den Seen ↗XIV/C1

Als Basis für Ausflüge oder als Ausgangs- und Organisationspunkt für trendige Sportevents ist Interlaken goldrichtig. Der Ort selbst wird Besucher jedoch kaum in seinen Bann ziehen, ausgenommen sie haben ein Faible für Hotelarchitektur des 19. und 20. Jh.

Geschichte

Die Stadt geht nicht wie der lateinische Name *inter lacus* vermuten lässt auf eine römische Siedlung zurück. Erstmals urkundlich erwähnt wurde Interlaken 1133, als auf dem Schwemmlandgebiet der Flüsse Lütschine und Lombach zwischen Thuner- und Brienzersee ein Augustinerkloster entstand. Das Kloster, seit 1224 unter dem Schutz der Stadt Bern, wurde zu einem der größten Grundbesitzer der Gegend und zog viele Händler und Gäste an. Früher ließen sich Reisende von Thun herrudern und setzten dann den Weg mit der Kutsche fort. 1835 vereinfachten Dampfschiffe, seit 1859 auch die Bahnlinie Bern – Thun die Anreise nach Interlaken. Dies führte zu einem Hotelbauboom. 1872 nahm die Bödelibahn zwischen Därligen und Aarmühle (heute Bahnhof Interlaken West) ihren Betrieb auf, 1890–1912 kamen zahlreiche Bergbahnen hinzu und trugen zur Attraktivität Interlakens bei, das bald zu einer der ersten Touristenadressen in der Schweiz wurde.

Stadtbesichtigung

Vom Bahnhof West geht es nach links in die Bahnhofstrasse, die später Höhenweg heißt und schnurgerade zum Bahnhof Ost führt (zu Fuß in zwanzig Minuten). Man befindet sich hier im historischen Kern und kann den verschiedenen Hotelbauphasen Interlakens folgen: Das um 1890 gebaute Hotel Gotthard ist hier zu finden, an der Aarmühlestrasse das Hotel Bristol (um 1880) und an der Bahnhofstrasse das Hotel Krebs (um 1860).

Im untersten Teil des Höhenweges sind Häuser aus der frühen Phase des Tourismus erhalten, so bei der Einmündung der Jungfraustrasse zwei verputzte **Riegbauten** und die **Confiserie Schuh,** verschiedene Neurenaissance-Bauten und mehrere Hotels um 1910.

Der Hauptteil des Höhenwegs wird durch die klassizistischen Hotelpaläste auf der Nordseite und die **von Alleen gesäumte Höhenmatte** geprägt. Die Höhematte ist Sinnbild für eine vorausdenkende Bürgerinitiative des Jahres 1864. Als Bern das 14 Hektar große ehemalige Klosterland im Staatsbesitz parzellierte und spekulativ zu verkaufen suchte, regte sich Widerstand. 37 Personen gründeten eine Gesellschaft, kauften für 150.000 Schweizer Franken die Wiese mit Blick auf die Jungfraupyramide und ließen sie für alle Zeiten mit einem Bauverbot belegen.

Im selben Jahr begann der Bau des **Hotel Victoria-Jungfrau.** 1865 wurde das großzügig konzipierte Hotel Victoria eröffnet. Das 1869 gebaute daneben liegende Hotel Jungfrau wurde

1899 mit einem kuppelgekrönten Mittelbau mit dem Victoria verbunden. Es wurde ständig dem neuesten Standard angepasst und ist eine der ersten Adressen in der Schweiz. Zu den prachtvollsten neubarocken Räumen gehören La Salle de Versailles und Le Salon Napoléon mit ihren Kristalllüstern, hohen stuck- und goldverzierten Wänden und Kassettendecken. Das Grand Hotel Victoria-Jungfrau wurde schnell Anziehungspunkt für die Reisenden der Belle Epoque.

1859 wurden die Anlagen des benachbarten **Kursaals** eröffnet. Die heutige Bausubstanz geht vor allem auf 1898–99 und 1909–10 zurück. Die ältere Bauphase wurde in eigen artiger Mischung aus Neubarock, fernöstlichem Pagodenstil, Emmentaler Ründe und weiteren Heimatstilelementen realisiert. Das Interieur ist ausladend stuckiert, geschnitzt und vergoldet. Neubarocke, fernöstliche und Jugendstilelemente verschmelzen zu einer eigenartigen Raumwirkung.

Im Osten der Höhenmatte liegt der ehemalige Bereich des Augustinerklosters mit Schlosskirche und Schloss. Der lang gestreckte Chor der ehemaligen **Klosterkirche** wurde im 14. Jh. an ein romanisches Schiff angebaut. 1909 wurde dieses abgerissen und durch ein neugotisches ersetzt. An den ehemaligen Mönchschor schließen sich nach Süden mittelalterliche Konventsgebäude der Augustinerinnen an, ein Kreuzgangflügel (1445) blieb erhalten. Daran anschließend die spätromanische Sakristei und der einstige Kapitelsaal (heute Schlosskappelle).

Praktische Tipps

Information

- **Tourismusorganisation Interlaken,** Höheweg 37, 3800 Interlaken, Tel. 033/822 21 21, Fax 033/826 53 75, www.interlaken.ch

Unterkunft

- **Grand Hotel & SPA Victoria-Jungfrau*******, Höheweg, 3800 Interlaken, Tel. 033/828 28 28, www.victoria-jungfrau.ch. Mit freiem Blick über die Höhenmatte auf das Jungfraumassiv. Tradition und Charakter eines Grand Hotels der vergangenen Zeit mit modernstem Komfort verbunden. Großzügiger Wellness-, Beauty- und Sportbereich. Boutiquen, Kinderclub, gepflegte Restaurants, 216 Zimmer und Suiten. DZ sFr. 440 bis 670. Spezielle Wellnessarrangements.
- **Hotel Chalet Suisse*****, Seestr. 22, 3800 Unterseen-Interlaken, www.chalet-swiss.ch. Das im Schweizer Chaletstil erbaute Hotel mit Annex bietet gepflegte Zimmer, die meisten mit Balkon, Sauna, gratis Fahrräder, Gartenrestaurant, Bar, Sicht auf Eiger, Mönch und Jungfrau. DZ sFr. 140 bis 245.
- **Hotel Goldey*****, Obere Goldey 85, 3800 Unterseen-Interlaken, Tel. 033/826 44 45, www.goldey.ch. An der Aare gelegen, Sicht auf Jungfrau. Um guten Service bemüht. DZ sFr.160 bis 260.
- **Hotel Post Hardermannli****, Hauptstr. 18, 3800 Unterseen-Interlaken, Tel. 033/822 89 19, www.interlakentourism.ch. Charmantes Laubsäge-Chalet-Hotel. Zimmer mit Bad oder Dusche, Sicht auf Jungfraugruppe. Nichtraucherzimmer. Restaurant, Bar mit Kamin. DZ sFr. 90 bis 170.
- **Balmer's Herberge,** Hauptstr. 23, 3800 Matten-Interlaken, Tel. 033/822 19 61, www.balmers.com. Älteste Privat-Jugendherberge der Schweiz. Waschsalon, Restaurant, Küche, E-Mail, Informations- und Verkaufscenter für trendige Sportarten, Gratisfilme, Bar, TV, Shop. Reservieren sinnvoll. Mehrbettzimmer inkl. Frühstück sFr 22 bis 26, DZ sFr. 30 bis 34.
- **Balmer's Tent,** Gsteigstr. 8, Adresse wie oben. Gehört zu Balmer's Herberge, von Juni bis Okt. geöffnet: 2–8er-Zelte, sFr. 19 bis 29.

063ch Foto: en

Kloster in Interlaken

●**Backpackers Villa Sonnenhof,** Alpenstr. 16, 3800 Interlaken, Tel. 033/826 71 71, www.villa.ch. Stattliche Holz-Villa, renoviert. Küche, Duschen, Schließfächer. Gut geführt. 5–7er-Zimmer sFr. 29 bis 34, DZ sFr. 82 bis 92.

●**Hotel Park Mattenhof,** Am Rugen, 3800 Interlaken, www.park-mattenhof.ch, Tel. 033/821 61 21. Der Junior hat das imposante Hotel Park Mattenhof in einen Ort verwandelt, der das Sternenkorsett des Hotelverbandes sprengt. Im Park und den Stallungen eine Oase für Backpackers, im Hotel alles von der Suite bis zum bescheidenen Doppelzimmer. Im Park feucht-fröhliche Partys, Barbecue, Film- und Sportveranstaltungen, Swimmingpool, Music-Bar im Keller, Tennis. „Free and Easy Place", wo sich mehrheitlich junge Menschen treffen. Umgangssprache Englisch. Backpacker's Preise von sFr. 25 bis 35 p.P., DZ sFr. 90 bis 260.

Essen und Trinken

●**Brasserie im Grandhotel Victoria-Jungfrau,** s.o., Tel. 033/828 28 28. Schon allein wegen der großartigen Belle-Epoque-Einrichtung ein Erlebnis.

●**Restaurant Schuh,** Höheweg 56, Tel. 033/822 94 41. Gutes Restaurant mit vernünftigem Preis-Leistungsverhältnis.

●**Stockers Degusta,** Centralstr. 3, Tel. 033/822 00 29. Gemütliches Ambiente.

Sport

●**Gleitschirm- und Deltaschulen,** Schnupperkurs ab sFr. 100, Tandemflug ab sFr. 120, Wochenkurs ab sFr. 650. Berner Oberland Tourismus, 3800 Interlaken, Tel. 033/823 03 03.

●**Ice-Climbing, Schneeschuhtrekking, Eisklettern,** Swiss Alpine Guides, Postfach 29, 3800 Interlaken, Tel. 033 822 05 69.

Westliches Berner Oberland

Spiez ist Ausgangspunkt, um die zwei westlichen Täler des Berner Oberlandes, das Simmental (mit dem Saanenland und der Lenk) und das Tal der Kander zu erkunden.

Das Simmental

↗XIV/B2

Das Simmental ist eine landschaftlich reizvolle Gegend mit zahlreichen, noch wenig vom Tourismus berührten Bergsiedlungen auf den sonnigen Terrassen links und rechts der Simme. Berühmt ist das **Simmentaler Haus,** das den Schweizer Chaletstil begründete. Die Simmentaler bauten meist in Streusiedlungen. Das Haus besitzt ein weiß getünchtes Mauerwerk mit Keller und darüber liegenden Wohnungsgeschossen in Ständerbauweise (Pfostengerüst und Holzwände).

Wimmis ist Hauptort des Niedersimmentals. Hier beherrschen Schloss und Kirche als weithin sichtbare mittelalterliche Baugruppe auf einem Fels die Talsperre und das Tal. Die Kirche gehört zu den zwölf Thunerseekirchen (siehe „Thun"). Der heutige Bau stammt aus dem 10./11. Jh. Es handelt sich um einen romanischen Bau mit Dreiapsidenabschluss und quadratischem Turm. Das Schloss war im Mittelalter eine Festung, die den Taleingang schützte. Es ging 1449 an die Berner, die zuvor das Burgstädtchen brandschatzten. Hauptturm und Palas stammen aus dem 12. und 13. Jh. und dienen heute als Amtssitz und Gericht.

Hinter Wimmis talaufwärts stößt von Süden das **Diemtigtal** auf die Simme. Das enge Tal ist im Winter Wochenendskigebiet der Stadtberner, im Sommer ein schönes Wandergebiet. Der Hauptort Diemtigen hat ein schönes intaktes Ortsbild und lohnt einen Besuch oder längeren Aufenthalt.

Von Erlenbach etwas flussaufwärts an der Simme fährt die Stockhornbahn hinauf zum gleichnamigen Berg in ein aussichtsreiches und erholsames Bergwandergebiet auf knapp 2000 M.ü.M. Das **Stockhorn** selber bietet eine grandiose Sicht über das Mittelland. Im Winter laden einige Skilifte zum Skifahren ein.

Erlenbach besitzt eine vollständig ausgemalte mittelalterliche Kirche. Die Wandmalereien im Kirchenraum stammen aus dem 15. Jh. Sie wurden 1962 restauriert und zeigen eine eindrückliche Darstellung der Heilsgeschichte, gemalt vom so genannten „Meister von Erlenbach". Beachtenswert ist auch die ca. 20 Meter lange gedeckte Holztreppe, die vom Dorf zum Kirchhof führt (1816). Die ausgezeichneten Simmentaler- und Ründehäuser entstanden überwiegend nach dem Dorfbrand von 1765.

Etwas oberhalb Boltigens, einem typischen Simmentaler Dorf, zweigt gegen Westen die **Jaunpassstrasse** ab, die über den gleichnamigen Pass ins freiburgische Jaun und in die Freiburgeralpen führt.

Zweisimmen ist Hauptort des Obersimmentals. Hier endet die Simmentalstrecke der Lötschbergbahn und beginnt die Montreux-Oberland-Bahn

(MOB), die über Gstaad nach Montreux fährt. Eine kleine Nebenstrecke und eine Straße führen in die Lenk. Zweisimmen ist ein stattliches Bergdorf mit einer schönen auf einer Terrasse gelegenen Dorfkirche aus dem 15. Jh., welche eine spätgotische Ausstattung, Glas- und ausgezeichnete, ausgedehnte Wandmalereien, Schnitzdecken und Glocken aufweist. Wintertouristisch ist Zweisimmen Teil des Wintersportgebiets von Gstaad-Saanen. Im Sommer findet man einen eher ruhigen Ort für Familien.

Lenk ist ein Badekur- und Wintersportort im obersten Teil des Simmentals. Die Wildstrubelbergkette im Hintergrund gibt Ort und Tal einen attraktiven Rahmen. Im Sommer ist Lenk ein geruhsamer, ganz auf Familien und Badetourismus ausgerichteter Ferienort, im Winter (durch Bergbahnen mit Adelboden verbunden) eine attraktive Wintersportdestination.

Sehenswert ist das **Bowee-Haus** in Gutenbrunnen, erbaut 1777, ein typisches Simmentalerhaus mit gemauertem Kellersockel und Obergeschossen in Blockbauweise sowie schönen Dekorationsmalereien.

Information

- **Lenk Tourist Center,** 2439 Lenk i. S., Tel. 033/733 31 31, Fax 033/733 20 27, www.lenk.ch

Unterkunft

- **Hotel Sonnegg,** Mossmattstr. 21, 3770 Zweisimmen, Tel. 033/722 23 33, 10 Zimmer, DZ sFr. ab 150 bis 170.
- **Hotel Kreuz*****, 3775 Lenk, Tel. 033/733 13 40, 84 Zimmer, DZ ab sFr. 206.
- **Hotel Simmenhof******, Boden, 3775 Lenk, www.lenk.ch/simmenhof, Tel. 033/736 34 34. Sehr komfortables, neues Familienhotel mit großer, öffentlich zugänglicher Wasserwelt, Sauna und familienfreundlichem Team. DZ mit Bad oder Dusche und WC inkl. Frühstück, sFr. 198 bis 290, Juniorsuiten sFr. 295 bis 355.

Sport

- **Horseboarding:** Reisezentrum Lenk, 3775 Lenk, Tel. 033/733 13 25. Auf dem Snowboard sich von Pferden durch die verschneite Landschaft ziehen lassen.

Gstaad und das Saanenland

↗XIV/A2

Über die sanfte Saanenmöserpasshöhe erreicht man von Zweisimmen aus das Saanenland mit dem bekannten und **exklusiven Ferienort** Gstaad.

Die Saaner waren traditionell eine eigenwillige Bevölkerung, welche ein starkes Gefühl für Autonomie prägte. Bereits 1312 erkaufte sich die Talschaft vom Herren von Greyerz weitgehend eigene Rechte. Bis zur Französischen Revolution wagten die Berner als spätere Herren kaum, diese Autonomie anzutasten.

Das sonnenüberflutete Hochtal mit seinem Kranz von Schneebergen im Hintergrund (Diablerets, Oldenhorn) wurde nach der Eröffnung der Montreux-Oberland-Bahn bald touristisch entdeckt. Einige hier ansässige mondäne Institute und Kinderheime erzogen die Kinder der Berühmten dieser Welt und bald war Gstaad der beliebteste Aufenthaltsort vieler VIPs und auch derjenigen, die diese **Berühmtheiten** aus der Nähe bewundern wollten.

Feldmarschall *Montgomery* war regelmäßiger Gast, *Jehudi Menuhin* lebte hier, der *Aga Khan* wurde weitgehend hier groß, *Julie Andrews,* Fürst *Rainier* und andere Größen kauften oder bauten sich meist luxuriöses Chalets.

Gstaad selber besitzt ein verkehrsbefreites Zentrum mit Shoppingmöglichkeiten wie an den Champs Elisées oder der Zürcher Bahnhofstrasse. Über dem Dorf thront das schlossartige Hotel Palace, eine der ersten Adressen der Schweizer Hotellerie.

Auch im Hauptort der Landschaft, in Saanen, auf den Höhen von Schönried und Saanenmöser, in den Seitentälern bis Lauenen oder am Oberlauf der Saane, in Gsteig, sieht man überall alte und neue **Chalets** und kleinere und größere **Hotelbauten.**

Das ganze Gebiet ist für den **Wintersport** bis nach Rougemont im nahen waadtländischen Pays d'Enhaut integral erschlossen. Allerdings erfordert die relativ geringe Höhenlage (1000 bis ca. 2000 M.ü.M.) mehr und mehr eine Beschneiung der Pisten. Dafür findet, wer im Sommer Ski fahren will, hier auch ein Sommerskigebiet auf dem nahen Diableretsgletscher bei Gsteig.

Sehenswert ist neben den Reichen dieser Welt, die im Dorf flanieren, insbesondere die schöne Dorfkirche in **Saanen.** Sie besitzt einen romanischen, massigen Turm. Das große Schiff wurde 1444–47 erbaut und nach einem Brand 1940 renoviert. Im Innern schöne Wandmalereien aus dem 15. Jh. und ein hervorragender Taufstein aus dem 16. Jh. Die gute Akustik bewegte *Jehudi Menuhin* dazu, hier regelmäßig Konzerte zu veranstalten. Die Konzertreihe wird nach seinem Tod unter seinem Sohn nun weitergeführt. Das Pfarrhaus neben der Kirche wirkt herrschaftlich. Es wurde 1736 erbaut und 1957 restauriert.

Das Dorf Saanen ist ein stattliches Straßendorf entlang einer Hauptstraße und zweier kürzerer Nebengassen. Viele sehenswerte Chaletbauten stehen eng nebeneinander.

In **Lauenen** in einem Seitental oberhalb von Gstaad ist das kleine sehenswerte Kirchlein des Ortes einen Besuch wert, erbaut 1520 unter Einbezug eines älteren Chors und Turmes. Das Kirchlein hat eine ausgezeichnete Orgel mit dreitürmigem Prospekt (1816), auf der gerne gespielt wird.

Am Oberlauf der Saane liegt der kleine Flecken **Gsteig,** zu Füßen von Diablerets und Oldenhorn, Ausgangsort für die Passübergänge in das Rhonetal, Col du Pillon und Col de la Croix. Auch dieses kleine Straßendörfchen besitzt eine sehenswerte, 1453 geweihte Kirche und einige stattliche Häuser im Dorfkern, darunter den dominierenden Gasthof Bären (1756).

Information

- **Gstaad Saanenland Tourismus,** Promenade, 3780 Gstaad, Tel. 033/748 81 83, Fax 033/748 81 83, www.gstaad.ch

Unterkunft

- **Grand Hotel Palace*******, 3780 Gstaad, Tel. 033/748 50 00. Wer dort absteigen will, wo Fürsten, Divas und Ministerpräsidenten logieren. 100 Zimmer und Infrastruktur eines „Leading Hotel". DZ ab sFr. 520.

●**Le Grand Chalet******, Neueretstr. 3780 Gstaad, Tel. 033/748 76 76. Kleines Tophotel in ruhiger Lage mit schöner Aussicht, 21 Zimmer vom Feinsten, DZ ab sFr. 260.

●**Ermitage Golf******, 3778 Schönried (sieben Kilometer von Gstaad Richtung Zweisimmen), www.ermitagegolf.ch, Tel. 033/748 60 60. Elegantes Hotel mit rustikaler Einrichtung. Wellness Center. 67 Zimmer, DZ ab sFr. 280 Halbpension.

●**Hotel Hornberg*****, 3777 Saanenmöser (neun Kilometer von Gstaad Richtung Zweisimmen) www.hornberg.ch, Tel. 033/748 68 68. Gut geführtes Hotel mit schöner Gartenanlage, 35 Zimmer, DZ ab sFr. 190.

●**Posthotel Rössli*****, Promenade, 3780 Gstaad, Tel. 033/748 42 42, 18 Zimmer, DZ ab 180.

●**Alpinlodge*****, Wyssmülleriweg, 3792 Saanen, www.alpinelodge.ch, Tel. 033/748 41 51. Homebase des Alpine-Zentrums Gstaad. Originelles Chalethotel mit In- und Outdoorbad, Kletterwand, iMacs und Mobilfones in allen (Themen-)Zimmern (Gratis-Surfen inbegriffen). Für die Fun und Action-Generation mit etwas Budget. Neben DZ gibt es auch 3er-, 4er- und 6er-Zimmer. DZ mit Dusche/WC inkl. Halbpension sFr. 178.

●**Jugendherberge Saanen-Gstaad,** Chalet Rüeblihorn, 3792 Saanen, Tel. 033/744 13 43. Zimmer mit zwei bis acht Betten. Insgesamt 72 Betten. Duschen und WC auf der Etage. Einheimische Küche. Lunch auf Voranmeldung. Aufenthaltsräume, Spielplatz im Freien, Kiosk, Vermietung von Mountainbikes, Richtpreis im Mehrbettzimmer mit Frühstück: Hauptsaison sFr. 28,50 p.P. Geschlossen: Okt. bis Dez.

Camping

●**Camping Heiti,** 3785 Gsteig, Tel. 033/755 11 97. Am Fluss, etwas abseits vom Dorf, ruhig.

Essen und Trinken

●**Chesery,** Chesery Platz, 3780 Gstaad, Tel. 033/744 24 51. Haubenkoch der Spitzenklasse mit entsprechenden Preisen.

●**Olden,** Promenade, 3780 Gstaad, Tel. 033/744 34 44. Legendäre Beiz der Schicken und derjenigen, die gerne dazugehören. Rustikal. Führt auch Zimmer.

●**Sonnenhof,** Unterbord, 3792 Saanen, Tel. 033/744 10 23. Gutes Restaurant zwischen Saanen und Gstaad mit herrlicher Terrasse. Vorbestellung ratsam, Mi geschlossen (Zwischensaison auch Di).

Sport

●**Alpinzentrum Gstaad,** Tel. 033/722 40 06. Übernachtung im Iglu, Heliski, Skisafari, Kletter- und Bergsteigekurse, Canyoning.

●**Golf:** Golfclub Gstaad-Saanenlaand, Tel. 033/744 26 36. Schnupper- und Intensivkurs.

Das Kandertal

↗XIV/B2

Während das Simmental bei Wimmis westlich der markanten Pyramide des Niesens abfällt, tut dies das Kandertal an der Ostseite des Berges.

Das Kandertal ist im Unterschied zum ruhigeren Simmental verkehrstechnisch von großer Bedeutung, quert doch die zweite große Alpenbahn der Schweiz, die **Lötschberg-Simplonlinie,** hier die Nordalpen. Wer durch das Kandertal fährt, sieht riesige Baustellen. Im Rahmen des Mammutprojekts Bahn 2000 baut die Eidgenossenschaft den Basistunnel des Lötschbergs, der unweit Reichenbach in den Berg gehauen und erst im Talgrund der Rhone bei Raron die Felsen wieder verlassen wird (Besichtigung möglich, Anmeldungen müssen sehr frühzeitig erfolgen: www.blsalptransit.ch).

Das Kandertal ist aber nicht nur eine Baustelle, sondern auch ein attraktives Feriengebiet. Bald wird der Verkehr im Tunnel verschwinden und die typischen Straßendörfer, wie Reichen-

064ch Foto: en

In Kandersteg

bach, Frutigen und Kandersteg werden dem sanften Tourismus gehören. Nur Adelboden am Ende des Engstligentals ist ein Sommer- und Winterkurort mit Sesselbahnen, Skiliften, Nightclubs und Ähnlichem. Er ist mit Skiliften und Seilbahnen mit der Lenk verbunden. Die restlichen Orte im Kandertal sind auf Wanderer, Biker und Langläufer ausgerichtet. Die einheimische Bevölkerung fühlt sich hier ebenfalls noch zu Hause.

Von Mülenen aus kann man mit der Standseilbahn auf den **Niesen** fahren, der von weitem wie eine ägyptische Pyramide wirkt. Ursprünglich konnte man den Berg über eine Treppe besteigen, die 11.674 Stufen hat und deshalb als längste der Welt bezeichnet wird. Sie ist allerdings nicht zugänglich, die Stufen können nicht nachgezählt werden. Der 2363 Meter hohe Berg bietet einen Blick über den Thunersee, die Hochalpen und das Mittelland wie aus einem Flugzeug.

Reichenbach hat ein schönes intaktes Dorfbild – ein typisches Straßendorf mit einem kleinen Platz beim Gasthof Bären. Der Gasthof ist einer der ältesten und besterhaltenen des Kantons, erbaut 1542. In der Gaststube gibt es einen Kachelofen von 1765 und ein Empirebuffet. Im Korridor finden sich alte Schieferplatten. Am Platz sehenswert ist auch die Schreinerei Moser (1741) und der prächtige große Blockbau, der Ende des 18. Jh. für einen Notar gebaut wurde. Die Türe wird über eine Freitreppe erreicht. In den Fenstern sind 23 gestiftete Schliffscheiben.

Frutigen ist Ausgangspunkt für den Aufstieg zum Ferienort Adelboden im Engstligental. Der Ort eignet sich aber auch gut, um von hier aus im Sommer Touren oder Wanderungen zu unternehmen. Sehenswert ist die Kirche, die zu den zwölf Thunerseekirchen gehört (siehe „Thun"). Die Orgel stammt aus dem Jahr 1809. Das stattliche Pfarrhaus wurde 1726–29 gebaut. Man beachte die in Achsen angeordneten Stichbogenfenster, welche die Fassaden gliedern. Das nordwestlich der Kirche liegende Dorfviertel Oberfeld war durch den Dorfbrand 1726 nicht betroffen und kann deshalb mit einer schönen Gruppe typischer Frutighäuser aufwarten, wie man den Haustyp im Kandertal nennt.

Adelboden, am oberen Ende des Engstligentals, liegt in einer sonnigen Mulde auf 1356 M.ü.M. und ist ebenfalls ein beliebter Ferienort. Er bietet kulturhistorisch kaum nennenswerte Bauten. Das Dorfbild ist allerdings auch nicht durch hässliche Architektur verstellt. Es dominiert der Chaletbaustil, was dem Ort ein dörfliches Gepräge gibt. Die meisten Häuser liegen am Hang mit Sicht auf den trutzigen Wildstrubel-Gipfel (3243 Meter).

Etwas höher im Tal findet man die **Engstligenfälle.** Der obere Teil der Fälle ist vier Kilometer von Adelboden entfernt. Eine Seilbahn führt hin. Von der Engstligenalp aus kann man Wanderungen machen, die attraktivste auf dem Abstieg entlang der Fälle.

Oberhalb Frutigen lohnen der Blausee und Kandersteg einen Abstecher. Der **Blausee,** nahe der Hauptstraße idyllisch in einem kleinen Wäldchen gelegen, erhält durch Licht und klare Luft eine intensiv blaue Farbe und verdient seinen Namen vollauf. Im Restaurant zwischen Felsen und See isst man frische Forellen aus der hier angelegten Zucht.

Kandersteg liegt am Fuße felsiger Abhänge in einem Kessel inmitten grüner Wiesen. Bekannt ist der Ort heute v.a. als Endpunkt des Eisenbahntunnels durch den **Lötschberg** (auf der Walliser Seite liegt Goppenstein). Der Lötschberg besitzt eine effiziente „rollende Landstrasse". Meist fährt alle 15 Minuten ein Autoreisezug die kurze Strecke. Man spart leicht eine bis eineinhalb Stunden, wenn man hier durchfährt.

Kandersteg ist ein angenehmer, sehr familiär wirkender Ferienort, der sich im Winter auf Langlauf spezialisiert, im Sommer dagegen für Biker und Wanderer herrliche Ausflüge bietet. Sehenswert ist im Dorf das Ruedihaus, eines der schönsten Häuser des Kandertals, eine Umspannstelle für Postkutschen, 1753 vom Zimmermann *Peter Stoller* für den Landsvenner *Peter Germann* gebaut und heute ein geschätzter Landgasthof. Der reich verzierte Blockbau mit zwei Wohngeschossen steht auf einem Holzsockel anstatt auf der üblichen Mauerbasis. Etwas nördlich des Ruedihauses steht das Haus Müller, 1734 erbaut, strenger und schmuckloser als das Ruedihaus. Das Hotel Ritter im Dorfzentrum ist eine so genannte Ründebaute, 1789 erbaut.

Mit dem Sessellift erreicht man ein Plateau, von wo man zum **Oeschinensee** kommt, einem mitten in Felsen und Schneehängen der umliegenden Berge liegenden See, der durch Lage und Aussicht besticht. In südwestliche Richtung führt, nach Aufstieg mit einem anderen Sessellift, der alte Saumpfad über die Gemmi. Man kann in einer Berghütte übernachten oder, falls man früh gestartet ist, nach einigen Stunden Wanderung plötzlich am Abgrund der Leukerfelsen stehen und steil hinunter bis Leukerbad absteigen.

Wenn man die Hauptstraße von Kandersteg talaufwärts weiterfährt, kommt man an die Talstation der Sesselbahn Kandersteg-Stock. Ein markierter Weg führt zu einer Felswand, durch einen kleinen Tunnel und endet bei der Klus, wo die Kander, die aus dem Gasterntal kommt, in mehreren Stufen in **Wasserfällen** in das Tal hinunterdonnert.

Information

- **Frutigen Tourismus,** Dorfstr. 18, 3714 Frutigen, Tel. 033/671 14 21, Fax 033/671 54 21, www.frutigen.ch
- **Adelboden Tourismus,** Dorfstr. 23, 3715 Adelboden, Tel. 033/673 80 80, Fax 033/673 80 92, www.adelboden.ch
- **Kandersteg Tourismus,** 3718 Kandersteg, Tel. 033/675 80 80, Fax 033/675 80 81, www.kandersteg.ch

Unterkunft

- **Hotel National,** Obere Bahnhofstr. 10, 3714 Frutigen, Tel. 033/671 16 16. 20 Zimmer, mit D/WC, DZ sFr. 120 bis 150.
- **Hotel Rustica,** Spiezstr. 12, 3714 Frutigen, Tel. 033/671 30 71, www.rustica.ch. Im Dorf gelegen. Sehr große Zimmer, DZ mit Bad/D und WC inkl. Frühstück sFr. 120 bis 170.
- **Sporthotel Adler,** Dorfstr. 19, 3715 Adelboden, Tel. 033/673 41 41. 43 Zimmer, modern-rustikal eingerichtet. DZ mit Bad/D und WC inkl. Frühstück sFr. 150 bis 266.
- **Royal Bellevue*******, 3718 Kandersteg, Tel. 033/675 88 88, www.royalkandersteg.ch. Tophotel in gepflegter Parkanlage. Gutes Wellnessangebot und Sport. Sehr persönlicher Service, viele Stammgäste. DZ ab sFr. 300 bis 580.
- **Waldhotel Doldenhorn,** Vielfalle, 3718 Kandersteg, Tel. 033/675 81 81. 29 Zimmer, DZ mit Bad/WC und Frühstück sFr. 200 bis 600.
- **Landgasthof Ruedihaus,** 3718 Kandersteg, Tel. 033/675 81 82. Das herrliche alte Oberländerhaus hat neben einer sehenswerten Innenausstattung einen schönen Garten, eine gute Küche und neun Zimmer, alle mit D/WC, sFr. 200 bis 260.
- **Chalet-Hotel Adler,** 3718 Kandersteg, Tel. 033/675 80 10. Sauberes Hotel mit schönen Zimmern mitten im Dorf, DZ mit D/WC sFr. 170 bis 280.

Camping

- **Camping Kandersteg,** *Marianne* und *Hansruedi Ryter,* Tel. 033/675 15 34.

Essen und Trinken

- **Restaurant Blausee,** 3717 Blausee-Mitholz. Im Naturpark Blausee am schönen gleichnamigen See gelegen (Spazierweg fünf Minuten). Eigene Forellenzucht.

Sport

- **Eisfischen am Oeschinensee,** Kandersteg Tourismus, 3718 Kandersteg, Tel. 033/675 80 80.
- **Bergsteigen:** Bergsteigerschule Kandersteg, 3718 Kandersteg, Tel. 033/675 13 58.

Das Jungfraugebiet

Das Jungfraugebiet, die Täler der Weißen und der Schwarzen Lütschine mit den Kurorten Grindelwald, Lauterbrunnen, Mürren und Wengen, ist eine der großen Destinationen, die die Schweiz als Reiseland berühmt gemacht haben. Die Viertausender der Berner Alpen liegen vor der Haustüre. Es ist das beste **Skigebiet** des Berner Oberlands und im Sommer einer der Etappenhalte, welchen zahllose organisierte Gruppen auf ihrem Weg durch Europa auf dem Programm haben. Täglich fahren tausende von Touristen hoch auf die Kleine Scheidegg und weiter bis auf das Jungfraujoch. Ein Netz von Zahnradbahnen, Luft- und Standseilbahnen, Sessel- und Skiliften steht den Gästen zur Verfügung, welche die Region nördlich der „Grossen Drei“, **Eiger** (3970 Meter), **Mönch** (4099 Meter) und **Jungfrau** (4158 Meter), bis hinüber zum Rosenlauigletscher erkunden oder die Pisten und Hänge befahren wollen.

Ausgangspunkt für das Jungfraugebiet ist Interlaken. Von dort aus erreicht man die wichtigsten Kurorte in einer knappen Stunde. Aber auch die schöne mittelalterliche Stadt Thun bietet sich als Stützpunkt an, ebenso wie **Tagesausflüge** aus Bern. Die Gegend lohnt natürlich auch einen **längeren Aufenthalt:** Die Kurorte sind im Sommer kaum überfüllt. Grindelwalds Hotellerie lebt von fernöstlichen Tagestouristen, doch auch hier findet man Ferienchalets und Wohnungen für längere Aufenthalte.

Wilderswil

↗XV/C1

Am Eingang zu den beiden Tälern steht bei Wilderswil die Burgruine Unspunnen, bei der alle acht bis zwölf Jahre das **Unspunnenfest,** eines der größten Älplerfeste, abgehalten wird. Das Fest hat eine uralte Tradition und fand erstmals 1805 statt, um die Wiedervereinigung von Bern mit dem Berner Oberland nach der Helvetik zu feiern. Das Schwingen, Steinstoßen, Alphornblasen, der Trachtentanz und das Jodeln stehen im Mittelpunkt. Die besten Schwinger von nah und fern kommen hier zusammen und messen im Sägemehlring ihre Kräfte. Die kräftigsten Männer der Schweiz versuchen auf der malerischen Waldlichtung den 167 Pfund schweren Unspunnenstein so weit als möglich zu stossen und die Jodler singen dazu um die Wette – ein farbenfroher Anlass, wo Schweizer Tradition und Folklore bewundert werden kann.

In Wilderswil herrscht emsiges Treiben, denn hier steigt man auf die schon 1891–93 erbaute **Schynige-Platte-Bahn** um, die auf den gleichnamigen Berg in ca. 2000 Meter Höhe führt. Dort ist der 1929 eröffnete Alpengarten zu bewundern und man genießt die herrliche Rundsicht. Eine leichte Wanderung, die man geführt bei Mondschein unternehmen kann, führt hinüber zum Faulhorn, zum First und von dort bis nach Grindelwald.

Bei Zweilütschinen teilen sich die beiden Täler: Nach Süden geht's durch das Tal der Weissen Lütschine, Lauterbrunnen und den beiden verkehrsfreien Kurorten Mürren und Wengen zu. Nach Osten geht es auf enger Straße und mit der Zahnradbahn durch das Tal der Schwarzen Lütschine nach Grindelwald.

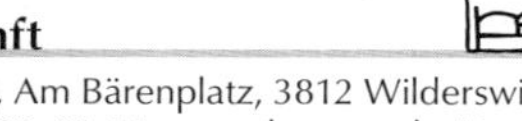

Unterkunft

- **Bären*****, Am Bärenplatz, 3812 Wilderswil, Tel. 033/828 31 51, www.baeren.ch. Haus aus dem 16. Jh., besitzt seit 1706 Tavernenrecht. Zimmer mit unterschiedlichen Standards alle mit WC/Dusche/Bad, zum Teil rustikal und vergangene Zeiten heraufbeschwörend. DZ sFr. 150 bis 200.
- **Hotel Berghof*****, 3812 Wilderswil, Tel. 033/822 75 66, www.hotel-berghof.ch. Über Wilderswil und Jungfraumassiv blickend, aus zwei Häusern (Hotel und Chalet) bestehend. Angenehme Aufenthaltsräume, Restaurant, beheizter Pool, Zimmer mit WC/Dusche/Bad, teilweise mit Balkon. DZ sFr. 130–220.
- **Credo****, Evang. Ferienhaus CREDO, in der Nähe der Schlossruine Unspunnen, abseits am Hang mit Blick auf die Jungfrau. 45 Zimmer, meist mit WC/Dusche. Aufenthaltsraum, Terrasse, Garten, Kinderspielplatz, kein Durchgangsverkehr. Andachten. Reizvoll die Turmzimmer. Achtung: Nicht verheiratete Paare müssen separate Zimmer beziehen. Nichtraucherhotel, Alkohol muss mitgebracht werden, wird geduldet. Rollstuhlgängig. DZ sFr. 100 bis 145.

Tal der Weißen Lütschine

↗XV/C1-2

Lauterbrunnen ist seit den Anfängen des alpinen Fremdenverkehrs beliebt. Seine Trümmelbachfälle muss man gesehen haben und auch die Staubbachfälle sind in unzähligen Gedichten, Romanen und Fotoalben verewigt. Im Pfarrhaus von Lauterbrunnen stieg 1814 die Gemahlin Napoleons, Kaiserin *Marie-Louise* ab, bevor es dort ein erstes Hotel gab. Heute haben die verkehrsfreien Kurorte Mürren und Wengen dem Ort im Talgrund den Rang abgelaufen.

Mürren ist eine alte Walsersiedlung auf 1650 Metern, Schwindel erregend über einer Fluh gelegen, die ca. 800 Meter abstürzt. Man erreicht Mürren von Lauterbrunnen aus über die Grütschalp (Drahtseilbahn) und von dort mit der Schmalspurbahn. Oder man benutzt das Postauto oder Auto zu den Trümmelbachfällen und nach Stechelberg (1500 Parkplätze), von wo man die Schilthornbahn bis Mürren nimmt.

Die Verkehrsfreiheit bewirkt eine wohltuende Ruhe. Hektik ist hier kaum zu spüren, in der Zwischensaison ist es manchmal geradezu gähnend langweilig. Die Siedlung ist v.a. durch Hotel- und Chaletbauten aus dem 20. Jh. Jahrhundert geprägt, einige Bauten haben eine durchaus ansprechende Architektur.

Seit kurzem kann man den instruktiven „Northface Trail" erwandern, einen Wanderweg mit Panoramasicht, der vom Allmendhubel auf 1907 Metern zurück nach Mürren führt und an verschiedenen Stationen mit Informationstafeln die Geschichte des Bergsteigens darstellt. Die Begehung ist kostenlos, der Aufstieg mit der Standseilbahn kostet sFr. 7,40.

Im Winter verfügt der Ort über ein ausgedehntes Wintersportgebiet mit 42 Kilometer Pisten, eher für anspruchsvolle Fahrer und Fahrerinnen. Darüber hinaus gibt es ein herrlich sonniges Winterwandergebiet und den Snowboardpark „Magicland".

Von Mürren aus kann man mit der von Stechelberg ausgehenden Schilthornbahn auf das **Schilthorn** auf fast 3000 M.ü.M. gelangen. Hier ist das aus dem Bondfilm „On her Majesty's Secret Service" bekannte Drehrestaurant „Piz Gloria" zu besuchen, mit einer packenden 360-Grad-Rundsicht über die Alpenwelt.

Wengen ist auf einer 1300 Meter hohen Terrasse gelegen und wie Mürren autofrei. Es kann als Geburtsort des wettkampfmäßigen alpinen Skisports bezeichnet werden, denn hier fanden im Jahre 1922 die ersten (von Engländern initiierten) Abfahrts- und Slalomrennen statt. Der Ort ist Ausgangspunkt für Ausflüge und neben Grindelwald heute der führende Wintersportort des Berner Oberlands. Das herrliche Skigebiet des Männlichen (2345 Meter) und der Wengernalp sind leicht zu erreichen. Wanderer und Spaziergänger können die Infrastruktur und die gepflegten Wanderwege nutzen, fast überall mit Bilderbuchaussicht auf die „Grossen Drei".

Zwischen Wengen und Grindelwald liegt auf dem Scheitel die **Kleine Scheidegg** – ein Skigebiet der Spitzenklasse, zugleich Scheitelpunkt der Zahnradbahn Lauterbrunnen - Grindelwald und Ausgangspunkt der Jungfraubahn. Sowohl im Sommer als auch im Winter ist hier viel los. Man trifft sich, guckt ins Fernrohr, wenn Kletterer in der Nordwand des Eigers zu erspähen sind, trinkt vor oder nach dem Aufstieg auf die Jungfrau oder nach dem Wintersport sein Glas Grogg oder sein Gläschen Champagner.

Information

- **Wengen Tourismus,** Wengiboden, 3823 Wengen, Tel. 033/855 14 14, Fax 033/855 30 60, www.wengen.ch

Unterkunft

- **Hotel Silberhorn,** 3822 Lauterbrunnen, Tel. 033/856 22 10, 30 Zimmer, DZ sFr. 180.
- **Hotel Eiger,** 3825 Mürren, Tel. 033/856 54 54. Hotel mit schöner Aussicht auf das Jungfraumassiv, 41 Zimmer, DZ sFr. 280 bis 360.
- **Hotel Edelweiss,** 3825 Mürren, Tel. 033/ 855 13 12. Hotel mit schönem Blick auf das Jungfraumassiv, 24 Zimmer, DZ mit D/WC sFr. 220 bis 260.
- **Hotel Jungfrau,** 3823 Wengen, Tel. 033/ 855 16 22. Berühmtes Berghotel auf der Wengernalp im Angesicht der Berner Viertausender. Einrichtung im Stil der Jahrhundertwende. DZ mit Halbpension sFr. 460.
- **Hotel Schönegg,** 3823 Wengen, Tel. 033/ 855 34 22. Hotel mit schönem Ausblick und rustikaler Einrichtung, 25 Zimmer, DZ mit Bad/D und WC sFr. 230 bis 310.

Essen und Trinken

- **Röstizzeria,** im Bahnhof Kleine Scheidegg, Tel. 033/828 78 28. Das Schweizer Nationalgericht mit mediterranem Touch. Und das in einzigartiger Umgebung.

Besichtigungen und Ausflüge

- **Trümmelbachfälle von Lauterbach:** April-Nov. 9–17 h, Juli/August 8.30–18 h, Tunnellift mit 500 Personen-Kapazität pro Stunde.
- **Schilthornbahn:** Tel. 033/823 14 44, www.schilthorn.ch.

Tal der Schwarzen Lütschine

⇗XV/C-D1

Wer östlich das Tal der Schwarzen Lütschine hochfährt, erreicht den bedeutendsten Bergkurort des Berner Oberlands. **Grindelwald** ist Ausgangspunkt für viele tausende von Japanern, Amerikanern und nun auch Chinesen und

Russen, welche die unvergleichliche Eigernordwand und das Jungfraujoch bestaunen wollen. Daneben beherbergt der Ort Bergsteiger, die die Felsen und Eisbrüche der nahen Drei- und Viertausender bezwingen wollen. Wanderer, die über die Grosse Scheidegg in das Rosenlauigebiet, auf den First und die Schynige Platte oder in das Gebiet des Männlichen wandern wollen, finden ebenfalls Aufenthaltsmöglichkeiten.

Kulturhistorisch hat der Ort, wie das ganze Jungfraugebiet, wenig zu bieten, da anlässlich des Dorfbrandes von 1892 die historische Substanz verschwand. Dafür ist die Naturkulisse imposant: Wetterhorn, Schreckhorn, Eiger, Mönch und Jungfrau sind in unmittelbarer Nähe, der Obere und Untere Grindelwald-Gletscher wagten sich bis vor kurzem bis nahe an das Dorf heran.

Von Grindelwald aus sind ganzjährig die Ski- und Wandergebiete Männlichen – Kleine Scheidegg, aber auch der First zu erkunden. Hier gibt es für Skifahrer aller Kategorien, was das Herz begehrt, und es stehen großartige Wandermöglichkeiten offen.

Vom **First** kann man hinüber zum **Bachalpsee** gelangen und von dort hoch zum ältesten Berghotel der Schweiz auf dem **Faulhorn** (Aussicht bis zum Schwarzwald, Dauer: drei Stunden).

Oder man wandert vom First über die Axalp zur **Grossen Scheidegg.** Als Alternative bietet sich der Weg durch das **Murmeltiertal** auf die Grosse Scheidegg, auf einem Lehrpfad mit Informationstafeln, wo man alles über die putzigen Tiere erfährt (Dauer: zwei Stunden, auch umgekehrt möglich).

Der Eiger-Trail führt schwindelfreie Personen mit gutem Schuhwerk über Geröllhalden und steile Alpwiesen zum Fuß der berühmt berüchtigten **Eigernordwand.** Der Pfad beginnt bei der Station Eigergletscher und reicht bis nach Alpiglen. Der Blick hoch in die Wand und auf die Kleine Scheidegg und das Lauberhorn ist ein Erlebnis. In Alpiglen gibt es an der Station ein Bergrestaurant.

Information

● **Grindelwald Tourismus,** 3818 Grindelwald Tel. 033/854 12 12, Fax 033/854 12 10, www.grindelwald.ch

Unterkunft

● **Hotel Fiescherblick,** 3818 Grindelwald, Tel. 033/854 53 53. Altes Chalethotel, teilweise renoviert in wundervoller, ruhiger Lage, gute Küche, 25 Zimmer alle mit Bad/D und WC, DZ sFr. 210 bis 250.

● **Hotel Glacier,** Endweg, 3818 Grindelwald, Tel. 033/853 10 04. Neu renoviertes Chalethotel mit 17 Zimmern und gutem Preis-Leistungs-Verhältnis, DZ mit Bad/Dusche/WC sFr. 160 bis 200.

● **Jugendherberge Grindelwald,** die Weid 12, Terrassenweg, 3818 Grindelwald, Tel. 033/853 10 09. Zimmer mit zwei bis neun Betten, zwei DZ mit D/WC, insgesamt 123 Betten, Duschen/WC auf jeder Etage. Frühstück, Lunchpakete, Nachtessen. Internet, Kaminzimmer, Spielraum, Vermietung von hochwertigen Mountainbikes. Richtpreis Mehrbettzimmer mit Frühstück: Hauptsaison sFr. 29,50 p. P.

Sport

● **Bergsteigen** (auch für Jugendliche und Kinder): Bergsteigerzentrum Grindelwald, 3818 Grindelwald, Tel 033/853 52 00.

● **Gletscherskitouren, Kletter- und Bergsteigekurse, Heliski** (inkl. Bergführer): Bergsteigerzentrum Grindelwald, 3818 Grindelwald, Tel. 033/385 52 00.

Ausflüge

● **Mondscheinwanderung:** bei Vollmond im Sommer. Begleiteter Ausflug mit Schatzsuche und Verpflegung. Von Grindelwald mit der Gondel auf den First (Grillteller) und bei Mondschein dann Abstieg zum Waldspitz, wo der Bus wartet. Bergbahnen Grindelwald First, 3818 Grindelwald, Tel. 033/854 50 50.

Jungfrau Joch – Top of Europe

↗XV/C2

Wer in das Jungfraugebiet kommt, sollte sich bei schönem Wetter die Fahrt auf das Jungfrau Joch gönnen, auch wenn sie recht teuer ist. Schon 1893 begann der Zürcher Industrielle *Adolf Guyer-Zeller* die **Bahn** auf die 4158 Meter hohe Jungfrau zu planen, was damals manchem als verrückt erschien. 1898 war man auf der Höhe des Eigergletschers (2320 Meter) angelangt, wo eine Zwischenstation eingerichtet wurde. 1903 erreichte man die Station Eigerwand, wo man heute ohne Risiko einen Blick in die gefährliche Wand wagen kann. 1908 war man schließlich am Ziel. Guyer-Zeller war längst verstorben.

Auf 3454 Metern findet man eine Welt des ewigen Schnees und Eis. Der Blick auf den **größten Gletscher Europas** und die umliegende Berge ist unvergesslich. Man sieht den Grossen Aletschgletscher bis hinunter zum Konkordiaplatz, umrahmt von Viertausendern. Bei guter Witterung sind auf

065ch Foto: en

dem Gletscher meist viele Bergsteiger, in Seilschaften, wie Ameisen, zu erspähen.

Sehenswert ist der Eispalast, eine in das Eis eingegrabene Eishöhle mit Eisskulpturen. Die einige Meter über der Bergstation gelegene Wetterstation Sphinx und das Observatorium sind zu Fuß erreichbar. Die Station ist ge-

Das Joch der Jungfrau

schlossen, eine kleine Ausstellung gibt Auskunft über die Forschungsstation.

Auf dem nahen Gletscherschnee kann man einige Spaziergänge auf ewigem Eis wagen. Es hat einen kleinen Snow Disk Run. Am Vormittag ziehen Schlittenhunde Kinder und Erwachsene durch Schnee und Eis. Ein Ski- und Snowboardpark stellt sogar Ausrüstung zur Verfügung (sFr. 30 für Ausrüstung und Nutzung des Lifts).

Wir empfehlen, bei schlechter Witterung auf die Fahrt zu verzichten und einen schönen Tag abzuwarten. Die Verpflegung auf fast 4000 Metern ist übrigens ziemlich teuer.

Information

● **Jungfraubahn,** Harderstr. 14, 3800 Interlaken, Tel. 033/828 71 11, www.jungfraubahn.ch

Brienzersee

↗XV/C1

Der Brienzersee war gemeinsam mit dem Thunersee ein langer Bergsee, der durch das verlandete Gebiet um Interlaken geteilt wurde. Nur wenige Kilometer hinter Interlaken merkt man kaum noch etwas vom Touristentrubel. Das Wasser des Sees ist tiefgrün, sauber und kühler als das des wenige Meter tiefer liegenden Bruders.

Ringgenberg

Am Nordufer ist der Ort Ringgenberg sehenswert, auf einer Terrasse etwas über dem See gelegen. Hier, in der Nähe eines kleinen zweiten Sees, dem „Burgseeli", thront die dreiteilige **Burgruine** des Freiherren von Ring-

066ch Foto: en

genberg, der die Burg zwischen dem 12. und 15. Jh. bauen ließ. Die Kirche wurde ab 1670 mitten in die Ruine hineingebaut, wobei man die Mauern der Burg geschickt nutzte, um das Krüppelwalmdach der Kirche zu stützen. Die Ausmalung im Innern stammt aus den Jahren 1670/71, Friese aus Blatt- und Pflanzenwerk sowie Girlanden. Das Pfarrhaus unterhalb der Kirche wurde 1726–28 errichtet. Wettergegerbte Holzhäuser prägen das Dorfbild.

Iseltwald

Auf der Südseite des Sees führt die Nationalstraße entlang. Iseltwald ist ein **kleines Fischerdorf,** etwa in der Mitte des Brienzersees auf einer Landzunge abseits des Verkehrs gelegen. Die ruhige Lage und die vielen Wander- und Ausflugsmöglichkeiten machen es zu einer ausgezeichneten Wahl für Personen, die Ruhe schätzen und doch die Sehenswürdigkeiten der Umgebung erkunden möchten. Oder man genießt ein Mittagessen oder ein *Zvieri* (Vesper) am See.

Etwas weiter findet man die Abzweigung zur Axalp und zu den Giessbachfällen.

Axalp und Giessbachfälle

Die **Axalp** ist ein kleiner ruhiger Ferienort, 1500 Meter hoch auf einer Alpweide mit herrlicher Aussicht. Es gibt schöne Wandergebiete in der Umgebung, z.B. in das Hintere Giessbachtal und in das Naturschutzgebiet beim Hinterburgsee. Im Winter steht ein kleines Skisportgebiet für Familien zur Verfügung.

Der Giessbach fällt in mehreren Stufen die bewaldeten Hänge zum See hinunter. Auf Spazierwegen kann man neben und sogar hinter den Wasserfällen das **Naturschauspiel** bewundern. Auf einer nahen Terrasse liegt das alte Parkhotel Giessbach, das vor dem Verfall gerettet werden konnte und wieder alten Glanz ausstrahlt.

Brienz

Am Ostende des Brienzersees liegt Brienz, ein Flecken mit ca. 3000 Einwohnern, der wegen seiner schönen Lage am See, aber noch mehr wegen seiner berühmten Holzschnitzer Bekanntheit besitzt. Im Ort ist die einzige Geigenbauschule der Schweiz ansässig, ebenso die weitherum berühmte Schnitzschule. Außerdem ist Brienz der Geburtsort des Schriftstellers *Heinrich Federer* (1866–1928), der die reizende Novelle „Das letzte Stündlein des Papstes“ und den Bergroman „Pilatus“ geschrieben hat. Nichts ist mondän hier. Brienz ist gemütlich, vielleicht sogar etwas langweilig – ein Ort, um sich zu entspannen und die schöne Landschaft zu genießen. Auf

Spaziergang an den Griessbachfällen

einem Quai kann man am See entlang spazieren. Dahinter reihen sich kleine Hotels und Restaurants mit Terrassen aneinander.

Mit der schnaufenden, puffenden Dampf-und-Diesel-Zahnradbahn kann man über die Planalp auf den Gipfel des **Brienzer Rothorns** (2350 M.ü.M.) hinauffahren. Von dort hat man eine Rundsicht bis fast zu den Österreicher Alpen.

Freilichtmuseum Ballenberg

Etwas östlich von Brienz, schon nicht mehr am See, liegt das Ziel zahlreicher Schulreisen und Vereinsausflüge: das Schweizerische Freilichtmuseum Ballenberg. Ballenberg liegt an der Brünigstrasse über Obwalden nach Luzern. Ein Bus bedient das Museum vom Bahnhof Brienz aus.

Das Freilichtmuseum ist ein Parkgelände von ca. zwei Kilometern Länge zwischen den Weilern Hofstetten und Brienzwiler. 1978 eröffnet, dokumentiert es **schweizerische Baukultur** anhand typischer Häuser und Nebenbauten, die an ihrem Standort abgebrochen und in getrennten Geländekammern wieder aufgebaut wurden. Man kann in regional geordneten Baugruppen Architektur, Lebens- und Wirtschaftsformen der ländlichen Schweiz bewundern. Es handelt sich meistens um sehr wertvolle Bausubstanz. Neuerdings wird der Ballenberg mehr und mehr als „lebendes Museum" konzipiert. In den Bauern- und Gewerbehäusern gibt es Tiere, es wird Käse und Brot produziert und die alten Gaststätten sind Herbergen, wo man essen und trinken kann.

- **Freilichtmuseum Ballenberg:** 3855 Brienz, Tel. 033/951 11 23. Mitte April bis Ende Okt., täglich 10-17 h.

Praktische Tipps

Information

- **Tourist Information Brienz Axalp,** Hauptstr. 143, 3855 Brienz, Tel. 033/952 80 80, Fax 033/952 80 88, www.brienz.ch

Unterkunft

- **Hotel Seiler au Lac*******, Am Quai 3, 3806 Bönigen, www.bestwestern.ch/seileraulac, Tel. 033/822 30 21. Gepflegtes Familienhotel mit charmanten Zimmern. Am Ufer des Brienzersees. DZ sFr. 180 bis 320.
- **Hotel Oberländerhof****, Am Quai 1, 3806 Bönigen,www.oberlaenderhof.ch, Tel. 033/822 17 25. Hotel Garni mit nostalgischer Jugendstil-Architektur. Am Ufer des Brienzersees. Zimmer mit Bad/Dusche. DZ sFr. 120 bis 145.
- **Hotel Lindenhof,** Lindenhofweg 15, 3855 Brienz, www.hotel-lindenhof.ch, Tel. 033/952 20 30. Hotel mit schönem Blick auf See und Umgebung, 40 Zimmer, alle mit Bad/D und WC, DZ sFr. 240.
- **Hotel Brienzerburli-Löwen,** Hauptstr. 11, 3855 Brienz, Tel. 033/951 12 41. Einfaches gutes Hotel am See mit schöner Terrasse, 32 Zimmer, DZ mit Bad/D und WC sFr. 200.
- **Schönegg garni****, Talstr. 8, Brienz, Tel. 033/951 11 13. Chalet-Hotel garni mit schönem Blick auf den Brienzersee, 15 Zimmer, DZ mit D/WC ab sFr. 175.
- **Grandhotel Giessbach,** 3855 Brienz, Tel. 033/952 25 25, www.giessbach.ch. Grandhotel im Park an den spektakulären Giessbachfällen über dem Brienzersee, Einrichtung im Stil der Jahrhundertwende, z.T. herrliche Aussicht, 70 Zimmer, DZ mit Bad/D und WC sFr. 340.
- **Hotel-Restaurant Rothorn Kulm,** Brienz, Tel. 033/951 11 15. Gipfelrestaurant mit herrlicher Terrasse und grandioser Rundsicht.

●**Chalet Edelweiss,** Am Brunnen, 3856 Brienzwiler, Tel. 033/951 37 17 oder 079/521 72 08. Gepflegtes Bed & Breakfast mit schönen Zimmern (vor allem gegen Süden!). Daneben auch ein Appartment. B & B sFr. 38 p.P.
●**Chalet du Lac,** 3807 Iseltwald, Tel. 033/845 84 58, www.dulac-iseltwald.ch. Chalethotel am See mit schönem Blick auf See und Berge, 21 Zimmer, DZ sFr. 230.
●**Hotel Alpenrose,** 3858 Hofstetten b. Brienz, Tel. 033/951 14 10. In der Nähe des Freilichtmuseums Ballenberg, 12 Zimmer, DZ mit D/WC sFr. 190.

Aktivitäten

●**Kurszentrum Ballenberg Heimatwerk:** Schreinern, Schnitzen, Schmieden, Drechseln, Sattlern, Weben, Korben, Färben, Malen. 3855 Brienz, Tel. 033/952 80 40.

Haslital

↗XV/D1-2

Meiringen

Aareaufwärts fahrend erreicht man den familienfreundlichen Ferienort Meiringen im Haslital, wie man den obersten Teil des Aaretals nennt. Hier endet die Aareschlucht, die vom Dorf aus in wenigen Minuten erreicht werden kann.

Das Dorfbild wird geprägt durch den Wiederaufbau nach verheerenden Dorfbränden 1879 und 1891. Der oft tüchtig blasende Föhnwind verursacht hier immer wieder Feuer. Einheitliche **Häuserzeilen im klassizistischem Stil** prägen den Ort. Die Kirche ist die älteste des Haslitals und blieb bis 1476 die einzige Talkirche. Der Predigtsaal ist barock, zuletzt umgebaut 1683–84. Der Taufstein ist hochgotisch, ca. Mitte des 14. Jh. Wandmalereifragmente stammen aus Vorgängerkirchen des 13. und 15. Jh.

Wer den Föhn nicht scheut, kann hier und in dem auf einem Plateau gelegenen Ferienort Hasliberg geruhsame Ferien verbringen, schöne Wanderungen unternehmen, die Aareschlucht besuchen und Tagesausflüge Richtung Grimsel und Wallis machen.

Aareschlucht

Innertkirchen liegt oberhalb der Aareschlucht. Hier trennen sich die Passtrassen zur Grimselpasshöhe in das Wallis und zur Sustenpassstrasse, die bei Wassen im Kanton Uri wieder auf die Gotthardstrasse stößt. Guttannen an der Grimselpassstrasse und Gadmen an der Sustenstrasse sind die letzten Dörfer im Haslital.

Auf der **Grimselpassstrasse** fährt man nach Innertkirchen am Kraftwerk Handegg vorbei, das die Wasser der Grimselstauseen verwertet. Drei Sperren stauen das Gletscherwasser zum **Grimselsee,** den man von der Passhöhe bewundern kann: die Gelmerseesperre (1926–29), die stark gebogene Spitallammsperre und die gerade Seeufereggsperre (1926–32).

Auf der **Grimsel,** Wasserscheide zwischen Aare und Rhone und zugleich Kantonsgrenze (BE/VS), hat man an schönen Tagen eine hervorragende Rundsicht. Gerne hängen hier jedoch Wolken, so dass man sich an einen düsteren Novemberspätnachmittag erinnert fühlt.

067ch Foto: en

Schneekontakt auf der Grimselpasshöhe

Praktische Tipps

Unterkunft

- **Hotel-Restaurant Victoria,** Bahnhofplatz 9, 3860 Meiringen, Tel. 033/972 10 40. Gute Küche zu vernünftigen Preisen. 18 Zimmer, DZ mit Bad/D und WC sFr. 240.
- **Engstlenalp,** 3862 Innertkirchen, Tel. 033/975 11 61. Weitab jeden Trubels liegt dieses Alphotel in idyllischer Lage auf einer Bergalp. Im Winter nur per Skier in mehrstündiger Wanderung erreichbar (17 Kilometer von der Hauptstrasse entfernt). 30 Zimmer, DZ sFr. 170.

Aktivitäten

- **Indoor Kletterhalle Haslital:** auf rund 500 Quadratmetern in allen Schwierigkeitsgraden, Mo bis Sa 8.30–22 h, So 8–19.30 h, Brünigstr. 48, 3860 Meiringen.

Für Kinder

- **Skihäsliland:** Hasliberg-Bidmi, Meiringen Hasliberg Tourismus. Im Winter: Kinderskilifte, Skikarussel, Igludorf, Märchenparcours, Reifenbobbahn (Mo bis Mi), freitags Good-Bye-Party. Sommer: Muggestutzpfad, Abenteuerwanderweg (fünf Kilometer).
- **Kinderbergsteigen:** Bergführer zeigen den Umgang mit Seil und Karabiner. Ab sieben Jahre. Sportgeschäft Pollux, 3860 Meiringen, Tel. 033/971 43 18.

Besichtigung

- **Aareschlucht:** Die Aare hat in Tausenden von Jahren ein Flussbett durch die Felsen erodiert und dabei eine 1400 Meter lange bis zu 180 Meter tiefe Schlucht geschaffen. Ein Steg und Tunnel ermöglichen eine bequeme Wanderung (40 Minuten). Eingang West bei Meiringen. Eingang Ost einen Kilometer von Innertkirchen entfernt. Geöffnet: Karfreitag bis November täglich 9–17 h.

Das Mittelland

Der Aargau

Der Aargau ist Ursprung der größten europäischen Dynastie, der Habsburger, ein Durchgangsland, das immer wieder Streitigkeiten zwischen Machthabern auslöste und erst nach dem Zusammenbruch der alten Eidgenossenschaft zu einer Einheit wurde. Im Westen war es Teil des mächtigen Bern, im Osten gemeine Herrschaft der Eidgenossen, im Norden lange noch unter habsburgischer Aufsicht. Je nach Beherrscher war man entweder katholisch oder reformiert. Diese Geschichte wirkt sich noch heute auf den Aargau aus, man nennt sich zwar stolz Kulturkanton, was angesichts der bedeutenden kulturellen Vermächtnisse nicht falsch ist, doch andererseits hat der Kanton bis heute keine starke Identität. Man fühlt sich, je nach-Wohnort, unterschiedlichen Zentren zugehörig: Im Norden ist man auf Basel ausgerichtet, im Westen auf Aarau und Olten, im Osten auf Brugg, Baden und das große Zürich. Demoskopisch hat dies den Vorteil, dass die Aargauer ziemlich genau das repräsentieren, was man eine repräsentative Stichprobe der Schweiz nennt. Man stimmt im Aargau meist so ab, wie die Resultate dann für die ganze Schweiz gelten.

Baden ⇗III/D2

Baden ist heute schon fast ein Vorort der Millionenstadt Zürich. Trotzdem hat sich die kleine Stadt eine eigene Identität bewahrt. Dies ist darauf zurückzuführen, dass Baden zwei wirtschaftliche Trümpfe ausspielen kann: Es ist Sitz eines der größten industriellen Komplexe der Schweiz, der **ABB,** dem Asea-Brown-Boveri-Konzern, für den hier Tausende arbeiten. Daneben besitzt es, wie der Name vermuten lässt, eine jahrhundertealte **Badekultur** und ist noch heute ein wichtiger Kurort.

Badens schwefelhaltige Thermalquellen wurden bereits von den Römern genutzt und die interessante Durchgangslage an der Limmat haben die Lenzburger Grafen dazu gebracht, hier schon früh eine Burg anzulegen. Das Städtchen ist eine habsburgische Gründung. Bereits 1415 kommt es unter eidgenössische gemeine Herrschaft (= gemeinsame Herrschaft, wird gemeinsam verwaltet). Nach dem Zweiten Villmergerkrieg 1712 wird es allein von den reformierten Ständen verwaltet, d.h. im Wesentlichen von den Bernern und Zürchern. Baden ist zusammen mit Aarau bevorzugter Tagsatzungsort der alten Eidgenossenschaft. Die Industrialisierung übersteht das alte Städtchen beinahe unbeschadet: Auch als wichtiger Industriestandort kann es sich noch als pittoreske alte Bäderstadt auszeichnen.

Von den **alten Wehranlagen** findet man noch Grundmauern der Festung Stein (12. Jh., geschleift 1712), das gotische Stadttor (15. Jh.) und ein Fragment des Wehrgangs an der St. Sebastianskapelle.

In der schönen Altstadt ist die katholische **Stadtkirche** bedeutend, 1457–70 als spätgotische dreischiffige Basilika erbaut, Sakristei 1511, später Barockisierungen, im Innern klassizistischer Umbau (1813–14). Im Kirchenschatz befindet sich u.a. eine spätgotische Monstranz von 1477.

Das **Stadthaus** ist eine Baugruppe, der älteste Teil, 1497 erbaut, enthält den Tagsatzungssaal.

Das **Bäderquartier** befindet sich nördlich der Altstadt - eine schöne, zur Entspannung anregende Anlage. Viele Hotels haben einen direkten Zugang zum schwefelhaltigen Thermalwasser. Man kann direkt in den Hotels kuren. Es gibt ein großes zentrales Thermalbad, das für Tagesgäste geöffnet ist.

Lenzburg

↗III/D3

In Lenzburg wird offensichtlich, dass Stadt und Burg im Mittelalter zusammengehörten: Auf einem Hügel thront die mächtige Burg, unter ihr duckt sich ein mittelalterliches Städtchen.

Es wurde durch die Kyburger um 1240 gegründet. 1491 vernichtete ein Feuer weite Teile. Die heutige Substanz in der Altstadt ist deshalb barock. Außerhalb der Stadtmauern entstanden im 18. Jh. einige z.T. fast palastähnliche klassizistische Bürgerbauten.

Das **Schloss** ist die Stammburg der Lenzburger, ihr Erbe *Friedrich Barbarossa* weilte 1173 hier. Dann war es Verwaltungszentrum der Habsburger und ab 1415 bernische Vogtei. Heute beherbergt es eine historische Sammlung und ein Begegnungszentrum. Der Zugang zum Burghof erfolgt durch drei Toranlagen. Im Innern erblickt man eine locker zusammenhän-

068ch Foto: zt

Badens Altstadt

gende Mischung von Befestigung und Wohnanlagen aus unterschiedlichen Epochen des 12.–18. Jh.

In der **Altstadt** findet sich meist typisches „Berner 18ème“. Das Rathaus ist ein 1677 und 1692 erbauter barocker Bau mit dreiteiliger Fassade und Mittelturm mit Giebeln.

Schloss Hallwil

III/D3

Knapp zwanzig Kilometer südöstlich von Aarau und Lenzburg liegt das bemerkenswerte **Wasserschloss** auf zwei Inseln des Aabachs, der in den Hallwilersee einmündet. Das Grabensystem ist künstlich. Das Schloss stammt aus dem 11. Jh, wurde mehrmals vergrößert und war immer im Besitz der Herren von Hallwil.

Der Eingang ist über eine Steinbrücke zu erreichen. Die zweite Insel ist mit der vorderen durch eine Zugbrücke verbunden. Ein niedriges Rechteck bildet den vorderen Schlossteil auf der ersten Insel: der ehemalige Bergfried. Dahinter liegt ein gleichaltriges Wohnhaus mit zwei Türmen. Die hintere Insel besteht aus Stallungen, die im 20. Jh. instand gesetzt wurden, einem Kornhaus und einem zweitem Wohnhaus. Dazwischen steht am Wasser ein runder Turm aus dem 13. Jh. Im Schloss findet sich ein Wohnmuseum.

● **Anfahrt:** Von Lenzburg Richtung Luzern, in Boniswill am Hallwilerseee links nach Seengen abbiegen.

Brugg-Windisch ⇗III/D2

In Brugg stand in römischer Zeit das römische Militärlager **Vindonissa,** das später zur Stadt ausgebaut wurde und das größte Amphitheater auf schweizerischem Gebiet aufwies. Brugg selbst ist eine durch die Habsburger gegründete typische Brückensiedlung aus dem 12. Jh., die um 1284 das Stadtrecht erlangte. Nach der Eroberung durch die Berner blieb es jedoch ein kleines Provinzstädtchen, das es in diesen Jahren immerhin zum Standort einer Fachhochschule schaffte.

Die **Altstadt** führt zur Brücke, links und rechts liegen gleisförmig zwei kleine Quartiere. Der Schwarze Turm aus dem 12. Jh. (Aufbau 16. Jh.) am Fluss und der Storchenturm im Süden der Altstadt sind erhaltene Teile der Befestigung. Der Kirchturm geht auf das 13. Jh. zurück, die Kirche in der Substanz auf das 18. Jh. Sehenswert sind die alte Lateinschule (spätgotisch-barock, 1638–40) und das ehemalige Rathaus (1579). Im Vindonissa-Museum beim Storchenturm sind Funde aus dem römischen Legionslager zu besichtigen.

Westlich der Stadt liegt das alte **Schlösschen Altenburg** (heute eine Jugendherberge!). Das Schlösschen lehnt sich an eine römische Mauer, die Teil eines Kastells aus dem 4. Jh. war.

In Windisch, einem auf dem Südufer der Aare mit Brugg verschmolzenem Ort, findet man an der Straße nach Hausen die Überreste des **Amphitheaters,** das seinerzeit mehr als 10.000 Personen Platz bot.

Ein über zwei Kilometer langer Kanal führt noch heute Wasser von Hausen nach **Königsfelden,** einem ehemaligen Kloster. Die noch bestehende Kirche gehört zu den Hauptwerken des Bettelordens (der Franziskaner) in der Schweiz. Gegründet wurde das Kloster als Sühnekirche durch die Witwe von König *Albrecht I.,* der hier am 1. Mai 1308 durch seinen Neffen *Johann von Schwaben* ermordet wurde. Es war einst Franziskaner- und Klarissinnenkloster zugleich, bevor es 1528 aufgelöste wurde. Die Berner machten 1415 einen Landvogteisitz daraus, der nicht vermünzte Klosterschatz ist deshalb noch heute im Berner Historischen Museum zu bewundern. Die Kirche ist ein Juwel gotischer Baukunst, turmlos, mit flach gedecktem Mittelschiff und ohne Strebepfeiler. Besonders sehenswert ist der Chorglasfensterzyklus von 1325–30.

Die Habsburg ⇗III/D2

Die Habsburg ist die **Titelburg des mächtigen Königs- und Kaiserhauses** und wurde 1020 von Graf *Radbot* und Bischof *Werner von Straßburg* auf einem Grat in der Nähe von Brugg-Windisch errichtet. Die Habsburger emanzipierten sich jedoch bald von der Burg, die daher einen ständigen Besitzerwechsel erlebte. Seit 1804 ist sie eine Domäne des Kantons Aargau. Nach dem Zweiten Weltkrieg wurden Renovierungen unternommen, um die verbliebene Substanz zu erhalten. Von der einstigen Doppelanlage sind nur noch Teile der westlichen Feste erhalten, ein quadratischer Bergfried aus schweren Quadern. Die Zinnen wurden 1866 beigefügt. An der Ostecke befindet sich ein Palas aus dem 12./13. Jh. mit gotischen Fenstern, nordseitig ein ummauerter Hof mit kleinem Turm. Im Palas finden sich eine spätgotische Stube (1559) und ein Rittersaal mit Turmofen (1913–14 ausgestattet).

● **Anfahrt:** am besten über Brugg-Windisch, dort ausgeschildert.

Aarau

↗III/D3

Die **Hauptstadt des Kantons,** der alte Sitz der Tagsatzung der Eidgenossenschaft, besitzt eine beachtliche Altstadt. Es ist eine einheitliche kyburgische Anlage (1240–50) auf einem Felssporn über der Aare mit barockisierten bunten Gassenfassaden. Sie gelangte kurz nach der Gründung an die Habsburger, dann 1415 an die Berner. Die fast runde Stadt ist durch ein Hauptgassenkreuz in die vier Himmelsrichtungen, in vier „Stöcke", geteilt. Rund um dieses Zentrum liegt ein Gassenring aus dem 14. Jh.

1798 projektierte Aarau ein großes Verwaltungszentrum im Osten der Altstadt, der so genannten Laurenzenvorstadt, da man sich schon als Hauptstadt der Helvetischen Republik wähnte. Auch nach Gründung des Bundesstaats, 1848, aspirierte Aarau auf die Hauptstadtwürden, wurde aber zugunsten von Bern verschmäht. Das **Verwaltungszentrum** wurde nur zum Teil gebaut und Aarau blieb Provinzstadt, immer in einer gewissen regionalen Konkurrenz mit anderen Kleinstädten wie Brugg-Windisch, Baden und dem solothurnischen Olten.

In der Altstadt ist v.a. das **geschlossene Gassenbild** beeindruckend, meist Reihenhäuser aus dem 16. und 17. Jh. Schön ist das barocke Rathaus mit Turm um 1250. Sehenswert auch die Stadtkirche auf dem Kirchplatz und der Obere Turm, das Wahrzeichen der Stadt mit Unterbau um 1250 und zurückspringendem Aufbau vor 1531.

Rheinfelden

↗III/C2

Das am linken Rheinufer vor den Toren von Basel gelegene Städtchen gehört politisch zum Kanton Aargau und wurde 1130 von den Zähringern gegründet. Es kam erst 1802 zur Schweiz. Vorher blieb es lange eine letzte Bastion der Habsburger in ihrem Stammland.

Rheinfelden ist sehenswert mit seiner schönen Altstadt und bekannt für seine Salinen (Museum im ehemaligen Bohrturm Nr. 6 im Kurpark), für sein Sol-Kurbad sowie für die **Braue-**

rei Feldschlösschen, eine der bemerkenswertesten Industriebauten der Schweiz und immer noch die größte Brauerei des Landes. Sie wurde 1874–76 im Burgenstil erbaut und sieht wirklich wie ein „Schlössli" aus.

Die als Halbkreis mit Wehrmauern und -türmen befestigte Altstadt sicherte den Rheinübergang. Eine Besichtigung beginnt am besten am Grenzposten am Rhein. Die zentrale Marktgasse wird links und rechts von hübschen Häusern gesäumt, man beachte speziell die schönen Schilder und Bemalungen. Etwa in der Mitte liegt rheinseitig das 1531 erbaute Rathaus mit Barockfassade und Giebel von 1767. Daneben steht der mittelalterliche Turm, der von der alten Stadtbe festigung übernommen und als Wachtturm erhöht wurde. Eine schöne maßwerkverzierte Freitreppe im Hof und zwei Spätrenaissanceportale ergänzen das Bild. Das Flanieren durch die alten Gässlein lohnt sich, man beachte im Schelmengässli den „Asylbogen" und in der Kuttelgasse den Brunnen von 1778, daneben besonders den südöstlichen Stadtausgang Obertorturm und den östlichen Storchennestturm (Kupferturm) sowie am Rheinufer den Messer- oder Diebsturm. Auch die Stadtkirche St. Martin, eine innen barockisierte, ca. 1406 erbaute Stiftskirche derer von Clairvaux, lohnt einen Besuch.

Das **Kurzentrum** befindet sich in einem prächtigen Park. Man badet in Natursole, es gibt eine Sauna, ein orientalisches Hamam (Dampfbad) und ein großes schönes Außenbad. Abends herrscht Casinobetrieb im Casino Romanix.

Aarburg ↗III/C3

Aarburg ist ein kleines, dreizeiliges froburgisches Kleinstädtchen zwischen der Aare und dem **Schloss** sowie der **Festung,** die imposant auf einem Felsrücken thronen. Letztere hat einen beeindruckenden Bergfried und Palas. Nach dem Krieg bauten die Berner sie zu einer beeindruckenden Artilleriefestung aus. Eine Besichtigung ist möglich, obschon sich im Schloss eine Erziehungsanstalt für Jugendliche befindet. Ein Lift führt vom Städtchen hinauf zu Kirche und Schloss.

Zofingen ↗III/C3

Auch Zofingen ist eine froburgische Gründung, einige Kilometer südlich von Aarburg gelegen. Die Stadt wurde bereits 1415 bernisch. Seit 1803 ist sie aargauischer Bezirkshauptort. Der historische Kern ist ein intaktes Beispiel einer mittelalterlichen, sauber von neueren Quartieren getrennten Altstadt. Enge Gassen und offene Plätze wechseln sich hier ab. In der Unterstadt (nordwestlich) finden sich einheitliche Wohn- und Kleingewerbebauten, in der oberen Stadt (südöstlich) die öffentlichen Gebäude. Dazwischen steht die Stadtkirche, die im Wesentlichen auf das späte 12. bis 15. Jh. zurückgeht. Besonders bemerkenswert ist das Rathaus aus dem 18. Jh.

Praktische Tipps

Information

●**Aarau Info Verkehrsbüro,** Graben 42, 5000 Aarau, Tel. 062/824 76 24, Fax 062/824 77 50.

●**Baden Tourismus,** Bahnhofstr. 50, 5400 Baden, Tel. 056/222 53 18, Fax 056/222 53 20, www.baden.ch

Unterkunft/Essen und Trinken

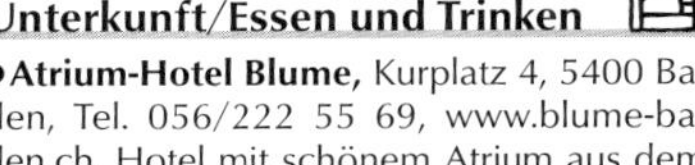

●**Atrium-Hotel Blume,** Kurplatz 4, 5400 Baden, Tel. 056/222 55 69, www.blume-baden.ch. Hotel mit schönem Atrium aus dem 19. Jh. 30 Zimmer, meist mit Dusche/Bad WC, DZ mit Bad/WC sFr. 240, nur mit Toilette (Dusche auf Etage) sFr. 169.

●**Landhotel Linde,** Familie *Markus Schibli,* 5442 Fislisbach, Tel. 056/493 12 80, www.linde-fislisbach.ch. Landhotel nahe Baden mit schönen Zimmern und Freibad, DZ mit Frühstück sFr. 190.

●**Hotel Ochsen,** Burghalde 33, 5600 Lenzburg, Tel. 062/891 37 76. Im Zentrum von Lenzburg am historischen Aufgang zum Schloss gelegen. Familienbetrieb mit drei verschiedenen Restaurants, mittelalterlicher Weinkeller, eigener Rebbau, 26 Zimmer, DZ mit D/WC und Frühstück sFr. 190.

●**Hotel Terminus,** Bahnhofplatz 1, 5200 Brugg, Tel. 056/441 18 21, Bahnhofhotel mit 53 Zimmern, DZ mit D/WC und Frühstück sFr. 190.

●**Hotel Aarauerhof******, Bahnhofstr. 68, 5000 Aarau, www.bestwestern.ch, Tel. 062/837 83 00. 81 Zimmer in neuerem Geschäftshaus nahe Bahnhof, DZ mit Bad/WC und Frühstück sFr. 250 bis 330.

●**Hotel Krone,** Bahnhofstr. 52, 4663 Aarburg, Tel. 062/791 52 52. Behäbiger Gasthof im Städtchen. 23 Zimmer, DZ mit Bad/D und WC sFr. ab 210.

●**Jugendherberge Baden,** Kanalstr. 7, 5400 Baden, Tel. 056/221 67 36. Direkt an der Limmat. Kürzlich umgebautes rustikales Gebäude. Glas und helle Farben bestimmen das Innere. Insgesamt 83 Betten in Zimmern mit zwei bis neun Betten, Duschen/WC auf der Etage. Essen möglich, auch vegetarisch. Richtpreis p. P. im Mehrbettzimmer mit Frühstück in der Hauptsaison sFr. 28, Jan. bis März geschlossen.

●**Jugendherberge Beinwil am See,** Seestr. 71, 5712 Beinwil, Tel. 062/771 18 83. Insgesamt 98 Betten, meist Familienzimmer mit Dusche/WC auf Etage, Selbstkocherküche. Schwimmbad direkt nebenan, Fußballplatz als Spielwiese, Kanu, tägliche Fütterung von zwei Hausschweinen, Richtpreis p.P. im Mehrbettzimmer mit Frühstück, Hauptsaison sFr. 25,50.

●**Jugendherberge Brugg,** Schlössli Altenburg, 5200 Brugg, Tel. 056/441 10 20. Romantisches Schlösschen direkt an der Aare beim Hallen- und Freibad. 15 Minuten vom Stadtzentrum (autofrei). Spielwiese. Zwei DZ mit fließend Wasser. Ein Vierbettzimmer und drei Massenlager mit 10, 12 und 13 Plätzen. Kleine Wohnung mit Küche, Stübli und Waschgelegenheit für acht Personen. Insgesamt 51 Betten. Richtpreis im Mehrbettzimmer sFr. 23 p. P.

●**Jugendherberge Zofingen,** General Guisan-Str. 10, 4800 Zofingen, Tel. 062/752 23 03. Zimmer mit zwei bis sechs, insgesamt 58 Betten. Dusche und WC auf Etage. Grillplatz, Spielplatz, Tischtennis, TV, Spiele. Richtpreis p. P. im Mehrbettzimmer mit Frühstück: sFr. 26,50. Jan. und Febr. geschlossen.

●**Chez Jeannette,** in Aarau, Vordere Vorstadt 17, Tel. 062 822 77 88, das beste Lokal der Stadt.

Camping

●**Zelt- und Wohnwagenclub Olten,** 4663 Aarburg, www.camping-aarburg.ch, Tel. 062/791 58 10. Platz nahe der Autobahn an der Aare. Waschbecken und Duschen, Ausgüsse für Chemie-Toiletten, Sanitärtrakt, Strom, Waschmaschine, Tumbler.

Olten und Solothurn

Olten ⇗III/C-D3

Olten liegt als östlichste Stadt im Kanton Solothurn malerisch im Gebiet des unteren Aarelaufs. Es ist eine Kleinstadt mit knapp 20.000 Einwohnern, doch als **Zentrum der Wirtschaftsregion** am Jurasüdfuß von größerer Bedeutung, als die Bevölkerungszahl vermuten lässt. Olten ist Verkehrsknotenpunkt, wichtiges Tagungszentrum und Sitz der solothurnischen Fachhochschule. Da unmittelbar an einem Autobahnkreuz gelegen, ist es gut zu erreichen. Auch die Intercityzüge von Bern nach Basel bzw. die der Jurafußlinie halten hier.

Die Stadt feierte 2001 ihr **800-jähriges Bestehen,** 1201 wurde Olten zum ersten Mal erwähnt. Schon früher stand hier ein spätrömisches Kastell. Doch die Stadt wechselte oft ihre Besitzer: Ursprünglich froburgisch, wur-

069ch Foto: st

de sie habsburgisch, baslerisch und 1426 an den Bischof von Solothurn verpfändet.

Die kleine **verkehrsfreie Altstadt** besteht aus einer Hauptgasse und bogenförmig zuführenden Nebengassen. Über die Aare führt eine beachtliche Holzbrücke, 1295 erstmals erwähnt und 1803 neu errichtet. Sie besteht aus drei Holzpfeilern und einem Steinbogen. Der Stadtturm ist ein ehemaliger Glockenturm der abgetragenen Stadtkirche. An der Südwestecke steht der Hexenturm. Die frisch restaurierte Burg Zielemp, ehemals Sitz der Stadtvögte, kann an der Nordostecke, an der Aare bewundert werden.

Solothurn

⇗II/B3

Ein Ausflug in die Region nördlich von Bern sollte nicht ohne einen Besuch der Stadt Solothurn erfolgen. Sie besitzt eines der **besterhaltenen Ortsbilder der Barockzeit** in der Schweiz und ist reich an architektonischen Schönheiten. Die Verkehrsfreiheit der Altstadt erhöht das Vergnügen einer Besichtigung und lädt zum Verweilen ein.

Geschichte

Die Stadt liegt am ersten Aarengpass östlich der Juraseen. Bereits mesolithische Siedler, die Kelten und die Römer siedelten hier. Die Zähringer legten das Grundraster zur heutigen Stadtanlage. Solothurn wurde reichsfrei und früh ein Stand der Eidgenossenschaft (1481). Die Niederlassung des französischen Ambassadors ab 1530 gab der Stadt eine besondere Bedeutung, pflegte doch die alte Eidgenossenschaft über Jahrhunderte besondere Beziehungen zu Frankreich. Die Anlage ist diejenige einer fast quadratischen Brückenstadt am Nordufer der Aare mit der alten Brücke am Westende. Eine kleinere Befestigung auf der südlichen Seite des Aareübergangs, die Vorstadt, schützte diesen Teil der Brücke. Noch sichtbar davon ist der so genannte Krumme Turm und ein Mauerstück hinter dem „Prison" (Gefängnis). 1667 wurde die Stadt im Vauban'schen Stil mit Schanzen verstärkt. Davon sind noch der Buristurm im Nordwesten und der Riedholzturm im Nordosten auf der dem Ufer abgewandten Stadtseite vorhanden.

Sehenswertes

Das bemerkenswerteste Bauwerk Solothurns ist die frühklassizistische **St. Ursenkathedrale,** eine Dreikonchenbasilika nach frühbarocken Vorbildern. Auffällig ist der sehr helle, für die Stadt typische Marmor. Zwei Vorgängerkirchen standen schon hier. Die heutige Kathedrale wurde 1762–73 von *Gaetano Matteo Pisoni* und seinem Neffen *Paolo Antonio* aus Ascona (TI) gebaut. Die typisch südländische Freitreppe schließt die Hauptgasse in beeindruckender Weise ab und führt zur dreiteiligen Hauptportalfassade

Die Altstadt von Solothurn

mit monumentalen Statuen und Reliefs. „Römisch" nachempfundene Brunnen finden sich seitlich der Treppe. Nur ein hochbarocker Turm steht auf der Nordseite des Chors, der südliche Turm wurde nicht gebaut. Das Innere ist als Kreuzbasilika angelegt mit sehenswerter Ausstattung. Besonders zu erwähnen ist der Domschatz im Untergeschoss des Turms, insbesondere die silberne Immakulata, ein Bruderschaftsbild der Marianischen Männerkongregation (1698).

Nicht weit von der Kathedrale, an der Hauptgasse steht die vortreffliche **barocke Jesuitenkirche** mit hervorragenden Stuckaturen von zwei Meistern aus dem Tessin. Man beachte die Vielfalt der Pflanzen- und Blumenmotive.

Das **alte Bürgerspital** an der Aare wurde im 15. Jh. vom Schultheißen *Niklaus von Wengi* mit eigenen Mitteln errichtet. Es dient heute als Restaurant, Versammlungs- und Begegnungslokal.

Sehenswert ist auch das **Baseltor** (1504) gleich neben der Kathedrale, das zusammen mit dem Turm des Gotteshauses besonders beeindruckt.

Der **Riedholzturm** ist der nördliche Eckpfeiler der Stadt und bildet zusammen mit der **Riedholzschanze** den einzigen noch erhaltenen Teil der ehemaligen Vollbastion.

Man beachte auch das **Kapitelhaus** südlich des Baseltors, das zum St. Ursenstift gehörte (1770), sowie das alte **Zeughaus** etwas nördlich von Hauptgasse und Kathedrale, ein frühbarockes Gebäude mit beachtlichem Militaria-Museum.

Der **Ambassadorenhof,** die einstige Residenz der französischen Gesandten, ist heute Teil der kantonalen Verwaltung und deshalb arg verändert.

Das **Rathaus** mit manieristischer Ost-Fassade und schönem Treppenturm ist ebenfalls einen Besuch wert.

Der **Zytgloggeturm** ist nicht Teil der Stadtbefestigung, sondern liegt an der Hauptgasse. Er wurde bereits zu Beginn des 12. Jh. erbaut und im 15. und 16. Jh. mit einem astronomischen Uhrwerk ausgestattet.

Das **Landhaus** an der Aare wurde 1722 als Anlegestelle („Lände") und Lagerhaus für Wein gebaut. Heute finden dort kulturelle Veranstaltungen statt, u.a. die Solothurner Literaturtage und Ende Januar die Schweizer Filmtage, mit Locarno das bedeutendste Filmfestival der Schweiz.

Das Areal der ehemaligen Schanzen rund um die Stadt wurde in **Grünanlagen** verwandelt. Darin befindet sich im Norden das Museum der Stadt Solothurn (Semper-Schule, 1897–1902).

Nördlich der Stadt kann ein bedeutendes **Kapuzinerkloster** besucht werden (erste Niederlassung 1588, Kirche 1590–93, Vergrößerung 1629 mit neuem Mönchschor, Hochaltar mit Verkündigungsbild von 1624).

In Feldbrunnen, etwas nordöstlich von Solothurn, liegt das vorzügliche **Schloss Waldegg,** ein patrizischer Sommersitz mit Wohnturm, Turmhaus und schöner Gartenarchitektur, der 1682–84 für den Solothurner Schultheiß *Johann Viktor Besenval* gebaut wurde. Als staatliche Stiftung ist das Schloss für Besichtigungen geöffnet.

Praktische Tipps

Information

- **Region Solothurn Tourismus,** Hauptgasse 69, 4500 Solothurn, Tel. 032/626 46 46, Fax 032/626 46 47, www.solothurn-city.ch

Unterkunft

- **Hotel Astoria*****, Hübelistr. 15, 4600 Olten, www.astoria-olten.ch, Tel. 062/212 12 12. Im Zentrum von Olten mit trendiger Brasserie. 30 Zimmer mit D/WC, DZ sFr. 125 (ohne Frühstück).
- **Hotel Krone******, Hauptgasse 64, 4500 Solothurn, Tel. 032/622 44 12. Mitten in der Altstadt neben der Kathedrale gelegenes gediegenes Haus mit gutem Restaurant. 42 Zimmer, DZ mit Bad/WC ab sFr. 265.
- **Hotel Astoria*****, Wengistr. 13, 4500 Solothurn, Tel. 031/622 75 71. Gutes Mittelklassehotel mit gutem Preis-Leistungs-Verhältnis. DZ mit Dusche oder Bad/WC inkl. Frühstück ab sFr. 140 (mit Grandlits), sFr. 170 bis 180 für DZ mit zwei Betten.
- **Jugendherberge Solothurn „Am Land",** Landhausquai 23, 4500 Solothurn, Tel. 032/623 17 06. In der Altstadt. 92 Betten in Zimmern von fünf bis zehn. D/WC auf der Etage. Eigene Küche. Zum Teil Bio- und Naturaküche sowie vegetarische Menüs. Internet Corner, Dachterrasse, Altstadt-Innenhof, Velokeller, Spielgalerie mit Billard. Richtpreis p.P. im Mehrbettzimmer mit Frühstück in der Hauptsaison sFr. 27,50, Nov. bis Mitte Jan. geschlossen.

Essen und Trinken

- **Walliserkanne,** Aarburgerstr. 6, 4600 Olten, Tel. 062/296 44 76. Direkt an der Aare gelegenes, ausgezeichnetes Restaurant mit gepflegtem Service. Terrasse auf Flussseite.
- **Felsenburg,** Aarauerstr. 157, Olten, Tel. 062/296 22 77. Ausgezeichneter Italiener. Geschlossen: Fr/Sa und Mitte Juli bis Mitte August.
- **Baseltor,** Solothurn, Hauptgasse 79, Tel. 032/622 34 22. Schon fast historischer Genossenschaftsbetrieb in der Altstadt mit guter Bioküche.

Kleinstädte und Schlösser nördlich Berns

Wangen an der Aare ↗III/C3

Der Weg von Bern nach Basel führte einst durch die Klus. Die Aare war deshalb zu überqueren und der strategisch wichtige Flussübergang wurde früh durch die Grafen von Kiburg mit einer Stadtgründung gesichert. 1267 wird Wangen als Stadt erwähnt. 1367 nennt ein Dokument hier eine Brücke. 1406 verkaufen die verschuldeten Kiburger Ort und Brücke an die Berner, welche eine Landvogtei einrichten und eine **gedeckte Brücke** errichten lassen. Ein Steinpfeiler nennt noch heute 1552 als Jahr der Vollendung.

Das Städtchen auf der Südseite des Flusses ist fast quadratisch, eine Hauptstraße und eine parallele Nebengasse durchziehen das Stadtareal. Neben der Brücke bauten die Kiburger einen Wehrturm zu einer Burg aus. Die Berner Postunternehmer und Landvögte *Fischer* erweiterten sie im 17. Jh. zum **Schloss,** dem heutigen Amtshaus. Die Hauptstraße ist hier zu einem Platz mit schönem Brunnen (1789) erweitert. Am Ende des Städtleins steht ein **Zytgloggeturm.** Außerdem sind die **ehemalige Klosterkirche** (außerhalb des Städtchens) und das **Neue Salzhaus** (1775) am Fluss zu erwähnen. Eine kleine Ausstellung erläutert hier die Bedeutung des Salzabbaus und -handels.

Wiedlisbach ↗III/C3

Wiedlisbach, nur zwei Kilometer von Wangen entfernt, war ursprünglich eine Gründung der Grafen von Froburg, wurde im so genannten Guglerkrieg zerstört und kam 1406 in gemeine Herrschaft der Berner und Solothurner, v.a. als Absicherung gegen die Habsburger. Seit 1463 ist das Städtchen ganz bernisch.

Ähnlich wie Wangen ist die **Stadtanlage** rechteckig, unterteilt von einer relativ schmalen Hauptgasse, welche lange Zeit die Hauptverbindung zwischen Solothurn und Olten darstellte. An beiden Enden der Hauptgasse finden sich Stadttore. Das Hinterstädtchen ist durch Gässchen mit der Hauptgasse verbunden. Lange Teile der Ringmauer sind noch erhalten, teilweise von historisch fragwürdigen Fenstern durchbrochen. Im Nordwesten erhebt sich ein markanter Eckturm mit schlankem hohem Helm.

Das Hinterstädtchen war bis vor kurzem das letzte Beispiel eines bäuerlich genutzten Stadtteils mit so genannten **Ackerbürgern.** Heute ist es ein geschätztes Wohnquartier.

Büren an der Aare ↗VII/C1-2

Büren ist ein architektonisch interessantes Landstädtchen zwischen Biel und Solothurn. Gegründet wurde es im 13. Jh. durch eine Nebenlinie der Neuenburger. Die Gugler belagerten es 1375, die Berner und Solothurner eroberten es 1388, 1393 wurde es bernisch.

070ch Foto: st

Die **Stadtanlage** ist dreieckig, am Südufer der Aare gelegen, mit schönem spätgotischem Baubestand, an der Hauptgasse barockisiert mit typischen Berner Arkaden. In der Kirche am Ostende des Städtleins findet sich ein wertvoller spätromanisch-frühgotischer Skulpturenzyklus.

Das Schloss beherrscht den Ort und den über die Aare führenden Übergang – eine 1821 nach einem Brand wieder aufgebaute **gedeckte Holzbrücke,** welche in den siebziger Jahren des 20. Jh. durch Juraseparatisten angesteckt und anschließend wieder errichtet wurde.

Das **Schloss** ist eine der bedeutendsten Schlossbauten der Berner im 17. Jh. 1620–25 wurde es anstelle von vier Wohnhäusern errichtet. Der Hof ist im Osten durch einen Renaissance-Torbau gegen die Straße abgeschlossen.

Schloss Thunstetten ⇗II/C3

Schloss Thunstetten ist ein nahe Langenthal liegendes Schlösschen, das sich *Hieronymus von Erlach* Anfang des 18. Jh. als „Campagne" erbauen ließ (so nannten die Berner Patrizier ihre Herrensitze auf dem Land). Hieronymus brachte es als Söldneroffizier in französischen und habsburgischen Diensten bis zum Feldmarschall der Österreicher. Anschließend wurde er Berner Ratsherr und 1721–46 Schultheiß der Stadt und Republik Bern.

Das **spätbarocke Schloss** ist besonders sehenswert, weil es inklusive Innenausstattung vollständig erhalten ist. Die Anlage besteht aus drei Flügeln auf erhöhtem, aussichtsreichem Hügel, einem Hauptgebäude mit Hochparterre und zwei nach Süden gewandten Seitenflügeln. Alles ist in französischer Manier des Louis XIV.-Stil schön symmetrisch angeordnet. Nur das steile Walmdach und die Fensterläden sind unverkennbar bernisch. Zum Eingang führte früher eine jetzt leider abgeholzte Kastanienallee. Parallel dazu befindet sich auf der anderen Front ein Park mit zentralem Parkweg, der zu einem Springbrunnen führt – man fühlt sich nach Frankreich versetzt.

Schloss Landshut ⇗VII/D2

Schloss Landshut ist am Rande des stattlichen Dorfs **Utzenstorf** zu finden, in dem der Schriftsteller *Jeremias Bitzius (Gotthelf)* aufwuchs und als Prädikant wirkte. Der Landvogt *Abraham Jenner* ließ hier 1623–30 einen Neubau auf den Mauern der alten Burg erbauen, 1812 wurde er im klassizistisch-romantischen Stil der Zeit umgewandelt. Man sieht nur noch die

Reste der alten Ringmauer. Das **Märchen-Wasserschloss** in ausgedehnter Parkanlage wird über eine steinerne Bogenbrücke erreicht, die den Wassergraben überspannt. Die hölzerne Zugbrücke ist eine Rekonstruktion von 1965. Im Schloss hat man ein Museum für Wohnkultur des 17. Jh. sowie eine Außenstelle des Naturhistorischen Museums der Burgergemeinde Bern eingerichtet, das Schweizerische Museum für Jagd und Wildschutz.

Schloss Jegensdorf

↗VII/D2

Schloss Jegensdorf ist eine ursprünglich mittelalterliche Wasserburg, die *Albrecht Friedrich von Erlach* 1720 in ein schmuckes **barockes Schloss** umwandelte, das heute als Museum für bernische Wohnkultur (17.–19. Jh.) dient. In der Schlossscheune ist ein Dorfmuseum untergebracht und im alten Pferdestall eine Galerie, die jungen Künstlern eine Ausstellungsmöglichkeit bietet. Im südlichen Schlosspark trifft man auf ein Badehäuschen des 1913–15 errichteten Freibades, eines der ersten der Schweiz. Leider ist das Bad mittlerweile zugeschüttet.

Praktische Tipps

Unterkunft

- **Hotel al Ponte,** Wangenstr. 55, 3389 Wangen a. A., www.alponte.ch, Tel. 032/636 54 54. Neueres gut geführtes Hotel im Grünen direkt an der Aare. Ruhig. DZ mit D/WC und Frühstück sFr. 130 bis 178.
- **Landgasthof Bären*****, Kirchgässli 1, 4934 Madiswil, Tel. 062 957 70 10. Etwas südlich von Langenthal in gemütlichem Dorf am Nordeingang zum Emmental. Ein guter Landgasthof (1791 gebaut) mit schönen Zimmern und gepflegtem Restaurant, DZ mit D/WC sFr. 170.

Essen und Trinken

- **Hotel Bären,** St. Urbanstr. 1, Langenthal, Tel. 062/919 17 17. Stilvolles Restaurant und gepflegte Bar. Kleine bis große Plättchen und Menüs.
- **Sonne,** Sonnenweg 2, Messen (zwischen Utzenstorf und Lyss), Tel. 031/765 52 11. Feine Küche und die Kinder kommen auch auf ihre Rechnung (Spielwohnwagen).
- **Rössli,** Limbachstr. 17, Büren zum Hof (auf halbem Weg zwischen Utzenstorf und Jegensdorf nach Westen abbiegen), Tel. 031/767 82 96. Ausgezeichneter Koch und guter Weinkeller.
- **Bären Utzenstorf,** Hauptstr. 18, 3427 Utzenstorf, www.baeren-utzenstorf.ch. Guter gepflegter Landgasthof mit weitbekannter Küche.
- **Zum Brunnen,** Bernstr. 6, Fraubrunnen, Tel. 031 767 72 16. Hier sollte man v.a. den legendären *Suure Mocke* (Sauerbraten), aber auch Fisch genießen.

Das Emmental

Das berühmteste am Emmental ist sein Käse. Dabei handelt es sich auch um eine herrliche Wander- und Bikerlandschaft – eine **grüne Lunge** des Mittellands. 50 % ist mit Wald bedeckt, der Rest sind satte grüne Wiesen und Äcker auf meist sanften Hügeln.

Das Emmental ist die Landschaft des Dichters *Gotthelf,* eine Gegend mit **stattlichen Bauernhöfen,** charakteristischen Walmdächern und schönen Blumen- und Gemüsegärten. Neben dem Bauernhaus steht oft ein „Stöckli" (siehe Exkurs). In den Dörfern finden sich genossenschaftlich betriebene Käsereien, welche die Milch der Bauern zum berühmten Käse und zu Butter verarbeiten. In den seit Generationen familienbetriebenen Gasthöfen mit einfachem Komfort, aber meist sehr generöser Verpflegung, können Besucher sich für kommende Taten stärken.

Trub

↗VIII/A2

Die Gegend um Trub, oberhalb Langnau dem Napfgebiet zu, gilt als besonders **ursprünglicher Teil des Emmentals** mit vielen Einzelhöfen, die von der blühenden Holzbaukunst des 16. bis 19. Jh. zeugen. Die „Nationalhymne" des Emmentals lobt die guten Eigenschaften der jungen Männer aus dieser Gegend: *„I bin en Bueb vo Trueb ...".* Trub selber hat viele schöne Bauten, wie etwa die bemerkenswerte Kirche von 1641–45, die auf Überresten einer ehemaligen Klosterkirche steht. Das Pfarrhaus daneben stammt aus den Jahren 1753–56, das Ofenhaus von 1756. Auch die Dorfhöfe mit Speichern sind sehenswert.

Langnau

↗VII/D2

Langnau ist der **Hauptort des Oberemmentals,** wo man die berühmten gedeckten Holzbrücken findet, z.B. die Gohlhausbrücke bei Lützelflüh von 1846 und die Schüpbachbrücke bei Signau von 1839.

Langnau war Marktort, was noch heute Straßen- und Platznamen wie *Marktstrasse, Pferdemarkt* oder *Viehmarkt* beweisen. Im Chüechlihus (Kuchenhaus) befindet sich das interessante Heimatmuseum, das einen guten Einblick in die hoch stehende bäuerliche **Töpfer- und Keramikkunst** gibt. Emmentaler *Chacheli,* (Töpferwaren) sind bekannt und ein schönes Souvenir. Sichtbar wird hier auch, worauf der Wohlstand der Emmentaler basierte, nämlich auf Wald (Holz), Käse und Pferden.

Traditioneller Alterswohnsitz – das Stöckli

Das *Stöckli* ist der traditionelle Alterswohnsitz der Bauern im Bernbiet. Es ist ein kleineres Haus, das normalerweise neben dem großen Hof steht, in welchem Stallungen, Heuboden und Wohnbereich zu finden sind. Wenn die Berner älter werden, übergeben sie die Bewirtschaftung ihres Hofs dem jüngsten Sohn (nicht dem ältesten, wie andernorts üblich), der dann mit Frau und Kindern in das Haupthaus einzieht, während sich die alten Bauersleute auf das Stöckli zurückziehen.

Heute sind die Stöckli begehrte Wohnsitze von Städtern, die Landluft schnuppern wollen. Viele verlassene Stöckli wurden zu Zweitwohnungen umgebaut, z.T. stilistisch massakriert. Man findet sie überall, wenn man im ländlichen Gebiet des Kantons Bern aufmerksam beobachtet.

Vom Käse und vom Käsen

Schon Asterix stellte anlässlich seines Besuchs in Helvetien die erstaunliche Affinität der Helveter zu Milchprodukten fest. In den Höhenlagen der schweizerischen Voralpen und des höheren Mittelands ist Viehhaltung die geeignete Bewirtschaftungsform. Alpbauern aus der Romandie sollen im 16. Jh. die Käseproduktion im Emmental bekannt gemacht haben. Bald wurde das Käsen zur lukrativen Hauptbeschäftigung, die alle anderen Verarbeitungsmethoden der Milch zu verdrängen drohte. Vorerst wurde der Käse in den Alphütten selbst verarbeitet (in der Schweiz nennt man die Almen Alpen und die Almhütten Alphütten). Nach der Alpabfahrt überwinterte der Alphirt im Küherstöckli. Mit der Dreifelderwirtschaft und der Stallfütterung begann die viel intensivere Milchwirtschaft im Tal. Im 19. Jh. schloss man sich zunehmend in Genossenschaften zusammen, welche die Milch sammelten und verarbeiteten. Wie es dabei zuging schildert dramatisch *Gotthelfs* Roman „Käserei in der Vehfreude". Einen Einblick erhält man auch in der sehenswerten Schaukäserei Affoltern im Emmental.

„Brächete" – das Brechen des Korns

Emmentaler Stimmung

Trachselwald, Sumiswald und Lützelflüh ⇗VII/D2

Trachselwald und Sumiswald sind intakte Dörfer mit beachtlicher Bausubstanz. **Trachselwald** besitzt ein Schloss, das ursprünglich Sitz der Freiherren von Trachselwald war, ab 1408 Vogteischloss der Berner, heute Amtsverwaltung. Im Dorf sehenswert ist die Kirche, 1686 gesamtrenoviert und erweitert.

In **Sumiswald** findet sich ebenfalls ein Schloss, ursprünglich gestiftet für eine Deutschordensgemeinschaft, erst 1698 von Bern gekauft und als Landvogteisitz benutzt. Die Kirche im Dorf ist ein Bau des Deutschen Ordens von 1510, renoviert 1934–41, mit beachtenswerten Glasgemälden.

In **Lützelflüh** steht die große spätgotische Kirche, in der *Gotthelf* lange als Pfarrer predigte. Das repräsentative Gotthelf-Pfarrhaus ist von 1655–57. Im Kirchhof erinnert ein schlichter Grabstein an den wortgewaltigen Dichter. Rund um Lützelflüh finden sich viele typische Weiler, Hofgruppen und Einzelhöfe.

Burgdorf ⇗VII/D2

Der nur zwanzig Minuten von Bern entfernte Hauptort des Emmentals besitzt mit dem **Zähringerschloss** die größte vollständig erhaltene Burganlage der Schweiz. Von den Anfängen bis heute diente das Schloss als Gerichtssitz, Gefängnis und Verwaltung. Die Zähringer bauten um 1200 die zwei

Haupttürme, den Wohnturm (Palas) und den schlankeren Bergfried. Bereits 1218 ging die Besitzung an die Kyburger. Die Berner kauften Schloss und Stadt den wirtschaftlich unter Druck stehenden Grafen ab und machten daraus ein Schultheißenamt. Heute ist Burgdorf ein Amtsbezirk.

Im Schloss gibt es neben Amtsräumen das **Schlossmuseum,** u.a. mit Hinweisen auf *Heinrich Pestalozzi,* der hier zur Zeit der Helvetik ein Erziehungsinstitut führte.

Zwischen Schloss und spätgotischer Kirche liegt die sehr schöne mittelalterliche **Altstadt** von Burgdorf und etwas nördlich davon, noch tiefer gelegen, die ebenfalls sehenswerte **Unterstadt** mit Schlachthaus (1287 als Spital erbaut!) und Kornhaus (1770 errichtet, seit 1991 das Schweizeri sche Zentrum für Volksmusik, Trachten und Brauchtum). In der Altstadt hervorzuheben sind das im Renaissancestil gebaute Grosshaus (Hohengasse 4) und etwas weiter die Grosse Apotheke sowie das Diesbacherhaus (Hohengasse 19 und 21, 1745 bzw. 1744 erbaut). Das Hotel Stadthaus an der Ecke Hohengasse/Kirchbühl entstand 1746 als Rats- und Gasthaus.

Im Herbst 2002 wird in der Altstadt das neue **Museum Franz Gertsch** eröffnen, gesponsert von einem lokalen Industriellen. Das Museum soll das Werk dieses bedeutenden zeitgenössischen Burgdorfer Künstlers würdigen, der als einer der letzten und sicher wichtigsten Hyperrealisten angesehen wird.

071ch Foto: st

Die erwähnte **Kirche** ist der andere Eckpfeiler der Stadt. Im späten 12. Jh. wurde eine Vorgängerkirche gebaut. Der Berner Münsterbaumeister *Niklaus Birenvogt* errichtete das heute bestehende Bauwerk 1471–90. Besonders sehenswert ist der Lettner, die Chorabtrennung, die jetzt am entgegengesetzten Ende der Kirche steht und als eines der besten Exemplare spätgotischer Steinmetzkunst gilt.

072ch Foto: st

Praktische Tipps

Information

- **Pro Emmental,** Schlossstr. 3, 3550 Langnau i. E., Tel. 034/402 42 52, Fax 034/402 56 67, www.emmental.ch

Unterkunft

- **Hotel Stadthaus*******, Kirchbühl 2, 3402 Burgdorf, www.stadthaus.ch, Tel. 034/428 80 00. In der Altstadt, „kleinstes Fünfsternhotel der Schweiz", 16 luxuriöse Einzel- und Doppelzimmer, eine Junior Suite, eine Dachsuite, ein vollständig rollstuhlgängiges Zimmer, öffentliche Räume rollstuhlgerecht. Gourmet-Restaurant „La Pendule", Stadtcafé, Vinothek im Gewölbekeller. DZ mit Bad/WC sFr. 250 bis 280.
- **Hotel Berchtold,** Bahnhofstr. 90, 3400 Burgdorf, Tel. 034/428 84 28. Neues Businesshotel nahe Bahnhof, 36 Zimmer mit Bad/D und WC, einige rollstuhlgängig, DZ mit Frühstück sFr. 175 bis 230.
- **Landgasthof Bären*****, 3454 Sumiswald, Tel. 034/431 10 22. Gemütlicher Landgasthof im Dorf, Schänke aus dem 14. Jh., DZ mit D/WC sFr. 140 bis 160.
- **Jugendherberge Langnau BE,** Mooseggstr. 32, 3550 Langnau, Tel. 034/402 45 26.

Essen und Trinken

- **Zum Goldenen,** Güterstr. 9, Langnau, Tel. 034/402 65 55. Ausgezeichnete Küche, angenehmes Ambiente.
- **Serendib,** Metzgergasse 8, Burgdorf, Tel. 034/422 36 18. Indische Spezialitäten in der Unterstadt.

Camping

- **Campingplatz Mettlen*****, 3553 Gohl (in der Bärau bei Langnau nach Norden Richtung Lüderenalp fahren, ca. drei Kilometer ab Bärau), Tel. 034/402 36 58. Sanitärtrakt mit Duschen, Waschmaschine, Wäschetrockner, Behinderten-WC; Feuerstellen, Grillhaus, Kinderspielplatz.

Fribourg

↗VII/C3

Geschichte

Berchtold IV. gründete Freiburg (franz. *Fribourg)* im Üechtland als einen von mehreren zähringischen Stützpunkten, um die Herrschaft des Burgunds an der Ostflanke des Jura zu sichern. Der Herzog baute bewusst an der Sprachgrenze, damit ihm die Rückendeckung der ihm hörigen deutschen Gebiete sicher war. Die Ansiedlung am Fluss bot sich aus strategischen, wirtschaftlichen und logistischen Überlegungen an. Ähnlich wie die Schwesterstadt Bern war Fribourg auf drei Seiten durch steil abfallende Hänge und vom strömenden Wasser geschützt. Nur der Zugang von Westen musste mit künstlichen Befestigungsanlagen geschützt werden.

Es war die Zeit der Stadtgründungen, als in den wirtschaftlich am meisten entwickelten und fortgeschrittenen Gegenden Handwerker und Handelsleute sich der Feudalrechte zu entledigen versuchten. Die meisten Feudalherren erblickten in den Städtern gefährliche Revoluzzer. Nicht so die Zähringer, sie unterstützen die Städte und gewährten ihnen Freiheiten. Die **Feudalherren** in der Umgebung von Fribourg versuchten sich die Freundschaft der Stadt zu sichern, indem sie das Bürgerrecht erwarben. In der Folge bekleideten sie hohe Ämter wie Schultheiß, Schöffe oder Bannerherr. So kamen ihre Ländereien in den Besitz der Stadt. Dasselbe geschah mit kirchlichem Besitz. Teilweise wurden

Lehnrechte auch wegen Geldmangels an die Stadt verkauft. So bildete sich bis Ende des 15. Jh. ein Gebiet im Besitz der Stadt, das als **alte Landschaft** bezeichnet wurde.

Die Zähringer förderten bewusst Wirtschaft und Handel in der Saanestadt. Diese lag an einer für Mitteleuropa **bedeutenden Handelsstraße,** der West-Ostverbindung, die von Südwesteuropa über Genf, Freiburg, Bern und von dort nach Oberdeutschland und in die osteuropäischen Länder führte.

Stadtrundgang

Vom Bahnhof aus geht man zunächst die Avenue de la Gare und die Rue de Romont entlang, dann in die Rue de Lausanne. Rechts stehen **Kirche und Kloster der Ursulinerinnen,** die sich 1634 hier niedergelassen haben. Die Kirche wurde 1653–54 gebaut, die gegen den Python-Platz und die Rue des Alpes angelegten Konventgebäude 1677–79 errichtet. Im Chor fällt ein Sterngewölbe, im Schiff ein doppeltes Kreuzrippengewölbe von 1675 auf, daneben drei Tafelbilder aus Siena und auf der Empore ein Kruzifix aus den Anfängen des 17. Jh.

Die **Rue de Lausanne** wurde Ende des 13. Jh. zur westlichen Hauptachse. Die abfallende Gasse ist mit ihren mehrheitlich aus dem 16. bis 18. Jh. stammenden Bauten fast intakt geblieben. Die Häuser sind teilweise spätgotisch, teils haben sie Louis-XV.-Fassaden. Das Bischöfliche Palais, erbaut 1842–45, besitzt zwei Innenhöfe und eine nachbarocke Fassade. Das „Haus de Gottrau" (Nr. 37) hat dagegen eine Louis-XVI.-Fassade. Das „Haus Fuchs" (Nr. 19), das Eckhaus zur Kollegiumstreppe, wurde um 1607 erbaut. Erhalten blieb der Erker mit reliefartigen Tier- und Menschenmasken, getragen von einem männlichen und weiblichen Atlanten.

Man steigt nun über die Kollegiumstreppe zum **Kollegium** und zur **Kirche St. Michel** auf den Bisehügel. Die ehemalige Kirche und das Kollegium der Jesuiten sind eine der größten Anlagen im nachgotischen Stil. Die Kirche verfügt über eine spätbarocke Innenausstattung. Das Kollegium spielte eine bedeutende Rolle auf allen kulturellen und geistigen Gebieten. Im Mittelbau befindet sich das Sterbezimmer (1597) des 1925 heilig gesprochenen *Petrus Canisius.* Es wurde 1636 in eine Kapelle umgewandelt und mit reich geschnitztem Spätrenaissancetäfer ausgestattet. Im West-Flügel besitzt die Ignatius-Kapelle eine einfache Kassettendecke von 1638 und einen gemalten Bilderzyklus mit 23 Szenen aus dem Leben des Ordensgründers.

Nun geht man über den Collège-Platz zum Varis und steigt dort zur Rue de Morat ab. An der Ecke Varis/Rue de Morat steht das **Museum für moderne und zeitgenössische Kunst.** Der Eckbau aus Sandsteinquadern wurde 1834–36 errichtet. Gegenüber steht das Hôtel Ratzé, das **Museum für Kunst und Geschichte.** Es wurde 1585 für *Hans Ratzé,* den durch Wollhandel reich gewordenen Kommandanten der Schweizergarde in Lyon,

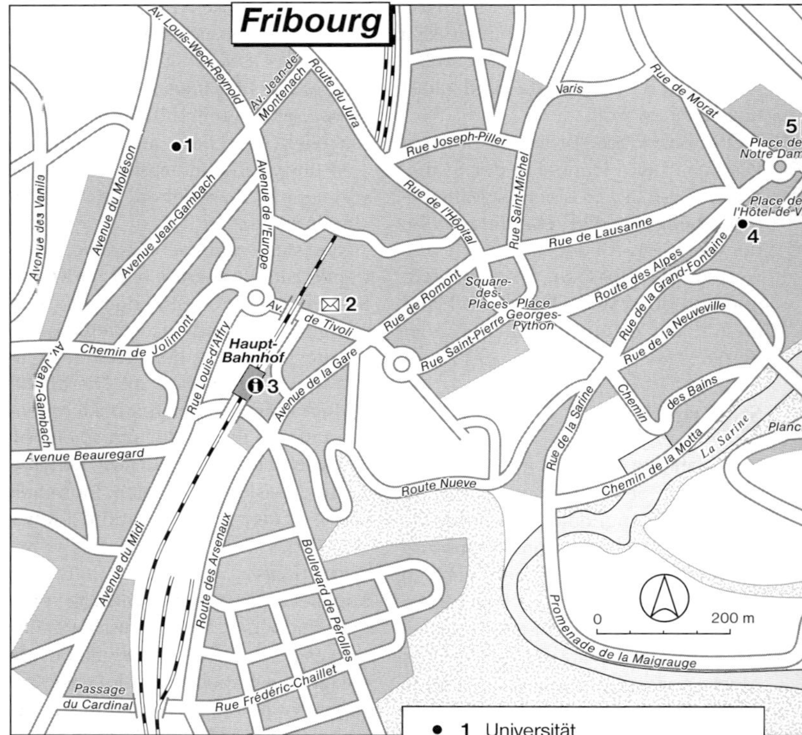

- ● 1 Universität
- ✉ 2 Post
- 🛈 3 Touristeninformation
- ● 4 Rathaus
- 5 Église des Cordeliers und Franziskanerkloster
- 6 Kathedrale St.-Nicolas
- Ⓜ 7 Ehemalige Kornhalle/ Archäologiemuseum
- ★ 8 Planche Inférieure (Untere Matte)
- ★ 9 Place du Petit-St.-Jean und Mittlere Brücke
- ★ 10 Berntor und Bernbrücke

gebaut. Das einzige Renaissancehaus in Freiburg besitzt seitliche Pavillons und einen Treppenturm. Auf der Seite der Saane liegt der **Rosengarten** mit Rokokopavillon und einer Nicki de Saint Phalle-Skulptur. Beim Museum befindet sich das ehemalige **Zeughaus,** das einzige Beispiel für Münchner Neurenaissance in Freiburg.

Folgt man der Route de Morat Richtung Place Nôtre Dame, stößt man auf die **Église de Cordeliers** und auf **Franziskanerkirche und -kloster.** Die

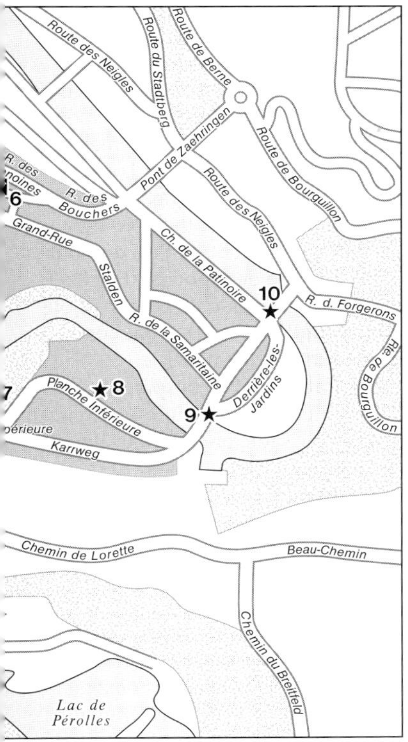

Gründung der Anlage erfolgte bereits zu Lebzeiten des heiligen *Franziskus,* 1256. Vom ersten Bau ist lediglich der Chor erhalten, das älteste komplette Chorgestühl in der Schweiz. Der Chor hat ein Kreuzrippengewölbe. Bemerkenswert ist der Nelkenmeisteraltar von 1480, eines der bedeutendsten Werke der Schweizer Malerei des 15. Jh. Vom Chor hat man Zugang zur alten Sakristei mit drei Kreuzrippengewölben. Im Westen vor dem Chor ist ein Zugang zum verbliebenen Rest des Kreuzganges mit dem um 1440 gemalten Marienzyklus. Links und rechts findet man Reste des 1608 von *Pierre Wuilleret* gemalten Totentanzes. Im Kirchenschiff befindet sich in der Nordwest-Ecke die Einsiedler-Kapelle, erbaut 1694. Sie entspricht weitgehend der Einsiedler Gnadenkapelle vor 1798, die schwarze Madonna ist eine Kopie derjenigen von Einsiedeln. In der Seitenkapelle Ost-West befindet sich der spätgotische Furnoaltar von 1513.

Neben der Kirche steht das beachtenswerte **Museum Espace Jean Tinguely – Niki de Saint Phalle**. Am Place Nôtre Dame findet man die Liebfrauenkirche, **Basilique Nôtre Dame,** eine auf das 12. Jh. zurückgehende romanische Basilika mit Louis-XVI.-Ausstattung.

Über den Place Nôtre-Dame gelangt man endlich zur **Kathedrale St.-Nicolas.** Die Kathedrale ist eine hochgotisch konzipierte Pfeilerbasilika mit spätgotischem Frontturm, reicher Bauplastik und wertvoller Ausstattung, ähnlich derjenigen von Bern. Der Bau wurde 1182 begonnen, der Hauptbau stammt von 1283. Der Frontturm hat eine Höhe von 74 Metern und eine Wendeltreppe mit 356 Stufen. Er wird durch Eckpfeiler gestützt. Das Hauptportal wird durch eine kreuzgewölbte Vorhalle mit zweigeschossigem Tympanon mit Relief des Jüngsten Gerichts gebildet, umrahmt von vier Archivolten mit Halbfiguren von Engeln, Propheten, Patriarchen und Traubenranke. Das Südportal ist der südlichste Ableger der oberrheinischen Portalplastik, entstanden um 1350. In den Arkaden der Strebepfeiler stehen Statuen: Maria, die drei Heiligen Könige, der heilige Niklaus und die drei Jungfrauen. Die restlichen drei Statuen sind neu (1930). Zwischen den Streben der Portalbogen mit Archivolten: im unteren Johannes der Täufer und Propheten, im oberen Christus, Engel und Apostel. Die Eichentüre ist im Louis-XVI.-Stil geschaffen. Das nördliche Seitenportal ist barock. Auf dem Portalschlussstein sind eine Kartusche mit dem Auge Gottes und Putten (1765) zu erkennen.

Im Innern findet man eine Pfeilerbasilika mit einem leicht erhöhten Polygonchor, im Westen eine kreuzgewölbte Turmvorhalle, darüber die Michaelskapelle mit Kreuzgewölbe und Fensterrose. Die Jugendstil-Glasfenster sind nach Entwürfen des polnischen Malers *Jozef Mehoffer* entstanden. Über den Seitenportalen ist seltene Glasmalerei angebracht (um 1530). In der Vorhalle und im Mittelschiff findet man Gemälde (die Stadtpatrone *Niklaus* und *Katharina,* Anfang des 17. Jh., Propheten, Apostel, Kirchenfürsten, 1651). Auf der großen romantischen Orgel (1824–31) des Freiburger Orgelbauers *Aloys Mooser* spielten schon Musiker wie *Franz Liszt.* Die Kanzel (1513–16), der Taufstein (1499), die Kreuzigungsgruppe im Chorbogen (1430) und das Chorgestühl (1464) sind weitere sehenswerte Details. Die Seitenaltäre sind alle in der Mitte des 18. Jh. entstanden. Die Heiliggrabkirche im hintersten Joch des südlichen Seitenschiffes ist das bedeutendste Ensemble spätgotischer Monumentalplastik und die größte Grablegungsgruppe der Schweiz.

Auf der Ostseite der Kathedrale geht man nun die Rue de Chanoines entlang zur Burgpost, dem ehemaligen Zollhaus. Ein frei stehender Louis-XV.-Pavillon steht beim Scheitel des Kathedralchors. Um die Kathedrale herum gelangt man durch die Rue du Pont-Muré und Rue des Epouses (Hochzeiter- oder Besengässchen) mit spätgotischem und barockem Baubestand rechts zum Rathausplatz.

Das **Ratshaus** ist ein spätgotisches Repräsentationsgebäude mit symmetrischer Fassade und doppelläufiger Freitreppe mit oktogonalem Turm und Erkeranlage. Ursprünglich als Kornhaus gedacht, wurde es 1506 vollendet. 1509 folgten der Glockenturm und die barocke Kuppel.

Auf dem Ratshausplatz steht der ehemalige Burgbrunnen des Zähringerschlosses, der **Georgsbrunnen.** Die heutige Anlage ist das einzige in Stein gehauene Werk von *Hans Geiler,* 1525. Die so genannte **Murtenlinde** *(Tilleul)* wurde um 1470 gepflanzt und zu Beginn des 19. Jh. mit der Murtenschlacht von 1476 in Verbindung gebracht. Heute erinnert nur noch ein Pfeiler an ihren Standort. Auf der Westseite steht die 1782 im klassischen Louis-XVI.-Stil erbaute **Stadtwache.**

Man gelangt zurück in die **Grand Rue,** die als typische zähringische Marktgasse konzipiert wurde und auf Deutsch „Reichengasse" heißt, weil hier die wohlhabenden Bürger ihren Wohnsitz hatten. Die Nr. 66, heute das

Restaurant Schweizerhalle, ist ein spätgotisches Haus mit Treppenturm und Polygonerker, erbaut 1613. An der Zähringerstrasse Nr. 13, der heutigen **Auberge de Zaehringen,** einem Feinschmeckerlokal und Kleinhotel, verbirgt sich hinter der Louis-XV.-Fassade der älteste und bedeutendste Herrschaftssitz der Stadt. Seit 1359 ist er im Besitz der Familie *Velga,* die im 14. und 15. Jh. neun Schultheißen stellte. Der Saal enthält eine Holzdecke mit Flachschnitzereien von 1519, einen spätgotischen Stuckkamin und Hirschjagd- und Eremiten-Malerei.

Von der **Zähringerbrücke** kann man einen Blick zur hölzernen Bernbrücke werfen und anschließend zurück in die Zähringergasse und in den steilen und schmalen **Stalden** gehen, der das Burgquartier mit dem von spätgotischen Häusern gesäumten Stalden verbindet. Das Plätzli schmückt ein ovales Brunnenbecken im Stil Louis-XV. Links geht es in die Rue de Lenda.

In der Augustinegasse beachte man die das „Haus Kuenli" (Nr. 2) mit spätbarocker Fassade mit Rokokogittern. Gegenüber stehen die ehemalige **Augustiner-Eremitenkirche** und das **Kloster** des Augustin im Stil der Bettlerorden. Die Mönche lebten seit ungefähr 1250 in der Au. Das Kloster wurde 1848 aufgehoben, es ist nun Staatsarchiv. Die dazu gehörende Kirche St. Moritz ist eine hohe, schmale dreischiffige Anlage mit Polygonchor aus dem 13. bis 17. Jh. mit einheimischer Bildhauerei von der Spätgotik bis zum Ende des Barock. Der Hochaltar hat ein bedeutendes Retabel aus der Zeit zwischen Spätgotik und Frühbarock. Auch beim Choreingang zwei Retabeln aus dem 17. Jh.

Durch die Augustinergasse gelangt man nun hinunter zur **Rue d'Or** (Goldgasse), einer einzigartigen spätgotischen Gasse. Besonders bemerkenswert sind die Häuser Nr. 13 und die Nr. 24: ein spätgotischer Eckbau mit spätbarocker Bemalung.

Weiter geht man über die holzgedeckte **Bernbrücke** (1653) in die **Rue des Forgerons** (Schmiedgasse). Rechts des Brückenkopfes steht das „Haus Mooser", ein bedeutender spätgotischer Bau mit Flamboyand-Blendmaßwerk. Links ist das ebenfalls spätgotische „Gasthaus Engel" sehenswert. Auf dem Platz findet sich ein Renaissancebrunnen mit Reliefs: der Brunnen der Treue (1768). Auch die Rue des Forgerons fällt mit ganz oder teilweise spätgotischen und barocken Fassaden auf. Das Berntor wurde zwischen 1270 und 1290 erbaut, es ist ein rechteckiger Schalenturm mit Resten der Zugbrückenbefestigung.

Zurück über die Bernbrücke gelangt man ins Au-Quartier zum **Place du Petit-St-Jean,** der zu einem dreieckigen Platz mit vielen spätgotischen Fassaden mündet. Hier steht der Annabrunnen, ein Renaissancebrunnen für die Schutzheilige der Rotgerberzunft *(Tanneurs).* Die Nr. 7, das „Restaurant Aux Tanneurs", ist eine ehemalige Zunftstube.

Die **Rue de la Samaritaine** ist vor allem Saane-seitig eine der schönsten spätgotischen Gassen Freiburgs. Der Samariterinbrunnen ist ein hölzerner

Renaissancebrunnen. Die Figurengruppe zeigt Christus und die Samariterin im Gespräch.

Über die **Pont du Milieu** (Mittlere Brücke) gelangt man zur **Planche Inférieur** (Untere Matte). Die Brücke, von welcher man einen schönen Blick auf das Burgquartier hat, ersetzte 1720 eine Holzbrücke. Hinter dem Gefängnis kommt man links zum **Couvent de Montorge** mit Kirche. Die Kirche St. Joseph besitzt drei Spätrenaissanceretabeln von *Hans-Franz Reyff.* Von ihm sind auch die Kanzel und das in Nussbaum geschnitzte Vorhallengitter. Die Konventbauten wurden 1629 vollendet und durch Annexe und Kapellen ergänzt.

Von hier steigt man links zum **Couvent de la Maigrauge** hinab. Die Kirche stammt aus dem 13. Jh., die Konventsbauten aus dem 17. Jh. Sie sind um einen Kreuzgang angelegt. Das Chorgestühl der Kirche stammt aus dem 14. Jh. Das Heiliggrab von 1330 ist in seiner Mystik in der Schweiz einmalig. Ein fast lebensgroßer Christus liegt in einem bemalten und aufklappbaren Sarg.

Vom Couvent de Montorge kann man weiter hinauf zur **Loretokapelle** schlendern, die 1648 zum Dank für die Verschonung vom Dreißigjährigen Krieg erbaut wurde. Das Äußere ist der Loretokapelle bei Ancona nachempfunden. Das Dekor ist im Louis-XIII.-Stil gehalten: Blendarkaden mit den zwölf Statuen der Evangelisten, der Verkündigung, Aposteln und neutestamentarischen Figuren der Gebrüder *Reyff.*

Neben dem Kloster findet sich der Riegel der **Porte de Bourgillon,** erbaut 1350–67, ein viergeschossiger Turm. An der Außenseite ist ein Freiburger Wappen mit Löwen sichtbar, darüber ein Gusserker aus dem 16. Jh. Die Tuffbrücke stammt aus dem Jahr 1636. Das Wachhaus ist von 1711, bezeichnet IFMW (Iohann Fasel Werk Meister).

Den Chemin de Lorette geht man zurück und steigt zur Oberen Matte ab, der **Planche Supérieure,** einem großen, mit Kopfsteinpflaster bedeckten dreieckigen Platz, der lange als Kuhmarkt diente. Auch hier finden sich beeindruckend viele teils oder ganz erhaltene spätgotische Fassaden. Der Johannesbrunnen ist ein Renaissancebrunnen von 1547 (Kopie). Rechts steht die ehemalige Kornhalle, das zukünftige Archäologische Museum des Kantons, errichtet im deutschen Renaissancestil 1709, seit 1821 als Kaserne benutzt. Die **St. Johann-Kirche** und **Ancienne Commmanderie Saint-Jean** gehen auf das Jahr 1264 zurück. Im Innern der Kirche sind drei Kreuzrippengewölbe aus dem 15. Jh., im Chor ein barockes Spiegelgewölbe und Statuen des hl. Christopherus (1430) und von Johannnes dem Täufer (Ende 15. Jh.), in der Sakristei Monstranzen, Prozessionskreuze, Tafelbilder aus dem 15. und 16. Jh. Die Kompturei (16./17. Jh.) ist zwischen Kirche und Fluss um einen Hof gruppiert. Der Straße zugewandt steht das 1715 erbaute Pfarrhaus.

Über den Pont de St.-Jean (St. Johann-Brücke, 1746 gebaut) gelangt

073ch Foto: en

man durch die Neustadt (Neuveville) zurück zu Rathaus und Stadtzentrum.

Praktische Tipps

Information

- **Office du Tourisme,** 1, Av. de la Gare (beim Bahnhof), 1700 Fribourg, Tel. 026/321 31 75, Fax 026/322 35 27, www.fribourgtourism.ch

Unterkunft

- **Golden Tulip******, Grand-Places 14, 1700 Fribourg, www.goldentulip.ch, Tel. 026/351 91 91. Nahe Bahnhof und historischem Zentrum. 130 renovierte Zimmer. Restaurant mit Terrasse. DZ ab sFr. 260 inkl. Frühstück. Week-End-Preise.
- **Romantik-Hotel du Sauvage,** Planche-Supérieure 12, 1700 Fribourg, Tel. 026/347 30 60, www.hotel-sauvage.ch. In kleinem Altstadtteil am Saaneufer in ruhiger Lage. Behäbiges Gasthaus aus dem 16. Jh. Zimmer mit Stil und Charme. Vier Suiten. Bar, Restaurant mit Terrasse. DZ ab sFr. 210, inkl. Frühstück.
- **Auberge de Zaehringen,** Rue de Zaehringen 13, 1700 Fribourg, Tel. 026/322 42 36, www.auberge-de-zaehringen.ch. In der Altstadt. Patrizierhaus aus dem 13. Jh. mit zwei Suiten im englischem Landhausstil und einem Touch Italy. Angeblich kleinstes Hotel der Schweiz. Ort für Feinschmecker (Restaurant mit 17 Gault Millau-Punkten, Bar, Brasserie und Dancing im selben Haus). Kamine, Fresko im Rittersaal u.v.m. DZ sFr. 230 bis 260, Frühstück inklusive.

Die Altstadt Freiburgs an der Saane

•**Hotel de la Rose*****, Rue de Morat 1, C.P. 192, 1702 Fribourg, www.rose-fribourg.ch. In der Altstadt nahe der Kathedrale in historischem Gebäude aus dem 17. Jh., 36 Zimmer, DZ ab sFr. 160, inkl. Frühstück.

•**Jugendherberge Fribourg,** Rue de l'Hôpital 2, 1700 Fribourg, Tel. 026/323 19 16. Zwischen Uni und Hôpital des Bourgeois. Insgesamt 70 Betten in Zimmern mit zwei bis vierzehn Betten, Duschen und WC auf der Etage, Hofplatz und Park, Selbstkocherküche, Waschmaschine, Richtpreis im Mehrbettzimmer mit Frühstück in der Hauptsaison sFr. 28,50 p.P. Ende November bis Mitte Februar geschlossen.

Essen und Trinken

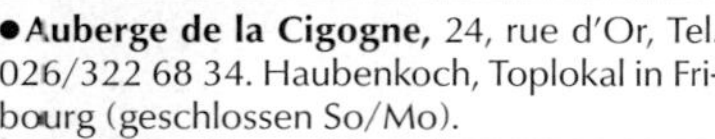

•**Auberge de la Cigogne,** 24, rue d'Or, Tel. 026/322 68 34. Haubenkoch, Toplokal in Fribourg (geschlossen So/Mo).

•**La Grotta,** 5 rue d'Or, Tel. 026/322 81 00. Ausgezeichneter Italiener (Piemont) nahe der Cigogne.

•**Brasserie de l'Epée,** 39 Planche Supérieure Tel. 026/322 34 07. Ausgezeichnete Küche zu günstigen Preisen. Schöner Blick auf den Viehmarkt. Vorbestellung ratsam.

Ausflüge im Kanton Freiburg

Estavayer-Le-Lac

↗VI/B3

Estavayer-Le-Lac ist eine charmante mittelalterliche Kleinstadt am Neuenburgersee (Lac de Neuchâtel) mit malerischen Winkeln, gemütlichen Gartenrestaurants, einer bedeutenden Burganlage und gut erhaltenen Häusern und Stadtmauern sowie einer weit über die Landesgrenzen hinaus bekannten Sammlung von naturalisierten Fröschen im Museum.

Vermutlich gründete der Barbarenführer *Stavius* hier eine Siedlung, die im 12. Jh. mit der Herrschaft der Herren von Estavayer erstmals belegt wurde. Im 13. Jh. wird die Stadt erweitert und das Schloss Cheneau im (ursprünglich) typisch savoyischen Stil erbaut. 1207 kommt Estavayer bis 1536 unter die Herrschaft von Savoyen. Es wird während des Burgunderkriegs durch Berner und Freiburger im Sturm eingenommen, die Burg geschleift, die Häuser zerstört, mehr als 1000 Männer, darunter *Claude d'Estavayer,* enthauptet. Seit 1536 ist der Ort zu zwei Dritteln und seit 1635 ganz in freiburgischem Besitz.

Ein Stadtrundgang führt außerhalb der Stadtmauer die Treppe empor zur **Place de Moudon** mit Blick auf die turmreiche Silhouette des Château de Chenaux. Die 1474 gepflanzte, innen hohle Linde besitzt einen Umfang von fast acht Metern.

Durch die Impasse du Motte-Châtel geht es zur **Eglise Paroissiale de Saint Laurent.** Um die Kirche herum befinden sich neugotische Terrassen und eine Treppenanlage von 1859. Baubeginn war 1379, der Turm wurde 1525 erhöht, die Ecktürme vor 1536 vollendet. Bemerkenswert sind der weiß-goldene frühbarocke Hochaltar mit Malereien sowie das reich skulptierte spätgotische Chorgestühl. Links des Chors finden sich Wandmalereien: Mariä Himmelfahrt und Arkosolgrab, an den Chorwänden und Pfeilern Reste einer Apostelreihe (16. Jh.). Im Mittelschiff Kruzifix aus dem 15. Jh., an der südlichen Seitenschiffwand Steinrelief mit Verkündigung um 1420. Bedeutender Kirchenschatz.

Das **Château de Chenaux** besitzt einen mächtigen Donjon und einen stimmungsvollen Innenhof mit dem schlanken backsteinernen West- und dem Rotem Turm. Der Bergfried ist 33,5 Meter hoch mit drei Meter dicken Mauern. Der Nordtrakt weist gotische Spitzbogenfenster auf, der Westtrakt spätgotische Fenstergruppen. 1475 wurde die Burg von Bernern und Freiburgern eingeäschert und Ende des 15. Jh. wieder aufgebaut. Der Nordflügel wurde 1750 neu konzipiert.

Vom Innenhof gelangt man zur **Porte du Camus,** einem Stadtmauerturm mit dem Wappen von Freiburg und der Familien *Bumann, d'Estavayer* und *Schröter,* datiert 1676.

Durch die Rue du Camus geht man in die Rue du Musée zum **Museum,** im spätgotischen Maison du Dîme. Das Museum wird vor allem wegen der vom Ex-Offizier in päpstlichen Diensten, *François Perrier,* sorgfältig präparierten Fröschen besucht. Die 108 präparierten Opfer stellen Szenen aus dem täglichen Leben des 19. Jh. dar: fröhliche Saufbrüder, Lehrer und Schüler, ein Wahlgelage, Stammtischrunden, Familienidyllen, strammes Soldatenleben. Die Sammlung ist kleiner als ihr Ruf vermuten lässt, wer Skurilles liebt, kommt aber auf seine Kosten.

Von der Rue du Musée zweigt man nach links in die Grand Rue Richtung Porte des Religieuses ab, zu **Kloster und Kirche der Dominikanerinnen,** gegründet 1316. 1402 wurde der Chor umgebaut, 1687 und 1696 das Konventgebäude und das Schiff neu errichtet. Die Pfeilerbasilika hat Kreuzgrat- und Kreuzrippengewölbe (Chor) sowie nachgotische Maßwerkfenster. Schilder zeigen das Wappen des 1446 begrabenen Bastards *Humbert von Savoyen.* In der Kirche findet sich das berühmte Retabel von Estavayer-Blonay, ein Triptychon aus der Werkstatt *Hans Geilers,* des Brunnenbauers von Bern und Freiburg, um 1527: im Zentrum Maria mit Kind, auf den Flügeln Geburt Christi und Anbetung der Könige, auf den Aussenseiten die Stifter mit Aposteln.

Gegenüber des Hôtel du Cerf mit der aus dem 16. Jh. stammenden Fassade trifft man auf die Bancs des Halles oder Bancs des Mensonges, die **Lügenbänke.** Wahrscheinlich sind sie als Gerüchteküchen in Verruf geraten.

Das **Kornhaus,** Grenette, 1818 gebaut, hat zwei Korn-Maßbehälter. Bei der Place de la Poste geht es nun rechts in die Route du Port bis zum Plätzchen mit der **Steinsäule,** die mit vielen nicht mehr vorhandenen anderen Säulen die hölzerne Wasserleitung für die dortige Mühle trug.

- **Golden Arch Hotel Lully/Estavayer-Lac,** Restoroute Rose de la Broye, 1470 Lully, Tel. 026/664 86 86, www.goldenarchhotel.com. MacDonald's Hotel an der Autobahnraststätte (Ausgang Estavayer-Le-Lac). Alle Zimmer mit Touch von Feng Shui. Trennung Dusche/WC, schalldichte Wände. Bar ohne alkoholische Getränke (Autobahn). Günstige Week-End-Preise. DZ sFr. 194 bis 214.
- **Fleur de Lys****, Rue de la Gare 12, 1270 Estavayer-le-Lac, Tel. 026/663 42 63. Günstiges kleines Hotel in der Innenstadt. Ruhig. DZ mit D/WC und Frühstück sFr. 100 bis 120.
- **Camping Les Lacustres,** Tel. 026/663 41 00, 1470 Estavayer-Le-Lac. Direkt am Neuenburgersee.

074ch Foto: en

Hafen von Estavayer-le-Lac

Gruyère/Greyerz ⇗XIII/D1

Das alte, befestigte Städtchen der Herren von Gruyère liegt auf einem Höhenrücken südlich von Fribourg im Voralpengebiet, das obere Saanetal beherrschend. Es ist verkehrsfrei, Parkplätze finden sich vor den Stadttoren.

Beim Ortseingang gelangt man auf den breiten, mit Kopfsteinpflaster besetzten **Stadtplatz,** der sich zuerst leicht senkt, dann zum Schloss ansteigt. Schöne, behäbige Häuser, meist mit vorspringenden Dächern, säumen den Platz. Vor der Tordurchfahrt zum Schloss steht das beachtliche Haus des Hofnarren Chalamara (16. Jh.).

Das **Schloss** stammt hauptsächlich aus dem 15. Jh. und ist heute Museum mit einer interessanten Sammlung zur Geschichte des Städtchens. Ausgestellt sind z.B. die drei Chormäntel der Ritter vom Goldenen Vlies (Burgunderbeute).

Überall sichtbar: der Kranich, das Wappen der Grafen. Etwas außerhalb steht die Kappelle St. Jean auf einer Terrasse mit Blick auf Bulle, Broc und den Greyerzersee. Etwa einen Kilometer entfernt, am Ortseingang von Pringy, gibt es eine **Käserei,** in der man die Produktion des berühmten Gruyère-Käses beobachten kann.

●**Office du tourisme de Gruyères,** 1663 Gruyères, Tel. 026/921 10 30, Fax 026/921 38 50, www.gruyeres.ch

●**Hostellerie St. Georges*****, 1663 Gruyères, www.st-georges-gruyeres.ch, Tel. 026/921 83 00. Schön gelegenes, seit dem 16. Jh. bestehendes Hotel mitten im kleinen Städtchen. Blick auf Festung und Berge. 14 Zimmer, DZ mit Dusche/WC inkl. Frühstück sFr. 150 bis 250.

Murten ⇗VII/C2

Murten liegt am östlichen Ufer des gleichnamigen Sees und wurde durch die gleichnamige Schlacht der Eidgenossen gegen *Karl den Kühnen von Burgund* berühmt (1476). Heute lohnt sich ein Besuch v.a. wegen der **Ringmauern.** Im Unterschied zu anderen Städten hat man die Stadtbefestigung sorgsam erhalten. Das Innere der Stadt wird von mittelalterlichen, meist in der Barockzeit renovierten Bürgerhäuser mit Arkaden bestimmt. Das eindrucksvolle Schloss wurde im 13. Jh. von *Peter von Savoyen* errichtet. Vom Hof hat man einen schönen Blick auf den See und den Jura. Nicht weit vom Schloss entfernt kann im historischen Museum eine interessante ortsgeschichtliche Sammlung und eine eindrucksvolle Mühlenanlage besichtigt werden.

●**Murten Tourismus,** Franz. Kirchgasse 6, 3280 Murten, Tel. 026/670 51 12, Fax 026/670 49 83, www.murten.ch

●**Hotel Vieux Manoir au Lac******, 18 r. de Lausanne, 3280 Murten, Tel. 026/678 61 61, www.vieuxmanoir.ch. Elegantes Landhaus in schönem Park direkt am See. Hotel des Jahres 1999. Sehr gute Küche. Schöne Zimmer. DZ mit Bad/WC inkl. Frühstück sFr. 360 bis 470.

●**Hotel-Restaurant Schiff,** Ryf 53, Murten, Tel. 026/670 27 01. Prächtige Lage am See, sehr gute Küche, ausgezeichneter Service.

Bielersee und Seeland

Biel/Bienne ⇗VII/C1-2

Biels **Zweisprachigkeit** zeigt sich in den zweisprachigen Straßenschildern, in den französisch angehauchten Cafés und Restaurants, in den Geschäften, wo französisch parliert oder im Bieler Dialekt kommuniziert wird, im Schulunterricht und in den Stadtratssitzungen, die ohne Ausnahme in beiden Sprachen stattfinden. Wie Freiburg ist Biel also ein geeigneter Boden, um risikolos die eigenen Französischkenntnisse anzuwenden.

Zwecks Förderung der Wirtschaft und des Bevölkerungswachstums lockte 1845 der Bieler Gemeinderat **Uhrenmacher** aus dem französisch sprechenden Jura in die Stadt. Die Uhrenindustrie siedelte sich in allen Quartieren der Neustadt an. Die Swatch Group, der größte Uhrenproduzent der Welt, hat hier und in Grenchen seinen Firmensitz. Auch andere Uhrenunternehmen, Call Center und in der Informatik und Telekommunikationsindustrie tätige Firmen sind hier ansässig. Das Bundesamt für Kommunikation hat sich ebenfalls in Biel niedergelassen.

Biel besitzt eine kleine, oft nicht wahrgenommene, aber nichts desto weniger reizvolle und leicht verschlafene Altstadt. Dazu eine beneidenswerte Umgebung mit üppigen Rebhängen über dem Bielersee sowie den bewaldeten Jura mit seinen atemberaubenden Aussichtsterrassen.

Geschichte

Biel wurde um 1220 durch die Bischöfe von Basel zur Verteidigung ihrer Südgrenze gegründet. Gleichzeitig wurde eine Burg gebaut. Die Bischöfe herrschten – mit mehr oder weniger Einfluss – bis 1798. Um sich vor Übergriffen zu schützen, ging Biel im 13. und 14. Jh. mit den Städten Bern, Freiburg, Solothurn, mit verschiedenen Klöstern und Adligen Bündnisse ein und verweigerte Steuern und Heerfolge. Durch diese Unabhängigkeitspolitik herausgefordert, belagerte Bischof *Jean III. de Vienne* seine eigene Stadt. Sie wurde 1367 in Schutt und Asche gelegt, über die Hälfte der Einwohner verbrannten. Den Unabhängigkeitswillen konnte der Bischof aber nicht brechen. Als die Bieler die Stadt neu aufbauten, errichteten sie anstelle der ebenfalls zerstörten Burg kommunale Bauten wie Rathaus, Zeughaus, Badestube und Werkhof. Obschon Biel an eidgenössischen Kriegszügen teilgenommen hatte, wurde die Stadt nicht wie erhofft Mitglied, sondern 1478 nur zugewandter Ort der Eidgenossen. Nach der Reformation geriet er immer mehr unter bernischen Einfluss. 1598 verkaufte der Bischof von Basel die Stadt für 15.000 Taler an Bern. Der Wiener Kongress sprach sie 1815 definitiv Bern zu, obwohl Biel einen eigenen Kanton gewünscht hatte. Aufschwung brachte im 19. Jh. die Uhrenfabrikation (Omega, Rolex, Tissot, später Swatch) sowie der Ausbau des Straßen- und Eisenbahnnetzes.

Sehenswertes

Auf einem Bauplan von 1925 beruhend, wurde im Dreieck zwischen Güter-, Aarberg-, Veresius- und Murtenstrasse bis in die 40er-Jahre ein einheitliches Quartier im Stil des **Neuen Bauens** erstellt, das seit den 60er-Jahren durch neue Bauten jedoch erheblich gestört wird. Am Guisanplatz steht die Rotonde (früher Volkshaus) von *Edouard Lanz* als ein gelungenes Beispiel des „Neuen Bauens" – ein imposanter Eisenbeton-Ständerbau mit Backsteinklinker-Verkleidung und flacher Rotunde für den Restaurationsbetrieb.

Das Hotel Elite rechts zeigt als einziges Gebäude an der **Bahnhofstrasse** eine historisierende Fassade (1876-79). Bemerkenswert auch die Nr. 53 der Bahnhofstrasse (Konditorei) mit Jugendstilfassade von 1904.

Von der alten Burganlage sowie der Stadtbefestigung sind im Südwesten zwei Burgtürme mit verbindendem Mauerwerk sowie der quadratische Archivturm erhalten. Der quadratische **Zeitglockenturm** war ursprünglich nach innen offen und mit Zinnen abgeschlossen. 1844 kamen das Uhrengeschoss, der Spitzhelm und die Wimpergen dazu. Der **Halbschalenturm** und der zum Rathaus gehörende **Archivturm** erhielten 1858 Zinnen. Es wurde eine Toröffnung in das Mauerwerk geschlagen und mit einer Brücke über den Herrenweiher ein neuer Stadtzugang neben dem *Bäsedöri* (Besentor, kleine Öffnung) geschaffen.

Die Altstadt auf dem von der kalkhaltigen Römerquelle abgelagerten

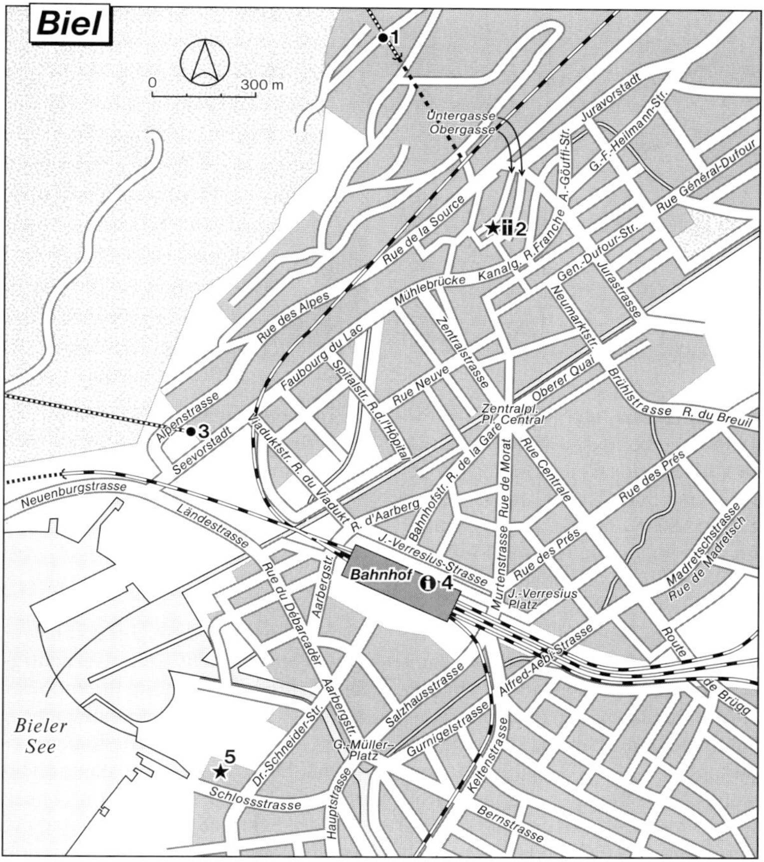

Biel

- ● 1 Bahn nach Leubringen
- ★ii 2 Altstadt mit Stadtkirche
- ● 3 Bahn nach Magglingen
- ⓘ 4 Touristeninformation
- ★ 5 Altstadt von Nidau

Tuffkegel soll im ältesten Umriss der Anlage eines spätantiken Glockenkastells folgen. Am Burgplatz befand sich die 1367 zerstörte Burg. Rechts steht die ehemalige Kanzlei (Nr. 29), erbaut 1717–19, mit einfacher Putzfassade, Rechtecksfenstern unter dem Mansartdach sowie einer Verbindung mit

075ch Foto: rb

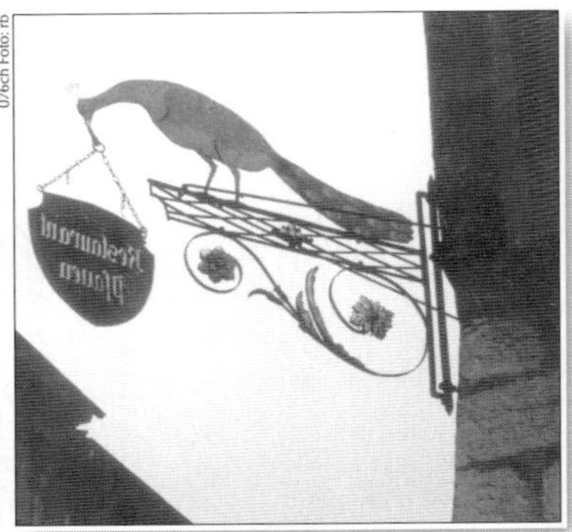
076ch Foto: rb

dem **Ratshaus,** Nr. 27. Dieses wurde 1530–34 erbaut, die Fassade schmückt sich im Stil der Neuenburger Renaissance mit Staffel- und Kreuzstockfenstern sowie neugotischen Staffelfenstern im Treppengiebel. 1860 wurde der Ratsaal vergrößert und ein Zugang auf den Rosiusplatz geschaffen.

Daneben steht die Nr. 21, das ehemalige Amtshaus, 1858 erbaut, und daran anschließend das **Theater,** Nr. 19. Auf mächtigen mittelalterlichen Fundamenten errichtet, fallen die drei Stützpfeiler auf. Das Gebäude entstand 1589–91 als Zeughaus. 1842 wurde das Obergeschoss zum Theater umgebaut. Der Zuschauerraum wurde 1928 unter Einbezug des Estrichs vergrößert. 1936 wurde das Erdgeschoss, das bis dahin als Aufbewahrungsort der Löschgeräte der Feuerwehr gedient hatte, als Theaterfoyer eingerichtet: eine zweischiffige, vierjochige Halle mit Kreuzgratgewölben auf Pfeilern des 16. Jh. Den Treppengiebel erhielt das Gebäude 1858, als man das Theater und die benachbarten Häuser renovierte und das Schauspielhaus optisch dem Rathaus angleichen wollte. Das ganze Ensemble wurde 1907 nach Art des Heimatstils erneuert und die Bewegung „Farbige Altstadt" verpasste den Häusern 1936 den rosafarbigen Putz.

Im oberen Teil des schräg abfallenden Platzes steht der **Gerechtigkeitsbrunnen,** der älteste Brunnen der Stadt (1534), Sinnbild für eine eigene, wenn auch eingeschränkte Rechtsprechung. Das neue Becken stammt von 1847, die Figur der Justitia von 1714.

In der **Schmiedegasse** wohnten die wohlhabenden Burger. Die Fassaden der Nummern 12 bis 16 zeigen spätgotische Fensterformen, das barocke Haus Nr. 10 besitzt die einzige Sandsteinfassade der Stadt.

In der Untergasse Nr. 22 findet man ein unverfälschtes **typisches Bielerhaus** aus dem 16. Jh., welches das Erwerbsleben seiner früheren Bewohner spiegelt. Im Keller wurden Wein, Obst

077ch Foto: rb

078ch Foto: rb

und Gemüse gelagert. Das Erd- oder ein Zwischengeschoss wurde als Werkstatt, Laden oder Kelter genutzt, das erste Obergeschoss als Küche, Stube und Schlafgelegenheit. Im 17. Jh. wurden die Häuser für die Schlafzimmer um ein Geschoss aufgestockt. Das Dachgeschoss nutzte man als Lager für Vorräte und Brennholz.

Das **Restaurant St. Germain,** Nr. 21, war das ehemalige Schaffnerhaus des Kloster Bellelay. Der Renaissance-Treppenturm datiert aus dem Jahr 1577, der Eck-Erker aus dem Jahr 1620. Die Fassade und das Dach wurde im 18. Jh. modernisiert.

1829 wurde das Untere Tor an der Untergasse ersetzt, es entstand das **Hôtel Jura,** die Poststation der Kutschen in den Jura. Ober- und Untergasse bildeten das Gebiet der ersten Stadterweiterung von 1295.

Der **Rotschetten- oder Muttiturm,** ein Rundturm aus Buckelquadern, war die einstige Nordwest-Ecke der Stadtbefestigung. Der Turm wurde 1624 erneuert und 1847 mit einem hölzernen Aufbau versehen, der zum Trocknen von Tabakblättern diente.

Gegenüber steht der **Zehnten- oder Fürstenspeicher,** 1696 als frühbarocker Nutzbau errichtet. Das Sockelgeschoss besteht aus Buckelquadern, die zwei Obergeschosse werden durch Schießscharten belüftet. Das über die Straße gehängte Stadtwappen mit den gekreuzten Beilen markiert die Standorte der ehemaligen Stadttore.

Auf der Südseite der **Obergasse** sind spätgotische Laubenhäuser zu bewundern. Die schmalen mittelalterlichen Parzellen wurden im Laufe der

Hausschilder in der Bieler Altstadt

Zeit zusammengelegt, zum Beispiel Nr. 14 oder Haus Nr. 20. In Nr. 24, dem ehemaligen fürstbischöflichen Stadthaus, 1782 erbaut, suchte der Fürstbischof zehn Jahre später Zuflucht vor den französischen Truppen, die Basel besetzt hatten. 1798 musste er weiter flüchten, weil Biel der französischen Republik einverleibt wurde.

Wo die Brunngasse zur Obergasse stößt, hat diese Platzcharakter. Hier steht der 1564 errichtete **Schutzengelbrunnen:** Ein Engel hält ein Lamm in den Armen, um es vor dem Teufel zu bewahren. Der Brunnen steht vor dem gelungenen Kopfbau der Alten Krone, die 1578–82 als städtischer Gasthof errichtet wurde, seit 1915 gehört sie der Stadt.

Weiter geht es zum **Ring.** Hier saß der Stadtrat im Halbkreis, wenn er unter dem Vorsitz des bischöflichen Meiers Recht sprach. Der Ring war Zentrum der Stadt und Standort der Zünfte. Haus Nr. 8 ist das ehemalige **Zunfthaus zu Waldleuten** (Holzfäller, Waldarbeiter, Berufe des Baugewerbes). Der Kernbau stammt aus dem 15. Jh. Auffallend bei den beiden dem Platz zugewandten Fassaden ist der Eckerker mit Fächerrosetten und Blendmaßwerk an den Brüstungen, 1561 errichtet. 1808 setzte man dem Haus eine Ründe (mittelländisches Hofdach) auf.

Die Mitte des Platzes ziert der **Vennerbrunnen** mit einem Bannerträger von 1557. Der Trog wurde 1546 vom Meister *Pagan* aus Nidau erneuert.

Südlich an das Zunfthaus schließt sich mit der Nr. 6 das älteste Schulhaus Biels an, für diesen Zweck 1470 umgebaut.

Nr. 7 ist das ehemalige **Zunfthaus Pfauen,** die Vereinigung der schönen Männer der Stadt. Zuerst waren es Adlige und Ritter, später kamen Hutmacher, Weber, Schneider und Wäscher dazu – kurz: Menschen, die zur Verschönerung Adams beitrugen.

Die **Stadtkirche** ist der eindrücklichste Bau des Platzes. Der spätgotische Kirchenbau (1451–70) verfügt über einen großen Glasmalereizyklus. Die heute reformierte Stadtkirche war der dritte und größte Kirchenbau an dieser Stelle, wegen der topografischen Verhältnisse weist sie unsymmetrische Umrisse auf. An der Westfront mussten die Baumeister anstelle des Friedhofs auf dem Tuffkegel eine künstliche Terrasse errichten. Der wuchtige Turm, noch von der Vorgängerkirche, stürzte bereits 1480 teilweise ein, 1549 erhielt er einen Spitzhelm mit Erkerfenstern. Die Stadtkirche ist eine abgeschrägte Basilika mit dreischiffigem Langhaus und kurzem Polygonalchor unter einem Satteldach. Der Turm aus Jurakalkquadern steht an der Nordseite, an den Längsseiten finden sich Einsatzkapellen. Das Hauptportal wendet sich diagonal der Platzmitte zu. Die gewinkelte Westfassade weist asymmetrisch Fenster, ein Portal und eine Rose mit Maßwerk auf. Das gewölbte Langhaus ist durch Achteckpfeiler ohne Kapitelle in kurze Joche geteilt, in der Osthälfte finden sich Kreuzrippengewölbe, im Westen Parallelrippen. Der Chor besteht aus Vorjoch und unregelmäßigem Schluss mit verschieden breiten Fenstern. 1967–71 wurde das Innere renoviert und hat wieder spätgotische Formen. Die Glasmalereien in den Chorfenstern gehören zu den bedeutenden spätgotischen Glasmalereizyklen. Die Wandmalereien stammen aus den 70er-Jahren des 15. Jh. Der Taufstein mit reichem Stab- und Maßwerk, eine schöne spätgotische Arbeit um 1500, ist eine Replik desjenigen der Kathedrale in Freiburg. Der Abendmahlstisch im Louis XVI.-Stil von 1781 in der westlichen Südkapelle und das Orgelgehäuse kamen im Zug der Renovierung des Innenraums 1783 in die Stadtkirche.

Nidau

↗VII/C2

In nächster Nähe zu Biel liegt die Kleinstadt Nidau mit ihrem Schloss. Bis zur Juragewässerkorrektur 1868–90 war der Ort ein wahres Wassernest am Ostende des Bielersees. Zwischen See und den Armen des Flusses Zihl besteht der Flecken aus Burg, Vorburg und Stadt.

Die Stadt Nidau geht auf das 13. Jh. zurück. 1388 wurde Nidau bernisch. Das **Schloss** muss heute ohne Wassergräben auskommen, sein Umfeld ist weitgehend überbaut.

Aus der Grafenzeit stammen der mächtige **Hauptturm,** die zur Stadt hin reduzierte **Ringmauer** und der **Käfigturm,** der schiefe Rundturm an der alten Zihl. Die Toranlage wurde 1546 erneuert, neben ihr steht das ehemalige Zollwärterhaus. Der südöstliche Rundturm auf der Straßenseite weist das Baujahr 1588 auf.

Der Hauptturm ist in das 1626–36 gebaute **Landvogteihaus** einbezogen. Es wird bedeckt von einem Krüppelwalmdach, hat nachgotische Trauffronten und Kuppelfenster aus ockergelbem Stein. Ein schöner Korridor führt zum sechsseitigen Treppenturm. Im ersten Stock kann man ein manieristisches Wappenrelief erkennen. Der Gerichtssaal im dritten Stock besitzt eine tiefe Kassettendecke aus Rauten und Quadraten.

Zwischen dem Schloss und der Altstadt befanden sich zwei Zihlinseln. Darauf steht das **Denkmal** für *Johann Rudolf Schneider* und *Richard La Nicca,* die Väter der ersten Juragewässerkorrektur.

Die **Altstadt** ist eine ungleichseitige Dreiecksanlage. Die östliche Langseite (Hauptgasse) wurde bis 1866 durch Tore abgeschlossen. Die Häuser wurden im 18. und 19. Jh. mit neuen Fassaden versehen: In der Hauptgasse spätgotische, barocke oder spätbarocke Fassaden, der Kern der Häuser ist erheblich älter. Die Kirche wurde 1368 erstmals erwähnt. Sie besitzt einen spätmittelalterlichen Turm, der seit der Juragewässerkorrektur schief steht. Der barocke Predigtsaal bekam sein heutiges Aussehen um 1678–82. Neben der Kanzel steht der dreiteilige Landvogteistuhl aus dem Jahr 1640.

Aarberg

↗VII/C2

Mit seinem weiten Stadtplatz besitzt Aarberg eines der **bemerkenswertes-**

ten **Kleinstadtbilder** der Schweiz. Graf *Ulrich von Aarberg,* ein Neuenburger, gründete das Städtchen um 1220. 1379 wurde es bernisch. Da keine bedeutende Straße oder Eisenbahn hier durchführt, blieb es so verschlafen wie vor der Revolution und hat seinen Charakter weitgehend erhalten.

Das Städtchen wurde auf einem Rücken zwischen zwei Aarearmen erbaut, über die je eine Brücke führt. Die nach Süden führende Brücke über die verlandete Aare ist eine schöne, **gedeckte Holzbrücke** – eine der ältesten im Bernbiet (1566–69). Nach Norden führt eine Eisenbetonkonstruktion von 1957.

Der für ein Städtchen dieser Größe riesige Stadtplatz ist trapezförmig und weitet sich gegen Süden. In der Südwestecke steht die Kirche, 1526 als Stadtkirche erbaut. Zentral gelegen ist das große Hotel Krone, angeblich das erste in Stein gebaute Haus der Stadt, renoviert im 17. und 18. Jh. Weiter sehenswert sind das Amtshaus (1608–

079ch Foto: rb

10) mit Spitzhelm und Zwillingsfenster sowie das Rathaus von 1817 mit dreiachsiger Biedermeierfassade.

Aarberg scheint die **Gourmetköche** und die Verehrer von Gourmetkost anzuziehen. Dieses kleine, ca. zwanzig Kilometer von Bern angesiedelte Städtchen bringt es im „Guide Michelin 2001" auf drei Eintragungen: Erwähnt werden das Hotel Krone, das Commerce und das Restaurant Bahnhof.

● **Anfahrt:** Aarberg erreicht man in landschaftlich reizvoller Fahrt über den Frienisberg, d.h. über Wohlen (auch Postbus ab Bern-Hauptbahnhof). Schneller geht es über die Autobahn nach Biel, in Lyss nach Aarberg abzweigen. Mit dem Zug über Lyss, dort Zug nach Murten/Payerne.

Die Jurahöhen über Biel

↗VII/C1-2

Mit zwei Seilbahnen, Biel-Leubringen und Biel-Magglingen, kann man auf die **Jura-Aussichtsterrassen** gelangen, z.B. zum ehemaligen Grandhotel in Magglingen, heute Sitz der Eidgenössischen Turn- und Sporthochschule.

Für Wanderer empfiehlt sich Twannberg durch die **Twannbachschlucht** oder quer durch die **Rebbergen** nach Twann, Schernelz, Ligerz. Diese Routen sind mehrheitlich auch mit dem Fahrrad möglich. Mountain-Bikes kann man an der Talstation Magglingen mieten (www.bikestation.ch, Tel. 032/ 322 45 11).

Eine schöne Variante ist eine Wanderung über **Leubringen/Evilard:** Mit der Drahtseilbahn gelangt man von Biel (Quellgasse) auf das Juraplateau, wo sich sich ein prächtiger Blick auf Seen und Alpen eröffnet. Von hier gelangt man nach Twann, Schernelz und Ligerz, über Lyssersbrunnen auch nach Frinvillier durch die romantische Taubenlochschlucht. Diese Route ist ebenfalls mit dem Fahrrad möglich.

Das westliche Bielerseeufer

↗VII/C2

Das westliche Bielerseeufer gehört zu den attraktivsten Seelandschaften der Schweiz. Umso bedauerlicher ist die **Verkehrsführung.** Im 19. Jh. erreichte man die Winzerdörfer vor allem über das Wasser, viele der Häuser besaßen eigene Bootsstege. Die Eisenbahn trennte sie vom See ab. Auch die Verkehrsplaner der Nationalstrasse 5 glaubten, diese Straße parallel zur Eisenbahn planen zu müssen. So sind die Winzerorte jetzt durchtrennt oder werden von der Schnellstraße an den Hang gequetscht. Trotzdem sollte sich der Reisende nicht abschrecken lassen: Die Dörfer bieten intakte Straßenzüge, kühle Keller verführen zu Weinproben, heimelige Gasthöfe locken mit Fisch-Spezialitäten.

Die Winzer kultivierten nicht nur die **Weinberge,** sondern trieben ihr Vieh auf unzähligen Pfaden auf die Jurawei-

Wingreis am Bielersee

den. Den Kuhdung benutzten sie als Dünger. Neben den einheimischen Winzern besaßen auch Bernburger hier über Jahrhunderte hinweg Weinberge und repräsentative Landsitze.

Das Thormanngut

Einer dieser Landsitze ist das Thormanngut, heute **Stiftung Rebhaus Wingreis,** in Wingreis/Vingras. 1624 wurde das Gut im großen Stil umgebaut. Im niedrigen Anbau wohnte die Winzerfamilie, im Haupthaus, das nur während der Weinernte bewohnt war, hielten sich die Patrizier auf. Das Haus enthält zwei typische Hochkeller auf Niveau des Erdgeschosses, mit Rundbogentoren und spätgotische Fensterreihen. Die Wandmalereien gehen auf das 17. Jh. zurück. Heute ist hier ein Museum untergebracht. Im Rebhauskeller mit Weinpresse bietet der Verein „Rebhauskeller" Degustationen und Apéros an.

Douanne/Twann

Twann ist das größte Winzerdorf mit intaktem Ortsbild. Die Dorfgasse schlängelt sich s-förmig hindurch, ihre Achsen führten zu den Schiffstegen mit der ältesten Bausubstanz. Zahlreiche spätgotische und barocke Häuser säumen die **Dorfgasse.** Ihre Treppenvorbauten wurden im 19. Jh. teilweise abgebrochen, einige Fassaden erneuert. Die Häuser besitzen ebenerdige, flachgedeckte Weinkeller mit Weinfässern und Weinpresseräumen. Auf der Seeseite sieht man hochgelegene Hauseingänge – eine einleuchtende Vorsichtsmaßnahme, wenn man den Schwankungen des Seespiegels vor der Gewässerkorrektur (1868–78) Rechnung trägt. Zahlreiche Estrich-Aufzugsgiebel belegen, dass von Wasser bedrohte Vorräte in sicherer Höhe aufbewahrt wurden. Die Hinterhäuser waren für kleinbäuerliche Tierhaltung konzipiert.

Das **Fraubrunnenhaus,** Nr. 120, wurde 1574 als Reb- oder Herbsthaus des Klosters Fraubrunnen gebaut. Während der Weinlese wohnte der Schaffner (Verwalter) des Klosters im Haus und überwachte die Erntearbeiten. 1927 errichtete *Dr. Carl Irlet* ein Museum mit frühhistorischen Exponaten im Erdgeschoss.

Etwas erhöht liegt die **Pfarrkirche.** Der desaxierte Turm mit Zeltdach stammt aus der ersten Hälfte des 15. Jh. In der zweiten Hälfte wurde das Schiff auf die heutigen Dimensionen verbreitert. Die Kirche erhielt ein neues Chorgestühl mit reservierten Sitzen für die Berner Patrizier und Notablen vor Ort. Kanzel und Taufstein stammen aus der ersten Hälfte des 16. Jh.

Gléresse/Ligerz

Ligerz ist ein eingassiges, besonders schönes Winzerdorf mit zahlreichen spätgotischen Fassaden aus dem 16. und 17. Jh. Oberhalb des Ortes liegt inmitten der Weinberge auf einer ummauerten Kirchhofterrasse die weithin sichtbare **spätgotische Kirche.** Das bei Hochzeitspaaren beliebte Gotteshaus liegt an einem 1389 erwähnten Pilgerweg und wurde 1520–26 erbaut. Der markante Turm gehört zur Gruppe spät- und nachgotischer Kirchtürme des benachbarten Kantons Neuenburg. Sein Sockelgeschoss umfasst die quadratische Anlage des Vorgängerbaus. Schiff und Chor befinden sich unter einem fortlaufenden Dach mit Kranzgesims, die Spitzbogenfenster haben symmetrische Maßwerkfüllungen. Im Sterngewölbe des Chors verbindet sich Spätgotik mit barocken Pflanzenranken, gemalt 1669. Das Gestühl wurde für die Familie des Deutschsekelmeisters *Johan Engel* von *Gaberel* geschnitzt. Im Chor findet sich ein Wappenscheibenzyklus. Die Glasmalereien entstanden im Jahr 1523. Die Kanzel stammt aus der Renaissance.

Am Ortausgang nach La Neuveville liegt der **Stammsitz der Herren von Ligerz,** der so genannte „Hof“, heute ein Rebbaumuseum. Erbaut wurde er um 1555 mit spätgotischen Fernsterreihen mit Fächerrosetten oder Kielbogenstützen, einem polygonalem Erker auf Stützpfeilern und einem bemerkenswerten Dachstuhl.

La Neuveville/Neuenstadt

1312 wurde Neuenstadt durch den Basler Bischof *Vuippen* als Bollwerk gegen die Expansion der Neuenburger Grafen gegründet. Früh bekam es Stadt- und Marktrecht. 1815 wurde die zum Fürstbistum Basel gehörende Stadt bernisch. Seit dem späten 18. Jh. ließen sich Schulpensionate nieder, über Generationen brachten sie jungen Bernerinnen und Bernern französischen Schliff bei.

La Neuveville entstand auf dem Reißbrett. Der Grundriss besteht aus Längs- und Querachsen mit dem trapezförmigen Place de la Liberté. Eine Besonderheit sind die Stadtmauern.

Beim Tour de Rive (oder du Lac, früher als Käfigturm bezeichnet) findet man links außerhalb der Mauer das stattliche, schräg gestellte **Maison de Berne** (Berner Hof). Ab 1631 von den Äbten des Klosters Bellelay als Rebhaus errichtet, gehört es seit 1804 der Stadt Bern. Das Haus mit Giebelfassaden besitzt einen hohen Keller und zwei Wohngeschosse unter einem Krüppelwalmdach mit einer stattlichen Anzahl von Fässern. Durch den Bahnbau verlor das Gebäude einen Treppenturm.

Durch den zinnenbewehrten **Tour de Rive** gelangt der Besucher auf die Place de la Liberté. Rechts steht die Kirche **Temple du Lac,** erbaut 1720. Auf der Seeseite wurde die Stadtmauer in den Bau einbezogen und mit Fensteröffnungen durchbrochen.

Place de La Liberté Nr. 11 ist das spätgotische **Maison des Vignerons** mit Arkaden und Halle im Erdgeschoss, das ehemalige Zunfthaus der Winzer.

Die **Rue du Marché** gehört zu den schönsten Gassen der Schweiz. Barockisierte Häuser mit spät- und nachgotischen Fenstergerichten aus dem 16. und 17. Jh. sind hier zu bewundern. Nr. 27, das Maison au Dragon, ist ein reines Louis XV.-Palais mit Drachenspeier, erbaut 1758.

Die zwei **Bannerträgerbrunnen,** die durch die Blickrichtung ihrer von Bären begleiteten Krieger die Platzwirkung des Place de la Liberté unterstrei-

chen, wurden 1550 in ockergelbem Neuenburger Stein und grauem Jurakalkstein geschaffen.

Die parallelen Gassen **Rue du Collège** und **Rue du Beauregard** haben spätgotische und barocke Züge. Auffallend die im 18. und 19. Jh. auf die Häuser aufgestockten Estrich-Aufzugsgiebel für Brennholz und andere Vorräte sowie die Giebelfassaden mit Aufzugstor und Ründe.

Nur geführt zu betreten sind die **Venelles.** Die knapp einen Meter breiten Gässchen wurden als Abfallrinnen angelegt, Vorläufer unserer Sanitäranlagen und deshalb bauhistorisch bedeutend.

In der Altstadt von La Neuveville

Der **Tour Rouge** oder de l'Horloge wurde nach dem Vorbild des Solothurner Zytgloggeturms geschaffen. Der Unterbau entstand zur Zeit der Stadtgründung. Uhrwerk, Farbgebung, Tuffquadererhöhung und Spitzhelm mit Laterne kamen 1596 dazu.

Oberhalb des Turms steht die **Grenette,** ein Kornhaus mit Freitreppe aus den Jahren 1757–59.

Das **Maison de Gléresse** an der Kreuzung Route du Château/Rue des Fossés entstand 1555–61 und diente den *de Gléresse* ab 1578 als Familiensitz. Im späten 18. Jh. erhielt es sein heutiges Aussehen: ein Krüppelwalmdachbau mit polygonalem Treppenturm und reich skulpiertem Portal im manieristischen Stil, ein nördlicher quadratischer Annex mit zwei Räumen, von denen der obere der katholisch gebliebenen Familie als Kapelle diente.

Der **Tour Carré** oder des Cloches, 1520 erbaut, ist ein viergeschossiger Haustein-Turm unter Pyramidendach. In der Ruelle de l'Hôtel de Ville steht das **Museum Hôtel de Ville.** Das Rathaus wurde ab 1520 gebaut. Der Trakt besitzt zwei Keller und einen erhöhten Bau, der u.a. die Salle des Pas Perdus enthält. Das Treppenhaus ist an den Tour Carré angebaut und besitzt eine manieristische Tür. Vom obersten Stock des Museums erreicht man das Innere des Tour Carré mit wertvollen Glocken und der Salle du Conseil de la Bourgeoisie mit Louis XIII.-XV.-Mobiliar.

Erlach

↗VII/C2

Am oberen Ende des Bielersees liegt das **malerische und verschlafene Landstädtchen** Erlach. Eine holprige Kopfsteinpflastergasse führt zum Schloss mit einmaligem Ausblick auf Altstadt, See und Petersinsel.

Die Anfänge Erlachs werden auf Ende des 11. Jh. festgelegt. *Burkhard von Fenis* (1072–1105 Bischof von Basel), baute die Burg Erlach, sein Bruder *Kuno* (1093–1103 Bischof von Lausanne) stiftete die Abtei. *Rudolf II. von Neuenburg/Nidau* verlieh Erlach um 1266 die Handfeste, d.h. verschiedene Rechte und Sonderbestimmungen, wie sie die Stadt vom Dorf unterscheiden. Im Burgunderkrieg wurde Erlach 1474 von Bern erobert, etwa fünfzig Jahre später wirkte der Renaissancemaler, -dichter, -reformator und -staatsmann *Niklaus Manuel Deutsch* hier als Landvogt.

Erlach besitzt zwei Altstadtkerne. Der eine, die **„Stadt“**, reicht vom Schloss bis Haus Nr. 11, bzw. 14, der andere, das **„Städtchen“**, umfasst den Grabenbereich Nr. 9 bis zur Gaalstrasse. Im Städtchen entwickelte sich die Reihenbauweise. An den Ortseingängen gibt es herrschaftliche Einzelbauten aus dem 17. Jh. Der Turm auf der Jolimont-Seite reicht in savoyische Zeit zurück. Weitere Türme sind im Laufe der Zeit abgetragen worden.

Das **Schloss** erlebte spätgotische und barocke Umbauten. Es ist hufeisenförmig angelegt in einen Süd- und Nordtrakt, beide unter hohen Walmdächern, mit einem kurzen Verbindungsbau, der Hauptturm mit geschweiftem Helmdach. Auf der Ostseite des Turms findet sich ein Gusserker. Am Sockel der Westseite erschrecken Fratzen den Betrachter. Der Südtrakt weist barocke Fenster auf und wurde zwecks Angleichung an den Nordtrakt erhöht. Die Schildmauern gegen Stadt und unteren Hof sind mit Schießscharten und Zinnen ausgestattet. Zwei Aufgangstreppen führen zum Portal des oberen Hofes. Im Obergeschoss des Südtrakts sind spätgotische Fenster zu sehen. Das Schloss diente 1474–1798 als bernische Landvogtei. Seit 1874 ist es ein Knabenschulheim und kann nicht besichtigt werden.

Die **Altstadt** bildet zusammen mit dem Schloss eine Einheit und erinnert an das bekanntere freiburgische Greyerz. Gebäude mit spätgotischen Reihenfenstern säumen die Gasse. Die Häuser enthielten im Erdgeschoss Läden, Werkstätten oder Weinkeller, im Obergeschoss befanden sich Haupt- und Nebenräume.

Das **Rathaus** besitzt das einzige erhaltene Stadttor, das auf die Flucht der Ringmauer vorstößt und den Markt dominiert. Das Gebäude entstand in drei Etappen: Torbau mit Wächterwohnung im 15. und 16. Jh., Saalbau im 16. Jh. und Eingangsbau zur Altstadt im 18. Jh.

An das Rathaus angebaut ist das **ehemalige Stadtkornhaus.** Das Schulhaus war 1697 als obrigkeitliches Kornhaus auf vier gewölbte städtische Ladenlokale gebaut worden. 1865 wurde es zum Schulhaus umgebaut.

Am unteren Ende der Gaalstrasse steht das **Mayhaus,** neu gebaut um 1655 durch *Beat May,* verbreitert auf Kosten eines Stadtturms 1685 von *Johann May.* Es hat eine asymmetrische Giebelfront mit verstärkten Stützpfeilern (1729) und Ründe (1856) sowie nachgotische Fenster. In der Belle-Etage im zweiten Stock befindet sich ein Täfersaal von 1680.

Ebenfalls von *Johann May* ist der **Gemeindeweinkeller** von 1687, ein nachgotischer Bau mit Gewölbekeller und steinerer Außentreppe.

Im **Städtchen** markieren Brunnen die Straßenkreuzungen. Die Häuser haben spätgotische, spätbarocke und Louis XV.- sowie Louis XVI.-Fassaden.

Die außerhalb des Städtchens gelegene **Kirche** hat einen spätromanischen Turm, einen spätgotischen Chor und ein massiges Schiff mit einem barocken Predigtsaal von 1680. Wandmalereien im kreuzrippengewölbten Chor sind nach 1453 datiert. Das behäbige Pfarrhaus ist ein Krüppelwalmdachbau mit Riegelgiebeln (17. Jh.).

St. Petersinsel

↗VII/C2

Ein beliebtes Ausflugsziel am Bielersee ist die lauschige St. Petersinsel. Von verschiedenen Schiffsstationen am See kann man sie mit dem Schiff oder von Erlach aus in einer knappen Stunde zu Fuß erreichen.

Die Insel war schon in prähistorischer Zeit besiedelt. Auch die Römer hinterließen Spuren. Graf *Wilhelm III. von Burgund-Mâcon* hatte 1107 in Bellmund bei Nidau ein **Cluniazenserpriorat** gegründet, das vor 1127 auf die Insel verlegt wurde. Das Kloster wurde 1484 aufgehoben. Nach der Reformation übergab die Berner Regierung die Insel 1530 einem Vorläufer des Burgerspitals von Bern, dem sie noch heute gehört. Vom Kloster existieren noch hufeisenförmig zur Nordseite offen angeordnete Gebäudeflügel mit romanischer und spätgotischer Bausubstanz, heute als **Inselhaus** bezeichnet. Außerdem gibt es einen Landwirtschafts- sowie einen Hotel- und Restaurantbetrieb.

Die Insel wird aber weniger mit dem Kloster verbunden, als mit einem prominenten Flüchtling des 18. Jh. – mit **Jean-Jacques Rousseau.** Mit seinen beiden Werken „Le Contrat Social" (Gesellschaftsvertrag) und „Emile" hatte er den Zorn der Genfer Obrigkeiten auf sich gezogen. Sie fürchteten seine Ideen, nicht Gott habe dem Staat seine Autorität verliehen, sondern die Menschen. Mit „Emile" hat Rousseau noch das Beispiel eines frei geborenen und agierenden Menschen nachgeliefert, eine Provokation für den Ständestaat. Rousseau war ständig von Ausweisungen bedroht. 1762 floh er nach Bern, wo die gnädigen Herren ihm die St. Petersinsel als Asyl anboten. Er war ihnen unheimlich, der Druck von Genf und Frankreich war lästig. Sie entzogen ihm die Aufenthaltsbewilligung und er floh nach Neuenburg, von wo er später nach England ging.

1810–15 wurde das Inselhaus modernisiert, das spätgotische Rousseau-Zimmer im ersten Stock blieb unangetastet, so wie es der Philosoph verlassen hatte. Durch eine kleine Falltür neben dem Kachelofen soll er manchmal die Flucht vor eifrigen Bewunderern ergriffen haben.

Praktische Tipps

Information

- **Tourismus Biel-Seeland,** Bahnhofplatz 12, 2500 Biel, Tel. 032/322 75 875, www.biel.ch

Unterkunft

- **Hotel Elite******, Rue la Gare 14, Biel, Tel. 032/328 77 77, www.hotelelite.ch. Zu Fuß drei Minuten vom Bahnhof. Zimmer vor kurzem mit Geschmack renoviert. Bar, Restaurants. DZ sFr. 190 bis 290.
- **Villa Lindenegg,** Lindenegg 5, Biel, Tel. 032/322 94 66. Nahe der Altstadt in einer Parkoase. Sanft renovierte Villa (19. Jh.), sieben wohnliche Zimmer in verschiedenen Preisklassen. Unkompliziertes Bistro mit marktfrischer Küche. DZ mit D/WC sFr. 194 bis 234 (auch Zimmer mit Etagenbad/WC).
- **Hotel Schlössli******, Ipsachstr. 13, 2563 Ipsach-Biel, Tel. 032/332 26 26. Neues Landhaus im „Schloss-Stil" nahe Biel, schöne Zimmer, freundlicher Service, DZ mit Bad/WC sFr. 230 bis 276.
- **Lago Lodge,** Uferweg 5, 2560 Nidau, Tel. 032/3313732, www.lagolodge.ch. Sauberer, neuer, fast luxuriöser Backpacker nahe See und Expogelände mit großen unprätentiösen Zimmern, zumeist mit D/WC. Auch Mehrbettzimmer für Rucksacktouristen. Übernachtung im Mehrbettzimmer ab sFr. 20 (mit Schlafsack), sFr. 25 p.P. mit Bettzeug, in DZ sFr. 70 bis 80 für zwei Personen.
- **Hotel Kreuz,** 2514 Ligerz am Bielersee, Tel. 032/315 11 15, www.kreuz-ligerz.ch. Altes stattliches Gasthaus, vom See durch Straße und Bahn getrennt, direkter Seeblick. Zimmer mit rustikalem Charme aus den 40er-Jahren. Die Möbel wurden nicht entsorgt, sondern renoviert, so dass sich ein gemütliches (Ur-)großeltern Gefühl einstellt. Private Bademöglichkeit am See, öffentliche Getränke-Terrasse (Le Jardin). Fisch-Spezialitäten. DZ mit D/WC und Frühstück sFr. 185 bis 220.
- **Hotel-Feriendorf Twannberg,** 2516 Twannberg, www.twannberg.ch, Tel. 032/ 315 01 11. Ganz auf Kinder und behinderte Kinder eingestelltes Ferienhotel auf dem Twannberg oberhalb des Bielersees. Moderner Bau aus den 70er-Jahren, großes Hallenschwimmbad und viele Freizeitmöglichkeiten. Alles behindertengerecht eingerichtet. DZ mit D/WC sFr. 120 bis 180, ermäßigte Tarife für Kinder im Zimmer der Eltern.
- **Hostellerie J.-J. Rousseau,** 2520 La Neuveville, Tel. 032/752 36 52, www.jjrousseau.ch. Das einzige Hotel direkt am See, im Hafen von La Neuveville. 23 schöne Zimmer, teils auf der See- und Terrassenseite. Es kann an Wochenenden laut werden, die Terrasse ist bekannt für kulinarische Köstlichkeiten, deshalb Anziehungspunkt für Hochzeitsfeiern. Auch die schweizerische Regierung zieht es hierhin zur Klausur. Dez. geschlossen. DZ mit Bad/WC, Frühstück sFr. 220 bis 270.

Camping

- **Camping Strandbad Erlach,** 3235 Erlach, Tel. 032/338 16 46/88 88. Schöner Camping mit allen Einrichtungen, direkt am See. Gut gebucht.
- **Monplaisir,** 3235 Erlach, Tel. 032/338 13 58. Schöner Platz am See mit flachem Strand und allen Einrichtungen.
- **Fanel,** 3236 Gampelen, Tel. 032/313 23 33, www.campingtcs.ch. Bekannter, sehr frequentierter Platz, Kies- und Sandstrand, (flach, geeignet für Kinder) am Neuenburgersee. Alle Einrichtungen. Früh buchen.

Essen und Trinken

- **Caffé Pino,** Stämpflistr. 2, Biel, Tel. 032/342 02 01. Sehr guter Italiener.
- **Ring 16,** Ring 16, Biel, Tel. 032/322 81 08. Schöne Lage in der Altstadt. Gute Küche.
- **Pfauen,** Ring 7, Biel, Tel. 032/322 49 13. Typische Altstadtkneipe, schöne Lage, sympatisch.
- **Restaurant Schöngrün,** Madretschstr. 102, Biel, Tel. 032/365 21 31. *Jesus* und *Maria Lopez* kochen und servieren echt spanisch. Liebenswert und gut.
- **Restaurant Kreuz,** Hauptstr. 23, Nidau, Tel. 032/331 93 03. Sympathische Genossenschaftskneipe im alten Städtchen.

●**La Peniche,** Schlossstr. 25, Nidau, Tel. 032/331 30 26. Modernes Restaurant am See, perfekte Lage, Küche nicht ebenso überzeugend.

Museen

●**Museum Schwab,** Seevorstadt 50, 2500 Biel. Tel. 032/322 76 03. Ältestes Beispiel von Museumsarchitektur im Kanton Bern und drittältestes der Schweiz. 1873 nach Plänen von *Ludwig Friedrich von Ruette* erstellt. Vorzüglich Funde der Ufersiedlungen von Schweizer Seen. Die Funde Schwabs in La Tène gaben einer ganzen Periode der Eiszeit ihren Namen (La Tène-Eiszeit). Das Museum zeigt Exponate aus dem Neolithikum, der Bronzezeit, Hallstattzeit und der Römerzeit, Themen wie Leben und Überleben, Umwelt, Ernährung, Technik, Fortschritt. Di–Sa 11–18 h, So 11–17 h.

●**Museum Neuhaus Biel,** Schüsspromenade 26, 2500 Biel, Tel. 032/328 70 30. Di–So 11–17 h, Mi 11–19 h. Wirtschaftsgeschichte der Stadt. Schwerpunkt: die erste Fabrik, die Indienne-Manufaktur aus dem Jahr 1747. „Wohnen und Kunst", „Wohnen und Haushalten", bürgerliches Leben des 19. und frühen 20. Jh., Schweizer Malerei des 19. und 20. Jh. *Léo-Paul* und *Paul-André Robert:* mehr als 3000 Arbeiten mit einer künstlerischen Enzyklopädie der Tier- und Pflanzenwelt Europas. „Kunst- und Literatur" ist den Brüdern *Karl* und *Robert Walser* gewidmet. Karl entwarf Bühnenbilder für *Max Reinhard,* Robert muss kaum vorgestellt werden. Kinoliebhaber wird es in die „Cinécollection William Piasio" ziehen: optische Phänomene, Laterna Magica, Kinematografen, Kameras, Projektoren sowie Filmdokumente. Filmvorführungen im benachbarten Centre PasquART, Seevorstadt 71, 2500 Biel, Tel. 032/322 55 86. Annex erstellt 1998/99 durch das Architekturbüro Diener und Diener aus Basel.

●**Historisches Museum von La Neuveville,** im Hôtel de Ville, Tel. 032/751 11 48. Exponate aus der Burgunderbeute, Waffen, Fahnen der Stadt, Kunsthandwerk, Zunft- und Alltagsgegenstände, Veduten, Pfahlbaufunde. April–Okt., So/Di 14–17 h.

Pays de Neuchâtel

Neuchâtel gibt es zweimal. **Neuchâtel du haut** steht für kalte, lange, raue Winter in kargen Bergtälern, für Viehzüchter, Holzfäller, Köhler, für protestantischen Arbeitseifer und anarchistischen Ungehorsam in den Uhrenmachermetropolen La Chaux-de-Fonds und Le Locle. **Neuchâtel du bas** sind die sanften Gestade des milden Neuenburgersees, die Kantonshauptstadt mit ihren schnörkellosen Fassaden aus okergelbem Kalkstein, mit südlicher Wärme und französischer Großzügigkeit. Ersteres, der Neuenburger Jura, ist im Kapitel „Jura" beschrieben. Hier schildern wir die Gegend am Neuenburgersee, das größte Binnengewässer der Schweiz.

Geschichte

Neuchâtel/Neuenburg wurde urkundlich 1011 erstmals erwähnt. Hundert Jahre später ging der Besitz an das mächtige seeländische Geschlecht der *Fenis (Vinelz)* über. Bei einer Erbregelung wurden die Gebiete 1218 fein säuberlich nach Sprachzugehörigkeit aufgeteilt: Neuenburg fiel an den Begründer des Neuenburger Zweiges, der fortan einen Grafentitel trug und Ende des 14. Jh. erlosch. Zu diesem Zeitpunkt hatten sich die Grafen ohne kriegerische Eroberungen das heutige Kantons-Territorium angeeignet. Die Nachfolger grenzten sich von den Franzosen ab, deren Untertanen sie de facto waren, indem sie sich anlässlich des Westfälischen Friedens als

„schweizerisches" Gebiet deklarierten. Trotzdem kam es nicht zu einem Beitritt zur Eidgenossenschaft. 1707 starb die Fürstin von Neuenburg kinderlos. Bei den Erbverhandlungen gab es zahlreiche Interessenten. Die Neuenburger Bürgerschaft entschied sich für *Friedrich I. von Preußen* – er war weit weg, sie versprachen sich Autonomie. *Napoleon* tauschte das Fürstentum gegen das Königreich Hannover ein und gab es an *Marschall Berthier* weiter. Zu Recht befürchteten die Neuenburger, dass sie auf dem Wiener Kongress dem preußischen König zufallen würden. Sie beantragten die Aufnahme in die Eidgenossenschaft, was die Tagsatzung 1814 guthieß. Der Kongress ratifizierte den Beschluss, entschied aber gleichzeitig, Neuenburg müsse in den Besitz *Friedrich Wilhelms III.* zurückkehren. Neuenburg war jetzt Kanton und in die Außenpolitik der Schweiz eingebunden. Zugleich war es aber Fürstentum, innenpolitisch galt der Wille des Königs von Preußen. Das Scheitern war vorprogrammiert. Ein erster Revolutionsversuch scheiterte 1831. 1848, am 1. März, besetzte eine Kolonne von Republikanern das Schloss und rief die Republik aus. Schon am Tag darauf nahm die Tagsatzung den neuen Kanton ohne Einschränkungen in die Eidgenossenschaft auf. Die Royalisten wollten das nicht hinnehmen. Sie versuchten 1856 einen Staatsstreich, der von den eidgenössischen Truppen im Keime erstickt wurde. 700 Royalisten wurden verhaftet, ein Verfahren gegen sie eingeleitet. *Napoleon III.* wurde als Vermittler eingeschaltet. *Wilhelm III.* drohte mit Krieg, der Bundesrat brach die Beziehungen zu Preußen ab. Unter dem Oberkommando von General *Dufour* marschierten zwei schweizerische Divisionen an die Grenze. Nach zähen Verhandlungen kam ein Vertrag zustande. Preußen verzichtete auf Neuenburg und Valangin und erhielt eine Million Franken Abfindung. *Wilhelm* durfte den Titel „Fürst von Neuenburg" behalten.

Im 20. Jh. spielte der Neuenburger Postmeistersohn und Priesterkandidat **Maurice Bavaud** eine bemerkenswerte Rolle. Anno 1938 reiste er 22-jährig nach Deutschland, um *Hitler* zu erschießen. Nach drei misslungenen Attentatsversuchen in Berlin, München und Berchtesgaden, die gemäß Volksgerichtshof „den Führer in akute Lebensgefahr brachten", wurde er im Zug geschnappt, weil er sich keinen Fahrschein leisten konnte. Im Mai 1941 wurde der „Schweizer Heckenschütze" in Berlin-Plötzensee hingerichtet. Hitler verbot die Aufführung von *Schillers* Tell und strich das Stück aus den Schulplänen.

Le Landeron ↗VI/B2

Le Landeron liegt zwischen den Städtchen La Neuveville und Erlach, gehört jedoch bereits zum Kanton Neuenburg. Der 1325 gegründete Marktflecken entzückt durch sein besonders gut erhaltenes Siedlungsbild. Zwei Häuserreihen enden fast elliptisch an zwei 160 Meter voneinander entfernten Eingangstoren zur Stadt. An bei-

081ch Foto: en

den Enden findet sich auf dem Platz ein Brunnen mit Bannerträgern (1549 bzw. 1574). In der Nordostecke stehen die Überreste des ehemaligen Schlosses, im Südosten das Rathaus mit Ortsmuseum. Das verschlafene, kaum von Touristen besuchte Städtchen eignet sich für einen kurzen Stopp mit Mittagessen oder Vesper.

Bannerherrbrunnen in Neuchâtel

Cressier

↗VII/C2

Am Fuß der Jurahöhen zwischen La Neuveville und dem Neuenburgersee liegt der Flecken **Cressier** mit einem imposanten Schloss, der beeindruckendste Herrensitz im Kanton Neuenburg. Er wurde 1609 für den Gouverneur *Jacob Vallier* gebaut und dient heute als Schule. Drei viereckige und ein runder Eckturm sowie ein polygonaler Treppenturm überragen das Schloss mit Umfassungsmauer, die im Süden von einem Renaissanceportal durchbrochen ist.

Neuchâtel/Neuenburg

↗VI/B2

Am nördlichen Ufer des Neuenburgersees malerisch gelegen, besitzt Neuchâtel eine Reihe von Sehenswürdigkeiten, die auf dem folgenden Rundgang besucht werden.

Stadtrundgang

Erstes Ziel ist der an der Rue de L'Orangerie gelegene Herrensitz **Hôtel du Peyrou** mit seinem bemerkenswerten Garten. Das französisch anmutende Gebäude, wurde 1765–71 für den Franzosen *Pierre-Alexandre du Peyrou,* einem Beschützer von *Jean-Jacques Rousseau,* gebaut. Das Haus weist eine kunstvolle, horizontal gegliederte Fassade auf. Auf der Nordseite befindet sich ein Prunkeingang, auf der Höhe des ersten Geschosses ein repräsentatives Vestibül und Treppenhaus, ein großer Salon mit Louis-XV.-Parkett und vergoldetem Louis-XVI.-Täfer aus Paris sowie eine Rocaillestuckdecke. Der Garten dehnte sich früher bis zum See aus. Heute wird er von zwei Rampen begrenzt, davor steht eine Mauer mit zwei Pavillons.

Durch die Gartenanlage mit öffentlichem Restaurant gelangt man zurück in die **Faubourg de l'Hópital,** ein elegantes Quartier, das seinen ursprünglichen Charakter weitgehend erhalten hat. Haus Nr. 24 hat eine von italienischen Renaissancepalästen inspirierte Fassade. Nr. 21 wurde 1814 im Empirestil für den Oberstallmeister der Kaiserin *Joséphine* gebaut. Nr. 19, ein dreiteiliges Hauptgebäude mit zwei Seitenflügeln, die einen Hof umfassen, stammt aus dem Jahr 1771.

Auf dem **Rathausplatz** steht ein Louis-XVI.-Brunnen. Das **Hôtel de Ville** (Rathaus) wurde 1784–86 im Stil des Pariser Klassizismus errichtet. Der Unterbau wird von rundbogigen Türen durchbrochen. Die Hauptfassade im Osten zeigt einen Risalit mit acht toskanischen Säulen unter einem breiten Giebeldreieck mit Allegorien der Freiheit und der Künste. Die Westfassade ist analog und zeigt im Giebeldreieck Darstellungen des Handels und Überflusses mit Schild und Stadtwappen. Die Halle des Erdgeschosses hat ein Kreuzgratgewölbe. Ein Modell zeigt die Stadt im 18. Jh.

Im Süden des Platzes steht das Hôtel communal, das ehemalige Waisen- und Armenhaus, 1724–29 errichtet. Das städtische Gas- und Elektrizitätswerk im Osten war früher Spital, gebaut 1782.

Links gelangt man am Rathaus vorbei in die Rue Temple Neuf zur **Kirche Temple du Bas,** einem schmucklosen, rechteckigen Gebäude, das 1695–97 zur Zeit des hugenottischen *refuge* nach Vorbild der französischen Gotteshäuser erbaut wurde. Durch den Ausbau zu einem Konzertsaal zeigt sich das Innere heute jedoch verändert.

Bei der Unterführung Globus (Rue des Poteaux) gelangt man in die **Rue de l'Hôpital,** mit Häuser aus dem 17. bis 19. Jh. Die Statue auf der Fontaine de la Justice (Gerechtigkeitsbrunnen) stammt aus dem Jahr 1547. Am Fuß der Statue versinnbildlichen vier Köpfe den Papst, den Kaiser, den Sultan und den Schultheißen.

Durch die Grand Rue gelangt man zur **Rue des Moulins** mit sehenswerten spätgotischen bis Louis-XV.-Gebäuden. Mit dem Bau der Nr. 21 wurde 1685 im Auftrag der Familie *de Montmollin* begonnen. Das Haus besitzt die einzige frühbarocke Fassade von Neuenburg. Über der Tür ist ein manieristisch gebrochener Giebel mit den Wappen Montmollin und Petitpierre zu sehen.

Auf dem Platz **Croix du Marché,** dem einstigen Haupt- und Marktplatz der Stadt, steht der Brunnen Fontaine du Banneret (Bannerheer-Brunnen), ursprünglich zum Tränken der Kühe und Pferde gedacht. Die umliegenden Häuser stammen aus dem 16. bis 19. Jh. Am Restaurant du Banneret, 1609, ziert Renaissancedekor eine noch spätgotisch konzipierte Fassade. Links davon steht das Maison du Trésor mit schmaler Fassade und Vortreppe. Die Westseite des Platzes beherrscht der Tour de Diesse (Turm der

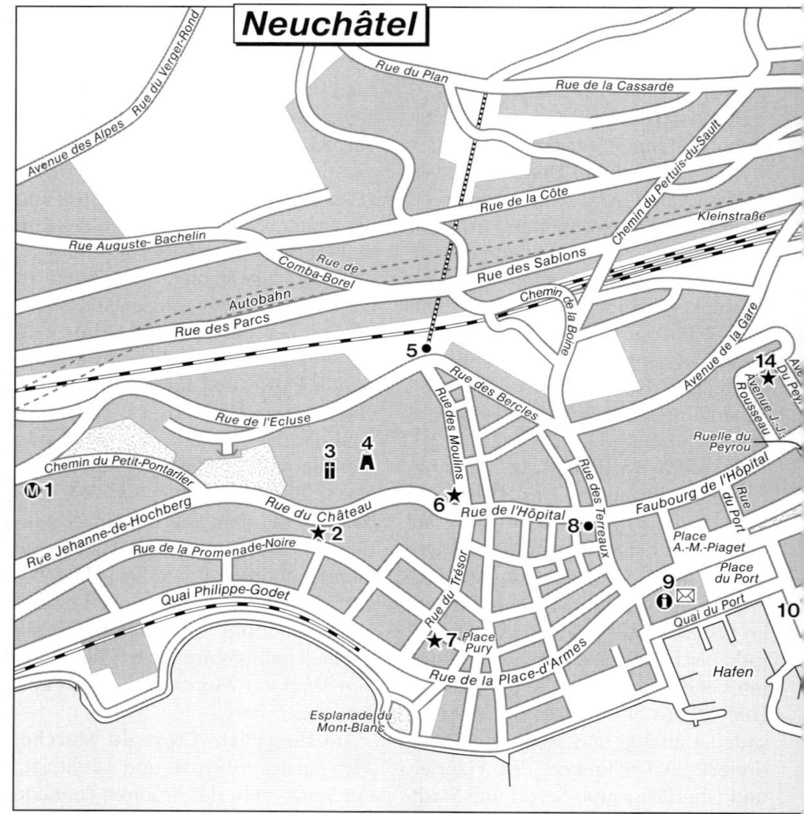

- M 1 Musée d'Ethnographie
- ★ 2 Tour des Prisons
- 3 Collégiale/Stiftskirche
- 4 Château/Schloss
- ● 5 Seilbahn
- ★ 6 Tour de Diesse
- ★ 7 Maison des Halles
- ● 8 Hôtel de Ville/Rathaus
- i 9 Touristeninformation, Post
- M 10 Musée d'Art et d'Histoire/ Museum f. Kunst und Geschichte
- ★ 11 Arteplage/Künstliche Insel der Expo '02 (nur bis Okt. 2002)
- ● 12 Talstation "Funiculaire" (Seilbahn zum Bahnhof)
- ✚ 13 Krankenhaus
- ★ 14 Hôtel Du Peyrou

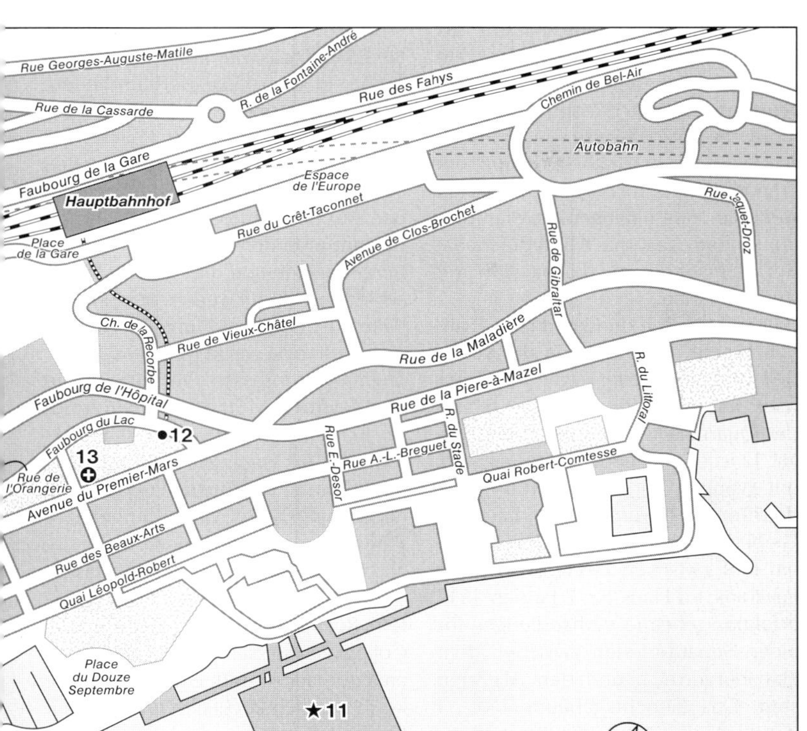

Edlen von Tess), früher Osteingang zum Ort, gebaut im 12./13. Jh.

In der **Rue du Trésor** findet sich neben der Nr. 1a ein Haus mit spätgotischen Fenstern und daneben ein schmales Louis-XV.-Haus, 1743 mit verzierten Rahmenpilastern gebaut. Auf halbem Weg zur Place des Halles ist die Passage des Corbets mit monumentaler Renaissance-Wendeltreppe sehenswert. Auf dem **Place des Halles** steht das Maison des Halles, das Wahrzeichen der Altstadt, erbaut 1569–72. Das Renaissancedekor wurde auf dem gotisch konzipierten Gebäude angebracht. Das Haus diente als Kornspeicher und Stoffmarkthalle. Interessant ist die Nr. 8 neben dem Louis-XIV.-Pavillon. Das Gebäude wurde 1685–89 für den Kanzler *Montmol-*

lin gebaut. Die Fassade stammt aus der Zeit von Louis XIV. Man beachte das Mezzaningeschoss und das riesige Mansartdach mit Wasserspeiern. Nr. 13 ist ein 1597 teilweise wieder aufgebautes Haus mit halbeingezogenem Treppenturm und Erker. Im Südwesten steht die 1664 hinzugefügte Plattform aus gelbem Kalk mit Wandsäulenpaaren, Balustrade und Eckpavillon mit Zwiebelhaube.

Durch die Rue du Coq d'Inde (Truthahn) geht man hinauf in die Ruelle Bellevaux und weiter in die Rue Pommier. Diese wurde nach dem Brand des Quartiers 1714 wieder aufgebaut. Nr. 12 ist das Lehenhaus der *Bellevaux* mit Wappen und Datum 1664 über dem Tor. Nr. 8 wurde 1743 erbaut, mit Giebelfronten und Balkon, im Norden ein Hof zwischen zweigeschossigen Pavillons. Im Haus Nr. 7 fanden 1917 erfolglos geheime Verhandlungen für einen Separatfrieden zwischen dem Habsburgerreich und den Alliierten statt. Das Gerichtsgebäude (Nr. 1) wurde 1719 erbaut, die Fassade im späten Louis-XIV.-Stil gestaltet. Vor dem Gerichtsgebäude steht die Fontaine du Griffon (Greifenbrunnen), die 1664 vergrößert wurde, zu einer Zeit, in der bei Volkfesten Wein statt Wasser floss.

An der Rue Escaliers du Château steht ein zweistöckiges Haus mit gelber Hausteinfassade (Nr. 2). Die geschickt dem Hang angepasste Anlage ist mit den Mauern der öffentlichen Treppe verbunden. Wir gehen nicht über die Treppe zum Schloss, sondern nehmen den Weg durch die Rue du Château und die Rue de la Collégiale.

An der **Rue du Château** fällt die Nr. 23 auf, das alte Hôtel de la Couronne, in dem viele Berühmtheiten, abgestiegen sind, darunter auch der französische Publizist und Politiker *Mirabeau*. Bei der Biegung zum Schloss ist links der Tour des Prisons erkennbar. Auf der Plattform hat man einen beeindruckenden Ausblick auf Neuenburg, den See und die Alpen. Auf verschiedenen Stockwerken zeigen Modelle die Stadt im 15. und 18. Jh. Eine Gefängniszelle weckt Mitgefühl für die ehemaligen Insassen. Der Turm diente als Westtor zur Stadt und wurde im 11. Jh. gebaut. Er ist von April bis Oktober 6–18 h zugänglich.

Die Häuser der **Rue de la Collégiale** Nr. 2 und 10 sind wieder aufgebaute Pfarrhäuser aus dem Ende des 16. Jh. Nr. 6–8 ist das alte Collège, datiert 1600, mit spätgotischen Reihenfenstern. Rechts steht das Schloss, links die Collégiale (Stiftskirche). Beide bilden am Ende der Altstadt eine Art Akropolis, in der sich kirchliche und profane Bauten mischen und ein harmonisches Ganzes bilden. Die Stiftskirche überrascht mit klaren Linien, die sich deutlich von den malerischen Flügeln des Schlosses unterscheiden. Das vom 12. bis Ende des 15. Jh. gebaute Schloss diente den Neuenburger Grafen als Residenz, dann herrschten preußische Gouverneure, jetzt ist es Sitz der kantonalen Regierung.

Von der Rue de la Collégiale oder vom Kreuzgang führt ein Rundgang an den Außenmauern des **Schlosses** entlang. Die Südgallerie ist auf einer Mauer gebaut und durch eine Reihe dreistufiger Sockel verbreitert. Steinerne Fensterkreuze durchbrechen die Sandsteinmauern. Zwölf Wappen erinnern an die Besetzung durch die Eidgenossen im 16. Jh. Die Ostseite ist durch eine Passage unter dem Eckturm erreichbar. Beeindruckend sind die mächtigen Türme und der festungsähnliche Charakter der hohen Mauern, zu deren Füßen sich die Dächer der Altstadt schmiegen. Der Nordflügel wird von Fenstern durchbrochen. Das Eingangsportal flankieren zwei Türme. Der romanische Flügel, gebaut um 1180, in der Mitte der Westfassade, ist das einzige in der Schweiz erhaltene profane Bauwerk dieser Zeit. Die Westseite wird durch drei übereinander liegende Zwischengesimse gegliedert, gekrönt von Weinlaub und Ranken, dazu alte, von kleinen Säulen gerahmte Fenster. Im asymmetrischen Schlosshof entsteht der Eindruck einer Einheit, obschon verschiedene Bauepochen unverkennbar sind. Der von zwei Türmen (1438) eingefasste Nordflügel wurde 1750 umgestaltet, der Südflügel durch einen polygonalen Treppenturm erweitert.

Die Collégiale, die **Stiftskirche,** wurde in der Übergangszeit vom romanischen zum frühgotischen Stil errichtet. Der Chor weist Ähnlichkeiten mit dem Basler Münster und dem Grossmünster von Zürich auf, Haus und Schiff wecken eher Erinnerungen an die Kathedrale von Lausanne und an burgundische Gotteshäuser. Mit dem Bau der dreischiffigen Stiftskirche wurde 1180 begonnen, 1276 wurde sie eingeweiht, 1530 reformiert. Die östliche Chorpartie besteht aus einer Hauptapsis mit drei Fenstern und zwei leicht zurückgestuften Nebenapsiden. Das Südportal St. Pierre ist eine vereinfachte Nachbildung des Nordportals des Basler Münsters. Am Südschiff befindet sich das Fragment eines Uhrzifferblattes von 1555. Schmale Fenster mit Gesimsen durchbrechen die Seitenschiffwände des Langhauses. Der Kreuzgang im Norden besaß romanische Arkaden, seit 1453 überdecken Kreuzrippengewölbe den Flügel. Über dem Portalvorbau öffnet sich die alte St. Michaelskapelle wie eine Empore gegen das Mittelschiff. Berühmt ist die Collégiale für ihr Kenotaph, das größte und figurenreichste aus der Vorrenaissance, das sich nördlich der Alpen erhalten hat: Auf einem Sockel mit Klagefiguren aus dem 15. Jh. erheben sich die Statuen des 14. Jh. Die Frauen tragen lange weiße Gewänder, die Ritter Kleider mit dem alten Neuenburger Wappen auf den Panzerhemden. Auf beiden Seiten des Kenotaph stehen auf Konsolen die Statuen von *Konrad* und *Johann von Freiburg.* Sie wurden 1425 und 1458 vom berühmten *Matthäus Ensinger* erschaffen. Ganz rechts steht die Statue von *Rudolf von Hochberg,* um 1487 gehauen, dem Jahr seines Todes. Während der Reformation wurde das Grab verstümmelt.

Die der Stiftskirche vorgelagerte Terrasse entstand im 19. Jh. Hier steht die Statue des Neuenburger Reformators *Guillaume Farel.* Die Nordost-Ecke beherrscht der Tour du Donjon von 1439–65. Die Brücke führt in den gegenüberliegenden Park.

Man geht nun zurück in die Rue de la Collégiale, die Schlosstreppe hinab und vom Croix du Marché in die Rue du Seyon. Hier floss bis Mitte des 19. Jh. der Seyon-Fluss zum See. Die **Place Pury** verdankt ihren Namen dem Denkmal *David de Pury's* (1709–86), der der Stadt sein gesamtes Vermögen vermacht hatte.

Durch die Unterführung im Süden erreicht man die **Esplanade du Mont-Blanc** am See. Hier stehen Werke von *Arp, Vasarely* und anderen. Um wieder an den Ausgangspunkt zu gelangen, geht man dem Quai Osterwald entlang, vorbei an der Südfassade des **Collège Latin,** das im Empirestil mit monumentalem Treppenhaus und einer Aula in der Form eines griechischen Theaters gebaut wurde. Hier befindet sich die **Stadtbibliothek** mit umfangreichen Manuskripten von *Jean-Jacques Rousseau.* Am Hafen vorbei kommt man wieder zurück zum Verkehrsbüro.

Schlösser am Neuenburgersee

↗VI/A3-B2

Südwestlich von Neuenburg ist am Seeufer das Winzer- und Fischerdorf Auvernier mit seinen eng aneinander gereihten Häusern sehenswert. Etwas abseits liegt das **Schloss Auvernier,** ein Herrensitz mit großzügiger Anlage aus dem 16. Jh.

Das Schloss in Yverdon

In Colombier über dem See liegt das heute als Militärmuseum genutzte eindrucksvolle **Schloss Colombier.** Reste des alten, aus dem 12. und 13. Jh. stammenden Schlosses sind noch erkennbar. Die Substanz des heutigen Gebäudes stammt aus dem 15. und 16. Jh. einschließlich der zwei kleinen Rundtürme und des Hauptturms über dem Eingang.

Boudry ist ein kaum bekannter, mit umfangreichen Mitteln restaurierter Marktflecken westlich des Areuse-Flusses mit einem Schloss in beherrschender Lage und herrlicher Aussicht. Die Hauptstrasse steigt steil vom Flussufer zum Schloss empor, gesäumt von alten Häusern mit kleinen Geschäften. An einem Haus findet sich der Hinweis, dass hier der Revolutionsführer der Jakobiner, *Jean Paul Marat,* geboren wurde. Im Schloss ist ein kleines Winzermuseum untergebracht.

Dem See entlang trifft man auf weitere Schlösser, so in **Bevaix** auf ein barockes Herrenhaus von 1722, in **Gorgier** auf das Schloss des Bastardenzweigs der Grafen von Neuenburg (erwähnt 1299) und in **Vaumarcus** auf einem steilen Geländevorsprung auf das gleichnamige Schloss, welches 1285 erwähnt wurde.

Bereits im Kanton Waadt findet man gegen das südwestliche Ende des Neuenburgersees zu das beeindruckende **Schloss Grandson** mit gleichnamigem Burgstädtchen – eine der größten Burganlagen der Schweiz, deren Ursprünge noch auf die Zeit vor der Jahrtausendwende zurückgehen. Der Bau ist ein massives langes Rechteck mit fünf Wehrtürmen, an dem seit dem 13. Jh. immer weiter gebaut wurde. Eine Mauer des Bergfrieds stammt aus der Zeit des Vorschlosses. Der Kernbau wird von einer Zwingmauer umgeben, darin zwei Wohnbauten, ein Kemenatenbau und ein Palas (Süden) sowie eine so genannte Kaserne mit Besatzungsräumen (im Osten). Im Innern kann ein sehenswertes Museum mit Möbeln, Öfen, Gobelins und Waffen besucht werden.

Yverdon-les-Bains ↗VI/A3

Geschichte

Das Südende des Neuenburgersees scheint seit prähistorischen Zeiten besiedelt zu sein. Das römische *Eburodunum* lag an einer wichtigen Straßenkreuzung. Das Castrum hatte eine Fläche von 22.000 Quadratmetern und besaß eine in regelmäßigen Abständen von Türmen und Toren unterbrochene Mauer von 7,5 Metern Höhe. Doch auch das zweitgrößte Castrum Helvetiens hielt dem Druck der Alemannen im 5. Jh. nicht stand. Schon die Römer hatten die hier sprudelnden gesundheitsfördernden Quellen genutzt. Der Gründer der heutigen Stadt war *Peter II. von Savoyen,* der die Stadt am See bauen ließ und sie mit einer Mauer umgab. Das Schloss erbaute er als Carré Savoyard mit vier Ecktürmen. Die Stadt profitierte von der Verkehrslage. Rückschläge brachte der Einmarsch der Eidgenossen und die Besetzung durch Bern 1536. Als einzige Stadt der Waadt leistete Yverdon erbit-

082ch Foto: en

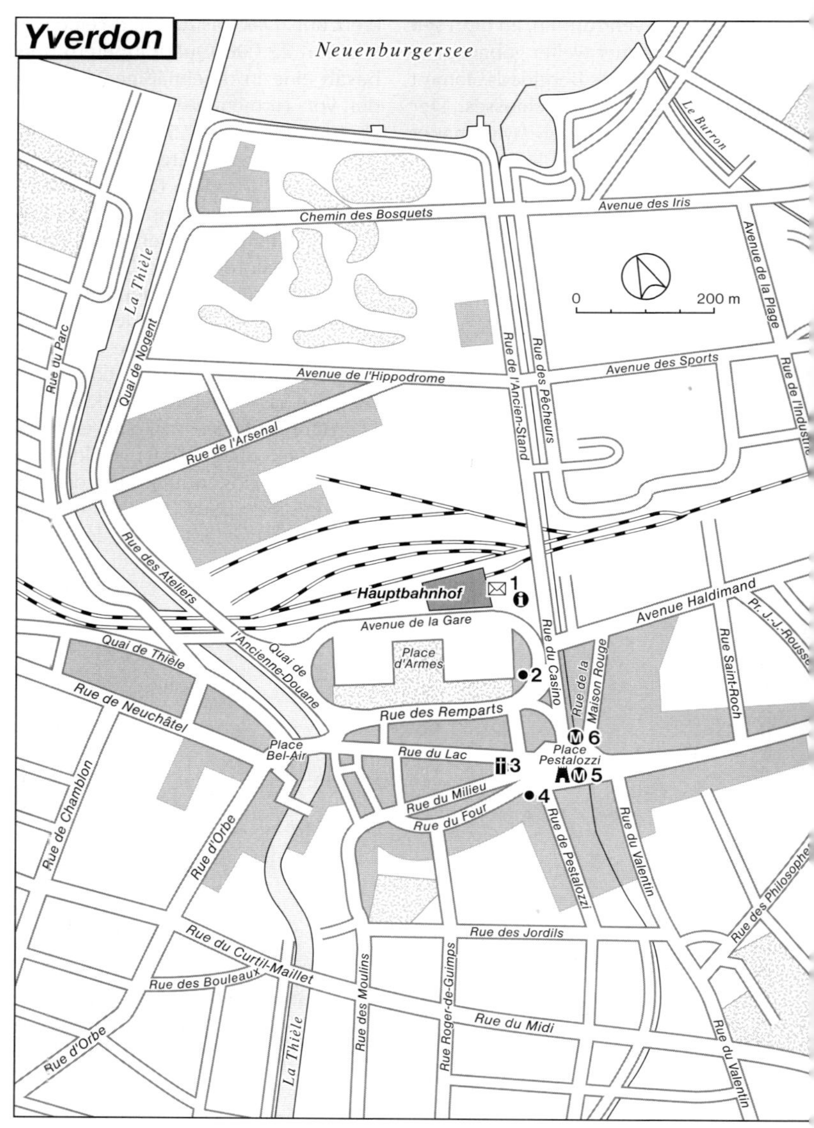
Yverdon
Neuenburgersee
Le Burron
Chemin des Bosquets
Avenue des Iris
Avenue de la Plage
0
200 m
La Thièle
Rue du Parc
Quai de Nogent
Rue de l'Ancien-Stand
Rue des Pêcheurs
Avenue des Sports
Rue de l'Industrie
Avenue de l'Hippodrome
Rue de l'Arsenal
Rue des Ateliers
Hauptbahnhof
1
Avenue Haldimand
Pr. J.-J.-Rousseau
Avenue de la Gare
Quai de Thièle
Quai de l'Ancienne-Douane
Place d'Armes
2
Rue du Casino
Rue de la Maison Rouge
Rue Saint-Roch
Rue de Neuchâtel
Rue des Remparts
6
Place Bel-Air
Rue du Lac
3
Place Pestalozzi
5
Rue du Milieu
4
Rue du Four
Rue de Chamblon
Rue d'Orbe
Rue de Pestalozzi
Rue du Valentin
Rue des Philosophes
Rue des Jordils
Rue du Curtil-Maillet
Rue des Bouleaux
Rue des Moulins
Rue Roger-de-Guimps
Rue du Midi
Rue d'Orbe
La Thièle
Rue du Valentin

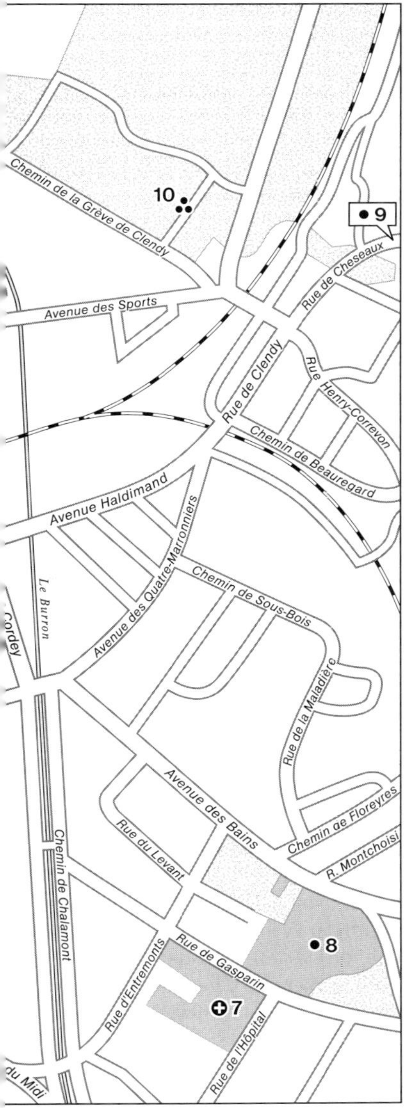

- 1 Touristeninformation, Post
- 2 Casino mit Theater Benno Besson
- 3 Pfarrkirche
- 4 Hôtel de Ville/Rathaus
- 5 Schloss mit Stadtmuseum und Musée Suisse de la Mode, Dokumentations- und Forschungszentrum Pestalozzi
- 6 Maison d'Ailleurs/ Museum f. Science Fiction
- 7 Krankenhaus
- 8 Kur- und Thermalzentrum
- 9 Pro Natura Zentrum Champ Pittet
- 10 Menhirs/Hinkelsteine

terten Widerstand. Als das Ancién Régime fiel, schliffen sie umgehend die Berner Wappen in den Hausgiebeln ab. Im 18. Jh. erinnerte sich Yverdon seiner Thermalquellen und der Badebetrieb wurde wieder aufgenommen. Im 19. Jh. wurde die Stadt durch die nördlich herumgeführte Bahnlinie und durch die Juragewässerkorrektur vom See abgetrennt.

Yverdon war Wirkungsort eines der bekanntesten Schweizer Pädagogen: **Johann Heinrich Pestalozzi** hat hier zwanzig Jahre lang in seinen Erziehungsanstalten Jugendliche und Kinder betreut. Er setzte ihm Gegensatz zu *Rousseau* nicht auf den natürlich aufwachsenden Menschen, sondern auf den schützenden und wärmenden Herd der Familie, auf eine auf Liebe und Ermunterung basierende Bildung und Schulung. Unverdrossen hielt er auf seinen verschiedenen Stationen, auf denen das Scheitern vorprogrammiert schien, an seinen Idealen und immer wieder neuen Projekten fest, ständig knapp am finanziellen und physisch-psychischen Abgrund.

Etwa dreißig Jahre vor ihm betrieb ein anderer Pädagoge, **Fortuné-Barthélemy de Félice,** ein Erziehungsinstitut. Zugleich besaß er Druckerei und Verlag und gab von 1760 bis 1780 zusammen mit den berühmten Berner und Basler Gelehrten *Albrecht von Haller* und *Leonhard Euler* eine 58-bändige Enzyklopädie heraus, die der christlichen Religion verpflichtet sein wollte. Bei *Voltaire* fand sie keine Gnade, er bezeichnete de Félice als Bengel und Betrüger und Yverdon als „Kloake des Kantons Waadt".

Sehenswertes

Das **Schloss** steht auf einem Pfahlrost inmitten von Schwemmland. Die Bauleitung lag in den Händen des berühmten *Master James of Saint George*. Vier mächtige Rundtürme bilden die Ecken des fast quadratischen Baus. Der südöstliche Bergfried steht freier und höher. Der Judenturm in der Südwestecke wurde 1605 neu in Tuffsteinquadern aufgebaut. Die Türme waren bezinnt. Auf der Hofseite des Bergfrieds ist ein Hocheingang mit Verbindungslaube zum Palas erhalten. Der Eingang beim nordöstlichen Wachturm war bis ins 17. Jh. über eine Zugbrücke erreichbar. 1615 und 1780 wurden die Wassergräben eingeebnet.

Das **Rathaus** richtet seine siebenachsige Fassade auf die Place de Pestalozzi. Das Sockelgeschoss hat Arkadenöffnungen, im Mittelbau finden sich ionische Pilaster, unter einem Walmdach Dreieckgiebel mit Stadtwappen. Im Erdgeschoss gibt es eine Arkadenhalle mit Kreuzrippengewölben.

Die **Préfecture,** in gleicher Flucht mit dem Rathaus, wurde 1776 im Louis XVI.-Stil erbaut. Die **Pfarrkirche** ersetzte 1753–57 die gotische Stadtkirche. Der Kopfbau in gelbem Jurastein erhebt sich über einem trapezförmigen Grundriss. Der spätgotische Turm in der Nordwestecke wurde in die neue Kirche integriert. Zum Platz hin weist die Fassade ionische Pilaster auf. Über den Arkaden und den Schmalseiten befinden sich Emporen. Auf der östlichen eine Barockorgel, darunter ein spätgotisches Chorgestühl um 1500. Die Kirche beherbergt viele Grabplatten und Epitaphe von Berner Vögten und ihren Frauen.

Die barocken und klassizistischen Fassaden der **Altstadt** (Rue du Four, Rue du Milieu, Rue du Lac) verbergen mittelalterliche Bausubstanz, die sich vor allem in den Grundrissen zeigt. In der Rue du Four wohnte die Noblesse von Yverdon. Die Nrn. 17 und 23 weisen beachtliche Innenhöfe auf, Nr. 17 mit Arkadengalerie und offener Treppe, an der Wand Camaïeumalerei. Die Rue du Milieu war die Straße der Handwerker und Gewerbetreibenden. Die Rue du Lac hat teilweise frühklassizistische und Louis XVI.-Fassaden. In der Rue de la Plaine finden sich neben Rokoko- noch spätgotische Fassaden.

In der Nähe der Thermalbäder ist die **Villa d'Entremonts** erwähnenswert, ein Landsitz im Park von 1779. Der beachtliche Louis XVI.-Bau weist ein Walmdach und eine angebaute Orangerie auf.

Praktische Tipps

Informationen

- **Tourisme Neuchâtelois,** Hôtel des Postes, 2000 Neuchâtel, Tel. 032/889 68 90, www.neuchatel.ch
- **Office du Tourisme,** pl. Pestalozzi, 1400 Yverdon-les-Bains, Tel. 024/423 62 90, www.yverdon.ch

Unterkunft

- **Beau-Rivage*******, Esplanade du Mont-Blanc 1, 2001 Neuchâtel, Tel. 032/723 15 15, www.beau-rivage-hotel.ch. Erste Adresse in Neuenburg, am See, mit Alpenblick, zentral gelegen. Gepflegtes Restaurant mit Veranda. Terrassenrestaurant. 75 Zimmer, DZ ab sFr. 360 ohne Frühstück. Kinder bis 16 Jahre im Zimmer der Eltern gratis. Weekend-Spezial-Preise.
- **Hotel Beaulac******, Esplanade Léopold-Robert 2, 2001 Neuchâtel, Tel. 032/723 11 11. www.beaulac.ch. Direkt am Hafen und See, mit Alpenblick, zentral gelegen. Die Zimmer werden sukzessive renoviert. Restaurants mit Terrassen (Le Gourmandin, Le Colvert), 78 Zimmer, DZ ab sFr. 230.
- **Hotel Touring au Lac*****, Place Numa-Droz 1, 2001 Neuchâtel, Tel. 032/725 55 01. Blick auf Hafen und See. Brasserie Café Glacier mit Veranda, Speisesaal. 42 Zimmer, DZ sFr. 150 bis sFr. 190.
- **Hotel Alpes et Lac*****, Place de la Gare 2, 2002 Neuchâtel, Tel. 032/723 19 19, www.alpesetlac.ch. Gegenüber dem Bahnhof, über der Stadt, mehrheitlich Zimmer mit Sicht auf See. 1872 erbaut, vor einigen Jahren renoviert. Restaurant, Bar, Panoramaterrasse. 30 Zimmer, DZ mit Seeblick sFr. 175. Expo-02-Preise etwas höher.
- **La Maison du Prussien*****, Gor du Vauseyon, www.hotel-prussien.ch, Tel. 032/730 54 54. Brauerei aus dem 18. Jh., mit Liebe fürs Detail in ein Restaurant mit Wintergarten und ein Romantik-Hotel mit zehn meist großzügigen Zimmern umgestaltet. Im Schatten hoher Bäume. Idyllische Umgebung am Bachufer, Wasserfall, Überreste von Mühlen aus dem 16. bis 19. Jh. Keine Seesicht. DZ sFr. 150 bis 290 (Kinderermäßigung). Anfahrt von Neuchâtel: Richtung La Chaux-de-Fonds, Ausfahrt Pontarlier-Peseux. Braun-gelbe Tafeln Gor du Vauseyon/Maison du Prussien. Mit Bus Nr. 1, Haltestelle Beauregard, Tafeln folgen.
- **Hotel Le Vaisseau*****, Petit Cortaillod, 2016 Cortaillod, Tel. 032/843 44 77. Hundert Meter vom See entferntes, im Dorfteil Petit Cortaillod gelegenes, gut geführtes Hotel mit kleinen, meist komfortablen Zimmern (unterschiedlicher Standard, zeigen lassen!). Gute Küche. DZ mit Bad/D und WC inkl. Frühstück sFr. 220.
- **Grand Hotel des Bains******, Avenue des Bains, 22, 1400 Yverdon-les-Bains, Tel. 024/425 70 21, www.thermes-yverdon.ch. Mitten in einem Park in historisch reizvollem Rahmen. Mit dem Thermalzentrum verbunden. Elektro-, Balneo- und Bewegungstherapie, Massagen, Wellness. Gourmetrestaurant „Le Pavillon. DZ sFr. 250 bis 280, Kurpauschalen.
- **Hôtel des Prairies******, Av. des Bains 9, 1400 Yverdon-les-Bains, Tel. 024/425 19 19, Schönes Hotel mit gepflegtem Park, DZ mit Bad/WC sFr. 198 bis 245.
- **Hotel Art&Plage,** Rue du Parc, 1400 Yverdon-les-Bains, Tel. 024/424 1 424. In nüchternem Stil zweckmäßig gebaut liegt dieser temporäre Expo-Hotelbau direkt am Seeufer. Von den meisten Zimmern, möbliert mit Hartkarton-Möbeln, Blick auf das Flüsschen Zihl und die anliegenden Boote. Sportanlagen und Grünflächen. Expo 2002 (1.3.–31.10.) DZ sFr. 210 bis 270.
- **Suites d'Hôtes „Au 32",** Grand-Rue 32, 2012 Auvernier, Tel. 032/731 74 26. Bed & Breakfast im Herzen des Winzerdorfes, in Seenähe gelegen. Schlafzimmer, großer Wohnraum, Familien-Arrangements, sFr. 150 ab drei Tagen, sFr. 1000 pro Woche (zwei Personen).

083ch Foto: en

● **B&B, Lilette et Roland Besancet,** Crêt-aux-Moines 20, 1422 Grandson, Tel. 024/446 23 68, B&B mit großen Zimmern und Blick auf den See, DZ sFr. 80 bis 90.

● **Gîte du Passant,** Rue du Parc 14, 1400 Yverdon-les-Bains, Tel. 024/425 12 33, www.gite-du-passant.ch. Backpacker, Richtpreis in Mehrbettzimmer sFr. 28 p.P., sFr. 23 für Kinder, auch Zimmer für Familien.

Camping

● **Camping Paradis Plage,** 2013 Colombier, Tel. 032/841 24 46, www.paradisplage.ch. Direkt am See in Colombier mit allen notwendigen Einrichtungen, Restaurant, Kinderschwimmbad etc. Voranmeldung empfehlenswert.

Essen und Trinken

● **Hôtel du Peyrou,** 1, Av. Du Peyrou, Neuenburg, Tel. 032/725 11 83. Gutes, nicht billiges Restaurant in prächtigem Palast aus dem 18. Jahrhundert.

● **Maison des Halles,** Au Premier, 4 Rue du Trésor, Neuenburg, Tel. 032/724 31 41. In einem prächtigen Haus isst man unten einfachere Pizzas und Brasserieplättchen, oben gepflegte À-la-carte-Küche.

● **Le Banneret,** 1 Fleury, Neuenburg, Tel. 032/725 28 61. Sehr guter Italiener, man probiere v.a. den Fisch.

● **Le Poisson,** 1, Epancheurs, Auvernier, Tel. 032/731 62 31. Gutes Restaurant im unteren Dorfteil, schöne Lage.

● **Don Camillo,** 10 Rue du Pré, Yverdon, Pizzas und Pastas.

● **Restaurant du Champs Pittet,** Champ Pittet, Yverdon, Tel. 024/425 65 14. Ein Restaurant in der herrlichen Umgebung des Naturschutzgebiets Champ Pittet. Überraschungen aus den Biogärten und Bauernhöfen der Umgebung.

Museen

● Im Schloss von Yverdon befindet sich das 1763 gegründete **Stadtmuseum** mit keltischen Kunstgegenständen, zwei römischen Barken und einem Sarkophag mit der ptolemäischen Mumie von Nesshou. Ebenfalls im Schloss das **Musée Suisse de la Mode,** Schweizer Mode von 1850 bis 1960, sowie das **Dokumentations- und Forschungszentrum Pestalozzi.**

● **Maison d'Ailleurs** (Haus von Anderswo), Place Pestalozzi 14, 1400 Yverdoin-lse-Bains, Tel. 024/425 64 38, www.ailleurs.ch. Museum für Science-Fiction, Utopie und außergewöhnliche Reisen. Zehntausende von Büchern, Comics, Spielwaren und Kunstwerken. Mi–Fr 14–18 h, Sa/So 12–18 h.

Aktivitäten

● **Thermal- und Kurzentrum Yverdon,** Tel. 024/423 02 32, www.thermes-yverdon.ch. Mo–Fr 8-22 h (Eintritt ins Bad bis 21 h), Wochenende und Feiertage 9–20 h (Eintritt bis 19 h). Ermäßigungen für Familien. Badekappe obligatorisch. Einzelsauna und Solarium.

Ausflug

● **Grande Cariçaie** ist das größte erhaltene Feuchtgebiet der Schweiz, das von Yverdon bis Cudrefin reicht. Bei Yverdon befindet sich das **Pro-Natura-Zentrum Champ-Pittet,** das Erwachsenen, Jugendlichen und Kindern die einzigartige Landschaft am Südüfer des Neuenburgersees nahe bringen will. Tel. 024/426 93 41, www.pronatura.ch/champ-pittet. Anreise: mit der Eisenbahn bis SBB-Haltestelle Champ-Pittet (zwischen Yverdon und Estavayer-le-Lac), mit dem Auto von Yverdon Richtung Estavayer, bei Signal „EINEV" *(Ecole d'Ingenieurs)* abbiegen, bis zum Parkplatz des Zentrums Pro Natura. Geöffnet: Ostern bis Ende Oktober Di–So 10–18 h, Sa erst ab 13.30 h.

Jura Überblick

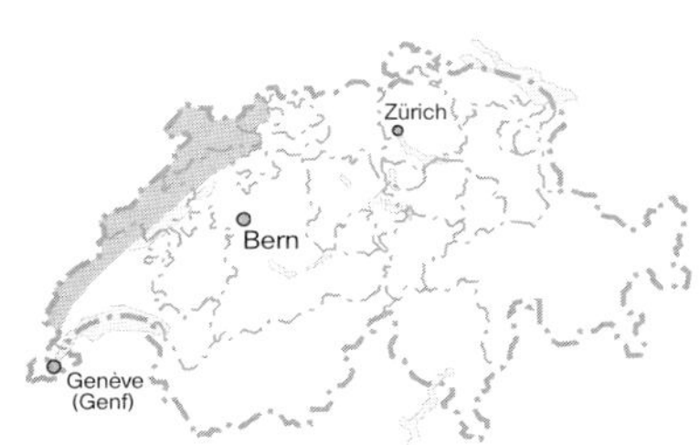

Der Jura ist touristisch noch wenig entdeckt und bietet Kennern gerade deshalb echte Ferienerlebnisse. Wo in der Schweiz kann man sich auch im Sommer noch einsam fühlen, in einer Wald-Weide-Landschaft ungestört picknicken oder unbeeinträchtigt mit dem Rad fahren?

Vallée de Joux

↗XII/A2-B1

Der Name *Joux* („großer Wald“) weist schon darauf hin, dass nahe der französischen Grenze beim Mont Risoux die größte zusammenhängende Waldfläche der Schweiz zu finden ist. Das **Hochtal** Joux mit dem See **Lac de Joux** liegt auf 1000 M.ü.M. und wurde wohl vom französischen Jura her besiedelt. Der Jurazug des Mont Tendre ist mit fast 2000 M.ü.M. eine Barriere, die das Tal gegen Osten abschirmt. Erst seit 1886 die Bahnlinie nach Vallorbe fertiggestellt wurde, sind die Bewohner auch im Winter nicht mehr vom Rest der Schweiz abgeschnitten.

Da die Landwirtschaft nur knapp das Überleben sicherte, war das von Hugenotten aus Frankreich ins Tal gebrachte Kunsthandwerk der **Uhrmacherei** willkommen und wurde bald zur Daseinsgrundlage. Die Staubfreiheit der Luft soll viel zur Präzision der Uhren beitragen. Viele der berühmtesten Manufakturen der Schweiz haben hier ihren Sitz und nach der Uhrmacherkrise der sechziger und siebziger Jahre, erlebt das Handwerk heute einen Wiederaufschwung, der zu neuem Wohlstand und zu Beschäftigung führt. Uhrmacher aus der ganzen Schweiz und aus Frankreich ziehen wieder in das Tal, wo die Manufakturen florieren wie nie zuvor. Es werden Uhren gefertigt, die eine Million Franken und mehr kosten: die „1735" von *Blancpain* zum Beispiel oder die „Reverso" von *Jaeger-LeCoutre*. Doch den kleinen schmucklosen Fabriken sieht man kaum an, welche Schätze sie verbergen und die Menschen des Tales sind eher wortkarg, wie es zu ihrer Landschaft passt.

Auch für **Gourmets** ist das Valée de Joux kein Niemandsland, werden hier doch die schönsten schwarzen Morcheln gefunden. Die Käser des Tals fertigen schmackhafte kleine Vacherins. Neuerdings sind einige dazu übergegangen, Bisons anzusiedeln, was gutes Bisonfleisch, aber auch den zu Tomaten besonders schmackhaften Bison-Mozarella auf dem Speisezettel erlaubt.

Sehenswert ist das *Musée de L'Espace Horloger*, das **Uhrmachermuseum** in Le Sentier - ein Atelier mit allen Instrumenten und guten Erklärungen zur einmaligen Präzision der Uhrmacher hier im Tal.

- **Espace horloger,** Bâtiment L'Essor, Grand-Rue 2, Case postale 90, 1347 Le Sentier, Tel. 021/845 75 45, www.espacehorloger.ch, Di–So, 14–18 h.

Wer einen schönen **Sumpf** mit allen Stadien der Verlandung sehen möchte, der fahre an das Westende des Lac de Joux zwischen Orient und Les Bioux.

Nahe des nordöstlichen Endes des Joux-Sees liegt ein zweiter, kleinerer Jurasee: der **Lac Brenet.** Dieser hat keinen normalen Abfluss, denn der wird vom Fels des „Dent de Vaulion" versperrt. Das Wasser versickert im Kalkstein des Untergrunds und kommt drei Kilometer weiter nördlich, bei der Quelle des Orbeflusses wieder zum Vorschein. Diese unterirdischen Quellen und das Höhlensystem wurden erst 1964 entdeckt. Bei der Quelle zwischen Le Pont und Vallorbe kann man in die **Grotten** von Vallorbe einsteigen und trockenen Fußes, über Treppen, die Stalagmiten und Stalaktiten sowie den unterirdischen Lauf der Orbe bewundern.

- **Grottes de Vallorbe:** geöffnet Juni bis Sept. 9.30–16.30 h, außerhalb der Saison auf Anfrage beim Touristenbüro Vallorbe.

Praktische Tipps

Information

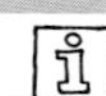

- **Office du Tourisme,** Centre Sportif, 1347 Le Sentier, Tel. 021/8451777.
- **Office du Tourisme,** Grandes-Forges 11, 1337 Vallorbe, www.vallorbetourisme.ch, Tel. 021/843 25 83.

Unterkunft

- **Hôtel de la Lande,** 1348 Le Brassus, Tel. 021/845 44 41, www.hotellalande.com. DZ mit Bad/WC sFr. 142 bis (Suite) sFr. 225.
- **Hôtel Lion d'Or,** 17, Grand Rue, 1347 Le Sentier, Tel. 021/845 55 35, DZ mit WC/D sFr. 150.
- **Hôtel Trois Suisses,** 1346 Les Bioux, Tel. 021/845 55 08. Schöner Blick auf den See, gute Küche zu vernünftigem Preis.
- **Hôtel La Truite,** 4, r. de la Poste, 1342 Le Pont, www.hoteltruite.com, Tel. 021/841 17 71. DZ sFr. 120 bis 150.

084ch Foto: jt

Sport

- In **Le Sentier** befindet sich ein Sportzentrum mit Hallenbad, Kunsteisbahn, Klettermauer, Tennis, Spielplätzen etc.

Parc jurassien vaudois

Südlich des Joux-Tals, zwischen dem Col de la Givrine an der Grenze zu Frankreich und dem Col du Marchairuz, liegt der Parc jurassien vaudois, der von der nationalen Radroute No. 7 (Jura) durchquert wird. Dieser Park besteht aus Wäldern, Mooren, Karstfelsen, Dolinen und Weiden. Nicht reine Naturlandschaft, sondern **uralte Alpkultur** mit einigen Sennhütten ist hier zu finden, hundert Kilometer Jurakalktrockenmauern und parkähnliche Weideflächen mit großer Artenvielfalt dank vielfältiger Nischenräume. Riesige Ameisenhaufen locken Forscher von weit her an. Bussarde, Murmeltiere und Luchse fühlen sich hier heimisch. Man bleibe auf den oder nahe der Wege, da man sich abseits leicht verirren kann.

Typisch Jura:
Wälder und einsame Bauernhöfe

Von Vallorbe durch den Neuenburger Jura

Vallorbe

↗XII/B1

Vallorbe ist ein Industriestädtchen mit Grenzverkehr nach Frankreich und in das nahe gelegene Vallée de Joux oder in den nördlich gelegenen Neuenburger Jura. Es eignet sich deshalb als Ausgangspunkt für Ausflüge in die Umgebung. Daneben bietet das Städtchen aber auch selber einige Sehenswürdigkeiten.

Die Eisenwerke in Vallorbe wurden im Mittelalter von den Mönchen des nahen Klosters Romainmôtier aufgebaut. Erzvorkommen paarten sich mit gutem Zugang zu Holz und Wasserkraft, dank der kräftigen Orbe. Im **Eisenmuseum** kann die Herstellung des Eisens verfolgt werden. In den *Grandes Forges,* den Schmieden, wird die weitere Fertigung demonstriert. Die vier alten Holzwasserräder, die die Maschinen im Museum antreiben, sind noch die Originalräder, die einst die Fabrik mit Energie versorgten.

Sehenswert in Vallorbe ist auch das **Eisenbahnmuseum** mit großen Modelleisenbahnen und Nachbildungen von Bahnhöfen.

Das **Fort** von Vallorbe ist eine ehemalige streng geheime Festung aus dem Zweiten Weltkrieg, die heute als Museum besucht werden kann.

● **Fort de Pré-Giroud:** geöffnet Mai bis Nov. an Wochenenden 12–17.30 h, im Juli/August täglich 12–17.30 h.

Klosterkirche St. Pierre-et-St. Paul

↗VI/A3

Von Vallorbe ist es ein Muss, das nahe **Romainmôtier** zu besuchen, wo mit dem ehemaligen Cluniazenserpriorat St. Pierre-et-St. Paul ein Kulturgut allerererster Qualität zu besichtigen ist. Die Klosterkirche ist die älteste und bedeutendste Klosterkirche der Schweiz, ein hervorragendes Zeugnis romanisch-burgundischer Architektur. Das Kloster wurde bereits um das Jahr 450 gegründet, zusammen mit drei anderen Klöstern im französischen Jura. *Adelheid,* die Gemahlin Kaiser *Ottos I.,* vergab es 928 an das Kloster von Cluny. Im Hochmittelalter erhielt es weite Herrschaften in der Nachbarschaft am Neuenburger- und Genfersee. Sein Reichtum wuchs bis ins 13. Jh., als Günstlingswirtschaft zum Niedergang führte, obschon es 1447 noch unter dem Gegenpapst und Abt *Felix V. von Savoyen* zur Abtei wurde. Die reformierten Berner, die die Waadt eroberten, hoben das Kloster auf und setzten einen Vogt auf das Priorenhaus. Zum Glück blieb die Kirche unangetastet, Kreuzgang und Konvent wurden dagegen abgebrochen.

Vorgängerkirchen wurden 636 und 753 gebaut und durch Papst *Stephan II.* geweiht. Die heutige Kirche ließ Abt *Odilo* vor 1030 in enger Anlehnung an Cluny bauen. Der Narthex ist von ca. 1100, die Vorhalle entstand im 13. Jh. mit Kreuzgewölben im Mittelschiff. Im 14. Jh. folgte die Verlängerung der mittleren und südlichen Apsis, die nördliche Apsis wurde erst ca. 1430 errichtet. Der Nadelhelm des Vierungsturms und die sichernden Mauerstreben stammen aus Berner Zeiten.

Die Kirche besteht aus einem dreischiffigen basilikalen Kern mit Schiff und Vierungsturm. Der Narthex birgt zwei übereinander liegende Hallenräume. Auch die Vorhalle mit Kreuzrippengewölbe ist zweistöckig. Knospenkapitelle und Wellenfriese sind besonders schöne Details frühgotischer Kunst. Im Narthex befinden sich sechs eigenwillige Pfeiler mit kreuzförmigen Vorlagen, welche das Gewölbe tragen. Ein rundbogiges Tor führt in das dreischiffige Langhaus, dessen Gewölbe von stämmigen Rundstützen getragen werden, welche auf Quadern stehen und deren Kapitelle zu Bogen im Gewölbe ansetzen. Seitenschiffe mit Tonnengewölben. Im Hauptchor Facettenfenster mit radialem Maßwerk. Am Choreingang der berühmte Ambo, dessen Mittelplatte auf das 8. Jh. zurückgehen soll und die als beste Ambonenplatte der Schweiz gilt. Abendmahlstisch auf vier frühgotischen Marmorsäulen. An den Wänden und Gewölben ornamentale Quadermalerei aus dem 11. Jh., die Glasgemälde von *Casimir Reymond* und *Marcel Poncet* 1934–39.

Die Kirche ist von **ehemaligen Klostergebäuden** mit Stallungen und Wehrbauten ringförmig umschlossen. Der Kreuzgang ist nicht mehr vorhanden mit Ausnahme einiger Gebäudekonsolen. Westlich der Kirche steht noch der Uhrturm aus dem 14. Jh. Am südlichen Ende der Ringmauer befindet sich das Priorenhaus, das den Bernern als Vogtei diente und (fälschlicherweise) Schloss genannt wird. Der so genannte Mönchsbau stammt ebenfalls aus der Berner Zeit.

Ste. Croix

↗VI/A3

Ste. Croix kann man am besten von Yverdon aus erreichen (per Bahn oder Auto). Eine Reise durch den Jura von Vallorbe über Lignerolle führt aber ebenfalls zu diesem kleinen Städtchen. St. Croix liegt auf einer sonnigen Schulter des Jurabergs Chasseron auf ca. 1000 M.ü.M. Hier wird im Winter der **Langlaufsport** gepflegt (80 Kilometer Loipen) und es gibt auch einige einfachere **Skipisten.**

Im 19. Jh. wurden, wie überall im Jura, Uhren und Uhrenbestandteile hergestellt. Die erste Uhrenkrise vor der Jahrhundertwende brachte die Umstellung auf Spieldosen. Da *Edisons* Grammofone diese kostbaren Werke verdrängten, verlegte man sich in der bedeutenden Thorens-Fabrik auf die Produktion von Grammofonen und Radioapparaten. Heute profitiert die Spieldosenproduktion von der Nostalgiewelle. Ein sehr schönes **Spieldosenmuseum** im „Centre international de la méchanique d'art", einer alten Fabrik, gibt einen ausgezeichneten Einblick in Produktion und Produkte.

● **Musée CIMA** (Centre international de la méchanique d'art), Rue de l'Industrie 2, 1450 Sainte-Croix, www.musees.ch, Tel. 024/454 44 77, geöffnet Di–So 13.30–18 h.

In der Umgebung von Ste. Croix bieten der **Chasseron** (1607 M.ü.M.) und der **Mont de Baulmes** (1285 M.ü.M.) herrliche Aussicht über Alpen, Mittelland und Seen. Bergrestaurants sorgen für das leibliche Wohl.

In **L'Auberson** ca. fünf Kilometer westlich von Ste. Croix auf dem Weg nach Pontarlier, kurz vor der Grenze, ist das kleine „Musée Baud", mit Orchestrionen, Limonaire-Orgeln, Drehorgeln und Walzenklavieren sehens- und hörenswert.

● **Musée Baud,** Grande Rue 23, L'Auberson, E-Mail: musee-baud@bluewin.ch, Tel. 024/454 24 84, geöffnet Juli bis Sept. täglich 14–17 h, außerhalb der Saison nur Sa und Di.

Val de Travers

↗VI/A2

Nach Nordosten gelangt man dem Chasseron entlang in das Val de Travers im Neuenburger Jura. Das Val de Travers war von jeher ein wichtiges **Durchgangsgebiet** vom schweizerischen Mittelland in den französischen Jura und ins Burgund. Der französische TGV und Intercityzüge fahren auf dem Weg von Bern nach Paris hier durch und auch die Straßenverbindung wird von Schweizern auf ihrem Weg nach Frankreich gerne benutzt. Diese günstige Verkehrslage brachte schon früh Industrie ins Tal.

Môtiers nahe Fleurier war einst die Sommerresidenz der Herren von Neuchâtel und hat daher einige schöne palaisartige Gebäude aufzuweisen. Sehenswert sind insbesondere das Priorat (11. Jh.) mit Kirche, das Hôtel des Six-Communes mit der imposanten quadratischen Arkadenhalle, die als Markthalle diente (1612 erbaut), und die schönen Bürger häuser „Maison Boy de la Tour" (1720–23) und „Girardier" mit dem Regionalmuseum. Im südlich anstoßenden Haus mit Galerie und nachgotischen Fenstern wohnte 1762–1765 der damals überall angefeindete Philosoph *J.J. Rousseau.* Heute ist hier ein kleines Rousseau-Museum untergebracht.

Von Fleurier nach Le Locle

↗VI/A2

Von Fleurier führt eine gute Nebenstraße über La Brévine in die Uhrenmetropolen Le Locle und La Chaux-de-Fonds. Man kann auch einige Kilometer talabwärts über Brot-Dessus und Les-Ponts-de-Martel fahren. Beide Varianten haben ihren Reiz.

La Brévine liegt in einem einsamen, rauen Hochtal auf 1000 M.ü.M. und wird das „schweizerische Sibirien" genannt, weil hier im Winter regelmäßig die kältesten Temperaturen der Schweiz gemessen werden. Bis auf minus 40 Grad sinkt das Thermometer. Schöne alte Jurahäuser fügen sich hervorragend in die Landschaft ein.

Der kleine See **Lac des Taillères** mit seinem baumlosen Ufer hat einen unterirdischen Abfluss: Das Wasser tritt in St. Sulpice im Areusetal nahe Fleurier als Quelle wieder hervor.

In **La Chaux-du-Milieu** sind das „Cachot-de-Vent" und „La Grande-Joux" zwei besonders gut erhaltene Jurahäuser.

Falls man den Weg über Les Ponts-de-Martel wählt, fährt man vor diesem Ort am **einst größten Hochmoor** der Schweiz vorbei, wo während Hunderten von Jahren Torf gestochen wurde. Heute wird durch die Umweltorganisation „Pro Natura" das nicht landwirtschaftlich genutzte Gelände wieder zum Moor regeneriert.

Im Dorf **Les-Ponts-de-Martel** kann in einer Schaukäserei die Fabrikation des Gruyèrekäses (Greyerzer) besichtigt werden.

• **Fromagerie Les Martel,** Major Benoît 25, 2316 Les Ponts-de-Martel, Tel. 032/937 16 66. Vor 10 h kann man bei der Käsefabrikation zusehen, Gratiseintritt. Degustation sFr. 4,50, täglich 8–12 h und 17–19 h.

Le Locle ↗VI/A-B2

Das Hochtal, in dem die beiden Uhrenstädte Le Locle und La Chaux-de-Fonds liegen, war bis ins 17. Jh. Waldgebiet. Das Dorf Le Locle brannte 1833 ab und wurde nach den Plänen des Ingenieurs *Charles-Henri Junod* (der schon das benachbarte La-Chaux-de-Fonds geplant hatte, s.u.) als Stadt neu konzipiert. Viergeschossige Häuser mit zum Teil gewalmten Satteldächern herrschen vor. Leider sind die zugehörigen Freitreppen zum größten Teil nicht mehr vorhanden.

Die reformierte **Kirche** ist eine spätgotische Anlage, die nur noch teilweise erhalten ist. Das **klassizistische ehemalige Rathaus** (1839–1840) ist heute das Gerichtsgebäude.

An der **Côte des Billodes Nr. 6** baute *Le Corbusier* 1912 eine seiner ersten Villen.

Etwas außerhalb, nördlich der Stadt liegt das **Château des Monts,** ein Herrenhaus mit Eckpilastern und betonter Mittelachse (1785–90), das das Uhrenmuseum des Ortes (insbesondere Taschenuhren und Regulatoren) und eine Automatensammlung birgt.

La Chaux-de-Fonds ↗VI/B2

Auch das Dorf La Chaux-de-Fonds wurde nach einem verheerenden Brand (1794) von *Charles-Henri Junod* neu konzipiert, großstädtisch mit schachbrettartig angeordneten, großzügigen Straßen. In der Mitte wurde eine breite Avenue angelegt, die **Avenue Léopold-Robert,** welche zur Schlagader des rasch wachsenden Ortes wurde.

La Chaux-de-Fonds besitzt ein in der Schweiz sehr seltenes geschlossenes Ortsbild des 19. Jh. – die lokalen Touristiker nennen es „das einzige wirklich repräsentative New-Art-Zentrum der Schweiz". Sehenswert ist neben der Avenue Léopold-Robert die **Place de l'Hôtel-de-Ville** mit dem Rathaus und viergeschossigen Häusern mit Krüppelwalmdächern. Daneben die typischen **Rue Fritz Courvoisier** und **Rue de la Promenade.**

Im „Quartier des Forges" steht das in den Baujahren 1954–55 größte Mietshaus der Schweiz, das 110 Meter lange **Building 54** der Architekten *Mursier* und *Studer.*

La Chaux-de-Fonds ist die Geburtsstadt von **Le Corbusier** (mit richtigem Namen *Charles Eduard Jeanneret),* der 1917 als Dreißigjähriger fortzog, aber einige seiner frühen Bauten hinterließ,

1 Post
2 Musée des Beaux-Arts/ Kunstmuseum
3 Musée International d'Horlogerie/Uhrenmuseum
4 Touristeninformation
5 Krankenhaus

so die Villen am Chemin de Pouillerel 1, 6, 8, und 12 und die berühmte, 1916–17 in Backstein und Beton erbaute Villa Turque, die Le Corbusier für den Uhrenfabrikanten *Schwob* konzipierte. Heute birgt sie das PR-Zentrum der Nobeluhrenmarke EBEL.

● **Villa Turque,** Rue du Doubs 167, 2300 La Chaux-de-Fonds, Tel. 032/912 31 23, E-Mail:

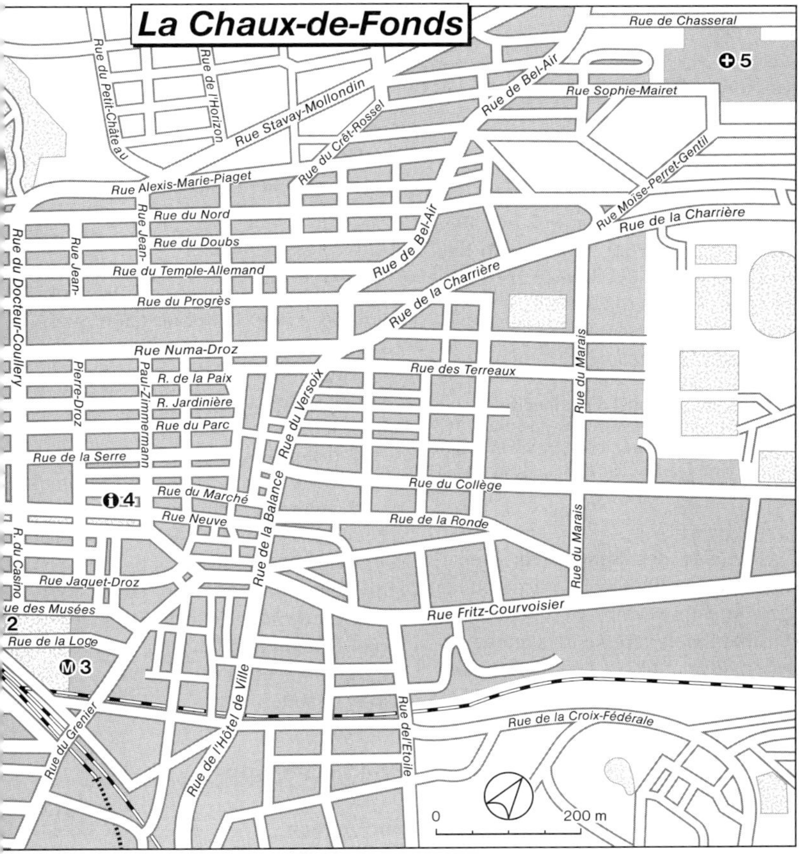

La Chaux-de-Fonds

architects@ebel.ch, Besichtigungen jeweils am 1. und 3. Samstag des Monats, 11–16 h (eine Stunde inkl. Film).

Neben Corbusier blickt die Stadt mit Stolz auf zwei weitere Berühmtheiten: den Dichter *Blaise Cendrars* (1887–1961) und den Autobauer *Louis Chevrolet* (1870–1941). Seine eigentliche Bedeutung verdankt der Ort jedoch den Uhrmachern *Pierre Jaquet-Droz* (1721–1790) und vor ihm dem Uhrmacherlehrling *Daniel Jean-Richard,* der 1679 anfing, nicht nur Uhren zu reparieren, sondern auch nachzubauen. Später bildete er in Le Locle Arbeiter aus und begründete damit die Uhrmacherei in den armen Jurabergen. Das **Uhrenmuseum** *(Musée internatio-*

nal de l'Horlogerie) zeigt eine große Zahl von wertvollen Schauobjekten, die sich im weitesten Sinne mit der Messung der Zeit befassen: Uhren vom 16. Jh. bis heute, Uhren mit Emailmalerei, Pendeluhren, astronomische, mechanische und elektronische Uhren, Spieluhren etc. Angeschlossen sind ein Forschungs- und ein Restaurierungszentrum, in das man hineinblicken kann. Es gibt eine Spezialbibliothek zum Thema und vor dem Museum eine große Monumentaluhr mit Glockenspiel *(carillon).*

● **Musée International d'Horlogerie,** 29, rue des Musées, 2301 La Chaux-de-Fonds, Tel. 032/967 68 61, www.mih.ch, geöffnet 1. Juni bis 30 Sept. Di–So, 10–17 h, außerhalb der Saison 10–12 h und 14–17 h.

Das **Musée des Beaux-Arts** (Kunstmuseum) zeigt überdurchschnittlich gute Kunst aus dem 19. und 20. Jh., darunter viele Werke des einheimischen Romantikers *Léopold Robert,* aber auch französische Kunst von *Delacroix, Renoir* und *Derain.*

● **Musée des beaux-arts,** Rue des Musées 33, 2300 La Chaux-de-Fonds, Tel. 032/913 04 44, E-Mail: mba.vch@ne.ch, geöffnet Juni bis Sept. Di–So 10–18 h. Außerhalb der Saison ist über Mittag geschlossen.

Ausflüge in die Umgebung ↗VI/A2

Über den „Col des Roches" geht es zur französischen Grenze. In den nahen **Karsthöhlen** kann man ein Mühlensystem besichtigen, das *Jonas Sandoz* gebaut hat, um die unterirdischen Wasserläufe zu nutzen.

● **Informationen:** Col 23, 2412 Le Col-des-Roches, Tel. 032/931 89 89, Fax 032/931 89 15, geöffnet Mai bis Okt. 10–17 h.

Im Dorf Les Brenets, das nach einem Brand 1844 ebenfalls schachbrettartig wieder aufgebaut wurde, ist das **Château des Frêtes** sehenswert, ein Herrenhaus von 1802.

Ganz in der Nähe lohnen die **Saut du Doubs,** die Fälle des Grenzflusses Doubs, einen Abstecher. Und von April bis Ende Oktober kann man auch an einer eineinhalbstündigen Schiffsrundfahrt auf dem unweit gelegenen Lac des Brenets, einem zauberhaften Jurasee, teilnehmen.

Auf dem Weg von La Chaux-de-Fonds nach Neuchâtel kann man von der Passhöhe der **Vue des Alpes** einen schönen Blick über die Alpenkette jenseits des Mittellands genießen. Noch eindrucksvoller ist das Panorama, wenn man von der Vue des Alpes zum Hotel Tête de Ran fährt und dort den kurzen, aber etwas steilen Weg zum Gipfel nimmt.

Praktische Tipps

Information

● **Office du Tourisme,** Grandes-Forges 11, 1337 Vallorbe, www.vallorbetourisme.ch, Tel. 021/843 25 83.
● **Tourisme Neuchâtelois-Montagnes,** Office de Tourisme Tour Espacité, Rue Danie-Jean Richard 31, 2300 La Chaux-de-Fonds, Tel. 032/919 68 95, Fax 032/919 62 97.
● **Tourisme Neuchâtelois-Montagnes,** 31, Rue Daniel Jeanrichard, 2400 Le Locle, Tel. 032/931 43 30, Fax 032/931 45 06.
● **Office du Tourisme du Val de Travers,** 2114 Fleurier, Tel. 032/861 44 08.

085ch Foto: jt

Jura

Unterkunft

●**Hôtel de l'Aigle*****, Grand-Rue 27, 2108 Couvet (Val de Travers), Tel. 032/863 26 44. Gepflegtes Hotel in alter Hostellerie mitten im Dorf, schöne Terrasse und Park, 20 Zimmer; DZ sFr. 165 mit Bad/Dusche/WC inkl. Frühstück.

●**Auberge du Puits****, Temple 73, 2405 La-Chaux-du-Milieu. Kleines einfaches Hotel in grünen Jurawiesen, DZ 148 mit D/WC und Frühstück.

●**Grand Hôtel Les Endroits******; 94, Boulevard des Endroits, La Chaux-de-Fonds, Tel. 032/925 02 50. Knapp drei Kilometer oberhalb der Stadt Richtung Le Locle gelegenes Hotel (Wegweiser beachten) in ruhiger Lage mit gutem Preis-Leistungs-Verhältnis. „Villa Turque" in der Nähe. Weniger gefällige moderne Architektur. DZ sFr. 244 ohne Frühstück

●**Grand Hotel aux Rasses*****, 1452 Les Rasses (Ortsteil von Ste. Croix), Tel. 024/454 19 61. Über hundertjähriges Grandhotel, etwas in die Jahre gekommen, aber mit vernünftigem Preis-Leistungsverhältnis, DZ sFr. 180 bis 240.

●**Hôtel le Coucou et Châlet Beau-Site,** 1452 Les Rasses (Ortsteil von Ste. Croix), Tel. 024/454 28 02. Saubere einfache Zimmer mit Etagendusche/WC, DZ sFr. 90, auch Gruppenräume sFr. 27 p.P.

●**Le Château de Môtiers,** 2112 Môtiers, Tel. 032/861 17 30. Schloss aus dem 14. Jh. mit sehr gutem Restaurant und vier einfachen Zimmern mit WC/Bad auf dem Gang, DZ sFr. 98.

●**Hôtel du Lac,** Pré du Lac 26, 2416 Les Brenets, Tel. 032/932 12 66. Kleines einfaches Hotel mit Seeanstoß und guter Küche (Fisch,

Winterlandschaft im Jura

Neuenburger Spezialitäten) am kleinen Lac des Brenets, neun Zimmer, Gruppenschlafraum, ein Wohnappartement, DZ sFr. 156 mit D/WC.

● **Schlafen im Baumhaus:** Gites des Trois Frênes, Famille *Vuilleumier,* Montpugin 8, 2400 Le Locle, Tel./Fax 032/931 32 50. Einfache Unterkünfte mit drei Zimmern mit sechs bis zwölf Betten, Küche zum Kochen, drei Duschen und WC. Schlafsack mitnehmen, sFr. 14,50 p.P. Der Höhepunkt: Schlafen in einem Baumhaus mit schwedischem Bett, mit Frühstück, Warmwasser, etc. für sFr. 150 für zwei Pers., sFr. 30 für Zusatzperson.

Essen und Trinken

● **Le P'tit Paris,** La Chaux-de-Fonds, 4, rue du Progrès, Tel. 032/968 65 33. Sehr gutes Restaurant zu vernünftigen Preisen. Vorbestellen ratsam, geschlossen: So und Mitte Juli bis Mitte Aug.

● **Chez Sandro,** Le Locle, 4 r. de la Gare, Tel. 032/931 23 13. Guter Italiener, freundlicher Service, vernünftige Preise.

Von den Franches Montagnes nach Basel

Nordöstlich von La Chaux-de-Fonds gabelt sich die Hauptstraße: Nach rechts geht es in das bernjurassische Vallon de St. Imier, von wo ein Abstecher auf den 1607 Meter hohen **Chasseral** einen weiteren herrlichen Panoramablick über Mittelland und Alpen bietet. Nach links gelangt man in die jurassischen Franches Montagnes.

Franches Montagnes ↗VI/B1

Die Franches Montagnes (oder Freiberge) sind eine der schönsten Landschaften der Schweiz und trotzdem touristisch noch wenig bekannt. Sie

086ch Foto: jt

seien insbesondere Naturliebhabern, Wanderern und Bikern empfohlen. Die noch **intakte bäuerliche Kulturlandschaft,** die Abgeschiedenheit und Ruhe garantieren erholsame Ferien und man wird auch das relativ moderate Preisniveau schätzen.

Weites, nur leicht gewelltes Weideland, Trockenwiesen, Wald, einzelne Baumgruppen, abgelegene weiß gekalkte Jurahäuser ergeben ein beschauliches ruhiges, fast melancholisches Bild. Im verkarsteten Kalkuntergrund versickert das Wasser und wäscht Höhlen aus: die **Dolinen,** trichterförmige Senkungen, welche nicht ungefährlich sind, so man über die Wiesen wandert. Die Wege und Pfade sind zum Teil durch uralte **Trockenmauern** gesäumt. Diese trennen das genossenschaftlich genutzte Weideland, die „Wytweiden", von den „Finages", dem Ackerland und den Wiesen der einzelnen.

Die Freiberge sind bekannt für ihre **Pferdezucht** – die Freiberger Pferde sind schwer und kräftig und haben langbehaarte Beine. Nahe dem Hauptort der Freiberge, Saignelégier, liegt etwas südlich in **Le Roselet** das viel besuchte Pferdeasyl – ein Altersheim für Pferde, ein Traum für Pferdenärrinnen und -narren. In **Saignelégier** selber findet jährlich am zweiten Augustwochenende der „Marché-Concours" statt, ein Pferdemarkt mit diversen Turnieren, u.a. Rennen mit schweren mehrspännigen Wagen.

● **Fondation pour le Cheval** (Stiftung für das Pferd): Tel. 032/959 18 90, täglich geöffnet, Führungen auf Anfrage.

Auf halbem Weg zwischen Saignelégier und dem bernjurassischen Tramelan gibt es beim Weiher „Etang de la Gruère" ein **Naturschutzgebiet** zu besichtigen, in dem man auf einem Fußweg eine intakte Moor- und Sumpflandschaft begehen kann. Kurz vor dem Weiher informiert eine Ausstellung in Les Cerlatez über das Naturschutzgebiet.

● **Naturschutzgebiet Les Cerlatez:** Tel. 032/951 12 69. geöffnet für Begehungen Di–So 13.30–17.30 h.

Zwei Kilometer südwestlich von Saignelégier lohnt sich eine Besichtigung des **Automobilmuseums** in Muriaux, das ein für den Jura typisches Ortsbild besitzt.

● **Automobilmuseum:** Tel. 032/951 10 40, geöffnet April bis Okt. Mo–Sa 10–12 h und 13.30–17.30 h. Im Winter nur am Wochenende.

Bei St. Brais verlässt man das flache Hochland und kommt wieder in typisches Jurafaltengebiet. Über Glovelier geht es Richtung Delémont, über Montmelon nach St. Ursanne und Porrentruy.

In den Franches Montagnes widmet man sich der Pferdezucht

Delémont/Delsberg ↗II/B3

Delémont ist mit ca. 12.000 Einwohnern erst seit 1978 Hauptort des jüngsten Schweizer Kantons Jura. Bis zur Französischen Revolution war Delémont elsässisch, dann dem Bischof von Basel Untertan. Es wurde zur Sommerresidenz der Fürstbischöfe. Später übernahmen die Berner das Zepter.

Die Stadtanlage hat baslerisch-elsässischen Charakter und besitzt schöne barocke Sehenswürdigkeiten, die einen Besuch lohnen. Die **Altstadt** wurde immer wieder durch Brände 1634–37 während dem Dreißigjährigen Krieg von den Schweden verwüstet. Sie liegt auf einer Terrasse nahe am Zusammenfluss von Birs und Sorne. Größere Reste der Befestigung mit doppelter Ringmauer und Ecktürmen aus dem 13. Jh. sind erhalten, ebenso vier Stadttore und ein fast zehn Meter breiter Stadtgraben. Besonderes Charakteristikum sind die ursprünglich acht, heute noch fünf Renaissance-Figurenbrunnen an Straßenkreuzungen und kleinen Plätzen. Ausgesprochen sehenswert ist an der Rue du 23 Juin das Haus, in dem sich das „Musée Jurassien" (Heimatmuseum) befindet.

Dominiert wird die Stadt vom Schloss und von der Katholischen Pfarrkirche St. Marcel. Das Schloss ist ein imposantes **Barockschloss** (1716–1721), in dem heute die Kantonsregierung sitzt. Das dreigeschossige Hauptgebäude hat ein Walmdach, Lukarnen (Dachfenster) und kurze Hofflügel.

St. Ursanne am Doubs

Die **Kirche St. Marcel** wurde in der Übergangsperiode zwischen Spätbarock und Frühklassizismus 1762–67 gebaut. Herausragend ist der Kirchenschatz mit dem einzigartigen merowingischen Abtstab des *hl. Germanus.*

Etwa zwei Kilometer nordöstlich liegt hinter einigen Kreuzwegstationen auf einem Fels das populäre Wallfahrtskirchlein **Chapelle Notre-Dame-du-Vorbourg,** 1049 vom hl. Papst *Leo IX.* geweiht, 1586 neu erbaut. Schöne Barockaltäre und über 300 Votivbilder lohnen die Anfahrt.

St. Ursanne ↗II/A3

St. Ursanne liegt etwas abseits der Hauptstraße am Doubs und hat sich seit dem 19. Jh. kaum verändert. Die Kleinstadt mit knapp 1000 Einwohnern ist ganz besonders malerisch.

Der *hl. Ursicinus,* ein irischer Mönch aus Luxeuil, Schüler des *hl. Kolumban,* ließ sich hier im 6. Jh. als Eremit nieder. An seiner Grabstätte wurde eine erste Kirche gegründet. Die sich ansiedelnden Mönche unterwarfen sich der Benediktinerregel und gehörten bis um 1100 zum Bistum Besançon. 1139 erwarb der Basler Bischof das Städtchen.

Man betritt den Flecken durch eines der Stadttore, auf dem die Wappen der Basler Fürstbischöfe zu erkennen sind. Nach Bränden im 16. und 18. Jh. und anschließendem Wiederaufbau sind viele Bauten spät- und nachgotisch, traufständig, mit spitzen braunen Ziegeldächern, rückwändig Laubenwerke. Die befestigungsartige Verstärkung des aus zwei flussparallelen Hauptachsen und vier Achsen bestehenden Städtchens und der Burg stammt von 1674. Ein schöner Aussichtspunkt ist die Brücke über den Doubs, welche eine Standfigur des *hl. Nepomuk* besitzt.

Im Zentrum beeindruckt die „Collégiale“, die **Stiftskirche,** geprägt von Spätromanik und Frühgotik mit burgundischen und elsässischen Einflüssen. Das Südportal der Kirche ist eines der bedeutendsten romanischen Skulpturenportale der Schweiz. Drei eingestellte Monolithsäulen tragen Figurenkapitelle: Evangelistensymbole, Löwen, Adler, Sirenen, der Wolf als Schüler. Im Tympanon thront Christus, in Nischen Sitzfiguren der Muttergottes und des *hl. Ursicinus.* Das Schiff ist frühgotisch, der Altar mit barockem Baldachin. Kleine dreischiffige Hallenkrypta, zugänglich von den Seitenschiffen. Im Nordosten ein gotischer Kreuzgang von 1380, renoviert 1551.

Porrentruy/Pruntrut II/A2

Geschichte

Porrentruy wurde 1283 von den Basler Fürstbischöfen gegründet und, nachdem in Basel die Reformation siegte, von den Fürstbischöfen zur Dauernden Residenz gewählt. Doch die französischen Revolutionstruppen vertrieben die Bischöfe. Pruntrut wurde mit dem Umland zur kurzlebigen

087ch Foto: jt

„Raurachischen Republik", dann Hauptort des französischen Departements. Mont-Terrible und 1800 Unterpräfektur des Departements Haut-Rhin (Oberelsass). 1815 wurde der heutige Kanton Jura mit dem nach wie vor bernischen Jurateil den Bernern als Ersatz für das verlorene Waadtland und den Aargau zugeschlagen. Doch die Jurassier fühlten sich nie wohl als Minderheit im Kanton Bern. Erst 1979 erreichten die Pruntruter mit dem nördlichen Teil des ehemaligen „Berner Juras" die Unabhängigkeit als jüngster Kanton der Schweiz.

Besichtigung

Die Stadt ist eine mehrteilige mittelalterliche Kleinstadtanlage am Zusammenfluss der Flüsschen Allaine und Ajoulote mit großem Schlosskomplex und Klosteranlagen. Um in die Altstadt zu gelangen, wählt man am besten die **Porte de France,** ein Rest der alten Stadtmauer, erbaut 1563, renoviert 1744. Zwei stämmige Rundtürme unter Kegeldächern flankieren das Tor, das ein Uhrwerk aus dem 17. Jh. aufweist.

Man durchschreitet die Straße Faubourg de France und gelangt rechts auf einem teilweise gedeckten Fußgängerzugang zur ehemaligen Bischofsresidenz, die heute kantonale Verwaltungsabteilungen beherbergt. Die Substanz des **Schlosses** stammt aus den Jahren 1590–1700. Der heute frei stehende Hauptturm, die „Tour Réfous", überragt als Wahrzeichen der Stadt die anderen Gebäude. Im Gang des Gerichtsgebäudes sind die Porträts der Fürstbischöfe zu bewundern. Neben dem Hauptturm sind der „Tour du Coq" im Südosten und der Tour du Trésor im Südwesten zu erwähnen.

Wieder zurück auf dem Faubourg de France wendet man sich südwestlich durch die Rue Pierre-Péquignat und findet auf der rechten Seite das **Hôtel des Halles,** 1766–69 von *Pierre-François Paris* als Markt-, Kauf- und Gästehaus für bischöfliche Gäste erbaut. Es war auch Sitz des bischöflichen Einnehmers und Kornhaus. Leitende Bauleute waren Tiroler Maurermeister, freigrafschaftliche Steinhauer und elsässische Zimmer- und Schreinermeister.

Wo die Rue Pierre-Péquignat zur Grand-Rue wird, finden sich weitere elegante Gebäude aus dem 18. Jh.: das **Hôtel de Ville** (Rathaus) wurde 1761–64 ebenfalls von Pierre-François Paris erbaut. In der Eingangshalle findet sich ein Skulpturoriginal des Samariterinnenbrunnens, im zweiten Stock der Saal des Stadtrats.

Das **Hôtel-Dieu** oder „Ancien Hôpital" liegt gegenüber dem Rathaus zwischen Grand Rue und Rue du 23 Juin und gilt als eine der schönsten spätbarocken Stadtspitalbauten der Schweiz. Gestiftet wurde das Spital 1406. Der Neubau erfolgte 1761–65, ebenfalls geplant von Pierre-François Paris. Es handelt sich um einen dreigeschossigen Komplex mit straßenseitigem Ehrenhof, der zur doppelseitigen Hufeisenanlage ausgebaut wurde. Man beachte das prächtige Schmiedeisengitter mit Flügelportal, das den Haupthof von der Straße trennt.

Im Museum des Hôtel-Dieu ist vor allem die Apotheke mit prächtigem Schnitzwerk aus dem 19. Jh., alten Gefäßen, Flaschen und Porzellangeschirr sehenswert. Das Museum enthält außerdem den Kirchenschatz der Kirche St. Pierre, darunter mehrere Monstranzen aus dem 15. Jh.

Parallel zur Grand Rue verläuft südlich die Rue des Annonciades, wo man dem **Hôtel de Gléresse** einen Besuch abstatten sollte, dem frühesten Barockpalais von Porrentruy, das die drei vorher beschriebenen Bauten offenbar beeinflusste und das erste Werk des aus Besançon stammenden Architekten *Paris* in Porrentruy war. Seit der Renovierung 1961–63 beherbergt es die Archive des ehemaligen Fürstbistums und ist zugleich Bibliothek.

Am Ende der Rue des Annonciades ganz im Süden stößt man auf das **ehemalige Jesuitenkollegium,** in dem heute das Gymnasium untergebracht ist. Die Jesuitenkirche des Kollegiums weist frühbarocke Stuckaturen auf und ist ein nachgotischer Bau, der 1597–1604 von *Niklaus Frick* aus Ulm erbaut wurde. Nach dem Dreißigährigen Krieg erfolgte eine Barockisierung mit den erwähnten Stuckaturen. In der Revolutionszeit wurde die Kirche zum „Temple de la Raison" (Tempel der Vernunft), 1882 nach einer erneuten Nutzung als Kirche zur Turnhalle und Bibliothek profaniert und erst seit 1962 sukzessive wieder restauriert. Im ehemaligen Konvent findet man im ersten Stock einen einzigartigen Meridian, 1812–14 vom Provikar *Aloyse de Billieux* konstruiert: Eine winzige Fensteröffnung ermöglicht die Sonnenzeitmessung anhand eines Liniensystems und Inschriften auf dem Boden und an den Wänden.

Auf dem Rückweg auf der nordöstlichen Seite der Stadt findet man an der Rue de l'Église die **Stadtkirche St. Pierre,** ein komplexer gotischer Bau, ca. 1321–33 erbaut und 1349 geweiht. 1350 erfolgte ein Turmneubau, danach Erweiterungen durch Seitenkapellen noch im 14. und 15. Jh. Seit 1977 Gesamtrenovierung der dreischiffigen hauslosen Basilika, die durch die zahlreiche Anbauten etwas diffus wirkt. Kuppel im burgundisch-freigrafschaftlichen Stil. Sehenswerte Innenausstattung.

Die Ajoie

↗II/A2

Die Ajoie (Elsgau), die Landschaft rund um das Städtchen Porrentruy, streckt sich als Zipfel weit westlich in den französischen Jura und ist eine klimatisch recht milde Gegend, weshalb man viele Obstbaumkulturen antrifft. Kulturell ist die Ajoie von jeher eher auf Frankreich als auf die Schweiz ausgerichtet.

Von Porrentruy aus kann ein Ausflug nach **Réclère** führen, das über die Straße nach Besançon (Nr. 247) nach ca. 15 Kilometern zu erreichen ist. Auch ein Postauto fährt hin. Beeindruckende, 1886 entdeckte **Tropfsteinhöhlen** können hier unter Führung besichtigt werden, u.a. der 15 Meter hohe „Dom", der größte Stalagmit der Schweiz. Auch der **Préhisto-Parc** liegt hier. Nachbildungen prähistorischer Tiere, v.a. Saurier, können auf einem Spaziergang durch den Wald bestaunt werden.

● **Grotten und Préhisto-Park:** Tel. 032/476 61 55. Tägliche Führungen, Juli bis Aug. 9.30–12 und 13–18 h, April bis Juni und Sept. bis Nov. 10–12 und 13.30 bis 17.30 h.

In **Courgenay** hat im Ersten Weltkrieg eine Wirtstochter, *Gilberte,* die Soldaten, die die Grenze bewachten, bezaubert. Alte Soldatenlieder und ein Filmblockbuster aus der Zeit des Zweiten Weltkriegs („Gilberte de Courgenay“) zeugen davon. In diesem Dörfchen, etwas südwestlich von Porrentruy, steht ein 5000 Jahre alter, gelochter Stein, der „Pierre pércée“, welcher wohl als Frontstein eines Dolmengrabes diente. Man geht davon aus, dass die Skelette durch das Loch ins Grab geschoben wurden.

Im Dörfchen **Cornol,** etwas östlich von Courgenay, ist noch das Atelier eines Holzschuhmachers zu finden. *Mr. Gaignat* ist wohl einer der Letzten der diese alte Tradition ausübt.

Von Cornol aus kommt man über den 856 Meter hohen Les Rangiers-Pass, wo ein Soldatenmahnmal an die Grenzbesetzung erinnert, wieder retour nach Delémont und von dort nach Biel/Bienne oder nordwärts nach Basel.

Von Porrentruy nach Basel

↗II/B2

Um von Porrentruy nach Basel zu gelangen, kann man aber auch an der Grenze zu Frankreich am Grenzflüsslein Lucelle/Lützel entlang und über den Liesberg nach Laufen fahren oder weiterhin der Grenze entlang, z.B. mit dem Fahrrad der „Veloroute 7“ folgend, über Metzerlen nach Ettingen und Basel.

Man durchquert auf dieser knapp 30 Kilometer langen Strecke **fünf Kantone,** weil das ehemalige Gebiet des Fürstbischofs zwischen den Kantonen Basel-Stadt, Baselland, Solothurn, Bern und Jura aufgeteilt wurde. Das einst mächtige Bern verlor seit 1979 nach vielen Volksabstimmungen Stück um Stück seiner ehemaligen Grenze mit Frankreich an den Kanton Jura und den Kanton Baselland (das deutschsprachig-katholische Laufental). Auch die Bevölkerung des „Alten Kantonsteils“ (das deutschsprachig reformierte Gebiet des Kantons Bern) akzeptierte den Wunsch der Jurassier und Laufentaler nach Autonomie.

Im **Lützeltal** fährt man auf einer seit dem Zweiten Weltkrieg als „internationale Strecke“ bezeichneten Straße auf der französischen Seite – rechts die sonnenverwöhnten Südhänge der Schweiz, links die kühlere französische Seite. In Kleinlützel, einer solothurnischen Enklave, ist in der Stich AG noch die traditionelle Pfeifen- und Wanderstockfabrikation zu bewundern (Voranmeldung notwendig, Tel. 061/771 06 02).

Laufen ist eine gut erhaltene Kleinstadt und Hauptort des gleichnamigen Bezirks, der vor kurzem zum Kanton Baselland wechselte. Das Städtchen hat sehenswerte Ringmauerpartien und an der Hauptstraße zwei bewehrte Stadteingänge, das Untertor und das Baslertor an trapezähnlicher Anlage. Die östliche Begrenzung ist durch das Flüsschen Birs gegeben.

Meist dreigeschossige, im 19. Jh. neu befensterte, traufständige Häuser säumen die Hauptstraße, an der auch das Alte Rathaus von 1822 steht. Bemerkenswert ist die barocke Pfarrkirche St. Katharina, 1698–99 erbaut. Das Amtshaus, der so genannte Hof, in der Nordostecke des Städtchens war ehemals ein kleines Wasserschloss. Das Wassertor ist in der Mitte der östlichen Stadtseite gegen die Birs zu finden. Das Delsbergertor oder Zeitturm stammt aus dem 15. Jh. und hat einen spätgotischen Spitzbogendurchgang und ein Zeltdach mit barockem Haubendachreiter mit Feuerglocke sowie ein klassizistisches Zifferblatt mit Eichenblattkränzen.

Ein modernes sehenswertes Bauwerk präsentiert die in Laufen ansässige RICOLA-Bonbonsfabrik, die wegen ihrer pfiffigen TV-Werbung weit über die Landesgrenzen hinaus auffiel. Die Ricola beauftragte die Basler Architekten *Herzog* und *de Meuron* u.a. mit der Erstellung eines Lagerhauses, das mit seiner Hülle aus geschichteten Eternitbrettern exemplarisch Erscheinung, Struktur und Funktion zusammenfügt.

Praktische Tipps

Information

- **Office du Tourisme Jura Tourisme,** Porrentruy et Ajoie, 5, Grande Rue, 2900 Porrentruy, Tel. 032/466 59 59, Fax 032/466 50 43, www.juratourisme.ch. Bietet auf Anfrage einstündige Führungen durch die Bischofsstadt Porrentruy.

Unterkunft

- **Hôtel de la Balance,** 2345 Les Breuleux, Tel. 032/954 14 13, www.hotelbalance.ch, mitten in den Freibergen. Hotel speziell für Langlauf-, Reit- und Familienferien geeignet. Gute Infrastruktur (inkl. Reitställe etc.). DZ mit Bad/WC inkl. Frühstück sFr. 100 bis 124, sFr. 164 für Minisuiten.
- **Georges Wenger, Relais & Châteaux,** Rue de la Gare, Le Noirmont, Tel. 032/957 66 33, www.georges-wenger.ch, in den Freibergen. Eines der besten Gourmet-Restaurants der Schweiz. Daneben fünf individuell eingerichtete Zimmer mit allem Komfort. DZ sFr. 270 bis 300.
- **Hôtel de la Gare et du Parc*****, 2350 Saignelégier, www.hotelgareparc.ch, Tel. 032/951 11 21. Schönes Hotel im Park, im Zentrum der Freiberge. Sehr gute Küche. Reitsportzentrum, Hallenbad, Golfplatz, Tennis etc. in nächster Nähe. DZ mit WC/Bad, inkl. Frühstück sFr. 156 bis (für Minisuiten) sFr. 216.
- **Hôtel du Boeuf,** 60, rue du 23-Juin, 2882 Saint-Ursanne, Tel. 032/461 31 49. Kleines gemütliches Hotel in der Altstadt von St. Ursanne am Doubs, zwölf Zimmer, DZ mit D/WC und Frühstück sFr. 130.
- **Hôtel du Cheval-Blanc*****, Rue du 23-Juin 15, 2900 Porrentruy, Tel. 032/465 15 15. Im Zentrum von Porrentruy, zwölf Zimmer, DZ mit D/WC und Frühstück sFr. 170.
- **Hôtel Restaurant Bellevue*****, 46, rte de Belfort, Tel. 032/466 55 44. Am Ausgang von Porrentruy gegen Belfort gelegenes Haus mit 2002 frisch renovierten Zimmern und gutem Restaurant. DZ mit D/WC und Frühstück sFr. 150 bis 160.
- **Hôtel-Restaurant Belvédère,** 61 rte de Bure (beim Spital), Tel. 032/466 25 61. Gutes Restaurant mit vernünftigem Preis-Leistungsverhältnis. DZ mit Bad sFr. 130.
- **De la Gare,** 2950 Courgenay, Tel. 032/471 22 22. Kleines Dorfhotel mit sechs Zimmern. Hier bezauberte im Ersten Weltkrieg *Gilberte* die Soldaten. DZ mit Bad/WC sFr. 150 inkl. Frühstück.
- **La Bonne Auberge,** 32, rue du 23 juin, 2800 Delémont, Tel. 032/4 22 17 58. Kleines, zentral gelegenes Hotel mit sieben Zimmern. DZ mit D/WC sFr. 180 inkl. Frühstück.

Genfer See (Lac Léman) und Waadt

Überblick

Es war *Jean Jacques Rousseau* der vor bald 250 Jahren mit seiner „Nouvelle Héloise" die hohe Zeit des Waadtländer Tourismus auslöste. Vornehme Karossen belebten die noch holprigen Straßen. Die Fans des englischen Dichters *Lord Byron* wollten die Stätte des „Prisoner of Chillon" besuchen, Künstler bewunderten die Uferlandschaft des größten Alpenrandsees Europas und viele ließen sich hier nieder: *Madame de Stael* in Coppet, *Gustave Courbet* in La-Tour-de-Peilz, *Tolstoi* in Clarens, *Victor Hugo* in Villeneuve. Und die Vorliebe der **Künstler und Reichen** hielt an. Auch *Peter Ustinov* wählte den Léman zu seiner neuen Heimat. Scheiche, Exkönige und Formel-1-Cracks wie *Michael Schumacher* wissen die moderate Steuerbelastung in dieser Gegend zu schätzen.

Im Osten gehört das **Alpengebiet** nördlich der Rhone zum Waadtland. Wie ein Dreieck zwängt sich dieser Teil des Kantons zwischen Walliser, Berner und Freiburger Alpen. Bei Deutschen nahezu unbedeutend, bringen es Villars, Leysin und Les Diablerets unter Franzosen und Engländern zu beachtlichem Bekanntheitsgrad.

Das **Seengebiet** des Genfer See (Lac Léman) ist mit seinen zwei Großtädten Lausanne und Genf zugleich das Zentrum der französischen Schweiz und des „Bassin Lémanique", einer Wirtschaftsregion, die auch Hochsavoyen und Teile des französischen Juras umfasst.

Die steilen Hügel des Lavaux östlich von Lausanne, die sanfteren der La Côte westlich der waadtländischen Kapitale und das dahinter sich ausbreitende Hochland des Gros de Vaud und der Broye bildeten seit je ein für Rebbau, Getreide- und Tabakanbau fruchtbares Land. Eindringlinge und Eroberer versuchten immer wieder, diese mit Vorzügen **gesegnete Gegend** in die Hand zu bekommen: Lang waren die Savoyer beherrschend, dann waren die Berner jahrhundertelang die Herren. Erst mit *Napoleon* wurde die Fremdherrschaft überwunden. Die beeindruckende Anzahl großer Schlösser zeugt von dieser bewegten Geschichte. Heute ist die Waadt ein selbstbewusster, politisch und wirtschaftlich bedeutender Kanton.

Das Chablais und die Waadtländer Alpen

Das Chablais ↗XIII/D2-3

Das Chablais, die Gegend von Aigle südöstlich des Genfer See, ist eine reizvolle, der Sonne ausgesetzte und deshalb für den Rebbau bevorzugte Gegend.

Aigle

Einen Besuch wert ist der Hauptort Aigle mit seinem savoyischem Schloss und der kleinen, hübschen Altstadt, die durch moderne Quartiere etwas versteckt ist.

Das **Schloss** liegt inmitten von Weinbergen und ist eine der malerischsten Burgen der Schweiz. 1153 erstmals erwähnt, wurde sie 1475, im Besitz der *Edlen von Saillon und Compey*, von den Bernern zerstört. Diese bauten sie 1482–1488 wieder auf. Bis zum Fall der Berner 1798 residierten hier ihre Landvögte. Nach der Übernahme durch die Gemeinde wurde das Schloss zum Gefängnis umfunktioniert. Erst Ende des letzten Jahrhunderts entstand das heutige Rebbau- und Weinmuseum.

Die trapezförmige Anlage hat drei halbrunde Ecktürme und einen hohen Bergfried in der Nordostecke. Der Palas lehnt sich an die Innenseite der Nordmauer an. Zwei Mauern trennen den Hof in zwei Wehrabschnitte. Im Rittersaal findet sich ein gemalter Wappenfries der Berner Landvögte.

Die **Zehntenscheune** im Südwesten des Schlosses ist ein mächtiger Bau unter Krüppelwalmdach. **La Chapelle,** eine behäbige Häusergruppe aus dem 17. Jh., liegt südöstlich des Schlosses.

Le Bourg ist die städtische Kernsiedlung mit reformierter Kirche, wo 1526 der Reformator *Farel* predigte. Das gegenüberliegende Hôtel du Midi wurde 1545 erbaut.

Yvorne

Yvorne ist ein **Weindorf,** das einen renommierten Wein, den Yvorne, produziert. 1584 wurde das Dorf durch einen Bergsturz fast vollständig verschüttet. Nur das „Quartier des Renauds" blieb verschont. Sehenswert sind zwei schöne Brunnen aus den

Jahren 1792 und 1847 sowie die 1573 erbaute, beim Felssturz zerstörte, aber 1608–1611 unter dem Berner Patrizier *Anton von Erlach* und seiner Gemahlin *Agatha von Diesbach* wieder aufgebaute Maison Blanche, ein herschaftliches Haus, das 1890 unter Anfügung eines Turms im neugotischen Stil umgebaut wurde und beachtenswerte Kellerräume aufweist.

Ollon

Ollon hat eines der **besterhaltenen Ortsbilder** des Kantons. Schöne Gassen und Brunnen zieren das Dorf. Die reformierte Pfarrkirche wurde 1244 erbaut und im 15. und 17. Jh. umgestaltet. Der gefluchtete, gerade geschlossene Chor überragt den First des Schiffs. Das Langhaus ist durch zwei vierachsige Säulenarkaden in drei Schiffe unterteilt. Das Hôtel de Ville ist ein kubischer Steinbau mit Berner Dach von 1772. Das Schloss war Sitz der Familie *Rovéréa,* ist heute jedoch verwahrlost. Die Burgruine auf der nördlichen Hügelkuppe wurde 1476 durch Walliser zerstört.

Auch in Ollon wird **Wein** angebaut. Um den Ort und seinen Wein zu propagieren, werden so genannte *„Ballades dans le vignoble"* oder „Entdeckungsreisen durch den Alpengarten auf Ihrem Teller" durchgeführt. Man kauft ein Weinglas für fünf Schweizer Franken und kann von Weinkeller zu Weinkeller den Wein der verschiedenen *Vignerons* (Weinbauern) kennen lernen. Dazu gibt es lokale Musik und Spezialitäten. Informationen unter: Tel. 024/499 11 77.

Bex

Bex, das bereits 574 als *Bacciis Villa* erwähnt wurde, kam durch die von den Bernern entdeckten und ausgebeuteten **Salinen** (Tagbau) zu regionaler Bedeutung. Im 19. Jh. gelang der Aufschwung als Badeort. Schön ist das südlich vorgelagerte und um die Kirche gescharte Städtchen mit Repräsentationsbauten des 18. und 19. Jh. In der Saline ist ein Salzmuseum untergebracht.

Die Waadtländer Alpen

↗XIII/D2-3

Fährt man von Aigle steil hoch in die Berge, so ist man nach kurzem im alten Höhenkurort Leysin und etwas später am Col des Mosses und im waadtländischen Pays d'Enhaut (Oberland) mit den Kurorten Château-d'Oex und Rougemont.

Beginnt man die Passfahrt in Ollon oder Bex, so landet man entweder in Villars-sur-Ollon oder Gryon, von wo man über den Pillon-Pass hinunter nach Gsteig und Gstaad-Saanen ins westliche Berner Oberland gelangen kann. Diese Passfahrten lassen sich bei sonnigem Wetter als Tagesfahrt verbinden.

Villars-sur-Ollon

Villars-sur-Ollon umfasst die drei heute zusammengewachsenen Kurorte Villars, Chèsières und Arveyes, die auf einer sehr gut erreichbaren Bergterrasse auf ca. 1200 Metern liegen und das besterschlossene **Höhenkurortgebiet** der Waadt bilden. Der Ort ist kaum sehenswert, herrlich aber die Lage und der Ausblick, vielfältig die Sport- und Wandermöglichkeiten im Sommer wie im Winter, breit gefächert das Unterkunfts- und Verpflegungsangebot.

Gryon

Malerisch ist das nahe gelegene Gryon, ein altes Bergdorf an jähem Abhang. Die spätmittelalterliche Kirche hat einen Frontturm, der von einer Steinpyramide gekrönt ist. Einige regionstypische Chalets stammen noch aus dem 18. Jh.

Les Diablerets

Von Villars und Ollon kann man über den Col de la Croix (Kreuzpass) nach Les Diablerets gelangen, einem weiteren familiären Höhenkurort und **Skigebiet** am Diableretsgletscher. Sommerskifahren ist auf dem „Sex Rouge" in 2900 Metern Höhe möglich.

Leysin

Leysin ist ein ausgedehnter Fremdenkurort, der noch stark von den Bauten der Jahrhundertwende um 1900 geprägt ist. Der ehemalige Lungenkurort geriet nach dem Verschwinden der Tuberkulose in eine Krise. Alle Kurhäuser standen leer und gingen Bankrott. Mit dem Club Méditerrannée kam die Renaissance. Der Club Méd eröffnete in den 1960er-Jahren erste Alpenclubs für den boomenden Skisport. Heute ist Leysin ein gut ausgebauter Luft- und Winterkurort mit allen dazugehörigen Angeboten.

088ch Foto: mg

Käsefabrikation im Waadtländer Pays d'Enhaut

Pays d'Enhaut

Über Les Mosses/Col des Mosses (Moss-Pass), einen weiteren kleineren Ferienort kurz unterhalb der Passhöhe, geht es hinab in das Pays d'Enhaut, einen Zipfel der Waadtländeralpen, der touristisch zur Region Gstaad/Saanen gehört.

In **Rougemont** befindet sich ein ehemaliges Kluniazenser Priorat, neben Payerne und Rômain-Môtier dokumentiert es am schönsten jene Architektur. Gegründet wurde es um 1080, aufgegeben 1556, nachdem die Waadt bernisch wurde. Der Neubau des Chors erfolge 1587. Erhalten haben sich das dreischiffige basilikale Langhaus, das Querschiff mit Vierung und der Vierungsturm. Im ehemaligen Prioratsgebäude residierte der Landvogt von Saanen.

Praktische Tipps

Information

- **Leysin Tourisme,** place Large, 1854 Leysin, Tel. 021/494 22 44, Fax 021/494 16 16, www.leysin.ch
- **Office du Tourisme,** rue Centrale, 1884 Villars, Tel. 024/495 42 14, Fax 024/494 42 18, www.villars.ch

Unterkunft

- Die Bergkurorte in den Waadtländer Alpen und an den Hängen der Waadtländer Riviera haben eine große Anzahl von **Chalets** und **Appartements** zu bieten. Man erkundige sich bei den lokalen Touristenbüros.
- **La Soleilette,** Gryon, Tel./Fax 024/498 12 03. Ein ausgezeichnetes Bed & Breakfast mit vier liebevoll eingerichteten Doppelzimmern und einem Kinderzimmer (zwei Badezimmer auf Etage, separater Eingang). Zimmer vorne mit prächtigem Blick auf die Alpen. sFr. 40 bis 60 p.P. mit Frühstück.
- **Bois-Gentil***, Gryon, Tel. 024/498 11 37. Keine saubere Pension mit 28 Betten und Gruppenunterkunft mit neun Plätzen. In der Gruppenunterkunft sFr. 25 p.P., in den Zimmern (Dusche/WC auf Gang) sFr. 35 bis 44 p.P.
- **Le Bristol******, 1884 Villars-sur-Ollon, Tel. 024/496 36 36, www.bristol-villars.ch. Großes Holzchalethotel am Ausgang von Villars. Gediegene Inneneinrichtung, schöne Zimmer mit bester Aussicht. DZ ab sFr. 240 bis 790. Mit Frühstücksbuffet und Zugang zu allen Fazilitäten: Bad, Sauna, Hammam, Jacuzzi.
- **Hiking Sheep Guesthouse,** Villa La Joux, 1854 Leysin, Tel./Fax 024/494 35 35. Man zahlt im Schlafsaal p.P. sFr. 30, für ein DZ sFr. 70 (ohne Frühstück, Kochgelegenheit vorhanden).

Essen und Trinken

- Das **Restaurant Vieux Villars,** Tel. 024/498 25 25 in Villars-sur-Ollon ist gut für Raclette und Fondue.
- Das **Restaurant La Terrasse,** Tel. 024/498 16 68, in Barboleuse oberhalb von Gryon wird gerühmt für seine gute Küche.
- Das **Refuge de Frience,** Tel. 024/498 14 26, auf der Alpe des Chaux oberhalb Gryons hat typische Bergleratmosphäre, eine schöne Terrasse und ist ganzjährig offen.
- Das **La Paix „Au Vieux Pays“** in Leysin, Tel. 024/494 13 75, ist ein schönes altes Chalet mit gemütlicher Inneneinrichtung.

Der Lavaux

↗XIII/C2

Ufer und Hinterland des Lac Léman von Villeneuve bis Lausanne gehören zum Gebiet des so genannten Lavaux, einer der schönsten Landschaften der Region.

Villeneuve

Villeneuve, das erste Städtchen am See, fällt den Eiligen gar nicht auf. Es birgt jedoch Reize, die einen Abstecher lohnen und die *Victor Hugo, Lord Byron* und *Romain Rolland* dazu veranlassten, sich hier niederzulassen.

1005 als *Compengie* erstmals erwähnt, erhielt die Stadt 1214 als *Nouvelle Ville de Chillon* Stadtrecht und entwickelte sich zum wichtigsten Stützpunkt der savoyischen Handelsflotte, zum Handelsplatz und zur Garnison. Unter den Bernern verlor Villeneuve an Bedeutung.

Fünf Straßenzüge charakterisieren das **Stadtbild,** der Mauerring ist abgetragen. Am schönsten erhalten ist die Grand Rue mit spätgotischen Portalsteinen und Fenstern. Die dreischiffige reformierte Pfarrkirche St. Paul in der Stadtmitte am Place du Temple hat schöne Fenster und eine Staffelhalle (nach 1200). Die ehemalige Spitalkirche Notre Dame, beim Bahnhof, wurde 1236 als Pilgerherberge gegründet, 1536 profaniert und fungiert seit 1874 als Rathaus. Ein Denkmal auf dem schattigen Quai am See erinnert an dankbare Elsässer, die 1870/71 hier Asyl fanden.

Villeneuve ist ein angenehmer, preislich relativ günstiger Ausgangspunkt für die **nahe gelegenen Ausflugsgebiete** der Waadtländer Alpen, das Unterwallis und den Léman. In der Nähe der französischen Grenze liegt Le Bouveret mit den Kinderparadiesen „Swiss Vapeur Parc" (Dampfloks, etc.) und Aquaparc (Wasserparadies).

Château Chillon

Nahe Villeneuve, unterhalb der großen Viadukte der nahen Genferseeautobahn steht das **Wahrzeichen des östlichen Lémangebiets:** das Château Chillon. Seine Lage am See, der hervorragende Zustand und die vielen von Dichtern und Reisenden verbreiteten Geschichten um das Schloss machen es ähnlich berühmt wie die Dracula-Burg oder Neuschwanstein.

089ch Foto: en

Das Schloss thront auf einer kleinen Felseninsel im See, der die nahen Berge mit den majestätischen „Dents du Midi" im Hintergrund widerspiegelt. Der Engpass zwischen See und steil ansteigendem Gelände verlieh dem Standort von jeher eine besondere Bedeutung an der wichtigen Route zum Grossen St. Bernhard und zum Simplon. Schon die Römer siedelten hier. Der Ausbau zur Festung erfolgte im 11. Jh. Erster Besitzer war der Bischof von Sitten. Die Familie *d'Alinges* baute Burgring, Bergfried und Tour d'Alinges. Es folgte die Erweiterung durch einen zweiten landseitigen Ring. Im 13. Jh. wurde Chillon dann savoyisch. Das Schloss wurde ausgebaut, insbesondere die Wehrtechnik. Seit 1536 war es unter bernischer Herrschaft. Ein Erdbeben im Jahr 1585 machte Erneuerungsarbeiten notwendig. Nach dem Sturz der Berner wurde das unterdessen unbewohnbare Chillon Staatsbesitz des neuen Kantons Waadt. 1897 wurde es restauriert.

Weltberühmt ist das Schloss durch das Byron'sche Gedicht **„The Prisoner of Chillon“** (1816), das den tragischen Helden *François Bonivard,* Gefangener des Schlosses, unhistorisch, doch herzergreifend beschreibt (Bonivard, Prior in Genf, war reformatorisch aktiv und wurde vom Savoyerfürst mit jahrelanger Einkerkerung bestraft). Dies löste eine regelrechte Pilgerwelle, v.a. wohlbetuchter Engländer aus, die das Schloss und die Gegend besichtigen wollten. Der Aufschwung des Tourismus in Montreux und Umgebung ist diesem Gedicht zuzuschreiben.

Die Anlage ist von Osten her besonders schön, mit dem Lavaux im Hintergrund, aber auch von Westen, mit den Walliser Bergen, den Dents-du-Midi, als Kulisse ergibt sich eine Postkartenansicht. Im **Innern** gelangt man nach der Zugbrücke in die in den Felsen geschlagenen Kellergewölbe. Darunter befindet sich die zweischiffige, achtjochige Pfeilerhalle, das so genannte Bonivardgefängnis, wo Bonivard 1536 von den Bernern befreit wurde. Darüber der große Festsaal (heute Waffen- und Zinnsammlung), der große Saal des Burgvogts oder Wappensaal mit herrlicher Renaissancebalkendecke mit Kassettenfeldern, großem Kamin aus dem 15. Jh., Kreuzstockfenstern und eichenen Säulen. Daneben liegt das Camera domini, das Herzogszimmer, im ehemaligen Tour d'Alignes. Durch das Latrinenhaus und einen Wohnraum gelangt man in die Georgskapelle und in den ehemaligen Gerichtssaal mit Säulen aus schwarzem Marmor. Vom Schlossturm aus (enger Aufstieg) genießt man eine herrliche Aussicht auf den See, die Alpen und das Ufergebiet.

Montreux

Montreux ist eine erst im 19. Jh. entstandene **Großgemeinde,** welche sich vom See durch die Rebgebiete bis hinauf auf die Berghöhen zur Freiburger Kantonsgrenze zieht und eine ganze Reihe von bekannten, kleineren Kurorten und Winzerdörfchen umfasst. Dazu gehört z.B. Brent, mit einem der führenden Restaurants der Schweiz, hoch über dem See thronend Caux, Sitz der 1938 gegründeten Bewegung „Moralische Aufrüstung“, und Glion mit seinen Hotelfachschulen und Pensionaten für höhere Töchter.

Montreux-Stadt bildet das Zentrum der Waadtländer Riviera und schmiegt sich um eine nach Süden geöffnete Bucht des Sees. Dies verleiht dem Ort ein besonders mildes Klima, was zusammen mit der wunderschönen Sicht und den Sehenswürdigkeiten der Umgebung dazu führte, dass Montreux mit Luzern, Thun und Interlaken zu einem der meistbesuchten Sommerkurorte der Schweiz wurde.

Der ländliche Dorfkern von Montreux liegt mit seinen Winzerhäusern oberhalb der Hotelpaläste, die im üp-

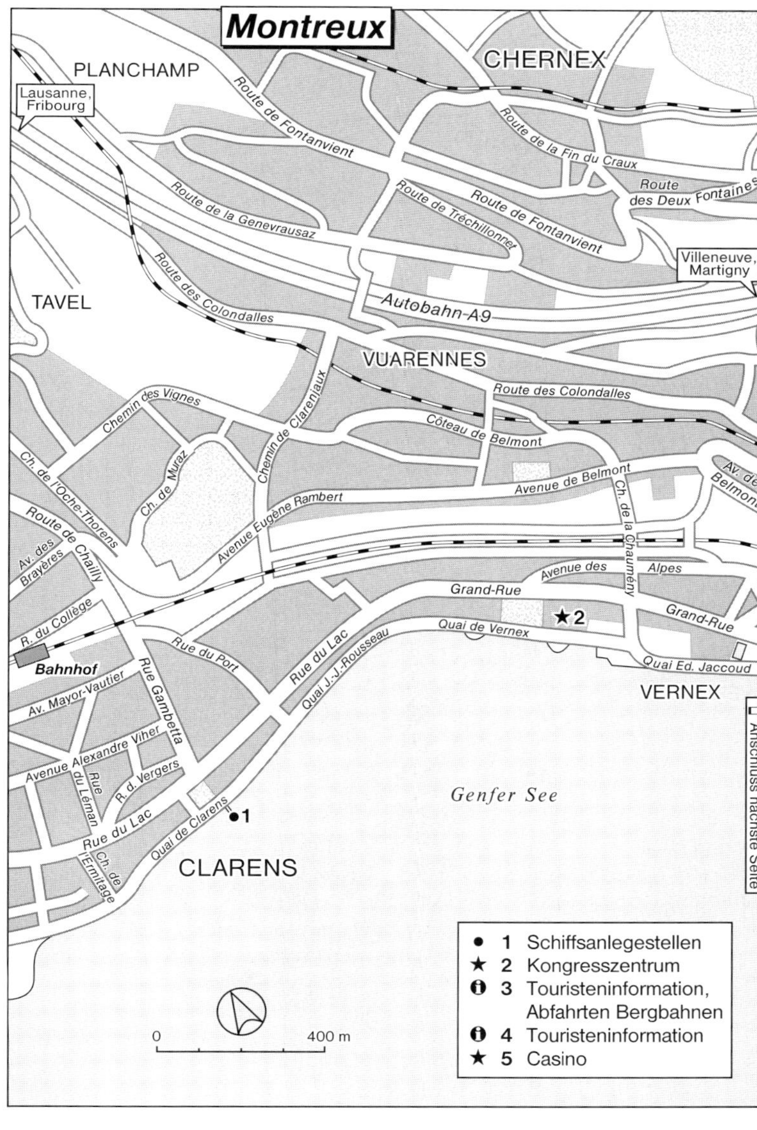
Montreux
PLANCHAMP
CHERNEX
Lausanne, Fribourg
Route de Fontanvient
Route de la Fin du Craux
Route des Deux Fontaines
Route de la Genevrausaz
Route de Tréchillonnet
Route de Fontanvient
Villeneuve, Martigny
Route des Colondalles
TAVEL
Autobahn-A9
VUARENNES
Route des Colondalles
Chemin des Vignes
Chemin de Clarenjaux
Côteau de Belmont
Ch. de Muraz
Avenue de Belmont
Av. de Belmont
Ch. de l'Oche-Thorens
Avenue Eugène Rambert
Ch. de la Chauméný
Route de Chailly
Av. des Bruyères
Avenue des Alpes
Grand-Rue
R. du Collège
★2
Grand-Rue
Quai de Vernex
Rue du Port
Rue du Lac
Quai J.-J.-Rousseau
Quai Ed. Jaccoud
Bahnhof
VERNEX
Av. Mayor-Vautier
Rue Gambetta
Anschluss nächste Seite
Avenue Alexandre Viher
Rue du Léman
R. d. Vergers
Genfer See
•1
Rue du Lac
Quai de Clarens
Ch. de l'Ermitage
CLARENS
• 1 Schiffsanlegestellen
★ 2 Kongresszentrum
3 Touristeninformation, Abfahrten Bergbahnen
4 Touristeninformation
★ 5 Casino
0
400 m

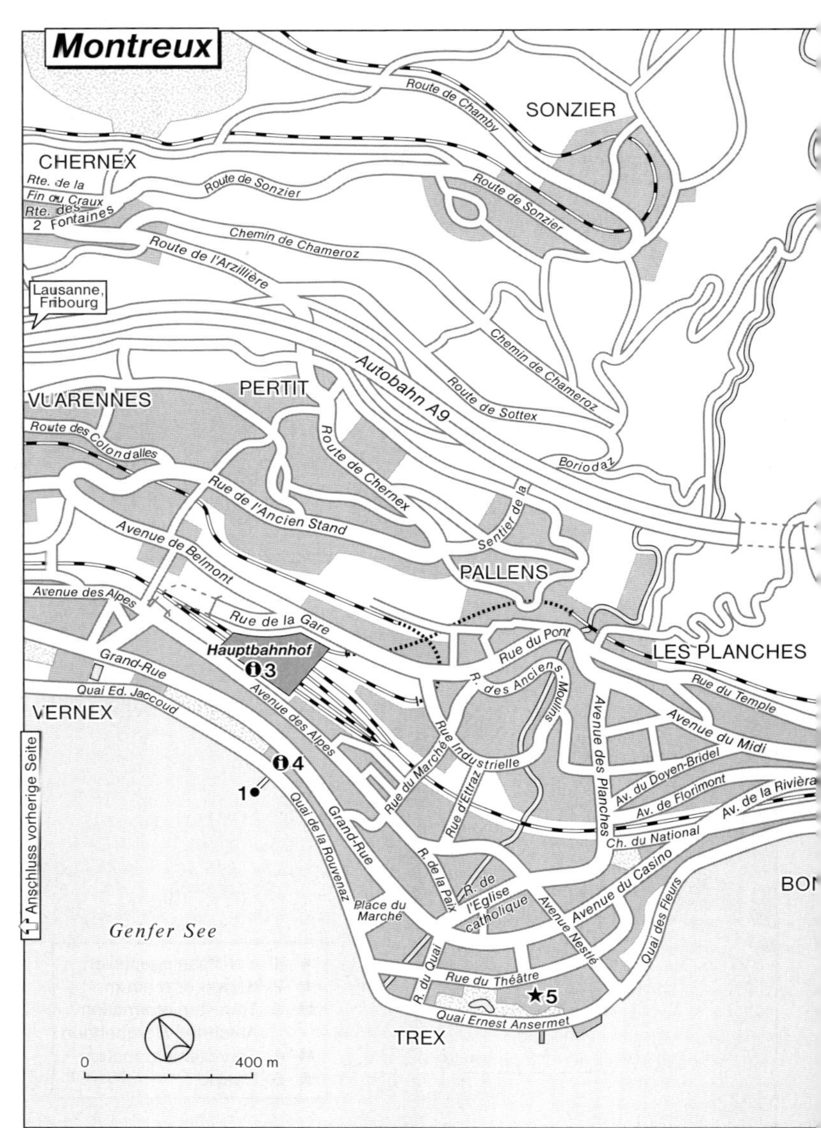
Montreux
SONZIER
CHERNEX
Route de Chamby
Route de Sonzier
Rte. de la Fin du Craux
Rte. des 2 Fontaines
Chemin de Chameroz
Route de l'Arzillière
Lausanne, Fribourg
Autobahn A9
Route de Sottex
PERTIT
VUARENNES
Route des Colondalles
Route de Chernex
Boriodaz
Rue de l'Ancien Stand
Sentier de la
Avenue de Belmont
PALLENS
Avenue des Alpes
Rue de la Gare
Rue du Pont
Hauptbahnhof
3
LES PLANCHES
Grand-Rue
R. des Anciens-Moulins
Rue du Temple
Quai Ed. Jaccoud
VERNEX
Avenue des Alpes
Rue du Marché
Rue Industrielle
Avenue des Planches
Avenue du Midi
4
1
Av. du Doyen-Bridel
Av. de Florimont
Av. de la Rivièra
Anschluss vorherige Seite
Quai de la Rouvenaz
Grand-Rue
Rue d'Ettraz
Ch. du National
R. de la Paix
R. de l'Eglise catholique
Avenue du Casino
Quai des Fleurs
BON
Place du Marché
Avenue Nestlé
Genfer See
R. du Quai
Rue du Théâtre
5
Quai Ernest Ansermet
TREX
0
400 m

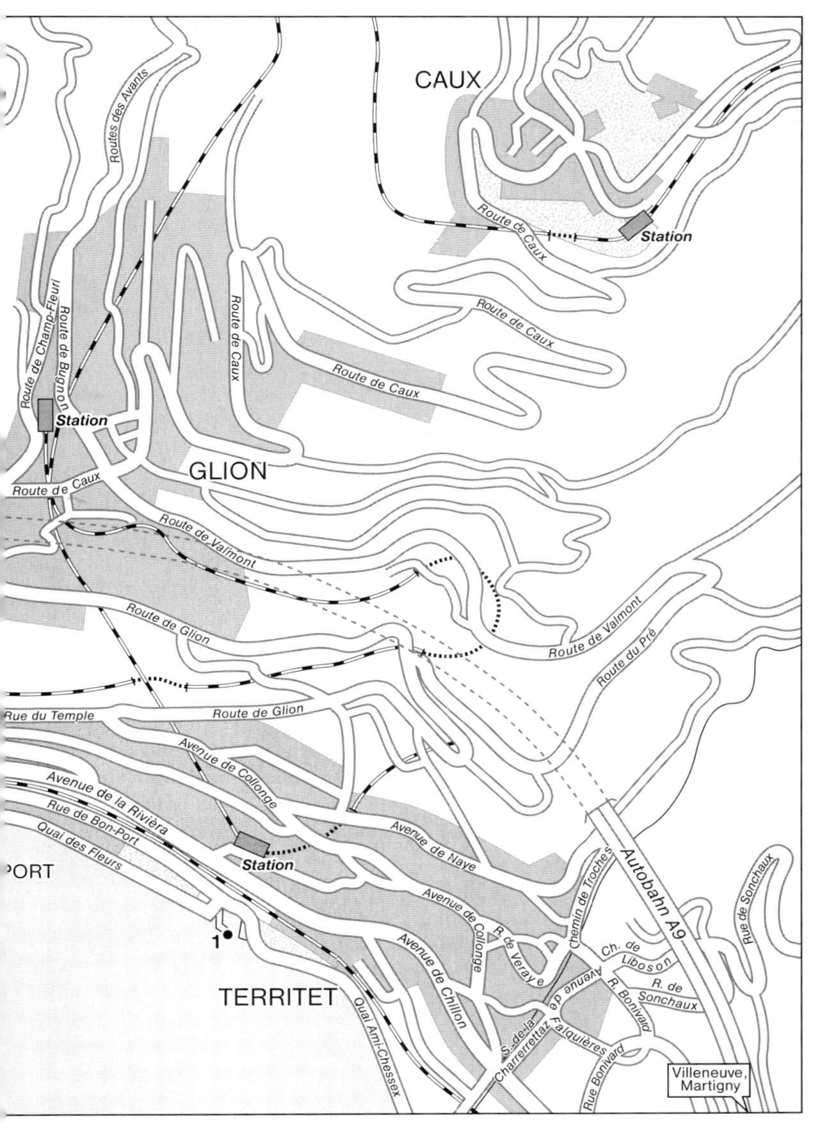

Genfer See und Waadt

090ch Foto: en

pigen Rivierastil des Fin-de-siècle meist an der stark frequentierten Durchgangsstraße angesiedelt sind. Einige unschöne Hochhäuser und Bauten tragen neben Mietskasernen das ihrige zum disharmonischen Akzent bei, den Montreux heute bietet. Dafür hat der Ort ein reiches Angebot an Ausflugsfahrten auf den See, Eisenbahn- und Bergbahnrundfahrten sowie schöne Tagesausflüge anzubieten. Festivals von internationaler Bedeutung, Shoppingmöglichkeiten und eine Gastronomie der Spitzenklasse runden das Bild ab.

Blonay

Etwas westlich von Montreux, auf dem ersten Plateau liegt das schöne Winzerdorf Blonay, mit dem **Schloss Blonay,** 1175 durch die Herren *de Blonay,* gebaut und bis heute von ihnen fast ohne Unterbrechung bewohnt.

Im Dorf ist die reformierte **Kirche** von 1503 mit spätmittelalterlichem Rechtecksaal bemerkenswert. Zwei Glocken stammen aus dem Jahr 1530.

Von Blonay aus fährt die beachtenswerte **Museumseisenbahn** Blonay-Chamby mit altertümlichen Dampfloks oder elektrischen Triebwagen die kurze, kurvenreiche Strecke. Im alten Depot kann ein Eisenbahnmuseum besucht werden.

Vevey

Vevey hat heute weniger Einwohner als die Großgemeinde Montreux, wirkt jedoch städtischer und ist historisch und städtebaulich interessanter. Der Weltkonzern Nestlé hat hier seine Konzernzentrale.

Geschichte

Eine prähistorische Siedlung und eine römische Straßenstation, *Vibiscum,* deuten auf Standortgunst. Seit dem 11. Jh. muss eine Burg bestanden haben. Die Savoyer übernahmen das Gebiet von den Bischöfen von Sitten. Die Herren von Blonay und Oron besaßen eine Kastvogtei im Innern der Stadt, bevor sie westlich und östlich ihre Schlösser bauten. Vevey wurde von den mit den Bernern verbündeten Freiburgern beansprucht, von diesen aber gegen näher bei Freiburg gelegene Gebiete abgetreten, so dass Vevey fast fünfhundert Jahre unter bernischer Herrschaft blieb. Im 17. und 18. Jh. beliebter Zufluchtsort der Hugenotten, wurde Vevey im 19. Jh. zum Sitz vieler Künstler, Dichter und reicher Ausländer, die wie in Montreux die herrliche Lage und das milde Klima schätzten. Berühmtester Wahl-Vifiser (*Vifis* ist der bernisch-deutsche Name der Stadt) war **Charlie Chaplin,** der in Corsier-sur-Vevey seine Wahlheimat fand und 1977 auch hier starb. Der Charles Chaplin Park mit einem kleinem Denkmal

Südländische Stimmung in Montreux

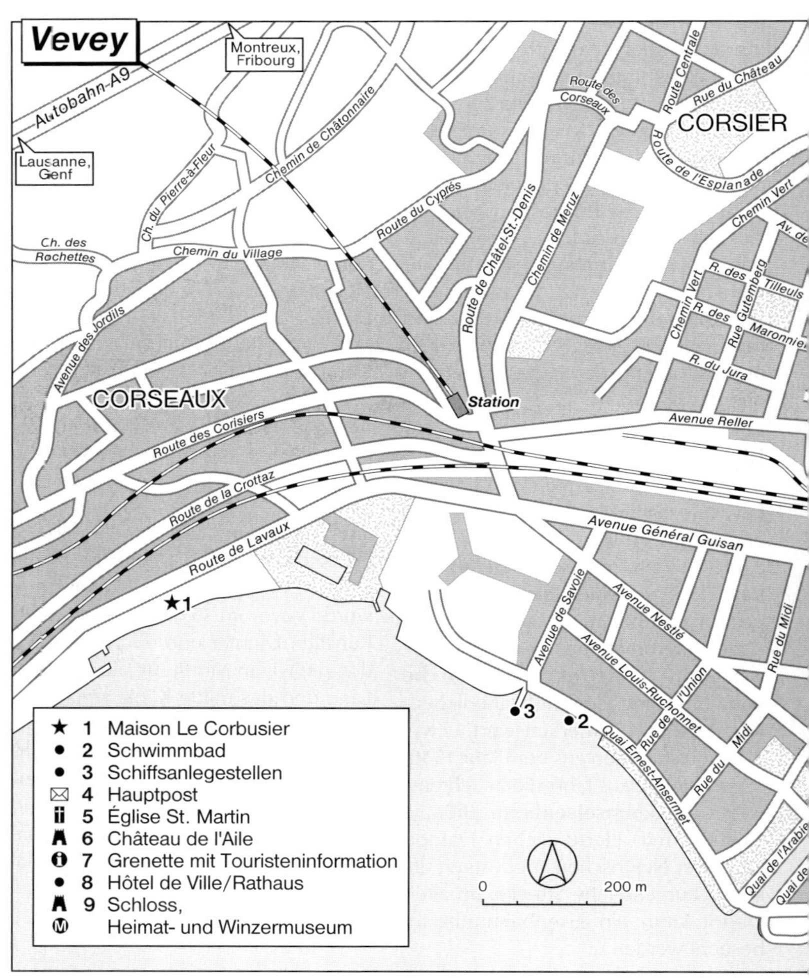

in Corsier und das Internationale Festival der Filmkomödie mit „goldenem Spazierstock" erinnern an den berühmten Mitbürger.

Stadtbesichtigung

Neue Wohnzonen im Westen und Norden der Stadt umgeben den historischen trapezförmigen Kern östlich der Grand Place. In der Altstadt gibt es einige qualitativ wertvolle Straßenzüge und Bauten, die das Flanieren zum Vergnügen machen. Hier und am nahe gelegenen Quai, der einen prächtigen Ausblick über den See bietet, gibt es eine ganze Reihe von sympathischen Restaurants, Bistros und Brasserien.

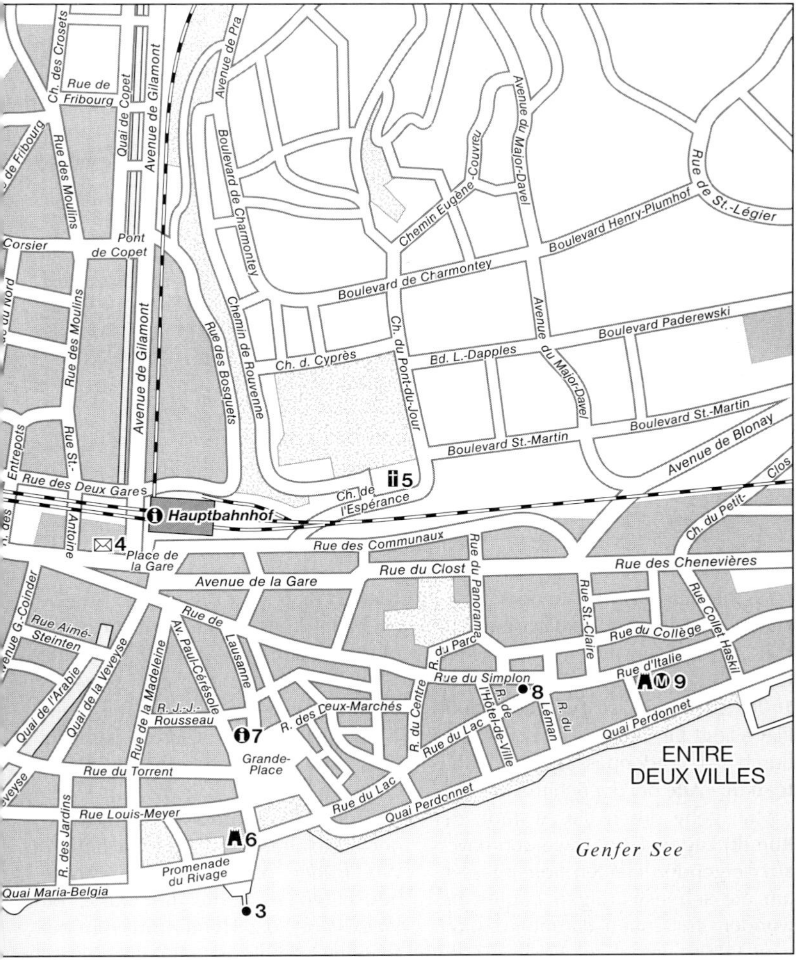

091ch Foto: en

Kirche in Corsier bei Vevey

Ein Rundgang startet an der Grande Place, wo das Informationszentrum von „Vevey Tourisme“ in der **Grenette,** dem ehemaligen Kornhaus von 1808, zu finden ist. An der Grande Place liegt **Le Castel,** Nr. 2, verdeckt durch eine Ladenpassage, und **Chateau de l'Aile** bei der Schiffländte.

Man gehe durch die Altstadt, der **Rue du Lac** entlang sowie den davon abzweigenden kleinen Seitengassen, um die sehenswürdigen Bauten bewundern zu können, darunter das Rathaus (1709, umgebaut 1751–55), die Tour St. Jean am Ostende der Straße, ein mittelalterlicher Rechteckturm, der Martinsbrunnen (Becken 1761, Säule 1788, Kriegerfigur 1678) und die reformierte Kirche Ste. Claire, Teil eines 1425 gegründeten Clarissenklosters (klassizistisch umgebaut 1776–83).

An der Rue de l'Italie ist etwas weiter östlich das **Schloss** an der Stelle einer mittelalterlichen Burg zu finden. Wo früher die bernischen Vögte herrschten, ist heute das *Musée du Vieux Vevey,* das **Heimatmuseum** mit schönen Möbel von der Gotik bis zum 17. Jh., und das *Musée de la Confrèrie des Vignerons* zu besichtigen, ein **Winzermuseum** mit Modellen, Kostümen, Fahnen und Souvenirs der berühmten Winzerfeste von Vevey.

Beachtlich an der Avenue de la Gare ist das **Musée Jenisch** mit der grafischen Sammlung des Kantons Waadt *(Dürer, Rembrandt, Bellotto, Corot).*

Etwas oberhalb der Stadt liegt die **Eglise St. Martin,** eine frühmittelalterliche Gründung, die 1172 erstmals erwähnt wurde. Der Turm ist von 1496–98 und 1509–20, radikal renoviert im 20. Jh. Beachtenswert ist der Innenraum mit Resten gotischer Fresken und originellen Rippengewölben im Hauptschiff und in den Kapellen.

Praktische Tipps

Information

- **Vevey Tourisme,** 29. Grande Place, 1800 Vevey, Tel. 021/922 20 20, Fax 021/922 20 24, www.vevey.ch
- **Montreux Tourisme,** 5, Rue du Théatre, 1820 Montreux, Tel. 021/962 84 84, Fax 021/963 78 95, www.montreux.ch

Unterkunft

- **Hotel-Restaurant Le Soleil,** Villeneuve, Tel. 021/960 32 74. Kleines Hotel-Restaurant in der Altstadt mit blitzsauberen Zimmern, davon sieben DZ mit Frühstücksbuffet für sFr. 135. Die Speisekarte verspricht gute einheimische Kost.
- **L'Ermitage******, Clarens-Montreux, Tel. 021/ 964 44 11, www.forum.ch/ermitage-clarens. Wunderschönes Kleinhotel mit Gourmetrestaurant (Michelin*) an schönster Seelage. Ausgang von Montreux nach Vevey. Sieben DZ, jedes sehr geschmackvoll eingerichtet, ab sFr. 230 bzw. 260 bis sFr. 430 bzw. 470 für Suiten.
- **Hotel Eden au Lac******, Montreux, Tel. 021/966 08 00, www.edenmontreux.ch. Schönes Grandhotel, direkt am See, vor der lärmigen Hauptstraße. Gediegene Atmosphäre, schöne Restaurants mit Blick auf See. DZ sFr. 300 bis 400, Juniorsuiten sFr. 400 bis 520.
- **Hostellerie du Lac****, Montreux, Tel. 021/963 32 71. Einfaches, älteres, preiswertes Hotel mit Zimmern ohne und mit Bad/WC, teilweise mit schönem Blick auf den See. Am ruhigen seenahen Quai von Montreux. DZ (WC/D oder Bad mit Frühstück) ab sFr. 80 bis 150. Schönes Terrassenrestaurant am Quai von Montreux.
- **Hotel du Lac******, Vevey, Tel. 021/921 10 41. Altes Grandhotel am Seeufer, erbaut 1864, Zimmer mit Seeblick, geheiztes Gartenschwimmbad, Terrassenrestaurant, DZ mit Frühstück sFr. 250 bis 360 je nach Zimmer und Lage. Mitglied der Best Western Kette.
- **Hostellerie Bon Rivage,** an der Hauptstraße von Vevey nach Montreux im Vorort La Tour-de-Peilz, Tel. 021/977 07 07. In kleinem Park am See gelegen. Lange Zeit Heim religiöser Schwestern. Diese ließen das Gebäude 2001 total renovieren, es dient nun wieder als Hotel. *Richard Wagner* wohnte hier, als es noch „Hotel des Princes" hieß. Traumhafter Blick auf Seeseite. 50 DZ (alle mit Dusche/WC), mit Frühstück sFr. 180 bis 220.
- **Hôtellerie de Châtonnaire,** Corseaux, nahe Vevey, Tel. 021 921 47 81. Empfehlenswerte Auberge mit guter Küche, sauberen, zweckmäßigen Zimmern (WC/Bad), z.T. mit sehr schönem Blick, DZ sFr. 170 mit Frühstück.
- **Hotel des Négotiants****, Vevey, Tel. 021/ 922 70 11, www.hotelnegotiants.ch. Mitten in der Altstadt. Kleines Garni mit 23 sauberen Zimmern mit Bad/WC. DZ mit Frühstück sFr. 130 bis 150.
- **Hôtel de la Place****, Corsier oberhalb Vevey, www.swissnew.ch/hoteldelaplace, Tel. 021/921 12 87. 1592 erbaute Auberge im Chaplindorf. In Nebengebäude acht zweckmäßig eingerichtete, saubere Zimmer mit Dusche/WC, das DZ für sFr. 135 bis 150. Die Wirtin kocht selber typische Gerichte aus der Gegend.
- **Les Sapins*****, Les Pléiades, Tel. 021/943 13 95. Auf 1200 Metern an der Station des kleinen Zahnradbähnchens von Blonay nach Les Pléiades ist das Les Sapins ein kleines Berghotel mit sauberen, hübsch eingerichteten DZ mit Dusche/WC (Frühstück) für

sFr. 130 bis 160. Feine einheimische Küche (Röstis etc.)

- **Jugendherberge:** Auberge de la Jeunesse, Montreux-Territet, Tel. 021/963 49 34, www.youthhostel.ch. Im Vorort Territet Richtung Schloss Chillon gelegen. 112 Betten in Zimmern und Gruppenunterkünften, sFr. 32 bis 47 p.P.
- **Backpacker:** Riviera Lodge, Vevey, an der Grande-Place, nahe See, drei Minuten vom Bahnhof, Tel. 021/923 80 40, www.rivieralodge.ch. Der typische Backpacker mit Schlafplätzen ab sFr. 20 p.P., bzw. sFr. 70 für DZ mit Duschen/WC auf Etage. Dachterrasse mit schönem Blick.

Essen und Trinken

- **Le Museum,** Montreux, an der Rue de la Gare 40, Tel. 021/963 16 62. Fondue, Raclette, Holzkohlegrill-Gerichte in alten Klostersälen aus dem 13. Jh.
- **Caveau des Vignerons,** Montreux, an der Rue Industrielle 30 bis, Tel. 021/963 25 70. Weinkeller mit kleiner Ausstellung, Fleischgerichte auf heißem Stein, schweizerische Käsegerichte.
- Im **La Coupole** des Hotels Pavillon, Vevey, an der Place de la Gare, Tel. 021/925 04 04, isst man zu vernünftigem Preis gut und kann das geschäftige Treiben auf dem Bahnhofplatz beobachten.
- Im **Du Raisin,** Vevey, Place du Marché 3, Tel. 021/921 10 28, gibt's ebenfalls gute Kost zu vernünftigen Preisen.

Haubenköche gibt's in der Waadt mehr als irgendwo sonst. Am oberen Léman z.B.:

- **Le Pont de Brent*****, etwas oberhalb von Montreux, Tel. 021/964 62 30, einer der zwei ***Sterneköche der Schweiz, gemäß Michelin „eine Reise wert".
- **Denis Martin***, Vevey, Av. du Château, Tel. 021/921 12 10, wird v.a. für Fischgerichte geschätzt. Schöne Terrasse am See.

Kultur und Feste

- **Internationales Chortreffen:** Woche nach Ostern.
- **Goldene Rose von Montreux:** Preis der Fernsehunterhaltung, Anfang Mai.
- **Jazzfestival Montreux:** Juli.
- **Musikfestival Montreux-Vevey:** Ende August bis Mitte September.

Ausflüge

- **Schifffahrten:** mit den Kursschiffen des Lac Léman ins nahe Frankreich auf der südlichen Seeseite, zum Schloss Chillon oder nach Lausanne und Genf.
- **Rundfahrten mit dem Auto oder der Montreux-Oberland-Bernois Bahn:** in die Waadtländer oder Berner Alpen, über Montbovon ins schöne Greyerzertal mit Städtchen und Schloss Gruyère, über den kleinen sonnenbegünstigten Kurort Les Avants und den Col de Sonloup (eine Stunde) weiter in das Narzissengebiet von Lés Pléiades und über Blonay retour.
- **Zahnradbahn:** Von Blonay aus fährt eine kleine Zahnradbahn in die Pléiades. Mit der Rochers-de-Naye-Zahnradbahn gelangt man über Glion und Caux zum Gipfel des Rochers de Naye (2042 Meter), von wo sich eine großartige Schau der Alpen ergibt.

La Côte

La Côte bezeichnet das Gebiet westlich von Lausanne – ein sanfter Abhang, der bis zum Jura in das so genannte Gros de Vaud übergeht. Oft weniger beachtet als der Lavaux, hat die Gegend nicht den Bilderbuchcharakter des östlichen Léman zu bieten. Industrie und Verkehrsinfrastruktur bewirken, dass alles insgesamt weniger intakt wirkt. Interessante kleinere Städte, Dörfer und Kulturdenkmäler machen La Côte jedoch sehenswert. Die Hänge sind von Reben bewachsen, unterbrochen durch Winzerdörfer, Städtchen und einzelne Schlösser. Die Lebensart der Einwohner, ihre Kultur und Küche sind nicht weniger attraktiv als östlich der Hauptstadt des Kantons.

St. Sulpice

Am See nahe Lausanne befindet sich das ehemalige **Cluniazenserpriorat St. Sulpice,** eines der schönen Beispiele der Romanik in der Schweiz. Erhalten ist der unverputzte Ostbau aus drei gestaffelten Halbrundapsiden, das Schiff mit Vierung und der Vierungsturm aus dem 12. Jh. Der restliche Bau ist aus Überresten nur zu erahnen.

Morges

↗XII/B2

Von St. Sulpice nach Morges, einer charakteristischen Landstadt mit intaktem Ortsbild, sind es nur wenige Kilometer. Bürgerhäuser bestimmen das Stadtbild, meist schmale Reihenhäuser aus dem 17. bis frühen 19. Jh., ergänzt durch Pfarrkirche und Schloss.

Die **Pfarrkirche** ist nach der Heiliggeistkirche in Bern der größte protestantische Kirchenbau des 18. Jh. in der Schweiz. Erbaut 1769–76, zum Teil von *Erasmus Ritter* aus Bern. Ihn löste *Rodolphe de Crousaz* ab, da der Turm wegen ungenügender Fundamentierung einzustürzen drohte. Das Gotteshaus hat einen imposanten Frontturm, ein kreuzförmiges Schiff und Mansartdach, die Turmfassade mit zweitem Geschoss.

Der Poste de Police ist ein Renaissancebau (1620), der das Rathaus erweiterte. Das **Rathaus** selbst ist spätgotisch mit hexagonalem Treppenturm, erbaut 1518-20, renoviert 1946.

Sehenswert ist auch das **Musée Alexis Forel** an der Grande Rue, ein spätgotisches Bürgerhaus, das die Privatsammlung des Graveurs *Alexis Forel* enthält.

Im **Schloss,** einem 1286 unter *Ludwig I. von Savoyen* erbauten, typischen Viereckschloss mit vier runden Türmen an den Ecken, befindet sich ein bereits 1932 eröffnetes Militärmuseum.

Vufflens-le-Château

Nahe Morges liegt Vufflens-le-Château, eine schöne **spätmittelalterliche Backsteinburg,** die 1395–1434 durch *Henry de Colombier,* einem savoyischen Vasallen, erbaut wurde. Es handelt sich um einen quadratischen Wehrkomplex mit rechteckigem Wohnbau im Osten, hohen Verbindungsmauern und einem 60 Meter hohen Bergfried.

St. Prex

↗XII/B2

St. Prex liegt auf einer Halbinsel am See und ist für seine **Bürgerhäuser,** das **Stadttor** mit Uhr und Laterne von 1725 sowie das spätmittelalterliche **Le Manoir,** ein am Hafen gelegener Bau mit Türmchen und Walmdach, sehenswert.

Ebenfalls am See liegt das **Schloss Allaman,** eine mittelalterliche Feudalburg, welche im 15./16. Jh. ihr heutiges Aussehen erhielt und im 18. Jh. umgebaut wurde. Der offene Herrschaftssitz mit quadratischen Türmen an zwei Flügeln befindet sich inmitten eines großen Parks.

Etwas nördlich des Dorfes findet sich noch ein zweites Schloss, das **Schloss d'Esbons** mit barockisiertem Wohntrakt unter Berner Dach, datiert 1680.

Aubonne ⇗XII/B2

Etwas im Hinterland liegt das **Burgstädtchen** Aubonne, das vor 1189 unter den savoyischen Herren von Aubonne erbaut wurde. Über die Herren von Grandson gelangte es an den Grafen von Gruyères. Nach dem Konkurs eines dieser Grafen wollten die Berner die Kontrolle erlangen, was ihnen erst 1701 gelang.

Weitgehend intakte ist die **Altstadt** mit Resten der Stadtmauer, schönen Gassenräumen mit Brunnen und beeindruckender Dachlandschaft. Man beachte v.a. die Rue Tavernier, die „Grenette", ein als Kornhaus erbautes Rathaus, sowie Bougy St. Martin, ein originelles klassizistisches Herrenhaus. Das Schloss wurde 1670–80 von *Jean Baptist de Tavernier,* einem Juwelier, erbaut. Es besitzt den schönsten barocken Binnenhof der Waadt. Admiral *Duquesne,* Befehlshaber der bernischen Genferseeflotte, ließ ihn seinerzeit anlegen.

Nyon ⇗XII/A2

Durch Rebbaugebiete, an Dörfern und Schlössern vorbei, geht es nach Nyon, einer **mittelalterlichen Kleinstadt** römischen Ursprungs. Nach dem Sieg der Römer über die Helveter, 58 v. Ch., entstand hier eine römische Garnisonstadt mit dem Namen *Colonia Julia Equestris.* Ausgrabungen, Architekturfragmente, Skulpturen und Mosaike bezeugen ihre Bedeutung. Im 5. Jh. ging die Stadt unter dem Ansturm der Burgunder unter und blühte erst im 11. und 12. Jh. unter den Herren von Prangins neu auf. 1293 ging sie an die Savoyer. 1536 wurde das zur Hauptstadt der Waadt emporgestiegene Nyon von den Bernern genommen, die hier eine Vogtei einrichteten.

Die fast kreisrunde Stadt breitet sich auf einem Plateau aus und war ursprünglich ummauert. Die Seeflanke schützt der **Cäsarturm** aus dem 13. Jh. Drei Säulen des ehemaligen Forums hat man am Eingang der Stadt wieder aufgerichtet.

Nyon hat eine **gut erhaltene Altstadt** mit schönen Bürgerhäusern, welche vom Wohlstand der Besitzer zeugen. Sehenswert sind die Place du Marché und das Collége an der Rue du Collége, die spätklassizistische katholische Kirche der Unbefleckten Empfängnis Mariä und der barocke Brunnen des Maître Jacques im Garten des Pavillon „La Casquette".

Das **Schloss** nimmt die Südostseite des Plateaus ein, wo das Gelände zum See abfällt. Ursprünglich wurde der Palas von drei runden Ecktürmen umschlossen. Die Berner bauten 1574–1583 vollständig um. 1822 wurde das Vorwerk abgebaut und der Halsgraben aufgefüllt. Seit 1883 fungiert das Schloss als Historisches Museum, mit römischen Funden und dem berühmten Porzellan der örtlichen Porzellanmanufaktur.

Das zu Füßen des Schlosses liegende **Hafenquartier** von Rive ist so alt wie die Altstadt. Die neue Stadt im Nordwesten Richtung Bahnhof ist kaum sehenswert.

Einblick in die Unterwasserwelt gewährt das **Musée du Léman,** ein Aquarium mit Fischen, Krebsen und Muschelkolonien.

● **Musée du Léman,** 8, quai Louis-Bonnard, Tel. 022/361 09 49, Apr.–Okt. 10–12 h und 14–18 h, ab Okt. nur nachmittags geöffnet.

Crans-près-Céligny

Das **Schloss** in Crans-près-Céligny, etwas westlich von Nyon, ist ein typisches Beispiel der französischen Palastarchitektur des 18. Jh. in der Schweiz. Der reiche Genfer *Antoine de Saladin* ließ es 1764–1767 an Stelle einer mittelalterlichen Burg von den Genfer Architekten *Bovet* und *Vaucher-Faton* erbauen. Das herrschaftliche Hauptgebäude und die zwei Flügelbauten, die einen Ehrenhof umschließen, sind einen Besuch wert. Walmdächer, kleine Lukarnen und ein schöner, von Platanen beschatteter Hof ergänzen das Bild.

Schloss Coppet ⇗XII/A3

Neben Château Chillon ist Schloss Coppet das berühmteste Schloss am Genfersee, auf dem Hügel nahe dem kleinen gleichnamigen **Städtchen.** Der Ort Coppet erinnert mit seinen pittoresken Arkaden an bernische Kleinstädte. Die um 1500 erbaute Kirche wurde 1774 im „style flamboyant" renoviert, seinerzeit als Teil eines Klosterbaus.

Das **Schloss** erlangte seine Berühmtheit durch die Persönlichkeiten, die hier wohnten. Die Burg ging 1536 in bernischen Besitz. 1657 erwarb sie *Fréderic de Dohna,* Gouverneur von Orange, der sie in eine Residenz umwandelte. Nach weiteren Besitzerwechseln erwarb 1784 der Genfer Bankier *Jacques Necker,* der Finanzminister von *Louis XVI.,* das Schloss. Seine Tochter *Germaine de Stael* verwandelte den Besitz zum literarisch-politischen Zentrum ihrer Zeit. *Benjamin Constant, Byron, Schlegel, Châteaubriand* u.a. verkehrten hier.

Das Schloss wirkt sehr geschlossen, was an die ursprüngliche Burg erinnert. Der nach Westen geöffnete Hof wird von zwei Flügeln umfasst. Vor dem Südflügel liegen die Orangerie und Stallungen unter Mansartdächern, das Ganze in einem großen Park. Man beachte v.a. die prächtige Mittelpartie des Innenhofs, toskanische Pilaster, überhöht durch einen Fronton. Das Innere besitzt eine kostbare Ausstattung, Louis XVI.- und Empire-Stil überwiegen. Im Erdgeschoss sind eine große Bibliothek, ein Schlafzimmer mit Baldachinbett und Erinnerungsstücken der berühmten Madame de Stael untergebracht. Außerdem Salon des Portraits, Salon mit Tapisserien und Chinazimmer mit Chinoiserie-Tapeten sowie Louis-XVI.- Mobiliar.

Praktische Tipps

Information

● **Office du Tourisme,** Rue du Château, 110 Morges, Tel. 021/801 32 33, Fax 021/801 31 30, www.morges.ch

● **Office du Tourisme Nyon et environs,** av. Viollier, 1260 Nyon, Tel. 022/361 62 61, Fax 022/361 53 96, www.nyon.ch

Unterkunft/Essen und Trinken

Die Städte der Côte sind touristisch nicht bedeutend. Unterkünfte sind eher rar. Gegen Genf zu ist der Einfluss der Großstadt spürbar, insbesondere was das Preisniveau anbelangt. Trotzdem kann man kleinere *Auberges* finden sowie die großen französischen Systemhoteliers, eine Alternative zu teureren Varianten.

- **L'Ermitage,** Vufflens le Château, Tel. 021/804 68 68, www.ravet.ch. Das Ermitage ist einer der Gourmettempel der Schweiz mit 19 GM Punkten und zwei Michelin-Sternen. Am Rand des kleinen Weindorfes unweit Lausanne, verfügt das Haus über sechs moderne, im Jahr 2000 renovierte Zimmer und drei Juniorsuiten, die alle zum wunderschönen Garten blicken. DZ sFr. 350–400, Juniorsuiten sFr. 450–580. Fünf Restaurant-Salons, in denen die Köstlichkeiten *Bernard Ravets* zu entsprechenden Preisen zelebriert werden.
- **Pré Fleurie,** 1 Rue du Centre, St. Sulpice, Tel. 021/691 20 21. Das Pré Fleuri besitzt einen schönen Blumengarten. 17 Zimmer, DZ mit Bad/WC sFr. 210.
- **Fleur du Lac******, Route de Lausanne, 70 Morges, Tel. 021/811 58 11. Nettes gepflegtes Hotel mit Terrasse und Garten zum See. DZ mit Frühstück ab sFr. 270.
- **La Couronne*****, Grande Rue 88, 1110 Morges, Tel. 021/801 40 40. Behäbiges Hotel mitten an der Hauptstraße in der Altstadt. DZ mit Bad ab sFr. 180.
- **Beau-Rivage******, 49, Route de Rive, 1260 Nyon, Tel. 022/365 41 41. Gediegenes Hotel unterhalb des Schlosses, DZ mit Bad/WC sFr. 240 bis 360.
- **Des Alpes*****, 1 Av. Viollier, 1260 Nyon, Tel. 022/361 49 31. Best Western an der Verbindungsstraße zwischen Bahnhof und Altstadt. 53 Zimmer, DZ mit D/WC sFr. 160 bis 260.
- **La Barcarolle******, Route de Promenthoux, 1197 Prangins, etwas nördlich von Nyon, Tel. 022/365 78 78. In schönem Park gelegenes Hotel. DZ mit Bad/WC sFr. 280 bis 380.

Camping

- **Le Petit Bois,** in Morges, Tel. 021/801 12 70.

Das Hinterland der Waadt

Die Waadt ist ein **Landwirtschaftskanton.** Noch heute kaufen sich Bauern aus dem Bernerland, falls sie nicht nach Kanada oder zumindest nach Irland oder Frankreich auswandern, ein Gut in der Waadt. Das Hinterland des Genfersees ist bis hin zu den sanften Höhen des Juras flacher, guter Ackerboden. Weizen wächst hier und im Tal der Broye gar Tabak. Eine eigentümliche Mischung von behäbiger, eher konservativer Berner Art mischt sich mit französischer Kultur. Kleine Dörfer und alte Kleinstädte wechseln sich ab. Schlösser zeugen davon, dass sich bis zur Französischen Revolution Besatzer abwechselten, die das fruchtbare Land und die Ernte kontrollieren wollten. Wer Zeit hat, durchstreife die schöne Landschaft ohne festen Plan. Manche Überraschung wartet noch auf aufmerksame Entdecker.

Oron-le-Châtel

⇗XIII/C1

Ursprünglich befand sich das Schloss im Besitz der Herren von Oron, kam nach ihrem Aussterben im 14. Jh. dann aber an die Herren von Montmayeur und an die Grafen von Greyerz, deren letzter Spross *Michel* Pleite ging und den umfangreichen Besitz verkaufen musste. Davon profitierten die omnipräsenten Berner. Nach der Befreiung der Waadt kehrte erst 1934 Ruhe ein, als ein Verein das Schloss erwarb, der die Restaurierung und Umwandlung in ein Museum vorantrieb.

Das Schloss ist ein bemerkenswerter **Wehrkomplex,** der 1261 erstmals erwähnt wurde. Er steht auf einer kleinen Geländeerhebung, verfügt über einen runden Bergfried und die westliche Befestigungspartie mit Tor und flankierenden Echauguetten und Erkertürmchen. 1750 bauten die Berner die trutzige Burg zum Wohnschloss aus.

In **Oron-la-ville** ist außerdem die Pfarrkirche sehenswert, eines der schönsten Exemplare einer ovalen Kirche im Lande. 1678 wurde sie an Stelle einer Kapelle errichtet, 1959 hat man sie sorgfältig renoviert. Grundriss: Quadrat mit seitlich angefügten Halbkreisen. Polygonal abgewalmtes Satteldach. Die Kanzel mit Reliefs stammt von 1678. Das Haus „La Condamine“ am Westeingang des Dorfes geht auf das 17. Jh. zurück.

Moudon

↗XIII/C1

Moudon ist ein gut erhaltenes Kleinstädtchen keltischen Ursprungs am Zusammenfluss der Mérine und der Broye. Die Römer verlegten die Siedlung von der Molasserippe hinunter zur Talsohle. Ein Friedhof und ein römischer Votivaltar sind Zeugen aus jener Zeit. Für die Römer war Moudon, *Vicus Minnodunum,* ein wichtiger Etappenhalt auf dem Weg nach Avenches/ *Aventicum.* Im unruhigen Frühmittelalter zog sich die Bevölkerung auf die Hügel zurück, bis die Zähringer und Savoyer Stadtrechte verliehen und Moudon kurzfristig gar zur Hauptstadt der savoyischen Waadt wurde. Die Berner bauten ihrem Landvogt jedoch ein Schloss im nahen Lucens.

Der Flecken ist auch heute noch kaum aufgewacht, was die Unversehrtheit des schönen Städtchens begünstigte. Sehenswert ist neben dem intakten Stadtbild v.a. die **Pfarrkirche St. Etienne,** ein hervorragendes Beispiel früh- und hochgotischen Kirchenbaus. Die fünfjochige dreischiffige Pfeilerbasilika mit rechteckigem Hauptchor und platten Stirnwänden der Seitenschiffe hat ein steiles Satteldach, massive Fundamente und hervorragende Wandmalereien aufzuweisen. Die Stadtmauer wurde bündig angebaut, ein Durchgang im Turm diente als Stadttor.

Der älteste Teil der Stadt, **Le Bourg,** thront auf einem schmalen Felskamm zwischen den Flüsschen La Mérine und Broye. Bemerkenswert sind „le Vieux Bourg“, der älteste Teil der Altstadt am Westende des Hügels, und das Schloss Carrouge auf dem Plateau.

Payerne

↗VI/B3

Weiter im Norden, dem Murtensee zu, liegt das **ursprünglich römische** Payerne, wo eine wohlhabende Familie mit Namen *Paterni* eine Villa besaß. Das lebendige Landstädtchen ist vielen Schweizer Männern auch dank des gleichnamigen Militärflughafens und den Kasernen vertraut.

Bemerkenswert ist die ehemalige Abteikirche, die neben Romainmôtier und Rougemont die bedeutendste romanische Klosterkirche der Schweiz ist. Als der Burgunder Bischof *Marius* das von den Alemannen bedrohte *Aventicum*/Avenches aufgeben musste, baute er 587 in Payerne eine Villa und eine erste Kirche. Payerne wurde bald zur bedeutenden **Abtei.** Die sagenumwobene Königin *Bertha* und ihre Tochter *Adelheid,* die Gattin des Kaisers *Otto I.,* sollen Abtei und Kirche reich beschenkt haben. Als Priorat wurden sie Teil des noch mächtigeren Cluny. Das Priorat Payerne besaß damals Ländereien bis ins Elsass und an den Genfersee. Im 10. Jh. wurde die heutige Abteikirche gebaut. 1444 wurde das Priorat Payerne wieder Abtei. Die Eroberung durch die Berner brachte jedoch bald darauf die Aufhebung von Abtei und Kloster. Unter der heutigen, aus dem 10. Jh. stammenden großen Abteikirche liegt aber nicht, wie man lange vermutete, die Kirche des *Marius,* sondern die Villa der *Paterni.*

Die heute **Abbatiale** genannte, große dreischiffige und in drei Apsiden mündende Kirche ist im Stile von Romainmôtier und Cluny konzipiert. Später baute man an der Nordwand weiter, die Achse leicht abweichend, wobei Teile der vorherigen Kirche abgebrochen wurden. Gegen Ende des 11. Jh. folgte der Chor. Bis zur Reformation wurden nur noch kleinere Veränderungen vorgenommen, der Vierungsturm wurde nach einem Brand im 15. Jh. aufgestockt, die beiden äußeren Chorkapellen spätgotisch umgebaut. Nach der Reformation verkam die Kirche zur Kornkammer. Im 19. Jh. wurde sie als Kaserne missbraucht. Erst im 20. Jh. erfolgte die schrittweise Restaurierung und archäologische Erkundung.

Trotz dieser Vergangenheit und der konfusen Baugeschichte besitzt die Kirche eine große **architektonische Klarheit** und Geschlossenheit. Das Langhaus schließt mit Tonnengewölbe. Kreuzgratgewölbe sind über den Seitenschiffen angelegt. Das Mauerwerk besteht aus gelbem Kalkstein und grauem Muschelsandstein.

Das **Kirchenmuseum** liegt in der im 13. Jh. gebauten oberen Vorhalle, der Michaelskapelle und im Kapitelsaal. Durch den Kreuzgang gelangt man zum **Museum,** das der 1956 verstorbenen Malerin *Almée Rapin* und dem einheimischen General *Antoine-Henri Jomini* (1779–1869) gewidmet ist.

In Payerne weiterhin sehenswert ist die reformierte **Pfarrkirche St. Maria,** erbaut im 13./14 Jh. und umgestaltet 1500. Hier stand die alte Kirche des *Marius.*

Das **Gerichtsgebäude** wurde 1571–1572 umgebaut und gehörte ursprünglich zum nahen Kloster. Die nachgotische Fassade, eine zweiläufige Freitreppe und profilierte Fenstergruppen sowie eine schön beschlagene Türe zeichnen den Bau aus.

Nordöstlich der Pfarrkirche steht ein **Renaissancebrunnen** mit Becken von 1864 und auf dem Marktplatz vor der Abteikirche der **Brunnen des Serruriers** (Schlosserbrunnen) mit Landsknechtfigur (1533).

Avenches

↗VI/B3

Höhepunkt einer Reise durch das Innere der Waadt ist der Besuch des mittelalterlichen Landstädtchens Avenches mit seinen beeindruckende Bauwerken der römischen Großstadt *Aventicum,* die hier im 1. und 2. Jh. entstand. Man geht davon aus, das *Augustus* Aventicum nahe der einstigen Hauptstadt der Helveter bauen ließ, die wohl auf dem nahen Mont Vully zwischen Neuenburger- und Murtensee lag. *Titus Flavius Vespasian,* der hier einen Teil seiner Jugend verbrachte, baute die Stadt weiter aus. Sie soll 20.000 bis 30.000 Einwohner gehabt haben und von einer Ringmauer von sechs Kilometern Länge umschlossen gewesen sein. Im 3. und 4. Jh. verwüsteten wiederholt Alemannen die Stadt. Im 6. Jh. wurde der Bischofssitz nach Payerne verlegt, im 19. Jh. viele Bauwerke zerstört, weil man Kostbarkeiten suchte. Umfassende Restaurierungen dauern noch an.

Beachtlich ist das römische **Amphitheater** mit 8000 Plätzen, das heute als Schauplatz der im Sommer stattfindenden Opernfestivals dient.

Teilweise gut erhalten ist der **Mauerring,** mit dem Turm „Tornallaz" an der Ostflanke. Rekonstruiert wurde das Osttor, das Westtor hingegen nur teilweise.

Kulturelles, religiöses und politisches Zentrum war das **Forum** südlich des heutigen Stadthügels. Beim so genannten „Cigognier" zeigt ein Eckpfeilerbündel an, wo einst der Tempel mit Vorhalle stand.

An der südöstlichen Schmalseite des Forums steht das 106 Meter breite **Theater,** östlich des Forums liegen die **Thermen,** 1913 entdeckt.

Auf dem Hügel befindet sich die **mittelalterliche Kleinstadt** mit breiter barocker Marktstrasse mit den typisch bernischen Arkaden in der Mitte. In den Hintergassen stehen spätgotische kleine Häuschen, wie etwa an der Rue des Alpes. In der Nordostecke trifft man auf das zunächst bischöfliche und dann bernische Schloss, eingefasst von Rundtürmen und Mauern aus dem 14. Jh. An der Grande Rue sind die frühromanische Kirche Sainte Madeleine und das Hôtel de Ville (1753) sehenswert.

Ausflüge in die Umgebung

Etwas südwestlich von Avenches liegt das **Schweizerische Nationalgestüt,** in dem Zuchthengste gezüchtet werden und insbesondere die bekannte Freiberger Pferderasse gepflegt wird. Daneben befindet sich das größte **Reitsportzentrum** der Schweiz, das Institut Equestre National Suisse, IENA.

- **Nationalgestüt,** *Jacqueline Schaftter, Pierre Dubi,* Postfach 191, 1580 Avenches, Tel. 026/67 66 111 oder 026/67 66 203, www.harasnational.ch. Gruppen unter zehn Personen können das Gestüt ohne Voranmeldung besuchen.
- **IENA,** Les Longs Prés, 1580 Avenches, Tel. 026/676 76 76, www.iena.ch

Etwas nördlich von Avenches, zwischen dem Neuenburgersee und dem Mont Vully, liegen die zwei bedeutenden **Naturschutzgebiete Fanel** und **Chablais de Cudrefin** sowie das neue

092ch Foto: bt

Auf dem Zwiebelmarkt

Naturschutzzentrum La Sauge. Seltene Tiere können hier an den Teichen gesichtet werden, wie z.B. Seidenreiher, Flussuferläufer, Eisvogel und Laubfrosch. Das neue Naturschutzzentrum bietet neben der Ausstellung u.a. Videofilme und Naturpfade mit Beobachtungshütten.

- **SVS-Naturschutzzentrum La Sauge,** 1588 Cudrefin, Tel. 026/677 03 77, von Avenches nach Cudrefin am Neuenburgersee fahren und dann bis zum Broyekanal oder von der Kantonsstrasse Bern Neuenburg in Ins nach Cudrefin abbiegen.

Praktische Tipps

Information

- **Office du Tourisme,** 3, pl. de l'Eglise, 1580 Avenches, Tel. 026/676 99 22, Fax 026/675 33 93, www.avenches.ch
- **Fédération du Tourisme Rural de Suisse Romande,** p. a. Office du Tourisme, Hôtel de Ville, 1530 Payerne, Tel. 026/660 61 61, Fax 026/660 71 26, www.payerne.ch; für Bauernhofferien in der Westschweiz.

Unterkunft

Die Städte des waadtländischen Hinterlands sind touristisch nicht bedeutend, Unterkünfte sind deshalb eher rar.

- **Hôtel Couronne,** 20. R. Centrale, 1580 Avenches, Tel. 026/675 54 14. Zwölf Zimmer, sFr. 105 bis 190 mit D/WC und Frühstück.
- **Lacotel,** Les Joncs, 1580 Avenches, Tel. 026/675 34 44, 39 Zimmer, sFr. 100 bis 150 p.P. mit WC/D, Frühstück.
- **Hôtel de la Couronne,** 1 Grand Rue, 1522 Lucens (bei Moudon), Tel. 021/906 95 15. DZ mit D/WC sFr. 150.
- **Jugendherberge Avenches,** Rue du Lavoir 5, 1580 Avenches, Tel. 026/675 26 66. Liegt etwas außerhalb der Altstadt in einem großen Garten. Elf Zimmer mit vier bis sechs Betten, drei davon mit *Lavabo* (Waschbecken). Insgesamt 80 Betten. Duschen/WC auf der Etage. Richtpreis im Mehrbettzimmer mit Frühstück: Hauptsaison sFr. 28,50 (Mitgliederpreis). Geschlossen: 1. Jan. bis 11. Apr. und 19. Okt. bis 31. Dez.

Camping

- **Camping Port-Plage d'Avenches,** 1580 Avenches, Tel. 026/675 17 50. Am ruhigen Murtensee mit schönem Sandstrand, sehr geeignet für Kinder.

Kultur und Feste

- **Internationales Opernfestival:** im Juli in Avenches, Buchungen sind über das Office du Tourisme möglich.

Das Wallis Überblick

Das Wallis erstreckt sich vom Gotthardmassiv im Osten bis zum Genfersee im Westen und umfasst das ganze obere **Rhonetal samt Nebentälern,** die durch Stichstraßen und Eisenbahnlinen erschlossen sind. Wichtige Nord-Südverbindungen führen durch den Simplontunnel oder über den Simplonpass an den Lago Maggiore, über den Grossen St. Bernhardpass oder den St. Bernhardtunnel in das französischsprachige Aostatal in Italien sowie über den Forclazpass nach Chamonix in Frankreich.

Mit etwas über 5000 Quadratkilometern ist das Wallis einer der flächenmäßig größten Kantone und eine der geografisch geschlossensten Regionen der Schweiz. Nur am Genfersee wird es nicht **durch Gebirgsketten** vom Rest des Landes **abgeschottet.** Vom Tessin her gelangt man über den Nufenenpass in das Wallis, von der Zentralschweiz kommt man über den Furkapass, bzw. durch den Furkatunnel von Andermatt her und vom Berner Oberland über die Grimselpasshöhe oder mit der Bahn durch den Lötschberg.

Zurückhaltung in der Kommunikation, eine noch tiefe **Religiosität** (der Kanton ist fast ausschließlich katholisch) und eine ganz **eigene Politkultur,** die in der restlichen Schweiz oft nicht begriffen wird, sind kultureller Ausdruck dieser speziellen Lage des Wallis.

Noch heute bezeichnen die deutschsprachigen Oberwalliser die restlichen

Schweizer als Üsserschwyzer (Außerschweizer). In ihrem **Dialekt** sind wie in keiner anderen Mundart die Schönheiten des alten Mittelhochdeutschen bewahrt. *Schon die Monatsnamen klingen wie ein althochdeutsches Gedicht: „Jener, Hornig, Märtz, Aprellu, Meiu, Brachu, Jeiwu, Eugschtu, Herbschtmanund, Wymanund, Wintermanund, Chrischtmanund.* (aus *Carl Zuckmayer:* „Als wär's ein Stück von mir"). Gleichwohl ist das Wallis **zweisprachig.** Während im Osten Walliserdeutsch gesprochen wird, das viele Miteidgenossen kaum verstehen, spricht die Mehrheit der Walliser, im Westen, getrennt durch die natürliche Barriere des Pfynwalds, Französisch. Durch den Grenzhandel sind die kulturellen Verbindungen zu Italien besonders rege. Viele Italiener oder Walliser mit italienischen Namen sind insbesondere im Simplongebiet anzutreffen.

Die Wasserfuhren

Die Bewässerung spielt im Wallis eine große Rolle, da das Klima sehr trocken sein kann. Das in den Bergbächen gefasste Wasser wird mit einem **uralten Bewässerungssystem,** den Wasserfuhren oder Suonen, zu den Äckern und Reben geführt. Wo das System auf Fels stößt, werden die Felspartien mit Holzkänneln überbrückt. Die Kontrolle und Reparatur ist aufwändig und wurde in genossenschaftlicher Zusammenarbeit erfüllt. Heute ersetzen moderne Leitungen die Suonen, doch auf einigen Wanderungen kann man das alte Bewässerungssystem noch bewundern.

Als Grenz- und Gebirgsregion mit wichtigen Alpenpässen war das Wallis immer auch wichtige **Transport- und Durchgangsregion.** Spuren der Römer sind hier zu finden. Die Savoyer und Burgunder versuchten sich des Wallis zu bemächtigen. *Napoleon* machte 1798 nach der Invasion des Tals das französische Département Simplon daraus. Erst der Wiener Kongress brachte das Wallis zurück zur Eidgenossenschaft und definitiv zum gleichberechtigten Kanton, obschon man schon jahrhundertelang durch Bünde eng zusammengearbeitet hatte. Große Geschlechter im Wallis dominierten den Grenzhandel: Die Burgen und Schlösser der Stockalper am Simplon und in Brig sind Zeichen dieser Bedeutung.

Das Wallis kann mit einem südalpinen, durch die Gebirge geschützten und deshalb sehr **sonnigen Klima** aufwarten. Im Haupttal zeugen ausgedehnte Rebgebiete – hauptsächlich an den rechtsufrigen, sonnenverwöhnten Halden – von alter Weinkultur. Obstgärten, Aprikosen, Birnen, Erdbeeren- und Tomatenplantagen dokumentieren das südliche Klima.

Die Viertausender der Alpen stehen nirgends so dicht wie im Wallis, darunter mit dem Monte Rosa **der höchste Gipfel der Schweiz** und mit dem Matterhorn derjenige, der zum Markenzeichen des kleinen Landes wurde. Die Szenerie kann an schönen Tagen atemberaubend sein. Der größte Gletscher der Alpen, der **Grosse Aletschgletscher,** wurde neu ins Inventar „Weltnaturerbe der Menschheit" der

093ch Foto: pw

UNESCO aufgenommen. Er zieht sich vom Jungfraugebiet bis nahe ans Rhonetal hinunter. **Ski- und Langlaufgebiete** erster Qualität finden sich im Oberlauf der Rhone (Goms), in ihren Seitentälern (Saas Fee, Zermatt, Leukerbad, Verbier/Champex) und auf den Plateaus des Haupttales (Bettmeralp, Riederalp, Crans-Montana).

Touristen haben früh die Schönheiten der Alpen im Wallis entdeckt. Auch in Folge der besonderen Wettergunst ist es sehr gut für längere Aufenthalte geeignet. Je nach Bedürfnis wählt man für mondäne oder sportliche Ferien eher die Spitzenkurorte Zermatt, Saas Fee und das Saaser Tal, Montana Crans, Verbier/Nendaz, bzw. für einfachere Familien- und Wanderferien das Goms, das Aletschgebiet (Bettmeralp/Riederalp/Blatten), einen Ferienort im Saaser Tal oder kleinere Orte wie Grächen, Jeizinen oder das Lötschental. Wer die französischsprachige Kultur vorzieht, besuche die kleineren Orte im Unterwallis.

Das Goms

XV/D2-C3

Von der Zentralschweiz her kommt man über oder durch die **Furka** ins Quellgebiet der Rhone. Wenn man die Passstraße (2431 M.ü.M.) oder im Sommer die Schmalspurstrecke über den Pass nimmt, kann man direkt unterhalb der Eiszunge des Rhonegletschers stoppen und den atemberaubenden Blick auf Gletscher, Berge und Tal genießen.

Nicht viel weniger attraktiv und autotouristisch ebenfalls recht anspruchsvoll ist die Passüberfahrt von der **Grimsel** her. Nach einem ersten

Blick auf den Aletschgletscher

094ch Foto: en

Typische Walser Häuser im Oberwallis

möglichen Stopp in **Gletsch** geht es dem Oberlauf der Rhone entlang durch das pittoreske Goms. Das nächste Dorf, **Obergesteln,** ist im Unterschied zu anderen Gommer Dörfern nach einem Lawinenniedergang 1868 auf einem Lawinenkegel in Stein neu entstanden. **Ulrichen** und **Geschinen** sind charaktervolle Haufendörfer mit Holzstadeln. In Ersterem zweigt die Nufenenstrasse in das Tessin ab. Sehenswert ist **Münster,** ein großes Haufendorf mit vielen Häusern aus dem 15. und 16. Jh. Die Pfarrkirche St. Maria beeindruckt mit ihrem spätgotischen Altar und der Barockausstattung. Das Pfarrhaus wurde 1509 erbaut. Auch **Niederwald** mit der schönen Pfarrkirche St. Theodul ist ein typisches Gommer Dorf mit schönen Einzelbauten.

Das Goms ist im Winter ein sehr sonniges **Langlaufgebiet** für Anfänger und mittlere Läufer, kleine Lifte für Skifahrer sind vorhanden. Im Sommer ist es für **Wanderer** und Liebhaber der Walserkultur eine touristisch noch wenig belastete Region.

Unbedingt lohnend ist der kurze Umweg über **Ernen,** dem Juwel eines

Dorfbilds im Wallis und Eingang ins Binntal. Sehenswert ist die katholische Pfarrkirche St. Georg (1510–1518), außerdem Profanbauten, die alle wichtigen Häusertypen des Goms beispielhaft vertreten. Besonders schön der Dorfplatz mit Zendenrathaus, ehemaligem Burgenhaus (jetzt Schulhaus) und Tellenhaus (heute Gemeindehaus). Ernen war früher ein wichtiger Umschlagplatz nach Domodossola und Etappenort im Tal.

Etwas tiefer liegt **Fiesch,** ein Sommer- und Winterkurort für Familien, der durch den Tourismus stark verändert wurde. Von hier können Ausflüge ins Aletschgebiet unternommen werden.

Etwas weiter westlich sind in **Betten** und **Mörel** die Ausgangspunkte der Luftseilbahnen zu den verkehrsfreien Tourismusorten Bettmeralp und Riederalp, den besten Adressen für Wanderungen im Aletschgebiet.

Das Aletschgebiet

Bettmeralp, Riederalp, Blatten/Belalp und das Aletschgebiet sind ideale Standorte für geruhsame, verkehrsfreie Wander- und Familienferien in der einzigartigen Umgebung des Aletschgletschers. Da diese Orte zudem noch etwas fernab vom eleganten Tourismus der großen Destinationen sind, kann man im Allgemeinen günstigere Arrangements finden. Bei schönem Wetter empfiehlt sich eine Wanderung, eine Fahrt mit der Gondelbahn oder mit dem Sessellift, z.B. auf die Moosfluh, von wo man eine einmalige Sicht auf den nahen Aletschgletscher hat. Der fast zwei Kilometer breite und mit einer Fläche von 115 Quadratkilometern größte Alpengletscher wird umrahmt von den Berner und Walliser Alpengipfeln.

Riederalp ist der kleinere der beiden verkehrsfreien Orte, welche nur von Elektromobiltaxis und ab und zu von einem bäuerlichen Nutzfahrzeug befahren werden. Wer in Mörel die Seilbahn besteigt (Langzeitparkplätze bei der Talstation), legt rasch die Alltagshektik ab, Ferienstimmung kommt auf.

Der Ort selber liegt auf einem natürlichen Balkon und ist weder besonders schön noch hässlich. Es gibt zwar Ferienchalets und Hotels, jedoch in vernünftigen Proportionen. Schon von hier genießt man einen schönen Blick gen Westen und Süden auf die Berge des schweizerisch-italienischen Grenzgebiets.

Am westlichen Dorfende steht die eigenartige Villa Cassel, Museumssitz des Naturparks Aletschwald. Ein englischer Bankier, *Ernest Cassel,* hat das Haus als Sommersitz 1900–02 auf dieser Krete in über 2000 Metern Höhe gebaut und gestaltete es zum Treff des Hochadels. 1973 erwarb die Stiftung Pro Natura das viktorianische Gebäude und baute es zum Naturschutzzentrum aus.

Die **Bettmeralp** ist etwas größer als die Riederalp und wird von der Bahnstation in Betten FO per Luftseilbahn erreicht. Im Winter locken die zwei Orte gemeinsam mit über hundert Kilometern schneesicheren Pisten, die durch 25 Lifte erschlossen werden.

Die Orte **Blatten** und **Belalp** liegen auf der nordwestlichen Seite des Gletschers. Von Brig/Naters führt eine Straße nach Blatten (ca. 1300 M.ü.M.) und von dort die Luftseilbahn nach Belalp (2000 M.ü.M.). Ein Fussweg führt in einer halben Stunde zum einzigartigen Hotel Belalp am Fusse des Sparrhorns über dem Zungenende des Grossen Aletschgletschers.

Sowohl von Riederalp als auch von der Bettmeralp aus kann man herrliche **Spaziergänge, Wanderungen, Tagestouren** oder auch mehrtägige **Bergtouren** aller Schwierigkeitsgrade in das nahe gelegene Gebiet unternehmen: auf die Riederfurka, zur Massaschlucht (je ca. vier Stunden), zum verträumten Bergdorf Martisberg und nach Betten, um das Backhaus zu besichtigen (fünf Stunden). Höhepunkt ist eine Wanderung ab Bettmergrat über den Gletscherweg in die Märjela, wo man den Konkordiaplatz (das Zentrum des Gletschers) und das Jungfraujoch erblicken kann. Größere Bergwanderungen abseits sicherer Wanderwege sollte man aber nicht allein, sondern geführt unternehmen.

Wer nicht wandern kann, hat vielleicht Lust, auf dem höchstgelegenen **Golfplatz** Europas einen Parcours zu absolvieren. Kurse für Anfänger und Fortgeschrittene werden angeboten.

Praktische Tipps

Information

- **Riederalp Tourismus,** 3987 Riederalp, Tel. 027/928 60 50, Fax 027/928 60 51, www.riederalp.ch
- **Bettmeralp Tourismus,** 3992 Bettmeralp, Tel. 027/928 60 60, Fax 027/928 60 61, www.bettmeralp.ch
- **Belalp Tourismus,** Postfach 41, 3914 Blatten, Tel. 027/921 60 40, Fax 027/921 60 41, www.belalp.ch
- **Pro Natura Zentrum Aletsch,** Villa Cassel, 3987 Riederalp, Tel. 027/928 62 20, www.pronatura.ch/aletsch. Ausstellungen, Tonbildschau, Alpengarten, Exkursionen, Ferien- und Fortbildungskurse, Alpines Kino-Open Air, Fest der Murmeltiere, Casselfest, Unterkunft.

Unterkunft

- Bettmeralp, Riederalp, Belalp und die unterhalb von Belalp gelegenen Blatten und Tschuggen bieten eine große Anzahl von **Ferienwohnungen und -häusern** an, die im Sommer zum Teil zu günstigen Konditionen gemietet werden können. Auskünfte geben die jeweiligen Tourismusbüros.
- **Walliser Spycher******, Riederalp, Tel. 027/927 22 23, www.walliser-spycher.ch. Neueres, gehobenes, chaletartiges Hotel-Restaurant mit gutem Restaurant und schönen Zimmern mit Südblick. DZ mit Frühstück im Sommer sFr. 190 bis 270, in der Zwischensaison 150 bis 200, in der Winterhochsaison bis 320.
- **Silbersand*****, Riederalp, Tel. 027/927 24 41, www.silbersand.ch. Neueres, sauberes, familienfreundliches 11-Zimmer-Hotel. DZ im Sommerhalbjahr inkl. Nachtessen/Frühstück sFr. 98 bis 110, Kinderermäßigung: für Kleinkinder bis 6 Jahre 50 %, 30 % für Kinder bis 12 Jahre.
- **Alpenrose,** Riederalp, Tel. 027/928 45 45, www.artfurrer.ch. Älteres, einfaches, zentral gelegenes Haus Nähe Kinderlift, teilweise renoviert. Gutes Preis-Leistungs-Verhältnis. Zimmer verschiedenen Standards. Einfache Zimmer mit Etagenbad (sFr. 35 p.P. im Sommer), Zimmer mit Bad im neuen Hotelteil für sFr. 75 p.P., Restaurants Walliserkanne, Pizzeria, Röstikeller, Jugendtreffs „Aelpli Bar" und „Cervino".
- **Edelweiss,** Riederalp, Tel. 027/927 37 37, www.edelweiss-riederalp.ch. Ein zentral gelegenes, kinderfreundliches Hotel mit gutem

Restaurant; DZ mit Frühstück (WC/Dusche/Bad) für sFr. 150 bis 190 (im Sommer).

● **Villa Cassel,** Pro Natura Zentrum, 3987 Riederalp, www.pronatura.ch/aletsch, Tel. 027/928 62 20. Einfache Unterkunft (WC auf Etage, Dusche im Haus) in einzigartiger Lage. Zimmer mit Frühstück sFr. 80 p.P. in 2er-Zimmern, sFr. 50 in 4/6er-Zimmern.

● **Belalp****, Belalp, Tel. 027/924 24 22, www.belalp.ch/hotel.belalp. Wer sich nicht scheut, von der Bergstation Belalp eine halbe Stunde zu laufen, sollte es nicht verpassen, eine oder mehrere Nächte im einzigartigen Gletscherhotel zu übernachten. Es hat 40 Betten und befindet sich unmittelbar westlich über der Zunge des Grossen Aletschgletschers. Einfache Berghüttenatmosphäre. Doppelzimmer mit Frühstück (WC/Bad) sind für sFr. 160, mit Halbpension für sFr. 110 pro Person zu haben.

● Als **Gruppenunterkünfte** bieten sich in Riederalp neben dem Pro Natura Zentrum Aletsch das Naturfreundehaus Riederalp (Tel. 027/927 11 65) und das Hotel Riederfurka (027/ 927 21 31, www.artfurrer.ch) an sowie in Blatten/Belalp das Hotel Aletschhorn*** (Tel. 027/923 29 80, www.rhone.ch/aletschhorn) und Zum Skilift** (Tel. 027/923 33 73).

Sport

● **Wandern und Bergtouren:** Forum Alpin (Art Furrer), 3987 Riederalp, Tel. 027/927 21 21. Bergsteiger und Wanderschule Riederalp (beim Tourismusbüro), 3987 Riederalp, Tel. 027/927 24 07. Alpin Center Belalp (beim Tourismusbüro), Bergführerbüro, Tel. 027/923 73 13.

● **Golf:** Golf Club Riederalp, 9 Hole Parcours, Gäste willkommen, 3987 Riederalp, Tel. 027/ 927 29 32, www.golfclub-riederalp.ch

An- und Weiterreise

● **Bettmeralp:** per Auto bis Betten FO und dann mit der Luftseilbahn nach Bettmeralp.

● **Riederalp:** per Auto bis Mörel, an der Talstation parkieren, dann Seilbahn.

● **Blatten/Belalp:** par Straße ab Naters bei Brig bis Blatten (Postbus) und dann mit der Luftseilbahn bis Belalp.

Brig

↗XXI/D1

Brig wird als Umschlagplatz nördlich des Simplon schon 1215 erwähnt. Bald entstanden hier eine Residenz des Sittener Bischofs und eine kleine Stadt. Im 17. Jh. entwickelte *Kaspar Jodok von Stockalper* den blühenden Simplonhandel, dessen Reichtum sich im Barock der Obergomser und Briger manifestiert.

Prunkstück von Brig ist das **Stockalperschloss,** vielleicht der schönste barocke Palast der Schweiz. Von Westen hat man den Eindruck einer gigantischen Treppe nach Süden. Sehenswert sind das Alte Stockalperhaus mit schönen Portalen, die Dreikönigskapelle, der Arkadenlaufgang zum Palast und der Grosse Palast, der 1954–61 restauriert wurde. Im Schloss befindet sich ein kleines Heimatmuseum.

Die Kollegiumskirche Spiritus Sanctus wurde 1675–85 von *Matthäus Koller* errichtet. Die Kapelle St. Antonius Eremita geht auf das Jahr 1304 zurück, wurde nach ihrem Einsturz jedoch 1856 neugotisch wieder aufgebaut. Die Ursulinenkirche Hl. Dreifaltigkeit entstand 1732 in Anlehnung an die Kollegiumskirche. Die eindrückliche Kapelle St. Sebastian wurde 1636–37 mit Mitteln des *Jodok Stockalper von Bodmer* zusammen mit dem anschließenden Treppenturm erbaut. Vor der Kapelle erinnert ein Denkmal an den ersten Überflieger der Alpen (1910), *Albert Chavez.*

Unter den Profanbauten gefallen das Obere Wegenerhaus (Marienheim) mit schöner Pfeilerloggia, das

Haus Fernanda Stockalper von 1727 mit zentralem Türmchen und zweijochiger Loggia und das Untere Wegener-Haus (Ende 17. Jh.) mit reichem Barockportal.

Naters

In Naters nahe Brig verstecken sich hinter hässlichen Bauten der Nachkriegszeit die **alten Dorfgassen** „Judegass", „uf em Platz" und „der Hof". Sehenswert ist hier auch die frühmittelalterliche **Pfarrkirche St. Mauritius.** Ein Turm stammt aus dem 12. Jh., das Langhaus ist von 1659 und der Chor von 1661. An der nördlichen Chorflanke befindet sich ein romanischer Turm. Der prachtvolle Hochaltar von *Giorgio de Bernardis* geht auf 1667 zurück. Das **Pfarrhaus** ist ein eigenartiger Bau mit den Überresten eines mittelalterlichen Wohnturms. Das **Haus der Gumperschaften** (Dorfschaften) Naters und Ritschinen wurde 1653 erworben und von den Gemeinschaften renoviert.

Glis

In Glis bei Brig ist die **Pfarrkirche Mariä Himmelfahrt** zu beachten, ein Barockbau mit spätgotischer Architektur und Altarplastik. Gestiftet 615 durch den burgundischen Bischof *Leudemundus von Sitten,* vergrößert 1231, Schiff und Seitenkapellen 1517-21. Das **Alte Burgerhaus** datiert aus der Zeit um 1582, das **Burgerhaus** um 1300.

Die Säumerstrasse über den Simplon

⇗XV/C-D3

Ein reizvoller Abstecher von Brig aus ist die Fahrt (oder Wanderung) über die alte bedeutende Säumerstrasse von Brig nach Domodossola in Italien. Schon die Römer zogen einst über den Pass. *Kaspar Jodok v. Stockalper* (1609–91) baute ihn zum bedeutenden Säumerweg v.a. für Salztransporte aus. Die Träger der Stockalper transportierten Salzfässer und Seidenballen hinüber. Ab 1640 zogen die Postreiter über den Pass und nach der Schlacht bei Marengo baute *Napoleon* die Straße zur ersten modernen Kunstpassstraße aus, um seine Kanonen rasch nach Italien verlegen zu können. Acht Brücken, sieben Galerien, elf massive Schutzhäuser wurden erstellt, dazu das 1801–1831 erbaute düstere Hospiz. Bemerkenswert ist auch das alte Spittel (Stockalper Hospiz), gegründet 1235 und ausgebaut durch *Stockalper* 1666.

Schön ist ein **Fahrt mit dem Postauto** über den Pass, über Simplon Hospiz, Simplon Dorf bis hinunter zum kürzlich verschütteten und nun im Wiederaufbau begriffenen Grenzdorf Gondo, von dort nach Iselle-Domodossola. Von Iselle aus ist man in 13 Minuten durch den Eisenbahntunnel wieder in Brig.

Als **Wanderung** zu empfehlen ist die Strecke vom Simplon Hospiz bis Simplon Dorf auf dem alten Stockalperweg: Von Simplon Passhöhe bis Niwe (1888 M.ü.M.), dort schöner Blick zum Alten Spittel. Weiter bis zum Engiloch und Weiler Maschihüs in grünen Alpwiesen. Über die Napoleonsbrücke zum Weiler Egga und durch den Wald nach Simplon Dorf. Dauer ca. zweieinhalb Stunden. Spezialkarte beim Verkehrsbüro in Brig erhältlich. Gutes Schuhwerk erforderlich!

Praktische Tipps

Information

- **Brig Tourismus,** Tel. 027/921 60 30, Fax 027/921 60 31, www.brig-tourismus.ch

Unterkunft

- In der Umgebung Brigs, z.B. in Ried, in Rosswald oder im kleinen Kurbad Brigerbad kann man **Ferienwohnungen und -häuser** mieten. Informationen bei Brig-Tourismus.
- **Good Night Inn*****, Englischgrussstr. 6, 3900 Brig, Tel. 027/921 21 00. Das zentral, aber ruhig gelegene, neu erbaute Hotel des Ex-SP-Präsidenten der Schweiz, *Peter Bodenmann.* Nichtraucherzimmer, Klimaanlage und überdurchschnittlicher Komfort, DZ mit Frühstück sFr. 158 bis 198.
- **Du Pont*****, Marktplatz 1, 3900 Brig, Tel. 027/923 15 02. Am Rand der Fußgängerzone, 15 Zimmer z.T. mit Dusche/WC, einfacher, sauberer Familienbetrieb mit gutem Essen, Zimmer ohne Dusche/WC für sFr. 110, solche mit Dusche/WC für sFr. 150 bis 210.
- **Stadthotel Simplon*****, Sebastiansplatz 6, 3900 Brig, Tel. 027/922 26 00. Neu erbautes Hotel in der Altstadt mit 30 Zimmern (Bad oder Dusche/WC). Gut geführter Betrieb, gutes Restaurant. DZ mit Frühstück sFr. 170 bis 220.
- **Hotel Chavez*****, Simplonstr. 27, 3911 Ried b. Brig, Tel. 027/923 13 08. Zehn Zimmer à sFr. 100 bis 130. Gerühmt wird insbesondere das ausgezeichnete Restaurant.
- **Gruppenunterkünfte:** Kleines Massenlager im Hotel Europe, Tel. 027/923 13 21, sFr. 40 p.P., und in der Pension Post, Tel. 027/924 45 54, sFr. 30 p.P. mit Frühstück, beide in Brig.

Camping

- In **Ried,** unmittelbar bei Brig, Tel. 027/923 25 37, sowie im etwas talwärts gelegenen **Brigerbad,** nahe der Rhone, Tel. 027/946 46 88, Teil des Thermalkomplexes, reduzierter Eintritt ins Bad.

Essen und Trinken

- Neben den erwähnten Hotelrestaurants ist der **Schlosskeller,** Tel. 027/923 33 52, an der Alten Simplonstrasse 34 besonders zu empfehlen. Man beachte vor allem den Grünwald-Saal!
- Sehr gemütlich ist die **Walliser Weinstube** an der Bahnhofstrasse 9, Tel. 027/923 14 28.
- Gute Küche serviert die **Channa Molino** Tel. 027/923 65 56, an der Furkastrasse 14.

Aktivitäten

- Einen Ausflug ins nahe gelegene, kleine **Thermalbad Brigerbad** sollte man sich nicht entgehen lassen. Das offene Thermalschwimmbecken lockt mit 27–37 Grad, der Grottopool sogar mit 40–42 Grad. Außerdem gibt es ein Thermalflussbad, einen Sportplatz und eine Spielwiesen, ein Vogelreservat und ein Biotop.
- Bei Kindern „in“ ist der größte Outdoor Park der Schweiz in Naters, der **Skate & Fun Park Stapfen:** Halfpipe, Minipipe, Ramp, Quarterpipe, Jump mit Landematte erfreuen die Jugendlichen, man kann Equipment mieten und die Skatingschule besuchen. Geöffnet: jeweils ab 16.30 h, Sa/So ab 9 h. Mi ab 13.30 h, Information: Tel. 027/924 58 50.

Saas Fee und das Saaser Tal

↗XXI/D2

Saas Fee, am oberen Ende des von der Saaser Vispa durchflossenen Saaser Tals, gehört mit seinen Nachbarflecken Saas Balen, Saas Grund und Saas Almagell zu den **beliebtesten Winter und Sommersportgebieten** der Schweiz. In Stalden ob Visp verlässt man die Straße nach Zermatt und fährt über Saas Balen flussaufwärts. Man beachte bei der Fahrt die Holzkreuze, die den Weg säumen.

In dem auf einer kleinen Terrasse thronenden Saas Fee mit seinen 1250 Einwohnern ist man auf 1800 Metern

095ch Foto: en

096ch Foto: en

Saas Almagell

Saas Fee

mitten drin in der **alpinen Hochgebirgswelt.** Dreizehn Viertausender sind von der Dorfmitte aus zu erblicken, darunter der höchste ganz auf Schweizer Gebiet stehende Dom (4545 M.ü.M.) in der Mischabelgruppe.

Dazu herrscht hier ein **vortreffliches Klima:** Man befindet sich südlich von Ascona und Locarno, d.h. Sonnentage folgen in schöner Regelmäßigkeit aufeinander.

Ein weiterer Vorteil Saas-Fees ist die **Autofreiheit.** Man kann mit dem Pkw bis vor das Dorf fahren, doch hier wird der Privatverkehr in einer großen Parkhalle gestoppt. Im Dorf verkehren nur wenige Elektromobile der Hotels und Elektrotaxis.

In Saas Fee beginnt die **Haute Route,** die berühmte Skiwanderroute über die Pässe des Südwallis bis Verbier und Chamonix. Der Ort ist viel kleiner und deshalb intimer als Zermatt, bietet jedoch für Aktivsportler und Ausflügler eine nicht weniger anspruchsvolle Palette von Möglichkeiten: Hotelangebot, Wellness- und Sport-, Ausflugs- und Unterhaltungsangebote genügen dem Standard der Anspruchsvollsten.

Im Zentrum steht die 1963 gebaute Dorfkirche mit frei stehendem Glockenturm. Auf dem Friedhof befindet sich das Grab des Ehrenbürgers **Carl Zuckmayer** (1896–1977), der seinen

Lebensabend hier verbrachte. Das schöne Walliserhaus des Dichters, das Carl Zuckmayer Haus, kann im westlichen Teil des Dorfes besucht werden. Das Dorfmuseum (ehemaliges Pfarrhaus) im Zentrum schildert die Geschichte des Fremdenverkehrs und bewahrt Erinnerungen an Carl Zuckmayer.

Ausflugsziele und Wanderungen

Kappellenweg

Kulturhistorisch hochinteressant ist der Kappellenweg, wohl der **berühmteste Sacro Monte** in der Schweiz. 15 kleine Kapellen begleiten einen ehemaligen Saumpfad und nehmen über 100 Figuren der Rosenkranzgeheimnisse auf (Kapellen und Figuren 1707–1710 geschaffen, 1956–1957 restauriert).

Mittelallalin

Empfehlenswert ein Ausflug zum Mittelallalin: Mit dem Alpin Express, einer Seilbahn, fährt man zum Felskinn (3000 M.ü.M.) und von dort weiter mit der Metro Alpin genannten Standseilbahn auf 3500 M.ü.M., wo sich das höchste Drehrestaurant Europas befindet. Die obere Plattform der Bergstation bietet bei meist schönem Wetter eine **einzigartige Aussicht** auf die Bergwelt: im Süden Allalinhorn, Alphubel und Mischabelgruppe, im Norden jenseits der Täler die Berner Alpen, unter sich die Gletscherwelt des Hohlaub- und Feegletschers. Im Sommer kann man hinter dem Restaurant einen im Schnee markierten Weg zu einem Felsvorsprung nehmen, der einen noch schöneren Blick auf den Gletscher bietet. Gute Kleidung ist ratsam, der Wind bläst oft stark. Etwas unterhalb des Drehrestaurants befindet sich der sehenswerte Eispavillon. Diese in den Gletscher gehauene Eishöhle enthält zehn Meter unter der Eisoberfläche Gänge mit Skulpturen, gefrorenen Wasserfällen und gute Erläuterungen. Der Mittelallalin ist auch im Sommer zum Gletscherskifahren und für das Snow Board geeignet (15-Kilometer-Strecken).

● Es ist zu empfehlen, diese Fahrt nicht am ersten Tag zu unternehmen, da die große Höhe zu Kreislaufproblemen führen kann. Die Fahrt hin und zurück kostet sFr. 58.

Gletscherwanderroute

Von der Mittelstation Felskinn aus können gute Wanderer die markierte Gletscherwanderroute zur **Britanniahütte des SAC** (eineinhalb Stunden) und von dort nach **Plattjen** (zweieinhalb Stunden) wagen, wo man mit einer Kabinenbahn wieder in das Tal hinunter kommt. Wir empfehlen die sehr attraktive Wanderung aber nur geübten Wanderern und weisen darauf hin, dass man sich genau über Route, Markierungen und lokale Wetterverhältnisse am Tag der Wanderung informieren sollte. Im Zweifelsfalle schließe man sich vorsichtigerweise einer organisierten Gruppe an.

Längfluh

Neben dem Alpin Express fährt von Saas Fee aus die **Gondelbahn Spiel-**

097ch Foto: en

Kirche und Friedhof in Saas Baalen

boden und anschließend die **Luftseilbahn Längfluh** mitten auf einen Felskegel zwischen den östlichen und westlichen Teil des **Feegletschers.** Auch hier auf 2870 Metern Höhe hat man einen packenden Blick auf die Spalten, Schrunden und Nadeln des Gletschers sowie auf die Bergwelt ringsum. Die Längfluh ist ferner bekannt für ihre zahmen, an den Menschen gewöhnten Murmeltiere.

Hannig

Im Sommer wie Winter für Wanderer reserviert, ist der Ausflugsberg Hannig (2350 M.ü.M.) mit einer Kabinenbahn erschlossen. **Spaziergänger** kommen hier voll auf ihre Kosten. Im Winter sind Spazierwege ausgesteckt und es wird gerodelt. Im Sommer kann man kürzere Spaziergänge, aber auch größere Wanderungen beginnen.

Stausee Mattmark

Von Saas Grund führt eine kleine Straße über zwölf Kilometer durch kleine Wälder und Matten sowie später Gletschermoränen zu einem Parkplatz, von dem man in fünf Minuten das Ende des knapp einen Kilometer langen Stausees erreicht. An der 1967 eingeweihten, 115 Meter hohen und 780 Meter langen Staumauer ereignete sich vor dem Ende der Arbeiten eine Katastrophe, die das ganze Land erschütterte: Ein Eissturz vom nahen Allalingletscher provozierte das Überschwappen des Sees und tötete 88 Arbeiter in den unter der Staumauer befindlichen Wohncontainern.

Von der Staumauer aus kann man in einer knappen Stunde den Monte Moro-Pass auf knapp 3000 Metern erreichen, der vor dem Ausbau des Simplonpasses der Hauptübergang nach Italien war (Landesgrenze!).

Praktische Tipps

Information

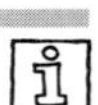

- **Saas FeeTourismus,** 3906 Saas Fee, Tel. 027/958 18 58, Fax 027/958 18 68, www.saas-fee.ch
- **Saas Grund Tourismus,** 3910 Saas Grund, Tel. 027/958 11 57, Fax. 027/958 11 59, www.saas-grund.ch
- **Saas-Almagell Tourismus,** 3905 Saas-Almagell, Tel. 027/958 66 44, Fax. 027/958 66 45, www.saas-almagell.ch

Unterkunft

- Saas-Fee, Saas Grund, Saas-Almagell und Saas-Balen bieten eine große Anzahl von **Ferienwohnungen und -häusern** an, die im Sommer und außerhalb der Hauptsaison auch im Winter zu recht günstigen Konditionen gemietet werden können. Auskünfte geben die jeweiligen Tourismusbüros. Über die Webseiten ist es möglich, Unterkünfte auch direkt zu buchen.

● **Ferienart Hotel Walliserhof******, Saas-Fee, Tel. 027/ 958 19 00, www.ferienart.ch. Tophotel mit schönen Zimmern oder Suiten, großem Wellnessangebot und guter Restauration und Unterhaltung. DZ mit Halbpension (6-Gangmenü) ab sFr. 174 (Nachsaison) bzw. sFr. 206 p.P. (Hauptsaison, Sommer) bis sFr. 281 bzw. sFr. 358 p.P. für eine Luxussuite.

● **Wald Hotel Fletschhorn,** Saas-Fee, Tel. 027/957 21 31, www.fletschhorn.ch. Kleinhotel mit Gourmetrestaurant (Michelin*) der Spitzenköchin *Irma Dütsch*. Apart eingerichtete Zimmer, moderne Kunst, erlesene Teppiche, prachtvoller Blick. Abseits des Zentrums in idyllischem Bergwald (hoteleigenes Elektromobil), sFr. 440 bis sFr. 660 für ein DZ mit Halbpension. *Frau Dütsch* und ihr Assistent *Markus Neff* führen zwei bis fünftägige Kochkurse durch!

● **Hohnegg,** Saas-Fee, Tel. 027/957 22 68, www.hohnegg.ch. Kleinhotel (acht Doppelzimmer, 21 bis 30 m²) mit guter Küche (insbesondere auch vegetarisch) oberhalb des Dorfs auf dem Carl Zuckmayerweg. Modern-rustikale individuelle Einrichtung, DZ mit Frühstück sFr. 190 bis sFr. 280. Auch Gruppenunterkünfte und Wohnungen.

● **Hotel Imseng*******,** Saas-Fee, Tel. 027/958 12 58, www.saas-fee.ch/hotels/imseng1.htm. Neueres Hotel (12 Zimmer) mit gutem Preis-Leistungs-Verhältnis nahe Zentrum., sFr. 149 bis 247 für ein DZ mit Frühstück.

● **Chalet Cairn*******,** Saas-Fee, Tel. 027/957 15 50, www.saas-fee.ch/hotel/cairn.htm. Kleineres gepflegtes Hotel mit rustikaler Einrichtung und Atmosphäre, oberhalb des Dorfplatzes, DZ mit Frühstück sFr. 210 bis 339.

● **Hotel Gletschergarten******,** Saas-Fee, Tel. 027/957 21 75. Familiäres älteres Hotel mit einfachen Zimmern, die meisten mit Dusche oder Bad. Zimmer mit Frühstück ab sFr. 63 bis 88 p.P. (etwas teurer Festtage und Ostern). In den Rustica-Nebengebäuden sFr. 58 p.P. und in der rustikalen Minisuite Romeo & Julia sFr. 82 bis 98 p.P. Auch Gruppenunterkünfte und Wohnungen.

● Ein neueres Bed & Breakfast mit fünf Zimmern ist das **Kik-In Spycher** von *Sue* und *Iwan Anthamatten* in Saas Fee, Tel. 027/957 41 70. Das Doppelzimmer mit Frühstück kostet sFr. 110 bis 130.

Camping

● Im Sommerhalbjahr besonders schön gelegen ist der **Camping am Kapellenweg,** Tel. 027/957 49 97, www.kapellenweg.ch, zwischen Saas Grund und Saas Almagell an der Fee-Vispa, mit kleinem Geschäft für Camping- und Alltagsbedarf. Man vermietet auch Campingwagen.

● Ebenfalls zwischen Saas Grund und Saas Almagell, nahe Saas Grund, liegt der ganzjährig geöffnete **Camping Schönblick,** Tel. 027/ 957 18 39, mit Restaurant, Kinderspielplatz und Feuerstelle.

Essen und Trinken

● Als Restaurant der Topkategorie wird das oben genannte **Waldhotel Fletschhorn** empfohlen.

● Auch die **Hohnegg** empfiehlt sich durch gute Küche.

● Im Walliserhof gibt es **Le Mandarin** mit asiatischer und **Del Ponte** mit italienischer Küche sowie eine rustikale **Feestube.** Dazu ein Dancing „Art Club".

● Das **Restaurant zur Schäferstube** ist v.a. für sein Schäferfondue berühmt – Fondue Chinois in Walliser Weißwein.

● Der **Käsekeller** bietet leckere Käsespeisen.

Nachtleben

● Für **jüngere Leute** wird abends die Happy-Bar, Why Not und Martin's Underground (Pubs), das Metropol und das Popcorn empfohlen.

● **Schunkeln** kann man im Holzwurm. Im Nesti gibt's **Jazz.** Martin's Underground ist ein **Pub.** Einige dieser Lokale sind außerhalb der Saison geschlossen.

Sport und Aktivitäten

Im Winter ist Saas Fee zusammen mit den umliegenden Dörfern **eines der besten Wintersportgebiete,** in dem sowohl Cracks als auch Anfänger auf ihre Kosten kommen: Ski laufen und Snowboard auf 100 Kilometer Pisten und im Tiefschnee, Snowboardpark mit drei Halfpipes und zwei Quarter Pipes, ein Rope Tow, Boarder Cross, Rails Tables und Gaps für Anfänger und Profis, 20 Kilometer Winterwanderwege, Langlaufloipen, drei Natur- und eine Kunsteisbahn, Schlittelwege, Exkursionen mit Skiern und Schneeschuhen, Eiskletterexpeditionen und vieles mehr.

Saas Fee hat zwei Luftseilbahnen, 18 Skilifte, zwei Sessellifte, drei Gondelbahnen, die Metro-Alpin Standseilbahn und den Alpin Express, eine Drei-Seil-Umlaufbahn, die in der Stunde 26.410 Personen befördern kann.

- Das **Freizeitzentrum Bielen** (nahe des Busbahnhofs, Tel. 027/957 40 62) bietet Hallen- und Outdoortennis, Badminton, Schwimmen, Sauna, Whirlpool, Dampfbad und Tischtennis.
- Wer das **Bergsteigen** erlernen oder üben will, wende sich an die Bergsteigerschule Mountain Life (Bergsteigerbüro, 3906 Saas-Fee, Tel. 027/957 44 64), welche Begehungen für Anfänger und Fortgeschrittene mit erfahrenen, diplomierten Bergsteigern organisiert. Dort kann auch das weitgehend ungefährliche Abenteuer einer **Tour durch die Gorge Alpine,** ein Abstieg über Stahlseile, Leitern, Tyroliennes, Hängebrücken und Pendel durch eine Trockenschlucht von Saas Fee nach Saas Grund gebucht werden.
- Die Tourismusbüros der Gegend vermitteln **Pferdetrecking, Pferdeausritte,** und **Kutschfahrten.**
- In den Sportgeschäften erhält man **Mietfahrräder** für die 70 Kilometer leichten bis schweren Bikestrecken der Region.
- Auf dem Sportplatz Kalbermatten, am südlichen Ende des Dorfzentrums, hat es eine Golf Driving Range. Dort werden Plauschsportveranstaltungen wie **Fußball, Volley- und Basketball** durchgeführt.
- Für Kinder werden spezielle Freizeitprogramme durch die **Kindertagesstätte Murmeli** (Murmeltier) angeboten. Im Hotel Artemis, Tel. 027/957 40 57.
- Ein Riesenspaß für Kinder und Erwachsene ist das neueste Angebot des Ortes bei der Talstation des Alpin-Express, der „Feeblitz", eine **Rodelbobbahn auf Schienen,** die im Sommer und Winter geöffnet ist.

Zermatt und das Matterhorn

XXI/C-D2-3

Wer von Visp kommend in Stalden nach rechts abbiegt und das Mattertal hochfährt, wird nach etwa zwanzig Kilometern in Täsch anhalten müssen, da hier der Privatverkehr auf die großen Parkplätze geleitet wird. Autotouristen mischen sich mit denjenigen, die mit dem Zug von Brig oder Visp her anreisen. Es gibt regelmäßige **Shuttleverbindungen** für die kurze Fahrt von Täsch nach Zermatt auf 1620 Metern.

Auch wer normalerweise eher *off the tracks* verborgene Schönheiten des Reiselands Schweiz sucht, darf sich einen Besuch von Zermatt nicht entgehen lassen. Man wird den Besuch mit einer großen Zahl von Gästen aus allen Ländern der Erde absolvieren müssen oder dürfen. Trotzdem – der Blick auf das Matterhorn, eine Fahrt mit der Gornergratbahn oder auf das kleine Matterhorn, das Sport-, Wander-, Shopping-, Unterhaltungs- und Gastronomieangebot dieses wohl berühmtesten Alpendorfs und das meist sonnige Wetter des südlichsten Sommer- und Wintersportorts der Schweiz rechtfertigen sein Renommee.

Die Experten sind sich nicht einig, welcher **Winterskiort** der Schweiz absoluter Spitzenreiter ist, doch Zermatt gehört zu den drei oder vier Favoriten. Das Klima ist auch im Winter ein wichtiges Argument! Und wer möchte nicht in Sichtweite des Matterhorns Ski laufen? Welche andere Station bietet in dieser Höhenlage so viele abwechslungsreiche Möglichkeiten, dem weißen Sport zu frönen? Und der **„après-ski"** in den Bars, Pubs, Dancings und Night Clubs des Ortes spielt für viele Besucher eine mindestens ebenso wichtige Rolle wie die Tagesaktivitäten.

Geschichte

Schon seit den Römern herrschte ein reger Nord-Süd-Handel über den Theodulpass, der leicht zu begehen ist. *Pratobornum* hieß Zermatt damals. 1495 wird der heutige Name *zer Matt* („zur Wiese") aktenkundig. Die Zermatter bilden seit langer Zeit eine freie Burgerschaft von hundert Familien, in die seit dem 17. Jh. nur noch eine Persönlichkeit neu aufgenommen wurde: der berühmte Hotelier *Seiler,* der aus dem Goms stammt. Im 19. Jh. fingen die ersten Bergsteiger (meist Engländer) an, sich für die Begehung der Berge im Oberwallis und insbesondere

Die Erstbesteigung des Matterhorns

Berühmt wurde Zermatt durch die Erstbesteigung des Matterhorns am 14.7.1865 durch *Edward Whymper, Reverend Charles Hudson, Robert Hadow, Lord Francis Douglas, Michel Croz,* Bergführer aus Chamonix und die beiden Zermatter Bergführer *Peter Taugwalder,* Vater und Sohn. Nur wenige Stunden bevor es im Juli 1865 konkurrierenden Bergsteigern gelang, den 4478 Meter hohen Berg von Süden, vom italienischen Cervinia her, zu bezwingen, gelang dem Team nach vielen gescheiterten Versuchen die Erstbesteigung.

Auf dem Abstieg jedoch die Tragödie, die das Matterhorn und Zermatt erst recht berühmt machte: *Hadow* glitt aus und riss die Seilschaft mit. Nur ein Seilriss rettete *Whymper* und die beiden *Taugwalders.* Die restlichen Alpinisten stürzten zu Tode.

Der Friedhof in Zermatt ist voll von Nachahmern, die seither das Schicksal mit den Erstbesteigern teilten. Doch jährlich versuchen sich um die 3000 bis 4000 Bergsteiger am magischen Berg, sei es über die klassische Route oder über die schwierige West- oder die noch tückischeren Süd-, Ost- oder Nordwände.

098ch Foto: rb

Der magische Berg – wie aus dem Bilderbuch

für das Matterhorn zu interessieren. 1838 eröffnet der Wundarzt *Josef Lauber* das erste Gasthaus mit drei Betten unter dem Namen „Mont Cervie", aus dem 1854 das „Monte Rosa" wurde. Noch vor Ende des Jahrhunderts erfolgte der Bau der Eisenbahn nach Zermatt und der Bahn auf den Gornergrat.

Das Dorf Zermatt

Das Dorf Zermatt ist mit seinen 5595 Einwohnern, aber 6500 Betten in 116 Hotels und ebenso vielen in Ferienwohnungen) fast zu einer **kleinen Stadt** geworden. 13.000 Gäste beherbergt der Ort zu Spitzenzeiten.

Trotz strenger Bauvorschriften ist das Ortsbild nicht besonders sehenswert. Angenehm ist das **Flanieren** durch die verkehrsfreien Straßen, kaum gestört durch Elektrotaxis und Pferdekutschen, wunderschön der Ausblick auf die umliegenden Berge, die insgesamt 33 Viertausender und insbesondere auf das Matterhorn. Alle großen Markenartikler versuchen hier, besonders an der leicht gewundenen Dorfstrasse nahe des Bahnhofs, ihre Luxusartikel unter das Volk zu bringen.

Neben dem alten **Luxushotel Mont Cervin** (französischer Name des Matterhorns) ist das **Alpine Museum** an einem Schlechtwettertag höchst sehenswert. Es stellt die Geschichte des Tals, der Berge, der Bergsteigerei und des Tourismus dar. Etwas weiter steht die **Englische Kirche** mit den bemerkenswerten Bergsteigergräbern auf dem Friedhof. Das alte **Hotel Monte Rosa** hat seinen Gründercharakter beibehalten könnten. Das kleine **Pfarrhaus** nebenan soll aus dem 16. Jh. stammen. Hübsch ist auch der **Marktplatz** mit dem Gemeindehaus, sechs alten Dorfhäusern und einem Murmeltierbrunnen von 1902. Die **Kirche** daneben wurde kurz vor Kriegsausbruch 1914 eröffnet, bevor der ganze Fremdenverkehr im Ersten Weltkrieg zum Stillstand kam und viele Hotels und Pensionen in den Ruin getrieben wurden. Auf einer Halbinsel zwischen Vispa und Triftbach gibt es einen zweiten **Friedhof,** auf dem ebenfalls viele abgestürzte Bergsteiger liegen, darunter die unglücklichen Erstbesteiger von 1865.

Ausflugsziele und Wanderungen

Gornergrat

Der klassische Ausflug für Besichtigungstouristen führt mit der Gornergratbahn auf den 3130 Meter hoch gelegenen Gornergrat. Die **Zahnradbahn** fährt unter freiem Himmel in gemächlichem Tempo über Riffelalp und Riffelberg, Rotenboden zur Bergstation und erlaubt immer wieder eindrückliche Fernblicke auf Berge und Gletscher. Vom Gornergrat aus (Bergrestaurant) sind im Osten die Mischabelgruppe und im Süden die Viertausender zu sehen, die die Grenze zu Italien bilden: der mit 4634 Metern höchste Schweizer Berg Monte Rosa, der Liskamm (4527 Meter), Castor (4226 Meter) und Pollux (4091 Me-

099ch Foto: kv

ter), das Breithorn (4160 Meter) und das Matterhorn (4478 Meter), westlich z.B. das Obere Gabelhorn (4063 Meter), das Zinalrothorn (4221 Meter) und das Weisshorn (4505 Meter).

Vom Gornergrat kann man mit der Seilbahn weiter bis zum **Stockhorn** (3532 Meter) fahren. Schwindelfreie, geübte Wanderer mit guter Ausrüstung können vom Gornergrat über den herrlichen Kammweg zum **Hohtälli** (3286 Meter) wandern.

Klein Matterhorn

Mit der Luftseilbahn Trockener Steg und der anschließenden Luftseilbahn Klein Matterhorn kann man noch höher hinaus und näher ans Matterhorn heran. Die Bergstation Klein Matterhorn befindet sich auf 3820 Metern. Das Gebiet mit dem nahe gelegenen Theodulpass und Theodulgletscher ist das große, schneesichere Zermatter **Sommerskigebiet** im Angesicht des Matterhorns. Hier befindet sich ein Funpark für Snowboarder mit Halfpipe (Ski- und Snowboard-Ausrüstung kann man in Sportgeschäften in Zermatt mieten).

Die Anfänge des Wintersports

Luftseilbahn Furi und Schwarzsee

Auf den **Trockenen Steg** kommt man ebenfalls, wenn man mit der Luftseilbahn Furi nach Furgg hinauffährt. Eine Verbindungsseilbahn fährt zum Trockenen Steg weiter.

Furgg ist v.a. bekannt als Ausgangspunkt des kurzen Spaziergangs zum Schwarzsee mit dem Hotel Schwarzsee auf 2583 Metern. Die Gegend ist ein **herrliches Wander- und Bikergebiet** in der Nähe des gewaltigen Matterhorns und mit dem Weg über Staffel und Staffelalp Anmarschroute, um den Berg anzugehen, wobei Bergsteiger meist bis zur 3260 Meter hohen Hörnlihütte aufsteigen, bevor sie im Morgengrauen des nächsten Tages die Besteigung wagen. Nahe beim kleinen See liegt die oft fotografierte Bergführerkapelle Maria zum See. Nach einer Wanderung von zweieinhalb Stunden erreicht man das Berggasthaus Belvedere (3263 Meter). Schön auch die Wanderung vom Schwarzsee zurück nach Zermatt (gutes Schuhwerk erforderlich).

Alpenmetro Sunnega und Rothorn

In östliche Richtung von Zermatt fährt die Alpenmetro Sunnega, eine Tunnelbahn, auf 2300 Meter zu einem schönen Plateau mit einem kleinen See und Blick auf das Matterhorn. Von hier kann man mit der Gondelbahn weiter östlich zum Rothorn (3103 Meter) gelangen. Bis ins Tal des Findelngletschers sind schöne Wanderungen und Biketouren möglich.

199ch Foto: hs

Leichte Wanderungen

Wer keine Seilbahnen benützen will, kann mit der Gornergratbahn bis zur Riffelalp und dann in leichter, halbtägiger Wanderung zum **Grünsee, Grindjisee, Moosjesee** und **Leisee** laufen Zurück geht es wieder mit der Alpenmetro.

Schön, spannend und kurz ist der Weg durch die **Gornerschlucht** südlich des Dorfs Zermatt bis zum Dörflein Blatten und zurück.

Für Bahnfans

Die **Dampfbahn Breithorn** fährt seit 2001 wieder auf dem Streckennetz. Über Spezialfahrten kann man sich im Internet unter www.bvz.ch/gornergrat/index_medien_d.html orientieren.

Seit Sommer 2001 ist ferner auch wieder die Tram auf die Riffelalp im Betrieb, ein Erlebnis der besonderen Art. Die Tram (Schweizer sagen „das Tram"), welche 1899 die Verbindung zum Hotel Riffelalp herstellte, wurde originalgetreu restauriert und ist nun die **höchstgelegene Straßenbahn Europas** (bis 2222 Meter).

Biken im Angesicht der Berge

Praktische Tipps

Information

- **Zermatt Tourismus,** Postfach 247, 3920 Zermatt, Tel. 027/966 81 00, Fax 027/966 81 01, www.zermatt.ch

Unterkunft

Zermatt hat eine überdurchschnittlich hohe Konzentration von Hotels. Über Zermatt Tourismus findet man neben Hotelzimmern und Gruppenunterkünften aber auch Wohnungen, wobei man sich für die Hochsaison frühzeitig darum kümmern sollte. Im Internet lässt sich das Angebot unter www.zermatt.ch/d/unterkunft/apartments.html direkt studieren und **buchen.** Am Bahnhof in Täsch und Zermatt hat es eine elektronische Anlage, an der man direkt mit Hotels oder Vermietern in Kontakt treten kann.

In Zermatt ist der **Zimmerpreis** in den meisten Hotels mit Halbpension gerechnet, d.h. es ist im Allgemeinen ein mehrgängiges Nachtessen im Zimmerpreis eingeschlossen. Die meisten Hotels ziehen pro Person sFr. 25 bis 40 vom Zimmerpreis ab, wenn man auswärts isst. Man erkundige sich beim Hotel. Über die Festtage und im Februar werden die höchsten Preise verrechnet. Für die Festtage kann man in vielen Hotels nur buchen, wenn man mindesten eine Woche bleibt.

- **Alpenhof******, www.reconline.ch/alpenhof, Tel. 027/966 55 55. Gediegenes Haus mit allem Komfort, schönes Hallenbad, gute Küche, freundlicher Service, DZ/Halbpension sFr. 300 bis 650.
- **Hotel Julen******, Tel. 027/966 76 00, www.zermatt.ch/julen. Ein Romantikhotel mit geschmackvoller Holzausstattung und freundlichem Service. Wunderschöne Zimmer, viele mit Blick aufs Matterhorn. DZ/Halbpension je nach Lage und Saison sFr. 260 bis 470.
- **Hotel Welschen*****, Tel. 027/967 54 22, www.reconline.ch/welschen. Kleines Garni mit 14 Zimmern auf einer Anhöhe mit Blick auf Matterhorn und Berge. DZ (WC und Bad) mit Frühstück sFr. 140 bis 196.
- **Hotel Biner*****, Tel. 027/966 56 66. www.hotel-biner-zermatt.ch. 47 gemütliche

Zimmer meist mit Matterhornsicht und Balkon. Im Zentrum. Service, Essen, Freizeitangebot (Hallenbad, Sauna, Whirlpool) werden gelobt. DZ Halbpension sFr. 204 bis 380.

- **Hotel Bahnhof,** Tel. 027/967 24 06, www.hotelbahnhof.com. Einfaches, sauberes, kürzlich renoviertes Hotel beim Bahnhof. Der Bergsteigertreffpunkt Zermatts! 15 Zimmer, einige mit Dusche/WC, ohne Frühstück, Kochgelegenheit in kleiner Gemeinschaftsküche. Das Doppelzimmer sFr. 86 bzw. 96 mit Dusche. Es gibt auch Vierbettzimmer und ein Gruppenlager (sFr. 30 pro Nacht).
- **Matterhorn Hostel,** Tel. 027/968 19 19, www.matterhornhostel.com. Typisches Backpackerhostel an der Schluhmattstr. 32 mit 2er-, 4er-, 5er-, 6er- und 8er-Zimmern, internationale Atmosphäre, Verpflegungsmöglichkeiten, Internetanschluss. Im „Dormitory" sFr. 29 p.P., ein DZ sFr. 78.
- **Jugendherberge,** Winkelmatten, 3920 Zermatt, Tel. 027/967 23 20. Mit Blick auf Matterhorn. Zimmer mit zwei bis vierzehn Betten, insgesamt 140. Wasch- und Duschräume auf jeder Etage. Frühstück und warmes Nachtessen, auch für VegetarierInnen. Sonnenterrasse, Internet Corner. Richtpreis im Mehrbettzimmer mit Frühstück und Abendessen: Hauptsaison sFr. 48 (Mitgliederpreis).

Camping

- Der Campingplatz von Zermatt ist etwa von Juni bis September geöffnet. Es gibt keine Möglichkeit, den Campingplatz mit dem Auto oder Wohnanhänger zu erreichen, das Zelt muss mit dem Zug oder Taxi befördert werden. Information/Reservation: Tel. 027/967 39 21.

Es bestehen alternative Campmöglichkeiten in der Umgebung von Zermatt: in Täsch, Tel. 027/967 25 23, Randa, Tel. 027/967 25 55, Grächen, Tel. 027/956 32 02.

Essen und Trinken

Zermatt hat eine Unzahl von Restaurants jeglicher Qualität und Preislage. Vom Mac Donalds über die günstige Pizzeria bis zum Spitzenkoch mit Michelin-Sternen sind alle vertreten.

- Gourmets gehen ins **Le Gourmet** im Alpenhof, Tel. 027/966 55 55, Tischbestellung ratsam, * im Michelin.
- Wer es rustikal schweizerisch will, kann in **Alex's Wintergarten & Terrassen**, Tel. 027/966 70 70, Fondues & Raclettes oder im **Chez Max,** Tel. 027/967 65 95, Fondue Chinoise versuchen. Auch in der Raclette und Fonduestube **Du Pont,** Tel. 027/967 43 43, gibt es Raclette und Fondue, dasselbe in der Raclettestube **Walliserkanne,** Tel. 027/966 46 10.
- In der **Pension Burgener,** Tel. 027/967 10 20, gibt's Fondue Bacchus und Steingrilladen und in der **Casa Rustica,** Tel. 027/967 48 58, italienische Küche.
- Lokalküche gib's in der **Chäshütte Prato Borni.**
- **Chez Heini,** Tel. 027/967 16 30, Lammspezialitäten vom Holzfeuer (Showtime).
- Im **Dorfbeizli,** Tel. 027/968 19 18, Wildschweinefilet, Pferdefilet, Fleischfondue vom Lamm, Pferd, Wildschwein und Straußenfilet.
- Wer japanisch essen will, geht in das **Fuji of Zermatt/Hotel Albana Real,** Tel. 027/966 61 71.
- In **Grampi's Restaurant,** Tel. 027/967 77 88 gibt's Chicken Wings und Ribs.

Nachtleben

Das Unterhaltungs- und Gastronomieangebot entspricht den Bedürfnissen fast jeder Zielgruppe und besonders in der winterlichen Hochsaison ist das Nachtleben mit demjenigen einer Großstadt durchaus zu vergleichen.

Sport und Aktivitäten

71 Bahnen und Lifte erschließen im Winter **250 Kilometer Piste,** vom Kleinen Matterhorn auf fast viertausend Metern Höhe bis hinunter ins Dorf mit der Möglichkeit über die Testa Grigia auch italienische Pisten bis Breuil-Cervinia zu erproben. Oder über den Gornergrat zum Stockhorn und dort die anspruchsvollen roten und schwarzen Pisten zu erkunden bzw. die etwas einfacheren blauen am Rothorn oder Gornergrat. Auch Langläufer, Skiwanderer und Rodler kommen auf ihre Kosten. Man kann Pferde- oder Hundeschlit-

ten fahren, Curling spielen, Hochgebirgstouren unternehmen oder auch ganz einfach in Sonne und Schnee spazieren. Es gibt 30 Kilometer präparierte Winterwanderwege.

● **Zermatt Alpin Center,** Bergführerverein Zermatt, Postfach 403, 3920 Zermatt, Tel. 027/966 24 60, www.zermatt.ch/alpincenter

● **Ski&Snowboardschule Zermatt,** Snow &Alpine Center, Bahnhofstrasse, 3920 Zermatt, ww.zermatt.ch/skischule, Tel. 027/966 24 66.

Ski fahren (Sommerski auf dem Theodulgletscher, sechs Skilifte), Tennis, Golf, Paragliding, Ausflüge mit den diversen Bahnen, (Seil-, Gondelbahnen und Sesselliften) oder auch mit dem Helikopter (Heliport mit vier Helikoptern der Air Zermatt), wandern auf den 400 Kilometern markierten Wander- und Spazierwegen, bergsteigen unter kundiger Führung. Viele Hotels und auch die Gemeinde haben in den letzten Jahren erhebliche Investitionen im Fitness- und Wellnessbereich getätigt, so dass man auch an Schlechtwettertagen auf seine Kosten kommt.

Von Raron bis Sierre

Raron

⇗XXI/D1

Der Hauptstraße von Visp westwärts folgend, gelangt man nach Raron, früher Sitz einer bedeutenden Herrschaft, die sich bis in das untere Goms erstreckte. Die Burg war Sitz des Viztume, des weltlichen Stellvertreters des Bischofs. Später wurde sie Zendenrathaus und der Palas zur Pfarrkirche umgebaut. Die **Kirche St. Romanus** ist ein sehr eigenwilliges Bauwerk der Spätgotik, das noch immer an die alte Burg erinnert. Bauherr war Bischof *Matthias Schiner.* Auf dem Friedhof befindet sich das Grabmal *Rainer Maria Rilkes.*

Lötschental

⇗XV/C2-3

Um in das Lötschental zu gelangen, muss man bei Steg nördlich nach Goppenstein fahren, wo sich der **Autoverlad** durch den Lötschberg nach Kandersteg befindet (eine Fahrt kostet sFr. 25/Pkw, Abfahrten: ca. alle zwanzig Minuten).

Noch weiter nordwärts liegt das weitgehend intakte Tal mit den bemerkenswerten Walserdörfern Ferden, Kippel, Wiler, Ried und Blatten. Besonders bemerkenswert ist **Kippel,** eine der charaktervollsten Walsersiedlungen mit nahe beieinander stehenden, meist dreigeschossigen Blockhäusern, Wegschluchten und kleinen Plätzen. Von der **Fafleralp** am Ende des Tales können Wanderer dem Langgletscher entlang zur Lötschenlücke gehen (3184 Meter, Hollandiahütte) und von dort ins Aletschgebiet gelangen.

Leuk

⇗XXI/C1

Der Rhone entlang weiter westlich erreicht man Leuk den Ausgangspunkt zum bedeutenden Kurort Leukerbad. Auch Leuk war einst eine wichtige Stadt, geprägt durch die Machtpolitik der Bischöfe von Sitten, die die Feste nach langen Hin und Her zwischen Burgundern und Savoyern 1142 übernahmen, bis sie durch *Napoleon* zum Département Simplon, dem heutigen Kanton Wallis, kam.

Beachtenswert sind die alten befestigten Stadtteile, der ehemalige Turm der Viztume (das heutige Rathaus) und das bischöfliche Schloss. Sehr charaktervoll auch die Pfarrkirche St. Stephan, ein spätgotischer Bau mit romanischem Turm, der der Abtei St. Maurice und der Kathedrale Sion/Sitten nachempfunden ist.

Auf der Straße nach Varen liegt der alte Stammsitz der *de Werra,* ein schlossartiges Haus mit Mauer und Wachtturm. Etwas südlich der Stadt nicht zu übersehen ist die Ringackerkapelle, eine der schönsten Barockbauten des Wallis.

Sierre/Siders

↗XXI/C1

Zwischen Leuk und Sierre/Siders sperrt ein geschützter Föhrenwald das Rhonetal – der **Pfynwald,** der die Sprachgrenze zwischen Deutsch- und Französischwallis bildet.

Combats des Reines – Kuhkämpfe im Wallis

Im Frühjahr und im Herbst kann man im Wallis einer Volksbelustigung der besonderen Art beiwohnen, denn dann finden hier die *Combat des Reines* statt – die von heißen Wetten begleiteten Kuhkämpfe. Dabei werden die kampflustigsten Exemplare der alten Eringerrasse, einer kleinen schwarzbraunen gedrungenen Walliserrasse, zusammengeführt. Die packenden Ausscheidungskämpfe enden mit dem Sieg der „Königin" *(reine).* Unterdessen gibt es natürlich Spezialisten in der Aufzucht besonders kampflustiger Exemplare und man munkelt von Doping mit Haferflocken und Ähnlichem. Doch weder die Blutrünstigkeit der spanischen Stierkämpfe noch die chemieunterstützten Spitzenleistungen des Sports wird man hier antreffen. Wer an einer der Arenen vorbeikommt, in der gerade ein Kampf stattfindet, sollte unbedingt einige Zeit zusehen. Der Final findet jeweils im Mai in Aproz statt.

101ch Foto: en

Sierre ist v.a. **Industriestandort,** Technologie- und Ausbildungszentrum des Wallis und Ausgangspunkt für das bekannte Feriengebiet Crans-Montana auf der nördlichen Sonnenterrasse hoch über den Reben des Tals oder ins südliche Val d'Anniviers.

In der Innerstadt hat es einige schöne Straßenzüge, besonders die **Rue du Bourg** mit dem Hotel-Château Bellevue und dem Schloss der Viztume, das heute ein Wohnhaus ist.

Sehens- und erprobenswert ist das **Weinmuseum** mit Oenothek im Châteaux de Villa de Sierre. Wöchentlich werden hier zwei Weinproduzenten vorgestellt. Im Restaurant gibt es typische Walliser Spezialitäten.

• **Weinmuseum:** Châteaux de Villa de Sierre, Tel. 027/455 18 96, geöffnet: 10.30–13 h.

Val d'Anniviers

↗XXI/C1-2

Nach dem Aufstieg über Sierre, gleich hinter Niouc, kann man links nach **Chandolin** abbiegen, das für seine botanischen Spaziergänge bekannt ist. Einen einzigartigen Reichtum an seltenen Alpenblumen, u.a. viele Orchideen, gibt es hier zu sehen. Die befahrbare Straße endet kurz über dem Dorf bei den Hotels, Ferienwohnungen und der Busstation. Ein kleines Sträßchen führt in das alte, verwitterte Dorf mit der spitztürmigen Kirche, die man schon vom Tal aus erkennen kann.

Fährt man im Tal unten etwas weiter talaufwärts, so kann man bei Vissoie nach **St. Luc** abbiegen, das mit dem Observatorium F.X. Bagnoud und einem Planetenweg lockt. Das „historische Hotel des Jahres 2001" ist das Grand-Hotel Bella Tola***, eine jener denkwürdigen Bauten, die vornehmlich für englische Bergtouristen an der Wende zum 20. Jh. errichtet wurden.

Talaufwärts ist **Grimentz** sehenswert, ein typisches Bergdorf des Mittelwallis mit Giebelhäusern auf der Bergseite und talwärts Speichern. Eine schöne Heustadelgruppe steht unterhalb der Kirche, das Burgerhaus stammt von 1500.

Am Ende des östlichen Seitentals liegt, eingebettet in die „Kaiserkrone", die Gipfel des Weisshorns, des Zinalrothorns, des Besso, des Obergabelhorns, Matterhorns und der Dent Blanche, der kleine Ferienort **Zinal.** Auf 1678 Metern bietet er gute Wandermöglichkeiten und im Winter schneesicheres Skifahren.

Von Grimentz südwestlich hoch gelangt man ins Val de Moiry mit dem Staudamm des **Moirysees,** an dessen Ende sich ein schöner Ausblick auf Gletscher und Zinal eröffnet.

Information

• **Office du Tourisme Chandolin,** Tel. 027/475 18 38
• **Office du Tourisme St. Luc,** Tel. 027/475 14 12, www.saint-luc.ch
• **Office du Tourisms Grimentz,** Tel. 027/475 14 93, www.grimentz.ch
• **Tourismusbüro Zinal,** Tel. 027/475 13 70, www.zinal.ch

Unterkunft

• **Grand-Hotel Bella Tola*****, St. Luc, Tel. 027/475 14 44, DZ sFr. 200 bis 356.

Leukerbad

↗XXI/C1

Das auf 1411 Meter gelegene Leukerbad ist von Leuk oder von Siders über Salgesch erreichbar. Vom Bergdorf Albinen führt ein Leiterweg von acht Holzleitern über eine 100 Meter hohe Felswand nach Leukerbad.

Für die einen ist das in einem Kessel und nach Süden hin offene und halbkreisförmig von Bergkämmen umschlossene Leukerbad reizvoll, besonders in der möglichen Kombination von Ski laufen, wandern und (heil)baden. Für andere mögen die Berge eher bedrohlich und einengend wirken.

Die Ersteren werden hier ein reiches Hotel- und Appartementangebot finden, die Siedlung wird durch Hotels und Ferienhäuser geprägt. Loèche-les-Bains (französische Bezeichnung für den Badeort) wird seit den Römern als Kurort geschätzt: Die **kalk- und schwefelhaltigen Quellen** wirken bei Temperaturen von 28 bis 41 Grad besonders bei Rheuma, Gicht, Lähmungen und Sportverletzungen. Die Streusiedlung orientiert sich an den ungefähr zwanzig Thermalquellen, so findet sich rechts des Flüsschens Dala der alte Ortskern, links sind die Thermalbäder und Hotels.

Leukerbad ist in der Schweiz einschlägig als Pleite-Gemeinde bekannt: Unter der Führung des Bürgermeisters hatte man wacker drauf los gebaut, teilweise in Marmor, ohne zu kontrollieren, ob auch die nötigen Mittel zur Verfügung standen. Jetzt steht die Gemeinde unter Vormundschaft des Kan-

102ch Foto: en

tons und muss zwangssaniert werden. Aber der Gast profitiert von dieser Freigebigkeit. Das **Angebot ist überzeugend.** Zeugnisse der Geschichte sind die Lindner Alpentherme und die Sportarena.

Hat man sich in einem der öffentlichen Bäder verwöhnen lassen, kann man die **Bretter schultern** und sich vom Gratisbus zur Torrent- oder zur Gemmibahn bringen lassen. Die Bahnen eröffnen 50 Kilometer Skipisten bzw. Loipen, erlauben attraktive Wanderungen und Bergsteigtouren.

Die **Torrentbahn** führt von Leukerbad (Luftseilbahn) und Albinenleitern (Gondelbahn) zur Rinderhütte (2313 Meter) und von dort mit dem Skilift oder den Wanderstiefeln (eineinhalb Stunden) zum Torrenthorn (2998 Meter), von wo man einen herrlichen Blick auf die Viertausender genießen kann.

Die **Gemmi-Luftseilbahn** führt zum Gemmipass, von wo eine Sesselbahn die Skifahrer oder Wanderer zum Daubensee bringt. Hier kann man im Winter die Loipe um den Daubensee und den Lämmernboden wählen, im Sommer führt der in den Jahren 1737 bis 1740 in den Fels gehauene Gemmiweg die Schwindelfreien zum Gemmipass, von wo man auf einem herrlichen Höhenweg nach dem bernischen Kandersteg wandern kann.

Entspannung im Bad

Praktische Tipps

Information

- **Leukerbad Tourismus,** In der Stadthalle, Tel. 027/472 71 71, Fax 027/472 71 51, www.leukerbad.ch

Unterkunft

Die meisten Hotels bieten kombinierte Pauschalen an (Thermalbad/Hotel- oder Appartement-Unterkunft, inkl. Bergbahntickets).

- **Les Sources des Alpes*******, Tuftstr 17, 3954 Leukerbad, Tel. 027/472 20 00, www.integra.fr/relaischateaux.ch/sources. Kleines, gepflegtes Hotel im Park, oberhalb des Dorfes. Freundliche Zimmer und Suiten. Therapie- und Wellnesszentrum, Restaurant La Malvoisie mit marktfrischer Küche. DZ sFr. 470 bis 550.
- **Lindnerhotel Maison-Blanche******, Dorfplatz, 3954 Leukerbad, Tel. 027/472 10 10, www.lindner-hotels.ch. Komfortable Zimmer und Suiten. Größtes Thermalangebot der Schweiz mit direktem Zugang zur Alpentherme: Kurarzt, medizinisches Zentrum, Innen- und Außenthermalbad, Grottobad, römisch-irisches Bad, Beauty- und Wellness-, Fitnessbereich. Restaurant nur für Hotelgäste, Pianobar, Arkadenterrasse. 90 Zimmer und Suiten. DZ sFr. 280 bis 376.
- **Waldhaus Hotel,** Promenade 17, 3954 Leukerbad, www.grichting-hotels.ch, Tel. 027/470 32 32. Stilvoll, individuell eingerichtetes Chalet-Hotel mit gepflegtem Restaurant und Bar. Sonnenterrasse, Kinderspielplatz. Neben der Torrentbahn und nahe der Alpentherme. DZ sFr. 188 bis 216.
- **Lindnerhotel De France*****, Dorfplatz, 3954 Leukerbad, Tel. 027/472 10 10, www.lindner-hotels.ch. Gepflegtes Mittelklassehotel, 44 Zimmer, Terrasse. Unterirdischer Zugang zur Alpentherme und zum Hotel Maison Blanche. DZ sFr. 266 bis 356.
- **Hotel de la Croix-Fédérale*****, Kirchstr. 43, 3954 Leukerbad, Tel. 027/472 79 79, www.croix-federale.ch. Einfaches Hotel im Holzstil im Dorfzentrum. Restaurant Pizzeria Walliser Kanne. Zimmer mit Dusche/WC, DZ sFr. 176.

●**Berghotel Wildstrubel,** Gemmipass, 3954 Leukerbad, www.gemmi.ch., Tel. 027/470 12 01. Neues Berghotel mit schönem Ausblick auf die Alpen. Ausgangspunkt für Wanderungen und Bergtouren. Ganzes Jahr offen. DZ mit Dusche oder Bad/WC sFr. 138.

●**Touristenheim Bergfreude,** Teretschenstr. 10, 3954 Leukerbad, Tel. 027/470 17 61. Für Backpackers, fünf 4er-Zimmer mit Lavabo, Dusche und WC im Gang, 5er- bis 12er-Zimmer mit WC und Duschen, Etagenbetten. Inklusive Frühstück sFr. 38 p.P., Kinder sFr. 28. Halbpension/Vollpension möglich.

Sport

●**Geführte Bergtouren,** im Sommer, Tel. 027/470 25 15 oder 033/673 30 10.

●**Gleitschirmfliegen,** Sommer und Winter, Passagierflüge für jedermann bzw. -frau. Benny's Bi-Place, pat. Tandempilot SHV, Tel. 027/470 42 27 oder *Didier Grichting,* Paraschule Leukerbad, Fluglehrer SHV, Tel. 027/472 81 30.

●Die **Sportarena** bietet Basketball, Inline Skating, Klettermauer, Minigolf, Badminton, Curling, Tennis, Squash, Fußball, Golf, Indoor Driving Range, Billard und Volleyball.

Crans-Montana

↗XXI/C1

Montana und Crans thronen hoch über dem Tal **auf einer Sonnenterrasse** mit mildem mediterranem Klima, gesunder Luft und einem einzigartigen Blick über das Rhonetal in die Viertausender der Südalpen.

Erst 1893 wurde hier das erste Hotel gebaut, aber schon 1908 der „höchstgelegene 18-Loch-Golfplatz der Welt" eingeweiht. Seit 1911 führt eine 4,2 Kilometer lange Drahtseilbahn von Sierre zum Kurort hoch. Nach dem Zweiten Weltkrieg mauserte sich Montana zum **erstklassigen Winterferienort** mit 160 Kilometer Pisten, einem Funitel, einer Luftseilbahn, fünf Gondelbahnen, sechs Sesselliften und 22 Skiliften, die über 35.000 Personen pro Stunde befördern können. 1987 war Crans-Montana Austragungsort der Skiweltmeisterschaften, die Olympiakandidatur (zusammen mit Sion) scheiterte.

Die Lage verdient fünf Sterne, das **Sportangebot** ebenfalls. Außerdem ist Crans-Montana für seine **Einkaufsmöglichkeiten** bekannt, die großen Modeschöpfer und Bijoutiers haben hier ihre Niederlassungen.

Weniger schön ist der Kurort als Siedlung. Im **Bauboom der Nachkriegsjahre** wurde viel Unschönes geplant und gebaut. Die Orte Crans, Montana und Vermala du Aminona ziehen sich kilometerlang an den Straßen entlang, für Gäste sind sie gratis mit Pendelbussen verbunden. Im Vergleich zu ähnlich bekannten Ferienorten scheinen auch die Unterkünfte eher etwas enttäuschend.

Praktische Tipps

Information

●**Crans-Montana Tourisme,** Case Postale 372, 3962 Crans-Montana, Büro Crans, Tel. 027/485 08 00, Fax 027/485 08 10, Büro Montana, Tel. 027/485 04 04, Fax 027/485 04 60, www.crans-montana.ch

Unterkunft

●**Hostellerie du Pas de L'Ours,** 3963 Crans, www.relaischateaux.fr/pasdelours, Tel. 027/485 93 33. Neun Suiten in dekorativem Kleinhotel mit angeschlossenem Haubenrestaurant (* im Guide Michelin), sFr. 340 bis 580 pro Suite inkl. Frühstück.

103ch Foto: mt

Wallis

•**Royal*******, www.hotel-royal.ch, Tel. 027/485 95 95. Elegantes, gediegenes Hotel in schöner Lage mit 50 Zimmern in Crans, sFr. 250 bis 700, je nach Zimmer und Saison für zwei Personen inkl. Frühstück.

•**Miedzor*****, Route des Mélèzes, 3963 Crans, http//miedzor.pagesjaunes.ch, Tel. 027/485 90 10. Familiäres Hotel mit meist großen Zimmern nahe Golfplatz, z.T. schöne Aussicht, sFr. 180 bis 300 für DZ mit Ausblick Süd oder West je nach Saison und Zimmer.

•**Aida Castel******, Tel. 027/485 41 11, www.aida-castel.ch. Nahe Zentrum Montana, ruhig, große Zimmer, im Hotelteil „Aida" neu eingerichtet, z.T. schöner Blick, beheiztes Schwimmbad, Sauna, Solarium, Bar, Carnotzet, sFr. 240 bis 350 im Sommerhalbjahr für DZ Süd mit Frühstück.

•**Olympic****, Rue Centrale, 3962 Montana, Tel. 027/481 29 85. Kleines, freundliches Garni, zentral gelegen, mit 16 Zimmern, z.T mit schöner Aussicht, DZ mit Bad/D und WC, Frühstück sFr. 110 bis 130.

•**Regina****, www.reginahotel.ch, Tel. 027/481 35 22. Kleines, zentral gelegenes Hotel in Montana mit Minimalkomfort, WC/Bad/D sFr. 130 bis 150 für DZ mit Frühstück.

Camping

•**Camping de la Moubra,** Tel. 027/481 28 51, 3962 Montana. Am Waldrand, am Ufer des Lac Moubra, in der Nähe Langlauf und Golf, ganzjährig geöffnet, 21 Betten in Gruppenunterkunft (sFr. 20 für Erwachsene, 13 für Kinder).

Essen und Trinken

•**Au Gréni,** in Montana, Tel. 027/481 24 43 rustikal.

Winterlandschaft

●**Cervin,** in Vermala, Tel. 027/481 21 80, rustikal, Tiere zum Anfassen.
●**Hostellerie du Pays de l'Ours,** in Crans, Tel. 027/ 485 93 33. Haubenkoch, der auch ein günstigeres Bistro führt (dieselbe Tel. Nummer).

Sport

●**Skifahren, Snowboarden, Langlaufen:** das ganze Jahr hindurch auf dem Gletscher Pleine-Morte, 3000 Meter hoch.
●**Golf:** Im Sommer stehen neben einem 18-Loch-Golfplatz zwei 9-Loch-Plätze und ein Indoor-Golf mit Simulator zur Verfügung
●**Wandern:** 280 Kilometer markierte Wege, acht Bergbahnen auf die Gipfel der Umgebung (besonders schön mit der Kabinenbahn auf Bella Lui).
●Außerdem: Gleitschirmschule, 15 Tennisplätzen, Mountainbikestrecken, Fitnesszentren, Kletterwände, Frei- und Hallenbäder.

Feste und Veranstaltungen

●**Internationales Heißluftballontreffen,** Anfang Februar, versammelt Equipen aus der ganzen Welt.
●**European Masters Turnier,** Anfang September, das zweitgrößte Golfturnier in Europa.

Sion/Sitten

↗XX/B1

Sion ist eine eigenwillige Stadt mit 25.000 Einwohnern am Fuße der zwei die Rhoneebene beherrschenden Burghügel Valère und Tourbillon. Erste Siedlungsspuren finden sich schon 3000 v. Chr. Sion (*Sedo*=Sitz, *Dunum*= Burg/Hügel) war Stammsitz der keltischen Seduni. Zum Zentrum des Wallis wurde es unter den Bischöfen, die um 570 ihren Sitz von Martigny hierher verlegten. *Rudolf III. von Burgund* wurde 999 mit den weltlichen Rechten belehnt. Es folgten Kämpfe mit Savoyern und Volksaufstände. 1810 war Sion Sitz des französischen Präfekten. Seit dem Beitritt zur Eidgenossenschaft ist es Kantonshauptstadt.

Sehenswertes

Sehenswert ist die Lage im Rhonetal mit den zwei Hügeln, die die Umgebung beherrschen.

Valère, die Kirchenburg des Mittelalters, zeugt von der Macht und vom Kunstsinn der Bischöfe. Auf dem ca. 120 Meter hohen Felshügel erheben sich die befestigte Kirche und das Schloss, früher die Residenz des Domkapitels. Die Terrasse vor der Ringmauer bietet einen schönen Blick ins Rhonetal, von der obersten Terrasse, nach dem Durchschreiten der Mauer, schaut man flussabwärts und auf die Stadt hinunter.

Die **Kirche Notre Dame** wurde im 12. /13. Jh. gebaut. Das Äußere präsentiert sich mit seinen Zinnenkränzen und dem Turm wie eine Burg. Das Innere, das weite frühgotische Kirchenschiff, wirkt sehr ursprünglich. Außerordentlich wertvoll ist das Gestühl aus dem 17. Jh. Man beachte die romanischen Kapitelle und Fresken aus dem 16. Jh.

Tourbillon, der andere Burghügel der Stadt, ist eine eindrückliche Burganlage auf kahler Felsenkuppe, die an die Wehrburgen der Kreuzritter erinnert. Im 13. Jh. erfolgte der Bau von zwei Wehrbezirken, die teilweise zerstört und 1447 wieder aufgebaut wurden. Danach war die Anlage Sommerresidenz der Bischöfe. 1788 wurde sie durch eine Feuersbrunst erneut zerstört.

In der **Altstadt** von Sion führt die Rue des Chateaux zum Sattel zwischen den beiden Burghügeln und erhielt ihr Aussehen nach dem Stadtbrand von 1788. Zuoberst stehen noch einige mittelalterliche Häuser, die der Brand verschonte.

Sehenswert ist vor allem das **Viztumschloss,** heute Kunstgewerbeschule und La Majorie (Kunstmuseum). An der Rue du Collège befand sich bis zum Stadtbrand die Residenz der Bischöfe. Sehenswert ist auch das Rathaus *(Hôtel de Ville)* aus dem 17. Jh. Man beachte die Nussbaumtüre.

Die **Kathedrale Notre Dame du Glarier,** die letzte mittelalterliche Kathedrale der Schweiz, findet sich in der westlichen Altstadt. Nach den so genannten Rarnerkriegen wurde sie 1418 auf romanischen Ruinen wieder aufgebaut. Original ist der romanische Glockenturm. Im Innern ist der vergoldete spätgotische Flügelaltar aus einer Berner Werkstatt zu beachten.

Ausflüge in die Umgebung

Von Sion aus erreicht man nördlich die Retortenskistation **Anzère,** südlich die ebenfalls erst Ende der sechziger Jahre geschaffenen Skiferienorte **Mayens de Riddes** und **Veysonnaz/Thyon.** Immerhin war Sion Kandidat für die Olympischen Spiele 2004, verlor jedoch gegen den Konkurrenten Turin. Ebenfalls gut erreichbar sind die Skiorte **Nendaz** und **Super Nendaz,** von denen aus man im Winter mit Zubringerskiliften in das ausgezeichnete Wintersportgebiet von **Verbier** (siehe „Martigny") gelangen kann.

Sion ist aber auch Ausgangspunkt für Fahrten in das **Val d'Hérence** und das anschließende **Val d'Arolla,** mit dem kleinen Bergferiendorf Arolla. Sehenswert ist neben der schönen Landschaft im Val d'Hérence vor allem das Dorf Evolène mit charaktervollem Straßenbild, hochgeschossigen Blockbauten und seltenen Steinbauten mit dekorativen Malereien aus dem 18. und 19. Jh.

Das **Val d'Hérémance** mit der beachtlichen Staumauer Grande Dixence und dem Lac des Dix auf 2364 Metern Höhe ist ein weiteres attraktives Ziel.

Wallis

Praktische Tipps

Information

- **Sion Tourisme,** Place de la Planta, Tel. 027/322 85 86, Fax 027/322 18 82, www.siontourisme.ch
- **Office du Tourisme,** 1983 Evolène, Tel. 027/283 12 35, Fax 027/283 22 58, www.evolene-region.ch
- **Office du Tourisme,** 1997 Nendaz, Tel. 027/28955 89, Fax 027/289 55 83, www.nendaz.ch

Unterkunft

- Die auf den Plateaus und in den Tälern südlich von Sion gelegenen Ferienorte Thyon, Nendaz und Super Nendaz sowie die Orte im Val d'Hérens und Val Hérémence bieten viele Ferienwohnungen und -häuser, die zum Teil im Sommer zu günstigen Konditionen gemietet werden können. Auskünfte geben die jeweiligen Tourismusbüros.
- **Du Rhone*****, Sion, Tel. 027/322 82 91. Ein ansprechendes Best Western mit 45 Zimmern für sFr. 140 bis 170 das Doppelzimmer mit Frühstück.

104ch Foto: mt

Gewagter Winterspaß

●**Ibis****, Sion, www.ibishotels.com, Tel. 027/ 203 81 91. Bietet an der Avenue Grand-Champsec 21 den üblichen IBIS-Komfort mit 71 Zimmern und 142 Betten à sFr. 88 pro Person Zimmer/Frühstück.

●**Jugendherberge Sion,** Rue de l'Industrie 2, 1950 Sion, Tel. 027/323 74 70. In neuem Glas-/Betongebäude im Zentrum von Sion. 20 Zimmer mit vier Betten. WC, Duschen und Waschräume auf der Etage. Frühstück und Nachtessen. Mittagessen/Lunchpakete nach Anmeldung. Billard, Tischtennis und Tischfußball. Aufenthaltsraum, Garten mit Terrasse, sFr. 28 p.P. (Hauptsaison). Geschlossen: Dezember und Januar.

Camping

●**Camping TCS „Les Iles“,** bei Sion, Tel. 027/346 43 47. An kleinem See gelegener, sehr schöner, komfortabel ausgebauter Feriencampingplatz. Vermietet auch Hütten und Zeltbungalows für vier bis sechs Personen.

Martigny

↗XX/B1-2

Von Sion führt die Hauptstraße leicht südwestlich im Tal weiter an Rebenfeldern und Obstplantagen entlang bis Martigny am Knie der Rhone, wo der Fluss sich jäh gegen Nord-Nordwest wendet und dem Genfersee zustrebt. In Martigny treffen die Straßen des Simplon, des Grossen St. Bernhard und des Forclaz aufeinander. Die Stadt ist deshalb ein günstiger Ausgangspunkt für Ausflüge.

Die heute mit ca. 14.000 Einwohnern moderne und lebhafte Kleinstadt wurde schon früh von den Römern zum Marktflecken erhoben. **Überreste eines Amphitheaters** zeugen von ihrer einstigen Bedeutung.

Schön ist der historische Kern mit Pfarrkirche und Grande Place mit Baumalleen und Geschäftshäusern. Wahrzeichen der Stadt ist der **Tour de la Bâtiaz,** ein Rundturm mit Mantelmauer, Rest einer Burg aus dem 13. Jh.

Von internationaler Bedeutung ist das Museum, das ein lokaler Baufürst seinem verunglückten Sohn stiftete, die **Stiftung Giannada.** In diesem Museum werden regelmäßig Ausstellungen ersten Ranges von Künstlern des 20. Jh. geboten. Es lohnt sich, beim lokalen Touristenbüro anzufragen, welche Ausstellungen gerade stattfinden.

Ausflüge in die Umgebung

Grosser St. Bernhard Pass

Von Martigny führt die Passstraße über den Grossen St. Bernhard mit dem **St. Bernhardhospiz** auf 2489 Metern. Das Kloster wurde durch den Bernhardinerhund Barry berühmt, der heute ausgestopft im Naturhistorischen Museum Bern zu sehen ist. Noch immer gibt es aber einen Hundezwinger, von dem junge Bernhardiner in die ganze Welt exportiert werden. Sehenswert ist auch die Klosterkirche St. Bernhard mit dem prachtvollen Chorgestühl und dem bedeutenden Kirchenschatz. Für das leibliche Wohl sorgen hier oben zwei Restaurants und es gibt sogar ein Hotel (Tel. 027/787 11 53). Im Winter besteht die Möglichkeit, im Hospiz zu übernachten (Tel. 027/787 12 36).

Val d'Entremont

Schon unten im Tal, kurz hinter Martigny zweigt bei Sembrancher die Straße ins Val d'Entremont ab, ein schönes Wandergebiet, das vom Stausee Lac de Mauvoisin auf knapp 2000 Metern abgeschlossen wird. Hier befindet sich die Grande Dixence, die **größte Talsperre der Schweiz.** Die Krone der Staumauer liegt 2365 Meter hoch, der Bau verschlang sechs Millionen Kubikmeter Beton. Der Stausee ist seit 1966 in Vollbetrieb und Zentrum eines 450 Quadratkilometer großen Einzugsgebiets von Eis und Wasser. Der Stausee versorgt nicht nur das örtliche Kraftwerk Fionnay, sondern auch diejenigen von Riddes-Nendaz und Chandoline unten bei Sion. Die Stromerzeugung beträgt ca. 1,6 Milliarden Kilowattstunden im Jahr.

Trienttal

Von Martigny aus kann auch das Trienttal mit Les Marécottes und Finhaut entdeckt werden. Dazu fährt man mit der Zahnradbahn nach Châtelard, wo man das SBB-Museum in der Stromzentrale Châtelard-Barberine besichtigen kann. Dann geht es mit der Standseilbahn Le Châtelard-Château d'Eau weiter zum **Stausee Barrage d'Emosson.** Eine Minibahn mit 60-Zentimeter-Schienen führt zur Staumauer. Von dort geht es mit einem 1991 eingeweihten „Minifunic" auf Schienen die Mauer hoch. Das Restaurant du Barrage bietet einen herrlichen Ausblick ins Mont Blanc-Gebiet und in die Täler. Nach einstündiger Wanderung trifft man in 2400 Metern Höhe auf **Dinosaurierspuren.**

Verbier und Champex

Wer im Val d'Entremont in Sembrancher nach links abbiegt, erreicht nordöstlich über dem Tal auf 1400 Metern die Skistation Verbier, eine nicht sehr attraktive Ansiedlung von Chaletbauten mit hervorragendem **Skigebiet.** Nur sechs Kilometer hinter Sembrancher, in Orsières, zweigt die Straße ins schöne Val Ferret ab, die auch zum Fremdenort Champex führt, einem Skiort, der mit dem französischen Skigebiet von Argentière verbunden ist.

Praktische Tipps

Information

- **Office du Tourisme,** 9, pl.Centrale, 1920 Martigny, Tel. 027/721 22 20, Fax 027/721 22 24, www.martignytourisme.ch
- **Office du Tourisme Les Marécottes,** Tel. 027/761 31 01, www.salvan.ch
- **Office du Tourisme,** 1997 Haute Nendaz, Tel. 027/289 55 89, Fax 027/289 55 83, www.nendaz.ch

Unterkunft

- Die Feriendörfer in der Umgebung von Martigny und Nendaz haben eine große Zahl von Ferienwohnungen und -häusern. Man erkundige sich bei den entsprechenden Tourist-Informationsstellen.
- **Hotel La Porte d'Octodure******, Route du Gd. St. Bernard, 1921 Martigny-Croix, Tel. 027/722 71 21. Nähe Autobahnausfahrt (schallisoliert), 54 Zimmer, vernünftiges Preis-Leistungs-Verhältnis, DZ mit D/WC sFr. 180 bis 230.
- **Hotel Forum*****, 74 bis, Route du Gd. St. Bernard, 1921 Martigny, Tel. 027/722 18 41. Gutes Mittelklassehaus mit komfortablen Zimmern, DZ mit D/WC sFr. 125 bis 200.
- **Relais de Pachou****, Route de Pathiers, 1936 Verbier, www.pachou-verbier.com. Kleines Chalethotel mit 14 rustikalen Zimmern, DZ mit D/WC inkl. Frühstück ab sFr. 170.
- **The Bunker,** Centre Sportif, 1936 Verbier, Tel. 027/771 66 02. The Bunker ist im Sportzentrum von Verbier, man profitiert von der Infrastruktur: Schwimmbad, Whirlpool, Ice-Skating, Beach-Volleyball, Internetzugang, Kabel-TV, Musikbar, etc. Der Zivilschutzbunker wurde 1999 in ein Backpacker umgewandelt: 120 Betten in vier großen Räumen. Im Sommerhaus zwei Zimmer mit acht bzw. vier Betten. *„Most probably the safest hostel in the world"*, titelt der Anbieter! Kein Tageslicht. Coole Graffitidekoration. Verpflegung im bunkernahen Beach Café-Restaurant. Freier Shuttle-Service zu den Skiliften und anderen Transportanlagen, sFr. 25 p.P.

Camping

- **Camping TCS „Les Neuvilles",** Route du Levant 68, Tel. 027/722 4544. Gut eingerichteter TCS-Campingplatz in unmittelbarer Nähe von Martigny. Es gibt auch Massenlager.

St. Maurice

↗XX/A1

St. Maurice liegt nördlich von Martigny, wo sich in einer Verengung des Rhone-Tals das alte Kloster an die Felsen schmiegt. Ab hier bildet der Fluss die Kantonsgrenze zum Kanton Waadt.

Der natürliche Engpass war bereits in römischer Zeit eine wichtige Zoll- und Militärstation. Seit dem 4. Jh. wird hier der **hl. Mauritius** verehrt, der ca. 285 n. Ch. als zum Christentum bekehrter Römersoldat den Märtyrertod erlitten haben soll. Im 13. Jh. wurde das Städtchen befestigt, es gehörte halb den Savoyern, halb dem Abt. 1693 fiel die Stadt einem Brand zum Opfer, im 18. und 19. Jh. wurden die Stadtmauern abgebrochen.

Die **Abtei** ist das älteste kirchliche Zentrum der Schweiz und genießt wegen ihrer Kultgegenstände Weltruf. Hundert Jahre nach dem Märtyrertod des *hl. Mauritius* und seiner Gefährten soll Bischof *Theodor von Martigny* die Gebeine gemarterter Soldaten gesammelt und eine erste Kirche errichtet haben. *Sigismund von Burgund* baute ein Kloster. Weitere Kirchenbauten bildeten bald eine heilige Stadt. Nach Verwüstungen durch die Langobarden 574 und durch die Sarazenen 939 wurden Augustiner wieder aktiv. Die Äbte führten ab 1782 den Grafentitel und bekleideten ab 1840 die Titularwürde des Bischofs von Bethlehem. Seit 1804 leiten die Chorherren ein angesehenes Kollegium.

Die **Église abbatiale** (Abtskirche) stammt aus dem 17. Jh. und hat einen schönen Turm mit steinerner Spitze.

105ch Foto: mt

Seine Fundamente sind Mauern der Vorgängerkirchen aus dem 4. Jh. Sichtbar sind eine Taufkirche und ein romanischer Kreuzgang mit alten Kapitellen.

Höhepunkt der Sehenswürdigkeiten ist der Domschatz, der **Trésor de l'Abbaye:** Goldschmiedearbeiten, Schreine, Emailbilder, Reliquiare erster Qualität. Kaum eine Kirchengebäude kann auf eine so vollständig und gut dokumentierte Geschichte zurückblicken wie St. Maurice und sein Schatz.

Praktische Tipps

Information

- **Office du Tourisme,** Av. des Terraux, 1890 St. Maurice, Tel. 024/485 40 40, Fax 024/485 40 80, www.st-maurice.ch

Camping

- **Forêt des Melezes,** Bonatchiesse 2, 1936 Verbier, Tel. 027/776 16 82. An einem kleinen Bach, am Eingang zu den Alpwegen, im geschützten Gebiet des Val de Bagnes gelegener sehr einfacher Platz. Bäckerei und Restaurant in der Nähe.

Tessin Überblick

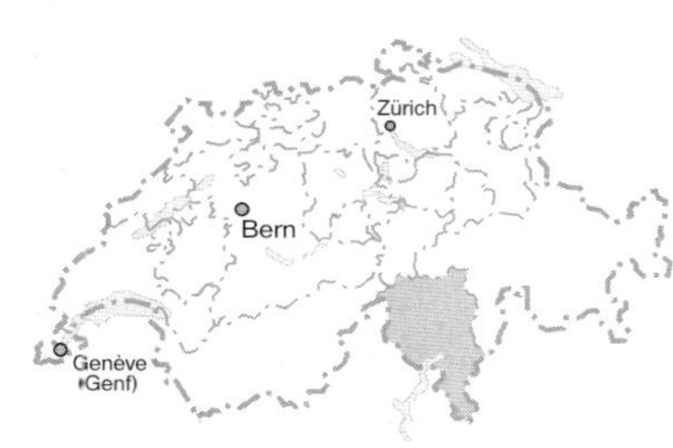

Das Tessin (Ticino) bildet die **Pforte zu Italien** und verspricht Charme und italienische Lebensart. Der Süden grüßt mit mildem Klima, Palmen, Kamelien, pittoresken Tälern, romanischen Kirchen, lauschigen Gassen, belebten Plätzen und als imposantem Hintergrund der Bergkulisse der Alpen. Hier kann man dem Dolce Vita in subtropischen Gärten frönen, auf den Spuren von Dichtern und Künstlern wandeln, über Architektur philosophieren oder sich kopfüber (an Gummibändern) von Brücken stürzen. Nach Schlitten- und Skiabfahrten durch tief verschneite Täler schlürft man auf der Seepromenade einen Kaffee oder trifft Freunde beim Schaufensterbummel.

Die Tessiner Gastfreundschaft und eine Infrastruktur mit mehr als 20.000 Hotelbetten (und 100.000 weiteren in der „Parahotellerie") sowie ein gepflegter und persönlicher Service empfangen die Gäste. In den bekannten Tourismusorten kann der Ferienaufenthalt in der Hochsaison teuer werden, in den Nebentälern und in der Nachsaison gibt es jedoch auch im Tessin preiswerte Angebote.

Geografische Lage

Das Tessin liegt als einziger Schweizer Kanton ganz auf der **Alpensüdseite** und dringt keilförmig in die Po-Ebene vor. Vom Gotthardpass bis nach Chiasso im äußersten Süden sind es ungefähr 90 km (Luftlinie); die Breite beträgt 40 km. Der Kanton wird in vier geografische Regionen unterteilt: Bel-

123ch Foto: tt

Tessin

linzona und die Täler des Nordtessin, das Gebiet rund um den **Luganersee,** die Region **Lago Maggiore** und im Süden das Mendrisiotto. Daneben gibt es eine Zweiteilung des Tessin in eine nördliche Hälfte, das **Sopraceneri,** und eine südliche, das **Sottoceneri,** markiert durch den Engpass des Monte Ceneri.

Der im Bedretto-Tal entspringende Ticino fließt in den Lago Maggiore. Beide Tessiner Seen liegen in einer atemberaubenden Landschaft. Hier findet man die bekanntesten Tessiner Ferienorte. Was für die ganze Schweiz zutrifft, ist im Tessin augenfällig: Kontraste und abwechslungsreiche Landschaft auf kleinstem Raum, vom ewigen Eis durch wilde Täler mit reißenden Bächen zu mediterraner Üppig- und Lieblichkeit an den Ufern des Lago di Lugano und Lago Maggiore.

Klima

Das Klima des Tessin liegt im europäischen Mittel und wird durch die Nähe der **Alpen** und der **subalpinen Seen** bestimmt. Um den Lago Maggiore und den Luganersee bis zu einer Höhe von etwa 400 m hat die Gegend ein gemäßigtes Klima, in den Regionen von 800 bis 1000 m ein Hügelkli-

Das Schmuckstück des Tessin: der Lago Maggiore

ma. Die Ebenen im Süden des Kantons haben das Klima der Po-Ebene. Regionen mit Bergklima finden sich von 1000 bis 2000 m Höhe und Regionen mit alpinem Klima über 2000 m. Alle Vegetationsformen der Schweiz sind im Tessin vertreten.

Die Anordnung der Täler in Richtung Süden begünstigen das Aufkommen von **kräftigen Winden.** Der Nordföhn lagert Feuchtigkeit an den nördlichen Alpenhängen ab, im Tessin wird er durch die Kompression erwärmt und fegt die südlichen Alpentäler hinunter. Im Allgemeinen bringt er dem Mittel- und Südtessin sonniges Wetter. Üblicherweise fallen die meisten Niederschläge im Frühling und Herbst, dies sind auch die Jahreszeiten mit den absoluten Höchstwerten pro Tag. Über das ganze Jahr betrachtet, sind die Niederschläge im Tessin von Ort zu Ort sehr unterschiedlich: Das Minimum, etwa 1400 l/m^2, wird im Blenio-Tal erreicht, das Maximum von 2200 l/m^2 im Centovalli und Onsernone-Tal.

Vegetation

Im Tessin wächst die dichteste und üppigste Vegetation der Schweiz. Die Flora ist **mediterran,** mit Kamelien, Magnolien und Azaleen, mit Palmen, Mimosen, Orangen- und Zitronenbäumen sowie Merlot-Reben. In den Tälern wachsen Kastanien- und Nussbäume, in den alpinen Regionen Buchen, Eichen und Nadelbäume.

Auf Tessiner Boden wachsen aber auch Kalk- oder Polsternelke, Silberwurz, Alpenazalee, Immergrüne Bärentraube, Netzweide, Fichte und Dähle, Espe und Hängebirke. Die Bergflora ist reichhaltig und weist etwa 1900 Arten auf. 52 Blumenarten sind ausschließlich im Tessin zu finden.

Von den Nutzpflanzen nehmen die **Weinreben** eine große Fläche im Hügelgebiet des Sopraceneri wie auch des Sottoceneri ein. In den letzten Jahrzehnten wurden die Weinberge verbessert und weitgehend mit Merlot bepflanzt.

Geschichte

Ausgrabungen zeigen, dass das Tessin schon in prähistorischen Zeiten besiedelt war. Die Bevölkerung gehörte zum **Stamm der Lepontier,** der später unter keltischen und italienischen Einfluss geriet. Eine militärische Invasion durch die Römer blieb zwar aus, Ende des 1. Jh. v. Chr. war das Tessin jedoch **romanisiert.** Am Ende des Römischen Reiches ließen sich Völker aus der Po-Ebene in den Voralpen nieder und bildeten römische Zentren.

Die ersten Spuren des Christentums gehen auf das Ende des 4. Jh. zurück, die ersten **Pfarrkirchen** entstanden im 5. Jh. Die Taufkapelle von Riva San Vitale ist einer der ältesten erhaltenen Sakralbauten der Schweiz. Nach dem Zerfall des Römischen Reiches wurde das Tessin von Goten und Byzantinern erobert und im 6. Jh. ins **Langobardenreich** eingegliedert, dessen Hauptstadt Pavia war.

Mailändische Chorherren übten im Val Blenio und in der Leventina die Herrschaft aus. Im Sottoceneri gelang es kirchlichen Institutionen nach dem

Niedergang der Langobarden, Territorialherrschaften zu errichten. Die Gemeinde Como und die Stadt Mailand kämpften um die Vorherrschaft im Tessin. 1335 erlangte **Mailand,** wo die Familie der *Visconti* herrschte, den Sieg über Como. Mailand wurde Hauptstadt eines Staates, der sich in der zweiten Hälfte des 14. Jh. über einen großen Teil Norditaliens erstreckte. Bellinzona wurde 1340, Locarno 1342 erobert, Blenio und die Leventina fielen 1344 in die Hände der Mailänder.

Die *Visconti* und die *Sforza* verpachteten in der Folge mit Ausnahme von Bellinzona ihre Gebiete im Tessin an verschiedene Adelsfamilien. Die **Eidgenossen** besetzten nach dem Tod des Herzogs *Gian Galeazzo Visconti* zum ersten Mal die Leventina und Bellinzona. In den ersten Jahren des 16. Jh. eroberten sie auch Chiavenna und Domodossola. Kurze Zeit beherrschten sie Mailand. Nach der Schlacht bei Marignano (1515) mussten sie die Lombardei an Frankreich abtreten. Sie verzichteten aber nicht auf die für ihre Handelsinteressen bedeutenden Alpenzugänge.

Das Tessin wurde in acht **Landvogteien** eingeteilt. Die Landvögte waren Herrscher und Richter, respektierten aber die gegebene Ordnung. Jede Landvogtei war ein autonomes Gebiet mit eigenen Satzungen, Versammlungen und eigenen Gewichts- und Maßeinheiten. Die Untertanen blieben im 17. Jh. von den verwüstenden Kriegen ihrer lombardischen Nachbarn verschont und unterlagen auch nicht dem habgierigen spanischen Steuersystem. Sie konnten ihr Vieh in die Lombardei exportieren und sich mit Getreide und Meersalz versorgen. Trotzdem forderten die Bewohner der Leventina Mitte des 18. Jh. eine gewisse Verwaltungsfreiheit. Diese erhielten sie aber erst nach dem Zusammenbruch der alten Eidgenossenschaft.

Während der **Reformation** blieb das Tessin wie Uri katholisch. Nur in Locarno konnte das Gedankengut der Reformation bei wohlhabenden Familien Einzug halten. Dies beunruhigte die katholischen Kantone. Die Reformierten von Locarno wurden zum Exodus nach Zürich gezwungen. *Napoleon Bonaparte* gründete in Norditalien die Cisalpinische Republik. Im Tessin wollten Anhänger der Französischen Revolution den Anschluss der Landvogteien an die Cisalpinische Republik erreichen. Sie konnten jedoch die Unterstützung der Bevölkerung nicht gewinnen.

Mit der Mediationsakte entstand die neue **Eidgenossenschaft mit 19 Kantonen,** dazu gehörte das Tessin mit der Hauptstadt Bellinzona. 1830 wurde eine **liberale Verfassung** angenommen, in den folgenden 50 Jahren tobte ein Machtkampf zwischen Liberalen, Radikalen und Konservativen. Der Antagonismus war auch geografisch bedingt: Die **Konservativen** waren in den Berggebieten stark, die **Liberalen** in den dicht besiedelten und aufstrebenden Zentren. Zwischen Sopra- und Sottoceneri herrschte böses Blut, mehr als einmal wollten die Kontrahenten zwei getrennte Kantone bilden. Nach der liberalen Revolution von 1890 führte Bern das Proporzwahlsystem ein, so wurden die aufrührerischen Tessiner gezwungen, gemeinsam zu regieren. Die Zusammenarbeit klappte, die Ära der Umstürze und politischen Gewalt fand ein Ende.

Die Eröffnung des **Gotthard-Bahntunnels** beendete die Isolation des Tessin. Die Tessiner fanden in der Deutschschweiz Arbeit, im Bekleidungsgewerbe, in Steinbrüchen oder im Lebensmittel und Tabak verarbeitenden Gewerbe. Zeitgleich begann der **Tourismus.** Der Fortschritt war bescheiden, noch immer war das Tessin die Armenstube der Schweiz. Nach dem Zweiten Weltkrieg erfuhr es jedoch einen enormen wirtschaftlichen Aufschwung. Die Emigration fand ein Ende, der Kanton wurde Immigrationsgebiet und bot Tausenden von Grenzgängern Arbeit.

Tessiner Häuser und ihre Baugeschichte

Das Baumaterial der Tessiner Häuser ist – von Walsersiedlungen abgesehen – der **Stein.** Im Sopraceneri waren die Häuser traditionell mit **Granitplatten** bedeckt, im Sottoceneri von **Rundziegeln,** den *coppi.* Sie wurden dort hergestellt, wo der Boden reich an lehmigen Ablagerungen war. In der ersten Hälfte des 20. Jh. verdrängten Ziegel die *coppi.*

In den engen Straßen der Städte schlendert der Besucher in **Laubengängen,** die Schutz vor der Sonne bieten. Etwas unter dem Straßenniveau befindet sich der **quadratische Hof** der Häuser, umgeben von **Loggien** mit kraftvollen Säulen, oft mit einem Brunnen in der Mitte. Die Fenster öffnen sich zum Hof, die Fassaden an der Straßenseite wirken meistens abweisend. Auf steinernen, in den Loggien verborgenen Treppen steigt der Hausbewohner in die Obergeschosse. Ursprung dieses Haustyps ist das Mendrisiotto. Hier umschließt das Bauernhaus einen Innenhof mit Loggien.

In den abgelegenen Tälern des Sottoceneri, etwa im Malcantone, im Val Colla oder Isone-Tal, sowie im Sopraceneri im Maggia- und Verzasca-Tal wird die Architektur von einem **einfachen Bauernhaus-Typ** mit oft nur einem Raum abgelöst: der Wohnküche, Cà (für *casa*) genannt. Den Mittelpunkt bildet der **Ofen,** dessen Rauch früher durch die Lücken des Steindachs entwich. Erst später rückte er an die Wand und erhielt einen Kamin. Der Wunsch nach einem rauchfreien Raum ließ die Besitzer oft die Mauern erhöhen und einen Kastanienboden einziehen, so entstand ein zweiräumiges Haus, das oft noch zusätzlich einen Estrich erhielt. Die oberen Geschosse waren nur über die Außentreppe erreichbar. Wegen Bodenmangels rückten die Häuser eng aneinander, so dass sie heute wie zusammenhängende Baukomplexe wirken. Auf den Balkonen trocknet der Bauer Mais, Holz und Heu.

Die für das Tessin so typischen **Grotti** sind **rustikale Lokale,** die meistens an stillen, abgeschiedenen und schattigen Orten liegen. Sie verfügen über eine eigenständige Küche und einen geräumigen Vorplatz mit Tischen und Bänken aus Granit, wo der Gast unter freiem Himmel geschützt von Bäumen einheimische Gerichte genießen kann: Wurstwaren aus eigener Produktion, z.B. Salami und Mortadella, Minestrone, Risotto, marinierte Fische, *vitello tonnato,* kalte oder warme Braten mit Salat und Bratkartoffeln, Kaninchen, Pilze, verschiedene Hart- und Weichkäse, zum Dessert Zabaione, Brotkuchen und Pfirsiche in Wein. Dazu trinkt der Tessiner Merlot, Nostrano oder Barbera, oft gespritzt mit Gazzosa.

Aktivitäten im Tessin

Information 

●**Ticino Turismo,** Casella postale 1441, 6501 Bellinzona, Tel. 091/825 70 56, Fax 091/825 36 14, www.ticino-tourism.ch

Baden

●Beim Lido von Ascona im Maggiadelta; im unteren Maggia-Tal zwischen Arvegno und Cavergno sowie zwischen Someo und Coglio und bei Cevio; unterhalb der Brücke in Ponte Brolla; unter der Brücke Ponte dei Salti in Lavertezzo im Verzasca-Tal oder zwischen Brione und Sonogno; am Lido von Lugano; südlich von Figino vor Morcote am Kieselstrand von Casoro; im Strandbad von Campione d'Italia; im Schwimmbad von Carona.

Tauchschulen

●**Ascona,** Tel. 091/791 11 88, **Lugano-Paradiso,** Tel. 091/994 37 40, **Campione d'Italia,** Tel. 091/649 77 666, **Castagnola,** Tel. 091/971 29 89.

Segel- und Motorbootschulen

●**Scuola Vela,** Ascona, Tel. 091/791 51 85, für Anfänger und Fortgeschrittene.

●**Scuola di Vela,** Segelschule in Brissago, Tel. 091/793 15 12.

●Zweitägige Segelpartien auf dem Lago Maggiore organisiert **Eurotrek,** Tel. 01 434 33 666.

Wasserski

●**Club nautico Lugano,** Melide, Tel. 091/649 61 39, **Paroli Linneo,** Porto Ronco, Tel. 091/791 74 28, **Scuola Vela,** Ascona, Tel. 091/791 51 85, **Albergo Acapulco,** Ascona, Tel. 091/791 45 21.

Paddeln

●**Eurotrek,** Tel. 01 434 33 666, www.eurotrek.ch. Ein Kanu mieten und von Cresciano-Paese bis Biasca auf dem Ticino paddeln.

Mountainbiking

Das Fahrradnetz des Tessin misst 175 km. Die Wege sind gut ausgebaut und beschildert und befinden sich meistens auf Naturstraßen. Im Bergkanton Tessin gibt es nicht viele flache Strecken: Neben der Magadino-Ebene ist eine Rundfahrt um den Luganersee oder den Lago Maggiore landschaftlich reizvoll und nicht Schweiß treibend, sieht man vom dichten Verkehr ab.

●Mountainbikes vermieten folgende SBB-Stationen: **Bellinzona,** Tel. 091/821 72 44, **Tenero,** Tel. 091/745 12 54, **Locarno,** Tel. 091/743 65 64, **Lugano,** Tel. 091/923 66 91, **Melide,** Tel. 091/649 72 02.

●**Ticino-Bike** ist ein Gratis-Prospekt des Ticino Turismo in Bellinzona, Tel. 091/825 70 56, mit den attraktivsten Fahrradwegen des Kantons.

Klettern

●60 Kletterwege in den **Valli di Lugano,** Tel. 091/968 11 19. Weitere **Klettergärten** in Arcegno, Tegna oder Ponte Brolla. Klettergarten **Palestra di Roccia San Paolo,** Bellinzona, Via Pedemonte, Tel. 091/826 13 31. Auf einem Gelände von 30.000 km² Schwierigkeitsstufen 6 bis 2. Anfänger brauchen mind. zwei Tage für die Grundausbildung, bevor sie an einem Felsen üben können.

124ch Foto: tt

Ascona liegt malerisch am Lago Maggiore

●**Bergsteigerschule Massagno,** Tel. 091/968 11 19. Bergsteigen für Anfänger und Fortgeschrittene: Theorie, Technik, Praxis, diverse Kurse.

●**Centro Ecologico UomoNatura** (Ökologisches Zentrum Mensch-Natur) 6718 Acuacalda, Tel. 091/872 26 10. 5 km vor dem Lukmanier-Pass im Blenio-Tal. Seminare, Kurse, thematische Wanderwochen, Bergwanderungen. Umfangreiches Programm für Familien und Kinder. Ausgangspunkt zu Biotopen.

●**Barbara Steinmann,** Wanderlust, 7122 Valendas, Tel. 081 921 45 97. Geführte Wandertrekkings in den Tessiner Alpen, maximal 5–10 Personen.

●**Ticino Trekking 700,** Ticino Turismo, 6500 Bellinzona, Tel. 091/825 70 56. Erfahrene Bergwanderer wandern in zehn Tagen 130 km vom Misox quer durch die Tessiner Berge bis ins Val Formazza.

●**Alpen-Reittrekking,** Bauernhof Bettosini, Lodano, Tel. 091/753 21 22. Im oberen Maggia-Tal bis zum St. Gotthard, zum Ritomsee und Lukmanier. Nicht für Anfänger.

Canyoning, Rafting, Bungee

●Canyoning im Val Malvaglia oder im Ticino Alto: **Eurotrek,** Tel. 01 434 33 666, www.euro trek.ch, **Swissraft,** Bellinzona, Tel. 091/921 00 71, www.swissraft.ch, **Asbest** Adventure's Best, Lugano, Tel. 091/966 11 14, www.asbest.ch, **Trekking Team,** Tel. 091/780 71 07, www.trekking.ch.

●**Fun & Action Center,** Intragna Trekking Team, Tel. 091/780 71 07 oder 0848 808 007, www.trekking.ch. Bungee-Sprung von der Centovalli-Brücke, Canyoning, Sportklettern und MTB-Parcours, Kletterkurs, Bungee-Jumping von der Verzasca-Staumauer (220 m), auch Nachtsprünge. April bis Oktober, Anmeldung notwendig.

Fliegen und Springen

●**Scuola Volo Libero,** Lugano, Tel. 091/972 58 21, Gleitschirm- und Delta-Schule.

●**Piloten-Einführungskurs** im Flughafen Locarno, 6596 Gordola, Tel. 091/745 20 27. Eine halbe Stunde selber fliegen.

●**Para Centro Gordola,** Locarno, Tel. 091/745 26 51. Fallschirmsprünge am Flughafen.

Tennis

●Hallentennisplätze im **Park Hotel Delta,** Ascona, Tel. 091/785 77 85, **Tennis Club Brisago,** Tel. 091/793 25 34, **Albergo Castello del Sole,** Ascona, Tel. 091/791 02 02

Golf

●**Golf Club Lugano-Magliaso,** Tel. 091/606 15 57, **Golf Club Patriziale Ascona,** Tel. 091/791 21 32.

●Für Anfänger und Spieler ohne Handicap: **Driving Range Golf Target,** 6600 Locarno, Via Respini, Tel. 091/752 33 53 (6 Loch).

Weitere Aktivitäten

●**Bildhauerschule Marmo,** 6695 Peccia, Tel. 091/755 13 04. Der Marmorsteinbruch liegt am Fuß der Punta della Rossa. Von März bis Okt. 3- bis 14-tägige Kurse für Anfänger und Fortgeschrittene.

●Führungen durch die **Steinbrüche** des unteren Maggia-Tals; Verarbeitungsprozess der Gneis- und Granitplatten. Riveo, Tel. 091/754 11 39.

●**Bauernhofferien:** Azienda agrituristica Piana-Seva, Faido, Tel. 091/867 15 46.

●**Tipi-Camp** bei Cresciano, Eurotrek, Tel. 01 434 33 666, www.eurotrek.ch.

Wintersport

Skigebiete in Airolo, Carì, Nara-Leontica, Campo Blenio-Ghirone, Campra-Olivone, Monte Carasso, Madonna dell Sasso-Cardada, Bosco-Gurin, Monte Tamaro, Monte Lema. Ideale Ausgangspunkte: Airolo, Olivone und Bosco Gurin.

●**Geführte Skitouren:** Campobase in Massagno, Tel. 091/968 11 19, oder Tourismusbüro, Tel. 091/825 70 56.

Campingplätze

Das Campen außerhalb der Plätze ist im Tessin verboten. Die Campingplätze sind in fünf Kategorien eingeteilt. Gratisbroschüre „Camping ticino“: Ticino Turismo, Tel. 091/825 70 56.

125ch Foto: tt

Das Tor zum Tessin – der Gotthard

↗XVI/B2

Der Zugang zum **Gotthardpass** wurde erst nach dem Bau der Teufelsbrücke über die wilde Schöllenenschlucht im 12. oder 13. Jh möglich. Der Warentransport zur Lombardei wurde verkürzt, politisch und strategisch stieg die Bedeutung der Urschweiz. Der neue Übergang war ein Grund für die Gründung der Eidgenossenschaft. Der Säumer-Weg wurde 1820 in eine befahrbare Straße ausgebaut, 1882 fuhren die ersten **Züge** und 1980 die ersten **Autos** durch den **Gotthardtunnel.** Auf der Passhöhe des Gotthard liegt das Hospiz, 1685–1799 von Kapuzinern betreut und 1777 nach einem Lawinenniedergang neu gebaut. **Airolo** ist südlicher Ausgangspunkt zum Gotthardpass ebenso wie zum Nufenenpass, der das Goms (Wallis) mit Airolo verbindet. Der 15 km lange Seiteneingang des Ticino-Tals, das Bedretto-Tal, ist von Airolo zugänglich.

Der Gotthard liegt noch im hochalpinen Bereich – weiter südlich wird es immer mediterraner

Unterkunft

- **Hotel Forni*****, via Stazione, 6780 Airolo, Tel. 091/869 12 70, www.forni.ch. 20 renovierte Zimmer mit Bad/Dusche und WC, DZ sFr. 140 bis 180.
- **Hotel Motta*****, 6780 Airolo, Tel. 091/869 22 11, www.albergo-motta.ch. 30 Zimmer mit Bad/Dusche und WC, DZ inkl. Frühstück sFr. 190.

Museen

- **Museo Nazionale del San Gottardo,** auf dem Pass, Tel. 091/896 15 25, 9–18 h, Mitte Okt. bis Mitte Mai geschlossen. Bedeutung des Gotthards, Passgeschichte, Mineralienausstellung, Sonderausstellungen.
- **Festungsmuseum Forte Airolo,** 6780 Airolo, Tel. 091/873 71 11, Juli bis Ende Sept., Di–So 13.30 bis 15.30 h. 1,5 km oberhalb von Airolo an der Kantonsstraße auf den Gotthardpass. Die Festungsanlage dient als Militärmuseum und zeigt Waffen, Ausrüstungsgegenstände, Baupläne und Dokumente über die zwischen 1886 und 1891 gebaute Festungsanlage, die erste dieser Art in Europa. Geführte Besichtigung auf Anfrage.

Ausflüge

- **Standseilbahn Ritom-Piora,** Funivie del San Gottardo, Tel. 091/873 30 40. www.airolo.ch.
- **Postkutschenfahrt über den St. Gotthard:** Historische Reisepost AG, 6440 Brunnen, Tel. 041/825 61 53. In originalgetreu nachgebautem Fünfspänner mit Postillon und Fahrer über den legendären Pass. Max. 8 Pers., Juli – Sept. täglich um 10.15 h in Andermatt, bei jedem Wetter.

126ch Foto: rg

Valle Bedretto

↗XVI/B2

Das Grenztal zwischen Uri, Wallis, Italien und der Leventina ist das **Quellgebiet des Ticino** (Tessin) und das nördlichste Tal des Kantons, ein Alpweidenland mit tief eingeschnittenen Seitentälern. Die Haufendörfer bestehen aus gestrickten Holzbauten, z.T. mit Schindeldächern. Sie liegen im Hochtal zwischen 1313 und 1618 m. Hauptort ist **Villa,** wie **Bedretto** und **Ronco** am linken Hang. Auf der rechten Talseite liegt **Fontana,** das bereits zur Gemeinde Airolo gehört. Im von Lawinen bedrohten Tal hat sich wie in Uri und der Leventina die Genossenschaftssennerei *(boggie)* erhalten.

Das noch ganz unitalienisch wirkende Bedretto-Tal ist mit seinen Tannen- und Lärchenbergwäldern ein beliebtes **Wandergebiet,** so z.B. die Strada degli Alpi (Kabinenbahn Airolo – Sasso della Boggia). Auf dem Weg zum **Nufenenpass** liegt das alte Hospiz all'Aqua, von wo früher ein viel begangener Weg zum San-Giacomo-Pass nach Italien führte. Der steil abfallende Nufenenpass befindet sich inmitten einer imposanten Bergwelt.

Unterkunft

- **Stella Alpina****, 6781 Bedretto, in Ronco, Tel. 091/869.17.14. Kleines, einfaches Hotel, DZ mit Dusche/WC für sFr. 130.

Der Gotthardpass

Valle Leventina

↗XVI/B2

Der Ticino-Fluss durchfließt von seiner Quelle bis zur Mündung in den Lago Maggiore ein langes Tal, das in die Abschnitte Bedretto-Tal, Leventina, Riviera und Magadino-Ebene unterteilt ist. Die Leventina – zwischen Airolo und Biasca – wird von zwei hohen Bergketten flankiert und fällt in drei Stufen südwärts ab.

Quinto

Auf dem Weg von Airolo nach Süden ist kurz hinter Ambri auf der rechten Seite das Dorf Quinto mit seiner **Pfarrkirche SS. Pietro e Paolo** mit dem romanischen, von Lisenen gegliederten Glockenturm sehenswert. Das Schiff von 1681 weist Architekturplastiken vom ehemaligen Chor und eine einmalige Hallenkrypta mit zwei Apsiden auf. Der geschnitzte Hochaltar von *Pisoni* ist von 1691.

Prato

In einer Geländemulde liegt das homogene Prato, seine **Kirche San Giorgio** ist berühmt für ihren romanischen Campanile (erwähnt 1210). Der Turm ist sechsgeschossig mit zwei Glockengeschossen, quadergefügt und wird von Lisenen und vierteiligen Blendbogenfriesen gegliedert.

In der Höhe liegt der **Lago Tremorgio,** einer der schönsten Bergseen des Tessin.

Faido

Auf der Talstraße durch die wildromantische **Piottina-Schlucht** führt die

127ch Foto: tt

Straße 221 m hinunter zum alten Hauptort Faido, wo zu Urnerzeiten zusammen mit Giornico der Sitz des Potestas und die Versammlung der Landgemeinde war. Faido war auch Warenumschlagsplatz. Die Kirche San Andres hat zwei Kapellenpaare und einen mittelalterlichen Turm, die Kapelle San Bernardino wurde 1595 umgebaut und besitzt ein Renaissancetor. Das Kapuzinerkloster am Südausgang stammt von 1608 und wurde 1786 umgebaut. In der Faido-Ebene finden sich erste Edelkastanien und Reben, am rechten Talhang liegt der der Piumogna-Fall.

Im Valle Leventina

Mairengo

Von hier geht es links nach Mairengo und ins Skigebiet von Cari-Croce. In der **Pfarrkirche San Siro** in Mairengo ist die lombardisch-romanische Fassade erhalten geblieben. Die Kirche, 1170 erwähnt, wurde im Spätmittelalter zur Doppelchoranlage ausgebaut. Ein deutscher Flügelaltar ist von 1510. Beide Chöre sowie die Nordwand des Schiffes wurden 1558 von *Gerolamo Gorla* ausgemalt.

Im zersiedelten **Campello** brechen Sportler zu den Höhen von Cari auf, wo Wintersport angesagt ist.

Chiggiogna

Mit der Kirche **Santa Maria Assunta** mit ihrem sechsgeschossigen romanischen Turm mit Zwillingsblenden und Biforen aus dem 11. Jh. besitzt Chiggiogna zwischen Bahndamm und Berghang einen bedeutenden Kirchenbau. Er birgt einen süddeutschen spätgotischen Flügelaltar von 1510.

Chironico

Chironico hat malerische kleine Plätze, im Ortsbild wechseln Strickbauten mit gemauerten Häusern. Südlich der Ortschaft steht der mittelalterliche **Torre dei Pedrini** aus dem 14. Jh. In der Portalünette findet sich ein Fresko mit Madonna und Kind (Ende 15. Jh.) in der Art der Seregneser. Die kleine zweiapsidale **Kapelle SS. Ambrogio e Maurizio** im alten Dorfkern wurde in einer Bauetappe im 14. Jh. gebaut. Beachtlich sind ihre Fresken aus dem 14., 15. und 16. Jh.

Giornico

Durch die Spitzkehren der Biaschina hinab kommt man zum stattlichen Giornico, wo sich in dominierender Lage die **Kirche San Nicolao** erhebt. Sie gilt als bedeutendstes romanisches Baudenkmal im Tessin. Die frühere Benediktinerkirche ist vom Anfang des 12. Jh. Der Rechteckbau mit quadratischem Chor, halbrunder Apsis und rechteckigem Turm ist mit unterschiedlichen Granitplatten verkleidet. Der Turm hat Blendbogennischen mit Einzel- und Zwillingsfenstern. Die Fassade wird von Lisenen gegliedert, die von Zwillingsbögen überbrückt werden, darüber Giebel mit Zwillings- und Kreuzfenstern. Das Schiff hat einen offenen Dachstuhl, der Chor ein Kreuzgewölbe. Unter dem Chor liegt eine Hallenkrypta mit grätigen Kreuzgewölben. Die acht Säulen und Wandvorlagen tragen Kapitelle mit pflanzlichen, geometrischen und figürlichen Motiven. Die romanischen Fresken an der Nordwand des Schiffs zeigen Reste eines Abendmahls, an der Südwand Christophorus und zwei Heilige, vermutlich aus dem 13. Jh. In der Apsis finden sich spätgotische Fresken von *Nicolao da Seregno* von 1478 (geöffnet Sa und So 9–20 h, Schlüssel Tel. 091/8641321).

In Giornico siegten die Eidgenossen 1478 über die Mailänder, die Leventina wurde Uri zugesprochen. Die Kirche **S. Maria di Castello** befindet sich im Areal einer großen mailändischen Burg, die die Urner 1518 zerstörten. Neben anderen Fresken findet man im südlichen Chor die vorzügliche Bemalung eines Seregnesen.

Am linken Flussufer steht die winkelförmig um einen Hof angelegte **Casa Stanga** aus dem 16. Jh. Sie diente während Jahrhunderten als Gasthaus. 50 Wappen an der Nord- und Ostfassade erinnern an Herzöge, Botschafter und Heerführer, die hier übernachtet haben. Die1589 entstandenen Fresken sind vermutlich von *Tarilli* und *Caresana*. Die Casa Stanga ist Sitz des Museums der Leventina (s.u.).

Die Fresken der **Friedhofskapelle** von Giornico stammen aus dem Jahr 1563 und werden den Tarilli zugeschrieben.

Altirolo

In Altirolo findet sich unterhalb des Waldes eine Steinbogenbrücke. An der alten Gotthardroute steht die 1345 geweihte **Kirche San Pellegrino,** die 1589 nach Osten erweitert und ausgemalt wurde. Beim Schwibbogen sind die vier Kirchenväter und die hl. Martin und Antonius Eremita dargestellt, im Bogen der Seitenkapelle sechs Prophetenmedaillons mit Inschrift, die *Giovan Battista Tarilli* und *Domenico Caresano* aus Cureglia als Künstler ausweisen. An den Seitenwänden des westlichen Schiffs finden sich Renaissancemalereien aus dem 16. Jh. Der erhöhte Chor ist mit frühbarocken Stuckaturen und Fresken geschmückt, der Hauptaltar aus Stuckmarmor ist von 1766.

• **Schlüssel** bei Frau Doris Solari, Giornico, Tel. 091/864 19 87. Kirche: Tel. 091/864 13 21.

Pollegio

Bei Bodio sieht man rechts den einst größten Industriebetrieb des Tessin, die Eisenwerke Monteforno, ein ständiges Sorgenkind des Kantons.

In Pollegio wurde die **Kirche Santi Innocenti** an der Stelle errichtet, an der die Gefallenen der Schlacht von Giornico (1478) begraben liegen. Das heutige Gebäude stammt größtenteils aus dem 17. Jh. Das berühmte Beinhaus wurde 1808 wegen des Baus der Gotthardstraße abgerissen.

Praktische Tipps

Camping

- **Campeggio San Gottardo,** 6746 Chiggiogna, Tel. 091/866 15 62.
- **Centro vacanze Piantett,** 6760 Primadengo, Tel. 091/880 80.

Museum

- **Museo etnografico di Leventina,** Casa Stanga, 6745 Giornico, Tel. 091/864 25 22 1. April bis Oktober Di–So 14–17 h. Werkzeuge, Haushaltsgegenstände, Bräuche und Volkskunst.

Wanderungen

- **Strada Alta:** In drei Tagen durch die Leventina: In mittlerer Höhenlage auf dem alten Maultierpfad der Gotthardroute zwischen Airolo und Pollegio oder Biasca, über 40 km durch Siedlungen, Dörfer, Seitentäler, Bäche, Flüsse, Wiesen und Wälder.

Biasca

↗XVII/C3

Biasca ist kirchliches und politisches Zentrum der drei Täler Leventina, Blenio und Riviera, die kirchlich bis 1888 zum Bistum Mailand gehörten. 1512 zerstörte ein Bergrutsch Teile des Dorfes, staute den Brenno und verursachte eine große Überschwemmung. Im 19 Jh. verlagerte der Dorfkern sich in die Ebene.

An der Piazzetta, am Kreuzungspunkt der Straßen zu den Alpenpässen Lukmanier und Gotthard, hat sich der Museumssitz Casa Cavalier Pellanda von 1586 erhalten. Von der Pfarrkirche San Carlo geht es aufwärts zur romanischen Propsteikirche San Pietro e Paolo.

128ch Foto: rg

Bei Biasca

Kirche San Pietro e Paolo

San Pietro e Paolo ist eines der wichtigsten romanischen Bauwerke der Schweiz mit Wandmalereien aus dem 12. bis 17. Jh. Die Kirche geht auf das 11. oder 12. Jh. zurück und befindet sich in dominierender Lage oberhalb von Biasca. Umbauten im 17. und 18. Jh. hatten eine Erhöhung des Bodenniveaus, der Pfeiler, der Fenster und des Gewölbes über dem Mittelschiff zur Folge. Bei Rekonstruktionen im 20. Jh. näherte man sich dem ursprünglichen romanischen Zustand an.

Die dreischiffige Pfeilerstufenhalle mit erhöhtem Mittelschiff ist gegen den Berghang gerichtet und weist eine merkliche Neigung des Fußbodens auf. Die überhöhte Chorpartie mit halbrunder Apsis steht auf dem Felsen, das westliche Schiff auf einem künstlichen Sockel. Verschiedene Steinstrukturen und Außengliederungen kontrastieren miteinander: Lisenen und Zwergbogenfriese an Apsis und Südseite, Blendarkaden an der Nord- und Westseite und im Fassadengiebel Zwillingsfenster, Arkadenfries und Kreuzlucke. Der stämmige **Turm** besitzt Zwillingsfenster im Glockengeschoss unter einem hohen Zeltdach (12. Jh., Zugang zum Turm über eine Steinbrücke). An der Westseite liegen eine Freitreppe von 1685 und eine toskanische Vorhalle von 1772.

Fünf durch Arkaden verbundene Pfeilerpaare unterteilen den Innenraum in drei Schiffe. Das steigende Fußbodenniveau wird durch Stufen am zweiten und vierten Pfeilerpaar überwunden. Die drei Chorkapellen haben Kreuzrippengewölbe auf Konsolen, über der halbrunden Apsis befindet sich ein Kalottengewölbe. Haupt- und Nebenschiff haben flache Felderdecken mit Dekorationsmalereien aus dem 20. Jh.

Zahlreiche Basreliefs aus verschiedenen Epochen sind in die Mauern eingelassen. Auch die **Fresken** an den Kirchenwänden stammen aus verschiedenen Jahrhunderten. Zu den ältesten Fresken zählen der monumentale Christophorus an der Fassade neben dem Eingang sowie die Grissaillemalereien des Hauptchors und des nördlichen Nebenchors: Pferd, Wolf, Schmied, Hahn, Löwe, Schlange, Pfau. Die meisten Wandmalereien sind um 1500 entstanden. Die Fresken am Trumpfbogen und die Darstellungen über den beiden Seitenchören sowie einige Apostelfiguren sind in der Art der *Tarilli* gemalt (16. Jh.). Bemerkenswert an der Südwand über dem Portal sind die Szenen aus dem Leben des hl. *Karl Borromäus, Alessandro Gorla* zugeschrieben: Schlusszeremonie des Konzils von Trient mit dem hl. *Karl,* umgeben von Szenen aus seinem Leben mit Inschriften. Rechts vom Eingang liegt die **Rosenkranzkapelle,** die *G. B. Pellanda* im 17. Jh. bauen ließ, mit Renaissancestuckaturen mit gemalten Engeln und Mariensymbolen.

Von der Kirche führt ein aussichtsreicher Kreuzweg von 1779 zum **Wasserfall Santa Petronilla** und zur gleichnamigen Kapelle.

● **Schlüssel** am Eingang der Kirche San Carlo oder im Verkehrsbüro in der Casa Pellanda, Tel. 091/862 11 39.

Friedhof

Der Friedhof von Biasca, das Ende des 19. Jh. im Kampf zwischen Konservativen und Freisinnigen eine Hochburg der Atheisten geworden war, weist eine schweizerische Besonderheit auf: die **Atheistengräber.** Sie sind anstelle eines Kreuzes oder eines anderen religiösen Symbols mit einer herzförmig zugeschnittenen Holztafel gekennzeichnet, auf der nur der Namen oder die Initialien stehen. Die Freidenker tragen oft unübliche, durchaus melodische Vornamen, so konnten die Kalenderheiligen ignoriert werden.

Information

●**Biasca e Riviera Turismo,** 6710 Biasca, Tel. 091/862 33 27.

Riviera – westliche Talseite

Von Biasca über die Tessinbrücke links durch Granitsteinbrüche und Mischwald mit Kastanien, Tannen, Lärchen und Kiefern geht es zum Dorf **Iragna,** das wie die folgenden Dörfer auf dem Schuttkegel eines Baches liegt. Von Lodrino führt ein Weg nach **Palio** hinauf, wo sich auf dem Monte Paglio die 1215 erwähnte romanische Kirche San Martino befindet. Sie ist verputzt und nicht gegliedert. Die Kirche hat Fresken aus dem 14. und 15. Jh. und in der Apsis Wandmalerien von 1583, die den *Tarilli* zugeschreiben werden.

Über **Lodrino, Prosito** und das am Ausgang eines düsteren Tals liegende **Moleno** mit seiner markanten Kirche führt die Straße in das stattliche **Preonzo** mit seinen Häusern aus dem 15. und 16. Jh. Sie werden von Rundbogenportalen und Außentreppen charakterisiert. Das Portal des Pfarrhauses ziert eine ländliche Malerei des 17. Jh. Ein eingemauertes Muttergottesrelief aus der Mitte des 16. Jh. schmückt ein anderes Haus. Die barockisierte Pfarrkirche ist von 1533, älter ist der verputzte, vermutlich noch romanische Turm. Im Chor gibt es Kreuzgewölbe mit hervorragenden Stuckaturen; Wandmalereien sind an Fassade und Chor. Die Kirche birgt einen prachtvoll geschnitzten dreigeschossigen Hochaltar.

An einer Erdölraffinerie vorbei gelangt man zum erhöht gelegenen **Gnosca** mit der kleinen romanischen Kirchenruine S. Giovanni Battista, die auf das 12./13. Jh. zurückgeht und im 15./16. Jh. erweitert wurde. 1992 restaurierten *T. Carloni* und *A. Martella* das nur noch in seinen Grundmauern vorhandene Bauwerk unter Verwendung von heutigem Baumaterial. Der dachlose Bau dient als Ausstellungsraum für Skulpturen.

Das Dorf **Gorduno** mit intaktem Ortsbild liegt auf einem nach Süden jäh abfallenden Felsplateau. Über **Carasso** führt die Straße über den Ticino nach Bellinzona.

Riviera – östliche Talseite

Osogna

Von Biasca kommend, am fast senkrechten Felsen entlang mit Sicht auf einen Wasserfall und rechts das Tal vor Augen, führt die Hauptstraße nach

Osogna. Der Ort wird dominiert von der spätmittelalterlichen **Kapelle S. Maria di Castello,** die auf dem Gebiet einer abgegangen Burg liegt. Sie hat einen eingezogenem Chor und ein Schiff mit offenem Dach und birgt Fresken des 15. und 17. Jh. sowie einen vorzüglichen schwäbischen Flügelaltar von *Yvo Striegel* von 1494. In der Nähe ist ein schöner Wasserfall, der ins Tal stürzt.

Osogna hat ein weitgehend intaktes Dorfbild, im Ort hatte bis 1798 die Landvogtei Riviera der Urkantone ihren Sitz. In der barockisierten **Pfarrkirche** zeigt der Chor beachtliche Stuckaturen von 1719. Am Berghang südöstlich des Dorfes liegt die **Kapelle S. Maria Addolorata** mit einem schönen Barockaltar von *Franz Josef Kraus* von 1706.

Cresciano

In Cresciano erhebt sich der romanische Turm der spätmittelalterlichen **Kirche San Vincenzo** beherrschend über dem Dorf. Das oberste der fünf Geschosse wurde im 19. Jh. neu gebaut.

Claro

Claro liegt auf einem von zwei Flüssen gebildeten Schwemmkegel. Hoch über Dorf und Tal thront das nur zu Fuß durch einen Kastanienwald erreichbare **Benediktinerinnenkloster,** 1490 gegründet. Der ins 15. Jh. zurückreichende Rechteckbau der Kirche erfuhr 1684 eine Verlängerung, der Kirchturm wurde 1783 in der oberen Hälfte neu gebaut. Im Innern finden sich spätgotische Wandmalereien, in der Kapelle vorne rechts die Pietà von einem süddeutschen Meister um 1500.

Castione

Im Dorf Castione gab es in der Bronzezeit eine Siedlung, wie viele Grabfunde belegen. Seit Jahrhunderten wird hier Marmor gebrochen.

Lumino

Am Taleingang des Misox liegt Lumino. Seine spätgotisch wirkende **Pfarrkirche S. Mamete** enthält spätgotische Fresken. Der Chor hat ein Kreuzgewölbe mit stuckierten Rippen und und eine Relieffigur vom Ende des 16. Jh. In der Nordwand findet sich ein beachtliches Wandtabernakel in Form einer Arkade aus weißem Marmor mit ländlichen Reliefs, um 1530. Sehenswert sind auch die zwei Weihwasserbecken aus Granit und Marmor.

Valle di Blenio ↗XVII/C2

Das nach Süden gerichtete, auch als Sonnental (Val del Sole) bezeichnete Valle di Blenio lässt sich sowohl von Biasca aus als auch über den Lukmanier-Pass erreichen. Von Biasca zogen seit alters Heere nordwärts über den Lukmanier. Die Straße zwängt sich mit dem Flüsschen **Brenno** durch einen Engpass und unvermittelt weitet sich das Tal. Hinter dem Reisenden liegt das Bergsturzgebiet der Biasca von 1512.

Semione

Bei der Abzweigung nach Loderio kommt man auf einer Nebenstraße nach Semione, einem stattlichen Dorf über dem rechten Ufer des Brenno mit herrschaftlichen Häusern. Die 1731–36 neu erbaute Pfarrkirche S. Maria Assunta bildet mit dem Kapellenkranz, der Friedhofssäule und dem Beinhaus eine malerische Anlage.

Kurz hinter dem Dorf führt ein Weg zur ehemaligen **Burg Serravalle,** die auf einem Felsensporn den Talriegel überwacht. Von ihr haben sich eindrückliche Reste erhalten: beim nordwestlichen Eingang Grundmauern eines Rundturmes sowie ein Palas mit Torgebäude an der Ostseite. Drei gemauerte Rundpfeiler gehören zu einer Halle, die in einen Längsraum mit Ofenanlage führt. An seiner Westseite steht ein halbrunder Wehrturm mit tonnengewölbtem Wachraum. Die umschließenden Mauern, die auch den Hügel einschlossen, sind teilweise erhalten. Die Anlage wurde 1162 durch den kaiserlichen Vogt des Tals, *Della Torre,* gebaut, 1176 hielt sich *Friedrich I. Barbarossa* hier vier Tage lang auf. Durch seine Niederlage bei Legnano kam Serravalle zu Mailand, 1181 wurde die Anlage zerstört, im 13. Jh. durch die *Visconti* wieder aufgebaut und 1402 durch die Talbewohner nochmals zerstört. Die Ruine wurde 1932 gesichert.

Am Südrand der Burganlage liegt die **Kapelle S. Maria del Castello,** 1339 erwähnt. Die über einen Meter dicke Südwand soll die Ringmauer der Burg enthalten. Der Chor wurde von *Giovanni Battista* und *Domenico Tarilli* ausgemalt.

Navone

Im malerischen Weiler Navone bei Sempione steht die reizvolle **Barockkapelle S. Maria Bambina,** 1667 gebaut. Die Kuppel ist vollständig ausgemalt von *G. Solvia* und *G. Soldati.* Das Altargemälde entstand um 1500. Durch die Rebberge führt die Straße zum Dorf Ludiano.

Dongio

Über die Brücke nach Motto und auf der Hauptstraße geht es nach Dongio, dessen Kirche und ein Teil des Dorfes 1758 durch einen Bergrutsch zerstört wurden. Über dem Dorf liegt die mittelalterliche **Höhlenburg Casa di Pagani.**

Boscero

Jenseits des Brenno liegt links in Boscero in einsamer Lage in der Talsohle die romanische **Kapelle S. Remi-**

go mit beachtlichen Fresken der Romantik und des Manierismus. Die Wandmalereien aus dem 13. Jh. sind von einem ländlichen Maler. Im Schiff und in der Kapelle finden sich die abgelösten Wandbilder der *Tarilli* von 1600 mit identischen Motiven der romanischen Fresken, zusätzlich eine Abbildung des hl. *Michael* als Seelenwäger. Am Blockaltar stehen zwei romanische Apostelfiguren und Reste von Pilastern aus Stuck aus dem 13. Jh.

Corzonesco

Unterhalb des Dorfes Corzonesco bildet die Kirche mit der Friedhofsmauer mit Kapellenkranz, dem Beinhaus und dem Pfarrhaus ein eindrucksvolles Ganzes in beherrschender Terrassenlage. Neben dem Westportal der Kirche steht eine Außenkapelle, die von den Brüdern *Tarilli* 1587 ausgemalt wurde. Die Marienkapelle besitzt Stuckaturen von *Gio Rezia*.

Am alten Saumpfad, der von der Kirche nach Scarada hinunterführt, liegen zwei kleine, tonnengewölbte Wegkapellen mit Fresken von *da Tradate* von 1510.

Leontica

Im hochgelegenen Leontica haben die vom hohen Campanile von 1925 überragten Häuser gestrickte Wohngeschosse. Das Auto kann man hier stehen lassen, in der Locanda nach dem Schlüssel fragen und dem gut beschilderten Weg durch den Wald zur einzigartigen romanischen Kirche Sant'Ambrogio in Negrentino folgen, die zur Gemeinde Prugiasco gehört.

Kirche Sant'Ambrogio

Sant'Ambrogio (oder S. Carlo) liegt in unvergleichlicher Lage am ehemaligen Saumpfad zum Nara-Pass über dem Tal und gilt als das authentischste Zeugnis **lombardischer Romanik** in der Schweiz, ausgestattet mit romanischen und vorzüglichen spätgotischen Wandmalereien. Die Anlage, erwähnt 1214, ist in zwei Bauetappen entstanden. Der romanische Apsidensaal vom Ende des 11. oder Anfang des 12. Jh.

129ch Foto: pb

Im Blenio-Tal

erfuhr im 13. Jh. eine südliche Erweiterung durch einen schmaleren, aber sonst gleichen Raum. Die Eingänge wurden ins Südschiff verlagert. Im 12. Jh. entstand der Campanile, aus späterer Zeit sind die Sakristei und die Fenster in den Apsiden.

Die Halbrundapsis hat verschieden große und farbige Quaderlagen und wird von Lisenen und Zwergarkaden gegliedert. Sie zeigt ein romanisches Pfauenrelief. Der Turm hat Zwillingsarkaden und ein Zeltdach, an der Ostwand prangen zwei Kreuzwappen der Leventina, darüber das von Uri. In der Lünette ist ein Fresko, darüber der hl. *Michael,* um 1500. Der flach gedeckte Innenraum wird durch ein Arkadenpaar über einem Rundpfeiler geteilt. Die romanischen Wandgemälde sind vermutlich vom Ende des 11. Jh. Die spätgotischen Fresken sind in der Art der Seregnesen gemalt und stammen aus der zweiten Hälfte des 15. Jh. Die Gemälde im Südschiff sind von einem anderen Künstler, vermutlich von *Antonio da Tradate* (16. Jh.).

Castro

In seinem Heimatort Castro hat der Maler *Carlo M. Biucchi* 1732 den Chor der **Kapelle S. Antonio** illusionistisch ausgemalt. Neben der Kapelle befindet sich die **Casa dei Landvogti** von 1660, einst Sitz der Landvögte, ein dreigeschossiger Steinbau mit Holzbalustrade unter einer Traufe mit origineller volkstümlicher Fassadenmalerei mit Tieren, Landsknechten und den Wappen des Blenio-Tales und der Urkantone.

Rund um Aquila

Beim Weiler **Traversa** kann man nach **Marolta** mit der Casa Romagnoli (Fassade mit Heiligen, Wappen und Kreuzigung) abbiegen oder ins aussichtsreiche **Ponto Valentino** mit der stattlichen Barockkirche und dem eigenartigen Beinhaus weiterfahren. Im Bergdörfchen **Largario** bildet die Kirche von 1776 mit dem Beinhaus eine malerische Baugruppe.

Der Hauptort des mittleren Blenio-Tals, **Aquila,** ist ein stattlicher Ort mit alten Häusern, z.T. mit Außentreppen und Balkonen. Hier finden sich viele Fresken des 16. bis 18. Jh und Bildstöcklein, u.a. von dem hier beheimateten *Degiorgi* ausgemalt.

Olivone

Hinter einer kleinen Talenge zeigt sich das vom Sosto dominierte Olivone, im Westen steigt die Straße zum Lukmanier-Pass hinauf. Auf dem Gemeindegebiet von Olivone stehen etliche reich ausgestattete Kapellen. Zum Teil wurden die Kunstschätze in den Museen des Blenio-Tals in Olivone und Lottigna untergebracht. In Lavorceno steht neben der Kapelle S. Giuseppe mit Fresken aus dem 17. Jh. die Casa Hemma, Sitz einer gleichnamigen Notablenfamilie, mit verschiedenen Wappen.

Olivone hatte seine Blütezeit im Hochmittelalter, als der Lukmanier oft überschritten wurde. Es war relativ unabhängig, mit eigenem Maßystem bis 1823, und durfte Wegzoll erheben. Die barockisierte romanische **Pfarrkirche San Martino,** erwähnt 1136, wurde im 17. Jh. völlig umgebaut und besitzt einen romanischen Campanile. Das **Talmuseum Cà da Rivöi** (s.u.) ist ein Pfrundhaus aus dem 17. Jh. mit gestricktem Holz- und gemauertem Sockelteil.

Campo-Tal

Hinter dem Weiler Scona führt ein 1,5 km langer Tunnel ins Campo-Tal. Links von der Straße liegt der kleine **Wintersportort Campo-Blenio** mit der 1225 erwähnten Pfarrkirche SS. Maurizio e Agata. Bei Aquilesco führt eine Straße in vielen Windungen zum **Luzzone-Stausee** hinauf. Über Ghirone mit seiner Barockkirche mit einem großen Fassadenwandgemälde und der Friedhofskapelle verläuft ein Sträßchen ins **Val Camadra,** das in einem Pfad mündet, der über den Greina-Pass ins bünderische Somvix führt.

Zum Lukmanier-Pass

Die Lukmanierstraße führt von Scona ins Valle del Lucomagno nach **Camperio** mit seiner Kapelle und seinem Hospiz, über Plan Segno und **Acquacalda** durch eine alpine Parklandschaft mit ausladenden Arven und weiß ausgewaschenen Kalkformationen auf die Lukmanier-Passhöhe.

Torre

Zurück in Aquila fährt man über Dangio nach Torre, wo das bedeutendste Herrschergeschlecht des Blenio-Tals zu Hause war, die *Delle Torre.* Sie standen auf der Seite *Barbarossas* und verloren nach seiner Niederlage bei Legnano ihren Einfluss und ihre Besitztümer, darunter die Burg Serravalle. Auf der Anhöhe bildet die barocke Pfarrkirche mit dem schlanken romanischen Turm und dem kleinen Beinhaus sowie dem Pfarrhaus ein weiteres schönes Bauensemble. Die Kirche birgt zwei bedeutende Verkündigungstafeln aus dem 16. Jh.

Lottigna

Von Torre geht es hinab in den ehemaligen Hauptort Lottigna. Die Pfarrkirche SS. Pietro e Paolo geht in die romanische Zeit zurück. Die zu Beginn des 16. Jh. errichtete **Casa dei Landvogti** ist zusammen mit dem Landvogteihaus in Bironico das bedeutendste heraldische Baudenkmal des Kantons Tessin. Der quadratische Bau mit Steindach und zwei Giebeln wurde der Vogtei Blenio als Sitz der Landvögte überlassen. Die Talfassade zeigt zahlreiche Wappen der hier im 16. und 17. Jh. tätigen Landvögte. Über den Wappen hängen die Schilder des Blenio-Tals und der Urkantone Uri, Schwyz und Unterwalden. An der Rückfront des Hauses sind weitere Wappen und ein Kreuzigungsgemälde zu sehen.

Im Palazzo ist das **volkskundliche Museum** (s.u.) des Blenio-Tals untergebracht, mit einer großen Sammlung religiöser Kunst sowie einer Waffensammlung. In der kleinen, unscheinbaren **Kapelle** in der Talsohle finden sich bedeutende signierte Fresken der Spätgotik. Der Chor birgt eine Kreuzigungsgruppe mit einer Inschrift von 1455, die *Christoforo da Seregno* und *Lombardus von Lugano* als Künstler angibt.

Val Malvaglia

Über Motto gelangt man nach Malvaglia, von wo eine Straße ins einsame, für seine Schafzucht bekannte Val Malvaglia abzweigt und eine andere ins ebenso urtümliche Val Pontirone mit dem einst blühenden Pfarrdorf Pontirone, das eine einheitliche Steinplattenbedachung aufweist. Die Dörfer des Val Malvaglia sind großteils von eindrücklicher Geschlossenheit. Die Blockhäuser stehen auf Sockeln, besitzen Rückwände aus Trockenmauerwerk und haben Steinplattenbedachung. Zum Teil sieht man noch Heustadel mit Rundhölzern. In den Weilern am Südhang haben sich frei stehende Trockengitter *(rescane)* erhalten, die vom früheren Gerstenanbau zeugen.

Bei der Brücke in **Dandrio** steht eine zerfallene Mühle. Das langgestreckte Streudorf **Malvaglia** war einst bedeutender Stapelplatz am Lukmanier-Passweg. Wegen dem Bergsturz des Crenone 1512 bildete sich am Talausgang ein See, der das Dorf immer wieder überschwemmte.

Am Dorfplatz steht die kunstgeschichtlich bemerkenswerte **Pfarrkirche San Martino** mit einem der höchsten romanischen Türme des Tessin. Der fünfgeschossige Turm wurde in Quaderstruktur mit Rundbogenfenstern im 12. Jh. gebaut. Lisenen, Zwergarkaden und Sägefriesen gliedern ihn, an der Westseite zeigt er Reste eines romanischen Christophorus. Die asymmetrische Fassade hat Fresken aus der Mitte des 16. Jh. Beachtliche Wandmalereien zeigt die südliche Turmwand im Schiff. An der Chorbogenwand, im Gewölbe und an den Wänden finden sich barocke Darstellungen von *Bernardion Serodine* aus Ascona, um 1650. Im Chor gibt es drei Glasgemälde aus dem 16. Jh.

Bemerkenswert sind die Kapellen in den Ville: Ville nennt man die einzelnen Siedlungen im Tal, jede hat ihre eigene Kapelle. Am bedeutendsten ist sicher die zwischen den wenigen Häusern von **Madra** versteckte Kapelle San Giacomo mit beachtlichen originellen Fresken aus der Werkstatt der Seregnesi (15. Jh.), leider in einem stark beschädigten Zustand. Auch die übrigen Kapellen sind ausgemalt, wenn auch mit weniger wertvollen Bildern.

Praktische Tipps

Information

- **Blenio Turismo,** 6718 Olivone, Tel. 091/ 872 14 87, www.vallediblenio.ch.

Unterkunft

Im Blenio-Tal bis zum Lukmanier hinauf gibt es eine ganze Reihe von akzeptablen *alberghi* zu vernünftigen Preisen. Informationen über das Touristenbüro.

- **Hotel Uomonatura,** Centro Ecologico UomoNatura, Strada del Lucomagno, 6718 Acquacalda, Tel. 091/872 26 10, www.uomona tura.ch. Ökohotel, führt Zimmer ganz unterschiedlicher Qualität und Preise von einfach bis komfortabel, auch Gruppenräume. DZ mit Dusche/WC inkl. Frühstück sFr. 130.

Camping

- Das **Ökozentrum UomoNatura** hat auch einen Campingplatz, am Ufer des Baches Brenno, Adresse s.o.

Essen und Trinken

- **Grotto al Sprüch,** Ludiano, Tel. 091/870 10 60.

Museen

- **Museo di Blenio,** Casa dei Landvogti, 6711 Lottigna, Tel. 091/871 19 77. Bäuerliches Handwerk, Landwirtschaft, Weinanbau, Bienenzucht, Forstwirtschaft, Trachten, Emigration, sakrale Kunst, Milizenfeuerwaffen vom 15. Jh. bis heute.
- **Museum San Martino** im Cà da Rivöi/Casa d'Olivone, 6718 Olivone, Tel. 091/872 10 56. Mobiliar und Gegenstände des täglichen Lebens, Brauchtum im Blenio-Tal: Gerätschaften und Werkzeuge, Brotofen, Bekleidung, religiöse Kunst, Truhen, Goldschmuck, Kultgegenstände, Votivtafeln.

Wanderungen

- **Sentiero dei Fiori** (Blumenweg): Campo Blenio – Acquacalda (4 Std.).
- **Bergseen von Scai, Segna, Campanitt:** Vom Ospizio Santa Maria zum Lago di Scai, Lago della Segna, Lago dei Campanitt, zurück nach Santa Maria. Der Weg bietet keinerlei Schwierigkeiten; normale Bergausrüstung. Verpflegungs- und Übernachtungsmöglichkeiten im Hospiz auf dem Lukmanier-Pass und in Acquacalda. Abseits der Strecke Berghütten Cadagno und Cadlimo.
- Das **Ökozentrum UomoNatura** (s.o.) bietet geführte Wanderungen an.

Bellinzona

↗XXIII/C-D2

Das **„Tor zu Italien"** war schon in prähistorischer Zeit besiedelt (Funde im Museo Civico). 590 erstmals erwähnt, besaß Bellinzona für die Alpenpolitik der Römer und Franken, der deutschen Kaiser und der Eidgenossen eine Schlüsselfunktion. Bis ins 13. Jh. von Como beherrscht, ab 1242 von Mailand und unter diesem von den *Visconti* und *Sforza* im 14. und 15. Jh. zu einer „uneinnehmbaren" Festung ausgebaut, errichteten 1503 die Urkantone hier eine Vogtei.

Im Mittelalter bestanden die von den Visconti und Sforza gebauten Festungsanlagen der Stadt Bellinzona aus drei Burgen, einer Ringmauer und einer imposanten Wehrmauer, die sich vom Castelgrande bis zum Fluss Ticino hinzog. Sie dienten dazu, den Zugang ins Ticino-Tal abzuriegeln, die Straße zum Gotthard und damit den Einzug der Wegzölle zu sichern. Mit der Übernahme durch die Eidgenossenschaft und der späteren Gründung des Kantons Tessin verloren die alten Bellinzoneser Festungsanlagen ihre Verteidigungsaufgabe.

130ch Foto: tt

Die Burgen von Bellinzona sind UNESCO-Weltkulturerbe

Festungsanlagen

Die drei Burgen von Bellinzona, Castelgrande, Montebello und Sasso Corbaro, sind mit ihren Festungsanlagen von der UNESCO als **Weltkulturerbe** anerkannt worden. Sie sind das besterhaltene Beispiel mittelalterlicher Festungsarchitektur am Alpenrand. Riesige Mauerschalen umfassen die beiden Burghügel und bilden die eigentlichen Zitadellen. Eine nördliche und eine südliche Stadtmauer riegeln die Stadt quer zum Tal ab, die noch erhaltenen Teile weisen viereckige, innen offene Wehrtürme, Maschikulikränze und Kerbzinnen auf. Im östlichen Teilstück blieb der Torbogen erhalten. Das Tor im Wehrturm südlich des Municipio mit einem spätgotischen Relief mit dem Schlangenwappen von Bellinzona stammt aus dem Jahr 1925. Die Talsperre verläuft vom Castello Grande in die Ebene, wo sie die 1515 vom Hochwasser zerstörte Tessinbrücke erreichte. Die von zwei Rundtürmen verstärkte Mauer trägt einen Wehrgang von 4,70 m Breite, beidseitig von Zinnen über einen Pechnasenkranz eingefasst. Im Innern finden sich zwei übereinander liegende Galerien mit Tonnengewölben.

Castello Sasso Corbaro

Zu Fuß kann man die Burgen und Mauern am besten erkunden. Das Castello Sasso Corbaro, 462 m.ü.M. (vom Bahnhof mit dem Postauto erreichbar) wurde 1479 im Laufe von nur sechs Monaten an Stelle eines Turmes erbaut und bildete den obersten Punkt des Befestigungsrings, der die Stadt umgab. Das Tempo drängte sich wegen des Sieges der Eidgenossen bei Giornico auf: Die Mailänder befürchteten, dass die Eidgenossen die Festung auf dem Höhenweg umgehen wollten.

Der quadratische Bau war ein typischer Defensivbau gegen die neuen Feuerwaffen. Die Nordmauer erreichte eine Dicke von fast 5 m, an der Nordostecke erhebt sich ein niedriger Turm unter einem Walmdach, an der Südwestecke steht ein schlanker Wartturm mit zinnenumschlossener Wehrplatte. Umgestaltete Wohngebäude liegen an der westlichen und südlichen Hofinnenseite, neben dem Turmeingang stehen die Kapelle S. Barbara und ein rekonstruierter Sodbrunnen. Heute ist die Burg ein **Museum.**

Castello Montebello

Zu Fuß steigt man ab zum Castello Montebello, der malerischsten der drei Burgen und eine der eindrucksvollsten der Schweiz. Ihr Ursprung liegt im 12. oder 13. Jh., sie wurde 1460–70 ausgebaut, später war sie Sitz der Vogtei Schwyz, deshalb auch „Schwyz" genannt. Die Burg erhebt sich an der Ostflanke des Tals, etwa 90 m oberhalb der Stadt. Der Baukomplex wird charakterisiert von Maschikulis und einem Ring zinnenbewehrter Mauern, die mit anderen, zur Stadt hinunterführenden Mauern verbunden sind.

Die Baugruppe gliedert sich in drei Wehrbezirke: Die hangwärts gerichtete **Schildmauer** mit einem kleinen, polygonalen Wehrturm bildet nach Norden einen spitzwinkligen Zwinger mit Falltüre. Im Süden liegt eine mächtige **Zitadelle** mit einem zur Stadt gerichteten Wartturm. Ein polygonaler innerer **Mauerring** weist an der West- und Südecke je einen halbrunden Turm auf und bildet so talwärts ein Scharnier zu den Ringmauern. Der viereckige Turm an der Nordostecke ist durch einen Graben vom Zwinger getrennt und hat ein Tor mit Fallbrücke. Den Kern bilden der trapezförmige Bergfried, der Hof und der heute zum Museum umgebaute Palas, der von einer Mauer umschlossen ist. Auf der Ostseite, zwischen den beiden Mauern, hat eine kleine, einfache, dem hl. *Martin* geweihte Barockkapelle aus dem 17. Jh. mit kreuzgewölbtem Schiff und Chor Platz gefunden.

Das Castello Montebello wurde in den Jahren 1971 bis 1974 von *Mario Campi, Franco Pessina* und *Niki Piazzoli* restauriert und beherbergt das **Städtische und Archäologische Museum.**

Castel Grande

Ein Treppenweg, die alte Stadtmauer entlang, führt auf die Piazza della Collegiata. Hier beginnt der Aufstieg über die Scalinata San Michele zum Castel Grande, das nach Plänen von *Aurelio Galfetti* 1981–91 restauriert wurde. Er wandte kühne architektonische Lösungen an, so einen Aufzug durch den Felsen, der von der Piazza del Sole auf den Burghügel führt, und eine flügelförmig gewölbte Rampe bis zum höchsten Punkt, der Piazza Mario della Valle. Galfetti bezog den ganzen Burghügel in die Neugestaltung ein. Es entstand ein städtischer Park. In einem Flügel des Castel Grande richtete er das **Historische Museum** mit einer archäologischen und einer geschichtlich-künstlerischen Abteilung ein sowie ein Restaurant mit Weinstube.

Die mittelalterliche Burg, die auch die alte Pfarrkirche San Pietro sowie die Kapellen S. Maria und S. Michele, das bischöfliche Palais und die Kanonikerhäuser umschloss, soll im 13. Jh. entstanden sein. Der Turm wurde erstmals 1198 erwähnt, das Vorwerk (Zwinger) entstand in der zweiten Hälfte des 15. Jh. und war von 1503 bis 1798 Sitz des Landvogts von Uri und wurde deshalb auch Schloss Uri genannt. 1881 wurde die Anlage zum kantonalen Arsenal umgestaltet. 1883 baute man eine spiralförmige Straße, die die Zwingmauern zweimal durchbrach.

Die ausgedehnte Anlage umfasste den ganzen Hügel mit einem System von Mauern und Vorwerken mit insgesamt fünf Wehrabschnitten: auf der östlichen Hügelflanke die nördliche Vorburg, rechts die Torre Bianca, der stärkere Bergfried, links die Torre Nera, verbunden mit einer Schildmauer mit Wehrgang und Zinnenkranz. Beide Türme haben bekrönende Zinnen und Zeltdach. Im tiefer gelegenen Ostabschnitt des Innenhofs (heute oft für Freilichtvorstellungen benutzt) lag der Kirchenbezirk, wo die alte Pfarrkirche S. Pietro und die Priesterwohnungen lagen. Vom westlichen Zwinger kommt man auf die Murata. Von der Höhe der alten Burgmauern genießen Besucher einen grandiosen Blick auf die Stadt.

Vom Castelgrande geht es weiter über die ebenfalls restaurierte **Wehrmauer,** die früher bis zum Fluss Ticino führte. Eine Passerelle überbrückt den seinerzeit abgebrochenen Teil und führt zum **Viale Portone.** Der Blick fällt auf moderne Bauten, die von Tessiner Architekten errichtet wurden. Im Hintergrund liegen die Grünanlagen des Sportzentrums, des Städtischen Schwimmbads und der Tennisplätze am Ufer des Ticino. Von der Passerelle kann der Rückweg durch die Altstadt von der Via Orico aus, durch das Viale Portone oder die Via Mirasole, angetreten werden.

Altstadt

Kollegiatskirche SS. Pietra e Stefano

Vom Castel Grande aus gesehen, ragt die Kollegiatskirche SS. Pietra e Stefano aus dem Häusergewirr heraus. Der 1424 erwähnte, bedeutende **Renaissancebau mit barocker Ausstattung** wurde 1517 unter *Tommaso Rodari* (Bauherr des Doms in Como) weitgehend neu gebaut. Der Turm ist von 1583, die Fassadenverkleidung aus Castione-Marmor von 1654, Umbau des Chores 1684 bis 1764. Die Kirche steht auf einem künstlichen Gelände, das später die großzügige Freitreppe zum Platz ermöglichte.

Die durch Lisenen gegliederte Fassade hat ein Hauptportal mit Säulenpaar, gesprengtem Giebel und Nischenfigur des hl. *Petrus,* datiert auf 1640, darüber ein Radfenster im Stil der Gotik mit Renaissance-Reliefs. Im Innern gibt es reiche **Stuckaturen.** Die Evangelisten, Propheten und Sibyllen in den Arkadenzwickeln und die Putten auf den Gebälkstücken der Kapellen sind vom Italiener *Giovanni Barberini.* Am Chorbogen zeigen sich Rokokostuckaturen.

Nördlich über der Marthakapelle, an die Collegiata angebaut, liegt das **Bruderschaftsoratorium S. Marta,** ein Rechteckbau des 17. Jh. mit vorgeblendeter Loggia aus dem 18. Jh. Im Stichkappengewölbe findet sich illusionistische Architekturmalerei von *Baroffio.*

Piazza Collegiata

Auf der Piazza Collegiata haben sich vornehmlich Bauten aus dem 18. Jh., vor allem Häuser der Chorherren, erhalten, z.T. mit schmiedeisernen Balkonen. Die Häuser zwischen Piazza Collegiata und Piazza Nosetto sind größtenteils neu, teilweise wurden die Fassaden beibehalten. Der dreieckige Platz hat an der Nordseite Arkaden. Der **Palazzo Civico** mit Loggienhof und Turm wurde 1924 anstelle des alten Rathauses aus dem 15. Jh. erbaut.

Casa Magoria

In der Via Magoria ist die herrschaftliche Casa Magoria (Nr. 12) aus dem 18. Jh. sehenswert. Sie hat einen Außenhof, gewölbte Korridore, eine merkwürdige Treppe, eine Beletage mit Säulenkapitellen des 15. Jh. und im Erdgeschoss einen Steinkamin aus der Mitte des 16. Jh.

In der Via Camminata zeigt die Nr. 1 ein Renaissance-Tor mit zwei Pilastermedaillons, Löwenkopf und Windrose, einen Loggienhof und überwölbte Treppen.

Via del Teatro

In der Via del Teatro Nr. 9 steht die **Casa Cusa;** sie hat ein Renaissance-Kapitell an der Laube mit Fuchswappen der Familie und einen Loggienhof mit Kapitell aus dem 15. Jh., das das Wappen Rusca zeigt. Das spätklassizistische **Stadttheater** ist von 1847. Der **Palazzo del Governo,** erbaut um 1740, war zuerst Ursulinerinnenkloster, dann Mädchenerziehungsanstalt. Die Klosterkirche wurde 1889 abgerissen, der Südwestflügel 1920 in neoklassizistischem Stil neu gebaut, um die Mitte des 20. Jh. folgten weitere Bauten. Im Großratssaal finden sich Gewölbemalereien von 1889, in einer neueren Halle ein Fresko von *Serge Brigioni.*

Via Orico

In der Via Orico steht der **Palazzo Sacchi** (Nr. 9). Der Dreiflügelbau aus dem 18. Jh. hat drei schmiedeiserne Balkone und einen trapezförmigen Hof mit einer sich zum Schlosshügel öffnenden Treppenanlage. An der Straße zum Castello Sasso Corbaro steht die 1686 und 1750 erweiterte Kapelle der Madonna della Neve.

Kirche S. Rocco

Im südlichen Stadtteil liegt die Kirche S. Rocco, ein 1478 weitgehend neu gebauter Rechteckbau mit kleinem Turm neben der Fassade und gefluchteter Sakristei mit dem Bruderschaftsoratorium im Obergeschoss. Es ist ein dreijochiger, kreuzgewölbter Einheitsraum mit einfachen Stuckaturen (18. Jh.) und teils beachtlichen Gemälden aus dem 17. Jh.

S. Maria delle Grazie

S. Maria delle Grazie besitzt zusammen mit S. Maria degli Angioli in Lugano die besten lombardischen **Renaissance-Malereien** im Tessin. Die 1505 geweihte Rechteckanlage hat im Norden drei polygonale Kapellen, die durch Bögen miteinander verbunden sind. Das flach gedeckte Schiff wird durch eine Lettnerwand vom quadratischen, kreuzrippengewölbten Mönchschor getrennt. Die Konventgebäude wurden mehrfach umgebaut und erweitert, der Kreuzgang teilweise vermauert.

Kirche S. Biagio

Nicht weit von S. Maria delle Grazie in Ravecchia steht die Kirche S. Biagio mit beachtlichen Wandmalereien, eine der ältesten Kirchen von Bellinzona, gebaut im 13. Jh. anstelle eines älteren Vorgängers. Die Fresken stammen von verschiedenen Künstlern und sind mit Ausnahme von denen im Chorgewölbe aus dem 15. Jh. , die meisten vor 1450.

Praktische Tipps

Information

- **Bellinzona Turismo,** 6500 Bellinzona, Tel. 091/825 21 31.

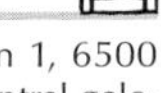

Unterkunft

- **Unione*****, Via Generale Guisan 1, 6500 Bellinzona, Tel. 091/825 55 77. Zentral gelegenes Hotel nahe dem Bahnhof, DZ mit Bad/WC inkl. Frühstück sFr. 210.

●**Internazionale*****, piazza stazione 35, Tel. 091/825 43 33, www.hotel-internazionale.ch. Typisches Bahnhofshotel mit gutem Standard, 20 Zimmer mit Dusche/WC, DZ inkl. Frühstück sFr. 130–180.

Camping

●**Bosco di Molinazzo,** 6500 Bellinzona, Tel. 091/829 11 18, TCS-Campingplatz, ruhig gelegen.

Essen und Trinken

●**Ristorante Castelgrande,** Salita al Castello, Tel. 091/826 23 53, auf dem Gelände des Castel Grande. Gestylt, eher teuer, Fisch- und andere Spezialitäten. Im selben Lokal: **Grotto San Michele,** Tel. 091/826 23 53. Schön gestaltetes Grotto mit weitem Blick über die Magadino-Ebene. Snacks.

●**Bar Viale,** Viale Stazione, Tel. 091/825 73 03. Tagsüber geöffnet, So geschl. Beliebte Snackbar.

●**Castelgrande,** Salita al Castello, Tel. 091/ 826 23 55. Gepflegte Küche, moderne Einrichtung mitten im mittelalterlichen Schloss (Mo geschlossen).

●**Orico,** via Orico 15, Tel. 091/825 15 18. Hervorragendes, gar nicht so teures *-Michelin-Lokal in der Altstadt. Mediterrane und französische Küche, Vorbestellung ratsam.

●**Osteria Nord,** Via alle Torri, Carasso bei Bellinzona, Tel. 091/826 20 95. Sympathische, typische Osteria mit guter Küche und schönem Gartenrestaurant unter Platanen.

●**Grotto Malakoff,** Carrale Bacilieri 10, Tel. 091/825 49 40. Typische Pasta-Spezialitäten unweit des Kantonsspitals.

●**Grotto Torcett,** Giubiasco-Pedevilla, Tel. 091/857 02 95.

Museen

●**Museum Schloss Sasso Corbaro,** Collina di Artore – Castello di Untervaldo, Tel. 091/ 825 59 06 1. April bis Ende November Di–So 10–18 h. Temporäre thematische Ausstellungen. Emma-Poglia-Saal: Herrschaftsraum aus dem Blenio-Tal aus der zweiten Hälfte des 17. Jh.

●**Städtisches Museum Castello di Montebello,** via Artore 4, Tel. 091/825 13 42, Di–So 10–18 h. Im Hauptturm und im Palazzetto: Fundstücke aus archäologischen Ausgrabungen, Steinmetzarbeiten des 15. Jh., Werke von Tessiner Künstlern, Waffensammlung 15. bis 19. Jh.

●**Museo di Castelgrande,** Tel. 091/82 581 45, tägl. 10–18 h. Piazza del Sole, Lift bis zur Schlossterrasse. Das Museum ist im Südflügel des Castelgrande. Zusammenfassung der 6500 Jahre menschlicher Präsenz auf dem Burghügel. Münzen des 16. Jh., Überreste einer Münzprägestätte.

Veranstaltungen

●**Cinema a Castelgrande,** Castelgrande, Tel. 091/825 21 31. Großleinwand, Open-Air im Sommer, 700 Sitzplätze.

●**Castellinaria – Internationales Jugend-Filmfestival,** Espocentro, Via Cattori 3, Tel. 091/825 21 31. Das Festival des Jungen Films findet im November im Espocentro mit Beiträgen aus der ganzen Welt statt.

Einkaufen

●**Markt,** in der Altstadt von Bellinzona, Sa 7–12 h. Tessiner Produkte wie Wurstwaren, Formaggini und Alpkäse, Tessiner Brot, Blumen, Kleider, Kunsthandwerk.

Ausflüge

●Die Region um die Kantonshauptstadt ist reich an **Weinbergen,** die von Familienbetrieben geführt werden, welche bei geringen Mengen auf eine gute Qualität achten. Adressen siehe Weinführer im Kap. „Praktische Reisetipps A–Z: Essen und Trinken".

Biking

●Von Bellinzona bieten sich drei verschiedene **Fahrradrouten** an: durch das Misox zum San Bernardino, auf dem Veloweg nach Locarno oder Richtung Chiasso.

Valle Morobbia

↗XXIII/D2

Das unbekannte, landschaftlich reizvolle Valle Morobbia führt zum Passo di San Jorio, der das Sopraceneri mit dem Comersee verbindet. Der Pass war früher ein Schmuggler-Paradies. Ausgangspunkt ist **Giubiasco,** ein Industrieort mit altem Dorfkern am Hang. Über eine Steinbogenbrücke erreicht man die auf einem Hügel liegende, altertümliche romanische Kirche S. Bartolomeo.

Neben den markanten Kirchen erheben sich über den Rebhügeln ein paar wuchtige, runde Türme, die **Fortini delle Fame.** Sie wurden 1853–55 gebaut, als das österreichische Herrschaftsgebiet bis ans Tessin reichte. Die Lombarden versuchten mehrmals sich zu befreien, so auch 1853. Österreich erhob die Beschuldigung, der Aufstand sei von der Schweiz angezettelt worden, wies als Gegenmaßnahme 5000 Tessiner aus Norditalien aus und verfügte eine Grenzsperre gegen die Schweiz. Die Schweizer zeigten sich mit den Tessinern solidarisch und spendeten Geld. Als Arbeitsbeschaffungsmaßnahme wurden die Türme mit Schießscharten gebaut. Heute sind die meisten abgerissen oder in schlechtem Zustand.

In **Pedevilla** steht die Casa Tatti, ein Rechteckbau mit ummauertem Park aus dem 17. Jh., sowie die Privatkapelle der Familie. Die Straße steigt und gibt den Blick auf die Magadino-Ebene und den Lago Maggiore frei. Durch Rebhänge gelangt man zu dem auf einer Hangterrasse liegenden **Pianezzo** mit seiner spätmittelalterlichen Kirche, an deren Fassade *Christophorus* und die hl. *Jakobus* und *Philippus* gemalt sind (16. Jh).

Den Südhang des Motto d'Arbino entlang, zweigt vor Vellano die Straße nach Pudo ab. Dem Dorf **Carmena** liegt der Fels des Camoghè gegenüber, zu dem das wilde Valmaggina-Tal führt. Die stattliche barocke Talkirche von **Abbondio** hat Reste spätgotischer Malerei über dem Portal. Von **Melera** führt die Straße durch eine Schlucht nach **Carena,** das wie die anderen Dörfer Bruchsteinhäuser mit Steinplattendächern und Holzlauben hat. Von Carena (985 m.ü.M.) führen Pfade zum **Jorio-Pass.**

Magadino-Ebene

↗XXIII/C2

Monte Carasso

In Monte Carasso, auf der Bellinzona gegenüber gelegenen Ticino-Seite, hatten die *Sforza* ein Vorwerk errichtet. Das sehenswerte Kirchlein **Oratorium S. Bernardo** befindet sich oberhalb von Monte Carasso, es ist sowohl mit der nach Mornera führenden Seilbahn (Haltstelle Curzutt), als auch in 20 Minuten zu Fuß von der Seilbahnstation erreichbar. Das schon im 12. Jh. erwähnte Kirchlein wurde später mehrmals umgebaut und birgt eine Reihe sehenswerter Freskenmalereien des 15. bis 17. Jh. (Schlüssel bei der Station der Seilbahn Monte Carasso, Tel. 091/ 825 81 88).

Die Pfarrkirche **SS. Bernardino e Girolamo** weist auf der Fassade Wandmalereien aus dem 16. Jh. sowie auf der Südseite einen Christophorus aus dem 15. Jh. auf. Die burgartige Kirche **S. Trinità** liegt auf einem Felssporn, die Kapelle **S. Maria di Loreto** (17. Jh.) malerisch im Tal. Die Straße führt über die Brücke der Sementina. Die sich hier das Ufer entlang ziehende Zinnenmauer gehörte nicht zum Vorwerk der Sforza, sondern ist ein Teilstück der Talmauer von 1854, die zur Abschreckung der Österreicher gebaut worden war.

Wanderung

- **Sentiero delle vigne** (so ausgeschildert), 5 km durch Weinreben, von Monte Carasso bis Cugnasco.

Die Nordseite entlang

Das Dorf **Sementina** hat am Hang eine spätmittelalterliche Kapelle, im 17. Jh. umgestaltet, mit zwei spätgotischen Fresken an der südlichen Außenwand. Hinter Sementina öffnet sich das schroffe und düstere Val Sementina. Rechts dehnen sich Auenwälder aus. Hier trat der Ticino immer wieder über die Ufer, bis er im Jahr 1885 melioriert wurde.

Bei **Gudo** beginnen die großen Rebberge, die sich bis Tenero ziehen. Westlich auf einem Felssporn liegt zwischen gut erhaltenen Bauernhäusern ein kleine Kapelle aus dem 17. Jh. Im nächsten Ort, **Progero,** liegt die romanische Kapelle S. Maria in einem prähistorischen Siedlungsgebiet. Von **Cugnasco** führt eine Straße in vielen Biegungen nach **Monti di Ditto** (810 m), hier suchten früher im Sommer die Bewohner der Magadino-Ebene Schutz vor der Malaria. In der Kapelle S. Martino finden sich vorzügliche spätgotische Fresken.

Fast mit S. Martino identische spätgotische Wandmalereien in der Art der Seregnesen hat die mittelalterliche Kapelle SS. Anna e Cristoforo in **Curogna.** Im hinteren Teil und an der Westwand gibt es Fresken von 1601 von *Gorla*.

Von Ditto führt die Straße weiter hinauf zu den **Monti Motti** mit Blick auf die Magadino-Ebene. Eine kleine Panoramastraße zweigt bei Agarone links ab und folgt den Weinbauerndörfchen in der Höhe bis **Gordola** mit seinen guten Weinlagen. Bei Gordola zweigt die Straße ins Verzasca-Tal ab.

Bolle di Magadino

Das **Delta der Flüsse Ticino und Verzasca,** der Bolle di Magadino, ist das einzige Mündungsgebiet am südlichen Alpenrand, das im natürlichen Zustand erhalten geblieben ist. Es ist reich an **Biotopen,** beherbergt eine vielfältige Flora und Fauna und bietet einige **Naturlehrpfade.** Hier leben über 250 Vogelarten. Die Bolle bilden den Rest eines großen Überschwemmungsgebiets, das einmal hundert Mal grösser war. Der südliche Teil der Bolle ist auf markierten Wegen von Magadino aus, der nördliche Teil von Gordola aus zugänglich.

Biking

• **Agrotouristische Velotour in der Magadino-Ebene:** Zwischen Bellinzona und dem Lago Maggiore erstreckt sich auf 2000 ha eine der besten Landwirtschaftszonen des Kantons. Der agrotouristische Lehrpfad ist mit besonderen Wegweisern versehen. Besuche auf den Bauernhöfen geben Einblick in die moderne Landwirtschaft. Picknickmöglichkeiten am Ufer des Ticino sowie auf einigen Bauernhöfen. Infos: Tel. 091/850 27 91, www.veloland.ch., www.ticino-tourism.ch.

Kultur

• **Internationales Orgelmusik-Festival Magadino,** Chiesa Parrocchiale di Magadino, 6573 Magadino, Tel. 091/795 18 66. Das malerische Dorf Magadino am nordöstlichen Ufer des Lago Maggiore beherbergt ein internationales Orgelmusik-Festival in seiner Kirche seit 1963.

Tenero

Tenero, am Fuße von stark zersiedelten Hängen am Ufer des **Lago Maggiore** gelegen, besitzt zahlreiche Grotti, in denen man den einheimischen Nostrano probieren kann. Es besaß früher einen großen Hafen und war wichtiger Stapel- und Umschlagplatz, jetzt breiten sich hier vor allem Campingplätze aus. Gordola, Tenero und Minusio sind heute Vororte von Locarno.

Camping

• **Camping Lido Mappo*******, Via Mappo, 6598 Tenero, Tel. 091/745 14 37, www.lido mappo.ch. Guter Platz an der Uferpromenade. Früh buchen.

• **Campofelice Tenero*******, Tel. 091/745 14 17, www.campofelice.ch. Mit 400 m Sandstrand am Lago Maggiore, Tennisplätzen Surfschule, Robinsonspielplätzen, Freilichtkino etc.

Essen und Trinken

• **Grotto Scalinata,** 6598 Tenero, auf der Strecke Tenero – Contra (Verzasca-Tal) in der Nähe der Kirche, Tel. 091/754 29 81, Di geschl. Sehr gute Küche, gekocht wird von drei Schwestern, teilweise Eigenprodukte.

Museum

• **Weinmuseum Tenero,** Matasci Fratelli, via Verbano, 6598 Tenero, Tel. 091/7356011, Di–So 14–18 h, Eintritt frei. Umfassender Einblick in Rebbau und Weinproduktion: Fässer, Kufen, Tragfässer, Traubenpressen, Flaschen und Korbflaschen sowie Apparate zur Abfüllung und Verkorkung. Die wichtigsten Phasen des Weinbaus, von der Pflege der Reben bis zur Schnapsbrennerei.

Minusio

Minusio am Lago Maggiore mit einer spätbarocken Kirche und einer frühbarocken Kapelle ist praktisch völlig mit der Doppelstadt Locarno-Muralto zusammengewachsen. Zum Ort gehört das ehemalige **Fischerdörfchen Rivapiano** mit der malerisch über dem See liegenden Barockkirche S. Quirico mit einem spätromanischen Campanile, der einst als Wachturm gedient hat.

Umgeben von einer großen Grünfläche, die sich ursprünglich bis an den See erstreckte, weist La Baronata zwei **Villen** auf. Die untere ist älter und aus dem 17. Jh. Sie diente dem russischen Anarchisten *Bakunin,* der sie 1873 gekauft hatte, als Wohnsitz. Er richtete hier einen Landwirtschaftsbetrieb ein. Die Villa beherbergte zahlreiche außergewöhnliche Persönlichkeiten, Agitatoren wie Utopisten (nachzulesen bei *Riccardo Bacchelli* in seinem Roman „Il diavolo al Pontelungo"). Die obere Villa ließ Bakunin als Wohnsitz für seine Familie und die zahlreichen Freunde bauen.

Am Seeufer steht die Kaserne **Cà di Ferro,** erbaut um 1560, später als Umschlagplatz für Getreide benutzt. Sie ist zweigeschossig und hat einen Innenhof, einen vorspringendem Turm mit Wehrgang, einen weiteren kleinen Turm und ein Glockentürmchen. Im Erdgeschoss war einst das Auffanglager für die Söldner, oben lagen die Herrschaftsräume. Vor dem Gebäude steht eine barocke Privatkapelle.

Der alte Ortskern von **Brione sopra Minusio** mit den typischen, steil in die Höhe führenden Gassen weist spätmittelalterliche Elemente auf, z.B. Sträßchen mit in der Mitte angebrachten Granitgräben für den Wasserablauf, Portale und Häuser mit rohen Blockfenstern, Holzbalkonen, gusseisernen Rauchfängen und horizontalen Maueröffnungen neben den Haustüren für die Kellerlüftung. Auf dem kleinen Platz hinter der Kirche stehen das alte Waschhaus und der sechseckige Brunnen aus dem Jahre 1861. Die Kirche wurde 1559 geweiht, das Querschiff und der halbrund geschlossene Chor wurden 1848 neu gebaut.

Locarno

↗XXIII/C2

Die Altstadt Locarnos ist s-förmig am ehemaligen Uferverlauf des **Lago Maggiore** angelegt. Sie besteht aus dem unteren Teil mit der Piazza Grande und der auf einer Terrasse gelegenen oberen Stadt. Das Schloss und die alten Kirchen befinden sich im alten Ortskern. Im 19. Jh. dehnte sich die Stadt in der Längsrichtung aus. Locarnos Häuser haben unspektakuläre Fassaden; umso überraschender sind oft die Innenhöfe mit Loggien und üppiger Vegetation. Die hübschesten Winkel befinden sich zwischen der Piazza Sant'Antonio und der Via Cittadella, in der Via Borghese, an der Piazza delle Corporazioni und der Piazzetta de' Capitani.

Geschichte

Locarno ist seit der Römerzeit besiedelt. Bis um 1000 gehörte das Locarnese politisch zur Lombardei, kirchlich zum Bistum Mailand. Vor 1152 wurde es dem Bistum Como einverleibt, die weltliche Herrschaft blieb bei den kaisertreuen *Orelli,* ging dann 1342 an die *Visonti,* welche 1439 die Kultur liebende Familie der *Rusca* ablösten. Locarno bildete eine Art **Adelsrepublik.** Mailänder Herzöge bauten eine Burg, die zu den größten der Lombardei gehörte. Das Castello war von 1503 bis 1798 Sitz der eidgenössischen Vögte der XII Orte (ohne Appenzell), die sich im Turnus alle zwei Jahre ablösten.

1803–78 war die Stadt zusammen mit Bellinzona und Lugano im Wechselrhythmus von sechs Jahren Residenz der Regierung des Kantons Tessin. In der Reformationszeit wurden die Protestanten, die geistige Elite der Stadt, vertrieben, was zum wirtschaftlichen Niedergang führte. Im Nord-Süd-verkehr war Locarno ein wichtiger Umschlagplatz.

Um 1900 entwickelte sich die Stadt zu einem **mondänen Ferienort** mit Hotelpalästen. 1925 fand im Gerichtsgebäude die Friedenskonferenz zwischen u.a. Frankreich und Deutschland statt, die als **Locarnopakt** in die Geschichte einging. Nach dem Zweiten Weltkrieg setzte eine intensive Bebauung des östlichen Maggia-Tales, des Seeufers und der aussichtsreichen Hänge ein.

Altstadtrundgang

Piazza Grande

Die Piazza Grande ist eine großzügige Platzanlage mit durchgehenden Arkaden an der Hangseite. Hier steht der **Torre del Comune** aus dem 14. Jh. An der Südseite gab es früher einen direkten Seezugang, heute liegen hier Geschäfts- und Verwaltungsbauten sowie der Park aus dem 19. Jh., der **Giardino Pubblico.** Die älteste Bausubstanz des Platzes ist im Westen, wo er sich verengt. Das **Municipio,** ehemals Palazzo Marcacci, ist seit 1854 Gemeindehaus, es wurde1897 umgestaltet. Der **Palazzo Governativo,** Nr. 47, gegenüber dem Municipio, wurde 1838 von *Pioda* gebaut, er war kantonaler Regierungs- und Verwaltungssitz bis 1878. Der **Palazzo delle Poste** von 1996 ist von *Livio Vacchini.* In der südlich vom Platz abgehenden Via delle Pace (Friedensstraße) tagte die internationale Konferenz 1925.

Castello Visconti

Durch die Via Franchino Rusca kommt man zum Castello Visconti, dem bedeutendsten Schloss des Tessin, heute **Museo Civico** (Städtisches und Ärchaologisches Museum). Der Ursprung der Burg liegt im Hochmittelalter. Im Jahre 1342 wurde das Castello vom Mailänder *Luchino Visconti* erobert und ausgebaut. Im 15. Jh. folgte ein großzügiger Ausbau als Festungsanlage, die nicht nur das Schloss, sondern auch den eigenen Hafen schützen sollte und bis ans untere Ende der heutigen Via Franchino Rusca reichte. Die Eidgenossen, deren Landvögte hier hausten, schleiften aus finanziellen Gründen im Jahre 1532 die Burg. Von den vier Türmen ist nur einer übrig geblieben sowie der Palas. Die von einem Schanzengraben gesäumte Westmauer geht an der Nordwestecke in einen Turm über. Zum Teil besitzt sie einen Wehrgang. Das Castello wurde 1923 restauriert, so dass es jetzt im Renaissancestil zum Platz hin in Erscheinung tritt.

Durch den westlichen Eingang (15. Jh.) gelangt der Besucher in eine Kaserne und das östlich vorgebaute Atrium. Hier öffnet sich der Arkadenhof mit dem Spitzbogenportal und einer malerischen, darüberliegenden Loggia. Im Treppenhaus gibt es ein Re-

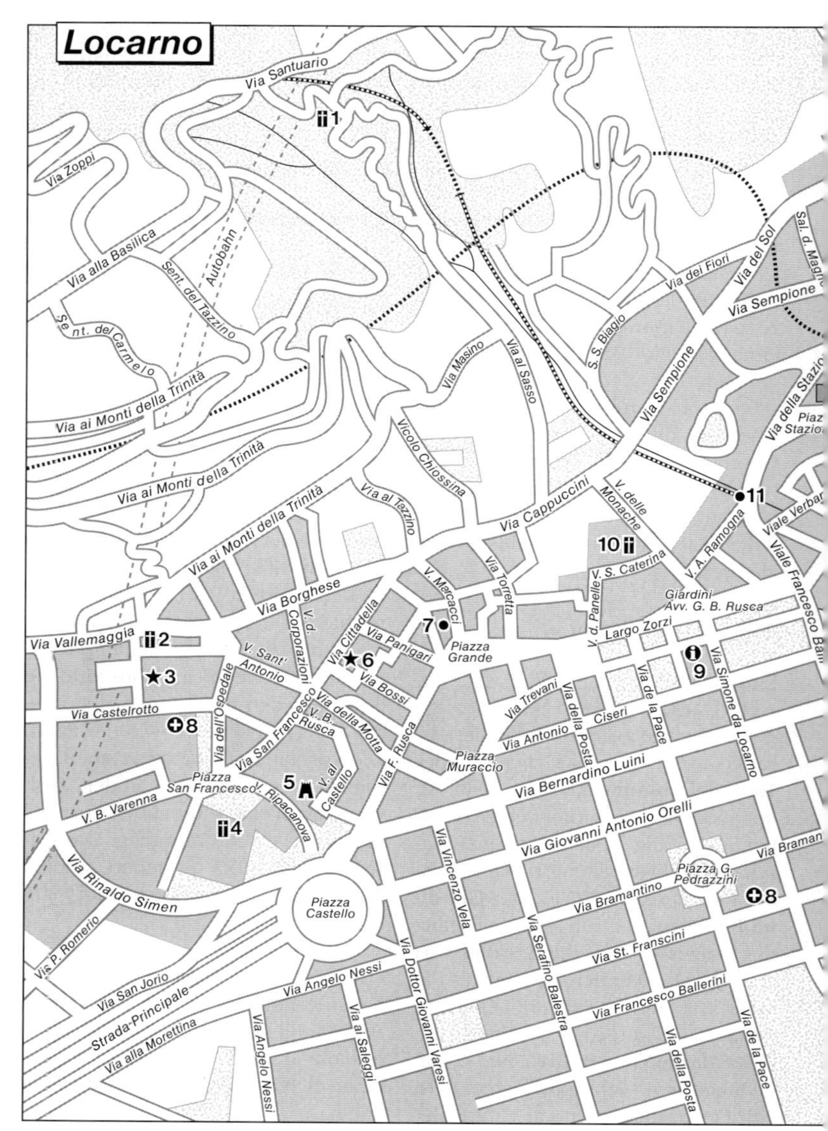
Locarno
Via Santuario
Via Zoppi
Via alla Basilica
Sent. del Tazzino
Autobahn
Sent. del Carmelo
Via ai Monti della Trinità
Via ai Monti della Trinità
Via ai Monti della Trinità
Via Masino
Via al Sasso
Vicolo Chiossina
Via al Tazzino
Via Cappuccini
V. delle Monache
S. S. Biagio
Via Sempione
Via dei Fiori
Via del Sol
Via Sempione
Sal. d. Magn
Via della Stazio
Piaz Stazio
Viale Verba
Viale Francesco Bal
V. A. Ramogna
V. S. Caterina
Giardini Avv. G. B. Rusca
Largo Zorzi
V. d. Panelle
Via Torretta
V. Mercacci
Piazza Grande
Via Panigari
Via Bossi
Via Cittadella
V. d. Corporazioni
Via Borghese
V. Sant' Antonio
Via Vallemaggia
Via Castelrotto
Via dell'Ospedale
Via San Francesco
Via della Motta
V. B. Rusca
Via F. Rusca
Piazza Muraccio
Via Trevani
Via Antonio Ciseri
Via della Posta
Via de la Pace
Via Simone da Locarno
Via Bernardino Luini
Piazza San Francesco
V. Ripacanova
V. al Castello
V. B. Varenna
Via Rinaldo Simen
Piazza Castello
Via Giovanni Antonio Orelli
Via Vincenzo Vela
Piazza G. Pedrazzini
Via Bramantino
Via Braman
Via Serafino Balestra
Via St. Franscini
Via Dottor Giovanni Varesi
Via P. Romerio
Via San Jorio
Strada-Principale
Via alla Morettina
Via Angelo Nessi
Via Angelo Nessi
Via ai Saleggi
Via Francesco Ballerini
Via della Posta
Via de la Pace
1
2
3
4
5
6
7
8
8
9
10
11

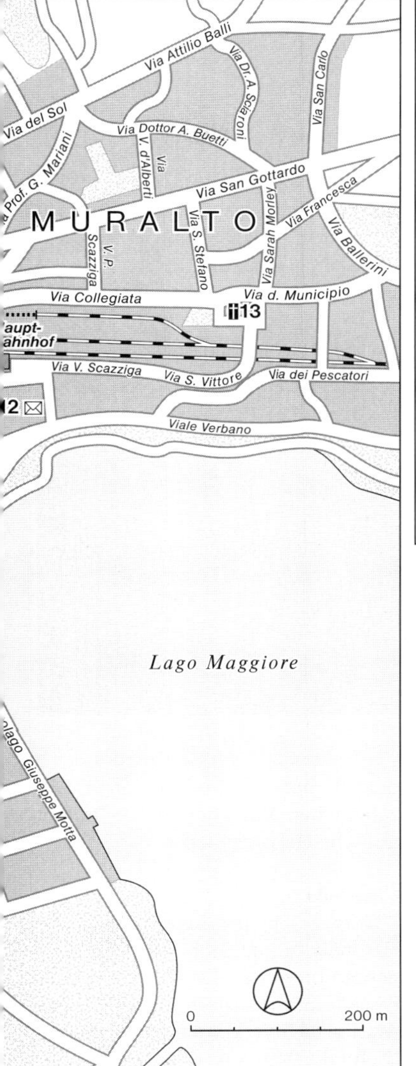

⛪	1	Madonna del Sasso, Kirche und Kloster
⛪	2	Chiesa San Antonio
★	3	Casa Rusca/ Städtische Pinakothek
⛪	4	Klosterkirche San Francesco
♜	5	Castello Visconti
★	6	Casa dei Canonici
•	7	Municipio/Rathaus
✚	8	Spital
ℹ	9	Touristeninformation
⛪	10	Monastero Agostiniane u. Chiesa Santa Catarina
•	11	Talstation Bergbähnchen
✉	12	Hauptpost
⛪	13	Stiftskirche S. Vittore

naissancefresko lombardischer Schule. Die Wände und Decken der Säle sind zum großen Teil mit den Wappen der Vögte verziert (17. Jh.), beginnend mit dem Berner *Sebastian von Stein.* Die zahlreichen Kassettendecken tragen gotische Dekorelemente.

Locarno am Lago Maggiore, im Vordergrund das Maggio-Delta

Casorella

Nordöstlich des Castello steht die Casorella, erbaut Ende des 16. Jh., umgebaut unter den *Orelli.* Sie hat eine Fassade mit rustizierten Lisenen und ein Portal mit Volutengiebel sowie Dichterbüsten aus dem 19. Jh. Am Westende findet sich eine Loggietta mit Fresko, im Obergeschoss ein Deckengemälde von Orelli. Heute wird die Casorella für **Kunstausstellungen** benutzt.

Klosterkirche San Francesco

Weiter geht es zur Piazza San Francesco und hier zum Grabmal des *Giovanni Orelli* von 1347. Die Klosterkirche San Francesco ist ein Beispiel nachmittelalterlicher Bettelordensarchitektur, eingeweiht 1316. Das Kloster wurde 1848 aufgegeben, 1874–1924 war es Magazin, dann wurde die Kirche für den deutschsprachigen Gottesdienst genutzt. San Francesco ist eine **Basilika** mit Steinplattenbedachung, quadratischem Hauptchor und zwei polygonalen Seitenchören. Fünf Säulenpaare mit Arkaden scheiden im Innern das mit Balkendecke versehene Mittelschiff von den kreuzgewölbten Seitenschiffen. Die Kirche birgt eine Verkündigungsgruppe und Aposteldarstellungen aus dem 16. Jh., Propheten und Engel mit Leidenswerkzeugen aus dem 17. Jh. An den Seitenwänden gibt es gute illusionistische Architekturmalerei (18. Jh.) von *Antonio Orelli.*

Friedhof

Weiter südwestlich an der Straße liegt rechts der Friedhof *(cimiterio)* mit dem für das 19. Jh. typischen Grabmälern und der runden **Grabkapelle Rusca,** 1845 von *Pioda* mit einem Porträtmedaillon von *Vincenzo Vela* gebaut, sowie die ehemalige Kirche, heute **Friedhofskapelle S. Maria in Selva.** Sie birgt bedeutende Wandgemälde von etwa 1400. Die 1400 gebaute Kirche war vollständig ausgemalt und wurde trotz heftiger Proteste 1884 mit Ausnahme des quadratischen Chors und des spätmittelalterlichen Turms abgerissen.

In der äußeren Chorfront sind oben Keramikschalen eingelassen, innen ist ein Kreuzrippengewölbe auf Konsolen. Die ältesten Fresken sind vom Meister von S. Maria in Selva und seinen Gehilfen: im Chorbogen 12 Prophetenbüsten, an der Chorfront über dem Fensterpaar eine Schutzmantelmadonna, begleitet von Verkündigungsengel und der Jungfrau Maria. Von anderer Hand an der Nordwand ist die Geburt Christi in byzantischer Art. Das schmale Kreuzigungsbild zwischen den Chorfenstern wurde 1401 gemalt. In der südlichen Lünette gibt es eine Madonna, um 1450 von *da Velate,* an der Nordwand die Darbringung im Tempel (16. Jh.) von *Antonio da Tradate.*

Via Sant'Antonio

Der Weg führt zur Piazza Sant'Antonio in die Via Sant'Antonio zurück. Am Haus Nr. 3, der **Casa Simona,** ist ein Madonnenfresko von *G. Orelli* sowie ein rosa Granitportal, im Hof ein dreigeschossiger Loggientrakt. Links von der Kirche steht die **Casa Rusca,** heute Städtische Pinakothek, mit einem kleinen, schmiedeeisernen Balkon über barockem Granitportal. Der Innenhof wirkt spanisch. Die **Casa Rusca Bellerio,** Nr. 11, hat ein antikes Portal in einer nüchternen Fassade, dahinter verbirgt sich ein hübscher Garten mit kleinen Treppen.

Chiesa Nuova

In der Via Cittadella liegt bei der Piazzetta delle Corporazioni die Casa Rusca, der Eckbau ist im Kern mittelalterlich. Die Kirche Santa Maria Assunta, meistens Chiesa Nuova genannt, besitzt reiche frühbarocke Stuckdekorationen. Die überlebensgroße Stuckfigur an der Fassade zeigt den hl. *Christophorus.* Der einschiffige, vierjochige Kirchenraum mit Tonnengewölbe ist reich mit Stuckaturen ausgestattet, vom selben Künstler sind auch die Chorfresken. Auf dem linken Seitenaltar steht eine makabre, mit Stoff verkleidete Statue des *San Germano,* in einer Marmornische auf der rechten Seite eine Holzstatue der in den Himmel aufgenommenen Muttergottes aus dem 17. Jh. Die Chiesa Nova wurde vor 1630 von *Cristoforo Orelli* gebaut.

Via Borghese

In der Via Borghese Nr. 14 befindet sich die **Casa del Negromante.** Das alte Wohnhaus aus dem 14. Jh. wurde kürzlich restauriert, im Atrium sind Fresken aus dem 16. Jh.: ein Schweizer Kreuz und ausgelöschte Wappen aus der frühesten Zeit der eidgenössischen Besetzung. Der Innenhof hat einen Portikus und eine von Holzsäulen getragene Galerie.

Der **Palazzo Morettini** (Nr. 12) aus dem frühen 18. Jh., umgebaut 1870, hat eine elegante Gartenfront und eine Deckenmalerei von *A. Vanoni.* Das **Collegio S. Eugenio** ist das ehemalige Kapuzinerkloster SS. Rocco e Sebastiano, die Kirche ist von 1602 und hat ein Gemälde der Kreuzigung von *Enea Salmeggia.* Gegenüber der Kirche steht der **Palazzo Franzoni,** ein bemerkenswerter Barockbau aus dem 17. Jh. mit Deckenmalereien von *Caldelli.*

Zurück auf der Straße bis zur Höhe der Via al Sasso, liegt im Park das **Albergo Belvedere,** erbaut im 16. Jh., 1884 zum Hotel umgebaut. Der Ehrensaal hat eine Spiegeldecke mit Lünette in kräftiger Stuckrahmung aus der Bauzeit.

Kloster S. Catarina

In der Via delle Monache liegt das Frauenkloster S. Catarina, dessen Gründung durch den Humiliatenorden ins 13. Jh. zurückreicht. 1571 wurde der Orden aufgehoben und in das Spital eingegliedert, Neubau der Kirche 1616. Der Chor hat Rokokostuckdekor, im Gewölbe ist ein Gemälde des hl. *Augustinus* von *Giuseppe Orelli.* Das Konvent ist ein Dreiflügelbau mit toskanischen Säulenarkaden aus dem 17. Jh.

Stiftskirche S. Vittore

Muralto war der römische Siedlungskern, heute ist es vollständig mit Locarno verschmolzen. Unweit des Bahnhofs in nordöstlicher Richtung liegt die römische Stiftskirche S. Vittore, zusammen mit S. Nicolao in Giornico die **bedeutendste romanische Kirche im Tessin,** gebaut 1090–1110, Glockenturm von 1527, erhöht 1932. Das Innere der Kirche wurde im 17. und 19. Jh. umgestaltet.

S. Vittore ist eine **Pfeilerbasilika** ohne Querhaus mit drei halbrund geschlossenen Chorarmen mit Hallenkrypta unter dem Hauptchor, gebaut in Quaderwerk aus einheimischem Granit, vereinzelt mit Marmorsteinen. An der Südseite steht der Renaissanceturm von 1527. In der Südwand prangt ein Relief mit Wappen von Muralto (1524) sowie ein Marmorrelief des hl. *Viktor* als Reitergestalt (1462). Bemerkenswert sind die drei bärtigen Köpfe auf der Standarte, eine im Konzil verbotene Darstellung der Heiligen Dreifaltigkeit. An der Westseite des Turms sind drei Preisangaben von Lebensmitteln eingemeißelt, die die Teuerung von 1527 veranschaulichen sollten, die zum Abbruch der Bauarbeiten am Turm geführt hatten.

An der Südwestecke steht das Beinhaus von 1745, dahinter die Bruderschaftskapelle des Hl. Sakraments aus dem 17. Jh. Stufen führen zum Presbyterium und zum Chor, die 1859 erneuert und erhöht wurden. Die vor einigen Jahren begonnenen, umfassenden Restaurierungsarbeiten haben die Struktur der Kirche wieder in ihren ursprünglichen Zustand versetzt, die Auffrischung der Fresken ist noch im Gang.

Unter dem Presbyterium befindet sich die **dreischiffe Krypta,** eine der besterhaltenen Krypten der Schweiz mit **einzigartiger Kapitellenplastik.** Sie besteht aus zehn Freisäulen und zwölf Wandsäulen, Kreuzgewölbe und Gurtbogen. Die Säulen sind mit Kapitellen aus unterschiedlichem Material versehen. Keines der 22 Kapitelle gleich dem anderen, so dass sich ein wahres Musterbuch der lombardischen Kunst der damaligen Zeit ergibt, sowohl hinsichtlich der fantasievollen Gestaltung als auch der Machart. Geflechte, Akanthusblätter, Vögel sowie Tier- und Menschenköpfe sind zu entdecken.

Das erste Gewölbejoch hat spätgotische **Fresken** mit vier Heiligen, um 1500 von *Antonio da Tradate*. Zahlreiche Fresken aus verschiedenen Epochen zieren die Apsiden und die Wände der drei Schiffe, der älteste und bedeutendste Freskenzyklus ist während der Restaurierung der Kirche (1977–89) ans Licht gekommen. Er stellt Szenen aus der Genesis dar und geht etwa auf das Jahr 1150 zurück. An der Südwand der Gegenfassade: romanisches Fresko eines Christus mit Stock sowie Blumendekorationen. Die Fresken in der Wölbung der kleinen Apsis des südlichen Kirchenschiffs sind aus dem 13. Jh.: Majestas Domini mit Engeln und Apostelgesichter, die im Kreuzgewölbe des vorhergehenden Bogens erkennbar sind. Im unteren Teil des Chors hinter dem Hochaltar ist das Fragment einer Verkündigung mit Gottvater zu erkennen, umrahmt von einer Inschrift, datiert 1467 und mit Stifternamen aus der Werkstatt der Seregnesi.

Die große Pfingstszene in der Wölbung der größeren Apsis ist vom deutschen Maler *Hans Schmidt,* 1583. Die Figuren von Propheten, die oberhalb dieses Freskos angebracht sind, entsprechen dem Manierismus des späten 16. Jh. In der zentralen Arkade sind undeutlich Dekorationen mit Heiligen und Figuren in damastbesetzten Kleidern zu erkennen. Sie werden Malern aus dem Kreis um *Antonio da Tradate* (1500) zugeschrieben.

Sehenswertes in anderen Stadtteilen

Solduno

Im Ortsteil Solduno wurden Grabstätten der Eisenzeit gefunden. Hier steht die spätbarocke Kirche **S. Giovanni Battista** von 1789. Die Kirche **S. Trinità,** gebaut um 1621, hat gute Votivgemälde verschiedener Korporationen, großteils von *Baldassare Orelli* gemalt.

Orselina

Oberhalb von Locarno in Orselina liegt in aussichtsreicher Lage die immer wieder fotografierte **Wallfahrtskirche Santa Maria Assunta** (Madonna del Sasso). *Frà Bartolomeo d'Ivrea,* ein Franziskanerbruder des Klosters von Locarno, wollte nach einer Erscheinung im Jahre 1480 auf dem „Sasso" einen Ort der Andacht schaffen und baute hier zwei kleine Kapellen. Diese wurden bald erweitert, später kam ein Kloster hinzu. Am Weg, der von Locarno zum „Sasso" hinaufführt, wurden zahlreiche Kapellen gebaut bzw. geplant. Geblieben sind zwei **Skulpturengruppen** in Terrakotta, die *Francesco Silva* zugeschrieben werden; sie stellen das Letzte Abendmahl und die Ausgießung des Heiligen Geistes in unverwechselbarem Barockstil dar. Beachtlich ist auch eine geschnitzte Beweinungsgruppe, ein Werk des lombardischen Realismus aus dem 15. Jh., das die Grablegung Christi darstellt.

Die heutige Wallfahrtskirche, die auf einem künstlich terrassierten Felssporn liegt, geht auf das 16. und 17. Jh. zurück, danach wurde sie nach und nach ausgestaltet und 1903–25 weitgehend umgestaltet. Das Kreuzgewölbe hat Stuckaturen aus dem 17. Jh. Das spätgotische Gnadenbild der Madonna auf dem Hauptaltar stammt aus dem Jahr 1480. Die Flucht aus Ägypten im südlichen Seitenschiff ist ein berühmtes Werk des *Bramantino,* um 1520. Das Wandbild mit den hl. *Martin* und *Viktor* ist von *Gorla.* Die monumentale Grablegung in der dritten Seitenkapelle hat *Antonio Ciseri* 1870 gemalt. Eine reiche Sammlung von Votivtafeln findet sich an den Kirchenwänden und in anderen Räumlichkeiten. Jeweils am 1. September findet das **Fest der Madonna del Sasso** statt.

Praktische Tipps

Information

- **Ente turistico Lago Maggiore,** 6600 Locarno, Tel. 091/791 00 91.
- **Navigazione Lago Maggiore,** Lungolago Motta, 6600 Locarno, Tel. 091/7511865, 7516140.

Unterkunft

Die Hotels am Lago Maggiore sind in der Hochsaison, insbesondere während des Filmfestivals, z.T. unverfroren mit ihren Preisen. Man sollte sich frühzeitig erkundigen.

- **Albergo Giardino*******, Via Segnale, Tel. 091/785 88 88, www.giardino.ch. Gilt als eines der bestgeführten Hotels der Schweiz. Kultstatus. Ab sFr. 600.
- **Hotel Orselina******, Via Santuario 10, 6644 Orselina-Locarno, Tel. 091/735 73 50, www.orselina.com. Tolles Ferienhotel mit schönem Garten am Südhang oberhalb Locarnos, DZ ab sFr. 406 (Halbpension).

●**Hotel Esplanade******, Resort&Spa, Via delle Vigne 66, 8848 Minusio-Locarno, Tel. 091/735 85 85. Neu renoviert in exotischem Park mit Panoramasicht auf den See. Wellness, Fitness, Beauty, Health auf 1600 m^2, Golfpauschalen. DZ ab sFr. 280.

●**Hotel Zurigo*****, viale Verbano 9, 6602 Locarno Muralto, Tel. 091/735 77 88. Kleines, gutes Hotel mitten im Zentrum nahe Piazza, See und Bahnhof. DZ mit Dusche/WC sFr. 144–248.

●**Grand Hotel Locarno,** 6600 Locarno, Tel. 091/743 02 82. Abseits im Park ein Hotelpalast aus der Gründerzeit mit entsprechenden Hallen, Lüstern und Mosaikböden. DZ ab sFr. 210.

●**Hotel Arcadia,** Via Orelli 5, Tel. 091/756 18 18, www.treff-hotels-ticino.com. An der Seepromenade ein Hotel für Kinder mit kostenloser Betreuung, Kindermenüs, Gratisfahrrädern und Kanus, Kinderthemenzimmern. Ein- und Zweizimmerappartements, Dz ab sFr. 270.

●**Jugendherberge Locarno, „Palagiovani",** Via Varenna 18, 6600 Locarno Tel. 091/756 15 00, ganzes Jahr offen. Im bisher einzigartigen „Jugendpalast" residieren neben der Jugenherberge auch das Tessiner Lokalradio, ein Jugendbüro, die Musikschule und eine Presseagentur für Jugendliche. Es ist immer was los im stattlichen Haus, das am Rand der Locarneser Altstadt liegt. 2er-, 4er- und größere Zimmer, z.T. mit Dusche/WC, Richtpreis in Gruppenzimmer sFr. 32 p.P.

Camping

●**Camping Delta,** Via Respini 7, 6600 Locarno, Tel. 091/751 60 81, www.campingdelta.com. Guter, komfortabler Platz im Delta der Maggia direkt am See. Frühzeitige Buchung empfohlen.

Essen und Trinken

●**Cittadella,** Via Citadella 18, Tel. 091/751 58 85. Im Obergeschoss gibt es gute Fischgerichte.

●**Villa Pauliska,** Via Orselina 6, Tel. 091/743 05 41, Mo geschlossen, nur abends. In einem Palazzo inmitten eines Parks mit Aussicht auf den See.

132ch Foto: az

Mediterrane Vegetation in Locarno

●**Il Boccalino,** Via della Motta 4, Tel. 091/751 96 81. Bioküche mit Kräutern, Gemüse und Fisch.

●**Antica Osteria,** via dei Pescatori 8, Tel. 091/743 87 94. Gute Osteria zu vernünftigen Preisen, Di geschlossen.

●**Centovalli,** in Ponte Brolla bei Locarno, Tel. 091/796 14 44. Sympathische Osteria mit ausgezeichneten Tessiner Spezialitäten. Man versuche v.a das herrliche Rissotto mit Lughanine.

Nachtleben

●**Festival Café Bar,** Viale Balli 2, Tel. 091/752 12 59, 7.30–1 h. In-Treff mit Latino- und House-Music.

- **Bar Sport,** Via delle Posta, Tel. 091/751 29 31, täglich bis 1 h. In-Treff der Jugend-Szene.
- **Amalur Music Bar,** Via Torretta 7, Tel. 091/751 64 14, Mo–Do, 22–3 h, Fr und Sa 22–4 h. Kitschig, aber beliebt.
- **Palm Arte Bar,** Viale Verbano 29, Tel. 091/735 36 36. An der Seepromenade.
- **Casino di Locarno,** Largo Zorzi 1, Tel. 091/751 15 35, Mo–Do 12–2 h, Fr/Sa 12–4 h. Spiellokal, Zutritt ab 20 Jahren.

Museen

- **Pinacoteca Comunale Casa Rusca,** Piazza S. Antonio, Tel. 091/756 31 85, Di–So 10–12 und 14–17 h. Schenkung *Marguerite* und *Jean Arp,* Schenkung *Nesto Jacometti,* Schenkung *Giovanni Bianconi,* Schenkung *Rudolf Mumprecht:* Depositum der Stiftung Fillippo Franzoni, bedeutende Sammlung seiner Werke.
- **Museo Casa del Padre,** Madonna del Sasso – via Santuario 2, 6644 Orselina, Tel. 091/743 62 65, So 10–12 und 14–17 h, Mo–Fr 14–17 h. Kirchenschatz: Votivbilder, Paramente, Kultgegenstände, Darstellungen der Madonna del Sasso sowie Zeichnungen und Bilder des Malers *Antonio Ciseri* (1821–91), Vorstufen zu seinem großen Gemälde „Die Grablegung Christi" in der Wallfahrtskirche.

Kultur und Feste

- **Internationales Filmfestival Locarno,** Piazza Grande e Sale Cinematografiche, Tel. 091/791 00 91 (Infos). Locarnos Filmfestival ist nicht das größte, aber sicher eines in unvergleichlicher Umgebung. Wer einmal auf der Piazza Grande war und die einmalige Stimmung erlebt hat, kommt immer wieder. Erste zwei Augustwochen, frühzeitig Unterkunft reservieren.
- **Concerti di Locarno,** Kirche San Francesco, Innenhof des Castello Visconteso, Kirche San Vittore (Muralto), Casa Rusca, Saal des Ex-Regierungsgebäudes auf der Piazza Grande. Kammer, Chor- und Orchestermusik, Mitte März bis Juni. Tel. 091/751 03 33.
- **Fischfest Muralto,** Piazzale Burbaglio, 6600 Muralto, Tel. 091/791 00 91. Findet immer am zweiten Sonntag im März statt.

Einkaufen

- **Markt,** Piazza Grande, Tel. 091/7563311 (Municipio), Do 8–13 h. Landprodukte wie Käse, frische Formaggini, Eier, Früchte und Gemüse, Blumen usw. Vom 14. April bis 31. Okt. auch Sa 8.30–13 h (Via S. Francesco und Via Cittadella).
- **Brocante** (Antiquitätenmarkt), Città vecchia, Tel. 091/791 00 91 (Infos).

Biking

- **Locarno – Bellinzona** mit dem Fahrrad: Ein Veloweg verbindet die Tessiner Hauptstadt mit Locarno.

Ausflüge

- Mit der Drahtseilbahn nach Orselina, dann mit Kabinenbahn nach Cardada und mit dem Sessellift nach Cimetta. Die neue **Kabinenbahn Orselina-Cardada** ist im Jahr 2000 eröffnet worden. Geologisches Observatorium, ein Spielweg, der sich durch den Wald schlängelt, eine Passerelle, die zu einer Plattform führt, die den prächtigen Ausblick auf den See und die Berge frei gibt. Talstation in Orselina, in der Nähe des Wallfahrtsortes Madonna del Sasso.
- **Schiffsfahrt** zu den italienischen Isole Borromeo. Täglich fahren Schiffe und schnelle Tragflügelboote von Locarno zu den Inseln. Auf der Isola Bella und Isola Madres sind botanische Gärten angelegt, die Isola Pescatori hat ein reizendes Fischerdörfchen.

Wanderungen

- **Sentiero della Collina bassa** – Hügelweg oberhalb von Locarno. Ein Spaziergang am Hang über dem Lago Maggiore zwischen Orselina und Tenero, ca. 1½ Std. Beide Orte können mit öffentlichen Verkehrsmitteln erreicht werden.
- **Höhenweg im Hügelgebiet Locarno Monti,** der beliebte Höhenweg im Hügelgebiet oberhalb von Locarno führt von Locarno Monti nach Contra (6 km).

133ch Foto: tt

Die Uferpromenade von Ascona

Tessin

Ascona

↗XXIII/C2

Von Locarno ist es nur ein Katzensprung über das Maggia-Delta nach Ascona, für viele nördlich der Alpen der **Inbegriff der „Sonnenstube" Tessin.** Als eine der ältesten Siedlungen am Lago Maggiore war Ascona im Mittelalter ein von drei Burgen bewachter Marktfleck, der nach der Eroberung durch die Eidgenossen eng mit dem Schicksal Locarnos verbunden war. 1518 wurden die Burgen von den Eidgenossen zerstört, außer einer romanischen Kapelle auf einem Hügel nordöstlich von Ascona ist von ihnen nichts übrig geblieben. Ascona war Heimat berühmter Künstlerdynastien wie der *Serodine, Abbondio, Pisoni* und *Pancaldi.* Hier vertrödelten Aristokraten ihre Zeit, Utopisten erprobten neue Lebensformen, Künstler ließen sich inspirieren. Schließlich wurde es zu einer **Hochburg des Tourismus.** Der Altstadtkern und die engen Gassen, verträumte Winkel und die Lage am See locken immer wieder Besucher an.

Casa Serodine

In der Pfarrkirche SS. Pietro e Paolo sind drei bekannte Gemälde von *Giovanni Serodine* zu sehen. Ende des 16. Jh. wurde die benachbarte Casa Serodine oder Borrani gebaut, mit einer der bemerkenswertesten Fassaden der Schweiz. Sie wurde mit stuckverziertem Piano nobile vom Künstler *Cristoforo Serodine,* seinem Bruder *Giovanni Battista* und seinem Sohn *Giovanni Battista* gestaltet. Auf den Segmentgiebeln der seitlichen Fenster finden sich Figurenpaare in Anlehung an *Michelangelo,* über der Balkontür eine Muttergottes mit zwei Engeln.

S. Maria Misericordia

Die Kirche S. Maria Misericordia besitzt den umfangreichsten **Freskenzyklus** der Spätgotik in der Schweiz. Sie wurde 1442 geweiht, seit 1584 ist sie an ein Kollegium angegliedert. Der Chor hat Außendekorationen mit grün glasierten Schalen. Über dem Westportal findet sich ein Lünettenfresko der Schutzmantelmadonna (15. Jh.). Im kreuzgewölbten Chor sind an der Nordwand 60 Bildfelder mit Szenen aus dem Alten Testament, an der Stirnfront eine Schutzmantelmadonna und eine Kreuzigung, an der Südwand 36 Szenen aus dem Neuen Testament. Der Choreingang weist ein großes, auf Holz gemaltes Renaissancepolyptichon von 1519 auf, von *de Lagaia* aus Ascona, mit Schutzmantelmadonna, den hl. *Dominikus* und *Petrus,* darüber Himmelfahrt und Verkündigung sowie zwei Engel, eines der schönsten Altarwerke der lombardischen Schule in der Schweiz. Über dem Hauptaltar hängen Altartafeln aus dem Jahre 1519: Aufnahme Mariens in den Himmel, vom Asconeser *Antonio Gaia.* Das Collegio besitzt einen der schönsten Renaissancehöfe der Schweiz mit einem zweigeschossigen Säulenhof toskanischer Ordnung. Über dem Nordeingang prangt ein Marmorrelief von *Beretta* (1602).

Madonna della Fontana

Am nördlichen Abhang des berühmten **Monte Verità** liegt im Wald die Wallfahrtskapelle Madonna della Fontana, 1677 geweiht, wiederhergestellt nach einem Brand 1789.

Praktische Tipps

Information

- **Ente turistico Lago Maggiore,** 6612 Ascona, Tel. 091/791 00 91.

Unterkunft

- **Park Hotel Delta,** 6612 Ascona, Tel. 091/785 77 85, www.delta.ascona.ch. Ferien- und Familienhotel im Maggia-Delta mit Hallenbad, Freibad, Golf Driving Range, Minigolf, 8 Tennisplätzen, betreutem Kindergarten, Kanebo-Kosmetikstudio, zahlreichen Aktivitäten. DZ ab sFr. 420.
- **Hotel Casa Berno,** 6612 Ascona, Tel. 091/791 32 32, www.casaberno.ch. Zwischen Ronco und dem Monte Verità in wunderbarer Höhenlage mit spektakulärer Sicht, hässliches, aber komfortables Hotel. DZ ab 300 sFr.
- **Hotel al Porto,** Piazza G. Motta, 6612 Ascona, Tel. 091/785 85 85, www.alportohotel.ch. Besteht aus vier typischen Tessinerhäusern mit romantischen Zimmern zur Piazza oder zum malerischen Innenhof. DZ ab sFr. 156.
- **Casa Moscia,** Via Moscia 89, 6612 Ascona, Tel. 091/791 12 68, www.vch.ch/mos-

cia. Christliches Kurs- und Ferienzentrum direkt am Lago Maggiore; saubere, einfache Zimmer, DZ inkl. Frühstück sFr. 104–156.

Essen und Trinken

● **Aphrodite,** Tel. 091/791 01 01, im Albergo Giardino. Im Sommer Garten, Marktküche, gutes Preis-Leistungsverhältnis.

● **La Brezza,** im Hotel Eden Roc, Tel. 091/785 71 71 (Mo geschlossen). Gourmet-Lokal mit Panoramasicht.

● **Ristorante Borromeo,** Tel. 091/791 92 81. Mit Hinterhofgarten, Regionalküche, Pasta.

● **Osteria Nostrana,** Lungolago G. Motta, Tel. 091/791 51 58, täglich 9–24 h. An der Seepromenade, für Pizzaliebhaber.

● **Hotelbar im Albergo Giardino,** Via Segnale, Tel. 091/791 01 01. Stilvolle Pianobar.

● **Grott dal Mött,** 6622 Monti di Parcassone, Tel. 091/791 35 65, Mo geschl. Terrasse mit herrlicher Aussicht, einfache Tessiner Küche.

Nachtleben

● **Disco Pianobar Lago,** Via Moscia 2, Tel. 091/791 10 65. House und Techno mit bekannten Gast-DJs.

Die Geschichte des Monte Verità

Auf dem Hügel oberhalb von Ascona gründeten zu Beginn des 20. Jh. verschiedene Persönlichkeiten unter der Leitung von *Ida Hofmann* und *Henri Oedenkoven* eine Kolonie. Sie befürworteten eine **neue Lebensphilosophie,** die auf der Rückkehr zur Natur, der Befreiung von allen Fesseln, der vegetarischen Ernährung, der Bewegung in der freien Natur, dem Sonnenbad, dem Nudismus und der Theosophie beruhte. Die Kolonie wurde als **Sanatorium Monte Verità** bekannt und stand allen offen. Zu den Gästen zählten viele Persönlichkeiten des Kulturlebens der damaligen Zeit, einer der ersten war *Erich Mühsam,* der seine Eindrücke in der Broschüre „Ascona" von 1905 festhielt. Weitere Gäste waren der Locarneser Maler *Filippo Franzoni,* die Schriftsteller *Hermann Hesse* und *Erich Maria Remarque,* der Anarchist *Raphael Friedeberg* und der Psychoanalytiker *Otto Groß*.

Auf dem legendären Hügel, auf dem schon im letzten Viertel des 19. Jh. eine unglaubliche Zahl von alternativen Kulturformen erprobt wurde, sind heute nur noch wenige Spuren der „Ballabiotti" (Nackttänzer) zu finden, wie die Einheimischen die exzentrischen Persönlichkeiten nannten. Um den damaligen Bewohnern des Monte Verità nachzuspüren, empfiehlt sich ein Besuch des **Museums Casa Anatta,** eingerichtet in der einzigen erhaltenen Lichthütte.

Nach einer Bankkarriere kam der deutsche Baron *Eduard von der Heydt* 1926 nach Ascona und erwarb den Monte Verità. Der reiche Bankier war seit seiner Jugend von der asiatischen Kunst begeistert und wandte viel Energie und Geld auf, um den Monte Verità in ein Kulturzentrum von internationalem Rang zu verwandeln. Von 1929 bis zum Ausbruch des Zweiten Weltkriegs organisierte er in Ascona Seminare, an denen die bedeutendsten Kenner der asiatischen Kunst teilnahmen. Von der Heydt gründete eine Stiftung für philosophische und religiöse Studien. Er veröffentlichte etliche seiner Studien über chinesische Kunst und stellte seine reichen Sammlungen den wichtigsten schweizerischen Museen zur Verfügung. 1956 trat er den Monte Verità an den Kanton Tessin ab und legte in der Schenkungsurkunde fest, dass dieser Ort ein **Zentrum der künstlerischen und kulturellen Tätigkeit** bleiben müsse. Baron von der Heydt liegt auf dem Friedhof von Ascona begraben.

Kultur und Feste

- **New Orleans Jazz Ascona,** Centro – Lungolago, Tel. 091/791 00 91. Das bedeutendste europäische Festival für Hot Jazz. Zehn Tage im Juni oder Juli mit den besten Stars der internationalen Szene. Ein Programm aus Swing, Blues, Gospel und Mainstream.
- **1.-August-Feuerwerk** in Ascona.

Museen

- **Museum für moderne Kunst,** Palazzo Pancaldi, via Borgo 34, Tel. 091/780 51 00, So 16–18 h, Di–Sa 10–12 und 15–18 h. Gemälde von *Jawlensky, Amiet, Klee, Marianne Werefkin, Helbig* und *Niemeyer, Otto van Rees, Arthur Segal,* Aquarell von *Hermann Hesse. Bissier, Nicholson, Valenti, Marini,* etc. Die Sammlung der Werefkin-Stiftung mit etwa 70 Gemälden und 160 Skizzenbüchern ist das Herzstück des Museums.
- **Museo Epper,** Via Albarella 14, Tel. 091/791 19 42, Mitte Nov. bis Mitte April geschlossen, Do/Fr 10–12 und 15–18 h, Sa/So 15–18 h. Atelierhaus des Schweizer Expressionisten *Ignaz Epper* und seiner holländischen Frau *Mischa.*
- **Percorso museale Monte Verità,** Fondazione Monte Verità, Tel. 091/791 01 81 oder 7910327 (casa Anatta), April bis Okt. Di–So 14.30–18 h. Geführte Besichtigung nach Anfrage. Casa Anatta: Wohnhaus der Gründer der Naturistenkolonie von 1902. Casa Selma: typische Luft-und-Licht-Hütte von 1901, mit doppelt abgeschrägten Dachräumen für zwei Mitglieder der Vegetariergenossenschaft, bewohnt bis 1940. Klarwelt der Seligen 1986 errichteter Holzpavillon auf den Fundamenten des alten Solariums. Mit Rundbild (3,45 x 25,30 m), 1923 von *Elisar von Kupffer.* Albergo Monte Verita: Hotel- und Seminargebäude, 1928 von *Emil Fahrenkamp* im Bauhausstil gebaut.

Ausflüge

- **Schiffsfahrt** zu den italienischen Isole Borromeo. Täglich fahren Schiffe und schnelle Tragflügelboote von Ascona zu den Inseln. Auf der Isola Bella und Isola Madres sind botanische Gärten angelegt, die Isola Pescatori hat ein reizendes Fischerdörfchen.

Von Losone nach Brissago

XXIII/C2

Losone

In Losone hinter dem Monte Verità sind nicht nur die vielen Grotti besuchenswert, sondern auch die Kirchen San Lorenzo und San Rocco, 1860 ausgemalt von *Giovanni Vanoni,* und die auf einem Geländevorsprung liegende Kirche S. Giorgio mit den spätgotischen Fresken im alten Chor. Die Casa Bianda, Via Ubrio 6, wurde 1989 von *Mario Botta* erbaut.

Zwischen Losone und Arcegno liegt die 1692 erbaute, hübsche Barockkapelle Madonna della Valle, gestiftet von Emigranten in Florenz.

Arcegno

In einer Waldlichtung liegt Arcegno mit der Kirche S. Antonio Abate, erbaut Mitte des 14. Jh., mit einem Gemälde von *G. Orelli* und spätgotischen Freskenfragmenten.

Ronco

In aussichtsreicher Hanglage über dem Lago Maggiore liegt Ronco, der Geburtsort des Malers *Antonio Ciseri.* In schmalen Gässchen stehen hohe Bauten aus dem 17. Jh. Auf einer Geländeterrasse östlich des Dorfes steht die **Pfarrkirche San Martino,** erwähnt 1498, umgebaut Ende des 17. und Anfang des 19. Jh. mit klassizistischem Erscheinungsbild. Im Stichkappengewölbe des Chors gibt es gute Stuckaturen und Bildfelder mit Szenen aus dem Leben des hl. *Mar-*

tin aus der zweiten Hälfte des 17. Jh., an den Chorwänden spätgotische Fresken.

Porto Ronco ist auch am Seeufer entlang von Ascona erreichbar. Von hier kann man sich zu den Brissago-Inseln übersetzen lassen mit dem sehenswerten botanischen Garten. *Erich Maria Remarque,* dessen Roman „Im Westen nichts Neues" von 1929 Weltruhm erlangte, verbrachte die letzten Jahre seines Lebens in einer Villa in Porto Ronco, zusammen mit seiner Frau *Paulette Goddard,* der Schauspielerin und früheren Ehefrau von *Charlie Chaplin.* Er starb 1970 in Locarno und liegt auf dem Friedhof von Ronco begraben.

Brissago-Inseln

Die kleinere Insel **Isola di Sant'Apollinare** ist von einer urwüchsigen Vegetation bedeckt, die in ihrem natürlichen Zustand belassen wird. Auf ihr befindet sich die romanische Kirche Sant'Apollinare, die im 12. Jh. auf den Resten eines Gebäudes aus der Römerzeit errichtet wurde.

Auf der **Isola Grande** oder Isola di San Pancrazio wurden vor allem Pflanzen (sub)tropischen Ursprungs gepflanzt. Die russische Baronin *Antoinette Saint-Léger* hatte als dritten Ehemann den wohlhabenden irischen Baron *Richard de Saint-Léger* geheiratet und lebte zuerst mit ihm in der Villa Baronata. 1885 wählte das Ehepaar die Inseln zu ihrem Wohnsitz. Die Ehe scheiterte. Die intelligente und gebildete Frau lud nun häufig Maler, Bildhauer, Musiker und Schriftsteller ein und organisierte auf den Inseln internationale Tagungen. Sie verarmte im Alter, musste die Inseln und später ihren Schmuck verkaufen und starb völlig mittellos in Intragna. Heute ist sie auf der Insel begraben, die sie zu einem exotischen Garten verwandelt hatte. 1927 ließ der neue Besitzer *Max Emden,* ein Geschäftsmann aus Hamburg, das jetzige Inselpalais, den Hafen und das Römische Bad vom Berliner Architekten *Breslauer* bauen und erweiterte die Anpflanzung von exotischen Gewächsen.

1949 ging die Insel in staatlichen Besitz über, heute beherbergt sie den **Botanischen Garten** des Kantons Tessin. Er ist reich an (sub)tropischen Pflanzen, die zum großen Teil noch von der Baronin im Garten ihres Inselreichs angelegt wurden.

Brissago

Die Uferstraße entlang, folgt das reizvolle Brissago, das im Mittelalter eine eigene Minirepublik bildete, die sich auch unter den Eidgenossen behaupten konnte. Bis 1798 stellte die Familie *Orelli* den Bürgermeister. Berühmt wurde der Ort durch die 1848 eingeführte **Tabakindustrie** und seine legendären, geruchsintensiven Zigarillos, die Brissagos. Der historische Dorfkern liegt in einem Bachdelta, einst dominiert von Reben. Leider gab es hässliche Eingriffe ins Dorfbild.

Die Renaissancekirche **SS. Pietro e Paolo** wurde 1526 von *Giovanni Beretta* und seinem Sohn *Pietro* gebaut. Der **Palazzo Branca** oder Baccalà ist einer der aufwändigsten Barockbauten des

Sopraceneri, neu erbaut unter Einbeziehung eines Vorgängerbaus um 1745. Seeseitig hat er eine siebenachsige Schaufront mit Säulenloggia und ein Mezzaningeschoss mit stuckierten Löwenmasken, dazwischen mythologische Figuren und Wasserspeier in Form von Drachen. Auf der Bergseite hat er zwei vorspringende Bautrakte und einen Innenhof.

Die **Casa Bianchini** ist ein turmartiges Haus mit Vorhangbogen und Fresko der Immakulata (18. Jh.). Auf einer Rampe liegen die Häuser oberhalb der Durchgangsstraße, sie weisen Balkongitter und Loggien auf. An der **Casa Conti-Rossini** sind drei spätgotische, beschädigte Fresken. Die alten Gebäude haben teilweise beachtliche Portale aus dem 17. und 18. Jh. Die **Casa Dürr** wurde 1995 von *A. Galfetti* gebaut.

Südlich des Dorfkerns, direkt am See, steht die Kirche **S. Maria del Ponte,** ein Höhepunkt der lombardischen Renaissance in der Schweiz, 1528 von

134ch Foto: az

Giovanni Beretta gebaut und Ende des 16. Jh. von seinem Sohn *Pietro* umgestaltet. Es ist ein Längsbau mit Chor und dominanter Vierungskuppel, dessen säulenumstellter Tambour mit Laterne an Santa Maria delle Grazie in Mailand erinnert. Der Turm wird von Lisenen gegliedert, das Renaissanceportal hat korinthische Säulen und eine gebrochene Giebelbekrönung. An der Chorfront ist ein Fresko von Mariä Himmelfahrt, um 1600. In der neuen Kapelle steht ein prachtvoller Barockaltar in Buntmarmor von 1686.

Piodina

Im gut erhaltenen Dorf Piodina mit einheitlicher Steinplattenbedachung gibt es zahlreiche originale Kaminhütten sowie die Kapellen S. Macario und Di Taia. Bei Valmara erreicht man die **italienische Grenze,** hinter der sich viele hübsche Orte ans Ufer des Lago Maggiore schmiegen.

Praktische Tipps

Information

- **Ente turistico Lago Maggiore,** 6614 Brissago, Tel. 091/791 00 91.

Unterkunft

- **Pensione Eden,** 6613 Porto Ronco, Tel. 091/792 19 68. Oberhalb der Seestraße mit verwunschenem Garten, Privatvilla mit viel Patina und Gartenrestaurant. DZ ab sFr. 136.
- **Hotel Mirto Al Lago*****, Lungolago 2, 6614 Brissago, Tel. 091/793 13 28, www.hotel-mirto.ch. Gutes Hotel direkt am See, DZ mit Bad/WC auf der Seeseite inkl. Frühstück sFr. 215–280.

Camping

- **Camping Zandone*****, 6616 Losone-Ascona, Tel. 091/791 65 63, in Losone am Fluss Melezza, wenige Autominuten von Locarno und Ascona entfernt. Natürliche Grünanlagen, schöne und ruhige Lage mit herrlicher Aussicht auf die Tessiner Berge.

Essen und Trinken

- **Osteria del l'Enoteca,** Contrada Maggiore 24, 6616 Losone, Tel. 091/791 78 17 (Mo und Di geschlossen). In einem alten Tessinerhaus mit Garten und Pergola, täglich zwei Menüs, guter Weinkeller.
- **Grotto Raffael,** Vicolo Canaa 21, 6616 Losone, Tel. 091/791 15 29 (Mo geschlossen). In einem ehemaligen Steinbruch unter mächtigen Platanen, einfache Tessiner Gerichte.
- **Grotto La Risata,** 6618 Arcegno, Tel. 091/792 15 14 (Mo geschlossen). Auf dem Weg von Losone nach Arcegno am Dorfeingang zwischen zwei Bächen und unter Bäumen. Küche für ein Grotto überdurchschnittlich.
- **Grotto Borei,** Via Ghiridone, 6614 Brissago, Tel. 091/793 01 95. Hoch über Brissago in Piodina mit großer Terrasse und wunderbarem Blick, Tessiner Küche.

Museum

- **Tabakfabrik Brissago,** Anmeldung für Führungen Tel. 091/786 81 81. Legendär ist die dünne, lange, knorrige Brissago-Zigarre, die noch immer nach dem Originalrezept aus aromatischem Virginia- und Kentucky-Tabak hergestellt wird. Die Fabrik ist in schöner Seelage.

Ausflüge

- **Schiffsfahrt** zu den Brissago-Inseln ab Porto Ronco, Tel. 091/791 43 61, April bis Ende Okt. Sa und So 9–17 h.

Von Porto Ronco aus kann man Fahrten zu den Brissago-Inseln unternehmen

Val Verzasca ↗XXIII/C1

Das 29 km lange Verzasca-Tal ist abgesehen von der Hochsaison ein relativ unberührtes, landschaftlich reizvolles Tessiner Tal. Der untere Teil ist eng und steil, der obere breit und eben. Die Schlucht der Verzasca bei der Mündung des Hochtals versank 1959 im Stausee Lago di Vogorno. Sehenswert sind die Gletschererosionen und die **bizarren Felsformationen** bei Lavertezzo und die **Wandmalereien** im Giotto-Stil in der Kirche von Brione.

Die Ostseite talaufwärts

Lago di Vogorno

In **Gordola** zweigt die Straße ins Verzasca-Tal ab. Die Straße steigt zur 220 m hohen Staumauer des Lago di Vogorno an (Parkplatz vor dem Tunnel). Die Bischofskapelle, Cappella del Vescovo, befindet sich oberhalb des Verzasca-Staudamms im Ortsteil Selvatica von Gordola. Die Wegkapelle wurde kürzlich restauriert und weist ein schönes Kreuzigungsbild auf.

An den steilen Seeufern des Lago di Vogorno entlang kommt man an Berzona vorbei nach **Vogorno** mit den am Fuß des Pizzo di Vogorno gelegenen Dorfteilen Pregossa und S. Bartolomeo. Vogorno spielte im Leben des Tals eine führende Rolle und war Gerichtsort. Die Barockkirche ist aus dem 17. Jh. Die Pfarrkirche in S. Bartolomeo war Mutterkirche des Tals, gegründet nach 1225. Im 17. Jh. wurde sie völlig umgebaut. Sie birgt mittelalterliche

135ch Foto: tt

Fresken an der Nordwand und reiche Stuckaturen (17. Jh.) in den Seitenkapellen.

Lavertezzo

Vor Lavertezzo beginnt sich das Tal zu weiten und oberhalb mündet ein Seitental mit Wandermöglichkeiten ein. Die Kirche und die Häuser liegen malerisch am gemächlich dahinfließenden Fluss, der sich durch eine Schicht von kristallinem Schiefer, Gneiß und weißem Granit gefressen und eine eigene Flusslandschaft geschaffen hat. Die **Steinbrücke Ponte dei Salti** ist eine elegante mittelalterliche Doppelbrücke.

Brione Verzasca

Durch Wiesen und Kastanienhaine gelangt man zur **Schlucht von Brione** und über die durch einen Bergsturz geschaffene Talstufe zum Hauptort Brione Verzasca mit dem stimmungsvollen Kirchplatz und der Pfarrkirche **S. Maria Assunta** mit ihren einzigartigen hochgotischen Fresken. Die Fassade hat rechts des Barockportals eine mosaikartige Bemalung der Lünette vom gleicher Meister wie innen, daneben *Christophorus* mit Krone und zwei Stifterfiguren (14. Jh.). Innen ist am südwestlichen Mauerwinkel ein Freskenzyklus erhalten (14. Jh.), die Malereien sind der Giotto-Schule verpflichtet.

Das verspielte barocke **Castello Marcacci,** erbaut in der zweiten Hälfte des 17. Jh., das einst der gleichnamigen, einflussreichen Locarneser Adelsfamilie als Sommersitz diente, erinnert an mittelalterliche Wehrbauten mit den vier Ecktürmen und der Ringmauer mit vier Eckpavillons.

Gerra Verzasca

Von Westen mündet das **Val d'Osola** ein, ein romantisches Bergtal mit verlassenen Alpenweilern. In Gerra Verzasca stehen einige bemerkenswerte Hofgruppen. Viele Verzascer besitzen in Gerra-Piano in der Magadino-Ebene Talgüter, sie pendeln je nach Jahreszeit zwischen dem Verzasca-Tal, den Maiensässen und der Magadino-Ebene.

Frasco

In Frasco mit typischen Talhäusern und einer Barockkirche mit beachtlichem Hochaltar aus buntem Marmor (17. Jh.) mündet das **Val d'Efra** ein. In der Nähe der Brücke ließ der Museumsverein eine alte **Mühle** mit doppeltem Schaufelrad und ein kleine Elektrizitätszentrale, die ab Beginn der zwanziger Jahre zur Stromversorgung diente, funktionstüchtig instandsetzen.

Sonogno

Im Dorf Sonogno mit einem gut erhaltenen Dorfkern teilt sich das Verzasca-Tal in die Seitentäler **Val Redorta** mit dem gleichnamigen Pass, der

Im Verzasca-Tal

ins Val Lavizzara führt, und ins **Val Vogornesso,** das über den Passo di Piatto nach Chironico führt, beides sind mögliche Wanderrouten. In Sonogno befinden sich das **Museum des Verzasca-Tals** (s.u.) mit einem heute noch öfters in Betrieb gesetzten Brotbackofen und die **Wollzentrale** der Pro Verzasca, in der Wollprodukte angeboten werden.

Die Westseite talaufwärts

Contra

Bei **Tenero** führt eine Straße zur westlichen Talseite. Bei Costa vor Contra mündet die Höhenstraße von Locarno ein. An der Nordseite der Pfarrkirche von Contra, deren Gewölbe 1863 von *Vanoni* ausgemalt wurde, liegt die reich stuckierte Rosenkranzkapelle (17. Jh.) mit spätgotischen Fresken an der Südwand.

Mergoscia

Hinter Contra gelangt man in das Verzasca-Tal und hier zuerst nach Fressino und durch das Valle di Mergoscia zum früher abgeschiedenen und erst 1900 durch eine Straße angebundenen Mergoscia. Hier fallen die Weiler steil zum Stausee ab, Rebhänge und Kastanienhaine wechseln sich ab. Die spätbarocke Kirche, das Pfarrhaus und das Beinhaus bilden eine malerische Gruppe um einem Hof, in der sich eine Friedhofssäule von 1715 erhebt. Auch dieses Kirchengewölbe ist von Vanoni ausgemalt worden. Von Mergoscia geht es nur zu Fuß weiter nach Corippo.

Corippo

Über dem westlichen Ufer des Stausees liegt inmitten von Kastanien Corippo mit einem der besterhaltenen Ortsbilder des Tessin. Die Häuser sind aus Bruchsteinmauerwerk und haben eine einheitliche Steinplattenbedachung, überragt vom barocken, frei stehenden Campanile. Hier gibt es eine Straßenanbindung zur östlichen Talseite.

Praktische Tipps

Information

- **Ente turistico Tenero e Valle Verzasca,** 6598 Tenero, Tel. 091/745 16 61, Fax 745 42 30, info@tenero-turism.ch.

Essen und Trinken

- **Grotto Redorta,** in Sonogno, Tel. 091/746 13 34.

Museum

- **Museo della Valle Verzasca,** Casa Genardini, 6637 Sonogno, Tel. 091/746 17 77, Mai bis Okt. Sa und So 11.30–16.30 h. Das Museum befindet sich am Anfang der Straße, die ins Val Redorta führt. Die Casa Genardini ist ein typisches Verzascheser Haus mit Originalküche, Milchverarbeitung, Wildheuet, Verarbeitung von Wolle und Hanf.

Wanderungen

- **Der Weg der Kunst im Verzasca-Tal:** Brione – Lavertezzo, 2½ Std., 4,5 km. An der Strecke sind insgesamt 34 Werke von Künstlern aus der Schweiz, Italien und Deutschland zu bewundern.
- **Sentierone des Verzasca-Tals,** 6½ Std., Ausgangspunkt Gordola oder Mergoscia (mit dem Postauto zu erreichen), dann geht es über Corippo nach Sonogno.

Valle Maggia und Seitentäler

↗XXIII/C1

Das Maggia-Tal, das zweite große Längstal, reicht vom Lago Maggiore bis weit in die alpine Zone hinein. Im unteren Teil erheben sich steile Felsen; der Talboden mit dem Fluss Maggia ist bis Bignasco eher flach und breit. Dort zweigen das Lavizzara-Tal und das Bavona-Tal ab, enge V-Täler mit größerem Gefälle und alpinem Charakter.

Avegno

Von Locarno führt die Straße nach **Ponte Brolla,** hier zweigt sie ins Maggia-Tal ab. Hinter der Schlucht weitet sich das Tal und die beiden Dorfteile von Avegno mit ihren Wein-Grotti und Kastanienhainen rücken ins Blickfeld. Mit seinen Häusern aus Bruchsteinmauern und Steinplattenbedachung wirkt Avegno wie ein Bergdorf.

Gordevio

Bei Gordevio weitet sich das Tal wieder, hier stehen die Pfarrkirche SS. Giacomo e Filippo und ein malerisches Beinhaus mit Säulenvorhalle. Am Nordeingang des Dorfes steht ein Landhaus mit Säulenarkaden und einer Holzstützengalerie, der Bildstock in der Gartenmauer wurde von G. *Orelli* ausgemalt.

Aurigeno

Den Talhang entlang sieht man auf der westlichen Seite das verträumte Dorf Aurigeno mit teils herrschaftlich wirkenden Häusern aus dem 19. Jh. Hier hat der Maler *Vanoni* gelebt, sein Grab ist auf dem Friedhof. Zahlreiche Bildstöcke wurden von ihm ausgemalt. In der Pfarrkirche S. Bartolomeo ist seine gekonnte Rokoko-Ausmalung beachtenswert.

Von Moghegno nach Someo

Moghegno besitzt einen hübschen Dorfplatz und eine Kirche, die auf das 16. Jh. zurückgeht. Westlich davon steht das Haus Ramelli mit einem Arkadenhof von 1740. Bei **Ronchi** gibt es etliche Grotti mit Steinplattenbedachung und hohen Eingängen. In **Campagna** südlich des Dorfes Maggia mit schönem Dorfplatz steht die romanische Kapelle S. Maria delle Grazie mit bedeutenden Renaissance-Fresken von 1528.

In **Coglio** überrascht das Beinhaus mit Säulenvorhalle von 1765 mit seinen Todessymbolen und Sinnsprüchen. An Giumaglios Wasserfall vorbei kommt man nach **Someo,** das am Fuß von Rebbergen liegt und 1924 durch eine Unwetterkatastrophe teilweise zerstört wurde.

Cevio

Cevio ist der Hauptort des Bezirks Valle Maggia. Die Casa Respini, die heute ein **ethnografisches Museum** beherbergt (s.u.), war Wohnsitz der Vögte, das Prunkportal wird von Säulen und einem gesprengtem Giebel umrahmt (17. Jh.). Die Mauer hat turmartige Pavillons, hinter dem Hof steht ein großes Kehrgiebelhaus aus zwei Bauetappen mit teils gewölbten Räumen. In Cevio zweigt die Straße zum Valle di Campo und Valle di Bosco ab.

Bignasco

Auf Cevio folgt im Maggia-Tal bald Bignasco. Das charaktervolle Dorf liegt am Zusammenfluss der Maggia mit der Bavona und bildet den Endpunkt des Maggia-Tals, von hier zweigen die Seitentäler Val Lavizzara und Val Bavona ab. Beide Flüsse werden je von einer Bogenbrücke überspannt. Mittelalterliche Häuser sind in Bignasco Vecchio zu sehen. Bei der Brücke über die Maggia liegt die barockisierte Kapelle S. Rocco von 1597. In erhöhter Lage steht die kleine kreuzgewölbte Kapelle S. Maria del Monte, erbaut 1512 mit Fresken an der Stirnfront. Das Maggia-Tal wird in Bignasco enger und steigt merklich an. Es heißt ab hier Val Lavizzara.

Praktische Tipps

Information

- **Vallemaggia Turismo,** 6673 Maggia, Tel. 091/75318 85.

Unterkunft

- **Uno Più,** 6672 Gordevio, Tel. 091/753 10 12. Renoviertes Patrizierhaus mit modernem Design im alten Dorfkern, Hof mit Loggia, gutes Restaurant. Voranmeldung ratsam. DZ ab sFr. 144.
- **Villa d'Epoca,** 6677 Aurigeno, Tel. 091/ 756 50 00, www.villaepoca.ch. Jugendstilvilla oberhalb Locarnos im Valle Maggia mit individuellen Zimmern mit Dusche/WC, 20 Betten, DZ inkl. Frühstück sFr. 100–220 (für die Suite).
- **Backpacker Baracca Ostello CP 13,** 6677 Aurigeno (Valle Maggia), Tel. 079 207 15 54. Im Maggia-Tal, einfacher Backpacker mit 10 Betten, sFr. 25 pro Person.

Camping

- **Piccolo Paradiso,** 6670 Avegno, Tel. 091/796 15 81, Mobil 079/277 69 50. Schöner Platz in der wilden Maggia-Landschaft.
- **Bella Riva******, Gordevio, Tel. 091/753 14 44, www.campingtcs.ch, im Maggia-Tal.

Museum

- **Museo etnografico di Valmaggia,** Palazzo Franzoni, Casa Respini-Moretti, 6675 Cevio, Tel. 091/754 13 4, im Ortsteil Cevio Vecchio. Dazu gehören zwei weitere Ruralbauten: das Grotto del Sole am Fuß des nahen Berges und die Torba (Kornspeicher) aus dem 16. Jh. in Sonlerto im Val Bavona. Im Museumshof ist eine riesige Traubenpresse. Bäuerliche und handwerkliche Gerätschaften, Haushaltsgegenstände, Trachten, Tierzucht, Abbau und Verarbeitung von Speckstein, Gewinnung und Verarbeitung von Topfstein, Werke des Volksmalers *Giovanni Antonio Vanoni* und anderer Künstler aus dem Maggia-Tal.

Valle di Campo ↗XXII/B1

Bei Cevio im Maggia-Tal mündet ein steil abfallendes Tal ein, das sich nach der ersten Talstufe in das Valle di Campo und Valle di Bosco teilt. Bei Pretorio zweigt die Straße links ab und steigt den Talhang empor, unten liegt die sehenswerte **Schlucht Goda della Rovana.** In einem Kastanienhain liegt das Dorf **Linescio** mit seiner 1640 gebauten Kirche. **Cerentino** ist eine Gemeinde mit weit verstreuten Weilern, die auf verschiedene Familiensippen zurückgehen. Außerhalb der Siedlungen steht auf einer kleinen Terrasse die barocke Baugruppe der Pfarrkirche S. Maria; an der Rückwand des Schif-

136ch Foto: tt

Tessin

fes wurden Renaissancemalereien mit dem hl. *Sebastian* aus dem 16. Jh. abgedeckt.

Über den auf einer Wiesenterrasse gelegenen Weiler **Niva** mit der Barockkirche S. Rocco geht es weiter nach Piano. Von hier führt die Straße zu dem in einer Mulde eingebetteten **Campo** mit reizvollem Dorfbild in imposanter Berglandschaft. Die Palazzi Pedrazzini sind zwei durch Straße und Bach getrennte Häuser von stattlichen Ausmaßen. Die Alterssitze sollten vor allem der Repäsentation der im Ausland reich gewordenen Familie dienen. Beide Bauten weisen Satteldächer mit Steinplatten auf. An der Ostecke steht die Privatkapelle S. Giovanni Battista, ausgemalt von *Giuseppe Borgnis.* Die Kapelle ist durch einen Torbogen und eine Galerie mit dem Wohnhaus verbunden. Die barocke Pfarrkirche S. Bernardo hat beachtliche Barockmalereien. Auf dem alten Kirchweg ins Dorf sind Kreuzwegstationen, die Bildstöcke wurden im 18. Jh. ausgemalt.

Das Bergdorf **Cimalmotto** liegt auf einer Terrasse und besitzt ein malerisches Dorfbild, vor allem mit Holzhäusern in der Art der Walser.

Im Maggia-Tal

Valle di Bosco – die deutschsprachige Enklave

Von Cerentino im Valle di Campo steigt die Straße steil ins Valle di Bosco auf. Beim Weiler **Corino** mit Steinbogenbrücke und Kapelle führt ein Weg zur Terrassensiedlung **Camanoglio** mit der 1602 unter *Casserini* gebauten Kapelle S. Antonio di Padova.

Bosco-Gurin

Durch Tannenwälder, Wiesen und Trümmerfelder führt die Straße zum 1506 m hohen Bosco-Gurin, dem höchstgelegenen, einzigen **deutschsprachigen Dorf** des Tessin. Im 13. Jh. siedelten sich hier Walser aus dem Goms an. Im typischen Siedlungsstil der Walser bietet Bosco-Gurin ein hübsches Dorfbild auf einem Bergsturzkegel. In der nordwestlichen Mulde stehen gestrickte Wohnhäuser mit Zangen und Schwertkeilen sowie Heustadeln mit Rundholzwandungen auf Mäusesteinen, auf der südlichen Gegenseite gemauerte Häuser im Tessiner Stil des 18. und 19. Jh.

Nordöstlich des Dorfes steht eine geschlossene Gruppe von Heustadeln. Gepflasterte Fußpfade führen an modern ausgemalten Bildstöcken (von *Tomamichel*) vorbei. Die barockisierte Pfarrkirche, gebaut 1581, besitzt einen Turm mit elegantem Glockengeschoss und Oktogon von 1779 sowie in der Kapelle ein Rokokoretabel mit beachtlicher Madonnenstatue.

Das **Museum im Walserhaus** unterhalb der Kirche zeigt eine Sammlung von Möbeln, Landschaftsgeräten und Volkstrachten der Walser.

Val Lavizzara

↗XXII/B1

Broglio liegt 250 m höher als Bignasco, aber noch im Talgrund. In diesem malerischen Talabschnitt liegen zwei Dörfer auf Höhenterrassen. **Brontallo** hat eine Speichergruppe in Mischbauweise mit aufgemauerten Seitenwänden und eingeschobenen Balkenfronten und eine Friedhofskapelle mit stark beschädigten Renaissancefresken. **Menzonio** mit unverfälschtem Ortsbild liegt in sanfter Hanglage. In Broglio, der Heimatgemeinde des Tessiner Dichters *G. Zoppi,* ist die Casa Pometta mit ihrem malerischen Arkadenhof sehenswert. Der Nordflügel wurde 1623 von *d'Orella* gebaut und weist Reste heraldischer Bemalung auf. Das Erdgeschoss ist gewölbt und teilweise holzvertäfert. Oberhalb des Straßendorfs liegt einer der schönsten Maiensässe des Tales, die Monti di Riva. Die Stadel auf Mäusesteinen verraten den Einfluss der Walser.

Durch Kastanienmischwald fahrend, entdeckt man einen Felsblock, den **Sasso del Diavolo,** mit dem einer Legende nach der Teufel die Kirche von Broglio hat zerstören wollen, was durch eine gottesfürchtige Frau verhütet worden sei.

Vor **Prato** öffnet sich das landschaftlich überwältigende Prato-Tal. Das Maiensäss Monti di S. Carlo wirkt noch völlig intakt. Das schöne Prato am linken Flussufer besitzt herrschaftlich wirkende Häuser, seine Kirche wurde 1761 gebaut und sein eleganter Barockturm schaut auf den Palazzo Berna hinter der Kirche hinab.

Oberhalb von Prato liegt **Sornico,** wo sich alte Häuser an der schönen Piazza um die Kirche und den 35 m hohen Campanile scharen. Die Pfarrkirche war die Mutterkirche des Lavizzara-Tals, erwähnt 1372, der heutige Bau stammt aus dem Spätmittelalter. Im Chor sind beachtliche Stuckaturen aus der Mitte des 17. Jh. Zusammen mit Cevio war die westlich der Kirche gelegene Casa Moretti aus dem 17. Jh. zeitweise Sitz des Landvogtes. Sie zeigt Pellonini-Wappen und eidgenössische Standeswappen an der Fassade sowie einen Pranger mit Kette und Halbeisen.

Peccia wurde im 19. Jh. zweimal überschwemmt und musste neu gebaut werden. Die Kirche geht auf das Mittelalter zurück und wurde barockisert, über dem Hochaltar ist ein prachtvoller Holzaufbau in Form eines Tempels.

Links zweigt die Straße ins kurze **Valle di Peggia** mit seinen gut erhaltenen Weilern und Marmorbrüchen ab und gewinnt an Höhe. Sie führt erst am intakten Weiler **Veglia** mit der sehenswerten Kapelle S. Maria del Carmine vorbei zum 1017 m hohen **Cortignelli** mit Kapelle und von hier weiter nach **S. Antonio.** Bemerkenswert ist die Friedhofssäule mit dem rustikalen Steinkruzifix, datiert 1690.

Am Maggia-Kraftwerk vorbei geht es zum schön gelgenen Weiler **Piano di Peccia.** Hier gibt es in der Kapelle S. Maria della Neve im Chor Renaissancefresken zu sehen. Hinter Peccia wird das Val Lavizzara wieder breiter und steigt gemächlich an bis zur Abzweigung zur Terrassenstreusiedlung **Mogno** mit gestrickten Holzhäusern in Walserart. Mogno wurde immer wieder von Hochwasser und Erdrutschen heimgesucht, eine Lawine zerstörte 1986 die Kirche. Nach Plänen von *Mario Botta* wurde 1996 die moderne Gedenkkirche San Giovanni Battista gebaut. In Mogno steht auch einer der ältesten Stadel, die Jahreszahl 1651 ist noch deutlich zu lesen.

In steiler Hanglage liegt auf 1278 m das mit seinem kompakten Ortskern geschlossen wirkende Dorf **Fusio** und bildet optisch einen eindrucksvollen Abschluss des Tals. Typisch sind die Schindeldächer aus Lärchen- oder Tannenholz auf einigen Ställen. 200 m höher liegt der Stausee **Lago di Sambuco.**

137ch Foto: tt

Das Lavizzara-Tal hat alpinen Charakter

Essen und Trinken

●**Antica Osteria Dazio,** 6696 Fusio, Tel. 091/755 11 62. Zuhinterst im Lavizzara-Tal, preiswerte und gepflegte Regionalküche, einfache Gästezimmer.

●**Grotto Pozzasc,** 6695 Peccia, Tel. 091/755 16 04. Nicht leicht zu finden, aber schön am Bergsee gelegen. Einfache, gute Tessiner Spezialitäten.

Val Bavona

⇗XXII/B1

Bei Bignasco beginnt das felsige und urtümliche Bavona-Tal mit zahlreichen Wasserfällen, Felsbrocken und idyllischen Weilern. Seit den 50er Jahren ist es durch eine Straße erschlossen; am alten Maultierweg liegen viele qualitätsvoll ausgemalte Bildstöcklein. Hinter dem stattlichen **Cavergno** mit einer spätbarocken Pfarrkiche und einem Beinhaus beginnt ein Trümmerfeld von Granitblöcken, dann wechseln Weiler mit Kastanienwäldern und Wiesen ab, von den Felswänden sprudeln die Wasserfälle.

Nach Fontana, Sabbione und Ritorto folgt **Foroglio,** dessen kompakte Häusergruppe mit der kleinen spätmittelalterlichen Kapelle S. Maria Assunta und dem grandiosen Wasserfall eine wunderbare Kulisse abgibt. Die Kapelle birgt ein deutsches spätgotisches Flügelaltärchen von 1553. Jetzt wird das Tal wilder und steiler, die Seitenbäche bilden markante Schutthügel. Auf Foroglio folgen die Weiler Roseto, Fontanellata, Faedo und der reizvollste des Tales, **Sonlerto.** Einsam geglegen ist in **Gannariente** die Kirche S. Maria delle Grazie mit Fresken aus dem Marienleben und guten Einzelgemälden. Hier findet alljährlich eine Wallfahrt statt.

Nach einer kurzen Steigung folgt **S. Carlo,** wo die **Seilbahn** nach Robei eine großartige Hochgebirgswelt mit hochalpinen Stauseelandschaften erschließt: Zahlreiche Bergtouren führen ins Basodino- und Christallina-Gebiet. Unweit von San Carlo in Preda liegt in völliger Waldeinsamkeit eine Kapelle mit niedrigem Campanile und spätgotischen Fresken.

Unterkunft

●**La Froda,** 6690 Foroglio-Cavergno, Tel. 091/754 11 81. An einem Wasserfall, leckere Tessiner Küche auf Holzfeuer in einfacher Umgebung, bekocht wird man von einem ehemaligen Journalisten.

Das Pedemonte

Von Locarno den Monte Brè entlangfahrend, wo die Zistrose wächst, kommt man nach **Ponte Brolla.** Links hinter der Brücke beginnt das Pedemonte, eine **fruchtbare Gartenlandschaft** auf Schwemmland, zu dem die Orte Tegna, Verscio und Cavigliano gehören.

Tegna

⇗XXIII/C2

Auf einem Felssporn über dem Dorf Tegna liegt eine **keltische Burganlage.** Das Castello besteht aus einem quadratischen Hauptgebäude mit Innenhof, einer Zisterne, einem Sodbrunnen und Resten der Umfassungsmauern und Türme. Nordwestlich des Hauptgebäudes liegt das Fundament einer mittelalterlichen Burg.

Die Kirche in Tegna wirkt barock, ist aber im Kern älter und besitzt Stuckaturen aus der ersten Hälfte des 17. Jh. sowie eine Louis-XVI.-Balustrade mit farbigen Marmorintarsien. An der quadratischen Piazza mit Brunnen liegt das **Ristorante alla Cantina** mit Säulenarkaden an der Hofseite aus dem 17. Jh. und einem Wandgemälde der Pietà, 1753 von *G. Orelli.*

Verscio

Verscio war politisches Zentrum des Pedemonte. Hier lebt der berühmte Clown und Pantomime *Dimitri.* Er hat in Verscio das **Teatro** und die Mimenschule aufgebaut. **San Fedele** liegt am Südrand des Dorfes. Die 1214 geweihte Barockkirche wurde 1748 durch das heutige Gotteshaus ersetzt, wobei der Chor und Teile des Schiffes als Bruderschaftskapelle erhalten blieben. Der Campanile wurde 1720 vollendet. Spätgotische Wandmalereien in der Art von *Antonio da Tradate* finden sich im Kreuzgewölbe des ehemaligen Chors. Die Kirche birgt einen Altar mit Aufbau in Form eines Tempels mit Figuren und Reliefs.

Auf der Piazza steht der Dorfbrunnen von 1811, westlich die **Casa Cavalli** mit Pfeilerloggia, nördlich die **Casa Leoni** mit zweigeschossiger Arkadenfront aus dem 17. Jh. Die **Casa Snyder** von 1966 ist von *Snozzi* und *Vacchini,* die Casa Cavalli (1978) von Snozzi.

Cavigliano

Im ländlich geprägten Straßendorf Cavigliano zweigt die Straße rechts ab ins Osenone-Tal, weiter unten links ins Centovalli.

Unterkunft

- **Albergo Centovalli,** 6625 Ponte Brolla-Tegna, Tel. 091/796 14 44. Am Fuß eines steilen Felsens mit ausgezeichneter Tessiner Küche im Restaurant oder unter der Pergola. DZ ohne Dusche/WC ab sFr. 126, mit Dusche/WC ab sFr. 166.

Essen und Trinken

- **Ristorante da Enzo,** 6652 Ponte Brolla-Tega, Tel. 091/796 14 75 (Mi und Do bis 17 h geschlossen). Feinschmeckerlokal mit schönem Garten am Hang, regionale Gerichte.
- **Grotto Pedemonte,** 6653 Verscio, Tel. 091/796 20 83, täglich offen. Im alten Dorfteil an der Kantonsstraße, mit Weinrebenpergola, Tessiner Gerichte.
- **Ponte dei Cavalli,** 6654 Cavigliano, Tel. 091/796 27 05 (Mo und Di geschlossen, nur abends offen). Am Eingang des Onsernone-Tals in einer siebengeschossigen Mühle, vegetarisch mit raffinierten Gerichten aus Bio-Anbau.

Kultur

- **Teatro Dimitri,** Verscio, Tel. 091/796 15 44, www.teatrodimitri.ch. In einem alten Haus inmitten des Dorfes hat der bekannte Clown und Pantomime *Dimitri* sein Theater, eine eigene Theatertruppe und eine Theaterschule. Bekannte Gastkünstler treten neben Dimitri auf.

Centovalli

↗XXII/B2

Seinen Namen erhielt das Centovalli („100 Täler") von den vielen Wildbächen, die das Gebiet formen. Sie fallen vor allem auf der Südseite von 2000 auf 200 m hinab. Das Centovalli verbindet Locarno mit Domodossola in Italien; seit 1923 ist das Tal durch die Centovalli-Eisenbahn mit den beiden Städten verbunden.

Golino war vor dem Bau der Talstraße der Ausgangsort der Saumpfade ins Centovalli und wichtiger Umschlagplatz, es besitzt einen hübschen, geschlossenen Dorfplatz mit stattlichen Häusern.

Intragna

Bei Cavigliano links den Hang entlang über die Brücke kommt man nach Intragna, das auf einem Sporn des alten Talbodens zwischen den Flüssen Melezza und Isorno liegt. Intragna ist eine große Gemeinde, die mehr als die Hälfte des Centovalli umfasst. Das Dorf wirkt mit seinen schmalen Gassen und seinen Plätzen urban, vor allem der verwinkelte Kirchplatz mit Rathaus, Friedhofssäule und spätklassizistischen Brunnen.

Die **Pfarrkirche S. Gottardo** weist mit 65 m den höchsten Campanile des Tessin auf. Die Fassade zeigt nierenförmige Fenster. An der Hauptstraße liegt die barocke **Casa Maggetti** mit fünfjochiger Loggia und Balkonen auf der Gartenseite. Von Intragna hat man einen schönen Blick auf das Pedemonte und die Locarneser Skiberge Cardada und Cimetta.

Hinter Intragna fällt der Talhang links zur Melezza-Schlucht ab und eine Straße führt nach Calezzo und Costa hinauf.

Verdasio

Verdasio ist ein reizvolles und eines der am besten erhaltenen Dörfer des Tessin. Die Pfarrkirche hat nierenförmige Fenster und einen sehr hohen, unverputzten Turm mit Zeltdach. Bei der Kirche liegt die herrschaftliche Casa Tosetti aus dem 17. Jh., die Pfeilerarkaden sind in den unteren Geschossen vermauert. Sie besitzt einen malerischen Hof. Aus der gleichen Zeit sind die Casa Cavalli und Casa de Martini.

Das unberührte Bergdorf **Rasa** auf 1000 m ist von der Bahnstation in Verdasio mit einer Seilbahn erreichbar. Zusammen mit anderen Dörfern im Tessin besaßen die Bewohner von 1631 bis 1847 das Monopol als Lastenträger im Hafen von Livorno, was dem Ort einen bescheidenen Wohlstand sicherte.

Palagnedra

Palagnedra brachte es bis ins 19. Jh. zu einem gewissen Wohlstand dank der Familie *Mazzi,* die erfolgreich am Hof der Medici tätig war. In der Pfarrkirche S. Michele sind vorzügliche Fresken erhalten, das Hauptwerk des *Antonio da Tradate* (Ende 15. Jh.; Schlüssel beim Pfarramt erhältlich, Tel. 091/7981112). Die Palazzi am Nordrand sind klassizistisch oder biedermeierlich mit Dekorationsmalereien.

Grenzregion

Oberhalb des **Palagnedra-Sees** kommt man zum Grenzort **Camedo.** Von hier zweigt eine Straße nach Borgnone, Costa und Lionza ab. In **Borgnone** grüßt der hohe, spätmittelalterliche Turm der Pfarrkirche S. Maria Assunta. In **Costa** liegt die Kirche S. Anna in malerischer Lage und besticht durch ihr Bruchsteinmauerwerk und Plattendach. In Camedo führt eine weitere Abzweigung zum Weiler

138ch Foto: tt

Moneta auf der anderen Talseite, im Winter Skigebiet.

Unterkunft/Essen und Trinken 

- **Landgasthaus Cà Vegia,** 6611 Golino, Tel. 091/796 12 67, Fax 796 24 07. Patrizierhaus aus dem 17. Jh. mit 24 renovierten Zimmern. DZ mit Bad ab sFr. 115.
- **Ristorante Madonna,** 6656 Golino, Tel. 091/796 16 95 (Di geschlossen). In altem Tessinerhaus mit Garten, mediterrane Küche.
- **Stazione da Agnese,** 6655 Intragna, Tel. 091/796 12 12 (täglich offen). Bahnhofsrestaurant mit Regionalküche.
- **Grotto du Rii,** 6655 Intragna, Tel. 091/796 18 61 (Di und Mi geschlossen). Ehemalige Mühle am Dorfausgang mit Terrasse am Wasserfall.

Museum 

- **Museo regionale delle Centovalli e del Pedemonte,** Casa Maggetti, 6655 Intragna, Tel. 091/7962577, Mitte März bis Ende Okt. Di–Sa 14–18 h. Regionalmuseum, im Hof eine Presse zur Herstellung von Nussöl und ein Brotbackofen, Herstellung der charakteristischen Stoffschuhe, Sammlung von Gerätschaften des alltäglichen Gebrauchs, Kaminfeger-Leben, Archiv des Basler Fotografen *Rico Jenny,* Sonderausstellungen.

Ausflüge 

- **Seilbahn Intragna–Pila–Costa,** mit der Centovalli-Bahn (Abfahrten vom Bahnhof Locarno alle 1½ Std.) nach Intragna, dann mit der Seilbahn nach Pila und Costa mit vielen Wandermöglichkeiten.
- **Seilbahn Verdasio–Riva,** mit der Centovalli-Bahn nach Verdasio, mit der Seilbahn nach Rasa mit guter Rundsicht. Wandermöglichkeiten.

Val Onsernone

↗XXII/B2

Tessin

Das Onsernone-Tal ist wie das ebenfalls von Cavigliano ausgehende Centovalli landschaftlich reizvoll mit malerischen Dörfern am steilen Südhang. Die südliche Talseite ist praktisch unbesiedelt und von dichtem Wald bedeckt, hie und da öffnet sich eine Waldlichtung mit einem verlassenen Maiensäss.

In Cavigliano verlässt man das Pedemonte und kommt durch einen Kastanienmischwald aufsteigend ins Onsernone-Tal. Über Brücken erreicht man **Auressio,** wo malerische Gässchen zur Kirchenterrasse mit der barockisierten Kirche führen. **Loco** war lange Zeit der Talhauptort und einst Zentrum der Strohflechterei. Malerisch ist hier der Kirchplatz mit den toskanischen Säulen. Durch die gewölbte Vorhalle des Beinhauses von 1680 gelangt man zur Pfarrkirche S. Remigo. Westlich der Kirche liegt der Dorfkern mit verwinkelten Steilpfaden und vielen bemerkenswerten Fassaden mit Loggien.

Oberhalb der Straße liegt **Berzona** mit seinen von Steinplatten bedeckten Häusern. S. Defendente wurde 1564 neu gebaut, der hohe Campanile mit oktogonalem Abschluss ist von 1676. Hinter dem kreuzgewölbten Chor liegt das 1713 angebaute Pfarrhaus. Berzona war zeitweise Wahlheimat des Schriftstellers *Max Frisch*.

Mosogno ist zweigeteilt: oben die um 1600 erbaute Kirche, vergrößert 1817, mit einem Verkündigungsgemälde von 1653. Westlich von San Bernardo liegt die Casa Grassi, ein eleganter Bau mit Loggien und Balkonen des 17. bis 18. Jh. Mosogno Sotto ist ein intakter Weiler mit ländlichen Bauten mit den typischen Holzbalkonen. Hier steht die Kapelle S. Maria Addolorata mit einem monumentalen Beweinungsgemälde von 1691.

Russo besitzt einen malerischen Dorfplatz, der vom Postgebäude mit fünf stichbogigen Arkaden auf toskanischen Säulen aus der Mitte des 18. Jh. beherrscht wird. Die Kirche S. Maria Assunta geht auf das 14. Jh. zurück. Die Straße führt jetzt in ein Seitental, über das eine Brücke führt. Vor ihr geht eine Abzweigung ins hoch gelegene Gresso ab.

In **Vergeletto** wartet oberhalb des Dorfes die malerische Casa Garbani mit dreiteiligen Loggien, erbaut um 1750, auf bessere Zeiten. **Crana** auf einer sonnigen Geländeterrasse hat eine reich stuckierte Kirchenfassade.

Camologno

Camologno tritt mit seinen herrschaftlichen Bauten fast patrizierhaft auf. General *Carlo Francesco Remonda,* der aus dem Dorf stammt, stand im Dienste Napoleons. Sein **Palazzo della Barca** entstand 1770. Der dreigeschossige Rechteckbau erhebt sich auf einer künstlichen Terrasse, umgeben von einer hohen Mauer. An der Rückseite steht ein Treppenturm mit zwei überhöhenden Geschossen, Zeltdach und Dachreiter. Der Palast hat eine kostbare Ausstattung sowie bemalte Wände und Decken. Zeitweise war es der Wohnsitz der Schriftstellerin *Aline Valangin* und ihres Ehemanns, des Staranwalts *Wladimir Rosenbaum,* die hier in den 30er und 40er Jahre von Emigranten besucht wurden.

Unter den zahlreichen Besuchern waren *Max Ernst* und der Schriftsteller *Ignazio Silone*.

Östlich der Kirche steht die Casa Remonda, gebaut 1767, ein dreigeschossiger Rechteckbau mit Loggien und gemalten Fensterbekrönungen.

Auch **Kurt Tucholsky** war Gast im **Palazzo della Barca** in Camologno. Er reiste mit diversen Anzügen und 120 Hemden an, die nach Zürich geschickt werden mussten, weil die Dienstboten aus dem Tal sie nicht sorgfältig genug plätteten. Er setzte hier seine in Tarasp begonnene Diät fort. Nach dem Morgenbad im Schwimmbecken pflegte er als erster ein reichliches Frühstück einzunehmen, was er dann mit jedem neu aufgestandenen Gast vollständig von A bis Z wiederholte – ein Prozedere, das er auch bei den Hauptmahlzeiten fortsetzte, sehr zum Leidwesen der Gastgeberin, die sich für seine Diät verantwortlich fühlte.

- **Buchtipp:** „Geschichte zweier Leben, Wladimir Rosenbaum, Aline Valangin" von *Peter Kamber,* Limmat Verlag, ISBN 3-85791-342-8.

Spruga

Das letzte Dorf des Tales ist Spruga, ein Bergweiler mit ländlichen Häusern, den typischen Balkonen und einer Barockkapelle. Von hier senkt sich eine Straße, nur zu Fuß begehbar, zu den verfallenen **Bagni di Craveggia** hinab. Dort ist die italienische Grenze. Der hinterste Teil des Tals ist italienisch, allerdings nur über Bergpfade ans Mutterland angebunden.

Museum 

- **Museo Osernonese,** Casa Degiorgi, 6661 Loco, Tel. 091/791 00 91. Trachten, Werkzeuge, Dokumente zur Strohverarbeitung, alte Uniformen, Fahnen, Gewehre. In der Mühle: Gerätschaften für die Verarbeitung von Getreide.

Das Ostufer des Lago Maggiore

↗XXIII/C2

Magadino liegt an der Mündung des Ticino in den Lago Maggiore. Nachdem 1515 durch eine Naturkatastrophe die Brücke bei Bellinzona weggerissen und Locarno auf dem Landweg nicht mehr erreichbar war, wurde Magadino eine Zeit lang Ersatzhafen und Umschlagsplatz.

Bei **Vira** gelangt man ins **Gambarogno,** eine viel unberührtere Gegend am See als die großen Touristenzentren auf der anderen Seite. Vira besitzt eine intakte Seefront; früher war hier ein Hafen und der Ort besaß das Zollrecht. Einige Häuser haben abstrakte Fresken von 1970.

Von hier zweigt ein Sträßchen nach **Fosano** ab, das durch Rebberge, Wiesen und Wälder zu den Alpe di Neggia (1395 m) und hinab zum Grenzort Indemini führt. In Fosano ist die Kapelle S. Maria di Loreto, ein barockisierter spätmittelalterlicher Bau, wegen der spätgotischen Fresken aus dem Kreis *da Tradates* sehenswert. **Indemini** mit seinen von Steinplatten bedachten Häusern liegt einsam im obersten Teil des weitgehend italienischen Veddasca-Tals.

Weiter entlang der **Riviera del Gambarogno** am Lago Maggiore folgt **San Nazzaro** mit einem frei stehenden Campanile auf dem Kirchplatz. In **Gerra-Gambarogno** kann an der Fassade der Kirche der Wasserstand des Sees vom Oktober 1868 abgelesen werden. **Sant'Abbondio** mit seiner prachtvollen Aussicht auf den See und das gegenüberliegende Ufer besitzt Kreuzwegkapellen, 1972 von verschiedenen Künstlern ausgemalt. Von Ranzo führt die Straße zum Grenzort Dirinella.

Information 

- **Gambarogno Turismo,** 6574 Vira, Tel. 091/ 795 18 66.

Unterkunft/Essen und Trinken 

- **Albergo Sass da Grüm,** 6575 San Nazzaro, Tel. 091/794 28 50. Ökologisch betriebenes Hotel in Höhenlage mit schöner Sicht auf das Seeufer von Locarno, Esoterik-Kurse, DZ ab sFr. 200.
- **Rodolfo,** Strada Cantonale, 6574 Vira, Tel. 091/795 15 82. In altem Patrizierhaus mit Pergola, gute (Fisch)küche.

Über den Monte Ceneri

⇗XXIII/C2

Der Monte Ceneri teilte jahrhundertelang das Tessin in das obere, **Sopraceneri,** und das untere Tessin, **Sottoceneri.** Die Wegstrecke galt als eine der gefährlichsten der Schweiz. In den dichten Wäldern lauerten ganze Horden wilder Wegelagerer. Zur Abschreckung wurden die abgeschlagenen Köpfe der Delinquenten auf Pfähle gesteckt und boten den Reisenden einen schauerlichen Anblick. Jetzt ist der Berg als Standort der Tessiner Radio- und TV-Sender relativ harmlos.

Fährt man von Bellinzona oder Locarno kommend über den Monte Ceneri, der die Mogadino-Ebene nach Süden hin abschließt, errreicht man bei **Rivera** die Talstation einer Gondelbahn. Sie führt auf die **Alpe Foppa,** den Ausgangsort zum knapp 2000 m hohen Monte Tamaro mit seiner bestechenden Aussicht. Auf der Alpe Foppa liegt die 1992–96 nach Plänen von *Mario Botta* errichtete Chiesa di Santa Maria degli Angeli, ein Betonbau mit Porphyrverkleidung.

Bei Bironico führt die Straße ins Val d'Isone. Die an der heutigen Kantonsstraße liegende **Casa dei Landvogti** wurde 1576 gebaut, um der alljährlich erscheinenden eidgenössischen Prüfungskomission vor der Weiterfahrt nach Lugano eine standesgemäße Adresse für Empfänge zu bieten. Die Verbreiterung der Straße 1966 bedingte den Abbruch eines Teiles des Gebäudes, wobei an der Straßenfront Arkaden entstanden. Die zwei Loggiengeschosse im Hof sind mit 100 Wappen der Landvögte und Tagsatzungsgesandten aus dem 17. Jh. verziert. Der Saal hat eine Kassettendecke und einen Stuckkamin mit Wappen und dekorativen Fresken von Landschaften.

Von Taverne auf dem Weg nach Lugano sollte man einen Abstecher einplanen ins Val d'Agno zum reizenden **Lamone** mit seinen engen Gassen und malerischen Passagen und Plätzen, seinen Tessiner Landhäusern und Palazzi. Südlich des Dorfes steht die stattliche Pfarrkirche S. Andrea, 1472 geweiht, mit romanischem Turm, barock umgebaut.

Auf dem **Monte Zanone** liegt die gleichnamige Kapelle. Sie ist sowohl von Lamone auf einem Weg durch Rebberge und Wälder als auch von Origlio erreichbar. Die heutige Kapelle ist spätmittelalterlich und wurde mehrmals umgestaltet. Das spätgotische Fresko auf dem Altar wird von Stuckaturen von *Ghezzi* aus Lamone eingerahmt. Die Räumlichkeiten neben dem Oratorium dienten einst als Einsiedlerklause, 854 erwähnt. Neben der Kapelle liegen prähistorische Schalensteine.

Die Kirche von **Cadempino** besitzt einen romanischen Turm aus dem 11. Jh. mit Blendarkaden und Zwillingsfenstern. In **Vezia** steht der Palazzo Morosini, ein zweigeschossiger Rechteckbau mit 16 Achsen. Er hat Fensterbekrönungen aus Stuck, einen herrschaftlichen Hofeingang mit Arkadengalerie und Loggia und ist vermutlich aus dem 18. Jh.

Lugano

↗XXIII/C2

Lugano am **gleichnamigen See** ist die größte Stadt des Tessin. Obwohl große Teile der historischen Bausubstanz des heutigen Touristenzentrums durch ein hemmungsloses Wachstum in Mitleidenschaft gezogen wurden, weist die Altstadt von Lugano einige interessante Bauten auf.

Geschichte

Als *Luano* wird die Stadt erstmals 818 erwähnt. Im 9. Jh. war das ursprünglich mailändische Gebiet im Besitz des Bischofs von Como. Seit dem 13. Jh. war es immer wieder Zankapfel der beiden Städte und Schauplatz von Machtkämpfen zwischen den Ghibelinnen und Guelfen. Im 15. Jh. baute der Herzog von Mailand bei der heutigen Villa Ciani eine Burg direkt am See.

Nachdem die Eidgenossen das Tessin erobert hatten, bildeten Lugano und die zugehörige Pieve von 1512 bis 1798 eine Gemeine Vogtei der XII Orte. Lugano wurde mit seiner Herbstmesse ein wichtiges Zentrum für den Warenaustausch zwischen Italien und dem Norden. Die Friedenszeit begünstigte nicht nur den Handel, sondern auch den Bau von Kirchen und Patrizierhäusern. Die Padri Somaschi und eine im 18. Jh. eröffnete Druckerei machten die Stadt weit über die Grenzen hinaus bekannt.

In der Helvetik nahm Lugano eine pro-schweizerische Haltung ein. Befürworter und Gegner bekämpften sich, bis 1803 der selbständige Kanton Tessin entstand. Bis 1878 war Lugano abwechselnd mit Bellinzona Hauptstadt des Kantons.

Nach der Eröffnung der Gotthardbahn 1882 beschleunigte sich der wirtschaftliche Aufschwung, Lugano entwickelte sich zu einem **internationalen Tourismusort.** Die mittelalterliche Stadt wurde modern, wobei man nicht zimperlich mit der alten Bausubstanz umging. Von 1882 bis 1918 entstanden etappenweise die bekannte Promenade und der Parco Civico, das bescheidene Fischerdorf verwandelte sich in eine Hotel- und Geschäftskulisse. Ein hemmungsloses Wachstum setzte aber erst in den 60er Jahren des 20. Jh. ein und zersiedelte in beklagenswerter Weise eine Bilderbuchlandschaft. Historische Gebäude in der Altstadt erlitten unangemessene Eingriffe und alte Hotelpaläste, auf die man so stolz gewesen war, wurden durch nichtssagende Bauten ersetzt.

Sehenswertes

Kathedrale S. Lorenzo

Oberhalb der Altstadt auf einer künstlich erweiterten Geländeterrasse steht die Kathedrale S. Lorenzo mit der berühmten **Renaissancefassade,** reichen Fresken und barocker Ausstattung. Der 818 erwähnte Bau ist im Kern romanisch und wurde im 13. und 14. Jh. erweitert. Die Fassade entstand 1500–17, eine Umgestaltung und Erhöhung des Turmes fand im 17. und 18. Jh. statt. Auf der Südseite der Kir-

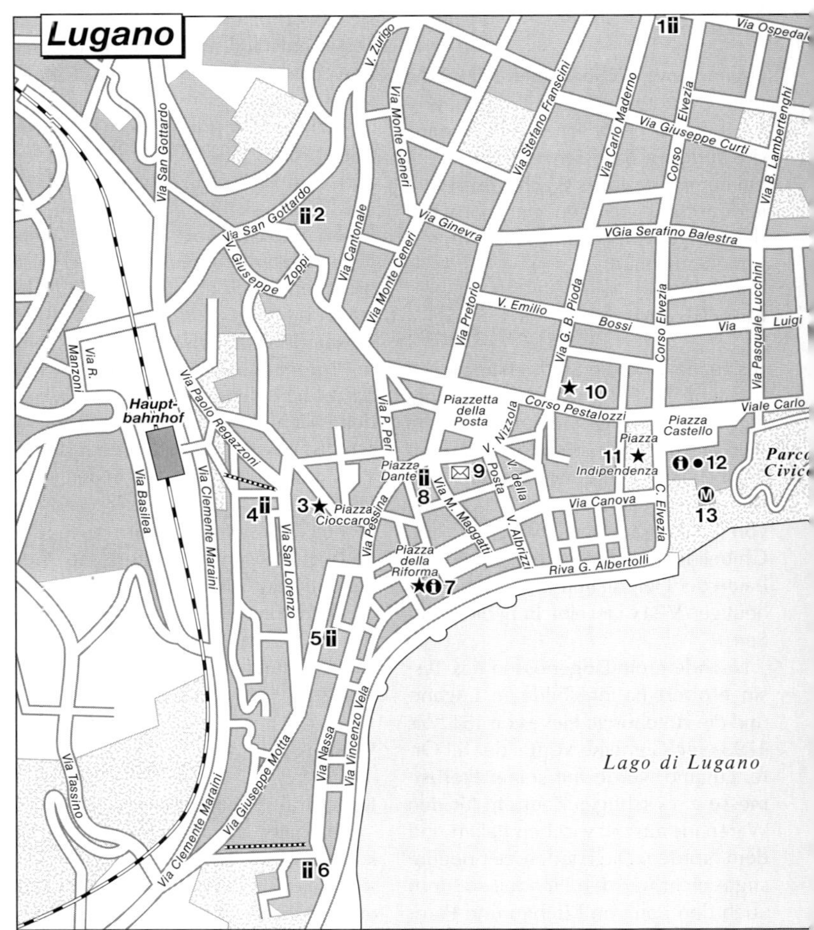

che liegen die Chorherrenhäuser und der Bischofspalast.

Die dreischiffige, vierjochige Pfeilerbasilika wirkt gedrungen, ihr polygonaler Chor drängt in den Hang, sie hat Steinplattenbedachung. Im Norden steht der Turm mit romanischem Schaft und zwei barocken Glockengeschossen. Ein Meisterwerk ist die vorgeblendete, fast quadratische Fassade

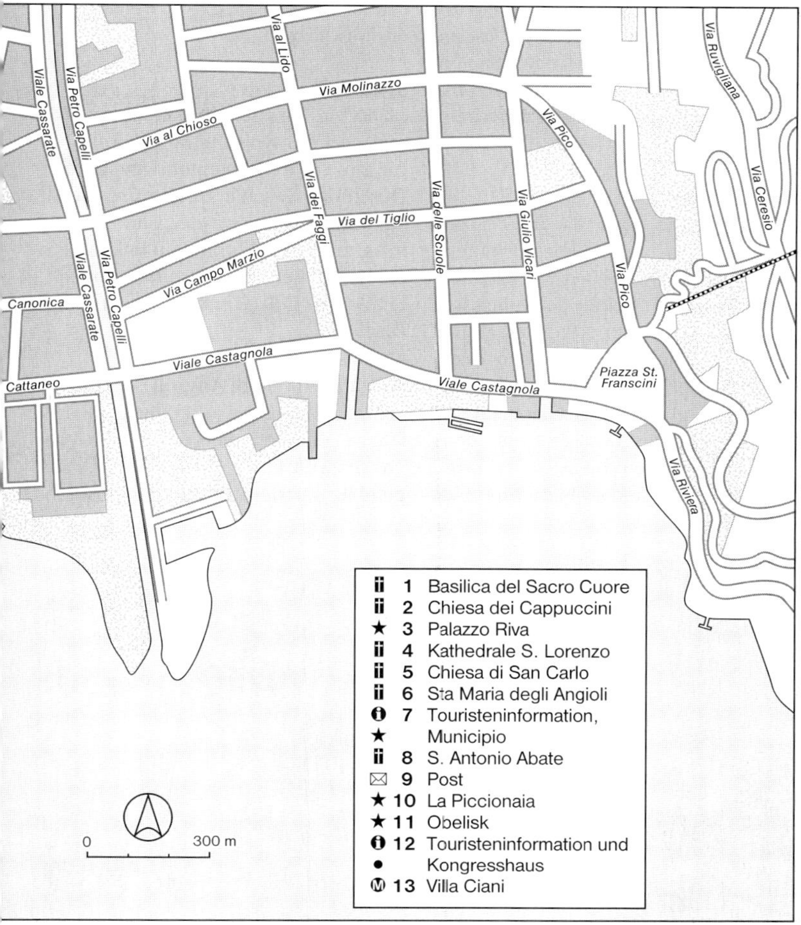
Via al Lido
Via Molinazzo
Via al Chioso
Viale Cassarate
Via Petro Capelli
Via Pico
Via Ruvigliana
Via Ceresio
Via dei Faggi
Via del Tiglio
Via delle Scuole
Via Giulio Vicari
Via Campo Marzio
Canonica
Viale Castagnola
Cattaneo
Piazza St. Franscini
Via Riviera
1 Basilica del Sacro Cuore
2 Chiesa dei Cappuccini
3 Palazzo Riva
4 Kathedrale S. Lorenzo
5 Chiesa di San Carlo
6 Sta Maria degli Angioli
7 Touristeninformation, Municipio
8 S. Antonio Abate
9 Post
10 La Piccionaia
11 Obelisk
12 Touristeninformation und Kongresshaus
13 Villa Ciani
0
300 m

aus gefügten Saltrio-Quadern im Stil der lombardischen Renaissance des 16. Jh. In der Mittelachse im Obergeschoss liegen Rundfenster in quadratischer Rahmung und geflügelte Puttenköpfchen. Der illusionistisch ausgemalte Chor wird durch den Hochaltar getrennt. In der hintersten Kapelle finden sich allegorische Grisaillemalereien von *Torricelli* (um 1760). In der Muttergotteskapelle stehen acht Rokokostatuen der personifizierten Tugenden von *Parravicino.* Zwischen den Säulen sind 20 Fresken mit marinischer Symbolik zu erkennen. Die Kathedrale birgt Altäre aus dem 17. Jh.

Palazzo Riva

Der Palazzo Riva an der Piazza Cioccaro steht auf trapezförmigem Grundriss, an zwei Seiten von Arkaden gesäumt und mit einer Schaufassade zum Platz, erbaut in der ersten Hälfte des 18. Jh. Viele Fenster haben zierliche Balkongitter, der Palast hat einen Innenhof mit neuerem Glasdach sowie eine zweigeschossige Treppenanlage mit elegantem Baluster und Brüstungsgitter, Deckengemälde (den Gebrüdern *Torricelli* zugeschrieben) sowie Stuckaturen.

S. Carlo Borromeo

Die Via Pessina hat malerische Lauben und die typische Straßenpflasterung mit plattenbelegten Fahrspuren. Durch die Geschäftsstraße Via Nassa kommt man zur Kirche S. Carlo Borromeo, erbaut 1642 mit dem bekannten Gemälde der Schlüsselübergabe an Petrus, um 1730 von *Giovanni Antonio Petrini.*

Santa Maria degli Angioli

Am Südeingang der Stadt an der Piazza Luini steht die Kirche Santa Maria degli Angioli, erbaut 1499. Sie gehörte zu dem 1490 gegründeten

139ch Foto: wm

Minoritenkloster und besitzt das berühmteste Renaissancegemälde der Schweiz. Der Konvent wurde 1848 aufgehoben, an seiner Stelle baute man 1852 ein Hotel, das 1903 als Hotel Palace um zwei Geschosse erhöht wurde. Ein zweigeschossiger Flügel des Konvents blieb erhalten. Von außen betrachtet, ist die Kirche eher schlicht. Im Schiff ist ein wandartiger Lettner mit drei kreuzgratgewölbten Durchgängen. Hier hängt das monumentale **Wandbild der Passion Christi,** ein Hauptwerk von *Bernardino Luini.* Ebenfalls von Luini sind das in drei Teilen abgelöste Abendmahlsbild auf der Südwand sowie das Madonnenbild mit Christus und Johannes in der hintersten Kapelle, beide von *Leonardo* beeinflusst.

S. Maria di Loreto

Die Kirche S. Maria di Loreto wirkt mit ihrer grazilen Vorhalle wie ein Palazzo. Das Renaissanceportal ist von 1524, in der Lünette Madonna mit Kind. Das Schiff hat ein Tonnengewölbe mit Stichkappen, Kreuzgewölbe im gerade geschlossenen Chor. In den Seitenachsen gibt es je eine Kapelle. Hinter dem Chor, durch zwei gewölbte Seitengänge erreichbar, liegt die Casa Santa, eine Nachbildung der Kapelle in Loreto.

Municipio

An der **Piazza Riforma** laufen fast alle Straßen der Altstadt zusammen. An der Seepromenade liegt das Municipio (Rathaus), 1845 von *Moraglia* als Regierungsgebäude mit repräsentiver Platzfassade gebaut. Im Innenhof finden sich ein toskanischer Säulenportikus und der Ratssaal mit Säulenloggia. Im Durchgang steht Spartakus, eine lebensgroße Marmorfigur von *Vincenzo Vela* in Anspielung an die italienische Freiheitsbewegung.

Palazzi

An der Piazza Manzoni mit der Brunnenanlage steht der **frühere Palazzo Riva,** heute Sitz der Banca della Svizzera Italiana, ein Rechteckbau mit Arkaden und spätbarocken Fensterverdachungen. Der Treppenaufgang im Innern hat eine Balustrade aus Marmor und Schmiedeeisen und Malereien von den *Orelli* und den *Tarilli.*

In der Riva Giocondo Albertolli stehen die **Palazzi Gargantini,** 1915–18 von *Bonghi* und *Bordozzi* als Hotel gebaut. Das interessante Gebäude mit Eckturm in der Via della Posta, Sitz der **Hauptpost,** ist ein Werk von *G. T. Gohl* (1910). In der Via Canova, an der Stelle eines früheren Franziskanerklosters, steht der 1816–18 nach einem Entwurf von *Grato Albertolli* erbaute **Palazzo Albertolli,** Sitz der Schweizerischen Nationalbank. Die Fassadendekorationen sind in neoklassizistischem Stil, schön die Stuckaturen.

S. Antonio Abate

Auf der Piazza Dante steht die Kirche S. Antonio Abate von 1652 mit neubarocker Fassade. In den Seitenkapellen sind drei vorzügliche Altargemälde von *Pertini* sowie Fresken der Brüder *Toricelli* zu sehen.

Weitere Sehenswürdigkeiten

In der Via Cattaneo ist der Sitz der **Kantonsbibliothek,** in den Jahren 1940/41 nach Plänen des Architekten *Rino Tami* erbaut. Am Corso Pestalozzi steht die **Piccionaia,** ein Haus aus dem 15. Jh. mit Renaissanceornamenten, im Hintergrund das **Kapuzinerkloster** (1759) sowie der **Palazzo Ransila**, ein Geschäftsgebäude, 1985 von *Mario Botta* gebaut. An der Piazza della Funicolare steht der frühere Palazzo Riva, heute **Palazzo Ghioldi,** ein hufeisenförmiger Spätbarockbau.

Parco Civico

Im Parco Civico am See stehen zwei Statuen von *Vincenzo Vela* und zwei Gebäude: die **Villa Ciani,** Sitz des Museo Civico di Belle Arti, und das **Kongresshaus,** ein Werk von *Rolf Otto* (1965–75). Die Villa Ciani wurde Ende des 17. Jh. gebaut und 1840 im neoklassizistischen Stil umgebaut.

Geschäftsviertel

An der Piazzale ex-Scuola wurde 2002 die **Busstation Centro** mit einem 90 m langen Plattformdach auf vier Paar schlanken Säulen von *Mario Botta* eingeweiht. Hier treffen alle fünf Linien der Stadt zusammen.

Die City von Lugano ist jener Teil der Stadt, der mit Banken, Versicherungen, Finanzinstituten, Agenturen und Büros aller Art hauptsächlich auf den Dienstleistungssektor ausgerichtet ist. Dieses an die Altstadt anschließende Quartier, ein ehemaliges Villenviertel, weist **Neubauten** von interessanten Architekten auf:

- Der **Palazzo Botta,** Via Ciani 16, ist ein Mehrfamilienhaus und das Archtiekturbüro von Botta, 1991 von *Mario Botta.*
- An der Via Lambertenghi 4 befindet sich das Schulgebäude **Scuola Comunale,** 1972 von *Alberto Camenzind, Bruno Brocchi* und *Roberto Sennhauser.*
- An der Via Pretorio 13 steht der **Palazzo Macconi,** ein Geschäftsgebäude von 1975 von *Alberto Tibiletti* und *Livio Vacchini.*
- An der Via Trevano stehen die Wohnhäuser **Palazzi Garzoni,** 1966 von *Tita Carloni.*
- Die Kirche **Chiesa di Cristo risorto** mit Pfarreizentrum an der Via Brentani 1 wurde 1976 von *Rino Tami* gebaut.
- Die **Casa del Popolo** an der Via Serafino Balestra 5 ist Verwaltungsgebäude und Hotel, 1970 von *Tita Carloni.*
- Die **Banca del Gottardo** an der Viale Stefano Franscini 8 ist ein Werk von *Mario Botta* von 1988.

Praktische Tipps

Information

- **Lugano Turismo,** 6900 Lugano, Tel. 091/913 32 32, www.lugano.ch.

Unterkunft

- **Villa Principe Leopoldo,** Via Montalbano 5, Tel. 091/985 88 55, www.leopoldo.ch. Eine Oase über Lugano, 33 plüschige Juniorsuiten mit unvergleichlichem Blick und Terrassenrestaurant. DZ ab sFr. 440.
- **Parco Paradiso,** 6902 Paradiso-Lugano, Via Carona 27, Tel. 091/993 11 11, www.parcoparadiso.com. Modern gestyltes Hotel mit hellen Zimmern mit herrlicher Sicht auf die Bucht, Terrassenrestaurant, DZ ab sFr. 250.
- **Gran Hotel Villa Castagnola,** 6906 Lugano, Via Castagnola 31, Tel. 091/971 22 13, www.slh.com/villcast. Hinter der Seestraße in einem Park, Hotel für Feriengäste und Geschäftsleute. Renoviert, mit modernen Zimmern. DZ sFr. 440–500.
- **Hotel Lido Seegarten,** Viale Castagnola 24, 6900 Lugano, Tel. 091/971 23 21, www.hotellido-lugano.com. Gegenüber dem Monte San Salvatore mit aussichtsreichem

Schwimmbad und amerikanischem Interieur, renoviert, DZ ab sFr. 320–440.

● **Hotel Nassa,** via Nassa 62, 6900 Lugano, Tel. 091/910 70 60. Einfaches Hotel mit 21 Zimmern, DZ mit Bad/WC sFr. 210.

● **Jugendherberge Lugano-Savosa,** Via Cantonale 13, 6942 Savosa, Tel. 091/966 27 28. Am nördlichen Stadtrand in altem Park, Zweier-Zimmer mit Dusche/WC und größere Familien- und Gruppenräume, reichhaltiges Essen.

● **Jugendherberge Figino,** Via Casoro 2, 6918 Figino, Tel. 091/995 11 51. Erreichbar mit Bus nach Figino, am See, diverse Zimmer auch mit Dusche/WC. Mehrbettzimmer-Richtpreis sFr. 23,50 bzw. 24,50.

Essen und Trinken

● **Osteria Trani,** Via Cattedrale 12, Tel. 091/922 05 05. Szenelokal, gute italienische Küche, Weinbar mit Degustation.

● **Grand Café al Porto,** Via Pessina 3, Tel. 091/910 51 30, Mo–Sa 8–18.30 h. Nette Atmosphäre und köstliche Confiserie.

● **La Cafferia Cattedrale,** Via Cattedrale 6, Tel. 091/923 47 33, So geschlossen. Café mit italienischer Atmosphäre.

● **Bottegone del Vino,** Via magatti 3, Tel. 091/922 76 89. Im Zentrum Luganos, trendig, lebhaft, gut.

● **Osteria Calprino,** Via Carona 28, Tel. 091/994 14 80. Im Stadtteil Paradiso gelegene Osteria, wo man zu vernünftigen Preisen gut isst.

● **Osteria San Matteo,** 6955 Lugano-Cagiallo, Tel. 091/943 51 97. Richtung Tesserete-Val Colla, im Dorf bei der Casa Comunale rechts abbiegen. Empfehlenswerte Osteria mit kleiner, aber sehr guter Küche.

● **Grotto della Salute,** 6900 Massagno, via del Sindacatori 4, Tel. 091/966 04 76. Gutes Grotto, etwas außerhalb der Stadt.

Museen

● **Museo Civico di Belle Arti,** in der Villa Ciani, Parco Civico, Tel. 091/800 71 96, April–September Di–So 10–12 und 14–18 h. Werke schweizerischer und europäischer Künstler vom 15. bis 20. Jh. Umgebaut und neueröffnet 1998. *Serodine, Mola, Petrini, Bossoli, Ciseri, Vela, Franzoni, Rossi, Berta, Foglia,* Meister des 19. und 20. Jh.

● **Museo cantonale d'arte,** Via Canova 10, Tel. 091/910 47 80, Di 14–17 h, Mi–So 10–17 h. In einem aus drei Palazzi des 16. Jh. bestehenden Gebäude. Die permanente Sammlung umfasst v.a. Gemälde, Skulpturen und Grafiken des 19. und 20. Jh.

● **Museo d'arte moderna – Villa Malpensata,** Riva A. Caccia 5, Tel. 091/9944370, Di–So 9–19 h. Moderne Kunst, keine permanente Ausstellung.

● **Museum Wilhelm Schmid,** Contrado Pro 22, 6979 Brè, Tel. 091/971 66 93. Werksammlung des Schweizer Exponenten der Neuen Objektiviät und des Magischen Realismus.

Kultur und Feste

● **Frühlingskonzerte im Kongresshaus,** April bis Juni, Infos und Vorbestellung: Tel. 091/913 32 32.

● **Estival Jazz Lugano,** Gratis-Konzerte in Mendrisio und Lugano Mitte Juli.

● **Blues to Pop Festival,** eine Reihe von Open-Air-Konzerten (August und September), die gratis auf den Plätzen des historischen Zentrums stattfinden: Piazza Riforma, Piazza Cioccaro und Piazza San Rocco.

● **Cinema OpenAir,** am Lido, jeden Abend Mitte Juni bis Anfang Aug., Infos: Tel. 091/913 32 32.

● **Winzerfest Lugano,** Piazza Cioccaro, Manzoni, Rezzonico, Tel. 091/913 32 32, im Oktober.

● **1.-August-Feuerwerk** im Golf von Lugano.

Nachtleben

● **Prince Divine Club,** im Casino-Kursaal, via Stauffacher 1, Tel. 091/921 02 03, Mi–Sa 21–4 h. In-Place der beautiful People.

● **Etnic Pitta Resto Cocktail Bar,** Piazza Indipendenza, Tel. 091/023 38 25, bis 24 h, Fr und Sa bis 1 h. Für junge Ethno-Pop-Fans, mit exotischem Interieur, Tequilas und Margaritas.

● **Gran Caffè & Caffè Bar,** Via Carducci 3, Tel. 091/922 22 16. Im Trend.

140ch Foto: tt

• **Villa Principe Leopoldo,** Via Montalbano 5, Tel. 091/958 88 55. Bar-Terrasse mit Aussicht und vornehmer Ambiance.

• **Discoteca Morandi,** Via Trevano 56, Tel. 091/971 22 91, Di–Sa 21.30–3 h. Luganos Kultdisco mit Pianobar für Modebewusste, generationenübergreifend. Besonders empfehlenswert nach Mitternacht.

• **Titanic,** Via Cantonale, Pambio Noranco, bei der Autobahnausfahrt Lugano Süd, Richtung Grancia, Tel. 091/971 22 91, Di–Sa 21.30–3 h. Wer um die 20 ist, trifft sich hier in der größten Disco der Schweiz mit Pub und Pizzeria.

Einkaufen

• **Blumen-, Früchte- und Gemüsemarkt,** Frischkäse, Wurstwaren: Piazza della Riforma, Di und Fr 7–12 h.

• **Antiquitätenmarkt Lugano,** Quartiere Canova, Di, Fr, Sa 8–12 h, Sa bis 17 h.

Ausflüge

• **Schifffahrtsgesellschaft Luganersee,** viale Castagnola 12, CP 56, Tel. 091/971 52 23, www.lakelugano.ch. Rundfahrten auf dem Luganersee von Ende März bis Mitte Oktober, Abendkreuzfahrten mit Live-Musik und Abendessen.

• **Serpiano:** mit dem Schiff nach Brusio am südlichen Seeufer und dort mit der Seilbahn nach Serpiano (Auto: über Mendrisio). Herrlicher Blick auf Morcote und Luganersee.

Umgebung von Lugano

Ein Ausflug von Lugano führt ins nördlich gelegene Val Colla. Das urban wirkende **Sonvico** auf einer Hügelterrasse war einst von einer Ringmauer umgeben und weist neben engen Gassen und der Piazza Häuser auf, die von einer stolzen Vergangenheit berichten, von der bereits prähistorische Funde zeugen. Die Kirche birgt an der Wand qualitätvolle Fresken eines Totentanzes (16. Jh.) sowie weitere spätgotische Fresken.

Oberhalb von Tesserete liegt **Bigorio** und über dem Ort das älteste Kapuzinerkloster der Schweiz, 1535 gegründet und im 17. und 18. Jh. erweitert. In der Klosterkirche ist auf dem Rokokoaltar ein kleines, sehr gutes Renaissancegemälde der Muttergottes (16. Jh.) zu bewundern.

In **Sureggio** liegt unterhalb der Siedlung im Valle Capriasca eine der ältesten Kirchen des Tals, SS. Pietro e Paolo, mit bedeutenden romanischen Fresken.

Das stattliche **Camano** (di sotto) liegt auf einem fruchtbaren Hochplateau zwischen den Tälern Cassarate und Vedeggio, am Fuß des Monte S. Bernardo. Bekannt ist es durch seine Kirchen und die Casa Rusca, ein Pfrundhaus von 1627, heute in Privatbesitz.

In **Vaglio** stehen nördlich die interessante Kirche S. Antonio di Padova (1916) und südlich des Ortes die Kapelle S. Maria di Casletto von 1640 sowie der Torre di Redde. Der Turm war Teil eines befestigten Hauses aus dem 13. Jh. Vom vierstöckigen Turm ist das über einen Meter dicke und etwa 15 Meter hohe Mauerwerk erhalten geblieben. Das Steindach und der Dachboden aus Holz sind eingestürzt.

Ponte Capriasca liegt in idyllischer Landschaft und besitzt malerisch verwinkelte Gassen und behäbige Häuser aus dem 16. und 17. Jh. Die Kirche S. Ambrogio westlich des Dorfes enthält eine berühmte und vorzügliche Kopie des Abendmahls von *Leonardo da Vinci.* Ein unbekannter Maler gestaltete das Gemälde meisterhaft nach.

Information

●**Tesserete Turismo,** 6950 Tesserete, Tel. 091/ 943 18 88.

„Estival Jazz" in Lugano

Castagnola

↗XXIII/C2

Der **Villenvorort** von Lugano liegt in prächtiger Lage am Südhang des Monte Brè. Bekannt wurde Castagnola durch die jetzt zum größten Teil in Madrid befindliche Sammlung des Barons *Thyssen-Bornemisza* in der **Villa Favorita.** Das malerische, von einem subtropischen Park umgebene Herrschaftsgebäude wurde 1687 für *Konrad von Beroldingen,* der die Landvogtei Lugano innehatte, gebaut. Ab 1732 war es im Besitz der Famile *Riva* und seit 1932 gehört es dem deutschen Baron.

Die in schöner Aussichtslage liegende **Pfarrkirche S. Giorgio** ist ein spätmittelalterlicher Bau, der im 17. Jh. barockisiert wurde. Sie birgt Stuckaturen mit Girlanden, Putten und Rahmenwerk mit Bildern von *Buonafede.*

Von Castagnola kann man fast bis zum Gipfel des zweiten Hausbergs von Lugano, dem **Monte Brè,** fahren, mit Blick auf die Monti Sighignola und Generoso, auf der rechten Seeseite San Salvatore und dahinter San Giorgio. Dazwischen lässt sich die Po-Ebene erahnen. Vom Gipfel kann man ins malerische, auf einer Geländeterrasse liegende Bergdorf Brè absteigen und von dort die Haltestelle der **Standseilbahn** Brè Paese erreichen.

Gandria

Am steil abfallenden Seeufer liegt das malerische Gandria mit seinen engen Gassen, Treppen und charakteristischen, terrassenförmig übereinander gebauten Häusern, von denen v.a.

141ch Foto: tt

die Casa Luraschi, die Casa Taddei, die Casa Bordoni und die Casa Rabaglio mit Sgraffiti und Muttergottesfresko von 1605 beachtenswert sind. Die 1563 erwähnte Pfarrkirche San Vigilio ist ein Barockbau mit einer Fassade aus dem 19. Jh. Auf der Südseite des Kirchenschiffs finden sich Spuren einer früheren Kirche aus dem Mittelalter.

Unterkunft

- **Hotel Aniro,** Via Violetta 1-3, Castagnola, Tel. 091/972 50 31. Die verwinkelte Villa liegt in einem Blumen- und Palmenpark mit bescheidenem Komfort in den 40 Zimmern. Panoramaterrassenrestaurant, DZ ab sFr. 160.

Essen und Trinken

- **Grotto Descano,** Cantine di Gandria, 6978 Gandria, Tel. 091/922 80 71, Mo geschlossen. Direkt am See gegenüber von Gandria (Schiff). Fischspezialitäten: *alborelle* und *pesce in carpione.* Mit Bocciabahn.

Museen

- **Stiftung Thyssen Bornemisza in der Villa Favorita,** 6976 Castagnola, Tel. 091/972 17 41. Trotz des Umzugs von 700 Werken nach Madrid kann der Besucher in der Villa Favorita noch Vieles sehen. 13 Säle zeigen europäische und amerikanische Malerei des 19. und 20. Jh., darunter wichtige Vertreter der amerikanischen Lichteffektmalerei und der Hudson River School sowie amerikanische Impressionisten und Frontier-Maler.
- **Schweizerisches Zollmuseum,** 6978 Gandria, Tel. 091/9239843, April bis Mitte Okt. Sa und So 13.30–17.30 h, Eintritt frei. Gegenüber von Gandria liegt das Schweizerische Zollmuseum, mit Schiff oder Boot erreichbar. Es wurde 1935 in einer alten Kaserne der Grenzwächter an der Grenze in Cantine di Gandria eingerichtet. Mobiliar, Uniformen, Exponate zu Zollgeschichte, Zweitem Weltkrieg, Kampf gegen den Schmuggel.
- **Museo delle culture extraeuropee – Villa Heleneum,** via Cortivo 24, 6976 Castagnola, Tel. 091/971 73 53, März bis Okt. Mi–So 10–17 h. Die neoklassizistische Villa Heleneum liegt am Uferweg nach Gandria. Das 1989 eröffnete Museum ist eine Schenkung an die Stadt Lugano von *Serge* und *Graziella Brignoni.* Etwa 650 Exponate, in erster Linie Holzfiguren aus drei Kontinenten: Ozeanien, Neuguinea, Polynesien, Sumatra, Kalimantan, Sulawesi, Flores, Timor; afrikanische Holzmasken.
- **Oldtimer-Ausstellung,** Via Maraini 46, 6963 Lugano-Pregassona, Tel. 091/800 72 42. 100 Autos und Motorräder von 1900 bis in die 70er Jahre.

Wanderungen

- **Sentiero di Gandria** (Uferweg Gandria), der Weg beginnt in Castagnola und führt in das malerische Dorf Gandria.
- **Lehrpfad Natur und Archäologie,** ca. 3 Std., 7 km. Mit 15 Beobachtungsstationen, Ausgangspunkt ist Lentisgee an der Kantonsstraße bei Gandria.

Villa Favorita in Castagnola

Rundfahrt durchs Malcantone

↗XXIII/C2

Der Malcantone ist ein landschaftlich **reizvolles, liebliches Bergland** zwischen Luganersee und Lago Maggiore. Malcantone bedeutet nicht „schlechter *(male)* Kanton", es bezieht sich auf *maglio,* Schmiede, hier wurde früher Erz abgebaut.

Von der Talstraße im Vedeggio-Tal führt die Straße ins **Val d'Agno** nach **Gravesano.** Originell ist hier die Barockkirche S. Maria di Buon Consiglio, erbaut 1769. **Arosio** hat zwei übereinander liegende Dorfkerne, die mit der Kirche verbunden werden. Hier lebten die Stuckateure *Pietro* und *Francesco Ferroni,* deren Rokokostuckaturen in Form von Portalreliefs, Wappen und Kaminen an den Häusern Arosios zu finden sind. Gegenüber dem Friedhof erhebt sich die Pfarrkirche San Michele von 1640.

In einer Bergflanke liegt das gut erhaltene Dorf **Mugena.** Die schon im 13. Jh. erwähnte Kirche Sant'Agata wurde 1683 bis 1702 neu gebaut. Die Straße führt hinunter über die Magliasina nach **Vezio.** Hier bilden die Pfarrkirche S. Bartolomeo mit der Vorhalle und dem angebauten Waschhaus sowie die Friedhofssäule eine malerische Gruppe. Nordöstlich des Dorfes steht die reizende barocke Wallfahrtskirche S. Maria delle Grazie di Sassello (1805).

Über das intakte Dörfchen Fescoggia führt die Straße durch Wiesen nach **Breno.** Auf einer Bergterrasse des Monte Lema gelegen, besitzt dieser Ort eines der eindrucksvollsten Dorfbilder des Malcantone: Über dem ringförmig geschlossenen Dorf ragt auf einer Terrasse die Kirche S. Lorenzo heraus. Brenos Häuser zieren z. T. satirische Malereien und Sprüche.

Von dem stattlichen **Miglieglia** führt ein Sessellift auf den Monte Lema, (1624 m). Von hier hat man einen herrlichen Blick auf die Hochalpen, die lombardische Tiefebene und die Seen. Im Sommer lässt es sich hier gut wandern und im Winter ist der Monte Lema das Skiparadies der Luganesi. Miglieglias Pfarrkirche S. Stefano al colle über dem Dorf besitzt gute spätgotische Wandmalereien. Der Chor ist im Kreuzgewölbe vollständig ausgemalt, die Fresken sind von 1511.

Schön gelegen ist **Novaggio** mit seinem Sanatorium und seiner Barockkirche mit klassizistischer Ausmalung vom Ende des 18. Jh. **Curio,** auf einer Aussichtsterrasse, besitzt eine enge Hauptgasse und herrschaftliche Häuser, teilweise mit Innenhöfen und nach Süden gerichteten Loggien. Die barockisierte Pfarrkirche wurde 1610 erbaut, an der erneuerten Fassade von 1899 prangt ein Renaissanceportal.

Pura in der Talsenke ist ein gut erhaltenes Dorf mit aristokratischem Ambiente. Ein interessantes Beispiel lombardischer Renaissance-Architektur ist die Casa Crivelli (15. Jh.) mit kleinem Innenhof. An der abgewinkelten Gassenfassade hat sie Backsteindekorationen und einen tonnengewölbten Durchgang mit Zwillingskappen. Im Hof sind vermauerte Säulenarkaden mit Renaissancekapitellen. Die Casa

Ferragutti ist ein dreigeschossiger Bau mit Loggienfassade, erbaut im 18. Jh.

Magliaso gehörte zu einer Abtei in Pavia, bevor das Schloss und das Dorf 1667 an das Urner Geschlecht derer *von Beroldingen* kam, die es als Lehen der Eidgenossen bis 1785 behielten. Die ins Hochmittelalter zurückgehende Burg war 1116 Schauplatz eines Dramas, als hier der schismatische Bischof *Landolfo* von Como ermordet wurde, was einen zehnjährigen Streit zwischen Mailand und Como auslöste. Ab 1667 war das Schloss im Besitz von *Konrad von Beroldingen,* der hier 1687 den Wohntrakt an den mittelalterlichen Turm bauen ließ.

Caslano liegt am Agno-Arm des Luganersees am Fuß des Monte Caslano, der früher eine Insel bildete und durch die Ablagerungen der Magliasina zur Halbinsel wurde. Der Ort hat durch die starke Zersiedlung an Charme verloren.

In **Magliasina** an der Straße nach Ponte Tresa steht die lombardische Kapelle S. Maria mit ihren bedeutenden Renaissancefresken, sie wurde 1442 gebaut. Die Fresken sind in der Art des Lombarden *Gaudenzio Ferrari* (1471–1546) gemalt.

Der Grenzort **Ponte Tresa** mit seinen malerischen Lauben ist durch die Uferstraße vom See getrennt und wird zusätzlich von anderen Bausünden entstellt. So haben die Loggienhäuser aus dem 18. Jh., etwa Casa Zampini und Casa Bella bei der Brücke, viel von ihrem Charme eingebüßt.

Von Ponte Tresa folgt man der Tresa zum Grenzweiler **Fornasette.** Von hier führt die Straße in das 150 m höhere, an einer sonnigen Bergflanke gelegene **Monteggio** mit der als Sommerresidenz benutzten Casa Passera. Sie hat nach Süden gerichtete Arkadengalerien aus dem 17. Jh.

Auf dem Höhenrücken westwärts fahrend, gelangt man zum Grenzort **Termine** mit herrlichem Ausblick auf den Lago Maggiore, bei klarem Wetter bis zum Mont Blanc. Fährt man den Hügel auf der anderen Seite hinab, kommt man in eine Ebene, die vom italienischen Longhirolo bis nach Sessa reicht, vielleicht war hier früher ein Seebecken.

Sessa hat das charakteristische Ortsbild der Dörfer des Malcantone beibehalten. Rund um den Ortskern liegen die interessantesten Bauten. Das alte Gerichtsgebäude oder die Casa dei Landvogti mit Portikus und Loggia an der Piazza ist mit Fresken geschmückt. Das Pfrundhaus, die Casa del beneficio di Sant'Orsola, befindet sich gegenüber der Pfarrkirche und verfügt über einen harmonisch angelegten Innenhof mit Laubengang. Im Westen steht eine alte Traubenpresse aus dem 15. Jh. Im Ortszentrum sind noch einige Corti, kleine Höfe, sowie Portale mit Granitbalken und Nussbaumtoren und charakteristische Häuser mit Lauben und Bogengängen erhalten. Einige Häuser haben mittelalterliche Fundstücke – Kapitelle, Säulen oder Wappen – eingebaut.

Ein schönes Renaissancebeispiel ist die Dorfkirche S. Orsola mit der zweigeschossigen, von Pilastern gegliederten Hausteinfassade (1601). Die Pfarrkirche S. Martino wurde 1609 gebaut und hat eine beachtliche Ausstattung: Der Hochaltar besitzt eines der eindrucksvollsten zweigeschossigen Tabernakel des Tessin (1662 von *Pini* und *Ramponi*). Die mittleren Seitenkapellenstuckaturen sind von *Taddei* (1759). Links ist ein Altar mit hölzernem Renaissancetabernakel.

Von Sessa führt die Straße durch Rebhänge, Wiesen und Wälder über den kleinen Weiler Beredino mit herrschaftlichen Häusern und Kapellen nach **Astano.** Das aristokratisch wirkende Dorf mit seinen gut erhaltenen Gassen ist wie Sessa die Heimat von Baukünstlern, z. B. dem Architekten *Domenico Trezzini,* der Anfang des 18. Jh. unter *Peter dem Großen* die Bauleitung in St. Petersburg unter sich hatte. Die Casa Trezzini zeigt im Erdgeschoss Arkaden und einen Kamin mit Wappen aus dem 16. Jh., in den beiden Obergeschossen Kolonnaden. Die Cà da Roma hat eine dreigeschossige Hauptfassade, im Mittelteil Säulenloggien aus dem 17. Jh. Die Casa Morandi, Nr. 74, ist dreigeschossig und besitzt einen polygonalen Innenhof, in den sich Loggien öffnen (17. Jh.). Östlich über dem Dorf thront die Barockkirche S. Pietro, erbaut nach 1636, mit einem großen Turm. Die Fassade hat einen geschweiften Giebel (18. Jh.).

Über Biogno fährt man zu dem über einem Steilhang liegenden **Bedigliora,** einem verschachtelten Dorf mit malerischen Gässchen und Galerien und einem geschlossenen Kirchplatz mit Friedhofssäule von 1632. Auf einer Geländeterrasse liegt inmitten von Rebbergen am Nordhang des Tresa-Tals **Castelrotto** mit der barocken Pfarrkirche S. Nazzaro in beherrschender Lage. Das herrschaftliche Landhaus Casa Conti in **Croglio** hat drei nach Süden gerichtete Loggien aus dem 18. Jh. **Purascas** Kapelle S. Pietro Martire zeigt eine entzückende Schaufront von 1750. Am Westhang des Monte Mondini führt die Straße zurück nach Ponte Tresa.

Zwischen den Ortschaften Aranno und Miglieglia, am Ufer des Flusses Magliasina, befindet sich die **Hammerschmiede von Aranno,** eine der letzten von zahlreichen Anlagen dieser Art im Kanton Tessin. Sie wurde in der ersten Hälfte des 19. Jh. gebaut und musste 1951 geschlossen werden. Mit dem schweren Hammer der mit Wasserkraft betriebenen Werkstatt wurden große Eisenstücke geschmiedet. Diese Rohbearbeitung ging der Feinarbeit des Schmieds voraus. Die zu Demonstrationszwecken instandgesetzte Hammerschmiede liegt am Wanderweg „Sentiero delle meraviglie“ und kann besichtigt werden.

Auf gleicher Höhe liegt von Kastanienwäldern umgebenen **Iseo** mit seiner Dorfkirche und der auf einer Bergkuppe liegenden Kapelle S. Maria mit schönem Blick auf das Agno-Tal. Die Straße führt um die Bergkuppe herum und dem Betrachter öffnet sich ein einzigartiges Panorama.

Über Rebbergen liegen Vernate und **Neggio,** dessen hübsche Barockkirche aus einer Häuserzeile mit Loggien hervorspringt. Die Straße führt nach

142ch Foto: tt

Breno im Malcantone

Magliaso oder durch ein kleines Tal am Hangfuß nach **Agno,** das nahe an der Vedeggio-Mündung liegt. Der stattliche Ort war früher Mittelpunkt eines Kirchspiels, das Leute aus dem ganzen Tessin und Italien anlockte. Die Propsteikirche SS. Giovanni e Provino wurde 1760 gebaut. In der Sakristei befindet sich das Plebanmuseum mit römischen Funden und Dokumenten zur Lokalgeschichte.

Cademario ist ein Klimakurort mit mehreren Kurhäusern am Fuß des Monte Cervello, der zusammen mit Locarno über die längste Sonnenscheindauer in der Schweiz verfügt. Der Ort ist Ausgangspunkt für Höhenwanderungen. Unterhalb des Dorfes liegt die interessante, einst romanische Pfarrkirche S. Ambrogio mit romanischen und spätgotischen Fresken. Zuerst ein Apsidensaal, wurde die Kirche im 13. Jh. zweischiffig ausgebaut und die Schiffe mit zwei Arkaden verbunden. Im 17. Jh. nahm man eine Achsendrehung vor und baute einen barocken, quadratischen Chor an, mit Hebung des Bodenniveaus, Erhöhung und Einwölbung (abzulesen an der Westfassade). S. Ambrogio hat einen unverputzten Campanile mit einfachen und gekuppelten Schallöffnungen.

Bioggio hat interessante Bauten, so die Casa Riva, ein Rechteckbau mit Loggienpartie, der straßenseitig von einem turmartigen Solarium mit Zwillingsarkaden überragt wird (17. Jh.). Die Casa Staffieri ist ein beachtlicher Renaissancebau mit einer Saletta, einem Tonnengewölbe und Stuckkassetten im zweiten Obergeschoss.

Information

- **Malcantone Turismo,** 6987 Caslano, Tel. 091/606 29 86.
- **Lugano Airport Turismo,** 6982 Agno, Tel. 091/605 12 26.

Unterkunft

- **Albergo Gardenia,** 6987 Caslano, Tel. 091/606 17 16, www.albergo-gardenia.ch. Ehemaliges Klosterhaus mit Gewölben, vier geräumige Panorama-Suiten mit Wintergarten und Dachterrasse, DZ ab sFr. 250.
- **Wellness Hotel Cademario,** Tel. 091/605 25 25, www.swisswellnesshotel.com, in Cademario. Auf 850 m, Kurhaus mit angeschlossenem Hotelbetrieb mit Erlebnishallenbad, römischen Thermen, Fitness, Beauty, DZ ab sFr. 285.

Essen und Trinken

- **Grotto Lema,** 6986 Novaggio, Tel. 091/606 54 41. Unter Tannen und Kastanienbäumen, Tessiner Küche, Bocciabahn.

Besichtigungen

- **Schokoladenmuseum** (Museo del cioccolato Alprose), Via Rompada 36, 6987 Caslano, Tel. 091/611 88 56, www.museodelmal cantone.ch, Mo–Fr 9–17 h, Sa/So 9–16.30 h. Das Museum (Schokoland Alprose) schildert die Geschichte der Schokolade und die wichtigsten Phasen ihrer Herstellung, vom Ursprungsland des Kakaos über den Transport zu den Schokoladefabriken bis zum Fertigprodukt. Fabrikbesuche möglich.
- **Fischereimuseum,** Via Campagna, 6987 Caslano, Tel. 091/606 63 63. Geräte und Dokumente über die Fischerei in der Antike, Berufs- und Sportfischerei.
- **Zoo Al Maglio,** Magliaso, Tel. 091/606 14 93, Sa/So 10–17.30 h. Einziger Zoo im Tessin. Etwa 100 Tiere aus der ganzen Welt: Löwen, Tiger, Leoparden, Panther, Pumas, Waschbären, Affen und verschiedene Papageien. Möglichkeit zum Picknick.

Wanderung

- **Weg der Wunder,** Region Malcantone, 7 km, 4 bis 6 Std. Ausgangspunkt und Ziel ist Novaggio. 13 Tafeln geben Auskunft über die jeweiligen Sehenswürdigkeiten.

Von Agno nach Morcote

↗XXIII/C3

Sorengo ist ein aussichtsreicher Vorort von Lugano mit zahlreichen Tessiner Grotti im Wald. In der ehemaligen Klosterkirche sind Fresken der romanischen Vorgängerkiche an der inneren Fassadenmauer. Unterhalb der Kirche liegt die Villa Lampugnani, ein stattlicher Palazzo mit Zwillingsloggia und einem Renaissancerelief.

Das Dorf **Gentillino** ist noch relativ intakt. Am Dorfeingang steht die Casa Somazzi e Bottani mit Renaissance-Sgraffiti, an der malerischen Piazzetta springt ein Haus mit kielbogiger Loggia vor. Eine Zypressenallee führt zur einsam und sehr malerisch gelegenen Barockkirche S. Abbondio, gebaut im 16. Jh. Vor der Kirche steht das würfelförmige Beinhaus, um 1730 ausgemalt.

Montagnola in herrlicher Aussichtslage war früher eine Sommerfrische, heute ist es ein zersiedelter Villenvorort von Lugano inmitten von Reben und Gärten. Von 1919 bis zu seinem Tod 1962 war es **Wohnort des Dichters Hermann Hesse.** Sein Grab befindet sich auf dem Friedhof S. Abbondio von Gentilino. Dort ruhen auch *Bruno Walter* sowie *Emmy* und *Hugo Ball-Hennings.* Beinahe im Ortszentrum steht die Casa Camuzzi, das Wohnhaus des Schriftstellers. Er lebte hier von 1919 bis 1931. Das Haus wirkt wie ein kleines Schloss und wurde Ende des 17. Jh. erbaut. Die gewundenen Linien der Casa Camuzzi und die Vorliebe für Stuckaturen und Schmiedeeisen zeigen Anklänge an den Rokokostil. Der gegen den Garten abfallende Teil verrät mit seinem Turm, den Zinnen und der Mauerverkleidung aus Ziegeln den neugotischen Stil. Die Casa Camuzzi ist heute ein privates Wohnhaus, die dazu gehörende Torre Camuzzi ist Sitz des Hermann-Hesse-Museums.

Bigogno weist nördlich von seiner kleinen Kapelle einen von Loggienhäusern umstandenen Hof mit mittelaterlichen Bestandteilen auf. **Agra** mit seiner charaktervollen Kirche S.Toma, deren Chor illusionistisch ausgemalt ist, liegt ebenfalls sehr aussichtsreich.

Inmitten von Rebbergen, Kastanienhainen und Weilern liegt **Barbengo** mit seiner einsam auf einer Terrassenlage befindlichen barockisierten Kirche S. Ambrogio mit zarten Rokokostuckaturen. In der Umgebung gibt es etruskische Überreste.

Über Cadepiano geht es in Casoro rechts zum Dorf **Carabietta,** wo im alten Teil prächtige Bauernhöfe das Auge erfreuen. In der Sakristei der Kirche S. Bernardo steckt ein Rest der spätmittelalterlichen Kapelle mit einem Renaissancewandgemälde im Stil *Luinis* aus dem 16. Jh.

Essen und Trinken

- **Grotto Figini,** Via ai Grotti, 6925 Gentilino, Tel. 091/994 64 97. An der Straße Sorengo – Ponte Tresa links abbiegen und über die erste Abzweigung nach rechts direkt zum Grotto Fingini mit einfacher Hausmannskost.

Museum

- **Museo Hermann Hesse,** Torre Camuzzi, 6926 Montagnola, Tel. 091/993 37 70/71, März bis Ende Okt. Di–So 10–12.30 und 14–18.30 h. Das 120 Jahre nach der Geburt des Schriftstellers gegründete Museum wurde im Baukomplex der Casa Camuzzi eingerichtet, in der Hesse seine ersten 12 Jahre im Tessin verbrachte.

Morcote

↗XXIII/C3

Morcotes geschlosssenes Ortsbild gehört zu den schönsten der Schweiz. Das malerische Dorf zieht sich am Ufer des **Luganersees** entlang, die typischen Pfeilerarkaden spiegeln sich im See. Morcote wurde 926 erstmals erwähnt und erhielt unter den Mailändern gewisse Privilegien, so das Wahlrecht des Potestaten, Zollfreiheit und Fischereirechte. Obschon es nach 1513 zur Vogtei Lugano gehörte, blieb seine politische Selbständigkeit unter den Eidgenossen erhalten. Morcote war Heimat bekannter Künstlerfamilien wie der *Fossati, Bazzurri, Paleari, Raggi* und *Caccia.*

143ch Foto: pb

Tessin

Viele der charakteristischen Häuser haben Loggien und Portici, Laubengänge mit gemauerten Gurtenbögen und Balkendecken, darunter der **Palazzo Paleari,** das Eckhaus östlich der Arkadenzeile, ein 1483 erbautes, elegantes Herrschaftshaus, das 1661 barockisiert wurde. Die Fassadenstuckaturen sind von 1661.

In der inneren Gasse steht die alte **Casa Ruggia** mit Höfchen und vierjochigem Säulenportikus, bekrönt von einer neunjochigen Loggia mit abwechselnd Pfeilern und Säulen. Über die Hausdächer ragt die **Torre del Capitano** mit sorgfältigem Quadermauerwerk aus dem 14. Jh. hinaus, der oberste Teil wurde abgetragen.

Ein steiler Stufenweg führt hinauf zur Kirche Santa Maria del Sasso, zum terrassierten Friedhof und der dem hl. *Antonius von Padua* gewidmeten Kapelle. Am Weg stößt man auf die Ka-

Morcote am Luganersee

pelle S. Antonio Abate, einen Brunnen von 1728 und einige Bildstöcke mit Malereien von *Pietro Chiesa* (1941). Die spätmittelaterliche Kapelle **S. Antonio Abate** hat neben dem Portal Freskenreste und im Innern spätgotische Fresken zweier Meister aus Seregno.

Nach 400 Treppenstufen gelangt man auf eine Aussichtsterrasse, auf der die Pfarrkirche **Santa Maria del Sasso** steht, vermutlich im 13. Jh. errichtet und 1462 ausgebaut. Die veränderte Ausrichtung erfolgte 1758. Der spätromanische Glockenturm wurde im 16. Jh. erhöht. Die Stuckaturen aus dem Jahre 1591 in der Sakramentskapelle beziehen sich auf die Bruderschaften des 17. Jh.

Der Friedhof in schönster Aussichtslage weist einige interessante Grabdenkmäler aus dem 19. Jh. auf. Westlich der Kirche am Rand der Terrasse steht die Kapelle **S. Antonio di Padova,** erbaut 1676 mit reich stuckiertem Altar. Die Kuppel wurde von *Giovanni Carlone* vollständig ausgemalt (1682). An der Hangseite des Platzes steht das Pfarrhaus, weiter oben befand sich eine Burg.

Wanderungen

- **Morcote – Carona** (Region Lugano e dintorni), 2 Std. 15 Min. Eine leichte und interessante Wanderung im Hügelgebiet der Arbòstora, die zwischen zwei Armen des Luganersees liegt.

Park

- **Parco Scherrer,** Morcote, Tel. 091/996 21 25, Sa/So 10–18 h. Kunst, Architektur und Pflanzenwelt ergeben ein Gesamtbild (Hindu-Statuen, Elefanten und Schlangen, ein siamesisches Teehaus).

Vico-Morcote

Am Südosthang des Monte Arbostora oberhalb von Morcote liegt umgeben von Rebbergen Vico-Morcote mit herrlicher Aussicht. Das eng verschachtelte Dörfchen ist gut erhalten und hat schmale Gässchen, teilweise mit Lauben. Herrschaftlich ist die Casa Bazzurini aus dem 18. Jh. Unterhalb des Dorfes liegt die wegen eines skulpierten Frührenaissancetriptychons berühmte Pfarrkiche SS. Fedele e Simone. 1627 wurde sie neu gebaut, Teile des ehemaligen Chors sind im Mauerwerk des südlichen Schiffes und in einem südlichen Anbau erhalten. Die zweigeschossige Fassade ist von 1720. Das Triptychon befindet sich über einem südlichen Nebenportal. Es ist vom Anfang des 16. Jh.

Unterkunft

- **Albergo Bellavista,** 6921 Vico Morcote, Tel. 091/996 11 43. Familiär, intim, elf Zimmer in mediterranem Stil, Restaurant, DZ ab sFr. 140.

Essen und Trinken

- **Ristorante La Sorgente,** 6921 Vico Morcote, Tel. 091/996 23 01, Mo und Di geschlossen, nur abends außer So. Gute Tessiner und mediterrane Küche, gutes Preis-Leistungsverhältnis.
- **Ristorante Bellavista,** 6921 Vico Morcote, Tel. 091/996 11 43, Mo und Di geschl. Über dem See mitten in Rebbergen mit tollem Blick, gute Küche.
- **Grotto Alpe Vicanie,** Tel. 091/996 18 50, Mo geschl. Hoch über Vico Morcote in einer Waldlichtung, gute Tessiner Küche, vom Ort in 20 Min. zu Fuß erreichbar.
- **Grotto Osteria al Böcc,** 6921 Vico Morcote, Tel. 091/996 34 23 (täglich offen). Am Dorfplatz mit Hausmannskost.

Carona

↗XXIII/C3

Das gut erhaltene Bergdorf Carona liegt zwischen dem Monte San Salvatore und dem waldreichen Arbostora. Von hier kommen die Künstlerfamilien *Solari, Casella, Aprile, Scala* und *Petrini*. Der bekannteste ist der Maler *Giuseppe Antonio Petrini* (1677–1759), der in der nahen Kirche S. Maria d'Ongero tätig war.

In den drei engen, verwinkelten Gassen stehen aristokratisch wirkende Häuser, deren Fassaden Sgraffiti, Dekorationsmalereien, Reliefskultpuren und Stuckaturen aufweisen. In der Via della Costa bilden die **Casa Adami** mit ihren Granitkonsolen mit Maskenreliefs, die **Casa Solari** mit vorzüglichen Rokokostuckaturen und Gemäldemedaillons im Innern sowie die barocke **Casa Lucchini** ein verträumtes Ensemble um eine Piazzetta. Die **Casa Costanza** mit freskengeschmückter Fassade (18. Jh.) hat Balkone auf Löwenkonsolen und reiche Rokokostuckaturen.

Stolze Häuser mit Höfchen und schmiedeisernen Balkonen lassen sich auch an der malerischen Piazza finden. An der Biegung der Via della Posta steht ein großer Barockbau mit Resten figürlicher Bemalung aus dem 17. Jh. In der Nähe der Post findet sich die **Casa Andreoli** mit zweibögigen Fernstern und einem Lanzettfenster, alle aus dem 15. Jh., sowie einer mit Stuckaturen geschmückten Nische von 1638. Das an die Pfarrkirche San Giorgio anstoßende Gemeindehaus **Loggia del Comune** wurde 1591 gebaut und besitzt eine elegante, kreuzgewölbte Galerie. An der Fassade prangen illusionistische Architekturgemälde und die Wappen der zwölf alten Orte.

Ein eindrucksvoller Spätrenaissancebau mit guten Reliefskulpturen und Wandgemälden aus dem 15. und 16. Jh. ist die **Pfarrkiche S. Giorgo,** im 16. Jh. weitgehend neu gebaut. Die Pfeilerbasilika mit Tambourkuppel birgt ein großes Wandgemälde von *Domenico Pezzi,* gemalt 1585: an der Chorfront ein Kalvarienberg, an der Nordseite ein Allerheiligenbild, gegenüber das Jüngste Gericht, eine gute Kopie des Gemäldes von *Michelangelo.*

Madonna d'Ongero

Im Wald westlich von Carona steht ein barockes Juwel, die **Wallfahrtskirche** Madonna d'Ongero, sie ist über einen Kreuzweg mit Kapellen erreichbar. Bemerkenswert sind die Stuckaturen im Kuppelgewölbe wie auch an den Kirchenwänden, die zum größten Teil 1646–48 von *Alessandro Casella* geschaffen wurden. Der prunkvolle Hauptaltar trägt das Fresko der wundertätigen Madonna (1515), umrahmt von Putten aus einer späteren Epoche. Die Altarbilder der Seitenkapellen sind von *G. Andrea* und *Giacomo Casella* (1648), ebenso die Dekorationen in der Kapelle San Giuseppe (links) und Sant'Antonio (rechts). In den Blindbögen sind Fresken von *G. A. Petrini* aus dem 17. Jh. Die übrigen Fresken sind von anderer Hand und gehen auf die erste Hälfte des 17. Jh. zurück (Schlüssel bei Frau *Sofia Schmidt,* Tel. 091/ 649 72 38).

S. Maria Assunta di Torello

Weiter südwestlich am Osthang des Arbostora liegt in unvergleichlicher Aussichtslage die spätromanische Kirche S. Maria Assunta di Torello. Das ehemalige **Augustinerchorherrenstift** wurde 1217 gegründet und 1389 aufgelöst. Die Kirche und das stark veränderte Konventsgebäude sind in Privatbesitz.

Monte San Salvatore

Der nördlich von Carona gelegene Monte San Salvatore (912 m) ist von Lugano-Paradiso aus mit der **Seilbahn** erreichbar. Er ist Teil einer Berggruppe, die als Halbinsel in den Luganersee hineinragt. Die Fahrt auf den Monte San Salvatore erschließt eine herrliche Aussicht, vom Monvisier bis zum Monte Rosa, Bernina, Monte Legnone und im Süden bis zum Apennin. Wer den Abstieg zu Fuß unternimmt, kommt an charakteristischen Ortschaften wie Carona oder Morcote vorbei. Der **Naturlehrpfad** Monte San Salvatore zeigt die typische Pflanzenwelt.

Unterkunft

- **Villa Carona,** 6914 Carona, Tel. 091/649 70 55, www.villacarona.ch. Patrizierhaus mit 17 stilechten Zimmern mitten im Dorf, DZ ab sFr. 170.

Essen und Trinken

- **Grotta Pan Perdü,** Tel. 091/649 91 92. Mit großer Aussichtsterrasse und gemütlichem Speiselokal, Tessiner Küche.

Park

- **Botanischer Garten San Grato,** Carona, Eintritt frei. Den Zugang zum Park bildet der „Blumenweg“ *(Sentiero dei fiori),* der vom Gipfel des Monte San Salvatore ausgeht, den Ortskern von Carona durchquert und schließlich zum Park führt, in dem Rhododendren, Azaleen und Kamelien wachsen. Der „Weg der Märchen“ liegt in der Nähe des Spielplatzes. Die Tafeln und Figuren stellen das Azaleenmärchen dar. Der „Relaxweg“ (1,5 km) fasst die ebenen und bequemsten Spazierwege innerhalb des Parks zusammen. Im Park gibt es Bar und Restaurant.

Am östlichen Ufer des Luganersees ↗XXIII/C3

Melide und Bissone

Melide ist der Heimatort des in Rom und Neapel tätigen Architekten *Domenico Fontana.* Im Ort beginnt der gleichnamige **Damm,** der nach Bissone auf die andere Seeseite führt, Geburtsort des genialen Tessiner Architekten *Francesco Borromini* (1599–1667), dem Konkurrenten von *Bernini* in Rom. Das alte Dorf, dessen Ortsbild durch Autobahn, Eisenbahn und Nationalstraße verschandelt wird, weist am See charakteristische Häuser mit Pfeilerarkaden auf.

Campione d'Italia

Von Bissone zweigt links die Straße in die **italienische Enklave** Campione d'Italia ab. Campione kam im 8. Jh. als Geschenk zum Kloster S. Ambrogio in Mailand, es blieb unter klösterlicher Hoheit bis 1797, war aber auch Bestandteil der Landvogtei Lugano. Unter *Napoleon* kam es zur Cisalpinischen Republik und später mit der Lombardei unter österreichische Herrschaft. 1848 versuchte sich Campione vergeblich dem Kanton Tessin anzuschließen, 1860 wurde es italienisches Territorium.

Malerisch gelegen, war Campione früher ein Fischerdorf, heute ist es ein internationaler **Ferien- und Ausflugsort** mit schöner Uferanlage und Spielkasino. Im 13. bis 15. Jh. stellte der Ort viele Bildhauer und Architekten, die in der Lombardei tätig waren. Zollamtlich gehört Campione zur Schweiz. Besonders sehenswert ist im Süden des Dorfes auf einer Geländeterrasse mit großer Treppe zum See die Wallfahrtskirche S. Maria dei Ghirli mit außergewöhnlichen Wandmalereien aus dem 14. und 17. Jh.

Arogno

Zurück nach Bissone geht vor der Dorfeinfahrt von Maroggia links die Straße zum Bergdorf Arogno im einsamen Valle Mara ab. Am Westhang des Monte Generoso gelegen, war Arogno die Heimat bekannter Baumeister, Stuckateure, Maler und Architekten. Hier wurde Steinkohle abgebaut und 1873 die Uhrenindustrie eingeführt. Das Ortsbild mit der hübschen Piazza Adamo und der Casa Cometta ist bemerkenswert, wenn auch etwas beeinträchtigt. Sehenswert sind die ungewöhnliche Barockkirche S. Stefano in prachtvoller Lage, umgebaut und erneuert im 17. Jh., und das pittoreske Beinhaus aus dem 18. Jh.

Von Argono kann man nach **Caprino** weiterfahren, einem beliebten Aus-

144ch Foto: tt

flugsort am südöstlichen Luganerseeufer mit vielen Grotti.

Von Maroggia nach Rovio

Zurück am See erreicht man **Maroggia** mit einem alten Dorfkern und engen Gassen, an der Nordseite flankiert vom Collegio Don Bosco, früher Palazzo Petrucci. Auf Maroggia folgt **Melano** mit großer Piazza und stattlichen Häusern. Das Dorf ist durch die Straße vom See abgeschnitten. In **Castelletto** liegt die Kapelle della Madonna, einer der schönsten und bekanntesten Wallfahrtsorte des Tessin. Ein Kreuzweg führt auf den Hügel, der stattliche Barockbau wurde im 17. Jh. neu gebaut.

Bei Melano führt eine Straße nach **Rovio** auf dem Monte S. Agata. Das bemerkenswerte Dorf tritt als Soana in einer Erzählung von *Gerhard Hauptmann* auf: „Der Ketzer von Soana". Hauptmann pflegte mit seiner zweiten Ehefrau im Hotel Monte Generoso abzusteigen, seit 1907 gibt es dort ein Hauptmann-Zimmer. Rovio hat eine harmonische Piazza und auf der Anhöhe westlich des Dorfes die beachtliche romanische Kapelle S. Vigilio mit romanischen Wandmalereien aus dem 13. Jh. Eine weitere romanische Kapelle steht auf dem Berg nördlich von Rovio.

Capolago und Monte Generoso

Hinunter zur Uferstraße gelangt man nach Capolago, einem weiteren Grotti-Ort. An der Piazza lag die berühmte **Tipografia Elvetica** (1830–56), die im italienischen Risorgimento eine aktive Rolle spielte, dazu gehört das Denkmal. In der Pfarrkirche sind teilweise gute Stuckaturen erhalten, die Chorfresken sind von *Rinaldi* (1858).

Mit der **Zahnradbahn** fährt man von Capolago in 40 Minuten auf den 1704 m hohen Monte Generoso, mit Blick auf das ganze Tessin und die Alpenkette, die oberitalienischen Seen, die Po-Ebene und bei klarem Wetter bis zum Apennin. Neu ist hier eine **Sternwarte.** Auf dem Monte Generoso wird ein Animationsprogramm geboten, das manche Clubs vor Neid erblassen lassen könnte.

Praktische Tipps

Unterkunft

- **Hotel Lago di Lugano,** 6816 Bissone, Tel. 091/649 85 91, www. hotellagodilugano.ch. Familienhotel mit umfangreichem und fantasievollem Animationsprogramm, Fitnessraum, Beauty-Institut, subtropischem Park direkt am See. DZ ab sFr. 270, Ein- und Zweizimmerappartements.

Camping

- **Camping Monte Generoso,** 6818 Melano, Tel. 091/649 83 33, am baumbestandenen Ufer des Luganersees, ca. 20 km südlich von Lugano.
- **Camping Pedemonte,** Melano, Tel. 091/ 649 83 33, www. montegeneroso.ch, am Fuß des Monte Generoso.

Nachtleben

- **Casino Municipale,** Campione d'Italia, Tel. 091/640 11 11 (15.30–4 h). In gediegenem Rahmen Roulette, Blackjack, Baccara und Trente e Quarante, Events mit internationalen Spielern.

Besichtigung

● **Swissminiatur Melide,** 6815 Melide, Tel. 091/640 10 60, März bis Okt. Sa/So 9–18 h. Auf einem großen Parkgelände am Luganersee, permanente Ausstellung. Im Maßstab 1:25 reproduzierte Sehenswürdigkeiten der Schweiz. Die ganze Miniaturlandschaft wird von einer Eisenbahnlinie durchzogen, die sich über eine Länge von 3560 m erstreckt. Auf dem Platz Selbstbedienungsrestaurant mit Spielplatz und kleinen Wasserbecken.

Ausflüge

● **Zahnradbahn Monte Generoso,** 6825 Capolago, Tel. 091/648 11 05, Sa/So 10.30–15 h. Höhe Bergstation: 1704 m.

● **Planetenweg Monte Generoso,** auf dem etwa 600 m langen Planetenweg sind im Maßstab 1:10 Milliarden Informationen in den Steinbelag des Weges eingefügt. Er beginnt auf dem Platz östlich des Albergo-Ristorante Vetta, wo ein dreidimensionales Sonnenmodell aufgestellt wurde.

Riva S. Vitale

↗XXIII/C3

Etwas abseits der Hauptstraße liegt am südlichen Ende des Luganersees Riva S. Vitale. Die Ortschaft geht auf eine Bronzezeitsiedlung und einen römischen Vicus zurück. Unter den Eidgenossen zur Landvogtei Lugano gehörend, erklärte sich Riva S. Vitale am 26. Februar 1798 zur Republik, die einen Monat überlebte. Seit 1814 ist der Ort dem Bezirk Mendrisio zugeteilt.

Riva S. Vitale ist ein gut erhaltenes Städtchen mit altem Kern. Viele der Häuser haben Innenhöfe. Der **Palazzo della Croce** südlich der Kirche S. Croce ist eine Familienresidenz aus dem 16. Jh. An der Piazza steht die **Casa Communale,** ehemals der Palast der Croce-Familie, ein repräsentativer Renaissancebau mit toskanischem Arkadenportikus, Rustikaportal, Beletage und Mezzaningeschoss (16. Jh.). Der alte Kirchenbezirk liegt am Südende der Siedlung. Die Pfarrkirche und das sich anschließende Pfarrhaus bilden einen Hof, in dem das berühmte Baptisterium liegt.

Das **Baptisterium Riva San Vitale** ist das älteste religiöse Bauwerk der Schweiz. Die Taufkirche ist vermutlich im 5. Jh. entstanden. Der kubische Bau mit achteckigem Tambour war ursprünglich wohl von einem für Prozessionen gedachten Gang umgeben, von dem noch einige Spuren am Boden sichtbar sind. An der Nord- und Südseite sind Rundbogenportale, an der Ostseite eine karolingische Apsis, die eine halbrunde ersetzte. Das Kircheninnere ist achteckig mit entsprechendem Gewölbe und weist tiefe, halbkreisförmige Nischen und eine kleine Apsis auf, die später hinzugefügt wurde.

In der Mitte befindet sich das Taufbecken in achteckiger Form, mit zwei Stufen eingetieft, in dem die Taufe durch Eintauchen vollzogen wurde, eine Praxis, die bis ins 9./10. Jh. üblich war. Vermutlich in jener Zeit wurde darauf ein zweites, rundes Taufbecken aus einem einzigen Block gestellt.

In den Nischen sind wertvolle romanische Fresken aus dem 12. Jh. Ein Teil des Fußbodens entspricht noch dem Originalzustand aus weißem und schwarzem Marmor. Gleiche Taufhäuser gab es im Orient, an der Adria und in der Provence.

Hinterland von Riva S. Vitale

Brusino-Arsizio und Serpiano

Brusino-Arsizio ist ein idyllisches Fischerdörfchen am Fuß des **Monte San Giorgio** mit einem alten, um die barocke Kirche gruppierten Dorfkern. Es liegt Morcote gegenüber. Von hier führt die **Seilbahn** auf den Monte San Giorgio nach Serpiano. Der Kurort Serpiano liegt auf einer einer Hochterrasse mit herrlichem Blick über den See nach Morcote.

Meride

Das abgeschiedene Meride ist Heimat verschiedener Künstlerfamilien, vor allem des in der Deutschschweiz tätigen Malers *Francesco Giorgioli.* Es hat malerische Gassen und kleine Plätze. Die bescheiden wirkenden Häuser haben oft geräumige Innenhöfe mit Loggien aus dem 17. oder 18. Jh., so die Casa Communale, die Casa Oldelli, die Casa Monti und die Casa Tettametti, die beiden letzteren haben in den Innenräumen zahlreiche Fresken von Giorgioli. Die barockisierte Kirche S. Rocco von 1772 geht auf einen hübschen Platz mit barockem Schalenbrunnen.

Tremona

Tremona, das umgeben von Rebhängen aussichtsreich auf einem Hügel liegt, birgt das originelle Haus des Malers *A. Rinaldi.* In der Pfarrkirche S. Maria Assunta steht ein guter Stuckaltar mit Engelkaryatiden und gesprengtem Giebel. In schöner Hügellage steht die Kapelle S. Agata. Sie besitzt einen prachtvollen Stuckaltar.

Das Vela-Museum in Ligornetto zeigt Werke des Bildhauers Vincenzo Vela

Arzo

Marmorbrüche finden sich an der Straße von Tremona nach Arzo, das durch Marmorvorkommen bekannt wurde. Das in einer Mulde am Gaggiolo-Bach liegende Arzo ist gut erhalten und besitzt eine auffällige Piazza. Viele Häuser haben Arkadenhöfe. Die Pfarrkirche SS. Nazario e Celso besitzt einen originellen, schwarz-rot gemusterten Marmorboden.

Besazio und Rancate

Das intakte Besazio liegt in reizvoller Hanglage. Am Westrand des Hügels von S. Antonio ist eine Nekropole aus neolithischer bis römischer Zeit erhalten.

Am Fuß des Monte San Giorgio liegt Rancate, ein stimmungsvolles Städtchen mit engen Gassen und harmonischem Kirchplatz. An der Piazza steht die barocke **Casa Caroni** mit einem Innenhof, auf den sich eine Säulenloggia öffnet (18. Jh.). Sehenswert ist die Via grazioso Rusca mit Schwibbögen. Rancate ist der Geburtsort von *Carlo Fontana,* Schüler und Nachfolger *Berninins* in Rom. Im umgebauten Pfarrhaus ist die **Pinacoteca cantonale Züst** untergebracht. Die Pfarrkirche S. Stefano ist ein hoher, eleganter Spätbarockbau von 1776.

Ligornetto

Ligornetto ist der Geburtsort des Bildhauers *Vincenzo Vela*. Es ist ein von einem Straßendreieck geprägtes Dorf. Seine Häuser zeigen Stuckaturen und Fresken. Das **Museo Vela** hat einen zentralen Tambour, 1863 von *Spinelli* nach Plänen von *Ajmetti* gebaut, 2001 restauriert unter der Leitung von *Mario Botta*. Hier werden Werke des Künstlers Vincenzo Vela, seines Bruders und seines Sohns gezeigt.

S. Pietro und Stabio

In S. Pietro gab es interessante Grabfunde aus der Eisenzeit und der Zeit der Etrusker und Römer. S. Pietro ist fast mit Stabio zusammengewachsen, das zwischen zwei in die Ebene vorgeschobenen Hügeln liegt und einige herrschaftliche Häuser und Villenviertel besitzt. Die Casa Rotonda, Via Pietane 12, ist von *Botta* (1981). Hier gibt es alte, vielleicht schon von den Römern benutzte Heilquellen.

Unterkunft 

- **Kurhotel Terme,** 6855 Stabio, Tel. 091/647 15 64, www.kurhotel-terme.ch. Schwefel-, jod- und fluorhaltige Quellen, alle möglichen Therapien und Massagen, Fango, Thermalbad, DZ ab sFr. 200.

Essen und Trinken 

- **Grotto Grassi,** 6865 Tremona, Tel. 079/ 353 94 04, Juni bis August nur Mo geschlossen, April/Mai und September/Okotber Do–So offen. Am Waldrand von Tremona unter Kastanienbäumen mit guter Regionalküche.
- **Ristorante Torchio Antico,** Via al Fiume, 6864 Arzo, Tel. 091/646 49 94, Mo und Di geschlossen. Gärtchen und zwei Salette mit Terracottagewölbe und Kamin, kreative lombardische Küche.

145ch Foto: tt

Museen 

- **Museo dei Fossili,** Commune di Meride, 6866 Meride, Tel. 091/646 37 80, täglich 8–18 h, Eintritt frei. Originale, Kopien und Illustrationen von Sauriern, Fischen und Wirbellosen aus dem Trias des Monte San Giorgio.
- **Pinacoteca cantonale Giovanni Züst,** 6862 Rancate, Tel. 091/646 45 65, Di–Sa 9–12 h und 14–17 h. Die Pinakothek Giovanni Züst enthält Werke von Tessiner Künstlern des 17. bis 20. Jh. Das 19. Jh. ist am besten vertreten durch eine ganze Reihe von Künstlern aus dem Tessin und der Lombardei.
- **Museo Vela,** in der Villa Vela, 6853 Ligornetto, Tel. 091/640 70 40, Di–So 10–17 h, Eintritt frei. Die Villa Vela nimmt die Sammlung der Künstlerfamilie *Vela* auf. Die von einem öffentlich zugänglichen, großen Park umgebene Villa Vela gilt als das bedeutendste Wohnhaus/Museum des 19. Jh. im Tessin. *Vincenzo Vela,* 1820 in Ligornetto geboren, war als Vertreter des Verismus ein Bildhauer von internationalem Ruf. Im Museum sind Skulpturen, Entwürfe und Gipsmodelle, Skizzen und Zeichnungen zu sehen.

Ausflüge 

- **Naturlehrpfad am Monte San Giorgio,** Vegetation, Fauna und geologische Formation des San Giorgio, ca. 4 Std. Der Weg beginnt an der „Fontana" (altes Waschhaus) bei der ersten Häsergruppe hinter Meride, an der Straße nach Serpiano auf ungefähr 600 m Höhe: Cassina, Taleinschnitt des Val Porina, Serpiano, Meride. Feste Wanderschuhe sind empfehlenswert.

Mendrisio

↗XXIII/C3

Mendrisio ist der Hauptort des Mendrisiotto. Erstmals erwähnt 793, gehörte der Ort zuerst zur Grafschaft Sepric, 1249 zu Como, dann 1412 zu Mailand, 1512 wurde er von den Eidgenossen besetzt. Ab 1522 war Mendriso eine Landvogtei unter der auf Torre ansässigen Urner Familie *Beroldingen*. Seit 1814 bildet der Ort zusammen mit den Gemeinden des Monte San Giorgio den Bezirk Mendrisio.

Mendrisio liegt auf der untersten Geländestufe des Generoso-Massivs. Der älteste Teil ist zwischen dem Klosterkomplex S. Giovanni und der Pfarrkirche angesiedelt. An der Via Nobile Torriani (Nr. 1) steht der **Palazzo Torriani** mit einem Rundbogenportal von 1541, das in zwei hintereinander liegende, malerische Innenhöfe führt. Der erste, mit toskanischem Arkadenportikus und Loggia, ist aus dem 18. Jh., der zweite, mit toskanischen Säulenpaaren, aus dem 15. Jh.

Im Carlasc an der Piazzale del Municipio, wohnte der Architekt *Croci*. Der **Palazzo Pollini** steht in der Via Pontico Virunio und ist einer der schönsten Barockpaläste im Tessin, erbaut 1720, ein winkelförmiger, zweieinhalbgeschossiger Monumentalbau mit hoher, abweisender Straßenfront und einer etwas leichteren Fassade mit zwei von Balkonen gekrönten Rundbogenportalen zur Piazzetta Carrobbiello. Der Hof hat einen toskanischen Säulenportikus; an der Gartenfront findet sich ein hervorspringender Herrschaftstrakt mit muschelbekrönten Gartenportalen und Fensterbalkonen im zweiten Obergeschoss.

Ein eindrucksvoller Barockbau ist die Klosterkirche **S. Giovanni,** sie wurde 1722 mit Ausnahme des Turmes neu

Prozessionen der Karwoche in Mendrisio

Die Karwoche ist in Mendrisio von der Darstellung des Leidensweges Jesu und seines Todes am Kreuz geprägt. Am Donnerstag vor Ostern beginnt bei Sonnenuntergang der Umzug durch die alten Gassen: voraus die Legionäre zu Pferd unter Trompetenklang, dann Jesus mit der Dornenkrone (eine begehrte Rolle, der Name des Darstellers wird zuvor geheim gehalten). Christus wird auf dem Weg zum Kalvarienberg von Veronika mit dem Schweißtuch und weinenden Frauen begleitet. Simon hilft ihm, das Kreuz zu tragen. Herodes, Pilatus, Priester, Schreiber und Diebe gehören ebenfalls dazu. Römische Soldaten würfeln um die rote Tunika Jesu. Das Szenarium wird bei zunehmender Dunkelheit, einzig von Fackeln und Laternen erhellt, immer dramatischer.

Auch die Karfreitagsprozession hat einen ergreifenden Charakter. Maria und der leblose Körper ihres Sohnes werden von Bruderschaften und Klerus durch die von Gläubigen gesäumten Gassen getragen. Lampions mit von der Rückseite beleuchteten Bildern, die die Gassen des historischen Ortszentrums überspannen, tragen zur Stimmung bei. Sie stammen teilweise aus dem 17. Jh.

Der Ursprung der Prozessionen ist in den mittelalterlichen Passionsspielen zu suchen, die mit ihrem Realismus eine starke religiöse Botschaft transportierten. In Mendrisio wurden sie von den Servitenpatres gegen Ende des 15. Jh. eingeführt und sind seit dem 17. Jh. urkundlich belegt (Infos: Tel. 091/646 57 61).

gebaut. Im Viertel Rivapiana steht die Kirche **San Quirico e Giolitta,** 1313 erwähnt, später ausgebaut. Im einschiffigen Kirchenraum sind längs der Wände drei Freskenzyklen. Nahe der Kirche steht ein mittelalterlicher **Turm,** dessen ältester Teil auf das 12. Jh. zurückgeht. Ende des 15. Jh. als Glockenturm umgebaut, war er früher wohl ein Wachtturm.

In beherrschender Hügellage steht die monumentalste Kirche des Tessin aus dem 19. Jh.: die Propsteikirche **SS. Cosma e Damiano,** erbaut in der zweiten Hälfte des 19. Jh. von *Spinelli* nach Plänen von *Luigi Fontana,* vollendet 1925. Der kreuzförmige Zentralbau besitzt im Chor ein prachtvoll geschnitztes Altarziborium in Form eines zweigeschossigen Tempels (1670 von *Lezzani*).

Praktische Tipps

Information

- **Medrisotto Turismo,** 6850 Mendrisio, Tel. 091/646 57 61.

Unterkunft

- **Hotel Morgana,** Via C. Maderno 12, 6850 Mendrisio, Tel. 091/646 57 61. 16 Zimmer mit Bad/WC, DZ sFr. 150–170.

Essen und Trinken

- **Grotto Eremo di San Nicolao,** in Salorino, 6872 Somazzo, Tel. 091/646 40 50 (Mi geschlossen). Neben dem Wallfahrtskirchlein am Fuß des Monte Generoso, hoch über Mendrisio, herrliche Sicht, einfache Tessiner Küche.
- **Grotto la Balduana,** 6872 Salorino (Straße zum Monte Generoso), Tel. 091/646 25 28. Gutes Restaurant mit gutem Preis-Leistungsverhältnis, typische Küche, schöne Terrasse.

Museen

- **Museo d'Arte,** Piazza San Giovanni, Tel. 091/646 76 49, Di–So 10–12 und 14–17 h. Im ehemaligen Servitenkloster: Tessiner Künstler vom 18. bis 20. Jh., Werke aus deutscher und italienischer Schule, 16. und 17. Jh., moderne und zeitgenössische Werke der Lombardei.
- **Modelleisenbahn-Galerie,** Galleria Baumgarten, Via Stefano Franscini 24, Tel. 091/640 04 00. Gegenüber des SBB-Bahnhofs. 600 m Ausstellungsvitrinen mit über 15.000 Exponaten in allen Maßstäben, digital gesteuerter Betrieb von Modellbahn-Anlagen in allen Spurweiten.

Einkaufen

- **Shoppingzenter Foxtown,** Mendrisio, Factory outlet, Designermode zu Fabrikpreisen, günstige Markenartikel.

Südlich von Mendrisio

Villa besitzt einen altertümlichen Dorfkern und die Privatkapelle S. Trinità oder La Beccaria, ein unberührter Backsteinbau mit eingezogenem quadratischen Chor von 1674.

Im Frühmittelalter eine Langobardensiedlung, ging **Balerna** in den Besitz eines Mailänder Klosters über. Später hatte auch der Bischof von Como hier Besitz. Der Straßenborgo wurde stark modernisiert. S. Vittore ist seit 1180 Pfarrkiche. An der Stirnwand des nördlichen Seitenschiffes hat sie ein Frührenaissancefresko. Weitere Fresken sind aus der Morazzone-Werkstatt und von *Torriani.* Auf der Südseite der Kirche steht ein klassizistisches Baptisterium mit einem schönen Renaissancetriptychon. Ein zierliches Beinhaus von 1759 liegt nördlich der Kirche. Hinter ihr ist die ehemalige Nun-

145ch Foto: tt

Die südlichen Arme des Luganersees umschließen den Monte San Giorgio

tiatur, erbaut im 18. Jh., hangwärts darüber steht der bischöfliche Palazzo Belvedere, 1706 von *Carlo Silva* für den Bischof von Como, *Bonesana,* gebaut. Es ist ein mächtiger Rechteckbau mit vier Eckrisaliten, die auf drei Seiten einen Ehrenhof bzw. Terrassen mit Freitreppen einfangen.

Das malerische Straßendorf **Novazzano** liegt in hügeligem Gelände. Seine Pfarrkirche SS. Quirico e Giulitta, 1330 erwähnt, wurde gegen Ende des 18. Jh. nach Plänen von *Regazzoni* aus Balerna neu gebaut. Vom ursprünglichen Gebäude sind der Glockenturm aus dem 13. Jh. und eine Kapelle, das heutige Oratorium der Verkündigung, übrig geblieben. Die kreuzgewölbte Kapelle der alten Kirche, erreichbar vom nördlichen Querschiff, birgt Renaissancewandmalereien (1584) von *Gian Battista Tarilli.* Die Kirche hat einen prachtvollen Stuckaltar mit gedrehten Säulenpaaren von *Catenazzi* (1711).

Essen und Trinken

- **Grotto Dei Tigli,** 6828 Balerna, Tel. 091/ 638 30 81 (Di geschlossen). Ausgezeichnete Regionalküche mitten in Weinreben.

Museum

- **Kaffeemuseum,** in Balerna neben der Fabrik Chicco d'Oro: Geschichte und Verarbeitung, Werkzeuge, Röst- und Mahlanlagen.

Valle di Muggio

↗XXIII/D3

Das **südlichste Bergtal der Schweiz,** östlich von Mendrisio gelegen, lässt sich in drei Vegetationszonen einteilen. Der enge Talgrund, vom Breggia-Fluss geformt, wird von Erlen, Eschen, Pappeln und Gebüsch bedeckt. Rund 100 m über der wildromantischen Breggia-Schlucht öffnet sich das Tal terrassenförmig, hier beginnt das landwirtschaftlich genutzte Gebiet. Darüber liegt Buchenwald, der allmählich in sanft geschwungene Bergkämme übergeht.

Neben den zahlreichen Brücken aus verschiedenen Jahrhunderten fallen die so genannten **Roccoli,** die Vogelfangtürme, und die **Gra** auf. Letztere sind turmartige Einrichtungen, in welchen früher die Kastanien gedörrt wurden. Nur noch im Muggio-Tal zu finden sind die **Nevère,** die äußerlich an die apulischen Trulli erinnern. Die Rundbauten aus Stein dienten bis in die 50er Jahre des 20. Jh. mit Schnee gefüllt als Kühlhäuser zur Lagerung von Lebensmitteln. Im Tal ist vor allem die **Schafskäseproduktion** wichtig. Als Spezialität bekannt sind die Weichkäsesorten Formaggini und Robiole.

Castel S. Pietro

Castel S. Pietro gehört mit Morbio superiore und Sagno zur Bassa Valle. Die Orte liegen auf den beiden Talflanken mit Blick auf die Medrisotto-Ebene. In Castel S. Pietro stand früher eine im 12. Jh. gebaute Burg, die erst dem Bischof von Como, dann den *Rusca* gehörte. In ihrer Kirche, der Capella Rossa, wurden 1390 mehr als hundert Anhänger der ghibellinischen Rusca von den welfischen *Busioni* massakriert. 1610 wurde die Burg zerstört. Die heutige Kirche S. Pietro oder **Capella Rossa** auf einem Felskopf über der Breggia, erbaut 1343, ist fast unverändert geblieben: ein schmuckloser Rechteckbau mit halbrunder Apsis. Über dem Westportal sind die Bauinschrift und Portäts des Bauherrn zu erkennen, des Bischofs *Bonifazius* von Modena, als Bischof und Lehrer. Im Innern gibt es Wandmalereien aus der zweiten Hälfte des 14. Jh.

Unterhalb des traubenförmig am Hang gelegenen Dorfes mit steilen Gassen liegt auf einem Geländesporn die prachtvolle **Barockkirche S. Eusebio,** 1670–78 von *Agostion Silva* erbaut, mit schönem Innenraum mit korinthischen Pilastern und umlaufendem Gebälk, vier Seitenkapellen und eingezogenem Chor, einmündend in eine leicht ausgreifende Apsis.

Obino

In Obino thront in malerischer Höhenlage die **Kapelle S. Antonio** mit kleeblattförmigen Chor. Dort sind zwei Fresken der hl. *Antonius* und *Sebastian,* um 1500, erhalten. Der Stuckaltar hat ein Fresko mit thronender Muttergottes, *Antonius* und Stifterfigur. An der südlichen Schiffswand sieht man ein Fresko der Pietà, auf der Gegenseite die hl. *Sebastian* und *Rochus.*

Morbio Inferiore

Morbio Inferiore liegt erhöht und besitzt im Ortskern eine urbane Geschlossenheit. Es war der Wohnsitz der einflussreichen Künstlerfamilie *Silva*. Sehenswert ist die Barockkirche **S. Maria dei Miracoli,** erbaut 1595 an Stelle einer von den Eidgenossen zerstörten Burg. Der Rechteckbau mit querschiffartiger Erweiterung und zweigeschossiger, übergiebelter Pilasterfassade hat einen unverputzten und unbekrönten Südturm. Die Kirche birgt zahlreiche Stuckaturen aus dem 17. Jh., vor allem von Mitgliedern der Familie Silva.

Durchs obere Muggio-Tal

Von Morbio Superiore steigt die Straße noch etwas an und man gelangt bei dem auf einer Geländerippe ausgebreiteten Dorf **Caneggio** fast unmerklich ins eigentliche Muggio-Tal. Die spätbarocke Kirche, ein Bau von 1715, dominiert den Ort.

Jenseits eines kleinen Seitenbaches folgt **Bruzella** mit seinem weitgehend intakten Ortsbild, das maßgeblich vom 19. Jh. geprägt ist. Beim Ort liegt eine alte, renovierte Wassermühle, Bestandteil des Talmuseums.

Cabbio ist ein langgestrecktes Dorf mit schmalen Gassen, im westlichen Bereich liegen Häuserkuben aus dem 19. Jh. Auf einer hohen Brücke überquert man den Bach, der aus dem Val Lausca kommt, und gelangt zu dem mit seinen eng gedrängten Häusern, schmalen Gässchen und Treppen mediterran wirkenden **Muggio.** Muggio ist Heimatort der klassizistschen Architekten *Pier Luigi* und *Luigi Fontana* sowie von *Simone Cantone*. Die spätbarocke Pfarrkirche S. Lorenzo wurde 1760 praktisch neu gebaut. Sie hat einen reich instrumentierten Innenraum mit einer Schiffs- und einer Chorkuppel. Kompsitpilaster und Gebälk umziehen die konchenartigen Seitenkapellen und den kleeblattförmigen Chor. Spärliche Stuckaturen, begleitet von illusionistischer Malerei, zeigen die Verherrlichung des Kirchenpatrons und der Madonna (1760).

Die Gemeinde Muggio umfasst den weiten Talkessel mit der Kirchgemeinde Scudellate und einer Reihe von Bergweilern und Maiensässen am Monte Generoso. Beim Weiler **Tur** sind die charakteristischen engen Terrassierungen besonders ausgeprägt. Weltabgeschieden liegt **Scudellate** am Steilhang mit zwei Reihen stattlicher Steinhäuser, ein Fußweg führt zum italienischen Dorf Erbonne. Die Straße führt weiter nach **Roncapiano** mit seiner kleinen Kapelle. Malerisch klebt der Alpweiler **Casiroli** mit einheitlicher Steinplattenbedachung am Hang.

Zurück in Cabbio, zweigt bei der Post ein Sträßchen zur Talsohle ab, teilweise mit 25 Prozent Gefälle. Auf der anderen Seite geht es steil hinauf zu den auf der rechten Talseite liegenden Dörfern **Casima** und **Monte** am Osthang des Dosso Bello. Monte hat neben seiner Pfarrkirche, erwähnt 1579, ein hübsches Beinhäuschen mit Attikageschoss und Ziergurten aus Stuck (2. Hälfte 18. Jh.). Am Weiler **Campora** vorbei, fährt man talauswärts, bis man hoch oben den Nordwesthang des Medrisotto erreicht, vor sich die Kirche von Obino.

Praktische Tipps

Essen und Trinken 

● **Locanda del Ghitello,** Parco della Breggia, 6834 Morbio Inferiore, Tel. 091/682 20 61. In altem Haus nahe dem Warenhaus Innovazione, sehr gute Küche, guter Weinkeller.

Besichtigungen 

● **Ethnografisches Museum des Muggio-Tals,** 6874 Castel San Pietro, Tel. 091/684 10 68, www.valledimuggio.ch; **Mulino** (Mühle), 6837 Bruzella, Tel. 091/684 11 88; **Regione Valle die Muggio,** 6835 Morbio Superiore, Tel. 091/682 20 16. Die Landschaft als Museum: Thematische Wanderwege auf den Spuren von Schneekellern, Mühlen, Vogelfangtürmen, Brücken, Köhlerstätten, Zisternen, Dörrhäusern, Brunnen. Ausstellungen über die Kastanie bei der Forstverwaltung (AFOR) in Lattecaldo, über die Mühle in der Nähe der Mühle in Bruzella, über die Schneekeller bei der Herberge von Scudellate, Dokumentationszentrum in Bruzella.

Chiasso

↗XXIII/D3

Der **Grenzort** Chiasso liegt im Südzipfel des Tessin an der Hauptroute über den Gotthard nach Mailand. Seit der Eröffnung des Gotthardbahntunnels nahm der Ort eine stürmische Entwicklung. In den lezten Jahrzehnten wurde Chiasso völlig überbaut. Im Ortskern sind die Häuser aus dem 19. Jh., darunter viele von *Fontana,* nur noch bruchstückhaft vorhanden. Chiasso besitzt einen modernen Güter- und Verschiebebahnhof, ist Bankenplatz sowie Sitz internationaler Speditionsfirmen.

In der **Bahnhofshalle** hängt ein Wandgemälde mit Auswanderern von *Pietro Chiesa* von 1933. Die Figurenplastik „Italien und Schweiz" ist von *M. Osswald-Toppi.* Die 1237 erwähnte Pfarrkirche S. Vitale wurde 1934 vom Mailänder *Conti* durch eine monumetale **Säulenbasilika** mit Querschiff und halbrund geschlossenem Chor ersetzt. Sie ist eine der jüngsten historisierenden Kirchen der Schweiz. Das große Gemälde des hl. *Vitalis* ist vom Ende des 17. Jh., die Barockaltäre wurden teilweise vom Vorgängerbau übernommen.

Essen und Trinken 

● **Ateneo del Vino,** Via Pontico Virunio 1, Tel. 091/630 06 36. Gute Küche, netter Service.

Graubünden

Überblick

Graubünden ist der abwechslungsreichste Kanton der Schweiz. Hier spricht man Deutsch, Romanisch und Italienisch. Zwei Siedlungsgebiete prägen den Kanton: **Nordbünden** mit der Bündner Herrschaft, dem Vorder-, Hinter- und Averserrhein, dem Prättigau, dem Landwasser- und Albulatal, dem Oberhalbstein sowie das südlich der Bergkette zwischen Gletscherhorn und Piz Linard liegende Hochtal des Inns, das **Engadin,** mit den Nebentälern Bergell (Bregaglia), Puschlav (Poschiavo), Münstertal (Val Müstair) und dem geografisch zum Tessin gehörenden Misox. Flächenmäßig ist Graubünden der größte Kanton der Schweiz – ein typischer Gebirgskanton. Die Verkehrswege sind ausgezeichnet. Die meist rot leuchtenden Lokomotiven und Wagen der RhB, der Rhätischen Bahnen, erschließen weite Teile und seit der Eröffnung des Tunnels durch den Vereina, sind auch das Engadin und seine Nebentäler gut erreichbar. Allgemeine Informationen zu Graubünden sind erhältlich bei:

- **Graubünden Ferien,** Alexanderstr. 24, 7001 Chur, Tel. 081/254 24 24, Fax 081/254 24 00, www.graubuenden.ch

Geschichte

In der Mitte des 14. Jh. befand sich das Bistum Chur auf der Höhe seiner Macht: Der Bischof war der reichste Grund- und Landesherr Rätiens. Seine Besitzungen und Rechte waren besonders ausgeprägt in Chur, den vier Dörfern, im Oberhalbstein und im Engadin. Neben Feudalherren und Fürstbischof gab es schon freie Gemeinden und Marktgenossenschaften. Gefahr zog auf, als die österreichischen Herzöge 1363 Tirol und bald darauf Voralberg erwarben. Als der Österreich-freundliche Bischof *Gelyto* die Verwaltung Churs in österreichische Hände übergeben wollte, beriefen die Gottesleute eine Tagung nach Zernez ein. Vertreter aller Gerichtsgemeinden waren anwesend. Da der Bischof auf keinen Kompromiss eingehen wollte, kam es im Januar 1367 zur Gründung des **Gotteshausbundes.** Man gelobte sich gegenseitige Hilfe bei Leib und Gut. Ein bischöfliches Hoheitsrecht nach dem anderen ging an den Gotteshausbund. In der Folge wurden Verträge mit Zürich, Österreich, den Sieben alten Orten der Eidgenossenschaft und mit Frankreich geschlossen. 1471 vereinigte sich der Gotteshausbund mit dem 1424 gegründeten Grauen Bund und dem im Jahre 1436 geschworenen Zehngerichtebund zum **Freistaat Gemeiner Drei Bünde.** 1524 folgte eine gemeinsame Verfassung. Der Freistaat war kein Gesamtstaat, sondern eine lockere Verbindung von 48 Gerichtsgemeinden aller Drei Bünden, eine Gemeindereferendumsdemokratie. Der Bund wurde nie aufgelöst, erst durch die Bundesverfassung von 1848 wurde Graubünden ein einheitliches Staatswesen.

Bündens heroischer Kampf gegen die Benzinkutsche

1899 erregte in Chur ein Automobil wegen seiner „strassenpolizeiwidrigen" roten Farbe den Unwillen der Polizei. Da die Automobile Tiere und Menschen in Angst und Schrecken versetzten, verbot der Kleine Rat sie 1900 kurzerhand im ganzen Kanton. Nur ab und zu wurde das Verbot gelockert. Eine Sonderbewilligung gestattete dem Fahrer 12 km/h. 1907 durfte ein Tourist seinen Wagen von Tirano bis St. Moritz von Pferden ziehen lassen. Befürworter und Gegner lieferten sich einen unerbittlichen Kampf. Ebenfalls im Jahr 1907 lehnte das Bündner Stimmvolk die Zulassung von Automobilen ab. Diverse Vorstöße wurden in den kommenden Jahren zurückgewiesen. Die Schweizer Armee ignorierte das Verbot im Ersten Weltkrieg und setzte die verhassten Lastkraftwagen ein. Bis 1923 blieb Graubünden ein **Bollwerk gegen das Benzinungeheuer.** Dann stimmte das Bündnervolk einem Gesetz zur probeweisen Öffnung einer Durchgangsstraße zu. 1925 wurde ein verbessertes Automobilgesetz abgelehnt, im gleichen Jahr aber eine Initiative zugunsten des Autos angenommen. Was folgte, war ein beherzter Kleinkrieg: Mutige Einzelkämpfer an der Autofront fuhren mit arg verbeulten Karosserien herum – der Volkszorn entlud sich bei der Durchfahrt durch die engen Straßen mit Steinen. Der Kanton galt als **Automobilistenfalle.** Dorfpolizisten lauerten den „arglosen" Autofahrern auf und überhäuften sie mit „nicht zu rechtfertigenden" Bußen. In Zizers sandte der Polizist seinen Knaben los: Fuhr das Auto schneller als der Knabe rannte, war eine Buße fällig. Aber trotz unermüdlichem Einsatz ließ sich das neue Gefährt nicht mehr vertreiben.

Chur

↗XVIII/A1

Chur ist das Eingangstor zum Bündnerland, Ausgangspunkt für zwei wichtige Alpenübergänge (Julier/Septimer und Splügen/San Bernardino), Kantonshauptort und Zentrum. Hinter der hässlichen Vorstadt verbirgt sich ein reizendes Städtchen.

In der **Frühgeschichte** sind Siedlungen im heutigen Welschdörfli und auf der rechten Seite der Plessur nachgewiesen. Früh wurden hier Waren umgeschlagen. Die Anfänge des **Bistums** Chur reichen ins 4. Jh. zurück. Nach dem Niedergang der Franken war Rätien weitgehend selbstständig. Die Macht lag bei der einheimischen Victoriden. Sie hatten die hohe Gerichtsbarkeit über Chur und die umliegenden Dörfer. Die Stadt wurde am Fuß des alten Bischofssitzes errichtet, auf einem Schuttkegel der wilden Plessur. Sie erhielt im 13. Jh. eine **Befestigung,** von der noch einige Türme sowie geringe Teile der Ringmauer bestehen. Im 14. und 15. Jh. versuchten die Bürger, sich von der Macht des Bischofs zu befreien. Zweimal schlugen sie die Tore zum Bischofssitz ein und nahmen in Abwesenheit des Bischofs den Vikar gefangen. Nach einem Brand erhielten sie vom Kaiser 1464 das Recht auf eine Zunftordnung, der Bischof verlor die Gerichtsbarkeit. 1523 hielt die **Reformation** Einzug und schmälerte den Einfluss des Bischofs zusätzlich. Im 16. und 17. Jh. wütete die Pest. In einem einzigen Jahr wurde die Bevölkerung auf die Hälfte reduziert. Während des **Dreißigjährigen Krieges** waren ständig fremde Truppen einquartiert. Die Familie *Planta* hatte sich auf die französisch-venezianische Seite geschlagen, die Familie *Salis* mit der Patriotenpartei auf die spanisch-österreichische und **Georg (Jürg) Jenatsch,** ein Feind der *Plantas,* wurde zum Inbegriff der Bündner Wirren. Er versuchte mehrmals vergeblich Bormio und das Veltlin zurückzuerobern, mit dem Resultat, dass die Österreicher und Spanier, später die Franzosen, Bünden und seine Pässe besetzten und Forderungen erhoben. *Richelieu* hatte den Hugenottenherzog *Duc de Rohan* zur Vertreibung der Österreicher als Heerführer eingesetzt. Dieser war erfolgreich, wurde aber von *Georg (Jürg) Jenatsch* verraten und besiegt. Das Veltlin kam an das nun freie Bünden zurück, der undurchsichtige und despotische *Jenatsch* wurde von den eigenen Leuten ermordet. Die **Mediationsakte** *Napoleons* regelte die Verhältnisse der Drei Bünden aufs Neue: 1803 wurde Graubünden Teil der Eidgenossenschaft, Chur wurde Kantonshauptstadt. 1852 fielen die letzten bischöflichen Vorrechte, der bischöfliche Hofbezirk mit eigener Gemeinde und selbstständigem Gericht wurde in die Stadt eingegliedert.

Stadtrundgang

Ausgangspunkt der Besichtigungstour ist der Bahnhofplatz, über den man in die Bahnhofstrasse gelangt und vorbei am Bündner Kunstmuseum und über den Postplatz in die **Poststrasse** geht.

Das **Alte Gebäu** (Nr. 14) wurde 1727 für *Peter von Salis-Soglio* errichtet, einem Gesandten, der in England und Holland tätig gewesen war. Hier stand das Wirtshaus „Zum staubigen Hüetli", wo 1639 *Jürg Jenatsch* ermordet worden war, heute ein eleganter Rechtecksbau unter Walmdach mit zweiläufiger Treppenanlage und einem für damalige Zeiten prunkvollen Garten, der teilweise verfallen ist.

Das **Haus zur Glocke** (Nr. 24) war das Absteigequartier des *Duc de Rohan.*

Das **Rathaus,** wurde schon im 14. Jh. erwähnt, später jedoch in ein Spital umgewandelt. Daneben entstand das neue Rathaus. Nach dem Brand von 1464 wurde es 1525 neu aufgebaut. 1550 wurde das Spital aufgehoben und in das Rathaus einbezogen. Im Erdgeschoss des Mittelteils liegt eine offene Halle mit Kreuzgewölbe auf vier Stützen, mit spitzbogige Fenstern und an der Ostfront einem Portal mit Holztüre von 1525. Im Obergeschoss befindet sich die große Halle, die früher einen offenem Dachstuhl hatte. Der Ratssaal und die Bürgerratsstube können besucht werden (im Sekretariat fragen).

Durch die Halle kommt man in die Reichsgasse. Die Nr. 57 ist das Geburtshaus der Schweizer Malerin *Angelika Kaufmann.* Beim Martinsplatz steht die **Karolingische Kirche St. Martin,** die 769 erstmals als königliche Eigenkirche erwähnt wurde und 958 mit weiteren Schenkungen *Ottos I.* an das Bistum überging. 1464 wurde die Kirche zerstört und von Meister *Stefan Klain* wieder aufgebaut. Der Turm mit der Wächterstube entstand Anfang des 16. Jh. 1917/18 erfolgte eine Gesamterneuerung mit Vorhalle und neuen Fenstern auf der Südseite, neuem Turmabschluss mit Uhr und Spitzhelm. Im Erdgeschoss des Turms ist im Westen ein spätgotisches Relief des *hl. Martin* zu Pferd (von *Jakob Russ*) zu sehen. Im Langhaus ist ein Netzgewölbe, im Chor ein Sterngewölbe. Die drei Glasfenster sind von *Alberto Giacometti* 1917–19. Die Kanzel stammt aus dem Jahr 1585, der Taufstein ist von 1685 und das Chorgestühl von 1490–1550 (von *Jakob Russ*).

Der **Martinsbrunnen** neben der Kirche wurde 1556 erwähnt, aber 1716 neu aus Scalärastein geschaffen. Das Becken zieren Tierkreise. Auf der Säule steht ein Schildhalter in antiker Rüstung, auf dem Schild befindet sich das Stadtwappen.

Von hier geht man in die **Obere Gasse,** an deren Anfang die Brotlaube mit Kerker steht, und weiter zu den schmalen, giebelständigen Häusern bis zum Haus „Zum goldenen Kreuz" (Nr. 31) mit Fassadenmalerei aus dem 19. Jh. So kommt man zum **Obertor,** einem Teil der Stadtbefestigung aus der ersten Hälfte des 13. Jh.

Der Weg führt entlang der Plessur bis zum Arcas. Der dreieckige **Arcas-Platz** war bis in die siebziger Jahre des 20. Jh. durch eine Häuserzeile verstellt. Die Häuser auf der rechten Seite sind an die Ringmauer angebaut. Dominiert wird der Arcas vom restaurierten „Haus zur Metzgmühle".

Über den Anstieg hinter dem Metzgmühlehaus gelangt man zum **Bärenloch,** dem ältesten Teil Churs. Der erste der beiden Innenhöfe besitzt südländischen Charme.

Durch einen Durchgang erreicht man die **Kirchgasse,** wo das „Haus Reydt" (Martinsplatz Nr. 8) den Blick verstellt: ein schmales, spätgotisches Reihenhaus mit Krüppelwalmdach und Erker, gebaut 1546, abgebrannt 1574 und wieder aufgebaut. Weiter oben ist das „Antistitium", (Kirchgasse Nr. 12), der Sitz des Antistes (Titel des evangelischen Oberpfarrers), seit 1470 zusammen mit dem benachbarten Haus im Besitz des Abtes von Disentis. In Nr. 14 logierte die Schneiderzunft. Das Haus hat seine Ursprünglichkeit bewahrt, ist um einen Innenhof gebaut und hat hier eine Holzgalerie. Der dreiseitige Erker mit Zunftwappen ist datiert auf 1602. Der „Obere Spaniöl", (Nr. 16) wurde 1640 erbaut und ist der erste frei stehende Bürgersitz der Stadt mit leicht geschweiftem Frontgiebel und Arkaden im Hof. Er hat einen Dreieckerker mit geschweiftem Dach. Das Rätische Museum befindet sich im „Haus Buol", einem Herrensitz in ländlichem Barock von 1675. Über den Hofstieg gelangt man zum Torturm, der in den bischöflichen Hof führt. Der Torturm besitzt romanischen Mauerbestand, Bossenquader, spätgotische Fensterreihen und ein Zeltdach von 1640. Im Inneren finden sich zwei spätgotische Stuben, datiert 1522. Die Trinkstube hat eine gewölbte Bälkchendecke, die obere Stube ist flachgedeckt mit Rippennetz.

Ein Besuch empfiehlt sich ebenso wie der des **Bischöflichen Hofes,** den man als nächstes aufsuchen sollte. Der leicht ansteigende, dreieckige Hof-Platz wird von Domherrenhäusern umrahmt, die nach einem Brand 1811 neu erbaut wurden. Die **Domprobstei,** (Nr. 11) wurde 1546 erbaut und besitzt einen zweiseitigen Erker, im Gang spätgotische Türgerichte und heraldische Wandmalereien des 17. Jh.

In der Südostecke steht die **Kathedrale St. Mariä Himmelfahrt** an Stelle von Vorgängerkirchen. Die heutige spätromanische Kathedrale wurde 1160–1270 gebaut. Der Anbau der Laurentiuskapelle erfolgte 1467, die obere Sakristei im 17. Jh. Der Turm wurde auf alten Fundamenten in der ersten Hälfte des 19. Jh. neu gebaut.

Die starke Achsenverschiebung ergibt sich aus der Lage hart am Felsabbruch über dem Fluss Plessur. Die Fassade des Mittelschiffes besteht aus Scalärastein und weist ein spätromanisches Hauptportal mit sechs Säulen mit attischen Basen und frühgotischen Knospenkapitellen auf. In der Lünette ist ein Gitter von 1730 mit *Maria* zwischen *Luzius* und *Florinus*. Über dem Portal befinden sich spätromanische Rundbogenfenster. In der Nordostecke des Chors steht eine Löwenskulptur aus dem 13. Jh. Das Langhaus hat drei fast quadratische Joche im Mittelschiff und schmale Seitenschiffe sowie einen stark erhöhten, über steile Treppen erreichbaren Chor. Unter Chor und Altarhaus liegen Krypten. Die vordere Krypta hat ein flaches Kreuzrippengewölbe, dahinter ist ein zweischiffiger Raum mit vier Kreuzgratgewölben. Am Eingang zur Krypta finden sich vier einzigartige Apostelsäulen auf Löwenpostamenten und neben der linken Chortreppe ein spätgotisches Sakramentshäuschen von 1484. Auf dem Hochaltar steht der „bedeutendste und schönste Schnitzaltar der Schweizerischen Spätgotik" von *Jakob Russ* von *Ravensburg*. Leider ist er mindestens bis 2005 in Folge einer Gesamtrestaurierung nicht zu sehen. Im mittleren Joch des nördlichen Seitenschiffes steht ein Schnitzaltar von 1511 mit dreiteiligem Figurenschrein, *St. Luzius* gewidmet. Sehenswert ist auch das zweireihige Chorgestühl aus der Mitte des 15. Jh. Bedeutende Kirchenschatz-Exponate befinden sich im Dommuseum, in der Sakristei und im Schloss.

Das bischöfliche **Schloss** in der Nordostecke wurde um einen kleinen Innenhof während des 17. Jh. und 18. Jh. neu gebaut. Dem Nordtrakt diente die mittelalterliche Ringmauer teilweise als Außenwand. Der viergeschossige Marsölturm in der Nordost-Ecke aus dem 11. Jh. wurde in den Neubau einbezogen. Er besitzt einen großen, zweistöckigen Rittersaal mit Galerie und Felderdecke von 1663. Der Westtrakt von 1733 schließt den Hofplatz ab. Er besitzt eine dreiachsige Fassade, die durch aufsteigende Kompositpilaster in zwei breite und einen schmalen mittleren Abschnitt gegliedert wird. Die breiteren Teile haben Portale und werden von Giebeln, der Mittelteil von einem lukarnenartigen Aufsatz gekrönt. Ockertöne beleben die Fassade. Hinter der barocken Front befindet sich eine prachtvolle Treppenanlage mit reichen Régence-Stuckdekorationen.

Am Westtrakt vorbei überquert man die Straße und steigt die Treppe hinauf zur **Kirche St. Luzi,** einem in der Schweiz einzigartigen Beispiel einer karolingischen Ringkrypta mit einem dreischiffigen spätromanischen Hochchor. Erbaut in der ersten Hälfte des 8. Jh., wurde sie 1295 nach Westen erweitert. Nach einem Brand wurde 1811 der Chorturm abgetragen und ein zweigeschossiger Bau für das Priesterseminar erstellt. Der neue Turm stammt aus dem Jahr 1937. Im Ostteil der Südwand findet man karolingischen Baubestand, im Ostjoch Reste von romanischen Wandpfeilern. Der Hochchor ist in einen Vorchor und drei Schiffe sowie ein Altarhaus gegliedert. Die Mitteltreppe führt zur romanischen Vorkrypta. Von hier geht es einige Stufen hinauf zur karolingischen Ringkrypta, die sich im Halbkreisgang zum Heiligengrab im Westen und im Osten zur Gruftkammer öffnet.

Weiter um das bischöfliche Schloss herum, gelangt man in die **Süss-Winkelgasse.** Rechts steht das Marsöl (Hofstr. Nrn. 5–11), ein Kulturzentrum, Hotel, Restaurant, Allzwecksaal und lauschiges Gartenrestaurant. Hier finden regelmäßig kulturelle Veranstaltungen statt. In der Süss-Winkelgasse stehen der „Untere Spaniöl" (Nr. 20) mit gotischer Bausubstanz, umgebaut 1654, und daneben die Nr. 15, das „Rote Haus", mit Salis Wappen von

106ch Foto: en

1650. In Nr. 7 war die Schuhmacherzunft untergebracht, nach einem Brand wurde das Haus 1574 neu erbaut.

In der Reichsgasse steht rechts das „Graue Haus" oder **Neue Gebäu,** heute Regierungsgebäude. Es wurde 1751 für Oberst *Andreas von Salis-Soglio* gebaut, der damit das Haus seines Verwandten *Peter von Salis-Soglio* an der Postgasse ausstechen wollte. Das Neue Gebäu ist eine großzügige Anlage: ein viergeschossiger Bau unter Walmdach. Die Fassade zur Reichsgasse hat ein säulengerahmtes Portal und einen Steinbalkon.

Stadtansicht mit Priesterseminar, Kathedrale, Bischofssitz und St.-Martins-Turm

Weiter führt der Weg zur reformierten **Pfarrkirche St. Regula,** einem spätgotischen Bau von 1494–1500. Der Turm ist in den unteren Teilen vorgotisch. Die Kirche besitzt ein einschiffiges Langhaus mit Netzgewölbe, einen polygonalen Chor mit Rippen in Sternform. Die Nordwand mit Kreuzigungsbild wurde 1504 erbaut.

Weiter links kommt man in die **Grabenstrasse** mit dem Stadttheater und dem Grossratsaal (1861): Hier ist ein Wandbild von *Alois Carigiet* von 1960 sehenswert. Das Naturhistorische Museum wurde 1927 gebaut und besitzt drei Landschaftsdarstellungen aus dem Nationalpark von *Giovanni Giacometti*. Die Villa Planta mit dem zweigeschossigen Lichthof und der orientalische Kuppel beherbergt das Kunsthaus.

Praktische Tipps

Information

- **Chur Tourismus,** Grabenstr. 5, 7000 Chur, Tel. 081/252 18 18, www.churtourismus.ch

Unterkunft

- **Hotel ABC******, modernes, gepflegtes Businesshotel am Bahnhof, 36 Zimmer, z.T. für Nichtraucher, DZ mit Bad/WC, sFr. 190 bis 210 inkl. Frühstück.
- **Hotel Freieck*****, Reichsgasse 44/50, 7002 Chur, Tel. 081/252 17 92. Im Herzen der Altstadt (Nachtfahrverbot), in einem Haus von 1575. 80 Betten, z.T. große, saubere Zimmer. In oberen Stockwerken Blick über die Altstadt. DZ sFr. 150 bis 200 mit Frühstück.
- **Marsöl,** Süsswinkelgasse 25, 7002 Chur, Tel. 079/204 02 85, www.marsoel.ch. Zwölf geräumige, z.T. originelle Zimmer, die meisten mit D/WC, im Gast- und Kulturhaus Marsoel, wo Folk, Comedy, Salsa, sich mit Ausstellungen, Seminaren u. Ä. mischen. Altes Haus zwischen Bischofssitz und Altstadt. Bar und originelles Restaurant (ital./franz. und indisch) mit schönem Garten, gute, preiswerte Küche, viel Vegetarisches. DZ sFr. 120 und 140 mit D/WC, Drei- und Vierbettzimmer erhältlich, ohne Frühstück.
- **Hotel Ibis****, Richtstr. 19, 7007 Chur, Tel. 079/252 60 60, www.ibishotel.com. Am Südeingang von Chur in der McDonald-Pyramide. DZ sFr. 108 bis 132 mit D/WC und Frühstück.
- **Hotel Sportcenter Fünf Dörfer*****, 7201 Zizers-Untervaz, Tel. 081/322 69 00, in Sportzentrum nahe Chur (Ausfahrt Zizers). Zweckbau, gutes Preis-Leistungs-Verhältnis. Ausgangspunkt für Ausflüge in die umliegenden Feriengebiete oder für Radler und Wanderer gut geeignet. DZ mit D/WC sFr. 100 bis 132.

Camping

- **Camping Obere Au,** 7000 Chur, Tel 081/284 22 83, www.camping-chur.ch. Rheinau, nahe am Fluss.

Essen und Trinken

- **Restaurant Pinot,** im Hotel Duc du Rohan, Masanserstr. 24, Tel. 081/252 10 22. Trendlokal mit gutem Preis-Leistungs-Verhältnis und ausgezeichneter Küche. Im Duc gibt es auch ein teures Haubenkochlokal. Im Sommer lockt der schöne Garten Gäste an.
- **Restaurant Basilic,** Susenbühlstr. 43, Tel. 081/252 35 05. Liegt ca. einen Kilometer oberhalb der Stadt an der Straße nach der Lenzerheide. Der Blick auf Chur ist einen Umweg wert, die Küche ist gut.
- **Romantikhotel Stern,** Reichsgasse 11, Tel. 081/252 35 55. Gepflegtes Essen in schönen historischen Räumen.
- **Obelisco,** Vazerolgasse 12, Tel. 081/252 58 58. Gute italienische Küche. Mitte Juli bis Mitte August geschlossen.
- **Restaurant Hofkellerei,** Hof 1, Tel. 081/252 32 30. Gastlokal aus dem 16. Jh. mit herrlicher Holzausstattung und Kachelofen. Schöner Blick über die Altstadt. Hier isst man einen „Bündnerteller" und trinkt ein Glas „Churer Schiller".
- **Confiserie Maron,** Ottostr. 4/Bahnhofplatz. Hier gibt es die berühmten Bündner Nusstorten.

Museum

- **Bündner Kunstmuseum,** Postplatz, 7002 Chur, www.buendner-kunstmuseum.ch, Tel. 081 257 28 68. Für eine Kleinstadt ein gutes Museum mit großen Beständen bedeutender Maler wie *Segantini, Giacometti, Kirchner*. Interessante Sonderausstellungen. Di–So 10–12 h und 14–17 h, Do bis 20 h.

Nachtleben

- Nachtlokale, Musik etc. in den Lokalen des „Welschdörflis", südlich der Plessur, gleich anschließend an die Altstadt, und im Marsöl.

Bündner Herrschaft – Johanna Spyris Heidiland

Die „Bündner Herrschaft" umfasst das Gebiet der ehemaligen Herrschaft Maienfeld, von der Kantonsgrenze bei Bad Ragaz bis zum Eingang ins Prättigau – ein sonniger, von Reben bewachsener Teilabschnitt des Rheintals mit den Winzerdörfern Malans, Jenins, Fläsch und dem Städtchen Maienfeld als Hauptort. Von Chur herkommend, durchfährt man Zizers, wo im Schloss die letzte österreichische Kaiserin *Zita* lebte, und Igis-Landquart mit dem bedeutenden Schloss Marschlins.

Im Mittelalter lebten die Malanser, Jeninser und Fläscher unter zwei Herren: den Herren von Brandis mit der Herrschaft Maienfeld und den Herren der Herrschaft Malans und Jenins. Seit 1536 gehörte die ganze Herrschaft Maienfeld zur Hoheit der Drei Bünden.

Malans ⇗X/B2

Malans ist ein stattliches, sehenswertes **Winzerdorf** mit gut erhaltenem Dorfbild, Patrizierhäusern und alten Herrschaftssitzen. Die ehemaligen Plantahäuser im Dorfzentrum sind charakteristische Bünder Herrenhäuser aus dem 17. Jh. Nicht weit entfernt stehen das „Gasthaus zur Krone" und das Rathaus. Die spätgotische reformierte Pfarrkirche wurde 1469 erbaut. Sie besitzt ein zweijochiges Schiff mit Rokokostuckaturen am Kreuzrippengewölbe und einen dreiseitig geschlossenen Chor. Über das Dorf hinweg blickt Schloss Bothmar in barocker Gartenanlage. Der Mitteltrakt aus der ersten Hälfte des 16. Jh. wurde nach 1575 ausgebaut, der Seitentrakt und der Turm um 1716 errichtet. Seit 1760 ist das Schloss im Besitz der Familie *von Salis-Seewies*.

Jenins ⇗X/B2

Jenins ist ein Winzer-Haufendorf mit wunderbarem Blick über das Rheintal. Es lebt wie die anderen Dörfer der „Herrschaft" vom **Weinbau,** der in privaten Händen ist, wohingegen die **Weidegebiete** der Gemeinde gehören. Bis zum 2373 Meter hohen Gipfel des Vilan steigen im Sommer die Kühe auf die Alpweiden. Seit einigen Jahren fließt die Milch vom Mittelsäss in einer „Pipeline" direkt in die Sennerei hinunter, wo sie verkauft wird.

Zwei verheerende Dorfbrände von 1639 und 1745 zerstörten viele Häuser und im Sommer 1910 schnitt eine Rüfe (Erdrutsch) das Dorf tagelang von der Umwelt ab. Beachtenswert ist das Obere Sprecherhaus, das im 17. Jh. für Oberst *Salomon von Sprecher v. Bernegg*gebaut und nach dem Dorfbrand von 1745 neu ausgestattet wurde. Sehenswert ist aber auch das Untere Sprecherhaus von 1700 und das „Haus Oberst v. Salis" von 1745.

Östlich des Dorfes liegt die **Burgruine Neu Aspermont,** erwähnt 1120, seit dem 17. Jh. zerfallen. Die beeindruckende Ruine hat einen siebengeschossigen Turm, einen großen zweiteiligen Palas und Bering.

Maienfeld

↗X/B2

Maienfeld, der Hauptort der „Herrschaft" ist ein altes reizvolles Städtchen mit Schloss und Bürgerhäusern. Der Ort wird heute mit dem **„original Heidiweg"** und dem **„original Heididörfchen"** vermarktet, weil *Johanna Spyri* ihre berühmte Geschichte hier angesiedelt hat.

Stadtrecht, Ringmauern und Graben erhielt der Flecken vermutlich im 11. oder 12. Jh. Oft wurde er in Kriegshändel verwickelt. So brannte im Kriegsjahr 1622 die Stadt nieder, wurde geplündert und die Pest raffte mehr als die Hälfte der Einwohner weg. Nur Teile des 1861 abgetragenen Mauerrings mit den drei Tortürmen sind erhalten geblieben.

Die Burg Maienfeld, das heutige **Schloss Brandis,** stand im Süden außerhalb der Stadt und hatte eigene Festungsmauern. Die älteste Anlage des Schlosses geht auf das 10. Jh. zurück. 1499 wurde sie durch die Eidgenossen und 1642 durch die Österreicher niedergebrannt, im 18. Jh. teils abgetragen und im 19. Jh. umgebaut. Erhalten sind der Wohnturm des 13. Jh. und das so genannte Neue Schloss mit Kapelle von 1465 sowie Bruchstücke der Ringmauer.

Die reformierte **St. Amanduskirche** wurde nach dem Stadtbrand 1720–24 neu gebaut. Sie ist die einzige Querkirche Graubündens.

Das **Rathaus** war ein gotisches Wohnhaus, das sein heutiges Aussehen 1589 erhielt. Es ist dreigeschossig und hat einen Treppenturm. Die Fassadenmalerei ist von 1930, die getäferte Ratsstube entstand nach 1720.

Sehenswert ist auch das Sprecherhaus südlich der Kirche am Hauptplatz, das Haus Enderlin im Winkel, ein Doppelhaus mit zwei Treppentürmen, das Untere und das Obere Haus des 16. bzw. 17. Jh. mit Régencestuckaturen von 1720. Das Marschallhaus (1623–33) ist dreigeschossig mit Flankenturm, das Salis-Haus stammt aus dem 17. Jh. Das Haus Kunz-Schnell diente dem Hugenottenführer *Duc de Rohan* als Wohnung.

In den Reben über Maienfeld liegt das in Privatbesitz befindliche Schloss Salenegg, ein 1604 für Vespasian v. Salis gebautes Schloss.

Fläsch

↗X/B2

1524 trat die Gemeinde Fläsch als erster Ort Graubündens zum Protestantismus über. Fläsch, das vierte, kleinste und westlichste Dorf der „Herrschaft", an der Grenze zum St. Galler Rheintal und zu Liechtenstein wurde Opfer der Bündner Wirren und vieler Brände. Zwischen dem 15. und 18. Jh. erlangte der Ort Berühmtheit durch die nahe gelegenen **Heilquellen.** Leidende strömten von weit her ins Fläscher Bad. Einheimische und Touristen können sich heute in lauschigen Gartenrestaurants am bekömmlichen Fläscher Wein erfreuen. Das Dorf weist ungewöhnliche traufständige Reihenhäuser auf.

107ch Foto: en

Hommage an den Duc de Rohan in Jenins

St. Luzisteigpass ⇗X/B2

Von Maienfeld oder Fläsch gibt es eine Straßenverbindung nach Liechtenstein über den St. Luzisteigpass, über den eine Römerstraße nach Bregenz und im Mittelalter die „Deutsche Strasse„ nach Oberitalien führte. Der strategisch wichtige Pass wurde von starken Befestigungsanlagen geschützt, von denen noch Reste erhalten sind.

Nördlich unterhalb der Passhöhe stehen Festungsbauten aus dem 19. Jh. Das **Strassentor** ist ein Überrest einer 1703 vom Zürcher *Caspar Werdmüller* errichteten Wehranlage. **Burg Grafenberg,** zum Schutz der Passstrasse erbaut, war vermutlich die Stammburg des Minnesängers *Wirt von Grafenberg* und zeitweise Sitz von Raubrittern, was der Burg den wenig schmeichelhaften Namen *Mörderburg* eintrug.

Die **Kirche St. Lutzi** wird bereits 831 erwähnt. Sie weist einen karolingischen Saalbau mit halbrunder Apsis und Annex auf. Die heutige spätgotische Kirche mit schönen, zum Teil spätromanischen Wandmalereien wurde um 1457 gebaut.

Im Stegwald, auf dem Weg zur Luziensteig, erinnert der **Heidibrunnen** an die Schriftstellerin *Johanna Spyri.*

Praktische Tipps

Information

- **Freizeit Graubünden AG,** Karlihof 11, 7208 Malans GR, Tel. 081/300 06 90, Fax 081/300 06 99, www.freizeit-graubuenden.ch

Unterkunft/Essen und Trinken

- **Hotel Weisskreuz,** 7208 Malans, Tel. 081/322 81 61. Modern ausgebautes Hotel in zwei alten Herrschaftshäusern mitten im Winzerdorf Malans. Schlemmerrestaurant, Vinarium, Sonnenterrasse. Elf Zimmer mit Bad/D und WC, DZ sFr. 190, Wochenende 120.
- **Hotel Krone,** 7208 Malans, Tel. 081/322 14 55. Antiker Landgasthof aus dem 17. Jh. Gute Küche. Einige alte, sehr bescheidene Zimmer, andere haben D/Bad mit WC. DZ mit D/WC sFr. 140.
- **Landgasthof zur Bündte,** 7307 Jenins, Tel. 081/302 12 23. Restaurant/Hotel mit Torkel

(Weinkelter). Wunderschöne Lage in den Weinbergen der Herrschaft mit Blick auf Rheintal und Berge. Altes Haus mit gemütlichen Zimmern, z.T. mit Terrassen. DZ mit Bad/WC sFr. 150.

Ausflüge

•Die **Älplibahn,** eine im Zweiten Weltkrieg für Militärzwecke gebaute Luftseilbahn, führt in 14 Minuten vom Buchenwald zwischen Malans und Jenins zur Bergstation mit Bergrestaurant auf 1801 M.ü.M. Von hier sind schöne Wanderungen bis zum Nenzinger Himmel (Österreich) oder zurück ins Tal möglich. Betriebszeiten (bei guter Witterung) Mo–Fr 8–12 und 13–17 h, Sa/So 7–18 h. Voranmeldung unerlässlich. Talstation: Tel. 081/322 47 64, www.aelplibahn.ch.

Schanfigg und Arosa

Die Rhätische Bahn fährt durch das Schanfigg nach Arosa. Neben der Bahnstrecke gibt es aber auch eine kurvenreiche Straße.

Durch das Schanfigg ↗XVIII/B1

Maladers ist das erste Dorf im Schanfigg. Es liegt auf einer Sonnenterrasse und hat eine alte, z.T. aus dem 12. Jh. stammende reformierte Kirche.

Calfreisen ist ein zwischen zwei Schluchten eingeklemmtes Dorf. Am Südrand steht die Burgruine Bernegg mit den Resten eines im 12. Jh. gebauten Wehrturms, einst Sitz der Herren von Calfreisen. Das bekannte Bündner Geschlecht *Sprecher von Bernegg* nannte sich nach dieser Burg.

Von Calfreisen geht es hinunter nach **Lüen** oder **Luven,** einem kleinen Bergdorf, dessen Dächer vom spitzen Turm des reformierten Kirchleins überragt werden. Erbaut wurde die Kirche 1084. Sie besitzt beachtliche Wandmalereien aus der Mitte des 14. Jh.

Von hier führt die Straße hinauf nach **Castiel.** Mit dem Podesta-Haus besitzt der Ort das einzige bemerkenswerte Bürgerhaus des Schanfigg. Es wurde 1619 für den Landamman *Anton Schmidt* mit trapezförmigem Grundriss und halbrundem Treppenturm in der Frontmitte gebaut.

Der Hauptort des Tales, **St. Peter,** ist mit seinen verstreuten Hütten ein typisches Walserdorf. Die Talkirche wurde 831 erwähnt, Teile des Schiffes stammen aus einem frühmittelalterlichen Bau. Sie besitzt eine spätgotische Holzdecke mit Schnitzereien und einen zweijochigen kreuzgewölbten Polygonalchor von 1500. Bemerkenswert sind die Wandmalerei in Form eines spätgotischen Flügelaltars, ein Wandtabernakel einrahmend. Der als Glockenturm dienende hochmittelalterliche Wehrturm ist mit der Kirche verbunden. Oberhalb der Kirche befinden sich die Wiesen, auf der die Schanfigger alle zwei Jahre am ersten Sonntag im Mai an der Landsgemeinde ihren Landammann, ihre Kreisrichter und ihre Abgeordneten in den Kantonsrat wählen.

Bei **Langwies** fällt der kühne Viadukt der Rhätischen Bahn ins Auge. Das schlossartige Sprecherhaus und die reformierte Kirche, die unter ihrer Spitzhaube einen hölzernen Umgang zeigt, geben dem Ort seinen Akzent.

Arosa

↗XVIII/B1

Arosa ist einer der großen **Kurorte** des Bündnerlandes. Es verdankt seine Popularität der Höhenlage auf über 1700 Metern, der damit verbundenen **Schneesicherheit** und der **Sonne,** die nicht nur im Ortswappen fast immer scheint. Arosa liegt am Ende des Tals, in windgeschützter, sonnenreicher Muldenlage.

Der Ort wurde im 14. Jh. von Davos aus von Walsern besiedelt. Sie betrieben vor allem Viehzucht. Im 14. und 15. Jh. kam ein bescheidener Erzabbau dazu. Im 19. Jh. war die Berggemeinde praktisch ausgestorben. Als 1875 eine Postkutsche bis Langwies führte, kamen die ersten Touristen in das Dorf. Im Jahr 1888 baute der deutsche Arzt *Dr. Herwig* ein Lungen-Sanatorium. Die Straße wurde bis Arosa verlängert, der Ort entwickelte sich nun rasch. Um die Jahrhundertwende hielt der Wintersport Einzug und seit dem Bau der Bahn 1912–14 nahm er ständig an Bedeutung zu.

Die Hotels liegen an den beiden Seen. Arosa ist bekannt für gute Schneeverhältnisse, das großzügige **Pistennetz von rund 70 Kilometern** und für seine 15 Anlagen. 180 Skilehrer und 40 Snowboard-Instruktoren locken Gäste aus allen Kontinenten an.

Praktische Tipps

Information

- **Arosa Tourismus,** Poststrasse, 7050 Arosa, Tel. 081/378 70 20, www.arosa.ch

Unterkunft/Essen und Trinken

- **Waldhotel National******, 7050 Arosa, Tel. 081/378 55 55, www.waldhotel.ch. Schön gelegenes, gutes Haus mit gediegenem Service und allem Komfort. 89 Zimmer, DZ ab sFr. 380 Halbpension.
- **Hotel Restaurant Obersee*****, 7050 Arosa, www.hotelobersee.ch, Tel. 081/377 12 16. Relativ preiswertes Hotel, DZ sFr. 150 bis 288.
- **Pension Suveran,** 7050 Arosa, Tel. 081/377 19 69, www.suveran.ch. Einfache Pension mit schöner Sicht, etwas oberhalb des Zentrums. 15 Betten, D/WC auf der Etage. DZ sFr. 104 bis 126 mit Frühstück.
- **Jugendherberge Arosa,** Seewaldweg, 7050 Arosa, Tel. 081/377 13 9. Mehrbettzimmer mit Frühstück in der Hauptsaison sFr. 29 p.P. Geschlossen: Mitte Apr.–Mitte Juni und Mitte Okt.–Mitte Dez.

Camping

- **Camping Arosa****, 7050 Arosa, Tel. 081/377 17 45. Einfacher Campingplatz mit WC und fließendem Wasser.

Das Vorderrheintal

Von Domat/Ems zur Rheinschlucht

↗XVIII/A1

Domat/Ems liegt in der Ebene vor Chur zwischen Hügeln im Vorderrheintal. Hier ist der größte Industriebetrieb des Bündnerlandes angesiedelt, die Ems-Chemie. Im Dorf spricht man Deutsch und Romanisch.

Domat/Ems wird von der auf einem Hügel liegenden St. Johanneskirche überragt, einer befestigten Kirchenanlage aus dem 12. Jh. mit mächtigem romanischen Wehrturm. Die Wandmalereien entstanden nach 1515. Die

Kirche besitzt einen bedeutenden spätgotischen Flügelaltar.

Die Kapelle St. Peter war die erste Pfarrkirche von Domat/Ems mit karolingischem Rechtecksaal (um 800) und einer hufeneisenförmigen Apsis, ausgebaut 1698.

In **Reichenau** fließen Vorder- und Hinterrhein zusammen. Hier entrichtete man den Herren von Hohentrin Wegzoll. Am alten Rheinübergang fällt das klassizistische Schloss Reichenau auf. Es wurde im 17. Jh. erbaut und 1819 teilweise neu gestaltet. Sehenswert ist der Ostflügel (1775) mit Kapelle und Rokokosaal, dem Wohnzimmer des französischen Königs *Louis-Philippe,* der hier als Lehrer unter dem Namen *Monsieur Chabos* tätig war.

Auf der südlichen Talseite kommt man nach **Bonaduz.** Von hier kann man ostwärts über der wilden Schlucht des Vorderrheins nach Ilanz fahren.

Die **Schlucht des Vorderrheins** verdankt ihre Entstehung einem vor ca. 15.000 Jahren ausgelösten riesigen Bergsturz. Der Vorderrhein wurde gezwungen, sich einen neuen Weg zu suchen. In Tausenden von Jahren entstand eine großartige Fluss- und Felslandschaft, der „Schweizer Gran Canyon", ein Eldorado für River-Rafting und Wanderer.

Es führt keine Straße durch die Schlucht hindurch, nur die Rhätische Bahn windet sich den Flusslauf entlang. Rechtsrheinisch führt eine enge Straße hoch über der Schlucht in vielen Haarnadelkurven von Bonaduz über Versam und Valendas nach Ilanz. Hier bietet sich eine hervorragende Sicht in die Schlucht. Das Tal ist so eng, dass die Siedlung **Versam** mit den Weilern Arezen und Sculms, an der Mündung des Safientals, nicht im Talboden liegt. Die Walser siedelten im heute noch sehr stillen und von Auswanderung bedrohten Safiental in typischer Streusiedlung. Den Wanderer locken Steinbockkolonien an den Grauhörnern oder am Piz Beverin. Das hochgelegene **Tenna** besitzt in seiner reformierten Kirche einzigartige Wandmalereien von 1400. Auch der Taufstein ist aus dieser Zeit. Safien-Platz besitzt eine spätgotische reformierte Kirche von 1510 mit einem dreiseitig geschlossenem Chor.

Zurück im Vorderrheintal führt die Straße weiter westwärts nach **Valendas** mit seinen stattlichen Häusern und seinem großen Dorfbrunnen von 1760 mit einer Wasserjungfrau. Die spätgotische Kirche hat einen romanischem Turm und besitzt eine bäuerlich bemalte Rokoko-Orgel. Westlich des Dorfes steht die Burgruine Valendas. Der Stammsitz des gleichnamigen Geschlechts wurde bereits im 13. Jh. erwähnt.

Flims, Laax und Falera ↗XVIII/A1

Von Reichenau führt eine Straße linksrheinisch in das **Flimser Bergsturzgebiet** über Tamins nach Trin(s), einem aussichtsreichen Familienferienort inmitten von Wäldern in der Nähe des malerischen Crestasees. **Trins** hat eine spätgotische Kirche von 1491 mit dreijochigem Schiff. Auf dem Hügel

Canaschal, östlich der Kirche, steht ein viereckiger Wehrturm aus dem 12. Jh., der als Vorwerk der Burg Hohentrin diente. Er wurde um 750 von *Pippin* erbaut und brannte 1470 aus.

Die drei Ortschaften Flims, Laax und Falera bilden zusammen die so genannte **Alpenarena.** Sie liegen auf einer vom Bergsturz gebildeten Sonnenterrasse über der Rheinschlucht auf rund 1100 Metern Höhe in einer einmaligen Landschaft mit Bergwiesen, Wäldern, Berg- und Moorseen. Das Gebiet verfügt über viele landschaftliche und kulturhistorische Sehenswürdigkeiten und ist in den rätoromanischen Sprach- und Kulturraum der Surselva eingebettet. Das Klima ist im Sommer mild. Im Winter lockt die Alpenarena mit einem der größten zusammenhängenden Schneeresorts. Insgesamt stehen 200 Kilometer präparierte Pisten aller Schwierigkeitsgrade zur Verfügung. Neben Ski alpin können sich Sportbegeisterte aber auch im Skilanglauf, Schlittschuhlaufen, Schlitteln, Curling, Winterwandern und Gleitschirmfliegen üben.

Das Dorf **Flims** gliedert sich in Flims-Dorf und Flims-Waldhaus, wo die ersten Kurhäuser entstanden. Flims war lange Zeit im Besitz des Klosters Disentis, bis es ihm 1538 gelang, sich frei zu kaufen. Seit dem Zweiten Weltkrieg ist es besonders als Wintersportort erfolgreich und hat sich mit vielen Hotels und Ferienhäusern darauf eingestellt.

Laax teilt das Sportangebot mit Flims. Es liegt zwischen zwei Seen etwas westlich von Flims. Die Herrenhäuser legen Zeugnis ab von seiner geschichtlichen Bedeutung als Grafschaft Laax.

Zum Ferien- und Skigebiet Flims-Laax gehört das alte Dorf **Falera** (Fellers) auf einer Sonnenterrasse. Aussichtsreich steht hier auf dem Muota die alte katholische St. Remigius-Kirche mit romanischem, unverputztem Turm und schindelgedecktem Dach. Schön ist das große Abendmahlfresko aus dem 17. Jh. an der Nordwand.

Ilanz und Umgebung ↗XVIII/A1

Ilanz

Ilanz, die „oberste Stadt am Rhein", wurde erstmals 765 erwähnt. Jedes dritte Jahr war Ilanz Tagungsort des Grauen oder Oberen Bundes. Den mittelalterlichen Kern bildete der **Grosshof der Viktoriden,** der 765 dem Kloster Disentis geschenkt wurde und von dem noch Reste der fünfeckigen Mauerzüge erhalten sind. Das Obere Tor, erbaut 1513, hat einen barocken Aufsatz und Malereien von 1717. Das Rote Tor hat einen geschweiftem Giebel von 1717. Die spätgotische Kirche wurde in der ersten Hälfte des 14. Jh. gebaut und besitzt ein schönes Schiff mit Rautengewölbe sowie ein kompliziertes Netzgewölbe im Chor. Die Malereien entstanden um 1518. Der frei stehende Turm war früher Wohn- und Wehrturm der mittelalterlichen Burganlage, seit 1483 dient er als Campanile. Das Haus Schmid, ans Tor anstoßend, ist im Kern gotisch mit Renaissancevorbau und mit von Sgraffiti umrahmten Fenstern.

Die Casa Gronda (1677) ist ein kubischer Bau unter Satteldach mit Zwiebelhaube an der westlichen Langseite. Man beachte die Barockreliefs beim zweigeschossigen Erker. In der Casa Carniec befindet sich das Regionalmuseum Surselva

● **Regionalmuseum Surselva:** Di, Do und Sa 14–17 h geöffnet.

Obersaxen

Über Fond mit seiner auf einem Felsen liegenden, bescheidenen Barockkirche gelangt man in die Region Obersaxen. Wer nicht auf der Hauptstraße nach Disentis oder zum Oberalp fahren will, wähle diese schönere Strecke, die bei Danis wieder auf die Hauptstraße stößt.

Im Sommer ist Obersaxen ein gemütliches **Feriengebiet für Familien** mit Sicht auf das Tal und hinüber zu den Glarner Alpen. 18 Liftanlagen und 120 Kilometer präparierte Pisten locken im Winter Gäste an und ermöglichen Wintersport. Für Abwechslung sorgen Winterwanderwege, Langlaufloipen, Natureisbahnen und Schlittelwege.

Auf der Hochterrasse liegen zahlreiche verstreute Weiler und Einzelhöfe, wie es für **Walsersiedlungen** typisch ist. Seit dem 12. Jh. bilden Walser hier eine Sprachinsel im Romanisch sprechenden Tal. **Sehenswerte Kapellen** säumen den Weg: in Valata die Kapelle St. Anna mit Barockaltar (18. Jh.), in Egga die Barockkapelle St. Anton von 1707. Zwischen zwei Tobeln östlich der Kapelle liegt die Burgruine Moregg aus dem 12. Jh. Platenga besitzt mit der Kapelle Hl. Drei Könige einen hübschen Barockbau mit kreuzgewölbtem Chor und stark übermalten Wandmalereien von *Jakob Rieg*, 1704. Das Renaissanceretabel ist von 1593. Misanenga erhielt 1617 die Kapelle St. Jakob, der frühbarocke Altar mit Gemälden stammt aus dem Jahr 1679. Die Kapelle St. Sebastian in Miraniga besitzt Wandmalereien von 1705. Der Turm der Kirche in Meierhof ist romanisch mit Blendbogen und gekuppelten Schallfenstern. Fünf Figuren des bekannten zeitgenössischen Künstlers *Robert Indermauer* schlagen hier eine Brücke. Die Kapelle St. Georg birgt einen spätgotischen Flügelaltar (um 1483). In Ganterdun steht die Kapelle St. Valentin aus dem Jahr 1643. Die Katholische Filialkirche in St. Martin hat ein Sterngewölbe von 1500, der zwiebelbehaubte Turm ist barock (1768).

Val Lumnezia/Lungnezer Tal

In **Cumbel** trifft man auf die erste der sehenswerten über dreißig barocken Lugnezerkirchen, die alle zur Zeit der Gegenreformation gebaut wurden. Die Kirche von Cumbel fällt durch ihren roten Turm mit hölzernem Aufsatz und originellem Beinhaus von 1858 auf.

In **Vella,** dem Hauptort des Tals, steht an der Südseite des Dorfplatzes die Kirche St. Sebastian und Rochus mit Gemälden von *Alois Carigiet*. Dahinter befindet sich das Schloss de Mont, ein 1666 erbautes Herrenhaus.

In **Lumbrein** sind zwei mittelalterliche Wohntürme, gestrickte Bauernhäuser und die Kirche St. Martin mit einer barocken Darstellung des Jüngsten Gerichts sehenswert.

In **Vrin,** das 1998 für sein Dorfbild ausgezeichnet wurde, überzeugt v.a. der Gesamteindruck: das mit seinen Bauernhäusern geschlossen wirkende Dorf mit der italienisch beeinflussten Kirche und ihrem Campanile.

Valsertal

Das Valsertal, das einige Kilometer oberhalb von Ilanz vom Val Lumnezia abbiegt, ist eine **unberührte Landschaft** mit herrlichen Wiesen, Bächen und reicher alter Kultur. Es wurde seit dem 14. Jh. von Walsern aus dem Rheinwald besiedelt. Die mit Valser-Stein gedeckten Häuser prägen die Orts- und Landschaftsbilder.

Überall stößt man auf **Kapellen mit Malereien und Schnitzereien.** Die mittelalterliche Kapelle St. Karl Borromeo in Uors am rechten Talhang hat einen 1616 vollständig ausgemalten Polygonalchor. Surcasti (Oberkastels), das kleine Terrassendorf Tersnaus, St. Katharina, Mont, Travisasch und Bucarischuna besitzen schöne Barockkapellen, z.T. mit Wandmalereien, diejenige von Surcasti besticht durch die herrliche Lage.

Das Valsertal pflegt neben der wichtigen Land- und Alpwirtschaft einen **sanften Tourismus.** Die Einheimischen schätzen den persönlichen Kontakt zu den Gästen. Schöne Wanderungen führen über Pässe, so der bekannte Walserweg über den Tomülpass nach Safien, der alte Handelsweg über den Valserberg nach Hinterrhein, über den Patnaulpass zu den Nachbarn ins Lugnez oder über den Soredapass ins Bleniotal im Tessin. Kletterrouten und Kletterwände sind im Peiltal und beim Zervreilatunnel zu finden. Hier befindet sich der wunderschöne blaue Zervreilasee und über ihm das Zervreilahorn.

Vals ist ein intaktes und stattliches Walserdorf mit steingedeckten Häusern. Den Dorfplatz umrahmen gestrickte Holzhäuser des 17. bis 19. Jh. In Vals-Camp liegt die barocke Wallfahrtskapelle Mariä Schmerzen. Der Choraltar birgt eine Kopie des Gnadenbildes von *Pötsch* (das Original ist im Stephansdom in Wien). Die Barockkirche St. Peter und Paul in Vals-Dorf geht auf das 15. Jh. zurück, der gewölbte gotische Chor der Vorgängerkiche wurde als Kapelle in den Bau einbezogen. Sehenswert ist auch das Gandahus mit seiner volkskundlichen Sammlung der Walserkultur.

Vals hat ein kleines **Skigebiet** (bis auf 3000 Meter). Für Langläufer gibt es eine Vier-Kilometer-Loipe (klassisch und Skating) direkt im Dorf.

Der Erfolg von Vals als Kur- und Ferienort liegt jedoch nicht nur an der archaischen Landschaft und dem Klima, sondern auch an der Heilquelle und am Mineralwasser. Die **Felsen-Therme Vals** ist ein Thermalbad aus einheimischem Naturstein. Das 1996 völlig neu erbaute Bad bietet Wassererlebnisse inmitten der zeitgenössischen Architektur von *Peter Zumthor.* Es ist das erste Bauwerk der Schweiz, das nur zwei Jahre nach seiner Eröffnung unter Denkmalschutz gestellt wurde. *Zum-*

108ch Foto: en

Blick vom Thermalbad nach Vals

thor erhielt im September 1998 mit dem Carsberg-Preis eine international bedeutende Architekturauszeichnung. Die Quelle, die zusätzlich ein in der ganzen Schweiz geschätztes Mineralwasser produziert, entspringt mit 30°C direkt hinter der Felsen-Therme.

Der Vorderrhein oberhalb von Ilanz

Trun ↗XVII/C1

Im weiten Talbecken des Vorderrheins wurde am 16. März 1424 im stattlichen Dorf Trun (Truns) der Graue oder Obere Bund beschworen. Ein Besuch des Disentiser Hofs in Trun ist wegen des kleinen Ortsmuseums und der außergewöhnlichen Innenausstattung empfehlenswert. Der „Cuort Ligia Grischa" oder **Disentiser Hof** war Sitz der Bundesversammlung des Grauen Bundes und Wohnung des Abtes. Er wurde 1674–79 unter Abt *de Medell* gebaut. Im ersten Stock befinden sich Täferstuben von 1697, im zweiten Stock die Abtstube mit reichem Täfer von 1683 mit Kassettendecke und Specksteinofen mit Wappen von Äbten. Der Gerichtssaal des Grauen Bundes verfügt über gemalte

Wappen der Landrichter seit 1424. Das Deckengemälde wurde um 1700 gemalt und zeigt die Gründung des Grauen Bundes, Allegorien der Weisheit, Mäßigkeit, Stärke und Gerechtigkeit.

Das **Museum Sursilvan** im Haus birgt eine kleine kulturhistorische Sammlung, Interieurs, Hausrat, Handwerksgeräte, u.a. Werke des bekannten Trunsers *Alois Carigiet*

- **Museum Sursilvan:** im Sommer Mo, Mi und Sa nachmittags geöffnet.

Im Dorf ist die 1704 geweihte Barockkapelle St. Anna sehenswert. Nordwestlich oberhalb von Trun steht die Wallfahrtskirche St. Maria Licht von 1663 mit dem größten Bestand an Votivbildern des Kantons. Sie wurde 1687–90 von *Fridolin Eggert* reich ausgemalt.

Auf dem Weg nach Disentis, ca. drei Kilometer oberhalb Sumvitg, besticht in Sogn Benedegt die tropfenförmige Holzkirche von *Peter Zumthor* (1988).

Disentis

↗XVII/C1

Disentis ist Endstation der Rhätischen Bahnen am jungen Vorderrhein. Hier beginnt die Strecke der Furka-Oberalpbahn, welche über die gleichnamigen Pässe nach Andermatt (Uri) und Brig bis Zermatt führt.

Disentis kontrollierte als Fürstabtei das Bünder Oberland bis Brigels. Der Name geht auf den Begriff *Desertina,* („Wüste") zurück. Hier soll sich der fränkische Mönch *Sigisbert* im 8. Jh. niedergelassen und den Anstoß zur Gründung des Klosters gegeben haben. Dieses wurde als Ausgangspunkt zu den Pässen Lukmanier und Oberalp im 10. Jh. von den deutschen Kaisern reich beschenkt und erhielt 1048 Reichsunmittelbarkeit, Reichsfürstenwürde sowie Münzrecht. Die Franzosen brannten 1799 das Dorf nieder. Nach dem Zweiten Weltkrieg wurde Disentis für Touristen attraktiv, es blieb jedoch ein eher ruhiger Ort. Im Winter frönen vor allem Schweizer Gäste dem Wintersport.

Das Dorf wird von der mächtigen **Benediktinerabtei St. Martin** geprägt, deren Barockanlage mit den zwei Kuppeltürmen das Tal dominiert. Im Klosterhof finden sich zahlreiche Stuckelemente, die zu den ältesten Stuckfunden der Schweiz zählen (7. bis 8. Jh.).

Die **Klosterkirche St. Martin** wurde 1696–1712 nach Plänen von *Caspar Mosbrugger* gebaut. Das Chorgewölbe kam beim Brand von 1799 zum Einsturz. Der von Lisenen gegliederte Rechteckbau steht quer zum Hang und nimmt die Ostseite des Klosterareals ein. Die Zweiturmfassade wird in zwei fünfachsige Hauptgeschosse und ein Giebelgeschoss unterteilt. Welsche Hauben schließen die Türme ab. Im Innenraum sind die zweigeschossigen Wandnischen mit Gängen untereinander verbunden. Im Erdgeschoss finden sich kreuzgewölbte Seitenkapellen mit Medaillons aus der Bauzeit. Die Kirche ist mit Wessoburger Stuckaturen geschmückt. Beachtenswert sind die Altäre: der frühbarocke Hochaltar von 1655, der Plazidusaltar und links der Benediktaltar.

Der Michaelsaltar in einem Seitenschiff ist einer der feinsten und reichsten Altäre der Frührenaissance mit Bildern der Gebrüder *Frosch* nach Stichen von *Dürer* und *Adegrever* (1572). Links als Gegenstück geschaffen: der Katharinenaltar und Josephsaltar mit Bild der hl. Sippe von *Caspar Muos* (1701).

Das 1683–95 gebaute **Klostergebäude** wurde 1799 von den Franzosen zerstört und 1846 neu aufgebaut. Es entspricht den Intentionen des barocken Bauherrn, nur das Mansartdach des Südflügels wurde nach einem erneuten Brand 1848 als fünftes Geschoss neu ausgebaut.

Das Klostermuseum zeigt frühmittelalterliche Stuckfragmente und mittelalterliche Plastiken aus Graubünden: Madonnen, Kruzifixe, ein Vesperbild (1420), Heiligenfiguren aus dem 14. und 15. Jh., spätgotische Bilder.

Ein weiteres bedeutendes Bauwerk ist die **St. Johannes Baptist-Kirche,** eine der größten Barockkirchen des Kantons mit dem ältesten von *Yvo Strigel* signierten Schnitzaltar. Das Gotteshaus wurde 1643 erbaut. Der im Kern bis ins 11. Jh. reichende Turm steht in der Flucht der Fassade und wurde 1667 barockisiert. In der Nordkapelle findet sich der spätgotische Flügelaltar von *Y. Striegel.* Die Malereien auf der Rückseite stammen vermutlich von *Bernhard Striegel.*

Oberhalb von Disentis führt eine Straße nach Westen zum Oberalppass, eine andere südlich durch das Val Medel über den Lukmanier ins Bleniotal im Tessin.

Der Lukmanierpass ↗XVII/C1

Der Lukmanierpass ist neben dem Maloja der **niedrigste und bequemste Alpenübergang** zwischen der Schweiz und Italien. Bereits im 7. Jh. zogen Reisende nach Süden. 965 floh *Otto der Große* vor der Pest nach Norden. Vermutlich überquerte auch *Heinrich II.* 1004 den Pass. Der in heftige Kämpfe mit den Lombarden verwickelte Kaiser *Barbarossa* brachte rheinische und westfälische Truppen über den Lukmanier und erwartete das italienische Heer in der Burg Serravalle bei Biasca. Die Disentiser Äbte verbesserten die Passstraße und errichteten 1374 das neue Hospiz. 1413 und 1431 überquerte Kaiser *Sigismund* den Pass. 1799 besetzte ihn General *Loison,* später ein Mitkämpfer von General *Suwarow.*

Auf dem Lukmanier liegt die burgartige **Kapelle St. Maria** von *J. Rieser,* 1966 an Stelle zweier Kapellen gebaut, die mit der alten Siedlung St. Maria im heutigen Stausee versunken sind. Die abgelösten Wandbilder von hervorragender Qualität befinden sich teils im Museum von Disentis, teils in der neuen Kapelle.

Zum Oberalp ↗XVI/B2

Die Straße zum Oberalp liegt in einer kargen Gegend und zurzeit trifft man hier auf Baustellen des Gotthard-Basistunnels. **Sedrun** und **Rueras** sind geeignete Ausgangspunkte für Wanderferien. Die 4000 Einwohner sprechen noch romanisch. Die ganze Ferienregion Disentis-Sedrun spricht vor allem Reisende an, die nicht Ramba-

Zamba, sondern Natur suchen. In Sedrun befindet sich das Infozentrum Alptransit, das über den Bau des neuen Gotthard-Basistunnels informiert.

- **Infozentrum Alptransit:** Mi–Mo 10–12 h und 14–17 h geöffnet.

Von hier ist man rasch, ob auf der Straße oder mit der Bahn, über den Oberalppass in Andermatt. Im Winter endet die Straße jedoch in Tschamut. Die Bahn fährt bei guten Verhältnissen auch im Winter, muss aber oft wegen Lawinenniedergängen den Betrieb einstellen.

Praktische Tipps

Information

- **Flims-Laax-Falera Tourismus,** 7017 Flims-Dorf, Tel. 081/920 92 00, Fax 081/920 92 01, www.flims.ch
- **Verkehrsverein Meierhof,** 7134 Obersaxen, Tel. 081/933 22 22 , Fax 081/933 11 10, www.obersaxen.ch
- **Uniun da Traffic Val Lumnezia,** 7144 Vella, Tel. 081/931 18 58, Fax 081/931 34 13, www.vallumnezia.ch
- **Kur- und Verkehrsverein Vals-Valsertal,** Poststrasse, 7132 Vals, Tel. 081/920 70 70, Fax 081/920 70 77.
- **Sedrun Disentis Tourismus,** Via Lucmagn, 7180 Disentis, Tel. 081/920 30 20, Fax 081/920 40 29, www.disentis.ch

Öffentliche Verkehrsmittel

- Die **Rhätische Bahn** fährt von Chur nach Ilanz. Mit dem **Postauto** gelangt man von dort weiter nach Vals (20 Kilometer) oder Obersaxen.

Unterkunft/Essen und Trinken

- **Golf-Garten Hotel Sternen*****, 7013 Domat/Ems, www.golf-gartenhotel-sternen.ch, Tel. 081/633 27 27. Gut geführtes Haus, etwas außerhalb Churs, im alten romanischen Dorf. Alle Zi mit D/Bad und WC, DZ sFr. 130 bis 180. Spezialangebote für Golfer.
- **Hotel Grischunata*****, 7402 Bonaduz, Tel. 081/641 11 74, www.grischunata-hotel.ch. Mitten im alten Zentrum des Dorfs gelegenes, z.T. neu renoviertes Hotel, teilweise mit Themenzimmer, alle mit D/Bad und WC. DZ sFr. 125 bis 180. Spezielle Golfarrangements für den Golfplatz Domat-Ems.
- **Romantik Hotel Schweizerhof******, Flims. Haus von 1903 im alten Dorfkern von Flims. Großzügige Halle, Lesesaal, ehemaliger Billardsaal, Treppenhaus und Speisesaal weitgehend original erhalten, mit Stuck und Wandtäfer, Möbeln und Lampen aus der Bauzeit. Alle Gästezimmer wurden in den letzten 15 Jahren vollständig erneuert. Hallenbad, gepflegte Gartenanlage etc., sehr einladend. DZ mit Frühstück ab sFr. 300.
- **Hotel Fidazer Hof,** 7019 Flims-Fidaz, Tel. 081/911 35 03, www.fidazerhof-flims.ch. Oberhalb Flims in sonniger, herrlicher Lage gelegenes, sehr gepflegtes, individuelles Hotel mit guter Küche. Schöne, modern eingerichtete Zimmer, alle mit D/WC, z.T. mit Traumaussicht. DZ sFr. 180 bis 340.
- **Hotel Garni Cathomen,** 7032 Laax, Tel. 081/921 45 45. Günstiges kleines Garnihotel.
- **Riders Palace,** 7032 Laax, Tel. 081/927 97 00, www.riderspalace.ch. Topmodernes Hotel für Sportfreaks, z.T. mit Multimediazimmern, digitalem Kino, Internetanschluss etc., 319 Betten, EZ/DZ mit D/WC ab sFr. 113 bis 392 p.P. inkl. Frühstück und zwei Fahrscheinen für die Bergbahnen. Hotel nur im Winter geöffnet (Dez. bis April).
- **Backpacker Hotel Gutveina,** 7018 Flims Waldhaus, www.gutveina.ch, Tel. 081/911 29 03. Einfacher Backpacker, zentral gelegen, Mehrbettzimmer sFr. 29 p.P., DZ mit D/WC sFr. 80. Bettwäsche kann gemietet werden.
- **Hotel Lukmanier*****, Via s. Clau Sura 11, 7130 Ilanz, Tel. 081/925 61 44. Neues Hotel am Vorderhein mit Blick auf die Berge (Zimmer Rheinseite verlangen, hinten Straße). Restaurant, Pizzeria, Bar-Dancing. 60 große Zimmer in Holzeinrichtung. DZ mit D/WC sFr. 130 bis 160.
- **Hotel Eden Montana*****, Bahnhofstr. 31, 7130 Ilanz, Tel. 081/925 51 51. In einem fan-

tasielosen Appartement- und Bürohaus nahe des Bahnhofs. In den oberen Stockwerken saubere, geräumige Hotelzimmer mit schönem Blick über das Vorderrheintal und den Ort. DZ sFr. 160 mit Bad/WC und Frühstück.

●**Hotel Caplan,** 7144 Vella, Tel. 081/931 31 55, www.caplan.ch. Einfaches Familienhotel. Neun Zimmer, alle für Nichtraucher, mit Bad/D und WC, DZ mit Frühstück sFr. 130 bis 170.

●**Hotel Alpina*****, 7132 Vals, Tel. 081/935 11 48. Traditionelles, teilweise sehr geschickt neu renoviertes Haus am Dorfplatz. 40 Betten, moderne, komfortable Zimmer mit Dusche/WC, gepflegtes Speise-Restaurant, Dorfbeizli mit Kellerbar. DZ sFr. 150 bis 170 inkl. Frühstück.

●**Geniesserhotel Rovanada*****, 7132 Vals, www.vals.ch/rovanada.htm, Tel. 081/935 13 03. Neueres Hotel am Valser Rhein, am Fuß des „Wilden Höreli". Zwei Restaurants, Bar, Sonnenterrasse, in der Nähe der Felsentherme, eigenes Schwimmbad. 50 Betten, Zimmer renoviert mit Bad/D und WC, DZ sFr. 150 bis 180.

●**Garni Schnyder,** 7132 Vals, Tel. 081/935 15 32. Nahe der Felsentherme. Kleines, neues Garnihotel, z.T. originelle, saubere Zimmer. DZ mit D/WC sFr. 138 bis 170 inkl. Frühstück. Auch Vierbettzimmer vorhanden.

●**Hotel Sax*****, Oberalpstrasse, 7180 Disentis/Mustér, www.hotelsax.ch, Tel. 081/947 44 48. Gemütliches, familiäres Hotel neben den Skipisten. 19 Zimmer, alle mit D/WC, EZ sFr. 70 bis 80, DZ sFr. 120 bis 140 einschließlich Frühstück.

●**Globi Hotel Disentiserhof,** 7180 Disentis, Tel. 081/929 57 00, www.globi-hotel.ch. Das erste Globi-Hotel der Schweiz. Globischloss-Kinderklub im Parterre, das Reich der Knirpse. Kinder ab fünf Jahren dürfen vom ganzen Schloss Besitz nehmen. Die Wochenarrangements sind vorzuziehen.

●**Hotel/Speiserestaurant Scopi,** Lukmanierstrasse, 7184 Curaglia, Tel. 081/947 55 52, www.hotelscopi.ch. Altes Passhotel auf dem Weg zum Lukmanier. Einfache, saubere Zimmer, EZ mit Etagen-Dusche/WC sFr. 52, DZ mit D/WC sFr. 105 inkl. Frühstück.

●**Hotel Badus*****, 7189 Rueras, Tel. 081/949 11 15, www.laval-rueras.ch. Einfache, saube-

Die Bündner Pässe

Die Pässe wurden schon in vorrömischer Zeit genutzt. Jedoch fürchteten die **Römer** die Übergänge nicht nur wegen der in den Bergen lauernden Gefahren, sondern auch wegen der „schrecklichen und grausamen Sinnesart der Räter". Im Gegensatz zu Brenner und Gr. St. Bernhard bauten sie hier nur die Zugangsstraßen mit Steinpflastern aus.

Auch im Frühmittelalter benutzten Reisende die römischen Straßen. Um 1200 erfuhren Splügen und San Bernardino einen Aufschwung, weil der Weg durch die Viamala verbessert worden war. Die Kreuzzüge (11.–13. Jh.) förderten den **Handelsverkehr** über die Bündner Pässe. Vor allem die Leinwandindustrie in Deutschland exportierte nach Südeuropa. In Oberitalien tauchten deutsche Kaufleute auf. Die Orte entlang der Passrouten richteten Ruhestationen für Saumpferde ein. Vielerorts mussten die Waren verzollt werden. Unterschieden wurde nach Gattungen: Textilien, Tiere, Tierprodukte, Metalle und Metallprodukte, Lebensmittel, Gewürze, Drogen und Öle. Nürnberger Kaufleute, Nördlinger Bürger mischten neben Ulmern mit, Ravensburger lieferten Leinwand nach Genua, die *Fugger* waren unterwegs nach Mailand. Auch Ostschweizer benutzten die Passtrassen, so *Heinrich von Schaffhausen,* und im 13. Jh. auch St. Galler. Vereinzelt wählten Zürcher die bünderischen Alpenpässe an Stelle des Gotthard. Selten waren italienische Händler auf der Nordseite unterwegs. Die Handelstätigkeit ging fast immer auf Einzelpersonen zurück, die meist von Haus aus vermögend waren, sich aber aus Kosten- und Sicherheitsgründen zu Handelsgenossenschaften zusammenschlossen.

Mit dem Bau der **Eisenbahnlinien** durch Lötschberg-Simplon und Gotthard sowie dem **Autobahntunnel** verloren die Bündner Pässe an Bedeutung. Was geschieht, wenn heute der Gotthardtunnel ausfällt, konnte man im Winter 2001/02 beobachten: 40-Tonner-Lkws zwängten sich zum Schrecken der Anwohner und Erholungssuchenden über den San Bernardino und die engen Bergstraßen.

re Zimmer. DZ mit Bad/D und WC sFr. 130 bis 180.

- **Hotel La Val Rueras******, 7189 Rueras, Tel. 081/949 1115, www.laval-rueras.ch. DZ mit Bad/D und WC sFr. 180 bis 210.
- **Hotel Oberalp******, 7188 Sedrun, Tel. 081/949 11 55, www.hotel-oberalp.ch. Unkompliziertes Sport- und Familienhotel. Im Sommer geheiztes Freiluftschwimmbad. Große Zimmer, DZ mit Bad/D und WC sFr. 140 bis 210.

Camping

- **Camp Ground Prau la Selva*****, 7018 Flims Waldhaus, Tel. 081/911 15 75, www.camping-flims.ch. Der einzige ganzjährig geöffnete Camping in der Surselva liegt in einer offenen Waldpartie beim Sportzentrum „Prau la selva“ zwischen Flims und Laax. Anfahrt von Chur: Flims durchfahren, dann links abbiegen.
- **Zeltplatz Vattiz,** Val Lumnezia, Vattiz, Tel. 081/931 18 58.
- **Camping Trun,** Tel. 081/943 16 66. In Trun, am Rhein, geeignet für Rafter und Kanuten.
- **TCS-Camping Fontanivas****, Tel. 081/947 44 22. Einfacher Platz am Ende der Medelserschlucht (Lukmanier) bei Disentis. Idyllische, naturbelassene Bergwiese, vereinzelt in aufgelockertem Fichtenwald, oberhalb des Naturbadesees. Ausgerüstete Zelte zu vermieten. Imbiss-Bar.
- **Camping Rhein,** 7189 Rueras, Tel. 081/949 11 15, www.laval-Rueras.ch. Der einfache Campingplatz ist abseits der Straße am noch jungen Rhein sehr ruhig gelegen. In unmittelbarer Nähe befinden sich ein Kinderspielplatz und eine Fitness-Strecke. Ausgangspunkt für Fischer und Wanderer. Saison: Mitte Juni bis Ende Sept.

Sport

- **Golf:** 27-Loch-Anlage mit 9er-Schlaufen in Domat-Ems.

San-Bernardino-Route

Rheinaufwärts verbindet die Nationalstraße zum San Bernardino die Nordostschweiz mit dem Tessin. Neben dem Gotthard und den Walliser Übergängen ist dies die dritte **wichtige Verbindung über die Alpen.** Die Straße führt auch zum Albula-, Julier- und Splügenpass. Rechtsrheinisch liegen bis zur Via Mala die Hänge des Domleschg (röm.: *Tumliasca),* linksrheinisch der steilere Heinzenberg. Es überrascht nicht, dass die Gegend strategisch wichtig war, was sich an den Burgen und Schlössern ablesen lässt. Sie liegen auf der Domleschger Seite des Tals: so etwa Schloss Ortenstein, eine organisch gewachsene Burg, oder Hohenrätien, eine der größten Kirchenburganlagen (hier situierte *C.F. Meyer* seine „Richterin“).

Das Domleschg ↗XVIII/A1-2

Kirche St. Georg

Zwischen Bonaduz und Rhäzüns liegt über dem Hinterrhein auf einem Hügel die Kirche St. Georg. Laut Sage soll der heilige *Georg* auf der Flucht vor einem Widersacher so heftig aufgeschlagen haben, dass sein Pferd die Hufe verlor. Wo sie liegen geblieben sind, wurde das Gotteshaus erbaut. Keine andere Kirche in der Schweiz wurde im Mittelalter so reich ausgemalt. Die hochgotischen **Wandmalereien** im Chor und am Chorbogen erschuf der Waltensburger Meister 1350, die an den Schiffwänden stammen vom Rhäzünser Meister aus der zweiten Hälfte des 14. Jh. Bereits 960 wurde das Gotteshaus als karolingische Saalkirche erwähnt. Die heutige Kirche hat ein romanisches Schiff mit Flachdecke und einem rechteckigen gotischen Chor mit Rippengewölbe aus dem 14. Jh.

Schloss Rhäzüns

In Rhäzüns steht das gleichnamige Schloss über dem Steilufer des Hinterrheins – einst Stammsitz der mächtigsten Herren von Rhäzüns. Von 1696 bis 1809 war es habsburgische Enklave, gehörte dann dem Kanton und kam später in Privatbesitz. Auf das Mittelalter gehen der Westturm und der Ost-Trakt zurück. In der Kapelle sind lebensgroße Einzelfiguren des Waltensburger Meisters aus dem 14./ 15. Jh. zu finden.

Via Mala

Die Via Mala wurde durch den gleichnamigen Roman von *John Knittel* (Fischer, ISBN 3-569-14894-4) berühmt. Der Hinterrhein hat sich durch 500 Meter hohe Kalkfelsen einen Weg gebahnt und eine **wilde Schlucht** zwischen Thusis und Zillis geschaffen. Der unterste Teil, das „verlorene Loch", ist erst seit 1822 passierbar. Schon die Römer hatten einen Saumpfad angelegt, sie umgingen jedoch die Schlucht über Rongellen. 1473 wurde diese Nord-Süd-Route für den Handel zwischen Italien und Nordeuropa dank einer Trägergenossenschaft konkurrenzfähig. Heute führt die Nationalstraße den Reisenden in wenigen Minuten durch den Engpass, früher brauchten Reisende Stunden und Tage.

Kirche St. Martin in Zillis

Der römische Saumpfad endet im Süden in dem bereits in offener Landschaft liegenden Zillis, im Val Schons (Schams). Die hiesige Kirche St. Martin besitzt die älteste figürlich bemalte und fast ganz erhaltene hölzerne, romanische Felderdecke der abendländischen Kunst. St. Martin war die Mutterkirche des Schams und wurde bereits 831 erstmals erwähnt. 940 schenkte Kaiser *Otto I.* Kirche und Besitz dem Bistum Chur. Vom romanischen Neubau um 1130 sind das Schiff und der Südturm erhalten. Der Polygonalchor ist von 1509, der Dachstuhl von 1547. An der Westwand steht ein großes Christophorusbild, um 1300. Das romanische Schiff und der spätgotische Chor sind durch einen spitzen Chorbogen getrennt.

Hauptsehenswürdigkeit der Kirche ist die **romanische Bilderfolge** aus 158 ornamental gerahmten, bunt bemalten Einzelfeldern von 1160 (restauriert 1949). Die Randbilder zeigen amphibische Fabelwesen als Sinnbilder des Chaos, dazwischen drei Felder mit Fischern und die Andeutung der Errettung der Getauften. In den Ecken befinden sich die vier Engel der Apokalypse mit geschwungenen Tuben als Personifikationen der Winde. Die streifenweise von Ost nach West zu lesenden Binnenfelder zeigen, eingeleitet durch alttestamentarische Könige, die Synagoge und Ecclesia, in breiter Erzählung das neutestamentarische

Geschehen bis zur Dornenkrönung Christi und zuletzt Szenen aus dem Leben des Kirchenpatrons St. Martin. Entlang der Decke findet sich ein gemaltes romanisches Wandfries mit Mäanderband und Sibyllenbüsten. Vermutlich waren der Hauptkünstler und seine Mitarbeiter Rhätier. Der romanische Taufstein ist bemalt, die Polygonalkanzel von 1647, das Gestühl an der Südwand von 1730.

• **Öffnungszeiten:** im Sommer: 8–18 h, im Winter: 9–18 h. Ständige Ausstellung „Kirche Zillis" am Postplatz (Eingang Postgebäude).

In **Zillis** ist außerdem das Rathaus von 1600 mit Portal und Halle sehenswert. Das Haus Nr. 96 hat gewölbte Korridore und Täferstuben sowie einen Kachelofen von 1670. Haus Nr. 28 weist einem Apostelofen von 1670 auf.

Kirchen und Profanbauten in der Umgebung

Zahlreiche weitere Kirchen und Bauten der Umgebung sind eine Entdeckung wert. Im Dorfteil Turvasch von **Donath** besticht das Marchion-Haus, gebaut 1680, umgestaltet 1716, mit schönen Architektur-Graffiti. Im Dorfteil Curscheglias steht das Marchion-Haus von 1672, umgebaut 1728, mit Täferstuben. Die reformierte Kirche von 1463 erscheint als sehr lange gedrungene Anlage.

Die reformierte Barockkirche von **Mathon** besitzt ein skurril geformtes Gestühl von 1728. Unterhalb des Dorfes stehen der Turm mit Glockengeschoss sowie die Umfassungsmauern des romanischen Schiffes und der spätgotische Chor der St. Antonius-Kirche.

In der Kirche von **Clugin** erfreuen frühgotische Wandmalereien der Waltensburger um 1350 den Besucher: In der Apsis die zwölf Apostel, darüber Majestas Domini mit den Evangelistensymbolen.

Im gut erhaltenen Dorf **Andeer** mit einem schönem Dorfkern findet der Besucher bedeutende Profanbauten, so das Haus Pedrun von 1501 mit Sgraffitidekorationen aus dem 16. Jh. Am Südausgang steht das 1616 für *Hans von Capol* gebaute gleichnamige Haus. *Capol* wurde als reformierter *Podestà* (Bürgermeister) in Tirano Opfer des Veltliner Mordes von 1620.

Averserrhein ↗XVIII/A-B2

Bei der Rofflaschlucht teilt sich das Tal. Links zweigt das **Val Ferrera** mit dem Averserrhein ab, eine beeindruckende Gebirgswelt mit Stauseen, die sich bis jenseits der italienischen Grenze fortsetzt.

Seit frühester Zeit wurde in **Ausserferrera** Eisenerz abgebaut. Über dem Averserrhein sind die Ruinen der Bergbausiedlung aus dem 19. Jh. noch zu sehen.

In **Cresta** (Avers) steht eine gedrungene romanische Anlage mit mächtigem Turm aus dem 12. Jh. Cresta ist mit 1949 Metern das höchstgelegene Pfarrdorf der Schweiz mit der für die Walser typischen Einzelhofsiedlung. Sie siedeln hier nachweisbar seit 1377. Östlich von Cresta steht am Hang die teilweise spätromanische reformierte

Kirche, die 1764 umgebaut wurde und einen barocken Turm erhielt. An der westlichen Innenwand befindet sich ein spätgotisches Gemälde (15. Jh.) mit dem heiligen *Georg* und *Christophorus.*

Talaufwärts grüßen die typischen **Walsersiedlungen** „Am Bach" und „Juppa" mit gestrickten Holzhäusern über gemauerten Sockeln.

Vor Juf mit seinen Passwegen über den Septimer und Stallerberg steht das **Podestàhaus,** 1664 für den *Podestà* in Teglio gebaut - das „höchstgelegene Bürgerhaus der Alpen" mit schönen Sgraffiti.

Juf ist auf 2126 Metern die höchste ständig bewohnte Siedlung der Alpen - ein reizvoller Ausgangspunkt für Wanderungen, sonst aber eher enttäuschend.

Hinterrhein

↗XVIII/A2

Durch die Roflaschlucht kommt man in das **Rheinwaldgebiet.** Die Bauern haben sich hier alle der biologischen Landwirtschaft verschrieben und betreiben diese mit großem Erfolg.

Dem Stausee entlang fahrend erreicht man das für sein intaktes Ortsbild ausgezeichnete Dorf **Splügen.** Dem Ort sieht man den Wohlstand als alter Passausgangspunkt an. Hier geht es im Süden über den bei Motorradfahrern beliebten Splügenpass nach Chiavenna und im Westen dem Hinterrhein entlang zum San Bernardino. Östlich des Dorfs steht die Ruine „Zur Burg" aus dem 13. Jh., ein rechteckiger Wehrbau mit Hof. Die stattliche Barockkirche wurde 1687 erbaut. Am unteren Dorfplatz steht das Bodenhaus, 1722 in italienischem Stil gebaut, dreigeschossig mit Mezzanin und Walmdach. Hier übernachteten u.a. *Napoleon III., William Turner, Nietzsche, Fontane* und *Queen Victoria.* Bemerkenswert sind auch die nach dem Dorfbrand von 1716 entstanden Schorsch- und Albertinihäuser sowie einige schöne Walserhäuser.

Bei **Landbrugg** befindet sich der alte Rheinübergang von 1629 zum San Bernardino mit zwei Bogen über sechseckigem Mittelpfeiler.

Praktische Tipps

Information

- **Zillis/Schamserberg Tourismus,** 7432 Zillis, Tel. 081/661 21 73, Fax 081/661 21 73, www.viamalaferien.ch

Unterkunft

- **Jugendherberge Sils i.D. GR,** Burg Ehrenfels, 7411 Sils, Tel. 081/651 15 18. Je ein Dreier- bis Zwölfer-Zimmer. 40 Betten. Duschen und WC auf der Etage. Klavier, Spielwiese, Labyrinth, Burghof mit Brotbackofen, Tischtennis, diverse Spielmaterialien. Nur für Gruppen. Es werden keine Mahlzeiten angeboten, Küche vorhanden. Mehrbettzimmer ohne Frühstück sFr. 17 (für Gruppen ab 20 Pers.). Geschlossen: Nov.–März.
- **Gasthaus Alte Post****, 7432 Zillis, Tel. 081/661 12 35, www.alte-post.ch. Traditioneller älterer Gasthof, in biologischer Bauweise renoviert, mit 18 Betten, DZ mit D/WC sFr. 120 bis 138.
- **Gasthaus Pro l'Ava,** 7432 Zillis, Tel. 081/661 17 48. Bei der St. Martinskirche in Zillis, rustikal. 12 Betten, DZ mit D/WC sFr. 115 bis 130.
- **Hotel Piz Vizian,** 7433 Wergenstein, Tel. 081/661 15 25, www.pizvizan.ch. Einfaches Berghotel auf 1500 M.ü.M., Aussichtsterras-

se, ruhig, 62 Betten, DZ mit D/WC sFr. 153. Anfahrt: zwischen Andeer und Zillis nach Wergenstein abbiegen.

● **Gasthaus Beverin,** 7433 Donath, Tel. 081/661 11 67. Landgasthof mit 17 Betten, DZ mit D/WC sFr. 120.

● **Hotel Fravi*****, 7440 Andeer, Tel. 081/660 01 01, www.fravi-hotel.ch. Traditionelles Badehotel in Andeer, 70 Betten, DZ sFr. 190 bis 210 mit Bad/D und WC, inkl. Frühstück, neue „Arvensuiten" sFr. 220.

● **Hotel Rofflaschlucht,** 7440 Andeer, Tel. 081/661 11 97, www.rofflaschlucht.ch. Traditionelles, einfaches Hotel gleich am Eingang zur Rofflaschlucht. 20 Betten, einige Zimmer mit D/WC. DZ mit D/WC sFr. 104 (freier Eintritt zum Wasserfall).

● **Gasthaus Alpenrose,** 7445 Innerferrera, Tel. 081/667 12 13. Neuerer Gasthof, acht Betten, DZ mit D/WC sFr. 120.

● **Hotel Alpina,** 7447 Avers-Juppa, Tel. 081/667 11 68. Mit 42 Betten, alle Zimmer mit Bad/D und WC, DZ sFr. 130 bis 150.

● **Hotel Weisses Kreuz,** 7435 Splügen, Tel. 081/630 91 30, www.weiss-kreuz.ch. Alte Säumerherberge vom Anfang des 14. Jh., besonders sorgfältig renoviert und in ein komfortables Hotel mit 36 Betten umgebaut. Überragende Stellung im Dorf. Beim Dorfbrand 1716 zerstört und auf den alten Grundmauern aufgebaut. Die baukulturelle Authentizität war hier wichtiger als die Erfüllung bestimmter Hotelstandards. DZ mit Bad/D und WC sFr. 140 bis 200.

● **Hotel Seeblick,** 7434 Sufers, Tel. 081/664 11 86. Kleiner, neuerer Gasthof am Sufnersee mit sauberen Zimmern und 20 Betten, DZ sFr. 120 bis 130.

● **Gasthaus,** 7437 Nufenen, Tel. 081/664 13 90. Direkt bei der Langlauf-Loipe. Kleiner Gasthof mit 14 Betten und Gruppenräumen, D/WC auf Etage. DZ sFr. 90, Gruppenunterkunft: 1x14, 2x10, 1x8 mit Kojenbetten.

Camping

● **Camping Sut Baseglia,** 7440 Andeer, Tel. 081/661 14 53. Idyllischer Campingplatz neben dem Schamser Heilbad und dem Freibad. Geöffnet: Jan. bis Nov.

● **Camping Rania,** 7432 Zillis, Tel. 081/661 12 14. Vor der romantischen Kulisse der berühmten Viamala an der alten Kantonstraße. Gute Sanitäranlagen. Wohnwagen und Hauszelte können gemietet werden.

● **Camping Via Mala,** 743 Thusis, Tel. 081/651 24 72. In naturbelassenem, lichtem und eidgenössisch geschütztem Föhrenwald und auf schattenloser Wiese, an den Seiten eines kleinen Bachs. Idealer Ausgangspunkt für Wanderer, Kanuten und Fischer. Auch Canyoning ist möglich.

● **Camping auf dem Sand,** 7435 Splügen, Tel. 081/6641476, www.splugen.ch. Ruhige Lage am jungen Hinterrhein. Preiswert, für die Durchreise oder einen erholsamen Ferienaufenthalt. Winterbetrieb.

Besichtigungen

● Das **Artilleriewerk Crestawald** bei Sufers war bis vor kurzem militärischer Geheimhaltung unterworfen und durch Tarnung geschützt. Nun führt die Militärhistorische Stiftung Graubünden die Anlage. Besichtigungen: Juni–Okt. Sa 10–17 h. Anmeldungen via Splügen/Rheinwald Tourismus. Weitere Infos: www.festung-gr.ch.

● Der **Wasserfall** gibt der Rofflaschlucht ihr ganz besonderes Gesicht. Die einzigartige Felsengalerie führt unmittelbar hinter dem Fall zum Hotel Rofflaschlucht mit Museum (siehe „Unterkunft"). Geöffnet: Apr.–Okt.

● **Alpkäserei Avers:** Infos zu Besichtigungsmöglichkeiten unter Tel. 081/667 11 67.

Sport

● **Wandern:** auf dem historische Saumpfad über den Splügenpass und die wildromantische Cardinellschlucht ins italienische Chiavenna. Der Wanderweg zwischen Thusis und Chiavenna ist 65 Kilometer lang. Er kann in mehreren Etappen, auch geführt, zurückgelegt werden.

Eine andere Wanderung führt über das „Verlorene Loch" zur Viamalaschlucht oder auf die umliegenden Höhen des Heinzenbergs mit den Walsersiedlungen Cazis, Präz und Portein.

● **Fischen:** am Hinterrhein oder am Averserrhein (ab 14 Jahre). Für sämtliche Patente: Splügen/Rheinwald: Jagd- u. Fischereiaufseher *Michael Eichhoff,* 7436 Medels, Tel. 081/

664 13 82, Zillis/Schamserberg: Jagd- u. Fischereiaufseher *Celso Iseppi,* 7432 Zillis, Tel. 081/661 17 48.

● **Gleitschirmfliegen:** Passagierflüge und Schnupperkurse: *Paul C. Lutz,* 7432 Zillis, Tel. 081/661 11 29.

● **Mountainbike:** Im Rheinwald gibt es ca. 65 Kilometer Trainings- und Ausflugsrouten aller Schwierigkeitsgrade. Mountainbikevermieter in Splügen: Hobi Sport, Tel. 081/664 12 15 oder Splügen Sport, Tel. 081/664 19 19.

● **Wintersport:** Avers bietet als kleines, übersichtliches Skigebiet fern vom Rummel auf 2000 bis 2540 M.ü.M. Skilifte. Für Langläufer stehen 40 Kilometer klassische sowie 40 Kilometer Skating Loipen zwischen Splügen und Nufenen zur Verfügung. Der Schamserberg hat 12 Kilometer gut präparierte Wege zum Rodeln. Lohn hat einen beleuchteten Schlittelweg. Der Schlittelweg Sufers beginnt nördlich vom Dorf Sufers.

Veranstaltungen

● Jedes Jahr am zweiten Januarwochenende finden in Splügen die **internationalen Schlittenhunderennen** statt.

Das Misox

Das Misox beginnt auf dem San Bernadinopass und zieht sich nach Süden in Richtung Bellizona. Lumino, das unterste Dorf des Tales, gehört bereits zum Tessin. Das Calancatal zweigt in Grono ab und verläuft fast parallel zum Haupttal von Nord nach Süd. Die Valle Calanca und Mesolcina bilden zusammen das Moesano, das Misox, jene Talschaft, die im 15. Jh. als achtes Hochgericht des grauen Bundes im „Freistaat der Drei Bünden" Aufnahme fand. Die Moesa fließt auf der Passhöhe aus dem Lago Moesola und mündet bei Arbedo in den Ticino.

Aus den italienischsprachigen Mesolcina- und Calancatälern stammen viele Bauleute, die während der Barock- und Rokokozeit vor allem in Bayern als Baumeister und Stuckatore wirkten. So baute *Johannes Serro* mit dreißig Misoxern an der Kemptner Stiftskirche und *Enrico Zucalli* war bayrischer Oberhofbaumeister und der Schöpfer der Münchner Theatinerkiche und des Schlosses Nymphenburg.

San Bernardino ↗XVII/D2

Heute erreicht man das Misox durch den San Bernardinotunnel, der San Bernardino-Pass hat seine Bedeutung verloren. Erste Spuren hinterließen dort die **Römer,** die die besondere geografische Lage des Passes erkannt hatten: Ein Pluspunkt war die geringe Lawinengefahr. Die Römer bauten eine gepflasterte Straße, deren Überreste noch heute zu sehen sind. Sie nannten den Pass *Mons Avium.* Der charakteristische Berg San Bernardinos trägt noch immer den Namen *Pizzo Uccello* (Vogelberg). Das kleine Dorf bekam den Namen *Gualdo del Guareida.* Ende 1400 wurde der kleine Ort jedoch zu Ehren des Heiligen von Siena, der sich hier aufgehalten haben soll, in San Bernardino umgetauft.

Die kleine Kapelle wurde um 1450 unmittelbar nach der Heiligsprechung des Kirchenpatrons gebaut. Der monumentale **Kuppelrundbau** der Kirche San Bernardino (1867 nach dem Vorbild von San Carlo in Mailand erstellt) war ein Geschenk zweier Kurgäste aus Mailand, denen die Kapelle zu unscheinbar erschien. Um das Jahr 1600 wurde das Pfarrhaus, die Kaplanei, gebaut. Zwei Mönche waren verpflichtet, über den Winter den Zufahrtsweg offen zu halten und verirrten Wanderern Verpflegung und Unterkunft zu bieten. Bei Schneestürmen hatten sie die Aufgabe, den Reisenden durch Läuten einer kleinen Kirchenglocke den Weg zu weisen. Die Glocke wird heute im Pfarrhaus aufbewahrt.

Die natürliche **Mineralwasserquelle** ist eine wichtige Ressource der Ortschaft San Bernardino. Ein böhmischer Edelmann erwähnte die Mineralquelle zu Beginn des 18. Jh. 1742 ist in einem Reisebericht zu lesen, dass der Brunnen von „vornemmen Leuthen" besucht werde. Bei Ausgrabungen um 1860 wurden Holzwannen entdeckt, welche der Römerzeit zugeordnet werden.

Die 1821 erstellte Verbindungstraße gab der Region wichtige ökonomischen Impulse. Gleichzeitig wurde das Hospiz gebaut. Anfang der 70er-Jahre

109ch Foto: sc

kam es jedoch zu einem Neuaufbruch: San Bernardino etablierte sich als **Wintersportort.**

Val Mesolcina

↗XVII/D3

Mesocco

Das Dorf Mesocco erinnert sehr an das Tessin. Zuoberst, im Ortsteil Cremo, steht mit herrlichem Blick über das Misox die **Pfarrkirche SS. Pietro e Paolo,** erwähnt 1219, erneuert 1783. Es handelt sich um eine Barockkirche mit geradem Chorschluss und polygonal schließenden Kapellenflügeln. Hinter den Seitenaltären sind spätgotische Wandbilder erhalten. Das Chorgestühl ist von 1680.

Sehenswert ist auch die **Caserma** (Nr. 75), ein Längsbau mit Holzlauben und einem Muttergottesgemälde von 1660. Das **Obere à Marca Haus** (Nr. 93) wurde 1597 mit einem Rustikaportal und bekrönenden Balkonbalustraden errichtet. Im zweiten Obergeschoss befindet sich das so genannte Karl-Borromäus-Zimmer, in dem der Erzbischof anlässlich seiner Visite im Misox 1583 gewohnt haben soll. Im **Unteren à Marca Haus** (Archiv à Marca) von 1668 werden über 10.000 Dokumente aufbewahrt. Die **Kirche San Rocco** wurde Anfang des 16. Jh erbaut – ein Barockbau mit vierjochigem Langhaus.

Am Fuße des Burghügels befindet sich die **Kirche Sta. Maria al Castello,** die um 1100 an Stelle einer Vorgängerkirche entstand. Die Verlängerung des Schiffes, neue Fenster und der Neubau des Chors folgten 1627. Der sechsgeschossige romanische Turm hat Rundbogenfriese auf der Südseite. Die Leistendecke ist von 1627 und wurde 1727 von *Johannes Sepp* bemalt. Auf der Nordseite sind drei bemerkenswerte spätgotische Bildstreifen von 1459 zu sehen, an der Südwand Reste des Abendmahls. Hübsch sind die prunkvoll stuckierte Chorapsis und die Renaissancealtäre.

Von hier steigt man zur **Burgruine Castello Mesocco** auf, der bedeutendsten Burganlage Graubündens, in beherrschender Lage auf einem von der Moesa umflossenen Felsen. Die Herren von Sax bauten die Burg im 11. und 12. Jh. Sie waren die dominierende Kraft zwischen Rheinwald und Comersee. 1525 wurde die Burg von den Bündnern geschleift. Der Bergfried wurde 1835 durch einen Blitzeinschlag zerstört. Erhalten sind teilweise der Grosse Burghof mit einer von fünf verschiedenartigen Türmen verstärkten Mauer sowie an der Südseite die Rocca, ein viereckiges Wehrgebäude mit Bergfried und Palas, Nebengebäuden und Zisterne. Nördlich des Palas steht die Kirchenruine San Carpoforo mit dem Campanile aus dem 11. Jh.

Selma im Val Calanca

Soazza und Cama

Auf einer Geländeterrasse liegt **Soazza** mit der höher gelegenen Pfarrkirche San Martino. Turm und Beinhaus sind durch einen Treppenweg mit der am Hügelfuß gelegenen Vorhalle der malerischen Kapelle Madonna Addolorata verbunden. Das Haus à Marca aus dem Jahr 1642 war das Wohnhaus von *Clemente Maria à Marca,* letzter Bündner Landeshauptmann im Veltlin (1797), heute ein Privathaus.

In **Cama** begegnet der Reisende den ersten Palmen, blühenden Hortensien, Agaven und lauschigen Pergolen. Die Steinbrücke stammt aus dem Jahr 1504.

Roveredo

Der Hauptort des Misox erhielt seine Bedeutung als Ausgangspunkt zum einst rege genutzten Joriopass, der zum Comersee führte. Roveredo war ein wichtiger Marktplatz, wovon noch die Bogengänge *(portici)* zeugen. Der Marktplatz war das größte Handelszentrum des Tales. Beim Gerichtshaus, **Casa della Grida,** sind ein Halseisen und Galgenreste zu sehen. Die **Casa Zuccalli** ist das Geburtshaus des Baumeisters *Zuccalli,* der im 17. Jh. vor allem am kurbayrischen Hof und in Salzburg gewirkt hat. Das **Haus Gabriele de Gabrieli** hat der gleichnamige Architekt für seine Familie umgebaut. Am linken Ufer stand der Palazzo Trivulzio, erwähnt 1275. Er war Sitz der Familie *von Sax.* Nur wenige **Reste der Wasserburg** sind noch erhalten. In der **Kirche San Giulio** gibt es im Chor einheitliche Renaissance-Wandmalereien von *Gorla* aus dem Jahr 1545 zu bewundern. An der Südwand findet sich ein Fragment von 1479 von *Christoforo da Seregno:* Sebastiansdarstellung. Am Ortsrand beginnen ausgedehnte Kastanienwälder.

Traversagnaschlucht

Am Eingang zur Traversagnaschlucht bilden die Steinbogenbrücke, das Pilgerhaus und die Wallfahrtskirche Madonna del Ponte Chiuso eine **malerische Baugruppe.** Der Neubau wurde 1656 geweiht und bis Ende des 17. Jh. (vielleicht von *Giovanni Serro)* ausgestattet. Sehenswert sind die barocken Sgraffiti und der geschmückte Längsbau. Das Renaissanceportal ist von 1604. Das kreuzgewölbte Schiff mit eingezogenen Strebepfeilern, die Seitenkapellen ausscheiden, ist ein Vorläufer des Wandpfeilerschemas der Voralberger Baumeister, die dieses Schema zuerst mit Misoxer Bauleuten entwickelt hatten. Der Chor besitzt Rokokostuckaturen. Der Hochaltar ist von *Rocco Pisone.*

Val Calanca

↗XVII/C3

Das Calancatal besticht durch eine wilde Landschaft mit ursprünglichen Dörfern, die italienische Lebenart verraten. Das Tal ist eng eingeschnitten, die Dörfer schmiegen sich auf knappen Terrassen eng um die Kirche.

Grono

In Grono, am Eingang zum Calancatal, steht die **Pfarrkirche San Clemente** oberhalb des Dorfes. 1219 erstmals erwähnt, wurde der Chor 1633 neu erbaut. An der Nordseite steht der romanische Turm. An der südlichen Außenwand sind Reste spätgotischer Wandmalerei erhalten, an der Fassade eine Sonnenuhr und ein Sensenmann mit Sanduhr (18. Jh.). Im Süden der Kirche, umgeben von Palmen, steht das schlichte, mit weichen Stuckaturen und Fresken geschmückte **Beinhaus.** Im Osten der Piazza di San Bernardino trifft man auf die schlichte **Barockkapelle SS. Rocco e Sebastiano,** erbaut 1615 unter Einbeziehung des Rechteckchors der Vorgängerkapelle. Im Chor hat das Kreuzgewölbe reiche barocke Stuckaturen aus zwei Bauphasen. Die **Casa di Sacco** wurde 1660 gebaut und 1725 renoviert. Der **Palazzo Togni** aus dem Jahr 1721 ist ein stattlicher Bau mit großen Räumen, eingewölbten Korridoren und Stuckdecken mit mythologischen Szenen. Der **Torre Fiorenzana** war seit 1314 in Händen der Sax-Familie. Es ist ein fünfgeschossiger, bewohnter Turm mit Satteldach und Zinnenbekrönung.

Castaneda und Santa Maria

Der Fluss Calancasca hat eine raue und unwirtliche Schlucht in die nordwestliche Talschranke gefressen. Der Hang nördlich von Grono und die Geländeterrasse der Dörfer Castaneda und Santa Maria entstanden durch einen vorgeschichtlichen Bergsturz, verursacht durch die immer tiefer ins Gestein eindringende Calancasca. Begrenzt werden die Felsbrocken durch feste Gneisbarrieren. Noch heute brechen nach Regenperioden Sturzbäche aus den auf 1000 Meter gelegenen Quellen, die sich aus unterirdischen Wasseradern speisen und bei Stau die Berghänge in Bewegung versetzen.

Das **Kastaniendorf Castaneda** hat eine schmucklose Barockkirche. Zackenförmig überragen der Torre und die Häuser von **Santa Maria** die Gipfellinie des Steilhangs. Der wuchtige Wehrturm **Torre di Santa Maria** hat eine Treppenanlage in der Außenmauer und besitzt Kamine mit kegelförmigen Hauben, ringsum laufende Steinbänke und Schachtaborte. Zuoberst befindet sich eine Wehrplatte mit Wasserrinnen. Der Turm ist urkundlich nicht erwähnt, vermutlich war er Bestandteil der Talbefestigung der Herren von Sax.

Unterhalb des Turms steht in einmaliger Aussichtslage die **Kirche Santa Maria Assunta –** die Mutterkiche der Talschaft. Auf einem 700 Meter steil wie die Himmelsleiter aufsteigenden Bußpfad pflegten die Wallfahrenden früher von Grono zur Kirche hinaufzusteigen. Sie wurde 1212 erwähnt. Der lange Bau mit Chorquadrat und Chorsakristei hat auf der Nordseite einen gotischen Turm mit Blendnischen und Spitzbogenfriesen und einem barockem Aufsatz mit Pyramidenhelm. Die Toskanische Vorhalle stammt aus der zweiten Hälfte des 17. Jh. Die Renaissancekassettendecke von 1606 ist bemalt. Der Chor hat ein Kreuzgewölbe mit Stuckornamentik und gemalten Medaillons. Der spätgotische Schnitzaltar von 1512 von *Yvo Striegel* ist heute im Historischen Museum von Basel zu sehen. Von *Wilhelm Gräsner* ist das

Holzretabel mit der Auferweckung des Lazarus. Das Beinhaus ist ein loggiaartiges Bauwerk aus der zweite Hälfte des 17. Jh.

Buseno

Vor Buseno liegt ein **smaragdgrüner Stausee.** Über dem rechten Ufer der Calancasca liegt das **stille Dorf** mit der freundlichen Pfarrkirche SS. Pietro e Antonio Abate: eine kreuzförmige Barockanlage mit langem Halbrundchor, gebaut 1483 und umgebaut 1776. Die Seitenaltäre sind aus Holz und entstanden 1660. Die moderne Kirche Nostra Signora di Fatima ist ein Werk der Architekten *Mario Campi* und *Franco Pessina* (1984–1988).

Weiter durch das Tal

Am Fußpfad nach Monti di San Carlo gibt es drei kleine Barockkapellen. Von hier bis nach **Arvigo** haben sich taleinwärts große Stein verarbeitende Betriebe angesiedelt, die vor allem Gneisplatten herstellen.

Braggio ist mit 1313 M.ü.M. die höchstgelegene Gemeinde des Calancatals mit Barockkirche und Kapelle.

In **Selma** erinnern die Holzhäuser und Ställe in Stricktechnik an Walsersiedlungen. Auffallend ist der hohe Kirchturm der Pfarrkirche SS Giacomo e Pietro, erbaut nach einem Lawinenunglück 1662–67.

Cauco ist ein malerisches Haufendorf mit interessantem Beinhaus aus dem 17. Jh., einem loggiaartigen Bau mit Zwillingsgewölben und z.T. leider schlecht erhaltenen Wandgemälden. Die Pfarrkirche San Antonio Abate, geweiht 1497, besitzt ein flachgedecktes Rechteckschiff und einen quadratischen Chor, einen hohen Turm sowie polygonale Seitenkapellen.

Die Pfarrkirche in **Santa Domenica,** ein Längsbau mit Thermenfenstern, eingezogenem Rechteckchor und anschließender Sakristei, gehört zu den schöneren Barockkirchen des Kantons. Im Westen steht der Turm mit mittelalterlichem Unterbau und zwei barocken Glockengeschossen.

Rossa ist das oberste ganzjährig bewohnte Dorf mit einer flachgedeckten Barockkapelle in beherrschender Hügellage. Über dem Dorf liegt harmonisch in die Landschaft eingefügt die Pfarrkirche San Bernardo, geweiht 1656.

Gegen **Valbella** mit seinem Kraftwerk weitet sich das Tal zu einem alpinen Talgrund. Machtvoll erhebt sich hier der Pizzo Rotondo über die letzten Stufen des Calancatals.

Praktische Tipps

Information

- **Ente Turistico San Bernardino,** 6565 San Bernardino, Tel. 091/832 12 14, Fax 091/832 11 55, E-Mail: info@sanbernardino.ch

Unterkunft

- **Albarella*****, 6565 San Bernardino, Tel. 091/822 88 88. Komfortables Dreisternehotel in ruhiger Lage mit schöner Aussicht auf das Dorf. Alle 65 Zimmer mit WC/D oder Bad, TV, Kinderhort, Garten, Parkplatz, Fahrstuhl, Hallenbad und Sauna. DZ sFr. 200.
- **Brocco e Posta*****, 6565 San Bernardino, Tel. 091/832 11 05. Im Dorfzentrum gelegen. 37 Zimmer mit WC/D oder Bad, Hallen-

bad und Sauna, Garten, Kinderhort, DZ Bad/D und WC sFr. 172 bis 190.

● **Minotel Bellevue,** 6565 San Bernardino, www.minotel.com/hotel/ch337, Tel. 091/ 832 11 26. Berghotel unter familiärer Führung, im Dorfzentrum. 21 Zimmer mit Bad/D und WC, DZ mit D/WC sFr. 140.

● **Romantikhotel Al Cacciatore,** 6562 Soazza, Tel. 091/831 18 20. Im Dorfzentrum. Ambiente und Küche sehr gepflegt. DZ mit Bad/WC und Frühstück sFr. 160 bis 220. Anfahrt: Autobahn A13 Mesocco Sud.

Camping

● **Camping San Bernardino****, 6549 San Bernardino, Tel. 091/8321195.

Essen und Trinken

● **Beer,** Mesocco, Tel. 091/831 12 82, ausgezeichnete regionale Küche.

Mittelbünden

Die Region Mittelbünden im engeren Sinne gliedert sich topografisch in die drei Subregionen Albula, Oberhalbstein (Sursés) und Lenzerheide. Sie umfasst 25 Gemeinden und verfügt über intakte, vielfältige und weiträumige Natur- und Kulturlandschaften.

Der Oberhalbstein ist das Tal der Julia, die vom Julierpass herkommend bei Tiefenkastel in die Albula einmündet. In den Dörfern wird meist Rätoromanisch gesprochen. Die Albula ist ein wilder Gebirgsfluss, der hinter Thusis in den Hinterrhein fließt. Auch hier wird vorwiegend Romanisch gesprochen. Die Albula ist v.a. wegen der einmaligen Gebirgsstrecke der räthischen Eisenbahnen berühmt. Die Lenzerheide ist ein sonniges Plateau, das direkt von Chur zu erreichen ist.

Tiefencastel

↗XVIII/B2

Tiefencastel liegt in einem tiefen Talkessel und ist **Verkehrsknotenpunkt:** Von hier führen Straßen zu den Pässen Julier und Albula, nach der Lenzerheide und Davos, in die Schynschlucht und nach Thusis. Erwähnt wurde Tiefencastel 831 als befestigte Siedlung mit Königshof. Wie der Name verrät, stand hier in der Römerzeit ein Kastell *(Imacastra)*. Vom 10. Jh. an diente eine Burg als Wachposten. Der Ort war eine der ersten Pfarreien des Tals. In der Gegenreformation war Tiefencastel Stützpunkt der Kapuzinermission. Nach einem Dorfbrand 1890 sucht man heute vergeblich nach bemerkenswerten Bauten. Auch die über dem Dorf auf einem Felsen zwischen Albula und Julia stehende stattliche Barockkirche St. Stephan blieb nicht verschont. Neues Wahrzeichen des Ortes ist die elegante Holzbrücke über die Umgehungsstraße Richtung Julier.

Ganz in der Nähe von Tiefencastel steht in Mistail über der Albulaschlucht die vom Bischof von Chur im 8. Jh. errichtete **Kanonissinnenstiftskirche St. Peter,** das beste erhaltene Beispiel einer karolingischen Dreiapsidenkirche im Bündnerland. St. Peter hat einen breiten Saal mit hufeisenförmigen Apsiden. Der Barockturm steht an der Stelle des karolingischen. Verschiedene Wandmalereien sind ebenso sehenswert wie die bedeutenden Freskenfragmente aus karolingischer Zeit. Die Altäre sind von 1690.

Oberhalbstein/Sursés ↗XVIII/B2

Im Herzen Graubündens liegt die Landschaft Oberhalbstein. Das reizarme Klima mit südlichem Einfluss zeichnet sich durch relative Trockenheit und viele Sonnentage aus.

Mon

Hoch über der Gelgiaschlucht stehen in Mon auf steilem Felsen auf einer Geländeterrasse die frühromanische **St. Cosmas und Damiankirche** sowie die Kapelle St. Sebastian. Die Kirche wurde 1351 geweiht. Ein massiger Turm steht an der Westseite, mit einem spätgotischen Glockengeschoss und einem Christophorusbild aus dem 15. Jh. Die Kirche birgt Wandmalereien in der Art der Rhäzünser Meister aus dem 14. Jh.: an der Südwand Geburt Christi und Verkündigung, an der Nordwand Einzug Christi in Jerusalem, Gethsemane, Gefangennahme und Grablegung.

Das quer zum Kirchenvorplatz der Barockkirche St. Franziskus angeordnete stattliche Pfarrhaus wurde 1659 erbaut und hat ein steiles Krüppelwalmdach sowie gewölbte Korridore. Das Haus Nr. 46 besitzt ländliche Fassadenmalerei mit Steinbock, St. Georg, Hahn und Hase von 1726.

Stierva

Von Mon führt ein Sträßchen hinauf nach Stierva. Hier fällt zwischen den niedrigen Häuser der mächtige **Wohnturm** der Herren von Stürvis auf, erbaut um 1200. Der Rundblick über das Tal der Albula ist beeindruckend. Die äußerlich bescheidene **Kirche St. Maria Magdalena** überrascht im Innern mit komplizierten Rippengewölben und einem der besten spätgotischen Flügelaltäre Graubündens, von 1504 aus Ulmer Werkstatt. Zusätzlich birgt die Kirche ein reiches Tabernakel um 1600 in Form eines zweigeschossigen Tempels.

Riom und Salouf

In Riom steht unterhalb des Dorfs die durch die Freiherren von Wangen (Südtirol) erbaute **Burgruine,** seit 1258 Sitz des bischöflichen Landvogts. Früher war sie Tagungsort der Landsgemeinde, erst seit dem 19.Jh. ist sie zerfallen.

In Salouf überragt die **Kirche St. Georg** die mit Zinnblech bedeckten Häuser und den Pfarrhof mit dem ehemaligen Kapuzinerhospiz. An der Südseite steht der romanische Turm mit spätgotischer Glockenstube. Erwähnt 1290, wurde das Schiff 1501 eingewölbt, der Chor 1498 neu erbaut. An der Nordwand des Schiffs befinden sich Wandmalereien aus dem 14. Jh. Sehenswert ist der aus der Ulmer Werkstatt *Syrlins* stammende spätgotische Flügelaltar aus dem Jahr 1500.

Savognin

Weiter talaufwärts liegt Savognin, ehemals ein bedeutender Warenumschlagsplatz an der Septimerroute. Heute ist der Ort neben der Lenzerheide der wichtigste **Wintersportort** Mittelbündens. Savognin war der erste Ort, der beschneite Skipisten anbot. Über 80 Kilometer bis zu 200 Meter breite Skipisten, 15 Transportanlagen, speziell angelegte Fun-Zonen für Könner und Anfänger garantieren Wintersportvergnügen aller Art. Im Sommer locken 200 Kilometer markierte Wanderwege und ein breites Sportangebot.

Der Hauptort der Talschaft hat drei Dorfquartiere und drei Kirchen. Überquert man die Geglia (Julia), kommt man an der Straße Son Mitegel zur alten **Kirche St. Martin** mit einem der besten barocken Innenräume Graubündens. Gebaut 1677 mit Lisenen und Traufbändern am Außenbau und barockem Turm mit kuppeliger Haube in der Südostecke. In der Nordostecke wurde der romanische Turm eingebaut. Im Innenraum fällt die monumentale Kuppelmalerei mit Darstellungen des Paradieses auf, von 1681 von *Carlo Nuvolone,* genannt *Panfilo*. An der Zugstange des Chorbogens findet sich ein frühgotisches Kruzifix um 1350.

In Son Mitegel steht die **Barockkirche St. Michael** mit dem oktogonalen Schiff, aus dem zwei Seitenkapelle und ein dreiseitig geschlossener Chor wachsen. Alle haben Renaissancealtäre. Die bunte Wand- und Deckenmalerei stammt aus der Bauzeit. An der Zugstange des Chorbogen ist ein Kruzifix von 1350 befestigt.

In Sot-Curt steht die **Pfarrkiche Mariä Empfängnis,** eine gotisierte Barockkirche. Mit Ausnahme der Kapellen wurde sie 1663 vollständig ausgemalt.

Tinizong

Gleich hinter dem Dorf Tinizong (Tinzen) stürzen die **Wildwasser** aus dem Val d'Err in die Schlucht. Der schon den Römer bekannte Ort verlor bei einem Brand 1864 seine schönsten Häuser. Besuchenswert ist die **Barockkirche St. Balsius.** Sie birgt einen bemerkenswerten spätgotischen Flügelaltar von *Jörg Kändel* aus Biberach von 1512. Im Schrein: Maria zwischen den hl. Blasius und Katharina, Pankratius und Barbara. Auf den Flügeln: Relieffiguren von vier Heiligen. In der Predella: Christus mit Aposteln. Im Gesprenge: Christus mit Maria und Johannes. Auf den bemalten Außenseiten der Flügel: Beweinung und Grablegung, *Dürers* „Grosser Passion" nachempfunden.

Marmorerasee

In Rona geht es hinauf auf die nächste Talstufe zum 1954 gestauten Marmorerasee. In der Talsohle versunken liegen die ursprünglichen Siedlungen Cresta und Marmorera, erwähnt 831. Bei tiefem Wasserstand ragt der Kirchturm der alten Kirche aus dem Wasser. Das heutige **Marmorera** erhielt 1964 eine neue Kapelle. Über dem Stausee mit der 70 Meter hohen Staumauer liegt am Westufer die **Burgruine Marmels,** eine kühne Felsenburg, 1160 von *Ulrich von Tarasp* dem Churer Bischof geschenkt.

Vor dem Stausee zweigt eine Straße nach **Sur** mit seinem alten Pfarrhaus und der Kirche St. Katharina ab. Von hier geht es weiter nach der **Alp Flix** und nach **Furnatsch,** wo eine Wegkapelle auf einem Felsblock bei der Brücke thront.

Bivio

Die Hauptstraße führt in Serpentinen weiter die Talstufe hoch und dann schnurgerade nach Bivio (Zweiwege). Der Name geht auf den hier einmündenden Septimerpassweg zurück. Die einst wichtige Transportroute hat ihre Bedeutung aber mittlerweile verloren.

Der 260 Einwohner zählende **Ferienort** liegt 1769 M.ü.M. und gehört zu den schneesichersten Wintersportorten Graubündens. Es ist kein spektakulärer Ferienort, wo abends die Post abgeht. Der Besucher kann im Tiefschnee Bögen schwingen, Skitouren unternehmen, snowboarden, Schlittschuh fahren und dem Langlauf frönen. Von Frühling bis Herbst erfreuen eine prächtige Alpenflora und ein ausgedehntes Wandernetz die Gäste. Daneben ist Fischen und Reiten angesagt.

Die italienische Enklave, in der zunehmend auch deutsch gesprochen wird, hat ein etwas abseits liegendes Gotteshaus mit einem sehenswerten spätgotischen Flügelaltar am Übergang zur Renaissance aus der Striegel-Werkstatt.

Julierpass

In Serpetinen führt der Weg von Bivio vorbei am Hospiz zum Julierpass, von wo man in kurzer Zeit das Oberengadin erreicht. Die **karge Hochgebirgslandschaft** mit dem kleinen See verrät jedoch noch nichts vom lieblichen Engadin. Der Julier war bis zur Eröffnung des Vereina-Tunnels die einzige wintersichere Verbindung des Engadins mit dem Unterland. Zwei mannshohe Säulenstümpfe aus Speckstein erinnern auf der Passhöhe auf 2284 Metern an die römische Straße.

Das Tal der Albula

↗XVIII/B1-2

Die RhB, die **Rhätische Bahn,** fährt von Chur über Tiefencastel auf der spektakulären und aussichtsreichen Albulastrecke durch das Tal der Albula ins Engadin. Die **alte Passstraße** über den Albulapass ist einer der schönsten Alpenpässe des Bündnerlandes.

Filisur

Das Wahrzeichen Filisurs ist ein erstaunliches Werk der Ingenieurskunst: der 64 Meter hohe **Landwasser-Viadukt** der Rhätischen Bahnen. Filisur ist ein malerisches Straßendorf mit typischen **Engadiner Häusern** mit originellen Erkern, stilvollen Giebeln, tief liegenden Fenstern, Eckquaderungen, kunstvollen Sgraffitiverzierungen und Sulèrtoren. Die Häuser stammen vorwiegend aus dem 17. und 18. Jh. Die mittelalterliche Kirche wurde 1495 teilweise neu gebaut. Sie birgt Wandmalereien im italienischen Stil um 1500.

Oberhalb des Dorfes steht die Ruine der im 12. Jh. gebauten **Burg Greifenstein** mit dreigeschossigem Palas, Hauskapelle und Wehrmauern. Der Sitz des gleichnamigen Geschlechts ist seit dem 16. Jh. verlassen.

Bergün

Folgt man der Albula flussaufwärts, so kommt man nach einer Talstufe in das **engadinisch anmutende** Bergün (Bravuogn), die oberste Gemeinde auf der Nordseite des Albulapasses. Das

Gemeindegebiet umfasst neben Bergün auch Latsch, Stugl, Preda und den Weiler Chants. Die Kirche St. Petrus und Florins, erbaut um 1188, war Mittelpunkt des Tals. Bereits im Mittelalter wurde in der Umgebung Bergbau betreiben und Erz verhüttet. 1367 schloss sich Bergün dem Gotteshausbund an und wurde später Hauptort des gleichnamigen Gerichtsbundes. Nach 1600 entwickelte das vom Bischof unabhängige und sich dem Engadin zuwendende obere Albulatal eine ladinische Kultur, die noch heute bestimmend ist. Ende des 19. Jh. hielt der Fremdenverkehr Einzug.

Die **Kirche St. Petrus und Florins** erhielt um 1500 eine neue Decke, einen neuen Chor und einen Turmhelm. An der Südseite blieb der schöne romanische Turm erhalten. Der **Platzturm,** oder Gefängnisturm, mit seiner großen Zwiebelbekrönung ist Wahrzeichen des Dorfes. Vermutlich wurde er Ende 12. Jh. als Meierturm erbaut. Außerdem sind viele schöne Engadiner-Häuser aus dem 17. und 18. Jh. erhalten.

Von Bergün führt die Straße über das tief eingeschnittene Val Touors zu dem fast 1600 Meter hohen Bergdorf **Latsch** mit Engadiner Holzhäusern und einer Kirche aus dem Jahr 1652. Fährt man weiter nach **Stugl,** überrascht die kleine mittelalterliche Kirche mit hervorragenden gotischen Wandmalereien im Stil *Giottos.*

Zum Albulapass

Zwischen Bergün und Preda überwindet die **Rhätische Bahn** eine Höhendifferenz von rund 400 Metern. Die 12,6 Kilometer lange Strecke schafft sie mit vier Kehrtunneln, sechs Talbrücken und zwei Galerien. In Preda führt ein fast sechs Kilometer langer Tunnel (1903) nach Spinas im Engadin.

Die Straße schraubt sich weiter hoch, an Alpenrosen und Geröllhalden vorbei zum Albulapass mit seinem **Hospiz.** Der Albulapass war in alten Zeiten der meist benutzte Passübergang ins Engadin, bis er durch den Julier- und später durch den Vereinatunnel ersetzt wurde. Im Winter endet die Passstraße in Bergün und aus der Straße wird zwischen Preda und Bergün eine herrliche **Rodelbahn.** Die Schlittelzüge der RhB von Bergün nach Preda verkehren stündlich, in Spitzenzeiten halbstündlich.

Lenzerheide

↗XVIII/B1

Die Lenzerheide ist ein **Hochtal** zwischen Rheintal, Prättigau und Albula, in dem sich die beliebten Ferienorte Lenzerheide und Valbella zu beiden Seiten des Heidsees ausbreiten. Von Chur gelangt man über Malix, Churwalden und Parpan in ca. 40 Minuten auf das Plateau.

Burgruine Strassberg

Auf dem Weg zwischen Malix und Churwalden bewacht inmitten von Lärchen der Turm der Burgruine Strassberg die Rabiusaschlucht. Die Burg war Sitz des vazischen Ministerialengeschlechts von Strassberg. Im 15. Jh. befand sie sich in den Händen Österreichs und diente als Gefängnis

110ch Foto: en

des Zehngerichtenbundes. Im Schwabenkrieg wurde sie von den Bündnern zerstört. Erhalten blieben der Turm und die Nordwestwand des Palas mit romanischen Rundbogenfenstern sowie Reste des Berings.

Prämonstratenserkloster in Churwalden

Von Bäumen umgeben drängen die noch erhaltenen Gebäude des Prämonstratenserklosters in Churwalden an die Straße. Schon 840 soll hier ein kleines Kloster gestanden haben, 1140 von den Herren von Vaz gegründet. 1164 wurden Mönche aus dem angesehenen Kloster Toggenburg berufen. Sie sollten das Land urbar machen und Wanderer und Kaufleute betreuen. Nach der Reformation setzte der Zerfall ein. Von der einstigen Abtei blieb nur das **Abtshaus,** das später als Schulhaus diente, und die durch ihre zwei Türme auffallende spätgotische **Klosterkirche St. Maria und Michael.** Seit Mitte des 13. Jh. steht sie an dieser Stelle. 1477–1511 wurden der quadratische Chor, das Schiff und der unverputzte Turm mit Zeltdach gebaut. Im Innern findet sich ein spätgotischer Flügelaltar, datiert 1477. Die Schnitzereien sind von Ulm beeinflusst. Die Jo-

Das Hotel Guarda Val oberhalb der Lenzerheide

sephskapelle birgt zwei spätgotisch gemalte Flügel von 1511. Darüber befindet sich die Marienkrönung des Waltenburger Meisters. Über dem Marienaltar ein Vesperbild aus dem 15. Jh. Bemerkenswert ist das Kruzifix aus dem Jahr 1475.

Parpan

Am rechten Talhang liegt eine Walserhofsiedlung. Das auf 1500 Metern liegende Parpan ist wie Malix einerseits Produktionsort des in der Schweiz beliebten **Bündnerfleisches,** andererseits aber auch **Ferienort.** Auffallend ist das Zwiebeltürmchen des im 16. Jh. gebauten Schlössli mit gotisch profilierten Einzel- und Zwillingsfenstern. Die spätgotische Kirche entstand nach 1489 und wurde 1510 eingewölbt. Sie hat einen dreiseitig geschlossenen Chor und im Schiff ein Rauten-, im Chor ein Sterngewölbe. Zahlreiche Grabplatten der Familie Buol sind hier zu sehen. Der Turm mit Zeltdach steht abseits auf einem kleinen Hügel im Westen der Kirche.

Lenzerheide-Valbella

Lenzerheide-Valbella liegt in einer Bergsturzlandschaft mit einem von lichtem Wald umkränzten **See.** Der Ort hatte sich im 19. Jh. zuerst als Sommerfrische, dann auch als Winterkurort etabliert. Wer von Chur kommt, durchquert zuerst das dörflich wirkende Valbella. Lenzerheide und Valbella bildeten bis Ende des 19. Jh. Maiensässfraktionen in Gruppen von drei bis acht Bauten. In den frühen siebziger Jahren wurde das Maiensässdorf Sporz zum attraktiven Hotel umfunktioniert. Wie viele der bekannten Ferienorte verspricht Lenzerheide-Valbella als Ort nicht viel – dafür hält es ein entsprechendes Angebot für Sport und Freizeit bereit: alles, was das Wintersportlerherz begehrt sowie Wander- und Spazierwege am kleinen Bergsee.

Lantsch

Das **ruhige Bergdorf** Lantsch (Lenz) liegt nur wenige Kilometer von der Lenzerheide entfernt am alten Transitweg Lenzerheide – Julier- und Albulapass. Es war früher Etappenort des Säumerverkehrs. Von jener Zeit zeugen noch die alten großen Häuser. In beherrschender Lage steht die Pfarrkirche St. Maria mit ihrem romanischem Turm. Bemerkenswert sind ein verblasstes Christophorus-Bild aus dem 16. Jh., Wandmalereien aus dem 14. Jh. sowie der spätgotische Flügelaltar. In der schönen Friedhofsanlage fallen die schmiedeeisernen Kreuze auf.

Brienz

Als das Terrassendorf Brienz 1874 brannte, konnten die Brienzer nur knapp den **meisterhaften Schnitzaltar** aus der spätgotischen Pfarrkirche St. Calixtus retten. Die Kirche wurde wieder hergestellt und im Polygonalchor unter dem gotischen Netzgewölbe steht der schwäbische spätgotische Flügelaltar von 1519: Im Schrein steht auf gestuften Postamenten Maria zwischen den hl. *Calixtus* und *Katharina, Barbara* und *Sebastian.* An den Flügeln finden sich Reliefs der hl. *Luzius* und *Johannes d.T., Florinus* und *Nikolaus,* in der Predella Christus und Jünger. Im Gesprenge: *hl. Anna* zwischen vier Heiligen, darüber Kreuzigungsgruppe. Auf den bemalten Rückseiten der Flügel: Anbetung der Hirten und Könige.

In dem zu Brienz gehörenden Weiler **Vazerol** sollen sich nach der Legende 1471 die drei rätischen Bünde vereinigt haben.

Alvaneu

Alvaneu besteht aus dem auf der sonnigen Terrasse liegenden Dorf **Alvaneu** (1205 M.ü.M) und der in der Talsohle liegenden Häusergruppe **Alvaneu-Bad** (957 M.ü.M). Mit dem im 17. Jh. gebauten Pfarrhaus bildet die erhöht gelegene Barockkirche Mariä Geburt eine bauliche Einheit. Von der spätgotischen Kirche ist der Turm erhalten. Rechtwinklig dazu steht die barocke Anlage von 1697. Der Hochaltar umfasst in barocker Säulenrahmung einen hervorragend geschnitzten spätgotischen Flügelaltar im Stil von *Jörg Syrlins d.J.*, schwäbisch 1500–10.

Schmitten

Das Dorf Schmitten bekam im 13. Jh. Zuwachs von Walsern. Bis ins 17. Jh. wurde unter dem Guggernellgrat ein Eisenbergwerk betrieben. In den Schmieden wurde Eisenerz bearbeitet. Die kleinen Häuser sind z.T. alte Knappenhäuser. Auf einer künstlich abgeplatteten Anhöhe stehen dominant die frühmittelalterliche Kapelle St. Luzius und die spätgotische Pfarrkirche Allerheiligen. Im Westen stehen am Zugangsweg die Kreuzwegkapel-

111ch Foto: js

len von 1761. Die Anlage lässt auf eine ehemalige Kirchenburg schließen. Die 1706 barockisierte Kirche wurde 1470–90 gebaut, die barocken Wandmalereien sind von einem Maler aus Novara. Auf dem Friedhof stehen schmiedeiserne Kreuze.

Praktische Tipps

Information

- **Savognin Tourismus,** Stradung, 7460 Savognin, Tel. 081/659 16 16, Fax 081/659 16 17, www.savognin.ch
- **Kur- und Verkehrsverein Bivio,** 7457 Bivio, Tel. 081/684 53 23, Fax 081/684 55 58, www.bivio.ch
- **Bergün Ferien,** Hauptstr. 83, 7482 Bergün, Tel. 081/407 11 52, Fax 081/407 14 04.
- **Tourismusbüro Lenzerheide-Valbella,** Voa Principala 68, 7078 Lenzerheide, Tel. 081/385 13 13, Fax 081/385 13 19.

Unterkunft

- **Alpina Hotel*****, 7460 Savognin, Tel. 081/684 14 26, www.alpinahotel.ch. Typisches Sporthotel, Sauna, Whirlpool, Solarium, DZ sFr. 180 bis 210.
- **Hotel Danilo*****, 7460 Savognin, Tel. 081/659 11 59, www.danilo.ch. Haus mit z.T. gut renovierten Zimmern, DZ mit D/WC und Frühstück, sFr. 120 bis 170.
- **Berghaus Piz Platta,** 7456 Sur-Flex, Tel. 081/684 51 22, www.flix.ch/hotelflex. Schönes Berghaus auf der Alp Flix (2000 M.ü.M.) oberhalb Sur. Im Winter herrliche Schlittelpiste ins Tal. Sechs DZ und zwei Vierer-Zimmer für Familien, alle neu renoviert, in Arvenholz, mit D/WC, DZ sFr. 160 bis 180, inklusive Transport mit Pistenfahrzeug von Sur zum Berghaus. Kids bis sechs Jahre gratis, bis zwölf Jahre 50 % Rabatt, nur bei eigenem Zimmer in der Hochsaison voller Preis.
- **Hotel Restaurant Flex,** Julierstrasse, 7456 Sur, www.flix.ch/hotelflex, Tel. 081/684 52 85. Einfaches Hotel in Sur an der Julierstrasse. Acht Zimmer mit D/WC. 1995 umgebaut, DZ sFr. 106 bis 140 inkl. Frühstück.
- **Hotel Post*****;7457 Bivio, Tel. 081/659 10 00, www.hotelpost-bivio.ch. Traditionelles, gut geführtes Hotel. Schöne, individuelle, gepflegte Zimmer mit Bad oder D/WC. DZ sFr. 138 bis 178, Juniorsuiten sFr. 228 (Sommerpreise inkl. Frühstück).
- **Sporthotel Darlux******, 7482 Bergün. Großes, familienfreundliches Sporthotel, v.a. im Winter empfehlenswert (nahe Skipiste). Ruhige Zimmer mit allem Komfort. Dancing, Hallenbad, Squash, Sauna. DZ sFr. 160 bis 200 im Sommer, sFr. 200 bis 240 im Winter (30–50 % Kinderrabatt).
- **Sonnenhof Preda,** 7482 Preda/Bergün, Kleines, vegetarisches Nichtraucher-Gästehaus (biologische Vollwert-, Vegan- und Rohkost). Steht allein inmitten der herrlichen Natur (neun Minuten zum Bahnhof Preda). DZ mit D/Bad und WC sFr. 130 bis 140, mit Etagendusche sFr. 84 bis 108.
- **Hotel Garni Bellaval,** 7482 Bergün. Ruhiges und doch zentral gelegenes Familienhotel-Garni. Alle Zimmer mit D/Bad und WC sowie eigenem Balkon. DZ sFr. 110 bis 140.
- **Pfadiheim Muntanella,** 7482 Bergün, Tel. 071/220 34 61. Auch für kleinere Gruppen, rollstuhlgängige Einrichtung, Lift, Selbstkocher, mehrere Aufenthaltsräume, 50 Betten, Zweier- und Sechser-Zimmer, sFr. 10 bis 24 p.P.
- **Zivilschutzraum Filisur,** Hotel Grischuna, 7477 Filisur, Tel. 081/404 11, 80. 48 Betten, drei Gehminuten vom Hotel Grischuna entfernt, Duschen, WC, Lavabo, nur im Winter, sFr. 25 mit Frühstück im Hotel.
- **Romantik Hotel Guarda Val******, Val Sporz 7078 Lenzerheide, Tel. 081/385 85 85. Maiensässhotel oberhalb der Lenzerheide in traumhafter Lage. Zehn alte Maiensässhäuser in loser Nachbarschaft, geschmackvoll in ein Hotel mit Restaurant und Bar umgewandelt. Professioneller, angenehmer Service. DZ ab sFr. 270, spezielle Wochentarife.
- **Hotel Spescha*****, 7078 Lenzerheide, Tel. 081/384 62 63, www.hotel-spescha.ch. Ge-

pflegtes Hotel mit Confiserie, Café-Tea-Room und Restaurant, mitten im Dorfzentrum. Sauna, Dampfbad, Solarium. DZ mit Bad/D und WC sFr. 144 bis 236 inklusive Frühstück. Spezialarrangements für Kinder und längere Aufenthalte.

●**Hotel Waldhaus*****, 7077 Valbella, Tel. 081/385 02 02, www.lenzerheide.ch. Gepflegtes Chalethotel in leicht erhöhter Lage über dem Heidsee, direkt in Nähe der touristischen Infrastruktur. 42 Zimmer, alle mit Bad/D und WC, teilweise mit Balkon. DZ mit Halbpension sFr. 200 bis 220, günstige Wochenarrangements.

●**Jugendherberge Valbella-Lenzerheide,** Voa Sartons 41,7077 Valbella, Tel. 081/384 12 08. Dreier-, Vierer- und Achter-Zimmer mit fließendem Wasser, 115 Betten. Dusche und WC auf der Etage. Spielwiese, Tischtennis, Badminton, Tischfußball, TV. Hauptsaison sFr. 26 p.P. mit Frühstück im Mehrbettzimmer.

●**La Tgoma,** 7083 Lantsch, Tel. 081/681 12 78. Einfacher, sauberer Dorfgasthof im nicht touristischen Nachbardorf der Lenzerheide. Sieben DZ mit D/WC sFr. 120 bis 140, mit Etagendusche sFr. 90.

●**Hotel Restaurant Belfort,** 7492 Alvaneu-Dorf, Tel. 081/404 16 17. Familiäres Hotel mit 24 Betten in DZ mit Bad/D und WC, teilweise mit Südbalkon. Touristenlager mit 24 Betten. Südterrasse, Kinderspielplatz. Spezialarrangements für den Golfplatz Alvaneu (18-Loch). DZ mit Bad/D und WC 128 bis 144.

Camping

●**Camping Savognin,** Tel. 081/684 13 09, in Savognin. Direkt bei der Bergbahntalstation, dem Freizeit- und Badesee Lai Barnagn sowie dem Camp Julia. Passantenplätze auch für Camper, Voranmeldung unerlässlich.

●**Camping Bivio,** 7457 Bivio, Tel. 081/684 53 39, www.bivio.ch. Im Sommer wie im Winter geöffnet.

●**Camping Islas,** 7477 Filisur, Tel. 081/404 16 47. Der Campingplatz liegt in einem großen Wandergebiet. Kiosk, Restaurant, Swimmingpool.

●**Camping Bergün,** 7482 Bergün, Tel. 081/407 12 23. Einfacher Platz in idyllischer Lage direkt an der Albula und am Fuße des Albulapasses. 15 Gehminuten nach Bergün. Waschanlage mit WC, fließendem Wasser. Camping-Schenke bei gutem Wetter geöffnet. Keine Elektrizität und weitere Einrichtungen.

●**Camping Pradafenz,** 7075 Churwalden, Tel. 081/382 19 21, www.pradafenz.ch. Mit allem Komfort ausgestatteter Ganzjahresbetrieb.

●**St. Cassian,** 7083 Lantsch/Lenz, Tel. 081/384 24 72.

Besichtigungen/Ausflüge

●**Käse:** Im Sommer kann man auf der Alp Chants live der geheimnisvollen Herstellung des würzigen Alpkäses beiwohnen.

Schaukäserei Tschuggen: in Parpan, Anmeldung beim Restaurant Tschuggen, 7076 Parpan, Tel. 081/382 15 53.

Schaukäserei Alp Stätz: Käsereibesichtigung mit anschließender Degustation. Juli bis Okt., jeden Do, Kontakt: Stätzerhorn Ski- und Sessellifte AG, 7075 Churwalden, Tel. 081/382 22 22.

●**Fleischtrocknerei Parpan:** Wie aus einem guten Stück Rindfleisch ein gutes Stück Bündnerfleisch wird. Juni bis Anf. Sept., Kontakt: *Jörg Brügger,* Fleischtrocknerei, 7076 Parpan, Tel. 081 382 11 36.

●**Hochmoorlandschaft Alp Flix:** Gletscher schufen eine einmalige und wunderschöne Alplandschaft auf 2000 M.ü.M. mit ausgedehnten Hoch- und Flachmooren, Moorseen und Bergföhrenwäldern, oberhalb von Sur.

●**Bahn-Lehrpfad Bergün:** Parallel zur Bahnstrecke verläuft eine Wanderroute. Hier bewundern Wandernde die Kehrtunnels, Galerien und turmhohen Viadukte.

●**Heidis Bergweg:** Der Original-Heidifilm von 1952 mit *Heinrich Gretler* als „Alpöh" wurde im Albulatal gedreht. Von Stuls nach Falein kann man auf Heidis Bergweg zur Heidi-Hütte wandern.

●Der Wanderpfad von La Veduta über die Fuorcla digl Leget nach Bivio bietet Wissenswertes über die **Gesteinstypen** und **Pflanzenarten** (4 Stunden).

Aktivitäten

●**Wandern:** Im Sommer bieten Filisur und Bergün mehr als 190 Kilometer markierte

Wanderwege in allen Schwierigkeitsgraden. Insbesondere der Naturlehrpfad von Filisur über Cavia zur RhB Station in Wiesen ist ein eindrückliches Erlebnis.

● **Mountainbike:** Das Albulatal liegt an der Route 6 der Schweizer Radwanderwege. Richtung Landwassertal findet man zusätzlich eine schöne Bike-Route in wildromantischer Natur.

● **Fischen:** Im wilden Tuorsbach oder entlang der Albula gilt es das Glück mit Rute und Angel beim Forellen oder Saibling-Fischen zu versuchen (bewilligungs- und gebührenpflichtig!). Tagespatente bei den Touristenbüros erhältlich.

● **Trecking und Wanderreiten**: Reitstall-Solaria, Ein- bis Dreitagesritte über den Septimerpass ins Bergell, den Oberhalbstein, Reitferien, Reitweekends, Stunden-Abendritte. Trittsichere Freibergerpferde aus dem Jura, www.graubuenden.ch/d/hof/trekking_07.php3.

● **Golf:** Golf Club Alvaneu Bad, 7473 Alvaneu Bad, Tel. 081/404 10 07.

● Mit den straßentauglichen **Trottinets** (Tretrollern) der RhB kann man die Albula-Passstraße von Preda bis Bergün oder sogar bis Filisur befahren.

● **Badesee Lai Barnagn:** Baden, Angeln, Fliegenfischen, Bergseetauchen, tägliches Kinderprogramm.

● **Bad Alvaneu,** Albulastrasse, 7473 Alvaneu Bad, www.alvaneubad.ch, Tel. 081/420 44 00. Gespeist durch die Alvaneuer Schwefelquelle, 34 Grad, Innen- und Außenbad, Dampfbad, Solarium, Finnländische- und Biosauna.

● **Wintersport:** Das Albulatal eignet sich als Ausgangspunkt für Ausflüge in die benachbarten großen Wintersportgebiete des Engadins, der Lenzerheide oder Davos. Alle Ort lassen sich innerhalb von 30 bis 60 Minuten mit öffentlichen Verkehrsmitteln erreichen. Das Albulatal verfügt mit dem Skigebiet von Darlux bei Bergün auch über ein eigenes Ski- und Snowboardergebiet. Curling: Drei Rinks stehen beim Sporthotel Darlux von Weihnachten bis Ende Februar zur Verfügung. In Filisur stehen im Winter 12,6 Kilometer gespurte Loipen bereit, zwei Kilometer sind nachts beleuchtet.

Prättigau und Davos

Fährt man bei Landquart im Rheintal durch die Klus, den Ausläufern des Vilan und Montalin entlang, so gelangt man in einen **weiten Talgrund.** Als Einzugsgebiet der Landquart bildet das Prättigau eine geografische Einheit, die gegen Westen durch das markante Felsentor der Klus abgeschlossen ist. Der Fluss arbeitete sich durch weitere Fels- und Schotterriegel. So entstanden die Talkessel des Vorderprättigaus. Terrassen ziehen sich teils rechts-, teils linksseitig von Klosters-Mezzaselva bis Grüsch, entstanden durch Erosion und Ablagerung. Vorherrschendes Gestein ist der Bündnerschiefer. Für Abwechslung sorgen die Dolomitenwände und die Gneisformationen.

Das Prättigau ist **relativ niederschlagsreich.** Im Winter, wenn vor der Klus im Rheintal der Frühling schon eingezogen ist, liegt der Talgrund im vorderen Prättigau noch unter einer Schneedecke. Dem warmen Föhn ist wegen der Ost-West-Richtung des Tales der Zutritt verwehrt.

Vürschlösser nennt man im Prättigau die Leute, die „vor dem Schloss", d.h. außerhalb der Klus im Churer Rheintal wohnen. Das „Schloss", dessen Ruinen noch zu sehen sind, trägt den Namen „Fracstein" und war Bestandteil einer Sperranlage, die das Herrschaftsgebiet der jeweiligen Feudalherren abschloss. Das Prättigau war schon in vorgeschichtlicher Zeit bewohnt. In der Feudalzeit lösten sich verschiedene Herrengeschlechter ab.

112ch Foto: dt

Der Davoser See

Der Tod des letzten Toggenburgers bewirkte die Gründung des so genannten **Zehngerichtebundes.** Er entstand vor allem gegen die Annexionsgelüste des österreichischen Hauses Habsburg und umfasste Gemeinden von Davos über das Prättigau, Maienfeld, Churwalden, Schanfigg bis Belfort in Mittelbünden. Durch Kauf gelangten die Habsburger seit Mitte des 15. Jh. sukzessive in den Besitz des Gebiets, hatten aber Mühe, Herrschaft auszuüben, da man ihnen den Treueid verweigerte. Das Land war Kriegsschauplatz der Bündner Wirren. Nach dem Eingreifen Frankreichs und wechselndem Kriegsglück kam es 1649 zum Loskauf von Österreich. Als im 19. Jh. die Existenzgrundlagen immer knapper wurden, da die Bevölkerung wuchs, gab es für viele Bewohner nur noch die Möglichkeit, die Heimat zu verlassen. Viele junge Burschen verkauften sich als Söldner in fremde Dienste. Im Jahre 1855 war die Lage so schwierig, dass man größere Auswanderungen nach Brasilien organisierte. Die Gemeinde Davos stellte der Gruppe 20.000. Franken als Reisegeld zur Verfügung. Unter der Leitung des Lehrers *Thomas Davatz* wanderten 50 Männer aus. Davatz schrieb ein Tagebuch, das auf eindrückliche Weise das schwierige Leben der Auswanderer beschreibt.

Das Prättigau vom Rhein aufwärts ⇗X-XI/B-C2-3

Das erste Dorf hinter der Klus, **Grüsch,** mit seinen behäbigen Herrenhäusern, bietet viele Wandermöglichkeiten und im Winter Wintersport. Über dem Ort thront die Burgruine Solavers, eine Kirchenburg, die im 11. Jh. zur Feudalburg ausgebaut wurde und seit dem 15. Jh. zerfallen ist.

Fanas liegt auf einer sonnigen Terrasse oberhalb Grüsch. Diese Walsersiedlung besitzt stattliche Herrenhäuser, die früher zum großen Teil im Besitz der Familien *von Salis* und *Ott* waren. Der alte Dorfkern wird von der Kirche von 1755 überragt, der Turm aus dem 15. Jh. steht abseits. Das Pfarrhaus von 1677 ist ein Doppelwohnhaus, teils gemauert, teils gestrickt, mit Lauben an beiden Traufseiten und gewölbten Räumen im Untergeschoss. Der Ort verfügt über eine gemeindeeigene Kleinluftseilbahn.

Schiers ist der Hauptort des Vorderprättigaus. Nur wenige alte Häuser haben die vielen Brände überlebt. Die Kirche wurde durch eine Pulverexplosion 1622 teilweise zerstört. Im gleichen Jahr erkämpften sich die Frauen das Vorrecht, als Erste das Abendmahl einnehmen zu dürfen, nachdem sie den Kirchhof gegen die Österreicher verteidigt hatten. Die Salginatobel-Brücke wurde vom bekannten Schweizer Ingenieur *Robert Maillart* (1872– 1940) projektiert und in den Jahren 1929/30 gebaut. Wie die Freiheitsstatue in New York oder der Eiffelturm in Paris gehört sie zu den von der „American Society of Civil Engineers" ernannten internationalen Denkmälern der Ingenieurbaukunst.

Luzeien, am nördlichen Talhang gelegen, hat eine sehr schöne von *Steffan Klain* 1487 neu gebaute spätgotische Kirche. Man beachte die geschnitzte Türe des Spitzbogenportals von 1487, die polygonale Bretterdecke im Langhaus von 1487 mit Schablonenmalerei, den Chor mit sternförmigen Netzgewölbe und bemalten Schlusssteinen, die Wandmalereien aus dem 15. Jh., den Taufstein aus der Bauzeit, die Kanzel von 1494 und die schöne Rokoko-Orgel. Das Haus am Platz bei der Kirche repräsentiert den frühen Prättigauer Typ, (erste Hälfte des 16. Jh.), das Sprecher Haus stammt gar von 1650. Oberhalb des Sprecher-Hauses steht das Gross-Haus von 1658, ausgebaut 1730, mit Satteldach, Türvorbau und kassettierter Tür von 1658.

St. Antönien, in einem reizvollen nördlichen Seitental des Prättigaus gelegen, ist eine typische Walsersiedlung mit locker gestreuten Häusern, die nur im Kern eine geschlossene Gruppe bilden. Die Häuser stammen aus dem 17.–19. Jh. Antönien ist ein ruhiger Ferienort für Familien, Bergsteiger und Kletterer mit vielen Tourenmöglichkeiten im Winter und Sommer.

Einen einheitlichen Charakter hat das Dorf **Saas** mit schönen, von Spruchbändern verzierten Holzhäusern, die nach dem Dorfbrand von 1735 entstanden sind.

Das Kloster, das **Klosters** seinen Namen gab, wurde schon 1528 aufgelöst. Der Ort liegt unmittelbar in einer geschützten Mulde, umgeben vom Silvrettamassiv und anderen Berggipfeln. Als großer Ferienort hat Klosters seinen dörflichen Charakter bewahren können und weist neben vielen Ferienhäusern und Hotelbauten auch einige schöne Baudenkmäler auf. So die ehemalige Klosterkirche, heute Pfarrkirche, mit dem Sterngewölbe von *Andreas Bühler* (?) und den Glasgemälden von *Augusto Giacometti,* außerdem das Doktorhaus von 1680 und das Nuttlihüsli mit dem heimatkundlichen Museum. Prinz *Charles* und andere VIPs fühlen sich hier gut aufgehoben.

Mit der Gotschna-Luftseilbahn ist Klosters an das berühmte **Parsenn-Skigebiet** (siehe „Davos") angeschlossen. Vor dem Ort biegen Hauptstraße und Bahn zum Nordeingang des neuen **Vereinatunnels** ab. Hier werden die Pkws auf Autozüge verladen und einige Minuten später ist man im Unterengadin.

In unmittelbarer Nähe von Klosters liegt Serneus, das v.a. durch **Bad-Serneus,** ein seit dem 15. Jh. bestehendes Thermal-Heilbad, bekannt wurde.

Davos

⇗XI/C3

Seit etwa 1865 entwickelte sich in Davos die Tourismusindustrie. Fast gleichzeitig entdeckte der Mannheimer Arzt *Dr. Alexander Spengler* die Heilwirkung des Davoser Hochgebirgsklimas für Tuberkulosekranke. Zusammen mit dem holländischen Hotelier *W.J. Holsboer* begründete er den Weltruf von Davos als **Höhenkurort.** *Thomas Mann* festigte diesen mit seinem Roman „Der Zauberberg". Im 20. Jh. wurden die großzügigen Skigebiete von Parsenn, Strela, Jakobshorn, Pischa- und Rinerhorn erschlossen: Davos wurde ein führender Wintersportort. Ein modernes Kongresszentrum zog Veranstaltungen wie das Davoser „World Economic Forum" an.

Der Ort hat sein ländliches Erscheinungsbild verloren. Die lieblose Agglomeration von **Hotel- und Appartementbauten** besteht aus den durch eine Promenade locker miteinander verbundenen Davos-Dorf und Davos-Platz. Dazwischen liegt ein vor dem Ersten Weltkrieg angelegter schöner Kurpark. Trotzdem ist der Ort nach wie vor sehr populär. Dies liegt an den vielen Sonnentagen, den Aktivitäts- und Ausflugsmöglichkeiten, dem Shoppingangebot und an der Höhenlage von 1558 Metern, die große **Schneesicherheit** bietet. Das Wintersportgebiet ist eines der besten Europas.

Sehenswertes

Die **St. Theodul-Kirche** im alten Dorfteil von Davos-Dorf, 1514 gebaut, birgt neben dem heutigen Chor beachtliche spätgotische Wandmalereien im Turmchor des 14. Jh. Das alte **Pfrundhaus,** heute Heimatmuseum, ist ein Engadiner Haus, das für die Familie *Jenatsch* im 17. Jh. ausgebaut wurde. Die **Pfarrkirche in Davos-Platz** besitzt ein Wandtabernakel mit Krabben, Fialen und Kreuzblume sowie Glasfenster von *Augusto Giacometti.* Das **Rathaus** wurde 1564 errichtet und im 19. und 20. Jh. mehrmals umgebaut. Die Grosse Stube mit Arventäfer und prunkvoller Türumrahmung stammt aus der Bauzeit. Der Ofen von 1564 zeigt Wappen der 13 alten Orte der Eidgenossenschaft, die Kabinettscheiben sind ebenfalls von 1564. Die Stube war der Repräsentationsraum des Zehntgerichtenbundes. Neben der Kirche steht das **Gasthaus alte Post** von 1550, das Stammhaus der Sprecher. Daneben ist das **Wintersportmuseum** mit liebevoll präsentierten Exponaten zur Entwicklung des Wintersports und des Winterorts Davos. Nicht verpassen sollten Davos-Besucher das **Kirchner Museum** oberhalb des Kurparks mit Exponaten des Künstlers und seiner Zeitgenossen. Es ist die größte ständige Sammlung von Zeichnungen, Gemälden, Radierungen und Skulpturen *Ernst Ludwig Kirchners*.

In der Nähe von Davos steht auf dem Wildboden das **Kirchner Haus.** Hier hat der berühmte expressionistische Maler von 1923 bis 1938 zeitweise gewohnt.

Davos Monstein, etwas abseits der Hauptstraße, ist ein intakter Walser-Weiler mit schönen gestrickten Häusern. Hier wurde vor kurzem eine kleine Brauerei eingerichtet – die höchste Europas (Eintritt über Touristenbüro). Man beachte die alte Kirche von 1670 mit der tonnengewölbten Turmchoranlage. Sehenswert ist auch ein Walserspeicher auf Stelzen und das Verwaltungsgebäude des ehemaligen Silber-Bergwerks (Bündner Bergbaumuseum).

Praktische Tipps

Information

- **Davos Tourismus,** Promenade 67, 7270 Davos, Tel. 081/415 21 21, Fax 081/415 21 00, www.davos.ch
- **Klosters Tourismus,** Alte Bahnhofstr. 6, 7250 Klosters, Tel. 081/410 20 20, Fax 081/410 20 10, www.klosters.ch
- **Kur- und Verkehrsverein,** 7235 Fideris, Tel. 081/330 52 53, Fax 081/330 52 51.

Unterkunft

- **Hotel Vereina******, 7250 Klosters, Tel. 081/410 27 27. Vier-Sterne-Haus mit 5-Sterne-Komfort mitten in Klosters. Diverse Restaurants, Wellnessbereich, schöner Park, schöne, neu renovierte Zimmer. DZ mit Komfort ab sFr. 240, Suiten ab sFr. 375 inkl. Frühstücksbüffet.
- **Hotel Sport*****, Landstr. 95, 7250 Klosters, Tel. 081/423 30 30, www.hotel-sport.ch. In vier miteinander verbundenen Häusern. Große Zimmer, Infrastruktur für Sportliche. DZ mit Bad/D, WC sFr. 140 bis 310.
- **Chesa Grischuna*****, Klosters. 1938 als Gesamtkunstwerk im Landistil gebaut und ausgestattet: Kleinmobiliar, Blumenschmuck, Garten sowie das Inventar bis zu den Servietten sind liebevoll aufeinander abgestimmt. Malereien von *Hans Schoellhorn* und *Alois Carigiet*. DZ mit D/WC sFr. 220 bis 400.
- **Hotel Silvapina,** 7252 Klosters Dorf, Tel. 081/422 14 68, www.silvapina.ch. Sauberes Familienhotel in zwei Chalets. Private Tennisanlage. DZ mit D/WC und Halbpension sFr. 172 bis 260, Rabatte bei Dreier- und Vierer-Belegung.
- **The Ritz,** Winkelstr. 19, 7250 Klosters, Tel. 079/610 43 24. Für Gruppen ab sechs, gemütlich, günstig, nur im Winter geöffnet.
- **Jugendherberge Soldanella,** Talstr. 73, 7250 Klosters. Für Familien, Schulen, Gruppen, EZ, DZ und Mehrbettzimmer, DZ sFr. 77 mit Frühstück.
- **Hotel Zauberberg******, Salzgäbastr. 5, 7260 Davos-Dorf, Tel. 081/417 17 17. www.zauberberg.ch. Ein viel gereistes Paar

Rätoromanisch – die „Muttersprache“ Graubündens

Rätoromanisch wird in Graubünden und in Norditalien gesprochen. Die **Räter** waren ein Volk, das seit der Bronzezeit die Alpentäler besiedelte, mit den Veneto-Illyrern in Kontakt war und im Laufe der Zeit keltische Einflüsse annahm. *Drusus* und *Tiberius* unterwarfen 15 v. Chr. die Stämme und legten den Grund zur Provinz Raetien. Die **Römer** benutzten die Berge als Wall und drängten die Rätier auf die Nord- und Ostseite der Alpen zurück. Raetia prima umfasste neben Graubünden Teile Tirols, der Süd-, Inner- und Ostschweiz. Das Rätische wurde latinisiert, die neue Sprache als Rätolatein bezeichnet. Es gehörte zum Idiom der „Ladina transalpina“.

Aus dem Rätolatein ging das Rätoromanische hervor. Es bewahrte ligurische, keltische und illyrische Reliktwörter. Im **Sprachbau** ähnelt es dem Westromanischen. Zum Beispiel behielt es das Plural-s (romanisch: *las vias*, italienisch: *le vie)*. In den Konsonantengruppen „pl“, „cl“ und „fl“ bewahrte es das „l“ (romanisch: *plan, clav, flur,* italienisch: *piano, chiave, fiore)*. Es palatalisierte das „c“ vor „a“ (romanisch: *chan,* gesprochen *„tjan“,* italienisch: *cane)*. Und es verwandelte das lange „u“ in „ü“ (lateinisch: *murus*, romanisch: *mür,* italienisch: *muro)*.

Der Zusammenbruch Roms förderte die sprachliche Sonderentwicklung in den Bergtälern. Die Rätier drangen in Richtung Friaul vor. Das Italienische übte starken Einfluss auf das Rätormanische aus. Germanische Sprache und Lebensart drangen erst ein, als *Karl der Große* Rätien in Gaue teilte. Der Gau Churrätien deckte sich mit dem heutigen Graubünden, Lichtenstein und Voralberg. Unter den Victoriden entwickelte sich die Raetia Curiensis zu einem weitgehend selbstständigen Kirchenstaat, der 843 Ostfranken zugeschlagen wurde. Deutschstämmige Dynastien, Vasallen und Freie zogen in das dünn besiedelte Passland. Rätoromanisch verlor an Boden. Zuerst war der Bodenseeraum betroffen, im 14. Jh. Vaduz und im 15. Jh. hatte die **deutsche Sprache** Chur erreicht. Aus den Westalpen ließen sich seit dem 13. Jh. deutschsprachige Walser nieder. Zwischen dem 16. und 19. Jh. wurde diese Entwicklung etwas gebremst, vielleicht weil sich die Rätoromanen auf das eigene Wesen besannen, was sich in den Zusammenschlüssen der Hochgerichte in den Drei Bünden zeigte.

Religiöse Schriften und Literatur erschienen in den von Tal zu Tal unterschiedlichen Idiomen Ladinisch *(ladino* = „flink“), Surselvisch, Sutselvisch und Surmiranisch. Als Deutsch an Stelle des Latein zur Kanzleisprache wurde, übernahmen es auch die Romanen zur Anfertigung der Urkunden. Seit dem 16. Jh. verfassten einzelne rätoromanische Gemeinden **Gesetze und Urkunden** in der Muttersprache. Ladinisch wurde im 17. Jh. zweite Amtsprache im Unterengadin, nachdem die Österreicher vertrieben worden waren. Mehrheitlich wurde noch Deutsch verlangt. Im Verlaufe des 18. Jh. bestand man nicht mehr auf dieser Fremdsprache. 1794 waren sämtliche vier Landessprachen erlaubt, neun Jahre bevor Graubünden zur Eidgenossenschaft kam! Das in politischen Kreisen wichtige Französisch kam also noch hinzu. Anfang des 19. Jh. wurde Italienisch Amtssprache in rätoromanischen Gemeinden, bei der

Totalrevision der Kantonsverfassung war aber wieder die Muttersprache ausschlaggebend als Amtssprache. In den Räten wurden jetzt auch rätoromanische Voten möglich. In der Praxis sprach man in gemischten Gemeinden meistens Deutsch, da die Deutschschweizer des Rätoromanischen nicht mächtig waren.

Tiefgreifende soziale und wirtschaftliche Veränderungen prägten das 19. und 20. Jh. Die Bergregionen wurden erschlossenen, die **Mobilität** führte zu einer starken **Vermischung** der Rätoromanen mit anderssprachigen Zuzüglern, vor allem aus dem deutschen Raum. Immer mehr rätoromanische Jugendliche verließen ihre Heimat und wanderten in die Industrie- und Verwaltungszentren der deutschen Schweiz ab. Dies hatte auf die rätoromanische Sprache und Kultur negative Auswirkungen. Bis 1850 war das Rätoromanische Mehrheitssprache in Graubünden. Von 46 % im Jahr 1880 stieg der Anteil der deutschsprachigen auf 83,1 % im Jahr 1990 an, der rätoromanische aber fiel von 40 % auf 17 % in derselben Periode. Gemäß der Volkszählung aus dem Jahr 2000 gibt es nur noch 30.000 Befragte, die heute Rätoromanisch als ihre erste Sprache bezeichnen. Vergleichbar harmloser war der Rückgang des Italienischen in Graubünden von 13,7 % im Jahre 1880 auf 11 % im Jahr 1990.

Die Präsenz des Rätoromanischen hängt stark vom Wohlwollen öffentlicher und privater Unternehmen und Organisationen ab. In Gemeindeverwaltungen im rätoromanischen Sprachgebiet wird prinzipiell Rätoromanisch gesprochen. Im Münstertal, Unterengadin, inklusive S-chanf und Zuoz und im Oberengadin ist Rätoromanisch offiziell Amtssprache, auch in den meisten Gemeinden der Surselva und des Oberhalbsteins und in einzelnen Gemeinden der Sutselva (Schams). Die Verwendung der Sprache stützt sich hauptsächlich auf Artikel 70 der Bundesverfassung, die das **Recht der Sprachenfreiheit** im Verkehr zwischen Privatpersonen und Staat postuliert und das Recht, in bestimmten Bereichen eine Minderheitssprache zu verwenden (z.B. als Unterrichts- oder Verwaltungssprache).

Das Rätoromanische ist **Teilamtssprache.** Die Kantone werden verpflichtet, den Sprachfrieden und die sprachliche Zusammensetzung ihrer Gebiete zu wahren und Sprachminderheiten zu berücksichtigen. Im Verkehr mit Rätoromanen ist das Rätoromanische Amtssprache des Bundes. Graubünden überlässt es den Gemeinden, ihre Amts- und Schulsprache zu bestimmen. Der Kanton kennt Deutsch, Italienisch und Rätoromanisch als Amtssprachen. Die Zersplitterung in fünf rätoromanische Idiome verhinderte jedoch eine gemeinsame Schriftsprache. Am 2.7.1996 sprach sich die Kantonsregierung für die Verwendung der rätoromanischen Einheitssprache **Rumantsch Grischun** im Schriftverkehr mit der rätoromanischen Bevölkerung aus.

Von den 212 Bündner Gemeinden liegen 120 im traditionell rätoromanischen Sprachgebiet. Davon führen 58 Gemeinden 80 romanischsprachige **Kindergärten,** 85 Gemeinden eine romanischsprachige **Grundschule,** 16 Gemeinden eine deutschsprachige Schule mit Rätoromanisch als Fach. Das Bündner Lehrerseminar in Chur bietet deutsch-, italienisch- und rätoromanischsprachige Abteilungen an. An den **Universitäten** von Freiburg und Zürich gibt es Professuren, in Bern, Genf und St. Gallen zumindest Kurse und Vorlesungen zur rätoromanischen Sprache und Literatur.

hat sich und den Gästen Träume verwirklicht. Ruhig, luxuriös, schöne Lage, persönliche Atmosphäre, nur Suiten mit Komfort. Suite ab sFr. 355 bis 825 (Sommer), sFr. 470 bis 1320 (Winter/Festtage).

- **Steigenberger Belvedere*******, Promenade 89, 7270 Davos-Platz, Tel. 081/415 60 00, www.davos,steigenberger.ch. Mit allen Raffinessen. DZ ab sFr. 445 (Vorsaison) und sFr. 531 (Hochsaison).
- **Hotel Larix*****, 7270 Davos-Platz, Tel. 081/413 11 88, www.hotel-larix.ch. Einziges Chalet-Hotel in Davos. Ruhige Lage in unmittelbarer Zentrumsnähe. Gute, nicht billige Küche. Familiäre Atmosphäre, viele Stammgäste. Alle Zimmer mit D/Bad und WC, einige mit Balkon. Neue Residenz mit Wellnessbereich. DZ sFr. 160 bis 180.
- **Walserhuus Sertig,** 7272 Davos-Sertig, Tel. 981/410 60 30, www.walserhuus.ch. Schönes, neues Bündnerstil-Hotel im reizvollen Sertigtal. Liebevoll eingerichtete Zimmer (DZ, Familienzimmer und Zwei-Zimmer Wohnungen), Gruppenübernachtungsraum (25 Plätze). DZ sFr. 150 bis 190, Vier- und Sechsbettzimmer sFr. 260 bis 300. (Kinderrabatt). In Mehrbettraum sFr. 30 p.P. (WC auf Etage, Schlafsack erforderlich).
- **Sportzentrum Davos,** Talstr. 41, 7270 Davos, Tel. 081/415 36 36, www.davos.ch. Modernes Trainings-, Wettkampf- und Kurszentrum mitten in Davos, im Eisstadion integriert. Hat auch DZ, z.T. mit D/WC, teils auf Etage, und Gruppenräume. DZ mit WC sFr. 98, mit fließendem Wasser sFr. 82, bei Dreier- oder Viererbelegung Rabatt für zusätzliche Personen.
- **Rhinerlodge,** 7277 Davos-Glaris, Tel. 081/401 12 52, www.rinerhorn.ch. Einfache Lodge mit Gruppenräumen und einzelnen DZ (Etagendusche), DZ sFr. 72 mit Frühstück.

Camping

- **TCS Camping Färich,** 7260 Davos-Dorf, Sandstr. 1, Tel. 081/416 10 43. Durch den Flüelabach geteiltes Gelände mit schattenloser Wiese für Zelte. ÖV-Anschluss. Kiosk, Restaurant, Wasch- und Duschräumen (Warmwasser), Waschmaschine und Trockner, Aufenthaltsraum, Elektroanschlüsse, Spielplatz, Animation.

Sport

- Sämtliche Orte im Prättigau sind nicht weit von den **ausgezeichneten Sport- und Erholungsangeboten** des oberen Prättigaus entfernt. Wer sich sportlich betätigen will, kommt hier voll auf seine Rechnung. Das Wandern ist mit 450 Kilometern Wanderwegen abwechslungsreich. Reiten, Biken, Klettern, River Rafting, Gleitschirmfliegen, Hallen- und Freibäder, Fitnesszentren, ein breites Angebot von Unterhaltungsaktivitäten – alles kann hier in Anspruch genommen werden.
- **Wintersport:** Die Transportanlagen sind auf neuestem Stand. 320 Kilometer Pisten sind befahrbar, von einfachsten Kinderpisten bis zu stiebenden Abfahrten im Pulverschnee. Halfpipes und andere Einrichtungen für Boarder sind vorhanden. Das bekannteste Skigebiet ist Parsenn, es weist ca. 120 Kilometer Pisten auf. Auch Schlitteln, Snowtubing, Schneeschuhwandern, Pferde- oder Hundeschlitten-Ausfahrten stehen im Angebot. Für Langläufer sind 80 Kilometer Loipen, für Wanderer 80 Kilometer Winterwanderwege präpariert. Das Eisfeld und die Eishalle von Davos sind berühmt für schnelles Eis. Hier kann man Eislaufen oder die Hockey-, Eisstockrinks- oder Curlingfelder benutzen. Im Eisstadion finden in der Weihnachtswoche die berühmten Spengler-Eishockeyturniere statt.

Ausflüge

- Besonders schön ist eine Fahrt auf das Weissfluhjoch und zum Gipfel der **Weissfluh** (2844 M.ü.M.). Der Abstieg dauert zu Fuß ca. vier Stunden. Sehenswert sind das **Jakobshorn** (2590 M.ü.M.) oder die nahe **Schatzalp,** wo ein Berghotel Gäste empfängt. Etwas abseits des Rummels liegt das **Rhinerhorn.** Die Seitentäler der Landschaft Davos bieten Wandergelegenheiten, z.B. das **Sertigtal,** der **Dürrboden** (Dischmatal) und das **Tal der Flüela.**

Das Unterengadin

Das Hochtal des Inns, (romanisch: *En),* ist ein wichtiges Durchgangsland, das den Osten Europas über das Bergell mit der Poebene verbindet. Früher war es auch ein wichtiger Übergang von Norden nach Süden. Von Osten erreicht man das Engadin innaufwärts bei Martina, von Süden über die Seitentäler Val Müstair (Münstertal) und Poschiavo (Puschlav), von Westen über das Bergell (Bregaglia) und von Norden über die Pässe des Julier, der Albula und Flüela. Der einfachste Zugang aus der nördlichen Ostschweiz ist der Autoverladereisezug durch den Vereinatunnel im Unterengadin (Klosters – Susch), der Ende der neunziger Jahre eröffnet wurde.

Das Engadin ist wegen seiner Höhenlage attraktiv, die 1800 M.ü.M. garantieren fast immer Schnee und ein gesundes Reizklima. Die Alpensüdseite verspricht viel Sonne und Reisende finden eine landschaftlich äußerst reizvolle Berggegend mit den **4000er-Bergen des Berninamassivs** als Höhepunkt.

Hier soll zunächst das Unterengadin vorgestellt werden. Die Beschreibung des Oberengadin folgt nach dem Kapitel des Seitentals Val Müstair.

Geschichte

1363 ging das Tirol in den Besitz der Habsburger über. Schon die vorhabsburgischen Herrscher des Tirol hatten versucht, den Churer Bischöfen die Hoheit im Unterengadin streitig zu machen. Der Machthunger der Habsburger machte die Situation noch gefährlicher. Die Zugehörigkeit zum Gotteshausbund und zu den Drei Bünden bot einen gewissen Schutz, der aber durch die Uneinigkeit des Bundes, durch abenteuerliche Feldzüge gegen das Veltlin und durch die Bündner Wirren immer wieder in Frage gestellt wurde. Heerscharen zogen plündernd und verwüstend durch das Tal bis es den Gemeinden 1652 gelang, sich mit 26.600 Tirolergulden definitiv von den Ansprüchen Österreichs loszukaufen. Die Herrschaft Tarasp verblieb den Habsburgern bis 1803.

Samnaun ↗XI/D2

Aus Schweizer Sicht ist das unterste Seitental des Engadins, das Samnauntal hoch über dem linken Innufer, eines der abgeschiedensten und unzugänglichsten Bergtäler. Die Schweizer kennen es vor allem wegen seines nicht unumstrittenen Zollausschluss-Privilegs, das auf das Jahr 1892 zurückgeht.

Historisch mit dem Engadin verbunden, konnte man Samnaun nur über österreichisches Territorium erreichen. Die Isoliertheit führte zu einer **eigenständigen Entwicklung.** Zwar verraten die romanischen Flurnamen den Zuzug vom Engadin her, das Romanische wurde hier aber schön früh von der deutschen Sprache verdrängt. Man hört keinen Bündner Dialekt, sondern eine Tiroler Mundart. Im Gegensatz zu den angrenzenden Engadiner Gemeinden ist Samnaun katholisch.

Das **Zollausschluss-Privileg** war mit der Begründung erteilt worden, dass keine direkte Verbindung mit der Schweiz bestand und der Warenverkehr über österreichisches Gebiet abgewickelt werden musste. Sogar das Militär musste über den Arlberg nach Chur einrücken. Seitdem seit 1905 eine Verbindung von Vinadi nach Samnaun besteht, ist dieses Argument hinfällig geworden. Die Zollfreioase blieb aber bestehen, weil die Wirtschaft Samnauns sich immer noch stark an Österreich orientierte und der Bund befürchtete, dass die Verteuerung der Lebenshaltung nachteilige Folgen für die Bevölkerung haben werde. Dank der zollfreien Einfuhr von Lebensmitteln sind die Preise für Schweizer Verhältnisse auf niedrigem Niveau geblieben. Seit sich die Gemeinde im Verbund mit Ischgl im Aufwind befindet, regt sich gegen die Zollvereinbarung Widerstand von anderen peripheren Bergtälern. Bis heute kann jedoch weiterhin zollfrei eingekauft und getankt werden.

Samnaun ist für sein mildes, nebelfreies und windschwaches Höhenklima bekannt. Die Waldgrenze befindet sich bei etwa 2100 M.ü.M. Die fünf Ortschaften des Samnauntales, Compatsch, Laret, Plan, Ravaisch und Samnaun-Dorf, liegen mit ihren 800 Einwohnern zwischen 1700 und 1840 M.ü.M. Samnaun bildet zusammen mit Ischgl (Österreich) und der Silvretta Arena ein **beeindruckendes, schneesicheres Wintersportgebiet,** das größte der Ostalpen. Stolz sind die Samnauner auf die erste Doppelstockbahn und gleichzeitig größte Schwebebahn der Welt mit einem Fassungsvermögen von 180 Personen. Die Bahn führt von Ravaisch nach Alp Trida Sattel parallel zur bestehenden Luftseilbahn. Samnaun gilt als Geburtsstätte des Carving, das neue Skigefühl wird hier besonders gepflegt.

Im Sommer will Samnaun vor allem Familien mit Kindern, Natur- und Wanderfreunde sowie Senioren ansprechen. Ein markiertes und beschildertes **Wanderwegenetz** von 250 Kilome-

113ch Foto: sc

tern führt die Gäste in die verschiedenen Seitentäler und auf die Gipfel der Silvretta Arena. **Mountainbike-Wege** mit verschiedenen Schwierigkeitsstufen sind ebenfalls ausgeschildert.

Die Dutyfree-Geschäfte und großen Hotels konzentrieren sich auf Samnaun-Dorf. Daneben finden sich kleine, sehr ländlich geprägte Dörfer, denen allerdings der architektonische Charme des Engadins fehlt. **Kulturell** ist wenig erhalten geblieben. In Compatsch steht die Katholische Pfarrkirche St. Jakob, eine spätgotische Anlage. In Samnaun selbst erdrücken die Hotels fast die kleine, dem *heiligen Magnus* gewidmete Kapelle. Im Weiler Plan befindet sich die „Chasa Retica", ein mit Sgraffiti reich dekoriertes Haus neben der Kapelle St. Andreas Corsini an der alten Durchgangsstraße. Hier ist auch das Talmuseum, in dem anhand von Gebrauchsgegenständen das Leben vom 17. bis 19. Jh. dargestellt wird. Die Sennerei Samnaun ist eine der modernsten Kleinkäsereien der Schweiz. 1992 wurde ihr die erste alpine Schaukäserei angegliedert.

Von Vinadi bis Una ↗XI/D2-3

Bei **Vinadi** öffnet sich der Blick auf die tief unten liegende Hochfinstermünz. Die von einem mächtigen Wehrturm bewachte Brücke führt zum anderen Hang, wo eine kleine Kapelle auf Besucher wartet.

In **Martina** steht ein Zollgebäude, in dem Schweizer Waren verzollen müssen. Am Westeingang des Ortes fällt ein stattliches Haus mit polygonalem Erker und Sgraffitischmuck aus dem 16. und 17. Jh. auf. Die Barockkirche wurde 1707 gebaut. Sie hat einen Turm mit Zwiebelhaube.

Im kleinen **Strada,** dem einst berühmten Marktflecken, steht eine einfache Barockkirche mit schwach eingezogenem Chor und Frontturm sowie bunt bemalter Kanzel aus dem 18. Jh. Jenseits des Inns grüßt die ehemalige romanische Kirche St. Nikolaus, seit dem 19. Jh. als Bauernhaus genutzt. Im Ort sind das Druckereimuseum und die revitalisierten Innauen „Ischla Strada" sehenswert. Letztere bieten verschiedenen Reptilien und Vögeln eine Heimat.

In **Tschlin** ruht der bekannte Pfarrer, Dichter und Historiker *Campell.* Die schöne spätgotische Kirche wurde 1515 von *Bernhard von Poschiavo* erbaut und hat ein spätgotisches Portal sowie spätgotische Wandgemälde vom Anfang des 16. Jh.

Das auf 1613 Metern gelegene **Una** liegt im Einzugsgebiet des Piz Arina, einem Aussichtsberg, der für seine einmalige Flora bekannt ist. Die weißen Häuser besitzen zumeist einen Anbau aus dunklem Holz und über dem Tal hängende Terrassen. Haus Nr. 162 weist Rankenmalereien und eine ro-

Beim traditionellen Chalandamarz in Guarda

manische Inschrift von 1777 auf. Die romanische Kirche an der steilen Gasse folgt ihrer Krümmung im Mauerwerk. An der Südseite ist ein spätgotisches Wandgemälde zu sehen: thronende Muttergottes mit Jesuskind.

Val Sinestra

↗XI/D3

Am Eingang des Val Sinestra steht die imposante **Burgruine Tschanüff,** erbaut 1256, mehrmals zerstört, aber erst 1780 aufgegeben.

Im Tal kommt man zunächst nach **Crusch,** wo das „Rote Haus", die Post, Ende des 18. Jh. für einen Söldner in holländischen Diensten gebaut wurde. Das „Haus Vital" von 1801 hat einen Sentner Giebel und bemalte Fensterläden. Crusch ist Ausgangspunkt für Exkursionen in das wildromantische Val d'Uina.

Ramosch, im Talgrund auf 1236 Metern gelegen, ist Hauptort der Gemeinde. Im Dorf mit der für das Unterengadin typischen Terrassenbewirtschaftung steht die gelungene spätgotische Kirche St. Florian mit dem „schönsten Wandtabernakel des Engadins". 1522 wurde die Kirche von *Bernhard von Poschiavo* neu gebaut. Das spätgotische Gotteshaus übernahm die Dimensionen des karolingischen Vorgängerbaus, weshalb das Schiff breiter und der Polygonalchor gedrungener erscheinen als sonst üblich. Im Süden steht der unverputzte Turm. In den Gewölbezwickeln sind Renaissancemalereien, im Chorgewölbe Wappen. Das spätgotische Wandtabernakel mit gemalter Frührenaissancebekrönung hat eine Ädikula, die eine Abendmahldarstellung nach *Dürer* einschließt, darüber Christus begleitet von zwei Engeln mit Marterwerkzeugen.

Sent

↗XI/D3

Auf der Hauptstraße nach Scuol führt eine Nebenstraße rechts zum stattlichen Sent. Das Dorf ist bekannt durch den **Sentner-Giebel,** eine an das Rokoko anlehnende Form, die keine große Verbreitung fand. Von 1499 bis 1921 erlitt Sent sieben Brände. Trotzdem kann man noch den Reichtum von einst ablesen. Der Dorfcharakter mit den Sentner-Giebeln geht auf die Umbauten nach dem Brand von 1823 zurück. An den Dorfplätzen Sala, Platz, Curtin und Saglina sind Häusergruppen malerisch angelegt. Brunnen plätschern wie überall im Unterengadin. Nr. 71, das „Delfia-Haus", wurde 1828 für einen Pisaner Zuckerbäcker gebaut. Es hat eine klassizistische Fassade mit ionischen Pilastern. Nr. 69 besitzt einen Erker mit geschnitztem Fensterrahmen. „Haus Augustin" (Nr. 41a) wurde 1828 erbaut, es hat den typischen Sentner Giebel und Rokokotüren. Das *Chasa dals spus* („Haus der Verlobten", Nr. 15, umgebaut 1823) besitzt eine reizvolle Fassade mit zwei Erdgeschossen und einen geschweiften Giebel mit Balkon. Es zeigt ein gemaltes Brautpaar. Nr. 134 weist einen ungewöhnlichen Eckerker mit gemauerten Zwiebelkrönungen auf. Die Kirche wurde 1496 erbaut, der Turm 1899.

Scuol

↗XI/D3

Scuol ist das Zentrum des Unterengadin. Rechts des Inn erheben sich die Gipfel des Piz Pisoe und des Piz Lischana, links laden die Talhänge des Piz Campatsch, des Piz Minschun und der Motta Naluns zum Skifahren, Snowboarden oder Wandern ein.

Um zum Dorfkern zu gelangen, muss man sich von der Hauptstaße, die den Ort in zwei Teile schneidet, hinunter auf die Flussebene begeben. Hier gruppieren sich um zwei gepflasterte Dorfplätze eine Reihe schöner Engadiner Häuser. Die hochgelegene spätgotische Kirche wurde 1516 von *Bernhard von Poschiavo* gebaut, der Turm 1564 erhöht. Zu Füßen der Kirche liegt der Dorfplatz Praem. In Haus Nr. 66 a ist das Unterengadiner Museum untergebracht. Man nennt das Haus auch das „Kloster" oder „Chagrinda" *(Chasa Gronda).* Im Kern stammt es aus dem 17. Jh. Die Platzfront hat zwei gemauerte und eine gezimmerte Laube von 1704, die dem Bau den Namen „Kloster" gaben. Eine Täferstube befindet sich im ersten Stock.

Vulpera und Tarasp

↗XI/D3

Tarasp und Vulpera sind die **Bäderzentren der Region.** Hier sprudeln mehr als dreißig Mineralquellen aus dem Boden, in Europa die am stärksten glaubersalzhaltigen. Der Gast genießt ausgedehnte Baderituale und lässt sich in einem der vielen Hotels verwöhnen.

Von Scuol sind Bad Tarasp und Vulpera zu Fuß erreichbar, inmitten der grünen und im Winter verschneiten Berghänge des Unterengadins. Im Talboden rauscht der junge Inn. Ein Sträßchen schlängelt sich von Tarasp nach Vulpera und entlang des attraktiven 9-Loch-Golfplatzes zum Weiler **Fontana,** der dem Schloss Tarasp zu Füßen liegt. Hier steht die Kirche Hl. Dreifaltigkeit, ein ungegliederter Barockbau.

In unvergleichlicher, das Tal beherrschender Lage thront das **Schloss Tarasp** über dem Inntal. Die gewaltige Burg ist von den Herren von Tarasp im 11. Jh. gegründet worden und kam nach 1273 in den Besitz der Herren von Matsch, 1464 in den Österreichs. Die Habsburger gaben das Schloss Engadiner Familien als Lehen. 1803 wurde es dem Kanton Graubünden überlassen, der es 1900 für 20.000 Schweizer Franken dem Fabrikanten *Dr. Liniger* gab, mit der Verpflichtung, es „wenigstens" im bisherigen Zustand zu belassen. Der Dresdner investierte viel Geld. 1916 kaufte der Großherzog von Hessen das Anwesen. Es ist heute als Burgmuseum zugänglich.

Ein spiralförmiger Burgweg aus dem 17. Jh. führt vom unteren Tor zum Haupttrakt. Die südlichen Wohnbauten wurden im 16. und 17. Jh. ausgebaut, der breite Bergfried in der Nordwestecke, der Nordtrakt, der Campanile und die Kapelle stammen aus dem Hochmittelalter. Der Burgweg und der Pulverturm wurden im 18. Jh. neu befestigt. Die romanische Kapelle springt im Osten erkerartig über eine Ringmauer hervor. Ihre Fresken wurden

1915 stark retouchiert. Sie zeigen spätgotische Halbfiguren von vier Heiligen und die Verkündigung. Der Campanile in der Ostecke des Palas hat romanische Zwillingsfenster und ein barockes Zwiebeldach. An der Nordfront ist das Wappenschild Österreichs von 1624 zu sehen. Das Schlossinnere ist stark verändert, die Räume sind neu ausgestattet. Drei Täferstuben stammen aus dem Salishaus in Promontogno 1539, aus der Casa Olgiati in Poschiavo 1692 und aus dem Frauenkloster Cazis 1704.

Ftan

↗XI/D3

Die Straße führt innaufwärts weiter zum mehrfach von Bränden heimgesuchten Ftan. Der letzte Brand war 1885, doch bereits 1720 hatte eine Lawine viel von der ursprünglichen Schönheit Ftans hinweggefegt, dessen Lage auf der Sonnenterrasse stark an Guarda (s.u.) erinnert.

Der Turm der reformierten **Kirche** steht frei auf einem Felsen nördlich der Kirche, der Unterbau ist spätmittelalterlich, die Obergeschosse sind von 1660, die welsche Haube von 1795. Der von Streben eingefasste Bau schließt mit einem eingezogenen dreiseitigen Polygonalchor.

Ftan ist bekannt durch das internationale **Mädcheninstitut,** das auf eine im Geiste *Pestalozzis* 1793 von dem Pfarrer à *Porta* gegründete Privatschule zurückgeht, und durch den hier geborenen Pfarrer und Chronisten **Jakob Antonius Vulpius,** der die 1679 in Scuol gedruckte Bibel zusammen mit Pfarrer *Jakob Dorta* ins Ladinische übertrug. Das Haus Nr. 84 im westlichen Dorfteil wurde 1674 von ihm erbaut. Es hat eine abgesetzte Giebelfront, eine hölzerne Freitreppe zum Hocheingang über dem Sulèr, Erker und Quadersgraffiti.

Die zentral gelegene Sesselbahn ist in Ftan bequem zu Fuß erreichbar und führt direkt ins Wander- und Wintersportparadies **Motta Naluns.** Hier befindet sich auch die älteste, noch funktionierende alpine Mühle der Schweiz.

Ardez

↗XI/D3

Von Ftan geht es hinüber zum auf 1460 Metern gelegenen Ardez, einem weiteren typischen Engadiner Dorf, in dem sich **Bräuche und Traditionen** der Engadiner bis in die moderne Zeit hinübergerettet haben. So pflegen die Ardezer wie kaum eine andere Gemeinschaft das Rätoromanische.

Ardez gilt als Musterdorf der **Engadiner Wohnkultur.** Viele stattliche Häuser mit den typischen bemalten und Sgraffito-verzierten Fassaden stehen unter Denkmalschutz. Die Kirche ist die erste reformierte Emporenkirche der Schweiz, spätgotisch mit ländlichen Renaissanceformen.

Kurz vor Ardez steht die **Burgruine Steinsberg,** gegründet im 12. Jh., seit 1209 im Besitz des Bischofs und 1499 von den Österreichern zerstört. In beherrschender Hügellage thront der Bergfried mit Hocheingang und Resten der Umfassungsmauer mit Aborterker sowie die Ruine der Luziuskapelle mit romanischem Saal und halbrunder Apsis.

Guarda

↗XI/D3

Von Ardez steigt das Sträßchen hoch zum **Inbegriff eines Engadiner Dorfes,** dem auf 1650 Metern gelegenen Guarda. Viele Schweizer sind mit den Bildern *Alois Carigiets* zum Buch „Schellenursli", das eine Geschichte um einen Engadiner Brauch zum Inhalt hat, aufgewachsen. Die Bilder spiegeln unverkennbar Guarda wider. Zusammen mit Ardez gilt der Ort als das am besten erhaltene Dorf des Unterengadins. Auf einer Sonnenterrasse gelegen, blieb es von größeren Katastrophen wie Feuersbrünsten verschont und erhielt 1975 den Henri-Louis-Wakker-Preis für das intakt erhaltene Dorfbild.

Guarda wurde 1160 erstmals erwähnt und erlangte als Saumstation an der Verbindungsstrecke zwischen Comersee und Innsbruck oder dem Reschenpass und München an Bedeutung. Salz wurde von Innsbruck nach Italien, Käse und andere Lebensmittel von Italien nach Österreich transportiert. Österreichische Truppen zerstörten Guarda 1623 während des Dreißigjährigen Kriegs vollständig. Nach dem Wiederaufbau blieb das Dorf bis auf den heutigen Tag unversehrt. In den 1860er-Jahren wurde die Engadiner Strasse gebaut. Der neue Verkehrsweg in der Talsohle schnitt das Dorf vom Durchgangsverkehr, einer wichtigen Einnahmequelle, ab. Die reiche Gemeinde verarmte. In 130 Jahren entstanden nur zwei Neubauten.

Der in Guarda wohnhafter Architekt *Johann Könz* ergriff in Zusammenarbeit mit „Pro Campagna" um 1930 die Initative für eine umfassende **Instandsetzung.** Auch als Arbeitsbeschaffung für die Baubranche gedacht, wurde ein Haus nach dem andern renoviert. Noch heute wirkt der Ort wie aus einem Bilderbuch. Der Besucher fühlt, dass ein Kollektivdruck zur ständigen Verschönerung und Erhaltung besteht.

Am Südwestrand des Dorfes mit der Nr. 50 steht ein Haus aus dem 16. Jh. Nr. 46 ist das Stammhaus der Familie *Bart* mit Wappensteinen. Im „Hotel Meisser", dem ehemaligen Plantahaus, gibt es im Obergeschoss eine Täferstube mit Deckenmedaillon Planta-Jenatsch aus dem Jahr 1720. Die Hoteldependancen Nr. 43 und 41 wurden im Jahr 1705 bzw. 1659 gebaut. Nr. 34, das „Haus Jecklin" wurde im 17. Jh. errichtet und im 18. Jh. ausgebaut. Haus Nr. 25 ist von 1717 und besitzt reiche Sgraffiti. Die meisten anderen Gebäude wurden im 17. oder Anfang des 18. Jh. errichtet.

Lavin

↗XI/C3

Lavin liegt am Inn, eingebettet in Wiesen, Weiden und ausgedehnte Wälder. Es ist Ausgangspunkt des 60 Kilometer langen **Panorama-Höhenweges.** Der Ort wird von der Straße umfahren.

In Namen Lavin steckt das Wort *Lawine.* Zerstört wurde der Ort aber vor allem durch Brände. Einige alte **Engadiner Häuser** haben sich jedoch in dem vom Brand 1869 verschonten Dorfteil erhalten, so das Paravicini-Haus mit dem geschnitzten Giebelgebälk und geometrischen Sgraffiti und die Häuser Nr. 46, 42, 32, 29. Die **Kirche** steht außerhalb des Dorfes auf einer Anhöhe. Außen nüchtern, ein ungegliederter Bau mit eingezogenem, dreiseitig geschlossenem Chor, birgt das Gotteshaus im Chor eine Fülle von Fresken, vermutlich von einem oberitalienischen Meister des 15. Jh.

Östlich des Dorfes liegen die **Ruinen von Gondo,** das 1578 durch eine Lawine zerstört wurde.

Susch/Süs

↗XI/C3

Susch ist Ausgangspunkt zum Flüelapass hinüber nach Norden. Der **Flüelapass** ist für Autofahrer mit etwa 25 Kilometern die kürzeste Verbindung in das Engadin. Ausgangspunkt ist Davos-Dorf. Die Landschaft wird in Passnähe immer herber, schwarzgraue Farbtöne der Schutt- und Geröllhalden wechseln mit grünen, gelben und ockerfarbigen Farbsprenkeln. Kahl ist auch die Flüela-Passhöhe mit Schotten- und Schwarzsee.

Das Dorf Susch kommt nicht süß daher, sondern wirkt mit seinen in die Jahre gekommenen Hotels und Gaststuben aus dem Säumer- und Postkutschen-Zeitalter eher schwermütig. Die Fantasie wird vom mächtigen, das Dorf beherrschenden **Plantaturm** auf der anderen Seite des Inns animiert. Der ursprünglich fünfgeschossige Wohnturm mit Wehrgang wurde neu ausgebaut und mit Fenstern versehen. Eine barocke Zwiebelhaube sollte ihm eine schlankere Silhouette bescheren.

Der massige Wohnturm verdeckt den ungegliederten, romanischen Turm der **Kirche.** Die strebenlose spätgotische Anlage mit eingezogenem Polygonalchor wurde um 1515 neu gebaut, das Portal ist um 1780 eingesetzt worden. An der Südwand des Chors gibt es Fragmente eines Wandgemäldes von 1515. Bemerkenswert sind die Orgelempore mit Putten und Rocaillen sowie die geschnitzten Brüstungsgitter mit dem Orgelgehäuse.

1537 fand hier die berühmte **Disputation von Susch** statt. Tagelang stritten Katholiken, angeführt vom Erzdiakon *Bursella,* mit Protestanten. Wortführer war der in Susch geborene *Ulrich Campell.* Die Teilnehmer wurden aufgefordert alle „Waffen und alles eiserne Gerät“ vor der Kirche zu deponieren. Nach sieben Tagen, in denen weder Zeit zum Essen noch Schlafen blieb, wurde Glaubensfreiheit verkündet. Erster reformierter Pfarrer wurde *Ulrich Campell,* der heute eher als Historiker bekannt ist. Das kleine Haus bei der Brücke gilt als sein Geburtshaus.

Auf der anderen Seite, vor der Brücke stehen Häuser mit Sulèrtüren aus dem 17. Jh. Andere Bausubstanz ging während der Brände von 1875, 1900 und 1925 verloren.

Susch wurde nicht nur von hitzköpfigen Religionsfanatikern oder von Lawinen bedroht, sondern auch von räuberischen Haudegen, die in den umliegenden Wäldern auf ahnungslose Reisende lauerten. Am rechten Ufer des Inn, nahe an der Gemeindegrenze von Zernez, stehen zwei gemauerte konische Pfeiler, die **ehemalige Richtstätte** *(Giustizia)*, gemauert vermutlich, da mit den Übeltätern im wahrsten Sinne des Wortes kurzer Prozess gemacht wurde.

Zernez und der Schweizerische Nationalpark

↗XIX/CD1-2

Zernez ist auf 1472 Metern Höhe das Eingangstor zum Schweizerischen Nationalpark, Sitz der Nationalparkverwaltung, des Nationalpark-Informationszentrums sowie des Museums. Die Straße zum Nationalpark führt über den Ofenpass ins Val Müstair, in das Münstertal.

1872 brannte Zernez fast vollständig nieder. Es wurde in einem einheitlichen, etwas einförmigen **Biedermeierstil** wieder aufgebaut. Dort, wo der romanische Campanile der Kirche in den Himmel strebt, hat sich ein alter Dorfteil bewahrt: Die **Kirche** wurde 1607–09 gebaut. Bei der Pfarrkirche steht die **Kapelle St. Sebastian.** Der Chor und das Schiffgewölbe sind von 1490. Spätgotische Wandmalereien aus dem Jahre 1515 schmücken den Chor.

Das **Schloss Wildenberg** war Sitz der Herren von Wildenberg, erwähnt um 1280, im 14. Jh. im bischöflichen Besitz, von 1400–1850 Stammburg der *Planta-Wildenberg*. Die Burg wurde 1618 zerstört und vom geächteten *Rudolf Planta* zum Schloss ausgebaut: eine winkelförmige Anlage mit Eckturm und einer Mauereinfriedung mit Eckpavillon. Das Schloss wendet sich vom Dorf ab. Der Eckturm ist im Unterbau mittelalterlich, die Obergeschosse mit Schlüsselscharten sind von 1630, die geschweifte Spitzhaube aus dem 18. Jh. Am östlichen Flügel ist eine Freitreppe mit Balusterbrüstung und Balkon von 1760. Das Schloss besitzt ein großzügiges, reich stuckiertes Treppenhaus und eine geräumige Halle im Obergeschoss.

Der **Moorenturm** wurde im 12. Jh. gebaut und im 17. Jh. aufgestockt. Der Wohnturm mit ehemaligem Hocheinstieg war bis 1570 Sitz der Familie *Moor*. Das **Haus Filli** (Nr. 145) besitzt Sgraffiti und gemalte Wappen der Drei Bünde, es wurde 1657 gebaut. Das Haus Nr. 146 mit Sgraffiti wurde 1613 gebaut. Die Nr. 48 ist von 1629.

Der Nationalpark

Der Schweizerische Nationalpark umfasst ein besonders eindrückliches Stück alpine Landschaft mit einer reichen Tier- und Pflanzenwelt. In diesem Lebensraum wird die Natur ihrer uneingeschränkten Entwicklung überlassen. Der Mensch steht im Hintergrund und ist Zeuge der Prozesse, die dieser Landschaft ihren Charakter verleihen.

Gegründet wurde der Nationalpark am 1. August 1914. Er liegt auf einer Höhe von 1400 bis 3173 Metern, hat eine Fläche von 168,7 Quadratkilometern und ist mit dem italienischen Parco Nationale dello Stelvio (Stilfserjoch) direkt verbunden. Das geschützte Gebiet ist von beträchtlicher Größe. Der Park besteht aus je einem Drittel Wald, Wiesen, Fels und Geröll. 80 Kilometer Wanderwege mit 20 Wanderrouten stehen zur Verfügung.

Von Juni bis August blühen zahlreiche Alpenblumen. Im Juli und August schmilzt der letzte Schnee in der Höhe und von Mitte September bis Anfang Oktober erfüllt das Röhren der Hirsche die Täler. Im Oktober färben sich die Lärchen golden und tauchen das Gebiet in einen unverwechselbaren Gelbton. Die vielen im Nationalpark beheimateten Tiere sind scheu und oft ist neben Geduld auch Stille gefordert, um sie erkennen und beobachten zu können.

Der **Rothirsch** kann bis zu 200 Kilogramm auf die Waage bringen. Im Herbst halten sich die Hirsche besonders nahe an den Dorfrändern auf. Die **Gämsen** lieben das Hochgebirge und bewegen sich sicher auf Geröll und steil abfallenden Felsen. Hier sind die gummiartigen Ballen an den Hufen hilfreich. Die Gämse kann bis zu 18 Jahre alt werden. Die markanten Hörner der **Steinböcke,** des Bündner Wappentiers, werden bis zu einen Meter lang und dienen im Machtkampf als gefährliche Waffe. Die Geiß trägt nur ein kleines Hornpaar. Das **Murmeltier** ist das größte Nagetier der alpinen Fauna. Ende September lassen die Aktivitäten dieser Energiespezialisten nach. Sie verstopfen ihre Eingänge mit Erde und Steinen. Die Körpertemperatur sinkt im Winterschlaf von 39 auf 7–9 Grad Celsius, das Herz schlägt noch zwei bis drei Mal pro Minute. Zwischendurch erwachen sie aus ihrem Winterschlaf, nehmen aber keine Nahrung auf. Im April erwachen die Langschläfer und verlassen erstmals ihren Bau. Im Freien werden sie oft Opfer von Steinadlern. Der **Fuchs** ist ein versteckter Bewohner des Nationalparks. Seine Intelligenz erlaubt ihm die Entwicklung von geeigneten Jagdstrategien. Er ernährt sich in erster Linie von Mäusen und anderen Kleinsäugern, auch Vögel verachtet er nicht. Der **Steinadler** ist Aasfresser und jagt kleinere Säugetiere. Die Flügelspannweite beträgt bis zu 1,6 Meter. Er nistet in schwer zugänglichen Felsvorsprüngen. Der **Bartgeier** bringt 4,5–7 Kilogramm auf die Waage und weist eine Flügelspannweite von 2,5–3 Metern auf. Er ist der größte Vogel Europas und ernährt sich von Knochen und sehr wenig Fleisch. Der Bartgeier wird seit 1991 in einem internationalen Projekt wieder angesiedelt. Im und beim Nationalpark sind **seltene Blumen,** wie der Rhätische Alpenmohn oder die typischen Edelweiß, zu finden. Besonders widerstandsfähige Pflanzen, wie z.B. der Schweizer Mannsschild, klettern bis auf 3100 Meter. Neben Blumen wird die Landschaft von anderen Besonderheiten, wie z.B. Bergfettwiesen, Wald, Weiden und Mooren, geprägt.

- **Schweizerischer Nationalpark,** Parkhaus, 7530 Zernez, Tel. 081/856 13 78, Fax 081/856 17 40, www.nationalpark.ch

Praktische Tipps

Information

- **Samnaun Tourismus,** Chasa Riva, 7563 Samnaun, Tel. 081/868 58 58, Fax 081/868 56 52, www.samnaun.ch
- **Scuol Information,** Stradun, 7550 Scuol-Schuls, Tel. 081/861 22 22.

●**Verkehrsverein Ftan,** Tel. 081/864 05 57, www.ftan.ch
●**Ardez Turissem,** 7546 Ardez, Tel. 081/862 23 30, www.ardez.ch
●**Verkehrsverein Lavin,** 7543 Lavin, Tel. 081/862 20 40, www.lavin.ch
●**Verkehrsverein Susch,** 7542 Susch, Tel. 081/860 02 40, www.susch.ch

Unterkunft

●**Hotel Chasa Montana*****, 7563 Samnaun, www.hotelchasamontana.ch, Tel. 081/861 90 00. Komfortables Haus mit ausgebautem Wellnessangebot. DZ ab sFr. 164, Appartements oder Suiten bis sFr. 380.
●**Hotel Bündnerhof****, 7563 Samnaun, www.tophotel.ch/buendnerhof, Tel. 081/861 85 00. Komfortables, neues Haus, biologisch eingerichtete Zimmer, Sauna, Dampfbad, „Bikehotel", auch Appartements. DZ sFr. 100 bis 240 je nach Saison und Zimmer.
●**Chesa Grischuna,** 7563 Samnaun, www.aparthotel-grischuna.ch, Tel. 081/868 52 39. Kleines Aparthotel mit zehn Appartements, sechs DZ und drei EZ, sonnige Lage, DZ ab sFr. 90 bis 160.
●**Hotel Piz Lischana***, 7554 Sent, Tel. 081/864 17 22. Älteres, einfaches Familienhotel im Dorfzentrum, Zimmer z.T. mit D/WC, z.T. auf Etage, DZ mit D/WC sFr. 140 inkl. Frühstück. Wochenarrangements möglich.
●**Hotel Garni Muranza***, 7574 Sent, Tel. 081/864 12 31. Einfaches Garni im Dorf mit 28 Betten und eigener Sauna, DZ mit D/WC z.T. mit Balkon sFr. 124 bis 140.
●**Schlosshotel Chasté*****, 7553 Tarasp, Tel. 081/861 30 60; www.relaischateaux.ch. Schönes Haus mitten im Dorfkern von Tarasp mit Blick auf Schloss und Bergwelt. Gourmet-Restaurant. DZ mit WC/Bad sFr. 380 bis 500 Halbpension, Ermäßigung sFr. 50 für Zimmer/Frühstück.
●**Villa Maria****, 7552 Vulpera, Tel. 081/864 11 38, www.villamaria.ch. Gepflegtes Haus neben dem Golfplatz von Tarasp, schöne Aussicht, gute Küche, DZ mit Bad/D, WC sFr. 280 bis 364 mit Halbpension, Ermäßigung sFr. 30 für Zimmer/Frühstück.
●**Engiadina****, 7550 Scuol, Tel. 081/864 14 21, www.engiadina-scuol.ch. Schönes Engadiner Haus, 1997 renoviert, gemütlich eingerichtet, im alten Dorfkern, DZ/Frühstück sFr. 174 bis (Suiten) 274.
●**Hotel Üia/Traube****, 7550 Scuol, Tel. 081/861 07 00, www.traube.ch. Gepflegtes Hotel nahe der Hauptstraße mit schönen Zimmern und guter Küche. DZ mit D/WC sFr. 156 bis 228. Zuschlag für Kurzaufenthalt 1–2 Nächte sFr. 15 p.P./Tag.
●**Chasa Sofia,** 7550 Scuol, Tel. 081/864 87 07. Kleines gepflegtes Garni abseits des Verkehrs, oberhalb der Hauptstraße. Familiäre Atmosphäre, schöne, originelle Zimmer, DZ mit Bad/Frühstück sFr. 160 bis 240.
●**Ustaria Crusch Alba,** 7550 S-charl/Scuol, Tel. 081/864 14 05, www.cruschalba.ch. Auf 1800 Metern Höhe im 14 Kilometer südlich von Scuol gelegenen S-charl-Tal, einem Seitenarm des Schweizer Nationalparks. Kleine, autofreie Siedlung mit 13 Häusern und Kirche (Parkplatz vor dem Dorf). Hotel mit 40 Betten und 18 Plätzen im Touristenlager. DZ mit D/WC sFr. 180 bis 200, Touristenlager sFr. 40 bis 42 p.P. inkl. Frühstück.
●**Hotel Haus Paradies*****, 7551 Ftan, Tel. 081/861 08 08. Ausgezeichnetes, gepflegtes Vier-Sterne-Haus mit Gourmetküche (**Michelin). Schöner Blick auf das Tal und die Lischanagruppe, DZ mit Halbpension sFr. 330 bis 440, Suiten bis sFr. 1250.
●**Sömmiin,** 7551 Ftan, Tel. 081/864 88 37. Restaurant mit Kleinhotel, zwei DZ mit Bad/WC für Nichtraucher, DZ sFr. 200 bis 240.
●**Hotel Piz Buin****, 7545 Guarda, Tel. 081/861 30 00, www.pizbuin.ch. Am Ende des Dorfes gelegenes, gut besuchtes Hotel mit 38 Betten, DZ mit Bad/D und WC sFr. 137 bis 192 inkl. Frühstück.
●**Hotel Meisser****, 7545 Guarda, Tel. 081/862 21 32, www.hotel-meisser.ch. 55 Betten, z.T. im Haupttrakt, Suiten in historischem Annexbau mitten im wunderschönen Dorfkern von Guarda. Im Haupttrakt Zimmer mit Aussicht auf die Talseite wählen (prächtiger Blick). Bekannt für gute Küche, angenehme Atmosphäre. DZ mit Bad/WC sFr. 210 bis 290, Suiten sFr. 330 bis 480, Rabatt außerhalb der Saison 10 %; Zuschlag für Kurzbuchung an Wochenenden/Feiertagen 10 %.
●**Bär-Post,** 7530 Zernez, Tel. 081/851 55 00. 46 Zimmer, DZ mit D/WC sFr. 120 (Nebenhaus) bis 160, mit Frühstück.

• **Hotel il Fuorn** (Nationalpark), Zernez, Tel. 081/856 12 26, E-Mail: info@ilfuorn.ch, www.ilfuorn.ch. Einziges Hotel im Schweizerischen Nationalpark, traditionsreiches Haus, DZ mit WC/Dusche sFr. 180 bis 198, Zimmer mit Etagendusche/WC vorhanden.

Camping

• **Camping Sur En,** 7554 Sent, Tel. 081/866 35 44, www.sur-en.ch. Idyllisch am Inn gelegen, strahlt eine herrliche Ruhe aus. Das Freibad und der neue Spielplatz sind für Kinder ein Erlebnis. An Hauptstraße von Scuol oder Ramosch klar ausgeschildert.

• **Camping Cul,** Zernez, Tel. 081/856 14 62, E-Mail: info@camping-cul.ch, www.camping cul.ch

• **Camping Chapella,** Chapella Cinuos-chel, Tel. 081/854 12 06, www.campingchapella.ch, E-Mail: info@campingchapella.ch

• **Camping Madulain,** Madulain, Tel. 081/854 01 61, www.dplanet.ch/users/campingmadulain, E-Mail: campingmadulain@dplanet.ch

Besichtigungen

• **Dorfbesichtigung Scuol:** Jeden Montag, inklusive Besuch des Unterengadiner Heimatmuseums. Dauer: ca. zweieinhalb Stunden. Treffpunkt: 15 h beim Schulhaus. Anmeldung: bei Scuol Information.

• **Schmelzera Stollenbesichtigung:** Führung durch die über 900 Jahre alten Stollen. Treffpunkt: 7.30 h jeden Donnerstag bei der Post. Dauer: ca. sechs Stunden. Anmeldung: bei Scuol Information.

Sport

• **Wandern:** Klassische Höhenwanderung (50 Kilometer) auf der Sonnenseite des Unterengadins, Auf- und Abstiege in fünf bis sechs Tagen. Der ganze Höhenweg ist mit gelben Wegweisern gekennzeichnet.

• **Rafting-Touren:** in der Giarsunschlucht oder Scuolschlucht (von Juni–Okt.) oder Raft n' Bike: auf modernsten Downhill-Bikes, anschließend Raftingtour durch die Engadiner Schluchten bietet Engadin Adventure, Tel. 081/861 14 19.

• **Golf:** 9-Loch-Alpin-Golfplatz in Vulpera. Golfclub Vulpera, 7552 Vulpera, Tel. 081/864 96 88.

• **Minigolf:** In Vulpera und Scuol je ein Minigolfplatz, beide beim Freibad. Sportanlage Quadras, Scuol: Tel. 081/861 20 06, Minigolf Vulpera: Tel. 081/864 11 12.

• **Reiten:** mit Freibergpferden im Unter- und Oberengadin sowie Münstertal. Zweitagestrekking im Unteren Engadin. Beim Tourismus-Büro anfragen.

• **Gleitschirmausbildung:** Schnuppertage, Grundschulung, Höhenflüge, Intensiv- und Weiterbildungskurse nach Schweizer und Euro-Normen, Passagierflüge: Flugschule Montalin, Chur, *Andi Schlegel,* Tel. 079/457 67 66, Flugcenter Grischa, Klosters, *Stefan Hollenstein,* Tel. 079/336 19 19.

• **Bergsteigen:** Sektion Unterengadin des Schweizerischen Alpen Clubs. Auskünfte für SAC Hütten, *Rico Lupi,* 7551 Ftan, Tel. 081/864 15 22.

• **Wintersport:** Im Winter verkehren Ski- und Ortsbusse zwischen den fünf Fraktionen des **Samnautales,** für Gäste mit Aufenthalt am Ort sind sie unentgeltlich. Die **Silvretta-Arena** verfügt über 40 moderne Transportanlagen und 200 Kilometer präparierte Pisten jedes Schwierigkeitsgrades, zwischen 1400 und 2900 Metern Höhe. Für Tiefschnee- und Skitouren ist die Alp Bella besonders geeignet, daneben Piz Val Grond/Vesil oder die Nordhänge des Pardatschgrats. Für Snowboarder bietet das Boarders Paradise mit 1100 Metern Pistenlänge und 35 Anlagen einen der größten Snowboardparks Europas. Für Rodler gibt es zwei Schlittelwege mit insgesamt fünf Kilometern Länge. Auch Langlaufen (13 Kilometer Loipen), Kutschenfahren und Schneewandern ist möglich.

Das Wintersportgebiet **Motta Naluns** ist von **Scuol, Sent** und **Ftan** (1250–2785 Meter) mit zwei Gondelbahnen und einem Sessellift schnell zu erreichen. Oben stehen 14 Transportanlagen zur Verfügung. 80 Kilometer Pisten, von anspruchsvollen bis zu einfachen, sanften durch Lärchenwälder oder Wiesen, von Buckelpisten bis zu weiten Tiefschneegebieten. Im künstlich angelegten Ski- und Snowboardpark Jonvrai laden attraktive Strecken zum Schneespaß der besonderen

Das Chalandarmarz

Der erste März war früher der Tag, an dem im Kanton Graubünden die Ämter neu bestellt wurden. Heute ist er **der größte Festtag der Kinder** im Engadin, im Oberhalbstein, im Münstertal und im Bergell.

Am Morgen ziehen die Knaben mit umgehängten Glocken durch das Dorf und schwenken diese kräftig, **„damit das Gras besser wachse“.** Dabei sammeln sie Geld und Esswaren, welche sie später gemeinsam verzehren. Dann schließt sich ein Tanz an, der sich bis weit in den Abend hineinzieht. Da und dort wird der Zug durch das Dorf mit fasnächtlichen Elementen bereichert oder als (reichlich verfrühter) Alpaufzug gestaltet. Vielerorts tragen die Kinder zu diesem Anlass blaue Überhemden mit roten Halstüchern.

Urkundlich lässt sich der Brauch nicht sehr weit zurückverfolgen, doch die starke Verbreitung und einzelne Eigenheiten deuten auf eine **alte Tradition** hin.

Art: Snowboarden, Halfpipe, Funpark mit Jumps, Obstacles und Quarterpipes, Carving Highway, Rennstrecke mit Zeitmessung, Wildride Run über zwei Kilometer Länge. Schön ist die zwölf Kilometer lange Traumpiste nach Scuol oder Sent (im unteren Bereich beschneit). 60 Kilometer präparierte Loipe (klassisch, Skating, Nachtloipe): im Tal am Inn entlang oder auf Motta Naluns (vier Kilometer) auf 2100 Metern.

Val Müstair/Münstertal

Das Münstertal ist durch Bergkämme vom Engadin und der Schweiz abgeschnitten, aber seit je durch fünf **Pässe** mit den Nachbarn verbunden. Der Ofenpass und der S-charlpass sichern die Zugänge zum Engadin. Durch das Val Vau über den Dössradond und La Cruschetta führt ein Weg nach Italien. Von Sta. Maria führt die Umbrailstrasse über das Wormserjoch zum italienischen Bormio und von der Passhöhe über das Stilfserjoch nach Südtirol.

Vom Ofenpass aus erscheint die oberste Terrasse des Tals intensiv grün, im Herbst, wenn sich die Nadeln der Lärchen verfärben, goldfarben. Das einladende Tal wird von schneebedeckten Bergen, darunter vom dominierenden Ortler, begrenzt. Die Dreitausender sind zwar nahe, aber nicht so, dass man sich von ihnen erdrückt fühlen muss. Ein mildes Klima lässt Getreide bis auf 2000 Metern gedeihen, weiter unten reifen Aprikosen, Pflaumen und Kirschen.

Das Münstertal ist in drei sanfte, **terrassenförmige Stufen** mit weiten Ebenen gegliedert. Zwischen Weideland und Äckern liegen die Dörfer Tschierv (1670 Meter), Fuldera, Valchava, Santa Maria und Müstair (1247 Meter). Lü, am Berghang oberhalb von Tschierv, befindet sich auf knapp 2000 Metern. Die stattlichen Häuser, manche aus dem 16. und 17. Jh., sind aus Stein und wirken wie Paläste. Viele sind mit Sgraffiti oder Malereien geschmückt.

Val Müstair bildet politisch, sprachlich (ladinisch) und kulturell eine Einheit. Die beiden oberen Teile sind reformiert, die Gemeinde Müstair ist katholisch.

Geschichte

Die Pässe waren einerseits erwünschte Transportwege, andererseits brachten sie manche ungebetenen Gäste. Bereits im Jahre 47 n. Chr. ging ein Ableger der Via Claudia – die durch das Etschtal hinaufkam und bei Bozen nach Meran und von da über die nicht weit entfernte Reschenscheideck führte – durch das Münstertal und von dort ins Engadin und über den Julier zum Septimerpass. Die **Römer** fürchteten die grauslichen Alpenübergängen: „Viele erstarrten in der Kälte des Winters, als ob sie ein Medusenhaupt gesehen hätten."

Eine Legende berichtet, dass **Karl der Große** nach seiner Krönung in Mailand den Rückweg durch das Veltlin eingeschlagen habe und in den Schründen des Umbrails großen Gefahren begegnet sei. Er soll auf dem Pass mit seiner Schwester zusammengetroffen sein. Da er die strategische Bedeutung des Passes erkannte, habe er als Unterkunftsstätte für seine Truppen das Kloster in Müstair gegründet. Der Bau steht am Weg nach S-charltal, welches seinen Namen trägt (St. Karl).

Einfälle und Durchzüge fremder Kriegsscharen folgten im Val Müstair Schlag auf Schlag, so in den Jahren 1080, 1211, 1270, 1392, 1499, 1512, 1621, 1635 und 1799. *Friedrich II.* wählte den Ofenpass, weil der Brenner versperrt war und er dem Rivalen *Otto* zuvorkommen wollte. Am Pfingstsonntag 1499 überschritten die drei Bünden mit 8000 Mann unter Führung von *Benedikt Fontana* den Ofenpass, um die viel stärkeren Österreicher an der Calven in die Flucht zu schlagen: der Auftakt zu den Schwabenkriegen. Zu einem Gegenschlag holten die Österreicher bereits im Juni aus. Sie kamen bis St. Maria, von wo sie über den Chaschaunapass ins Engadin zogen. Hier hatten die Engadiner ihre Häuser in Brand gesteckt und waren auf die Alpen geflohen. Da die Truppen so nicht verpflegt werden konnten, blieb ihnen nichts anderes übrig als wieder abzuziehen, diesmal über den Ofenpass durch das Münstertal, dessen Bewohner inzwischen an einer unvorstellbaren Hungersnot litten.

Während der **Bündner Wirren** rückte das Tal erneut in das Zentrum des Geschehens. Nach d em Veltliner Mord 1620 errichteten österreichische Truppen am Umbrail eine Verteidigungslinie: Truppen durchzogen in diversen Schüben das Tal in Richtung Engadin oder von dort in umgekehrte Richtung, so wie es das Kriegsglück diktierte. 1732 verkaufte der Bischof von Chur, der sich über die Aufsässigkeit und Streitigkeiten der Reformierten und Katholiken der Talschaft ärgerte, kurzerhand das Val Müstair an die Österreicher. 30 Jahre später wurde es mithilfe der drei Bünden, die sich vorher nicht auf eine gemeinsame Politik hatten einigen können, von den Habsburgern losgekauft.

Tschierv

↗XIX/D2

Die Streusiedlung Tschierv (Hirsch) ist das **Wintersportzentrum** des lieblichen Tals. Oberhalb liegt das Skigebiet Minschuns (2000–2700 Meter), dessen Abfahrt im Dorf endet. Hier ist auch der Anfang der großen Talloipe zu finden. Die Natureisbahn dient im Sommer als Sport- und Tennisplatz. Der Spazierweg nach Lü eignet sich zum Schlitteln. Tschierv ist Ausgangspunkt für verschiedene Wanderungen.

Der Ort erinnert in der Bauart an das Engadin. In **Tschierv-Platz,** in der Nähe der Posthaltestelle steht die spätgotische Kirche mit trapezförmigem, für das Münstertal typischen Chor. Gebaut wurde sie 1465–70, eingewölbt im 17. Jh., der Turm mit modernem Zeltdach. Haus Nr. 52 hat einen Polygonalerker aus dem 17. Jh.

Fuldera

↗XIX/D2

Die Talstraße umfährt Fuldera, ein unberührtes Dorf mit bemalten Hausfassaden und Sgraffiti. Unterhalb Fuldera, in den Niederungen des Rombachs, queren ein Spazierweg und die Langlaufspur einen heute selten Erlen-Auenwald. Fuldera ist das **Langlaufzentrum** des Tals. Wanderer entdecken hier einen Lärchenwald. Eine Schreinerei verarbeitet das im Tal so reichlich vorkommende **Arvenholz** zu Möbeln mit der ortstypischen Schnitzkunst. In der Kirche sind Arvenbänke Zeugnisse dieses Schaffens. Der Zwiebelturm, das alte Torhaus und die bunt bemalten Häusern zeigen schon tirolische Einflüsse.

Lü

↗XIX/D2

Knapp unterhalb Fuldera zweigt die Zufahrtsstraße nach Lü ab. Ein Spazierweg führt von Tschierv, ein Wanderweg von der Ofenpasshöhe über die Alp Champatsch nach Lü und weiter durch lichte Lärchen- und Arvenwälder bis nach Müstair.

Lü liegt auf einer Sonnenterrasse über dem Münstertal und bildet zusammen mit Lüsai die **höchstgelegene Gemeinde der Schweiz**. Beide Orte sind eher kleine Weiler mit Blick in den Gletscher des Ortlers. Lü hat 70 Einwohner. Eine spätgotische Kirche in der typischen Ausführung des Münstertals prägt das Dorfbild. Der Rechtsaußenpolitiker *Christoph Blocher* spendete 60.000 Franken für die Sanierung des Kirchendachs, nachdem in der Gemeinde anlässlich der EWR-Abstimmung 1992 alle Stimmbürgerinnen und -bürger mit „Nein“ gestimmt hatten. *Blocher* wurde daraufhin zum Ehrenbürger von Lü ernannt.

Der Ort war eine wichtige Etappenstation des Saumverkehrs vom Münstertal nach S-charl im Unterengadin. Heute ist der Pfad ein oft begangener Wanderweg (fünf bis sechs Stunden). Eine Hochloipe mit Panoramasicht lockt den Langläufer im Winter. Im Sommer zieht Lü **Botaniker und Pflanzenfreunde** an. Im nahem Sumpfgebiet gedeihen Orchis-Arten, Braunwurzgewächse, Hyazinthen und Heilpflanzen, umschwärmt von hunderten von Schmetterlingen.

Valchava ↗XIX/D2

Valchava wird umfahren, im Ort gibt es keinen Durchgangsverkehr. Die hübsche **Chasa Jaura** im Dorf beherbergt seit 1973 das Talmuseum. In restaurierten Räumen wird die bäuerliche und handwerkliche Lebensweise der Talbewohner illustriert: Stube, Schlafkammer, Küche sowie eine Sennhütte sind mit antiken Originalmöbeln und geräten ausgestattet. Im Keller befindet sich eine Hammerschmiede. Sehenswert ist der aus der Frühzeit stammende, mit Aufwand restaurierte Kalkbrennofen (romanisch: *chalchera*).

Die reformierte **Kirche St. Martin** ist spätgotisch mit trapezförmigem Chorschluss. Die Zwiebel auf dem Turm stammt aus der zweiten Hälfte des 18. Jh. Sie hat ein Kreuzgrat- und Stichkappengewölbe. Der Abendmahltisch ist von 1745, die Barockorgel aus der ersten Hälfte des 18. Jh. Die katholische Kirche wurde 1896 erbaut.

Das Gemeindehaus (Nr. 17) wurde im 17. Jh. gebaut und 1724 renoviert. Das Haus Nr. 21 wurde 1800 für den *Podestà* (Bürgermeister) errichtet. Es ist dreigeschossig mit angeglichenem Stallgebäude. Der Waldlehrpfad von Valchava nach Sta. Maria informiert über Flora und Fauna.

Santa Maria ↗XIX/D2

Im stattliche Hauptort Santa Maria kreuzen sich zwei Verkehrswege: die Talstraße über den Ofenpass ins Engadin und die mitten im Dorf abzweigende Passstraße über den Umbrail ins Veltlin.

Das beeindruckende Straßendorf brannte im Jahr 1774. Heute prägen weiß getünchte Häuser mit Sgraffito Verzierungen, Fensterrahmungen aus Putzquadern oder gelb bemalt und Toreinfahrten mit verzogenen Bögen das Bild. Die Architektur erzählt vom mittelalterlichen Saumhandel. In der **Chasa Plaz** an der Durchgangsstraße sind große Gewölbe zu sehen, unter denen die Saumtiere bepackt wurden.

Die reformierte **Kirche,** ein Neubau von 1492, wurde nach der Reformation bis 1838 von beiden Glaubensrichtungen benutzt. Die spätgotische Anlage mit hohem Turm hat ein riesiges Christophorusgemälde. Ein Südtiroler malte es 1513 auf die Außenwand des Chors. Vom gleichen Maler ist an der Westfront Christus am Ölberg zu sehen. An den Schiffswänden sind sieben gemalte Apostel mit Spruchbändern. Bemerkenswerte Grabplatten befinden sich an der Westfront und an den Friedhofsmauern.

Das 1671 gebaute **Haus Nr. 50** besitzt im Innern fragmentarische Wandmalereien vom Ende des 17. Jh. Das **Hotel Chasa Capol** wurde 1651 für den *Podestà Oswald von Capol* erbaut, den Klosterpropst von Müstair.

In Santa Maria wurde auch eine **Webstube** mit Verkaufsgeschäft eingerichtet, um der Bergbevölkerung einen Nebenverdienst zu ermöglichen. An Handwebstühlen werden alte und neue Webmuster aus Naturfasern gefertigt.

114ch Foto: gt

Müstair/Münster

XIX/D2

Müstair ist die östlichste Gemeinde der Schweiz und das letzte Dorf vor der italienischen Grenze. Mit 800 Einwohnern ist Müstair der größte Ort und das Einkaufszentrum des Tals.

Das Wahrzeichen Müstairs ist das Benediktinerinnen-Kloster St. Johann, ein Baudenkmal von hohem kunsthistorischem Rang: der bedeutendste Kirchenbau vor der Jahrtausendwende in der Schweiz. Die Klosterkirche birgt den größten in Europa erhaltenen Freskenzyklus aus dem 8. und 12. Jh. Seit 1983 gehört Müstair deshalb zm **Weltkulturerbe der UNESCO.**

Das Kloster hat Ort und Tal seinen Namen gegeben. Im Ortsnamen „Müstair“ verbirgt sich das lateinische *monasterium* („Kloster“). Dieses wurde im 8. Jh. gegründet und sollte den Zugang zum churrhätischen Vintschgau erleichtern. Da es noch mehr Klöster gab, erhielt es den Zunamen *Tuberis* („Tobel“ = Waldschlucht). Zuerst ein Männerkloster, bezogen im

Kloster Müstair

11. Jh. Benediktinerinnen den Gebäudekomplex. Der Einfluss und Besitz der Nonnen erstreckte sich vom Ötztal und Unterengadin bis in den Vintschgau und das Etschgebiet. Im 12. Jh. wurde die karolingische Saalkirche in eine dreischiffige Kirche verwandelt, eingewölbt und mit einer Empore ausgestattet. Nach der Reformation übernahmen die Nonnen den Unterhalt des Priesters von Müstair, so konnten die Bewohner beim alten Glauben bleiben. Später sorgten Kapuziner für die Seelsorge. Mitglieder des Klosters kamen aus den aristokratischen Familien Südtirols, Bündens und des Veltlins. 1799 beschlagnahmten Franzosen und Österreicher die Klosterbesitzungen auf österreichischem Gebiet. Im 19. Jh. kam das Kloster unter die Aufsicht der Bündner Regierung. Heute steht ihm ein Benediktinerpater als Verwalter vor. Zwölf Nonnen betreiben einen Kindergarten und stellen verschiedene Handarbeiten, darunter auch schweizerische Trachten, her.

Klosterkirche St. Johann

Das Monasterium ist eine klar gestaltete Klosteranlage, deren Mauerzüge bei den archäologischen Grabungen definiert werden konnten. Als einziges ursprüngliches Gebäude steht noch die Kirche mit der karolingischen Freskenausstattung. Die Klosterkirche ist eine Dreiapsidenkirche im „churrhätischen Schema" (wie St. Peter zu Mistail und Kirchen in Disentis und Chur). Sie wurde im ausgehenden 8. Jh. gebaut und wies früher fünf Apsiden auf. 1489–92 erfolgte der Ausbau zur dreischiffigen Hallenkirche mit Netzgewölbe und Spitzbogenfenstern. Die Übermalung des Kircheninneren wurde bei der Restauration entfernt. Der Außenbau ist durch flache, rundbogig geschlossene Blenden gegliedert. An der Südseite steht der spätgotische Turm (Ende 15. Jh.), das Glockengeschoss hat große Schallöffnungen und ein flaches Satteldach aus der zweiten Hälfte des 16. Jh. Der nördliche und südliche Torturm sowie der Wohnturm der Äbtissin *Angelina Planta* sind spätgotisch. Im Westen der Kirche befindet sich der Kreuzgang, der vermutlich auf das 11. Jh. zurückgeht. Früher war er mit einem Pultdach überdeckt, das später durch Gewölbe ersetzt wurde.

Das Innere der Kirche teilen drei spätgotische Rundpfeilerpaare in eine dreischiffige, vierjochige Halle. Über der vermauerten Nordtür befindet sich ein Relief: Christus im Wellenberg zwischen Täufer und Engeln (11. Jh.). Ein romanisches Stuckrelief an der Nordwand zeigt die Taufe Christi mit Anklängen an die karolingische Kunst (11. Jh.). Am rechten Ende der Hauptapsis steht die romanische Statue *Karls des Großen* unter einem spätgotischen Baldachin, die Hände und der Reichsapfel sind spätgotische Ergänzungen. Links vom Hauptaltar (um 1630) findet sich das spätgotische Sakramentshäuschen, in dem die Blut-Hostie aufbewahrt wurde. Darüber die im Stil der Spätrenaissance gemalte Geschichte der Wunder-Hostie. 1758 entstand für sie an Stelle des karolingischen Südannex eine Kapelle. Als die Hostie 1799 abhanden kam, brachte man 1838 das verehrte Marienbild von 1621 aus der alten Pfarrkirche S. Maria hierher.

Durch die Wiederentdeckung des **karolingischen Bildzyklus** kam das Gotteshaus zu seiner Berühmtheit. Die Bemalung zieht sich wie ein Teppich über alle Wände, allerdings in unterschiedlichem Erhaltungszustand. In dominierendem Rotbraun und in impressionistischer, auf Fernwirkung zielender Art entstanden die Malereien gegen 800. Sie wurde auf Grund einer Vorzeichnung in roten Strichen *al fresco* angelegt, die Deckfarben, Modellierung und Lichter nachträglich in pastosen Temperafarben *al secco* aufgetragen. Die weißen Bildlegenden *(tituli)* sind bis auf Reste verschwunden. Die Bildszenen sind in ein Rahmensystem von liegenden Rechtecken, an der Westwand und in den Apsiden auf Streifen komponiert. Sie sind lebhaft, die Architekturkulissen einfach. Der Maler, wohl aus oberitalienscher Schule, verarbeitete Bildquellen verschiedener Herkunft: byzantinische, apokryphe, spätrömische und frühmittelalterliche. Die Bilder wurden 1498 erstmals übertüncht. Fünf die Kirche umziehende Streifen, ausgehend von der Südwand mit Davidszenen und neutestamentarischen Themen, wurden 1908 abgelöst und ins Schweizerische Landesmusem gebracht.

Das Frauenstift wollte im 12. Jh. nach großzügigen Schenkungen des Bischofs von Chur die Kirche neu ausmalen. Die Malereien liegen über den karolingischen, sind von ausgezeichneter Qualität und gut erhalten.

- **Klosterkirche St. Johann:** Täglich 8–19 h, Kirchenführungen 20. Juni bis 3. Okt. Mi 9 h, manchmal auch Fr 10 h.
- **Klostermuseum:** Febr. bis Mai 14–17 h, Juni bis Okt. 10–12 und 14–17 h, So 14–17 h, Nov./Dez. geschlossen.

Das Kloster

Das Kloster wurde vor allem unter den Äbtissinnen *Angelina von Planta* (1479–1510) und *Barbara von Castelmur* (1511–29) nach dem verheerenden Brand von 1499 wiederhergestellt. Die nachfolgenden Äbtissinnen haben an diesen Bauplan angeknüpft, so dass die Gebäude aus der Plantazeit noch heute die mittelalterliche Erscheinung des Klosters prägen. Die Bischofswohnung und die Schlafzellen im Südturm sind aus dem 17. Jh., ebenso wie das Obergeschoss im südlichen Klosterhof. Der Neubau der Abtei und des Refektoriums stammen aus dem 18. Jh. Der Neubau des Trakts mit Refektorium zwischen den beiden Klosterhöfen ist von 1877. Der Westliche Wirtschaftshof hat zwei Tortürme, außen rundbogig, innen spitzbogig. Sie sind um 1500 entstanden. Der Südturm hat ein Wandbild mit Esel, der vor einem Junker Dudelsack bläst. Drei Figuren in flatternden Gewändern stellen die Immaculata mit *hl. Benedikt* und *Scholastika* dar, ein Rokoko-Werk von *Christian Greiner* (1748). Seit jeher stand dem Bischof von Chur ein Teil des Klosters als Residenz zur Verfügung Der Bischofshof mit dem Wohntrakt, doppelgeschossiger Kapelle und Kreuzgang wurde in den

Jahren nach 1035 erbaut. Die ehemalige Außenfassade ist heute im gotischen Anbau integriert.

Durch die Klosterpforte gelangt man in einen 1650 überwölbten Gang und von dort in einen Korridor, dessen Spitzbogenfenster Einblick in den Inneren Klosterhof, früher ein Friedhof, gewähren. Im Nordtrakt ist das spätgotische Zimmer der Äbtissin *Barbara von Castelmur.* Ein Fenster öffnet sich auf die Doppelkapelle St. Ulrich und Nikolaus (Westflügel der Klausur). Westlich schloss sich ein dreistöckiger Wohnturm mit Annexen an, der frühere Bischofspalast.

In der **Neuen Bischofswohnung** befinden sich im Vorsaal zum Fürstenzimmer Wandmalereien von 1659. Vom Vorsaal gelangt man in das getäfelte Fürstenzimmer mit dem Wappen von 1642 an der Decke. Ein schöner Erker, ein bunt glasierter Turmofen aus Tirol (Mitte 17. Jh.), ein Schrank, Truhen und Kleinmöbel des 16. bis 17. Jh. sind hier zu besichtigen. Daran anschließend das Schlafzimmer und die Küche sowie Räume mit karolingischen Marmortafeln, Flügel eines früheren Altars, frühgotische und romanische Marienstatuen und abgelöste romanische Fresken.

Seit Jahren werden archäologische Bau- und Bodenfunde erforscht und dokumentiert. Die Untersuchungen begleiten die Restaurierungsarbeiten an den Klostergebäuden und dienen nebst der baugeschichtlichen Grundlagenforschung als Planungsgrundlage für die fortlaufende Renovierung. Literatur ist im Klostermuseum erhältlich.

Weitere Sehenswürdigkeiten

Der **Plantaturm,** ein Wohn- und Wehrturm aus der Zeit nach 958, ist eines der ältesten erhaltenen Profangebäude der Schweiz. Die über zwei Stockwerke führende Abortanlage ist zusammen mit der Nordmauer des Plantaturms entstanden. Der Abort lässt auf eine Wohnnutzung des Turms schließen.

Die **Heiligkreuzkapelle** südlich der Klosterkirche, beim Eingang des Friedhofs, ist die einzige erhaltene romanische Kreuzkonchenanlage der Schweiz, erbaut um 1160. Der Bau hat hufeneisenförmige Konchen über einem kleeblattförmigen Grundriss, außen gegliedert mit rundbogigen Blendnischen. Über der Westfront ist ein gemauertes Glockenjoch.

Westlich des Klosters St. Johann steht das **Kapuzinerhospitz,** ein ungegliederter Giebelbau, gegründet von Kapuzinern aus Brescia, die 1696 hier die Seelsorge übernahmen. Die rechteckige Kapelle mit Altarnische im Erdgeschoss enthält Gemälde und Malereien aus dem 18. Jh.

Im Oberdorf steht das **Salis-Haus** (Nr. 86). 1690 gebaut, birgt es ein Täferzimmer aus der Bauzeit.

Die spätgotische, nach Süden gerichtete **Kapelle St. Sebastian** wurde 1510 errichtet, der Turm vielleicht 1726. Sie besitzt spätgotische Wandmalereien vom selben Meister wie das Christophorusbild in Santa Maria.

Im Dorf hat die **Nr. 55** stark übermalte spätgotische Fassadenbilder von 1467: Muttergottes zwischen den *hl. Jakobus* und *Sebastian,* Kreuzigung.

Das **Hotel Chasa Chalavaina** ist ein im Kern mittelalterlicher Bau, der 1500 umgebaut und 1965 geschickt renoviert wurde: ein Giebelhaus mit offenem Dachstuhl. Es ist eines der ältesten Hotels der Schweiz. Der Hausname „Chasa Chalavaina" wurde in Erinnerung an die Schlacht am Calven (1499) gewählt. Im Hotel sollen vor der Schlacht die Bündner Heerführer den Schlachtplan ausgeheckt haben.

Praktische Tipps

Information

- **Tourismus Val Müstair,** 7532 Tschierv, Tel. 081/859 39 29, www.val-muestair.ch

Unterkunft

- **Chasa Chalavaina,** 7537 Müstair, Tel. 081/858 54 68. Einer der ältesten Gasthöfe der Schweiz. Schon 1499 berieten hier die Schweizer die Kriegsstrategie vor der Schlacht am Calven. Viele bemerkenswerte Einrichtungsgegenstände. Eigenwillige, familiäre Bedienung. Empfehlenswert. Einfache, saubere, z.T. historische Zimmer, DZ mit D/WC sFr. 128 bis 190.
- **Hotel Tschierv,** 7537 Müstair, Tel. 081/858 51 52. In altem, schönem Haus, gleich neben dem historischen Hotel Chalavaina. Familienbetrieb mit sauberen Zimmern. DZ mit D/WC sFr. 140, Zwischensaison sFr. 90 bis 120.
- **Hotel Chasa Capol,** 7536 Santa Maria, Tel. 081/858 57 28. Einstige Propstei der Benediktiner und Sitz des *Grafen de Capol.* Im Osttrakt seit 1199 Hauskapelle und Refektorium. Nach Verfall seit 1956 wieder aufgebaut, heute „Etape Gourmet" mit Rittersaal und Theater. Individuelle Zimmer, gediegen, viele Stammgäste. DZ mit B/WC sFr. 240 bis 270.
- **Hotel Piz Umbrail,** 7536 Sta Maria, Tel. 081/858 55 05. Gebäude aus dem 17. Jh. Renovierte Zimmer, familiäre, unkomplizierte Atmosphäre. DZ mit D/WC sFr. 180 inkl. Frühstück.

Sgraffito – Fassadenarchitektur im Engadin

Das italienische *sgraffiare* („kratzen") im Wort *Sgraffito* zeigt, dass es sich bei der in den südlichen Tälern Graubündens weit verbreiteten Fassadendekoration nicht um Malerei im eigentlichen Sinne handelt. Es ist eine Technik, die im 15. und 16. Jh. von Italien ausgehend bis weit nach Deutschland reichte. Sie geriet vielerorts in Vergessenheit und konnte sich so nur im Engadin und dem unmittelbar benachbarten Südtirol erhalten.

Besonders schön gerät eine Fassade, wenn die Luft sehr feucht ist. Zuerst wird die Wand roh verputzt, dann ein dünner Kalkputz aufgetragen, verteilt und fest-, aber nicht glatt gestrichen. So entsteht eine sacht gewellte Fassade, auf die das seitlich einfallende Licht Schatten wirft und die Hauswand zum Leben bringt. Der noch feuchte Putz wird mit einer Kalkmilch überpinselt und dann werden mit vorbereiteten Schablonen oder, wenn ein Meister am Werk ist, mit freier Hand Begrenzungslinien und andere Muster mit einem Nagel oder Grabstichel eingeritzt. Jetzt muss schnellstens die oberste Schicht weggekratzt werden, so dass der dunklere Untergrund zum Vorschein kommt. Er lässt die hellen Muster leuchten.

Sgraffitoschmuck hält über Jahrhunderte und wird vor allem dort, wo goldfarbener Tuffsand in den Putz eingemengt wurde, immer schöner.

●**Jugendherberge Sta. Maria i. M.,** Chasa Plaz. 7536 Sta. Maria, Tel. 081/858 50 52. In einem Susthaus, einem ehemaligen Gast- und Lagerhaus, aus dem Jahre 1537. Seit 1965 Jugendherberge.

Camping

●**Camping Cleng,** 7537 Müstair, Tel. 081/8585410.
●**Camping Tschierv,** 7532 Tschierv, Tel. 081/858 56 28.
●**Camping Sta. Maria,** 7536 Sta. Maria, Tel. 081/858 71 33.

Wandern

●Markierte Wanderwege laden zu Höhenwanderungen ein. Touren im angrenzende Nationalpark mit einem Wanderwegnetz von über 80 Kilometern und im östlich anschließenden Ortlergebiet. Fahrt zum Startpunkt oder zurück zum Ausgangspunkt mit Postbussen. Über Geführte Wanderungen und Gipfelbesteigungen informiert Tourismus Val Müstair. Die Wanderungen sind in der Regel unentgeltlich. Transportkosten zulasten der Teilnehmer.

Nachtleben

●**Marc's Pub,** in Tschierv.
●**Bar Baracca,** Hotel Stelvio, in Sta. Maria.
●**Disco Grotta Spinai,** Hotel Löwen, in Müstair.
●**Billiard:** im Pub Senzanom, Hotel Münsterhof, in Müstair.

Das Oberengadin

Cinuos-chel ↗XIX/C2

Im kleinen Ort Cinuos-chel, etwas oberhalb von Zernez, erschreckt den Vorbeifahrenden ein speiender Drache zwischen geschwänzten Fischweibern auf der Fassade des „Hauses Capon" (Nr. 262). Das Haus wurde 1659 gebaut, die Verzierung stammt aus der Bauzeit. Die übertünchten Sgraffiti des Hauses Nr. 265 mit Backofen stammen ebenfalls aus dem 17. Jh. Besonders schöne Sgraffiti besitzt das Haus Nr. 252 aus dem Jahr 1594: über dem Sulèr Reiter, Ornamentbänder mit Meerungeheuern und im Giebel Lilienwappen, gehalten von einem Steinbock. Die kleine Kirche ist aus dem Jahr 1615, sie hat ein zweijochiges Schiff und einen eingezogenen, dreiseitig abgeschlossenen Chor sowie einen Turm mit Spitzhelm und Wimpergen.

S-chanf ↗XIX/C2

S-chanf auf 1673 M.ü.M. ist ein Straßendorf mit typischen **Engadiner Häusern,** von denen einige beachtenswerte Details aufweisen. Das Haus Nr. 29 von 1662 hat Sgraffiti mit einer Meerjungfrau und einem Drachen, einen prismatischen Erker und eine Sulèrtüre mit Türklopfer in Drachenform. Das Haus mit der Nr. 36 besitzt ein eindrucksvolles Sulèrportal. Die Kirche wurde 1493 gebaut, mit eingezogenem Polygonalchor und

Turm, der im Unterbau mittelalterlich ist. Unter einem vorspringenden Bogen findet sich ein originelles Wandtabernakel von 1493.

Praktisch vor der Haustür liegt das **Val Trupchun.** Es gilt als die wildreichste Gegend des Schweizerischen Nationalparks. Für Streifzüge durch die Bergwildnis bietet S-chanf den idealen Ausgangspunkt.

Als Ziel der **Engadin Marathon Strecke** und des Engadin Inline Marathon ist S-chanf auch stark mit der Engadiner Sportagenda verbunden.

Zuoz

↗XIX/C2

Das eindruckvolle Haufendorf besitzt wegen seiner, oft an einen Wohnturm anschließenden, **stattlichen Patrizierhäuser** einen städtischen Charakter. Zuoz ist der Hauptort des Oberengadin und war bischöfliche Domäne. Bereits zu karolingischer Zeit stand hier eine Taverne. Im Schwabenkrieg brannte das Dorf 1499 nieder.

Auf dem sanft ansteigenden Hauptplatz steht das **Obere Plantahaus** (Nr. 28) aus dem 16. Jh. Es ist durch eine Bärentatze gekennzeichnet, an der Südseite findet sich ein polygonaler Erker. Unter gleichem First befindet sich das **Untere Plantahaus,** das 1760 umgebaut wurde. Eine Rokokofreitreppe aus Granit führt zum ersten Obergeschoss. Der durch Arkaden mit dem unteren Plantahaus verbundene **Dorfturm** war der mittelalterliche Wohnturm der Planta-Familie, er wurde 1499 zerstört und 1555 wieder aufgebaut. Das **Hotel Crusch Alva** wurde 1570 gebaut und 1735 umgestaltet. Schön ist das bemalten Wappenfries von 1570. Die Häuser Nr. 24, 11, 16, 31 und 144 (östlich der Kirche, das Geburtshaus des Dichters *Gian Travers)* sind alle Mitte des 16. Jh. errichtet und teilweise später umgestaltet worden. Das rot getünchte, kubische **Haus Poult** (Nr. 33) aus der Mitte des 18. Jh. hat einen Mitteltrakt, der einen Wohnturm einschließt und mit einem Giebelaufsatz bekrönt wird. An der Rückseite des Südtrakts ist ein angebauter Backofen.

Die **Kirche** gehört zu den drei alten Pfarrkirchen des Oberengadin. Sie wurde 1139 erstmals erwähnt. Die Einwölbung des Schiffs und die Erhöhung des Turms erfolgten 1507. Das Gotteshaus wirkt spätgotisch und hat einen nach Süden abgewinkelten Polygonalchor, umschlossen von Strebepfeilern. An den romanischen Umfassungsmauern des Schiffs sind Spitzbogenfriese. Der schlanke Turm ist im Unterbau romanisch, die zwei oberen Geschosse sind von 1507. Innen birgt die Kirche ein spätgotisches Wandtabernakel und Glasgemälde von *Augusto Giacometti* und *Jan Casty.*

Madulain

Die **Burgruine Guardaval** mit Bergfriedruine und Resten eines Wohnhauses steht auf einem vorspringenden Felsen und wurde 1251 vom Bischof V. von Neuenburg erbaut, später den *Planta* als Lehen gegeben und im 15. Jh. verlassen. Ein Burgherr stellte allen hübschen Mädchen der Umgebung nach, bis ein erzürnter Vater den Übeltäter erstach und die Bauern die Burg anzündeten.

La Punt/Chamues-ch ⇗XIX/C2

La Punt/Chamues-ch mit seiner malerischen Barockkirche, erbaut 1680, wurde vor allem von den im 17. Jh. geadelten **Albertini** geprägt. Am Dorfausgang zur Albulastrasse stehen die Albertini-Häuser (Nrn. 1–3). Sie stammen aus dem 18. und 17. Jh., das Albertihaus Nr. 12 aus dem 16. Jh. Das „Haus Steinbock" (Nrn. 18–18a) hat ein Alkovenzimmer und eine Täferstube. Haus Nr. 19–20 ist ein typisches Engadiner Haus mit breitem Sulèr von 1740. Das Piranihaus (Nr. 15) besitzt eine zweistöckige Halle mit Empore in den oberen Geschossen. *Ulrich Albertini* baute sich jenseits des Inn einen Adelsitz: „Casa Mereda" (Nr. 22), mit einem Wohnteil und einer Heutenne unter einem Satteldach mit Zinnen auf den Giebeln. Das lang gestreckte **Dorf Chamues-ch,** ebenfalls auf der anderen Innseite, besitzt eine 1505 errichtete Kirche mit einem im Unterbau romanischen Turm und spätgotischem Rundbogenportal.

Von La Punt führt die Albulastrasse in vielen Kehren und Wendungen auf den 2312 Meter hohen **Albulapass** mit seinem Hospiz und von hier nach Bergün. Die Fahrt ist an einem schönen Sommer- oder Herbsttag ein beeindruckendes Naturerlebnis, im Winter ist der Pass geschlossen.

115ch Foto: en

Bever

↗XIX/C2

Bever ist auf 1710 Metern zusammen mit La Brévine im Jura die **kälteste Ortschaft** der Schweiz – ein kleines Dorf mit reizendem Straßenbild und gut erhaltenen Häusern sowie einer Barockkirche, die bereits 1370 erwähnt wurde und unter Verwendung älterer Teile 1667 neu gebaut wurde. In Bever fühlen sich vor allem Familien und Gäste wohl, die ihre Ferien in einem kleinen, typischen Dorf im Herzen des Engadin verbringen möchten. Vom Rummel verschont, ist der Weg in die nahe gelegenen Sport- und Kulturzentren des Engadin kurz.

Samedan

↗XVIII/B2

Samedan ist mit 3000 Einwohnern ein stattliches Dorf mit typischen Engadiner Häusern und reizvollem Dorfkern. Als Tourist ist man hier unter Einheimischen. Samedan ist idealer Ausgangspunkt für Wanderungen, Skitage und kulturelle Erkundungen im ganzen Tal. Ein 18-Loch-Golfplatz, die Schlittelbahn auf Muottas Muragl und zahlreiche gespurte Winterhöhenwege bieten Abwechslung.

Hier haben weder Brände noch Kriege das Dorfbild zerstört. Die **Begräbniskirche St. Peter** ist eine der drei alten Pfarrkirchen des Oberengadin, erwähnt 1139. Der Neubau des Chors und des Schiffs erfolgte 1492. Die spätgotische Kirche lag an der früheren Talstraße. Der sie umgebende Dorfteil ist jedoch verschwunden. Der unverputzte, romanische Turm wurde um 1100 errichtet. Im Schiff ist ein dreijochiges, im Chor ein zweijochiges Sterngewölbe. Der Chor weist außerdem ein Wandtabernakel mit Rahmenprofilen, Kielbogen und Maßwerk aus dem 15. Jh. auf Der Taufstein ist spätgotisch.

Auch die 1682 erbaute Barockkirche, **Chesa Comunela,** ist sehenswert. Sie hat einen interessanten trapezförmigen Grundriss und eine ungewöhnliche Raum- und Fassadengestaltung. Im Osten wirkt der überschlanke Campanile ungewöhnlich hoch. Die Rokoko-Orgel ist aus dem Jahre 1772.

Das **Plantahaus** am Plazett ist der Stammsitz der Familie *von Salis-Samedan.* Der Nordflügel stammt aus dem Jahr 1595, der Südtrakt aus 1760. Das Haus ist Sitz der Plantastiftung mit einer Bibliothek. Im Erdgeschoss sind Täfer mit blau getönten Landschaftsmalereien von 1760. Die so genannte Prunkstube hat Schnitzereien von 1723 aus Sent und einen Turmofen.

Das **Haus Krone** wurde 1650 gebaut, wie das **Gemeindehaus** von 1750 ist es ein Plantabau. Die Häuser Nr. 143, 148, 159 stammen aus dem 16. und 17. Jh. Der **Gefängnisturm** ist ein ehemaliger Wohnturm aus dem 12. Jh., erbaut wurde er von den Herren von Samedan.

Begräbniskirche von Samedan

Pontresina

↗XIX/C2

Das alte Straßendorf am Fuße des Berninapasses ist heute ein bekannter Ferienort – fast so **mondän** wie St. Moritz. Pontresina ist Ausgangspunkt für Ausflüge zur Diavolezza, zur Alp Lagalp, zur Alp Languard und zum Berninagebiet. Das Angebot in Pontresina ist im Winter wie im Sommer äußerst vielfältig. Nur wenige Engadiner Häuser sind zwischen den Hotels noch zu entdecken.

Die mit Fresken reich dekorierte **Begräbniskirche St. Maria** steht oberhalb des Dorfes an einem Hang. Sie ist

Bündner Zuckerbäcker – ein Exportschlager

Aus der finanziellen und geistigen Enge der Heimat zog es die Bündner (oft nach Pestepidemien) nicht nur in Söldnerdienste, sondern auch in die **Backstuben Venedigs** und von hier in die weite Welt. Die Lagunenstadt stand hoch im Kurs. Hierhin wanderten Bündner schon im 12. Jh. aus, vor allem nach der Besetzung des Veltlins durch die Drei Bünde 1512. Jetzt Nachbarstaat der mächtigen Republik, regelten in der Folge verschiedene Verträge das Geschick der Emigranten. Sie durften gegen Barzahlung auf venezianischen Kriegsgaleeren rudern und bekamen im Gegenzug für die Benutzung der Alpenpässe das Handels-, Gewerbe- und Niederlassungsrecht in Venedig. Ende des 17. Jh. waren von 48 Geschäften der Zuckerbäckerbranche in Venedig 38 in Bünderbesitz.

In anderen Geschäftszweigen war es nicht anders. Die Bündner waren beliebt, weil sie eifrige Steuerzahler waren, ganz im Gegensatz zu ihren italienischen Berufsgenossen. Besonders großzügig waren die Branntweinhändler, die als **Likörfabrikanten** zu den *Cafetiers* gehörten. Die Bündner waren die ersten **Kaffeehändler,** bis armenische und ägyptische Händler bessere Qualität anboten. 1706 wurden die Verträge bestätigt, mit der Einschränkung, dass in den Zünften der *scaletteri* (Zuckerbäcker), der *aquavitai* (Branntweinverkäufer) und *vetrai* (Glaser) eine größere Anzahl der Meister dem katholischen Glauben angehören müsse, und mit der Zugabe, dass die protestantischen Meister nicht im katholischen Gottesdienst erscheinen durften. Trotz dieser Schikanen dominierten die Bündner 1733 die Zünfte, was Neid hervorrief.

Nachdem sich die Drei Bünden in der Passfrage undiplomatisch verhalten und Mailand favorisiert hatten, wurden die Privilegien aufgehoben. Man warf den Bündnern vor, sie hätten den Gewinn nach Bünden exportiert, und so wurden sie aus Venedig vertrieben.

Die Unternehmer flohen nach Florenz, Rom, Neapel, Lissabon, Barcelona, Paris, Bordeaux, Marseille, London, Amsterdam, Kopenhagen, Berlin, Münster, Halle, Breslau, Leipzig, Danzig, Elbing, Stettin, Königsberg, Wilna, Riga, Petersburg, Helsinki, Warschau, Wien, Budapest, Krakau, Kiew und Odessa. In Berlin waren es etwa die „J. Josti & Companie" mit Läden, Cafés und Bierbrauerei, das Literatencafé „Stehely" am Gendarmenmarkt, die Cafés „Courtin" und „Vicedomini" an der Köngisstraße, das Café „Sparganapani" Unter den Linden und das Café „Giovanoli" an der Jägerstraße. In Hannover gab es das Café „Robby", später „Kaffee am Kröpcke", in Leipzig das Café „Bonorand" im Rosental, in Hamburg die Konditorei „Perini und Josty", später „Giovanoli".

Natürlich waren die Bündner Familien mit der Zeit auch **in anderen Geschäftsbereichen tätig.** Ein bedeutender Teil der Bündner Tourismusindustrie, z.B. die Engadiner Hotels, wurden in der zweiten Hälfte des 19. Jh. mit den Mitteln der Zuckerbäcker finanziert. Von den 300 im Ausland errichteten Firmen überdauerten nur ganz wenige die Jahrhunderte.

ein nachromanischer Bau mit flach gedecktem, fast quadratischem Schiff und gewölbter Halbrundapsis. Die Kirche birgt spätromanische Malereien um 1200, die sich auf der zum Vorgängerbau gehörenden Westwand befinden. Im ganzen Innenraum sind Malereien aus dem 15. Jh. zu finden: entlang der Schiffsdecke 25 Szenen aus dem Neuen Testament, an der Nordwand die Magdalenenlegende auf zwei Streifen verteilt.

Von Pontresina empfiehlt sich ein Besuch über den Berninapass in das zum Veltlin führende Nebental Val Poschiavo/Puschlav (s.u.).

Celerina

↗XVIII/B2

In der Ebene von Samedan und Celerina steht 500 Meter östlich des Dorfes auf einer Anhöhe die viel besuchte und schon von Weitem sichtbare zweitürmige **Kirche von San Gian** mit bedeutenden Wandgemälden. Die Pfarrkirche wurde im 11. Jh. gebaut, seit 1670 ist sie Begräbniskirche. Wegen des größeren Turms, der durch einen Blitzschlag die gotische Bekrönung verlor, wirkt sie wie eine Ruine. Sie hat ein langes Schiff mit eingezogenem quadratischen Chor, an den sich der dachlose größere Turm mit gekuppelten Fenstern anschließt. Er blickt über den kleineren romanischen Turm (11.–12. Jh.) an der Nordseite der Fassade. Über dem Schiff liegt eine Leistendecke von 1478 mit dekorativer Schablonenmalerei, bestehend aus Maßwerken, Zirkelrosetten und Adlern. Die berühmten Wandgemälde wurden vermutlich von einem italienischen Meister Ende des 15. Jh. gemalt.

Celerina selbst ist ein **Ferienort,** der vor allem Ferienhäuser und Hotels aufweist, zum Teil in schönen Engadiner Häusern. Nahe St. Moritz, aber etwas weniger mondän, profitiert Celerina vom breiten Sommer- und Wintersportangebot des Oberengadin.

Im Dorf sind einige Häuser bemerkenswert, so die „Chesa Frizzoni", die 1845 für den in Turin tätig gewesenen Confiseur *Frizzoni* nach italienischen Vorbildern gebaut wurde, und das „Haus Küderli" (Lorsa), das man 1829 für den Inhaber einer Kondito rei in Marseille, *Peter Nuttly,* errichtete. Das „Haus Secchi", 1660 erbaut, ist ein Giebelbau mit Sgraffiti, Sulèrportal an der Traufseite, einer Holztüre mit Sternmuster und mit zwei Dreieckerkern. Das Haus Nr. 36, ebenfalls von 1660, hat einen fünfseitigen Erker mit Täferzimmer über Kragsteinen. Die durch Lisenen gegliederte Barockkirche besitz einen eingezogenen, dreiseitig geschlossenen Chor. Im Innern finden sich Pilaster mit ionischen Kapitellen, im Chor Stuckmedaillons. Bemerkenswert ist ein spätgotischer Taufstein aus Tuff.

St. Moritz

↗XVIII/B2

Schon in der Bronzezeit gab es hier gefasste Quellen. Im Mittelalter hält ein Reisebericht fest, dass Fürsten, Markgrafen und „Cavallièren" aus der stärksten **Kohlensäurequelle** Europas am Vormittag jeweils zehn Liter trinken mussten. Nicht das Kuren begründete jedoch den Weltruf von St. Moritz, sondern die im 19. Jh. beginnende Begeisterung für das **Hochgebirge** und den **Wintersport.**

Heute ist St. Moritz einer der bekanntesten Ferienorte der Welt, mit 6000 Einwohnern, 42 Hotels, fast 2000 Ferienwohnungen und unzähligen Einrichtungen für die Gäste. Auch der Kurbetrieb ist auf dem neuesten Stand. Chick, exklusiv und berühmt für sein kosmopolitisches Ambiente, liegt St. Moritz inmitten der Oberengadiner Seenlandschaft auf 1856 Metern über dem Meer. Sein prickelndes **„Champagnerklima"** ist legendär. Ebenso die St. Moritzer **Sonne:** Sie scheint durchschnittliche an 322 Tagen im Jahr.

In St. Moritz Dorf steht von der Bausubstanz des alten Dorfes nur noch der **schiefe Turm,** der Campanile, der zu einer der drei alten Pfarreikirchen des Oberengadin gehörte. Sie wurde 1139 erwähnt. Schiff und Chor wurden im 19. Jh. abgebrochen. Der Turm geriet damals aus dem Lot. An der Nordseite besitzt er noch die romanischen Blendnischen mit Bogenfriesen aus den frühen 13. Jh., die übrigen Blendnischen wurden barockisiert. Die Glockenstube und der Aufsatz mit Kuppelhaube sind von 1672.

Die Kirche mit dem neugotischen Turm stammt aus dem 18. Jh., vollständig umgebaut und vergrößert wurde sie in der ersten Hälfte des 20. Jh. Die katholische Kirche stammt aus dem 19. Jh. Das viel zitierte Palace-Hotel wurde 1896, das Carlton-Hotel 1913, das Suvretta-Haus 1912 gebaut.

Silvaplana

↗XVIII/B2

Silvaplana liegt am Fuß des Julierpasses. Im Dorfkern trifft man auf Engadiner Häuser. Im Sommer gehört Silvaplana zu den beliebtesten Surfspots Europas. Sichere Windverhältnisse locken **Surfer** aus aller Welt an die Ufer des Silvaplana-Sees. Nicht nur das Skisportparadies am Piz Corvatsch, sondern auch Kitesailing und andere **Trendsportarten** versprechen trendige Wintertage in Silvaplana, das unmittelbar in der Nähe von St. Moritz liegt und deshalb vom Angebot dieses Ortes profitieren kann.

Sils

↗XVIII/B3

Sils wurde vor allem durch seinen Gast **Friedrich Nietzsche** berühmt, dem ein kleines Museum gewidmet ist. Bekannt ist auch das 1910 von *Karl Koller* gebaute „Hotel Waldhaus", in dem viele bedeutende Gäste einkehrten. In Sils Baselgia steht die 1356 erwähnte alte Pfarrkirche St. Lorenz. Im Kern mittelalterlich, hat sie einen breiten Rechtecksaal mit abgewinkeltem, eingezogenen Quadratchor. Hier ist auch das „Haus Castelmur" aus dem 17. Jh. mit seiner Freitreppe und der eigenen Scheuneneinfahrt, mit einem innengewölbten Sulèr und Täferstuben.

Sils ist **ruhig** und vermittelt nicht die geschäftige Atmosphäre der anderen Oberengadiner Ferienorte. Es ist für Erholung suchende Gäste geeignet.

Ein Kleinod ist die in **Fex-Cresta,** im Val Fex über dem Silsersee liegende kleine, romanische Bergkirche. Die Kapelle mit halbrunder, gewölbter Apsis überrascht mit der künstlerisch bemerkenswerten Qualität ihrer Wandgemälde in der Apsis.

Maloja

↗XVIII/B3

Maloja ist die letzte Siedlung im Oberengadin, auf 1815 M.ü.M. gelegen, kurz vor der Passhöhe und bevor sich das Tal des Bergells steil bis nach Chiavenna auf 313 M.ü.M. herab senkt. (Das Bergell wird im Anschluss an die Beschreibung des Puschlavs vorgestellt). Auf dem Friedhof des kleinen Fleckens Maloja ist das **Grab des Malers Giovanni Segantini,** der während seiner letzten fünf Lebensjahre in Maloja gewohnt hatte. Hier ist auch sein Atelier. Das das Dorfbild beherrschende **Hotel Palace** wurde 1882 von *Jules Rau* im Stil der italienischen Renaissance gebaut. Dort, wo ein belgischer Graf ein Casino plante, dann aber Pleite ging, stießen Arbeiter beim Ausschachten von Fundamenten auf eine große Zahl von bis zu 15 Meter tiefen **Gletschermühlen.** „Familien willkommen" ist das Motto, mit dem sich Maloja als besonders kinderfreundlicher Ferienort mit vielen Animationsprogrammen für Groß und Klein anbietet.

Praktische Tipps

Information

- **Tourismus Organisation Plaiv,** Chesa Romana, 7524 Zuoz, Tel. 081/851 20 20, Fax 081/851 20 24, www.engadina.ch
- **Kur- und Verkehrsverein Pontresina,** 7504 Pontresina, Tel. 081/838 83 00, Fax 081/838 83 10, www.pontresina.com
- **Kur- und Verkehrsverein St. Moritz,** Via Maistra 12, 7500 St. Moritz, Tel. 081/837 33 33, Fax 081/837 33 77, www.stmoritz.ch
- **Verkehrsverein Sils/Engadin,** 7515 Sils im Engadin, Tel. 081/838 50 50, Fax 081/838 50 59, www.sils.ch
- **Kur- und Verkehrsverein Maloja,** Ente Turistico, 7516 Maloja, Tel. 081/824 31 88, Fax 081/824 36 37, www.maloja.ch

Unterkunft

- **Hotel Veduta****, 7526 Cinuos-chel, Tel. 081/854 12 53. Kleines, gut geführtes Familienhotel mit sauberen, gemütlichen Zimmern mit D/WC. Ruhiges Zimmer verlangen.
- **Posthotel Engiadina******, 7524 Zuoz, Tel. 081/854 10 21, www.hotelengiadina. 125-jähriges komfortables Haus, schöner Speisesaal, stilvolle Salons, kleines Wellnessangebot, schöner Garten mit Pool und Restaurant. 42 Zimmer, DZ mit D/Bad/WC ab sFr. 172 bis 348 (Suiten) inkl. Frühstück.
- **Hotel Crusch Alva*****, 7524 Zuoz, Tel. 081/854 13 19, www.crusch-alva.ch. Mitten im historischen Dorfzentrum von Zuoz. Traditionsreicher Gasthof mit einfachen, zweckmäßigen Zimmern und gemütlichen Restaurants. DZ mit D/WC ab sFr. 130.
- **Hotel Garni Chesa Plaz,** 7522 La Punt Chamues-ch, www.chesa-plaz.ch, Tel. 081/851 21 00. Gemütliches Familienhotel mit 26 Betten, Zimmer alle mit WC/D, DZ sFr. 150 bis 260 inkl. Frühstück.
- **Hotel Chesa Salis,** 7502 Bever, Tel. 081/852 48 38, www.chesa-salis.ch. Spezielle Atmosphäre in altem Patrizierhaus von 1590. Die Zimmer sind sehr individuell eingerichtet, schöner Speisesaal, überall Ecken, Veranden und Kunst. Stets gut gebucht! DZ mit Bad/D und WC sFr. 158 bis 284.
- **Hotel-Pensiun Crasta Moa,** 7502 Bever, Tel./Fax 081/852 53 47. Familienpension mit sauberen Zimmern, meist mit Etagendusche/WC. Persönliche Betreuung, familiär. DZ mit D/WC sFr. 150, Dusche auf Etage sFr. 130.
- **Hotel Bernina******, 7503 Samedan, Tel. 081/852 36 06, www.hotel-bernina.ch. Traditionsreiches altes Grandhotel in unmittelbarer Nähe des historischen Dorfzentrums. DZ Bergseite ab sFr. 212 bis 262, talseitig (schöner Ausblick) sFr. 232 bis 292.

●**Hotel Saratz******, 7504 Pontresina, Tel. 081/839 40 00. 1875 als Wohnhaus erbaut, später in mehreren Etappen zur Hotelanlage erweitert. In den 90er-Jahren Totalrenovierung mit sanft restauriertem Altbau. Besondere Qualitäten besitzt der neue Zwischentrakt mit Ausblick ins Roseggtal. Hallenschwimmbad. DZ mit D/WC ab sFr. 265.

●**Hotel Allegra*****, 7504 Pontresina, Tel. 081/838 99 00, www.allegrahotel.ch. Topmodernes, ausgezeichnetes Businesshotel im Dorfzentrum mit 52 großen Zimmern mit z.T. herrlichem Ausblick. 100 % Feng-Shui, 80 % Nichtraucher, Multimediaplattform (Spiele, Internet). DZ mit D/WC sFr. 170 bis 280 inkl. Frühstück.

●**Jugendherberge Pontresina „Tolais“**, Langlaufzentrum, 7504 Pontresina, Tel. 081/842 72 23. Zweier-, Vierer-, Sechser- und 16er-Zimmer, 130 Betten, Duschen und WC auf Etage. Spielwiese, Tischtennis, Fußballplatz, Rad- und Ski-Raum, Spiele, TV, Disco-Möglichkeiten, öffentliches Restaurant und Langlaufzentrum im Haus. Hauptsaison sFr. 41,50, Nebensaison sFr. 39 p.P. im Mehrbettzimmer mit Frühstück und Abendessen.

●**Chesa Rosatsch******, 7505 Celerina, Tel. 081/837 01 01, www.rosatsch.ch. In vier z.T. alten, 1995 renovierten Engadiner Häusern am Inn, nahe der berühmten Kirche San Gian liegt die komfortable Unterkunft mit guter Küche. Kleines Wellnessangebot. DZ mit Bad/WC ab sFr. 170 bis 500 (Suiten).

●**Hotel Misani,** 7505 Celerina, Tel. 081/833 33 14, www.hotelmisani.ch. Im Herzen von Celerina. Hotel mit jungem Stil: einmal nicht Holz und rustikal, sondern von Künstlern gestaltete Themenzimmer, alle mit D/WC. In alten Engadiner Stuben neu interpretierte Bündner Küche mit italienischem Einschlag. DZ mit D/WC sFr. 150 bis 290 inkl. Frühstück.

●**Hotel Inn-Lodge,** 7505 Celerina, www.celerina.ch/hotels/hotelInnLodge.html, Tel. 081/834 47 95. Gruppenunterkünfte in modernem Gebäude für preisbewusste Traveller. 14 Zimmer, 90 Betten. Vierer-Zimmer sFr. 33 bis 45 p.P., in Gruppenräumen sFr. 28 bis 40 p.P. inkl. Frühstück.

●**Hotel Eden*****, Via Veglia 12, 7500 St. Moritz, Tel. 081/830 81 00. Ausgezeichnetes Garni mit familiärer Atmossphäre; schöne Zimmer z.T. mit herrlichem Ausblick. DZ mit Bad/D/WC ab sFr. 157 bis 275, Junior Suite sFr. 338, Winter sFr. 233 bis 397 und 437 für Juniorsuite. Gutes Preis-Leistungs-Verhältnis.

●**Waldhaus am See*****, Via Dim Lej 6, 7500 St. Moritz, Tel. 081/833 76 76. Außerhalb des Zentrums, wunderschöner Blick auf den See. 53 Zimmer, Sauna, Fitnessraum, größte Whisky-Bar der Schweiz, regelmäßig gut gebucht, v.a. für Wochenarrangements. DZ mit Bad/WC ab sFr. 170 (Nordseite), ab sFr. 200 mit Seesicht inkl. Frühstück.

●**Landhotel Meierei,** 7500 St. Moritz, Tel. 081/833 32 42, www.hotel-meierei.ch. Abseits des Zentrums in wunderschöner Lage am See, als Ausflugs-Restaurant bekannt. Im oberen Stockwerk einige schöne Zimmer. Große Sommerterrasse, ruhige Umgebung, Ruderboote, Fahrräder, Pferdestall. DZ mit Bad/WC sFr. 160 bis 410 (Suiten) inklusive Frühstück.

●**Hotel Languard*****, Via Veglia 14, 7500 St. Moritz, www.languard-stmoritz.ch, Tel. 081/833 31 37. Garni mit ansprechendem Komfort. Zimmer z.T. mit schöner Aussicht. DZ mit Bad/WC sFr. 160 bis 440 inkl. Frühstücksbüffet.

●**Jugendherberge Stille,** Via Surpunt 60, 7500 St. Moritz, Tel. 081/833 39 69. In St. Moritz-Bad. Zwei DZ mit WC/D, 14 DZ mit Lavabo, 42 Vierer-Zimmer mit Lavabo. Internet Corner, Aufenthalts- und Spielräume. Richtpreis im Vierer-Zimmer inkl. Frühstück und Abendessen sFr. 45,50 p.P.

●**Chesa Guardalej******; 7512 Champfèr, Tel. 081/836 63 00, www.chesa-guardalej.ch. Komfortables Haus mit Wellness. Schöne Zimmer, meistens mit Terrasse und z.T. Blick auf See. DZ mit Bad/WC sFr. 320 bis 420, Suiten bis 760.

●**Hotel Waldhaus*******, 7514 Sils-Maria, Tel. 081/838 51 00, www.waldhaus-sils.ch. Palast von 1908, hat das Jahrhundert fast unbeschadet überstanden. Man fühlt sich wie in einem Film aus dem Fin de Siècle. Alles stimmt, trotzdem unkomplizierte Stimmung. 120 Zimmer und einige Suiten. DZ mit Bad/WC sFr. 330 bis 660 inkl. Frühstück.

●**Hotel Margna******, 7515 Sils-Baseglia, Tel. 081/838 47 47, www.margna.ch. 1817 erbautes Patrizierhaus. Sehr schöne Räume, gediegener persönlicher Service. Direkt am Langlaufnetz. Kleiner Wellnessbereich. 55 Zimmer, 13 Suiten. DZ mit Bad/WC ab sFr. 340 inkl. Frühstück.

- **Stiftung Salecina,** 7516 Maloja, Tel. 081/824 32 39. In dieser Stiftung diskutierten seit den siebziger Jahren alle Linken und Alternativen Europas und veränderten die Welt nachhaltig. Die Gäste helfen bei den anfallenden Arbeiten mit. Autofrei (Zufahrt zum Ein- und Ausladen gestattet). Gruppenunterkünfte in Vierer-, Achter- und Zwölfer-Räumen, sFr. 40 bis 54.
- **Jugendherberge Maloja,** Hauptstrasse, 7516 Maloja, Tel. 081/824 32 58. Drei DZ ohne Bad, Massenlager à 7, 10, 14 und 17 Betten, Dusche und WC auf der Etage. Kleine Spielwiese, Tischtennis. Hochsaison sFr. 24, Nebensaison sFr. 24 p.P. (ohne Frühstück), nur für Selbstkocher.

Camping

- **Campingplatz Punt Muragl,** 7503 Samedan, Tel. 081/842 81 97. Geöffnet: Anfang Juni bis Ende September und Ende November bis Mitte April.
- **Camping Plauns,** 7504 Pontresina, www.mypage.bluewin.ch/campingplauns/, Tel. 081/842 62 85. Der höchstgelegene Campingplatz Europas. Naturbelassener sandiger Boden mit leichtem Baumbestand, von vielen Bächen durchlaufen. Einer der schönsten alpinen Campingplätze. Sommer und Winterbetrieb. Anfahrt: Von Pontresina Richtung Berninapasshöhe bis Abzweigung Morteratsch.
- **Campingplatz Plan Curtinac,** 7516 Maloja, Tel. 081/824 31 81, Juni bis Sept. geöffnet.
- **Campingplatz Punt Muragl,** 7503 Samedan, Tel. 081/842 81 97, Juni bis Sept. und Dez. bis Mitte April geöffnet.
- **Campingplatz Plauns,** Morteratsch, 7504 Pontresina, Tel. 081/842 62 85. Mitte Mai bis Mitte Okt. und Dez. bis Mitte April. Einer der schönsten alpinen Campingplätze der Schweiz mit großartigem Ausblick auf Morteratschgletscher und Berninagruppe.

Sport

- **Reiten:** Reithalle in Zuoz.
- **Tennis:** Tennishalle in Corviglia.
- **Inline-Skating:** 8,6 Kilometer Inlinebahn in La Punt.
- **Swiss Kitesailing School:** in Silvaplana.
- **Golf:** Engadin Golf Samedan, Club House, 7503 Samedan, Tel. 081/851 04 66. Der älteste Golfplatz der Schweiz, 1891 eröffnet. Löcher: 18 Par: 72 Länge: 6217 Meter. Driving Range mit 25 Abspielplätzen. Clubhouse mit Restaurant. Gäste willkommen, ein Mindesthandikap von 36 ist erforderlich.

  Engadin Golf Zuoz: In Zuoz/Madulain entsteht ein neuer attraktiver 18-Loch-Golfplatz. Eröffnung Sommer 2002.

  Kulm Executive Golf Course St. Moritz: Driving Range, Pitching und Putting Greens können ohne Golfkenntnisse und gegen Bezahlung der Range Fee benutzt werden. Der 9-Loch-Executive-Platz darf ab Platzreife gespielt werden.
- **Wintersport:** Für den Langlaufsport stehen rund 180 Kilometer an permanent unterhaltenen Loipen zur Verfügung. Der Unterhalt wird mit 15 Loipenmaschinen frühmorgens oder spätabends getätigt. Spezialtarife mit Schweizerischem Langlaufpass bzw. Engadiner Schneekristall (Info bei Tourismusbüros). Skifahren und Snowboard im Diavolezzagebiet, Lagalp, Languard oder den anderen Oberengadiner Skigebieten.

Kultur

- **Engadiner Konzertwochen:** Am 23. Juli 1941 fand im Kirchlein im Fextal das erste Konzert der Engadiner Konzertwochen statt. Initiiert wurden die Kammermusikfestspiele durch *Ernst Schulthess,* der Pfarrer in Silvaplana war. Aus sechs Konzerten des ersten Jahres sind bis heute rund 1000 geworden. Konzerte im Bereich der Kammermusik, vereinzelt Sinfoniekonzerte, mit bekannten Ensembles und Solisten. Veranstaltungsorte: Die alten, akustisch herausragenden Kirchen des Oberengadin und die Festsäle der Engadiner Hotels. Mitte Juli bis Mitte August.

Veranstaltungen

- **White Turf St. Moritz.** Seit 1907 Internationale Pferderennen auf dem St. Moritzersee, im Jan./Febr.
- **FIS Ski Weltmeisterschaften** 2003.

Val Poschiavo/Puschlav

Das Puschlav ist von Pontresina im Oberengadin über den Berninapass zu erreichen. Auf dem Weg liegt in Berninahäuser die Talstation der Diavolezzabahn, die ins großartige Gebiet der Bündner 4000er-Berge führt: auf den 2973 Meter hohen Gipfel der **Diavolezza.** Von hier hat man eine wunderbare Sicht auf die Gipfel von Piz Palü (3905 Meter), Piz Zupo (3996 Meter), Piz Bernina (4049 Meter), Piz Morteratsch (3751 Meter) und den ins Tal drängenden Morteratschgletscher. Auf der der Berninapassstraße gegenüberliegenden Seite führt eine Seilbahn auf die **Lagalp,** ein anspruchsvolles Wintersportgebiet für geübte Fahrer.

Sei es mit der Berninabahn oder mit dem Auto, dem Reisenden eröffnet sich vom Firnschnee des Palü zu den Weinreben des unteren Puschlavs, von den Crot zu den Palästen Poschiavos auf der kurzen Strecke ins Veltlin eine überraschende **Vielfalt an Gelände-, Wirtschafts- und Siedlungsformen.** So sah auch der Schriftsteller *Wolfgang Hildesheimer* seine Wahlheimat: „Das Unerwartete! Im Puschlav stößt man darauf, nicht nur in der Natur, sondern auch in den Dörfern, vor allem in Poschiavo, dem zentralen Ort, dessen Eigentümlichkeiten jeder Vorbereitung spotten."

Das allseitig abgeschlossene Puschlav verbindet das Engadin durch eine enge Felsklus mit dem Veltlin, dem Tal der Adda. Von den Gletschern des Piz Palü bis zur Einmündung des Flusses Poschiavino in die Adda (419 Meter) sind es nur 25 Kilometer, die Höhendifferenz ist mit fast 2000 Metern gewaltig. Die Wasserscheide liegt zwischen dem kleinen Lago Nero (Schwarzer See) und dem südlich davon gelegenen Lago Bianco (Weißer See) auf dem Berninapass. Der Inn fließt in die Donau, der Poschiavino in die Adda. Der nur 300 Fuß breite natürliche Erddamm zwischen beiden Seen ist zugleich Sprachscheide zwischen dem romanischen Sprachgebiet und dem italienischen. Der Piz Campasc teilt das Berninapassgebiet in die zwei Bergtäler Val Lagoné, mit den Alpweiden von La Rösa, und das Val da Pila. Aus der Gletscherwelt des Berninapasses führt das Puschlav über **drei Steilstufen** zur Talebene bei Poschiavo hinunter: Die erste Stufe führt von Forcla di Livigno/Passhöhe nach La Rösa (1700 Meter), die zweite von La Rösa ins Pedemonte (1100 Meter), die dritte von Motta Miralago durch die Schlucht nach Brusio (780 Meter).

Der Palübach und der Cavagliasch prägen den westlichen Arm des oberen Puschlavs. Die Talstufe von Cavaglia ist markant. Im geschliffenen Felsriegel aus Granit befinden sich imposante **Gletschermühlen** *(marmitte dei giganti).* Eine Stiftung möchte die Zeugen einer 20.000- bis 30.000-jährigen Vergangenheit bald öffentlich über einen Erlebnis- und Gletscherpfad zugänglich machen. In den Eiszeiten sollen Gletscherströme herabgeflossen sein, die sich in Cavaglia zu einem mächtigen Strom vereinigt hatten. Mit dem Überfließen des Felsriegels von Cavaglia bildeten sich auf dem Glet-

134ch Foto: rb

Am Berninapass

scher gewaltige Spalten. Zusammen mit eingestürzten Felstrümmern konnte das Wasser in drehender Bewegung den harten Boden aushöhlen. So entstanden halbkugelige, später kesselförmige Vertiefungen, die Gletschertöpfe. Cavaglia liegt auf 1700 Metern zwischen der Alp Grüm und San Carlo. das Gebiet zählt zu einem der landschaftlich reizvollsten Flecken des Val Poschiavo. Von hier bietet sich ein reizvoller Ausblick auf die Bergamasker Alpen und das Tal. Nach Norden schließt der Piz Palü das Panorama ab.

Der Höhengürtel 1500-1700 Meter markiert die Trennlinie zwischen Maiensäß und Alp, darüber liegen die Alpweiden *(li alp)*, darunter die Maiensässe *(i munt)*. Das Val di Campo mit dem verträumten Lago Saoseo und dem rauen Lago di Val Viola auf 2159 Metern ist von Sfazù (Postautostation) erreichbar.

Der Puschlaver **Talgrund** *(al plan)* ist flach und durch zahlreiche Schuttkegel der Seitenbäche eingeengt. Diese unterschiedlich großen Schuttkegel des Val Varuna, Val d'Ursé, Val da Guli, Val Pedenal, Val da Cölögna und Val da Prada prägen die Übergangsbereiche zwischen Hängen und Talsohle. Der späteiszeitliche Bergsturz *Motta* in Miralago, vom Berg Güümelin losgebrochen, staute den Lago di Poschiavo bis weit über seine heutige Ausdehnung nach Norden hinaus. Die *Motta* („Anhöhe") dominiert die unterste Stufe des Puschlavs und erstreckt sich mit dem Trümmerfeld von Miralago bis Piazzo. Das Seitental Val dal Saent mit dem rauschenden Wasserfall öffnet sich in der untersten Stufe der Gemeinde Brusio in westlicher Richtung. Die unteren Bergflanken sind sehr steil und brüchig. Die Bergdörfer Cavaione und Viano liegen über dieser Gefällstufe.

Im oberen Puschlav wird Alp- und Futterwirtschaft betrieben, in der Talebene blühen Wiesen mit Obstgärten, mit Äpfeln, Birnen und Pflaumen, die bewässert werden müssen. Noch weiter unten im steilen Trogtal gibt es wenig Kulturboden und die Betriebe sind auf Milchproduktion eingestellt. Neben Gemüsebau gibt es hier auch Tabak oder Buchweizen. Beide Produkte werden nach der Weizen-, Roggen- oder Gerstenernte angepflanzt. Auch die Weinberge fehlen nicht. Immer mehr Betriebe stellen auf biologische Landwirtschaft um. Diverse bieten Direktverkauf ab Hof an (eine Liste ist beim Tourismusbüro erhältlich).

Das Puschlav ist auch für seine ganz eigene **Küche** bekannt. Typische Gerichte sind *Pizzöcar ala pusc'ciavina* (eine Mehlspeise), *Minestra da dumega* (Gerstensuppe), *Pulenta in flur* (Polenta mit Rahm), *Pulenta taragna* (Polenta mit Käse und Rahm) sowie *Capunett* (Spinatspätzle).

Im Val Poschiavo wird Serpentin, Marmor des Sassalbos und Granit aus Campascio bearbeitet. Gesprochen wird ein **italienischer Dialekt,** der in der Gemeinde Poschiavo vom Rätoromanischen, in der Gemeinde Brusio vom Dialekt des Veltlins beeinflusst ist. Früher konnte man an der Sprache ablesen, ob der Gegenüber katholisch (mehrheitlich Bauern) oder reformiert (Handwerker, Bürgertum) war. *Buongiorno* (Guten Tag) heißt *bundì, la burca* (ital. *il vicolo)* die Gasse, la *cuntrada* (ital. *la frazione)* ist die Gemeinde, *i budan* (ital. *bambini)* sind Kinder, *i matei* (ital. *ragazzi)* Knaben, *li mateli* (ital. *ragazze)* Mädchen.

Geschichte

Die Geschichte des Puschlav war eng verknüpft mit dem Schicksal des südlichen Nachbarn. *Karl der Große* schenkte das Veltlin mit dem Anhängsel Poschiavo dem Kloster St.-Denis. Die erste urkundliche Erwähnung 824 führt *Postclave* zusammen mit anderen Veltliner Territorien auf. Im 14. Jh. unterstand das Puschlav den Herzögen von Mailand, 1394 besetzte Bischof *Hartmann II. von Chur* das Tal, 1408 schloss die Talschaft einen Vertrag und trat als zehntes Hochgericht in den Gotteshausbund ein. Im Gegensatz zum Veltlin gelang dem Puschlav so früh die Befreiung von der Feudalherrschaft und die Orientierung nach Norden. Reformation und Gegenreformation kamen von Süden und brachten Konflikte und Spannungen. 1547 gab es in Poschiavo die erste reformierte Kirchengemeinde. 1620 und 1623 wurde das Puschlav gewaltsam rekatholisiert, dabei fanden über 500 reformierte Puschlaver den Tod. 1642 vertrug man sich wieder und führte von nun an in fast allen Bereichen ein getrenntes Leben. Die Besetzung durch die napoleonischen Truppen hatte die Loslösung des Veltlins von den Drei Bünden zur Folge, das Veltlin wandte sich endgültig Italien zu. Das Puschlav trat 1803 mit dem Kanton Graubünden in die Schweizerische Eidgenossenschaft ein. Die Eröffnung der Brenner- (1876) und der Gotthardbahnlinie (1882) beschränkten den Verkehr über den Berninapass. Einziger Ausweg aus dieser Lage schien die Auswanderung zu sein. Vielleicht stammt aus dieser Zeit der Ausdruck vom „verlorenen Tal" *(valle perduta)*. Um die Jahrhundertwende trat für das isolierte Südtal durch den Bau der Berninabahn, der höchst gelegenen Adhäsionsbahn in Europa, und durch den Einzug des Industriezeitalters in Form einer Kraftwerksanlage eine wirtschaftliche Wende ein. Die Einwohnerzahl stieg von 4301 im Jahr 1900 auf 5562 im Jahr 1950.

San Carlo-Aino

↗XIX/C3

In San Carlo-Aino steht die frühbarocke **Pfarrkirche San Carlo Borromeo** von 1613. Bemerkenswert sind die Ausstattung mit Altären aus schwarzem und rotem Marmor und die ausgezeichneten Wand- und Deckengemälde eines lombardischen Künstlers aus der Mitte des 17. Jh. In der Passionskapelle: *Isaias* und *David,* der *hl. Hieronymus, Petrus, Nikodemus, Joseph v. Arimathia, Magdalena* und ein römischer Hauptmann, im Gewölbe sechs Engel mit Leidenswerkzeugen.

Das Pfarrhaus über einem Torbogen mit Straßendurchlass wurde 1622 als Hospiz gebaut. Südlich der Kirche steht der kubische Palazzo Dorizzi, 1772 gebaut. Die Mühle in Aino zeigt das Müller-Handwerk Anfang des 20. Jh.

Pisciadello

↗XIX/C3

In Pisciadello steht bei einem unberührten Weiler auf einem verträumten Maiensäss die **Kapelle San Giacomo,** um das 15. Jh. mit quadratischem, eingezogenem Chor gebaut und im 18. Jh. eingewölbt. Der Turm ist von 1930. Die Kapelle besitzt vier spätgotische Bilder mit den *hl. Anna, Petrus, Johannes* und *Stephanus.*

Sassal Masone

In Sassal Masone, einer Alp südwestlich des Lago Bianco, finden sich **Crotti,** Rundbauten, deren konisch aufgeschichtetes Mauerwerk eine Art Bienenkorb mit falschem Gewölbe bildet. Sie sind an verschiedenen Orten des Puschlav anzutreffen, vor allem auf den Alpen und Maiensässen. Die Crotti dienten als Kühlräume für Milchprodukte und sind aus Stein und ohne Zusatz von Mörtel konstruiert.

Ebenso typisch für das Puschlav sind die **Santelle,** kleine offene Straßenkapellen mit Heiligenbildern.

Poschiavo

↗XIX/C3

Mitten in Wiesen, überragt vom Sassalbo, liegt Poschiavo, der drittgrößte Ort Graubündens und Hauptort der gleichnamigen Talschaft. Im lang gestreckten Borgo, in dessen Mitte sich die italienisch anmutende Piazza Communale befindet, stehen in lockerer Gruppierung massiv gemauerte Bürgerhäuser, oft mit flach gewalmten Steinplattendächern. Viele besitzen Natursteinportale und zweiflügelige, grob gezimmerte Tore. Die Bauten des 18. und 19. Jh. fallen durch die Fensterachsen auf und verfügen über Mezzaningeschosse und bauplastischen Schmuck.

Die Piazza Communale wird von Patrizierhäusern, vom romanischen Rathausturm und von der bemerkenswerten **Stiftskirche San Vittore Mauro** eingerahmt, einer spätgotischen Anlage mit abgetreppten Außenstreben am Langhaus und eingezogenem, dreiseitig geschlossenem Chor von 1497. An der Südseite besitzt die Stiftskirche einen hohen romanischen Turm aus der ersten Hälfte des 13. Jh. Das Westportal von 1503 hat einen Kielbogen und Rechteckrahmung, die Barocktür besitzt gute Schnitzereien von 1700. Der Chor hat ein zweijochiges Sterngewölbe, die Schlusssteine zeigen das Haupt Christi und die Sonne. Zweiteilige Maßwerkfenster sind im Chor, dreiteilige im Schiff zu sehen. An den Flügelaußenseiten des Choraltars findet man spätgotische Figurenreliefs aus dem südlichen Alpengebiet um 1500. Der Taufstein ist barock.

Südlich der Stiftskirche liegt das **Oratorio S. Anna,** 1732 erbaut, bestehend aus Vorhalle und drei Räumen. Die Vorhalle dient als Beinhaus, die drei toskanischen Säulenarkaden werden durch Régencegitter geschlossen.

In der **Klosterkirche S. Maria Presenta,** östlich der Stiftskirche ist eine Kanzel aus der zweiten Hälfte des 17. Jh. mit reicher Ajourschnitzerei und Statuetten zu bewundern.

Das **Casa Torre** mit ehemaligem Wehrturm wurde 1899 als Rathaus eingerichtet und stammt vermutlich aus dem Jahre 1548. Die historisierende Neugestaltung erfolgte 1911.

Der **Palazzo Albrici,** heute ein Hotel, wurde 1682 mit tonnengewölbten Korridoren mit allegorischen Deckenmedaillons gebaut.

Im Ortsteil Surcà steht das **Museum Casa Mengotti** mit einem Südtrakt von 1655 und dem Nord- und Westtrakt aus dem 18. Jh. In den Längstrakten sind Täferstuben und Erkerstube (17./18. Jh.) untergebracht, im Nordtrakt Hauskapelle mit Heiligenbildern von 1710.

Am südlichen Dorfrand liegt das **Spaniolenviertel** mit seinen 1830 erbauten Palazzi. Die Villen wurden von Puschlaver Emigranten, die nach Venedig und Spanien ausgewandert waren und begütert zurückkehrten, in Auftrag gegeben. Die in sich geschlossene Anlage mit halb offener Linienführung und maurisch-biedermeierlichen Stilelementen lässt erahnen, wie die daheim Gebliebenen angesichts dieser aufgetragenen Eleganz vor Neid erblassten.

Die katholische **Kirche Santa Maria Assunta** gilt als die schönste Barockkirche des Puschlav. Sie wurde 1260 erstmals erwähnt, der Chor wurde 1692 erbaut, das Schiff und die Seitenkapelle 1709–1711. Die Kirche steht auf einer vorgezogenen Terrasse. Südlich des flach geschlossenen Chors befindet sich die Sakristei, nördlich der Turm. Das Gotteshaus hat ein tonnengewölbtes Schiff, eine überkuppelte Vierung und einen kreuzgratgewölbten Chor. Die Gewölbe ruhen auf ionischen Pilastern mit ringsumlaufendem Gebälk, über ihm die Fenster. Das illusionistische Kuppelgemälde ist von *Giovanni Prina,* der Hochaltar von 1720. Hinter dem Choraltar ist ein weiteres Gemälde: die Himmelfahrt Mariä, 1652 von *Carlo Marni* gemalt.

Brusio

↗XIX/C3

Die Brusiesi, die Bewohner der Gemeinde Brusio, besitzen und pachten im Veltlin Rebberge. Sie keltern am Ort und bringen den jungen **Wein** im Rahmen von Zollvergünstigungsabkommen über die Grenze. Von dort gelangt er in die großen Kellereien der Umgebung, zu den *Triacca, Mascioni, Plozza, Misani, Zanolari* u.s.w.

Brusios **Grenzbereinigungen** mit Italien zogen sich bis 1863 hin. Cavaione z.B., im Niemandsland zwischen Brusio und Veltlin, gab sich je nach Bedarf als zu Italien oder der Schweiz gehörend aus. 1853 erklärten sie *„d'esser e voler rimanere Lombardi"* (sie wollten lombardisch bleiben), bereuten ihren Entschluss aber noch im gleichen Jahr, nicht zur Freude von Brusio, das den armen Bewohnern eine Schule und Armenunterstützung gewähren musste. Schließlich erbarmte sich die Eidgenossenschaft und zahlte für die Neubürger 17.900 Franken, der Rest wurde vom Kanton und eine bescheidene Summe von den Cavaionesi selbst aufgebracht. 1875 erhielten sie Schweizer Bürgerrecht und sind ihm bis heute treu geblieben.

117ch Foto: rb

Blick auf Brusio

Zu besichtigen gibt es in Brusio die frühbarocke Pfarrkirche San Carlo Borromeo, erwähnt 1439, erbaut 1617. Sie ist nach Westen gerichtet und hat einen gerade geschlossenen, eingezogenen Chor. Die „Casa Communale" wurde im 17. Jh. erbaut und um 1710 neu ausgestattet. Seit 1899 dient sie als Rathaus. In der Ratsstube gibt es eine originelle Felderdecke. Die „Casa Misani" von 1732 birgt gewölbte Korridore und im ersten Geschoss zwei Täferzimmer. Das „Casa Trippi" hat ein Allianzwappen der *Trippi-Paravicini.* Die „Casa Besta", ein Lokal-Museum, ist ein stattliches Patrizierhaus aus dem 17. Jh. Der Viadukt in Brusio, über den die Berninabahn im Kreis den Höhenunterschied von 20 Metern überwindet, wurde im Jahre 1909 konstruiert. Die abendliche Beleuchtung lässt das imposante Bauwerk im besten Licht erscheinen.

Auf einer abfallenden Felsterrasse 900 Meter über Miralgo und dem Puschlaversee steht in der Nähe von Brusio die **Kirche San Romerio,** 1055 Sitz einer Kongregation, von der heute nur noch die Kirche übrig geblieben ist. Die Kongregation nahm 1154 die Augustinerregel an. 1517 wurde sie dem Gotteshaus Santa Maria in Tirano einverleibt. Im Mittelalter war sie ein bekannter Rastplatz für viele Pilger. Das Rechteckschiff mit Schlitzfenstern stammt aus dem 11. Jh., der quadratische Chor ist spätmittelalterlich, ebenso der polygonale Annex an der Südseite des Schiffes. Hier findet sich ein Wandgemälde aus dem 16. Jh. mit *San Antonio Eremita.* Aus gleicher Zeit stammt auch der Turm mit einfachen rundbogigen Schallöffnungen. Der Schiffsboden ist mit unregelmäßigen Steinplatten bedeckt, der Chor hat ein barockes Kreuzgewölbe von 1659.

Praktische Tipps

Information

- **Tourismusbüro Valposchiavo,** 7742 Poschiavo, Tel. 081/844 05 71, Fax 081/844 10 27, www.valposchiavo.ch

Verkehrsverbindungen

- Das Puschlav ist das ganze Jahr mit der Rhätischen Bahn oder mit dem Auto über den Berninapass erreichbar. Während der Wintermonate besteht eine Postautoverbindung von Le Prese nach Pedecosta. Im Sommer über Sfazù bis zum Berninapass. Ein kleiner Postbus verkehrt zwischen Sfazù und Campo, ebenfalls steht auf Voranmeldung eine Verbindung Brusio – Viano zur Verfügung. Ein Wanderbus verkürzt die langen Aufstiege.

Unterkunft

- **Minotel Suisse,** 7742 Poschiavo, Tel. 081/844 07 88, www.forum.ch/suisse. Traditionelles, gut geführtes Hotel im Zentrum von Poschiavo. DZ mit Bad/D und WC sFr. 124 bis 198 inkl. Frühstück.
- **Albergo Croce Bianca,** 7742 Poschiavo, Tel. 081/844 01 44. Zentral in Poschiavo gelegener Familienbetrieb. 30 Zimmer mit Bad oder D/WC, DZ sFr. 120 bis 150.
- **Hotel Albrici à la Poste,** 7742 Poschiavo, Tel. 081/844 01 73. Am Hauptplatz von Poschiavo gelegen, als Palazzo Massella 1682 erbaut, seit 1815 ein Hotel. 1996 sorgfältige Renovierung. Einfache Zimmer D/WC auf Etage. DZ sFr. 85 bis 95.
- **Hotel le Prese******, in Le Prese. Schönes, altes Haus am Lago di Puschiavo. Terrassenrestaurant, Tennisplatz, geheiztes Freischwimmbad, Boccia, Rudern. DZ mit Frühstück sFr. 210 bis 294.

Camping

●**Camping Boomerang,** 7745 Li Curt, Tel. 081/844 07 13. Der Boomerang ist ein kleiner, gut geführter, ruhiger und ganzjährig geöffneter Camping- und Caravaningplatz, 980 M.ü.M.

Besichtigungen

●**Palazzo Mengotti,** das Puschlaver Talmuseum in Poschiavo. Viele der ausgestellten Gebrauchsgegenstände erinnern an den früheren Lebensstil im Puschlav. Die Handweberei im Palazzo Mengotti und der „Artigianato Artistico" stellen auf Ihren Webstühlen Kissen, Tischtücher und Teppiche her. Im Sommer: Di und Fr 14–17 h, im Juli und Aug. zusätzlich Mi 14–17 h. Im Winter geschlossen. Tel. 081/844 17 50.

●**Handweberei Valposchiavo,** Poschiavo, Tel. 081/8440503.

●**Sammlung Christen-Dorizzi:** Indische Kunst, Via da Mez 25, Poschiavo, Tel. 081/839 03 00.

Sport

●**Hallenbad:** Poschiavo, Tel. 081/844 00 13.

●**Freibad:** Le Prese, Tel. 081/844 05 27.

●**Minigolf:** in Le Prese, Tel. 081/844 03 83.

●**Gleitschirmfliegen/Delta:** Passagierflüge in Poschiavo, Tel. 081/844 01 13, Delta: Tel. 081/844 09 79.

●**Bergsteigen, Trecking, Schneeschuhwandern, Freistilklettern:** in Cavaglia, Tel. 081/834 61 24.

●**Bogenschießen:** in Sfazù, Tel. 081/844 12 82.

●**Mountainbike** (Downhill): Lagalb, Tel. 081/842 65 91.

Einkaufen

●**Markt** auf dem Dorfplatz von Poschiavo, Juli–September, Mi 13–17.30 h.

●**Altes Gewerbe:** Einige Puschlaver bearbeiten und flechten nach alter Tradition Hasel- und Weidenruten zu Körben und Tragen.

Verschiedene Handwerksbetriebe verarbeiten einheimische Hölzer.

Lederbearbeitung: Das bekannteste ist wohl „il tresciadru", Lederbänder werden ineinander geflochten, so dass ein strapazierfähiges Seil entsteht. Die Seile werden zum Zusammenbinden von Heu und Holz für den Transport verwendet.

Fest

●**Kastanienfest** in Brusio, im September.

Ausflug

●Von der Passhöhe auf dem Berninapass führt eine Seitenstraße ins Livignotal (Italien), ein Zollausschlussgebiet. Von dort kann man weiter in den Schweizerischen Nationalpark fahren und durch das Spöltal hinunter nach Zernez, bzw. über den abenteuerlichen Umbrailpass nach Bormio im oberen Veltlin und wieder zurück ins Puschlav.

Val Bregaglia/Bergell

Aus dem Oberengadin gelangt der Reisende über den Malojapass in das Bergell, ohne dass der Pass als solcher ins Bewusstsein kommt. Von 1815 Metern Höhe fährt man hinter dem Silsersee stufenweise zu dem nur 333 Meter hohen Talgrund beim italienischen Chiavenna. Das Val Bregaglia (das in Italien zum Val Chiavenna wird) ist unterteilt in einen höher gelegenen alpinen Teil, die **Sopraporta,** wo die Lärchen im Herbst in feurigen Farben leuchten, und in einen mediterraneren südlichen Teil, die **Sottoporta** mit ihren Kastanienwäldern. Die das Bergell umgebenden Dreitausender (Piz Padile, Piz Cengalo, Gemelli, Sciora- und Alpignagruppe) fallen steil ab in den engen Talgrund, so dass sich hier die Sonne zwischen November und Februar praktisch verabschiedet. In der übrigen Zeit gehört das Tal zu den lieblichsten, ursprünglichsten und grandicsesten Landschaften der Schweiz, mit steinplattenbedeckten Häusern, berühmt geworden nicht zuletzt durch den italienischen Maler *Segantini* und den Künstler-Clan der *Giacometti* aus Stampa.

Von jeher gab es im Bergell einen Auswanderungsdruck, von dem die Heimkehrer-Palazzi erzählen. Sie wurden als Zeichen des Wohlstands von den in Europa oder Übersee reich gewordenen Zuckerbäckern, Bauleuten oder Söldnern gebaut. Heute pendeln viele der 1500 Frauen und Männer aus dem Bergell in die Touristenhochburgen des Engadin.

Im Bergell produzieren Bauern Weichkäse, frisches Fleisch und Salami, Früchte, Gemüse, Honig und den Bergeller Bitter. Sägereien und Schreiner produzieren für den Bau und die Möbelindustrie. Neuerdings haben sich auch pharmazeutische Betriebe angesiedelt, die Heilmittel und Kosmetika herstellen.

Es locken viele Wanderwege, darunter der Panorama-Hochweg und der „sentiero storico" entlang historischer Pfade. Besucher können im Bergell klettern, bergsteigen, Canyoning betreiben, biken. Im Winter sind Skitouren, Langlauf und Eislaufen angesagt.

Geschichte

1972 wurde die Römische Straße über den Septimer und Maloja entdeckt, weitere römische Funde gab es bei Murus und in Vicosoprano. 960 gelangte das Bergell durch Schenkung des Kaisers *Otto I.* an das Churer Bistum. 1367 wurde der Gotteshausbund gegründet, dem die bischöflichen Untertanen des Bergell angehörten. Im selben Jahrhundert bekam die Familie *Castelmur* vom Bischof den Auftrag, die Septimerstraße zu verbessern. Handel und Verkehr blühten auf. In der Refomationszeit wurde das Bergell protestantisch, Italienisch wurde Amtssprache. Der Glaubenswechsel verlief gesittet, die Bergeller verkauften ihre Kirchenschätze der bündnerischen Vogtei Chiavenna. Während der Bündner Wirren wurde das Bergell besetzt und ganze Ortschaften zerstört. 1535 spaltete es sich in zwei Gemeinden: Sopraporta und Sottoporta, aus denen sechs, später fünf Gemeinden entstanden. Mit dem Beitritt Graubündens zur Helvetik 1803 wurde das Bergell endgültig Teil der Eidgenossenschaft.

Casaccia ↗XVIII/B3

Mitten in die Kastanienwälder gebettet liegt am Fuß der Pässe Maloja und Septimer das staatliche Bergdorf Casaccia auf 1469 Meter, einst Heimat von Säumern und Transportleuten. Über dem Dorf steht die Ruine der großen **Wallfahrtskirche S. Gaudenzio** (erbaut 1514–18). Sie war von einer das Dorf im Laufe seiner Geschichte immer wieder heimsuchenden Mure zerstört worden. Die reformierte **Barockkirche** aus dem Jahr 1742 wurde auf den Fundamenten einer von einer Rüfe verschütteten Kirche von 1522 aufgebaut. Etwas oberhalb des Dorfes liegt das **Hospiz** von

1520. Das „Convento" versank 1740 wegen einer Rüfe bis zum dritten Stock. Das jetzige Erdgeschoss birgt spätgotisches Täfer mit Fachschnitzerei. Die 1594 für *Gian Prevost* gebaute **Casa Gadina** besitzt einen viergeschossigen Westtrakt und einen dreigeschossigen Ostflügel unter gleichem First. Die „Sala terrena" hat eine geschnitzte Tür und Stuckwappen und -putten. Im zweiten Stock des **Hotel Stampa** sind Täfer von 1734 mit Allianzwappen von *Rudolf von Stampa* zu sehen.

Westlich von Casaccia erhebt sich die **Burgruine von Turraccia,** ein bischöflicher Befestigungsbau, von dem noch ein Mauerwinkel steht. Von Casaccia aus konnte man früher den schäumenden Albignawasserfall bestaunen, jetzt steht dort die Staumauer. Casaccia besitzt den einzigen **Skilift** des Tals.

Vicosoprano

↗XVIII/B3

Vicosoprano ist die größte Ortschaft im Bergell und war einst Hauptort des ganzen Tals. In der Zeit der Bündner Wirren war es Unruheherd, in dem manche Intrigen geschmiedet wurden. Der Dichter des Bergell, *Giovanni Maurizio,* hinterließ mit dem Buch „La Stria" (Die Hexe) ein eindrucksvolles Zeitdokument von historischem und kulturellem Wert.

Stattliche Patrizierhäuser, oft aus dem 16. Jh., mit Sgraffiti, geschmiedeten Gittern und Balkonen, zeugen von einer blühenden Vergangenheit. Die reformierte **Kirche San Trinità** ist ein turmloser Barockbau mit lisenengegliedertem dreijochigem Schiff und dreiseitigem Chorhaupt. Im Innern finden sich eine Rokokokanzel und ein Abendmahltisch von 1760.

Das 1583 erbaute **Rathaus** zeigt an seiner Fassade die Allegorien der Gerechtigkeit und Mäßigkeit und über dem Rundportal einen Wappenstein mit Steinbock, dem Hoheitszeichen des Talgerichts. Ein Prangerstein mit Halseisen zeugt wie die Folterkammer des Gerichtsgebäudes, des **Pretorio,** von der Unerbittlichkeit der damaligen Richter. (Besichtigung von Rathaus und Folterkammer von Juni bis Oktober täglich möglich). Das Rathaus umschließt einen viergeschossigen Rundturm, den **Senwelenturm,** eine bischöfliche Feste aus dem 13. Jh., die 1583 zum Gefängnis ausgebaut wurde. An das Rathaus angebaut ist das **Pfarrhaus** aus dem Jahr 1522.

Neben dem Haus Nr. 90 aus dem 18. Jh. steht der sechsgeschossige spätmittelalterliche **Familienturm der von Salis** mit Eckquadern, Zeltdach und altem Hocheinstieg, um 1700. Die **Brücke** über die Maira hat einen gemauerten Bogen, datiert von 1543. Am Talweg im Westen schreckt den Besucher ein gemauerter **Galgen.** Unweit von Vicosoprano wurde eine **altrömische Siedlung** entdeckt.

Vicosoprano ist für Wanderer und Bergsteiger Ausgangspunkt in das Albignagebiet. Andere Wanderwege führen zu den Weilern Roticcio und Pungel. Ein schön gelegener Campingplatz bei Vicosoprano wird gerne genutzt.

Stampa

↗XVIII/B3

Die Gemeinde Stampa umfasst die Dörfer Borgonovo, Coltura und Montaccio sowie den Kurort Maloja. Viele Bergeller ziehen noch ein- bis zweimal im Jahr mit Kind und Kegel vom Tal in die Weiler um Maloja hinauf bzw. kehren nach Stampa zurück.

Die **Ciäsa Granda** ist ein altes Patrizierhaus aus dem Jahre 1581. Heute birgt es das Talmuseum mit dem Giacometti-Varlin-Saal und seltenen Edelsteinen sowie Exemplaren aus der Tier- und Vogelwelt des Tals.

Die Künstlerdynastie der Giacomettis

Augusto Giacometti, sein Vetter Giovanni und dessen Sohn Alberto sind als Künstlerdynastie in die europäische Kunstgeschichte eingegangen. Der Maler Giovanni Giacometti liebte Motive aus dem Bergell. Sein Vetter Augusto Giacometti, ebenfalls Maler, arbeitete in der Schweiz, in Florenz, Paris und Nordamerika. Seine Motive waren Blumen, Stillleben, Interieurs und Landschaften aus dem Bergell. Daneben malte Augusto Giacometti auch gegenstandslose Farbkompositionen. Viele Kirchen und öffentliche Gebäude der Schweiz besitzen bedeutende Glasmalereien von ihm. In der Barockkirche San Giorgio von 1694 ist ein Glasgemälde von Augusto Giacometti. Alberto, der Sohn Giovannis, führte die Künstlertradition der Familie als Bildhauer weiter. Er wirkte in Paris und erhielt 1964 den Guggenheim-Preis, die höchste Kunst-Auszeichnung in den USA. Die Giacomettis sind auf dem Friedhof von San Giorgio bei Stampa-Borgonovo begraben.

● **Geöffnet:** 1. Juni bis 20. Okt. 14–17 h. Nov. bis Mai auf Anfrage, Tel. 081/8 22 11 82.

Unweit der Hauptstraße und des Flusses befindet sich in einem Granitblock ein **spätrömisches Wannengrab.**

In Stampa waren die *Giacomettis,* die bekannte Maler- und Bildhauerfamilie, zu Hause.

Das enge Straßendorf **Stampa-Borgonovo** weist alte Speicher aus dem 16.–17. Jh. auf. Haus Nr. 61 ist ein typisches Beispiel für die Bergeller Wohnkultur mit einem architektonischen Sgraffito von 1668. Auf der Gartenseite findet sich die Sgraffiti-Kopie eines Hauses in Vicosoprano von *Augusto Giacometti.*

In einsamer Lage erhebt sich die reformierte **Kirche San Pietro** bei **Stampa-Coltura.** Ein zweijochiger barocker Bau von 1743 mit rechteckig eingezogenem Chor und Turm, fast identisch mit der Kirche San Giorgio von Stampa-Borgonovo. Die Kirche besitzt ein Ölgemälde von *Augusto Giacometti.*

Baron *Giovanni de Castelmur* baute hier den neugotischen, nach italienisch-maurischem Vorbild erstellten **Palazzo Castelmur,** architektonisch ein Exot in dieser Umgebung.

● **Geöffnet:** 15. Juni bis 15. Okt., Di–So 14–17 h, 15. Juli bis 15. Sept. auch 9 bis 11 h, mit Geschichtsarchiv.

Burg Castelmur

Bei Promontogno trennt ein Felsriegel, die so genannte *Porta,* das obere vom unteren Bergell. Lange war dies die Grenze zwischen den Bistümern Chur und Como. Auf der untersten Felsterrasse liegt die römische Siedlung *Murus,* eine Poststation mit Römischer Straße und Durchlass. Die Burg Castelmur mit Talsperre und Kirche zerfiel seit dem 16. Jh. Reste einer Mauer ziehen sich über drei Geländestufen. Auf der obersten Terrasse steht ein fünfgeschossiger Wehrturm mit Wehrgang und Bering, um 1300 erbaut. In der Senke liegt die **Kirche Nossa Donna,** die Mutterkirche des ganzen Bergell, 988 erwähnt. Baron *Giovanni de Castelmur* ist hier beigesetzt. Nossa Donna ist eine romanische, 1863 erhöhte Saalkirche mit halbrunder Apsis und einem italienisch wirkenden Campanile von 1100.

Promontogno und Bondo

Die beiden Dörfer liegen dicht beieinander, Promontogno an der Hauptstraße, Bondo abseits an der Mündung der Bondasca. Beide wurden im Jahre 1621 von spanischer Soldateska niedergebrannt und später neu aufgebaut. Die Steinplatten auf den Dächern und die sonnenverbrannten Holzlauben spiegeln die Nähe zu Italien. Den regen Tourismus verdanken die beiden Orte den Bergfreunden, denen sie als Ausgangspunkt zu den bekannten Kletterbergen der Umgebung dienen.

Auf dem Weg von Promontogno nach Bondo trifft man auf **Crotti** – kleine kubische Bauten mit Vorraum zum Felskeller und einem darüber liegenden Zimmer, beschattet von hohen Kastanienbäumen, im Sommer von heiterem Bocciaspiel belebt.

Am Dorfeingang von **Bondo** steht das Geburtshaus des Dante-Forschers *G. A. Scartazzini,* eine schlichte Gedenktafel erinnert an den berühmten Mann. Inmitten des Dorfes steht ein achteckiger Brunnen und unweit davon die Kirche San Martino, eine romanische Saalkirche mit Halbrundapsis, geweiht 1250. San Martino besitzt einen hohen Turm, das oberste Geschoss mit Zeltdach stammt aus dem 15. Jh. Die Kirche birgt Wandmalereien eines unbekannten italienischen Meisters um 1480–90.

Am Dorfausgang befindet sich der **Palazzo Salis** mit seinen wertvollen Kunstschätzen. 1765–74 von *Pietro Martocco* und *Martino Martinojo* für *Hieronymus von Salis-Soglio* gebaut, gilt er als schönster Herrschaftsbau im Bergell. Breit ausladend, besitzt er zwei Hauptgeschosse mit Mezzanin unter einem Walmdach mit drei gartenseitigen Lukarnen. Drei Achsen und Quaderlisenen teilen das Haus in drei Abschnitte. In der Mittelachse beider Fassaden haben die Portale Graniteinfassungen, Volutengiebel und Wappenkartuschen. Auf der Westseite findet sich eine geometrische Gartenanlage mit Springbrunnen. In der Mitte ist eine symmetrische Freitreppe mit Zwischenpodesten. Die Repräsentationsräume sind zentral, die Aufenthaltsräume seitlich angeordnet. Rokokostuckaturen vermischen sich mit frühen Louis-XVI.-Motiven. Im japanischen Kabinett gibt es gemalte Chinoiserien, zwei Räume haben heimische Arventäferung.

Soglio ↗XVIII/B3

Das malerische Soglio thront über einem dichten Kastanienhain auf einem terrassenförmigen, sonnigen Hang über dem Tal und bietet einen einzigartigen Ausblick. Hoch über die einfachen Häuser erheben sich die **Palazzi** des hier beheimateten einflussreichen Geschlechtes der *Salis-Soglio*. Die „Cà Aelta", oder **„**Casa Alta", ist ein hoher Bau von 1524, umgebaut 1680. Die „Casa Battista", das heutige „Hotel Palazzo Salis", 1701 für *Baptist von Salis* gebaut, erlaubt einen Einblick in die Wohnstätten der edlen Familien.

Soglio ist ein idealer Ferienort mit schönen Spazierwegen. In den unterhalb von Soglio gelegenen Kastanienwäldern sind im Herbst die Familien mit der Ernte beschäftigt.

Castagsegna ↗XVIII/B3

Castagsegna an der italienischen Grenze besitzt bereits **südländisches Klima.** Hier reifen die letzten Trauben und einzelne Palmen wachsen in windgeschützten Gärten.

Über Castasegna, auf der sanft geneigten Terrasse von Brentan, liegt der **größte Edelkastanienwald Europas–** ein Park mit riesigen Bäumen. Ihre Kronen sind ineinander verschlungen und bilden weite Säulenhallen. Im Oktober und November reifen die Früchte, die Kapseln springen auf, die Maroni bedecken den Boden. Frauen und Kinder sammeln die Kastanien, Jugendliche tragen sie in die Dörrhütten, die *Cascina*. Diese bestehen aus zwei Räumen: Im unteren steht der Herd, der obere ist Lagerraum. Sie sind durch Holzstäbe getrennt, die so eng aneinander liegen, dass die Kastanien nicht durchfallen, Rauch und Hitze aber aufsteigen können. Nach wenigen Wochen sind die Maroni gedörrt und geräuchert. Jetzt werden sie in lange, schmale Säcke gefüllt. Der Bauer schlägt den Sack so lange auf einen Holzblock, bis sich die Schalen lösen. Die *Cascinen* bilden im Wald ein kleines Dorf. Der Rauch, der ihnen während dem Dörren entsteigt, liegt wie Nebel in der Luft. Die Kastanie behauptet sich noch heute in der Küche der Bergeller Bevölkerung.

Nahe dem Zollhaus befindet sich das Haus der verstorbenen Dichterin **Silvia Andrea.** Es steht zur Besichtigung offen. *Silvia Andrea* war mit dem gebildeten Zollinspektor *Antonio Garbald* verheiratet, der sich 1860 vom berühmten *Gottfried Semper* eine Villa im Pergolastil bauen ließ. Sie besaßen eine bemerkenswerte Bibliothek, die heute in Chur aufbewahrt wird. Der Sohn *Andrea Garbald,* ein begabter Fotograf, hatte die Mitglieder der Giacometti-Familie immer wieder porträtiert.

Auf schönen **Spazierwegen** durch herrliche Kastanienwälder erreicht man Bondo und Soglio. Über die Grenze kommen Wandernde in das nur sieben Kilometer entfernt Städtchen **Chiavenna,** das einst zu Graubünden gehörte. Der Fußweg führt über das im Jahre 1618 durch einen Felssturz begrabene, damals bündnische **Piuro** mit seinen 2430 Einwoh-

118ch Foto: si

nern, vier Kirchen und prunkvollen Palästen nach **Prosto** mit dem Palazzo der Familie *Vertemati*.

● **Geöffnet:** Sa 10–12 h und 15–18 h, So 9–12 und 15–18 h oder Tel. 0039/343/33 442 343.

Praktische Tipps

Information

● **Ente Touristico,** Pro Bregaglia, 7605 Stampa, Tel. 081/822 15 55, www.bergell.ch.

Unterkunft

● **Hotel Pension Stampa,** 7602 Casaccia, Tel. 081/824 31 62. Haus aus dem 16. Jh., z.T. sehr liebevoll restaurierte Zimmer. DZ mit D/WC sFr. 130 bis 150. Außerdem Zimmer mit fließendem Wasser und Matrazenlager vorhanden.

● **Hotel Pension Sciora,** 7606 Promontogno, Tel. 081/822 14 90. Altes, schönes Gasthaus aus dem 15. Jh. Klein, gemütlich familiär. DZ mit D/WC sFr. 140 bis 160. Auch Zimmer mit Etagendusche/WC und Touristenlager im Angebot.

● **Hotel Palazzo Salis,** 7610 Soglio, Tel. 081/822 12 08. Erbaut 1630. Reiche Originalausstattung mit Möbeln, Bildern und Wandmalereien. Noch heute im Familienbesitz der *Salis*, seit 1876 als Hotel genutzt. Haus und Ausstattung werden sorgfältig gepflegt. Der Einbau der notwendigen Nasszellen für die Gästezimmer wurde unter größtmöglicher Schonung der historischen Bausubstanz vorgenommen. Pittoreske Gärten auf der Rückseite des Palazzos. DZ mit Bad/WC sFr. 200 bis 220 inkl. Frühstück. Es gibt auch Zimmer mit Etagendusche/WC.

● **Locanda Rocca Bella,** 7608 Castasegna, Tel. 081/834 00 77. Über den Dächern von Castasegna nahe einem Kastanienwald. Hoteleigener Garten und Gartenschwimmbad. DZ mit Bad/WC sFr. 180 inkl. Frühstück.

Camping

● **Camping Mulina,** 7603 Vicosoprano, Tel. 081/822 12 23. Einfacher, ruhiger Platz, wenige Minuten von Vicosoprano entfernt. Als Ausgangspunkt für Wanderungen geeignet.

● **Camping Bondo,** 7606 Bondo, Tel. 081/822 11 34. Mitten in kleinem Lärchenwald am Hang gelegener schöner Platz.

Das malerische Soglio

119ch Foto: en

Fürstentum Liechtenstein

120ch Foto: en

121ch Foto: en

Das fürstliche Schloss in Vaduz

Die Landesgrenze des Fürstentums mit Blick auf Schloss Balzers

Kirche bei Steg

Überblick

Das Fürstentum Liechtenstein ist ein 160 Quadratkilometer kleiner, souveräner Staat am Rhein zwischen dem St. Gallerland und dem österreichischen Vorarlberg. Von den 32.528 Einwohnern sind etwa 34 % Ausländer, meist Schweizer, Österreicher und Deutsche. Liechtenstein ist eine **konstitutionelle Erbmonarchie.** Der Fürst, seit 1989 *Hans Adam II. von und zu Liechtenstein,* übt nicht nur eine repräsentative Funktion aus, sondern hat auch beträchtlichen Einfluss auf das politische Geschehen. Amtssprache ist **Deutsch,** Umgangssprache ein alemannischer Dialekt. Vier Fünftel der Liechtensteiner sind **katholisch.** Seit wenigen Jahren ist Liechtenstein Erzbistum.

Der Staat ist in die folgenden elf Gemeinden mit großer kommunaler Selbstständigkeit aufgeteilt:

Gemeinde	**Einwohner**
Vaduz (Hauptstadt)	5043
Schaan	5346
Balzers	4183
Triesen	4292
Eschen	3661
Mauren	3216
Triesenberg	2505
Ruggell	1687
Gamprin	1158
Schellenberg	983
Planken	352

Der Großteil der Bevölkerung wohnt in einem kleineren Teil des **Territoriums** auf der sich nach Norden verbreiternden Rheinebene zwischen dem Riegel Luziensteig und dem Rheinknie in Sargans im Süden und den Hügeln auf der Höhe Feldkirch – Sennwald im Norden des Landes. Die östlich angrenzende Gebirgslandschaft mit dem Grauspitz (2599 M.ü.M.), dem Naafkopf (2570 M.ü.M.) und dem Falknis (2560 M.ü.M) ist flächenmäßig größer, jedoch wenig besiedelt. Sie wird nach Norden von der Samina durchflossen, die bei Frastanz im Vorarlbergischen in die Ill mündet.

Das **Hochtal der Samina** ist heute ein Fremdenverkehrsgebiet mit dem Kurort Malbun, erschlossen durch einen Straßentunnel zwischen Triesenberg und Steg und deshalb gut erreichbar, trotzdem aber noch recht beschaulich und sehr familienfreundlich.

Die Wasserführung des **Rheins** unten im Tal wies früher starke Schwankungen auf und führte immer wieder zu Überschwemmungen. Die seit den letzten großen Fluten 1927 getroffenen Maßnahmen führten dazu, dass der Strom nun innerhalb seiner Dämme zum Teil über dem Niveau der Ebene fließt und durch ein Dränagesystem mit einem Binnenkanal entwässert wird.

Zwischen Fluss und Bergen liegen von Wildbächen aufgeschüttete Schwemmfächer, welche über den winterlichen Kaltluftseen liegen, deshalb klimatisch bevorzugt sind und einen **guten Wein** gedeihen lassen.

Der häufig stürmisch wehende **Föhn** beeinflusst die Temperaturen ebenfalls positiv, sorgt aber andererseits für recht viel **Regen:** 800 mm im Regenschatten des Säntismassivs, über zwei Meter auf dem Bergkamm.

Die **Bevölkerung** lebt größtenteils in den rheinnahen Siedlungen des Tals, in Balzers, Triesen, Vaduz, Schaan, Eschen und Mauren. Sie ist alemannischer Abstammung, obschon Flurnamen zeigen, dass hier einst Kelten und Rätier siedelten. 1904 zählte das Land noch 9477 Einwohner, 1968 schon 21.000 und 2001 etwa 32.000 Einwohner.

Noch in den dreißiger Jahren waren 60 % der Bevölkerung in der Landwirtschaft beschäftigt. Heute leben die Einheimischen und eine große Zahl von Grenzgängern aus der Schweiz und aus Österreich von den großen **Industriebetrieben** in Schaan und Balzers und insbesondere von den unzähligen Firmen im **Dienstleistungsbereich:** Tourismus, Treuhand, Finanzberatung und Finanzdienstleistungen.

Geschichte und Politik

Der regierende **Fürst Hans Adam** wurde 1945 als ältester Sohn des Fürsten *Franz Josef II. von und zu Liechtenstein* geboren. Der Name *Hans-Adam* erinnert an den **Beginn des Fürstentums:** Ein Vorahne, Fürst *Johann (Hans)-Adam I.* – er regierte von 1699–1712 – begründete das Fürstentum Liechtenstein durch den Kauf der Herrschaft Schellenberg (1699) und der Grafschaft Vaduz (1712), die er 1719 zum reichsunmittelbaren Fürstentum verband. 1806, nach der Auflösung des Heiligen Römischen Reichs Deutscher Nationen, erlangte Liechtenstein volle Souveränität als eigener Staat.

Das Land, das *Johann Adam* gekauft hatte, war **mausarm** und nur als Durchgangsland interessant für die oft durchziehenden Truppen, die sich um den Zugang über die Alpenpässe Graubündens stritten. Der Fürst residierte denn auch nicht hier, sondern im fernen Wien oder in anderen Ländereien, die der Familie gehörten. Erst Fürst *Alois II.* betrat als regierender Monarch 1842 seine Herrschaft und erst *Franz Josef II.,* der Vater des jetzigen Fürsten, wählte 1938 (!) das Ländle als Wohnsitz.

Die Geschichte Liechtensteins ist bis in das 20. Jh. eng mit der Familie verbunden. 1806–14 gehörte das Fürstentum zum Rheinbund, danach bis 1866 zum Deutschen Bund. Die Fürsten lehnten sich stark an **Österreich** an, gingen mit ihm 1852 eine Zollunion ein, übernahmen große Teile des österreichischen Rechts und ließen sich auch außenpolitisch bis zum Fall der Donaumonarchie von Österreich vertreten. Dann löste der damalige Fürst *Johann II.* (1858–1929) die engen Bindungen des Landes zu dem, was von Österreich übrig geblieben war und verband das Fürstentum eng mit der Schweiz.

Seit 1919 vertritt die **Schweiz** außenpolitisch die Interessen des kleinen Landes. Die Schweizer Post übernahm den Post- und Telegrafendienst (obschon Liechtenstein nach wie vor heiß begehrte eigene Briefmarken druckte). 1923 schloss man sogar eine Zoll- und Währungsunion mit der Schweiz. Die Landesgrenze tritt deshalb, wenn man von der Schweiz her einreist, kaum in

Erscheinung. Lediglich Schilder in der Mitte der Rheinbrücken zeigen an, dass man einen eigenen, souveränen Staat betritt.

Derselbe Fürst *Johann II.*, der schon 1868 die allgemeine Wehrpflicht abgeschafft hatte, gab dem „Ländle" 1921 eine neue **Verfassung.** Aus der absoluten wurde – mehr oder weniger – eine parlamentarische Monarchie: Landtag und Fürst üben (gemeinsam) die gesetzgebende Gewalt aus, der Fürst hat ein Vetorecht. Liechtenstein kennt wie die Schweiz Volksinitiative und Referendum. Der Regierungschef und sein Stellvertreter werden vom Landtag vorgeschlagen und vom Fürsten auf sechs Jahre ernannt. Die Rechtspflege wird von einem Landgericht, einem Obergericht und einem Obersten Gerichtshof (drei Instanzen) wahrgenommen. Es gibt keine Armee, aber ein kleines Polizei- und ein Hilfskorps.

Schon vor dem Inkrafttreten der neuen Verfassung 1918 waren zwei Parteien entstanden: die **Christlich-Soziale Volkspartei** (die „Roten") und die **Fortschrittliche Bürgerpartei** (die „Schwarzen", wegen ihrer ehemals engen Verbindung zur Geistlichkeit), die allerdings beide die Beibehaltung der Monarchie unterstützten. 1933 setzten sich ehemalige Mitglieder der Bürgerpartei – dem Zeitgeist gemäß, aber zum Glück erfolglos – mit dem von ihnen gegründeten „Liechtensteinischen Heimatdienst" für eine ständestaatliche Umwandlung des Landes ein. 1936 fusionierte dieser Heimatdienst mit der Volkspartei zur **Vaterländischen Union.**

Den Krieg überstand das Ländle durch seine Neutralität und enge Bindung an die Schweiz unbeschadet. Seit dem Krieg wechseln sich Bürgerpartei und Vaterländische Union in der Regierung ab. Das Land erlebte einen beispiellosen **wirtschaftlichen Aufschwung.** Eine liberale Wirtschaftspolitik und Gesetzgebung ermöglichten Liechtenstein, einer der begehrtesten Wirtschaftsstandorte der Welt zu werden, dessen Einwohner eines der höchsten Pro-Kopf-Einkommen besitzen. Firmen wie Hoval und HILTI AG in Schaan oder Unaxis in Balzers gelang der Aufstieg in die Topriege der europäischen Wirtschaft. Diese Entwicklung macht sich allerdings auch negativ bemerkbar: Viel historische Substanz und Natur wurde dem Wirtschaftsboom geopfert. Die Siedlungen im Tal, in Vaduz, Schaan und Balzers, sind größtenteils gesichtslos, mit unschönen Geschäftshäusern, Banken, Verwaltungsbauten und viel Verkehr.

Angesichts der Integration Europas und der zunehmenden Liberalisierung der Weltwirtschaft muss auch Liechtenstein sich neu orientieren. Die außenpolitische Vertretung durch die Schweiz gilt heute nur noch zum Teil. Liechtenstein vertritt seine Interessen, insbesondere wirtschaftspolitische, heute durchaus selbst. Es ist über 50 **multilateralen Abkommen** beigetreten: So ist Liechtenstein Mitglied des Europarates (seit 1978), der UNO (seit 1990, der UNO-Vertreter ist zugleich Botschafter in den USA), der EFTA (seit 1959 assoziiert, seit 1991 Vollmitglied) und der OSZE (seit 1994).

Das **politische Leben** ist rege, eher konservativ. Es gibt drei Parteien: Die konservative Fortschrittliche Bürgerpartei (FBP), die ebenso konservative Vaterländische Union (VU) und die Freie Liste (FL), welche Demokratie, Gleichberechtigung und Ökologie auf ihre Fahnen geschrieben hat. Seit dem 1. Juli 1984 sind auch Frauen stimm- und wahlberechtigt. Bei der Wahl im Februar 2001 errang die FBP dreizehn, die VU elf und die FL einen Sitz.

Ein **Verfassungsstreit** zwischen dem Fürsten einerseits und Regierung und Parlament andererseits war bei Redaktionsschluss noch nicht ausgestanden. Der Fürst, der durchaus autokratische Neigungen zeigt, will nicht ein rein repräsentativ tätiger Monarch werden und drohte mit dem Auszug aus seinem Ländle, falls man nicht auf seine Version einer neuen Verfassung eingeht. Damit übt er zweifellos Druck auf Bevölkerung und Repräsentanten aus. Dass sich das Volk einen anderen Fürsten nehmen könnte (wie es schon andere Völker getan haben) wird jedoch kaum diskutiert.

Das Rote Haus in Vaduz

Wirtschaft

Von den 25.343 Arbeitsplätzen entfallen nur noch 1,3 % auf die Land- und Forstwirtschaft, 45,2 % auf Industrie und Gewerbe und 53,5 % auf das Dienstleistungsgewerbe. 38,4 % der Erwerbstätigen kommen als Grenzgänger meist aus der Schweiz und Österreich. Liechtensteins Industrie exportierte 1999 Güter im Werte von 3,9 Milliarden Franken. Führend sind Unternehmen des Ländles z.B. in der Befestigungstechnik (Hilti in Schaan), Beschichtungstechnik und Zahnmedizinaltechnik. Von den **Exporten** gingen 43,3 % in die Länder des EWR. Ein Anteil von 12,8 % ging in die Schweiz

Der Finanzplatz Liechtenstein

Das Direktoriumsmitglied der schweizerischen Nationalbank Prof. *Bruno Gehrig* schätzt, dass die private Vermögensverwaltung für ausländische Kunden ca. 50 % zur Wertschöpfung der liechtensteinischen Volkswirtschaft beiträgt. Prozentual arbeiten sieben Mal mehr Liechtensteiner bei Banken als Schweizer, und die durch Banken verwalteten Kundenvermögen sind pro Kopf der Bevölkerung gar dreißig Mal höher als in der Schweiz. Dies zeigt die **überragende Bedeutung** dieser wirtschaftlichen Aktivität für Gedeih und Verderben des kleinen Staates.

Man wird dem Finanzplatz Liechtenstein nicht ganz gerecht, wenn man ihn als Offshore-Platz bezeichnet. Liechtenstein ist v.a. ein Finanzplatz mit hohem Niveau, der auch so genannte Offshore-Produkte anbietet. Natürliche und juristische Personen sind auch im Fürstentum Liechtenstein steuerpflichtig. Aber die **Steuern** sind im internationalen Vergleich bescheiden. Bei Holding- und Sitzgesellschaften sowie Investmentunternehmen wird nur eine Kapitalsteuer erhoben, was vor allem für Unternehmen mit Sitz im Ausland attraktiv ist. Die Liechtensteiner Rechtsanwälte, Treuhänder und Bankiers haben zudem unterdessen auch ein bedeutendes **Wissen** angesammelt, wie man die anspruchsvollen Kunden beraten kann.

Die private Vermögensverwaltung ist gleichzeitig **der große Erfolgsfaktor und das große Risiko** für Liechtenstein: Man lebt davon, man ist kompetent, aber wenn das Vertrauen verloren geht, können sich die Finanzströme blitzschnell verändern und anderswohin fließen.

Liechtenstein hat sich seine Kompetenz als Finanzplatz in der Vergangenheit durch die Kombination mehrerer **Stärken** erworben: Es ist Teil des Frankenraums und profitiert davon, dass seine Volkswirtschaft monetär Teil einer stabilen Reservewährung ist, dass man also sein Geld getrost in dieser Währung anlegen kann. Daneben ist die Gesetzgebung des Ländles traditionell anlagefreundlich, die liechtensteinische Stiftungsgesetzgebung, wie auch andere liechtensteinische Gesetze, die Steuergesetze, das Bankengesetz mit dem „Bankgeheimnis", d.h. einem Persönlichkeitsschutz für Anleger, die Gesetze über Treuhänder, Rechtsanwälte etc. sind für Anleger und ihre Berater freundlich gestaltet. Geld sucht sich solche Plätze und meidet jene, wo diese Standortvorteile nicht existieren.

Liechtenstein ist in den letzten Jahren plötzlich **unter Druck geraten.** Insbesondere durch Vorwürfe des Deutschen Bundesnachrichtendienstes. Eine im Juli 2001 eingereichte Klage Liechtensteins gegen die Bundesrepublik wegen Missachtung der Eigenstaatlichkeit und Verletzung des Völkerrechts beim Internationalen Gerichtshof in Den Haag (übrigens die erste und einzige gegen Deutschland) ist noch in der Schwebe.

und 43,9 % wurden in die übrige Welt, hauptsächlich in die USA und den Fernen Osten exportiert.

Seit 1923 besteht ein Zollvertrag mit der Schweiz, durch den Liechtenstein in das schweizerische Wirtschaftsgebiet integriert wurde. Im Unterschied zum Partnerland Schweiz schafften die Liechtensteiner 1991 jedoch ein Volks-Ja zum Europäischen Wirtschaftsraum (EWR). Daher wurde der Zollvertrag inhaltlich so angepasst, dass für Liechtenstein sowohl die enge Partnerschaft mit der Schweiz (Zollunion) als auch die EWR Mitgliedschaft möglich ist. Es **gehört gleichzeitig zwei Wirtschaftsräumen an.**

Die Liberalisierung des Telekom-Marktes nutzten die Liechtensteiner geschickt durch die Schaffung einer **eigenen Telekom,** die nun als Player auf dem europäischen Markt auftritt.

Den Anruch, zwielichtigen Finanziers, Wirtschaftsverbrechern und Potentaten einen allzu attraktiven Standort für **gewaschene Gelder** anzubieten, konnte die Regierung durch konsequente Maßnahmen auf Gesetzesebene ausräumen, ohne die Attraktivität des Standorts entscheidend zu schwächen.

Dieser Druck hat aber auch **positive Maßnahmen** erzeugt. Die Gesetzgebung gegen Missbräuche des Finanzplatzes, insbesondere gegen Geldwäsche, wurde in Rekordtempo angepasst. Eine so genannte FIU, Financial Intelligence Unit, wurde aufgebaut. Die Zahl der Staatsanwälte, die sich mit Finanzdelikten und -verbrechen befassen, wurde vervierfacht. Ein Sonderstaatsanwalt hat die Vorwürfe untersucht und Schwächen im Gesetzesapparat, v.a. auf Vollzugsebene aufgezeigt.

Es stellt sich insbesondere heraus, dass es für einen abseits großer Zentren liegenden Kleinststaat wie Liechtenstein nicht einfach ist, die große Zahl kompetenter Leute verpflichten zu können, die auf juristischer Ebene, aber auch als Berater, Bankiers etc. professionell zwischen geschickter Anlageberatung und Begünstigung zwielichtiger Persönlichkeiten unterscheiden. Liechtenstein muss (wie übrigens auch die Schweiz) ein **neues Gleichgewicht finden,** eine Balance, die zwar einerseits die große Attraktivität des Finanzplatzes, die Professionalität seiner Berater und die Anlagefreundlichkeit beibehält, die aber andererseits verhindert, dass schmutziges Geld überdurchschnittlich gerne in das Land fließt und so letztlich die Basis dessen zerstört, was man in Jahren aufgebaut hat.

Die Hauptstadt Vaduz

↗X/B1-2

Vaduz, der Hauptort des Fürstentums Liechtenstein, ist mit seinen ca. 5100 Einwohnern nicht nur Sitz der Behörden und des Landtags (des Parlaments), sondern seit 1939 auch Residenz des Landesfürsten. Der Ort wurde 1150 das erste Mal urkundlich erwähnt. Der Name *Vaduz* ist rätoromanischen Ursprungs und stammt aus der Zeit, in der die Römer Herren der Provinz Rätien waren.

Bei Touristen aus aller Welt erfreut sich Vaduz großer Beliebtheit. Der Ort hat in den letzten Jahren an Attraktivität gewonnen. Eine neue Fußgängerzone lädt zum Verweilen in Straßencafés ein und das neue **Kunstmuseum** mit seiner markanten Fassade bietet einen beeindruckenden Überblick über die hier gesammelten Kunstschätze. Zweifelsfrei ist es die kulturelle Attraktion Liechtensteins. Von einer Stiftung für 30 Millionen Franken gebaut, wird es von der Landesverwaltung betrieben. Das im Winter 2000 der Öffentlichkeit übergebene Werk der Architekten *Morger, Degelo* und *Kerez* aus Basel und Zürich ist ein einfach und klar strukturierter Baukörper von 60 Metern Länge, knapp 25 Metern Breite und zwölf Metern Höhe. Die glatte, reflektierende Fassade besteht aus Kunststein, der aus gebrochenem Basalt und Flusskies sowie einem Anteil verschiedenfarbiger Kiesel gemischt wurde. Das Kunstmuseum setzt im Zentrum von Vaduz einen neuen architektonischen und städtebaulichen Akzent. Großzügige Fensterfronten gestatten von der Fußgängerzone aus Einblicke ins Museumsgebäude. Der Besucher gelangt in ein Foyer, in dem sich die Museumskasse, eine Cafeteria, eine Buchhandlung und der Museumsshop befinden. Sechs Ausstellungssäle schließen sich an. Zu sehen ist die Sammlung des Kunstmuseums Liechtenstein (v.a. ab 1830, Abstrakte und Surrealisten, Arte Povera). Sammlungen des Fürsten sind mit thematischen Ausstellungen zu Gast *(Rubens, van Dyck* und andere Flamen, Italien 14. bis 18. Jh., Skulpturen und Kunsthandwerk).

• **Kunstmuseum Liechtenstein,** Städtle 32, FL 9490 Vaduz, www.kunstmuseum.li, Tel. 00423/235 03 00. Di–So 10–17 h, Do 10–20 h, Mo geschlossen.

Daneben wollen die Besucher Liechtensteins selbstverständlich einen Blick auf das fürstliche **Schloss** wagen. Es stammt aus dem 12 Jh. und wurde anfang des 20. Jh. restauriert und wieder bewohnbar gemacht. Da es Residenz der Fürstenfamilie ist, kann es nicht besichtiget werden.

Man wird aber einen Blick in die neu zur Kathedrale erhobene **Kirche St. Florin** (Ende 19. Jh.) werfen. Südlich befindet sich die Fürstengruft. Das **Rote Haus** ist eines der wenigen historischen Gebäude aus dem 15. Jh.

In der **Hofkellerei** kann man einige Flaschen vom Wein des Fürsten erstehen, in der Hauptpost liechtensteinische **Sonderbriefmarken** kaufen oder man besichtigt das Post- und Briefmarkenmuseum mit liechtensteinischen Raritäten, historischen Dokumenten und Ausstellungen zur Postgeschichte.

• **Post- und Briefmarkenmuseum,** Städtle 37, FL 9490 Vaduz, Tel. 00423/236 61 05. Mo–So 10–12 h, 13–17 h.

Im Sommer finden in Vaduz verschiedene kulturelle **Veranstaltungen** statt, so das Musik-Festival „The Little Big One", das „Film-Fest Vaduz" und der „Städtle-Sommer". Ein Höhepunkt ist das große Feuerwerk anlässlich des Staatsfeiertags am 15. August. Am 10. Dezember beleuchtet der Weihnachtsmarkt die Stadt.

Das „Ländle" ↗X/B1-2

In der Umgebung von Vaduz sind v.a. die Burgen und Schlösser sehenswert. In **Schaan,** der bevölkerungsreichsten Gemeinde Liechtensteins, lohnt der Besuch der St. Peterskapelle, des ältesten christlichen Bauwerks des Ländles. Die heutige Kapelle entstand ca. 1500. An ihrer Westseite sind die Reste des Torturms eines Römerkastells aus der Zeit *Valentinians* zu finden.

Auf der Südseite von Vaduz liegt der Ort **Triesen,** heute arg zersiedelt, mit der Kapelle St. Mamertus, um 1000 erbaut, mit fragmentarischen Wandmalereien aus dem 15. Jh.

Noch weiter südlich dem Rheinknie zu liegt **Balzers** mit der eindrucksvollen Burg Gutenberg aus dem 11. Jh. auf einem hohen Felsen über dem Dorf. Da auch diese Burg in Privatbesitz ist, kann sie nicht besichtigt werden. Im Dorf findet man das aus dem 13. Jh. stammende Turmhaus mit interessanten Treppengiebeln.

Am Hang über Triesen liegt das wohl attraktivste Gebiet des Ländles, das Dorf **Triesenberg.** Es bietet einen wunderschönen Blick über das Rheintal hinüber zum Pizol, zum Gonzen und in das Alpsteingebiet bis zum Säntis. Einige alte Walserhäuser sind erhalten. Das Rathaus ist sehenswert und auf der Alp Masescha gibt es eine Kapelle aus dem 13. Jh. zu entdecken.

Auf dem Triesenberg ist für Interessierte das **Walser Heimatmuseum** besonders lohnenswert. Es bietet einen guten Einblick in das Leben dieser Volksgruppe, die vom Wallis bis ins Tirol die Berggebiete besiedelte und die Kulturlandschaft des Alpengebiets namhaft beeinflusste.

- **Walser Heimatmuseum,** FL 9497 Triesenberg, Tel. 00423/262 19 26. Kulturgeschichte der Walser, Geschichte und Brauchtum, Gerätschaften, Architektur. Di–Fr 13.30–17.30 h, Sa bis 17 h.

Fährt man auf der Hauptstraße bergaufwärts, so stößt man nach einiger Zeit auf einen Tunnel und befindet sich unvermittelt in einer ganz anderen Landschaft – im **Hochtal der Samina.** Am Eingang liegt eine eigenartige Maiensäss-Siedlung der Walser: **Steg,** eine Sommersiedlung auf 1300 M.ü.M. mit zwei Häuserringen um eine große Alp. Die Wiesen wurden als Heuwiesen genutzt, in Hungerszeiten offenbar gar als Äcker. Die Gebäude sind uralt, evtl. vorwalserisch und erstmals im 15. Jh. erwähnt. Hier befindet sich auch ein schöne Kapelle aus dem 17. Jh. Außerdem gibt es in Steg eine schöne Langlaufloipe.

Malbun befindet sich auf der obersten mit dem Auto erreichbaren Talstufe und ist v.a. als Wintersportort bekannt. Vier Schlepp- und zwei Sessellifte bringen Skifahrer bis auf über 2000 Meter (Schnee- und Pistenbericht: Tel. 00423/263 80 80). Vom Frühjahr bis in den Herbst ist Malbun ein angenehmes, ruhiges Wander- und Kinderparadies, das sich im Sommer ganz auf Familientourismus ausgerichtet hat. Ein umfangreiches Animationsprogramm sorgt für Abwechslung und der Falkner, der hier regelmäßig seine Falken aufsteigen lässt, ist eine ganz besondere Attraktion (www.galina.li).

Praktische Tipps

Information

- **Liechtenstein Tourismus,** FL-9490 Vaduz, Tel. 00423/232 14 43, Fax 00423/392 16 18, www.tourismus.li

Übrigens: In den Touristenbüros Vaduz, Schaan, Schaanwald, Triesenberg und Malbun erhält man gegen eine Gebühr von sFr. 2 einen offiziellen Stempel in den Reisepass.

An- und Weiterreise

- **Flugzeug:** Der nächstgelegene internationale Flughafen ist Zürich-Kloten (ca. 130 Kilometer von Vaduz entfernt.
- **Bahn:** Die nächsten größeren Bahnhöfe sind Buchs, 6,2 Kilometer, Sargans, 15 Kilometer, bzw. Feldkirch (Österreich), 20 Kilometer von Vaduz entfernt. Sargans erreicht man mit den IC-Zügen aus Zürich, Buchs mit Schnellzügen aus St. Gallen und St. Margrethen. Von dort mit dem Postauto nach Vaduz weiter.
- **Busse:** Regelmäßig nach Buchs, Sargans und Feldkirch (Österreich) sowie innerhalb des Fürstentums.

Stadtführungen

- Das **Touristenbüro Vaduz** führt im Sommer organisierte einstündige Stadtführungen durch. Daten und Zeiten beim Touristenbüro.
- Seit kürzerem kann Vaduz auch mit einem kleinen **Citytrain** oder „Städtlezug" erkunden, wobei in 14 Sprachen kommentiert wird. Abfahrt: Busterminal Vaduz, fix 16.30 h und immer wenn sich zehn Personen einfinden. Preis: Erwachsene sFr. 9, Kinder sFr. 5, Info: www.citytrain.li

Wichtige Telefonnummern

- **Vorwahl von Liechtenstein:** 00423
- **Polizei:** 117
- **Feuerwehr:** 118
- **Sanitätsdienst/Krankenwagen:** 144
- **Bergrettung:** 117
- **Pannendienst TCS:** 140

Internet

- Kostenlos im Internet surfen und E-Mails versenden im Telekomshop, Austr. 77, Vaduz, Tel. 00423/ 237 74 74.

Unterkunft

Da Liechtenstein sehr stark von Geschäftstouristen frequentiert wird, ist es trotz großem Angebot gar nicht so einfach, ein Bett zu finden. Man erkundige sich rechtzeitig.

- **Park-Hotel Sonnenhof******, FL-9490 Vaduz, www.relaischateaux.ch/sonnenhof, Tel. 00423/232 11 92. Stilvoll in schöner Gartenanlage gelegen, mit Hallenbad und Sauna, DZ sFr. 340 bis 500, Suiten bis sFr. 590 inkl. Frühstück.
- **Hotel Restaurant Real******, Städtle 21, FL 9490 Vaduz, www.relaischateaux.ch/real, Tel. 00423/232 22 22. Im Herzen von Vaduz. DZ sFr. 220 bis 250, Suiten bis sFr. 370 inkl. Frühstücksbuffet. Mit traditionellem Gourmetrestaurant mit Michelin*, gepflegter Service.
- **Torkel,** 9490 Vaduz, Tel. 00423/232 44 10. Das Spezialitätenrestaurant des Fürsten, schöne Terrasse, Weine aus der Hofkellerei.
- **Hotel Restaurant Schatzmann******, Landstr. 80, FL 9495 Triesen, www.hotel.schatzmann.li, Tel. 00423/399 12 12. Traditionsreiches Restaurant, bekannt für sehr gute Küche, Vorbestellung empfohlen. Topmoderner Hotelanbau. Gut gebucht. DZ sFr. 165 bis 190, Suiten sFr. 240 bis 360 inklusive Frühstück.
- **Hotel Meierhof*****, Meierhofstr. 15, FL 9495 Triesen, www.hotels.li/meierhof. Businesshotel etwas oberhalb des Tals, zweckmäßige große Zimmer, Sauna und Fitness, DZ sFr. 190 bis 230.
- **Kinderhotel Gorfion*****, FL-9497 Triesenberg-Malbun, www.schwaerzler-hotels.com, Tel. 00423/264 18 83. Speziell auf Kinder und Familien eingestelltes Hotel im Ski- und Wanderzentrum des Ländles, in Malbun. Alle Zi mit Bad oder D/WC. „All inclusive", 60 Stunden Kinderprogramm pro Woche, DZ sFr. 140 bis 220, Kinder bis fünf Jahre gratis, bis sechs Jahre 50 % Ermäßigung, 7–12 Jahre 30 % Ermäßigung.

●**Alpenhotel Malbun,** FL 9497 Triesenberg-Malbun, Tel. 00423/263 11 81. Gut geführtes Familienhotel. Schönes Hallenbad im Nebengebäude. DZ sFr. 120 bis 150 (Bad/WC). Auch einfachere Zimmer ohne Bad/WC im alten Hauptgebäude.

●**Jugendherberge Schaan/Vaduz,** Untere Ruettigasse 6, FL-9494 Schaan, Tel. 00423/232 50 22. Vier Zimmer mit zwei Betten, zwölf Zimmer mit sechs Betten (sFr. 27,60 p.P.) und vier Familienzimmer (sFr. 31,60 p.P.). Ruhig. Geöffnet: April bis Mitte November. Anfahrt: An der Hauptstraße Vaduz-Schaan, Abzweigung ausgeschildert.

●Die **Gafadurahütte** (Tel. 00423/373 24 42), **Pfälzerhütte** (Tel. 00423/263 36 79) und das **Bergrestaurant Sareiserjoch** (Tel. 00423/263 46 86) bieten Nachtlager für Wanderer in den Höhen der Liechtensteiner Berge an.

●Eine Liste der **Ferienwohnungen** kann über das Tourismusbüro Liechtenstein angefordert werden.

Camping

●**Camping Mittagspitz,** FL 9495 Triesen, Tel. 00423/392 36 77 oder 392 23 11. Beim Schwimmbad. Kiosk, Restaurant, Kinderspielplatz, elektrischer Anschluss, Duschen, Waschräume.

Einkaufen

●Souvenirs, Briefmarken etc. in Vaduz.

●Günstige Einkäufe in den **Einkaufszentren Pizolpark** in Sargans, in Buchs oder im nahen Feldkirch (Österreich).

Nachtleben

●**Theater am Kirchplatz** (TaK), Reberastr. 12, Schaan, Tel. 00423/237 59 69, Abendkasse: 237 59 70, www.tak.li

●**Kino Vaduz,** Aeulestr., Vaduz, Tel. 00423/232 12 18, tägl. 20.15 h.

Sport

Neben den zahllosen Wandermöglichkeiten, dem Biken und dem Wintersport bietet das Fürstentum eine große Anzahl von Freizeiteinrichtungen:

●**Schwimmen:** Hallenbäder in Balzers (00423/ 384 10 79), Eschen (Tel. 00423/373 48 66), Schaan (Tel. 00423/232 64 02) und Triesen (Tel. 00423/392 34 94). Freibad Mühleholz in Vaduz (Tel. 00423/232 24 77, Mitte März bis Okt./Nov., Di–Fr 13.30–21 h, Sa, So und Feiertage 10–21 h).

●**Tennis:** Tennishalle in Vaduz, Schaanerstrasse, sowie mehrere Tennisplätze.

●**Reiten:** Rhetaca AG in Mauren, Tel. 00423/777 06 04.

●**Inline-Skaten:** auf dem landschaftlich reizvollen Rheindamm zwischen Balzers und Rugell.

●**Squash:** vier Plätze mit Brossslide auf gelenkschonendem Schwingboden, Squash Rackets Clubs Vaduz, Elisabeth Lamprecht, E-Mail: elamprecht@fkg.com, Tel. 00423/373 49 59.

●**Minigolf:** Anlage in Vaduz/Schaan, Tel. 00423/233 38 28. Achtzehn 100 %-Bongni-Beton-Bahnen mitten in einer Grünanlage neben dem Freibad Mühleholz.

●**Fahrradfahren und Wandern:** Wanderer und Biker können die umliegenden liechtensteinischen, aber auch die österreichischen und schweizerischen Wander- und Bikergebiete erkunden. Die Touristenbüros halten Karten und detaillierte Routenvorschläge zur Verfügung. In Balzers, Ruggell, Schaan und Triesenberg kann man Fahrräder mieten, z.B. www.sigis-veloshop.li

Ausflüge in die Umgebung

Werdenberg, die kleinste Stadt der Schweiz, liegt in unmittelbarer Nähe. Das Sarganserland mit Stadt und Schloss Sargans, mit seinen Ausflugsgebieten Pizol und Flumserberge und seinem Spitzenkurort Bad Ragaz ist ebenfalls nicht weit. Ein Ausflug ins Toggenburg und ins Appenzellische ist lohnend. Über die historisch interessante Luziensteig erreicht man die Bündner Herrschaft mit ihren Weinbergen und Schlössern und die Bischofsstadt Chur. Im Norden ist Feldkirch und das Bundesland Vorarlberg in Minuten zu erreichen.

609ch Foto: en

Anhang

604ch Foto: dt

608ch Foto: en

Schnappschuss auf dem Oberalppass

Rasante Abfahrt

Beim Kuhkampf im Wallis

Expo 2002 im Drei-Seen-Gebiet

Während 159 Tagen, vom 15. Mai bis zum 20. Oktober 2002, werden im Drei-Seen-Land, am Bieler-, Neuenburger- und Murtensee, 4,8 Millionen Besucherinnen und Besucher zur Expo 2002 erwartet. Alle 25 Jahre führt die Schweiz traditionellerweise eine große **Landesausstellung** durch: 1914 in Bern, 1939 in Zürich und zuletzt 1964 in Lausanne. Da 1991 das 700-Jahre-Jubiläum der Eidgenossenschaft gefeiert wurde, beschloss man, die Landesausstellung erst im Jahr 2001 durchzuführen. Mit einer unschweizerischen Verspätung von einem Jahr findet die Großveranstaltung nun im Sommerhalbjahr 2002 statt.

In fünf großen Ausstellungszentren auf künstlichen Inseln, so genannten **„Arteplages“,** wird im Sommer 2002 viel Interessantes über die Schweiz und aus der Schweiz zu besichtigen und zu erleben sein. Die aus einem Expopark und einer Plattform über dem Wasser bestehenden Arteplages von Biel/Bienne, Murten/Morat, Neuchâtel und Yverdon-les-Bains sowie ein die drei Seen befahrendes Schiff, das den Kanton Jura repräsentiert, haben je ein eigenes Thema, das auch die Architektur und die Inhalte bestimmt. Auf jeder Arteplage kann das Publikum Ausstellungen besuchen, sich in den Funparks amüsieren und Kulinarisches aus aller Welt genießen. Moderne, traditionelle und klassische Musik, Tanz, Theater, Humor, Gesprächsforen, Film, Straßentheater und Sport: Dem Publikum wird sowohl tagsüber als auch nachts ein facettenreiches Unterhaltungsprogramm geboten, insgesamt sind es rund 2500 verschiedene Events.

Arteplage Biel/Bienne: „Macht und Freiheit“

Der Besuch der Arteplage Biel/Bienne beginnt im Expopark, der ca. acht Gehminuten vom Bahnhof entfernt ist. Anschließend überquert man die 450 Meter lange, geschwungene Fußgängerbrücke, die vom Park zu drei imposanten, nachts eindrucksvoll beleuchteten Türmen auf dem Forum führt. In insgesamt zwölf Ausstellungen gesellen sich, oft auf überraschende Weise, Themen wie „Freiheit“ und „Fantasie“ zu „Macht“, „Geld“ und „Autorität“.

Die Ausstellungen

- **Geld und Wert** zeigt Fantasien, die Geld auslöst, und Tabus, die mit ihm verbunden sind. Partner: Schweizerische Nationalbank.
- **SWISH** entführt in eine zauberhafte Wunschlandschaft und lädt ein, über die eigenen Wünsche nachzudenken. Partner: IBM, Swiss Re.
- **Bien travailler, bien s'amuser** besteht aus einer fantasievollen Sesselbahn mit Pedalen, auf der die Kinder in eine Fantasiewelt fahren. Partner: Chocosuisse.
- **Territoire imaginaire** lässt Realität, Utopien und mögliche Entwicklungen

einer anderen Schweiz sichtbar werden. Partner: Verband Schweizerischer Kantonalbanken.

- **Happy End** lädt ein, an einer Reise ins eigene Leben teilzunehmen und dabei den siebten Sinn zu entdecken: den Glückssinn. Partner: Zürich Versicherungen.
- **Strangers in Paradise** lädt zu einer Reise ein, auf der die Klischees der Schweiz ins Wanken geraten. Partner: Migros.
- **Grenzen (er)leben** hält ein Labyrinth bereit, in welchem man allerlei Grenzen entdeckt. Partner: Kantone BL, BS, GE, JU, NE, TI, VS, ZH.
- **Empire of Silence** macht einen Abenteuerhelden aus den Besuchern und plädiert für das Recht auf verbale Kommunikation. Partner: Swisscom.
- **Cyberhelvetia** ermöglicht dem Publikum die Begegnung mit einer virtuellen Gemeinschaft im Internet. Partner: Credit Suisse Group.
- **Nouvelle DestiNation** entwirft eine neue Art der Begegnung zwischen Bürgern und Staat. Partner: Die Eidgenossenschaft.
- **Leben, Lust und Lohn** lädt in ein außergewöhnliches Theater ein: Figuren lassen den Werkplatz Schweiz Revue passieren. Partner: Swissmem.
- Die Arteplage Biel/Bienne umfasst auch einen **Funpark.** Dieser Vergnügungspark besteht ausschließlich aus rezyklierten Materialien und liegt im Ostteil der Arteplage. Sein Thema ist „Die Welt der Zukunft". Hier kann man Monster mit der Laserwaffe jagen oder sich mit Booten in Wildwasserfluten stürzen.

Arteplage Murten/Morat: „Augenblick und Ewigkeit"

Der Besuch der Arteplage Murten erfolgt auf einem weit verzweigten Wegnetz inmitten des malerischen mittelalterlichen Städtchens und am Seeufer. Murten unterscheidet sich von den anderen Arteplages durch seine teils unscheinbaren, provisorischen Bauten – Zelte, Container, Holzstrukturen. Es gibt keinen Haupteingang. Das Berntor ist ein wichtiger Treffpunkt. Hier befindet sich der Ankunftsort für Busse. Ein kostenloser Pendeldienst bedient sämtliche Standorte. Auf dem See, 200 Meter vom Ufer entfernt, erhebt sich ein 34 Meter hoher Kubus aus rostigen Stahlblechplatten: der Monolith aus dem Wasser, der nur per Schiff erreichbar ist (Architekt: *Jean Nouvel*). In Murten begegnen die Besucher der Zeit mal aus der Perspektive der Unendlichkeit, mal aus der Optik der Vergänglichkeit. Gegenwart und Vergangenheit treffen aufeinander, Moderne und Tradition werden in Zusammenhang gebracht.

Die Ausstellungen

- **Blindekuh** führt Sie ins Dunkle, wo Sie, begleitet von Blinden oder Sehbehinderten, die Welt durch Hören, Riechen, Schmecken und Tasten erfahren. Partner: Helsana.
- **Die Werft** verwendet Architektur und Bilder, die sich ständig verschieben, um die Schweiz in Bewegung, ihre wandelnde Sicherheitspolitik und ihren Platz in der Welt zu zeigen. Partner: Die Eidgenossenschaft.

•**Un ange passe** besteht aus sieben Häuschen (eigentlich sieben „Himmeln"), die das Thema Spiritualität aus der Sicht von Künstlern zeigen. Partner: ESE 02 (Verein Schweizer Kirchen an der Expo).

•**Der Garten der Gewalt** ist ein idyllischer Garten, in den sich ganz unerwartet Elemente der Gewalt einschleichen. Partner: Stiftung Avina.

•**Expoagricole** verspricht einen Spaziergang voller Kontraste durch die Landwirtschaft der heutigen Schweiz. Partner: Expoagricole (Verband Agro Marketing Schweiz).

•**Heimatfabrik** konfrontiert mit den eigenen Wurzeln und fordert auf, diese zu hinterfragen. Partner: Kantone AG, BE, FR, JU, NE, SO, VD.

•**Panorama der Schlacht von Murten** breitet im Jean-Nouvel-Würfel ein riesiges Rundbild aus dem 19. Jahrhundert aus, das ein Stück Schweizer Geschichte wiedergibt. Partner: Schweizerischer Gewerbeverband.

•**Panorama Schweiz Version 2.1** stellt verfremdete Bilder vor, die ganz und gar ungewohnte Ansichten der Schweiz zeigen.

•**Hors-Sol?** verdeutlicht, wie eng Identität und Territorium verbunden und in stetiger Entwicklung sind.

Arteplage Neuchâtel/Neuenburg: „Natur und Künstlichkeit"

Der Besuch der Arteplage Neuchâtel beginnt am Seeufer nach einer kurzen, kostenlosen Fahrt mit dem „Fun'ambule" (Standseilbahn) ab Bahnhof. Über Brücken gelangt man vom Ufer auf die Plattform, über der sich große, runde Dächer wie überdimensionierte Schiefersteine erheben. Insgesamt acht Ausstellungen geben Einblick in das Verhältnis von Natur und Künstlichkeit und fragen nach der zukünftigen Entwicklung in den Bereichen Ernährung, Spitzentechnologie und Umwelt.

Die Ausstellungen

•**Pinocchio** gibt Kindern die Gelegenheit, Pinocchio im 21. Jahrhundert neu zu entdecken.

•**Robotics** führt selbstständige Roboter vor und befasst sich mit den vielen Gemeinsamkeiten von Mensch und Maschine.

•**Manna** ist ein riesiger Pudding, der die Sinne weckt und mit dem Natürlichen und Künstlichen spielt. Partner: Coop.

•**Beaufort 12** führt durch eine von Naturkatastrophen heimgesuchte Landschaft und ins Zentrum eines künstlichen Wirbelsturms. Partner: Kantonale Gebäudeversicherungen.

•**Magie de l'énergie** macht unsere Abhängigkeit von natürlichen und künstlichen Energieformen spürbar. Partner: AlpHydro.

•**Aua extrema** wird barfuß betreten und macht den unschätzbaren Wert des Wassers in all seinen Erscheinungsformen spür- und erlebbar. Partner: Kantone AI, AR, GL, GR, SG, SH, TG.

•**Le Palais de l'Equilibre** stellt in einer riesigen Holzkugel das empfindliche

Gleichgewicht zwischen Wirtschaft, Gesellschaft und Umwelt dar. Partner: Die Eidgenossenschaft, Lignum, Schweizerische Holzwirtschaftskonferenz und die Erdöl-Vereinigung.

• **Biopolis** versetzt den Besucher in das Jahr 2022, in eine fiktive Stadt, die das Wissen moderner Biotechnologie anwendet. Partner: Novartis.

• Neuchâtel hat auch einen **Funpark,** der unter dem Motto „Die Welt des Films und der Medien" steht. Ein riesiger von King Kong bewachter Turm, das größte mobile Riesenrad der Welt und ein Eispalast sind nur einige der Attraktionen.

Arteplage Yverdon-les-Bains: „Ich und das Universum"

Meterlange, schmale Geranienbeete weisen als roter Faden den Weg zum Eingang der Arteplage, den man in weniger als zehn Minuten erreicht. Im Expopark strömen blütenbedeckte Hügel süße Düfte aus, während eine Multimediaprojektion die Sinne mit Bildern, Licht- und Klangspielen verzaubert. Vom Ufer aus führt ein Steg mitten in eine Wolke, die über dem Wasser schwebt. Ausgestattet mit einem Regenschutz kann man zuoberst in der „Angel Bar" verschiedene Mineralwasser degustieren. Zurück auf dem Festland hüllt der von Ausstellungen und Einrichtungen gesäumte Park die sanften architektonischen Formen in seine Farben-, Materialien- und Lichterfülle. Die Arteplage von Yverdon-les-Bains wird die Sinnlichkeit wecken, mit anderen Menschen zusammenbringen und das Verhältnis vom Ich zum Universum ins Zentrum stellen.

Die Ausstellungen

• **Wer bin ich?** stellt vor die kleinen und großen Fragen des Lebens. Partner: Die Eidgenossenschaft.

• **Le premier regard** verrät etwas über das Geheimnis von Anziehung und Verführung.

• **Garten Eden** enthüllt, was Ihnen sehr am Herzen liegt: Ihre Gesundheit. Partner: Roche.

• **SWISSLOVE** lässt die Besucher als Drehbuchautor Liebesgeschichten mitschreiben. Partner: Rentenanstalt/ Swiss Life.

• **Circuit** gibt die Gelegenheit, sich in den Kopf eines Spitzensportlers zu versetzen, seine Emotionen und sein Training mitzuerleben. Partner: Sport Suisse 02.

• **Signal Schmerz** setzt das Verhalten gegenüber Schmerz auf unterschiedliche Weise in Szene. Partner: Schweizerische Beratungsstelle für Unfallverhütung (bfu und Partner).

• **Onoma** legt verschiedene Videoreisen durch die Schweiz und ihre Gemeinden zur Auswahl vor. Partner: Die Post, Schweizerischen Städte- und Gemeindeverband.

• **Kids.expo** lässt die Kinder die Welt neu gestalten und ihre Ideen, Hoffnungen und Ängste mit Ihnen teilen. Partner: Kantone LU, NW, OW, SZ, UR, ZG.

• **Oui!** Hätten Sie Lust, einmal 24 Stunden lang nur „ja" zu sagen?

Arteplage Jura: „Sinn und Bewegung“

Die fünfte Arteplage ist eine raffiniert umgebaute Barke mit Platz für 120 Passagiere. Sie schwimmt als „Arteplage mobile du Jura“ (AMJ) auf den drei Seen von einem Anlegeplatz der Expo 02 zum anderen. Sie ist unberechenbar, hat keine vorbestimmte Route und keinen fixen Fahrplan. An Bord gibt es, dank multifunktionalem Raum, Theatervorstellungen, Diskussionsforen, ein Sendestudio, eine Freilichtbühne und Ausstellungen. An Kommentaren, Kritiken und Debatten zu den Themen der Landesausstellung wird es nicht fehlen. Die AMJ bewegt sich zwischen Unterhaltung und Provokation.

Die Events

Die Events, etwa **2500 verschiedene Spektakel,** finden bei Tag und Nacht auf allen Arteplages statt. Auf kleinen und großen Bühnen, überdacht oder unter freiem Himmel werden in Theatern, Zelten und Clubs allerlei Aufführungen mit Auftritten von jungen Talenten und berühmten Künstlern aus dem In- und Ausland geboten. Ob man sich für leichte Unterhaltung oder klassische Konzerte entscheidet – der Eintritt ist im Ticket inbegriffen. Nur für einige Events am Abend braucht man separate Eintrittskarten. Die Programmgestaltung wird von Tag zu Tag erweitert. Von den Events seien die vom Straßentheater inspirierten „Little Dreams“ und die nächtlichen „Klang- und Lichtspektakel“ besonders hervorgehoben. Beide sind täglich auf allen Arteplages zu sehen, außer in Murten, wo keine Nachtspektakel geplant sind. Unter dem Titel „Mythen und Zeitgeschehen“ zeigen sich Kantone und Halbkantone an den Kantonstagen von unterschiedlichen Seiten.

Praktische Tipps

Tickets

Es gibt verschiedene Arten von Eintrittskarten, die außer am Eröffnungstag, am 1. August und am Schlusstag gültig sind. Mit dem 3-Tagespass kann man die Tage des Expo-Besuchs während der ganzen Dauer der Expo frei wählen. Mit dem Abendpass hat man ab 18.30 h Zutritt.

● **Preise für Erwachsene**

1-Tagespass	sFr. 48
3-Tagespass	sFr.120
Saisonpass	sFr. 240
Abendpass	sFr. 10

● **Ermäßigungen:** Kinder bis 6 Jahre: gratis, Kinder 6–16 Jahre: 50 % Rabatt; Familien mit Juniorkarte SBB: Kinder bis 16 Jahre gratis, Senioren, Studierende, Lehrlinge, Behinderte: 10 % Rabatt.

Anreise

● Die Expo 02 setzt beim Transport in erster Linie auf den **Zug.** Alle Eingänge zu den Arteplages befinden sich rund zehn Gehminuten von Bahnhöfen entfernt. Um die Sache zu vereinfachen, haben die SBB die Fahrkarte „Destination Expo 02“ eingeführt, die es erlaubt, am Tag des Besuchs beliebig von einer Arteplage zur nächsten zu reisen. Ab 6 h morgens fahren die Züge im Halbstundentakt ab allen größeren Schweizer Städten.

Aus der ganzen Schweiz kann man außerdem mit organisierten **Carreisen** zur Expo gelangen.

Die Ausstellungen sind nur wenige Zugstunden von den internationalen Flughäfen

Zürich, Genf, Basel und Bern-Belp entfernt. Man kann deshalb auch mit dem **Flugzeug** anreisen.

Es wird Wert auf die Benutzung öffentlicher Verkehrsmittel gelegt, doch ist auch eine Anreise mit dem **Privatauto** möglich. Gebührenpflichtige und ausgeschilderte Parkplätze stehen in den Außenbezirken von Biel, Murten, Neuenburg und Yverdon-les-Bains zur Verfügung.

Fortbewegung auf der Expo

Auf der Expo 02 gibt es verschiedene Möglichkeiten, von einer Arteplage zur nächsten zu gelangen.

- **Mit dem Schiff:** Die Expo 02 findet an und auf dem Wasser statt. Eine Fahrt mit dem Iris-Schiff kostet sFr. 20, mit einem herkömmlichen Schiff sFr. 15. Es werden Tageskarten für sFr. 30 angeboten, die für beide Schiffstypen gültig sind. Kinder von 6 bis 16 Jahren bezahlen die Hälfte, Kinder bis 6 Jahre mit einer Juniorkarte der SBB fahren gratis. Studierende, Lehrlinge und Senioren kommen in den Genuss einer Ermäßigung von zehn Prozent. Inhaber eines Halbtaxabonnements oder Generalabonnements erhalten keine Ermäßigung.
- **Human Powered Mobility:** Eine reizvolle Möglichkeit, das Drei-Seen-Land von seiner schönsten Seite und im eigenen Tempo zu entdecken, bietet HPM (Human Powered Mobility). Besucher, die mit eigener Muskelkraft vorwärts kommen möchten, können Fahrräder, Liegevelos oder Inlineskates zwischen 9 und 19 h auf jeder Arteplage und in Ins mieten und an den fünf Orten wieder zurückgeben. Die Miete kostet zwischen sFr. 15 und 25. Die Arteplages sind über Velowege und gekennzeichnete Straßen miteinander verbunden.
- **Mit dem Zug:** Die Zugfahrten zwischen den Arteplages sind für den Besuchstag im Zugbillett inbegriffen. Besucherinnen und Besucher ohne SBB-Billett können für die Fahrten zwischen den Arteplages eine Tageskarte kaufen. 2. Klasse mit Halbtaxabonnement: sFr. 10; 2. Klasse ohne Halbtaxabonnement: sFr. 20; 1. Klasse mit Halbtaxabonnement: sFr. 15; 1. Klasse ohne Halbtaxabonnement sFr. 30.

Unterkunft

Die Hotellerie und die Parahotellerie des Drei-Seen-Landes bieten sämtliche Komfortkategorien an: von der traditionellen Unterkunft über Tipi-Zeltdörfer bis zu den eigens für die Expo 02 geschaffenen Modulhotels.

- Der Preis der **Modulhotels** (sie entsprechen einem Drei-Sterne-Hotel) beläuft sich auf sFr. 110 p.P. im DZ und sFr. 135 im EZ.
- In Neuchâtel, Ipsach und Ins warten drei **Tipi-Dörfer** auf Gäste. In Gruppen von acht Zelten bilden die Tipis Minidörfer, die an die lokalen Infrastrukturen angeschlossen sind. Jedes Dorf verfügt über Freizeitangebote und Restaurationsmöglichkeiten. Der Preis für eine Nacht beträgt sFr. 20 für Kinder und sFr. 40 für Erwachsene, sFr. 195 für ein Familien-Tipi und sFr. 330 für ein Gruppen-Tipi.

Architektonisches Glossar

•**Antistitium:** Wohnsitz des reformierten Oberpfarrers (Antistes) der Stadt oder des Kantons.
•**Apsis, Apsiden:** Raum mit halbrundem Grundriss, von Halbkuppel überwölbt. Öffnet sich meist gegen einen Hauptraum.
•**Basilika:** Drei- oder mehrschiffige Kirche mit Mittelschiff.
•**Beinhaus:** Gebäude zur Aufbewahrung der Gebeine.
•**Beletage:** Stockwerk mit repräsentativen Zimmern.
•**Bergfried:** Hauptturm einer Burg, diente bei Belagerung als Zuflucht.
•**Bering:** Ringmauer.
•**Blende:** Wandgliederung durch Flächenschichtung, meist dekoratives nicht-räumliches Motiv, Blendfenster, Blendarkade *(Trompe-l'oeil)*.
•**Boiserie:** Schmucktäfer.
•**Chor:** oft überhöhter Raum der Kirche, ursprünglich für Gebet und Gesang der Mönche bestimmt.
•**Collégiale:** Kirche einer (ehemaligen) Klostergemeinschaft.
•**Dachreiter:** Dachtürmchen/Spitzhelm, meist auf Dachgebälk abgestützt.
•**Dienst:** Wand- und Pfeilervorlage, welche Gurten oder Rippen aufnimmt.
•**Donjon:** Bergfried, Wohnturm auf einer Burg.
•**Email:** Schmelzmasse aus Glas.
•**Epitaph:** Gedenktafel.
•**Erker:** geschlossener, befensterter Ausbau.
•**Fachwerk:** selbsttragender Skelettbau aus Holz mit waagrechten und diagonalen Verspannungen. Die Zwischenräume können z.B. mit Lehm und Haselrutengeflechten geschlossen sein.
•**Flamboyant:** flammenförmige Motive im Maßwerk (Spätgotik).
•**Fresko:** auf feuchtem Verputz aufgetragenes Gemälde.
•**Fries:** waagerechte Ornamentik, die Flächen teilt oder begrenzt.
•**Gespreng:** architektonischer Aufbau über Flügelaltären (Gotik).
•**Gestrickt:** horizontal geschichtete, verzapfte Balken.
•**Giebelständig:** mit dem Giebel zur Straße gekehrt, im Gegensatz zu traufständig.
•**Grisaille:** grautönige Malereien.
•**Kämpfer:** Deckplatte auf Pfeiler, über dem der Bogen ansetzt.
•**Kapitell:** oberster Teil einer Säule.
•**Kartusche:** schildförmige Fläche mit Zierrahmen.
•**Katakombe:** Grabkeller.
•**Kenotaph:** leeres Grab.
•**Kreuzfirst:** sich kreuzförmig durchdringende Dächer.
•**Krüppelwalm:** am Giebel abgeplattetes Satteldach.
•**Krypta:** unterirdischer Raum unter dem Chor, als Grabstätte oder für Reliquien.
•**Langhaus:** Kirchenschiff.
•**Lapidarium:** Sammlung von Architekturteilen.
•**Laube:** Arkadengang im Fassadenerdgeschoss von Gebäuden.
•**Leibung:** Wandung von Maueröffnung.

•**Lettner:** Kircheneinbau, der den Chor vom Schiff abtrennt.
•**Lisene:** leicht vortretende Wandvorlagen.
•**Lukarne:** Dachausbau mit Fenster.
•**Lünette:** halbmondförmiges Fenster.
•**Maiensäss:** früh (Mai) und spät im Jahr bewirtschaftete Alp mit Alphütte.
•**Mandorla:** Heiligenschein (mandelförmig).
•**Mansarddach:** Dach mit abgeschrägten Zimmern (Mansarden).
•**Maschikuli:** Pechnasenkranz, meist an Wehrgängen.
•**Maßwerk:** geometrisch konstruiertes gotisches Ornament.
•**Mezzanin:** Halb- oder Zwischengeschoss.
•**Oculi:** gerundete Fensteröffnung.
•**Palas:** Hauptwohnhaus einer mittelalterlichen Burg.
•**Pechnase:** kleiner, unten offener Erker. Durch die Öffnung goss man siedendes Pech auf die Gegner.
•**Pietà:** Figurengruppe mit über Jesus' Leichnam trauernder Muttergottes.
•**Pilaster:** auf einer Wand aufgesetzter Pfeiler.
•**Predella:** Altarstaffel, Sockelzone des Altarretabels.
•**Putto, Putten:** nackte Kinderfigur, kleine Engelsfigur.
•**Retabel**: Altaraufbau.
•**Riegwerk:** auch „Riegel" genannt, siehe Fachwerk, v.a. Ostschweiz.
•**Risalit:** Bauteil, der in der ganzen Fassadenhöhe vortritt.
•**Rocaille:** muschelähnliche, schnörkelige Ornamentik, gerne mit Blumen- und Zweigmotiven verbunden. Gab dem „Rokoko" den Namen.
•**Ründe:** halbrunde Holzverschalung des Hausgiebels, v.a. im Berner Mittelland geläufig.
•**Rustika:** roh belassenes oder buckelig vortretendes Mauerwerk.
•**Sgraffito:** Fassadenschmuck, v.a. im Engadin, ital. „Kratzputz". Auskratzen verschiedenfarbiger Putzschichten, so dass sich Farbeffekte ergeben (siehe auch Exkurs).
•**Staffelfenster:** abgetreppte Fenster mit drei oder mehr gekoppelten Öffnungen.
•**Ständerbau:** Holzbauweise. Schwelle, senkrechte Ständer und Rahmenbalken bilden das konstruktive Gerüst, ähnlich Riegwerk, Fachwerk.
•**Strickhäuser:** siehe „gestrickt"
•**Sulèr:** Söller, gewölbter Eingang des Engadinerhauses.
•**Supraporte:** Schmuckfeld über Türsturz.
•**Tabernakel:** Gehäuse für Hostie.
•**Traufständig:** mit dem Giebel von der Straße abgekehrt.
•**Torckel, Torggel:** Trotte, Weinkelter.
•**Triumpfbogen:** kirchlicher Trennbogen zwischen Schiff und Chor.
•**Vorwerk:** Verteidigungswerk, außerhalb der Burganlage.
•**Vierung:** Raumteil, wo sich Langhaus und Querschiff durchdringen.
•**Walmdach:** nach vier Seiten abfallendes Satteldach.
•**Wanddienste:** siehe Dienst.

Literaturhinweise

• Der **Werd Verlag** gibt eine ganze Reihe von zum Teil guten Spezialführern heraus, so über verkehrstouristische Attraktionen, Wanderungen am Wasser oder über Höhen (Panoramawanderungen), für Skitouren etc. Werd Verlag, Zürich, Tel. 01/248 46 01, www.werdverlag.ch.

• Für Biker empfehlen wir die Publikationen von **Veloland Schweiz,** in denen zusammen mit drei Routenführern detailliert die neun nationalen, einheitlich beschilderten Radwanderwege beschrieben werden, die das ganze Land mit dem Fahrrad erschließen. Veloland Schweiz, Postfach 8275, 3001 Bern, Tel. 031/307 47 48, www.veloland.ch

• Bergsteigern und Bergwanderern sei geraten, sich vor Antritt der Reise über die Webpage des **Schweizerischen Alpenclubs** „www.sac-cas.ch" zu informieren. Wissenswertes zum Bergsteigen und den damit verbundenen Vorbereitungsmaßnahmen (Karten, Kletterführer, Versicherungen usw.) wird hier angeboten.

• Gourmets sei der **Guide Michelin Suisse** empfohlen.

• Für Kunstsachverständige ist das Standardwerk der vergriffene **Kunstführer Schweiz** (in drei Bänden, Gesellschaft für Schweizerische Kunstgeschichte, Hans Jenny, Büchler Verlag, Wabern), zurzeit nur in guten Buchantiquariaten zu finden.

• Der Bilanzverlag Zürich bietet in seinem **Artguide** eine Übersicht der zeitgenössischen Kunst in der Schweiz in kl. Galerien.

• Der AT Verlag Aarau hat eine Reihe mit **Top Tipps** (20x20 Top Hinweise) zu Angeboten in Bern, Zürich, Graubünden, insbesondere für Abenteuer-Touristen.

Zu Literatur, die sich mit der Schweiz und den Schweizern beschäftigt, kann angesichts der großen Fülle kaum eine repräsentative Auswahl vorgestellt werden.

• Leichte, aber amüsante Kost ist *Thomas Küngs* **„Gebrauchsanweisung für die Schweiz",** in der die Schweizer manchmal etwas klischeehaft, aber durchaus gekonnt und oft treffsicher auf die Schippe genommen werden (Piper Verlag, München, Zürich).

• Schon ein Klassiker, aber immer noch lesenswert ist *Denis de Rougemont:* **„Die Schweiz – Modell Europas"** (Molden, Wien, München)

• *Karl Schmid:* **„Unbehagen im Kleinstaat".**

• Sehr eindrucksvoll ist auch die Autobiografie *J.R. von Salis:* **„Grenzüberschreitungen"** (Orell Füssli Verlag, Zürich, 2 Bände).

• Wie wäre es mit einem **Literaturklassiker,** von *Gotthelf* über *Keller, Meyer* bis *Frisch* und *Dürrenmatt,* oder mit einem **moderneren Autor,** z.B. den in der Schweiz viel gelesenen *Muschg, Bichsel, Hürlimann, Weber?*

Anhang

HILFE!

Dieses Reisehandbuch ist gespickt mit unzähligen Adressen, Preisen, Tipps und Infos. Nur vor Ort kann überprüft werden, was noch stimmt, was sich verändert hat, ob Preise gestiegen oder gefallen sind, ob ein Hotel, ein Restaurant immer noch empfehlenswert ist oder nicht mehr, ob ein Ziel noch oder jetzt erreichbar ist, ob es eine lohnende Alternative gibt usw.

Unsere Autoren sind zwar stetig unterwegs und versuchen, alle zwei Jahre eine komplette Aktualisierung zu erstellen, aber auf die Mithilfe von Reisenden können sie nicht verzichten.

Darum: Schreiben Sie uns, was sich geändert hat, was besser sein könnte, was gestrichen bzw. ergänzt werden soll. Nur so bleibt dieses Buch immer aktuell und zuverlässig. Wenn sich die Infos direkt auf das Buch beziehen, würde die Seitenangabe uns die Arbeit sehr erleichtern. Gut verwertbare Informationen belohnt der Verlag mit einem Sprechführer Ihrer Wahl aus der über 150 Bände umfassenden Reihe „Kauderwelsch" (siehe unten).

Bitte schreiben Sie an:

REISE KNOW-HOW Verlag Peter Rump GmbH, Osnabrücker Str. 79
D-33649 Bielefeld, oder per e-mail an: info@reise-know-how.de

Danke!

Kauderwelsch-Sprechführer – sprechen und verstehen rund um den Globus

Alle Reiseführer von Reise

Reisehandbücher
Urlaubshandbücher
Reisesachbücher
Rad & Bike

Afrika, Bike-Abenteuer
Afrika, Durch
Agadir, Marrakesch
und Südmarokko
Ägypten
Alaska ⇗ Canada
Algerische Sahara
Amrum
Amsterdam
Andalusien
Äqua-Tour
Argentinien, Uruguay
und Paraguay
Äthiopien
Auf nach Asien!

Bahrain
Bali und Lombok
Bali, die Trauminsel
Bali: Ein Paradies ...
Bangkok
Barbados
Barcelona
Berlin
Borkum
Botswana
Bretagne
Budapest
Bulgarien

Cabo Verde
Canada West, Alaska
Canadas Ost, USA NO
Chile, Osterinseln
China Manual
Chinas Norden
Chinas Osten
Costa Blanca
Costa Brava
Costa de la Luz
Costa del Sol
Costa Dorada
Costa Rica
Cuba

Dalmatien
Dänemarks
Nordseeküste
Dominik. Republik
Dubai, Emirat

Ecuador, Galapagos
El Hierro
England – Süden
Erste Hilfe unterwegs
Europa BikeBuch

Fahrrad-Weltführer
Fehmarn
Florida
Föhr
Fuerteventura

Gardasee
Golf v. Neapel,
Kampanien
Gomera
Gran Canaria
Großbritannien
Guatemala

Hamburg
Hawaii
Hollands Nordseeins.
Honduras
Hongkong, Macau

Ibiza, Formentera
Indien – Norden
Indien – Süden
Irland
Island
Israel, palästinens.
Gebiete, Ostsinai
Istrien, Velebit

Jemen
Jordanien
Juist

Kairo, Luxor, Assuan
Kalifornien, USA SW
Kambodscha
Kamerun
Kanada ⇗ Canada
Kapverdische Inseln
Kenia
Korfu, Ionische Inseln
Krakau, Warschau
Kreta
Kreuzfahrtführer

Ladakh, Zanskar
Langeoog
Lanzarote
La Palma
Laos
Lateinamerika BikeB.
Libanon
Libyen
Ligurien
Litauen
Loire, Das Tal der
London

Madagaskar
Madeira
Madrid
Malaysia, Singap., Brun.
Mallorca
Mallorca, Reif für
Mallorca, Wandern
Malta
Marokko
Mecklenb./Brandenb.:
Wasserwandern
Mecklenburg-
Vorp. Binnenland
Mexiko
Mongolei
Motorradreisen
München
Myanmar

Namibia
Nepal
Neuseeland BikeBuch
New Orleans
New York City
Norderney
Nordfriesische Inseln
Nordseeküste NDS
Nordseeküste SLH
Nordseeinseln, Dt.
Nordspanien
Nordtirol
Normandie

Oman
Ostfriesische Inseln
Ostseeküste MVP
Ostseeküste SLH
Outdoor-Praxis

Panama
Panamericana,
Rad-Abenteuer
Paris
Peru, Bolivien
Phuket
Polens Norden
Prag
Provence
Pyrenäen

Qatar

Rajasthan
Rhodos
Rom
Rügen, Hiddensee

Sächsische Schweiz
Salzburger Land
San Francisco
Sansibar
Sardinien
Schottland
Schwarzwald – Nord
Schwarzwald – Süd
Schweiz, Liechtenst.
Senegal, Gambia
Simbabwe
Singapur
Sizilien
Skandinavien – Norden
Slowenien, Triest
Spiekeroog
Sporaden, Nördliche
Sri Lanka
St. Lucia, St. Vincent,
Grenada
Südafrika
Südnorwegen, Lofoten

Know-How auf einen Blick

Sylt
Syrien

Taiwan
Tansania, Sansibar
Teneriffa
Thailand
Thailand – Tauch- und Strandführer
Thailands Süden
Thüringer Wald
Tokyo
Toscana
Trinidad und Tobago
Tschechien
Tunesien
Tunesiens Küste

Umbrien
USA/Canada
USA/Canada BikeBuch
USA, Gastschüler
USA, Nordosten
USA – der Westen
USA – der Süden
USA – Südwesten, Natur u. Wandern
USA SW, Kalifornien, Baja California
Usedom

Venedig
Venezuela
Vereinigte Arab.Emirate
Vietnam

Westafrika – Sahel
Westafrika – Küste
Wien
Wo es keinen Arzt gibt

Edition RKH

Burma – im Land der Pagoden
Finca auf Mallorca
Durchgedreht – 7 Jahre im Sattel
Geschichten aus d. anderen Mallorca
Goldene Insel
Mallorquinische Reise, Eine
Please wait to be seated!
Salzkarawane, Die
Schönen Urlaub!
Südwärts durch Lateinamerika

Praxis

All Inclusive?
Als Frau allein unterwegs
Canyoning
Daoismus erleben
Dschungelwandern
Essbare Früchte Asiens
Fernreisen
Fernreisen, Fahrzeug
Fliegen ohne Angst
Flug Know-How
Fun u. Sport im Schnee
GPS f. Auto, Motorrad
GPS Outdoor
Heilige Stätten Indiens
Hinduismus erleben
Höhlen erkunden
Inline-Skaten Bodensee
Inline Skating
Islam erleben
Kanu-Handbuch
Kreuzfahrt-Handbuch
Küstensegeln
Maya-Kultur erleben
Orientierung mit Kompass und GPS
Paragliding-Handbuch
Pferdetrekking
Reisefotografie
Reisefotografie digital
Reisen und Schreiben
Respektvoll reisen
Richtig Kartenlesen
Safari-Handbuch Afrika
Schutz vor Gewalt und Kriminalität
Schwanger reisen
Selbstdiagnose u. Behandlung unterwegs
Sicherheit/Bärengeb.
Sicherheit/Meer
Sonne, Wind und Reisewetter
Survival-Handbuch, Naturkatastrophen
Tauchen in kalten Gewässern
Tauchen in warmen Gewässern
Transsib – von Moskau nach Peking
Trekking-Handbuch
Tropenreisen
Vulkane besteigen
Was kriecht u. krabbelt in den Tropen
Wein Guide Dtschl.
Wildnis-Ausrüstung
Wildnis-Backpacking

Wildnis-Küche
Winterwandern
Wohnmobil/Indien
Wracktauchen weltweit

KulturSchock

Afghanistan
Ägypten
Brasilien
China
Golf-Emirate, Oman
Indien
Iran
Islam
Japan
KulturSchock
Marokko
Mexiko
Pakistan
Russland
Spanien
Thailand
Türkei
Vietnam

Mit Reise Know-How rund um die Alpen gut orientiert

Wer sich in seinem Reiseland – gern auch auf eigene Faust – zurechtfinden und orientieren möchte, kann sich mit den Landkarten von Reise Know-How auf Entdeckungsreise begeben.

Wundervolle Wanderungen und die schönsten Regionen ausfindig machen, auch fernab jeglicher Touristenrouten. Die Karten aus dem Hause Reise Know-How leiten Sie sicher an Ihr Ziel.

Landkarten:
In Zusammenarbeit mit dem world mapping project gibt Reise Know-How detaillierte, GPS-taugliche Landkarten mit Höhenschichten und Register heraus, so zum Beispiel:

- Gardasee – von München bis Verona (1:75.000)
- Alpenvorland (1:250.000)
- Ligurien, Piemont (1:250.000)
- Friaul (1:250.000)
- Istrien (1:200.000)

world mapping project
Reise Know-How Verlag, Bielefeld

Jeder Titel:
144-160 Seiten,
handliches Taschenformat
10,5 x 17 cm,
robuste Fadenheftung,
Glossar,
Register und
Griffmarken
zur schnellen
Orientierung

weitere
Titel siehe
Programmübersicht

Reise Know-How Verlag, Bielefeld

Register

A

B

300ch Foto: en

301ch Foto: pf

Die Autoren

Die Autoren sind Schweizer und leben in Niederscherli bei Bern. **Eva Meret Neuenschwander,** 1952, ist Diplom-Übersetzerin und selbstständige Publizistin. **Jürg Schneider,** 1944, doziert nach Jahren in der Praxis (Touristik, Maschinenindustrie, Film und Software) an einer Fachhochschule Management und Marketing. Beide reisen gern und viel.

Bildnachweis

Eva M. Neuenschwander, en
Ticino Tourism, tt
A. Zirpoli, az
R. Gerth, rg
R. Buzzini, bu
Reto Beutler, rb
Rolf Bartels, ba
Peter Wolf, pw
Karin Hofbauer, kh
W. Morelli, wm
Davos Tourismus, dt
J.S. Beutler, jb
Wolfram Schwieder, ws
Look at, at
Schlaefli, Swatch AG, sa
Toni Weibel, tw
Régis Colombo, rc
Rémy Gindoz, gi
Ostschweiz Tourismus, ot
Schweizer Mittelland Tourismus, st
Zürich Tourismus, zt
Jura Tourisme, jt
Kur- und Verkehrsverein Zermatt, kv
H. Salzmann, hs
Crans Montana Tourisme, mt
Schweiz Tourismus, sc
Jürg Schneider, js
Graubünden Tourismus, gt
Swiss-image, si
M. Guex/LT, mg
Bern Tourismus, bt
P. Brioschi, pb
Genève Tourisme, ge
Musée International de la Croix-Rouge et du Croissant Rouge, mi
Anne-Marie Aeschlimann, am

Schweizer Kantone

SH
BS
Boden-see
TG
ZH
AR
BL
AG
Zürich
JU
SO
AI
SG
ZG
SZ
GL
NE
Bern
NW
BE
OW
UR
FR
GR
Genfer See
VD
GE
TI
VS
Genève (Genf)
50 km

Die Wappen der Kantone

AG Aargau

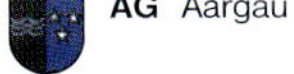
AI Appenzell Innerhoden

AR Appenzell Ausserrhoren

BE Bern

BL Basel-Land

BS Basel-Stadt

FR Fribourg

GE Genf

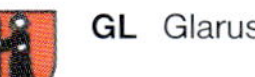
GL Glarus

GR Graubünden

JU Jura

LU Luzern

NE Neuenburg

NW Nidwalden

OW Obwalden

SG St. Gallen

SH Schaffhausen

SO Solothurn

SZ Schwyz

TG Thurgau

TI Tessin

UR Uri

VD Waadt

VS Wallis

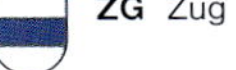
ZG Zug

ZH Zürich

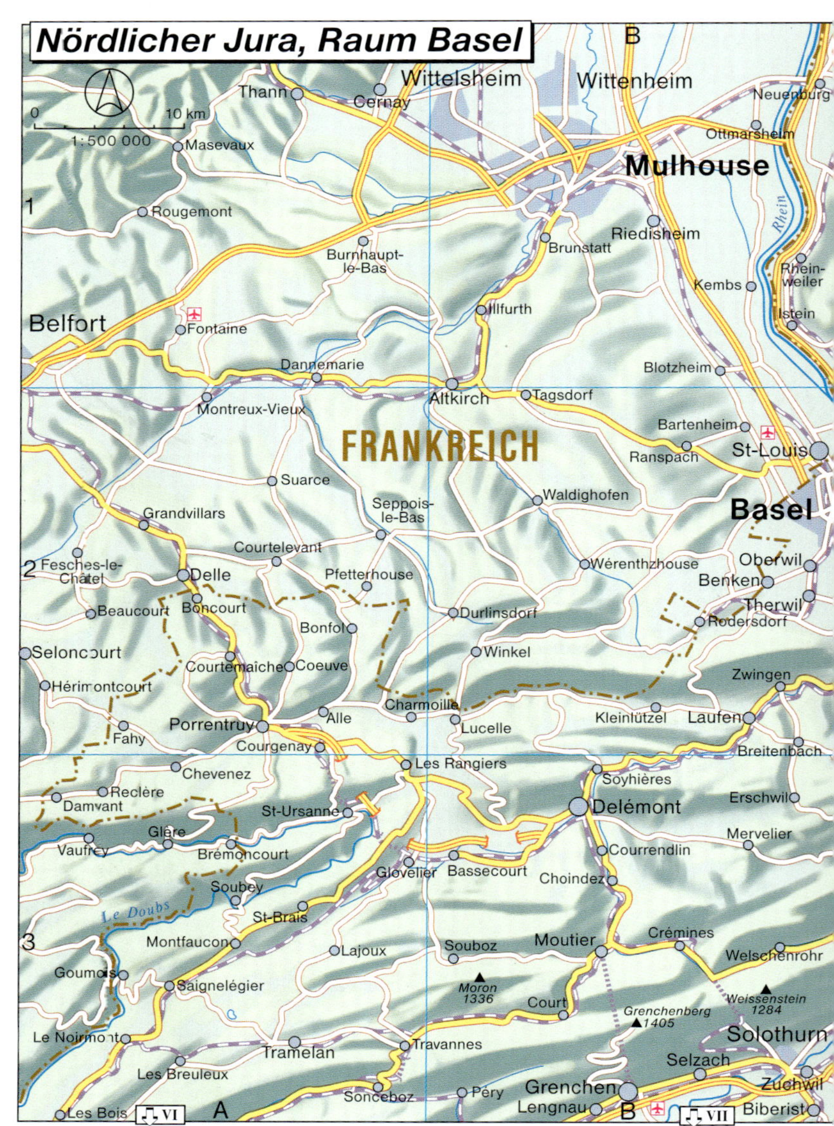
Nördlicher Jura, Raum Basel
0
10 km
1:500 000
FRANKREICH
Wittelsheim
Wittenheim
Thann
Cernay
Neuenburg
Ottmarsheim
Masevaux
Mulhouse
Rougemont
Riedisheim
Brunstatt
Burnhaupt-le-Bas
Rhein
Rhein-weiler
Kembs
Illfurth
Belfort
Fontaine
Istein
Dannemarie
Blotzheim
Altkirch
Tagsdorf
Montreux-Vieux
Bartenheim
Ranspach
St-Louis
Suarce
Waldighofen
Seppois-le-Bas
Basel
Grandvillars
Courtelevant
Fesches-le-Châtel
Delle
Pfetterhouse
Wérenthzhouse
Oberwil
Benken
Therwil
Beaucourt
Boncourt
Durlinsdorf
Rodersdorf
Bonfol
Seloncourt
Winkel
Courtemaîche
Coeuve
Zwingen
Hérimoncourt
Charmoille
Alle
Kleinlützel
Laufen
Porrentruy
Lucelle
Fahy
Courgenay
Breitenbach
Les Rangiers
Chevenez
Soyhières
Reclère
Damvant
St-Ursanne
Delémont
Erschwil
Glère
Vaufrey
Mervelier
Brémoncourt
Courrendlin
Glovelier
Bassecourt
Choindez
Soubey
Le Doubs
St-Brais
Moutier
Crémines
Montfaucon
Lajoux
Souboz
Welschenrohr
Goumois
Saignelégier
Moron 1336
Weissenstein 1284
Court
Grenchenberg 1405
Solothurn
Le Noirmont
Tramelan
Travannes
Selzach
Les Breuleux
Grenchen
Zuchwil
Sonceboz
Péry
Lengnau
Biberist
Les Bois
VI
VII
A
B
1
2
3

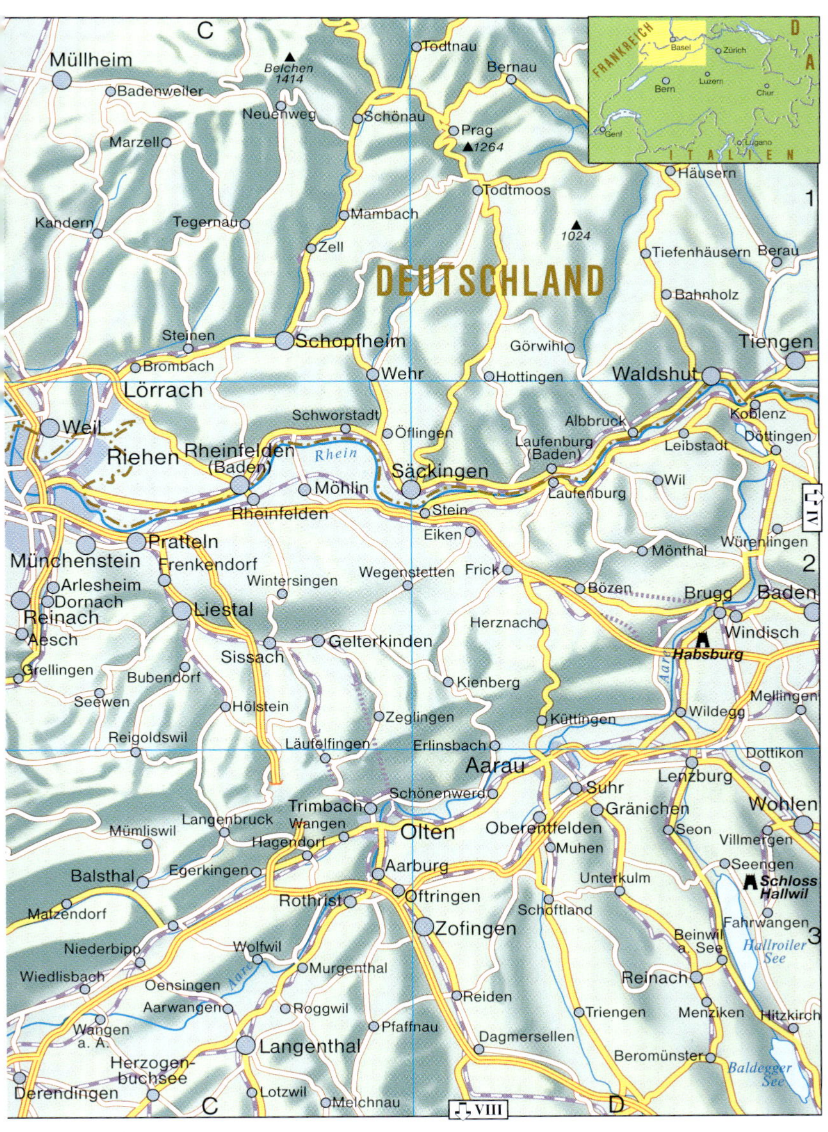
DEUTSCHLAND
Müllheim
Badenweiler
Belchen 1414
Neuenweg
Schönau
Todtnau
Bernau
Prag
1264
Marzell
Kandern
Tegernau
Mambach
Todtmoos
1024
Zell
Tiefenhäusern
Berau
Bahnholz
Steinen
Schopfheim
Görwihl
Tiengen
Brombach
Wehr
Hottingen
Waldshut
Häusern
Lörrach
Weil
Schworstadt
Öflingen
Albbruck
Koblenz
Riehen
Rheinfelden (Baden)
Rhein
Laufenburg (Baden)
Leibstadt
Döttingen
Möhlin
Säckingen
Wil
Rheinfelden
Stein
Laufenburg
Pratteln
Eiken
Mönthal
Würenlingen
Münchenstein
Frenkendorf
Wintersingen
Wegenstetten
Frick
Bözen
Brugg
Baden
Arlesheim
Dornach
Reinach
Liestal
Herznach
Windisch
Aesch
Sissach
Gelterkinden
Habsburg
Aare
Grellingen
Bubendorf
Kienberg
Seewen
Hölstein
Zeglingen
Küttingen
Wildegg
Mellingen
Reigoldswil
Läufelfingen
Erlinsbach
Dottikon
Aarau
Lenzburg
Schönenwerd
Suhr
Wohlen
Trimbach
Gränichen
Langenbruck
Wangen
Mümliswil
Hagendorf
Olten
Oberentfelden
Seon
Villmergen
Muhen
Balsthal
Egerkingen
Aarburg
Unterkulm
Seengen
Schloss Hallwil
Rothrist
Oftringen
Matzendorf
Schöftland
Zofingen
Fahrwangen
Niederbipp
Wolfwil
Beinwil a. See
Hallwiler See
Murgenthal
Wiedlisbach
Oensingen
Reinach
Aarwangen
Roggwil
Reiden
Triengen
Menziken
Hitzkirch
Wangen a. A.
Pfaffnau
Dagmersellen
Langenthal
Beromünster
Herzogenbuchsee
Baldegger See
Derendingen
Lotzwil
Melchnau
C
D
1
2
3
IV
VIII
FRANKREICH
Basel
Zürich
Bern
Luzern
Chur
Genf
Lugano
ITALIEN
D
A

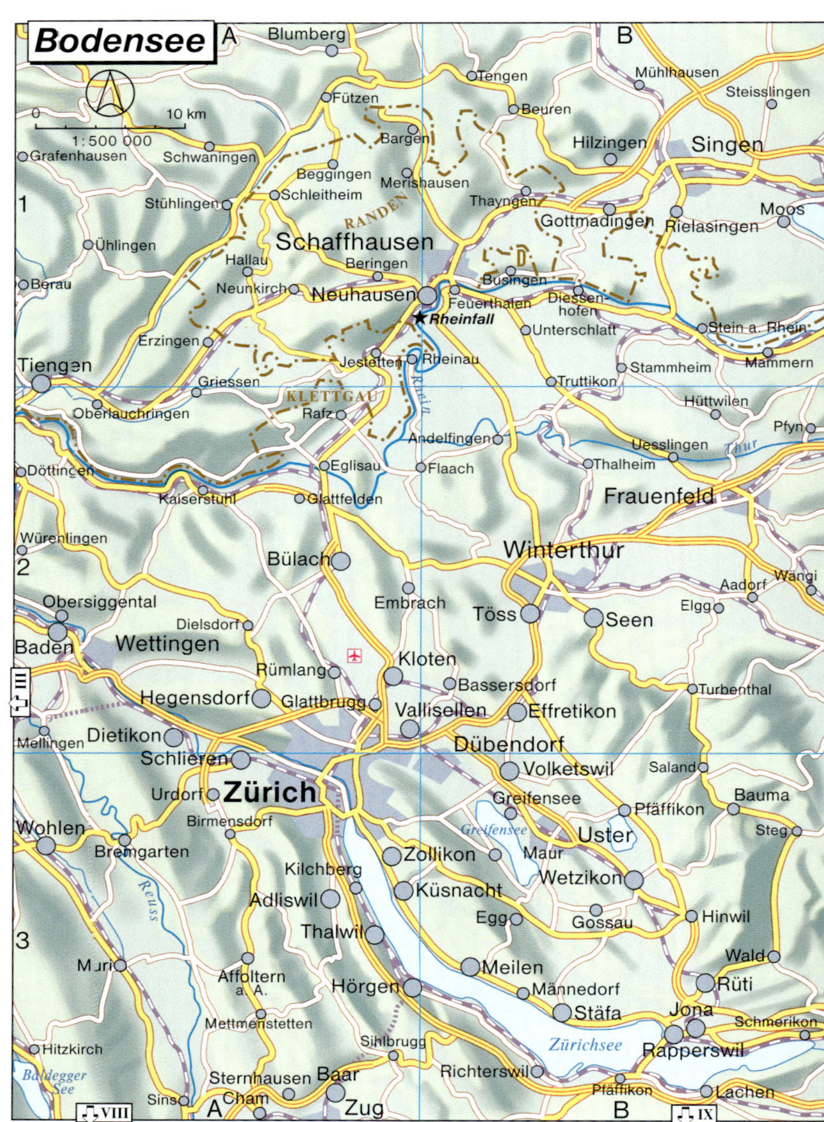
Bodensee
Blumberg
Tengen
Mühlhausen
Steisslingen
Fützen
Beuren
Bargen
Hilzingen
Singen
Grafenhausen
Schwaningen
Beggingen
Merishausen
Schleitheim
Stühlingen
Thayngen
Gottmadingen
Rielasingen
Moos
Randen
Schaffhausen
Ühlingen
Hallau
Beringen
Büsingen
Berau
Neunkirch
Neuhausen
Feuerthalen
Diessenhofen
Rheinfall
Stein a. Rhein
Erzingen
Unterschlatt
Jestetten
Rheinau
Stammheim
Mammern
Tiengen
Griessen
Truttikon
Klettgau
Hüttwilen
Oberlauchringen
Rafz
Pfyn
Andelfingen
Uesslingen
Thur
Döttingen
Eglisau
Flaach
Thalheim
Kaiserstuhl
Glattfelden
Frauenfeld
Würenlingen
Winterthur
Bülach
Wängi
Aadorf
Obersiggental
Embrach
Elgg
Töss
Seen
Dielsdorf
Baden
Wettingen
Kloten
Rümlang
Bassersdorf
Turbenthal
Hegensdorf
Glattbrugg
Vallisellen
Effretikon
Mellingen
Dietikon
Dübendorf
Schlieren
Volketswil
Saland
Urdorf
Zürich
Greifensee
Pfäffikon
Bauma
Wohlen
Birmensdorf
Uster
Steg
Bremgarten
Zollikon
Maur
Kilchberg
Wetzikon
Reuss
Küsnacht
Adliswil
Egg
Gossau
Hinwil
Thalwil
Wald
Muri
Meilen
Affoltern a. A.
Hörgen
Männedorf
Rüti
Stäfa
Jona
Mettmenstetten
Schmerikon
Sihlbrugg
Zürichsee
Rapperswil
Hitzkirch
Baldegger See
Richterswil
Sternhausen
Baar
Pfäffikon
Lachen
Sins
Cham
Zug
0
10 km
1:500 000
A
B
1
2
3
VIII
IX

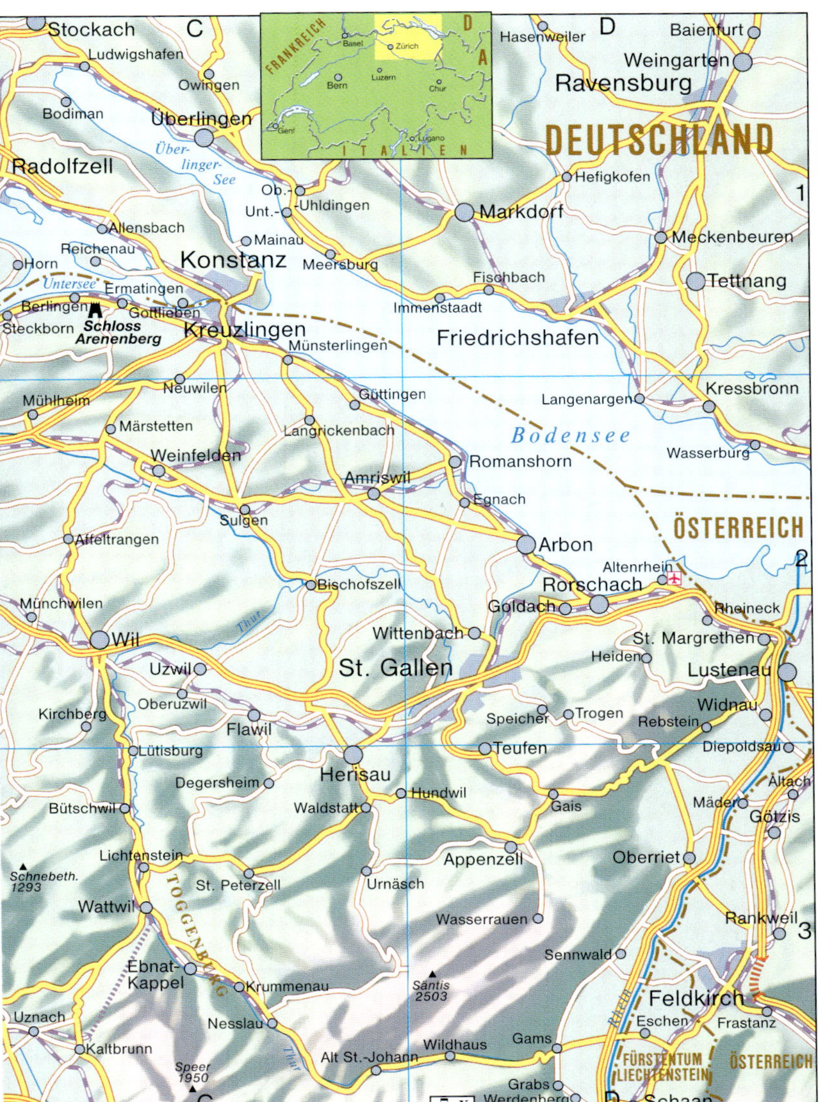

Farbkarten-Atlas

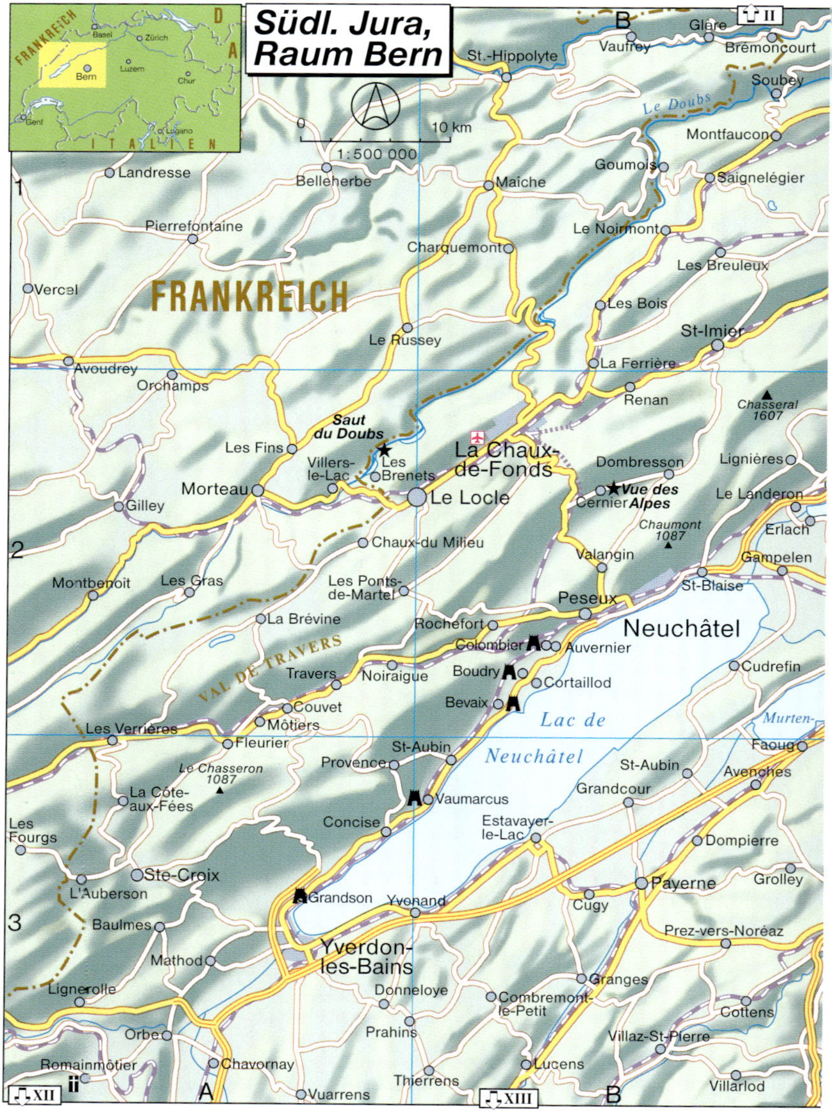

Südl. Jura, Raum Bern

0 10 km
1:500 000

FRANKREICH
Basel
Zürich
Luzern
Bern
Chur
Genf
Lugano
ITALIEN
D
A

B
Glère
Vaufrey
Brémoncourt
St.-Hippolyte
Soubey
Le Doubs
Montfaucon
Landresse
Belleherbe
Maîche
Goumois
Saignelégier
Pierrefontaine
Le Noirmont
Charquemont
Les Breuleux
Vercel
FRANKREICH
Les Bois
Le Russey
St-Imier
Avoudrey
La Ferrière
Orchamps
Renan
Chasseral 1607
Saut du Doubs
Les Fins
La Chaux-de-Fonds
Villers-le-Lac
Les Brenets
Dombresson
Lignières
Morteau
Vue des Alpes
Cernier
Le Landeron
Gilley
Le Locle
Chaumont 1087
Erlach
Chaux-du Milieu
Valangin
Gampelen
Montbenoit
Les Gras
Les Ponts-de-Martel
St-Blaise
Peseux
La Brévine
Rochefort
Neuchâtel
Colombier
Auvernier
VAL DE TRAVERS
Travers
Noiraigue
Boudry
Cudrefin
Cortaillod
Couvet
Bevaix
Lac de Neuchâtel
Murten-
Môtiers
Les Verrières
Fleurier
St-Aubin
Faoug
Provence
St-Aubin
Avenches
Le Chasseron 1087
La Côte-aux-Fées
Vaumarcus
Grandcour
Les Fourgs
Concise
Estavayer-le-Lac
Dompierre
Ste-Croix
L'Auberson
Grandson
Yvonand
Payerne
Grolley
Cugy
Baulmes
Prez-vers-Noréaz
Mathod
Yverdon-les-Bains
Lignerolle
Donneloye
Granges
Combremont-le-Petit
Cottens
Orbe
Prahins
Villaz-St-Pierre
Romainmôtier
Chavornay
Lucens
Thierrens
Villarlod
Vuarrens
A
B

1
2
3

II
XII
XIII

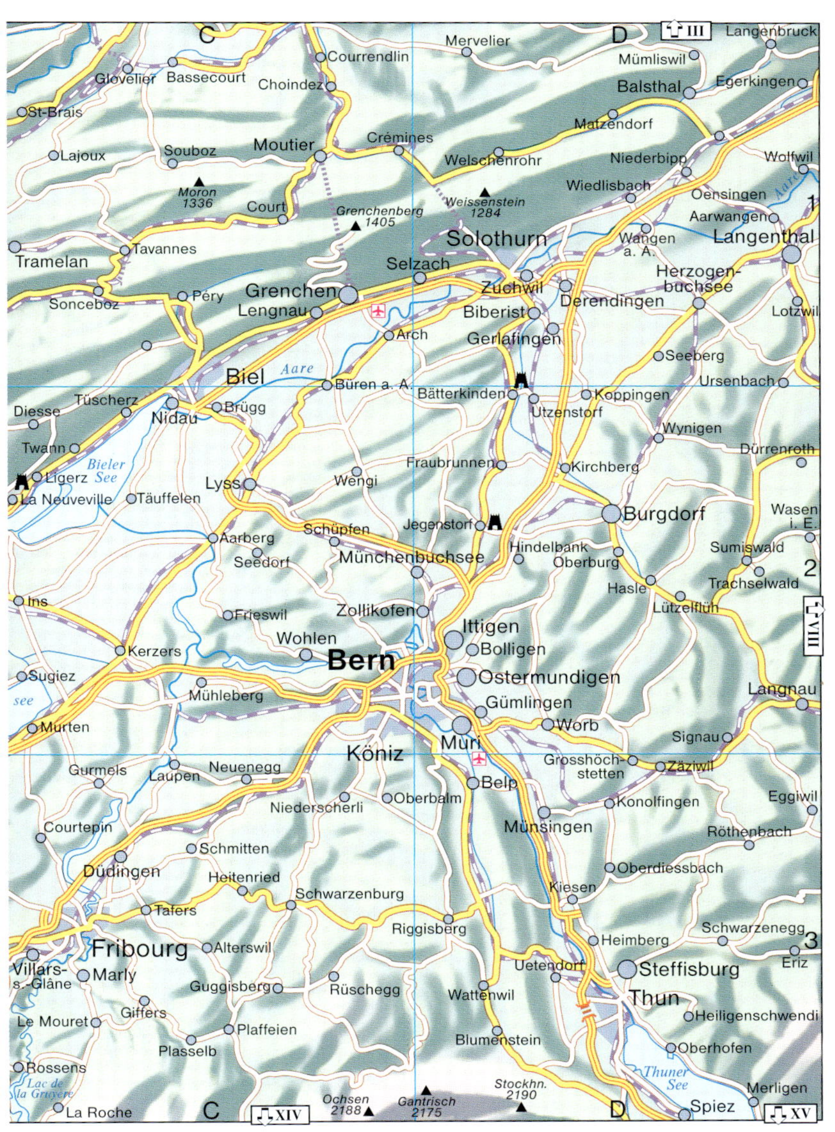

III XIV XV VIII

Farbkarten-Atlas

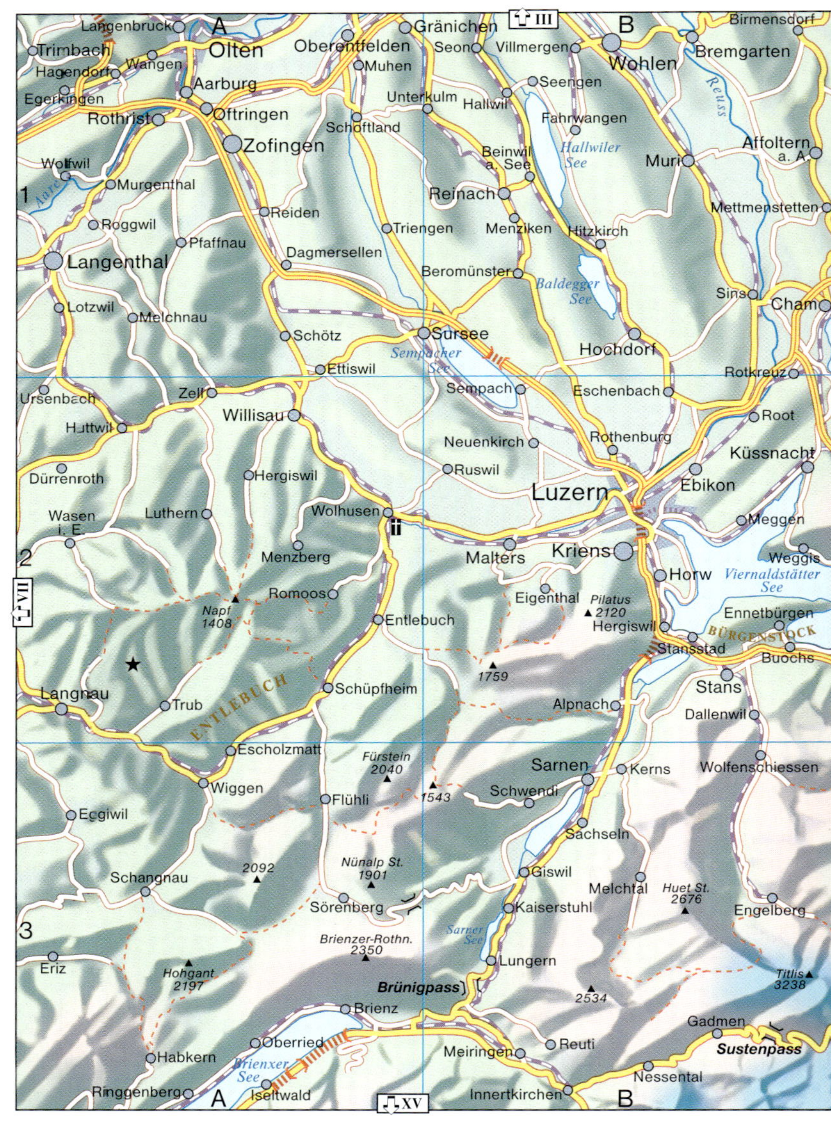

Langenbruck
Trimbach
Hagendorf
Egerkingen
Wangen
Olten
Aarburg
Rothrist
Oftringen
Zofingen
Oberentfelden
Muhen
Gränichen
Seon
Villmergen
Wohlen
Bremgarten
Birmensdorf
Reuss
Seengen
Unterkulm
Hallwil
Schöftland
Fahrwangen
Hallwiler See
Beinwil a. See
Muri
Affoltern a. A.
Wolfwil
Aare
Murgenthal
Reinach
Reiden
Triengen
Menziken
Hitzkirch
Mettmenstetten
Roggwil
Pfaffnau
Langenthal
Dagmersellen
Beromünster
Baldegger See
Sins
Cham
Lotzwil
Melchnau
Schötz
Sursee
Sempacher See
Hochdorf
Ettiswil
Rotkreuz
Ursenbach
Zell
Sempach
Eschenbach
Willisau
Root
Huttwil
Neuenkirch
Rothenburg
Küssnacht
Dürrenroth
Hergiswil
Ruswil
Ebikon
Luzern
Wasen i. E.
Luthern
Wolhusen
Meggen
Menzberg
Malters
Kriens
Weggis
Horw
Vierwaldstätter See
Romoos
Eigenthal
Pilatus 2120
Napf 1408
Entlebuch
Ennetbürgen
Hergiswil
Bürgenstock
Stansstad
Buochs
1759
Langnau
Schüpfheim
Stans
Trub
Entlebuch
Alpnach
Dallenwil
Escholzmatt
Fürstein 2040
Sarnen
Kerns
Wolfenschiessen
Wiggen
1543
Schwendi
Flühli
Eggiwil
Sachseln
Nünalp St. 1901
2092
Schangnau
Giswil
Melchtal
Huet St. 2676
Sörenberg
Kaiserstuhl
Engelberg
Brienzer-Rothn. 2350
Sarner See
Eriz
Lungern
Hohgant 2197
Titlis 3238
Brünigpass
2534
Brienz
Gadmen
Oberried
Reuti
Sustenpass
Habkern
Brienzer See
Meiringen
Nessental
Ringgenberg
Iseltwald
Innertkirchen
III
VII
XV
A
B
1
2
3

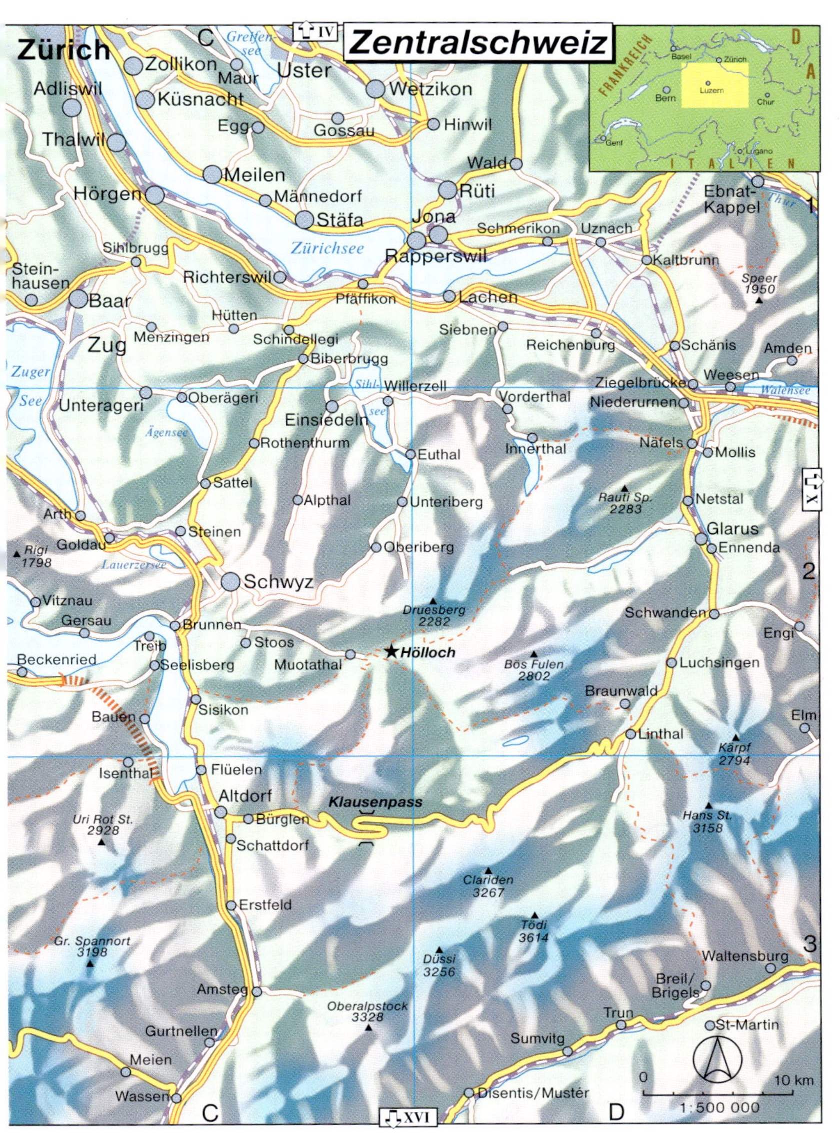
Zentralschweiz
Zürich
Zollikon
Maur
Uster
Wetzikon
Adliswil
Küsnacht
Egg
Gossau
Hinwil
Thalwil
Wald
Meilen
Rüti
Hörgen
Männedorf
Stäfa
Jona
Zürichsee
Schmerikon
Uznach
Ebnat-Kappel
Sihlbrugg
Rapperswil
Kaltbrunn
Stein-hausen
Richterswil
Speer 1950
Baar
Pfäffikon
Lachen
Hütten
Zug
Menzingen
Schindellegi
Siebnen
Reichenburg
Schänis
Amden
Biberbrugg
Zuger See
Willerzell
Weesen
Ziegelbrücke
Walensee
Unterageri
Oberägeri
Vorderthal
Niederurnen
Einsiedeln
Ägensee
Rothenthurm
Innerthal
Näfels
Mollis
Euthal
Sattel
Alpthal
Unteriberg
Rauti Sp. 2283
Netstal
Arth
Steinen
Glarus
Goldau
Ennenda
Rigi 1798
Oberiberg
Lauerzersee
Schwyz
Vitznau
Gersau
Brunnen
Druesberg 2282
Schwanden
Engi
Treib
Stoos
Hölloch
Beckenried
Seelisberg
Muotathal
Bös Fulen 2802
Luchsingen
Braunwald
Sisikon
Bauen
Elm
Linthal
Kärpf 2794
Isenthal
Flüelen
Altdorf
Klausenpass
Bürglen
Hans St. 3158
Uri Rot St. 2928
Schattdorf
Clariden 3267
Erstfeld
Tödi 3614
Gr. Spannort 3198
Düssi 3256
Waltensburg
Breil/Brigels
Amsteg
Oberalpstock 3328
Trun
St-Martin
Gurtnellen
Sumvitg
Meien
Wassen
Disentis/Mustér
0
10 km
1:500 000
FRANKREICH
Basel
Zürich
Bern
Luzern
Chur
Genf
Lugano
ITALIEN
D
A
IV
X
XVI
C
D
1
2
3

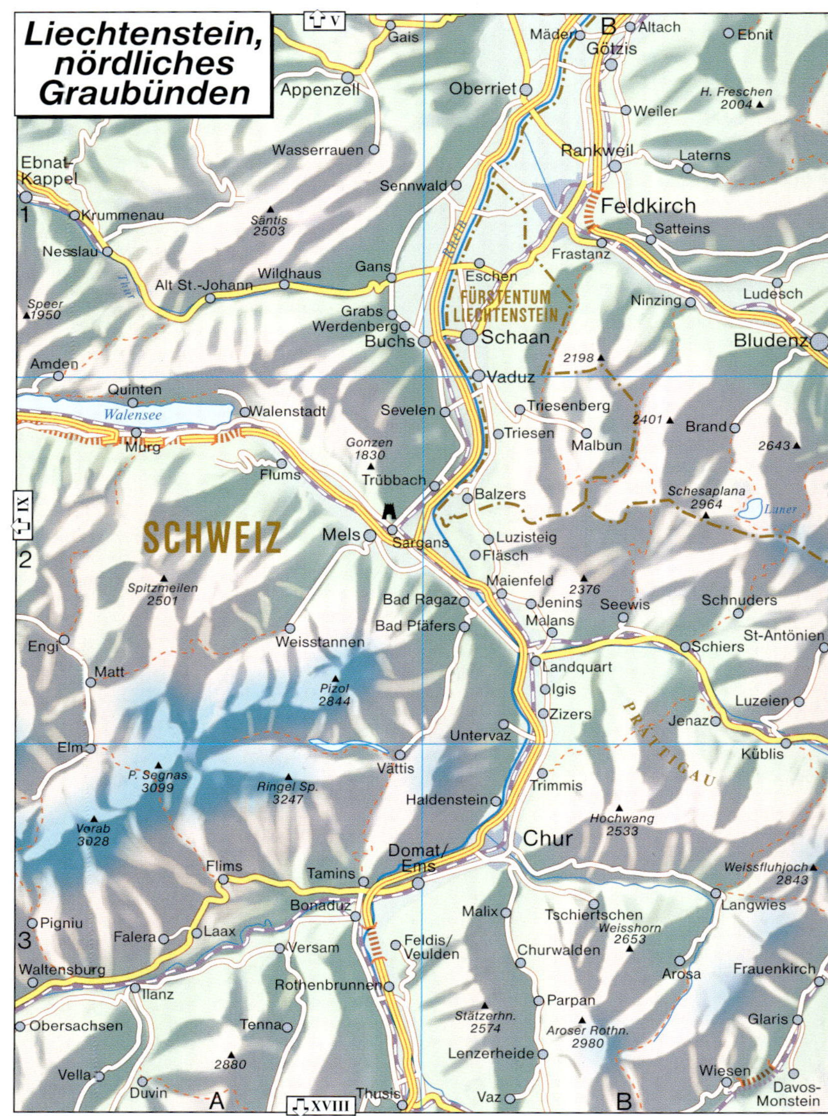
Liechtenstein, nördliches Graubünden
V
Gais
Mäder
B
Altach
Ebnit
Götzis
Appenzell
Oberriet
H. Freschen
2004
Weiler
Wasserrauen
Rankweil
Laterns
Ebnat-Kappel
Sennwald
Feldkirch
1
Krummenau
Säntis
2503
Satteins
Nesslau
Rhein
Frastanz
Thur
Wildhaus
Gans
Eschen
Ludesch
Alt St.-Johann
FÜRSTENTUM LIECHTENSTEIN
Ninzing
Speer
1950
Grabs
Werdenberg
Buchs
Schaan
Bludenz
Amden
2198
Vaduz
Quinten
Walensee
Walenstadt
Sevelen
Triesenberg
2401
Brand
Murg
Triesen
Malbun
Gonzen
1830
2643
Flums
Trübbach
IX
Balzers
Schesaplana
2964
Lüner
SCHWEIZ
Mels
Sargans
Luzisteig
2
Fläsch
Spitzmeilen
2501
Maienfeld
2376
Bad Ragaz
Jenins
Seewis
Schnuders
Malans
Bad Pfäfers
St-Antönien
Engi
Weisstannen
Schiers
Landquart
Matt
Igis
Pizol
2844
Luzeien
Zizers
PRÄTTIGAU
Jenaz
Untervaz
Elm
Küblis
Vättis
P. Segnas
3099
Ringel Sp.
3247
Trimmis
Haldenstein
Hochwang
2533
Vorab
3028
Chur
Domat/Ems
Weissfluhjoch
2843
Flims
Tamins
Bonaduz
Malix
Langwies
Tschiertschen
Pigniu
Weisshorn
2653
3
Falera
Laax
Feldis/Veulden
Versam
Churwalden
Arosa
Frauenkirch
Waltensburg
Rothenbrunnen
Ilanz
Parpan
Glaris
Obersachsen
Tenna
Stätzerhn.
2574
Aroser Rothn.
2980
Lenzerheide
2880
Wiesen
Vella
Davos-Monstein
Duvin
A
Thusis
Vaz
B
XVIII

ÖSTERREICH
SCHWEIZ
ITALIEN
SAMNAUN
FRANKREICH
Basel
Zürich
Bern
Luzern
Chur
Genf
Lugano
ITALIEN
D
A
0
10 km
1:500 000
Mellau
Schnepfau
Hoher Ifen 2230
Spielmannsau
Au
Schoppernau
Mittelberg
Baad
Mädelegabel 2644
Damüls
2403
Holzgau
Schröcken
Warth
Steeg
Blons
Sonntag
2649
Kaisers
Laterns
Lech
Rote Wand 2704
Parseier Sp. 3168
2679
Zürs
Valluga 2809
Pettneu
Flirsch
Innerbraz
Klosterie
St-Anton
Strengen
Dalaas
Arlberg 1793
Hoher Riffler 3036
St-Anton
Silbertal
Schruns
Kuchen Sp. 3148
Kappl
Golmer J. 2124
3035
Maderer Sp. 2769
2907
Vesul Sp. 3089
St-Gallenkirch
Ischgl
2563
Mathon
Gaschurn
Partenen
Compatsch
Spiss
Gargellen
Galtür
Samnaun
P. Mundin 3146
Vinadi
Madrisahn. 2826
Nauders
Schlappin
Muttler 3294
Martina
Serneus
Gr. Litzner 3109
Fluchthn. 3399
Klosters
Silvrettahorn 3244
P. Lud 2808
Monbiel
Piz Buin 3312
Ramosch
Eisenbahntunnel
Vereina
mit Autoverlad
Davos-Wolfgang
Sent
3031
Roia
Ftan
Scuol
Davos
Vulpera
Ardez
Flüela Weisshn. 3085
Tarasp
Clavadel
Lavin
Susch
P. Sesvenna 3205
Slingia
Sertig
S-charl
P. Arpschella 3032
P. Plavna Dadaint 3166
Scaletta 2606
Zernez
C
C
D
1
2
3

XIX

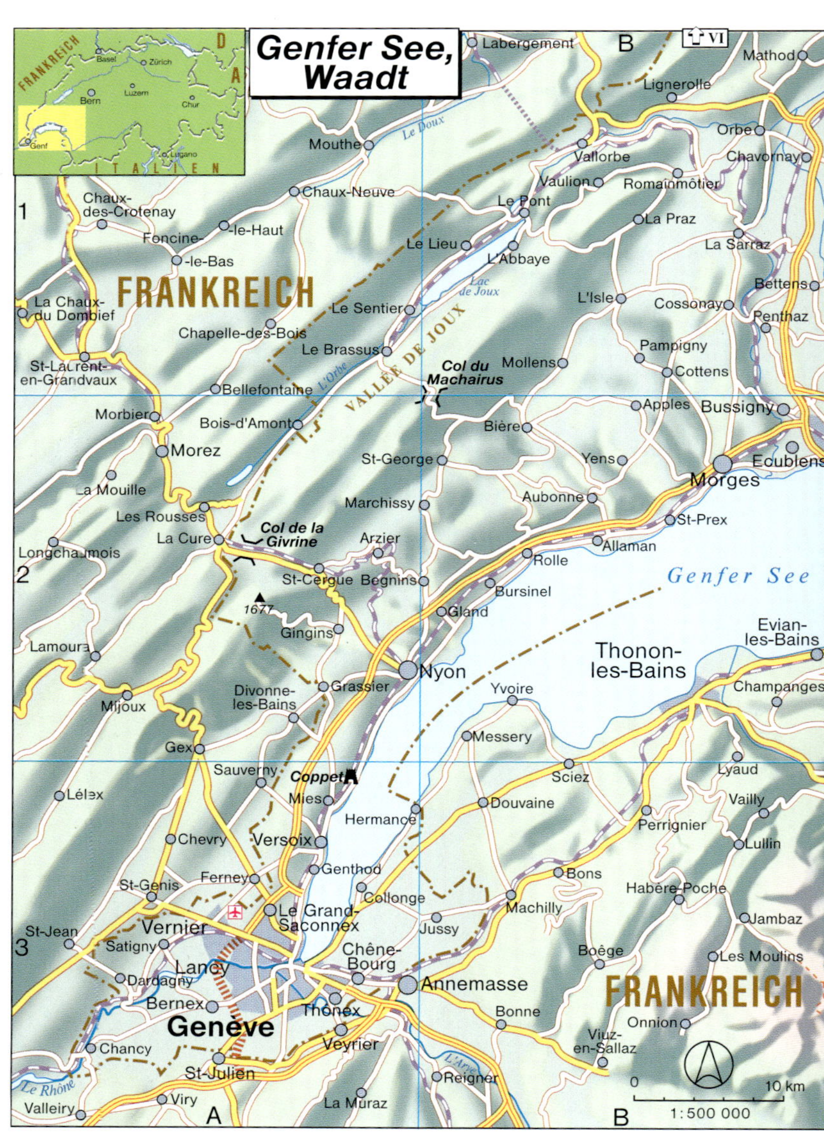
Genfer See,
Waadt
FRANKREICH
Genfer See
Nyon
Genève
Lausanne
Morges
Thonon-les-Bains
Evian-les-Bains
Annemasse
Col du Machairus
Col de la Givrine
Vallée de Joux
Lac de Joux
Coppet
VI
0 10 km
1:500 000
A
B
1
2
3

Yverdon-les-Bains
Donneloye
Prahins
Combremont-le-Petit
Granges
Prez-vers-Noréaz
Cottens
Marly
Giffers
Le Mouret
Plaffeien
Plasselb
Villaz-St-Pierre
Lucens
Thierrens
Vuarrens
Romont
Villarlod
Rossens
La Roche
Fey
Sottens
Moudon
Lac de la Gruyère
Corbières
Vuisternens
SCHWEIZ
Echallens
Peney
Riaz
Bottens
Vaulruz
Bulle
Charmey
Jaun
Porsel
Broc
Mézières
Cheseaux
Gruyères
Abländschen
Oron-le-Châtel
Semsales
Le Mont
Moléson-Village
Epalinges
Palézieux
Grandvillard
Savigny
2002
Lausanne
Châtel-St-Denis
Vanil Noir 2389
Dent de Lys 2014
Lutry
Cully
Chexbres
Montbovon
Rougemont
Saanen
Vevey
Blonay
Château D'Oex
Gstaad
Rossinière
Le Léman
La Tour-de-Peilz
Les Avants
Montreux
Château Chillon
L'Etivaz
Feutersoey
Lugrin
Meillerie
St-Gingolph
Villeneuve
Thollon
La Para 2540
Gsteig
St-Paul
Col des Mosses
Bouveret
Le Sépey
Bernex
Novel
Roche
Les Diablerets
Col du Pillon
Vinzier
Leysin
Miex
Col de la Croix
Yvorne
Vouvry
Aigle
Les Diablerets 3210
Villars-sur-Ollon
Vionnaz
Ollon
Bonnevaux
La Chapelle
Muraz
Gryon
Abondance
Châtel
Le Brot
Monthey
Bex
Les Plans
2156
St-Jean-d'Aulps
Morgins
Troistorrents
Gd. Muveran 3050
St-Maurice
Le Rhône
Chamoson
Ovronnaz
Montriond
Avoriaz
Morzine
Champéry
Evionnaz
Saillon
Riddes
Les Gets
Dents du Midi 3257
Dorénaz
Dents Blanches 2759
Fully
Saxon
Le Fry
Vernavaz
Salvan
C
D
1
2
3
VII
XIV
XX

Berner Oberland, nördliches Wallis
Fribourg
Alterswil
Marly
Villars-s.-Glâne
Prez-vers-Noréaz
Guggisberg
Rüschegg
Giffers
Le Mouret
Cottens
Plaffeien
Plasselb
Rossens
Villarlod
La Roche
Lac de la Gruyère
Corbières
Riaz
Bulle
Vaulruz
Broc
Charmey
Jaun
Boltigen
Weissenburg
Erlenbach
Dey
Wimmis
Spiez
Niesen 2357
Gantrisch 2175
Stockhorn 2190
Kiesen
Heimberg
Steffisburg
Uetendorf
Wattenwil
Blumenstein
Thun
Oberhofen
SIMMENTAL
Jaunpass
Abländschen
Gruyères
Moléson-Village
Moléson 2002
Grandvillard
Vanil Noir 2389
Dent de Lys 2014
Zweisimmen
Zwischenflüh
Frutigen
Männliflue 2652
Blausee
KANDERTAL
Saanenmöser
Albristhorn 2762
Matten
Adelboden
Kandersteg
Rougemont
Saanen
Gstaad
Montbovon
Château D'Oex
Rossinière
Lohner 3049
Lenk
L'Etivaz
Feutersoey
Lauenen
Wildstrubel 3243
La Para 2540
Col des Mosses
Gsteig
Leukerbad
Le Sépey
Les Diablerets
Col du Pillon
Leysin
Wildhn. 3248
Col de la Croix
Crans-Montana
Salgesch
Leuk
Villars-sur-Ollon
Les Diablerets 3210
Anzère
Sierre
Ollon
Gryon
Ayent
Les Plans
St-Léonard
Rotten
Savièse
Granges
Vercorin
Chandolin
Bex
Gd. Muveran 3050
Conthey
Sion
St-Luc
St-Maurice
Vissoie
Le Rhône
Vex
Ovronnaz
Chamoson
Nendaz
Grimentz
Hérémence
St-Martin
Ayer
Evionnaz
Saillon
Riddes
VII
XIII
XX
A
B
1
2
3

VIII
Schangnau
C
Sörenberg
Kaiserstuhl
Schwarzenegg
Eriz
Hohgant
2197
Brienzer-Rothn.
2350
Lungern
Sarner See
Brienz
Heiligenschwendi
Oberried
Giessbachfälle
Reuti
Habkern
Brienzer See
Axalp
Meiringen
Merligen
Ringgenberg
Iseltwald
Innertkirchen
Thuner See
Unterseen
Bönigen
Faulhorn
2681
Interlaken
Gr. Scheidegg
1962
Wilderswil
Leissigen
Haslital
Guttannen
Aechined
Zweilütschinen
WA Bahn
Wetterhorn
3701
Reichenbach
Grindelwald
Wengen
Schreckhorn
4078
Lauterbrunnen
Kiental
Kl. Scheidegg
2661
Eiger
3970
Grimsel Pass
2165
Schilthorn
2970
Mürren
Jungfrau Bahnen
Mönch
4099
Grimselsee
Stechelberg
Jungfrau
4158
Obergesteln
Wannenhorn
3906
Ulrichen
Blümlisalp
3663
Breithorn
3785
Münster
Geschinen
Gr. Aletschgletscher
Aletschhorn
4195
Reckingen
Fafleralp
Blitzingen
Niederwald
Blinnenhorn
3374
Blatten
Nesthorn
3824
Rotten
Ried
Bietschhorn
3934
Fiesch
Ernen
XVI
Kippel
Bettmeralp
Ferden
Belalp
Riederalp
Albrunhorn
2885
Goppenstein
SCHWEIZ
Binn
Blatten
Mörel
Heiligkreuz
Naters
Mund
Glis
Brig
Gamper
Raron
S. Rocco
Bortelhorn
3194
Goglio
Eischoll
Visp
Simplon
Oberems
Unterbäch
Baceno
Simplon Pass
2006
Visperterminen
ITALIEN
M. Leone
3553
Törbel
Stalden
Schwarzhorn
3202
Crodo
Embd
Simplon-Eisenbahn-Tunnel
Varzo
Gondo
Iselle
Grächen
Simplon
St-Niklaus
Fletschhorn
3993
Domodóssola
XXI
C
XXII
D
Crevola
1
2
3
0
10 km
1:500 000
D
A
Frankreich
Basel
Zürich
Bern
Luzern
Chur
Genf
Lugano
Italien

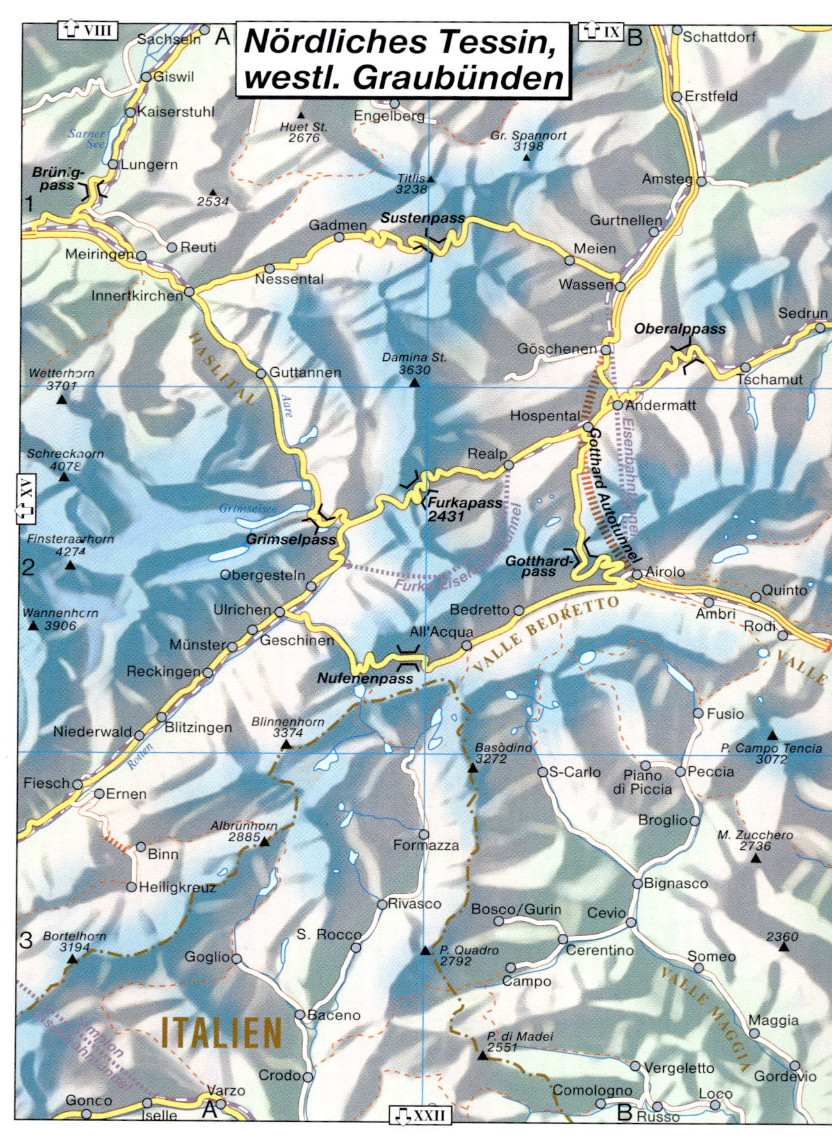
Nördliches Tessin, westl. Graubünden
VIII
IX
XV
XXII
A
B
1
2
3
Sachseln
Giswil
Kaiserstuhl
Sarner See
Lungern
Brünig-pass
Huet St. 2676
Engelberg
Gr. Spannort 3198
Titlis 3238
2534
Schattdorf
Erstfeld
Amsteg
Gurtnellen
Meien
Wassen
Gadmen
Sustenpass
Reuti
Meiringen
Innertkirchen
Nessental
Sedrun
Oberalppass
Göschenen
Tschamut
Andermatt
Hospental
HASLITAL
Damina St. 3630
Guttannen
Aare
Wetterhorn 3701
Schreckhorn 4078
Realp
Eisenbahntunnel
Gotthard Autotunnel
Furkapass 2431
Grimselsee
Grimselpass
Finsteraarhorn 4274
Gotthard-pass
Airolo
Obergesteln
Furka Eisenbahntunnel
Quinto
Wannenhorn 3906
Ulrichen
Bedretto
Ambri
Rodi
VALLE BEDRETTO
All'Acqua
Geschinen
Münster
Reckingen
Nufenenpass
VALLE
Fusio
Blinnenhorn 3374
P. Campo Tencia 3072
Niederwald
Blitzingen
Basòdino 3272
Rotten
S-Carlo
Piano di Piccia
Peccia
Fiesch
Ernen
Broglio
Albrunhorn 2885
M. Zucchero 2736
Formazza
Binn
Bignasco
Heiligkreuz
Rivasco
Bosco/Gurin
Cevio
Bortelhorn 3194
S. Rocco
P. Quadro 2792
Cerentino
2360
Goglio
Someo
Campo
VALLE MAGGIA
Baceno
Maggia
ITALIEN
Simplon Eisenbahntunnel
P. di Madei 2551
Crodo
Vergeletto
Gordevio
Varzo
Comologno
Loco
Gonco
Iselle
Russo

FRANKREICH
D
A
Basel
Zürich
Bern
Luzern
Chur
Genf
Lugano
ITALIEN
IX
X
XVIII
XXIII
0
10 km
1:500 000
Flims
Domat/Ems
Tamins
Bonaduz
Laax
Falera
Rhäzüns
Feldis/Veulden
Versam
Waltensburg
Breil/Brigels
Ilanz
Rothenbrunnen
Trun
St-Martin
Tenna
Sumvitg
LUGNEZER TAL
2880
Vella
Duvin
Sils
Thusis
Disentis/Muster
2789
Lumbrein
Safien Platz
Tschappina
Curaglia
VIA MALA
P. Beverin 2998
Vrin
2861
P. Aul 3121
P. Tomül 2946
Thalkirch
Mathon
Zillis
P. Medel 3211
VALSERTAL
Vals
P. d'Anarosa 3000
Andeer
P. Terri 3149
Roflaschlucht
Bärenhorn 2929
Sufers
Campo-Blenio
Splügen
Ausserferrera
Lukmanierpass
Hinterrhein
Medels
Nufenen
Innerferrera
Aquacalda
Olivone
3048
Surettahorn 3227
Adula Rheinwaldhorn 3402
P. Tambo 3279
Aquila
P. Molare 2585
3152
Faido
V. DI BLENIO
P. Timun 3209
S. Bernadino
LEVENTINA
Acquarossa
Lavorgo
Donglio
3063
Madèsimo
Chironico
Campodolcino
Giornico
Malvaglia
Mesocco
P. Corbet 3025
Pontirone
Rossa
2741
Bodio
Soazza
Biasca
Torrone Alto 2950
S. Giacomo-Filippo
Sonogno
VAL CALANCA
Cauco
Piuro
SCHWEIZ
Iragna
VAL MESOLCINA
Chiavenna
Lostallo
2675
Gerra
Osogna
VALLE RIVIERA
Lodrino
Arvigo
Gordona
Brione
2727
Cama
VAL VERZASCA
Preonzo
Lavertezzo
Claro
Roveredo
Grono
P. Paglia 2593
ITALIEN
Gnosca
Novate
Vogorno
Gorduno
Mergoscia
Arbedo
C
Bellinzona
D
1
2
3

FRANKREICH
D
A
Basel
Zürich
Bern
Luzern
Chur
Genf
Lugano
ITALIEN
X
B
Haldenstein
Klosters
Hochwang
2533
Chur
SCHANFIGG
Weissfluh
2843
Domat/
Ems
Tamins
Langwies
Davos
Bonaduz
Malix
Tschiertschen
Rhäzüns
Feldis/
Veulden
Falera
Laax
Versam
Churwalden
2653
Arosa
Frauenkirch
Clavadel
Ilanz
Rothenbrunnen
Parpan
Tenna
Stätzerhn.
2574
Aroser Rothn.
2980
Glaris
Sertig
LUNGNEZER TAL
2880
Lenzerheide
Duvin
Wiesen
Sils
Vaz
Ducan
3063
Tschappina
Thusis
Lantsch
Schmitten
Alvaneu
Safien Platz
Brienz
Filisur
P. Beverin
2998
Stierva
Tiefencastel
VIA MALA
ALBULA
2861
Piz Kesch
3418
Donath
Zillis
Thalkirch
Bergün
P. Tomül
2946
Salouf
Piz Ela
3339
VALSERTAL
Vals
P. d'Anarosa
3000
Andeer
2972
Savognin
Albula
Pass
Bärenhorn
2929
Sufers
Tinizong
Preda
Roflaschlucht
P. d'Err
3378
Splügen
Ausserferrera
P. Arblatsch
3204
XVII
Nufenen
Medels
Samedan
3062
Mulegns
Innerferrera
Hinterrhein
Celerina
Surettahorn
3227
P. Tambo
3279
Splügen
Pass
St. Moritz
Avers
Bivio
S. Bernadino
P. Timun
3209
Juf
Silvaplana
Madèsimo
Sils
Maloja
Campodolcino
Casaccia
Mesocco
P. Corbet
3025
P. Duan
3131
P. Stella
3163
P. Gluschaint
3594
Soazza
S. Giacomo-
Filippo
Soglio
Vicosoprano
Stampa
3214
Piuro
Castasegna
Cma. di
Castello
3388
Chiavenna
Chiareggio
P. Cengalo
3370
Lostallo
2675
Gordona
M. Disgrazia
3678
ITALIEN
Cama
Chiesa
Somaggia
S. Martino
P. Paglia
2593
Torre di S. Maria
XXIV
A
B
1
2
3

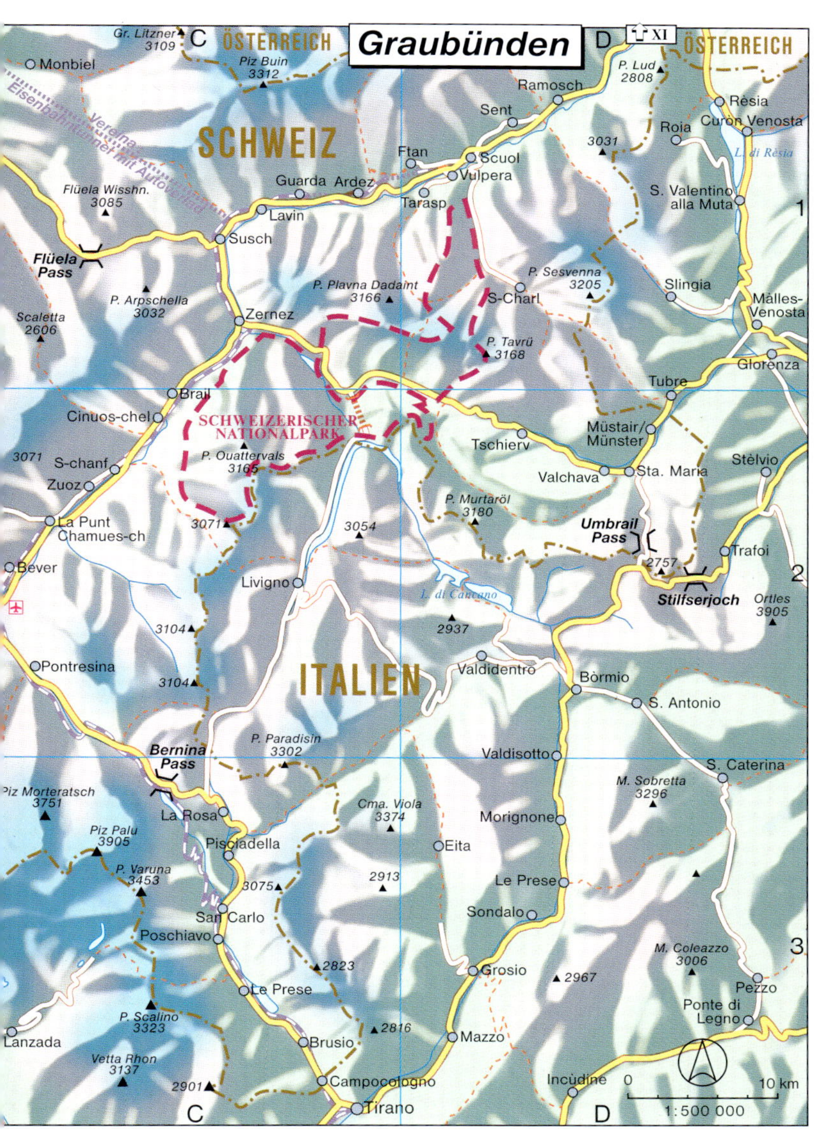

Farbkarten-Atlas

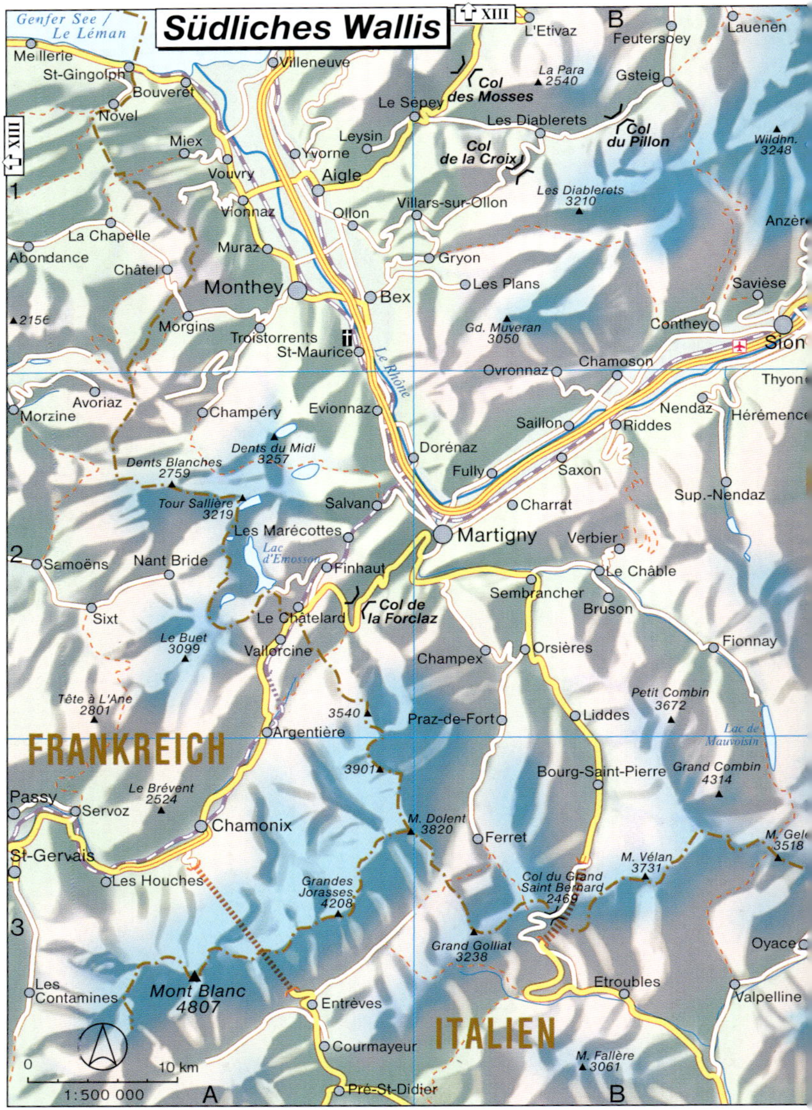

Südliches Wallis

XIII
Genfer See / Le Léman
Meillerie
St-Gingolph
Bouveret
Novel
Villeneuve
L'Etivaz
Feutersoey
Lauenen
La Para 2540
Col des Mosses
Gsteig
Le Sepey
Les Diablerets
Col du Pillon
Wildhn. 3248
Leysin
Yvorne
Col de la Croix
Miex
Vouvry
Aigle
Les Diablerets 3210
Vionnaz
Ollon
Villars-sur-Ollon
Anzère
La Chapelle
Abondance
Muraz
Gryon
Châtel
Monthey
Bex
Les Plans
Savièse
2156
Morgins
Troistorrents
Gd. Muveran 3050
Conthey
Sion
St-Maurice
Le Rhône
Ovronnaz
Chamoson
Thyon
Avoriaz
Morzine
Champéry
Evionnaz
Nendaz
Hérémence
Saillon
Riddes
Dents du Midi 3257
Dents Blanches 2759
Dorénaz
Fully
Saxon
Sup.-Nendaz
Tour Sallière 3219
Salvan
Charrat
Les Marécottes
Martigny
Verbier
Lac d'Emosson
Samoëns
Nant Bride
Finhaut
Le Châble
Sembrancher
Bruson
Col de la Forclaz
Sixt
Le Châtelard
Le Buet 3099
Vallorcine
Champex
Orsières
Fionnay
Tête à L'Ane 2801
3540
Praz-de-Fort
Liddes
Petit Combin 3672
Argentière
FRANKREICH
Lac de Mauvoisin
3901
Bourg-Saint-Pierre
Grand Combin 4314
Passy
Le Brévent 2524
Servoz
Chamonix
M. Dolent 3820
Ferret
M. Gelé 3518
St-Gervais
M. Vélan 3731
Les Houches
Grandes Jorasses 4208
Col du Grand Saint Bernard 2469
Oyace
Grand Golliat 3238
Les Contamines
Mont Blanc 4807
Etroubles
Valpelline
Entrèves
ITALIEN
Courmayeur
M. Fallère 3061
0 10 km
1:500 000
Pré-St-Didier
A
B
1
2
3

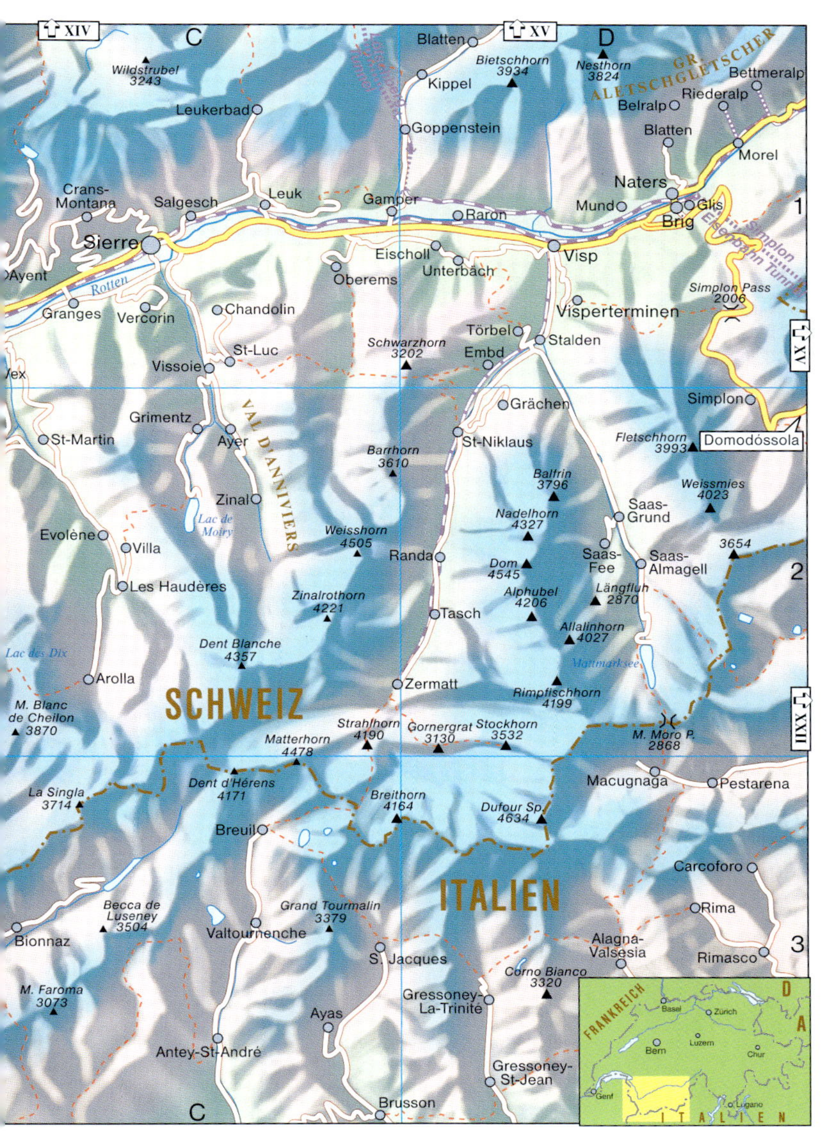

Farbkarten-Atlas

Südliches Tessin
XV
XVI
XXI
1:500 000
0
10 km
Blitzingen
Fiesch
Ernen
Betteralp
Riederalp
Blatten
Binn
Heiligkreuz
Naters
Glis
Brig
Blinnenhorn 3374
Albrunhorn 2885
Basòdino 3272
Bortelhorn 3194
Simplon Pass 2006
Simplon
Gondo
Iselle
Varzo
Crodo
Fletschhorn 3993
Weissmies 4023
Zwischbergen
Formazza
Rivasco
S. Rocco
Goglio
Baceno
P. Quadro 2792
P. di Madei 2551
S-Carlo
Piano di Piccia
Peccia
Broglio
Bignasco
Cevio
Bosco/Gurin
Cerentino
Campo
Someo
VAL BAVONA
VALLE DI CAMPO
VAL ONSERNONE
Vergelett
Comologno
Russo
Camedo
CENTOVALLI
Crevola
Masera
Sta. Maria-Maggiore
Malesco
Re
Finero
Cavaglio
S. Lorenzo
Domodóssola
3654
Villadossola
Beura
Antropapiana
C. della Laurasca 2195
ITALIEN
Piedimulera
Calasca
Premosello
Cicogna
Aurano
M. Moro P. 2868
Vanzone
Miazzina
Oggebio
Ornavasso
Mergozzo
Ghiffa
Pestarena
Cma. Capezzone 2421
P. Tignaga 2653
Forno
Gravellona
Verbania
Baveno
Laveno
Lago Maggiore
Carcoforo
S. Maria
Rimella
Stresa
Rima
Omegna
Quarna
Cravagliana
Camasco
Césara
Besozzo
Armeno
Ispra
Varallo
Orta
Lago d'Orta
Mèina
FRANKREICH
Basel
Zürich
Bern
Luzern
Chur
Genf
Lugano
D
A
ITALIEN

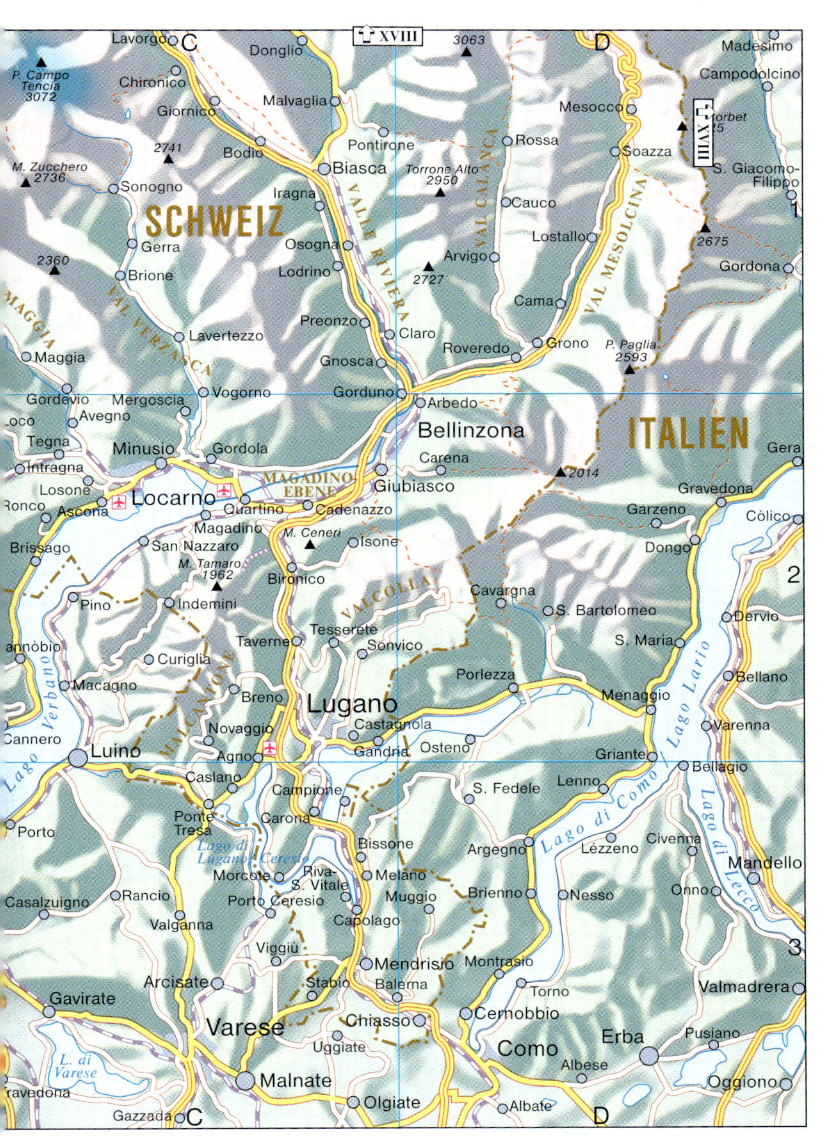

Farbkarten-Atlas

Legende zum Farbatlas

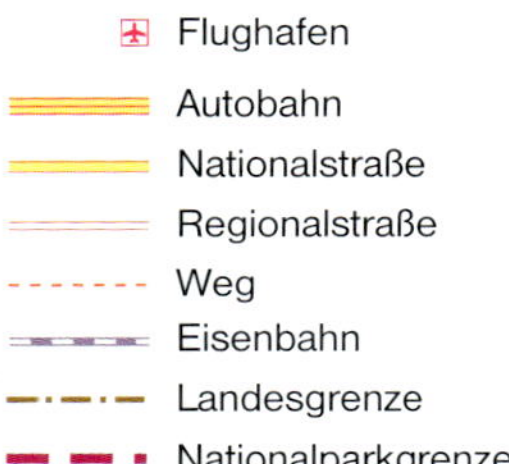

Flughafen
Autobahn
Nationalstraße
Regionalstraße
Weg
Eisenbahn
Landesgrenze
Nationalparkgrenze

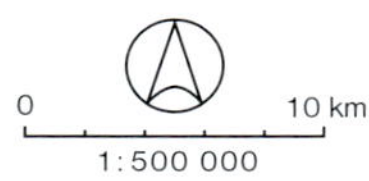

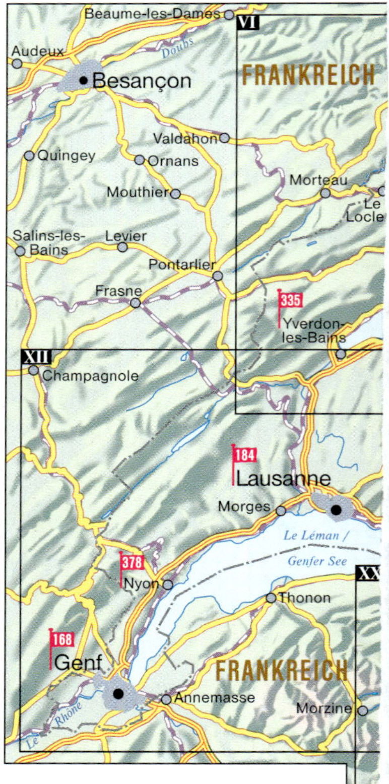

Legende zu den Stadtplänen

- Touristeninformation
- Sehenswürdigkeit
- Schloss, Burg
- Höhle
- Ruine
- Hotel
- Campingplatz
- Shopping
- Museum
- Kirche
- Post
- Krankenhaus
- Bahnhof
- U-Bahn
- Flughafen